2015

Shanghai Finance Yearbook

上海金融年鉴

上海金融年鉴编辑部 编

上海人民出版社

2014 年 5 月 16 日，上海自贸区跨国公司总部外汇资金集中运营管理首批试点银企合作签约仪式在中国人民银行上海总部举行。

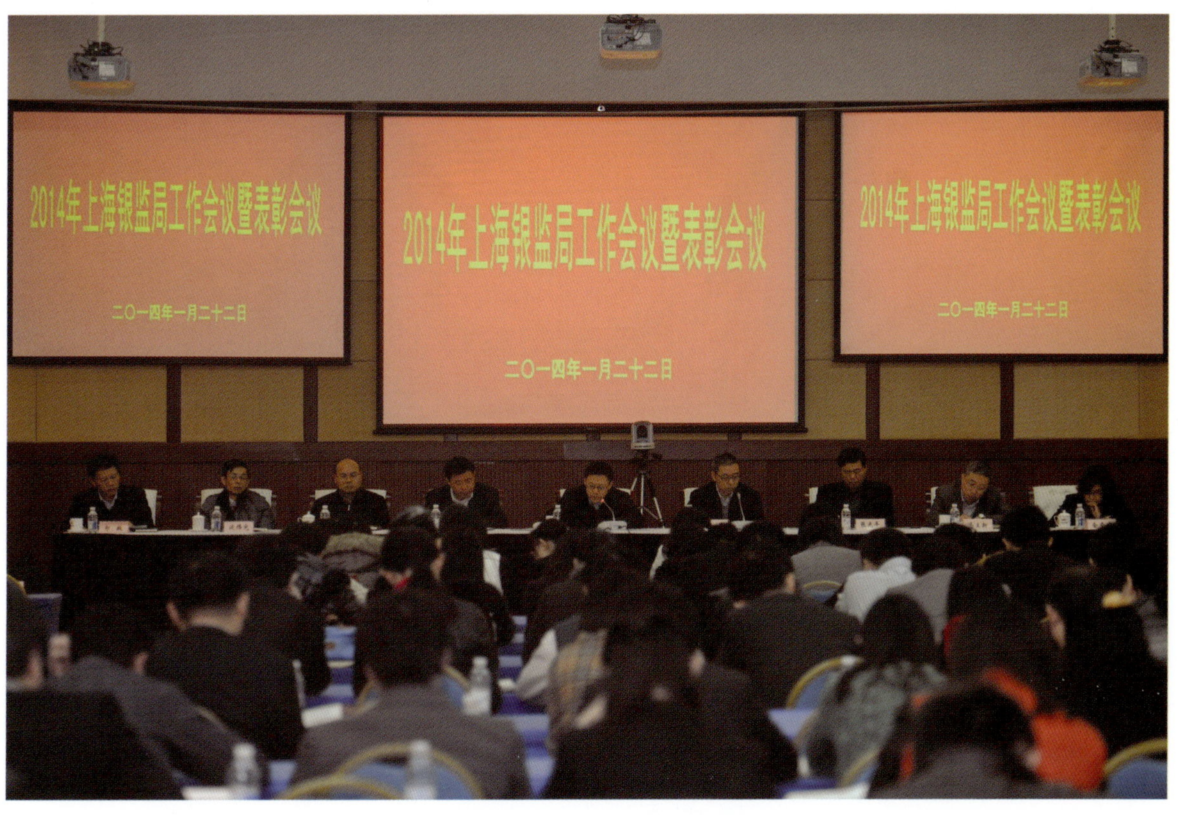

2014 年 1 月 22 日，上海银监局召开 2014 年工作会议暨表彰会议。

2014 年 9 月 26 日，沪港通业务投资者座谈会在上海召开。

2014 年 7 月 8 日，上海保监局联合上海市保险同业公会、市保险学会和全市各保险机构共同举办保险公众宣传日活动。

2014 年 7 月 2 日，上海黄金交易所举行投资者教育固定品牌“黄金大讲堂”启动仪式。

2014 年 3 月 21 日，热轧卷板期货在上海期货交易所正式挂牌。

2014 年 7 月 28 日，中国金融期货交易所举办中国金融衍生品市场人才培养交流会。

2014 年 6 月 14 日，“金融进社区，文化大篷车”社区大型宣传活动圆满落幕。

中国外汇交易中心暨全国银行间同业拆借中心（简称交易中心）是中国人民银行直属事业单位。自1994年成立以来，交易中心按照国家发展银行间市场的战略部署，在中国人民银行、国家外汇管理局的领导下，坚持“多种技术手段、多种交易方式，满足不同层次市场需求”的业务方针，以建设全球“人民币及相关产品交易主平台和定价中心”为目标，利用先进的电子信息技术，依托专线网和互联网，目前已建成了境内“人民币及相关产品交易主平台和定价中心”。每日生成人民币汇率中间价、上海银行间同业拆放利率Shibor、贷款基础利率（LPR）、回购定盘利率、债券指数、收益率曲线等系列市场基准，市场成员1万多家，2014年交易总量达到361.5万亿元。

中国外汇交易中心

地址：上海市浦东新区张东路1387号30幢，邮编201203
上海市中山东一路15号，邮编200002

电话：86-21-63298988

传真：86-21-68797900

网址：中国货币网：www.chinamoney.com.cn
上海银行间同业拆放利率网：www.shibor.org
中国票据网：www.chinacp.com.cn

中国人民银行

征信中心

CREDIT REFERENCE CENTER, THE PEOPLE'S BANK OF CHINA

伴您一生的信用记录者

一、机构情况

中国人民银行征信中心是经中编办批准，于2006年设立的中国人民银行直属事业法人单位，主要职责是依据国家的法律法规和人民银行规章，负责全国统一的企业和个人征信系统（即金融信用信息基础数据库，以下简称征信系统）与动产融资登记系统的建设、运行和管理。目前，中国人民银行征信中心在全国31个省、直辖市、自治区和5个计划单列市设有征信分中心。

二、主要业务

征信中心作为专业化的征信机构，依法履职，立足金融，服务社会，在全国范围内收集企业和个人信用信息，以银行信贷信息为核心，兼容非银行信用信息和公共信息，基本上为国内每一个有信用活动的企业和个人建立了信用档案，全面、真实记录企业和个人在银行借债还钱、遵守合同和遵纪守法情况，并主要以信用报告的形式向金融机构、信息主体、政府部门等提供查询。

目前，征信系统已经建设成为世界规模最大、收录人数最多、收集信息最全、覆盖范围和使用最广的信用信息基础数据库。截至2014年底，征信系统收录了8.57亿自然人和1969万户企业信息。征信系统接入了所有商业银行、信托公司、财务公司、租赁公司和部分小额贷款公司等，基本覆盖各类放贷机构。征信系统30多万个信息查询端口遍布全国各地的金融机构网点，信用信息服务网络覆盖全国。

征信中心出具的信用报告已经成为国内反映企业和个人信用行为最权威、最可靠的“经济身份证”。近年来，信用报告查询量成倍快速增长。个人信用报告广泛应用在金融机构贷款、信用卡审批和贷后管理中，还用于政府部门行政管理和司法机关执法办案，任职资格审查、员工录用等活动中。征信中心为信息主体提供便捷的信用报告查询服务：一是现场查询，目前遍布全国的2100多个人民银行分支机构都可以提供查询服务；二是提供通过互联网（网址为https://ipcrs.pbccrc.org.cn）查询本人信用报告服务。

除信用报告外，征信中心也根据用户的需求，陆续推出了关联企业查询、数据应用分析、重要信息提示等增值产品和服务，更有针对性地帮助金融机构管控风险。此外，还在依法的前提下为公共部门履职提供必要的信息支持。

同时，征信中心依据《物权法》授权，依托互联网对外提供动产融资登记服务和应收账款融资服务，得到了商业银行、租赁公司等用户的积极使用和认可，为中小企业融资提供了有力支持。

公司简介

中债资信评估有限责任公司（China Bond Rating Co., Ltd.）成立于2010年8月，由中国银行间市场交易商协会代表全体会员出资设立，是国内首家以采用投资人付费运营模式为主的新型信用评级公司。中债资信以“依托市场、植根市场、服务市场”为经营理念，按照独立、客观、公正的原则为客户提供评级等信用信息综合服务。

主要业务

信用评级和评估；信用数据征集；信用评估咨询；企业信用评价；企业信用征集、评定；信用风险管理咨询；投资咨询；经济信息咨询；企业管理咨询。

公司特点

- 机制安排有利于保证评级信息独立、客观、公正
- 专业分析师队伍人员数量、经验国内位居首列
- 评级技术体系符合中国国情，具有自身技术特点
- 工商企业主体评级跟踪及时，覆盖较为全面，序列较为完整
- 资产证券化评级业务经验丰富，承做率高
- 地方政府债券评级业务团队实力雄厚，技术体系成熟
- 信用分析研究产品序列丰富，研究成果行业领先

公司宗旨

独立公正　开拓创新　服务至上　专业求真

发展使命

立足于提升评级行业公信力　立足于促进金融生态环境改善　立足于助推债券市场创新发展

经营理念

依托市场　植根市场　服务市场

发展愿景

以建设成为国内权威、国际上具有影响力的中国新型信用信息服务综合提供商为中心目标；致力于成为评级行业先进理念的倡导者，评级行业改革创新的探索者，评级行业标准制定的重要参与者。

官方微信

官方微博

地址：北京市西城区金融大街28号院盈泰中心2号楼6层
专线：010-88090123
传真：010-88090005
邮箱：cs@chinaratings.com.cn

国内首个专业型功能性对冲基金聚集地——上海对冲基金园区于2013年10月18日在虹口北外滩挂牌成立。园区成立一年多来，上海对冲基金园区建设工作稳步推进，在机构聚集、服务提升、生态完善等方面均取得了较大突破，成效非常显著。截至2014年底，累计入驻上海对冲基金园区的对冲基金公司超过170家，资产管理规模约700亿元人民币。上海对冲基金园区的国内国际影响力不断提升，成为虹口区打造以财富管理为特色的金融服务产业的重要一环，并且正在为上海国际金融中心的建设做出越来越大的贡献。

咨询电话：021-25658880　021-25658896

HF
上海对冲基金园区
SHANGHAI HEDGE FUND PARK

集团主要荣誉

中国互联网金融最具影响力品牌

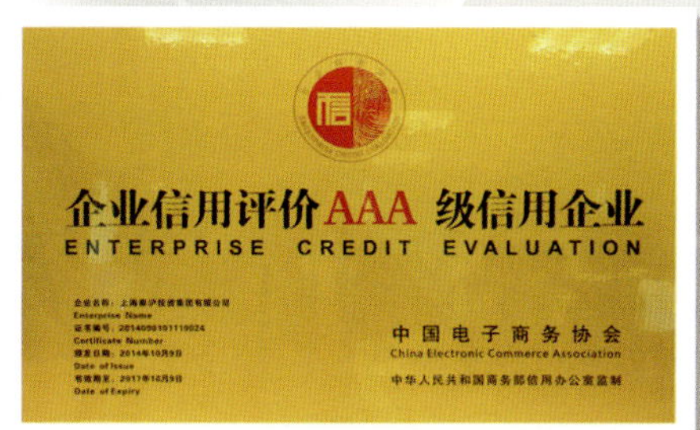

企业信用评价AAA级信用企业

金典奖-行业十大创新企业

中国最佳风险控制互联网金融企业

中国民营企业发展促进会诚信民营企业

上海陕西商会常务副会长单位

CCTV发现之旅《华商论见》栏目合作伙伴

《上海信息化》理事会副理事长单位

中国民营企业发展促进会副会长单位

上海秦沪金融服务网点

自贸区营业部

电话：021-50188512/50188357
传真：021-68955011
浦东新区张杨北路5482号

浦江营业部

电话：021-61469706
传真：021-68955011
闵行区南江燕路65号

浦东南路营业部

电话：021-61053536
传真：021-68955011
浦东南路3456号江天大厦803室

长宁营业部

电话：021-60318885/60318776
传真：021-68955011
中山西路1055号A座0602-0603室

上南路营业部

电话：021-50188197
传真：021-68955011
浦东新区浦东南路5005号

凌兆路营业部

电话：021-50183957
传真：021-68955011
浦东新区凌兆路185号

上海黄金交易所·简介

2002年10月30日，经国务院批准，由中国人民银行组建的上海黄金交易所正式开业，标志着我国黄金管理体制改革迈出了实质性步伐，黄金市场与货币市场、证券市场、外汇市场等一起构筑成我国完整的金融市场体系。

上海黄金交易所的建立，为黄金市场的参与者提供了一个安全、稳定、高效的现货交易平台，促进了国内黄金生产、消费和投资市场的蓬勃发展。上海黄金交易所实行会员制的组织形式，全球现有会员211家，其中国内金融类、综合类、自营会员共167家，券商类特别会员4家。会员单位年产金、用金量占全国的90%，冶炼能力占全国的95%；首批40家国际会员均为国际知名银行、黄金集团及投资机构。截至2014年底，全球共8000多家机构客户和760多万个人投资者通过会员代理参与交易。

交易所主要实行标准化撮合交易方式。交易时间为每周一至五（节假日除外）上午9:00-11:30，下午13:30-15:30，晚上20:00-2:30。经过十余年的发展，在原有竞价交易的基础上，逐步建立了竞价交易、询价交易和借贷业务于一体的市场体系。交易所实行“集中、净额、分级”的资金清算原则，由交易所统一办理会员资金的清算与划付，会员交易按买卖收付之间的差额轧差清算，交易所负责对会员进行清算，会员负责对其代理客户实行清算。交易所实物交割实行“一户一码制”的交割原则，在全国36个城市设立58家指定仓库，金锭和金条由交易所统一调运配送。上海黄金交易所已成为世界上场内黄金现货交割量最大的交易所。

上海黄金交易所·历年交易金额（单位：亿元）

年份	交易金额
2014	65139.91
2013	52242.22
2012	35297.25
2011	44411.23
2010	20219.51
2009	11030.67
2008	8995.48
2007	3324.65
2006	2045.94
2005	1168.43
2004	795.23
2003	490.99
2002	37.38

上海黄金交易所·国际板成功上线

2014年9月18日晚，上海黄金交易所国际板成功上线。全国政协副主席、中国人民银行行长周小川，中共上海市委副书记、市长杨雄共同为国际板开市并分别讲话。启动仪式由上海黄金交易所理事长许罗德主持，人民银行相关司局、上海市政府相关部门、交易所国内外会员单位及相关机构的代表共同见证了国际板启动。在启动仪式现场，黄金国际板完成了首笔交易，瑞士MKS金融公司及汇丰、中行、工行、交行等几家银行成为首批参与者，标志着我国黄金市场对外开放迈出实质性一步，“上海金”正式走向全球。

走进国洲，成就你我

GuoZhou Group

国洲

国巨金融
GUOJU FINANCE
国·领未来 巨·无止境
www.guojucaifu.com

中钞国鼎
CHINA GOLDDEAL
金猴
承羊年之安泰
生肖久久歸一
申猴
Au.9999 30g

盐商集团简介
COMPANY PROFILE

盐商集团组建于2012年，是一家以金融为核心，多元绽放且极具社会责任的综合性企业集团。主营业务覆盖金融财富、产业园区、商业房产、文化传播、国内国际贸易等众多领域。经过近年快速发展，集团目前已成为一家拥有众多金融牌照、跨区域经营、多业务种类的综合性金融服务商。

秉承“专业、科学、责任、务实”的经营理念，集团始终坚持以客户为中心，以市场为导向。凭借着卓越的信誉、丰富的商会项目资源、独特的区位优势、个性化的服务，以及一支具有专业专长、经验丰富的精英管理团队，盐商集团现已打造成一个高效、富有竞争力的金融服务网络，为各地政府、机构投资者及个人投资客户提供安全、优质的综合性金融管理服务。

盐商集团作为国内领先的综合性金融服务商，在专注为您提供量身打造的资产增值方案的同时，更愿与您携手共享品质生活，共创幸福未来！

盐商金融简介
COMPANY PROFILE

上海盐商金融信息服务有限公司（简称“盐商金融”） 注册资金为实缴5000万元人民币，是盐商集团旗下的重要互联网金融成员，总部位于国际金融中心上海陆家嘴。目前已在上海成立了8个事业分部，在北京、浙江、沈阳等设立分公司。通过先进的技术和管理经验，盐商金融构建了一个高效、透明、人性化、易操作的线上线下（O2O）融合的投融资平台，致力于打造集金融服务、大众理财、投资风险管控为一体的金融理财服务体系，为用户提供特色理财产品。

盐商壹理财简介
COMPANY PROFILE

上海盐商网络科技有限公司是盐商集团旗下的科技金融板块，注册资本为实缴5000万元人民币。其打造的盐商“壹理财”（ www.yilicai.cn ）也是盐商金融的线上投融资平台。壹理财的核心团队全部来自于诸如腾讯、阿里、光大、广发、陆金所、网信金融等国内顶尖行业公司的管理层和骨干。秉持安全、收益、专业三位一体的理念。通过多年的专业金融风控经验，从源头对投资项目进行筛选，将优质项目提供给用户。在为中小企业和个人融资者提供稳定的互联网融资平台的同时，也为个人投资者提供安全、高收益、期限灵活的投资产品，以及专业便捷的在线投资服务和体验。

荣誉与资质
ENTERPRISE HONORS

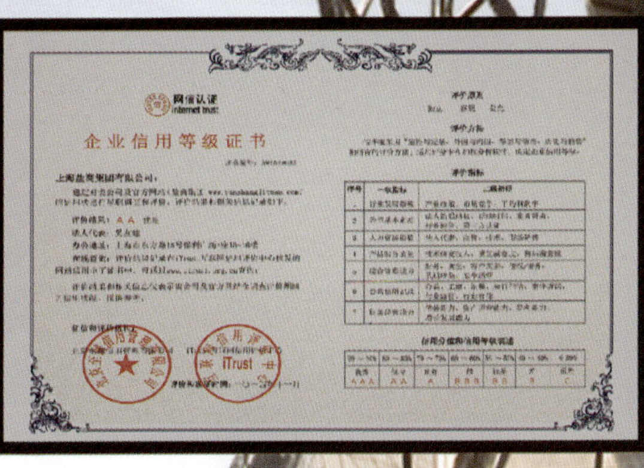

金融·智慧·成长

兴业经济研究咨询股份有限公司简称“兴业研究”）为兴业银行成机构，注册地位于上海市。兴业研公司是中国银行业内首家采用公司方式发起设立并通过市场化机制独运作的专业研究机构，研究领域覆宏观经济、利率、汇率、大宗商品、类资产配置、行业与信用等，业务围横跨货币市场、固定收益市场、益市场等多层次金融市场。公司在兴业银行及其成员机构提供高质量、享性研究支持的同时，为集团外部户提供优质、高效的金融咨询、投顾问、数据挖掘等服务。兴业研究司秉承研究创造价值的理念，立足于中国金融改革发展的实践，旨在以专业研究务为中国银行业转型发展和中国金融市场成熟完善提供高水平、专业化的智力支持，效落实“金融服务实体经济”要求。

兴业银行李仁杰行长开业致辞　　揭牌仪式　　兴业银行首席经济学家鲁政委主持开业仪式

中国邮政储蓄银行
POSTAL SAVINGS BANK OF CHINA
电子银行
亿路有你
悦享全年 连连好礼
中国邮政储蓄银行电子银行
“亿路有你”主题促销活动开始啦！
享你所想，天天有惊喜！
参与渠道广 手机转账全免费，多重参与话费赢不停。
优惠商品多 春、夏、秋、冬扫码购，爆款商品半价抢。
奖品天天抽 支付缴费，智能手机等你来抽。
专场季季享 每季都有新优惠，真情回馈送好礼。
亿路有你
扫码半价购
网银手机连连看
客户服务热线：95580 网址：www.psbc.com

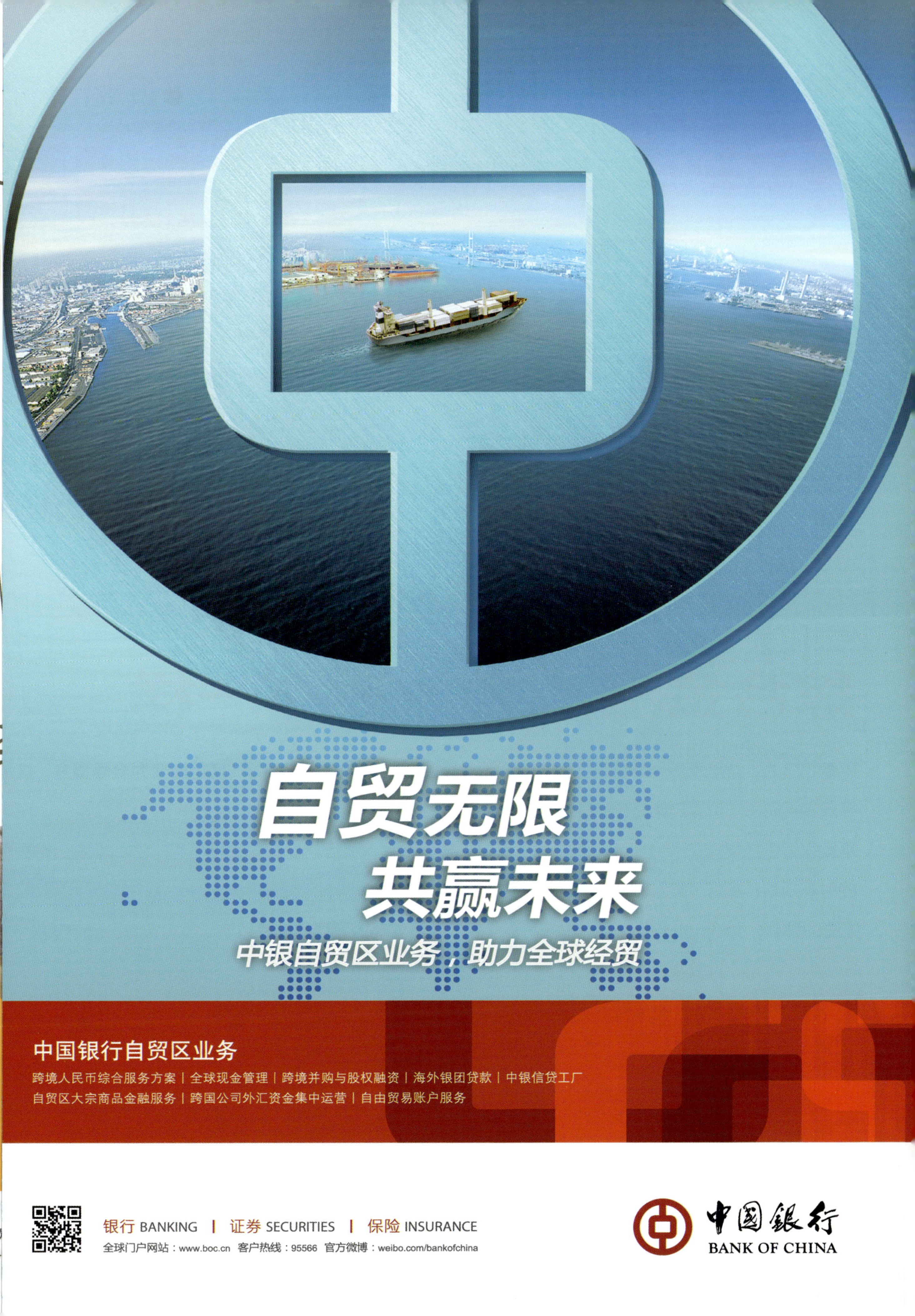
自贸无限
共赢未来
中银自贸区业务，助力全球经贸
中国银行自贸区业务
跨境人民币综合服务方案 | 全球现金管理 | 跨境并购与股权融资 | 海外银团贷款 | 中银信贷工厂
自贸区大宗商品金融服务 | 跨国公司外汇资金集中运营 | 自由贸易账户服务
银行 BANKING | 证券 SECURITIES | 保险 INSURANCE
全球门户网站：www.boc.cn 客户热线：95566 官方微博：weibo.com/bankofchina
中国银行
BANK OF CHINA

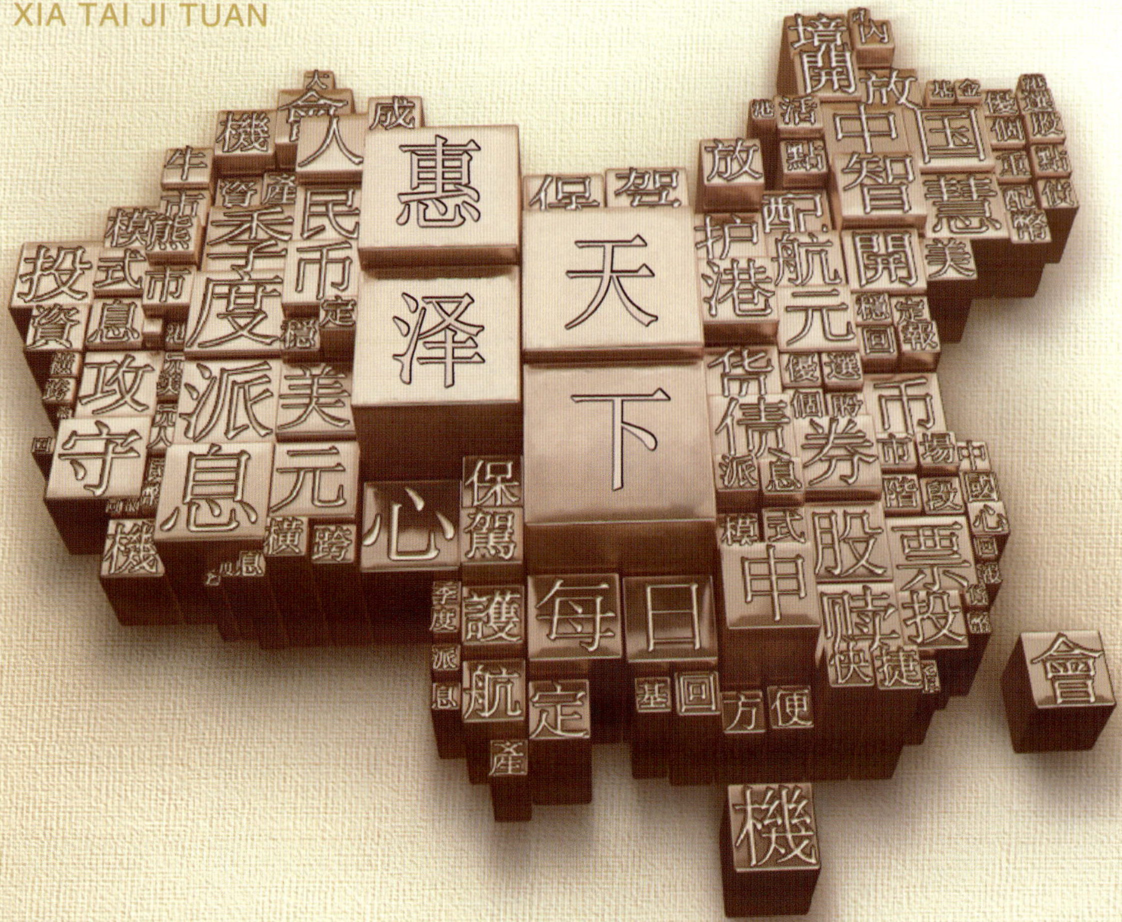

集团背景

JITUANBEIJING

夏泰集团创立于 2001 年，目前已形成住宅地产、装饰建材、高档酒店和资产管理四大核心产业。现有员工 12000 余人，总资产 75 亿元，年营业额 26 亿元。夏泰集团拥有上海夏泰资产管理有限公司，夏泰财富（上海）投资管理有限公司，上海夏泰金融信息服务有限公司三家全资子公司，控股上海汇辽建筑装饰工程有限公司、上饶力天实业集团、上饶中德实业发展有限公司、上饶金领国际酒店有限公司等多家大中型企业。

中银消费金融
BOC CONSUMER FINANCE
五年同行
未来有你!
祝贺中银消费金融有限公司成立5周
5th ANNIVERSAR
GIVE ME 5
中银消费金融有限公司是中国银行的附属公司，总部位于上海，是经中国银监会批准设立的全国首批消费金融公司之
为客户提供便捷、专业、灵活的消费融资及服务。
2014年，公司荣获第一财经金融价值榜“最佳消费金融公司”奖，并在中国经济高峰论坛暨第十二届中国经济人物年会
被评选为“2014年度中国经济新领军企业”。
4008-295-195
www.boccfc.

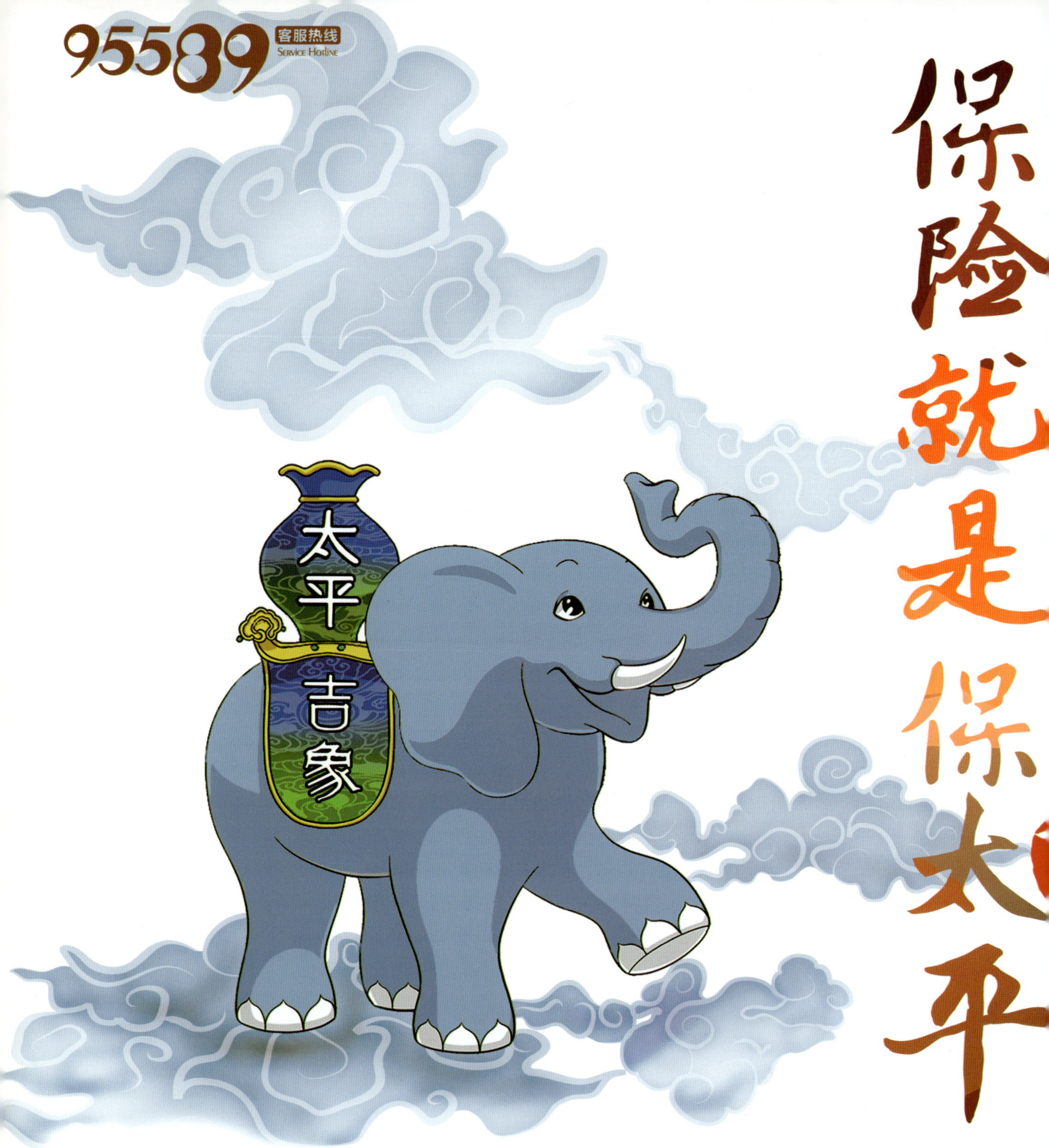

上海上实集团财务有限公司

关于我们

上海上实集团财务有限公司（以下简称“公司”）是上海上实集团内服务于集团及成员单位的非银行金融机构。经中国银监会批准，2014年8月26日成立，10月16日正式开业。公司注册资本10亿元人民币，由上海上实（集团）有限公司、上海医药集团股份有限公司、上海上实资产经营有限公司和上海实业东滩投资开发（集团）有限公司共同出资设立。

公司以“依托集团、服务主业、规范经营、稳健发展”为经营宗旨，围绕集团融产结合发展战略，以提高集团资金统筹管理和使用效率为目标。

公司经营范围包括吸收成员单位的存款；办理贷款、委托贷款、票据承兑与贴现等。

2014年，公司开业三个月，已开展了资金结算业务、信贷业务、同业业务。2014年度累计实现利息净收入2270万元，净利润761万元。年末资产总额42.80亿元，存款余额32.49亿元，贷款余额7亿元。

公司各项监管指标均符合监管要求，年末资本充足率为66.24%，流动性比率为167.71%，贷存款比例为21.55%，不良贷款率为0，拨备覆盖率为100%。

上海招财宝金融信息服务有限公司

招财宝公司，全称为上海招财宝金融信息服务有

公司，为蚂蚁金融服务集团旗下子公司，独立负

招财宝投资理财开放平台的全面运营。

招财宝是一个投资理财开放平台，招财宝平台主

有两大投资品种，第一类是中小企业和个人通过

平台发布的借款产品，并由银行、保险公司等金

机构或大型担保机构提供本息保障；第二类是由

类金融机构或已获得金融监管机构认可的机构通过本平台发布的理财产品。投资人则可以

过本平台向融资人直接出借资金或购买理财产品，以获得收益回报。

招财宝公司基于蚂蚁金服集团的金融大数据、云计算基础能力，在融资人、投资人与

财产品发布机构之间提供居间金融信息服务，以帮助各方完成投融资交易信息撮合。

上海东虹桥融资担保股份有限公司

Shanghai Oriental Hongqiao Financing Guarantee Company ltd .

上海东虹桥融资担保股份有限公司在上海长宁区注册成立，注册资本5亿元人民币。由上海快鹿投资（集团）有限公司投资控股，长宁国资委参与投资，杉杉控股有限公司、上海复星高科技（集团）有限公司、上海鹏欣（集团）有限公司、上海九城置业有限公司等上市公司及知名人士共同出资组建。公司主营融资担保业务、诉讼保全担保业务、履约担保等业务。

上海东虹桥融资担保股份有限公司 董事长 黄家骝

公司大股东上海快鹿投资（集团）有限公司是一家在新常态下的互联网布局、新经济下的类金融布阵、新格局下的大文化部署的上海市民营经济50强大型投资集团。2015年，上海快鹿投资（集团）有限公司将持续有力地进行对外投资，涉足金融和类金融产业、资本市场，并分别在美国纳斯达克、香港主板市场、国内主板市场投资控股多家上市公司，形成互联网金融、文化影视、先进制造业和国际贸易等跨领域的产业矩阵。实现全年销售1000亿元人民币，就业人数突破10000人，创造利润100亿元人民币。

上海东虹桥融资担保股份有限公司以“诚信为本、稳健为先、创新致远、共存共赢”为核心理念，为中小企业融资难、诉讼难提供全方位服务。公司成立至今，为中小企业融资担保、诉讼保全担保和“互联网+”担保业务，累计总担保额近200亿元。其中诉讼保全业务担保额160亿元，在上海市担保行业中名列第一，融资性担保业务近35亿元。目前公司分别与建设银行、浦发银行、招商银行、工商银行、渤海银行、天津银行、中国银行、兴业银行及市北小贷、豫园小贷、大众小贷建立了良好的合作关系，获得授信总额43个亿，得到金融界的一致好评。

公司在2014年、2015年荣获上海市相关部门颁发的“担保行业特别信用奖”和“年度支持互联网产业贡献奖”。公司将积极响应李克强总理号召“互联网+”新业态的发展，将“互联网+金融”担保业务向全国拓展，为全国中小企业解决融资难、诉讼难和“互联网+”企业提供有力服务。

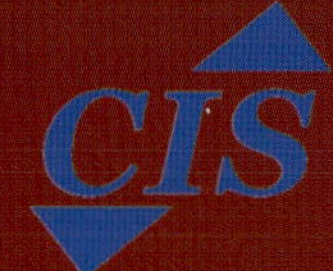

上海资信有限公司

Shanghai Credit Information Services Co.,Ltd

上海市委常委、市人民政府常务副市长屠光绍调研上海资信

上海资信员工拓展训练

NFCS上线推介会

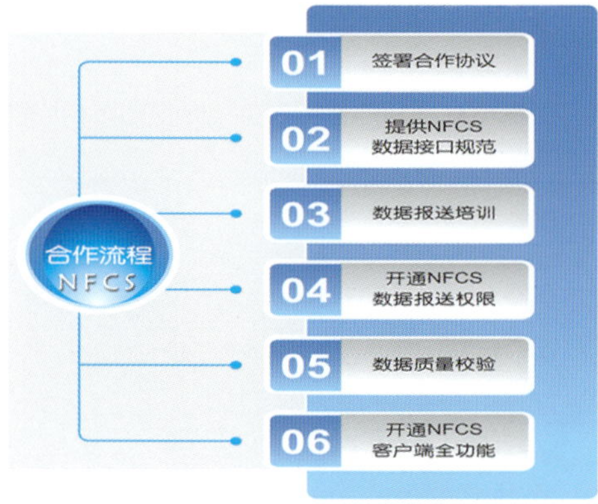

NFCS合作流程

上海资信有限公司（以下简称“上海资信”）成立于1999年7月，是根据时任国务院总理朱镕基“同意个人信誉公司在上海试点”的批示，在中国人民银行上海分行和上海市政府共同协调下，经中国人民银行银办函【1999】322号文批准，组建的全国首家从事个人征信业务的机构。2009年4月，经中国人民银行总行与上海市政府达成一致意见，人民银行征信中心正式成为上海资信的控股股东。

目前，上海资信主要从事个人征信、企业征信、企业信用评级、政府专项评估等传统业务。同时，还从事互联网金融征信服务、非银行授信领域的信息采集、征信产品与服务的提供、征信增值产品开发、商账管理等创新业务。

2000年6月，上海资信建立的上海市个人信用联合征信系统正式运行，出具了新中国成立以来大陆地区第一份个人信用报告，并于2002年推出了大陆地区首个个人信用风险评分。2002年，上海资信承担了上海市企业信用联合征信系统的建设工作，成为上海市社会信用体系基础平台的运作载体。

2013年6月，NFCS网络金融征信系统正式上线，作为中国人民银行征信中心金融信用信息基础数据库的个人征信子系统，该系统目前主要收集P2P网贷行业的个人借贷记录，并向P2P机构开放查询服务。NFCS因成功破解了网络金融征信难题，有效防范了互联网金融领域的信用风险，获得了2014年度“上海市金融创新成果二等奖”。

2014年9月，CCS商业信用征信系统上线试运行，作为中国人民银行征信中心金融信用信息基础数据库的企业征信子系统，该系统主要帮助融资租赁、商业保理、保险等行业解决信息不对称问题，通过采集业务中相关信息，提供共享征信服务。未来该系统将形成企业征信服务的完整业务链条，最终建成业务覆盖全国，功能、产品、服务齐备的第三方专业信用评价平台。

作为上海市信用服务行业协会会长单位、上海市新金融信用管理专委会主任单位，上海市互联网金融行业协会监事单位，上海资信积极参与地方政府信用体系建设工作，在促进信用信息互联互通、增强信息主体信用意识、营造良好的金融生态环境等方面发挥了积极的作用。

未来，上海资信将进一步拓展征信、评级服务领域，全面提升业务水平，为个人、企业、金融机构、政府部门等信息使用方提供全方位、多元化的服务，为减少信息不对称、防范信用风险，改善社会信用环境等方面做出更大的贡献。

公司地址：上海市北京东路280号
客服电话：(8621)62077206，4000-373-798
公司网站：http://www.shanghai-cis.com.cn
商务合作：nfcs@shanghai-cis.com.cn

微博二维码

微信二维码

交通银行金融研究中心简介

交通银行金融研究中心（BFRC）主要从事交通银行改革发展研究和经济金融研究，编辑《新金融》期刊，并管理博士后工作站，拥有一支以交通银行首席经济学家为首的专业研究队伍。中心成立以来，以机构和个人名义，在《金融研究》、《国际金融研究》、《金融时报》等专业学术报刊公开发表文章百余篇，出版专著十余部；承担了中国发展研究基金会、中国金融四十人论坛、中国银行业协会等有关方面一批重大外部课题的研究任务。首席经济学家经常出席国务院研究室、中财办、发改委、人民银行等中央部委主持召开的专家会议，为政府高层决策提供咨询意见。中心为交行赢得了良好声誉和业界肯定，先后获得了“最具研究能力银行”、“年度机构首席经济学家”等近三十多个奖项。

2014年度所获奖项

最具研究能力全国性商业银行

《利率市场化：谁主沉浮》优秀成果评选（2014）特等奖

年度机构首席经济学家（中资）

中国银行业发展研究优秀成果评选组织奖

中国人文社会科学核心期刊

中国社会科学院文献计量与科学评价研究中心

《新金融》入选“复印报刊资料”重要转载来源期刊

上海崇明沪农商村镇银行新一代银行系统顺利上线

2015年5月9日，在主发起行上海农商银行的大力支持下，上海崇明沪农商村镇银行新一代银行系统顺利切换上线，并于5月11日正式对外服务。

新系统包括综合业务系统、信贷系统、网银系统、ATM、信息管理系统、风险预警系统等近20个系统，大大丰富了系统功能。随着新系统的投产，该行业务系统从仅有的综合业务系统拓展到信贷系统、网银、ATM、信息管理系统（报表）等，基本覆盖了传统银行业务，拓展了业务结算渠道，大大提高了风险控制能力和业务处理的自动化水平，将有效支撑该行业务发展，更好地应对日新月异的市场需求。

新系统上线是该行发展过程中的一个重要里程碑，为该行后续经营发展提供了坚实的保障。随着新系统上线，该行将陆续开展借记卡、网银等新业务，并新增时时短信通知提醒，各类报表数据自动提取、信贷审批等多项新功能，为当地居民及小微企业客户提供了更为方便、快捷、安全的支付结算体验，也为自身业务发展和经营管理提供了有效的科技支撑。

上海浦东建信村镇银行有限责任公司于2010年12月21日正式成立，注册资本15,000万元，由中国建设银行股份有限公司作为发起人，股东单位分别为：上海城投资产经营有限公司、上海新华发行集团有限公司、上海东方惠金文化产业创业投资有限公司、上海建工集团股份有限公司、上海江东土地房地产开发有限公司。注册地址位于上海市浦东新区川沙新镇北市街26号。

上海浦东建信村镇银行是一家定位服务于中小企业和“三农”的新型金融机构。开业至今，始终秉承“诚实守信，快捷高效”的经营方针，立足浦东，全力为“三农”和中小企业提供金融服务。在合规经营的前提下，充分体现独立法人机构的的服务优势，及时响应客户需求，从而更好促进区域经济发展。

上海浦东建信村镇银行将努力成为一家具有业务特色、产品创新、市场知名度的“精品村镇银行”。

上海银行
Bank of Shanghai
20th
精·信20年
精诚相伴二十年 携手共创新未来
1995-2015

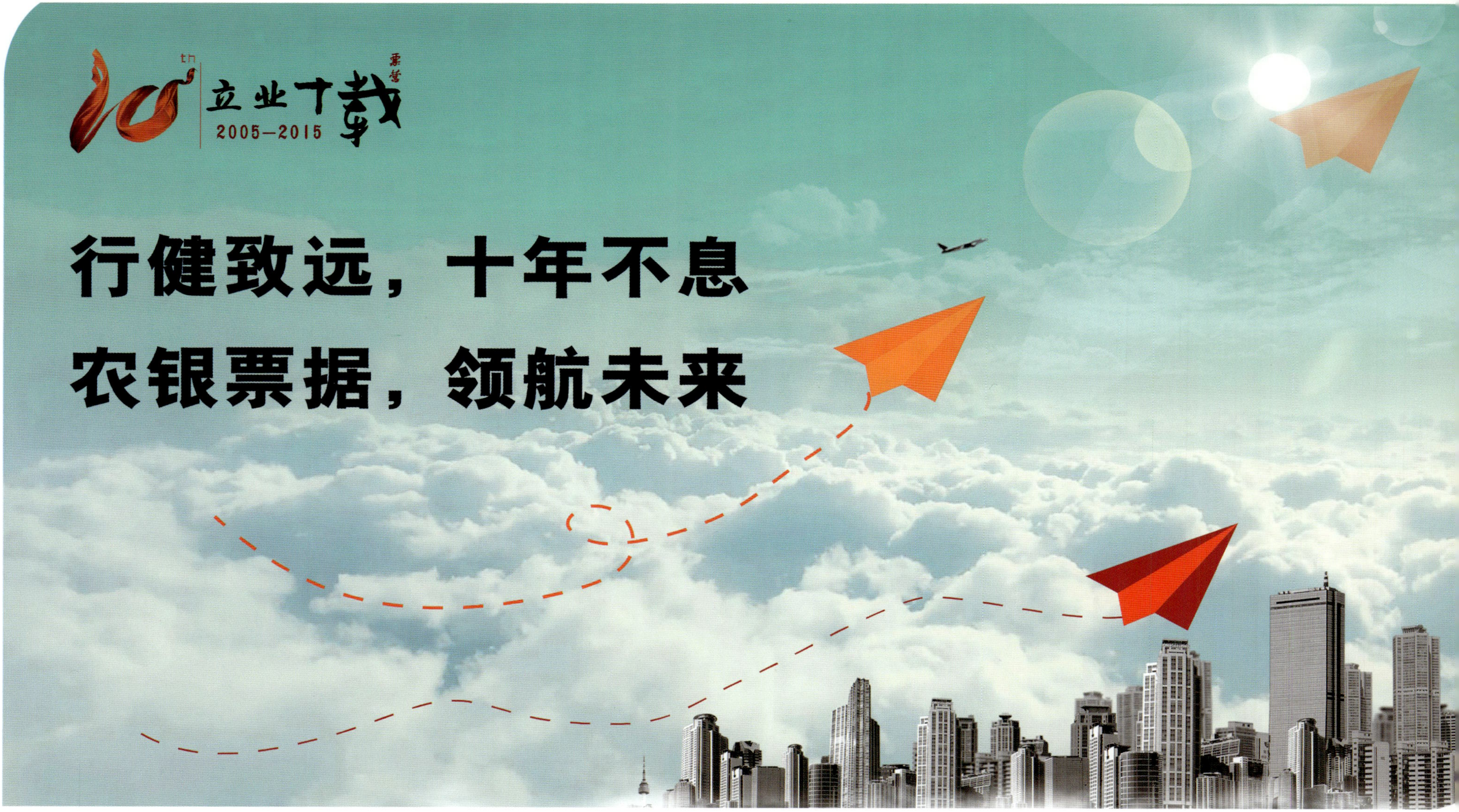
10th 立业十载
票营
2005—2015
行健致远，十年不息
农银票据，领航未来

上海金融年鉴编辑委员会

金融机构组稿及编写人员

丁立峰	于任飞	马　媛	马国标	马金虎	云　松	毛阿敏	王　川
王　枫	王　俭	王　娜	王　珍	王　烨	王　艳	王　琳	王　楠
王　薇	王可人	王玉龙	王立平	王丽丹	王明亿	王轶洁	王晓蕊
王梦遥	付　玥	史美玲	叶文辉	叶虞微	左　晶	刘　俊	刘　然
刘国辉	刘建飞	刘姚莹	刘婧文	华奕明	印怡菁	吕　沂	孙　巍
孙卫东	孙安乐	庄　飞	朱　双	朱　伟	朱明宝	朱皑韬	朱逸奇
朴玉凤	许弘弢	许伟为	许艳琳	邬介斌	严瑾瑜	何　余	何秋翔
余怡琳	宋　玮	宋一益	宋卫平	张　波	张　炜	张　玲	张　飒
张　彬	张　静	张　蕾	张云倩	张冠琼	张秋龙	张晨樱	张靖婧
李　旻	李　易	李　峰	李　艳	李　菁	李　霖	李红霞	李泳潮
李敬喜	李雅馨	李鹏飞	杨　立	杨　清	杨　逸	杨正栋	杨丽玲
杨胜利	沈而默	沈鸣镝	谷劲松	邱晨祎	邵宗玮	陆　俊	陆轶青
陆蓉晖	陈　贤	陈　科	陈　晗	陈　菊	陈　戟	陈戈娴	陈伟华
陈吉媌	陈秀权	陈秀娟	陈佳佳	陈智君	陈湘玮	陈锴锟	周　竞
周　颖	周　懿	周玉钦	周妙燕	周海静	周瑞铭	孟　晶	季　麟
林　文	林　峥	林婷彦	林越育	欧阳栋樑	郎　瑾	郑　飞	郑　拓
郑　琦	郑　蕾	金可昊	姜天鹰	施玲烨	胡　霜	胡洁如	胡涵彬
胡繁俊	赵　桉	赵云燕	郝　彬	骆　影	倪乐央	倪蓓琳	唐　黎
夏　乐	奚　慰	徐　扬	徐　敏	徐　磊	徐明奇	徐明昌	徐真杰
徐锦瑞	殷贵梅	秦志淮	翁　璇	袁　航	诸惠峰	谈建军	贾勤文
郭于浩	钱国军	钱雪莲	顾　萍	顾文硕	顾静文	高　勇	高　翔
高桂莹	曹　阳	曹凤晶	曹慧婷	梁　蓉	黄　伟	黄　琦	黄德民
储灿春	彭怿冰	游乔君	程　鸿	童逸文	葛钱森	董　宇	董　芹
蒋　晨	蒋　薇	蒋　旭	蒋舒怡	谢　放	谢晞德	韩梦婷	简　婵
简诗杨	裘　亮	褚悦闻	解文才	臧　雯	蔡佳琪	潘　磊	潘丽青
潘松权	操基平	薛晨鸣	霍孟军	魏博文			

编 辑 说 明

一、作为大型金融资料性文献书刊，本卷年鉴为《上海金融年鉴》总第十五卷，全方位记录 2014 年上海金融工作的基本情况和重要信息，具有很高的资料价值，供金融界和广大读者参考和使用。

二、本卷年鉴秉承《上海金融年鉴》一贯的方针，内容涵盖银行业、证券业、保险业和其他金融机构一年来的主要业绩，力求真实齐备。

三、本卷年鉴共分十一篇，第一篇综合，第二篇银行，第三篇证券，第四篇保险，第五篇市场，第六篇统计，第七篇法规，第八篇文化，第九篇人物，第十篇长三角金融，第十一篇机构名录。另加附录，内容为长三角金融大事记、上海市贷款企业资信 A 级汇编和上海金融创新奖获奖项目名单。

四、本卷年鉴“长三角金融篇”，反映上海、江苏、浙江、安徽三省一市金融合作和发展情况，为上海国际金融中心建设服务。

五、本卷年鉴“统计篇”中，有些项目口径经过调整，如与上年年鉴数据不一致，请以本卷为准。

六、本卷年鉴“人物篇”中，先进劳模和金融机构负责人均以各部门或单位所提供的资料为限，新闻人物由媒体评选产生。

七、本卷年鉴稿件由本编辑部予以整理与编辑，以期全书在风格上有所统一。

八、为方便读者查阅检索，在卷末设置主题索引，按照首字汉语拼音排列。

九、书稿在编辑过程中，得到了中国银行业监督管理委员会上海监管局、中国证券监督管理委员会上海监管局、中国保险监督管理委员会上海监管局、上海市金融服务办公室、《上海保险年鉴》编辑部以及各中外金融单位的大力支持，还得到中国人民银行南京分行、杭州中心支行和合肥中心支行等具体协助，并由上海人民出版社负责出版工作，在此一并致谢。

《上海金融年鉴》编辑部

2015 年 10 月

编辑说明

目　录

第三篇　证　　券

第四篇　保　　险

第五篇　市　　场

第六篇 统 计

第七篇 法 规

第八篇 文 化

第九篇 人 物

武小强　范　华　林　涌　季　雨　周　宏
周　炯　周　雄　周　磊　周伟忠　胡　政
胡　罡　胡　康　洪佩丽　顾清良　钱　华
徐正良　郭　伟　郭奕乾　常　宏　崔畅范
康志信　堀越秀一　谢　众　蒋　洪　童　威
詹文嶽　窦玉明　瞿秋平　Jan-Willem Sudmann
Vivienne Zhaohui YU

第十篇　长三角金融

第十一篇　机构名录

附 录

Catalogue

Chapter 1 Overview

Chapter 2 Banking

Chapter 3 Securities

Chapter 4 Insurance

Chapter 5 Financial Market

Chapter 6 Statistics

Chapter 7 Laws and Regulations

Chapter 8 Culture

Chapter 9 People

Chapter 10 Finance at Yangtze River Delta

Chapter 11 Name List of Financial Institutions

Appendix

第一篇　综　　合

一、韩正就自贸试验区运行一周年接受《人民日报》、新华社等集体采访

在中国上海自由贸易试验区正式运行满一周年之际，中共中央政治局委员、上海市委书记韩正接受了《人民日报》、《新华社》、《解放日报》、《文汇报》、《新民晚报》的集体采访。以下为采访实录。

自贸试验区一年探索实践，取得四点重要阶段性成果

《人民日报》：海内外非常关注上海自贸区建设一年来的“成绩单”。自贸区建设是国家战略，也是中央交给上海的新使命。习近平总书记说过，上海自贸区是块大试验田，期待有好收成。李克强总理不久前也给予高度评价，希望上海自贸区当好改革领跑者、树立开放新标杆。这些要求提的高度非常高。很想听韩书记讲一讲，一年以来围绕这些要求，上海自贸区有了哪些好收成？怎么认识上海自贸区试验和国家全面深化改革的关系？

韩正：你的第一个问题，是对于一年来的实践成果怎么看。

建设中国上海自由贸易试验区，是党中央、国务院作出的重大决策部署，是在新形势下进一步推进改革开放的重大举措。一年来的探索实践，充分证明了中央决策的正确性和科学性。

总体上看，自贸试验区一年的探索和实践，在国家各部门的帮助支持下，紧紧围绕制度创新，获得了重大突破，取得了重要阶段性成果。这些成果概括起来是四点：以负面清单为核心的投资管理制度基本建立；以贸易便利化为重点的贸易监管制度有效运行；以资本项目可兑换和金融服务开放为目标的金融创新制度有序推进；以政府职能转变为核心的事中事后监管基本制度业已形成。也就是说，党中央、国务院要求上海自贸试验区推进的四个方面制度创新已全面推开，都在不同程度上取得了重大进展。目前，由国务院发展研究中心、普华永道、上海财经大学等中外机构从不同角度进行的第三方评估工作也即将完成，届时这些评估报告会正式公布。

自贸区是国家的试验田，不是地方的自留地；是制度创新的高地，不是优惠政策的洼地；是苗圃，不是盆景

你的第二个问题，是上海自贸试验区与国家全面深化改革大局的关系。我谈点体会和感受。

第一，自贸区是国家的试验田，不是地方的自留地。习近平总书记对自贸区有重要的指示和要求，他指出，上海自由贸易试验区是中央从我国更好应对国际经济贸易和投资规则变化与挑战、提高对外开放水平、以开放促改革促发展的一块试验田，要求我们播下良种，精心耕作，精心管护，有好的收成。因此我们可以看出，按照总书记的要求，建立自贸试验区就是国家战略。在这一国家战略的试验田里，所有试的内容都是国家进一步扩大开放和深化改革所需要探索的内容，也是按照新的国际贸易投资规则和国际通行惯例，我们需要探索的内容。比如，放活市场的问题，市场在资源配置中起决定性作用，扩大开放，进一步完善制度；比如，内资外资一视同仁、国企民企一视同仁，形成国际化、市场化、法治化的公平、统一、高效的营商环境等等，这一年来都是按照这样的要求来进行探索和试验的。这一年的探索试验，完全围绕服务于国家战略，和过去我们讲的开发区、保税区、地方优惠政策特殊发展区等完全不同。也就是说，自贸区所有的发展探索和先行先试的内容，都不是为了地方发展，一切服从服务于国家战略。这就是国家的试验田，不能试着就变成自己的自留地了。

第二，自贸试验区的关键是成为制度创新的高地，决不能成为优惠政策的洼地。只有成为创新的高地，才符合国家发展战略。总书记、总理反复强

调，自贸试验区的核心任务是制度创新，就是要为国家全面深化改革率先探索突破口和新路子。李克强总理明确要求我们，不要把力气用在研究优惠政策上，要继续当好改革领跑者、树立开放新标杆，以敢为人先的勇气和富于创造的智慧，为深化政府行政管理体制改革探路。这一年的实践探索就是按照党中央、国务院的要求，努力成为制度创新的高地，我们决不会把自贸区搞成政策的洼地。实际上这一年在探索实施负面清单管理模式、外商投资管理体制改革、工商登记制度改革、贸易便利化改革等方面，形成了一批创新型的制度。这些制度的创新，从体制机制和管理制度上切实为营商创造了非常好的环境，特别是提高了效率、激发了市场活力、降低了企业运营成本。这些制度保证了内资外资、国企民企的同等、公平待遇。

第三，自贸区的制度成果都必须符合可复制可推广的要求，是苗圃，不是盆景。党中央、国务院对我们的要求是很明确的，自贸试验区的制度创新探索，成功以后，必须在更大范围、在全国可复制可推广。从某种意义上讲，自贸试验区建设是否成功，就是要看形成了多少服务于国家战略的、在全国可复制可推广的制度成果，这是重要的衡量标准。经过国家有关部门的大力推进，一年来、特别是近半年来，已经有21项制度在全国复制推广，其中，投资管理方面有6项、贸易监管方面有9项、金融创新方面有6项。这21项复制推广的制度创新成果，是在自贸试验区建设管理的过程中，成熟一项推进一项的，而不是三年打包的概念。现在正在研究的是接下来还有什么成果可以推广，就是在自贸试验区运行一周年时拿出的一批。目前，在国家各有关部门的指导下，正在对另外一批已经比较成熟的30多项创新制度进行总结和评估，条件成熟后，按一定的报批程序，也会分批分期在全国复制推广。

一年前，我们对制度创新的重要性，远远没有今天认识得这么高、这么深

新华社：对照自贸区成立之初设想的目标，和一年来实现的目标，您的感觉如何？

韩正：自贸试验区一年来的改革探索，成果好于预期。为什么这么说？自贸试验区建设是中央交给我们的任务，我们对此的认识，是在实践中不断深化和提升的。回顾一年前，我们对自贸试验区的建设发展、对制度创新的重要性，远远没有今天认识得这么高、这么深。自贸试验区的改革，力度很大、涉及面很广、在所涉及的领域探索很深。我自己感受特别深刻的一点，也是我们改革中的难点，更是我们今后将继续集中精力推进的重点，就是政府管理创新。

过去，我们已经认识到政府管理创新的问题，认识到要进一步发挥市场机制的作用，处理好政府和市场的关系，但我们一直没有很好地走出来。什么叫“走出来”？就是以往改革过程中，我们提出了简政放权，但一遇到问题，就又加强管理了，放和收、放和管，放放收收、收收放放，始终在一个平面上循环。而这次自贸试验区的改革探索，是把平面循环变为螺旋式上升。政府简政放权，并不是简单把过去管的给放了，而是改变过去以审批为主、特别是以前置审批为主的管理模式，建立起一整套我们以前从来不熟悉、也没做过的事中事后监管模式。过去我们也有事中事后监管，但还是以前置审批为主导的，没有建立起一整套科学的制度体系。如今政府面临的难点是：不审批了，怎么管呢？原来审批是前置的，现在不审批了，事中事后怎么监管呢？自贸试验区探索建立起的负面清单制度和事中事后监管制度，很好回答了这个问题。

企业怎么干？负面清单是“法无禁止皆可为”，规定什么不可以干，这样企业会有一个很清晰的预期。过去以审批为主特别是以前置审批为主的政府管理模式，企业预期比较模糊，因为任何事都要审批。现在有了负面清单就清楚了。负面清单刚开始是190条，现在是139条，今后还会进一步缩短，负面清单之外的其他内容，企业可根据自身发展需要自主决定。

政府怎么监管？这就涉及整个事中事后监管的制度和体系。目前，我们已建立起六项事中事后监管制度，有些是过去实践中有过一定探索、经过一年总结和提炼归纳出来的；有些则完全是这一年里创新探索出来的。这六项制度包括：安全审查制度；反垄断审查制度；社会信用体系；企业年度报告公示和经营异常名录制度；信息共享和综合执法制度；社会力量参与市场监管制度。这六项大的制度，展开后实际上包含很多具体内容，有的是国家事权，有的是地方事权。有了这六项制度，政府职能转变之后，在放管结合上，主要管防范风险、维护公平的市场秩

序，只有这样才能放得更宽。

负面清单以外，还要建立权力清单，这也是政府职能转变非常重要的一点。权力清单制度是什么？就是“法无授权不可为”，法无授权，就不能再审批，再审批就违法了；还有一句，“法定职责必须为”。“法无禁止皆可为、法无授权不可为、法定职责必须为”，这三句话在自贸试验区得到了充分体现。负面清单是指企业的行为，权力清单是规范政府权力。这是难点，也是亮点，也是我们觉得一年运行成果好于预期的重要方面。这一点，非常值得复制推广。

自贸区探索的，是对过去政府以审批为主的管理模式的颠覆性创新

新华社：自贸试验区运行的一年里，上海全市的改革也是全方位推进的，包括国资国企改革、司法改革、教育改革等等都是齐头并进。请您谈一谈自贸区的探索创新与全市深化改革的关系。

韩正：党的十八届三中全会提出的全面深化改革的总目标，就是完善和发展中国特色社会主义制度、推进国家治理体系和治理能力现代化。经济体制改革是全面深化改革的重头，对其他领域改革具有牵引作用，是引领。上海按照中央精神推进的全面深化改革，在经济领域的改革创新，就是以自贸试验区为核心的。自贸试验区的改革探索，从上海的角度讲，是尽最大努力探索政府自身改革。政府自身改革是什么？三中全会提出，要处理好政府与市场的关系，充分发挥市场在资源配置中的决定性作用和更好发挥政府作用。如何处理好这对关系？我认为，市场规律是客观存在的，处理好这对关系的核心是转变政府职能，改革政府的管理体制和监管模式，是处理好这对关系的最重要题目，是推进国家治理体系和治理能力现代化的重要内容。我们不能说，政府不动、让市场动，市场规律是客观存在的，因此政府必须进行自我革命。什么叫政府的自我革命？就是要改变过去一直延续到现在的、以审批为主、特别是以前置审批为主的政府管理模式，这必须改变。自贸试验区探索的，就是对过去政府以审批为主的管理模式的颠覆性创新。这项改革，对于我们，现在和将来都会有越来越深刻的体会。前置审批没有了，对政府的实际工作来讲，管理比过去难了、要求更高了，必须从以往以审批为主的管理模式转变到事中事后的科学监管上，这是重大的改革创新。

随着以经济领域为引领的全面深化改革的推进，上海马上推出了国资国企改革，因为这涉及国企作为市场主体的作用。处理好政府与市场的关系，国资国企改革是必须首先突破的。上海国资国企改革的核心，是通过国资管理的改革来进一步增强企业的活力，搞活企业。过去叫国资国企管理，这个提法不是很科学。实际上企业就是市场主体，国资的性质决定了政府就是要管好国资、放活企业、不管经营。同时，国有企业的市场属性是不同的，有些是完全市场竞争类、有些是公共服务类、有些是功能类，因此，这次改革我们把国企分为三类实施监管，改革实践下来效果是好的。为什么我们把国资国企改革放在这么重要位置？因为上海国资总量比较大，国资国企对国家的发展、对上海的发展至关重要。

另外，根据国家统一部署，一系列重大改革也在进行试点，如司法改革，教育综改中的高考改革，创新社会治理、加强基层建设的改革等，都在有序推进中。这是处理好全面深化改革和以经济改革为引领的关系，在全市面上工作中的充分体现。

最大亮点是负面清单，最大难点是事中事后监管

《解放日报》：关于自贸试验区运行一年来的成果，您刚才讲了四个方面，有的是突破，有的是阶段性的成果。从您的角度看，一年来最大的亮点是什么？最大的难点是什么？

韩正：自贸试验区最大的亮点是负面清单。由于负面清单的建立，引申出一系列制度创新和制度创新的体系，因而这是龙头性的制度。由于负面清单，把企业搞活了；由于负面清单，政府的管制进一步放松了；由于负面清单，政府审批制度必须进行颠覆性的改革；由于负面清单，必须建立事中事后监管制度。所以，负面清单制度是一条根本性的制度。

最大的难点，就是拿出负面清单之后，政府的事中事后监管，这是全新的。我曾经在政府工作了许多年，深切体会到，政府过去对企业经营活动的许多事中事后监管办法，在如今负面清单的制度之下，是不可用的，必须建立起一套全新的事中事后监管体系和政府管理模式，这是难点。所以，目前六项事中

事后监管制度的创新,是非常重大的突破。当然,这是一个过程,我相信随着今后的发展,还会引申出很多新的制度。比如,随着服务业的发展,对服务业的监管,特别是信息化、网络化、“四新企业”发展过程中,肯定会有很多事中事后监管制度需要创新。再比如,随着金融领域的进一步扩大开放和人民币国际化进程的加快,又提出了事中事后监管制度的新课题。所以,事中事后监管制度是在目前六项制度的大框架下,不断延伸、不断拓展、不断深化。这是难点。

自贸试验区建设成果,是国家各个部门和上海市共同努力、紧密合作的产物

《解放日报》:上海自贸试验区不仅是上海在改革探索,国家各部委都在这块试验田里试,国家各部委的支持起到了十分重要的作用。这方面,一年来您有什么感受?

韩正:自贸试验区的每一项制度创新、每一项制度突破、每一项工作中瓶颈和问题的解决,都是在国家各有关部门和主管部门帮助指导下实现的;下一步的可复制可推广也都是在国家各部门主导下进行的。所以,自贸试验区建设取得的阶段性重大成果,是国家各个部门和上海市按照中央的要求、按照总书记关于国家试验田的要求,共同努力、紧密合作的产物。

大胆闯、大胆试、自主改,上海在两个方面进行自我加压

《文汇报》:自贸区运行一年来,我们按照国家战略做了很多工作,其中有没有属于我们自我加压的改革举措?在深水区的改革中要大胆试、大胆闯,上海如何攻坚克难?

韩正:大胆闯、大胆试、自主改,这九个字,是习近平总书记对我们的要求。中央给了我们三年时间推进自贸区试验,全国人大法律授权我们也是三年,要通过三年的努力,形成面上可复制可推广的制度体系。三年时间可说长也可说短,从目前国家全面深化改革、加快发展的角度来讲,三年时间可以做很多工作,要求完成的任务很多,这是一个比较长的时间;三中全会通过的总的改革目标实现是到2020年,有七年时间,三年在七年的过程中占很大比例;但是从重大改革的角度讲,制度要成熟,三年的时间是很短的。因此,我们在两个方面进行了自我加压。

第一方面,我们提出了三年内分批分期推出创新探索的制度成果。总体上是成熟一批推出一批,三年分三步,一年走一步,第一批成果推出就是运行一年的时候。这得到了中央领导的肯定和鼓励。

第二方面,我们感觉到在自贸试验区推进过程中,有许多方面需要进行配套改革,必须及时研究推出整个面上和自贸区有关的一系列改革。比如,市政府和区政府权力清单的制度,这已经不是自贸区范围内了。比如,全市的审批标准化。审批标准化和权力清单是配套的,也就是说权力清单规定可以做什么,做这些事就必须按照统一的标准程序去做。再比如,国资国企改革、分类综合执法体制改革等,这些都是在自贸试验区改革过程中,我们觉得必须同步深化、配套推进的。分类综合执法体制改革,在浦东新区已经迈出第一步,今年10月底,我们要在中心城区8个区推出市场监管“三合一加一”的改革,就是在浦东新区工商、食药监、质监“三合一”综合执法体制改革的基础上,再加上物价管理。明年,将在其他区推广。今年四季度,我们还要研究和完善城市管理领域的综合执法体制改革。所谓分类,就是如市场监管、城市管理,以后还有文化等,做到行政管理体制和行政执法体制完全整合。

这些自我加压,你说和自贸试验区有关吗?当然是密切相关,这都是加快推进政府职能转变。

大众创业、万众创新,是中国经济升级发展新发动机的新动力

《新民晚报》:这次李克强总理到自贸区,看到很多年轻人在里面创业,提出这是中国智慧的聚集之地。之前大家一直觉得在自贸试验区发展的都是高大上的企业,这次总理提出大众创业、万众创新,让大家觉得自贸区和广大民众密切相关。下一步我们如何让大众创业、万众创新在自贸区生根开花?

韩正:大众创业、万众创新,我觉得这就是中国经济升级发展新发动机的新动力。一方面,充分发挥市场在资源配置中的决定性作用和更好发挥政府作用,核心是处理好政府和市场的关系。也就是说,当我们有法律和制度保障,让创新和创业的人能够

更便利、更低成本地进入市场,政府所有的制度对小企业大企业、内资外资、国企民企一视同仁,全民的创新活力完全可以迸发。另一方面,大众创业、万众创新要发挥潜能,还有很多配套条件,如法律保障、融资保障、风险分担。当下,这些制度还有缺失,当制度进一步完备的时候,潜能将得到进一步激发。为什么这次到自贸试验区注册的小企业多、年轻人创新创业特别多,就是因为我们在这方面有了很大进步。如果今后我们再有更多金融创新产品更好地服务创新创业者,这个局面会进一步发展。我相信这将是自贸试验区下一步发展的亮点。

上海自贸区 28 平方公里的土地上,外高桥区域已有 20 多年,其他区域也有 10 年左右。这一年来,面积没有增加,各种硬件条件也没有太多改变,为什么企业入驻数量超过之前十多年的总和,而且有不少大企业和许许多多中小企业?为什么就业人数翻了一番?我想,其中的原因很值得我们总结。

真正为实体经济发展的资本项下可兑换,要更加放开,同时建立有效监管体系

《人民日报》:自贸区运行一年来,很多中外金融机构进驻。关于自贸区的金融创新,有人认为走得蛮快,但也有人表示说还在等还在看,金融创新力度可以再大一些。您如何看这个快与慢?

韩正:自贸试验区的金融改革,是全社会特别是国际社会高度关注的,他们认为这是自贸试验区的最大看点。国家"一行三会"全力支持自贸试验区的金融改革,到目前为止,已出台了 51 条金融创新举措,紧紧围绕四个方面,包括推进人民币国际化、利率市场化、人民币跨境交易、外汇管理制度创新等,一线放开和二线严格管理的宏观审慎的金融框架制度和监管模式基本形成。现在大家最关注两条:一是建立了自由贸易账户的管理模式,这是体制创新。这个账户建立起防范风险的电子围栏,在这个账户里面,资金进出很方便。这个账户的建立,探索出了既符合我们国家的实际,也是进一步放开,同时又能够很好地进行监管的人民币国际化进程中跨境交易使用的重要制度创新。二是建立了资本项目可兑换的操作模式,实施"分类别、有监管"的可兑换。资本项下可兑换不等于资本项下完全自由兑换,这是两个概念。"分类别",是指直接服务于实体经济和我国经济发展的资本项下开放,不是为金融而金融的开放;"有监管",是指人民银行设定了一整套即时管理、24 小时监控、非常有效的风险防范体系。这些制度的建立为下一步扩大开放奠定了坚实的基础。金融开放是建立在防范风险的基础之上,防范风险的能力有多大、就能开放到多大。说到底,真正为国家经济发展特别是实体经济发展的资本项下可兑换,要更加放开,同时建立起一整套有效的监管体系。

验证改革成果的,是探索出一条发挥市场决定性作用和更好发挥政府作用的新路子

韩正:自贸试验区改革探索的根本大背景,是国家全面深化改革中的核心问题,就是要把党的十八届三中全会提出的处理好政府与市场的关系这一根本改革,在自贸试验区里试出整个制度体系,这是最大的国家战略。这就要看我们的能耐了,看我们能不能完成中央交给的任务。验证我们改革成果的不是一堆数字,而是探索出一条充分发挥市场在资源配置中的决定性作用和更好发挥政府作用的新路子,这是我们推进中国上海自由贸易试验区改革探索的应有之义。

(中国上海门户网站)

二、金融管理机构

1. 中国人民银行上海总部

2014年，中国人民银行上海总部围绕自贸试验区金融改革和上海国际金融中心建设以及上海总部“三个平台、三个中心”职能建设，圆满完成了各项工作。

【推进上海自贸试验区金融改革】 上海总部一手推改革开放，一手抓风险防范，积极支持自贸试验区建设。一批创新性金融制度已经建立，金融服务功能显著增强，底线风险控制严格，金融改革进展顺利，得到了国务院和社会各界的高度肯定。

一是立足企业需求研究出台金融政策，确立自贸试验区金融改革的总体框架。以服务实体经济为出发点和落脚点，主动提出自贸试验区金融改革的政策框架。根据总行的30条意见，先后发布扩大人民币跨境使用、支付机构跨境人民币支付业务、反洗钱和反恐怖融资、放开小额外币存款利率上限、外汇管理、分账核算业务、审慎管理七项实施细则，正式启动自由贸易账户业务。

二是建设具备实时逐笔监控功能的自由贸易账户管理信息系统，完善事中事后监管。建设涵盖开立账户的金融机构企业和个人的自由贸易账户管理信息系统，实行分账核算、封闭管理、电子围网。成立“自由贸易账户实时监测室”，对账户资金实现24小时逐笔跟踪，实施事中事后监管和风险管理。

三是有序推进资本项目可兑换，建立资本项目可兑换的操作模式。在实施必要的宏观和微观审慎管理的基础上，有序推进实体经济有迫切需要的资本项目可兑换，受到企业欢迎。

四是建立利率市场秩序自律组织，探索风险可控的利率市场化路径。充分发挥政府与市场两只手的作用，实现了“利率不上升、存款不搬家”的外币存款利率市场化改革。在政府层面，上海总部加强政策指导，建立了包括利率监测、引导及临时管制措施等在内的利率管理机制。在市场层面，牵头成立了市场秩序自律委员会，规模最大的15家银行为理事，起到大型商业银行市场稳定器的作用。自3月1日放开小额外币存款利率上限试点以来，小额外币存款挂牌利率总体稳定，市场决定利率的机制增强。

五是有效实施简政放权和负面清单管理，金融服务实体经济的功能显著提升。对跨境人民币业务实行完全的事中事后监管，不搞事前行政审批。外汇管理方面取消部分行政审批，对区内外资企业资本金结汇及跨国公司资金管理试点中的资本金外债结汇率先实施负面清单管理，对继续实施事前审批的大幅简化审批流程。

六是切实把防控风险作为重要底线，建立开放经济下的宏观审慎政策框架和金融安全保障制度。坚持底线思维和实时监控的工作作风，将风险管理寓于改革的每一个进程。成立“上海总部支持中国(上海)自由贸易试验区建设工作委员会”和风险审慎评估工作机制委员会，加强本外币协调监管。继续执行全国统一的宏观审慎管理框架，建立宏观审慎的人民币境外融资制度。切实加强反洗钱、反恐怖融资工作。加强对跨境资金异常流动的监测，制定异常情况下的应急管理办法。会同市政府和各金融监管部门建立自贸试验区综合信息监管平台，加强信息共享和监管合作。

【推进上海国际金融中心建设】 上海总部抓住自贸试验区金融改革的契机，以扩大金融市场开放和强化基础设施建设为重点，深入推进上海国际金融中心建设。

一是支持建设面向国际的金融市场交易平台。推动上海黄金交易所等在自贸试验区设立国际交易平台。黄金交易所“国际板”于9月18日正式上线运行，引入首批40家境外会员，黄金市场对外开放进入新阶段。外汇交易中心“国际金融资产交易平台”已经上线，并将逐步拓展报价和交易等服务功能。上海国际能源交易中心正式挂牌成立，原油期货已经获得批准。

二是推动扩大金融市场开放。支持境外机构和自贸区注册企业的境外母公司在境内发行人民币债券，梅赛德斯—奔驰公司作为首家境外非金融企业成功发行5亿元“熊猫债券”。系统评估港澳人民币清算行拆借业务开展情况，持续推动境外人民币清算行进入同业拆借市场。推动银行间债券市场对外开放。完成88家境外机构进入银行间债券市场准入备案。推动人民币外商投资股权投资企业试点(RQFLP)和人民币合格境内有限合伙人试点(RQDLP)。研究个人境内外双向投资试点方案。

三是深化金融对外交流与合作。配合总行深入参与国际金融治理，拓展与港澳台、国际组织、外国央行、政府部门等的双边往来。配合做好沪港通有关工作，落实两岸货币清算机制。协助国际货币基金组织(IMF)和亚洲宏观经济研究办公室(AMRO)完成在沪磋商会谈和年度评估。召开第五、第六次外国央行驻华首席代表会议。成功筹办中俄总理定期会晤委员会金融合作分委会第十五次会议。参与伊斯兰金融服务委员会(IFSB)活动，稳妥处理有关伊斯兰金融政策。承办第二届国际金融消费权益保护组织年会暨金融消费权益保护国际研讨会。

四是加强金融基础设施建设。推进跨境人民币收付信息管理系统(RCPMIS)建设，完成自贸试验区自由贸易账户监测管理信息系统(FTZMIS)一期工程建设。完成中央银行会计核算数据集中系统(ACS)、国库会计数据集中系统、第二代支付系统、支付信息统计分析系统、上海市支付结算综合业务系统上线工作。推动上海市46家小额贷款公司、融资性担保公司接入征信系统，开展浦东小微企业信用体系建设试点。推广互联网个人信用信息服务平台。推进总行上海异地灾备中心(反洗钱上海监测分析中心)项目建设。

【全国性职能建设再获新突破】 金融消费权益保护部成立和总行调统司部分全国性职能落户上海，形成“局部合一”“司部协动”“以司带部”三种总行总部联动的成熟模式，进一步充实了总部“三个平台、三个中心”的职能内涵。

一是“局部合一”的金融消费权益保护体制运行顺畅。总行决定在总部成立金融消费权益保护部，并与总行金融消费权益保护局合署办公，形成了以上海为中心、辐射全国的金融消费权益保护工作格局。构建多元化金融消费纠纷非诉解决机制，成立全国首家独立第三方金融消费纠纷专业调解组织——上海市金融消费纠纷调解中心。做好12363电话运营维护和金融消费权益投诉处理与保护评估。开展“3.15”金融消费权益保护宣传和“金融知识普及月”活动。

二是“司部协动”充实总部调统研究职能。总行调统司决定将处理部分全国性统计系统信息等五项全国性调查统计专项工作交上海总部承担，丰富了“司部协动”的内涵。目前，已在全国实施金融家问卷调查制度，正式承担全国理财与资金信托系统的维护监测，积极参与全国债券统计系统开发，承担“宏观经济时间序列数据库”国际经济金融模块的维护工作。建立自贸试验区金融统计制度，完成上海银行业金融机构第三次经济普查。加强对经济金融热点问题的研究，发布《2013—2014国际金融市场报告》，翻译出版“国际金融最前沿”系列丛书，出版《投资机会与风险》专刊，为企业“走出去”提供服务。

三是“以司带部”等总行总部联动模式不断深化总部“三个平台、三个中心”职能建设。公开市场部、金融市场部、国际部、跨境部等“以司带部”的部门在总行相关司局的带领下，各项工作都取得突破性进展。完善同业拆借管理，研究取消同业拆借市场准入审批的实施方案，承办对上海清算所招标发行债券的现场监督。上线黄金市场监测分析系统，承接银行间债券市场做市商做市业务的监测分析。发布《2013年中国金融市场发展报告》，逐步淡出外汇市场直接干预，做好外汇公开市场竞价交易工作，推进公开市场操作平台建设。以优质服务和高效操作稳步开展代理境外央行投资银行间债券市场业务。认真履行跨境人民币业务全国操作性管理职能，强化全国跨境人民币资金流动、海外人民币市场监测、人民币国际化指数编制和全国跨境人民币非现场监测及风险排查。2014年上海市跨境人民币业务结算量1.7万亿元，占国际收支总额的26.3%，首次跃居全国第一。

【加强对实体经济的金融支持】 上海总部努力优化货币政策工具的操作，引导金融机构着力缓解实体经济融资难、融资贵的问题，提升金融服务实体经济的能力与水平。

一是优化货币信贷政策工具应用，促进经济结构调整。积极运用再贴现工具引导金融机构扩大小微企业信贷投放。落实定向降准政策释放资金，对支持小微企业表现突出的金融机构，适度调整稳健性参数。强化货币信贷政策导向效果综合评估，创新信贷产品监测制度，推动保理、股权质押贷款、投贷联动等信贷业务。发挥再贷款的定向支持作用。参与债券市场建设，鼓励符合条件的企业发行各类债务融资工具，加大对保障房等民生工程建设的支持。

二是深化便利贸易投资的外汇管理体制改革。推进跨国公司外汇资金集中运营管理业务发展，深入开展第三方支付机构外汇支付试点。推动外汇业务产品创新，鼓励货币经纪公司开展人民币外汇期权经纪业务试点。拓展汇警合作，开展转口贸易、资本项目结汇等专项检查，打击虚假转口贸易逃汇、地下钱庄等外汇违法犯罪行为。简化银行结售汇业务准入备案流程。借助新上线的跨境资金流动监测与分析系统，完善货物贸易和跨境资本流动的监测核查，强化对银行及重点企业的监管。

三是进一步提升各项金融服务水平。实现财税库银横向联网电子缴税系统（TIPS）本市扩围，实现非税收入系统与商业银行代理国库入库信息对账。启用上海立体发行库。加大残损人民币回收力度，完善小面额人民币供应机制，建立银行业金融机构反假货币联络机制。组织举办上海市金融业通信基础设施联合应急演练，提高金融业信息系统基础设施保障和防灾减灾能力。开展财务公司电子商业汇票线上清算和上海地区金融IC卡国产芯片应用试点，推进安全自主可控产品及算法的应用推广。

【防范系统性、区域性金融风险】 上海总部始终坚持底线思维，加强金融风险监测与排查，配合打击非法金融活动，切实防范系统性、区域性金融风险。

一是积极处置和防范金融风险。做好存款保险条例草案公开征求意见工作，加强舆情和流动性监测。配合防范和打击非法集资、非法证券期货等犯罪活动，妥善处置未获牌支付机构风险事件和银行卡预授权风险事件。建设上海市支付机构监管信息系统。加强金融稳定再贷款管理。督促金融机构规范同业业务。开展第三方支付、理财、网络借贷与众筹平台领域的风险排查。

二是加强金融风险监测。推进"两综合、两管理"工作，做好新设机构的开业服务，组织开展相关金融机构的综合评价。持续监测上海银证保金融机构的经营风险，开展商业银行贷款真实性和不良资产处置核销合规性专项现场评估，密切关注钢贸、互联网金融等重点领域、重点行业和重点机构的风险。发布《中国区域金融稳定报告(2014)》。

三是加强洗钱风险评估和反洗钱调查。建立符合自贸试验区特点的反洗钱、反恐怖融资管理制度。加强洗钱和恐怖融资风险评估。提升反洗钱调查质量，建立与反恐部门的反洗钱和反恐怖协调机制。

（中国人民银行上海总部综合管理部）

2. 中国银行业监督管理委员会上海监管局

2014年，上海银监局贯彻落实银监会部署，围绕上海"创新驱动、转型发展"战略，继续强化重点领域金融服务，全力支持上海自贸试验区建设，提高民生金融服务水平，推动实体经济转型升级。截至2014年12月末，上海银行业金融机构资产总额11.27万亿元，同比增长15.14%；各项贷款余额4.81万亿元，同比增长8.16%；各项存款余额7.11万亿元，同比增长5.89%。

【支持自贸区建设】 2014年，上海银监局及时跟进银监会支持自贸区银行业发展政策，及时发布了《关于试行中国(上海)自由贸易试验区银行业监管相关制度安排的通知》，制定了风险评估、监管信息和简化市场准入三项制度，由此构成自贸区银行业监管的基本框架。上海市银行同业公会及时成立"自贸试验区银行同业联席会议"，积极探索区内机构行业自律和议事协调机制。

在自贸区创新效应引领下，随着配套政策和服务完善，上海银行业在跨境金融、衍生品交易、金融互联网、财富管理、金融租赁等领域不断取得新进步。特别在促进金融机构和功能性机构集聚上海方面又有新成效。平安银行资金中心、宁波通商银行资金中心和太平石化金融租赁公司已获准开业，华晨东亚汽车金融公司正在办理开业手续。积极推动民间资本、外资等各类资本进入金融领域。上海首家民营银行上海华瑞银行获批筹建，民营控股汽车金融公司东正汽车金融公司已获筹建批复。巴西银行上海分行等6家外资银行分行在沪获批设立或筹建。

【强化重点和民生领域金融服务】 2014年，上海银监局主动跨前，摸底通报全市重大项目、保障房和旧区改造等重点领域的信贷需求情况，促进银行加强项目对接，积极有效放贷。截至2014年12月末，上海银监局已向辖内银行下发8批需信贷重点支持的保障房名单，辖内保障性安居工程贷款余额为976亿元，较年初增加206亿元，比上年同期增长26.75%，比辖内各项贷款增速高18.5个百分点。推动银团贷款支持重大项目建设，截至2014年12月末，全市银团贷款余额4 031亿元，同比增长26.96%，广泛用于支持城市基础设施建设、民生工程和国家批准的重大项目，为促进实体经济的发展做出积极贡献。支持上海全球科技创新中心建设，截至2014年12月末，上海高新技术产业贷款余额达到1 311亿元。上海市银行同业公会升级推出公益性全行业小微信贷产品贷款查询平台3.0版，访问量累计8.4万人次，是2013年初的近一倍。小微企业平均年融资成本为7.2%，比上年下降1%；银行服务满意度为82%，融资便利性和可获得性稳步上升。辖内法人银行业金融机构小微企业申贷获得率维持在72.07%较高水平。全行业对绿色经济、低碳经济、循环经济的信贷支持力度进一步加大。

【提升普惠金融服务水平】 2014年，上海银监局继续践行为民监管，引导发展普惠金融，促进机构不断丰富特色化服务和产品形式，加大社区金融服务力度。截至2014年12月末，辖内新设社区金融服务网点116家，网点初具规模。加强“三农”金融服务，在沪农村中小金融机构基本实现上海地区各乡镇100%网点全覆盖。下发《上海银行业敬老服务指导意见》，指导上海市银行同业公会在全行业开展“和谐金融　敬老服务”倡议活动，当年评选表彰敬老服务示范网点117家、标兵137名和示范员工3 533名。为切实保护银行业消费者权益，规范全行业销售行为，在全国率先推行代销业务的录音、录像举措的基础上，2014年实现辖内所有银行零售网点“双录”全覆盖。组织全行业成功堵截电信网络、票据诈骗996起，成功拦截金额6 140万元；及时处理银行业消费者投诉，维护了银行及客户双方的正当权益。

【强化重点领域风险防控和处置】 2014年上海银监局牢记守住不发生区域性、系统性风险的使命，加强前瞻监测预警，及时引导防范风险，先后对信用卡过度授信、商业综合体贷款、铜融资、社会支付机构合作、案件防控等进行风险预警。开展不良贷款、房地产和理财业务等领域的压力测试，指导辖内银行及时掌握风险暴露信息和处置进度。通过清收、核销、重组、转让、现金清收等市场化、法制化、规范化手段积极处置不良资产，夯实全行业信贷资产质量，以增强经济下行期抗风险能力；全辖区年末不良贷款率0.89%，继续低于全国平均水平。辖内银行业钢贸风险集中暴露期基本结束，相关风险得到有效化解。

【推进上海国际金融中心建设】 2014年，根据市政府分工，上海银监局积极推动上海国际金融中心建设各项重点工作，在推进机构集聚、支持经济转型升级、健全市场体系、扩大金融对外开放和优化环境发展等五方面取得积极成效，切实推进上海国际金融中心建设。

一是推进金融机构集聚，促进金融业务创新。引导和支持银行业金融机构到自贸试验区内开展经营活动。截至12月底，累计49家机构获批在试验区设立54家营业性网点。积极推动民间资本、外资等各类资本有序进入金融领域。以市场化、国际化为方向，支持深化市属金融国资国企改革。如支持浦发银行启动入股上海国际信托相关工作；督促辖内三家法人银行改善绩效考核办法，促进审慎经营与可持续发展；支持市属金融企业国际化进程，浦发银行设立香港分行，新加坡代表处、伦敦代表处，上海银行在香港设立投资银行。

二是加强金融服务创新，支持经济转型升级。积极引导辖内银行业支持实体经济转型升级。12月末，辖内主要银行机构战略性新兴产业、文化产业贷款余额和银团贷款余额分别为1 050.95亿元、436.85亿元和4 031亿元。鼓励和支持小微企业金融服务创新，截至12月末，上海银行类小微企业贷款余额10 321.83亿元，较上年同期增加1 289.35亿元，同比多增190.22亿元；增幅14.27%。辖内新设便捷化社区、小微金融服务网点105家，中小银行基层和社区金融服务工作进一步夯实。进一步鼓励完善社区金融服务。

三是健全金融市场体系，拓展市场服务功能。积极推动在自贸试验区内组建公司制的全国性信托登记服务机构。上海银监局推动市政府相关部门在《中国(上海)自由贸易试验区条例》中纳入了“支持在区内建立完善信托登记平台，探索信托受益权流转机制”,同时推动浦东新区政府、自贸区管委会联合发布了《信托登记试行办法》,为信托登记平台落沪奠定了制度基础;配合证券市场改革,鼓励浦发银行进行优先股发行探索。促进银行业金融机构发挥积极作用,提升 Shibor 在市场定价中的基准作用。如浦发银行自 2013 年 11 月开始正式对外开展以 LPR 为基准的信贷业务,即以 LPR 作为针对该行最优客户发放的信用贷款的基准利率,在此基础上针对不同客户加上相应的信用风险价差。扩大国际主流货币和新兴市场货币挂牌,推进为境外市场提供基准报价等多层次服务,继续引入境外机构投资者进入银行间市场。

四是扩大金融对外开放,提升国际化程度。支持自贸试验区内跨境金融服务创新。银监会在迄今为止出台的三份关于自贸区建设的文件中,都对跨境金融服务创新进行了相应安排。目前,跨境金融服务已成为自贸区银行业务创新和增长的最大亮点。落实两岸货币清算机制,做好在沪台资金融机构的服务,推进台资控股金融机构落户上海。截至 12 月末,台资银行在沪设立的分行达到 7 家,台湾银行上海分行的柜面现场零售兑换业务已兑出现钞金额近 6 316 万新台币,折合人民币 1 340 万元。加强国际金融交流,加强与其他国家和地区监管当局的对话,宣传上海经济金融情况和监管政策,促进境外银行增强在沪发展的信心和投入。

五是完善金融发展环境,推动行业有序发展。建立健全金融风险监测和预警机制,防范系统性、区域性金融风险和重大单体金融风险。做好金融监管信息与本市公共信用信息服务平台自贸试验区子平台的对接,推动建设覆盖全、更新快、使用便利的企业征信系统。上海银监局于上半年与自贸区综合监管信息平台初步建立合作机制,每月定期向其提供监管数据,积极支持监管信息平台建设。近期将根据自贸区管委会的统一工作部署签订正式信息交换协议,固化合作机制。加强金融消费者权益保护工作,设立了消费者保护专职处室,全面负责和引导辖内银行业金融消费者权益保护工作。优化金融人才服务环境,集聚金融中心建设人才资源。2014 年 5 月发布《上海市银行业从业人员流动公约》,防止从业人员“无序流动”、“带病流动”,净化银行用人环境、推进诚信体系建设;2014 年 8 月举办第六届人力资源管理年会,关注和讨论银行业人力资源热点问题。

【金融创新奖】 上海银监局“上海自贸试验区银行业监管”项目荣获 2014 年度上海金融创新奖推进奖。上海银监局以培育市场化、国际化、法治化的营商环境为目标,前瞻探索试验区银行业监管制度建设,初步构建形成相对独立的试验区银行业监管体系。试验区银行业监管体系具有六大特点:一是弱化事前审批,让权于机构;二是强化事中事后监管,加强风险管控;三是突出试验区特殊风险管理要求,强调风险全覆盖;四是强调机构自我管理责任,促进市场主体应有功能回归;五是统一中外资监管标准,探索准入前国民待遇;六是鼓励跨境金融服务发展,突出创新引领和联动全球功能。监管制度的创新有力助推了试验区银行业的创新转型,银行业金融机构也成为自贸区金融改革的主要参与者。

（上海银监局）

上海银监局召开自贸区银行业监管制度发布会

3. 中国证券监督管理委员会上海监管局

2014 年,上海证监局按照国务院《关于进一步促进资本市场健康发展的若干意见》和全国证券期货监管工作会议精神的总体部署,积极推进监管转型,有效服务主体创新,在配合上海市政府推进上海国际金融中心建设和自贸试验区改革开放方面进行了新探索,在促进上海辖区资本市场健康发展方面取得了新成效。

【市场发展】 着力贯彻新国九条,进一步促进辖区资本市场发展。认真学习领会国务院《关于进一步促进资本市场健康发展的若干意见》精神,按照证监会要求加以贯彻落实。结合上海辖区实际，积极推动并参与配合市政府出台《上海市关于进一步促进资本市场健康发展的实施意见》，发挥上海金融市场、机构集聚、国际金融中心和自贸区加快建设的优势，推进辖区资本市场在广度深度上拓展，在重点改革领域创新。积极参与资本市场法律实施规范体系建设，总结提炼一线监管积累的实践经验，有针对性地为《证券法》修改和《期货法》制定建言献策，并具体参与或直接执笔《期货公司监督管理办法》、《证券公司融资融券业务管理办法》等多项法规规则的制定修订。

【监管转型】 着力落实监管转型，进一步提高监管效率和效能。在监管取向上将维护中小投资者合法权益贯穿始终。建立处以上干部定点参加投资者见面联系的常态化机制，组织内容形式各异的投资者宣传教育活动。督促上市公司健全信息披露、利润分配等制度，积极维护投资者知情权、分红权等基本权利，引导支持中小投资者通过网络投票等方式参与公司决策治理。强化投资者适当性制度监管，多方协同探索纠纷多元解决机制。在监管重心上进一步加强稽查执法力度。树立“大监管、大稽查”理念，深化日常监管稽查执法双向介入紧密联动。优化规范调查组织管理，强化科技办案能力，不断提高稽查执法效能。系统内外协调配合，共同做好立案、调查、审理、处罚、执行的全链条办案。在监管方法上加强事前明确标准警示、事中检查、事后问责查处的全程监管。落实问题导向型现场监管理念，加强对新业务、新情况、新风险的跟踪监测，现场检查向注重质量型、手段多样型、综合协同型、信息化流程化、规范化系统化转变，同时加强监管问责和倒查追责。在监管模式上向共享式、功能型监管转变。在信息披露、舆情监控、保证金监管、私募业务非现场监测等方面与交易所、自律协会、会管单位紧密联动。针对证券基金期货经营机构强化功能监管，统一监管尺度，尝试跨处室联席会商机制、联合现场检查机制和“专业小组”工作机制，加强对共同领域重大事项的协商研判和成果共享。在监管手段上向多样性、协商性、开放性转变。借助召开联席会议、签署协作备忘录等手段，加强与市区两级政府、其他金融监管部门、司法部门以及工商等行政管理部门的联系沟通，指导辖区行业协会在制定自律规范和组织同业交流方面发挥作用，动员各方力量共同参与市场建设。在监管运行上向公正透明严谨高效转变。主动公开涉及市场主体的所有监管要求、许可事项和处罚结果，平等对待各类市场主体，接受社会监督。主动向社会宣传监管政策，加强舆论正面引导，稳定监管预期。

【自贸区建设】 着力配合自贸区建设，进一步促进资本市场对外开放。有效落实证监会党委的工作部署，勇挑重担，主动承担资本市场借助上海自贸试验区加快改革开放的政策对接研究工作。自贸试验区的政策对接涉及面广、政策性强，覆盖市场体系、跨境融资、行业开放、业务创新、综合监管等方面，工作中注重发挥各类市场主体的作用，与三家在沪交易所建立定期沟通机制，充分听取证券期货经营机构的政策需求，深入开展自贸试验区分账核算单元的政策宣讲和解读，协调解决券商自贸区分公司业务范围、系统对接等问题。积极配合市政府相关部门政策分析论证，增强与中国人民银行上海总部的政策协调，共同探讨跨境资金流动监测机制的健全和运行，并与在沪金融监管部门保持政策层面的信息共享和协同推进。局内成立自贸试验区工作小组，有效落实证监会相关配套措施的研究论证工作，并就持续推动上海自贸试验区金融创新试点、加快上海国际金融中心建设提出政策建议。此外，配合交易所做好“沪港通”业务上线的各项准备工作。

【机构创新】 着力推进机构创新发展，进一步提升行业核心竞争力。积极落实证券、基金、期货行业创新发展意见，按照分工做好相关重点任务的推进工作。认真梳理评估行政许可备案及信息报送事项，主动优化或有针对性地提出取消调整建议，最大限度减少对机构具体业务活动和内部事务的干预，为机构争取更大的创新发展空间。简化报备事项，在证券期货条线实行行政许可网上审批，并实现了报备事项的电子化报送。支持证券公司和期货公司在境内外发行上市、并购重组，开展股权和债权等多种方式融资，增强机构资本实力，指导公司向股东争取支持，主动向市政府争取对市属券商补充资本，为创新发展打下坚实基础。鼓励证券期货经营机构依法自主开展满足实体经济和客户需求的产品与业务创新，提升服务质量和经营效益。及时研判个性化创新，积极与会机关、交易所、行业协会等保持沟通、协调推进。开展包容性监管，鼓励公司治理发挥作用，在现行法规框架下，探索建立合规容错机制。探索底线监管原则，对尚无具体规则的新业务、新模式，及时明确若干底线，适时通报和警示风险，引导做好风险计量和监控，为辖区证券期货经营机构开展创新活动营造“放而不乱，松而有序”的政策环境。

（上海证监局）

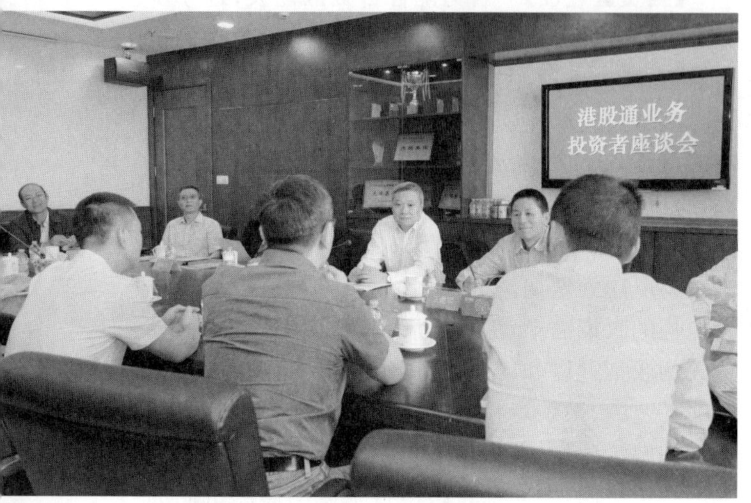

港股通证券业务投资者座谈会在沪召开

4. 中国保险监督管理委员会上海监管局

2014 年，上海保监局着眼于上海经济社会发展全局，以制度创新为核心，深化保险业改革开放，支持上海自贸试验区建设；以贯彻落实保险业“新国十条”为契机，科学谋划上海国际保险中心实施战略，促进上海国际金融中心建设；以创新驱动为关键，促进经济提质增效和转型升级；以服务特大型城市管理为导向，创新运用保险机制，推进社会综合治理和民生保障；以保险监管现代化为驱动，加强监管体系和能力建设，切实提升防范系统性、区域性风险能力。

【支持自贸区建设】 以制度创新为核心，在全面深化保险业改革开放中全方位服务上海自贸试验区建设。

一是发挥监管引领作用，搭建自贸试验区保险市场建设制度框架。积极配合保监会搭建支持自贸区保险市场建设政策框架，大力推动自贸区有关保险政策落地，在 2013 年保监会出台八项政策的基础上，2014 年 5 月保监会有关支持上海自贸试验区建设三项新举措出台。同时，坚持以制度创新为引领，简政放权，转变监管方式。成立了上海保监局保险创新业务监管领导小组和办公室，专职负责自贸区保险行业创新和监管工作，探索负面清单市场准入制度，逐步推动监管方式从事前监管向事中、事后监管转变。全面落实了保监会简政放权三项新举措，发布实施了《中国（上海）自由贸易试验区保险机构和高管备案管理办法》，首次对部分行政许可事项明确按照备案管理制事后备案，简化了自贸试验区内机构准入程序和高管人员任职资格管理，精简备案事项材料要求，实施 3 个工作日完成相关机构和高管备案。出台了《自贸试验区保险业非现场监管数据统计报送制度》，首创了自贸试验区机构和试验区业务双维度统计模式，正式建立自贸区保险业风险监测制度。

二是鼓励市场主体创新，构建业态齐全、功能强劲的自贸试验区保险市场体系。自贸区内的保险机构，既有分支机构，也有法人公司；既有中资，也有外资；既有传统的产、寿险公司，也有太保安联健康保险股份有限公司等专业性保险公司和航运中心等功能性保险机构，以及上海人寿等混合所有制保险公司。同时，坚持注重区内和区外保险业联动发展，注重区内改革制度红利向区外辐射带动。截至 2014 年底，上海共有 73 家保险机构开展自贸试验区业务，为区内 8 957 家企业提供保险服务，覆盖率 38.94%，提供财产险保障金额 2.74 万亿元，人身险期末有效保额 980.39 亿元，实际支付保险赔款 5.57 亿元。

三是加强市场基础和环境建设，以航运保险为重点推进自贸试验区保险业务和模式创新。2014 年，以优化自贸区保险市场环境为基础，加强部门间沟通协调合作。积极参与自贸区综合监管信息平台建设，参与国税总局有关离岸业务税收问题调研，参与自贸区金融监管协调及自贸区负面清单编制和条例立法工作，成功推动离岸保险税收问题正式纳入自贸区税收政策初步方案，并将外汇保险政策问题推向中央决策层面。以航运保险为重点推进保险业务和模式创新。致力于将上海航运保险协会建设为航运保险交流、创新和人才培养的平台，不断提升航运保险的专业化、国际化和市场化程度。开发了全国首个航运保险协会条款——无船承运经营者保证金责任保险条款，聚集了 9 家航运中心。首次参加了全球最具影响力的航运保险组织“国际海上保险联盟(IUMI)”年会，并与香港保险业联合会建立合作机制。上海船舶险和货运险年保费收入合计收入

40.19亿元，占全国船货险保费收入的26.7%。同时，自贸试验区内离岸保险业务顺利起步，本外币保单双向跨境业务合作项目正式启动，知识产权保险、文化产业保险、演艺保险、会展保险等险种创新推出。在发布的第三批自贸区金融创新案例中，保险业共有三项重大保险创新案例入选。

【上海国际保险中心实施战略】 创新落实“新国十条”，描绘建设上海国际保险中心的宏伟新蓝图。保险“新国十条”出台后，上海市委、市政府高度重视，市金融办和上海保监局成立专项工作小组，开展研究工作。11月25日上海市《实施意见》正式对外公布。

一是明确了上海国际保险中心建设的方向和实现途径。以国际化、市场化、法治化作为上海现代保险服务业发展的方向，立足上海经济社会全局，以推进上海国际金融中心建设和服务特大城市治理体系现代化为导向，通过区域性再保险中心、航运保险中心和保险资金运用中心三个极点来支撑上海国际保险中心。

二是统筹规划部署上海贯彻落实“新国十条”六个方面重点工作。利用自贸试验区先行先试契机，全面推进上海保险业制度创新和对外开放；立足上海国际金融和航运中心建设，不断增强上海保险市场的集聚和辐射功能；强化商业保险对民生保障的有效支撑，完善多层次社会保障体系；加强保险在特大城市治理中的高效运用，创新社会管理机制；围绕创新驱动转型发展战略，充分发挥保险对经济提质增效升级的促进作用；突出营造现代保险服务业发展的良好环境。

三是系统提出了八项配套支持措施。涉及建立由市领导牵头的支持保险业发展的工作机制，加强养老产业和健康服务业用地保障，鼓励政府以多种方式购买保险服务，加快建设保险人才资源高地，加强保险业法治环境建设，推进本市保险业信用环境建设，提升全社会保险意识。

【创新驱动】 以创新驱动为关键，促进经济提质增效和转型升级。

一是加快保险机构集聚和功能业态创新。截至2014年底，全国186家保险公司中已有109家入驻上海，在沪保险公司主体数占全国总数的59%；在沪保险总公司50家，数量位列全国第二，约占全国总数的三分之一；外资保险总公司27家，约占全国总数的一半。航运保险中心、资金运用中心、数据中心、电网销中心等功能性机构达63家。上海保险市场的机构多样性、市场化程度和对外开放水平在全国首屈一指。

二是推动保险资金在上海创新运用。在全国首次尝试以多种方式利用保险资金支持旧区改造、保障房建设、交通设施、医疗养老服务等民生工程。2014年，保险资金投资上海重大基础设施和不动产债权计划规模过千亿元，位列全国之首。

三是推动地方经济转型升级。创新推出“科技型中小企业短期贷款履约保证保险”项目，累计为近500家企业提供近20亿元的贷款支持额度，支持的信贷规模呈逐年几何级增长，促进中小微科技企业成长作用显著。

四是支持出口贸易和出口贸易产业结构优化。出口信用保险覆盖面不断扩大，短期险支持上海出口248.1亿美元，一般贸易渗透率28.3%；中长期险和海外投资租赁保险支持对外贸易投资8.5亿美元，储备项目30个，涉及合同金额111亿美元；对“一带一路”15个国家承保规模达25.1亿美元，同比增长36.8%。

五是创新发挥都市型农业保险保障功能。依托“气象信息＋农业保险”合作机制，在全国首创蔬菜气象指数保险。成功将农产品价格指数保险从绿叶菜推广到畜牧业，创新推出生猪价格指数保险。推进保险参与病死猪无害化处理流程，科学建立“保险理赔、无害化处理、政府补贴发放”三位一体工作模式。农业保险为全市种养两业提供风险保障数额占农业总产值首次超过50%，与市民生活密切相关的大宗农产品覆盖率达到100%，全年赔款共计2.67亿元，受益农户超过2 000余户次。

六是支持互联网新经济发展。推动保险业积极参与互联网金融产业变革，以众安在线保险公司为试点探索互联网保险发展新模式。2014年，众安保险为2.05亿客户10.7亿笔网上交易提供保险服务。其中众乐宝和参聚宝两款保险产品累计释放淘宝中小卖家保证金200亿元人民币，极大缓解了中小商家资金压力。

【服务特大型城市管理】 以特大型城市管理为导向，创新运用保险机制，行业服务大局能力不断增强。

一是服务大局能力显著提升。2014年末上海保险业总资产达到19 966.21亿元，约占全国保险业总资产的20%；6家在沪保险资产管理公司受托管资产规模超过3万亿元，占全国总数的近一半；3家在沪养老保险总公司企业年金受托管资产1 610亿元，占全国保险业总数的55%。2014年保险业为上海经济社会发展提供风险保障30.64万亿元，比2013年增长122.93%；累计赔付支出共计378.66亿元，较2013年增加25.41%。

二是大病保险在上海实现突破，完善社会保障作用显著增强。推动地方政府行动，联合相关部门形成了"全市统筹、财政托底、按病种补偿、社区定向转诊"具有上海特色的大病保险运行机制，突出解决重特大疾病患者负担重问题。截至2014年末，上海大病保险已经实现上海全覆盖，为近400万人群提供大病风险保障。

三是责任保险有力保障城市公共安全，共提供风险保障4.66万亿元。在食品安全方面形成了涵盖农产品、超市卖场、餐饮企业、网购电商等的保险体系，提供风险保障25.35亿元；在环境污染方面推动1 346家企业投保危险化学品责任险，提供风险保障50.38亿元。社区综合保险、校方责任险、养老机构责任险实现上海全覆盖。

四是保险大数据助力智慧城市管理。通过保费浮动奖优罚劣，鼓励安全驾驶行为，服务道路交通"排堵保畅"；机动车理赔服务中心处理车辆物损交通事故53.31万余起，为105.50万余辆车提供了快捷服务。

五是保险探索服务特大型城市风险管理新模式不断涌现。在全国率先建立以农险机构、商业再保险、农险大灾风险准备金和政府支持政策组成的农业保险大灾（巨灾）风险分散机制，首创国内单项风险防范技术标准"上海市水灾风险地图"，行业内率先创新建立省际客运人责任险第三方安全监测平台，首推"医患纠纷安心工程"等，实现了服务地方经济社会发展、提升行业形象地位和推动行业持续健康发展的有机统一。

【保险监管现代化】 以保险监管现代化为驱动，加强监管体系和能力建设，切实提高防范系统性、区域性风险能力。

一是以制度建设为关键，点面结合推进监管制度的现代化。出台《上海市财产保险公司费用内控监管指引》和《上海市人身保险公司银邮代理渠道分险种费用核算监管指引》。首次将市场主体的费用纳入制度化监管范围，将人身险银邮渠道独立核算。以标准化制度界定费用监管，以全流程设计实现系统化管控，以操作性实务规范确保制度有效性，以完整责任链条保障制度执行力，填补基础性重大制度监管空白。按照保监会分类监管原则，结合上海保险监管实际，出台《上海保监局保险公司分支机构分类监管工作办法》。从业务经营风险、合规风险和内控风险3类评价指标入手，坚持与日常监管掌握的情况相结合原则，建立功能监管和机构监管相统一的分类监管模式。

二是紧盯监管现实需要和发展趋势，以防范化解风险为导向，推进监管机制和手段的现代化。与财政部上海专员办、人行上海总部、上海银监局、上海证监局等合作，建立金融监管沟通协调配合机制；与上海市检察院、人行上海总部、上海银监局、上海证监局签署合作备忘录，建立自贸试验区金融法制保障机制；与上海市高级人民法院建立保险纠纷诉调对接工作机制。建立系统联动式保险公司风险评价体系，涵盖承保、理赔、财务管理等各个环节，从风险指标入手，开展风险评价、预警和监管，实现非现场监管与现场监管联动。主动适应大数据信息时代，丰富创新监管手段。构建大数据智能化反保险欺诈工作模式，进行风险预警、关联排查、数据串并。

（上海保监局）

中国保监会在上海保监局召开支持自贸区三项举措发布会

5. 国家外汇管理局上海市分局

2014年，国家外汇管理局上海市分局大力推动外汇支持中国(上海)自由贸易试验区建设,深化改革,不断促进贸易投资便利化,严厉打击涉汇违法违规行为,完善日常监管和服务,扎实推进外汇管理依法行政,切实抓好对外服务,着力加强外汇管理政策宣传,各项工作都取得了新进展。

【大力支持中国(上海)自由贸易试验区建设】 2014年2月28日,经总局批复同意,分局发布《关于支持中国(上海)自由贸易试验区建设外汇管理实施细则的通知》,在试验区率先指导银行按照“展业三原则”办理经常项目外汇业务,率先对试验区内外资企业实施资本金结汇负面清单管理,率先开展大宗商品衍生品银行柜台交易项下结售汇管理创新措施,积极支持区内企业开展跨国公司总部外汇资金集中运营管理试点,并对部分资本项目取消行政审批,对保留事前审批的事项也大幅简化流程。

【不断促进贸易投资便利化】 一是深入推进跨国公司外汇资金集中运营管理业务,指导企业备案申请和开展试点业务,探索建立主体监管模式,帮助企业获得政策实效。二是扎实推进第三方支付机构外汇支付试点。分局高度重视试点业务风险管理,对部分第三方支付机构试点业务进行抽查,深入了解试点业务操作中存在的问题。通过对数据有效监测,及时发现试点机构违规行为并采取措施。三是推进落实人民币与外汇衍生产品新政策。组织落实《银行对客户办理人民币与外汇衍生产品业务管理规定》,督促银行履行展业原则,支持银行产品创新。促进货币经纪公司开展人民币外汇期权经纪业务试点,提高外汇市场运行效率。四是深化拓展个人本外币兑换特许业务试点。研究建立特许机构外币现钞跨境调运和批发业务模式,促进特许业务创新,支持特许机构在全国发展。

【严厉打击涉汇违法违规行为】 一是积极开展转口贸易、资本项目结汇等专项检查。大力拓展汇警合作,联手公安部门破获虚假转口贸易逃汇案,以刑事制裁+行政处罚“双管齐下”,合力打击虚假转口贸易;创新检查“工具箱”,召开银行违规情况通报会,通报批评相关银行。二是严格执法,继续严打地下钱庄等外汇违法犯罪行为。三是对转口贸易、资本金结汇、外债结汇等重点领域开展非现场检查。四是加强外汇政策宣传。赴金融机构讲解外汇违规案例,召开银行违规情况通报会,以全国首例虚构转口贸易逃汇案被起诉为契机,积极组织涉案银行到庭旁听,并在金融主流媒体刊发新闻稿,在全国掀起了严打虚假转口贸易的宣传攻势。

【完善外汇管理日常监管】 一是完善银行外汇收支与结售汇业务监管。落实银行展业原则的管理要求,研究探索外汇指定银行审慎监管的途径;继续做好银行收付实现制头寸下限管理;简化银行结售汇业务准入备案流程,一并受理远期、期权等业务备案,进一步规范业务操作。二是加强经常项目日常外汇管理。建立健全服务贸易监测核查制度,借助新上线的跨境资金流动监测与分析系统,探索符合上海实际的非现场及现场核查方法;完善货物贸易监测核查方法,强化对银行及重点企业的监管,针对企业对资金流与货物流难以及时关注问题,尝试通过引入预告知制度实现监管环节前移;加强个人结售汇分拆行为的监管。三是完善跨境资本流动监测和管理。顺利完成上海市2014年外资企业年度外汇经营状况的申报工作;统一短债指标核定标准,实施分类管理;完成对银行对外担保业务数据和外债数据的核对工作,促进资本项目信息系统数据质量的提升;稳妥推进企业抽样调查数据采集工作;稳步推进QDLP试点。四是不断健全跨境资金流动监测分析机制。做好年度和月度区域外汇收支形势分析工作;积极尝试依托跨境资金流动监测与分析系统来开展部分日常监测业务,组织研究符合业务监测需要的应用案例并利用跨境系统实现;重点推进对外金融资产负债及交易统计制度建设;做好向《国际收支统计与国际投资头寸手册》(第六版)标准的转换。

【扎实推进外汇管理依法行政】 一是持续推进法规清理,及时公布现行有效规范性文件目录。截至2014年底,分局自行制定的文件仅保留9件,都在分局子网站进行公布,以便公众查询使用。二是及时公布外汇业务受理信息。针对外汇业务种类多,业务流程规定细的特点,按照“公开为原则,不公开为例外”总体要求,合理分类、科学界定公开和不能公开信息,明确政策法规和外汇业务操作流程,在营业大厅外醒目位置和分局子网站上公布外汇业务窗口受理时间,方便社会公众合理安排业务申请时间。三是公允评价银行外汇政策执行力,公开银行执行外汇管理考核结果。允许银行查询考核内容及具体扣分项,听取部分意见,确保考核工作公开公正。四是加强外汇管理政策宣传。及时召开政策通报会、政策解读会、专题座谈会和业务培训会,主动了解银企需求，加强银企培训力度。紧扣外汇业务热点，大力开展诚信兴商与政策法规宣传。

（上海外管局）

6. 上海市金融服务办公室

2014年，上海以改革创新精神为统领，加强自贸区建设与国际金融中心建设联动，上海国际金融中心建设步伐进一步加快。上海在推进多层次金融市场体系建设、吸引各类金融机构集聚发展、服务金融国资国企改革、提升金融服务实体经济水平、优化金融发展环境、防范金融风险等方面取得了积极进展。

【自贸区金融开放创新取得积极进展】 一是自贸区金融开放创新各项政策逐步落地实施。在2013年国家金融管理部门出台51项金融支持自贸区建设的政策措施和意见的基础上，2014年中国人民银行、中国银监会、中国保监会分别出台了“自贸区分账核算细则”等13项实施细则。同时，相关部门及时梳理总结自贸区金融创新成果，在2014年分三批推出共计27个金融创新案例，涉及自由贸易账户融资创新、存款利率市场化创新、支付结算创新、企业资金管理创新、对外直接投资创新等多个方面，并举办发布会进行宣传推介，让更多的金融机构和企业了解掌握和运用这些金融创新成果。

二是各类金融市场平台在自贸区内集聚发展。2013年，上海期货交易所在区内设立了国际能源交易中心，2014年12月中国证监会已批准在该交易中心开展原油期货交易。上海黄金交易所国际板于2014年9月18日正式推出。上海证券交易所将在区内设立国际金融资产交易平台。其他金融要素市场也在积极研究利用自贸区优势设立面向国际的金融交易平台或开发面向国际的金融交易业务。

三是各类金融机构在自贸区内集聚发展。截至2014年12月末，自贸区内各类金融机构4 191家，其中，新设“一行三会”牌照金融机构116家，类金融公司722家，金融信息服务公司438家，投资与资产管理公司2 915家，合计超过自贸新设企业的1/4，有力地提升了上海金融中心的服务功能。

【国际金融中心建设步伐进一步加快】 一是金融市场改革创新取得重大突破。“沪港通”试点顺利启动。中国外汇交易中心推出人民币对欧元、英镑、新西兰元、新加坡元直接交易。上海清算所推出人民币利率互换集中清算业务。中国保险交易所、全国性信托登记平台等筹建工作取得实质性突破。上海股权托管交易中心开展私募股权基金份额交易业务。

二是总部型、功能性金融机构集聚发展。金砖国家开发银行落户上海，成为首个总部设在上海的国际多边金融组织。上海市政府和中国人民银行签署务实合作备忘录，明确人民币跨境支付系统(CIPS)落户上海。市政府与国开行签署战略合作备忘录，与邮储银行加强合作，积极吸引这些机构的“二总部”落地。此外，证通公司、城银清算公司筹建工作稳步推进。2014年，有40多家功能性金融机构落沪，其中包括中国民生投资股份有限公司、农行上海管理总部、太平石化金融租赁公司、太平洋养老产业投资管理公司等。

三是推动民间资本发起设立金融机构。2014年，民营银行试点工作稳步推进，本市首家民营银行——上海华瑞银行获批筹建。首家民营资本作为主发起人的保险公司——上海人寿保险公司获批筹建。

四是切实防范金融风险。完善制度和配套措施，推动大宗商品（钢材）质押融资管理信息平台上线。妥善处置各类风险个案，优化“泛鑫案”后续处置工作流程、做好“11超日债”付息债务违约事件处置、“李卫星案”后续资产处置等工作。加强金融知识的宣传普及，与新民晚报合作，邀请金融管理部门、金融市场等方面的领导和专家，连续举办7场“上海金融大讲坛”，向市民和社会普及金融知识，增强防范风险意识。

【市属金融国资国企改革取得重要进展】 一是搭建国资运营平台，推动市属金融企业纵向整合。按照上海市委、市政府的总体部署要求，研究制定了市属金融国资国企改革实施方案，形成了相关操作思路。国际集团率先启动国资运营平台搭建并进入实质性运作，类金融资产实现整体打包协议转让。以太保集团为核心的市属保险资源整合顺利收官，安信农保、长江养老纳入太保集团一体化管理，大众保险实现国有股权退出。国泰君安完成上海证券控股权收购。

二是市属金融企业把握重大机遇加快发展。市属金融企业抢抓机遇，率先参与自贸区建设，多家企业首批入驻自贸区，或在同业中首家成立自贸区分支机构。在与解放日报合作组织开展的“金融创新之路”大型主题宣传活动中，宣传市属金融企业加快改革创新的经验与做法。

【金融服务经济转型发展的能力不断提升】 一是有效满足重大项目建设资金需求。为拓展保障房建设融资渠道，积极争取人民银行和交易商协会支持，推动本市保障房承建企业利用银行间市场定向债务融资工具融资。推动保险资金参与旧区改造，其中太平洋资产管理公司、平安资产管理公司发起设立了总额600亿元的债权投资计划，为本市旧区改造提供资金支持。同时，积极推进保险资金以股权方式支持旧区改造，解决部分中心城区旧改自有资金不足的问题。

二是加强小微企业金融服务。进一步完善小微企业信贷风险补偿政策，对小微企业信贷工作突出的商业银行业实施奖励。推动金融服务与小微企业融资需求对接，大力推进本市小微企业融资服务平台建设。目前，市、区两级小微企业融资服务平台建设已基本完成，并向街镇、园区、市场、商会、协会等延伸。

三是加强对科技、文化、“三农”和贸易等领域的金融服务。搭建科技金融信息平台，拓展科技企业融资渠道；大力支持浦发硅谷银行开展投贷联动等业务模式创新；支持本市商业银行开展科技特色支行、文化特色支行业务。制定深入推进文化与金融合作的“16条”意见。进一步完善金融服务“三农”的政策支持措施。充分发挥出口信用保险和国内贸易信用保险政策作用，推动贸易发展。

四是互联网金融、私募基金等新兴、新型金融业态健康发展。研究制定促进本市互联网金融产业健康发展的“20条”意见，以市政府文件形式发布，社会反响良好。促进小额贷款公司规范运营，发布《关于进一步促进本市小额贷款公司发展的若干意见》和4个配套监管文件。大型电商在沪设立互联网小贷公司，百度、京汇等互联网小贷公司开业经营，唯品会、春宇供应链等互联网小贷公司获准筹建。

五是各区县根据自身产业特点，发展特色金融。市金融办先后与宝山、静安、普陀、杨浦等区县签订合作备忘录，支持金融资源与区县发展对接，形成各具特色的金融业发展格局。

上海金融业在支持经济社会发展的同时，自身也取得较快发展。2014年金融业实现增加值3 268.43亿元，同比增长14%，占全市GDP的比重为13.9%；金融业税收完成1 002.6亿元，同比增长12.1%；全市本外币各项存款余额7.4万亿元，同比增长6.7%；本外币各项贷款余额4.8万亿元，同比增长8%。2014年上海金融市场交易总额786万亿元，同比增长23%；金融市场直接融资总额6.1万亿元，同比增长42.6%。

（上海金融办）

三、上海市金融报告

1. 2014年上海市金融运行报告

2014年，针对经济金融运行新常态，中国人民银行上海总部和全市金融机构坚持稳中求进，改革创新，认识新常态、适应新常态、引领新常态，继续贯彻落实稳健的货币政策，加强和改进宏观审慎管理，灵活运用各种政策工具，缓解实体经济融资难、融资贵，提升服务实体经济的能力和水平。全年各项存款同比少增，贷款增速总体趋缓、结构优化。证券期货业平稳运行，保险业服务民生能力不断增强。金融市场创新有序推进，融资成本下行，上海自贸区和国际金融中心建设取得新进展。

(一) 各项存贷款从高速增长向中高速增长转变，信贷结构伴随经济结构调整优化

2014年末，全市金融机构本外币资产总额为11.3万亿元，同比增长15.1%，增速同比提高6.7个百分点；本外币各项存、贷款余额分别为73 882.5亿元和47 915.8亿元，同比分别增长6.7%和8.0%，增速比上年末分别下降2.3个和0.2个百分点。其中，中资金融机构人民币存、贷款余额同比分别增长7.2%和9.0%；中资金融机构外汇存、贷款余额同比分别增长3.8%和1.4%。

横向比较，2014年上海市本外币各项存款的同比增速在各地区和省份中处于较低水平。据统计，2014年，上海市存款增速比全国低2.9个百分点，比东部、中部、西部和东北地区①各项存款的同比增速分别低1.7、3.5、3.0和0.7个百分点。2014年末，上海市各项存款余额在全国的占比为6.3%，比上年末下降0.2个百分点。

2014年，上海市本外币各项贷款的同比增速在各地区和省份中也处于落后水平。据统计，2014年，上海各项贷款增速比全国低5.3个百分点，比东部、中部、西部和东北地区分别低3.6、7.6、8.7和5.8个百分点。2014年末，上海市本外币各项贷款余额在全国的比重为5.5%，比上年末下降0.3个百分点。上海市各项存贷款同比增速在各地区和省份中处于落后水平，主要由于上海经济率先开始结构调整和转型升级，融资结构日趋多元化、各经济主体风险效益意识更强等因素。

表1 2014年全国主要省市本外币存款新增情况 单位：亿元，%

项　目	上海	浙江	广东	江苏	山东	北京
年末存款余额	73 882.5	79 241.9	127 881.5	96 939	69 151.9	100 095.5
同比增速	6.7	7.5	6.8	9.8	9.1	9.2
全年存款新增量	4 613	5 509	8 205.8	8 628.2	5 784.9	8 435
同比增减	−861.3	−1 542.5	−5 984.7	−1 535.3	−2 131.9	2 472.3

① 关于全国各地区省市的分类，本文参考了《2013年中国区域金融运行报告》中的定义，即全国各地区包括东部地区、中部地区、西部地区和东北地区，东部地区包括北京、天津、河北、上海、江苏、福建、山东、广东和海南这10个省(直辖市)，中部地区包括山西、安徽、江西、河南、湖北和湖南这6个省，西部地区包括内蒙古、广西、重庆、四川、贵州、云南、西藏、陕西、甘肃、青海、宁夏和新疆这12个省(自治区、直辖市)，东北地区包括辽宁、吉林和黑龙江这3个省。本文下同。

表 2 2014 年全国主要省市本外币贷款新增情况 单位:亿元,%

项　　目	上海	浙江	广东	江苏	山东	北京
年末贷款余额	47 915.8	71 361	84 921.8	72 490	53 662.2	53 650.6
同比增速	8.0	9.2	12.2	11.7	11.9	12.1
全年贷款新增量	3 424.2	5 805.7	8 935.1	7 391.7	5 538.3	5 661.4
同比增减	126.5	100.8	650.3	353.6	612.9	1 082.7

(1) 各项存款继续分流,季末波动有所缓和。2014 年,全市本外币各项存款累计增加 4 613 亿元,同比少增 861.3 亿元。其中中资金融机构存款累计增加 4 453.1 亿元,同比少增 784.6 亿元。从存款增长节奏看,受贷存比、内部绩效考核等因素影响,前两季度存款季初回落、季末冲高的特征依然明显,3 月、6 月全市本外币各项存款分别增加 2 553.1 亿元和 2 377 亿元,累计增加 4 930.1 亿元,为上半年存款增量的 98.7%,4 月、7 月各项存款则分别减少 452.8 亿元和 1 912.3 亿元。9 月,受监管机构联合发文要求商业银行加强"存款偏离度"管理等因素影响,由于较多商业银行在 20 日之前的日均存款为负增长,为保持"存款偏离度"不超标,就只能在季末主动控制理财产品转存款的比例,导致商业银行存款季末冲高难以实现,各项存款当月新增 541.6 亿元,同比少增 1 084.6 亿元,也明显低于各项存款在 3 月和 6 月的新增规模。12 月,受年末企业总部资金归集、银行贷款集中投放产生派生存款和投资市场资金回流银行等因素影响,各项存款当月新增 1 688.5 亿元,同比多增 1 220.9 亿元。

单位存款同比少增,主要是定期存款和协定存款明显少增。2014 年,全市单位存款累计增加 2 597.1 亿元,其中单位定期存款累计增加 747.2 亿元,同比少增 1 405.4 亿元;协定存款累计增加 304.7 亿元,同比少增 1 159.3 亿元。单位定期存款和协定存款明显少增,一是各项贷款增速放缓,加之实贷实付资金管理模式的加强,抑制了派生性存款的增加。二是投资理财多元化也使得存款分流常态化。随着资本市场行情不断升温和存款基准利率下调,投资市场较高的回报率使银行高收益存款需求大幅收缩,金融机构定期类存款走势由少增转为多降,定期存款占比持续下滑。2014 年,全市单位活期存款累计增加 828.7 亿元,同比多增 710.6 亿元;保证金存款累计增加 132.6 亿元,同比多增 175.4 亿元。三是经济下行削弱了单位存款增长基础。在宏观经济下行压力有所增大的背景下,企业对实体项目的投资动力比较缺乏,单位存款持续增长的基础日益不稳。据中国人民银行上海总部工业企业景气调查显示,四季度企业固定投资热度指数比三季度下降 4.6 个百分点。虽然年底在银行揽存和增加贷款投放的作用下,单位存款增速有所反弹,但从总体上看增速趋缓,下半年本外币单位存款仅增 41.6 亿元,较上半年少增 2 513.9 亿元,同比少增 2 082 亿元。

个人存款同比少增,主要是储蓄存款明显少增。2014 年,全市个人存款累计增加 959.7 亿元,同比少增 612.8 亿元;其中储蓄存款累计增加 809.9 亿元,同比少增 462.6 亿元。进入下半年以来,货币基金对储蓄存款分流的影响逐渐减弱,而表外理财产品、房地产市场有所回暖、IPO 重启,特别近期股市上涨成交活跃对储蓄存款的分流效应显著增强。2014 年全市个人表外理财资金累计增加 2 115.7 亿元,余额同比增长 36.8%。9 月至 11 月,同业存放项下的证券公司客户交易结算资金专用存款分别比上月增加 421.2 亿元、86.1 亿元和 331 亿元。中国人民银行上海总部居民储户问卷调查显示,四季度居民在投资方式中选择"投资股票"的占比继续上升,比三季度上升 1.5 个百分点,也比去年四季度上升 5.3 个百分点。从期限结构看,活期储蓄存款明显少增,全年累计增加 158.6 亿元,同比少增 437.9 亿元。总体来看,在"活期存款定期化,定期存款理财化"趋势延续的同时,商业银行为与余额宝等互联网货币基金产品相竞争,陆续推出类似的"T+0"理财产品,导致活期存款直接向理财产品分流。中国人民银行上海总部居民储户问卷调查也显示,四季度选择储蓄形式为"活期存款"的居民占比比去年四季度下降 3.3 个百分点。

财政性存款同比多增。2014 年,全市人民币财政性存款累计增加 807.5 亿元,同比多增 638.8 亿元。主要是今年年末集中支出因素影响明显弱化,12 月财政性存款仅减少 233.4 亿元,同比少减 737

亿元。如果扣除年末影响因素，1月至11月，全市财政性存款累计增加1 040.9亿元，同比少增98.2亿元，主要是受今年全市房地产市场相关税收与去年同期相比明显少增，以及财政部门加速拨款偿还各项平台融资的影响。

外汇存款明显少增，主要是单位定期存款出现下降趋势。2014年，全市金融机构外汇存款累计增加16.2亿美元，同比少增65.2亿美元；其中单位定期存款累计减少11.1亿美元，同比多减68.5亿美元。进入下半年以来，外汇存款加速下滑，累计减少62.2亿美元，同比多减66.6亿美元，其中第4季度减少33亿美元，环比和同比分别多减3.8亿美元和16.8亿美元。下半年全市外汇存款出现下降趋势，主要是受商业银行主动压缩外汇存贷款总量满足外汇资金监管要求的影响。

(2) 有效信贷需求继续减少，信贷结构优化推动产业结构调整。2014年，全市各项贷款同比增长8.0%，增速比上年末下降0.2个百分点，比6月末下降1.3个百分点，但较10月末6.5%的年内最低增速回升了1.5个百分点。2014年，全市各项贷款累计增加3 424.2亿元，同比多增126.5亿元。分季度看，1—4季度各项贷款分别增加1 645.4亿元、754.9亿元、80.9亿元和943亿元，第4季度(主要是11月和12月)信贷投放出现回升。

全年各项贷款增长总体趋缓，主要由于在宏观经济下行压力有所增大的背景下，实体经济的有效信贷需求有所下降。一是为主动应对经济运行的不确定性和不断攀升的贷款风险溢价，更多企业积极控制财务成本，规避经营风险，部分企业扩大再生产和投资意愿明显下降。一些盈利能力强的大中型制造和流通企业在去库存化、充实资金后，提前偿还银行借款，降低授信提款率。二是融资结构的日趋多元化也分流了实体经济的信贷需求。随着市场资金面整体宽松，货币市场利率持续回落，直接融资的价格优势较明显。部分优质企业通过中期票据、短期融资券、企业债等直接融资工具获得大量低成本资金，形成对贷款的“挤出效应”。三是部分政府融资平台出于市政债置换的考虑，出现提前还贷的情况。四是人民币跨境支付和资金池业务的快速发展，带动企业资金管理增效和资金自求平衡，海外低成本资金流入增加，也降低了企业对银行短期融资的依赖性。

11月和12月，全市各项贷款增速有所回升。一方面是在央行下调存贷款基准利率，以及对部分金融机构定向降准和增加再贷款等定向宽松政策措施影响下，金融机构的放贷意愿和实体经济的有效信贷需求有所回升；另一方面也是金融机构基于优化增量结构、维稳信贷规模、着眼明年信贷投放的考虑，因此在年末信贷投放力度有所加大。

从币种结构看，外汇贷款同比少增。2014年，全市外汇各项贷款累计增加9.9亿美元，同比少增32亿美元。在外汇各项贷款中，短期贷款累计减少45.9亿美元，同比多减55.4亿美元，其中短期贸易融资减少54.1亿美元，同比多减64.2亿美元；中长期贷款增加27亿美元，同比多增15.5亿美元；融资租赁增加20.5亿美元，同比多增17.9亿美元。2014年外汇贷款明显少增主要与三季度外汇贸易融资集中到期收回有关。下半年外汇贷款减少39.4亿美元，同比多减4.9亿美元；其中第三季度减少52亿美元，同比多减50.2亿美元；第四季度增加12.5亿美元，环比和同比分别多增64.5亿美元和45.2亿美元。四季度外汇贷款重拾升势主要与银行下调内部资金价格，满足企业短期外汇贸易融资需求有关。

从期限结构看，票据融资和短期贷款呈现“一增一减”的特点，中长期贷款同比多增。受金融市场短期融资产品多样化、企业偏好票据支付防范债务风险，以及企业偿债能力下降加剧短期贷款展期现象的影响，票据融资和短期贷款呈现“一增一减”的特点。2014年，全市短期贷款减少413.5亿元，同比多减994.8亿元，其中单位普通贷款及透支减少202.2亿元，同比多减626.4亿元，短期贸易融资减少194.6亿元，同比多减331亿元；票据融资增加753.7亿元，同比多增993.5亿元，其中对企业的直贴增加430.7亿元，且七成增量用于中小微企业，同比多增617.1亿元，成为替代短期贷款调节企业资金临时周转的重要工具。此外，2014年票据融资明显多增，也有部分原因是金融机构基于优化增量结构、维稳信贷规模的考虑。2014年，全市中长期贷款增加2 568.7亿元，同比多增248.3亿元，其中单位普通经营贷款增加406.6亿元，同比多增373.7亿元，单位固定资产贷款增加673亿元，同比多增45.7亿元；融资租赁增加454.8亿元，同比少增103.6亿元。中长期贷款增加较多，一方面是基建和房地产开发项目的拉动，另一方面也显示金融对实体经济的支持力度有所加强。

从贷款投向看，信贷结构继续优化。2014 年以来，中国人民银行上海总部的一系列信贷优化政策取得较好效果。从贷款投向的行业分布看，第三产业在新增贷款中的占比不断提高。2014 年，全市新增的本外币企业贷款（不含票据融资）中，投向第三产业的贷款增加 2 472.4 亿元，占全部境内企业贷款（不含票据融资）增量的 100.2%，该占比在年内持续上升。其中，批发和零售业贷款减少 289.1 亿元，住宿和餐饮业、交运仓储和邮政业、金融业、租赁和商务服务业的贷款分别增加 36.6 亿元、180.2 亿元、165.9 亿元和 569.3 亿元。投向第二产业的贷款累计增加 17.7 亿元，主要是电力热力燃气及水生产行业贷款增加 154.9 亿元，以及建筑业贷款增加 24 亿元，制造业贷款则减少 131.6 亿元，也从一个侧面反映出目前全市工业企业景气度下滑的情况。2014 年，全市新增本外币房地产开发贷款 829.3 亿元，同比多增 431.1 亿元；其中地产开发贷款累计增加 211.1 亿元，同比多增 112.5 亿元。由于其他融资渠道受限、成本抬升，房企资金更多依靠传统贷款，2014 年全市房产开发贷款累计新增 618.2 亿元，同比多增 318.6 亿元。其中，受政府加大保障房建设支持力度的影响，保障房开发贷款累计新增 153.7 亿元，同比多增 65 亿元。下半年以来，小微企业信贷投放持续回升。2014 年，全市金融机构对大型企业投放的本外币贷款累计减少 488.3 亿元，对中、小和微型企业投放的本外币贷款分别增加 558.6 亿元、522.1 亿元和 217.5 亿元。随着经济增速逐渐放缓、钢贸等领域信贷风险的不断暴露，2014 年以来金融机构对小微企业信贷审批一度有所收紧。但在中国人民银行和金融监管部门两次定向降准、存贷比口径调整等政策措施的大力推动下，小微企业的新增贷款明显回升。截至 12 月末，全市金融机构对小微企业的新增贷款在全部新增贷款的占比为 91.3%，较 6 月末大幅提高 79.4 个百分点。此外，2014 年对大型企业投放的贷款出现减少，主要是受政府投融资平台贷款清收和大企业青睐低成本直接融资等因素的影响。

（3）货币市场资金供求平衡，融资成本有所下降。2014 年，货币市场利率呈现两头高、中间低的走势。以 7 天期拆借利率为例，春节前后，受市场流动性状况变化影响，市场利率从 1 月中旬开始快速上升，至 1 月 20 日达到最高点 6.64%；随后单边下降至 3 月中旬的低点 2.34%；4 月份开始市场利率在 3%—4%之间振荡，且振幅逐渐缩小；临近年末，市场利率出现明显上升，至 12 月 22 日出现年内次高点 6.26%，之后小幅回落，至 12 月 31 日收于 4.89%。从利率波动幅度来看，较上年有所收窄，全年拆借利率极差为 430 个基点，同比缩小 540 个基点。利差收窄一方面由于 2014 年以来货币政策的预调微调保持了较高的连续性和稳定性，对维持市场资金面基本均衡、稳定市场预期作用明显；另一方面，近一年来金融机构对资产负债管理的力度有所加强，对流动性风险管理工作的关注程度不断提升，对特殊时点的流动性需求普遍提前安排，从而降低了季节性因素对市场价格的影响。

2014 年贷款利率稳中有降，存款利率总体平稳，存贷利差有所收窄。活期存款加权平均利率月均值为 0.37%，定期存款加权平均利率月均值为 3.17%，贷款加权平均利率月均值为 6.59%。11 月末非对称降息后，金融机构存款利率小幅上升，其中定期存款利率短端下降，长端上升。贷款利率下降明显，当月加权平均利率为 6.38%，环比下降 14 个基点，同比下降 18 个基点。

（4）跨境业务继续快速发展，市场主体购汇意愿持续提升。2014 年，上海跨境收支总额 10 660.6 亿美元，同比增长 21.4%。其中，跨境收入 4 581.4 亿美元，同比增长 20.6%；跨境支出 6 079.2 亿美元，同比增长 22%；跨境收支逆差 1 497.8 亿美元，同比增长 26.4%。2014 年，上海跨境人民币收支总额 2 932.5 亿美元，同比增长 108.1%，占跨境收支总额的 27.5%，占比提高 11.6 个百分点，跨境人民币业务结算量 1.7 万亿元，首次跃居全国第一。2014 年，在沪银行结售汇总额 5 653.4 亿美元，同比增长 11.9%。其中，结汇收入 2 227.5 亿美元，同比增长 4.7%；售汇支出 3 425.9 亿美元，同比增长 17.2%；结售汇逆差 1 198.4 亿美元，同比增长 50.7%。2014 年，上海外汇收入结汇率为 66.4%，同比提高 7.4 个百分点；外汇支出售汇率为 68.8%，同比提高 2.6 个百分点。下半年以来，市场主体购汇意愿持续提升，结汇意愿有所下降。三季度，上海外汇收入结汇率 65.2%，较上半年下降 8.9 个百分点；外汇支出售汇率 76.4%，较上半年提高 1.6 个百分点。四季度，上海外汇收入结汇率 63%，较三季度下降 2.2 个百分点；外汇支出售汇率78%,较三季度提高1.6个百分点。

(5)同业业务成为银行主要资金来源,信贷风险值得警惕。金融机构资产增速明显回升。2014年末,全市金融机构本外币资产和负债同比分别增长15.1%和14.9%,增速同比分别提高6.7个和6.6个百分点。其中,中资金融机构资产总额为9.95万亿元,同比增长15.7%;外资银行资产总额为1.3万亿元,同比增长11.1%。

同业各项资产总体有所减少,其中四季度买入返售资产减少较多。截至12月末,全市金融机构人民币存放同业、拆放同业和买入返售三项资产余额分别为4 656.3亿元、2 525.4亿元和3 754.2亿元,较年初分别减少498.7亿元、增加68.4亿元和减少485.7亿元。12月末,上述三项同业资产余额合计10 935.9亿元,较年初减少916.1亿元,较9月末减少1 231.4亿元。其中买入返售资产余额则比9月末大幅减少1 280.5亿元。可见,2014年同业各项资产总体有所减少,主要是四季度买入返售资产减少较多。

同业负债继续快速增长。截至2014年末,上海市银行业同业负债27 242.9亿元,比年初增加8 660.7亿元,同业负债超过资产2万亿,同业负债增加额甚至远远超过了各项存款增加额。上海同业负债的大幅增长主要归因于四季度以来,股市上涨吸引了大量资金流入,证券公司、基金公司,以及登记结算公司在上海各银行的同业存款均出现大幅增加。此外,境外同业存放也有较大幅度的增长。

信贷资产质量有所下降,特别是部分涉足钢贸及类似贸易行业贷款较多的金融机构不良贷款上升。截至12月末,全市金融机构不良贷款余额427.1亿元,比年初上升69.4亿元;不良贷款率为0.89%,比年初上升0.08个百分点。目前尽管直接涉及钢贸企业的不良风险已基本释放,但总体不良风险防控的压力仍不容忽视。在当前经济下行压力有所增大的背景下,先期暴露风险呈现扩散趋势,即从中小企业贷款向信用卡、个人经营贷传导,从贸易融资领域向生产领域传导,由单体企业沿产业链上下游传导(也包括企业生产经营风险沿担保链传导)。此外,还需密切关注周边地区金融风险向本市传导扩散,以及信托领域特别是异地信托项目的风险控制问题。

金融机构盈利状况有所改善。2014年,全市金融机构实现净利润1 175亿元,同比增长18.5%。金融机构盈利状况有所改善,主要是由于金融机构年初贷款利率重定价之后,贷款加权平均利率水平较去年有所上浮。此外,2014年商业银行中间业务和表外业务收入也增长较快,同比分别增长11.3%和16.4%。

(二)证券期货业平稳运行,保险业服务民生能力不断增强

证券经营机构总体运行平稳。一是证券公司资产规模及经营业绩实现较快增长。截至2014年11月末,上海辖区21家证券公司合计总资产7 509.1亿元、净资产1 871.8亿元、净资本1 435.1亿元,分别较上年末增长63.8%、10.4%和16.4%。1—11月累计实现营业收入403.5亿元,净利润160.6亿元,分别较上年同期上升45.5%和70.9%。有3家证券公司出现不同程度的亏损,亏损总额为1.32亿元。从收入结构看,经纪、自营、投行、资管、融资等各项业务收入的占比分别为38.7%、33.0%、9.5%、5.1%和26.2%,自营、融资业务比重较2013年末分别上升了14.4和13.3个百分点,投行业务持平,经纪、资管业务比重分别下降了9.7和0.5个百分点。证券公司产品业务创新踊跃,开展包括柜台、场外衍生品及黄金业务等各类创新,通过互联网证券业务、上市公司股权激励融资、货币类资产管理产品T+0等创新试点评审,服务水平和经营效益逐步提升。其中,国泰君安证券为行业内首家取得外汇结售汇资格、首家成为上海黄金交易所正式会员、首家发行短期证券公司债、首家在上海自贸区设立证券分支机构的券商;东方证券发行了首只证券公司公募基金产品;海通证券在行业内首家开立自由贸易账户。

二是基金公司资产管理规模保持平稳增长。截至2014年11月末,上海辖区45家基金公司管理资产总规模合计17 752.9亿元,较上年同期增长43.6%,其中有4家基金公司规模突破千亿。44家基金公司管理公募基金产品781只,较上年同期增加128只,增幅19.6%;总净值11 193.1亿元,较上年同期增长27.8%。43家基金公司开展专户业务,4家开展社保基金管理业务,3家开展企业年金管理业务。辖区基金公司共设立专业子公司34家,海外子公司8家。基金子公司业务规模增长迅速。11月末,基金子公司管理资产规模已达9 376.8亿元,较2013年末增长217%。

三是期货公司业务规模及盈利水平平稳增长。截至2014年11月末，上海辖区29家期货公司客户权益达630亿元，占全国的25.3%；代理交易额145.5万亿元，占全国31.2%，市场份额较上年有所增长。1—11月累计实现营业收入39.1亿元(其中手续费收入19.6亿元)，较上年同期增长6.7%；实现净利润7.96亿元，较上年同期增长26.4%。1—11月商品期货代理交易额71.6万亿元，较上年同期增加40.9%；金融期货代理交易额73.8万亿元，较上年同期减少8.8%。从业务创新来看，上海有9家公司取得资产管理业务资格，20家公司取得投资咨询业务资格，7家公司设立风险管理子公司，1家公司取得基金销售业务资格。11月末，辖区公司资产管理规模较上年末增长5倍多，投资咨询业务收入同比增长1倍多，风险管理子公司开展的仓单服务、基差交易等创新业务均在积极稳步推进。

四是证券市场融资额同比增长，结构有所分化。截至2014年11月末，上海辖区上市公司累计直接融资405.1亿元，较上年同期增加8.7%(不含H股融资，下同)。其中债权融资183.1亿元，较上年同期减少38.1%；股权融资222亿元，较上年同期增加188%。

2014年，上海保险业紧紧围绕创新驱动、转型发展的目标任务，充分运用保险保障功能、资金融通功能和社会管理功能，积极服务地方经济社会发展。出台相关规定，进一步简化行政审批，积极推动上海国际金融中心建设，支持中国(上海)自由贸易试验区发展；出台农业保险大灾(巨灾)风险分散机制暂行办法，涵盖台风、特大暴雨及重大病虫害等不可抗灾害，鼓励农险机构购买商业再保险，并给予再保险保费补贴；推进行业服务“科技型、外贸型、小微型”企业发展，不断加大服务实体经济力度；推动“关爱”类保险发展，推出多项针对性强、保障范围广的“关爱”类保险产品，为女性意外伤害及重大疾病、平安志愿者及治安协管员工作期间意外伤害或突发疾病、持证残疾人意外伤害、老年人意外伤害等提供了多重风险保障。

保险市场主体稳步增加。截至2014年12月末，上海市共有50家法人保险机构，较上年同期新增1家。其中，保险集团公司1家，财产险公司18家，人身险公司22家(12月新增太保安联健康保险股份有限公司，是在上海自由贸易实验区注册的首家专业健康险公司)，再保险公司3家，保险资产管理公司6家。上海市共有88家省级保险分支机构。其中，财产险公司45家，人身险公司41家，再保险公司2家。上海市共有213家保险专业中介机构法人。其中保险代理机构106家，保险经纪机构63家，保险公估机构44家。全市保险专业中介分支机构共150家，其中保险代理机构75家，保险经纪机构50家，保险公估机构25家。

保险业务快速发展。截至12月末，上海市原保险保费收入累计986.8元，同比增长20.1%。其中，财产险公司原保险保费收入343.2亿元，同比增长12.6%；寿险公司原保险保费收入643.6亿元，同比增长24.6%。产、寿险原保险保费收入比例为35∶65，中、外资保险公司原保险保费收入比例为85∶15。

保险赔付支出增长明显，尤其是寿险给付增长较快，充分发挥保障民生的能力。截至12月末，上海市保险业赔付支出累计378.7亿元，同比增长25.4%。其中，财产险赔款支出177.2亿元，同比增长9.2%；寿险给付158.4亿元，同比增长53.6%；健康险赔款给付37.5亿元，同比增长17.9%；意外险赔款支出5.5亿元，同比增长18.8%。

(三) 金融市场交易总体活跃，融资结构日趋多元化

2014年，上海银行间市场活跃度有所恢复，拆借业务小幅增长，现券交易降幅收窄，回购业务增幅扩大。银行间同业拆借市场累计成交37.7万亿元，同比增长6%，其中上海金融机构拆入拆出合计18.6万亿元，同比增长10.3%。银行间债券市场质押式回购累计成交212.4万亿元，同比增长39.8%，买断式回购累计成交12万亿元，同比增长94%，其中上海金融机构质押式和买断式回购分别成交48.9万亿元和2.1万亿元，同比分别增长47.3%和46.6%。银行间债券市场现券交易累计成交40.4万亿元，同比小幅减少3%，其中上海金融机构现券买卖合计16.6万亿元，同比减少22.2%。

2014年，上海市金融机构票据业务除直贴量有所减少外，其他业务均保持增长，转贴现和回购业务尤为活跃。累计承兑银票8 724.4亿元，同比增长19.7%。累计办理企业直接贴现5 685.3亿元，同比

减少 11.8%;累计办理买断式转贴现转入 59 977.7 亿元,同比大幅增长 116.3%。累计买入返售票据 27 016.9 亿元,同比大幅增长 95.9%;累计卖出回购票据 647 亿元,同比显著增长 60.2%。截至 12 月末,上海市金融机构银行承兑汇票余额 3 156.2 亿元,较年初增长 18.5%;票据贴现余额 3 224.8 亿元,较年初明显增加 48.2%。2014 年,上海市金融机构累计发生再贴现业务 307.7 亿元,同比增长 19.7%,年末再贴现余额为 96.8 亿元,同比增长 12.2%。

2014 年,上海股票发行、成交规模扩大,上证指数涨幅显著。上海证券交易所股票累计筹资 3 962.6 亿元,同比显著增加 57.5%,其中 IPO 首发融资 311.8 亿元,再融资 3 650.8 亿元。新推出的优先股累计筹资 1 030 亿元。全年股票交易累计成交 37.7 万亿元,同比大幅增长 63.8%。上证综指年初开盘 2 112.1 点,12 月末收于 3 234.7 点,较去年末大幅上涨 52.9%。

2014 年,上海期货交易保持增长。上海期货交易所累计成交量 8.4 亿手,同比增长 31.1%,占全国总成交量的 33.6%,累计成交金额 63.2 万亿元,同比增长 4.7%,占全国总成交额的 21.7%。中国金融期货交易所沪深 300 股指期货和 5 年期国债期货累计成交 2.2 亿手,同比增长 12.4%,占全国总成交量的 8.7%,累计成交金额 164 万亿元,同比增长 16.3%,占全国总成交额的 56.2%。

2014 年,上海黄金交易增长明显。上海黄金交易所各黄金品种累计成交 18 486.7 吨,同比增长 59.1%;成交金额 4.6 万亿元,同比增长 42.8%。主力合约 Au99.99 年初以 238.85 元/克开盘,12 月末收于 240.59 元/克,较年初微升 0.7%。

2014 年,上海外汇市场上,人民币除对美元、港元略微贬值外,对欧元、日元、英镑、卢布、林吉特、澳元、加元等 7 个币种均有所升值,升值幅度都超过 5%,其中对欧元、日元升值超过 10%,对卢布升值逾 60%。美元兑人民币中间价年初为 6.099 0,12 月末收于 6.119 0,人民币较年初微贬 0.3%。2014 年 3 月 19 日、10 月 28 日,银行间外汇市场分别新增人民币对新西兰元、新加坡元直接交易,至此外汇市场交易币种已达到 11 个。

2014 年,上海市社会融资规模占全国比重先降后升,非标转标趋势明显。人民币贷款投放略高于上年,外汇贷款投放力度有所减弱,委托贷款和信托贷款增速下滑,未贴现的银行承兑汇票同比多减,债券融资和股票融资保持较快增长。据初步统计,2014 年上海市社会融资规模为 7 761 亿元,同比少增 217 亿元。其中,人民币贷款增加 3 347 亿元,同比多增 170 亿元。外汇贷款(折人民币)增加 59 亿元,同比少增 208 亿元。委托贷款增加 1 440 亿元,同比少增 443 亿元。信托贷款增加 2 104 亿元,同比多增 321 亿元。未贴现的银行承兑汇票减少 399 亿元,同比多减 425 亿元。非金融企业债券净融资 695 亿元,同比多增 186 亿元。非金融企业境内股票融资 278 亿元,同比多增 193 亿元。

2014 年,银行理财产品继续保持较高的增长速度。全国银行业金融机构在沪累计发行理财产品 6 万支,募集资金 9.3 万亿元,较上年同期多募集 2.3 万亿元。截至 12 月末,上海市存续理财产品共计 2 万支,本外币理财资金余额 1.5 万亿元,同比增长 27.4%,占全国理财资金余额的 11.1%。理财产品收益率总体回落。12 月末理财产品平均预期收益率为 4.69%,较去年同期下降 38 个基点。资金信托产品规模增速继续提高。全国 68 家信托公司在沪累计发行资金信托产品 1 517 支,募集资金 2.4 万亿元,比上年同期多募集 7 095 亿元。截至 12 月末,上海市存续资金信托计划共计 2 943 支,本外币资金信托余额 1.7 万亿元,同比增长 59.7%,占全国资金信托余额的 12.9%。新发资金信托产品的平均预期收益率走势较稳定,月均值为 7.74%,较去年上升 14 个基点。

(四) 扎实推进上海自贸试验区金融改革,国际金融中心建设取得新进展

一是建设面向国际的金融市场交易平台。推动上海黄金交易所等在自贸试验区设立国际交易平台,黄金交易所"国际板"于 9 月 18 日正式上线运行,引入首批 40 家境外会员,黄金市场对外开放进入新阶段。外汇交易中心"国际金融资产交易平台"已经上线,并将逐步拓展报价和交易等服务功能。上海国际能源交易中心正式挂牌成立,原油期货已获得批准。

二是金融市场开放程度进一步增加。支持境外机构和自贸区注册企业的境外母公司在境内发行人民币债券。2014 年 3 月 15 日,梅赛德斯-奔驰公司作为首家境外非金融企业成功发行 5 亿元"熊猫债券”。系统评估港澳人民币清算行拆借业务开展情况，推动境外人民币清算行进入同业拆借市场，推动银行间债券市场对外开放。前 11 个月，完成 69 家境外机构进入银行间债券市场准入备案，合计投资额度达到 918 亿元。推动人民币外商投资股权投资企业试点（RQFLP）和人民币合格境内有限合伙人试点（RQDLP）。研究个人境内外双向投资试点方案。

三是自贸区金融改革扎实推进。以服务实体经济为出发点和落脚点，确立了自贸试验区金融改革的总体框架；建立了具备实时逐笔监控功能的自由贸易账户管理信息系统，完善了事中事后监管；有序推进实体经济有迫切需要的资本项目可兑换，建立了资本项目可兑换的操作模式，自贸区人民币结算、人民币境外借款、人民币双向资金池等业务均有大幅提升；建立了利率市场秩序自律组织，探索出风险可控的利率市场化路径，自 3 月 1 日放开小额外币存款利率上限试点以来，小额外币存款挂牌利率总体稳定，市场决定利率的机制增强；有效实施了简政放权和负面清单管理，金融服务实体经济的功能显著提升；切实把防控风险作为重要底线，建立了开放经济下的宏微观金融审慎政策框架和金融安全保障制度。

（中国人民银行上海总部货币政策分析小组）

2. 2014 年上海市金融市场运行报告

（一）同业拆借市场

（1）同业拆借交易量有所回升，拆借利率呈缓 W 形走势，全年加权利率下降。2014 年，上海市金融机构在全国银行间同业拆借市场累计拆入 92 712.03 亿元，累计拆出 92 893.39 亿元，较上年分别增长 9.11%和 11.59%，合计交易量 185 605.42 亿元，增长 10.34%，净拆出资金 181.36 亿元，而 2013 年上海市金融机构净拆入 1 730.05 亿元。拆入、拆出量分别占全国交易量的 24.62%和 24.66%。

2014 年上海市金融机构拆入、拆出的加权成交利率分别为 2.88%和 2.89%，较上年下降 24 和 27 个 bp。全年利率走势呈缓 W 形，其中 1、7、8、12 月利率水平达到 3%以上，利率最高值出现在 1 月，拆入、拆出利率分别为 3.69%和 3.76%，最低值为 3 月，分别为 2.47%和 2.39%。

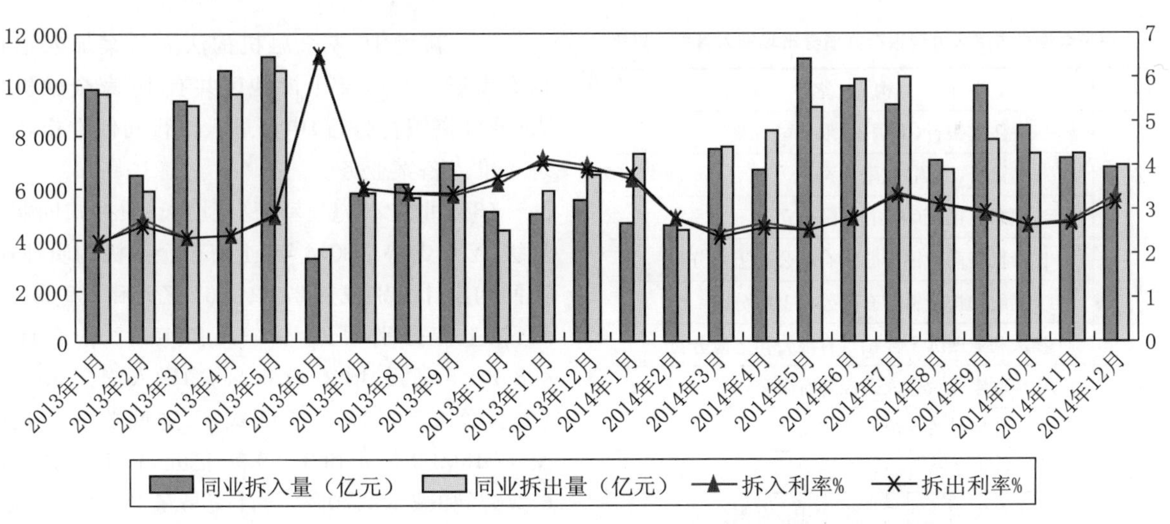

图 1　2013 年至 2014 年上海市金融机构参与银行间同业拆借市场量价图

（2）银行类机构仍为拆借主力，主力机构资金净流量增加。银行类机构仍为市场主力，其中股份制商业银行、外资银行和城商行市场份额分别为 42.19%、29.01%和 14.66%，合计占比逾 85%。非银行类金融机构中证券公司交易最为活跃，市场占比达到 10.21%。股份制银行成交量较上年大幅增加 41.56%，其余银行类机构成交量均有不同程度的减少。证券、财务公司、保险及汽车金融公司等非银行金融机构成交量有所增长，其中保险公司陆续获批入市，全年交易量为 158 亿元，全部为拆入资金。城商行和股份制银行的净融出资金额较上年分别增长 98.72%和 31.14%，外资银行和证券公司净融入资金量分别增长35.6%和29.83%。

(二) 债券市场

(1) 非金融企业发债规模增加,筹资额较上年增加1倍。2014年,上海市非金融企业累计发行各类债务融资工具1 936.75亿元,较上年增长43.6%,债券筹资(发行额减去兑付额)870.58亿元,是上年的2.14倍。

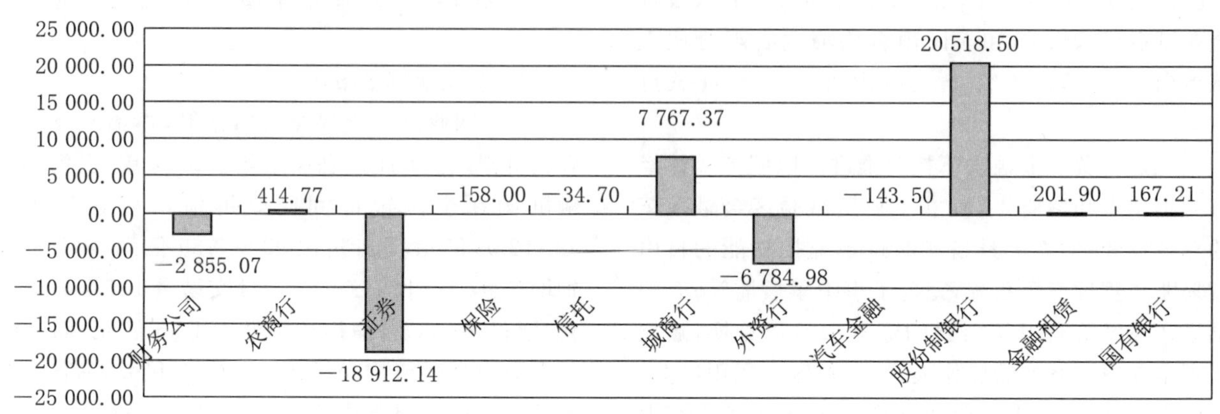

图2　2014年上海市金融机构同业拆借资金流向图(亿元)

表1　2014年上海市非金融企业债券发行及兑付情况一览表　　单位:亿元

	短期融资券	中期票据	集合票据	地方企业债	超短期融资券	非公开定向工具	资产支持票据
发行量	504.75	357.5	0	117.9	790	280.3	4.2
兑付量	488	264	10.07	43.5	315	61.5	2

表2　上海市金融机构法人办理银行间债券市场准入备案一览表

机构类别	机　构　名　称
外资银行	三井住友银行(中国)有限公司
	华美银行(中国)有限公司
	法国兴业银行(中国)有限公司
外资银行上海分行	国泰世华商业银行股份有限公司上海分行
	美国纽约梅隆银行有限公司上海分行
	澳大利亚西太平洋银行有限公司上海分行
保险公司	中美联泰大都会人寿保险有限公司
	工银安盛人寿保险有限公司
	交银康联人寿保险有限公司
	三井住友海上火灾保险(中国)有限公司
	史带财产保险股份有限公司
汽车金融公司	福特汽车金融(中国)有限公司
	东风日产汽车金融有限公司
财务公司	东航集团财务有限责任公司
证券公司	上海华信证券有限责任公司
金融租赁	交银金融租赁有限责任公司

(2) 新增16家金融机构法人备案加入银行间债券市场。2014年上海地区共有16家金融机构法人(或外资银行分行)申请进入银行间债券市场并办理了准入备案业务。

(3) 回购交易量持续稳定增长,质押式回购利率呈缓W形走势。2014年,上海市金融机构质押式正、逆回购累计分别成交279 242.67亿元和209 559.13亿元,较上年分别增长49.03%和45.12%,合计成交488 801.8亿元,增长47.33%,净融入资金69 683.55亿元,增长62.16%。买断式正、逆回购分别累计成交17 156.03亿元和3 369.98亿元,较上年分别增长65.76%和减少7.70%,合计交易量20 525.01亿元,增长46.61%,净融入资金13 787.05亿元,较上年增长105.79%。

2014年上海市金融机构质押式正、逆回购利率均值分为3.02%和2.98%,较上年分别下降48和67个bp。全年利率走势同样呈缓W形,极大值出现在1月,正、逆回购利率分别为4.07%和4.04%,极小值出现在3月,两者分别为2.58%和2.48%。

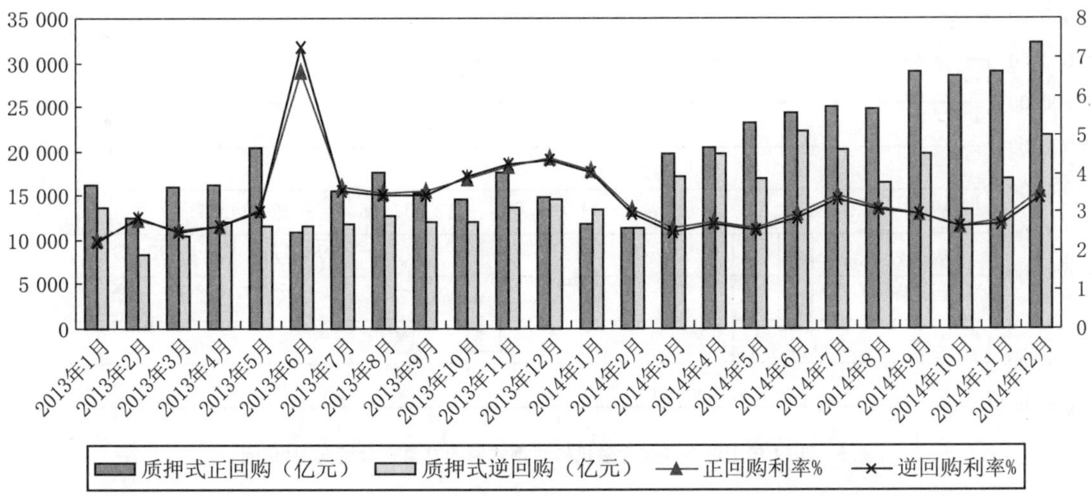

图 3　2013 年至 2014 年上海市金融机构银行间债券市场质押式回购量价图

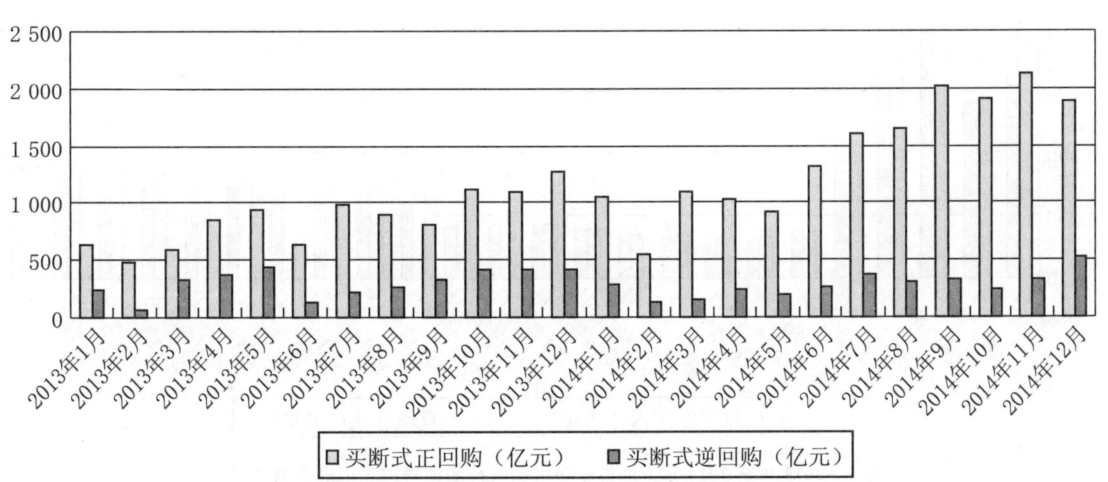

图 4　2013 年至 2014 年上海市金融机构银行间债券市场买断式回购交易情况

银行机构为质押式回购的主要参与者，股份制银行、农商行、城商行和外资银行市场份额分别为 32.71%、12.31%、12.26%和 8.79%，交易量涨幅均在 30%—50%之间。基金交易额大幅增长 72.18%，市场份额达到 11.5%。股份制银行为绝对的资金融出主力，较上年增长 483.58%。保险、基金、证券为主要的资金融入方，分别增长了 107.45%、602.34%和 42.31%，银行资管资金净融入量由去年同期的 484 亿元快速增加至 12 324 亿元。

证券公司是买断式回购市场的交易主体，占据了市场 87.7%的交易量，同时是正回购的绝对主力，融入资金达到 15 714.08 亿元，较上年增长 74.57%。股份制银行和农商行是主要的资金供给方，资金净融出额分别增长 34.16%和下降 56.22%，二者合计净融出 1 841 亿元。

（4）现券交易量减少，净融出量增加，外资银行为市场主力。2014 年，上海市金融机构银行间市场累计买入现券 85 850.11 亿元，卖出现券 79 677.89 亿元，较上年分别下降 19.96%和 24.39%，总成交量下降 22.15%，净融出资金 6 172.22 亿元，是上年的 2.28 倍。现券买入、卖出量在全国市场的占比分别为 21.27%和 19.74%，下降约 5 个百分点。

外资银行交易量占据了 46.39%的市场份额，较上年略有增加。证券和股份制银行分列二、三位，市场占比分别为 17.66%和 13.90%，成交量较上年均有所下降。境外银行、外资银行、银行资管为主要的资金净融出方，三者的净融出额的增幅分别达到了 116.78%、165.85%和 1 031.95%，基金由资金净融入转为净融出。证券、城商行和股份制银行的净融入量有不同程度的增长。

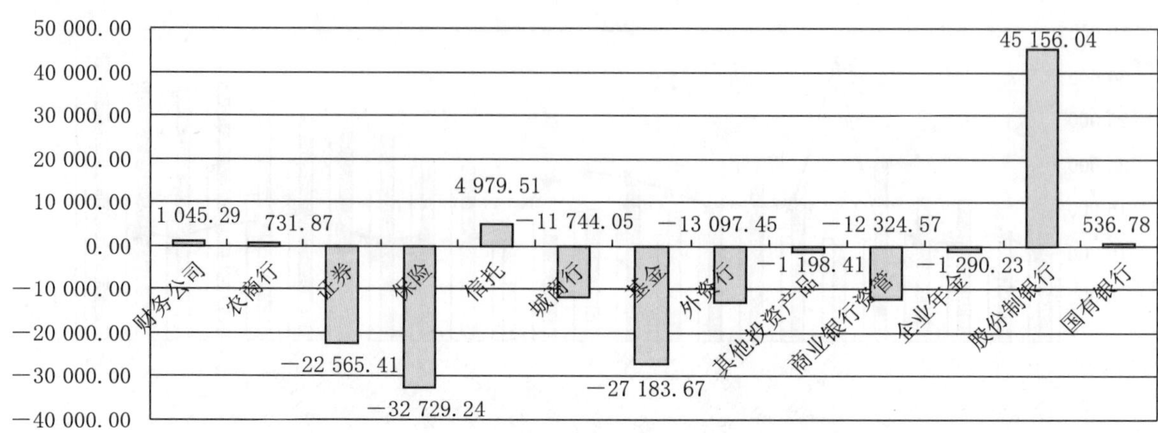

图 5 2014 年上海市各类金融机构质押式回购交易资金流向图(亿元)

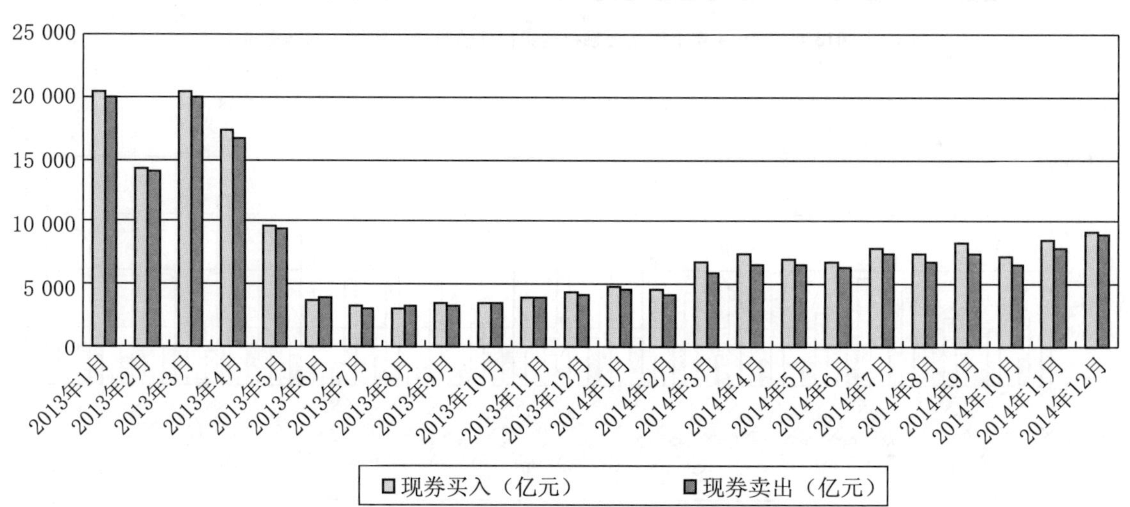

图 6 2013 年至 2014 年上海市金融机构银行间债券市场现券交易情况

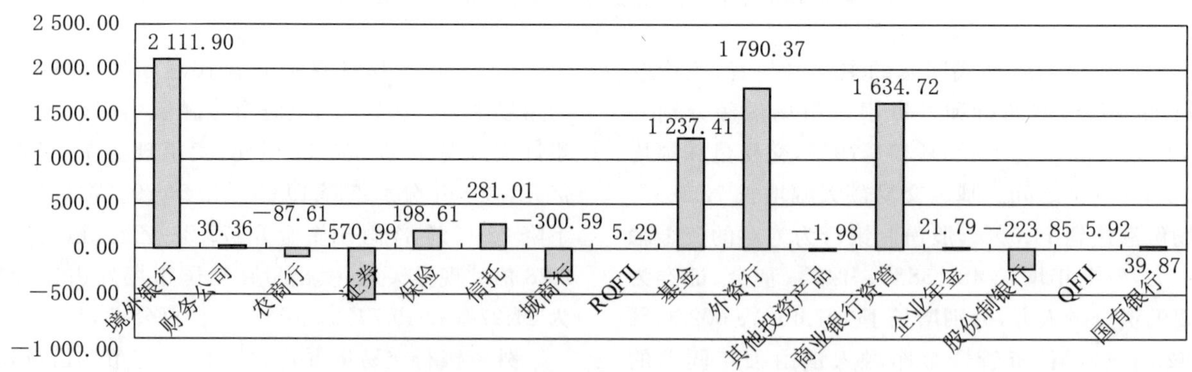

图 7 2014 年上海市各类金融机构现券交易资金流向图(亿元)

(5) 债券结算代理业务有所恢复,柜台债券交易呈井喷式增长。截至 2014 年 12 月末,上海市 9 家具有债券结算代理业务资格的金融机构(含资金中心)共有结算代理户 288 家,较年初减少 143 家。债券托管余额 5 274.26 亿元,较年初增长 26.19%。通过结算代理方式,上述机构总计办理现券交易 4 851笔,交易金额为 3 391.65 亿元,较上年下降 23.56%(其中买入 3 625 笔、2 648.79 亿元,卖出 1 226 笔、741.87 亿元);债券回购 5 836 笔,交易金额为 29 171.79 亿元,较上年大幅增长 137.02%(其中正回购 2 974 笔、15 641.92 亿元，逆回购 2 862 笔、13 529.86 亿元）。中国银行上海总部、交通银行代理交易量较大。

受益于柜台债券交易品种的增加，上海市商业银行柜台债券买卖交易总量达到 409 948 万元，较 2013 年增长了约 15 倍。累计办理买入 24 678 万元，较上年增长 32.5%；累计办理卖出 385 270 万元，是上年的 44 倍。工行、农行、中行（上海总部）、建行、招行等 5 家机构发生业务，其中工行和中行交易量增长明显。

表 3　2014 年上海市商业银行柜台债券交易情况表

单位：笔、万元

金融机构	买入额		卖出额	
	笔数	金额	笔数	金额
工商银行	2 476	8 221	8 100	235 324
农业银行	982	12 115	188	5 285
中国银行	1 013	4 017	2 063	144 552
建设银行	100	44	35	12
招商银行	346	281	133	97
合　计	4 917	24 678	10 519	385 270

（三）票据市场

（1）票据融资发生额突破十万亿大关，转贴现业务异常活跃。截至 2014 年 12 月末，上海市银行承兑汇票余额 12 820.49 亿元，较年初增加 805.61 亿元，较上年增长 6.71%；票据融资余额 5 852.62 亿元，较年初增加 1 685.06 亿元，较上年增长 40.43%。其中，企业贴现余额 2 422.73 亿元，较年初增加 623.77 亿元，增长 34.67%；买断式转贴现余额 3 429.88 亿元，较年初增加 1 061.29 亿元，增长 44.81%。买入返售余额 7 293.25 亿元，较年初增加 315.91 亿元，增长 4.53%；卖出回购余额 83.04 亿元，较年初减少 179.39 亿元，下降 68.36%。

上海市金融机构累计办理银票承兑 29 051.20 亿元，较上年同期增加 1 734.12 亿元，增幅为 6.35%。累计办理贴现 109 264.50 亿元（含买断式转入），较上年增加 44 404.56 亿元，增幅为 68.46%。其中，累计办理直贴 11 588.70 亿元，较上年增加 291.37 亿元，增幅为 2.58%；累计办理买断式转入 97 675.81 亿元，较上年增加 44 113.18 亿元，增幅为 82.36%；累计办理买断式转出 85 637.44 亿元，较上年增加 43 031.27 亿元，增幅为 101%。累计办理买入返售 49 218.69 亿元，较上年增加 14 119.41 亿元，增幅为 40.23%；累计办理卖出回购 1 281.92 亿元，较上年增加 287.32 亿元，增幅为 28.89%。

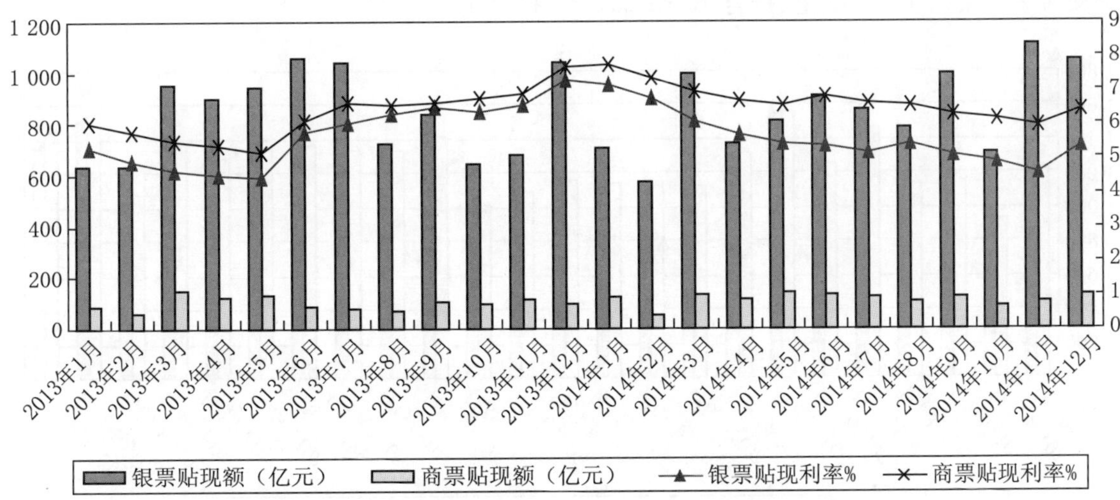

图 8　2013 年至 2014 年上海市金融机构商业汇票贴现额及利率情况

2014 年，上海市金融机构累计办理再贴现业务 615.04 亿元，较上年增加 77.07 亿元，增幅 14.33%。12 月末，再贴现余额为 227.79 亿元，较上年增加 43.72 亿元，增长 23.75%。

（2）票据市场利率持续走低，年末小幅上扬。2014 年受市场资金面较为宽松影响，票据直贴和转贴现利率整体呈现持续走低态势，但年底受到多重因素的影响，12 月票据市场利率上扬。全年上海市票据贴现的月加权平均利率最高出现在1月，银票和商票的利率分别为7.15%和7.77%。最低出现在11月，银票和商票贴现利率分别为4.58%和5.98%，较2013年末分别下降269和170个bp。12月末银票和商票贴现利率分别上升了76和45个bp，达到了5.34%和6.43%。

转贴现利率与贴现利率基本趋同。票据贴现的月加权平均利率最高出现在1月，银票和商票的利率分别为6.52%和6.28%。最低出现在11月，银票和商票贴现利率分别为4.47%和4.54%，较2013年末分别下降181和194个bp。12月末银票和商票贴现利率分别上升了84和104个bp，达到了5.31%和5.58%。

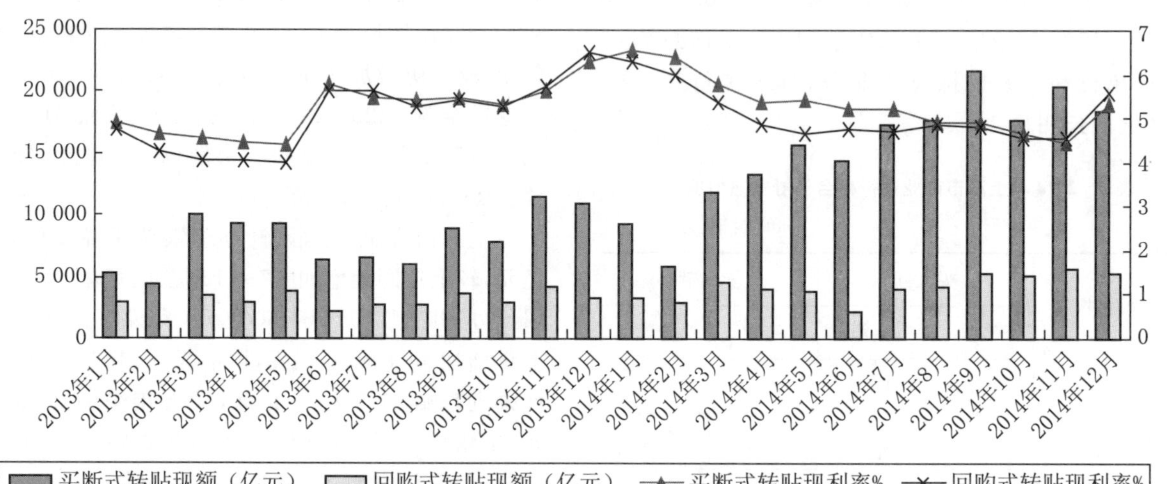

图9 2013年至2014年上海市金融机构商业汇票转贴现额及利率情况

（四）外汇市场

（1）外汇即期交易量小幅增加，美元交易量占比约九成。2014年，上海市金融机构外汇即期交易中，询价交易累计买入150 003笔、折合15 855.34亿美元，较上年增长8.21%，累计卖出148 099笔、折合15 717.7亿美元，增长4.5%。竞价交易累计买入、卖出各55笔，分别折合0.47亿美元和1.07亿美元。

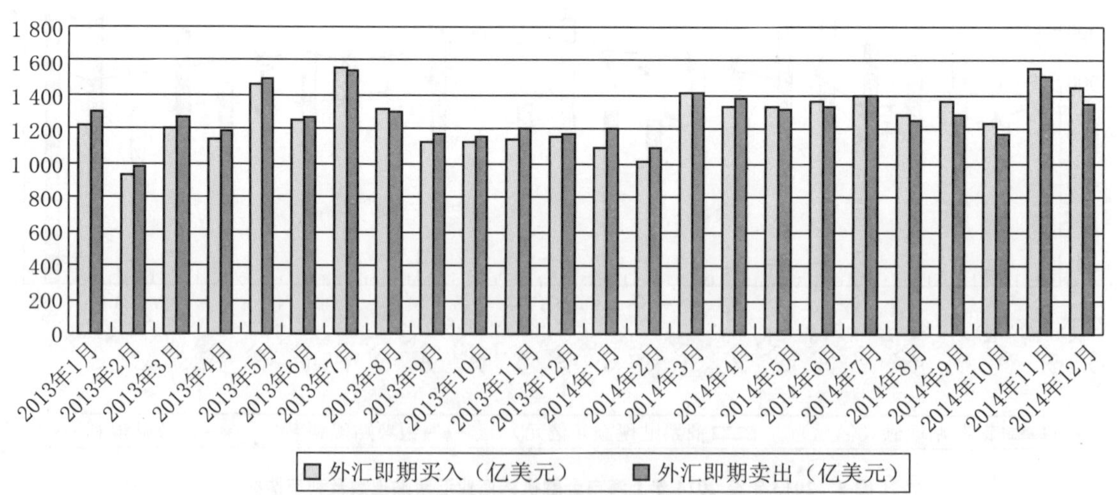

图10 2013年至2014年上海市金融机构人民币外汇即期交易情况

从成交币种看，美元仍占据绝对比重，累计成交29 307.35亿美元，占比92.82%。人民币对日元交易额次之，累计成交折合1 122.17亿美元，占比为3.55%。从参与机构看，交通银行、浦发银行、汇丰银行（中国）、花旗银行（中国）和三菱东京日联银行（中国）交易活跃，成交额均超过2 000亿美元。

（2）外币对交易量减少，外资银行交易活跃。2014年，上海市金融机构在银行间外汇市场8个外币对买入累计成交11 256笔、折合541.99亿美元，较上年增长29.56%，卖出累计成交11 053笔、折合466.65亿美元，下降26.5%，合计量1 008.64亿美元，下降4.24%。其中，询价交易累计买卖折合900.45亿美元，占比89.27%，竞价交易累计买卖折合108.19亿美元。

从成交品种看，欧元对美元、美元对港元是主要的交易品种，成交额分别达到411.42亿美元和323.20亿美元，占比分别为40.79%和32.04%。澳元对美元和美元对日元交易较为活跃，占比分别为18.72%和4.64%。从参与机构看，渣打银行（中国）、法国巴黎银行（中国）、三菱东京日联银行（中国）、法国外贸银行上海分行、汇丰银行（中国）等外资银行交易活跃。

（五）衍生品市场

（1）利率互换交易额增长显著，短期品种占比最大。2014年，上海市金融机构人民币利率互换交易名义本金（固定方、浮动方双向统计）合计成交51 403.88亿元，较上年增长41.05%。截至12月末，支付固定利率未到期合约敞口额22 621.94亿元，较年初增加7 417.47亿元；支付浮动利率未到期合约敞口额22 403.32亿元，较年初增加6 851.87亿元。

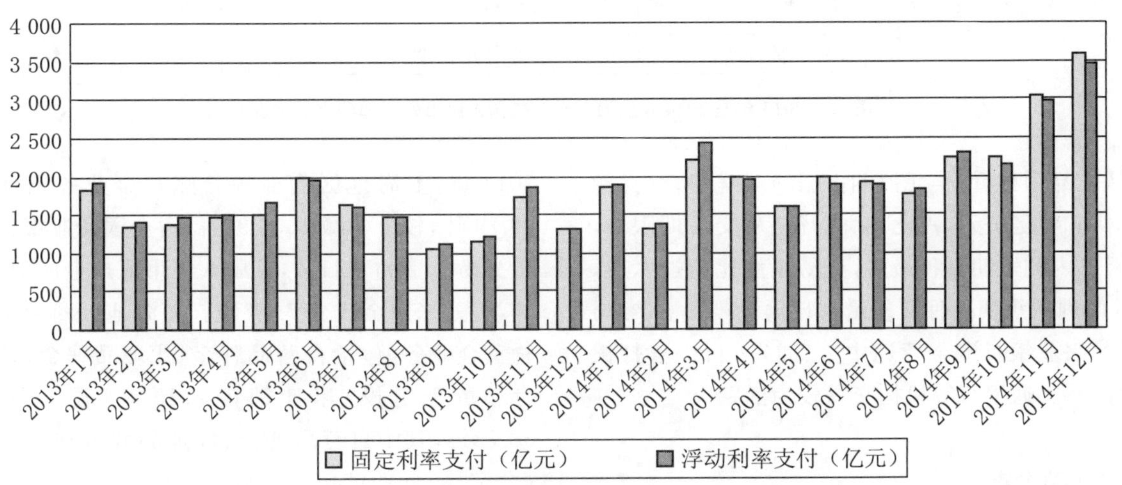

图11 2013年至2014年上海市金融机构人民币利率互换交易情况

从期限品种看，6个月至1年以及6个月以下的合约成交量最大，分别达到26 959.52亿元和10 477.58亿元，占比52.45%和20.38%，其次是1—3年的合约，成交量为9 277.24亿元，占比18.05%，三者合计约90.88%。

从支付利率情况看，固定利率支付水平中3%—4%利率支付水平最为普遍，成交量达到14 035.11亿元，占比54.64%，其次为4%—5%利率支付水平，成交量为6 542.06亿元，占比25.47%。浮动参考利率中7天回购利率的比重仍然最大，成交量达到20 323.68亿元，占比79.03%，其次是3个月Shibor和隔夜Shibor，分别成交2 564.18亿元和2 307.7亿元，占比9.97%和8.97%。

（2）外汇远期交易量下降，以美元和短期品种为主。2014年，上海市金融机构外汇远期累计买入折合198.52亿美元，累计卖出折合343.79亿美元，较上年分别下降32.85%和增长10.27%。截至12月末，外汇远期买卖余额分别为39.25亿美元和45亿美元，较年初分别减少40.68亿美元和30.26亿美元。

从交易币种看，美元远期交易额为516.60亿美元，占比95.26%，仍然占据绝对优势。从交易期限看，7天以内的超短期品种交易占据约一半的市场份额，交易量为267亿美元。其次为1—3个月和8天—1个月的品种，占比分别为18.83%和11.99%，3个月内的短期品种合计占市场总量的80.05%。从参与机构看，浦发银行、兴业银行资金营运中心、美国银行上海分行、交通银行交易较为活跃。

（3）外汇掉期交易量增加，美元为主要品种，中资银行交易活跃。2014年，上海市金融机构外汇掉期交易累计远端买入折合20 837.39美元，累计远端卖出折合18 781.31亿美元，较上年分别增长31.18%

和 21.95%。截至 12 月末，上海市金融机构外汇掉期远端买卖余额分别为 2 842.7 亿美元和 2 832.3 亿美元，较年初分别增加 609.84 亿美元和 649.5 亿美元。

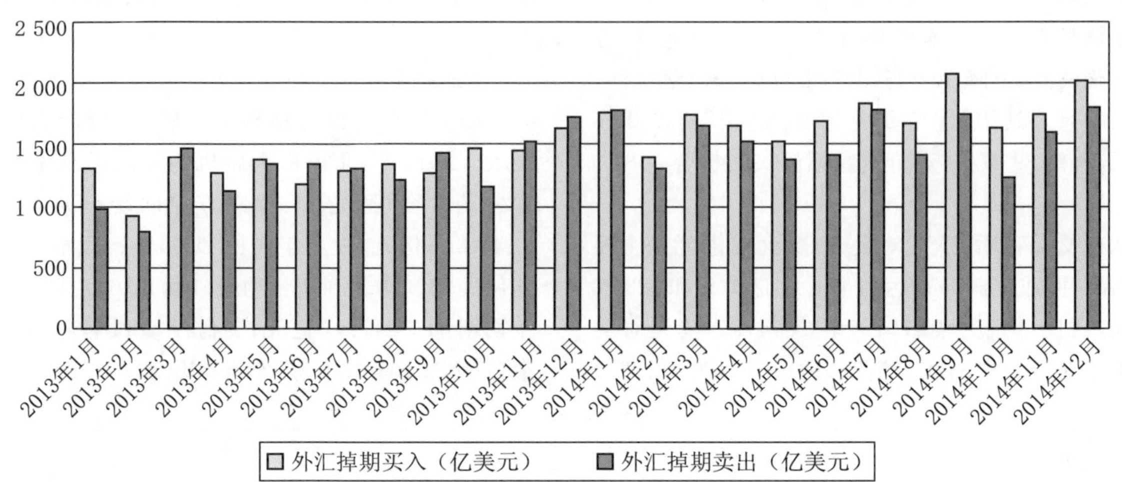

图 12 2013 年至 2014 年上海市金融机构人民币外汇掉期交易情况

从交易币种看，美元掉期占据绝对优势，交易额为 32 415.96 亿美元，占比 99.92%。从交易期限看，以 7 天以内的短期品种最多，交易额占比超过六成，3 个月以内的短期品种交易量占比逾 80%。从参与机构看，兴业银行资金营运中心、浦发银行、渣打银行（中国）、交通银行等机构交易较为活跃。

（六）黄金市场

截至 2014 年年末，上海地区共有 30 家商业银行开办黄金市场业务，其中中资地方法人行 2 家，外资法人行 3 家，商业银行上海（市）分行 25 家。

（1）自营代理金交所业务量保持增长，询价交易增长较快。2014 年，上海地区商业银行在上海黄金交易所的场内业务总交易量为 1 040.36 吨，较上年增长 34.3%，占全国商业银行黄金总交易量的 8.2%，成交金额 2 581 亿元，增长 21.72%。其中，自营成交 766.94 吨，增长 22%，成交金额 1 907.94 亿元，增长 10.61%；代理成交 205.32 吨，增长 68%，成交金额 507.71 亿元，增长 47.6%；询价成交 68.1 吨，成交金额 165.35 亿元，分别增长 2.3 倍和 2.2 倍。

此外，上海地区商业银行参与上海期货交易所黄金期货交易累计成交 114.32 吨，较上年增长 1 倍。

（2）账户金、实物金等黄金业务萎缩，境内黄金租借、远期、期权等境内自有产品业务有所增长。2014 年，上海地区商业银行账户金业务累计成交 42.78 吨，较上年减少 56.93%，占全国商业银行账户金交易总量的 4.41%，其中人民币账户金成交 35.13 吨，美元账户金成交 7.65 吨。上海地区商业银行实物黄金业务（包括自营品牌金、代理品牌金、黄金积存和黄金定投）累计销售 8.15 吨，较上年减少 58.78%，其中自营品牌金、代理品牌金和黄金积存（含定投）分别销售 3.4 吨、1.3 吨和 3.23 吨。对企业客户的黄金租赁业务累计成交 326.16 吨，较上年增长 1.2 倍，其中租出黄金 203.4 吨，到期归还黄金 122.76 吨。对银行同业的黄金拆借业务累计成交 69.46 吨，较上年增长 48.2%。上海地区商业银行共销售黄金理财产品 53.96 亿元，到期赎回 20.42 亿元。同期，境内黄金远期业务累计成交 93.39 吨，较上年增长 98%；境内美元黄金期权业务累计成交 1 吨，是上年的 10 倍；黄金掉期累计成交 4.88 吨。

（3）境外黄金业务量增长明显。2014 年，上海地区商业银行开办的境外黄金业务品种涉及黄金即期、远期、掉期、期货和期权。各类境外黄金业务累计成交 788.77 吨，较上年增长 1.26 倍，其中境外黄金即期成交 91.36 吨，境外黄金掉期和境外黄金远期分别成交 433.03 吨和 263.38 吨，黄金期权成交 1 吨。

（中国人民银行上海总部金融市场管理部）

3. 2014 年上海市支付体系建设报告

2014 年在中国人民银行总行的关心与支持下，上海总部以总部“三个平台、三个中心”、上海国际金融中心和自贸区建设为契机，进一步推动上海市支付体系建设取得新成就。

（一）支付清算基础设施建设

成功实施辖内参与机构第二代支付系统上线切换工作，上海市所有支付系统法人参与者分三批全部顺利切换为第二代支付系统报文标准。顺利完成中央银行会计核算数据集中系统（ACS）在中国人民银行上海总部的上线运行工作，切实提高了上海总部本级中央银行行会计核算效率。完成 ACS 综合前置子系统在上海辖内的两批推广上线工作，指导各上线机构通过 ACS 综合前置子系统正确办理业务，确保了系统运行稳定，业务办理顺畅。

全年，在沪各支付清算系统运行稳定。上海市大额支付系统共办理支付系统往、来账业务 8 166.92 万笔，清算资金共计 603.93 万亿元，同比分别增长 17.49%、17.19%。小额支付系统处理业务 25 065.94 万笔、金额 4.79 万亿元，同比分别增长 18.57%、28.52%。全国支票影像交换系统共发生业务 35.96 万笔、金额 302.18 亿元，同比分别下降 7.18%和 5.50%。上海同城清算业务 5 800.60 万笔，金额 248 406.22 亿元，同比分别增长 4.02%和 18.09%。

（二）上海自贸区支付结算业务创新

（1）支持支付机构开展跨境人民币支付业务。制定了《关于上海市支付机构开展跨境人民币支付业务的实施意见》（以下简称《实施意见》），作为金融支持中国（上海）自贸区建设的首项业务细则予以发布。《实施意见》坚持促进创新与防范风险并重的监管原则，创新性地提出在目标风险可控前提下，实行负面清单管理、事后备案、上海市支付机构无需在自贸区设立实体公司等举措，同时要求支付机构严格建立并落实客户实名制、客户风险评级管理、风险准备金与交易赔付、交易和信息安全管理等制度，做到该管的管住，该放的放开，有效提升和引导支付机构在规范、稳健经营中谋求创新和发展的积极性。截至 2014 年 12 月底，辖内已有 8 家机构申请开办了跨境人民币支付业务，累计有 6 家支付机构与 9 家境内商户、208 家境外商户签订了业务合作协议，共发生跨境人民币支付业务 7.39 万笔、金额 12.58 亿元。

（2）启动人民币自由贸易账户管理体制改革。指导上海市银行业金融机构为存款人办理自由贸易账户业务开辟了“绿色通道”，指定人员负责自由贸易账户开立、变更和撤销的审查和管理，有效缩短业务办理时间，提高服务质量。对单位存款人开立自由贸易账户暂不执行生效日制度，即自正式开立之日起即可办理资金收付款业务，满足存款人对自由贸易账户便捷、高效的服务需求。指导银行业金融机构遵循展业三原则，合理、审慎评估存款人的风险特征，采取多种切实可行、高效便捷的管理和技术手段，对不同风险特征的存款人采取相应的客户身份识别措施，有力地支持了黄金交易所国际板会员的开户工作。对辖内部分银行的自由贸易账户业务进行了调研并在此基础上初步拟定了《关于进一步推进自由贸易账户业务发展的若干意见》，以更好地支持自贸业务开展。

（3）实施自贸区支付清算基础设施优化升级。为打造各类自贸业务金融服务的支付清算平台，提升自贸区资金清算效率，积极组织开展上海支付结算综合业务系统自贸区业务流程设计、业务需求编写、接口方案拟定、系统管理制度拟写、业务培训和联调测试等工作。在原系统功能基础上，新增自贸区贷记业务、贷记转汇业务和贷记退汇业务，并预留了自贸区借记业务和借记冲正业务，可支持 FT＊账户与普通账户、FT＊账户与 FT＊账户、FT＊账户与 NRA 账户间的资金清算。系统还可以通过对资金流量和资金流向控制，进一步保障资金安全，满足监管需要，加强风险审慎管理能力。

（三）非现金支付工具业务推广与管理

（1）组织财务公司实施电子商业汇票线上清算业务试点。指导和督促 2 家财务公司按照总行统一部署完成与电子商业汇票系统和大额支付系统对应的内部系统修改、开发工作。组织 2 家财务公司和上海市其他 18 家法人机构参加联调测试工作，并实现上海市 2 家财务公司成功上线运行线上清算模块，有效地提高了电子商业汇票业务的处理效率和业务安全性。

（2）优化上海市电子商业汇票业务发展环境。利用财务公司线上清算业务试点的测试环境，部署上海市35家法人和管理行关于电子商业汇票系统互连互通的测试工作，解决当前困扰各机构的跨行业务开展不顺畅问题。下发《关于2013年上海市电子商业汇票业务发展情况的通报》，督促各机构制定电子商业汇票承兑、直贴业务占比增长目标，以供应链核心企业为突破口大力推广电子商业汇票业务。

（3）认真开展票据信用管理。全年发出针对违规签发支票行为的行政处罚意见告知书38 400份，对应发出行政处罚决定书19 538份。共受理拟被处罚单位陈述申辩材料4 524份，向银行发出协查278份。两次编制并印发了“支票黑名单”和“商业承兑汇票黑名单”，通报了4 852家单位违规签发的74 197笔支票的基本信息，91家单位违规签发986笔商业承兑汇票的基本信息，并建议银行对95家严重违规单位采取暂停支付结算的措施。

（四）支付服务市场监管

（1）深化非金融支付服务市场管理。对5家银行卡收单支付机构开展执法检查，并对辖内所有预付卡机构进行以备付金业务为重点的核查。细化上海市贯彻落实客户备付金核对校验机制的具体措施，依托监管系统建设，进行备付金核对校验机制功能开发。顺利推进上海市支付机构监管信息系统建设，实现上海市支付机构监管信息系统（一期）项目上线。

（2）推动行业自律管理。广泛征求54家支付机构和31家在沪中资商业银行意见，围绕协会筹建工作中需重点关注的问题，实地走访了上海市银行同业公会，了解行业协会运作模式。向上海市社会团体管理局咨询了社会团体管理最新政策，并与中国支付清算协会、山东省支付清算协会、江苏省支付清算服务协会进行了沟通。拟定了协会筹建方案和协会章程等，切实有效推动行业自律管理。

（3）做好人民币银行结算账户管理。根据总行关于开展全国存量个人人民币银行存款账户相关身份信息真实性核实验收工作的部署，细化上海市存量个人银行户真实性核实工作验收的内容及评分标准。开展辖内同业存放账户开立和使用情况调研并组织上海市各银行对存量人民币同业银行结算账户业务进行自查和规范。

（中国人民银行上海总部金融服务二部）

4. 2014年上海市信用体系建设报告

2014年，中国人民银行上海总部配合国际金融中心建设，发挥征信体系作用，提升服务水平，推动小型微型金融机构、类金融机构接入金融信用信息基础数据库，深化评级市场的培育与管理，促进评级市场的健康发展，不断推动上海征信工作取得新进展。

（一）企业和个人征信系统稳定运行

企业及个人征信系统运行情况稳定，发挥了金融基础设施的重要作用。截至2014年12月底，上海市各金融机构共开通个人征信系统查询网点2 340个，用户2 611个。企业征信系统查询网点1 797个，查询用户5 245个，月均查询量分别为493万次（个人）和41万次（企业）。2014年累计审核开通企业征信网点104家，个人征信网点36家。

（二）稳步扩大征信系统接入范围

推动小型微型金融机构、类金融机构接入征信系统，进一步加强与上海市金融服务办沟通协调，共同组织推动上海市小额贷款公司和融资性担保公司接入金融信用信息基础数据库工作稳步开展，在确保数据报送质量的前提下，推动全市更多小型微型金融机构、类金融机构接入征信系统。

（三）保障征信系统的合规使用

一是组织金融机构进一步贯彻落实《征信业管理条例》相关规定，全面规范征信业务内控制度的建设和执行，将征信管理纳入综合考核评价范围，加大对征信系统的管控和自查力度，完善异常查询的预警机制和处置程序，积极通过开发征信系统前置程序，加强对征信系统用户的动态管理等方式，从源头上杜绝征信业务投诉和诉讼案件的发生，保障征信系统的合规使用，有效防范合规风险。

二是常态化开展《征信业管理条例》贯彻落实情况的现场和非现场检查工作，不断加大异常查询监测和信息泄露行为的查处力度，依托征信管理系统，建立金融机构征信业务报备和统计制度，逐步形成了常规动态监管机制。

三是严格按照《征信投诉办理规程》处理各类征信异议和投诉，逐步完善对征信维权工作的流程监控，加强信访案件的办理，异议处理回复率达到100%，积极维护信息主体的合法权益。

（四）深化评级市场的培育与管理，促进评级市场的健康发展

一是积极转变评级管理模式，完善评级机构备案制度，用市场化机制和手段培育信贷评级市场，推进信用评级业务的稳定运行，保持信贷评级市场稳定与健康发展。2014 年共有 10 家评级机构备案，辖内借款企业参评数量为 6 594 户。

二是由偏重于事前资质认可转变为事中、事后监测和信息披露，完善评级业务月报、季报、评审会会议纪要及报表上报制度，加强征信管理系统和违约率系统的评级业务的统计监测分析，加强行业自律制度建设，不断提高信用评级的独立性和市场公信力。

三是积极开展小额贷款公司和融资性担保公司信用评级工作，继续加强与市金融办的协调和合作，下发开展两类机构信用评级工作的通知，建立完善的工作配套方案，推动实施两类机构评级。同时，与浦东新区商务委合作建立商业保理公司信用评级联动推进工作机制，探索开展商业保理公司信用评级工作。2014 年，上海共对 71 户小额贷款公司、17 户融资性担保公司、12 户商业保理公司进行了评级。

（中国人民银行上海总部金融服务二部征信管理处）

第二篇　银　　行

银行业概述

【上海银行业机构情况】 截至2014年末，上海银行业营业性机构总数达3 908家，较上年末增加201家。其中，国有商业银行1 714家，政策性银行（含国开行）14家，股份制商业银行665家，城市商业银行366家，农村金融机构421家，非银行金融机构37家，邮政储蓄银行466家，资产管理公司5家，外资商业银行219家。

【上海中资银行基本经营数据】 截至2014年末，上海辖内中资商业银行本外币资产总额88 739.29亿元，同比增长15.44%；各项贷款35 402.73亿元，同比增长7.24%；各项存款62 084.67亿元，同比增长5.65%。本年实现净利润977.13亿元。

截至2014年末，上海辖内政策性银行（含国开行）资产总额3 425.44亿元，同比增长5.42%；各项贷款3 314.47亿元，同比增长7.02%；各项存款299.76亿元，同比增长44.33%。全年净利润47.65亿元。

【上海外资银行基本经营数据】 截至2014年末，上海外资法人银行资产总额1.97万亿元，同比增长7.5%；负债总额1.78万亿元，同比增长7.0%；所有者权益总额1 914.36亿元，同比增长12.2%；净利润131.99亿元，同比增长26.7%；各项存款余额1.23万亿元，同比增长3.2%，各项贷款余额8 638.90亿元，同比增长7.7%。

截至2014年末，上海辖内外资银行本外币资产总额1.32万亿元，同比增长11.1%；各项贷款余额4 551.06亿元，同比增长3.3%；各项存款余额6 069.35亿元，同比增长2.6%。

【上海非银行金融机构基本经营数据】 截至2014年末，在沪非银行金融机构共有6类35家（法人）。各类机构整体资产规模稳步扩展，盈利能力不断增强。截至2014年末，在沪非银行金融机构的总资产、总负债和利润总额分别为7 153.44亿元、6 057.40亿元和161.71亿元，同比分别增长22.03%、20.21%和19.75%。此外，在沪信托公司管理的信托资产合计15 165.06亿元，同比增长66.53%；货币经纪公司累计撮合本外币业务分别为446 027亿元和28 563亿美元，同比分别增长63.90%和16.02%。具体情况见下表：

单位：亿元

机构类别	总资产	同比增长	总负债	同比增长	本年利润	同比增长
信托公司	314.84	26.33%	34.26	48.06%	51.89	18.96%
财务公司	2 859.86	19.82%	2 538.56	18.41%	50.16	23.43%
金融租赁公司	2 912.75	32.58%	2 578.8	30.50%	33.12	9.60%
汽车金融公司	998.68	20.77%	847.83	20.13%	24.85	27.90%
消费金融公司	63.57	77.05%	56.98	89%	0.91	61.27%
货币经纪公司	3.74	24.62%	0.97	30.07%	0.78	38.04%
合　计	7 153.44	22.03%	6 057.40	20.21%	161.71	19.75%

（上海银监局）

一、中 资 银 行

(一) 中资法人银行

1. 交 通 银 行

2014 年,交通银行主动适应新常态,坚持效益优先、兼顾规模,用好增量、盘活存量,紧紧围绕"改革创新、转型发展"主题和"抓存款、稳利润、控风险"主线,拼搏进取、开拓创新,利润稳健增长,资产质量基本稳定。截至 2014 年末,交行在境内银行机构营业网点合计达 2 785 家,较年初增加 95 家,覆盖 230 个地级及以上城市,境外在香港、纽约、东京、新加坡、首尔、法兰克福、澳门、胡志明市、伦敦、悉尼、旧金山、台北共设立境外分(子)行 12 家,设立代表处 1 家,境外经营网点达 54 个(不含代表处)。业务范围涵盖了商业银行、证券、信托、金融租赁、基金管理、保险、离岸金融服务等。

【经营业绩】 2014 年,集团实现净利润 658.50 亿元,同比增长 5.71%。实现手续费及佣金净收入 296.04 亿元,同比增长 14%。2014 年末,集团资产总额为 6.27 万亿元,较年初增长 5.16%;不良贷款率为 1.25%,较年初增加 0.20 个百分点。平均资产回报率(ROAA)和平均股东权益报酬率(ROAE)分别为 1.08%和 14.79%,同比分别下降 0.03 个和 0.79 个百分点,下降幅度较上年明显收窄。

【战略转型】 境外银行机构和子公司在集团总资产中占比约为 12.39%,较年初提高 1.61 个百分点;在集团净利润中占比约为 8.50%,同比提高 0.55 个百分点,国际化、综合化经营实力持续增强。事业部、准事业部制改革稳步推进,六大事业部制利润中心营业收入同比增幅达 23.44%;资产管理业务发展提速,人民币表内外理财规模迈上万亿台阶,同业排名领先,财富管理水平有效提升。

【公司业务】 持续推动公司金融业务转型发展和结构优化,构建重点区域集团协同发展新模式和重点客户一体化管理机制;在国有控股银行中率先实施大客户准事业部制改革;推进对公财富管理体系建设,有效延展"蕴通财富"品牌影响力;加强业务准入和全融资存续期管理,主动防范和化解大额风险;积极融入人民币国际化进程,多项自贸区金融和托管金融开创中资银行业务先河;顺应互联网金融和"大数据"发展趋势,实现系统数据快速整合与流程业务集中管理。公司金融业务板块实现利润总额人民币 562.14 亿元,同比增长 4.14%;实现手续费及佣金净收入人民币 162.59 亿元,同比增长 8.42%;蕴通高端客户同比增长 6.67%。

【个人业务】 不断加强产品创新,积极创新营销模式,持续提升服务质量,致力于打造以财富管理为主体,普惠金融、消费金融、互联网金融为特色的"大零售"业务发展格局,全面推进个人金融业务转型发展。集团个人金融业务板块实现利润总额人民币 66.11 亿元,同比增长 4.18%;实现手续费及佣金净收入人民币 117.13 亿元,同比增长 27.22%;境内行个人客户总数较年初增长 10%。

【金融市场业务】 灵活应对宏观市场中的一系列挑战,不断加强对国内外宏观环境分析,深入挖掘金融市场、财富与资产管理等业态的价值,加强产品创新,深化同业合作,推进同业与市场业务稳步发展。大力拓展金融要素市场,成为首批"沪港通"跨境资金结算银行,首批成功对接全国中小企业股份转让系统(新三板)的结算银行,首批开办上海清算所人民币利率互换、铁矿石、动力煤掉期代理清算的银行。资金业务板块实现利息净收入人民币 201.34 亿元,同比减少 0.74%。

【中小企业服务】 推进"圈、链、园"集群业务,拓展商圈金融业务,明确商圈项目制推广指引,配套专属金融服务方案;推进供应链金融业务,围绕医院等核心企业开展上下游小微金融服务;推动科技金融业务,探索"投贷联动"模式,形成科技金融服务专营模式试点方案。围绕结算流量,开发 POS 贷产品,满足商户便捷金融服务需求。探索互联网、大数据金融模式创新,加强与联通、电信等第三方公司合作,以“沃易贷”产品为代表,业务流程实现全在线操作。报告期末,境内行中小微企业贷款余额达人民币 12 591.51 亿元,较年初增长 0.32%。

【资产质量】 积极应对不利风险形势,全力稳定资产质量,减值贷款余额为人民币 430.17 亿元,增速较上年有所放缓;着力推进信贷业务的减退加固和资产重组,及时化解风险,减退风险贷款人民币 749 亿元,加固风险贷款人民币 523 亿元,重组不良贷款人民币 62.5 亿元;减值贷款率为 1.25%,较年初上升 0.20 个百分点;拨备覆盖率达 178.88%,较年初下降 34.77 个百分点,但仍高于监管要求。

【资本实力】 集团积极推动业务结构调整和内部资本管控,通过内源资本积累和外源资本补充,有效充实资本实力;获中国银监会核准,成为国内首批在法人和集团两个层面实施资本管理高级方法的商业银行。报告期末,资本充足率和一级资本充足率分别达到 14.04% 和 11.30%,较年初上升 1.96 和 1.54 个百分点。

【服务品牌】 2014 年,集团继续跻身《财富》(FORTUNE)世界 500 强,营业收入排名第 217 位,较上年提升 26 位;列《银行家》(The Banker)杂志全球千家大银行一级资本排名第 19 位,较上年提升 4 位,首次跻身全球银行 20 强。报告期内,集团共有 127 家网点入选中国银行业协会“千佳”服务示范单位,同比增加 39 家,获评网点数量在银行同业中位列第二名,品牌影响力不断扩大。

【主要指标】

单位:亿元

指标 \ 年份	2010	2011	2012	2013	2014
集团净利润(归属母公司股东)	390.42	507.35	583.73	622.95	658.50
集团本外币资产总额	39 516	46 112	52 734	59 609	62 683
本外币各项存款余额(不含同业存款)	28 678	32 832	37 284	41 578	42 097
本外币各项贷款余额	22 369	25 618	29 473	32 663	34 317
个人贷款余额	4 179	5 093	6 015	7 513	8 684
按揭贷款余额	2 682	3 129	3 583	4 475	5 198
减值贷款比率	1.12%	0.86%	0.92%	1.05%	1.25%

(交总行)

2. 上海浦东发展银行

浦发银行秉承“笃守诚信、创造卓越”的经营理念,积极探索和推进金融改革与创新,积极促进和支持中国国民经济发展和社会进步,业务发展迅速,资产规模持续扩大,经营实力不断增强,在海内外树立了良好的品牌形象。至 2014 年 12 月末,公司总资产规模达 41 959 亿元,各项贷款余额 20 284 亿元,各项存款余额 27 240 亿元,2014 年实现归属于上市公司股东的净利润 470.26 亿元。浦发银行已在全国设立了 40 家一级分行、1 295 家营业机构,拥有超过 4.2 万名员工,架构起全国性商业银行的经营服务格局。

【综合经营战略】 2014 年,全行总资产、存款余额、贷款余额分别比年初增长 14.02%、12.58%和 14.76%,税后利润比 2014 年同比增长 14.92%,实现营业收入 1 231.81 亿元,同比增长 23.16%,资产规模稳步扩大、中间业务收入同比增加、成本费用有效控制是盈利增长的主要驱动因素。浦发银行盈利能力不断增强的同时,保持了较强的抗风险能力,不良贷款率控制为 1.06%,不良贷款准备金覆盖率达到 249.09%,资产质量处于国内银行业较好水平。

围绕建设具有核心竞争优势的现代金融服务企业的目标,2014 年浦发银行积极落实综合经营战略,国际化、综合化、集团化有序推进。一是以国际化布局,服务客户走出去。香港分行经营运作日趋顺畅,业务结构不断优化,总资产已达 503.93 亿元,客户存款 140.85 亿元,实现净利润 1.85 亿元,获批点心债券发行资质以满足客户跨境融资需求,香港分行作为浦发银行跨境金融服务平台、创新平台、国际化平台的战略作用日益凸显。二是以综合化版图,支撑客户多元化需求。截至 2014 年末,浦发银行投资 30 余家企业,业务布局涉及银行、租赁、基金、海外平台等各个板块。在香港收购设立浦银国际控股有限公司,标志银行国际化战略继香港分行、伦敦代表处之后迈出新步伐。自 2008 年以来,浦发银行较准确地将浦发银行综合化经营战略、浦发村镇银行战略与国家战略紧密结合,为浦发村镇银行确立了“立足县域,服务三农、支持小微”的经营宗旨和战略定位,浦发村镇银行已达 25 家,44 个网点,遍布 20 多个省市,总资产 295.68 亿元,当年税前利润5.88亿元，涉农和小微贷款占比达85%，探索出适合农村金融特点的服务和管理模式，有力地支持了“三农”和小微企业发展，树立了良好的品牌形象。浦银金融租赁股份有限公司资产总额307.02亿元，组建航空、航运、绿色租赁等专业化团队，在直接租赁、经营租赁、航空租赁等领域实现突破，获得医疗设备租赁业务资格，在天津东疆保税区设立3家项目公司，与山东航空、中国国际航空的飞机租赁已经交付标的物；浦银安盛基金公司管理资产规模1 584亿元，较上年增长500%，投资能力明显提升，多只基金取得市场领先地，旗下权益类基金2014年绝对收益排名行业第四，近三年绝对收益排名行业第一，为广大投资者带来了较高回报；我行与美国硅谷银行合资的浦发硅谷银行，经营稳健并实现盈利，业务专注服务科技型中小企业，成为对国内科技型创新企业提供贷款和进行风险管理的行业典范银行。

【公司金融业务】 截至2014年末，对公本外币存款余额22 323亿元，较上年增加2 560亿元；一般对公贷款余额15 510亿元，较上年增加1 891亿元，对公存、贷款增余额位居国内股份制银行前列。全年对公客户突破100万户，形成了“以中型客户为主，向两端延伸”的客户结构。

针对不同类型公司客户需求，浦发银行能够提供“股、债、贷”一体化的投资银行服务，“本外币、离在岸、境内外”一体化的贸易金融和现金管理、国际业务，行业领先的资产托管和养老金业务。2014年，相关业务快速稳健发展，个别领域同业引领优势得以强化。

投资银行业务：银行债券主承销规模3 143.96亿元，债券主承销436只，均比上年实现翻番，公司股权基金业务托管规模突破2 500亿元，同比增长50%，银团贷款余额1 380亿元，牵头银团承销金额超1 250亿元，大力发展绿色金融，积极开展智慧城市、碳金融综合创新金融服务，许多领域引领同业，发行国内首单碳债券，首单地市级平台ABN、首单小城镇私募债、首单永续私募债等诸多领域国内第一单；而在股权融资领域推出股权基金退出服务、股交中心挂牌业务、私募股权份额交易、私募股权基金管理咨询等业内领先的创新产品。股权基金托管规模、私募债(PPN)、资产支持票据(ABN)承销额银行业第一；债券承销金额、银团贷款余额、牵头银团承销金额位居股份制商业银行第一。

贸易金融与现金管理业务：2014年，浦发银行离、在岸国际结算3 978亿美元，同比增长34.52%，其中跨境人民币结算业务突破3 200亿元；完成保理业务约3 500亿元，电子渠道及代理结算业务达17.7万亿元，同比增长58.8%；银行一年来推出一站式、多渠道、智能化跨行收付款方案，推出跨境人民币双向和跨境外币资金池，成为中移电子商务唯一备付金存管银行，在市场上处于领先地位。2014年，首创银行与财务公司国内双保理暨“银财保”业务，该模式协助财务公司提升金融服务水平，将财务公司良好信用延伸到产业链上游企业，解决产业链上游企业融资难的问题，已与财务公司合作为多家客户提供总额6 000万人民币的保理融资。

资产托管及养老金业务。加快托管类产品创新研发，业务规模30 753.55亿元，同比增长74.33%，实现托管收入大幅增长；企业年金实际运作的个人账户数余额达39.38万户。

2014年，浦发银行深入推进投行业务创新和转型突破，在诸多领域开创行业先河，助力客户成就价值。为满足中国广核集团碳资产的创新需求，成功地为其在银行间市场公开发行附加碳收益结构的票据，不仅帮助企业大大降低融资成本，同时提升其在市场中的知名度和金融创新意识，票据的发行还填补了国内碳资产相关直接融资产品的空白，实现了推进碳交易市场市场发展以及碳债券品种创新的双赢。

2014年，浦发银行在业内率先推出“科技小巨人”金融服务体系，将服务科技型企业作为重要战略方向，致力于打造“中国硅谷银行”。浦发银行整合浦发硅谷银行、海外分行、自贸区分行、VC\PE、券商、交易所、政府部门、科技园区等各类资源，积极探索多方合作的创新服务模式，形成直接融资与间接融资、股权融资与债权融资相结合的平台化综合金融服务体系。同时，浦发银行建立了多层次、立体化的服务体系，总行设立科技金融处，分行建立科技支行和科技特色支行。目前，已经在上海、北京、天津、深圳、长沙、西安、广州等地设立了5家科技支行和16家科技特色支行。全行在资源配置、风险管理、考核激励等方面都给科技金融业务配套了差异化的机制和政策，以更好地适应科技金融有效经营的逻辑和规律。截至2014年末，服务科技型企业近12 000户，贷款余额近700亿元，“千户工程”入库企业超过 1 800 户，小、微型企业户数占比超 70%，贷款金额占比超 60%，实现总体规模、模式创新、体制机制配套多方面的市场领先。

【自贸区分行】 2014 年，浦发银行上海自贸试验区分行，在系统发展、机制创新、业务推进等方面取得了阶段性成果，摸索出以离岸和 FT 业务相结合为特色的自贸区创新金融服务模式。是唯一一家上海全辖机构能开展自贸区分账核算业务的银行，支持公司类汇款、结售汇、存款、贷款、直投、贸易结算类等多个纬度业务。自贸区金融产品创新能力同业领先，利用自身丰富的海外账户体系（FTN—NRA—OSA），形成海外客群跨账户体系互动方案，通过跨境人民币业务及离岸账户特色与 FT 账户组合，实现自贸区企业境内外平台的一体化管理，满足了总部型企业在资金管理，特别是跨境资金管理方面的需求。

自贸区分行发挥跨境联动机制优势，积极探索全球金融市场资金洼地，配合跨境银租保、海外直贷等创新产品，引入低成本海外资金支持国内实体经济发展。跨市场联动服务能力同业领先：成为黄金交易中心国际版首批银行 A 类会员和结算银行，不仅可以为会员开立 FT 账户参与交易，也可作为代理机构为非会员的投资者开立 FT 账户用于参与交易。积极探索作为海外要素市场与国内要素市场的桥梁，配合各要素市场国际版市场的建立，推进银行代理清算、结算、代理交易、质押融资等金融服务。多渠道金融服务能力同业领先：成为首家获得离岸银行业务独立经营资格的分行级机构，成立了专门的海外业务部，充分运用离岸业务优势和自贸区政策红利，通过跨账户体系、跨境和跨市场三大板块联动，推出"自贸海外通"系列产品，聚焦自贸区跨境联动客户，提供兼具本土化与海外化特点的一站式金融服务。

【零售业务】 秉持"轻松理财，快乐生活"的理念，浦发银行个人银行产品体系不断丰富，2014 年，浦发银行将小微企业金融服务和信用卡业务整合入零售板块，不断优化大零售业务布局，建立以交叉销售为核心的"价值客户"评价体系，客户中心战略得到有效贯彻。满足各类客户多元化的金融理财需求。个人金融资产余额突破 9 500 亿元，零售存款余额接近 4 700 亿元，零售贷款余额接近 4 600 亿元。个人客户数 2 936 万户，同时，逐步加快网点转型，开业社区银行 305 家，金融服务便利性持续提升。

财富管理领域聚焦客户需求，初步构建起"以理财产品为主体，以委托资产管理、投资顾问为支撑"的服务格局，2014 年，银行把握市场热点，积极打造"靠浦一生"、"浦大喜奔"等特色营销活动，推广"普发宝"、"天添盈"、"Q 点理财"等个人客户现金管理特色产品，满足高资产高净值、代发、老年、外汇等个人客群多层次多元化理财需求，开启专属客群营销新时代，理财产品销量同比增长 134%，理财业务销量、规模、收入等均跃居股份制前列。

移动金融领先银行。2014 年，浦发银行进一步丰富以移动银行为核心、移动支付为特色，移动社区、移动生活、移动营销协同发展的"五位一体"式移动金融业务体系。率先建立"能开户、能理财、能融资、能支付、能互动、惠生活"的"全能"微信银行，获评"2014 年度上海市金融创新奖"；借助 PAD 平台、VTM 打造"轻营销"服务模式；启动 NFC 手机支付在上海地铁全线应用，成为国内移动支付规模应用的典范；手机银行客户达 664 万户，手机银行交易笔数、交易金额分别是 2013 年的 4 倍和 5.5 倍；电子渠道交易替代率超 85%。2014 年，浦发银行发布移动金融 3.0 标准及新生代用户移动金融信心指数，树立国内移动金融技术标准，夯实移动金融的领先地位。

私人银行业务迅速发展。2014 年，浦发银行私人银行已建立起差异化的产品和服务体系，积极探索蕴含投资银行、交易银行特色的差异化私人银行服务模式。私人银行资产规模超过 2 200 亿元，私人银行客户突破 12 000 户。

浦发银行打造业内具有鲜明特色和创新意义的"私人银行客户专属投资账户服务"，通过为客户提供专业的资产配置及投资交易管理服务，其服务流程和系统架构均系业内首创，是我行打造以专业资产管理服务为特色的私人银行核心竞争力的亮点服务。引入国内顶级投资机构和一流阳光私募产品管理人管理的证券、基金资产管理计划，初步建立起涵盖现金管理类、固定收益类、权益类、另类投资四大方向的开放式产品平台。通过家族信托、顾问咨询和专业投研三项特色服务为客户提供涵盖家族资产传承、子女教育、企业经营、税务规划的全方位、多专业领域的服务，提升对客户的综合服务水平和品牌影响力。

小微企业金融成绩斐然。2014 年，浦发银行在全行 36 家分行建立小企业金融服务中心，架构起全国性小微客户金融服务的格局，落实“客户下沉”经营方针，做大做强小微金融业务。

对于科技型、高成长型以及高贡献型的小微客户，推出了“千人千户”客户培育计划；对于具有区域性、行业性共同特征的集群类小微客户，全面构建了以“三宝两通”为核心的批量服务模式；对于普通小微客户，以“有资产、有流水、有信用、有伙伴”为核心，辅以其他增值服务，建立“4＋1”小微特色产品库，确保每一位小微客户都能够找到适合自己的融资解决方案。2014 年，浦发银行与中国移动跨界合作推出“和利贷”中国移动供应链下游经销商专属金融服务方案，针对经销商轻资产特性，浦发银行弱化抵质押担保要求，降低准入门槛，借助大数据手段为下游小微经销商提供融资便利，截至 2014 年末，贷款余额超过 6 亿元，促进中国移动 4G 手机终端销售和网络建设，助力 4G 产业发展。

【金融市场业务】 浦发银行积极参与上海国际金融中心建设，深化金融机构间合作，增强金融市场业务运作水平和投资交易能力，打造跨市场经营的显著优势。2014 年，浦发银行金融市场业务规模超 1.4 万亿，同业法人客户 2 537 家，继续保持股份制商业银行领先水平。

2014 年，代理上海清算所利率互换合作机构 21 家为市场第一；人民币兑英镑做市交易量市场第一；期货存管合作机构数 101 家，行业覆盖率 66%，股份制商业银行第一：人民币兑美元即期交易、人民币外汇货币掉期交易、金交所、期交所贵金属自营业务交易量均列股份制商业银行第一。金融市场业务净利息收入、主动运作资产平均收益率、债券结算量、银行间市场外汇业务交易总量居股份制商业银行前列。

做大做强自营业务，以全面的产品线、专业化的服务、响亮的市场品牌、优异的盈利能力来持续推动代客代理业务的深入快速发展，有效提升市场地位。2014 年，银行主动运作资金类资产规模 1.4 万亿元，实现金融市场业务营业净收入 205 亿元，同比增长 45%。

债券交易方面，银行积极推进管理创新，首批开通全国银行间同业拆借中心人民币利率互换 X-Swap 新交易机制，开展人民币利率互换集中清算创新业务，不断提升投资交易水平，全年人民币债券交割量 7.9 万亿元，代理境外央行投资金额 368.5 亿元，位居银行间市场领先地位。

贵金属交易方面，成功获得黄金进口业务资格、首批银行间黄金询价业务尝试做市商资格、金交所国际板清算行资格，创新推出黄金、白银跨品种套利交易，实现自营贵金属交易 11 740 顿。同时，创新推出代客贵金属衍生交易、贵金属租借、大宗商品等代客业务，满足客户的交易、套期保值及融资等多样化需求。

外汇交易方面，在稳步发展即远期交易的基础上，创新开展银行间人民币外币货币掉期、期权等交易产品，公司成功获得人民币英镑直接交易做市商资格，进一步提升自营及代客交易能力，银行间外汇市场自营业务的总交易量约 5 892 亿美元。

金融机构代理业务发挥网点优势、构建完善的代理网络、优势互补、资源共享、打造高起点、多层次的同业合作联盟，来全面满足市场融资需求。2014 年，新增合作金融机构近 200 家，已合作客户数 2 537 家，累计实现证券、基金、保险、信托等财富类代理业务规模 2 372 亿元，累计实现信用证、银票、外币等支付结算类代理量突破 3 000 亿元。

资产管理实现跨越式发展。浦发银行围绕客户需求丰富资产管理业务产品系列，提升投资能力，初步构建起“以理财产品为主体，以委托资产管理、投资顾问为支撑”的业务格局，形成十五大系列，近百款产品，涵盖债权\股权\交易市场。2014 年理财业务销量、规模、收入等均跃居股份制前列。理财存量资产规模近 9 000 亿，较上年增长 118%当年理财产品销量超 5.4 万亿，较上年增长 121%；当年理财业务实现中间业务收入 41.6 亿元，较上年增长 2 倍。开放式理财产品做大做强，开放式对公理财产品实现期限全覆盖，推出“步步金盈”系列同业理财产品；封闭式理财产品实现跨界，搭建资产超市，实现资产对接品种多样化，探索资产管理业务转型，回归代客理财本源。

（浦发银行）

3. 上 海 银 行

2014 年，上海银行结合国家宏观经济政策和金融业发展趋势，主动服务上海国际金融中心及自由贸易试验区建设，坚持以战略为引领，以改革为动力，以管理为带动，聚焦能力建设，推进转型发展，实现了2012—2014年规划任务，整体实力、经营品质、管理能力、市场品牌不断提升。2014年末，集团实现利润总额141.44亿元，同比增长22.07%；归属于母公司股东的净利润113.76亿元，同比增长21.77%；成本收入比为25.06%，同比下降4.25个百分点。资产总额为11 874.52亿元，增幅21.45%；客户存款余额为7 246.18亿元，增幅15.75%；客户贷款和垫款总额为4 845.21亿元，增幅9.75%；实现营业收入280.98亿元，增幅30.88%。2014年，英国《银行家》杂志公布全球1 000家商业银行最新排行榜，按照一级资本排名，上海银行位列第130位，较上一年度上升28位；穆迪投资者服务公司授予上海银行“Baa3”的长期发行人和长期银行存款评级，以及“Prime-3”的短期发行人和短期银行存款评级，评级展望稳定。

【对公存贷款业务】 积极应对利率市场化挑战，开展“满天星”对公客户营销、国资国企改革、自贸区FT账户业务、文化金融、“1＋N”供应链金融等多项细分市场、针对新老客户的金融服务活动，不断加大存款拓展力度。年末，上海银行公司存款余额4 259.32亿元，同比增长16.63%；其中，上海地区公司客户人民币存款余额在上海地区中资商业银行中占比9.28%，同比上升0.89个百分点，排名第三。

以加强准入退出管理、推动综合金融服务为核心，优化信贷资源配置，实施差异化的信贷投向政策。重点支持弱周期及符合经济转型消费升级导向行业的贷款，服务实体经济转型发展；针对优质信贷客户实施专项额度补贴政策，加大对高端装备制造业、健康医疗业、教育行业、日用消费品制造业、航运物流业等行业的支持力度；积极发展绿色信贷，创新推广特色金融产品；探索支持文化产业发展，参与重点文化项目建设；结合国家新型城镇化发展规划，重点支持城镇化建设项目，服务民生金融。年末，上海银行公司贷款和垫款余额3 306.32亿元，同比增长2.6%。

【政府与集团业务】 着力加强政府核心负债业务营销，深化集团客户综合金融服务，培育医疗、教育行业特色金融，加强现金管理产品的创新与运用，提高政府与集团业务的市场竞争力。加快建设新一代国库集中支付业务系统，完善上海市社保实时监控系统及上海市银医直联系统，巩固提升上海银行在财政、社保和维修基金等传统政府业务的优势。年内，上海银行在上海市公务车改卡业务中市场份额排名第一；与上海市经信委、上海海关建立战略业务合作关系，成为上海市无船承运保证金业务独家服务银行。年末，上海银行政府与集团客户人民币存款余额2 508.62亿元，同比增长20.43%；现金管理客户数1 487户，同比增长43.26%。

【投资银行业务】 着力转变业务发展方式，积极面向直接融资及多层次资本市场，推动投行业务快速健康运行。投行产品不断丰富，成功发行全国首单商业地产中期票据，完成上海银行首单并购基金、首单跨境并购财务顾问、首单信贷资产证券化、首单定向增发业务、首单Pre-IPO股权融资项目等。融资渠道和业务类型不断丰富，行业分布和服务领域不断扩展。通过与集团子公司、外部金融机构的深入合作，不断提升投行业务服务水平。年内，债务融资工具主承销金额288亿元，同比增长50%；并购业务交易额144亿元，股权业务融资金额43亿元，呈现快速增长；上海银行投行与理财业务收入26亿元，取得较快增长。

【新型机构业务】 丰富综合金融业务模式，为股权投资机构、跨境投资公司、私募投资基金、互联网平台提供综合金融服务，并在商业保理、小贷公司等领域展开积极探索。创新资产托管业务，完成上海股权托管交易中心的首单私募债资金托管业务和自贸区首单跨境资金托管业务。依托泛资管背景下的托管业务大发展，向具备优势资源和专业能力的新型机构客群，提供全方位综合金融服务。全面推进资产托管业务，年末，上海银行托管资产规模为6 040.77亿元，同比增长96.99%。

【小企业金融业务】 持续完善小企业业务管理体制，进一步充实营销推进、信贷审批等人员、提升队伍专业能力。拓展综合金融服务领域，重点推进小企业投行和个人金融业务，加强与新三板、各地场外交易市场合作，服务小企业OTC挂牌、发行私募债等，完成上海地区首笔OTC小贷公司私募债发行。积极践行营销模式转型，推广“一圈一链”批量营销，围绕核心企业上下游、专业市场、电商平台等搭建30余个合作平台。加大行业金融推进力度，与上海能源交易所联合推出全国首单“CCER核证自愿减排量质押贷款”业务；小企业绿色信贷业务发展良好，年末，小企业合同能源贷余额7.4亿元，同比增长45%。

【个人存贷款业务】 深化公私联动，搭建联盟平台，加强批量联名获客；深化网点转型，加强网点族群获客，加快提高网点单产能力；依托大数据工具，深化客户分层经营，加强商业智能运用，实施族群客户定向精准营销；适应利率市场化趋势，提升利率差异化定价能力；加大个人理财产品销售，促进理财产品与个人存款良性互动和协同发展。年末，上海银行本外币个人存款余额1 908.48亿元，同比增长13.84%。其中，上海银行上海地区人民币个人存款余额在中资商业银行中占比7.81%，同比上升0.62个百分点；人民币个人存款增量居上海地区中资银行首位。

适应居民消费结构升级的需求，加快发展消费信贷与经营性贷款。与知名汽车金融公司合作，初步建成独具特色的联合贷款平台；与旅游、教育、装修建材领域垂直电商合作，积极发展个人消费贷款业务；与主流第三方支付平台合作，借助大数据工具，大力发展POS流水贷；引入商圈类、核心企业产业链、商会和行业协会集群项目，推出具有行业特色的标准化集群信贷产品。落实差别化的住房信贷政策，稳步发展个人住房贷款。创新信贷产品，推出网贷平台、接力贷、万能贷和“商贷宝”POS流水贷，重点打开贷款申请和支用渠道，提高融资便利。年末，上海银行个人贷款和垫款余额(含信用卡)676.71亿元，同比增长12.94%。

【个人理财业务】 顺应客户金融资产多元化配置需求，加快产品创新与推广，加强销售管理，优化客户结构，提升中间业务综合收益。上线存款对接货币基金的“慧财宝”T+0产品，推出挂钩沪深300指数的结构化理财产品、福利派T+7定期开放式理财产品，引入分级基金专户和非标专户产品，上线“上品金”自有实物贵金属产品、电子旅行支票等业务。依托客户关系管理及信息支持系统，建立个人客户五级分层架构体系，进行客户升降级变迁动态监控，加快对基础和潜力客户的挖掘与提升，提升中高端客户占比。推出多项礼遇回馈活动，加强“慧通理财”服务管理，丰富增值服务特色，提升客户服务体验。年内，上海银行个人理财产品销售达到12 729亿元，同比增长59%；个人理财产品总余额达到1 117亿元，同比增长73%；累计代理销售基金143亿元，同比增长249%。年末，上海银行日均有效慧通卡客户同比增长34%，客户日均资产增长56%。

【养老金融业务】 聚焦养老特色产品体系打造，搭建养老特色增值服务平台，推进渠道体系建设，不断形成引领养老金融行业的品牌影响力。创设养老专属产品和特色功能，老年人住房反向抵押贷款“倒按揭”业务取得突破，获准发行上海市社保中心联名卡，构建“尊享人生”薪酬福利计划，探索针对养老产业骨干企业提供综合金融服务方案。搭建品牌宣传基础平台，基本实现对养老客户消费优惠、健康管理、安居保障、法律维权、文化休闲等养老生活的全覆盖，拓展“银发合作伙伴”，加大养老特色增值服务对周边社区渗透力。加快养老金融支行建设，建立养老顾问队伍，推行“银发管家”服务。年内，上海银行实现养老金客户综合资产增长23%，上海地区养老金融业务的同业领先地位进一步巩固。

【私人银行业务】 上海银行为符合特定标准的高资产净值人士及其家庭提供专业化、个性化、综合化一揽子金融解决方案与全方位服务，建设有精品特色的私人银行。坚持客户分层服务策略，通过专业的经营机构和财富管理队伍，围绕客户生命和财富周期，立足资产配置和财富规划，提供私人银行专属产品、个性化定制产品、专业咨询与精品增值服务，满足客户的投资、融资需求。借助境外顶级财富管理机构的战略协作，利用沪港台“上海银行”平台，在跨境财富管理上发展和延伸，启动全球综合金融服务平台的搭建。年末，上海银行私人银行客户数达1 644人，管理私人银行客户金融资产达到310亿元。

【银行卡业务】 深化银行卡业务转型发展，加强银行卡产品创新，提升银行卡服务品质，形成精致专业的服务发展特色。年末，上海银行银行卡发卡量1 032万张，同比增加129万张；全年银行卡消费额1 035亿元，同比增长27.6%。上海银行荣获“2014年度上海地区银联卡业务最佳推广奖”。

启动信用卡业务治理体系改革，通过市场化体制机制建设，提高业务可持续快速发展能力，实现规模增长加速、业务结构优化和盈利能力提升。面向目标客群推出腾讯彩贝卡、全球支付卡、银河证券卡、春秋航空“翼飞”卡、“菁英贷”和“乐逸分”自动分期卡等11款新产品，推出“上银慧生活”信用卡手机

APP应用、微信和手机银行办卡申请功能；推出微信银行分期、手机银行分期、网关支付分期，实现独立分期额度功能。围绕特色业务培育，重点拓展汽车、家装、教育等信用卡分期业务，实现规模增长翻番。年末，上海银行信用卡发卡量336万张，同比增加40万张；信用卡透支余额90.4亿元，同比增长54%。年内，实现信用卡交易额421亿元，同比增长46%。充分发挥金融IC卡行业应用优势，加大各类跨行业应用，进一步丰富借记卡品种。面向社区，响应政府建立“智慧城市”的战略部署，针对社区居民发行智慧社区联名卡；面向高校，借助与桑坦德银行战略合作优势，启动上科大校园一卡通项目建设；面向互联网企业，发行世纪佳缘网、大智慧等联名卡。利用沪港通业务开通契机，发行沪港通卡和沪台通卡。开展系列用卡活动；启动磁条借记卡整体切换为金融IC卡项目。年末，上海银行借记卡发卡量696万张，同比增加89万张；年消费额614亿元，同比增长15%。

【金融市场业务】 投资组合管理。年内，市场收益率阶段性变化显著，整体呈现平坦宽松。上海银行科学研判宏观经济金融形势，密切关注货币金融环境变化，审时度势，稳中求进，合理安排投资节奏，动态调整资产结构，在保证流动性和风险可控的基础上，不断提高投资组合收益水平，实现资产规模与效益良好发展。年末，上海银行资金业务总资产规模7 080.99亿元，同比增加1 322.12亿元；资金业务全年实现利润总额82.97亿元，同比增加24.79亿元。

货币市场。年内，银行间市场资金面总体宽松。上海银行积极应对市场流动性变化，加强市场流动性趋势研究预判，把握多个关键时点市场流动性状况，强化流动性管理，审慎安排资金配置及资产负债缺口管理，确保流动性安全并有效控制资金成本。全年累计拆借人民币资金2.7万亿元，占市场拆借总成交量的7.2%。

资产管理。通过成立资产管理部，建章立制，完善流程，大力推动资管业务转型发展。紧跟市场动态，通过优化理财资产运作，适时调整资产配置策略，拓宽理财资产投资范围，拓展非标资产配置范围，布局权益类资产，不断提升理财资产收益和流动性管理水平。同时，进一步完善理财产品体系，以满足各类客户投资需求，推出定期开放式产品（T+7），创设结构化产品并投入销售，丰富非标类产品期限种类，进一步扩大产品销售范围。此外，不断强化基础管理，积极推进理财业务综合管理系统的开发建设，为业务发展提供有力支撑。年内，累计发售各类本外币理财产品1 149期，累计发售金额15 341亿元。

同业合作。年内，上海银行持续推进“大同业金融服务平台”建设，积极拓展业务渠道，不断扩大交易半径，持续深化与银行、信托、基金、保险、资产管理公司等各类交易对手在货币市场、债券市场、衍生品市场、票据市场、黄金市场和外汇市场等业务领域的全面合作，同时采取以哑铃结构为主的同业资产配置策略，控制高资本消耗型业务的比例，持续产品创新，提高资产配置效率，实现有质量的稳步增长。全年债券累计结算量7.2万亿，市场排名第14位；黄金自营交易量918亿元，市场排名第10位；全年各项资金业务累计成交量14.4万亿元。此外，上海银行继续保持公开市场一级交易商、SHIBOR报价团成员、债券做市商等重要资格，资金业务品牌地位得到进一步稳固和提升。

【“沪港台”合作和国际业务】 年末，上海银行与130多个国家和地区的近1 600家境内外银行及其分支机构建立代理行关系。年内，上海银行从夯实客户基础，挖掘核心客户综合回报入手，通过跨境产品创新等手段，努力推进国际业务发展。持续打造港台业务特色，积极推进两岸三地客户共同营销和联动服务，夯实客户基础，有效提升重点地区港台资企业市场占有率。进一步深化沪港台“上海银行”战略合作，合作领域从公司金融、零售金融、同业金融、渠道合作等延伸至中后台合作及自贸区业务创新领域，从“业务合作”与“产品合作”走向了“管理合作”。进一步完善跨境金融产品体系，推出多款针对港台客户需求的创新产品和服务，业内首笔上海自贸区境外银团贷款入选了上海市金融办和人民银行自贸区创新案例。年内，上海银行巩固和发展与上海市台办、台协等外部平台的合作关系，与上海市台办签署了第五轮“两年300亿元”的对上海地区台资企业授信支持承诺，获得了良好的社会效益。年末，上海银行外汇资产规模达到83亿美元，同比增长36%；国际结算总量708亿美元，同比增长40%；上海银行上海地区跨境人民币结算总量为484.76亿人民币，同比增长89%，跻身市场前列。

【渠道建设】 加快线上渠道战略布局，持续加强电子渠道体系建设，不断优化渠道服务平台。年内，上海银行推出在线直销银行——“上行快线”，成为首批推出直销银行业务的商业银行之一。“上行快线”定位为与客户零距离的银行，致力于为客户提供安全、便捷的在线金融服务平台。“上行快线”已推出多个系列的特色产品，并荣获了第十二届上海理财博览会组委会颁发的“年度互联网金融杰出品牌大奖”。推出企业手机银行、企业微信银行、PAD移动营销平台、网点 Wi-Fi 等服务渠道；试点 VTM 新型服务设备；推出网上银行、手机银行、微信银行等新版本，在系统平台、产品服务、用户体验等方面实现优化，为客户提供便捷、安全、高效、流畅的服务体验。

开展系列线上营销活动，不断加强品牌宣传，电子银行业务发展稳步攀升。年末，个人网银客户数同比增长 28.4%；个人手机银行(含微信)客户数同比增长 188%；企业网银客户数达同比增长 23%；个人电子银行和企业电子银行客户渗透率分别达到40%和 72%；电子银行交易笔数、金额同比分别增长 47%和 85%。先后荣获 CFCA 颁发的“年度区域性商业银行网上银行综合发展奖”及互联网支付安全联盟颁发的“安全宣传优秀奖”等荣誉奖项。

年内，上海银行在上海、杭州、天津、成都、深圳、无锡、太仓等地新设网点，在江苏省南通市新设南通分行，共完成新设 13 家网点。年末，上海银行共有311 家机构网点和 211 家自助银行。

【主要指标】

单位：亿元

指标＼年份	2010	2011	2012	2013	2014
净利润	50.28	58.06	75.00	93.52	112.60
本外币资产总额	5 667.75	6 554.26	8 154.67	9 747.68	11 791.96
本外币各项存款余额(不含同业存款)	4 095.22	4 663.24	5 436.30	6 232.23	7 189.14
本外币各项贷款余额	2 984.36	3 341.30	3 894.09	4 393.09	4 793.05
个人消费贷款余额	436.15	485.09	430.68	524.22	594.91
住房按揭贷款余额	361.58	385.68	366.13	419.02	450.10
不良贷款率	1.12%	0.98%	0.84%	0.82%	0.98%

(上海银行)

上海银行股份有限公司

4. 上海农商银行

2014 年，上海农商银行坚持改革创新，加快转型发展，加强风险防控，扎实推进各项经营管理工作。据英国《银行家》杂志统计，按一级资本排序，在2013 年度全球 1 000 家大银行中，上海农商银行排名第 212 位，连续多年跻身全球银行 250 强；在国内所有入围银行中，排名第 19 位。

【转型机制进一步完善】 在全行树立战略转型的战略思维，加快转型步伐，战略执行力得到有效提升。成立了深化改革领导小组，深入推进业务治理改革和转型升级；大力推进网点转型和营销团队建设；完成了网络金融部、村镇银行管理部准事业部制改革，着力提升互联网金融发展质量和村镇银行管理效率；与 24 家农信兄弟单位合作发起成立农商银行(上海)合作平台，探索同业合作新模式；围绕居民家庭进一步深化社区银行建设，培育家庭金融服务特色；探索实施嵌入式风险管理，提高风控专业化程度；积极推进各项业务和管理创新，推动创新成果在市场营销和内部管理的应用。

【业务开拓效果显著】 加大市场开拓力度，存款规模稳步提升。储蓄存款保持稳定增长，增量排名全市第 2 位，余额排名第 4 位，市场占比 8.02%，较年初提高 0.48 个百分点；坚持服务实体经济，信贷结构不断优化。实施深入园区工程，打造中小企业专营团队，积极推广合同能源管理、订单融资、履约贷等业务，中小微企业贷款、科技型企业贷款、“三农”贷款增势良好；围绕居民家庭融资需求，推出“鑫家贷”、“鑫享贷”、家庭按揭、家庭循环授信、升级版二手房直通车等产品；成功打造“鑫易贴”特色品牌，有力支持了小微企业的票据贴现需求，获得了主管和监管部门的高度肯定；主动把握市场变化趋势，进一步融入金融市场。围绕社区银行和互联网金融，大力发展资产管理业务，理财产品种类、交易渠道、资产配置进一步丰富；对接自贸区试点，稳步推进跨境业务。跨境人民币境外借款、非居民(NRA)账户存款质押贷款等创新业务取得突破。

【主动迎接互联网金融的挑战】 金融E云平台和同心宝产品投产上线，签约企业客户并发行了同心宝产品；推进直销银行建设，信易付、直销门户、移动APP、鑫e宝等业务投产并在控股村镇银行和农信同业机构先行试点；企业网络金融社区(一期)投产上线，注册客户2万余户，激活率90%；完成在线融资业务方案和需求编制，启动系统开发。

【坚守风险防控底线】 加强风险资产定期评审，将风险防控从事后不断向事前、事中迁移；全力推进不良资产清收处置，超额完成计划任务；完成集团(关联)客户系统改造，建立集团(关联)客户、法人客户统一授信制度；加强首贷户准入管理，从源头防范风险；逐户开展政府背景授信业务甄别梳理，摸清债务属性；个人住房按揭自动化审批投产上线；完善贷审会运行机制，推行专职审批人制度；推进新资本协议实施，建立集团、法人、村镇银行三个层面风险偏好体系；推进内部评级法实施，制定信贷准入、授信授权、风险预警等应用方案。

【营运工作稳中求进】 实施远程集中授权，实现效率和风控双提升；网点智能平台(一期)试点运行，客户体验进一步优化；建立客户信息统一识别体系，动态跟踪客户经理与业绩挂接情况；数据仓库功能进一步完善；加强财务管理，进一步降低营运成本；张江远程监控中心通过竣工验收，完成桃浦远程监控灾备中心改建。加强安全管理，全年未发生重大安全事件。

【村镇银行成效显现】 继续完善公司治理传导机制，以资本回报为导向，推动村镇银行做好“三农”、小微和社区金融服务工作。35家村镇银行存款余额合计205.59亿元，贷款余额合计127.31亿元，分别比年初增加26.2%和27.1%；实现净利润合计3.4亿元，同比增长58.14%。

【重大活动】 (1) 2014年上海农商银行“金融进社区，文化大篷车”社区大型宣传活动于2月15日在杨浦区黄兴公园揭开帷幕，6月14日在黄浦区南京路步行街世纪广场大舞台落下帷幕。为期4个月的时间内，大篷车还途经了金山支行营业部门前广场、奉贤南方中意国际家居广场、嘉定江桥万达广场、宝山支行菊盛路分理处门前、青浦富绅国际、松江辰山植物园、南汇支行鹤驰路分理处门前、闵行七宝老街、浦东金桥公园、黄浦南京路步行街世纪广场，总计在10个行政区举办了11场活动。大篷车围绕“发展普惠金融”的精神，向市民普及金融知识、提高市民金融风险防范意识、加强自我防诈骗能力等为目的，开展了现场银行业务咨询、金融知识有奖问答、社区节目表演、点钞技能教学、中国少年梦绘画比赛等形式多样的活动，获得社区市民的广泛好评与响应。农商行专门设计制作的《金融服务便民手册》，载入了假币识别方法、破币兑换方法、预防各类诈骗等金融基础知识以及轨道交通图、年历、便民热线电话等丰富的内容，11场活动总计发放了11 000本。另外，品牌照相馆场地一直饱受市民的青睐，市民可以自行选择上海农商银行、金融便利店作为背景，当场拍摄照片并领取照片，具有良好的纪念意义。

(2) 2014年4月1日，企业网络金融社区平台——“鑫沪商”网站投产上线，并荣获由上海市人民政府颁发的2014年度上海金融创新奖提名奖。上海农商银行旨在通过构建“鑫沪商”中小微企业网络金融社区平台，打造企业金融关系生态圈，以会员为中心提供一站式在线社区金融服务。目前，“鑫沪商”企业网络金融社区采取企业免费使用的机制，短短半年多时间，已有超过3.1万家小微企业应用，产生了良好的经济效益和社会效益。

【主要指标】

单位:亿元

指标 \ 年份	2010	2011	2012	2013	2014
净利润	22.13	31.73	38.01	41.16	47.05
本外币资产总额	2 513.29	3 088.61	3 562.05	4 064.85	4 666.01
本外币各项存款余额(不含同业存款)	2 109.16	2 463.63	2 865.54	3 351.12	3 751.15
本外币各项贷款余额	1 412.87	1 664.7	1 920.98	2 200.49	2 477.22
个人消费贷款余额	118.38	126.15	135.62	159.39	无
住房按揭贷款余额	111.83	120.14	125.23	150.17	199.63
不良贷款率	1.34%	1.17%	1.28%	1.33%	1.31%

(农商银行)

上海农商银行开展“金融进社区，文化大篷车”大型宣传活动

（二）中资银行分行

1. 国家开发银行上海市分行

2014 年末，国家开发银行上海市分行表内外信贷资产余额 2 778 亿元，其中表内人民币贷款余额 1 647 亿元，外汇贷款余额 89 亿美元；累计发放各类贷款 991 亿元，其中表内人民币贷款 564 亿元，外汇贷款 51 亿美元；完成授信承诺人民币 1 585 亿元，外币 101 亿美元；受托业务工作量 116 亿元；人民币日均存款余额 200 亿元，期末余额 220 亿元；不良贷款率 0.33%；实现拨备前利润 40.95 亿元，资产利润率 2.03%。

【稳步推进棚户区改造工作】 全年累计发放棚改贷款 173 亿元，支持了闸北、虹口、杨浦、静安、长宁等多个中心城区的棚改项目。

【积极支持上海新型城镇化建设】 全年累计发放城镇化贷款 382 亿元，占人民币贷款发放总量的 68%；城镇化贷款余额 1 360 亿元，占人民币贷款余额的 83%。重点支持了长兴岛水利综合治理、上海东西通道拓建、世博居民文化区等城镇化项目。

【大力拓展外汇和国际业务】 2014 年实现外汇贷款发放 51 亿美元，同比增长 4 亿美元，增幅 9%；外汇对公贷款余额稳居上海金融系统首位。重点支持了东航、宝钢、中海运等一批重点客户的大宗采购和经营需求。

【助力产业结构调整】 支持战略型新兴产业，现代服务业、文化产业等项目。积极参与上海国资国企改革，推动沪上企业战略升级转型。探索以开发性金融模式支持养老产业。支持区县产业发展带动城镇发展。支持迪士尼周边区域开发以及相适应的文化旅游产业发展。与上海武岳峰集成电路信息产业并购基金签订《战略合作协议》，支持上海的集成电路装备制造重大项目率先布局。依托上海“四个中心”和自贸区建设，以融资租赁为桥梁，在贸易融资、船舶融资、飞机购置等领域与远东宏信、仲利等全国租赁业领军企业展开广泛合作，积极支持沪上实体经济发展。

【加大金融创新力度，丰富理财产品条线】 协助总行在上交所试点发行国家开发银行首期柜台债；发行国内首单融资租赁公司中期票据；牵头主承销“自发自还”上海市政府债，已连续 4 年成为上海市政债主承销商；开展首单资金托管业务，引导理财资金满足客户融资需求。

【落实降本增效，提升综合收益】 全年实现中间业务净收入 4.3 亿元，同比增长 0.8 亿元，增幅 24%。强化费用管理，严控“三公”开支，全年“三公”经费下降率达 50%。

【加大中小企业支持力度】 全年完成中小企业机制合作 7 个，贷款余额 20.3 亿元，中小企业贷款发放 16.6 亿元，全年新评审人民币项目 86 个，金额 45.6 亿元，共签订借款合同 62 个。2014 年上海分行中小企业融资业务被市中小企业领导小组评为“上海中小企业融资服务优秀合作伙伴”。

【重大活动】 (1)5 月 15 日，上海市分行与静安区人民政府会谈并签署《开发性金融合作备忘录》。(2)11 月 6 日，国开行与上海市政府会谈并签署《战略合作备忘录》。(3)上海市分行与上海武岳峰集成电路信息产业并购基金签订《战略合作协议》。

【主要指标】

单位:亿元

指标＼年份	2010	2011	2012	2013	2014
净利润	25.51	10.62	18.96	28.99	36.55（拨备后）
本外币资产总额	1 772.41	2 147.72	2 149.74	2 318.04	2 318.04
本外币各项存款余额(不含同业)	144.18	146.02	114.76	147.39	147.39

（续表）

年份 指标	2010	2011	2012	2013	2014
本外币各项贷款余额	1 631.84	1 965.79	1 993.10	2 119.56	2 119.56
个人消费贷款余额	0	0	0	0	0
住房按揭贷款余额	0	0	0	0	0
不良贷款率	0.42%	0.31%	0.20%	0.35%	0.32%

（沪开行）

发银行上海市分行与静安区政府签约开发性金融合作备忘录

2. 中国进出口银行上海分行

2014年，中国进出口银行上海分行，围绕“求效益、保质量、做特色”的目标定位，以强化、细化内部管理为保障，降低信贷风险、提高经营和盈利能力，各项业务稳步发展。截至2014年末，上海分行本外币各类贷款余额折合人民币664.55亿元，同比增幅19.63%，信贷业务规模进一步扩大。办理各类贸易业务508.21亿元，增长237%，中间业务成为分行提升经营效益的重要来源。账面利润增幅达16.93%，经营效益快速提高。不良贷款余额和不良贷款率双下降，全面实现“降旧控新”目标，风险把控成效显著。

【服务上海经济发展】 一是建立与市、区两级政府紧密合作机制，办理政府关注大项目。紧贴政府产业导向，支持企业节能减排，以融资租赁为桥梁，完成首家自备电厂转型为公用调峰电厂项目；大力支持城市轨道交通发展，帮助企业盘活存量资产、提高资产配置效率、增强“自我造血”功能。二是加强重大课题调研，抢抓发展机遇，加快战略转型。以促进外贸稳定增长、“一带一路”等国家重大战略为重点研究目标，成立6个重大行业研究课题组，对集成电路、光伏等地区特色产业以及“一带一路”、“长三角一体化”等课题展开调研；大力推动自贸区分行调研和推进工作，了解分析上海自贸区建设的政策框架，就设立自贸区分行建言献策。三是牵头推进建立“政、银、企”战略联盟，助推企业“抱团出海”，提升服务企业软实力。与市商务委和重点企业共同组建“走出去”企业战略合作联盟，力求培育一批市场化、专业化、国际化发展的本土跨国公司。发挥专业性优势，为重点企业开展了“金融支持上海对外文化贸易发展”、“境外投资风险防范”等专题讲座，详细讲解了企业在“走出去”过程中需要防范的主要风险、防范风险的主要措施和手段；召开船舶行业市场与政策研讨会，倡议成立上海船舶与海洋工程创新与合作联盟，整合“政、企、银”各方信息、资源，大力支持船舶行业发展。

【支持外贸稳定增长】 一是加强创新求变意识与思维，创新金融工具，积极帮助企业降低融资成本。利用“点心债”，迈出人民币国际化第一步，为上海国际港务(集团)股份有限公司开立人民币融资保函，为中化国际、海润光伏等境外子公司提供人民币贷款，取得推动人民币国际化业务和降低企业筹资成本双效益；与交银租赁、远东租赁、恒信租赁等合作，开创利用融资租赁平台服务中小微企业新模式，探索解决众多小企业融资难、融资贵问题。二是支持航运造船企业转型发展，当好上海国际航运中心建设的“排头兵”。面对航运业低速增长的新常态，发挥专业优势，综合运用保函、利率掉期方式，全方位、全产业链支持上海国际航运中心建设，造船、港口物流、航运航空贷款余额超过200亿元，支持LNG、超大型液化气船、化学品船、大型集装箱船、海洋工程等30余艘高端船型出口。新签船舶买信贷款2.08亿美元，放款1.25亿美元。发放支持飞机进口租赁业务发展的各项贷款4.35亿美元。作为主承销商为中国海运(集团)总公司成功发行了第四期超短期融资券，资金成本远低于客户预期。三是融资保函业务迅速发展，资产结构“转非”特征明显。快速发展融资保函业务，开拓大客户内保外贷业务。累计办理保函业务123亿元，同比增长288%。四是加强总分、分分合作，扩展服务领域。分别与总行公司部、深圳分行、广东省分行、浙江省分行等共同制定金融方案，对境内外跨区域的优质项目提供政策性金融支持。

【加强风险管理】 一是评审关口前移把控风险。坚持评审规范性和独立性，贯彻审贷分离、按权限审批的原则，严把政策关和投向关；强化客户准入管理，切实防范信用风险；组织安排实地调研，增强对项目风险把控度；优化评审工作流程，改进评审工作方法，提高评审工作效率和质量；加强与总行及其他分行的业务学习交流，打牢提高评审质量的理论基础。二是强化内部风险管理，牢固树立全员合规经营意识。组织全行表内信贷资产风险摸底排查，并按照“一户一策”的要求，落实贷款风险化解具体责任人，加强对重点监控项目的跟踪和资产质量监控；加强内审和全面排查工作，着力消除风险隐患，开展稽核内审专项审计和常规审计共计37次；在全行率先开展压力测试工作，丰富风险管理手段；以抓档案管理为“发力点”，夯实信贷基础管理；不断健全内控与案防体系，在全行分支机构内控案防体系建设中以“零扣分”的好成绩名列前茅。三是创新思路，不良资产清收处置取得新机遇。在总行风险部、业务开发与创新部等有关部门的大力支持下，拓宽思路，探索不良资产处置的新方式，实现“降旧控新”计划并为全行不良贷款下降做贡献。

【获奖情况】 上海分行荣获了上海市金融同业公会颁发的“2014年度机构贡献奖”。分行开展的地铁申通一号线租金保理业务获得了上海市金融办评选颁发的“2014年度金融创新奖”；远东租赁进口租赁项下租金保理业务获得了上海《解放日报》社组织评选的“金融创新奖”。

【主要指标】

单位：万元

指标 \ 年份	2010	2011	2012	2013	2014
净利润	61 926.49	44 056.06	53 557.34	56 746.12	54 287.40
本外币资产总额	5 179 239.38	4 519 020.37	5 552 075.54	6 758 996.55	6 722 726.86
本外币各项存款余额（不含同业存款）	317 559.54	407 204.03	248 014.74	172 708.68	257 712.89
本外币各项贷款余额	5 154 518.66	4 404 974.63	5 506 134.84	6 698 395.79	6 645 527.12
个人消费贷款余额	—	—	—	—	—
住房按揭贷款余额	—	—	—	—	—
不良贷款率	2.09%	2.18%	1.67%	1.56%	1.33%

（续表）

（进出口银行）

3. 中国农业发展银行上海市分行

2014年，中国农业发展银行上海市分行紧紧围绕“两轮驱动”发展战略，依托总行对粮油战略客户和土储机构的机制创新，积极推进业务发展，稳健开展经营管理，较好地履行了农业政策性金融职能。全年累计投放各类涉农贷款181.74亿元，年末各项贷款余额301.84亿元（剔除票据转贴现业务），较年初增加30.22亿元，增幅11.13%；各项存款余额65.69亿元（不含20亿元同业存款），较年初增加11.31亿元，增幅20.80%；中间业务收入2 157万元，同比增加802万元，增幅59.19%；经营效益实现快速增长，全年实现账面利润6.22亿元；无新增不良贷款发生。无论是存贷款余额、贷款投放额度，还是盈利效益，均创造了分行历史新高，为保障上海粮食安全和服务上海城乡一体化发展发挥了应有的支柱和引导作用。

【业务发展】 一是稳固粮油传统业务，确保上海粮食收储和食品安全。分行将执行宏观调控政策、保证资金供应、维护粮食安全作为履行政策性银行职能的首要任务，逐步形成了切合上海区域发展实际的粮油信贷发展模式：“以中储粮、良友集团、光明食品集团三大粮油平台为主，以区县重点粮油购销企业为辅，以优质民营企业为补充”，确保粮油信贷业务持续稳定增长，客户数量和结构得到明显优化。全年累计发放粮油传统业务贷款86.24亿元，年末贷款余额117.54亿元，占全部贷款的39.1%。该行对三大粮油平台的信贷支持基本确保了上海粮食市场近40%的供应，全年支持的粮油贷款企业的销售量约占上海粮食主体市场60%的份额，对稳定上海粮食市场、确保上海食品安全做出了积极贡献。同时，分行积极落实与光明食品集团战略合作协议的后续推进工作，年内向光明集团下属16户企业累计投放贷款10.34亿元，年末贷款余额 8.03 亿元，较年初增加 4.3 亿元，支持光明食品集团米业、畜牧业、蔬菜以及冷链物流等农业产业化项目，推动集团在保障上海地区农产品供应、平抑农产品市场价格、促进农民增收致富中发挥出积极作用。二是大力支持农业农村基础设施建设，积极助推上海城乡发展一体化。分行依托上海地方经济社会发展规划，以土地类新农村建设项目为重点，积极顺应土地储备和地方政府融资新政策。年内完成审批市、区两级土储机构贷款项目 10 个、审批金额 197.84 亿元。其中重大项目有 33.12 亿元上海国际旅游度假区（迪斯尼乐园）建设用地土地储备项目、20 亿元崇明陈家镇生态示范城镇建设项目、8 亿元奉贤南桥农村土地整治项目等。同时，分行在银团贷款方面实现了新突破，首次作为牵头行支持松江南站大型居住区建设的 80 亿元银团贷款项目取得成功。通过对上海农业农村基础设施建设的大力支持，提升了分行的社会影响和行业地位，改善了信贷资产结构，提高了经营效益，取得了政府满意、企业发展、农民受益的良好社会效应。

【信贷管理】 2014 年，农发行上海市分行信贷管理工作进一步强化，管控能力进一步提升。一是扎实推进信贷基础管理年活动。完成信贷客户风险排查和分类排队工作；开展信贷制度执行落实情况检查工作；清理完善信贷制度；完成 CM2006 系统数据清理和应用管理工作。二是加强办贷管贷。着力推行信贷审查、审议标准化，提高审查、审议工作的质量和效率，切实做好作业监督。三是做实评级授信工作，突出重点、从严审查。四是强化信贷监测分析，提高管控能力。

【风险防控】 2014 年，农发行上海市分行注重加强信贷管理的全流程风险监控，全年未发生逾期欠息和新增不良贷款。一是全力做好中长期贷款的收贷收息工作，全年共收回中长期贷款 74.99 亿元。二是稳步开展粮油附营业务呆账核销，全年共实现现金清收 1 239 万元。三是加强贷款风险排查、预警机制，规范贷款风险分类。四是规范贷款担保中介评估机构管理。

【队伍建设】 2014 年，农发行上海市分行从 2 月起在基层行开展第二批党的群众路线教育实践活动，并于 10 月召开总结大会，活动取得显著成效。同时，进一步加大干部竞争性选拔和后备干部的培养锻炼力度，加强干部交流培训工作。提拔交流 1 名青年干部充实到基层行担任支行一把手，跨条线、跨单位交流处级干部 6 人，组织 5 人参加总行党校学习班，4 人参加总行组织的境内外培训班；举办了一期管理干部和业务骨干培训班；安排 3 人参与了 6 个客户项目的跟班培训，4 人参与了 5 个信贷项目的跟班培训；组织全行员工岗位培训 83 期，参加培训达 1 238 人次。

【企业文化建设】 2014 年，农发行上海市分行着力加强企业文化建设。一是组织召开职工代表大会，本年度被中国金融工会授予“全国金融系统职工代表大会制度建设示范单位”。通过落实职代会制度，进一步畅通员工诉求渠道，切实维护和落实职工的知情权、参与权、表达权、监督权。二是积极开展活动，增强员工凝聚力。组织开展了分行员工“环明珠湖健步走”活动；组队参加了市金融工会等机构举办的“六一”亲子活动等 4 项活动。三是关心爱护员工，提高员工归属感。分批开展了员工疗休养、体检活动；办理了全体女员工特殊疾病的续保；组织青年员工联谊活动。年内各级工会组织累计慰问员工 200 人多次，慰问金额 26 万余元。四是选树先进典型，培育员工荣誉感。组织开展了“先进职工之家”、“模范职工之家”、“女职工文明岗”、“青年文明号”的创建和推优工作。年内 1 个集体、1 位个人获总行级荣誉称号，1 人被评为全国金融优秀团干。

【主要指标】

单位:亿元

指标 \ 年份	2010	2011	2012	2013	2014
净利润	3.84	4.91	5.42	5.21	6.22
本外币资产总额	481.14	370.65	331.61	333.67	621.40
本外币各项存款余额(不含同业存款)	39.52	38.33	44.37	54.38	65.69
本外币各项贷款余额	476.81	365.94	316.61	307.75	458.44
个人消费贷款余额	0	0	0	0	0
住房按揭贷款余额	0	0	0	0	0
不良贷款率	0.63%	0.61%	0.67%	0.68%	0.01%

（王玉龙）

农发行上海市分行与光明食品集团召开业务洽谈会

4. 中国工商银行上海市分行

2014年，面对复杂困难的外部形势，中国工商银行上海市分行紧紧围绕年初工作目标，迎难而上，奋力攻坚，各项工作扎实推进，业务发展取得新进展。截至2014年末，上海分行实现拨备前利润226.87亿元，计提减值准备35.71亿元后，实现净利润138.76亿元，超额完成总行下达137.8亿元的经营目标。实现中间业务收入92.07亿元，同比增长9.5亿元，增幅11.5%。本外币各项贷款余额5 508亿元，较年初增加261.4亿元。本外币三项存款余额13 048.58亿元，较年初增加709.98亿元。

【创利增收】 紧紧围绕总行经营目标，分析潜力，查找差距，算大账、算活账，采取多项措施创利增收，多点开花，有效的填补了净息差收入下降形成的缺口，全年实现净利润超额完成任务。其中，中间业务为全年完成利润目标起到了中流砥柱的作用；金融市场争取到总行2.08亿元同业业务收入，贡献突出；积极处置闲置资产，实现营业外收入2.6亿元；加大账销案存管理力度，收回账销案存资金0.8亿元；加强成本管理，费用开支在满足各项人员福利开支不下降的基础上，同比压缩2.04亿元。

【业务创新】 积极贯彻"在发展中实现转型"的战略意图，通过保持较快增长速度，为结构调整和转型发展提供空间。中间业务收入高位突破，全年再创历史新高，各项指标均名列系统前茅，总量、增量保持同业第一领先优势。大零售业务快速发展，个金、私行、卡部中间业务收入贡献超过40亿元。机构三方存管新增开户16.7万户，两融客户3.6万户，托管规模达到5 573亿元。投行债券承销289亿元，并购贷款余额突破125亿元，巩固同业领先优势。法人理财销售1 550亿元，新增总分行级现金管理客户173家。金融市场债券余额突破1 000亿元，实现净利润9.8亿元。电子银行做大平台，融e购累计净增签约商户517户，开户472户，系统排名第一。收入结构转型优化，实现战略性成长业务收入70.09亿元，结算代理理财收入73.38亿元，系统占比进一步提高，账户贵金属、对公结售汇等重点产品排名系统第一。

【风险防控】 2014年以来，不良资产处置进入深水区，全行上下高度重视，层层动员，实施全面风险管理，夯实信贷管理基础，强化定期跟踪监测和风险预警，细化逾期贷款控制措施，大力化解潜在风险贷款，严控信贷资产劣变。将信贷资产质量作为生命线，按照"止血化瘀"的原则，标本兼治，创新联动，加大不良贷款压降力度，最终在年末不良余额、减值成本、拨备水平等指标间取得最优平衡。积极推进大额不良贷款处置，加快小企业资产包批量转让力度，法人不良贷款余额已降到股改以来的最低点。全行有效控制信贷资产质量，深入推进风险计量和分析，强化风险限额管理和产品控制，进一步提升了风险管理水平。

【结构调整】 存贷款业务经受了总行均衡度考核、房产规模收紧、央行降息、总行多次调价等考验，年末，本外币三项存款余额、本外币各项贷款余额均创新高。存款业务多策并举，做大日均，储蓄存款日均增长200亿元，对公存款日均增长123亿元。烟草、财政等重点板块贡献突出，日均比上年分别增加42亿元和54亿元。民生板块客户有效增长，军队板块新增388户，日均金融资产5万以上机构客户较年初增长3 162户。同业存款把握资本市场回暖机遇，同比增加713亿元，增量系统第一。贷款业务结构调整，均衡投放，贷款均衡率56%，同比提高6%。公司信贷聚焦城市更新改造领域，日均余额增加195亿元，票据贴现跨越发展，增量超300亿元，创历史新高，其中小微企业票据系统第一。国际贸易融资余额66.5亿美元，较年初增加3.8亿美元。

【企业文化】 深入开展党的群众路线教育实践

活动，广泛听取基层、员工和客户意见建议，重拳整治突出问题，群众满意度不断提升。聚焦服务短板，制定特殊客户群体服务预案，提升员工综合服务能力，创建优质服务标杆网点，服务效能明显改善，系统名列前茅。加强干部队伍建设，完善绩效考核办法，优化薪酬管理机制，为转型发展注入强大动力。

【自贸区分行】 2014 年是自贸区业务起步的元年，分行加快自贸区创新突破，在人民币境外借款业务、本外币跨境双向资金池业务、第三方支付机构跨境人民币业务等一系列业务上实现首单，起到了同业领头羊作用。全年开立 FT 账户 3 810 户，自由贸易账户存款余额 53.26 亿元，均列同业第一，跨境人民币结算量超过 1 836 亿元，增幅为 69%。共发放贷款 72.30 亿元人民币，实现利息收入 3 515 万元，中收 430 万元，经营成果初步体现。

【主要指标】

单位:亿元

指标＼年份	2010	2011	2012	2013	2014
净利润	130.80	156.35	153.23	151.95	138.76
本外币资产总额	10 090.40	11 294.14	12 620.99	12 899.63	14 055.32
本外币各项存款余额(不含同业存款)	8 297.98	9 348.05	10 435.94	10 698.35	10 655.59
本外币各项贷款余额	4 107.83	4 414.10	4 937.55	5 246.59	5 508.00
个人消费贷款余额	718.17	810.39	839.54	1 101.21	1 083.28
住房按揭贷款余额	693.89	674.16	681.61	968.72	980.17
不良贷款余额	35.11	27.13	29.37	51.28	82.00

（沪工行）

商银行上海市分行与上海文化广播影视集团签署《战略合作协议》

5. 中国农业银行上海市分行

2014 年，中国农业银行上海市分行深入开展打造沪上最贴心银行活动，圆满完成业务经营任务，为新一轮改革发展初步奠定了思路和工作基础。

【治行思路】 按照分行的战略定位，观大势谋大局，立足现代商业银行办行规律，紧扣上海“四个中心、一个都市”的城市定位，深入思考和探索经营思路。分行提出了以两大任务、四种意识、五项要点、六大建设为主体的治行思路，进一步明确了战略实施中需要突破的瓶颈。在总体框架下，分行城镇化业务、科技金融、都市现代农业金融服务意见先后出台，信贷结构调整、自贸区业务发展、金融同业业务发展的思路相继形成，支行营销体系优化调整，网点综合建设、平安农行建设推进实施。分行制定了 2015—2017 年三年发展规划提纲，力争用三年左右的时间，将分行建设成为能充分体现上海经济特征、有持续发展能力、管理基础扎实的银行机构。这一思路契合总行的上海区域发展战略，全行上下积极响应，认识统一，形成了引领业务良性发展的思想先导。

【经营业绩】 分行主动对接上级和监管部门、各区县政府和重点客户。在做好外部衔接的同时，牢牢扭住业务经营的牛鼻子，出实招、出快招、出狠招，业务发展取得了新的突破，主体指标计划全面完成。截至 2014 年末，全行人民币各项存款余额 6 302亿元，比年初增加 298 亿元，同比多增 106 亿元，增量在系统内排名第八，余额市场份额比年初提升 0.41 个百分点，其中个人存款比年初增加 155 亿元，市场份额提升 0.76 个百分点。人民币各项贷款余额比年初增加 215 亿元，同比多增 6 亿元。本外币不良贷款余额 33.06 亿元，不良贷款率为 0.96%，均控制在总行下达计划内。2014 年全行实现拨备后利润 122.81 亿元，超额完成总行下达计划。根据总行考核结果，分行拨备后利润、风险水平评价、综合绩效考核等均跻身系统内前五强，大行地位进一步凸显。

【优化业务】 全行聚焦瓶颈求突破，在传统业务领域和前沿业务领域同时发力，实施双轮驱动的“大经营”战略。一是着力发展传统资产业务。以推进城镇化业务的若干意见为统领，全力支持六大功能区、旧区改造和产城融合项目。2014 年共审批城镇化信贷业务 30 笔，实现贷款投放 136 亿元(不含房地产开发贷款、经营性物业贷款及并购贷款)。小微企业贷款比年初净增 72 亿元，继续达到“两个不低于”的监管要求，荣获“2014 年度上海银行业小微企业金融服务突出贡献奖”。踏准市场节奏，全行个人贷款余额较年初增加 104 亿元，增量排名同业第二。二是大张旗鼓发展前沿业务。自贸区业务方面，8 月份分账核算系统通过验收后，全行加快业务开展步伐。截至 2014 年末，在分行开户的区内注册企业超过 1 800 家，开立自贸账户 482 户。国际业务方面，全行跨境人民币结算年业务量首次突破千亿大关，达到 1 106 亿元。金融同业业务方面，解放思想，抢抓机会，斩获托管业务创新多个第一单，积极参与原油期货、黄金国际板等重大创新，实现同业业务超常规发展。人民币同业存款余额首次突破千亿大关，截至 2014 年末，人民币同业存款日均余额和时点余额分别比上年和年初增加 106 亿元、123 亿元，创历年之最。三是不断夯实客户基础。对公条线针对这一轮的国企改革开展地毯式营销，大力开展“强势扩户、有效管户、综合服务”专项营销活动。截至 2014 年末，全行人民币对公有效账户净增 1.75 万户，法人折效客户数比年初增加 4.45 万户，全国首家知识产权法院等一批优质机构客户落户分行。个人条线切实提升服务水平，全行个人加权贵宾客户数 132 万人，比年初增加 13 万人，点均增量系统第一。这些重点工作的突破初步确立了业务转型的新格局。

【经营管理】 分行不断强化体制机制建设，充分发挥其支撑业务发展和激发经营活力的重要作用。一是加大对公业务基础建设力度。出台《关于全行对公业务发展现状和对策的工作意见》，恢复并加强支行和网点双层经营的对公体系。分行机关经营龙头作用逐步体现，支行营销主力军作用进一步加强，网点经营基础有所巩固。二是全面铺开网点综合建设。出台网点综合建设意见，明确网点应当成为“综合经营、覆盖一方、出人出业务”的综合性经营平台。选定 3 家重点联系行和 6 家样板网点，制定了详细的工作计划。按照“根壮须广”的目标，提出加强网点建设的九项课题和相应措施。抓住市政府建设“智慧社区”的契机，加强金融服务向社区渗透。三是加强绩效管理。绩效体系既对接总行，又全面体现分行的经营要求，把重点发展的业务指标纳入绩效体系，配以全部资源，力求“指挥棒”准、灵。四是建立营销协调机制。建立营销事项速递、信贷业务及政策沟通协调会等机制，加强前后台联动和分支行联动，切实提高营销效率和基层营销积极性。

【“大平安”格局】 分行从风险管理和合规建设入手，在严、实二字上下功夫，着力夯实办银行的平安基础。一是积极处置应对风险。面对大额不良贷款突发的严峻态势，一方面积极化解，另一方面加速不良资产清收和核销。2014 年，分行累计清收、回调、核销不良贷款 20.65 亿元，使不良贷款总体情况得到有效控制。截至 2014 年末，不良贷款余额和不良率上升幅度均明显低于上海银行业总体水平。二是加强基础风险管理。强化“三岗、两报告、两会”管理，推行“进、保、控、压、退”的差异化信贷策略，坚持信贷事项“周周清”、“平行作业”、“优先办结”和“多事项上报”等模式，编写《信贷风险案例选编》系列材料。持续加强房地产、政府融资平台、“两高一剩”、小微企业等重点领域风险防控。2014 年末，全行人民币到期贷款现金收回率达 99.25%，与潜在客户贷款压降完成率等 5 项贷后管理指标，在总行条线考核中列第一。三是推进平安农行建设。分行相继出台《平安农行建设实施方案》、《网点主要负责人合规管理办法》和《网点合规管理员管理办法》，编制“六位一体”的“平安农行指数”，定期评价公布并纳入经营行考核。加强案件风险排查和员工行为管理，专题召开加强案件风险防控视频会议，出台了“五个严禁”、“五个一律”的规定，依法治行、铁腕治行的态势初步形成。

【队伍建设】 分行积极开展“转作风、提服务，努力打造沪上最贴心银行”活动，推动全行作风大转变。干部层面，严格按照“三个过硬”的导向，选拔出了具有广泛民意基础的 9 名正处人选和 14 名副处人选，建立了第一批 17 人的副处级干部后备库。领导干部在经营考验中自我扬弃、自我提高，努力适应分行改革发展的新要求。机关层面，围绕“增灵气、砺锐气、强气场”，努力做好全行“大脑”、经营管理的组织实施者和全行的精神引领者，各项工作呈现出新的气象。文件、会议数量持续下降；部门银行、上下沟通困难等官僚主义表现逐步破除；编印《实用营销招术选编》、《自贸区金融产品服务案例汇编》，启发基层出新招、出实招；薪酬分配向基层倾斜，进一步扩大重大疾病保障基金的受益面，加快“职工之家”建设。员工层面，注重员工的思想教育，广泛开展第五届“读书月”活动，倡导全行牢固树立四种意识。号召各级领导干部加强与员工交流，通过贴心银行巡回宣讲、摄影作品展、“争做最贴心的农行青年”等主题活动，激发员工服务客户的内在动力。

【社会形象】 积极履行社会责任，推动发展环境不断优化。2014 年，分行与上海金融学院共建“浦江学院”；继续积极参与“蓝天下的至爱”慈善捐款活动，获得第二届“中华慈善突出贡献(组织)奖”；在亚信峰会期间，为中俄联合军事演习提供优质金融服务，官兵纷纷点赞；持续开展青年志愿者“三进”活动，获得了社会各界和市民的广泛赞誉。聚焦自贸区、贴心银行等重大题材，加大对外宣传力度，充分展现了农行负责任的大行形象和广大员工的优良职业素养。北蔡支行成功处置“7·14”事件，打浦支行、枫泾支行成功堵截百万元电信诈骗事件等，得到了上海市党政领导和总行领导的充分肯定，吸引了主流媒体广泛报道。分行营业部营业室被中华全国总工会、中国金融工会分别授予“全国工人先锋号”、“全国金融先锋号”的称号，1 人被中国金融工会授予“全国金融五一劳动奖章”。

【主要指标】

单位:亿元

指标 \ 年份	2010	2011	2012	2013	2014
净利润	55.86	78.67	90.91	97.77	90.54
本外币资产总额	5 928.93	6 799.34	7 283.25	7 684.15	8 223.41
本外币各项存款余额(不含同业存款)	4 793.72	5 463.32	5 923.91	6 110.79	6 352.48
本外币各项贷款余额	2 623.92	2 925.19	3 093.49	3 219.10	3 439.06
个人消费贷款余额	431.24	539.18	643.9	786.35	895.13
住房按揭贷款余额	428.08	536.15	635.5	759.40	863.76
不良贷款率	1.49%	1.25%	1.08%	0.93%	0.96%

(沪农行)

6. 中国银行上海市分行

2014 年，中国银行上海市分行以“担当社会责任，做最好的银行”战略目标为指引，以上海自贸区建设为契机，围绕“抓改革、稳增长、强管理、保安全”工作方针，不断深化“以客户为中心，以营销为导向”的经营管理转型，凝心聚力、奋发有为，取得了较好的经营业务。截至 2014 年底，全行实现拨备前利润和净利润同比分别增长 23.02%和 9.87%，非利息收入同比增长 15.38%，四大行市场份额提升 1.7 个百分点。本外币核心存款较年初新增 271.75 亿元，其中人民币核心存款较年初新增 286.11 亿元，四大行市场份额较年初提升 0.37 个百分点。本外币各项贷款较年初新增 371.81 亿元，其中人民币贷款较年初新增 336.73 亿元，外币贷款较年初新增 5.52 亿元，四大行市场份额分别较年初上升 0.73 和 4.17 个百分点。

【金融创新】 2014 年，中国银行上海市分行不断完善创新机制，加大创新力度，积极参与“沪港通”启动工作，成功获得“港股通”结算银行及独家指定银行资格，办理首笔“沪股通”交收资金的跨境划拨业务，首笔“港股通”风控资金的跨境划拨业务。成功叙作首笔台资银行跨境人民币增资业务，继续保持本市跨境人民币业务累计业务量和当年新增业务量第一。

【支持自贸区建设】 2014 年，中国银行上海市分行充分发挥集团商投行和海内外一体化优势，积极投身中国(上海)自由贸易试验区建设，首家通过分账核算系统验收，开办首个自由贸易账户；在各项自贸区政策推出之后，率先叙作了首笔跨境人民币借款、双向资金池、跨境支付结算、大宗商品衍生交易、自由贸易账户项下的存贷、汇兑、资金划转、信用证开立等首单业务，各项业务市场份额保持领先；积极参与自贸区金融要素市场平台建设，先后与能交所、期交所、金交所、清算所签署战略合作协议，并成为金交所国际板首批清算银行及 A 类结算会员，率先完成首笔交易；主动担当市场秩序自律委员会轮值会长单位，确保自贸区利率市场化改革试点期间市场价格稳定。2014 年中行上海市分行的上海自贸区综合金融服务模式创新荣获上海金融创新一等奖；9 月 18 日，李克强总理视察上海自贸区期间，专程来到中国银行上海自贸区分行调研，对中国银行金融支持自贸区建设工作给予了充分肯定。

【社会责任】 中国银行上海市分行践行企业社会责任，为 9 号线三期、12 号线、13 号线、16 号线以及 17 号线等公共交通配套工程叙作银团贷款项目；高度关注新型城镇化建设，为杨浦 2、3 街坊旧区改造项目提供资金支持；响应“低碳环保”号召，倡导绿色金融理念，积极参与“上海绿色账户行动”，累计进入 8 大区县、897 个社区，开立“绿色账户”借记卡 3.5

万余张；热心体育公益事业，作为荣耀赞助商鼎力支持和服务上海国际马拉松赛；积极开展防电讯诈骗、反洗钱工作，堵截电信诈骗 54 起，金额总计 469.47 万元，协助警方抓获嫌疑人 7 名，协助人行上海总部完成“人民币反假宣传资料”多语种翻译工作，连续 5 年荣获“上海市治安防范先进集体”称号；在“中国银行上海分行”微信平台推出了 22 种货币的在线预约功能和微信预约取现业务，推进营业网点 WIFI 布设和“中银资讯”信息服务平台建设，增强渠道服务质效，不断优化客户体验。

【企业文化】 中国银行上海市分行精心策划开展了青年公益行、结对帮困、送金融服务和金融知识“进小微、进郊区、进社区”、“金融知识进万家”宣传服务月等活动，积极打造良好的社会形象。制定关爱员工工作指引，畅通员工表达和回应渠道，积极开展足球赛、主持人大赛、演讲比赛、艺术欣赏、话剧电影观摩等各类文体活动，营造富有活力、和谐共进的家园文化氛围。完善荣誉奖励管理办法，连续三年组织中银卓越、优秀奖评选工作，强化先进典型宣传，2014 年，全行荣获全国级、市级以及总行级荣誉奖励达 124 个，较上年增长 63%。其中，1 名个人荣获全国五一劳动奖章，1 家单位荣获全国金融五一劳动奖状，2 家单位荣获第四届全国文明单位。

【重大事件】 (1) 成功叙作自由贸易账户启动后的各项首笔业务。6 月 18 日，上海自贸区自由贸易账户业务正式启动。作为率先通过自贸区分账核算业务系统验收的银行，中国银行上海市分行与 15 家企业签署《自贸区战略合作协议》。当日，成功开立了首个自由贸易账户，并办理了对外直接投资项下资金划转、货币兑换以及信用证开立等一系列首笔业务。

(2) 成为首届上海市场秩序自律委员会轮值会长单位。6 月 27 日，自贸区首个向区外推广复制的金融改革政策，即小额外币存款利率上限改革试点由上海自贸试验区扩大到整个上海市正式启动，中国银行上海市分行成功成为首届上海市场秩序自律委员会轮值会长单位。

(3) 成为唯一一家沪港通全部业务资格银行。11 月 17 日，上海与香港两地股票交易互联互通机制试点(沪港通)正式启动。中国银行凭借海内外一体化经营优势，积极配合香港中央结算有限公司、中国证券登记结算有限责任公司就资金清算、资金跨境划拨、外币兑换、应急预案等进行方案设计，成功获得沪港通全部业务资格，成为“沪股通”独家结算银行和“港股通”结算银行及独家指定银行。11 月 18 日，上海中行与中银香港成功为香港中央结算有限公司办理首笔“沪股通”交收资金的跨境划拨业务，金额为 120.83 亿元人民币，这也是“沪港通”业务的首笔清算资金。当日，还成功为中国证券登记结算有限责任公司办理首笔“港股通”风控资金的跨境划拨业务，金额为 4.07 亿元人民币。

【金融创新奖】 中国银行上海市分行“为自贸区打造全球金融服务的直通车——上海自贸区综合金融服务模式创新”方案荣获 2014 年度上海金融创新成果奖一等奖，这是银行同业唯一荣获一等奖的参评项目。上海中行通过形成自贸区综合金融服务模式，打造自贸区全球金融服务的直通车，搭建了包括跨境投融资与并购、全球现金管理、大宗商品交易及融资、金融市场交易等在内的“四”大国际性创新平台，建立了穿透银政企、海内外、商投行的“三”项穿透式工作机制，构建了全流程风险管理和市场化定价及分账核算管理体系“二”套独特性管理体系，获得了“一”份抢占各类首单、市场份额居首的全领先市场成绩单。

【主要指标】

单位:万元

指标 \ 年份	2010	2011	2012	2013	2014
净利润	627 662.28	606 243.63	837 182.00	770 881.02	847 002
本外币资产总额	44 591 261.83	45 000 748.81	49 706 900.00	53 856 896.64	62 268 428.83
本外币各项存款(不含同业存款)	35 294 409	35 935 275	37 248 505	41 949 003.66	43 976 349.77
本外币各项贷款余额	25 601 375	26 953 300	27 788 900	31 268 832.69	34 971 248.29
个人消费贷款余额	7 369 481	7 407 455	9 469 172	10 175 198.87	11 180 715.27
住房按揭贷款余额	7 134 095	7 325 030	7 194 027	8 061 771.03	8 882 653.72
不良贷款率	0.61%	0.48%	0.51%	0.67%	0.72%

(沪中行)

7. 中国建设银行上海市分行

2014 年，中国建设银行上海市分行坚持稳健发展、全面发展、协调发展，坚持创新驱动、克难奋进，不断提升业务发展能力、风险防范能力，各项业务继续保持良好发展势头，取得了良好的业绩。

【支持区域经济发展】 加大对重大项目、优质客户、城镇化贷款、新农村贷款、供应链融资等投放力度，并通过信贷投放、资产入池、承兑汇票、委托贷款、内保外贷等多渠道融资，有效满足客户资金需求，全年为客户组织安排增量人民币资金约 644 亿元，人民币对公贷款余额突破 3 000 亿元。四部委口径小企业贷款新增完成“两个不低于”目标，荣获“2014 年度上海中小企业融资服务最佳合作伙伴”称号。人民币个人类贷款余额突破 1 000 亿元。大力发展自贸区业务，全年新增自贸区基本户约 3 000 户，分账核算单元 FT 客户数和账户数双双突破 1 000 户，实现五类 FT 账户全覆盖；发展本外币资金管理客户 42 家，办理跨境人民币借款业务逾 74 亿元人民币，市场份额超过三分之一，并办理了自贸区成立至今单笔金额最大的跨境人民币借款业务。积极介入国资国企改革，与 10 家市属国资国企新签订银企合作协议，成功拓展市属国资及下属成员企业账户 21 户。

【战略性业务稳步发展】 承销债务融资工具 185 亿元，增长 17%。跨境人民币结算量 3 002.73 亿元，增长 105%，排名系统第一。养老金个人账户数新增、受托资产规模、托管资产规模等各项业务新增均创历史新高，系统内排名提升。贵金属租借业务同比增长 387%，代客外汇交易业务收入和市场份额持续增长。票据买入返售业务实现翻番。备份中心业务承接量达到全行托管业务总量的 79%，套账数量增加 351 个，实现中间业务收入 2.5 亿元。私人银行客户 AUM 总量和客户数排名系统第二，定制定向产品发行总规模达 611 亿元。电子银行账务性交易量占比提升 3.74 个百分点，移动支付活跃商户系统第一。信用卡客户、消费、分期、商户、中收、资产质量等多项核心指标保持同业领先的位置。

【产品创新持续推进】 完成首单高管股权激励理财产品。积极探索各类新型投行产品在城镇化领域的应用，推出保障房理财融资、城镇化理财融资、城镇化基金融资等多项创新产品。通过一户通、结算卡、网银账户等产品组合的微创新，为集团性连锁企业全国性账户提供资金归集服务的案例成功复制推广。分行在所有自贸区业务创新上都是首批试点行，多项创新业务是首家试点，率先推出了跨境人民币借款、跨境双向人民币资金池、外汇资本金意愿结售汇、第三方支付跨境人民币结算、自贸区分账核算单元等创新业务。成功营销并获批系统内首单财务顾问模式的家族信托业务。

【风险管控扎实有效】 不良贷款比年初审计后口径实现“双降”，不良贷款率为 0.54%，资产质量保持稳定并在同业中处于较好水平。“双基管理年”暨“执行力提升年”活动有效开展，实现了全年无案件、无重大违规事件、无重大安全事故的目标。开展“廉洁敬业、遵纪守规”暨“员工行为管理年”专项教育活动，全面深化廉洁从业教育。对关键环节、突出风险进行专项治理，优化员工行为排查方式，确保安全运行。深入推进“平安建行”创建，安全保卫工作在总行和外部机构评选中荣获多项奖项。

【渠道建设有序进行】 全年完成 4 家网点新设计划，实际对外营业网点总数达 364 家。新增自助设备 85 台，总量达 2 262 台；新增自助终端 50 台，总量超 580 台。提前超额完成低效网点整改目标。全面推进网点“三综合”建设，综合网点占比达 93.61%，综合柜员占比达 82.46%，综合营销团队覆盖 90% 以上综合性网点。完成分行首家智慧银行建设并开业。推进电子银行服务区建设，355 台一体机在网点开展应用。优化微信功能，打造在线营销新渠道，发展分行微信会员 22 万户。

【服务水平不断提升】 增开 15 家个人出入境服务中心，总数达到 20 家。加强星级网点建设，推出老年客户服务六大举措，分行窗口服务质量大幅提高，4 家网点获评 2014 年度中国银行业文明规范服务千佳示范单位；6 家网点获评中国银行业文明规范五星级营业网点，创历年最佳成绩。

【金融创新奖】 2014 年 11 月，建行上海市分行小微企业“循环组合贷”参加了市金融办牵头举办的上海金融创新奖评选，并获得“2014 年度上海金融创新”二等奖。“循环组合贷”产品是建行上海市分行根据小微企业轻资产、成本控制严格等特点开发的创新产品。该产品核心理念是“组合”，即把贷款产品的不同期限、担保方式、支用模式等各类基本元素提供给小微企业，由其自由搭配，享受餐厅式的"点菜"服务，形成专属于自己的产品套餐。2014年，"循环组合贷"产品一共为800多户小微企业发放贷款，累计金额超过30亿元，户均仅为360万元。尤其为了加大对微型企业的支持力度，建行以其结算流水等为依据，通过批量筛选，主动给予每户最高50万元免担保的循环组合贷款额度。建行通过95533服务热线，对筛选出来的4万多个微型企业进行了集中外呼，其中1万多户明确表示愿意深入了解该产品，最终300余户获得了贷款资金，金额累计超过1亿元。

【主要指标】

单位:亿元

指标 \ 年份	2010	2011	2012	2013	2014
净利润	70.15	86.59	90.07	103.21	124.57
本外币资产总额	6 774.74	7 887.09	8 746.61	9 241.66	10 702.46
本外币各项存款余额(不含同业存款)	5 662.61	6 436.54	7 107.36	7 877.60	8 129.68
本外币各项贷款余额	3 017.22	3 354.41	3 978.72	4 113.89	4 365.92
个人消费贷款余额	39.30	40.95	41.37	23.02	9.70
住房按揭贷款余额	532.26	610.44	710.48	871.98	1 009.62
不良贷款率	0.98%	0.82%	0.58%	0.55%	0.54%

（沪建行）

建行上海市分行举办"龙卡上海热购信用卡产品发布会"

8. 交通银行上海市分行

2014年，交通银行上海市分行致力于夯实传统业务基础，抢抓转型发展机遇，全年业务经营基本稳定，风险管控守住底线，服务水平显著提升，管理基础不断夯实，各项工作再上新台阶。

【多渠道支持实体经济】 通过组合授信、战略合作和固定资产贷款等方式，积极支持战略性新兴产业、助推文化金融深度融合、扶持绿色信贷等重点领域，全年完成银团牵头行项目20个，其中，前滩ES4地块银团项目荣获中银协"年度最佳银团交易奖"，恒信租赁银团项目荣获上海市银行同业公会"年度银团贷款最佳项目奖"；通过参与发债、融资性对外担保、非信贷投放等方式全力满足光明集团、中海集运、华谊集团、中船集团、振华重工、春秋航空、永达集团、上实集团、申通集团、申迪集团、浦发集团、上药集团等上海市国资国企改革需求，累计发行债务融资主承销项目28个；通过参与市级财政招投标业务支持上海市财政类资金现金管理发展，连续四年获得上海市政府债券发行联席主承销资格。

【巩固创新业务领域优势】 通过进一步完善支付网络，实现银行卡收单业务市场份额排名同业第二，信用卡消费累计市场占比五大行第一；进一步增强支付结算和清算服务功能，成为清算所首批人民币利率互换综合清算会员，成功营销QDLP托管业务等多项市场首单；先行先试大力拓展自贸业务，首批获准开办分账核算单元业务，完成中资企业人民币境外借款、商业保理融资等业务首单。

【提升全面风险管理水平】 加强对重点行业、重点领域的管控，全力做好不良贷款风险缓释、化解和清收工作；严格对重点业务、重点岗位、重点人员的检查和管理，全年未出现重大风险事件，风险水平总体可控；同时积极配合做好上级监管单位各类检查，切实筑牢风险屏障。

【扎实推进金融服务工作】 加强标准化建设和规范化执行，制定了一系列落实新消保法的基础制度；全年获评中银协"千佳"网点7家，为135家网点增配便民服务区、完成43家网点无障碍设施改造，"千佳"示范网点数、客户满意度均位列上海同业第一；首批开设4家社区银行，增强服务功能。

【营造内部和谐氛围】 建立党委班子成员基层联系点制度，党的群众路线教育实践活动整改完成率达到100%；全面做好员工慰问、困难员工补助、职工住院互助等工作，覆盖面达800余人；开展心理健康关爱测评、健康交行、交行好声音等主题活动，丰富员工的业余文化生活，累计参与万余人次。

【积极履行企业社会责任】 全年共开展1 072次消费者宣传教育互动，日均投入工作人员357人，覆盖受众16万人；加强金融人才培育工作，荣获中国金融教育优秀培训项目二、三等奖和优秀奖，与上海大学合作的《校外战略合作基地金融人才协同培养项目》被上海市教委、人力资源与社会保障局评为上海市级教学成果一等奖。

【重大活动】 2014年9月18日，上海黄金交易所国际板正式启动，同一天，落户交通银行上海市分行的国际板黄金保税仓库开库运行，并于当日为瑞士庞博贵金属(PAMP)公司办理了黄金国际板首单仓储业务。

前期，该行已于8月成功为上海国际黄金交易中心开立用于清算的自由贸易账户，以及其唯一用于与黄金交易主板进行资金清算的自由贸易账户。此次与黄金国际板同步运行的交行国际板黄金保税仓库，承担了为会员单位国际板实物黄金提供出入境、进口的交割、仓储、物流等配套服务。

【主要指标】

单位：亿元

年份 / 指标	2010	2011	2012	2013	2014
净利润	36.09	34.76	40.51	37.48	30.43
本外币资产总额	4 079.81	4 347.90	4 849.46	5 244.44	5 164.08
本外币各项存款余额	2 679.45	3 042.31	3 368.64	3 639.23	3 233.27
本外币各项贷款余额	1 901.42	2 098.52	2 293.21	2 429.99	2 323.8
个人消费贷款余额	4.60	3.92	1.64	1.13	1.38
住房按揭贷款余额	252.67	270.33	290.96	348.19	392.59

（沪交行）

9. 中国邮政储蓄银行上海分行

中国邮政储蓄银行上海分行2014年机构改革取得新的突破，浦东新区分行于年末成立，带领辖内各支行联动发展，同时上海自贸试验区分行开始正式筹建。上海分行机构设置具体为：分行高级管理层委员会4个，一级部门20个，二级部门6个，直属单位1个；下辖1个二级分行(浦东分行)、1个分行直属营业部及16个一级支行，478个营业网点(105个自营网点，373个代理网点)。年末在册员工3 111人，其中硕士及以上学历115人，本科学历1 546人，大专及以下学历1 450人。

【业务发展】 至年末，实现业务收入34.32亿元，同比增长25.00%。按五级分类口径，不良贷款率1.39%，拨备覆盖率128.42%，保持了零案件态势。2014年上海分行各项业务保持稳定增长。负债业务：各项存款规模本外币合计1 469亿元，同比增长5.1%，其中人民币个人存款1 226.5亿元；保服务惠及百姓129万余户，占全市社保服务对象的30%左右；公司业务存款时点规模229.99亿元，较2013年净增37.5亿元。资产业务：分行各项信贷业务结余达384.75亿元，同比增长135.11%，其中，消费类贷款余额55.31亿元；个人旅游贷款、个人烟草贷款、小额农机购置补贴贷款等业务实现新突破。

【服务“三农”】 针对涉农企业实际情况研究融资方案，创新融资担保方式，创新开发涉农信贷产品，其中农机购置补贴贷款实现放款1 317万元，占全市补贴金额的20%，安信农保保证保险贷款实现放款810万元，涉农龙头企业贷款实现放款1.51亿元。精简的贷款材料，便捷的审批流程，优惠的贷款利率，获得了上海市政府及农户对邮储银行在涉农金融服务工作的充分认可和好评，现上海市农委已正式将分行纳入涉农金融服务重点合作银行之一。

【服务中小微企业】 积极履行社会责任，努力破解小微企业融资困境，小企业贷款和个人商务贷款合计放款2 050笔，金额达44.54亿元，创新设立了“电商小微贷”项目，业内首发利用大数据服务电商小微企业“1保贷”产品正式上线，实现首笔在线放款。全年放款110笔，共计1.45亿元，服务超过300家小微企业。该项目荣获市金融办“2014年度上海市金融创新奖”、银行同业公会“2014年度上海银行业小微企业金融产品创新奖”。

【服务社区】 通过反假币宣传，金融知识万里行，金融安全进万家等丰富多彩的活动将金融知识、金融服务带进社区，带向市民，同时，分行辖内多有网点均提供发放养老金服务，代发养老金市场占有率达31%。在离退休人员较多的网点始终坚持提供7—19点的12小时金融服务，并根据老年客户的特殊要求，为有需要的客户提供上门服务，受到广大客户的一致好评。

【主要指标】

单位:亿元

指标 \ 年份	2010	2011	2012	2013	2014
净利润	0.49	−0.36	1.55	0.33	2.26
本外币资产总额	924.12	1 088.14	1 319.44	1 475.52	1 674.86
本外币各项存款余额(不含同业存款)	906.79	1 048.44	1 269.99	1 397.57	1 468.76
本外币各项贷款余额	47.95	95.25	167.34	251.65	384.75
个人消费贷款余额	28.52	33.85	36.17	76.47	115.09
住房按揭贷款余额	28.56	33.73	35.09	70.34	91.81
不良贷款率	0.1%	0.14%	0.19%	0.85%	1.39%

(邮储行)

10. 上海浦东发展银行上海分行

2014年,浦发银行上海分行共有175家经营机构,其中按照区域支行标准配置的经营机构28家,按照二级支行标准配置的经营机构114家、社区支行33家。同时,布设离行式自助银行28家,散点自助服务点144个,各类自助服务设备超过1 200台。其中,由上海分行在全市重点涉外区域率先布设的外币自助兑换设备(XDM),实现布放95台,在上海地区乃至全国处于绝对领先地位。浦发银行上海分行紧密围绕总行科学发展规划,切实提升创新转型发展能力,经营效益不断增长,截至2014年末,总资产规模达到历史新高5 898.72亿元,一般存款余额达到3 778.65亿元。

【产品创新】 在公司银行业务领域,分行"三位一体"跨境服务成效显著。正式推出"自贸区分账核算业务",推出"跨境人民币经常项下集中收付业务",推出自贸区"跨境直贷"业务、自贸区跨境联动"银租保"业务等,跨境业务的发展对贸易金融业务整体拉动明显。科技及四新业务发展迅速,产品创新不断,办理首笔"投贷包"业务、成功发放首笔世行转贷项目贷款等。在个人银行业务领域,2014年分行完成4个功能卡项目上线,现有IC功能卡合作单位超过90家,包括居民健康卡、园区功能卡及单位就餐卡等,与市府委办,高校研究院等建立良好合作,取得较好的社会效应和品牌影响。此外,2014年分行先后推出了"合力贷"、"易家贷"、"专属贷"等多个创新产品。满足了不同年龄客户对于购买自住房以及就近办理贷款业务的需求,其中"专属贷"作为针对私人银行客户推出的专属信贷产品,充分满足了私行客户综合金融服务需求。

【业务创新】 在公司银行业务领域,投行债务融资工具发行量336亿元,较上年增加248亿元,共承销30只;其中非金融企业债务融资工具118.45亿元,承销只数20只;金融债218亿元,承销只数10只。

在个人银行业务领域,2014年分行结合线上支付、线下收单、代扣代缴三大板块,推进线上线下整合发展,并协同营销COD项目,引入平台商户超6 000户,累计交易金额超过11亿元。2014年分行还推出代理海外签证服务、2天快速退税、优化留学生海外开户见证业务等,切实提升对出国金融渠道和客群的服务能力。

【中小企业服务】 2014年分行积极打造"科技金融"和"文化金融"两大特色品牌,创新发展了"电商贷"、"POS贷"、"文创赢"等多个创新产品及与园区企划方案,全面打造"千人千户"客户培育体系。小微业务进一步发展。聚焦小微金融,以"小额、快速"制胜千里。扩大分支机构转授权范围,审批流程进一步加速。海量业务培训,提升小微业务服务能力。

【理财业务】 2014年分行积极实现理财业务大跨越,推进理财产品平台和市场的构建,加载移动PAD营销平台,加大理财产品创新与引入。首次推出新客理财项目、私行专属投资账户、公司要客、上市公司高管股权转让资金集合产品等专享产品,满足不同客户的金融需求。全年累计销售财富类产品3 029亿元,较上年增长37%,其中分行个性化添利产品59款,总规模超过200亿元,较上年同期增长34%。发行基金一对多产品33款,实现募集规模20.26亿元。同时2014年分行共签署专属投资账户超过140户,签约金额超10亿元。

【重点项目】 一是中移动项目。2014年分行与上海移动战略合作关系推向新阶段,达成NFC地铁创新,推出手机支付地铁应用功能,实现了金融、通信和地铁领域的跨界合作,成为上海银行业中唯一进入公共交通领域实现手机和银行卡支付的银行。并通过中移动供应链业务的推进,公私联动,形成"和利贷"等业务新亮点,全年实现供应链小微融资业务发放6 675万元，新增NFC签约客户3 900余户，新增“易充值”业务客户8 000余户。二是社区银行建设。2014年分行完成33家社区银行建设工作，各社区银行新增金融资产21.2亿元、存款3.8亿元，并通过“浦发爱社区”等系列活动，推广社区银行品牌，提升网点产能。

【金融文化】 积极参加总行第八届全行业务技术比赛。2014年10月17日、18日两天，来自分行全辖40家单位的220多名技术精英参加浦发银行第八届业务技术比赛，在PC机输入百张小写传票、手持式单指单张人民币反假点钞、合规与运营尽职知识竞赛、公司业务客户经理综合岗位技能和零售银行客户经营综合技能等五个项目比赛中同场竞技。

【社会责任】 一是弘扬志愿者精神。2014年1月10日，全行第八次志愿者日活动以“相知相伴 同心同行”为主题在上海拉开了帷幕，上海分行广大员工纷纷走上街头，以支行为单位开展了形式多样的志愿者活动，弘扬志愿精神，积极践行社会责任，打造优秀企业公民形象。

二是开展公益事业、扶贫助困。分行本着“植根上海发展、服务区域经济”的宗旨，在全面开展与浦东新区新场镇蒋桥村结对帮扶工作的基础上，积极响应上海市委、市政府全面推进新一轮农村综合帮扶工作的号召，重点开展了与金山工业区的帮扶结对工作，为支持上海实体经济建设、助推经济结构转型、践行社会责任承诺、实现城乡共同繁荣履行职责，贡献力量。2014年4月10日，金山区召开的农村综合帮扶工作联席会议。分行的帮扶项目——金山工业区内生物产业园B区5＃标准厂房，是本次帮扶工作中第一个成熟项目，收购方案现已上报市发改委，目前项目已签约租赁给上海泽生科技开放有限公司。

三是推广金融普惠活动。2014年分行以新“三进”活动为着力点，丰富活动内涵，通过精细化管理实现“公益”和“效益”的双丰收。此外，分行还积极参与金融博览会、信用宣传服务月、网络支付宣传月、小微企业金融服务宣传月等形式多样、受众广泛的路演及主题交流活动百余场，普及金融知识，推广金融服务。

【自贸区】 一是全面发展FT业务。浦发银行在首批获准开办FT业务的基础上，上海地区全辖机构和自贸区分行均已实现FT开户，在金融同业内首创并实现了全市覆盖的业务分布模式。截至2014年12月末，累计开立FT账户806个(FTE账户730个、FTN账户74个、FTU账户2个)，开户数列股份制商业银行第一、市场第四。FT存款余额7.46亿元，融资余额20.63亿元，累计完成FT结售汇人民币13.12亿元、FT结算量达到83.85亿元。二是参加全部纬度创新。浦发银行首批参与各项自贸区业务创新，包括双向资金池、境外借款、集中收付、外汇集中运营管理、资本金意愿结汇、小额外币存款利率放开、分账核算单元业务等，叙作的自贸区创新业务纬度非常全面，在市场上形成一定的自贸创新业务口碑。三次入围市金融办组织的上海自贸区金融创新案例(跨境人民币双向资金池、跨境联动“银租保”、服务贸易项下集中收付)，是唯一一家连续三次入围的股份制商业银行。大宗商品现货市场资金托管和清算业务方案入选自贸区管委会的自贸区一周年的企业创新案例，自贸业务得到政府部门和监管机构的好评。

三是快速发展海外业务。借助自贸区离岸银行业务的牌照，聚焦自贸区跨境联动客户，实现自贸海外业务的快速发展。截至2014年末，自贸区分行离岸存款余额突破43亿美元，同比增长439%；结算量突破243亿美元，同比增长135%；贷款余额9.2亿美元，同比增长224%。自贸区分行离岸银行各项业务在区内同业中排名第一。

四是主动对接创新需求。四次升级自贸区金融服务方案，自主创新了大宗商品现货交易平台服务、跨境“银租保”、区内股权投资基金并购贷款等多项金融服务。

【主要指标】

单位：亿元

指标 \ 年份	2010	2011	2012	2013	2014
净利润	33.39	38.91	43.48	43.28	48.52
本外币资产总额	3 179.17	3 758.29	3 851.70	4 415.63	5 898.72
本外币各项存款(不含同业存款)	2 738.46	3 068.55	3 100.28	3 273.67	3 778.65
本外币各项贷款余额	1 385.37	1 485.75	1 670.24	1 806.94	1 949.21
个人消费贷款余额	265.18	266.65	293.88	332.13	348.14
住房按揭贷款余额	263.23	262.07	285.72	318.51	331.35
不良贷款率	0.75%	0.59%	0.50%	0.36%	0.49%

(浦发银行)

11. 中信银行上海分行

2014年，中信银行上海分行积极应对复杂严峻的经营形式，持续推进战略实施、坚持积极进取的发展目标，努力促进全行各项业务稳健发展。截至2014年末，中信银行上海分行在上海地区分支机构达47家。

【重点工作有序推进】 一是夯实负债业务基础。对公方面，重点突破机构存款、结算存款，战略客户存款日均余额比年初增长15.3%。零售方面，通过理财业务拉动、特色客户经营、工资代发、信用卡业务等多项渠道和抓手，有效推动负债业务发展。二是提升贷款业务经营。优化对公贷款结构，提升消费金融综合贡献，重点投放“房逸贷”、车贷、二套房按揭和商用房按揭产品，并坚持客户分层经营策略，业务稳定增长。调整小微信贷结构。打造小企业特色支行，大力营销开发24个新集群，搭建共计12个合作平台搭建，保持全年投放零不良、零逾期，资产质量良好。

【业务创新持续开展】 积极推进各项业务创新和重点突破，主要包括：机构业务中第十人民医院和新华医院“银医通”项目、上海科学技术学院“校园一卡通”项目、首笔“烟草贷”落地；投行业务中完成首单“并购贷款＋行内联合贷款”组合授信模式、完成“境外股东再融资＋境内开发贷”境内外银团贷款模式、完成全系统第一单股交中心挂牌业务。自贸区分账核算业务有效开展，实现办理全行首个跨境人民币双向资金池项目等多项业务创新。零售业务自主研发并成功推出益友卡、借款人意外险、基金定制产品、“赔您签”赴美签证服务、“乐居贷”、“微贷”、“拍卖贷”、纯公积金贷款、POS、网贷等各类符合市场需求的创新产品。

【着力加强风险管控】 一是加强授信风险管控。推进结构调整，加大对现代服务业的支持力度，采取创新的多样化融资方式支持业务开展。二是加强信贷管理。加强风险预警管理。建立重点关注客户风险监控化解工作机制，加强临期管理、逾期监控及催收，持续进行信贷资产质量管理，扎实推进不良“双控”工作。三是推进不良资产处置。建立问题贷款集中清收模式，建立专业清收队伍，由清收专员专职开展风险化解、不良处置等，“一户一策”对问题资产逐户清收。

【提升基础管理工作水平】 一是加强合规审计管理，合规考核形成长效机制，落实监管要求，营造合规氛围；全面开展合规、案防、操作风险、反洗钱培训，组织全行参与上海银行业案件防控新规知识竞赛，参赛率再创新高。二是加强计划财务管理。强化统计基础工作，提升统计分析工作价值，在今年人民银行组织的《银行家调查问卷》评比中，获A类行，继续处同业前列。三是提升营运水平。推动支付清算研究，向人行报送两项课题，均进入人行备选库，其中一篇荣获2014上海支付清算优秀文章二等奖，蝉联“支付清算运营维护先进单位”称号。四是加强安保管理。加强保卫人员队伍建设，加大安全教育和预案演练，顺利完成全年安防配套工程建设，保安队伍被《上海保安》杂志评为11月份“明星队伍”；圆满完成“2014亚信峰会”等重要敏感时期的各项安保工作任务，实现了全年无治安案件、无重大安全责任事故。

【践行社会责任】 严格落实党风廉政建设责任制，深化反腐倡廉教育，积极开展案防主题活动，分步组织开展“员工行为管理年”主题活动。加强企业文化建设和社会责任管理。积极参加上海市第三轮城乡结对帮扶活动，积极组织员工向云南昭通地震灾区捐款24万余元。

【重大活动】 中信银行获上海自贸区分账核算业务经营资格。2014年8月15日，中信银行上海自贸区业务重点推进项目——分账核算业务取得阶段性成果，顺利通过中国人民银行上海总部风险审慎合格评估和系统接入验收。中信银行上海分行可为区内机构与金融同业、境外机构等主体开立FT账户（自由贸易账户），办理各类分账核算创新业务。通过FT账户，客户除可开展创新型贸易融资和信贷业务外，还可办理FT账户人民币资金偿还同名境内人民币贷款、与人民币离岸市场（CNH）价格接轨的人民币汇兑等自贸区特色服务，以有效支持实体经济发展，降低客户投融资成本，推进人民币跨境使用。12月15日，中信银行上海自贸试验区分行正式揭牌开业。

【主要指标】

单位:亿元

指标＼年份	2010	2011	2012	2013	2014
净利润	11.28	15.20	11.64	−20.53	−13.62
本外币资产总额	1 237.37	1 894.41	1 838.81	1 550.61	1 724.12
本外币各项存款余额(不含同业存款)	1 043.97	1 085.56	1 040.38	1 026.26	922.75
本外币各项贷款余额	604.81	644.22	679.10	730.45	739.67
个人消费贷款余额	49.96	58.83	51.90	78.17	108.02
住房按揭贷款余额	43.19	53.68	49.63	63.66	80.45
不良贷款率	0.31%	0.22%	2.95%	6.87%	4.96%

(中信银行)

中信银行上海自贸区分行开业典礼

12. 中国光大银行上海分行

2014年是光大银行上海分行新一届经营班子开局之年,面对经济下行压力,上海分行干部员工认清形势,坚定信心,攻坚克难,自强发展,取得了业务发展企稳、企业文化向好的积极成效。截至2014年末,上海分行资产余额达到1 848亿元,一般存款余额1 168亿元,各项贷款余额598亿元,实现净营业收入32亿元。

【结构调整】 落实总行“存款立行”战略,转变观念,调整结构,稳定基础。公司业务压缩主动负债规模,加强授信引导,优化客户结构,全年搭建集团型现金池11个。贸金业务大力拓展传统国际业务,获上海外汇管理工作A级评定。小微金融业务完成“两个不低于”目标,成功投放浦东新区首笔知识产权质押贷款。零售业务以核心存款和利润增长为重点,狠抓精细管理,年末对私存款、核心存款的日均增量均居系统内首位。金融市场业务积极拓展合作主体和业务范围,严格风控标准与流动性管理,不断提升利润贡献。电子银行业务重点推进百度金融、阿里招财宝合作项目,全年实现网络缴费交易61亿元、电子支付交易207亿元。同时,完成自贸试验区分行挂牌和自贸区分账核算单元业务验收工作,首批取得商业保理存管账户银行资格。

【精细管理】 把加强精细化管理作为工作重点和业务发展保障,提高管理成效。成立业务支持团队,建立部门对口联系机构制度、业务部门对口联系人制度,简化审批流程,提高工作效率。狠抓风险防控,加强风险排查,强化授信引导,完善预警体系建设,提升风险管理能力。强化成本意识和财务资源配置效率,提高综合经营效益。全面推进“员工行为管理年”活动,构建“四位一体”内控监督机制,健全案防长效机制。加强信息科技安全建设,科技管理水平处于系统内领先地位,创新项目“跨境支付”获人民银行总行科技进步奖。开展阳光服务,履行消费者权益保护职责,分行营业部、徐汇支行、外滩支行、淮海支行等四家支行同时入选“中国银行业文明规范服务五星级营业网点”和“2014年度中国银行业文明规范服务千家示范单位”。

【化解授信不良】 钢贸问题是制约上海分行发展的最大障碍。新班子上任即抓住钢贸不良化解这个“牛鼻子”,集中攻坚,多措并举,采取适当的处置措施,灵活运用现金清收、资产重组、诉讼保全、打包转让、以物抵债、核销等手段尽快盘活和处置不良资产,完成年度不良“双控”目标。

【营造发展氛围】 贯彻执行“八项规定”,持续加强作风建设、队伍建设和文化建设。落实行领导分片督导和“首席营销官”制度,跟踪问效。推行“减上增下”策略,各项资源向业务一线倾斜。坚持以人为本理念,开展行领导“员工接待日”和“送温暖”活动。努力打造核心客户经理团队,提升全员素质和管理能力,形成良好的企业文化氛围。

【重大活动】 3月31日,上海分行与百度签署互联网金融战略合作协议,以期合力推进面向互联网用户的“便民惠民金融服务”，打造“网络里的光大银行”。6 月 20 日，上海分行顺利投放“东证—远东教育产业基金”项目，标志着中国光大银行系统内第一笔理财资金投资租赁资产证券化业务成功落地。该笔业务首次将证券化的投资模式扩大到银行信贷资产以外的企业类资产中。6 月 23 日，上海分行成功叙做中国光大银行系统内第一笔中信保项下无追索权出口双保理业务—沪东中华造船(集团)有限公司船舶保理融资业务，突破了原有的固定利率计价模式和中信保项下有追索权保理模式。10 月 22 日，由上海市商委、浦东新区商委主办的“2014 年上海市实事工程—阿拉环保卡”的发放仪式在浦东金杨街道办事处广场举行。中国光大银行上海分行“阿拉环保卡”已成为由上海市商委主导推进的上海市居民垃圾分类载体卡。12 月 31 日，上海分行成功投放浦东新区首笔知识产权质押贷款，并获浦东新区科委特设的“业务贡献奖”。

【主要指标】

单位:亿元

指标 \ 年份	2010	2011	2012	2013	2014
净利润	11.38	18.61	18.28	−8.47	0.27
本外币资产总额	1 282.19	1 468.52	1 650.93	1 697.38	1 847.84
本外币各项存款余额(不含同业存款)	823.07	1 014.45	1 117.5	1 235.56	1 166.79
本外币各项贷款余额	579.8	634.55	660.62	625.98	598.13
个人消费贷款余额	193.28	202.88	190.22	182.72	183.61
住房按揭贷款余额	125.8	118.91	113.56	97.66	92.30
不良贷款率	0.42%	0.34%	1.04%	1.51%	1.84%

(光大银行)

13. 华夏银行上海分行

2014 年，华夏银行上海分行按照“以人为本，推动‘七个转变’”的转型发展战略，紧紧围绕“深化转型、突出效益、优化结构、确保安全”的工作要求，深入推进业务经营模式和管理方式转变，实现了“业务和管理同步推进，效益和质量稳步提升”。截至年末，一般性存款日均 513.15 亿元，储蓄存款日均 43.2 亿元；实现拨备前利润 5.74 亿元，中间业务收入 2.23 亿元；不良贷款余额、逾欠贷款余额控制在总行计划之内，全面完成总行主要指标。

【中小企业服务】 分行坚持中小企业金融服务商的战略定位，在同业中首推“平台金融”业务模式。累计发放贷款 1 万余笔，服务客户超过 3 100 户，涉及教育、化工、服装等多个行业。截至年末，中小型客户贷款总量继续增加，贷款占比达到 62.13%。

【理财业务】 一是发行挂钩沪深 300 衍生产品的结构性理财产品。2014 年华夏银行研发了挂钩沪深 300 指数的障碍期权类慧盈理财产品。该理财产品为保本浮动收益型产品。二是发行增盈保本理财产品。2014 年华夏银行发行了增盈保本型理财产品。全年分行共计销售增盈保本理财产品 9.3 亿元。三是发行挂钩项目“一对一”理财产品。2014 年，华夏银行针对存量及新增贵宾客户发行了多款以专项融资项目为投资标的的理财产品，产品期限 1—2 年，预期收益率普遍超过 6%。四是发行普惠基金宝产品。2014 年，华夏银行开发了通过网银、手机银行购买的普惠基金宝产品，该产品直接挂钩基金公司的货币基金，可在任意时间赎回(含节假日)均能立即到账，为客户提供了一个短期资金配置存放的工具。

【重点项目】 分行紧紧抓住上海经济转型和结构调整的有利契机，找准业务的增长点，积极融入主流。一是积极推进债务融资工具项目营销，对上海张江(集团)有限公司发行 5 亿元短融。二是积极开展城镇化建设贷款业务。支持上海昊大置业发展有限公司海昌苑二期旧城改造项目，授信 2.5 亿元，实现贷款投放 1.22 亿元；支持上海东滩建设集团有限公司崇明陈家镇及东滩地区建设项目，授信 5 亿元，实现贷款投放 5 亿元。三是加强银政合作，积极支持地方经济发展，给予上海浦东土地控制(集团)、上海嘉定新城发展有限公司等 20 家企业公共基础设施建设贷款支持合计 47 亿元。四是积极支持绿色信贷业务，为上海临港供排水发展有限公司提供 1 亿元授信支持，该企业可在临港地区约 300 平方公里范围，为 80 万人口提供自来水供应。

【风险管理】 一是建立健全信用风险管理长效机制，有效提升风险管控能力。完善风险管理体系。在信用风险管理部设立“四中心”，构建一套覆盖大、中、小企业和个人、金融市场的全面、全过程的风险管理体系。建立信用风险管理长效机制。建立了信贷政策管理、信贷资产质量考核、信用风险月度联席会议、授信过程合规管理、低质低效客户退出、支行贷审会等制度,通过加强贷前、贷中、贷后的全过程管理,提升资产质量运行的精细化管理水平。二是积极发挥年度信贷政策引导作用。分行制定了政策指引,引导经营单位在总、分行信贷政策鼓励的行业中优选客户,推动分行信贷业务的健康发展。年末,分行信贷业务行业投向出现了积极的变化,以新技术、新产业、新业态、新模式等为代表的"四新"企业信贷投放明显增长,合计 36 户"四新"企业获得了总额超过 45 亿元的授信支持。

【社会责任】 分行积极加强特殊人群金融服务,加强基础设施建设。根据客观条件,在全辖 16 家网点内设置了无障碍通道。配置便民箱、"敬老爱心专座"、"70 岁(含)以上老年客户服务公约"、"敬老服务信息备忘卡"、助盲卡、轮椅等特殊人群服务设施。分行积极践行社会责任,做好对公众及特殊群体金融知识普及。组织辖内 27 家网点参加了"3·15"国际消费者权益保护周主题活动、"普及金融知识万里行"、上海市同业公会"诚信经营·敬老服务"及金融工委"敬老月"、"反洗钱知识"等专题活动。分行扎实做好四进金融服务工作,将公众金融教育充分融入"进社区、进学校、进市场、进写字楼"即"四进"金融服务工作中,全年共计开展活动 600 余场,服务人群近两万户。积极开展社会捐赠活动,组织全行员工为湖南省长沙市维新学校捐赠了图书,计 477 本。

【新系统】 2014 年,分行建立并完善信息系统的灾备体系,灾备中心于 2014 年 11 月正式投入使用,有效确保分行中心机房在重大灾难场景下的网络连通及关键业务系统的连续性。全年分行对辖内下属 27 家营业网点全覆盖了机房环境监控系统,实现了对网点机房基础设施进行遥测、遥信和遥控与远程监看等功能。

【自贸区】 2014 年,华夏银行上海自贸试验区筹备组陆续完成了分账核算单元系统开发和测试工作;编写完成分账核算业务内控制度和自评估报告;完成了对外高桥支行的扩租、洋山支行选址、以及营业办公场所的装修改造。10 月 8 日,上海自贸试验区分行获准筹建,申请开业。

【主要指标】

单位:亿元

指标 \ 年份	2010	2011	2012	2013	2014
净利润	4.98	6.59	5.22	−13.97	1.2
本外币资产总额	618.74	652.91	648.59	577.82	701.36
本外币各项存款余额(不含同业存款)	504.16	477.08	518.01	505.44	600.3
本外币各项贷款余额	327.2	351.1	317.6	295.8	302.6
个人消费贷款余额	14.8	18.27	20.57	20.25	17.6
住房按揭贷款余额	14.24	17.7	20.01	19.69	17.17
不良贷款率	1.18%	0.15%	0.40%	2.66%	1.60%

(华夏银行)

14. 中国民生银行上海分行

2014 年,中国民生银行上海分行努力探索,积极创新,科学管理,合规经营,在发展中调整结构,探索适合上海分行发展的路子和模式,在转型中求发展,在调整中谋提升,实现了各项业务的稳步推进。

【优化内部管理流程】 一是加强内部管理,提升执行力。通过作风整顿、梳理中后台、强化考勤管理、考核部门服务质量和效率、支行监督等一系列措施,提升了管理部门工作效率,如,管理部门推出了评审三个工作日、放款三个小时、法审一个工作日等工作时限要求。分行班子成员对口支行、走访客户,及时帮助支行解决实际问题。通过强化内部管理,极大提升分行对一线的支持力度,既提振士气,又提升执行力。二是优化流程,促进各项工作质量的提升。将流程优化作为提升效率和控制风险的一项主要措施,作为对各个部门的全年重要任务来抓。在 2014 年 6 月—9 月,上海分行开展的为期 120 天"起航 2014"劳动竞赛中,提出了"流程优化、效率提升、模式创新、锻炼队伍"的目标,期间分行上下累计出台了 59 项业务优化流程方案并全部付诸实施,使各项业务运行更加顺畅。

【加强风险管理】 根据总行统一部署,民生银行上海分行将风险文化教育实践活动列为 2014 年一号工程,上海分行先后组织开展了合规大家讲堂、部门老总谈风险、风险管理征文比赛、"切磋风控技能,彰显风险文化"知识竞赛等活动。通过活动的开展，在全行宣扬风险文化，强化合规运营，打造“人人讲合规，处处讲诚信，提升执行力，长存危机感，全面管风险”的崭新风险文化，达到了全员风险意识有效提升、合规意识有效提升、风险控制技能有效提升、风险控制质量有效提升的“四提升”效果。同时，不断加强人员培训和风险团队建设，逐步完善风险控制的长效机制。

【“两小”战略持续推进】　一是小区金融战略。自 2013 年 7 月正式启动以来，民生银行上海分行紧紧围绕全行统一筹划的“小区金融”战略，按照“标准化、模块化、批量化”的操作流程，聚焦小区客户，立足居民需求，优化作业模式，创新服务渠道，借鉴互联网思维，开发了民生家园一卡通和小区营销管理系统，不但成功打造线上线下 O2O 生活圈，更为小区居民同步提供专业化金融和平台化非金融服务，紧扣“便民、利民、惠民”的服务宗旨，建立长久、稳固的客户关系。截至 2014 年末，民生银行小区金融项目下的有效客户 30.24 万户；金融资产余额 756.23 亿元，较年初新增 696.82 亿元，占整个零售银行金融资产新增的 43%。民生银行上海分行的零售业务在小区金融的驱动下实现金融资产余额约 56 亿元，储蓄余额逾 13 亿元，分别较年初新增 35 亿元及 8.5 亿元。民生银行上海分行已初步形成具有区域特色的“精准营销、批量获客”服务模式。二是小微金融一直是民生银行的战略重点。2013 年下半年民生银行开始了小微金融的第二轮改造，主动调整小微业务结构，启动了备受业内关注的“工程”——小微金融 2.0。“小微金融 2.0”的核心是小微金融流程架构的全面升级，把业务发展的“发动机”从支行上收到分行，分行承担起业务规划、营销策划和集中营销等职能，支行主要从事销售落地和售后服务。2.0 升级版强调银行内部流程再造，进一步通过优化流程，提高业务效率，实现“模块化、标准化、规模化”。从粗放式增长方式向集约化经营转变。2014 年，民生银行上海分行着力于小微金融 2.0 的全面落地，推进流程效率的不断提高，推出一系列专属于小微企业的创新服务。上海分行小微金融服务入驻“张江黄浦园”就是其一，通过专家评审委员会推荐，区政府“放权”给银行，银行为园区里大多数轻资产企业“量身定制”产品配置与服务方案。此外，民生银行上海分行还设立了“小微金融中心”，提供小微金融一站式服务，大大提升审批速度；通过网上银行或者手机银行操作的“网乐贷”，几分钟即可提款使用；手机银行、IPAD 也可以申请贷款等。各种服务和产品创新带来了更好的用户体验，广受小微客户欢迎。

【金融创新】　聚焦区域特征，努力创建上海特色。一是新设特色机构，增强对新兴业务的开发能力。针对上海要素市场发达的特征，2014 年，民生银行上海分行调整优化金融市场部和票据业务部的定位，针对不同的市场研究开发符合客户需求的金融业务与产品，逐步形成上海分行的特色服务。二是积极搭建战略客户、政府、海关、要素市场、电商及互联网金融、合作销售和工商联等 7 大公司业务发展平台。持续推进百家战略客户的合作提升，拓宽渠道、创新模式、提升服务，大力推进公司业务的战略转型、结构调整和创利增长。

2014 年，上海分行上线运营自助设备 727 台，全年实现跨行交易 398.92 万笔，比 2013 年增长 31.74%，增幅在上海同业中排名第二，获得上海银联颁发的上海地区 ATM 最佳贡献奖。

【主要指标】

单位：万元

指　标 ＼ 年　份	2010	2011	2012	2013	2014
净利润	255 883.05	383 903.80	119 536.28	－159 783.04	－155 161.79
本外币资产总额	23 096 417.90	27 992 602.61	37 077 963.97	29 815 040.45	31 192 753.62
本外币各项存款余额(不含同业存款)	17 903 019.98	20 347 831.84	22 284 449.73	21 093 145.52	22 586 848.63
本外币各项贷款余额	11 667 379.74	12 478 911.91	12 328 500.00	13 036 982.08	13 339 003.96
个人消费贷款余额	1 606 956.52	1 327 913.66	1 167 613.10	1 072 131.17	1 101 387.44
住房按揭贷款余额	1 532 447.60	1 265 490.92	1 171 700.00	969 259.77	965 666.20
不良贷款率	0.75%	0.78%	1.08%	1.16%	0.42%

（民生银行）

15. 招商银行上海分行

2014年,招商银行上海分行认真贯彻落实总行和监管部门的各项政策要求,按照总行"一体两翼"战略部署,积极应对经济金融领域的各种形势变化,全行思想统一、步调一致、奋勇争先、攻坚克难,解放思想,加快转型,紧抓"服务升级"与"轻型发展"两个核心,不断促进业务结构的调整,积极寻找业务发展突破口,稳步推进分行轻型发展,赢得持续快速健康发展新成就。2014年,招行上海分行小企业贷款规模余额150亿元,小微贷款余额138.06亿元,贷款结构得到进一步优化。金卡、金葵花卡、钻石卡、私银卡等中高端客户快速增长,零售客群服务能力进一步提升。信贷资产质量平稳,整体资产质量在系统内和上海均处于较好水平。

【培育小企业】 2014年,招行上海分行坚定不移地发展"两小"业务,将考核、业务、产品、人员等资源向"两小"倾斜,努力服务好"两小"企业。该行扎实推进"两小"体制改革,设立专业团队,提高服务专业度;推出了机械贷、影视贷、印刷贷、广告贷等区域性小企业融资产品,结算流量贷、POS贷、挂牌贷、科技微贷通、科技履约贷等5个新产品都全部已上线且受到小企业热捧,与小企业主诚信度挂钩的诚信纳税贷也即将推出。以上新产品模式市场响应良好,共带来新客户近百户。结合重点产品推广,分行策划了"招财猫"、"小企业E家理财"、"票亮金秋——小企业贴现"等专项活动;进一步梳理了"两小"业务流程,认真查找业务风控要点和规律,进一步加强了营销与风险条线的配合和流程嵌入,提高了业务办理、审批效率。分行不断创新合作模式,通过场外市场挂牌推荐打造扶持小企业成长新渠道;协助总行完成上海股交中心E板入会,并成功推荐招行首单挂牌企业登陆股交中心。全年共实现E板挂牌1家、签约1家,Q板签约45家。分行还积极进行营销机制创新,已经连续两年赞助全国创新创业大赛,支持企业创业和创新,并将大赛优秀企业纳入招商银行的"千鹰展翼"创新型成长企业培育计划,在安排大量信贷资源支持的同时,联合PE、券商、股交中心等专业机构,为创新企业提供涵盖股权融资、债权融资、财务顾问和上市辅导等内容在内的一体化综合金融服务。

为加速小微金融业务发展,分行推出"五记重拳"小微业务营销模式,即网点拦截、商圈营销、供应链获客、客户转介、互联网获客。通过95555电话银行和互联网完成空地对接,不断创新丰富产品线,提供全面金融服务。此外,分行还在信贷资源投放方面,继续坚持向"两小"倾斜,优先满足"两小"贷款投放需求,重点开展了小企业增值贷业务和小微"走进社区"活动,社会反响较好。

【自贸金融】 积极推进分行自贸金融业务的发展,在系统建设及测试、业务推动及营销等方面都取得了阶段性的成果。2014年,共开立FT账户322户,其中FTE305户,FTN17户,客户类型主要集中在贸易、零售批发、商业服务、租赁、仓储物流、交通运输等行业。自由贸易账户启动以来,分行通过自由贸易账户对区内客户开展的业务包括存款、贷款、跨境人民币双向资金池、跨境人民币集中收付业务。利用自有贸易账户在境内外资金划转、资金成本等方面的优势,大力推进FT账户营销开立工作。利用自贸区分行特有的"在岸、离岸、FT"经营牌照,成功叙做招商银行系统内首单10亿人民币创新型跨区域、跨境并购融资项目;联合招银租赁发放1.5亿美元离岸贷款,办理系统内首单创新型回购式保理融资。12月10日上午,分行凭借"莱士中国创新型跨境并购融资项目"的创新性及高应用价值,成功入围由市金融办和自贸区管委会共同评选的"自贸区第三批金融创新案例",充分展示了招商银行境内外一体化的全流程跨境金融服务能力。

【严控风险】 客户与市场的选择是风险管理的前沿防线,而风险管理能力是银行经营能力的关键。2014年,分行继续从日常管理工作入手,狠下苦功,扎实做好各项信用风险的基础管理工作,提升全流程风险管理的水平。在经济增速放缓、全行面临转型发展的形势下,分行在现有基础上进一步主动研究市场,加强信贷资源投放方向和策略指引,提高区域信贷政策的适应性和指导性,立足控制基本风险,促进业务健康发展。

此外,为解决客户排队难问题,招商银行上海分行从提高内部工作效率入手,强化业务流程的优化。一是顺利完成柜面人员统一管理和整合工作。二是组织推动对公外汇柜面集中项目的集中运营上线,完成质押票据保管、对公结构性存款等业务的集中处理。三是推出了"开户E路通"平台,大幅缩短了柜面开户操作时间。四是为进一步冲破流程中的阻碍,破解发展瓶颈,按照"守住底线、留出创新发展空间"的要求,在全行开展了"解放思想、优化流程"大讨论活动。进一步精简管理流程和环节。

2014年,分行进一步开展"立足岗位做贡献、建功立业促发展"为主题的全员劳动竞赛活动,通过在全行大力开展"一帮一、一对红"活动,鼓励师徒比翼双飞,加速对青年员工的培养,全面提升员工业务技能和综合素质,全面提升工作服务效率,凭借创新、专业、卓越的产品和服务,得到了社会各界的一致好评,多次荣获"上海金融服务创新创优先进集体"、"上海市金融系统五星级优质服务网点"、"上海市金融系统五星级优质服务明星"等荣誉称号。

(招商银行)

16. 兴业银行上海分行

2014年,兴业银行上海分行努力克服宏观经济和市场波动等不利因素的影响,主动适应形势变化,及时调整经营策略,稳固推进转型升级,各项业务健康、平稳发展,经营情况基本达到计划目标。截至2014年末,分行总资产达3 357亿元,增幅15.8%;分行本外币各项存款余额为1 724亿元,增幅0.1%;分行本外币各项贷款(含贴现)余额949亿元,增幅3.5%。全年累计实现账面利润41.25亿元。后三类不良贷款5.95亿元,不良率0.63%,实现双降。

【工作重点及业务创新】 (1)通过深化企金专业化改革,负债业务、资产业务及客户建设呈现多个亮点。一是积极参与市财政招标,累计中标财政存款25亿元。二是获得上海市养老金收缴及代发资格。三是实现对复旦大学线上线下收缴业务全覆盖。四是拓展非公医疗领域取得突破。五是沪港联动在业务中创系统内保持领先,黄金租借业务取得较好综合效益。六是蝉联"上海市中小企业融资服务杰出合作伙伴"称号,小企业业务荣获多个奖项。七是投资银行业务规模大幅增长,债务融资工具量质齐升。八是现金管理业务结构性存款取得跃进式发展,并成功成为上海邮币卡交易中心项目主要资金存管清算行。九是专业组织体系不断完善,新成立环境金融中心、汽车金融业务中心。

(2)推动零售业务转型发展,取得良好成绩。一是通过加强理财产品创新,推动实现活期存款沉淀目标。二是财务业务加快转型,代理基金业务实现突破。三是实物贵金属业务全面启动,实现较高销售额。四是把握政策机遇,抢先占领零售住房按揭贷款市场。五是年内20家社区支行顺利开业,经营业绩系统内排名居首。

(3)金融市场业务及时调整业务模式,坚持以创新谋发展,取得突出成绩。一是同业负债维持高位,低成本结算性负债利润贡献大,期货类负债成为新增长点。二是同业资产业务克服政策变化,把握市场机遇,抓标准化、创新类资产落地,取得较高收益。三是托管规模和收入再创历史新高,为大资管时代下各类型客户的资产交流建立了良好平台。

(4)经营管理水平大幅提高。一是不断完善风险管理体系,提高风险管理的专业性、管控有效性和市场敏感性,加强制度建设,狠抓制度落实,提升风险管控能力。二是持续深化合规建设,完善分行内控委员会月度会议机制,提出整改办法,跟踪落实进度。三是加强信贷员准入管理,实施分层管理制度,送审质量和效率大幅度提高。四是消除治安隐患,确保一方平安,安全保卫工作获得市级、区级主管单位表扬。

(5)扎实有序推进群众路线教育活动,持续推进企业文化建设。一是以召开学习讨论会、批评与自我批评碰头会、举行员工座谈会、组织参观党的一大会址、探访社区困难群众、观看主旋律影片等形式积极推进群众路线教育活动,取得了良好的实效。二是拍摄了先进人物宣传片,持续弘扬兴业文化、提倡创先争优的良好风气,分行树立标杆、表彰先进。三是编印企业文化建设系列丛书《兴业人——员工摄影作品选》,全面展现了丰富多彩的员工业余生活和蓬勃的精神面貌。

【金融服务】 2014年,上海分行将信贷资源重点向小企业、绿色金融等实体经济板块倾斜,有力地支持了当地实体经济的发展。一是小企业方面结合上海科创中心建设,加大对科技型企业的支持,业务模式不断丰富。与上海市科创中心、保险公司、担保公司合作开展"科技型小企业履约贷",与浦东融资担保公司合作,对注册浦东科技型企业提供授信支持,与漕河泾开发区合作,推进漕河泾园区松江新兴产业园小企业工业厂房按揭贷款集群项目落地,与张江股权托管交易中心合作,助力挂牌及准挂牌企业发展,与各区金融办、重点园区及私募、券商合作,批量支持新三板客户。推进集群式平台,加大标准化创新产品落地。通过指定标准化的集群营销方案，配套产品支持，加快与政府部门、担保公司、园区、商会、搭建平台，年内科技型小企业履约贷、外贸通、租金贷、补贴贷等创新产品顺利落地，并与1号店合作推出“小微电商贷”在线金融服务产品体系。启动小企业专业化运营体制建设。全面构建小微企业专属的组织体系、业务流程、风险技术、产品序列、激励约束机制和资源配置体系，落实小企业专业中台建设和专营团队建设，年内新组建18个小企业专营团队，规模和战斗力进一步提升。健全风险管理机制，强化小企业贷款质量日常监测和报告的工作机制，建立辖内结算预警制度，加强分层管理，小企业业务资产质量得到保证。二是绿色金融方面建立了分行环境金融专业组织序列。成立了分行环境金融中心，年内组建了5支绿色金融业务团队，能为绿色金融业务提供更加专业、便捷的金融服务支持。并在多个领域运用多种投融资工具，满足企业融资需求。在水资源利用和保护领域，支持上海市自来水市北有限公司、上海南排污水有限公司、上海环境实业有限公司等企业融资，用于上海市水资源管理、自来水生产和供应、污水处理再生利用等方面。在清洁能源、新能源领域，帮助上海东海风力发电有限公司、嘉峪关太科光伏电力有限公司落地分别落地海上风电和光伏电站项目。在节能减排领域，分行创设的燃煤锅炉清洁能源替代项目补贴贷款业务已由松江区扩展到了上海市所有郊区，不仅与各郊区发改委全面对接，还得到了上海市燃煤(重油)锅炉清洁能源替代推进办、上海市能效中心的联合推荐，在帮助治理空气污染方面卓有成效。在碳排放权交易方面，联合上海环境能源交易所共同开展金融和交易服务创新，为企业指定碳资产结构化存款产品碳资产业务融资产品，截至2014年末，已为70余家碳交易专户提供相关金融服务。

【重大活动】 (1)自贸试验区分支机构成立。2014年，兴业银行上海自贸试验区支行、兴业银行上海自贸试验区分行先后成立，分别设立于洋山保税港和外高桥保税区。自此，上海分行在自贸试验区内已顺利实现第一阶段的分支行机构布局，标志着上海分行在上海自贸试验区的业务将全面踏入正轨。其中，上海自贸试验区分行为二级分行，由兴业银行上海分行管辖，分行充分利用区内优惠政策，进一步施展业内领先优势，力主将自贸试验区分行打造成长远发展的桥头堡。

(2)首批社区支行开业。2014年6月20日，兴业银行上海分行上南路、仙霞路、长江西路、灵山路、陆家浜路等首批5家社区银行开业，截至2014年末，兴业银行上海分行共有20家社区支行陆续开业。社区银行根据居民的工作、生活作息情况，从周一至周日，提供每周七天，每天营业时间自上午10点到晚上6点半的错时、延时银行服务。社区银行可提供借记卡、信用卡、个人贷款、理财、支付结算、代理缴费、电子银行等适合在社区银行办理的各项零售非现金业务，也可为小微企业主办理部分业务，大大方便了周边居民和商户。

【主要指标】

单位:亿元

指标 \ 年份	2009	2010	2011	2012	2013	2014
净利润	22.02	29.42	35.37	41.06	46.83	41.25
本外币资产总额	1 970.18	2 474.72	2 003.31	2 424.00	2 899.38	3 356.85
本外币各项存款余额(不含同业存款)	864.68	954.59	1 089.79	1 434.17	1 721.55	1 723.89
本外币各项贷款余额	549.78	629.48	711.20	894.20	916.41	948.58
个人消费贷款余额	196.96	200.76	201.32	180.58	197.81	226.04
住房按揭贷款余额	195.61	198.59	191.64	171.75	163.40	197.00
不良贷款率(%)	1.29%	0.97%	0.76%	0.77%	0.65%	0.63%

(兴业银行)

兴业银行上海自贸试验区支行开业庆典

17. 广发银行上海分行

2014年，广发银行上海分行服从总行“创新转型”发展战略，坚定不移地贯彻加快变革转型的既定方针，一方面加强内部管理，深化多项改革，通过资源倾斜和绩效改革全面激发全行员工的工作活力；另一方面，通过流程再造有效实现风险管控，主动拓展营销提升综合经营效益，各项工作取得了一定的成绩。截至2014年底，分行本外币资产总额为961.96亿元，本外币各项存款余额575.86亿元，本外币各项贷款余额222.08亿元。

【深化改革】 全面优化和提升人力资源管理。组织实施了支行管理职位公开竞聘，全面完成了分行管理部门职位设置及公开竞聘；结合分行经营管理实际，在总行薪酬体系内实施分行薪酬制度改革，优化了分行的薪酬体系，绩效激励效用更为明显；推行资源配置机制改革，突出“效益导向”与“效率优先”的配置原则，统筹平衡各条线创利与费用。

【转型发展】 大力实施“两卡一中心”战略（“生意人卡”、信用卡、小企业金融中心），为小微企业客户做足实事。在服务渠道创新方面加大工作力度，相关产品基本覆盖了绝大多数小微企业的融资需求，循环额度、随借随还、按日计息的功能最大程度地为客户提供灵活便捷的融资方式，整合小微企业融资服务、个人及公司资产管理服务、支付结算服务以及其他增值服务四个服务板块的设计，迎合了不同小微企业客户的多元化需求。

【业务创新】 企业网银全自动结汇有效提高客户资金流转速度。作为首家对接货物贸易外汇监测系统联机服务的银行，通过企业网银全自动办理货物贸易项下（转口贸易除外）的网上结汇及同名外汇转账，全流程时间从原来的40分钟缩短为不到1分钟。结合“瞬时通”服务，实现企业外汇资金从入账、通知到结汇一条龙全自动处理，客户资金使用效率大大提高，同时便利企业根据需要选择合适的时间获得心仪牌价，并以该牌价实时获得结汇结果。

【私人银行业务】 私人银行业务熠熠生辉。通过持续开展40余场丰富多彩的市场活动，给客户带来深度高端服务。在由上海市青年联合会和上海《理财周刊》组织的“第十一届上海十佳理财之星”评选活动中，广发银行国金之星理财团队荣获“第十一届上海十佳理财之星团队”奖。

【风险管控】 加强清收，做好风险管控。加强不良资产的清收管控，建立责任制管理，加强全流程风险管理，加强风险防控，建立长效机制。开展“广发合规日”、“纪律教育学习月”、“员工行为管理年”等活动，加强常态化管理，促进分行合规经营。

【企业文化】 2014年是广发银行企业文化“笃行”年。上海分行自年初开始开展了以“执行力提升”为主题的合理化建议、读书俱乐部专题、趣味运动会等形式多样、精彩纷呈的活动，营造了分行更加融洽、和谐的企业氛围，增强全行凝聚力。

【规范服务】 通过制度规范、示范引领，加强培育，不断提升窗口文明规范服务水平并取得良好成效。金山支行获中共上海市金融工作委员会、上海市金融服务办公室颁发的上海金融窗口五星级“优质服务网点”；虹桥支行、长宁支行、普陀支行、闵行支行被上海市银行同业公会表彰为首批“上海银行业敬老服务示范网点”。

【主要指标】

单位:亿元

指　标 \ 年　份	2010	2011	2012	2013	2014
净利润	6.53	9.62	6.72	－11.38	－2.34
本外币资产总额	640.20	677.47	736.60	729.91	961.96
本外币各项存款余额	486.82	585.56	623.93	521.95	575.86
本外币各项贷款余额	308.06	335.02	331.06	251.06	222.08
个人消费贷款余额	—	—	11.33	12.78	45.71
住房按揭贷款余额	74.49	74.54	55.38	49.97	44.21
不良贷款率	0.27	0.26	1.12	2.58	2.74

（沪广发）

18. 平安银行上海分行

2014年，平安银行上海分行坚决贯彻落实总行的各项战略部署，以规模和利润为核心经营目标，坚持“变革、创新、发展”策略方针，充分利用集团综合金融竞争优势，全力推进业务结构转型发展，积极抢占市场份额，进一步培育和壮大战略客户群，分行各项存款余额增长屡创新高，主要经营指标排名位居系统前列,在上海地区对标行中始终名列前茅,市场竞争力、影响力持续提升,实现了规模、效益和质量三个维度的协调发展。全年,上海分行在业务经营、合规管理、风险控制、队伍建设、企业文化建设等方面均取得了优异的成绩,初步实现了2013年分行确立的建设"上海地区发展速度最快、品牌最好和员工最满意的分行"的目标。2014年,分行拥有49家分支机构,自助设备遍布商业区域和较为繁华的周边区域,已初步建立起"立足上海、辐射周边"的金融服务网络。

【经营亮点】 截至2014年末,分行非零KPI得分达100.4分,相较去年底,实现"翻番",各项经营业绩达成情况优异,存款规模在高位保持稳定,分行资产总额不仅首次跨越2 000亿元大关,还一举跃升至2 240亿元的历史新台阶,较年初增长了近300亿元,其他多项核心业务指标也发展势头良好,全行经营始终保持稳健、快速增长态势,发展活力显著增强。

2014年,分行实现了较好的经营效益。一方面,积极拓宽传统业务中收渠道,一系列重点、创新类项目纷纷落地,带动高收益存款及中收业务快速提升,传统业务"创新驱动"的发展模式初步确立;另一方面,大力开拓非传统业务市场,同业、票据、投行、托管等条线不断拓宽业务合作渠道,有效规避市场风险,为创利做出了较大贡献。在分行整体经营业绩提升的同时,员工工资、费用较去年同期有了较大的增长。

【零售业务】 2014年是上海分行零售业务转型、突破、发展的攻坚之年,也是全行零售条线大事业部制改造"夯实基础"的一年,着力打造全新的经营模式,主抓基础零售,理清职能架构,充实零售队伍,利用集团综合金融竞争优势,落实和推动"1+2+4"客户迁徙战略,全面启动社区金融布局,持续夯实基础客户群,零售的各项业务开展更具专业化、规范化、高效化特点,一线队伍战斗力、人均产能快速提升,存款、创利能力得到进一步增强。

【中小企业服务】 2014年以来,分行进一步明确小微战略业务发展方向,贯彻落实做大做强小微客户基础的方针,以"贷贷平安商务卡"为抓手,联合有形商圈、三方平台及供应链三管齐下,坚定专业化、集约化的发展道路,提升小微业务与零售、私人理财业务的交叉营销。同时,创建小企业信用贷款管理新模型,坚持直营行业开发、支行单体获客,"两条腿"齐头并进形成合力效应,全面搭建小企业批量获客平台,小企业业务授信风险得到管控,分行新的利润增长点逐渐形成。

【客户服务】 2014年,分行借助总行"客户之声"项目试点落地的契机,以客户为导向,从客户体验出发,大刀阔斧实施网点软硬件标准化改造,并采取精细化管理模式,通过多种管理工具,借鉴同业优秀经验,多渠道监测网点服务水平,协助网点全方位改善服务水平,稳步提升了外部客户满意度,为在全行进行推广复制提供了有益的范本。

【企业文化】 2014年,分行积极开展"高处是悬崖"危机检视活动,以及增强"五个意识"学习教育活动,全面梳理和检视中后台部门的工作作风,初步营造了"后台服务中台、中台服务一线、一线服务客户"的良好工作氛围,助力业务全面快速发展。与此同时,积极贯彻总行"以人为本"理念,加大员工关爱力度,员工精神风貌、工作作风发生显著转变,团队凝聚力、战斗力不断增强。

【案防合规】 2014年,分行把内控合规工作放在更为突出的位置,引导全行员工强化风险防范意识,牢固树立"安全就是效益"的思想,继续深入开展规章制度学习和警示教育活动,落实案件防范工作责任制,防止重大合规风险和案件发生,确保全年无重大安全责任事故,为业务发展创建良好的环境基础。

【风险管理】 2014年,分行成功分两次剥离、化解了绝大多数钢贸不良贷款,成为上海有钢贸不良贷款的银行中唯一一家将其剥离的分行,同时,分行加大了对存量不良资产的清收和管控力度,存量资产的风险暴露也已见底。全行资产风险得到了有效管控。

【机构建设】 2014年分行机构建设工作有序推进,全年先后新设金沙江支行、七宝支行和长风支行,全年完成四川北路、宝山、常德路、南京西路等4家支行的搬迁工作。

【舆情管理】 分行坚持"以客户为中心",推进优质服务,狠抓客户投诉管理,全力做好金融消费者保护工作,与监管、媒体、同业保持密切沟通,主动引导社会舆论,有效化解各类投诉,控制负面舆情的发生,重大舆情风险事故为零,为业务发展营造了有利的舆论环境,巩固了银行正面品牌形象。

【主要指标】

单位:万元

指标＼年份	2010	2011	2012	2013	2014
净利润	191 434.42	188 323.29	198 829.82	159 675.50	124 449.71
本外币资产总额	13 798 117.72	15 932 792.17	17 482 214.69	19 410 718.84	23 727 194.58
本外币各项存款余额(不含同业存款)	10 716 192.18	10 460 077.94	10 987 852.60	12 304 841.52	13 877 951.32
本外币各项贷款余额	8 471 840.60	8 959 138.37	9 080 295.32	10 654 492.39	13 029 273.20
个人消费贷款余额	2 947 170.95	2 964 515.34	3 552 478.26	6 130 154.62	7 136 803.82
住房按揭贷款余额	1 283 367.00	1 187 140.80	1 037 380.51	865 813.71	744 733.47
不良贷款率	0.33%	0.38%	0.91%	0.63%	0.61%

(平安银行)

浦东陆家嘴环路的平安银行上海分行

19. 浙商银行上海分行

2014年,浙商银行上海分行以总行发展战略和文化理念为经营指导,以"资产+存款+盈利"为经营模式,以提高分行的整体作战能力和经营单位的整体经营能力为经营手段,坚持公司银行业务为主体和小企业业务为特色的营销传统,提高分行在系统内外资产、资金的交易和投行能力,取得良好经营业绩。2014年末总资产达到500.82亿元,当年增幅54.76%,各项存款余额226.90亿元,当年增幅19.40%。

【特色业务】 2014年,浙商银行上海分行完成国际结算量127 189万美元,当年增幅64.67%。理财销售166.74亿元,当年增幅1 185.58%。非金融企业债务融资工具承销注册35亿元,发行27亿元,发行实现零的突破。全年完成国标小企业贷款"两个不低于"目标。

【内控合规】 浙商银行上海分行通过签订案防责任书、案防自评估、促监管政策进基层行、按季召开内控合规经理例会、跟踪内控工作计划和重点工作进展情况等工作,推动内控合规管理水平不断提升。其中,内控案防工作全年四个季度均被总行评价为"正常",上海银监局对浙商银行上海分行2014年度内控案防工作的考核结果为"满意"。

【队伍建设】 通过"双百人才建设"、招聘广告、猎头公司合作、员工内部举荐、人才引进专项考核等方式，使分行人员结构得到优化，员工队伍保持稳定。全年共面试各类人才83次，新引进营销团队4个，营销人员26名。

【业务创新】 2014年3月18日，浙商银行上海分行成功完成首笔国内信用证开立、议付、福费廷转卖业务。5月12日，浙商银行上海分行首笔主承销非金融企业债务融资工具成功发行，为客户注册非公开定向工具金额20亿元，首期发行5亿元。6月26日，浙商银行上海分行办理全行首笔理财产品质押业务，以高科技企业在分行理财产品作质押，配比一定保证金，为其开具银行承兑汇票，金额2亿元。该业务在满足客户收益与支付结算需求的同时，亦使银行获得了保证金存款和结算性资金往来沉淀存款，实现了银企双赢。6月27日，浙商银行上海分行办理首笔票据池项下人民币NRA账户福费廷业务。该笔业务融合了进口商票据池质押开立进口信用证、出口商议付、人民币NRA账户福费廷融资以及向境外银行即时转让福费廷资产等多个产品组合，帮助境内外企业实现了高效便捷的全供应链融资和结算服务。8月8日，浙商银行上海分行成功办理系统内首笔理财POS机转账业务，可实现他行借记卡跨行资金实时划转入该行商卡用于购买理财产品。该业务的推出大大提高了个人金融服务水平，为零售业务发展壮大打下了良好基础。11月25日，浙商银行上海分行首单中期票据成功发行9亿元、期限5年。

【主要指标】

单位：亿元

指标 \ 年份	2010	2011	2012	2013	2014
净利润	2.32	3.36	4.71	2.18	5.37
本外币资产总额	202.68	284.64	365.43	323.62	500.82
本外币各项存款余额(不含同业存款)	154.49	217.09	214.46	190.03	226.90
本外币各项贷款余额	97.04	116.46	119.90	125.27	128.56
个人消费贷款余额	0.16	0.23	0.15	0.02	0.012
住房按揭贷款余额	0	0	0	0	0.093 5
不良贷款率	0	0	0.13%	1.38%	1.28%

（浙商银行）

20. 渤海银行上海分行

2014年渤海银行上海分行紧紧围绕年初确定的目标任务，把握发展的有利时机，不断推进业务建设和管理创新，进一步提升了经营管理水平，使上海分行整体效益呈现出稳定向上的发展势头，在系统内的综合名次实现大幅跃升。2014年末，分行各项存款余额170.49亿元，各项贷款余额106.82亿元，分别较年初增长16.18亿元和28.05亿元，分别比上年增长10.49%、35.60%。

【存款规模大幅度提升】 2014年末，分行批发存款余额159.3亿元，比年初增加18.5亿元，增幅13.14%；批发存款日均余额183.42亿元，比上年增加62.43亿元，增幅51.60%。批发授信带动存款增长取得明显成效。

【表内外资产业务增长快】 2014年末，分行批发客户表内贷款（含贴现）余额94.31亿元，比年初增加了24.19亿元，增幅34.50%；表外业务余额（不含银证业务）46.7亿元，比年初增加了20.23亿元，增幅76.43%。

【金融市场条线】 2014年，分行金融市场条线加强本地渠道的深度开发及域外拓展，实现了渠道开发的广度和深度，同时还狠抓同业授信额度营销，提前超额完成总行下达的同业授信额度指标，并运用多种营销策略，重点推进行外资金托管业务。

【零售条线】 零售渠道建设围绕“扎根上海，服务上海”的经营理念，深入研究上海基层金融生态，通过对广场舞参与群体的研判和分析，开展了以“阿姨金融”广场舞营销模式为亮点的品牌推广活动，加之“添金宝”优势产品的带动，分行全年有效客户新增突破2.3万户，是建行前四年的总和。

【风险管理】 强化了对资产的管控，严格执行“严谨务实，依法合规；余值最大化，损失最小化；有序化解、合规处置”的资产处理原则，采取调结构、调客户、调方式，减存量的“三调一减”策略加强资产质量的稳定性。除主动退出33家钢贸企业外，还退出了一些有潜在经营风险的中、小、微民营企业。

【内控管理】 以提高合规管理水平和风险防控能力为目标，全面开展内控合规管理体系建设，积极做好案件防范工作，认真开展操作风险检查，同时加强与监管对口部门的沟通协调，保证了分行内控合规各项工作有序开展。

（渤海银行）

21. 北京银行上海分行

2014年是北京银行上海分行成立的第七年，上海分行凝聚共识，狠抓业务发展和转型创新，狠抓风险防控和不良清收，逐步形成了人心、信心、业务同步回升的良好局面。2014年，北京银行上海分行总资产达到918亿元。各项存款457亿元，各项贷款517亿元，实现考核利润8.6亿元，成本收入比28.3%，实现中间业务收入6.5亿元，是上年的2.9倍。不良资产清收取得进展，累计现金清收143笔，共计1.43亿元，一些重大风险隐患化解工作取得阶段性成效。

【业务发展】 分行同业业务克服资产需求减少、利差空间收窄等困难，全力推动银行、非银业务齐头并进，实现考核利润4.15亿元，是分行重要的盈利来源。投行业务全方位、多品种发展，制定长三角地区营销指引，区域外拓展取得明显效果；债券承销工作持续发力，累计发行规模（注册及备案）303亿元；成功落地首笔代销产品2.1亿元，投行类表外融资规模134亿元，实现投行中收1.4亿元，完成总行指标的135%，收入结构更为均衡。国际业务积极推进“特色分行”建设，致力于布局以跨境人民币业务为发展方向的新型外汇业务经营领域，通过推动代付盈、内保外债、转口、转卖业务，带动外汇存款持续增长，外汇公司存款（20.74亿美元）、国际结算量（207亿美元）、中收（1.12亿元）均超额完成总行指标，在上海地区综合排名第九。公司业务着力推进交易银行建设，依靠供应链和现金管理产品落地增加客户依存度，积极推进“千家万户”工程和大宗客户交叉营销，公司有效客户1 046户，较年初增加213户。积极参与市区两级财政存款招标工作，成功中标财政存款10亿元，深化与上海金交所等要素市场、系统性客户的营销与合作。

【战略转型】 零售业务和中小微业务是分行实施战略转型的重点，分行统一思想、加大投入，全力推进转型业务实现突破。零售业务持续攀升，资金量达到95.5亿元，增长31.2亿元。储蓄存款日均达到36.9亿元，增加5.86亿元，增量列外埠分行第一。个贷规模增长明显，余额较年初增21亿，达到94亿。零售中间业务收入1.14亿元，完成全年指标的109%。小微业务加快批量化发展，在总行系统内开展信贷工厂试点的基础上，坚定“街面经济+郊区经济”发展战略，打造重点支行示范区。借助总行信贷系统新增模块流程，分行重点批量渠道增长明显。累计发放文创贷2.39亿元。实现国标口径小微贷款时点余额152.8亿元，较年初增长23.4亿元。

【风险防范】 分行一手抓发展，一手抓风控，不断加快不良清收进度，深入开展风险合规文化教育，持续推动合规理念“入脑入心”。强化不良责任追究，分行对钢贸等不良资产进行问责，其中撤职降职4人，记大过、记过7人，警告及通报批评27人，并处以2月至12个月绩效的经济处罚，罚回559万元。开展风险合规文化教育活动，集中开展为期半年的“全面加强风险管理，持续打造合规文化”主题教育活动，结合不良资产清收处置任务，全员参与，活动包括案例汇编、学习文件制度、开展风险排查等10项重要内容，特别是对不良贷款问题进行深刻反思，并编辑成《反思之路》一书，推进全面风险管理与合规文化的传承、传播和传扬。制定业务拓展和授信指引。紧密围绕区域特色，制定信贷政策指引并适时动态调整。深入研究上海及周边地区区域经济特点，分析行业优劣状况、梳理存量客户整体情况，寻找目标客户。加强贷后排查，力求“快速反应”。对敏感行业、敏感项目和敏感企业，加大现场和非现场检查频率，严格推行“双线贷后”制度，及时发布风险提示书，严控新增不良。强化风险预案、预警和推出机制，严格执行风险预警和退出机制。分行高度重视安全保卫工作，2014年获上海市“治安保卫先进单位”称号，系上海银行业获此殊荣6家单位之一。

【精细管理】 分行优化考核体系，进行存款考核的存量与增量改革，对客户经理定级办法进行修订，推出三位一体、交叉营销、提升素质的新客户经理定级办法和团队考核新模式，这一新举措为业务发展奠定了良好基础。分行稳步推进网点建设布局，顺利完成分行新办公大楼的搬迁入驻，不断完善提升日常管理，分行新营业部和黄浦支行相继开业，社区银行网点建设稳步推进。持续优化系统流程，分行同城支付系统转汇业务顺利上线，提高了跨区域客户资金的清算效率，平稳完成中心机房和核心系统整体搬迁，举办两次会计业务技能竞赛，全面检验网点日常学习和测试成果。分行服务管理水平不断提升，通过完善服务管理、加强基层团队建设、引入第三方检测机构等一系列举措，分行整体服务水平稳步提升，在总行排名获单季第二名的好成绩，分行营业部获评2014年度“中国银行业规范服务千佳示范单位”称号。

【队伍建设】 分行优化人员结构，重视员工培训。引进各类人员97人，其中营销人员61人，校园招聘21人，总人数达到672人，人员结构持续优化。重视干部员工培训，持续推进人才队伍建设工程。联合交大、复旦等大学开展管理人员、业务骨干的分层专题培训，建立覆盖全体干部员工的培训框架体系。分行推进“暖心工程”，持续关爱员工。分行“职工之家”活动中心得到广泛认可，凝聚力、战斗力进一步增强。

【主要指标】

单位:亿元

指标 \ 年份	2010	2011	2012	2013	2014
净利润	3.20	2.10	2.70	1.10	(1.43)
本外币资产总额	362	656	822	1 039	918
本外币各项存款余额(不含同业存款)	273	350	398	506	457
本外币各项贷款余额	264	323	456	478	517
个人消费贷款余额	20	32	41	64	82
住房按揭贷款余额	18	32	40	63	74
不良贷款率	0	0	0	0	0

（北京银行）

北京银行上海分行举行新办公大楼启用仪式

22. 天津银行上海分行

天津银行上海分行于2009年11月15日正式开业，始终坚持合规经营，平稳、健康发展各项业务，稳步提升内部管理水平和经营效益，积极创新业务发展模式，积极服务中小企业，并结合上海市总部经济、外向经济集聚的特点，以防范各类风险为前提，以产品创新和优良服务为目标，盈利水平逐步提高，各项业务经营呈现积极向上态势。截至2014年底，分行各项存款余额230.42亿元，比年初增加56.04亿元；全年人民币日均存款174.45亿元，比上年增加23.75亿元；各项贷款余额138.76亿元，比年初增加31.07亿元；资产规模达492.50亿元，比年初增长81.4亿元；实现账面利润3.32亿元。全年无案件及重大责任事故。

【业务监管】 分行在充分调研和分析基础上，根据自身资产负债结构特点和业务发展实际需要，于2014年1月印发了《2014年信贷业务投向指引》、《2014年公司客户异地授信业务指引》，于2014年7月印发了《2014年下半年授信业务指引》，明确了市场定位、营销重点、营销策略和业务发展思路，为信贷业务稳健发展提供了指导性意见，促进了全行业务结构调整，推动了业务良性发展，提高了竞争力。

为贯彻“细节成就卓越、实干创造辉煌”的企业文化理念，分行组织工会开展了贯穿全年的中后台员工劳动竞赛活动，组织公司、零售、中小各条线相继出台实施了季度劳动竞赛，组织按月召开分行业务分析会，组织各条线业务管理部门、经营单位按周召开业务例会，鼓励全体员工积极拓展各类业务，提高了全员营销积极性。

分行组织公司业务条线先后多次与各类商会、央企、政府驻沪办等举办了业务对接会；组织中小业务条线深入工业园区、科学园区、中小企业业务服务中心，加强了与国有担保公司的合作，设计了小微企业银票贴现、再贴现流程，开拓了小微企业银票贴现、再贴现业务，积极拓展中小企业有效客户，并成功入围了市科委“科技型中小企业履约保证保险贷款”；组织同业条线与上海本地及全国近190多家同业金融机构建立了同业业务合作关系。

【风险管理】 贷前调查方面：分行下发了《关于进一步规范上报授信业务流程的通知》、《授信资料及信贷系统提交的相关事宜》等通知，重新梳理了相关授信业务上报签字流程。授信审查审批方面：完善了授信审查审批工作机制，调整了贷审委成员，实行合规部门对所有授信业务出账进行合规性审核制度，加强了授信业务合规管理。贷后检查方面：强化了贷后实地走访，组织开展了贷后结算检查，通过强化客户结算量及时跟踪授信企业生产经营情况。组织开展了个人消费贷业务自查、异地对公客户授信业务自查、银承贸易背景检查、钢贸企业授信业务贷后专项检查、个人征信查询使用情况检查，及时发现风险隐患，及时开展风险预警。

分行通过严格执行各类监管政策规定、规范各类监管材料报送工作，确保各类业务及市场准入合规；通过开展同业往来账户、"回头看"、问责管理、轮岗强休、授信客户结算量、案件防控等六项合规专项检查，引导各经营单位规范经营管理；下发了《全面问责管理实施细则》，调整了全面问责管理委员会组成人员；通过强化合规检查、内部审计，及时发现各类违规行为与风险隐患，及时发起问责，增强了员工内控合规意识。

分行突出了对操作风险管控，组织运营管理条线加大了检查力度，开展了人民币存款、综合业务系统及指纹认证系统、重要空白凭证、账户、自助设备、监控录像、库房等自查工作；积极配合银行卡联网、人民币收付、反假货币等外部现场检查工作；按月对各营业机构开展二道防线检查；完善了《运营条线各类检查明细表》，组织营业机构积极开展内部自查工作，通过强化柜面业务检查力度，分行强化了柜台操作风险管控。

案件风险防控方面：分行组织层层签署了《2014年度案防工作目标责任书》，明确了年度案防工作重点；修订下发了《案件防控管理暂行办法》，将案防工作职责纳入到各部门、支行及全体员工岗位职责；督促各业务条线严格落实轮岗、强休、对账等案防规定动作。安全保卫方面：分行成立了安全保卫部，建立了各部门、支行兼职保卫主管队伍，按季组织员工开展安保与消防安全知识教育，按季组织各营业网点开展了防抢、反恐应急预案演练，按月对各营业网点开展安全保卫检查，加强了营业网点外来人员进出管理，强化了对营业厅、联动门、监控室、接送款、撤布防、门禁等重要部位和重点环节的安全防范管理。

【企业文化】 分行努力传承"天行健、德为天"的天津银行文化内涵，营造健康向上的文化氛围；按照公开、平等、竞争原则，举办了管理岗位公开竞聘活动，激发出青年员工的工作热情，为各项业务发展注入了生机与活力；通过常态化的业务知识培训，不断提高员工业务技能与专业素质；通过开展各类喜闻乐见的文体活动，组织开展了员工足球队、金融知识进社区等活动，充分展示了青年员工的精神面貌；组织开展了企业文化"大讨论"、"天津银行上海分行梦"主题征文、"六·一"儿童节亲子活动等，增强了员工凝聚力，激发了广大干部员工的工作热情，丰富了员工精神文化生活，营造了和谐融洽的企业文化氛围。

【主要指标】

指标＼年份	2010	2011	2012	2013	2014
净利润(万元)	10 838.49	19 840.55	20 371.94	3 459.76	33 170.64
本外币资产总额(亿元)	89.72	160.76	211.82	411.10	493.39
本外币各项存款余额(不含同业存款)(亿元)	87.51	117.52	130.07	174.38	235.73
本外币各项贷款余额(亿元)	48.46	68.22	93.60	107.69	138.76
个人消费贷款余额(万元)	67 133.24	164 846.58	120 625.98	128 166.70	132 018.59
住房按揭贷款余额(万元)	29 195.07	49 131.34	50 904.32	70 682.29	71 190.48
不良贷款(万元)	—	—	1 354.84	11 044.61	39 900

注：个人消费贷款余额包括一手房、二手房、住房授信、质押。

（天津银行）

天津银行上海中小微金融服务中心正式揭牌

23. 江苏银行上海分行

江苏银行上海分行按照“坚持业务发展与结构优化相结合、坚持业务发展与风险防控相结合、坚持业务发展与基础工作相结合”的方式开展工作，实现了经营管理的企稳回升。截至2014年末，分行资产总额565.37亿元，较年初增加174.5亿元；本外币存款余额208.5亿元，较年初减少12.18亿元，降幅5.52%。其中：人民币存款余额200.27亿元，较年初减少16.76亿元，降幅7.72%；外币存款余额13 281万美元，较年初增加7 248万美元，增幅120.13%。人民币存贷比101.42%，较年初上升18.14个百分点；外币存贷比50.2%，较年初下降91.11个百分点。2014年，分行实现中间业务净收入13 985万元，同比增加1 366万元，增幅10.82%；实现账面拨备前利润41 670万元，同比增加12 366万元，增长42.2%。

【业务创新】 上海分行始终重视业务创新。2014年，分行投放辖内首笔非标直投对接委托贷款，开办首笔电票质押业务，成功办理首笔NRA福费廷创新业务。在国际业务上，全年实现国际结算量60.49亿美元，跨境人民币业务量42.34亿元，在沪上同类银行中位列前列，成为上海市第一批获得国际业务规程审核优化操作试点资格的银行。

【案件防控】 江苏银行上海分行将2014年定为“员工行为管理年”，着力强化员工行为规范和教育。年内组织全体员工签订《江苏银行员工案防承诺书》、《江苏银行上海分行员工是否参与非法集资专项排查承诺单》等各类承诺书，层层落实案防责任；开展全员培训，编制内控案防应知应会手册，组织员工参加案件防控考试，开展案件防控新规知识竞赛活动，不断深化员工行为规范管理，培养员工廉洁从业、诚实守信的职业操守。

【社会责任】 江苏银行上海分行自成立之日起一直坚守银行业金融机构社会责任，2014年内多次组织辖内各网点深入周边社区、深入企业园区，开展以“反假币”、“反洗钱”、“反电讯诈骗”等为主题的宣传活动、公益活动，为公众金融知识普及工作贡献力量。

【主要指标】

单位：亿元

指标 \ 年份	2010	2011	2012	2013	2014
净利润	0.91	1.92	2.95	0.49	−2.02
本外币资产总额	155.12	238.69	400.56	390.87	565.37
本外币各项存款余额（不含同业存款）	125.07	202.94	285.9	220.68	208.50
本外币各项贷款余额	92.87	123.59	166.6	185.90	207.24
个人消费贷款余额	1.96	2.32	4.09	2.93	7.40
住房按揭贷款余额	1.68	2.26	3.8	4.77	8.30
不良贷款率	0%	0.03%	0.1%	0.60%	2.87%

（江苏银行）

24. 南京银行上海分行

2014年，南京银行上海分行沉着应对增长放缓、信用风险和操作风险上升、存款稳定性不强、利差收窄、流动性管理加大等各类问题，抓住了市场变化的契机，各项业务工作有序推进，继续在上海同业对标行中保持领先。截至12月末，上海分行本外币存款总额355.56亿元（对公存款305.33亿元、储蓄存款50.23亿元），存款当年日均数294.19亿元；各项贷款余额137.31亿元，较年初增长18.97亿元；中间业务净收入1.77亿元。存款市场份额从年初的0.42%上升到年末的0.55%，增速排名在沪中资银行首位。

【公司业务】 建立客户分层营销管理机制、重点项目会商机制，不断完善集团授信分层次管理模式和集团授信操作细则，根据贸易融资、票据业务的发展实际制订或调整实施细则，提高对政策、对信息的研究和转化为生产力的速度。

【个人业务】 一是通过组织推动各类营销活动，抓实渠道和产品建设，不断扩大客户规模。二是坚持“以市场为导向、以客户为中心”理念，全面加强客户营销与维护工作。三是加速发展消费贷款，全面推进个人贷款业务，做好个人贷款营销和规范指引。四是深入运用互联网营销方式，建立官方微信、鑫连鑫、虚拟银行与社区营销相结合的营销模式。

【投行、同业业务】 一是重点推出银租通、定增宝等创新产品，及时调整结构化融资营销方向，同时努力探索从传统债务融资向股权融资转型。二是加强与中国建材国际、云峰集团、山西陆合等大型企业在债务融资工具方面的深度合作。三是努力加强高收益非标资产配置，实现同业资产从低收益票据资产向高收益非标资产转型。

【贸易金融与现金管理】 深入实施贸易金融本币外币一体化、在岸离岸联动的定位，立足业务创新，依托渠道建设，促进结构调整和业务转型。一是推出银租通系列产品，深入与租赁公司业务合作。二是把握市场机遇，趁势推进代客衍生类组合产品。三是把握自贸创新机会，实现分行自贸区业务落地。

【小企业业务】 继续围绕科技金融与民生金融两大重点，创新产品、深耕市场。推出微贷通产品，由上海市科委牵头组织的，在履约贷产品体系内衍生出来的针对更小规模科技型企业的创新产品。随着新三板建设的不断加快，积极与新三板券商进行对接，促成业务合作，共享客户资源，利用各自的专业优势为科技型小微企业提供全方位的金融服务。

【风险防控】 一是通过加大诉讼核销力度、加快清收处置速度、加速退出问题行业和企业的"三管齐下"措施。二是针对信用风险在产业链和地域上的高传染特性，持续加强全面风险监测、压力测试和专项信贷检查，严格资产质量动态管理。三是有序推动授信结构优化调整。严格控制重点风险领域和六大产能过剩行业的授信业务审批。确保开业以来的重大违规及案件风险"零发生"纪录，并荣获"上海市安全保卫先进单位"称号。

【合规文化】 一是加强问题授信企业的监测、排查、处置和清收考核工作，积极缓释和化解风险事项。二是加强全面风险监测、压力测试和专项信贷检查，强化资产质量管理，建立资产质量管控长效机制。三是加强对授信全流程监管，确保各项管理制度执行到位。加强贷后管理。四是加强基础信贷管理，搞好队伍建设，提高业务运行效率，夯实业务发展基础。强化制度建设。

【重大活动】 为配合总行上海自贸区分账核算单元建设以及自贸区创新业务建设，上海分行于10月27日召开自贸区建设工作启动会，分行自贸区分账核算体系建设工作组正式成立，分行行长室成员、全体中后台部门负责人及各部门联系人参加了会议。

分账核算单元建设工作是分行主动适应日益变化的外部环境谋求发展的重要举措，通过分账核算单元建设以及自贸区创新业务推进，促进分行培养高素质的专业人才，致力打造好全行自贸业务平台。

【主要指标】

单位：亿元

指标 \ 年份	2010	2011	2012	2013	2014
净利润	1.98	2.82	1.08	1.57	0.86
本外币资产总额	204.16	264.72	336.65	413.86	382.25
本外币各项存款余额（不含同业存款）	144.71	170.29	204.12	243.43	354.32
本外币各项贷款余额	89.81	108.29	117.39	118.42	137.40
个人消费贷款余额	2.48	0.86	0.44	1.49	5.16
住房按揭贷款余额	8.62	8.20	7.30	8.23	8.65
不良贷款率	0.39%	0.15%	0.75%	1.45%	1.90%

（南京银行）

南京银行上海分行六周年生日庆典

25. 宁波银行上海分行

宁波银行上海分行成立于2007年5月，不仅是宁波银行开设的首家异地分行，也是上海地区首家城商行异地分行。开业以来，上海分行秉承"以客户为中心，以市场为导向”的经营理念，不断融入区域经济。截至2014年底，上海分行拥有分行营业部、徐汇、松江、闵行、静安、浦东、嘉定、长宁、普陀、黄浦、张江、卢湾、杨浦支行等13家营业机构，服务半径覆盖上海重点经济区域。

【中小企业服务】 作为一家中小型股份商业银行，宁波银行对自己有着深刻的认识与定位，根据自身特点和市场细分，宁波银行制定了以小企业为目标客户的发展战略，上海分行更是从成立之初就设立了专门的小企业金融服务部门，坚持“以小对小、以细致对细致”的服务理念，旨在与小企业共成长。在支持小企业发展的过程中，宁波银行打造了“金色池塘”金融服务旗舰品牌，该品牌集“小企业专业融资服务”、“小企业主专享金融顾问”和“小企业电子金融体系”为一体，依托充满活动的客户服务团队、标准化的产品和业务流程，为小企业提供专业、高效的金融服务。

“小企业专业融资服务”主要由“十个融”系列产品构成，其中包括信用、抵押、保证、贸易融资以及贷款周转等五类产品；“小企业主专享金融顾问”可为小企业主提供个人贷款、信用卡、现金管理服务等；“小企业电子金融体系”则依托企业网银、企业版移动银行和宁行E家人中小企业金融商务社区三大平台，为企业提供更便捷的电子金融服务。在不断根据市场需要完善产品体系的同时，宁波银行还在不断优化流程、提高放款速度。通过推行“贷款打分卡”制度、为小企业贷款审批开辟绿色通道等措施，切实加快审批，有效缓解小企业客户资金需求急的问题。

【服贸盈】 2014年，宁波银行在支持现代服务业方面推出“服贸盈”产品，为服务贸易型企业提供便捷融资，其概况如下：对于已承保中国出口信用保险的服务贸易商按国际贸易合同规定提供服务后(原则上)，凭提供的贸易合同、商业发票等相关单据给予资金融通，并根据实际资金融通期限，收取利息的业务，宁波银行保留对该笔业务的追索权。服贸盈产品为企业带来了良好的经济效益：提前回笼资金并结汇，规避汇率波动风险，降低客户可能存在的经济效益损失。与普通流贷相比，融资价格更有优势，可以节省企业财务成本，增加企业经济效益。提前回笼资金，可以加快企业资金周转速度，缓解企业经营压力；增加当期现金流，改善财务状况。服贸盈产品在服务渠道和系统方面也具有明显优势：项目的融资与传统的抵质押等担保方式相比，银行融资门槛相对较低；宁波银行网上银行为企业提供在线押汇申请、在线查询、在线还款服务，融资方便快捷。

【薪福宝】 2014年，宁波银行在支持小微企业金融的创新方面推出了“薪福宝”金融服务方案，在支持企业员工薪资管理、增值服务等多方面进行了创新，在原有代发工资业务基础上，梳理优化了产品、流程、服务等。企业代发业务准入流程便捷，网银自助式服务高效快捷；企业员工可按照自身信用情况获得信用授信，同时可享受宁波银行专属理财及各项用卡优惠。“薪福宝”金融服务方案贴心服务小、微企业的发展，提高企业现金管理效率，降低管理成本，并满足企业员工各项金融服务需求，深受客户好评。

【主要指标】

单位：亿元

指标　年份	2010	2011	2012	2013	2014
净利润	1.07	1.76	2.34	2.81	1.82
本外币资产总额	220.36	275.10	324.32	361.15	361.15
本外币各项存款余额(不含同业存款)	164.24	244.03	220.91	241.21	286.39
本外币各项贷款余额	99.76	123.91	142.35	157.07	185.47
个人消费贷款余额	17.46	21.22	24.99	37.30	55.14
住房按揭贷款余额	0.97	1.48	1.77	1.71	1.27
不良贷款率	0.05%	0.05%	0.16%	0.72%	0.7%

(宁波银行)

2014年9月15日宁波银行上海杨浦支行开业

26. 杭州银行上海分行

2014 年,杭州银行上海分行按照“坚持以总行战略为导向,抓住上海作为金融改革排头兵和自由贸易试验区的历史机遇,振奋精神,突出重点,一手抓业务创新,一手抓体制改革,在严控风险的基础上努力扩大有质量的规模,在上海金融改革洪流中立足、发展”的年度总体工作要求,全行上下统一思想,稳步推动各项业务发展,取得了较好的成效。截至 2014 年 12 月末,各项存款余额为 179.26 亿元;各项存款日均余额为 180.04 亿元,比上年增加 4.54 亿元,增幅 2.59%;各项贷款余额为 131.57 亿元,比上年增加 18.69 亿元,增幅 16.56%;全年实际账面利润 1.021 亿元。

【公司金融及国际业务】 形成契合上海本地经济结构的业务结构,以国有企业、政府类单位、中型企业为核心客户群,发掘国企改革、自贸区改革试点过程中的业务机会,通过具有核心竞争力和差异化的服务,实现与核心客户的有效合作。同时,形成高效的本外币一体化的产品推动与创新机制,大力发展具有特色的贸易融资业务。上海分行 2014 年新增政府类客户 18 户,新增投放 12.77 亿元;政府和国企类客户贷款余额为 49.82 亿元。

【科技文创金融业务】 作为未来打造的核心特色业务,将以客户需求为导向、以创新产品为特色、以渠道建设为抓手,提供专业的综合金融服务,坚持“专业、专注、专营、创新”的服务理念,致力于为科技文创型中小企业提供一站式的投融资综合金融解决方案。通过推出“投贷通”、“芝麻贷”、“股交中心挂牌服务”、“新三板”、选择权等新业务,取得了较好的成绩。全年,分行科技金融文创客户数 212 户,新增标志客户完成率达 139%。

【小微金融业务】 按照“小额、分散”的价值理念发展小微金融业务,以“民生消费行业”作为目标客户群,形成现代服务业经营特色。(1)以“抵易贷”为核心产品,推进业务转型。通过社区、物业公司、市场管理方向、房屋中介网站以及存量担保贷款客户等营销新客户,突出效率,发展“抵易贷”业务。(2)积极探索团队入市场、市场建支行的特色发展模式。选择符合条件的市场派驻小微专营团队,以 EPOS、抵易贷等基础产品为切入点,逐步推广其他小微产品,并通过团队进市场方式,加强与市场管理方的合作。

【零售金融业务】 零售业务连续七年荣登异地分行首位,在辖内维持领先水平。零售条线积极打造财富管理经营特色,不断提升业务创新能力,落实客户分层服务,储蓄存款规模和新增量均位于异地分行第一,继续保持“双料冠军”。通过“保八”计划、自助机具轻松缴水电煤新客户营销、睦邻卡活动、新老客户回馈等,不断维护拓展基础客户,积极培育价值客户,差异化服务中高端客户,年末分行 A 类客户达到 1.26 万户。上海分行全年累计销售理财 202 亿,组织销售 1 100 期个人理财产品,签约客户 5 万,理财销售业绩位居异地分行榜首。深化社区营销,将社区营销从负债为主,向负债、资产业务全面发展进行转变。全年金融服务合作社区共计 82 家,开展大型营销活动 120 余场,各类公益性活动 623 场。加强公私联动,深化 1+1+N 模式(1 张易通卡+1 张借记卡+网银+理财+幸福易贷),增强服务客户的粘合度,提升客户贡献度。

【金融市场业务】 金融市场业务条线致力于打造团队诚信、服务专业、经营稳健、业绩优良的资金业务平台,为分行财富管理业务和资产负债定价提供技能支持。2014 年,金融市场部扎扎实实建立一户一策的拜访制度,拜访所有上海当地基金公司、券商、财务公司、期货公司等非银机构,利用创新业务的申报机会,为客户提供专业化、有竞争力的产品和差异化服务。在强调快捷、有竞争力的报价和活跃的做市商地位的前提下,创造了同业中领先的交易业绩,实现了优良的财务业绩。

【风险管理】 根据内外部形势的变化以及监管部门和总行的新要求,上海分行着重从“理顺管理架构、创新风险分类、加快清收转化、加大排查力度、强化问责管理”五方面着手,各条线、各机构之间紧密配合、齐抓共管,切实防范和化解金融风险,有效提高服务质量,确保了在 2014 年实现“零案件”、无违规违纪事件的安全经营目标。

【企业文化】 上海分行重点构建“积极向上、以人为本、和谐团结、风清气廉”的企业文化,始终坚持客户、员工、社会和股东利益协调发展,以“不断扩大社会影响力、不断提升美誉度、不断增强品牌形象”为目标,为客户提供有价值的服务,致力于成为中国价值领先的银行。

【主要指标】

单位:万元

指标＼年份	2010	2011	2012	2013	2014
本外币资产总额	1 493 311.77	2 285 110.95	2 930 385.22	2 546 097	3 158 218.17
本外币各项存款余额(不含同业存款)	1 234 047.80	1 413 807.43	1 668 503.04	1 987 186	1 793 849.23
本外币各项贷款	621 781.96	808 529.82	1 145 722.29	1 082 548	1 265 168.38
个人消费贷款余额	24 176.36	38 362.02	33 997.27	46 205	82 666.79
住房按揭贷款余额	13 201.54	12 185.83	10 988.71	13 860	19 629.99

(陈　晗)

27. 温州银行上海分行

温州银行上海分行作为温州银行首家跨省经营的分行,于 2010 年 5 月 17 日正式对外营业,初步实现了温州银行"立足温州、布局浙江、进军长三角"的战略目标。成立四年多来,始终坚持"融入上海、立足中小、服务温商、贴近市民"的市场定位,坚持依法合规经营,各项业务迅速发展。2014 年,上海分行深刻领会总行"效益优先"转型发展理念,各项经营管理基础进一步夯实,客户结构、人员结构、业务结构不断优化。继宝山、浦东、徐汇、虹苹、嘉定、杨浦等分支机构之后,普陀支行也于年末获准筹建。截至 2014 年末,分行资产总规模达到 164 亿元,各项存款余额 106.05 亿元,各项贷款余额 46.21 亿元,国际结算量达 3.10 亿美元。

【转型发展】 年初,温州银行提出"深化改革创新,提炼品牌特色,以打造核心竞争力为中心实现赶超发展"的任务目标,上海分行及时传达贯彻总行 2014 年度行长工作会议精神,提出"抓住机遇,深化改革、持续推进上海分行转型发展"的任务要求,进一步统一全行干部员工的思想意志,聚集推动分行发展的正能量,坚定发展信心,振奋全行士气。结合自身发展实际,明确 2014 年分行以科学发展观为指导,继续以"稳增长、调结构、控风险、求创新、强队伍、增效益"为目标,坚持规模、质量、效益平衡发展,深入推进上海分行转型升级,全面完成总行下达的各项经营指标和工作任务,实现全年安全运营。并修订完善了绩效考核办法,增强全行员工"以效益为中心"转型发展的紧迫感,以进一步调动员工工作积极性。

【业务创新】 面对较为不利的经营形势,上海分行加大业务创新力度,拓展新的发展渠道。在总行大力支持下,先后推出类信贷业务、理财产品质押贷款等。大力推广电子银行业务,电子渠道分流率在系统内后来居上。在中国银联上海分公司组织的 2014 年度上海市银行卡业务同业评选中,分行荣获年度上海地区银联卡业务最佳合作奖。

上海自贸区挂牌成立后,上海分行密切关注本地市场,跟进新政推广,积极为自贸区客户提供便捷金融服务。经外汇管理局资本处备案审核制定了相关操作细则,简化审核管理。同时在总行的支持下完善系统操作交易,有力地支持了自贸区业务拓展和客户发展。

【队伍建设】 2014 年,上海分行加强队伍建设。一是制订实施《2014 年度上海分行客户经理管理考核细则》。二是建立个金理财经理队伍,营业部及各支行均配备到位。三是积极引进新的业务团队,鼓励应届生从事客户经理工作,为全行营销队伍补充新鲜血液。四是积极组织开展业务培训,提升队伍整体素质。在总行举办的"反洗钱"、"电子银行"等业务知识竞赛中均取得了优异成绩。分行营业部在总行 2014 年度网点转型评选中入选优胜网点。11 月,分行科技人员组队参加了 2014 年"中认"杯信息安全技能竞赛(管理运维赛)决赛,获得三等奖。

按照总行部署和要求,通过认真组织开展群众路线教育实践活动,分行班子进一步改进了工作作风,提升了民主决策的自觉性和团结拼搏的战斗力。并根据征集的群众意见建议,积极组织开展喜闻乐见的集体活动,以正确的舆论导向、榜样的力量、团队活动等形式,弘扬和倡导主流价值观,营造干事创业的企业文化氛围。上海分行四周年行庆期间举办了首届职工趣味运动会,10 月中旬又举办了为期两天的户外拓展培训,进一步打造团队精神。

【风险防控】 上海分行始终把风险防控作为保障全行健康可持续发展的生命线。一是实行签约放款封闭操作,防范信贷操作风险。二是加强贷后管理。对辖内温商客户进行了一次专项现场贷后走访，对5 000万以上贷款敞口的企业进行了贷后走访，对辖内类信贷客户开展专项现场贷后检查。三是积极催收不良资产。四是开展了三次全行性的员工行为排查工作。内容包括职业道德行为、融资行为、参与非法集资、民间借贷风险排查等。五是加强检查辅导和事后监督，严防操作风险。6月，浦东支行成功堵截假银行承兑汇票1张，金额470万元，成功阻截电讯诈骗案件1起，涉及金额118万元，受到了总行的通报表彰；8月，嘉定支行成功识别伪造身份证件办理开户等业务的风险；10月，虹莘支行成功堵截一起利用虚假销户证明文件进行销户并划转资金的案件，保障了客户资金安全。六是根据上海市公安局的要求，成功实现了分行6个支行网点和分行监控中心的110联网报警系统转网至指定公司。组织了每年一度的安全消防培训和演练。七是对分行以及六家支行分别开展了网络系统、电力系统应急演练。对分行支付系统做了主备机切换的应急演练。年末，分行首次获得了上海市公安局“2014年度综合治理先进单位”表彰。

【主要指标】

单位:亿元

指标 \ 年份	2010	2011	2012	2013	2014
净利润	−0.27	−0.06	2.01	8.57	2.01
本外币资产总额	33.33	75.04	—	237.84	163.97
本外币各项存款余额	31.44	52.53	—	102.44	106.05
本外币各项贷款余额	8.43	18.69	—	52.32	46.21
个人消费贷款余额	0	0	—	0	0
住房按揭贷款余额	0	0	—	0	0
不良贷款率	0%	0%	1.09%	0.04%	1.64%

（宋卫平）

28. 浙江泰隆商业银行上海分行

2014年末，浙江泰隆商业银行上海分行开业近五年，各项存款余额116.43亿元，较年初增加18.7亿元，增幅19.14%。各项贷款余额65.17亿元，较年初增加18.17亿元，增幅38.65%，其中抵（质）押贷款只占17.4%，不良资产率仅为0.81%。2014年，浙江泰隆商业银行上海普陀、黄浦、南翔3家支行相继开业，进一步完善了上海分行服务沪上小微企业的网点布局。

【重点服务】 一是针对小微企业贷款需求“短、频、快”的特征，坚持对500万元以下的信贷业务实行“三三制”的服务承诺：老客户三小时办结业务，新客户三天内给予能否办理的答复。二是为解决小企业主的结算时间与银行营业时间无法对接的难题，分行适当地延长了柜面营业时间，从早上八点一刻至晚上五点三刻，以超常的服务时间配合微小企业和个体工商户的营业作息需求。除此之外，每个网点均配备十余个柜面，极大地减少了小企业主的等待时间，提升了服务质量。三是积极推动电子银行业务发展，电子银行渠道已成为全行重要的业务交易渠道。

【审贷模式】 审贷模式方面，分行持续优化信贷业务审批流程，提高信贷服务效率。一是将小微贷款按照额度和风险可控度进行分层分类，分别设计准入条件和办理流程，实现了信贷流程的分类简化和风控分类管理；二是推行授信客户分层管理机制，根据信贷业务风险差异性，引导经办机构配置风控能力相匹配的信贷人员组合进行与之有效对接，建立“门当户对”的信贷业务管理机制。三是在风险可控的情况下下放信贷审批权限，简化贷款办理流程，节约客户的时间与费用，提高信贷服务效率。

【小微企业服务】 开业近五年来，分行坚守小微企业服务定位，坚持“做专、做精、做透”小微企业市场，不断进行业务下沉，在风险可控的原则下大力拓展市场，在发展中不断总结，在总结中不断实践，力求打造特色服务体系，将台州总行的“泰隆模式”成功复制到上海的同时，全心致力于为小微企业提供便捷、高效的金融服务。

2014年分行贯彻总行坚持服务小微企业路线不动摇，目前信贷服务对象中超过90%为小微客户。截至2014年12月末，分行表内小微企业贷款（含个体工商户和小微企业主，下同）余额60.2亿元，其中信用和保证类小微企业贷款余额50.2亿元，占比达83.43%，单户授信500万以下贷款余额57.3亿元。500万以下小额贷款在各项贷款余额中占比87.94%，较2013年增加17.7亿元，同比增长44.62%。截至2014年末，分行小微企业贷款客户10 940户，小微企业户均额度55万元。2014年累计发放小微企业贷款255.3亿元，其中500万以下小额贷款累计发放231.2亿元，占比90.53%。

【风险管理】 目前,泰隆银行上海分行严格按照银监会的新监管标准,建立了全面风险管控体系,设立了"纵向到底、横向到边"的前台、中台、后台三道防线机制。在具体执行上,高度重视三大风险:一是操作风险。以风险经理队伍建为抓手,不断完善操作风险防控体系建设,加强自查、抽查和交叉检查,重点防控操作风险。二是道德风险。道德风险是银行风险的重要源头。在内控管理中,以客户和员工"两个人的管理"为抓手,通过强化泰隆特色的"双十禁令"、"三九条令",严格仿防范道德风险。三是声誉风险。强化舆情管理,加强了非现场检测体系建设,并重新梳理信息报告机制,着力提高风险发现和快速响应能力。

【社区化经营】 社区化经营是分行坚定小微企业市场定位的重要战略举措。全面推进社区化经营着重从政策制定宣讲、主抓考核评估帮扶、加强社区化经营过程管理这三方面开展工作,通过进一步深入城郊、城乡结合部等金融竞争和金融服务还不够充分的区域,为广大边缘市场客户提供金融服务,扩大分行小微客户群体。同时,分行也要求营销队伍加大日常客户走访,积极利用银企恳谈会、商会协会客户推荐、参加地方街道组织的经济工作会议等各种合作模式,"下沉"至目标社区,通过"定人、定时、定点"开发市场,为小微企业提供细致入微的金融服务。2014 年 12 月 18 日,分行荣获上海市同业公会颁发的"2014 年度上海银行业小微企业金融服务突出贡献奖"。

【主要指标】

单位:万元

指标 \ 年份	2010	2011	2012	2013	2014
净利润	248.67	508.89	1 644.15	8 124.10	
本外币资产总额	236 318.59	389 363.80	618 008.06	1 003 387.20	
本外币各项存款余额	225 421.14	375 945.93	592 800.49	977 279.08	1 164 281.48
本外币各项贷款余额	94 291.99	176 422.05	326 241.11	470 028.75	651 680.24
个人消费贷款余额	679.93	1 238.44	2 815.55	6 042.30	10 477.06
住房按揭贷款余额	0.00	0.00	0.00	0.00	0.00
不良贷款率		0.03%	0.09%	0.5%	0.81%

(泰隆银行)

29. 浙江民泰商业银行上海分行

2014 年,浙江民泰商业银行上海分行紧扣"深化转型升级"这一主题,以"稳增长、调结构、增利润"为目标导向,坚守小微市场定位,坚定不移地走专营性、社区化之路,全年各项业务实现了稳健型经营、集约式增长和可持续发展。截至 2014 年末,本外币存款余额 37.33 亿元,本外币存款日均 36.06 亿元;各项贷款余额 28.19 亿元,户均贷款 74 万元;单户授信 500 万元及以下小微企业贷款余额 23.11 亿元,占全部贷款 80.06%。全年共有奉贤支行、闸北支行相继开业,小微金融服务覆盖半径不断扩大。

【小微特色】 在服务模式上,推行了小微金融服务批量化营销模式,按照"规划先行、批量开发、标准操作"的要求,制定下发了市场批量化营销指导意见,引导经营机构批量调查客户需求,批量与客户谈判,批量开展业务合作,摒弃过去单一客户散点式的开发模式,批量为小微企业提供多样化的金融服务。在服务群体上,把机构周边 3 至 5 公里之内的社区、街道、村委、乡镇、商会(协会)、园区作为重点营销区域,同时践行信贷联络员制度,在属地范围内为小微客户服务,掌握和了解其动态,及时跟进营销,同时围绕现有客户上下游对核心客户的供应商与经销商提供融资服务。在服务效率上,下放了小额贷款审批权限,首次允许业务拓展部负责人直接审批贷款,并将 100 万(含)以下小微贷款全部实行表单化、标准化操作,简化了小微贷款审批和发放手续。

【风险管理】 严把贷款准入关,按照"了解你的客户、了解你客户的业务"原则,充分掌握客户投融资状况,经营管理状况和财务状况,加强过度授信识别,防范过度授信风险。对产能过剩的钢贸、光伏等产业限制准入。出台风险经理管理办法,完善三人小组信贷审查机制,实现风险经理和三人小组一票否决制,确保其贷款审查的独立性和权威性。加强了授信业务检辅,不定期的对异地授信、大额贷款、担保圈风险及贷后检查等进行检辅,对于新增不良贷款率达到一定比例或新增不良贷款余额达到一定数量的业务团队负责人或营销人员,动态调整授信审批权限,对于未尽职造成风险或损失的授信相关人员,严格按有关规定给予经济处罚或纪律处分并上报上海银行业不良信息库。开展了员工行为管理年活动，采用员工自查、部门负责人和行领导排查相结合的模式，主要采取员工谈话，征信、涉诉情况调查相结合的排查方式，进一步提高了员工的案防意识。

【服务渠道】 在运营渠道建设上，圆满完成了行内新图形终端、移动终端、民泰银银通、手机银行、微贷卡的上线工作，同时完成上海同城支付结算综合业务(直连)系统和上海市财税库银横向联网电子缴税系统与行内系统的联调测试与上线工作，有效扩宽分行业务渠道，保障业务有序开展。在服务渠道建设上，为加强服务监督与管理，开展了与第三方暗访公司的合作，加强对一线柜面服务与现场服务的监督和检查力度，有效推进了服务规范化管理。

【社会责任】 浙江民泰商业银行上海分行积极响应上海银监局银行业青年“三进”活动安排，连续四年开展“进小微、进社区、进郊区”活动，为广大小微商户、社区居民和郊区农民等送去金融知识和金融服务，共在嘉定、杨浦、闸北、浦东、奉贤等区域举办“三进”活动 80 余场次，发放宣传资料 10 000 余份。连续四届参加“上海中小企业金融洽谈会”，除开展金融知识普及活动外，还选派业务骨干现场答疑解惑，满足小微企业个性化的金融服务需求。另外，分行积极响应银行同业公会敬老服务、残障工作要求，制定敬老服务实施细则，改进敬老服务设施，评选敬老服务标兵，配备医疗便民箱、制作残障人士标识牌、开通爱心窗口、绿色窗口、更换低柜大堂经理桌、增设爱心募捐箱等，全面加强精细化管理，有效提升金融服务水平。

【主要指标】

单位：万元

年份 指标	2011	2012	2013	2014
净利润			1 466.31	3 082.33
本外币资产总额	144 971.95	223 986.76	375 201.81	380 782.61
本外币各项存款余额(不含同业存款)	105 868.74	212 117.20	356 816.31	363 969.06
本外币各项贷款余额	42 420.96	133 901.49	227 713.59	288 656.19
个人消费贷款余额	1 163.96	1 983.37	2 178.48	1 511
住房按揭贷款余额	0.00	0.00	0.00	0.00
不良贷款率	0.00%	0.14%	0.76%	0.97%

(周 颖)

30. 厦门国际银行上海分行

迈入成立后的第十年，厦门国际银行股份有限公司上海分行发挥进位争先的企业文化优势，在上海地区同业机构中不断突破自我，实现快速健康的发展。截至 2014 年末，分行本外币资产总额达 668.59 亿元，其中各项存款余额达 484.04 亿元，各项贷款总额达 184 亿元。

【金融服务】 厦门国际银行作为一家在国内外享有良好声誉、地跨港澳和大陆的中资银行，经过多年的实践探索，以其卓越和专业的金融服务惠及了广大中小企业客户与个人客户。2014 年，厦门国际银行上海分行充分发挥立足上海国际金融中心的优势，以本外币结合、离在岸结合、境内外结合、基础产品与衍生产品结合、商行业务与投行业务结合、公司业务与同业业务结合、公司业务与个人业务结合、公司业务与投资业务结合等“八个结合”作为创新利器，开辟以创新驱动业务增长的发展模式，着力打造“方案专家”的金融品牌形象。厦门国际银行上海分行充分利用集团境内外联动的产品服务优势，努力拓展外资企业、外向型企业及中小成长型企业跨境金融业务，积极介入项目融资、过桥贷款、银团贷款、财务顾问、国际结算等业务，形成鲜明的经营特色与良好的市场口碑。

【风险管控】 在业务快速发展、客户规模不断扩大的同时，厦门国际银行上海分行始终坚持“稳健合规，驾驭风险”的风险理念，不断完善银行制度、加强风险排查，通过不断加强对行业性风险的深入研究和对市场性风险的提前预判，在 2014 年整体经济形势下行的大环境下，依然维持 0.39%的资产不良率，在同业金融机构中处于较低水平，保持了优良的资产质量。

【新系统】 厦门国际银行股份有限公司在引进国际先进系统的基础上开展新一代核心系统建设，并同步建设企业级总账、企业服务总线、数据服务总线、业务流程平台、综合柜面系统等配套系统。2014 年 8 月 8 日，厦门国际银行股份有限公司新一代核心及配套系统正式上线。上海分行以核心及配套系统的切换上线为契机，秉持科技引领业务的理念，继续积极发展和完善信息科技，进一步提升信息科技水平，更好地服务于广大客户。

【企业文化】 厦门国际银行上海分行深谙企业文化建设对分行整体发展的重要性，在2014年着力强化企业文化对执行力和向心力的提升作用，以强化团队组织性、严肃纪律性、提升执行力为目的组织开展了一系列文体活动、团建活动及文化宣传活动，通过"五四"青年节红黄歌队对抗赛、先进员工表彰会、趣味运动会、新老员工足球对抗赛、读书交流等员工喜闻乐见的活动举办，在娱乐中升华团队向心力、在学习中严明团队纪律感、在竞赛中提升团队战斗力，使企业文化真正服务于生产力提高，成为贯穿在企业发展脉络中的一股热流。

与此同时，上海分行认真贯彻落实总行和银监局下达的有关做好员工职业道德教育、操作风险排查等相关要求，在分支机构中开展了一系列内控风险制度的学习考试、员工行为排查和反洗钱知识学习等活动，并与全行员工签署了案件风险防控承诺书，完善离职人员管理办法，做到了"全员覆盖、目标清晰、不走过场"，员工的风险意识、合规意识得到了有效增强。

【社会责任】 2014年，厦门国际银行上海分行在各网点积极开展"3·15"消费者权益日和金融知识普及月的宣传活动，分支行的青年员工通过社区讲堂、微信推送、户外宣传等多种方式，向群众宣传金融消费者权益保护的相关知识，受到了客户与社区群众的好评。上海分行稳步推进"三进"活动，深入居民社区，举办金融知识、反洗钱、反假币、防范金融诈骗、防范打击非法集资等公益讲座共12场，切实提升市民的风险防范意识和防范金融欺诈的能力。2014年上海分行员工积极参与云南鲁甸地震募捐、上级党委系统内帮困捐助及慈善义卖活动，将感恩之心传递四面八方。

【新设机构】 (1) 2014年5月5日，厦门国际银行股份有限公司上海杨浦支行正式开业，这是厦门国际银行股份有限公司改制为中资城商行后在上海地区开设的首家支行，标志着改制后厦门国际银行在上海地区网点布局工作正有序展开。上海杨浦支行地处上海市杨浦区翔殷路1088号凯迪金融大厦一楼，位于五角场商业区南段，延续了厦门国际银行在成熟商业中心选址的一贯原则，并在徐汇、静安、长宁和黄浦这四个原有业务中心的基础上，进一步将服务半径向西北部城区延伸。

(2) 2014年11月18日，厦门国际银行股份有限公司上海闵行支行和上海北外滩支行正式开业，这是厦门国际银行历史上第一次两家同城支行同日开张营业，意味着该行在上海的渠道延伸力度进一步加大的同时，创新能力和服务能力也在不断增强。上海闵行支行和北外滩支行延续了厦门国际银行在成熟商业中心选址的一贯原则，将服务半径进一步扩大。两家支行借助所在区域重要的工业基地、科技创业区、现代居住区、区域性商业物流中心，以打造精品商业银行为目标，为区域金融繁荣做贡献。

【主要指标】

单位：亿元

指标 \ 年份	2010	2011	2012	2013	2014
净利润	1.06	2.29	1.89	2.48	0.24
本外币资产总额	123.44	214.87	441.24	435.67	668.59
本外币各项存款余额(不含同业存款)	87.92	132.23	194.71	264.20	484.04
本外币各项贷款余额	86.69	98.91	113.97	135.68	184.00
个人消费贷款余额	—	—		0.39	0.85
住房按揭贷款余额	3.05	2.30	1.99	1.47	1.23
不良贷款率	1.45%	0.60%	0.38%	0.39%	0.39%

(厦门国际银行)

(三) 营运中心

1. 中国工商银行票据营业部

2014年，中国工商银行票据营业部持续深化利润中心建设，以推进"四位一体"转型发展为主线，以改革创新为动力，圆满完成全年各项工作任务，经营管理工作呈现良好发展态势。全年累计实现票据交易量34 554亿元，较上年翻一番，增幅达118%。实现拨备后利润同比增加4.04亿元，增幅达26.10%，并继续保持建部14年来假票买进率、不良资产率、资金损失率和案件发生率为零的优异业绩。

【转型发展】 采取"三个主动"，精心谋划经营布局。一是主动转变经营理念，加快实现由传统业务发展为主向传统与新兴业务领域发展并举转变；由单一产品发展为主向产品多元化转变；由规模资金驱动型的外延式增长向资本集约型和效率导向型的内涵式增长转变。二是主动调整经营策略，通过积极加大交易获利、盘活低效资产、提升客户贡献度等扩盈增效措施，有效促进了盈利水平的提升。三是主动应对市场变化，定期开展经营督导和工作调研，大力推进年度重点项目的组织实施，从容应对市场变化，赢得经营主动。

【业务拓展】 实施“三种策略”，延伸市场营销触角。一是推动系统外联动合作，从托管服务、交易创新、风险防范等方面深化与同业机构的业务合作关系，有效拓宽业务合作范围。二是推进系统内联动合作，贯彻落实工行“ONE ICBC”协同发展理念，建立与分行票据业务持续发展、合作共赢、封闭运作的新路径。三是推动平台间交流合作，积极发挥秘书长单位作用，推动全国商业银行票据联席会、上海市商业银行票据联席会召开和日常机制的运行，倡导并建立了西北地区票据业务联席会议制度，借力联席会议平台，开展多层次、全方位票据同业沟通交流，不断提升“工银票据”的业界地位和品牌影响力。

【产品创新】 紧抓“三项重点”，增强创新驱动能力。一是票据资产托管业务实现良好起步，全年累计办理存入 1 056 亿元，交易 1 241 亿元，开创了票据业界全流程电子化处理的先河，该项业务荣获“2014 年度上海银行业产品创新奖”。二是工行票据电子化交易平台建设取得实质性进展，于 10 月份正式上线投产。全年通过平台成交报价 265 笔，金额 38 亿元，标志着纸质票据在交易方式和交易环节上的重大突破和创新。三是紧抓产品创新建设与推广工作，积极开展票据资产服务业务与互联网票据投融资业务研究，并通过召开新产品推介会等方式，有力促进了产品创新与推广。

【风险防控】 筑牢“三道防线”，树立风险管控标杆。一是筑牢全面风险管理防线，完善管理制度办法，整理搭建票据风险信息子库，实现对表内资产业务、创新代理业务、表外或有负债的风险管理全覆盖。二是筑牢内控合规防线，坚守风险管理底线、绝不触碰监管红线。坚持内控评价与监督检查、ISO 外部评审相结合，持续推进制度流程改进和优化工作，营造合规经营的良好氛围。三是筑牢廉政案防防线，开展“员工行为管理年”主题活动，做好案件重要风险点防控治理，实施廉政和案防责任制量化考核评价，坚持员工异常行为排查零报告制度，牢固树立全员廉政案防责任意识。

【企业文化】 建设“三种文化”，落实以人为本理念。一是加强人本文化建设，启动实施了“双十人才”、业务骨干培养、员工职级晋升等工作，实现员工与机构价值的同提升、共发展。二是加强品牌文化建设，开展了以部史和票据陈列室为核心的“票据家园”建设，实施 5S 办公标准化管理，在积极展示“工银票据”的专业文化和品牌形象的同时，不断提升机构影响力和品牌美誉度。三是加强家园文化建设，围绕经营重点开展劳动竞赛，组织周年庆系列活动，为经营发展注入新的活力。

【金融创新奖】 2014 年 12 月 17 日，上海市银行同业公会第二十一次会员大会暨年度奖项颁奖仪式在上海国际会议中心举行，中国工商银行票据营业部票据资产托管业务荣获“2014 年度上海银行业产品创新奖”。票据资产托管业务自 2013 年 8 月正式推出以来，得到了票据市场各方参与主体的广泛关注和认可，截至 2014 年末，该部托管业务签约客户数达 86 户，完成托管存入量 1 056 亿元，交易 1 241 亿元。票据资产托管业务的推出，开创了票据业界全流程电子化处理的先河，有效推动了上海全国性票据交易中心和国际金融中心的建设。

（工行票据部）

2. 中国工商银行私人银行部

自 2008 年 3 月成立以来，中国工商银行私人银行业务为个人金融资产在 800 万元人民币以上的高净值个人客户，提供涵盖资产管理、另类投资、全权委托、顾问咨询、财务管理、跨境金融、财富传承和增值服务等八大系列的专属服务，并对个人金融资产 500 万元人民币以上客户提供体验服务。

【创新发展】 私人银行境外业务发展实现实质性突破，2014 年 12 月 4 日，工行私人银行全球理财基金在卢森堡完成注册，成为中国首家利用全球认可基金平台发展私人银行私募基金产品，标志着工行私人银行业务走进全球舞台新的里程碑。2014 年实现 14 个境外机构开办私人银行业务或财富管理业务，覆盖全球 20 个国家和地区，基本形成了覆盖亚洲、欧洲、南北美洲及澳新地区的全球服务网络。同时，互联网金融服务应用进一步升级。在手机银行、网上银行、微信服务等平台推广私人银行基础金融服务的基础上，积极推广工行“融 e 联”平台，依托融e联平台深化互联网金融的改革创新，打造全方位私人银行产品服务渠道，将互联网金融作为未来私人银行业务提速发展的重要“引擎”。

【经营业绩】 2014年，工行私人银行业务主动适应总行“大零售、大资管、大数据与信息化”发展战略，深化私人银行业务“全行办、全球办、专家办”，积极提升重点地区市场竞争力，进一步完善私人银行产品服务，创新开展区域理财业务，优化代理与顾问咨询业务，探索家族财富业务新模式，发展跨境金融服务业务，业务规模快速提升。2014年末，全行私人银行客户达到4.3万户，管理资产达到7 357亿。

2014年工行私人银行部第三度蝉联《亚洲金融》和《财资》“中国最佳私人银行”大奖，荣获“21世纪资产管理‘金贝奖’—2014年最佳中资私人银行”奖(蝉联)和《上海证券报》第六届中国“金理财”奖的“中国最佳私人银行”奖。加大多渠道推广私人银行专业金融服务与品质非金融服务，品牌形象得到进一步提升。

【服务创新】 工行私人银行部充分依托工商银行整体优势，秉承工行稳健、进取的一贯风格，坚持“诚信相守、稳健相传”的经营理念和“想所未想、创所未创”的服务理念，充分整合服务资源，积极创建具有中国特色、工行特征的经营模式和服务体系，实现了快速健康发展。

工行私人银行业务加快发展私人银行产品服务创新，私人银行差异化的产品服务体系持续完善，健全完善“核心＋基础＋策略”的产品体系，实现产品期限由短到长、风险收益由低到高、投资领域由单一到多元的全覆盖完善型理财产品线布局；积极探索发展以两融业务、股票质押式回购、结构化期货为主的标准化代理投资业务，迅速推进专户全权委托业务发展，以“客户再分层服务”的理念，进一步满足极高净值客户的个性化需求，打造差异化的业务特色，提供一对一的专户理财服务。同时，加快研究家族财富管理的模式与运作，探索建立符合工行特色的家族财富管理模式。

目前，工行私人银行产品服务基本覆盖私人银行客户多元化的投资需求，为私人银行客户提供公私一体、投融资一体、境内外一体的整合性、专业性、创新性金融服务。在服务过程中以客户需求为导向，坚持“先了解、后建议，先策略、后投资”的原则，实现从“销售产品”向“提供方案”转变，已成为客户财富管理与投融资一体化的“解决方案提供者”，提供跨机构、跨市场、跨产品的整合性、专业性、创新性金融服务。同时积极拓展健康医疗、税务咨询、艺术品收藏、慈善公益、子女教育等非金融服务领域，为私人银行客户提供更贴合需求的增值服务。

(工行私人银行部)

3. 中国农业银行票据营业部

2014年，中国农业银行票据营业部适应市场环境的快速变化，适时调整经营策略，不断扩大市场影响力，业务经营开创新局面，全年累计完成交易量3 778亿元，创五年来新高，实现净利润10.76亿元。

【业务策略】 有效联动全行信贷投放节奏开展票据买卖断业务，特别是四季度大量增加或压降规模，保障了全行信贷序时计划的完成，买断和卖断业务量分别创五年来和开业来新高；准确把握市场走势及业务节奏，抓住市场利率相对高位时期力促逆回购交易放量，并科学运用交易策略，合理安排资产期限结构，逆回购业务量及收入均创开业来新高。

【客户拓展】 在维护黄金客户的同时挖掘潜力客户的交易需求，拓展新客户47家；适应客户需求、监管新规和盈利模式发展趋势，开展部分放弃追索权买断、电票回购业务。

【创新研究】 研究探索代理类票据业务，完成代理业务产品架构和操作流程的设计；扎实开展焦点问题研究，多个课题成果分别获得中国银行业发展研究优秀成果评选优秀奖、上海市金融学会重点课题优秀奖及上海市金融学会票据专业委员会征文活动二等奖；与《上海金融》杂志合作办好“票据研究”专栏，并在《中国货币市场》等专业杂志刊发研究文章9篇。

【对外交流】 首次在《中国城乡金融报〈客户月刊〉》上对全行票据业务进行集中、全面的专题宣传报道；多层次参与监管及同业交流活动，积极参与“2014沪上金融家”评选活动，票据营业部王红霞总经理获得“沪上金融家”荣誉，展示了良好的社会形象。

【风险管理】 根据市场情况确定与交易策略相匹配的风险政策；加强对三大风险的统计监测，揭示各类风险水平和变化趋势，提高风险控制能力；提升公示催告风险管理能力，增强信息获取的完整性，继续保持不良资产率、资金损失率为零的安全运营记录。

【制度建设】 搭建部内制度发布和阅览平台，方便全体员工及时查阅对照学习；建立规章制度制定修订的常规机制，年内修订多项操作规程；开展以业务、员工行为和安全保卫为重点的全面案件风险排查，进行印章合同和信息安全专项检查，确保关键环节安全运行。

【企业文化】 对开展群众教育实践活动中发现的问题积极进行整改，落实党风廉政建设主体责任；积极开展“三深入 结对子”活动，深入基层开展调查研究和业务培训，听取梳理归纳结对行反映的业务工作难题，帮助解决和积极反映；强化群团工作抓手作用，开展健身、拓展训练、球类比赛等员工活动，关注员工的多元文化需求。

（农行票据部）

4. 上海银行信用卡中心

2014 年，上海银行信用卡中心启动信用卡业务治理体系改革，推进市场化体制及机制建设，业务可持续发展动力进一步得到激发，实现规模增长加速、业务结构优化和盈利能力提升，2012—2014 年发展规划完满收官。截至 2014 年末，全行累计信用卡客户达 241 万户，累计发行信用卡达 336 万张，全年信用卡交易和贷款较上年分别增长 46%和 54%，信用卡业务收入和中间业务收入较上年分别增长 28%和 38%；信用卡分期付款业务持续高速增长，分期业务量、贷款余额及手续费收入同比实现翻番。

【治理改革】 以市场化为核心，强化目标管理、适度放大授权、完善约束与激励机制，为业务发展注入活力。建立健全市场化人力资源管理体系，完成管理人员、薪酬和绩效考核的初始化配置；按照责任约束与利益驱动有机结合的原则，完善考核激励机制；比照营运经济体赋予一定自主管理授权。初步构建财务管理体系，匹配独立核算管理设置财务授权与审批体系，匹配经营目标开展差异化资源配置，强化预算管理、成本管理和定价管理。健全全面风险管理体系，推进新资本协议实施及管理工具建设，实现风险专业化管理、集中管理，强化风险管理责任及考核约束，有效平衡风险与收益。推进大营运平台建设，提升科技开发、电子渠道建设和客户服务配套支撑。

【产品创新】 结合市场热点和目标客户需求，重点开发互联网金融产品和高权益、高交易、高收益产品，上市推出腾讯彩贝卡、全球支付卡、银河证券卡、春秋航空“翼飞”卡、精英贷和乐逸分自动分期卡等 11 款新产品，升级优化淘宝卡、吉祥航空卡和白金卡 3 款产品，荣获中国银联颁发的 2014 年度银联卡产品合作推广优秀奖、VISA 国际组织颁发的 2014 年度互联网创新产品奖；着力打造互联网入口平台，上线推出“上银慧生活”手机信用卡 APP 应用；加快推进 IC 卡迁移进程，存量有效卡中 IC 卡占比较上年末上升 5.3 个百分点。

【渠道建设】 持续推进多元化销售渠道体系建设，依托全行资源打造信用卡与行内重点客户的联动交叉销售平台，完善分支行营销指导和服务机制，充分发挥销售主渠道作用；通过与优质联名商户的合作，深挖合作方客户和资源，丰富营销场景和客户获取手段；深化互联网电子销售渠道建设，进一步打开手机银行、微信银行等移动销售端，拓展营销轻渠道，不断优化获客渠道结构，全年互联网渠道获客占比较上年上升 9 个百分点。荣获中国银联颁发的 2014 年度上海地区银联卡业务最佳推广奖、JCB 国际组织颁发的 2014 年度最佳推广奖。

【客户服务】 打造“在一起”品牌强化客户经营，先后推出“一起约惠全球”、“太平洋咖啡、MCAKE 蛋糕、金逸影城”等年度主题活动；围绕客户生命周期，开展新户交易促动、“线上、境外”等高扣率交易促动、睡眠户激活以及销户客户挽留等各类针对性营销促动，着力提升客户黏度、忠诚度和贡献度。围绕提升客户服务水平，推进服务标准化建设，完善全渠道服务功能和流程；结合新产品、新业务上线，以客户之声工作为抓手，强化服务品质管控。以客户体验为核心，新增申领面签流程、缩短申领时限，新增购汇失败等短信提醒服务，推动拉卡拉及支付宝还款短信优化、网银自助更改账单寄送地址等 39 项功能优化点落地开发，提升客户满意度。

【风险管理】 积极应对经济下行带来的风险压力，坚持“稳健审慎、长远发展”的风险策略，践行风险与收益相平衡的管理理念，一方面结合重点产品业务发展配套完善政策流程，发挥制度引领作用；另一方面结合行业风险事件暴露加强隐患排查和监控，加大风险资产清收化解力度，有力遏制不良上升。同时,大力推动风险计量工具建设和数据挖掘模型开发应用,优化风险监控系统功能和策略,提升风险管理专业化水平。2014 年末信用卡贷款不良率较上年末下降 0.43 个百分点,资产质量稳中有升。

【社会责任】 秉持"精诚至上、信义立行"的核心价值观,围绕客户需求持续改进金融服务,积极助力环境保护和生态文明建设,持续推广信用卡电子账单,大力提倡低碳环保理念,为客户提供更高效便捷、成本更低的绿色金融服务,全年新增 12.7 万名客户办理信用卡电子账单,其中纸质账单取消率达到 96%。重视消费者权益保护,参与开展"信用卡互联网支付安全宣传周"和"银行卡网络支付安全宣传月"活动,普及新兴支付渠道安全常识的消费者宣导;通过短信提示、微信发布等渠道,加强金融诈骗方法要点的消费者提示或预警;落实业务处理环节客户信息碎片化,切实强化信息安全保护。切合文化产业发展趋势,与上海国际艺术节中心合作推出"上海银行—中国上海国际艺术节联名信用卡",不断丰富公众生活,热心支持文化产业发展。

(上海银行信用卡中心)

5. 兴业银行资金营运中心

兴业银行股份有限公司资金营运中心于 2003 年 11 月 3 日作为兴业银行总行专业经营部门在上海成立,2004 年 11 月经中国银监会批准,领取专营机构金融许可证并办理工商登记。2014 年,资金营运中心各项业务运行良好,本外币资产总额超 3 300 亿元,较 2013 年同比增长 15.82%,各项本外币收入较 2013 年同比增长 6.42%,不良资产率保持开业至今为零的纪录。资金营运中心自 2011 年起,已连续 4 年获上海市纳税百强企业称号。此外,资金营运中心采用矩阵式管理体制在香港设立了首个境外资金交易平台,迈出国际化战略的实质性第一步。

【自营投资业务】 为快速应对复杂多变的市场环境,资金营运中心一贯采取灵活的投资策略,通过对债券市场业务、货币市场业务、票据市场业务、境外市场投资等协调运作和跨市场统筹,资金营运中心能及时调整资产结构,长期构建高收益、低风险、高流动性的银行账户组合,银行账户收益率十余年来均跑赢大市。

2014 年通过主动负债、结构优化等手段克服资金及风险资产不足的困难,精准抓住固定收益产品的牛市行情,自 2013 年 4 季度开始布局,大力抢抓以高收益城投债为主的各类资产,并拓展投资顾问业务输出投资管理经验和知识技术,投资组合结构显著优化,资产与上市银行、债券基金以及中债总指数相比均表现出色。

【做市交易业务】 近年来,得益于境内外市场成熟化发展和监管机构鼓励创新以及内部制度不断改革带来的生产效率的提高,资金营运中心做市交易业务得到迅速发展。2005 年,兴业银行成为全国银行间人民币外汇市场首批做市商银行;2007 年,获得全国银行间债券市场做市商资格;2009 年,成为首批 4 家上海期货交易所自营黄金期货交易银行类会员之一;2010 年,成为银行间市场首批信用风险缓释工具核心交易商和凭证创设机构;2010 年,获得开办黄金进口业务资格;2011 年,获得银行间外汇市场人民币对外汇期权业务资格;2013 年,分别获得上海黄金交易所银行间即期、远期、掉期黄金询价业务的三项首批资格;2014 年,在香港成立了首个境外资金交易平台,开始国际化运作。

自 2004 年利率改革与 2005 年的汇率改革以来,资金营运中心已在人民币业务的扩张浪潮中站稳市场第一梯队的有利位置。以 2014 年数据来看,资金营运中心黄金市场各品种自营交易量近 1 079 吨、白银近 2 660 吨,在外汇交易中心的汇率交易量超 6 600 亿美元,市场综合排名第八。同时,抓住汇率双向波动成为新常态的转变,使用衍生品工具为企业对冲利率风险、锁定财务成本,提供综合性解决方案,全年交易量超 6 000 亿元,同比增长 70%。

【贵金属经纪业务】 贵金属经纪业务是兴业银行的标志性业务之一,长期在业内享有较高的市场声誉。2007 年,资金营运中心联合上海黄金交易所在全国范围内首家推出了代理个人实物黄金产品;2008 年,黄金总交易量达到 240.8 吨,综合排名跃居同业第二,签约客户超过了 18 万户,居金交所各会员之首;2009 年,成为中国首家在全国范围内推出代理金交所黄金现货延期交收产品(即黄金 T+D)的商业银行,同年成功推出了白银现货延期交收产品(即白银 T+D)后,又成为当时国内代理金交所挂牌交易品种最齐全的商业银行;2010 年,在完成首例金交所综合类会员个人客户向金融类会员渠道平移试点工作的基础上，首批与7家综合类会员签订战略合作协议。

自2008年起，兴业银行贵金属经纪业务的客户数连续多年在金交所排名第一，总交易量在2009年至2011年的三年间蝉联同业机构第一，至2014年连续7年获得上海黄金交易所"优秀会员"称号。

【研究分析业务】 资金营运中心研究分析业务由该中心研究总监、兴业银行首席经济学家鲁政委博士亲自督导，目前已经形成了以宏观、利率、汇率、信用、贵金属为主的研究体系，长期在重大政策和月度宏观数据预判方面保持较高的准确度，预测结果保持业内领先水准，特别是CPI预测在各类评比中，一直保持在领先位置。且时效性控制良好，一般在预测数据发布时点比同业早7—14天的情况下公布。

（兴业资金中心）

6. 上海浦东发展银行小企业金融服务中心

2005年6月，浦发银行设立中小客户部专司中小微金融业务，2009年9月，浦发银行"中小企业业务经营中心"挂牌成立。2014年2月，浦发银行在战略上更加专注于小微金融服务，将小微企业业务与个人经营性贷款业务整合，建立小企业金融服务中心，并纳入零售业务板块，服务的客户群体从中小企业转变为小微企业（含个体工商户），从此定位于小微企业全程合作银行，为小微客户提供全方位金融服务。浦发银行持续通过"四单原则、六项机制"，专营、专业、专注的为小微业务发展提供专项政策支持。此外，浦发银行坚持通过制度创新、产品创新，结合普惠金融服务理念，全新打造"小微金融"服务品牌。以更贴合小微企业实际需求、可助力其打破发展困局的产品和服务，努力加大对其成长的关注和投入。截至2014年末，浦发银行中小企业（工信部口径）表内外授信总额16 437.65亿元，较年初增长11.72%；表内贷款总额近10 280.14亿元，较年初增长8.07%。

【客户服务模式】 浦发银行搭建了客户分层分类服务体系，根据小微客户的不同特性，为客户量身定做更具针对性的服务模式：(1)对于科技型、高成长型以及高贡献型的小微客户，推出了"千人千户"客户培育计划，对这部分客户进行单独管理，并相应设计专属化的融资产品、增值服务和优惠政策，帮助这类客户顺利成长壮大。(2)对于具有区域性、行业性共同特征的集群类小微客户，推出了以"三宝两通"为核心的批量服务模式。其中"银元宝"、"银链宝"和"银商宝"是针对园区、供应链上下游和商圈的小微客户群体的线下服务模式，通过对共性特征的评估和把控，实现对三类群体客户的批量化服务，确保在控制风险的同时简化业务流程，提升服务效率；(3)对于上述客户以外的广大普通小微客户，建立了"4＋1"小微特色产品库，根据客户的经营特性，为客户提供了"资产类"、"流水类"、"信用类"、"伙伴类"四类小微融资产品以及一类小微增值服务，确保每一位小微客户都能够找到适合自己的融资解决方案。

【产品创新】 浦发银行积极顺应时代潮流的变化，抓住电子商务、移动互联、大数据的新技术、新方式，不断深化产业链研究，拓宽小微金融的服务面，提升小微金融的服务能力。积极创新特色产品模式：

(1)"浦银快贷"：是浦发银行结合互联网金融，针对经营类个人客户所推出的全线上融资平台，贷款的申请、审查审批、发放全流程均采取线上操作，客户无须前往网点，最快3分钟即可获得贷款，是顺应互联网金融趋势，批量服务个人客户的绝佳模式。该模式荣获2014年上海市金融创新提名奖。

(2)"和利贷"：是浦发银行针对中国移动供应链上下游小微客户专属推出的免担保、随借随还的融资产品，同时还推出了《小微通信金融服务手册》，通过"一张银行卡片、两个在线平台、三类融资产品、四项增值服务"，为通信领域的小微客户提供了有针对性、专属化的小微金融综合服务。

(3)"电商通"：是浦发银行针对电商企业客户的线上服务模式，具有客户受理批量化、信用评定标准化、审批环节简单化的特点，借助"信贷工厂"线上独立审批平台，为小微电商企业单独开辟的线上绿色通道。

浦发银行小微金融业务发展获得监管部门和社会各界肯定。总行小企业中心荣获上海银监局优秀统计工作表彰；小微金融服务获"2014东方风云财富榜"评选"最佳小微金融服务银行"和最佳中小企业伙伴银行奖；"微小宝＋信贷工厂"获得上海银行业小微企业最佳科技金融服务奖；电商通获最佳科技金融产品奖;“千人千户”获银行同业公会评选的2014年上海银行业小微企业最佳科技金融服务奖。

（浦发小企业中心）

(四) 村镇银行

1. 上海崇明沪农商村镇银行

2014年,上海崇明沪农商村镇银行坚持三农服务宗旨,精耕细作崇明农业经济,积极应对经济下滑形势,努力开创农村金融工作新局面。截至2014年末,实现拨备前利润7 595万元(含县政府三农贷款贴息273万元和市金融服务办小微贷款奖励48万元),实现利润总额7 123万元,比上年增加985万元,增幅为16%,完成全年计划的94%;资产利润率为2.38%,资本利润率为27%。

【经营概况】 负债总额22.58亿元,比年初增加2.52亿元,增幅13%。各项存款余额为21.33亿元,比年初增加3.08亿元,完成全年增长计划的103%。其中,对公存款余额19.10亿元,比年初增加2.99亿元;储蓄存款余额2.23亿元,比年初增加0.09亿元。各项存款日均19.59亿元,比上年增加3.58亿元。

资产总额24.61亿元,比年初增加2.57亿元,增幅12%。各项贷款余额为12.07亿元,比年初增加1.93亿元,完成全年增长计划的96.5%。其中,农户贷款余额2.14亿元,小微企业贷款余额9.11亿元,农户和小微贷款合计占全部贷款比重达到93%;当年发放支农再贷款1亿元;户均贷款242万元,比年初下降27万元。

【特色服务】 (1)坚持市场定位,实现农民专业合作社贷款和个人贷款同步增长。对公贷款营销方面:重点围绕农民专业合作社展开了营销工作。农民合作社贷款80户、贷款余额2.81亿元,分别比年初增加了18户、0.88亿元;农民专业合作社贷款余额占全部贷款总额的23%,贷款增量占全部贷款增量的46%,贷款占比逐年提高。主要采取的措施是积极主动与农委、农联会、安信农保公司保持密切联系;通过合作社老客户对周围的合作社进行宣传扩散;通过提高办贷效率、提供优质服务、保持优惠(基准)利率等吸引客户。个人贷款营销是重点与各中介公司开展合作。个人按揭贷款余额0.93亿元、比年初增加了0.66亿元,个人按揭贷款增量占全部贷款增量的34%。全年农民专业合作社贷款和个人贷款的增量达到1.54亿元,占全部贷款增量的80%,充分体现了服务“三农”的市场定位,并获得了来自监管单位、当地政府、企业、农民的肯定。(2)积极应对市场变化,找准重点攻关对象,存款规模稳步提升。对公存款客户主要分布于财政局、国有公司、委办局等20家企事业单位,合计余额达18.34亿元、占对公存款余额的96.02%。重点对5家存款余额超亿元的单位进行攻关和维护,合计余额14.49亿元,较年初增加了4.13亿元,占对公存款75.86%。个人存款方面,由于各大银行理财产品利率普遍高于储蓄存款利率,故存款利率实行一浮到顶,以吸引和留住部分存款客户,并通过组织拆迁公司动迁款及发动全员营销,稳住个人存款规模。

【风险管理】 (1)完善信贷规制。针对主发起行村镇银行管理部所下发的沪农商村镇银行通用版制度清单进行修订,根据开展的业务特点和风险控制需要,共修订完善制度63个。(2)担保方式以抵押担保为主。信用担保贷款37户、2 399万元、占比1.98%,保证担保贷款40户、26 395万元、占比21.87%,抵押担保贷款421户、91 857万元、占比76.13%,质押担保贷款1户、5万元、占比0.02%。(3)落实各项整改工作。对信贷方面的专项检查工作共有3次,包括:村镇银行管理部1次和风险管理部2次。累计发现的问题有101个,目前已整改的问题有92个。同时根据内控考核实施细则,对相关的客户经理进行了处罚。在提升信贷质量的同时加强了客户经理的风险防范意识。(4)大力清收不良贷款。按四级分类标准,年度累计收回不良贷款10 009万元。按五级分类标准,年度累计收回不良贷款282万元,余额为790万元,不良率下降0.41个百分点,不良率为0.65%。

【资产管理】 严格执行八项规定,加强财务费用和变动费用管理,全力压降费用支出,确保成本收入比控制在24.4%。随着利率进入下降通道,利差的不断缩小,对从事传统业务的村行来说面临着盈利能力下降的趋势。为此,在做好贷款业务的前提下,积极拓展资产管理业务,逐步把资产管理业务打造成新的利润增长点。2014年度,实现投资收益1 261万元,占实现利润总额的17%。主要由两部分组成：债券投资收益 71 万，理财产品 1 190 万。实现存放同业款项利息收入 3 248 万元，主要是存放上海农商银行和上海浦发银行崇明支行所得利息收入。

【队伍建设】 按需引才、精细化管理、探索激励机制、提高队伍专业素质、规范人力资源管理工作。一是按需引才，充实队伍。2014 年全行干部员工人数 32 人，较开业时的 11 人增加了近二倍。为了扩大业务规模，力争立足于崇明市场，将人力向市场部倾斜，营销人员由开业初期的 2 人增加至目前的 14 名，占干部员工总人数的 44%。7 月份聘任了一名分管信贷营销的行长助理，充实了班子队伍。二是推陈出新，流程再造，人力资源转向精细化管理。上半年，经过梳理和修订，形成了一套涵盖招聘流程、薪酬管理、员工管理、人事档案管理等多个方面的人力资源制度体系。下半年，与其他 34 家村镇银行共同开发了人力资源管理系统并上线运行，真正实现系统化、流程化、痕迹化的精细化管理。三是实施绩效考核，延期支付管理，探索长效管理和激励机制。上半年，根据业务发展和市场环境等客观因素和实际，制定了《2014 年绩效考核办法》。下半年，按照村管部的文件精神，制定了《薪酬延期支付管理办法(试行)》及相关实施细则，在此基础上逐步建立符合发展战略要求的长效管理和激励机制。四是抓好教育培训，提高队伍专业素质和能力。包括参加了村管部发起的各项视频培训活动，参加了村管部组织的条线制度考试，组织新进员工参加了村管部组织的入行培训。对从业资格考试、岗位证书考试通过情况相对落后的员工，专门召开了动员大会，采取签署承诺书的方式明确考试目标，端正学习态度，确保在规定的时间内达到相应的考试要求。五是强化制度执行，规范人力资源管理工作。对全行员工的人事档案资料进行了一次重新梳理，建立了一套包括员工入行审批、等级评定、薪资变动、干部提任等各类重要资料的人事档案。对员工劳动合同签订情况进行了一次自查。

(崇明沪农商)

2. 上海奉贤浦发村镇银行

上海奉贤浦发村镇银行是设于上海奉贤区的一家村镇银行，有两个经营网点，一是行部，地址奉贤区南桥镇环城东路 692 号；电话：61820800；另一个是小微企业专营网点——奉城支行，在奉贤奉城镇兰博路 2909 号，电话：61761945。二个网点的设立，对扩大服务范围、增加服务半径起到很好的作用。上海奉贤浦发村镇银行有员工人数 48 人，设有董事会、监事会，董事长为王新浩，监事长为陈连华，行长为康志信，副行长张建中、倪李军，行长助理时萌。截至 2014 年末，上海奉贤浦发村镇银行资产总额 192 185.81 万元，比年初增加 11 146.34 万元。存款余额 158 054.60 万元，比年初增加 24 803.98 万元，增幅 18.61%。其中：对公存款年末余额 142 849.08 万元，比年初增加 22 756.61 万元，增幅 18.95%；储蓄存款年末余额 15 205.52 万元，比年初增加 2 047.37 万元，增幅 15.56%。对公存款占总存款的比率为 90.38%，储蓄存款占比为 9.62%。贷款余额 106 096.43 万元，短期贷款(含逾期)70 087.82 万元，占贷款总额的 66.06%；中长期贷款 36 008.60 万元，占贷款总额的 33.94%。

【涉农贷款】 涉农贷款 88 347.77 万元，占总贷款的比率为 83.27%。这符合村镇银行的办行宗旨，也有力地支持了奉贤地区的三农金融服务。涉农贷款支持的农民专业合作社水产养殖面积达到 23 000 亩，粮食种植面积近 6 000 亩。加上畜牧类、花卉类、果蔬类在内，共惠及社员 1 000 余人，带动周边农户近 800 余户。

【金融服务】 做草根银行，坚定服务“三农”、小微的经营定位。(1) 确立以“三农”服务为终身定位。上海奉贤浦发村镇银行在经营管理中，坚决按照“明定位、守底线、创特色、提品质”的纲领性要求，落实“立足县城、服务三农、支持小微”为重点的涉农金融服务方案，以“社区化、农为先、小而专”为鲜明特色的经营模式，坚持“三农”优先，稳步拓展贷款，积极支持“三农”经济发展。

(2) 以“六项机制”为引领，完善“三农”服务保障。上海奉贤浦发村镇银行从内部机构设置和业务流程上坚持建设“六项机制”。先后成立了“三农”金融服务中心、小微金融服务中心和社区服务中心。从区别定价、贷款审批、激励约束、员工培训等方面建设符合服务“三农”、服务小微企业的组织机构。为此，上海奉贤浦发村镇银行还在奉贤区奉城镇设立首家专做微小额资金的小微企业专营支行，通过“低门槛、短流程、高效率”的专业化服务，更加有效缩短授信客户的放款时间。

(3)"三农"服务,形成特色。一是以"农民专业合作社"作为契入"三农"服务的主要抓手。自2006年国家对农民专业合作社专门立法以来,70%的农产品通过农民专业合作社的渠道购销。由于上海奉贤浦发村镇银行贷款操作方式上的多样化和灵活性,符合农合社经营的季节性要求和担保要求,对农合社贷款的市场占比不断增长,上海奉贤浦发村镇银行已成为区域内农民专业合作社贷款的首选银行。

二是提高服务的响应速度。上海奉贤浦发村镇银行提出了"当天受理当天答复",并以此作为对客户的承诺,从业务接洽时开始建立流程监督机制,事先铺垫,通过在农联会、协会中建立业务联系人制度和客户经理包村制度多方面了解客户信息,提前做好调查研究,一次性向客户说明所需资料,资料齐全当天答复。

三是有针对性评审贷款,创新操作方式。通过从不同角度考量农合社的有效资产情况和现金流量情况,包括结合村镇行政组织以及周围人群的反应,强化对客户的现金流量、人品、嗜好、产品、经营持续情况的分析。在信贷业务上,奉贤浦发村镇银行也请了一些土专家,请合作社的理事长作为奉贤浦发村镇银行的评审专家,对奉贤浦发村镇银行的信贷审贷也是获取的第一手信息。

【送金融知识下乡】 上海奉贤浦发村镇银行在奉贤各乡镇进行"送金融知识下乡"是每年均需多次进行的事项,通过金融知识宣传、宣讲活动,上海奉贤浦发村镇银行人员为村民进行人民币反假知识的宣传,介绍村镇银行的经营特色和金融产品,通过活动,提升了广大村民的金融知识,增强了对上海奉贤浦发村镇银行的了解和认知度,密切了上海奉贤浦发村镇银行各村、村民的关系,进一步扩大了服务半径。上海奉贤浦发村镇银行被上海银监局、上海市银行业同业公会授予上海村镇银行中第一家"送金融知识下乡宣传站"的光荣称号。

【社会责任】 2014年7月,因受台风影响,上海奉贤浦发村镇银行客户上海小宝虾业养殖专业合作社的三个养殖大棚毁损严重,近6万斤虾因停电缺氧而死亡,经初步统计直接损失共计120余万元。上海奉贤浦发村镇银行决定特事特办,积极向小宝虾业伸出了援助之手,支持其生产自救。为小宝虾业能够尽快恢复生产,为其开通"绿色通道",在已有1笔100万元贷款的基础上,再特批50万元贷款。

【企业文化】 上海奉贤浦发村镇银行积极推动建立"阳光、简单、包容、向上"的企业文化活动,通过业务培训提素质、主题演讲展风采、拓展训练团队强、员工家访听心声、村行比拼好声音等活动,共同创建积极向上的企业文化,给全体员工工作带来新的气象、新的活力,为全行凝聚力、向心力的增强、激发员工士气起到了积极的作用。

【重大活动】 2014年2月28日,上海奉贤浦发村镇银行借记卡正式发行。借记卡不仅卡面简洁而有特色、安全系数相对较高、而且卡功能也较为齐全。

2014年4月10日上海奉贤浦发村镇银行征信报送系统正式开通。至此,上海奉贤浦发村镇银行已获得银行机构在人行征信系统中全部应有查询权限,在自身业务发展需要的道路上又迈出了扎实的一步。

2014年9月24日上海奉贤浦发村镇银行提交的"上海奉贤浦发村镇银行科技企业服务方案",在上海银监局主办"你我融创科技小微"金点子评选活动中,通过决赛,荣获"你我融创科技小微"金点子评选大赛优秀奖。

(奉贤浦发)

3. 上海浦东江南村镇银行

上海浦东江南村镇银行中国银行业监督管理委员会上海监管局批准,由总部位于江苏常州的江南农村商业银行发起设立的新型地方性金融机构,于2010年5月21日正式对外营业。地址位于上海浦东新区周浦镇沪南路3439弄63、65、67号(万达广场F座)。2014年度各项业务稳健发展,期末存款余额69 713.90万元,贷款余额65 714.80万元,都达到了历史最高水平,存贷款比率为94.26%,全年实现按拨贷比2.5%计提拨备后的税前利润总额1 013.86万元。

【业务发展】 固本强基,提升能力支实体。2014年,浦东江南村镇银行在经营工作中,明确市场定位,坚守监管准则,创新小微产品,着力小微,积极培养支农支小的团队,确保依法合规经营。1月初应浦东新区金融服务局邀参加浦东新区金融服务三农推介会,探讨金融机构支农业务发展趋势,向与会三农企业介绍针对性的信贷融资服务方案，取得了一定的成果。根据上海银监会文件精神，年内扎实推进支农服务“三大工程”，着力提升农村金融服务水平，促进区域实体经济发展，实现了强农惠农共发展双赢目标。

【内控管理】 防微杜渐，狠抓内控保发展。年内，不断加强和完善内部管理机制，进一步明确组织架构、岗位职责、薪酬管理办法、采购审批流程、财务制度、印章使用管理办法等，建立员工风险保证金，成立工会委员会，保障员工权利。坚持晨会、营销工作推进汇报制度，进一步提高工作质量和工作效率。建立完善系统客户信息档案，健全信贷台账，及时统计报表上报各项报表，基础工作质量得到有效提升。通过定期召开行长办公会、实行“行长接待日”制度、确定实习人员登记制度、重申劳动纪律、完善考核办法、建立外出情况登记制度等各项措施，推进业务健康发展。在加强劳动纪律的同时，不断强化服务意识，改善服务手段，以服务留住储户、以热情吸引存款，并以优质的服务促进业务的发展。

【风险管理】 筑好防线，化解风险提能力。年内，浦东江南村镇银行高度关注新常态下，国家产业结构调整转型引发的企业资金周转速度下降，银行抽贷等引发的资金链断裂而引发的风险传导。2014年，进一步提升风险的精细化管理水平，立足村镇银行的市场定位，做小做散，分散风险，加强贷款准入管理，防止业务的冒进而放松对风险的管控，加大贷后管理的力度，组织开展大额关联企业的风险大排查，对排查的风险隐患企业，逐一制定风险压降方案，一户一策，通过增加抵押，增加非关联担保等有效方式，不断降低隐患企业的风险度。

【优质服务】 用心服务，提升形象促发展。2014年，浦东江南村镇银行全体员工服务意识有所增强，服务水平有所提高，实现了服务零投诉、运行零故障、安全零事故，为客户展现了一流的村镇银行风采。3月10日至3月21日，全行范围内开展“金融消费者权益日”活动，切实保护金融消费者切身利益，维护金融秩序稳定，积极部署并开展了“3·15国际消费者权益日”活动，提高了村镇银行的公信力。另外，结合上海银监局《关于开展上海银行业第三届小微企业金融服务宣传月活动的通知》要求，围绕“助小微、促升级、防风险、惠民生”的活动主题，开展宣传月活动，取得了一定的成绩。2014年度，浦东江南村镇银行营业部获得上海市浦东新区文明岗位荣誉称号。此外，浦东江南村镇银行还获得上海市浦东新区总工会颁发的合格职工之家荣誉称号。

【主要指标】

单位：万元

指标 \ 年份	2010	2011	2012	2013	2014
净利润	234.94	1 418.51	945.41	1 045.55	669.2
本外币资产总额	149 809.15	52 508.65	125 949.32	68 095.45	83 389.81
本外币各项存款总额	15 432.21	20 124.77	28 007.82	53 783.72	65 714.8
本外部各项贷款余额	8 618.95	12 390.86	18 429.9	38 031.71	69 713.9
个人消费贷款余额	0	0	0	0	0
住房按揭贷款余额	0	0	0	0	0
不良贷款率	0	0	1.35%	0.75%	0.44%

（江南村）

4. 上海浦东建信村镇银行

上海浦东建信村镇银行有限责任公司于2010年12月开业，注册资本15 000万元，由中国建设银行股份有限公司作为发起人，投资占比60%；其余股东单位分别为：上海城投资产经营有限公司、上海新华发行集团有限公司、上海东方惠金文化产业创业投资有限公司、上海建工集团股份有限公司、上海江东土地房地产开发有限公司，投资占比均为8%。作为一家定位服务于中小企业和“三农”的新型金融机构，始终秉承“诚实守信，快捷高效”的经营方针，充分体现独立法人机构的服务优势，立足浦东，及时响应客户需求，全力为“三农”和中小企业提供金融服务，为区域经济社会发展服务。截至2014年末，存款余额50 866万元，其中个人存款余额较上年增长25.95%；各类贷款余额56 152万元，较上年新增0.57亿元；实现拨备前利润2 336万元。

【三农信贷】 2014年向人民银行申请并获批支农再贷款额度3 000万元，利用人民银行额度及上海浦东建信村镇银行自身业务大力发展所辖区域内的农业企业，所涉范围包括：预防禽流感疫情的禽类屠宰企业、中草药的种植及林木育苗、特色果品培育基地项目、专用食用菌培育产业集群建设项目等。至2014年末，浦东新区着力推广家庭农场的农业模式，上海浦东建信村镇银行以此为契机大力开展支农工作，对新建立的家庭农场给予信贷支持。2014年末，涉农贷款余额 52 182 万元，其中农村企业 39 615 万元，农村各类组织贷款余额 5 300 万元，农户贷款余额 7 267 万元。涉农贷款较年初增长 3.39%，占贷款总额的 92.93%。

【中小企业信贷】 上海浦东建信村镇银行大力拓展区域内中小企业客户群，积极参与各类推介会，例如上海市中小企业金融推介会、浦东新区金融洽谈会等。成功与上海浦东新区就业促进中心签订战略合作协议，并配套推出“浦东新区市民创业贷款”信贷业务。积极参与政府的各类推介会，例如参加上海市中小企业金融洽谈会、川沙新镇银企交流会等。截至 2014 年末，小微企业贷款余额 44 866 万元，占贷款总额的 79.90%，贷款客户数 89 户，占总公司类贷款户数的 97%。

【风险管理】 上海浦东建信村镇银行秉承稳健经营理念，不断加强风险管控。针对农民和农村小企业的风险特征，以客户质量和综合贡献度为基础，通过规范各经营管理环节的风险管控基本流程，有效识别和管理潜在风险，促进业务健康发展。一是制订了《上海浦东建信村镇银行工作人员违规失职行为处理办法(试行)》，实行“违规积分登记簿”制度。通过登记轻微违规积分和经济处罚相结合的手段，对员工工作中出现的轻微违规行为进行惩戒。二是严格执行监督检查制度，监督检查涵盖授信业务、综合管理、风险管理、存款和柜台业务、会计等各条线和岗位的操作流程，已形成互查、抽查和全面检查的监督检查机制。

【主要指标】

单位：万元

指标 \ 年份	2010	2011	2012	2013	2014
净利润	-113.44	272.94	1 044.80	1 326.43	1 575.45
本外币资产总额	22 224.85	57 332.01	81 542.54	76 908.43	74 418.79
本外币各项存款余额(不含同业存款)	7 321.10	41 794.60	64 666.74	51 055.07	45 865.99
本外币各项贷款余额	4 900	30 569.8	41 983.58	50 470.77	56 152.39
个人消费贷款余额	0	65	734	1 362	2 332.96
住房按揭贷款余额	0	0	29.67	84.21	322.77

(浦东建信)

5. 上海嘉定民生村镇银行

上海嘉定民生村镇银行股份有限公司成立于 2011 年 4 月 19 日，坐落于上海市嘉定区嘉定镇金沙路 245 号，是由嘉定区政府与中国民生银行共同发起设立的，是嘉定地区唯一一家总行政级别独立法人银行和新型区域性股份制商业银行。按照相关规定，建立起由股东大会、董事会、监事会、经营管理层组成的“三会一层”的现代化公司法人治理架构。2014 年，上海嘉定民生村镇银行坚持科学发展，坚持服务“三农”、小微企业，稳中求进，积极应对经济形势、市场环境和监管政策变化，顺利完成了各项经营管理任务。

【主要财务数据】 至 2014 年末，上海嘉定民生村镇银行资产总额 201 229.28 万元，其中流动资产 180 775.72 万元，流动负债 90 985.05 万元。各项存款余额 175 634.14 万元，比年初减少 23 898.47 万元，降幅 12%。各项贷款余额 105 754.45 万元，比年初减少 15 672.45 万元，降幅 13%。2014 年度实现账面净利润-3 740 万元，同比减少 7 262 万元，降幅 206%。至 2014 年末，上海嘉定民生村镇银行资本充足率为 21.48%，核心资本充足率为 20.39%。

【存款营销】 2014 年度村镇银行存款主要来源于对公存款，个人储蓄存款有小幅增长。根据年初下达 3.5 亿元存款增量的指标任务，全行主要采取了以下措施：一是年初通过对银行存款结构、历年存款增量来源的分析，确定了以对公存量客户为本年存款的重点营销对象。二是通过对公存量客户的全面排摸、资金潜力的调查预测，将存量客户和新增客户的全年增量指标分别下达到各客户经理。及时完善客户经理考核办法，充分发挥每位客户经理的工作主动性和积极性，取得了明显的效果。三是重点攻关国有公司，并充分利用股东、董事、监事等人脉资源，展开了全年的存款营销工作。四是进行广泛宣传，组织员工到各居民小区分发村镇银行的宣传单；为了提高留存率及知名度，三次组织员工现场宣传储蓄利率水平。

【贷款营销】 虽然全年 2 亿元贷款增量指标任务重、完成难度大，但是通过落实各种措施，全力营销，缩小了与指标的差距。主要采取的措施有：一是村镇银行根据区域经济发展的特点以及“支农、支小”的市场定位，确立了以专业市场商户和小微企业为主要营销对象的贷款投向。二是重点加强了客户经理服务意识，切实提高办贷效率、提高服务水平，充分发挥村镇银行“小、快、活”的经营特色。由此，在区域内树立了良好的形象，在专业市场商户中影响最大、效果最好。三是重点加强了与区农委、区经委、安信农保公司等机构的日常联系，积极参与召开的相关会议，增进相互了解，取得了该类机构的支持。

【风险防控】 (1)以短期贷款为主要业务品种，占各项贷款的比重为81%。票据贴现占各项贷款的比重为5.2%。从贷款投向看，贷款主要投向为制造业、批发零售业与租赁和商务服务业，占比分别为32%、25%和18%；从担保结构上看，信用贷款余额14 926.16万元，占各项贷款总额的14.1%；保证贷款余额47 998万元，占各项贷款总额的45.34%；抵质押贷款余额37 449.24万元，占各项贷款总额的35.38%；在风险管理上，严格控制信用贷款，适度调整保证类贷款，逐步提高抵押贷款比重。村镇银行与上海青客公司合作开发“租客贷”产品已累计发放4 295笔1.09亿元，取得良好的社会效益。(2)加强案件防控工作，确保案防机制长效化。一是落实案防岗位责任，分层签订目标责任书；二是细化案防日常工作，提升案防工作质量；三是认真落实各项监管要求，有效推进案防工作；四是做好内控规定动作，开展各类风险排查，包括开展了对员工个人经商办企业和违规外部兼职行为的专项治理活动和员工洗钱风险排查工作等，落实轮岗、强制休假、对账制度，组织固定资产管理情况的专项审计和员工离职审计；五是多渠道灌输案防意识，完成了《银行业从业人员职业操守》、《中国民生银行附属村镇银行员工违规违纪行为处分办法》及《中国民生银行附属村镇银行员工道德风险防范指引》全员学习测试等，完成了南翔支行开业的合规知识培训，中层管理人员的合规培训等，以此不断培育形成良好的合规文化；六是加强问责追究，加大违规成本。制定了上海嘉定民生村镇银行《问责委员会工作制度(试行)》、《员工违规违纪行为处分办法(试行)》、《案件问责工作管理办法》及《合规承诺管理办法》等与此事项相关的办法，从组织框架、制度上较为明确了问责、整改等事项的具体实施。

【企业文化】 上海嘉定民生村镇银行以“服务嘉定、情系民生、以人为本、与您共赢”的宗旨，立足于嘉定本土文化，扎根嘉定区域经济，着力于“规模发展强劲、特色品牌显现、效益逐步提高、管理有序到位”的经营方针，努力打造成“品牌银行”、“特色银行”、“效益银行”。

(嘉定民生)

6. 上海宝山富民村镇银行

上海宝山富民村镇银行股份有限公司于2011年9月22日开业，注册资金为人民币15 000万元，是由盛京银行股份有限公司、沈阳未来置业房产开发有限公司、上海昌鑫(集团)有限公司、上海金瑞建设集团有限公司、大连尊远投资有限公司、上海三航奔腾建设工程有限公司、上海百营钢铁集团有限公司、上海环北房地产有限公司、自然人韩雍共同发起设立的。注册地址上海市宝山区宝林路458号。2014年，上海宝山富民村镇银行有员工人数16人，设有董事会、监事会，内部设置综合管理部、业务管理部、风险控制部和营业部四个职能部门。开业以来，针对区域内小微企业信贷需求，量身设计信贷产品，累计发放小微企业贷款50 370万元，并于2014年12月12日获得了上海银行同业公会颁发的2014年度“上海银行业小微企业金融服务突出贡献奖”。

【主要财务数据】 2014年实现拨备前利润总额利润1 182万元，实现净利润761万元，实现营业收入1 814万元，同比增长148万元。其中贷款利息收入1 552万元，同比增长21万元。金融机构往来净收入330万元，同比增长141万元。核心资本充足率77.07%，资本充足率78.1%。2014年末已计提损失准备金580万元，拨贷比例达到3.06%，开业三年来累计实现拨备前利润总额4 281万元。

【存款】 2014年末，宝山富民村镇银行各项存款实点余额11 342万元，比2014年年初增加310万元，日均存款余额10 674万元，日均存款增量为2 337万元。日均存款稳步增长的主要原因是增强对重点客户的营销力度，积极主动上门服务，赢得了客户的信任，低成本，稳定的存款是村镇银行发展的根本所在和立足之本。存款营销方面，宝山富民村镇银行采取了多渠道营销和员工存款绩效考核相结合的方式，采取走访股东关联企业、宝山当地企业、电视台宣传、社区宣传等方式提高企业影响力，存款保持稳定的增长态势。

【贷款】 到2014年末各项贷款18 949万元，比2014年年初增长4 119万元。宝山富民村镇银行开业以来，就将经营目标市场定位于宝山区域内农村中小客户群，以“立足宝山，服务三农，支持中小”为经营方向，在贷款产品上，不断深入研究三农和小微企业需求，小微贷款较上年增加4 100万元，增幅为27.7%，500万元以下小微贷款较上年增加1 660万元，增幅为46%，达到“两个不低于”的监管要求。

【风险管理】 宝山富民村镇银行秉承发起行内控制度严格的优良传统，虽然受村镇银行各项客观条件限制，业务量较小，但坚持严格贯彻落实人行上海分行、上海银监局、发起行的各项业务管理制度，2014年结合实际先后下发修订各项村镇银行内控管理规定13份。主管领导严格履行各项日常检查制度并留有检查记录，检查过程坚持“更细、更全面、更深入”的原则，发现问题及时整改，不断完善各项业务制度的内控措施，及时堵塞业务内控漏洞，加强员工内控意识和安全防范意识的教育，保证各项业务安全稳健的开展。

【合规建设】 宝山富民村镇银行领导对职业操守和道德风险工作高度重视，利用每周晨训、例会、各部门培训的时间对员工进行风险防控和职业道德等方面的教育，对于员工思想教育和员工日常生活、工作动态及时掌握、常抓不懈。认真组织学习上海银监局转发的《中国银监会办公厅关于严禁银行业金融机构及其从业人员参与民间融资活动的通知》，严格遵照通知的各项要求，依法合规开展业务活动，并对内部员工参与民间融资活动的行为进行全面风险排查，加强对银行从业人员行为规范的教育工作。在日常经营过程中按照“内控优先，制度先行”的原则，围绕业务风险管理、岗位职责、风险问题报告和责任追究等核心内容，从资产业务、会计结算、综合管理和信息科技等方面，为案防工作提供制度保障，实现对所有机构、全部业务的制度覆盖，并根据业务发展变化和管理制度执行的实际效果，适时进行修订和完善，对制度流程进行规范再造，增强制度的规范性和可操作性。建立健全各种责任制度，确保职责清楚、权限明确，科学界定“问责”的内涵和外延，使每项工作、职能、任务落到实处，保证问责制有效落实。认真抓好五项制度、中高级经营管理人员信息披露办法、员工奖惩条例等相关管理制度的考核、奖励和责任追究，进一步推动制度执行力建设，保证各项制度执行到位。

【主要指标】

单位:万元

指标 \ 年份	2011	2012	2013	2014
净利润	152	850	850	761
本外币资产总额	26 752	21 457	28 020	29 124
本外币各项存款余额(不含同业存款)	7 786	10 645	11 032	11 342
本外币各项贷款余额	7 450	15 670	14 830	18 949
个人消费贷款余额	0	0	0	19

（宝山富民）

二、外资银行

(一) 外资法人银行

1. 三菱东京日联银行(中国)有限公司

三菱东京日联银行(中国)有限公司是一家由日本三菱东京日联银行股份有限公司全资设立的外商独资法人银行,于2007年7月2日正式开业,2014年增资后资本金达到100亿元。截至2014年底已有深圳、上海、大连、北京、天津、无锡、广州、成都、青岛、武汉、沈阳、苏州12家分行以及天津滨海、大连经济技术开发区、广州南沙、上海虹桥、北京经济技术开发区、上海自贸区6家支行,拥有员工2 500人左右。2014年的运营过程中,三菱东京日联银行(中国)积极配合监管部门的方针政策,加强对各类风险的管理监控,稳健经营的同时积极进取,深入推进业务发展模式和盈利模式战略转变,取得了良好的经营成果。

【业务发展】 在银团贷款业务方面,截至2014年末,三菱东京日联银行(中国)的银团贷款余额约为人民币25亿元。根据中国银行业协会公布的银行排名,2014年三季度末(全年累计数据),三菱东京日联银行(中国)银团贷款牵头行业务发生笔数排名以及牵头银团贷款项目总金额排名,均位居外资银行中第9位,并且2014全年保持着100%的银团贷款优良率。同时,三菱东京日联银行(中国)2013年及2014年连续获得上海银行业银团贷款最佳机构奖。

在资本市场业务和债券业务方面,三菱东京日联银行(中国)2014年也取得了不俗的成绩。银行于2014年5月26日在香港市场发行了固定利息的人民币普通金融债券,发行总额为10亿元人民币,期限为3年。该期债券募集的资金经国家发展和改革委员会批准,将调回中国境内使用。在资产证券化业务方面,2014年三菱东京日联银行(中国)的非银行金融机构客户相继发行了ABS(信贷资产支持证券),银行经过充分的行内准备,积极参与了多单投资,项目数量和金额均据外资银行前列。同时,三菱东京日联银行(中国)还担任了其中一家客户的财务顾问,协助其顺利完成首单ABS的发行。三菱东京日联银行(中国)从2013年开始持有企业发行的CP(短期融资券)以及ABS,截至2014年底总持有量已达34.5亿元。从2014年1月起,三菱东京日联银行(中国)开始了CP以及MTN(中期票据)的交易业务。根据中央国债登记结算有限公司的统计数据,三菱东京日联银行(中国)的债券交易量排名23位,在二级市场中有着良好的表现。在债券业务做市商方面,2014年12月末三菱东京日联银行(中国)的综合排名为第3位,在外资银行中名列前茅。

此外,三菱东京日联银行(中国)积极开展营业网点建设,扩大业务覆盖地区。作为第一批在上海自贸试验区支行设立分支机构的法人银行,2014年1月在自贸区内设立分行。同时,苏州分行也于2014年6月正式开业。

【风险管理】 三菱东京日联银行(中国)2014年继续以控制不良贷款和加强贷后预警管理为首要任务,始终将不良贷款维持在较低的水准。为了保证信用风险管理的有效性,三菱东京日联银行(中国)对信用风险相关的行内政策进行了年度梳理,完善信用评级手续,修订房地产贷款相关指引等,并首次针对巴塞尔III第二支柱的要求开展了ICAAP内部资本充足评估。通过日常监控、总分行间的定期联络沟通及现场事务指导检查、进一步强化事务流程标准化及细致化、调整关键风险指标预警值等措施,三菱东京日联银行(中国)始终将事务风险控制在可控范围内。得益于谨慎的操作方针、良好的流动性管理以及严格控制存贷比指标和流动性管理相关的各项指标,三菱东京日联银行(中国)2014年在流动性风险方面未遇到任何困难,始终保持着良好的态势。

【人才培养及企业文化】 2014 年度三菱东京日联银行(中国)继续推进“员工本地化”进程，截至 12 月底，所有正式员工中本地员工已占总数的 90% 以上。这些本地员工作为银行运作不可或缺的核心和中坚力量，活跃在业务及管理的诸多重要岗位上。为了进一步充实人才储备，营造良好的工作氛围，三菱东京日联银行(中国)采取了多项措施，如：构建全面完善的培训体制，在思想意识、专业技能、沟通管理能力等方面为员工创造学习和自我提高的平台；进一步完善轮岗体制，通过在不同岗位工作的锻炼，培养提高行员的全面知识技能等等。

【社会责任】 作为一家设立在中国的外资法人银行，三菱东京日联银行(中国)秉承着“积少成多”、“来源社会，回馈社会”的理念，通过多种形式履行企业的社会责任。三菱东京日联银行(中国)以环境保护为履行社会责任的重要内容，一方面组织行员努力开展各项环境保护活动，另一方面也与各地政府机构签署包含节能环保内容的业务合作协议。同时，关爱下一代，为下一代成长提供支援，一直都是三菱东京日联银行(中国)社会贡献活动的重点领域。银行每年都在各大院校开设讲座、举办文化交流会等活动，为中国大学生提供接触日本及日本文化的机会，介绍金融知识及日本企业文化，为中国大学生就职日本企业提供帮助。

(胡　霜)

2. 三井住友银行(中国)有限公司

三井住友银行(中国)有限公司是一家由日本三井住友银行股份有限公司全资设立的外资法人银行，注册资本为 70 亿元人民币，总行设于上海，目前已有天津、广州、苏州、杭州、北京、沈阳、深圳、重庆 8 家分行以及天津滨海、苏州工业园区、常熟、上海浦西、昆山、上海自贸试验区 6 家支行。自 2009 年 4 月 27 日正式开业以来，三井住友(中国)一直秉承“为顾客提供更有价值的服务，与顾客共同发展”等经营理念，不断拓展在华业务。

【金融服务】 现金管理方面，在亚洲货币杂志《Asia Money》的银行现金管理能力评比排名中，2014 年三井住友(中国)在大、中、小各类型企业客户中的满意度均列于在华外资银行前五强，并且排名上升到第三位。随着中国市场在各个领域的全球化及企业运作的多元化，三井住友(中国)也在金融服务方面积极创新，满足企业客户的各种新需求。

【业务创新】 三井住友(中国)作为较早在中国(上海)自由贸易试验区设立分支机构的外资银行之一，在金融业务创新方面进行了卓有成效的尝试。在《关于支持中国(上海)自由贸易试验区扩大人民币跨境使用的通知》出台几周后，三井住友(中国)便为自贸区内日资企业成功办理了第一笔人民币境外借款业务，成为外资银行中办理该类业务最早的银行之一。《支持中国(上海)自由贸易试验区建设外汇管理实施细则》出台后，三井住友(中国)第一时间进行了政策研究和解读，并成功为自贸区内企业办理了外汇资本金意愿结汇业务，成为最早办理外汇资本金意愿结汇业务的金融机构之一。

另外，三井住友(中国)与一自贸区内企业合作，在首批获得上海自贸区管委会《自贸区跨国公司总部外汇资金集中运营管理试点资格证明》和国家外汇管理局上海市分局的《自贸区跨国公司总部外汇资金集中运营管理试点业务备案通知书》后，率先获得在自贸区内开展多项跨境外汇资金集中运营管理业务的资格，并已开始开展外币跨境双向资金池业务。

【同业活动】 2014 年 4 月 17 日，三井住友(中国)在清华大学五道口金融学院举办了题为“日本利率/汇率自由化及商业银行的经营”的讲座。在中国利率市场化逐步推进的背景下，三井住友(中国)母行相关人员结合实例针对日本利率/汇率自由化发展历程进行了剖析。8 月 27 日，三井住友(中国)与东亚银行(中国)有限公司共同召开了研讨会。会上三井住友(中国)发表了题为“日系整车制造厂商在世界市场及中国市场中的动向”的演讲。通过此次研讨会，两行进一步增进了交流。

【社会交流】 2014 年 11 月 2 日，三井住友金融集团总裁宫田孝一、专务执行董事川寄靖之以及三井住友(中国)行长龙田俊之出席了第 26 次上海市市长国际企业家咨询会议(IBLAC)。三井住友金融集团作为 IBLAC 的创始成员公司，积极参与了历届会议，此次围绕“加快推进上海自贸区建设”与上海市领导进行了深层次的交流，并为上海的发展积极地建言献策。

【社会责任】 三井住友(中国)的经营理念是为

客户提供更有价值的服务，与顾客共同发展；通过发展中国地区事业，努力为中国社会做出更大贡献的同时，力求扩大三井住友金融集团在中国的影响力并确立其品牌效应；在推进本土化的同时，创建能让勤奋好学的员工充分发挥自身能力，并能感受到体现价值的工作环境。2014 年，共有来自 6 所知名高校的 56 名优秀大学生荣获了三井住友（中国）所冠名的高校奖学金。三井住友（中国）还组织部分获奖学生参观银行并举办座谈活动，使得大学生有机会近距离了解银行，并就银行文化、人才选拔、职业发展和培养制度等与银行高管进行了深入交流。三井住友（中国）通过不断深化与全国知名高校的奖学金合作，在吸引更多优秀大学生人才的同时，体现与实践在华扎根发展企业的社会责任与价值。三井住友（中国）还通过上海红十字会向 2014 年 8 月 3 日发生地震灾害的云南省昭通市鲁甸县捐款 10 万元人民币，三井住友（中国）的母行日本三井住友银行股份有限公司通过日本红十字会捐款 500 万日元。

（三井住友（中国））

3. 东亚银行（中国）有限公司

东亚银行（中国）有限公司是东亚银行有限公司的全资子公司，致力于在中国内地为客户提供个人、企业及其他银行服务。东亚（中国）于 2007 年 4 月 2 日正式对外营业。截至 2014 年末，东亚（中国）员工总数达 4 439 人，在内地共设立 127 个网点，其中包括上海总部、28 间分行和 98 间支行。

【业务发展】 2014 年 1 月，东亚（中国）上海自贸试验区支行开业，是区内首批开业的外资银行之一，同月，东亚（中国）成为外资银行中首家备付金银行；2 月，东亚（中国）注册资本升至人民币 100 亿元；4 月，成为上海自贸区内首家启动跨境电子商务人民币支付业务的外资银行；8 月，成功发行首单同业存单；10 月，东亚（中国）“指尖银行”——微信银行、手机银行全新上线，成为率先布局这一领域的外资银行。

【主要奖项】 2014 年，东亚（中国）获得的主要奖项包括：《北京青年报》颁发的“2013 年度中国最佳外资零售银行”奖；《环球企业家》颁发的“中国最佳表现公司 50 强”奖项；《证券时报》“中国最佳结构性银行理财产品奖”；《21 世纪经济报道》“2014 中国资产管理金贝奖”之“最佳品牌建设外资银行”；最佳业务实践集团颁发的“2014 中国最佳业务实践奖评选”之“最佳品牌领导力大奖”；上海陆家嘴金融贸易区管理委员会、上海第一财经传媒有限公司颁发的“最佳外资微信银行”奖；西湘财资金融研究院、《财资中国》颁发的 2014 中国财资奖之“年度最佳财资创新银行”奖；获得《第一财经日报》“2014 年度第一财经金融价值榜”之“最佳电子金融服务银行”奖；获得《中国经营报》“2014 卓越竞争力外资银行”奖；获得《每日经济新闻》2014 年第五届“金鼎奖”之“最佳跨境金融服务外资行”奖等。

【社会责任】 2014 年，东亚（中国）继续积极履行企业社会责任，努力为内地社会的和谐发展做出积极贡献。

（1）为关爱和帮助贫困地区青少年的教育成长，东亚（中国）携手上海宋庆龄基金会于 2009 年成立了“上海宋庆龄基金会——东亚银行公益基金”。截至 2014 年底，东亚银行公益基金已成功募集善款近人民币 4 400 万元，并于 2014 年成功组织举办了一系列公益活动，其中包括萤火虫计划、民间公益组织资助计划、东亚银行大学生助学金计划等。

（2）东亚（中国）于 2013 年 12 月正式成立了东亚（中国）义工队，2014 年，义工队除了积极支持上海宋庆龄基金会——东亚银行公益基金及东亚（中国）组织开展的各项公益活动外，亦发起了下述活动：2014 年 5 月至 6 月，东亚（中国）义工队发起了“让闲置‘活’起来，做低碳公益达人”活动，鼓励员工将九成新以上闲置物品捐出来进行义卖，活动共筹集了玩具、书本、衣服、电子产品等 332 件闲置物品，义卖收入共计人民币 6 201 元，悉数捐赠给了上海宋庆龄基金会——东亚银行公益基金用于购买“萤火虫 60 包裹”。

2014 年 9 月至 10 月，东亚（中国）义工队发起了“暖心暖夕阳”敬老活动，号召员工们身体力行，关爱老年人。来自东亚中国（总部）、上海等分行的 191 名义工纷纷走进敬老院、社区街道等地方，与老人们进行了包括金融知识普及、包饺子、节目表演等在内的丰富互动，陪伴老人们度过了一段温馨的时光。

（3）“2014 东亚银行杯金融教育校园行”于 2014 年 9 月至 11 月在上海顺利举办，该活动下设金融知识竞赛和理财知识辩论赛两大项目，致力于增强中学生群体对金融知识的认知和了解，并培养青少年维权意识。全市共有85所初中、高中学校，近8 000名学生积极参与活动。该活动得到了中国银监会及上海银监局的支持与好评。

（东亚银行）

东亚银行(中国)有限公司指尖银行上线

4. 恒生银行(中国)有限公司

恒生银行(中国)有限公司于2007年5月成立，是香港恒生银行在内地的全资附属公司。母公司恒生银行创立于1933年，是香港最大的上市公司之一，于2014年12月31日的市值为港币2 470亿元。恒生(中国)以长三角、珠三角和环渤海区域为业务拓展重点，秉承母行审慎经营原则，稳健发展内地业务。2014年2月，恒生(中国)上海自贸试验区支行及成都分行相继开业；4月，恒生(中国)推出“优越理财中港通”服务，为客户提供横跨内地与香港的便捷理财体验；6月，恒生(中国)于香港发行离岸人民币债券；10月，恒生(中国)推出QDII-恒生指数基金，为客户提供更多投资渠道。截至2014年底，恒生(中国)在内地19个城市共有50家分支行。

【业务发展】 2014年，恒生(中国)继续贯彻长期发展策略，提升营运设施，并善用跨境网络优势，令内地业务于取得均衡增长。扣除贷款减值提拨前的营业溢利增加176%，净利息收入增加21%及非利息收入增加48%，总营业收入上升24%。虽然经营环境充满挑战，恒生(中国)贷款仍稳步增长7%，而存款则增加4%。恒生(中国)加强拓展跨境融资及贸易相关业务，加上财资产品销售增长，带动净服务费及佣金收入上升35%。如不包括结构性存款重新估值之影响，非利息收入上升75%。

【对公业务】 恒生(中国)立足于中国经济发展的现状及本土企业对银行服务需求的特点，不断加深与母行恒生银行的联动，利用恒生在内地与香港两地丰富的贸易、财资产品资源及经验，为本土企业制订跨境业务方案，为客户节省成本，并降低汇率风险以及信用风险等。在《首席财务官》杂志“2014年度中国CFO最信赖银行评选”中，恒生(中国)摘得“最佳跨境贸易金融奖”及“最信赖银行大奖”；在由南方日报社主办的“金榕奖”——2014南方金融评选中，摘得“年度最佳中小企业金融服务商”奖项，跨币种福费廷业务获“年度最具竞争力金融创新产品”奖项。

【自贸区】 恒生(中国)亦积极把握上海自贸区带来的金融创新机遇，配合相关政策，满足企业跨境金融需求，助力建设上海自贸区。目前恒生中国跨境人民币贷款业务开展顺利，区内第一单内保直贷业务(境外贷款)已经在2014年6月初顺利完成。另有多间企业客户前来洽谈境外贷款需求。

【对私业务】 恒生(中国)顺应财富管理市场发展趋势，深入研究客户需求，不断创新开发灵活多元的产品和服务。随着内地与香港两地跨境金融需求的上升，恒生中国适时推出“优越理财中港通”服务，帮助个人客户灵活安排中港两地账户资金，实现不受时间与地点限制的便捷管理模式。在沪港通开通之际，恒生(中国)推出了QDII(海外基金系列)——恒生指数基金，为参与港股市场捕捉沪港通投资机遇的客户，提供灵活申赎的投资平台，大大提高了其资金流动效率。在提供更多资产配置选择的同时，亦为两地的金融联动起到积极的推动作用。

【理财服务】 恒生(中国)秉持“以客为尊”的服务理念，提供恒生原创设计、多元化的理财产品和专属贴心的理财服务，满足不同客户群体的需求，传递稳健的理财理念。在《证券时报》的“2014中国最佳财富管理机构评选”中，恒生(中国)“恒得利”系列保本投资产品获“2014中国最佳结构性银行理财产品”奖项。

【社会责任】 在专注于稳健经营的同时，恒生(中国)积极向大众普及金融和理财知识，在上海、广州等多个城市举办财富论坛，并积极响应中国银行业协会的相关要求，开展“普及金融知识万里行”系列活动。

恒生(中国)长期关注并支持教育、环保等众多领域的公益项目,支持多项慈善捐赠,努力实践企业社会责任。恒生中国推行的公益项目强调可持续性,多年来持续拓展以音乐教育为主线的“开拓音乐新世界”项目、以阅读教育为主线的“悦读行”公益项目,并结合北上广深的国际马拉松赛事开展“恒生慈善跑”,筹集善款用于慈善公益事业。

在志愿服务方面,恒生(中国)于2014年在全国范围内同步开展“义工总动员”系列志愿服务,以关爱老人、环保教育、支持弱势儿童群体为主题,在全国13个城市相继开展了13次志愿者活动,共有来自全国的156名员工志愿者积极参与,累计服务时间超过600小时,受助人数超过800人。

(恒生银行)

恒生银行(中国)举行“开拓音乐新世界”2014年终汇演

5. 大华银行(中国)有限公司

在全球不稳定的市场环境中,大华银行(中国)有限公司实现了稳定的投资回报并保持了投资组合的弹性。2014年税后净利润达到人民币1.3亿元,较2013年增长了3.7%。贷款规模和投资收入的增加使得营业收入实现了11.3%的两位数字增长,达到人民币9.8亿元。2014年,贷款规模增加31.9%,达到人民币249亿元。当前的流动性覆盖率已经远超100%的最低监管要求,不良贷款率仅为0.5%。截至2014年12月31日,大华(中国)的核心一级资本充足率和总资本充足率分别为14.7%和15.6%。

【业务发展】 不断扩大金融网络,服务客户新需求。随着中国在全球舞台上的重要性不断增加以及人民币国际地位的提升,大华(中国)在上海建立了专业的人民币策略团队。连同新加坡和香港的同事,这个团队为客户提供咨询和金融解决方案,帮助他们更好地管理人民币贸易和结算需求。美国经济的复苏,也鼓励了更多国际投资流入亚洲。鉴于这种新的业务趋势,大华(中国)在中国新组建了一支跨国企业银行业务团队,以帮助这些国际企业在中国和其他亚洲国家扩展它们的业务。2014年,大华(中国)也成为第一批获得人民币与新加坡元直接交易做市商资格和在岸美元/人民币期权交易资格的外资银行之一,可使用新加坡元对人民币直接交易提供报价。此外,也获得上海黄金交易所银行间黄金询价市场尝试做市商的资格。这些资质帮助客户能够享受到更低的交易成本和更快捷的交易收付流程。

作为中国经济改革的前沿,上海自由贸易试验区是中国企业通过跨国融资方案实现“走出去”的试验基地。为帮助客户更好地利用上海自贸区的优势,大华(中国)于2014年6月成立了上海自贸区支行。该支行主要为在中国和亚洲其他国家之间开展业务的客户提供跨境人民币金融解决方案。为了服务中国西南和华中城市有业务需求的企业,同年9月在重庆开设了一家分行。

在为企业客户提供金融服务以帮助其实现业务发展的同时,大华(中国)也在不断增强零售银行业务能力,以满足个人客户不断变化的金融需求。例如,在北京燕莎购物中心开设了全国第12家“尊享理财”中心,并推出了一种以生活方式为导向的金融服务新概念,在为客户度身订制财富管理解决方案的同时,满足其高端金融生活需求。

为了更加贴近高端客户的偏好和需求,推出了“大华银行(中国)尊享理财”微信公众服务号,通过这一平台向高净值客户提供最新的产品资讯、市场活动、生活及公共信息查询等服务。大华(中国)还提出了以“生活方式”为导向的个人金融服务新概念,为高净值客户度身订制满足其高端金融生活需求的财富管理解决方案,例如为学生家长提供子女留学咨询服务,以及举办形式多样的专题讲座来满足客户的财富管理需求。

【人才投资】 在不断扩大在中国的业务网络和客户基础的同时,大华(中国)还在业务分布的城市中招募和培养合适的人才。2014 年，从上海、北京、成都、厦门等地的顶尖院校以及海外知名高校所招募的第三批青年英才完成了为期 15 个月的管理培训生项目，并已在大华(中国)开始其职业生涯。

随着各业务部门组织架构的成熟及完善，大华(中国)行对员工培训和发展进行了系统化的改进和提升。其中，开发了更完整的培训课程，涵盖了对公业务、对私业务以及运营管理课程。这些课程涵盖了该业务领域从初级到高级的知识框架与模块，使不同层级的员工能选择符合自身发展所需要的培训课程，为其职业技能发展提供了可靠、坚实的后盾。

在核心人才管理方面，大华(中国)始终秉承与时俱进的发展方针，结合新加坡母行经验以及中国本地市场需求，配合全行人员、业务规模的拓展规划，量身定制了一系列人才发展项目。除了推出针对初级、中层和高层员工的“三层级核心人才”的提升项目外，还特别为各业务部门的核心人才定制了个性化的发展项目，通过提供脱岗培训、在岗学习、能力测评、项目考核等多种方式，为银行内部人才梯队的建设打造一个全面、持续、务实的学习平台。

【社会责任】 关怀员工、回馈社会。2014 年，大华(中国)正式推出员工弹性福利计划——CARE。它使员工除了全面了解福利、待遇之外，亦可根据个人偏好和需求，自行选择并定制一份属于自己的福利计划。一年一度的“爱心公益跑”也是大华(中国)以实际行动回馈社会的时候。在 2014 年 6 月“爱心公益”捐款活动中，全行员工共捐助 12 万 30 元人民币，帮助君爱特殊青少年康复中心、新叶公益和久牵志愿者服务社为儿童教育提供支持。此外，2014 年 9 月，人力资源部校园招聘项目组一行与上海民工子弟小学开展联谊活动，为四至五年级小学生上课《小小银行家》，在 2014 年 12 月则前往汉源万坪村小学探望学生。

【重大活动】 2014 年 6 月 14 日，大华银行(中国)上海自贸试验区支行正式开业。新加坡外交部兼律政部长尚穆根受邀出席此次开业仪式，连同大华银行(中国)董事长、大华银行集团首席执行官黄一宗先生以及大华银行(中国)行长兼首席执行官连文辉先生，为新支行开业剪彩。大华银行(中国)上海自贸试验区支行专注于人民币跨境融资业务，以支持中国蓬勃发展的跨境贸易与投资。自贸区支行是大华(中国)在上海的第五家网点，同时也是其在中国的第 15 家分支机构。

(大华银行)

大华银行(中国)新大楼封顶仪式

6. 南洋商业银行(中国)有限公司

2014 年，南洋商业银行(中国)有限公司持续推动“专业化、差异化、多元化、智能化”的发展战略，坚持业务发展与风险控制并重的原则，不断推进专业化经营、加强资产质量管控、完善系统建设、强化内部管理、推进人才队伍建设，经营收入实现全年目标，业务规模稳步扩大，各项工作有序开展。截至 2014 年末，南商(中国)总资产 936 亿元人民币，较上年末增长 6.9%，存、贷款余额分别为 592 亿元、440 亿元，较上年末分别增长 0.9%、4.7%，业务规模稳步增长；经营收入为 20.45 亿元、税后盈利为 2.63 亿元，较上年末分别增长 24.3%、8.4%，盈利能力持续增强；贷款拨备率为 2.45%、拨备覆盖率为 153.05%，风险管控进一步加强。

【企业金融业务】 新推“境外公司外币贷款”、“境外担保境内融资”、“随心存”、“单位外币分层计息活期存款”、“跨境人民币双向资金池”、“商业承兑汇票代理贴现”、“卖方担保买方融资”等创新产品/业务模式。推进“中小银行代理”，拓宽内外资银行授信渠道，做大同业资产业务，拓展同业代付合作客户；做大境内外福费廷业务，境内合作银行增至 19 家，跨境福费庭合作银行增至 15 家；与中行台北分行开展跨境贸易人民币结算存款业务。为支持外币清算和贸易融资等业务需求，与 29 家金融机构新建了代理行关系，代理行总数增至 559 家。

【贸易金融业务】 新推协议付款、协议融资、同业代付＋风险参与、转单等创新产品/业务，就热点自贸区业务推出了“自贸区转口贸易平台公司服务方案”，丰富贸易金融产品库；推出双币背对背信用证业务、免担保项下转单、跨境人民币信用证转通知以及远期信用证承兑贴现、同业 NRA 联动等业务组合方案，逐步形成离在岸产品体系。

【资金业务】 持续推出不同标的结构性理财产品，开发完成了首款与人民币标的—沪深 300 指数挂钩的结构性产品并推出首款周期滚动型“益顺”理财产品等，尝试与中小银行进行受托衍生工具平盘交易，帮助其开发结构性理财产品；非标资产投资的制度框架下，分别实现了票据资产、两融收益权资产的运作；标准债权资产领域，实现对同业借款资产的运作；在债券资产投资方面，新建立本行主动投资模式，形成与券商资管模式的良性竞争，产品投资领域涵盖现有各类资产。

【个人金融业务】 加强保险业务销售管理，建立与保险公司定期联动及产品重检机制；推出人民币基金新产品，研发“T＋0”基金产品；推出海外基金产品，覆盖美、欧、日、亚太等主要投资区域；开发期限组合多样化、灵活化的存款产品；推出“9 个月外币非标存款”，丰富非标存款期限种类，增加外币存款定价灵活度；完成“外币双周期特息存款”产品优化，增加双周期期限组合及产品币种，优化双周期存款计付优惠利息方式；推出面向客户的“个人外币业务三重礼”等优惠方案；发行首张联名卡——瑞尔银联白金信用卡及首张单币种美元个人白金信用卡——万事达美元个人白金卡，推出“悦刷一悦 FUN 享”等新卡促销活动。

【服务亮点】 一是推广“港式服务”。推出“源于香港，服务在心”的服务提升计划，体现“规范、用心、敬业、专业、细腻”的“港式”特质服务内涵，提升客户的体验感和满意度。“港式服务”活动 2014 年以“用心”和“敬业”为核心，主要工作围绕“规范”开展，较好地提升了员工的服务意识和服务规范性。二是优化电子渠道。在内地外资银行中率先在线开立电子账户，并挂钩“类余额宝”理财产品——“智慧金”，开启互联网拓客模式；推进“B2B 产业链平台”、“个人跨境理财平台”、“跨境金融机构平台”等“电子平台”建设；上线 CNAPS 二代支付系统，提升支付清算的便捷性和安全性；成功启动共用中行支付闸道、银联代收、支付宝快捷支付等线上收付平台建设；增加贷款业务企业网银在线提还款功能；新增在线代销基金功能，实现个人专项理财产品在网上交易；上线信用卡银联在线支付功能，实现信用卡网上交易支付；配合发行外币信用卡，实现自动购汇还款功能；建设“企业掌上通”微信订阅号，为企业客户提供业务产品介绍和智能机器人自动应答等个性化服务；夯实 Call Center 基础，通过客服普通话优化，提升内地客户服务体验。三是提升网点效能。年内，苏州分行、上海自贸试验区支行正式开业，分支行网点数已达 38 家。重点推进“提升综合运营能力”全辖推广工作，提升网点营运效能。着力于强化操作流程标准化以规范操作、提高效率，加大业务操作集中化以减负前台人员，推进营运条线人员产能管理、量化考核，科学合理配置人力，加快营业部柜台人员向营销职能转型，打造第三支营销队伍。

【重大活动】 （1）2014 年 8 月 26 日，南商（中国）上海自由贸易试验区支行正式获准开业，成为自贸区内第 11 家开门营业的外资银行，联动香港成为新亮点。作为中银香港集团的境内机构，南商（中国）具备跨境业务的丰富经验，该行将发挥中银香港在香港自由港长期的市场经验，把自贸区支行打造成自身金融创新的窗口。

（2）南商（中国）携手易方达基金共同推出“智慧金”类余额宝业务，成为首家在内地推出此类业务的外资银行，以积极变革应对未来互联网金融的挑战。与此前同业推出的“宝类”产品相比，“智慧金”在以下方面提供了差异化服务：一是智能性，客户向智慧金账户转入资金即自动购买基金理财产品享受高收益，转出资金则自动赎回，不需额外操作；二是便利性，客户凭任意银联借记卡，即可互联网线上理财，无需奔波网点柜台；三是个性化，有数字偏好的客户可自主选择账户靓号，对资金转出有特殊要求的客户可选择 T＋0 或预约日期等个性化功能，为客户带来便利，有效提升了客户体验。

（3）8 月 18 日，经中国人民银行批准，南商（中国）正式获得代客黄金业务资格，成为国内首家可以开展代客黄金业务的外资类金融机构。根据人民银行批复，南商（中国）可开展上海黄金交易所法人客户代理业务、对公人民币黄金远期业务、黄金租借业务三类代客黄金业务。同时，南商（中国）亦获准参与银行间黄金询价业务。

（南商银行）

7. 盘谷银行(中国)有限公司

中国银监会于 2009 年批准由泰国盘谷银行在中国境内分支机构改制并全资拥有的外商独资银行盘谷银行(中国)有限公司成立。盘谷(中国)于 2009 年 12 月 28 日开业,注册资本为人民币 40 亿元,总部设立于上海。2014 年,下辖上海分行及上海自贸试验区支行、北京分行、厦门分行、深圳分行和重庆分行,共有五家分行及一家支行。

【主要业务】 作为泰国第一家在中国注册的外商独资银行,盘谷(中国)为广大客户追求效益增长最大化提供全面支持:借助银行在国外的平台全力助推中国客户在海外投资发展;同时借助银行在国内的平台为海外客户在中国创造更多投资发展机会。盘谷(中国)所有分支机构均可向境内外客户提供全部外汇业务和除中国公民外的全部人民币业务,经营的产品及服务包括本外币银行存款、流动资金和中长期贷款、外汇兑换及买卖、贸易融资、全球支付以及资金业务等。截至 2014 年 12 月 31 日,盘谷(中国)共有员工 271 人。

【新设分支机构】 2014 年 3 月 14 日,盘谷(中国)重庆分行正式开业。作为第一家入渝的泰资银行,此举标志着盘谷银行在中国西部地区的业务拓展迈出了重要一步。重庆分行是盘谷(中国)在华设立的第五家分行,为坐落在中国中西部地区的广大企业提供服务,帮助更多的中国企业走向世界。

2014 年 12 月 23 日,盘谷(中国)上海自贸试验区支行正式开业。盘谷银行将中国作为全球经营战略中的重要市场。作为泰国最大的银行,盘谷银行承担着协助中泰双边贸易的重任,积极地参与未来中国的经济改革。作为一种战略举措,上海自贸试验区支行的设立将使盘谷(中国)进一步整合海外银行网络和国际商务,并通过协助国际贸易业务的发展更好地支持泰国和中国之间日益密切的经济联系。

【企业社会责任】 2014 年是“盘谷(中国)与您同行”金融教育项目开展的第二年,盘谷(中国)的青年员工们“走进学校”、“走进社区”,为学生群体和老年人普及金融知识。6 月 11 日,借交大安泰与经济管理学院恢复建院 30 周年的校庆之际,银行员工们走进上海交通大学,热心细致地向师生们宣传个人征信等金融知识。6 月 18 日,银行员工们又来到“外滩街道社区—老年读书俱乐部”,为近七十位老年朋友普及金融、答疑解惑。

2014 年 9 月,在盘谷(中国)第二届培养“小小金融家”活动中,银行的同事们走进上海黄浦区外滩街道社区和上海闵行区民办弘梅第二小学为 70 余名学生现场普及金融知识。课堂上,学生们从初时的羞涩,到课间与银行员工积极互动,使教室内充满欢声笑语。培养“小小金融家”的金融教育项目持续地深入校园和社区,不仅希望给孩子们带去欢乐,更希望能做孩子追梦的引路人,帮助他们树立正确的财富观,培养出更多的“小小金融家”。

【重大活动】 2014 年 11 月,盘谷银行(大众有限公司)组织 60 余位来自东盟地区且对进入中国市场感兴趣的企业家赴上海进行深度考察,并参加由盘谷银行主办、盘谷银行(中国)有限公司协办的主题研讨会。11 月 28 日上午,研讨会在浦东盛大举行,主题是“上海自贸区及虹桥枢纽:打造上海崭新未来”。中共上海市委常委、中共上海市委统战部部长沙海林,上海市政府副秘书长徐逸波,上海自贸区管委会副主任朱民,上海虹桥商务区管委会副主任江小龙,盘谷银行总裁、盘谷(中国)董事长陈智深(Chartsiri Sophonpanich)等人亲临会议,并围绕“上海的整体经济与商业环境”、“自贸区的优惠政策与注意事项”等议题发表演讲。

(盘谷银行)

盘谷银行(中国)荣获 2014 年东盟走进中国十大成功企业奖

8. 法国巴黎银行(中国)有限公司

2014年度法国巴黎银行(中国)有限公司企业银行业务发展形势良好,已完成2014年年度指标。随着宏观经济增速放缓,法国巴黎银行(中国)有限公司2014年全年信贷表现稳定;同时,根据市场形势的发展要求,适时监管并改善利率;到目前为止,存贷比已经平稳控制在60%左右。法国巴黎银行(中国)有限公司响应人民银行以及银监会的要求,与法国巴黎银行境外机构积极合作发展人民币跨境结算业务。

【能源、大宗商品及项目融资】 大宗商品融资部门在2014年面临严峻的市场环境。但尽管面临诸多挑战,2014年的大宗商品业务还是比2013年有大幅度提升,并大幅超过了年度预算目标。该部门过去若干年来建立了良好的业务和客户网络,使得其能够在不利的市场环境中保持较高的业务量,尤其在2014年的前10个月,跨境的大宗商品贸易业务十分活跃。为主要冶炼厂客户的原材料的进口和钢厂的钢材出口提供融资是大宗商品融资部门2014年业务收入的主要来源。

【资金和衍生交易】 资金业务方面,法国巴黎银行(中国)有限公司2014年度资金业务继续秉承审慎稳健原则,以流动性管理为核心,在为其他业务部门提供资金服务和流动性支持的前提下,通过承担一定的资金敞口和利率风险完成自身盈利指标。在风险许可范围内,放大利率期限错配,顺应市场趋势。并配合短期同业存款以保证流动性。在债券方面,法国巴黎银行(中国)有限公司在银行间债券市场交易活跃,交易对手稳定增加。在人民币国际化进程中,法国巴黎银行(中国)有限公司配合跨境贸易人民币结算试点,拓宽人民币回流渠道,境外机构进入银行间债券市场的范围进一步扩大。2014年下半年,法国巴黎银行(中国)有限公司与海外投资者的债券交易量有明显增加。

【产品特色】 公司银行产品方面,除了传统的银行贷款产品,法国巴黎银行(中国)有限公司根据产品多元化,交叉营销的客户战略,竭力为客户提供全方位的融资服务,在固定收益业务,现金管理业务,贸易融资业务等金融产品上都有良好的表现。环球交易银行产品方面,加大产品开发的投入。充分调研大、中、小型客户以及国际企业客户的需求,开发了与进出口和供应链融资相关的产品,也配合了自贸区业务的发展。产品创新方面法国巴黎银行(中国)有限公司推出了跨境人民币现金池,还有跨境人民币借款。理财投资产品方面,根据2014年的市场情况,法国巴黎银行(中国)有限公司采取谨慎的产品发行态度,目前在中国区发行的结构性投资产品主要为保本的理财产品,投资期限为短期或中期。投资标的多为利率等固定收益类投资标的。结构性投资产品包括股票/股票指数挂钩的结构性投资产品和固定收益类挂钩(外汇、利率、混合)结构性投资产品。这些产品的提供商是法国巴黎银行集团内部的全球衍生品交易部门。单个客户投资金额在300万美元以上,可以订制产品,自主选择标的和投资结构。

【新机制】 2014年,法国巴黎银行(中国)有限公司在金融市场领域,积极参与外汇交易中心和上海清算所的交易机制创新。为银行间市场以及场外衍生品市场的交易制度和市场基础设施完善、增加市场流动性等方面提供支持,产生了良好的经济和社会效益。法国巴黎银行(中国)有限公司环球市场部参与了上海清算所推出的人民币利率互换集中清算业务,大提高了后台营运部门的资金结算效率,减低了交易对手方信用风险额度占用。这一集中清算制度的推出,有利于提高场外衍生品市场的效率和透明度,保证金融市场安全、高效整体运行,也是近年来国际金融监管改革的重要内容。

【重大活动】 2014年,时值中法建交50周年,法国巴黎银行“明日之星”钢琴音乐节作为意义深远的文化交流活动将以自身特有的方式为中法两国的深厚友谊献礼,并表达对中法两国友好关系的美好祝愿。4月17日,法国巴黎银行(中国)有限公司和法国巴黎银行基金会共同发起并举办第二届法国巴黎银行“明日之星”钢琴音乐节。此次钢琴音乐节于在北京拉开帷幕,为期四天。著名旅法钢琴演奏家宋思衡及6位来自中国顶级音乐学府的优秀青年钢琴家为世界献上一场精彩的视听盛宴。

(巴黎银行)

9. 渣打银行(中国)有限公司

2007年4月,渣打银行(中国)有限公司成为第一批本地法人银行之一。截至 2014 年底，渣打银行在全国拥有 26 家分行、78 家支行和 1 家村镇银行，营业网点达到 105 家，其中包括 2014 年 3 月初开业的上海自贸试验区支行。2014 年渣打银行继续推动开展中国志愿者服务，3 月，渣打与霍洛基金会共同启动了“看得见的希望”第五期在华最新的防盲复明项目，“看得见的希望”第五期内蒙古项目在内蒙古的呼和浩特市，包头市，赤峰市，乌兰察布市，多伦县，太仆寺旗及科尔沁右翼中旗开展，覆盖内蒙地区将近 77%的人，该项目总投资额为人民币 7 402 732 元，其中 80%的资金由渣打银行贡献。

【获得多项殊荣】 2014 年以来所获荣誉包括：《零售银行家》颁发的 2014 年“最佳客户体验奖”、代客境外理财计划全球基金系列产品荣获《上海证券报》颁发的“最佳外币理财产品奖”、《环球金融》2014 中国之星评选授予的“最佳财富管理服务”、“最佳小企业信贷银行”，和“最佳供应链金融银行”、自贸区管委会 2014 年颁发的“企业创新案例奖”。

【引领人民币国际化发展】 渣打银行在推动人民币国际化进程，特别是跨境人民币业务方面一直处于领先地位，在中国是首批推出人民币产品的国际银行之一，并且在离岸人民币市场占据领导地位。渣打目前的业务遍布全球 70 个市场，为中国以外超过 36 个国家和地区提供落地的人民币服务。2014 年 2 月，渣打(中国)为宝信汽车集团有限公司开展了首笔无需人民银行审核的无额度限制的人民币双向资金池业务，这是继《中国人民银行上海总部关于支持中国(上海)自由贸易试验区扩大人民币跨境使用的通知》发布后推出首笔由银行自主审核的人民币双向资金池业务，显示了渣打对监管条例的快速响应、对市场的敏锐洞察，以及为客户提供最及时解决方案的能力。6 月，渣打苏州分行成功与两家客户签订了跨境人民币贷款(中国和新加坡)合同，成为苏州工业园区内的首批开展跨境人民币贷款业务的银行之一，进一步拓宽了中国与新加坡之间的跨境人民币双向流动渠道，为两地人民币资金往来提供便利；渣打(中国)获得中国人民银行批准成为中国银行间外汇市场首批人民币对英镑直接交易做市商。10 月，渣打台湾成功协助亚太区最大半导体零组件经销商大联大控股在上海自由贸易试验区开展该集团内的跨境人民币双向资金池业务，提供客户更有效率的现金管理解决方案；渣打(中国)获得人民银行批准成为中国银行间外汇市场首批人民币对新元直接交易做市商，将提供人民币对新元直接交易的买、卖双向报价，为市场提供流动性。11 月，渣打(中国)在人民银行发布《关于跨国企业集团开展跨境人民币资金集中运营业务有关事宜》的通知之后为厦门嘉晟集团等客户开展了跨境双向人民币资金池业务。渣打始终以“为客户提供最及时和最优化的解决方案”为己任，一如既往地积极推动人民币国际化的发展。

【推动金融产品创新】 2014 年 8 月，渣打(中国)在外管局发布的《银行对客户办理人民币与外汇衍生产品业务管理规定》的生效日当天，率先和境内中国企业客户成交了第一批新型的人民币外汇期权组合产品，成为首批开展人民币期权创新业务的银行之一。作为在中国人民币套保产品设计及客户服务领域的市场领导者之一，渣打银行一直致力于推动中国金融市场产品的创新。渣打银行在实际业务操作中严格进行业务监管，积极有序地开发新产品，不断丰富外汇产品功能，为客户提供更加丰富灵活的人民币外汇风险管理方案，从而进一步促进企业的金融风险管理水平。

(渣打银行)

10. 汇丰银行(中国)有限公司

2014 年，汇丰(中国)保持稳步发展的态势，继续扩大对网点和人员的投入，开拓新的服务领域，进一步加强业务能力。至 2014 年底，汇丰(中国)共在内地 56 个城市设有网点 173 家，包括 32 家分行和 141 家支行，继续在外资银行中保持在华网点数量和地域范围的领先地位，员工逾 5 000 人，其中约 98%为本地人才。作为首批本地注册的外资法人银行之一，汇丰(中国)向本地居民、外籍人士及港澳台人士提供广泛的人民币和外币服务，同时为本地企业、外商投资企业提供广泛的银行和金融服务。汇丰(中国)的私人银行业务为内地高资产人及其家人提供个性化的财富管理服务。与此同时，汇丰(中国)的母公司——香港上海汇丰银行有限公司是在内地投资最多的外资银行之一，在投资自身发展的同时，也入股内地中资金融机构，其中包括入股交通银行 19%的股份。

【业务发展】 2014 年汇丰(中国)在内地业务

发展主要事件包括:1月,汇丰(中国)首推上海自贸区跨境人民币资金池业务;汇丰(中国)南通分行正式开业,成为入驻南通的首家全球性银行;汇丰(中国)上海自贸试验区支行开业。2月,汇丰(中国)成为首批开展上海自贸区跨境人民币经常项目集中收付业务的银行;汇丰(中国)开始为上海自贸区个人客户办理人民币跨境结算业务。5月,汇丰(中国)成为首批在上海自贸区启动跨国公司外汇资金集中运营管理的外资银行。6月,汇丰(中国)在江苏江阴开设县域支行。7月,汇丰(中国)成功发行外资银行首笔同业存单。9月,汇丰获上海黄金交易所许可,成为首批加入上海金交所国际板的银行。11月,汇丰(中国)长春分行正式开业,成为入驻吉林省的首家全球性银行。12月,汇丰(中国)南昌分行开业;汇丰(中国)在江苏宜兴开设县域支行。截至2014年底,汇丰在中国内地共设有12家村镇银行,下属13间支行,服务网点总数达25个。在扩展网络的同时,汇丰村镇银行亦不断拓宽服务渠道,丰富产品种类,以进一步满足农村地区中小企业、小微企业和个体农户的金融需求。

【获得奖项】 2014年,汇丰(中国)获得的奖项:《金融亚洲》杂志"中国最佳外资商业银行";《亚洲银行家》杂志"中国最佳外资零售银行";《财资》杂志"中国最佳次托管银行";《财资》杂志"中国最佳流动性管理服务提供商"。

【社会责任】 企业可持续发展是汇丰的经营理念之一。汇丰(中国)积极推动企业可持续发展建设,成立可持续发展委员会,全面提升管理水平。投资社区是汇丰企业可持续发展的重要组成部分,汇丰的慈善公益项目覆盖教育、环保、扶贫与赈灾多个领域,截至2014年底,汇丰在内地的慈善捐款已累计超过人民币6亿元。2014年,汇丰被中国银行业协会授予"年度最具社会责任金融机构奖"和"年度公益慈善优秀项目奖"。

(邵宗玮)

11. 华美银行(中国)有限公司

华美银行(中国)有限公司总部位于上海,在汕头及深圳设有分行,在中国(上海)自由贸易试验区设有支行。华美银行(中国)有限公司为美国华美银行股份有限公司全资控股的子公司。美国华美银行总部位于加州大洛杉矶地区,为全美以华裔为主要市场的规模最大的商业银行,分行遍及全美主要华裔集中社区。截至2014年末共有总资产287亿美元,以市值排名位居美国前25大银行,2014年福布斯评为全美最佳银行前20位。华美(中国)稳健经营,致力实现搭建东西方卓越金融桥梁的宏伟愿景。

【主要业绩】 华美(中国)在2014年继续稳健经营,取得业绩的平稳进步。年末,资产总额达到47.86亿元,同比增长22.87%;存款余额为27.72亿元,同比增长32.80%;贷款余额为12.95亿元,同比增长8.28%;全年实现营业收入16 697.76万元,同比增长57.84%;实现税前利润5 837.38万元,同比增长2.81%。华美(中国)根据2014年的业务战略重点,在稳步发展既有客户群的基础上,推陈出新,有序地建立起更为广泛的业务领域和客户群体。2014年,华美(中国)继续发扬银行的经营特色,探索差异化、特色化经营,大力开拓中美之间桥梁银行业务,发展母行具有独特优势的行业领域,在文化影视产业及高科技金融等方面得到了长足的发展和进步。

【战略重点】 华美(中国)延续中美桥梁银行的母行整体策略,利用母行在美国的网络优势和客户基础,借助中美企业之间贸易和投资活动的日益增强,全力支持中资企业"走出去"战略,同时也协助美国当地的客户进入中国市场。2014年,深圳分行与上海自贸试验区支行成立后,联同上海总部、香港分行,通力协作,为多元化的客户提供跨境银行服务。华美(中国)依托日益活跃的中美贸易和投资活动,开发本地上下游目标客户,提供全方位的跨境贸易结算、供应链融资等金融服务。华美(中国)本着"以人为本"和"追求卓越"的服务宗旨,继续为新老客户提供优质的服务。

(华美银行)

12. 富邦华一银行有限公司

富邦华一银行的前身华一银行,是首家由海峡两岸共同出资组建的商业银行,1997年6月,在上海浦东新区正式开业。2013年12月,获得中国银监会核准进行股改及增资。2014年1月,顺利完成股改增资后,注册资本增至21亿元人民币;其中,富邦金融控股股份有限公司持有29%的股份,台北富邦银行持有51%的股份，两者合计持有80%的控制性股权，另20%股权由上海浦东发展银行股份有限公司持有。2014年4月，中国银监会批准华一银行中文名称更名为"富邦华一银行有限公司"，并依此完成了工商变更登记并正式对外公告。

股改完成后，富邦华一银行积极完善公司治理，引入富邦金控集团和台北富邦银行先进的管理技术，提升信息科技、人力管理能力，加强内部控制管理力度，完善风险管理体系，扩大经营规模；并审慎积极地进行机构筹建，为业务的发展奠定基础，已获中诚信评级AA。

围绕台商聚集地区，全行共开设了18家营业网点，其中3家获批在建。除总行设在上海浦东新区外，在上海地区还设有虹桥支行、徐汇支行、嘉定支行、松江支行、闵行支行、新天地支行、静安支行、陆家嘴支行、长宁支行、日月光支行（在建）、自贸试验区支行（在建）共11家同城支行；在珠江三角洲地区设有深圳分行及其下辖宝安支行；在上海周边台商密集的苏州设有苏州分行；在环渤海地区设有天津分行及其下辖滨海支行；南京分行已经获得筹建批准。

【主要业绩】 截至2014年底，富邦华一银行实现税后利润4.2亿元，总资产规模达616亿元；贷款总额为312亿元，存款总额为420亿元；不良贷款为2.76亿元，不良贷款率控制在0.89%；贷款平均拨备率为2.5%，拨备覆盖率达282.25%。与上述数字相比，在战略导向、经营理念、风险管理、产品研发、营销系统、服务方式等层面发生的根本性调整和变化更为关键。2014年，富邦华一银行全面加强基础设施建设，取得了丰硕的成果，这为转型成为优质的外资银行打下了坚实的基础。

【特色产品】 2014年12月，富邦华一银行正式发行银联借记卡，共分金卡、白金卡、钻石卡3个等级，成为首家在大陆发行借记卡的台资银行。该借记卡初期主要面向台籍客户发行。银联借记卡的成功发行，成为富邦华一银行拓展大陆市场的重要里程碑，也充分展现了在信息系统建设与管理机制方面的实力。对公方面，富邦华一银行针对小企业推出了一款方式灵活的抵押贷款产品，根据客户成长需求给予一年至三年、不超过人民币800万元的短中期流动资金贷款，对于发展前景可期的优质客户，抵押率最高可达100%，为进入创业初期的小企业发展提供最大化的资金援助。另外，客户可根据自身现金流灵活选择等额本息还款或每月付息到期还本的还款方式，最大限度的减轻小企业在创业初期的还贷压力，为小企业的初期发展提供有效扶植。

【特色业务】 富邦华一银行整合富邦金控在两岸三地的丰富资源，发挥富邦金控唯一"在两岸三地均拥有银行子行"的台资金融机构优势，在2014年大力开拓内保外贷业务。内保外贷可以解决客户在境外设立或参股企业的融资需求，便于盘活客户在境内的资产，因此受到台商客户的青睐，同时也丰富了银行中间业务的类型。

另外，2014年底，富邦华一银行移动信贷系统开始投入试运行，通过利用手机端便捷、快速、准确反馈的特点，借助信息系统建制，使客户经理至客户端做尽职调查的速度，送案授信审批的效率，和客户的交易便利性均得以有效提升。

【重点项目】 2014年2月，富邦华一银行正式成立个金事业群，发展的定位是以客户为中心、关注客户体验，打造特色化的银行。围绕这一定位，先后上线客户管理系统（CRM）、预约开户系统等，对业务流程进行重新梳理，简化改造，提升客户服务的能力。对公方面，2014年，富邦华一银行针对教育、现代农业、新能源、房地产基金、物流、医疗、交通、基建和台商等"八大产业"，成立行业委员会，进行专项调研，研究行业特点及行业需求，针对8大行业制订"一业一策"的业务规划，切实支持民生行业与实体经济。重点发展针对中型企业、民营企业的商业金融业务，聚焦贸易融资和金融市场产品，增加与客户粘度。富邦华一银行制定商业金融准入准则及授信办法，通过标准化的产品及授信原则，提高效率审批。2014年末起，开始筹建供应链系统，以提供给客户更为专业、便捷、多样的贸易融资产品。

【金融文化】 秉承"诚信、亲切、专业、创新"的核心价值观，以诚信为立行之本，以亲切的态度和专业的知识服务于客户，让创新成为发展源动力。其中，"诚信"、"亲切"指的是日常管理，"专业"、"创新"则是指策略定位。金融业首重"诚信"，以"亲切"的态度服务客户，并以此赢得业界的认同与尊重；根据客户的需求，精益求精，凭借"专业"提供客户优质的产品和服务；同时，不断推动内部业务模式"创新"，强化核心竞争力，成为中国金融服务业正向的力量。

【社会责任】 2014年，富邦华一银行以"企业公民的社会责任实践”为品牌特质，积极打造品牌价值，热情传递正向的力量。投身少儿理财教育，举办台商子女游园会，走进校园普及金融知识；共同参与捐助富邦助学金，向北京大学国家发展研究院捐赠30万元助学金，用以资助该院品学兼优的经济学双学位新生；关注渐冻人群体，在全行发起“冰桶挑战”，并呼吁员工向中华社会救助基金会捐出善款；通过中国宋庆龄基金会向鲁甸地震灾区捐赠100万元善款，援助灾区灾后重建工作。

（富邦华一）

2014年11月19日富邦华一银行陆家嘴旗舰行开幕

13. 正信银行有限公司

正信银行有限公司成立于2010年，系由正大国际财务有限公司转制设立的外资法人银行。2014年，正信银行坚持“稳中求进”的发展思路，以“重风险控制，重资产质量”为基础，通过主动调整业务结构、深化全面风险管理、强化内控合规作用、提升内部管理水平、积极推进股权优化工作为抓手，使银行的公司治理水平得到了进一步提高，各项业务得到了较为稳健的发展。截至2014年末，银行总资产为2.24亿美元，净利润202万美元，资本充足率为152.53%，资产结构得到合理调整，进一步增强了资产安全性。

【调整业务结构，严控信用风险】　2014年，正信银行坚持以“质量为先”，全力推进经营模式改革、业务发展方式转变、业务结构调整，有效实现规模与收益的合理与均衡。一是着力提升同业资金运作效益，严格执行同业监管新规，多渠道提高资金运作收益。二是积极调整存贷款业务集中度，通过创新服务，落实“做小、做精”的客户定位，真正提升资金使用效率。三是严控存量信贷业务风险，针对经济下行压力，企业信用下降、资金链短缺凸现的新形势，全面梳理存量信贷业务，采取多种措施有效维护资产安全。

【完善风险管理制度，深化全面风险管理】　2014年，正信银行继续完善全面风险管理架构，补充完善风险管理制度，深入做好全面风险管理，有效提升各类风险防范意识。此外，正信银行还根据监管要求与经济形势，提升强化风险压力测试管理。

【积极落实监管要求，强化内控合规作用】　2014年，正信银行继续健全规章制度，确保流程合规、操作合法，全年累计修订、新增了76项规章制度，涉及信贷管理、信息科技管理、内审稽核、公司治理、风险管控、人力资源等各个管理维度。

【提升内部管理和对外服务水平】　2014年，正信银行继续规范运营管理相关工作，通过各业务环节进行认真梳理分析和实务操作流程的细化，全面提升运营服务质量和水平。同时全行根据“员工行为管理年主题活动”要求，开展了一系列致力于加强员工行为管理、提高案防管理水平的工作，并积极组织员工安全防范意识与消费者权益保护教育，提升全行安防事件处置能力和对外服务水平。

（倪蓓琳）

（二）外资银行上海分行

1. 日本三井住友信托银行股份有限公司上海分行

三井住友信托银行是2012年4月1日由原住友信托银行、中央三井信托银行、中央三井资产信托银行合并成立的新的信托银行。2005年5月，三井住友信托银行（原住友信托银行）在上海设立分行，目前该分行是其在中国大陆地区唯一的营业性分支机构。三井住友信托银行是一家混业经营的金融机构。其信托业务、资产管理和运用业务、年金业务等在日本金融市场占居首位，是日本国内最大规模的机构投资者。其上海分行主要经营公司银行业务，截至2014年末，往来的客户约540多家。这些客户主要是母公司在日本与三井住友信托银行建立业务合作关系的日本企业在华关联公司。2014年上海分行新开展了结构性存款和非日资企业客户的授信业务。除了上海分行外，三井住友信托银行还在北京设立了代表处。

【业务发展】 2014年上海行业务继续保持了稳健的发展势头，在各类资产平稳增长的同时，开展了结构性存款、非日系授信等新业务，并在11月顺利完成了CNAPS二代的上线工作。同时，为了确保人民币业务持续、稳定的发展，更好地遵守审慎经营和人民币信贷规模控制等监管要求，分行还在2014年完成了增加10亿元人民币营运资金的相关手续。至此，上海分行的营运资金达到了34亿人民币(含30亿人民币和等值于4亿人民币的外币)。

【社会责任】 上海分行在社会责任推进方面，以扎根于中国，为国内经济、社会发展作出贡献为使命，由2006年开始组织开展植树活动、赠书活动、以保护环境为主体与在校学生进行交流、与农民工子弟参观世博会展览馆等的活动。通过组织这样一系列的活动，提升了行员对于社会情况、贫富差距、保护环境等各方面的认识。

(张晨樱)

2. 韩国产业银行上海分行

韩国产业银行成立于1954年，是一家由韩国政府全额投资的政策性金融机构，总部设于韩国首尔。1996年，上海分行成立，是韩国产业银行在中国开设的第一家分行，依托产业银行总行的企业金融优势和客户的信任，上海分行于2000年开始了人民币业务并提供多种金融服务，积极与中国企业及中国的韩国企业谋求共同成长。截至2014年，韩国产业银行在中国北京、上海、广州和沈阳共开设了4家分行。

【信贷审批】 对于国际授信业务，韩国产业银行总行根据企业信用等级和净授信额设置了不同级别审批权限机构，最高为信用委员会，其下面依次为部门信用委、信用小委、海外分行信用委。海外分行信用委设置在分行，可受理特定金额以下的授信业务，超过特定金额以上的授信业务均要上报总行授信审批部，并由总行审批部上报相应审批权限机构进行审批。随着中国地区敞口日益增长，为了加强信贷事前审批，2014年9月总行企划部修订了《职务权限细则》中的国际授信审批权限，新设置了中国区担当审批权，由总行审批部直接将专职审批人员派遣至北京分行，暂主要负责原由海外分行信用委权限内审批的新增授信审批。

【内控管理】 一是全面风险管控体系。上海分行设立了业务部门、风险管理部和合规部、内审三道防线机制。业务部门作为业务开展的最前线，负责发现、评估、消除部门内的风险。风险管理委员会由行长任委员长，各业务负责人及风险管理委员会任命的职员担任委员。主要负责制定及修改风险管理方针或内部标准，处理风险管理的整体事宜以及其他委员长或委员认为需要审议、决议的事项。合规负责人向行长直接报告。内审部门作为最后一道防线，主要负责上海分行的自店监查业务并向行长直接报告监查结果以保证监查结果的独立性。二是合规文化建设。上海分行高度重视合规文化的建设，以“零案件、零隐患、零重大差错”为工作目标，重视监管政策与总行制度的执行，重视案防日常基础工作，每月定期举行全行合规培训，对各监管部门以及总行的最新文件和业内重大合规事件进行学习。强化内控合规体系的同时，提升了员工案防责任意识，防范了风险和案件的发生。

【系统建设】 上海分行高度重视第二代支付系统的推广工作，韩国总行也十分关心中国分行接入第二代支付系统的工作进展情况。在分行行长的领导和人行的统一部署和安排下，上海分行积极组织开展了第二代支付系统的验收准备和上线准备工作，主要包括机房环境、系统设备、技术支持、制度流程等方面的建设和完善。2014年9月20日，上海分行切换成二代支付系统直接参与者，顺利加入第二代支付系统。二代支付系统的投产上线完善了支付清算体系，维护了金融体系的安全、保证了全行系统继续高效运行。

【企业文化】 一是注重员工培训，建立内部培训和外部培训相结合的多模式培训体系。2014年上海分行针对贷款业务和衍生品业务，每周定期由各部门业务骨干主持，对员工进行了相关的业务培训。上海分行也积极的为员工创造外部培训的机会，组织员工参加监管部门、同业公会以及相关部门的各类专项培训，使员工更好的了解政策重点，提高业务能力。二是重视员工生活，创造良好工作环境。为了提高团队的凝聚力，上海分行积极举办员工运动会，组织了保龄球、羽毛球和乒乓球比赛。同时上海分行不断地完善休息室的餐饮茶歇区，为员工营造舒适便利的工作环境。

（韩国产业银行）

3. 韩亚银行(中国)有限公司上海分行

韩亚银行（中国）有限公司成立于2007年12月，总部设在北京，是最早进驻中国的韩资银行。2014年韩亚银行（中国）有限公司正式合并外换银行（中国）有限公司，原外换（中国）有限公司上海分行变更为韩亚银行（中国）有限公司上海浦东支行。2014年年末，包括总行营业部在内，韩亚（中国）在北京、上海、天津、广州、大连、青岛、烟台、沈阳、哈尔滨、长春、南京、西安等地拥有30多家分支机构，经营全面外汇业务和人民币业务。本着为中国各地区及客户提供更加优良的本土化金融服务的宗旨，韩亚银行（中国）有限公司积极实行本土化进程，不断地在中国内地扩大市场网点，已在中国多个城市构成了较为完整的一个金融网络体系，为中国金融革新而创造出与众不同的优质产品。业务种类涵盖存、贷款业务，银行卡业务，网上银行业务，理财业务，代理业务，资金业务，保管箱业务等几十余种产品，为客户提供优质的金融服务。

【吸收合并】 2014年12月12日，通过中国银行业监督管理委员会批准，韩亚银行（中国）有限公司成功吸收合并外换银行（中国）有限公司。根据合并协议以及股东协议，韩亚银行（中国）有限公司的注册资本由20亿人民币增加到33.5亿元人民币，两家股东——韩亚银行股份有限公司和韩国外换银行股份有限公司对韩亚中国的持股比例分别为59.7%和40.3%。合并银行将以成功的经验为基础，通过推进零售业务，开发韩国相关人气产品，推动具有划时代意义的本土化发展。

【推进新产品创新】 2014年继续加大了产品创新力度，提升了对客户的服务水平。特别是在零售业务方面，陆续开发了“韩亚168卡”，“韩亚同程卡”，“西安企福达卡”等银行卡产品，同时还推出了以个人客户为目标的个人出境旅游保函业务，个人银保业务，IC卡业务，韩亚168住房按揭贷款，以及韩亚168信用贷款等个人产品及服务，丰富了个人产品种类，进一步提升了银行的竞争能力，奠定了全行个人业务的基础。

【防御风险的稳健经营】 2014年，根据监管要求，结合实际情况，进一步加强了对风险管理的指导与监督，在努力健全风险管理体系、追求先进风险管理文化、实施稳健的风险管理战略等方面提供了宝贵的建议。2014年，分行对信用风险、市场风险、操作风险和流动性风险进行了有效地识别、计量、监测和控制，为提升公司核心竞争力、保障各项业务健康发展起到了至关重要的作用。

（韩亚银行）

4. 友利银行(中国)有限公司上海分行

友利银行（中国）有限公司上海分行前身韩国友利银行上海分行成立于1995年，2007年11月12日转制为法人银行—友利银行（中国）有限公司，总部设在北京，是中国首家具备法人资格的韩资银行。2014年10月30日林玟泽(LIM, GYO TAEG)正式担任友利银行（中国）有限公司上海分行行长职务。截至年底，友利（中国）在上海、北京、苏州、深圳、天津、大连、成都、和威海共设17家分支机构。可经营对各类客户的外汇业务和全面的人民币业务。上海设有浦西支行、吴中路支行和锦绣江南支行共3家支行。2014年底，友利银行上海分行总资产规模为35亿元。

【业务发展】 2014年3月，推出“访韩优惠卡”，为客户提供更多便捷的服务。4月，启动支付宝快捷支付项目，为客户提供更加快捷的支付方式。6月，CNAPS 2正式上线。7月，天津东马路支行开业，9月，推出友利EASY(易)小企业应收账款质押贷款，为小企业提供更加方便快捷的贷款形式。10月，为适应市场发展需要，丰富个人贷款产品种类，推出个人经营性贷款。

【特色产品】 访韩优惠卡为借记卡，依托韩国母行与韩国法务部、韩国文化体育观光部签订的合作协议及母行授权，面向对中国籍个人优秀客户提供韩国境内的各种优质服务。具有金卡的所有功能，属于友利银行金卡，对申请韩国多次往返签证提供便利，韩国境内机场出入境可享专用通道等多项优惠服务。

【社会责任】 友利银行自成立以来不断在环保、教育等领域开展公益事业。常年在北京大学、南京大学、吉林大学等5所重点高校设立奖学金;定期对孤儿院等公益机构开展捐赠活动;通过植树造林等实践绿色环保理念。

（友利银行）

友利银行访韩优惠卡

5. 永亨银行(中国)有限公司上海分行

永亨银行(中国)于2007年正式成立,总部设在深圳,是华侨永亨银行的全资附属银行,也是首家将总部设在深圳的外资法人银行。同年成立永亨银行(中国)有限公司上海分行。

永亨银行于1937年在广州市创立,最初经营金银找换业务并于1960年获香港政府发给银行牌照。1993年,永亨银行已经在深圳设立其大陆第一间分行。2002年,永亨银行深圳分行成为中国入世后第一批获得批准经营人民币业务的外资银行之一。2014年7月,永亨银行成为华侨银行之附属公司,与其他子公司如大东方控股、利安资金管理公司及新加坡银行同占市场领先位置。华侨银行是新加坡历史最悠久之银行,拥有超过630间分行及代表处,其国际网络遍布18个国家及地区。

【业务发展】 永亨银行(中国)以深圳为基地,以珠三角为发展中心,辐射全国。截至2014年底,永亨银行(中国)聘有超过800名员工,分支行网络遍布深圳、惠州、广州、佛山、珠海、上海及北京达15个网点。

永亨银行(中国)已推出一系列全面的商业银行产品和服务,如企业银行业务、楼宇按揭、"小东主"贷款、个人消费贷款、机器设备和汽车贷款、跨境业务、理财业务、保险销售代理、电话银行、借记卡、网上银行和ATM等。

永亨银行(中国)将为客户提供更多的市场、更庞大的银行网络及更广泛的产品及服务选择。此外,客户更可享华侨银行于亚洲市场专属的待遇。

（永亨银行）

6. 印度国家银行上海分行

作为首家印度在华成立的外资银行分行,印度国家银行上海分行自2006年4月正式对外营业以来已完成了近九年的成功运作。上海分行在短暂的经营年限内积累了良好的客户基础,资产规模稳步增长,信贷资产质量良好,不良贷款率为零,经营利润达到预期水平,建立了较为完善的组织架构、内部控制体系和风险管理机制。2013年印度国家银行天津分行成立,印度国家银行上海分行成为中国境内管理行,全面管理印度国家银行在华业务及发展。

【经营范围】 印度国家银行上海分行目前的经营范围为全面外汇业务和除中国境内公民以外客户的人民币业务,具体为:吸收公众存款;发放短期、中期和长期贷款;办理票据承兑与贴现;买卖政府债券、金融债券,买卖股票以外的其他外币有价证券;提供信用证服务及担保;办理国内外结算;买卖、代理买卖外汇;代理保险;从事同业拆借;提供保管箱服务;提供资信调查和咨询服务;经中国银行业监督管理委员会批准的其他业务。上海分行还可以吸收中国境内公民每笔不少于100万元人民币的定期存款。印度国家银行上海分行已经成为中印金融媒介的重要桥梁,促进并增加了双边贸易和印度对华投资,积极地参与各类官方的或非官方的论坛,促进并加强中印双边经济联系，尤其是中印间的贸易和其他服务。

【业务发展】 2014 年印度国家银行上海分行主营业务及发展状况如下：(1) 人民币业务。上海分行于 2010 年 3 月 15 日正式对外经营人民币业务。在近五年的经营过程中，上海分行人民币业务取得了快速增长，客户人民币需求量不断增加。除存贷款业务外，上海分行还加入了人民银行同城票据清算系统，向客户提供支票业务等票据业务服务。

(2) 贸易融资和普通贷款。上海分行贸易融资主要客户为来华投资企业及中印贸易相关企业。此外，分行还为企业进口原材料及境外用汇提供资金支持。

(3) 中间业务。与国际贸易结算相关的中间业务，如托收业务、信用证通知、信用证修改、信用证转让、信用证开证和出具银行保函等业务是上海分行中间业务收入的重要来源；随着中印两国交流合作日趋紧密，为外商投资企业、离岸企业的招标投标项目提供外币银行保函业务已成为上海分行中间业务收入的另一主要来源。

(4) 汇款业务。印度国家银行在全球 35 个国家设立超过 189 家分支机构；拥有超过 16 000 家国内分支机构；与全球 121 个国家的大约 500 家银行建立了代理关系，这些优势为便利贸易、快速汇款提供了坚实的保证。

(5) 资金及衍生产品业务。2014 年上海分行继续扩大与国内各银行的资金拆借业务，并积极开展衍生产品业务，资金拆借业务总量持续增加，并与各大银行建立了良好的合作关系，为印度国家银行在华快速发展奠定了基础。上海分行的另一项资金业务是为个人和居民企业提供外汇资金结汇、人民币资金购汇、以及外汇买卖业务，便利企业和个人境内外的资金需求。

(印度国家银行)

7. 马来西亚马来亚银行有限公司上海分行

马来西亚马来亚银行有限公司是马来西亚最大的本地银行，截至 2014 年底在中国大陆地区有上海，北京和昆明三家分行，其中马来亚银行上海分行于 2000 年 5 月 8 日批准成立，为马来亚银行在中国大陆地区的主报告行。2009 年，经银监会批准增资后，上海分行注册资本金为等值人民币 4 亿元。2012 年，经银监会批准，上海分行可以吸收中国境内公民每笔不少于 100 万元人民币的定期存款。2013 年经银监会批准，上海分行可以开办普通类衍生产品交易业务。马来亚银行上海分行现任行长由马来西亚籍人士担任，另有副行长 2 名。2014 年底，马来亚银行上海分行共有员工 56 人，其中 9 位是外籍人员。马来亚银行上海分行主要设立部门包括：营运部、企业银行业务部、信贷管理部、环球金融市场部、环球交易银行部、合规部、风险管理部、信息科技部及人力资源部，以上各部门紧密合作共同推动中国地区的各类业务发展。

【主要产品】 马来亚银行上海分行在经批准的经营范围内，积极向境内外客户开展本外币贷款和存款、提供信用证服务及担保、提供贸易融资、办理国内外结算、跨境人民币业务、衍生产品交易、办理结售汇及从事同业拆借等各项业务。全行以“用心服务”为出发点，了解客户的需求，最大程度地整合行内资源，努力为客户提供个性化的服务，较好地诠释了“以客户为中心”的理念，培养客户的忠诚度。

【主要业绩】 2014 年马来亚银行上海分行继续秉承稳健发展的作风，业务实现了较好的增长。2014 年底，分行本外币资产总额达到人民币逾 90 亿元，同比增长 60%，本外币贷款余额为人民币 35.11 亿元，同比下降 3.68%，表外资产余额达人民币 117 亿元，同比增长 312%，净利润达人民币 5 885 万元，同比增长 104%。

【新业务】 马来亚银行上海分行于 2014 年推出了人民币结构性理财产品，挂钩利率和汇率，根据客户不同的风险偏好，为其提供适合的理财投资产品。在银行同业业务方面，上海分行继获得人民币对林吉特做市商资格后，于 2014 年获中国人民银行批准成为银行间外汇市场人民币对新加坡元直接交易做市商，切实履行义务，连续提供人民币对新加坡元的买、卖双向报价，为中新两国人民币对新加坡元直接交易市场提供流动性。

【金融文化】 马来亚银行上海分行秉承集团一贯的核心价值理念——TIGER(团队合作，诚信，成长，效率，良好关系)，认真贯彻监管部门风险防控的精神，切实加强合规文化建设，结合各部门、各岗位实际情况落实案件防控职责，进一步深化员工行为管理，通过案件风险滚动排查和风险预警，排除分类风险隐患，做好案件防控工作。加强风险管理条线建设，充实信贷风险、市场风险、操作风险各条线的管理人员，全面保障马来亚银行上海分行的健康发展。在信贷资产质量管理方面，保持信贷适度、均衡增长，同时密切跟踪国家经济金融形势、政策调控变化情况，加强对房地产、热点行业的风险监测，将有限的信贷资源投向符合国家宏观经济政策且经营规范、具有良好市场前景的客户，支持实体经济的发展，扶持中小企业；严格执行贷款新规，不断提高贷款“三查”水平，确保信贷资产质量稳定。

【社会责任】 2014年金秋，马来亚银行上海分行与上海银监局外资银行分行非现场监管处共同组织了社会责任日活动，将关爱带给了一群来自星星的孩子们——自闭症儿童，与上海虹口七色花特殊儿童学校的28名自闭症儿童组成临时家庭，共同游玩了上海动物园，不少员工还带来了自己的孩子，让自闭症孩子与普通孩子在互动中增强交流，通过游戏和歌舞，增进彼此间相互的了解，帮助自闭症孩子适应集体环境，展现孩子最天真活泼的一面。在活动结束后，马来亚银行上海分行还为孩子们送上了一份小小的礼物，有零食和学习用品，祝愿这群来自星星的孩子们能茁壮成长。

（马来亚银行）

8. 澳大利亚西太平洋银行有限公司上海分行

澳大利亚西太平洋银行有限公司是澳大利亚10大上市公司之一，截至2014年9月30日，澳大利亚西太平洋银行的市值为1 000亿澳元，总资产达7 710亿澳元。其前身是创建于1817年的新南威尔士银行，1982年更名为西太平洋银行，是澳大利亚第一家银行，总行位于澳大利亚悉尼。

西太平洋银行是第一家在中国大陆设立分支机构的澳大利亚银行，西太平洋银行北京代表处于1982年设立。2014年末，西太平洋银行在中国大陆拥有两家分行和一家支行，上海分行于2008年1月正式对外营业，北京分行于2011年7月正式对外营业，上海自贸试验区支行于2014年12月3日正式对外营业。上海分行为西太平洋银行在中国境内的管理行。经中国银监会核准，上海分行于2014年11月完成人民币营运资金20 000万元人民币等值的自由兑换货币的增资。

【目标客户】 上海分行有明确的目标客户，主要为在中国发展业务或者寻求在中国发展的澳大利亚和新西兰等国的企业、同澳大利亚和新西兰等国进行贸易往来或者投资的中资企业、和西太平洋银行保持着全球合作关系的跨国企业提供服务。

【人民币业务】 上海分行于2011年获得人民币业务经营资格，开展对除中国境内公民以外客户的人民币业务。2014年，上海分行在现有外币海外代付业务的基础上，新增了人民币海外代付业务，进一步扩大了跨境人民币业务项下的种类。上海分行继续拓展人民币信贷业务，通过提供多方位、高质量的金融产品及银行服务确保西太平洋银行在中国的竞争力。

【新业务】 （1）2014年1月13日，上海分行向上海银监局报备，正式开展备用信用证业务。（2）3月18日，中国人民银行正式批准澳大利亚西太平洋银行成为中国境内银行间外汇市场首批人民币对新西兰元直接交易做市商。上海分行自2014年3月19日起，正式进行人民币对新西兰元直接兑换交易。（3）上海分行于2014年6月加入全国银行间债券市场，参与人民币债券交易业务。

【获得奖项】 2014年度银行执行外汇管理规定情况考核等级为A级（外汇管理局）；2014年度银行间外汇市场即期最具潜力做市会员奖（人民银行）；2014年度上海市外资金融机构统计工作考核三等奖（人民银行）。

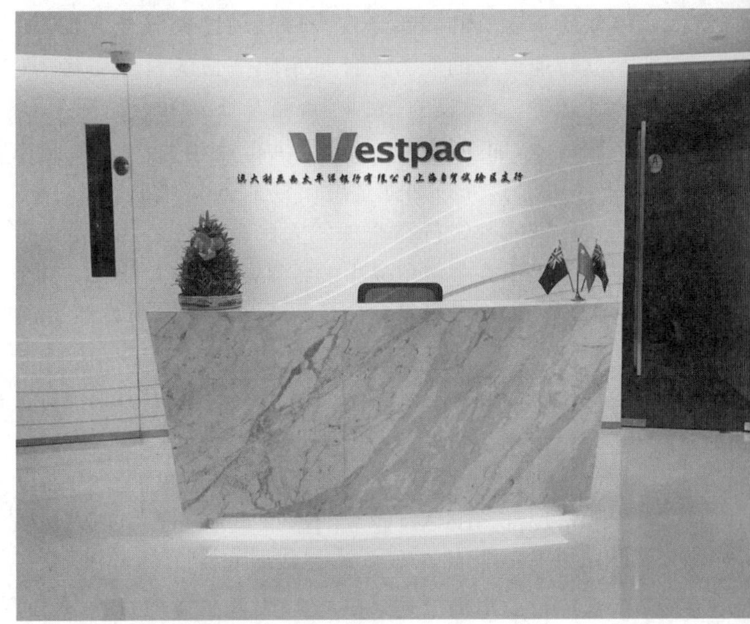

澳大利亚西太平洋上海自贸试验区支行于2014年12月3日正式开业

【社会责任】 上海分行将“可持续发展”作为银行发展的重要组成部分，并将此概念充分地融入银行的战略，价值观，企业文化和工作流程。2014 年 4 月 25 日，上海分行参加了“米饭妈妈”社会公益活动，为“米饭妈妈”孤儿院的盲童送去了温暖，献出了一份爱心。

（西太平洋银行）

9. 澳大利亚澳洲联邦银行公众股份有限公司上海分行

根据澳大利亚的法律，澳洲联邦银行于 1911 年在澳洲注册成立并于 1912 年正式运营。截至 2014 年 12 月 31 日，按市值计算，澳洲联邦银行是澳大利亚第一大银行及世界第十大银行，并连续保持标准普尔“AA－”，穆迪投资者服务“Aa2”以及惠誉国际评级“AA－”的评级。澳洲联邦银行于 1994 年在北京成立了第一家中国代表处，并于 1995 年成立了上海代表处。2009 年 11 月上海代表处升级为上海分行，并于 2010 年 3 月 1 日正式运营。迄今为止，澳洲联邦银行上海分行通过不断的努力，已经拥有了稳固的客户基础。

【主要业务】 自开业以来，在总行总体海外发展战略的指引下，分行结合当地市场的情况，制定了一系列业务发展的战略。上海分行的主要策略为：(1)支持集团环球贸易及交易服务的战略发展。加快贸易融资的产品开发、流程、风控和服务。(2)树立行业专家的能力。针对集团擅长的自然资源、交通运输、基础设施、农业，食品及饮料和金融服务机构行业，加强行业知识及提供行业相关的金融服务专业能力。(3)加强金融市场业务领域的能力。支持澳洲联邦银行在全球的人民币服务能力，帮助提高人民币在中澳贸易中的结算规模。(4)提高产能。加强技术和后台支持的效率为将来业务更好的发展作准备。上海分行已经和自然资源行业内(包括石油，金属和矿产)的跨国公司在华企业和中国本地的国企建立了联系和开始了业务合作。

【目标客户】 上海分行的业务与集团机构银行和市场部(IB&M)业务的全球策略一致，即专注于和澳大利亚有紧密关系以及那些在 IB&M 拥有专长的行业里的公司。其中包括了在自然资源、交通运输及基础设施、以及农业食品和饮料行业里的高评级客户。目标是利用自身的行业知识以及在全球市场、全球贸易和交易性服务的能力，成为中国和澳大利亚/新西兰之间机构和企业贸易的领先外资银行。

【主要业绩】 上海分行经历了健康的成长，2011—2014 年连续四年保持盈利，建立了良好的客户基础和完善的内控制度。2011 年上海分行的贷款余额同比增长 85%，2012 年又在此基础上同比增长 13%。2013 年在贷款余额与 2012 年持平的基础上，新增 100%金融机构长期借款。2014 年贷款余额同比增长 70%。截至 2014 年底，上海分行总资产 25.7 亿元人民币，增长 32%，净利人民币 2 463 万元，增长 40%。累计未分配利润为人民币 5 283 万元。

（澳洲联邦银行）

10. 俄罗斯外贸银行公开股份公司上海分行

俄罗斯外贸银行总行成立于 1990 年，是俄罗斯第二大银行及全俄国际化程度最高的银行，在俄罗斯、独联体、西欧、亚洲、非洲等 19 个国家和地区设立了分、子行。俄罗斯联邦政府是俄罗斯外贸银行的最大股东，拥有全部股份的 60%以上。在国际信用评级机构“穆迪投资者服务公司”、“标准普尔”的评定中，俄罗斯外贸银行在俄罗斯各银行中拥有最高的信用等级。俄罗斯外贸银行上海分行于 2007 年 12 月 28 日获得了银监会颁发的金融许可证，于 2008 年 3 月正式对外营业。VTB 上海分行于 2013 年 5 月正式开展人民币业务，2014 年开始开展人民币跨境结算业务和代理结算业务，为客户提供更多的本币业务品种。

【业务发展】 俄罗斯外贸银行上海分行是中国境内唯一一家俄资银行营业性机构，目标客户是中俄以及独联体国家从事石油、石化、化工、重型机械制造、建筑、运输、通讯、动力工程、制药以及轻工业的大中型客户，业务种类有人民币及外币(包括卢布)存款、贷款、结算、外汇买卖、信用证及保函、网银等银行业务。

(1) 信用证贸易融资方面，由于对俄罗斯及独联体国家的银行足够了解，可以为买方提供贸易融资，因此为俄罗斯及独联体银行开立的远期信用证的贸易融资业务是分行的核心业务之一，合作的银行除包括俄罗斯外贸银行总行、俄罗斯境内分行、Bank of Moscow(总行在俄罗斯国内控股子公司)、白俄罗斯子行、哈萨克斯坦子行、格鲁吉亚子行、亚美尼亚子行、安哥拉子行等关联机构外，还包括其他俄罗斯银行，以及白俄罗斯、乌克兰等独联体国家银行。此外，分行还与中资银行开展了信用证项下的融资业务。

(2) 信贷业务方面，主要为两类客户提供贷款：一是俄罗斯集团客户在中国设立的分、子公司，或中国跨国企业在俄罗斯/独联体国家设立的分、子公司，大客户涉及的领域有：石油、航空、航天、核能、电信、铁路、海运、船舶和机械制造等；二是与俄罗斯/独联体国家有贸易往来的中国企业。

(3) 卢布业务方面，作为在中国境内的俄罗斯银行，俄罗斯外贸银行上海分行可以为中国客户提供卢布结算业务，包括存款、贷款和外汇买卖。随着中俄两国本币结算业务的逐步推进，卢布结算逐步成为中俄客商的选择之一，特别是对于同时从事进口和出口的客户，选择卢布结算能最大限度地避免汇率损失。

2010 年 10 月 22 日，经中国人民银行货币政策司批准，俄罗斯外贸银行上海分行成为中国银行间外汇市场第一批人民币兑卢布外汇做市商。在 2010 年 11 月 22 日，中国外汇交易中心正式挂牌人民币兑卢布交易后，俄罗斯外贸银行上海分行开始正式履行做市商义务，向市场连续提供人民币兑卢布买卖双边报价，为市场提供充足流动性。俄罗斯外贸银行上海分行较好地完成了人民币兑卢布外汇做市商的角色，交易量逐年攀升，2012 年俄罗斯外贸银行上海分行获得由中国外汇交易中心颁发的 2011 年度最大进步会员奖，2014 年全年交易量突破了 350 亿元人民币，在银行间市场人民币兑卢布交易量和交易笔数上均排名第一，并在中国外汇交易中心的全部成员中排名第 70 位。

【重点项目】 俄罗斯外贸银行上海分行积极参与中俄之间的大项目，在俄罗斯客户中享有盛誉，上海分行同时兼具地域和语言的优势，在大项目保函的开立中发挥了桥梁作用。2014 年 9 月俄罗斯和中国达成协议，以卢布和人民币形式进行更多双边贸易的结算，促进中俄贸易的进一步发展。

(俄罗斯外贸银行)

11. 比利时联合银行股份有限公司上海分行

比利时联合银行股份有限公司上海分行成立于 1997 年，是比利时联合银行股份有限公司在中国的唯一分行。主要产品有：本外币的短期和中长期贷款；贸易融资—进出口信用证结算、人民币票据贴现、保函；资金交易—即期、远期外汇交易、结售汇；银行账户服务—本地货币收付；国内外收付款；银团贷款。

【主要业务】 2014 年，比利时联合银行股份有限公司上海分行具有全面外汇业务资格和除中国境内居民外的人民币业务资格，并可以办理中国境内居民每笔不少于 100 万元人民币的定期存款资格。比利时联合银行股份有限公司上海分行的服务对象以制造型中小企业为主，分行主要依托母行在欧洲的网络优势，致力于为集团网络客户在中国的分支机构提供良好的金融服务，并帮助其在中国市场的发展。此外，分行也重视对中国市场的开拓，通过提供个性化的优质服务，已经与许多本土企业发展了长期稳定的合作关系。

【风险管理】 比利时联合银行股份有限公司始终认真贯彻最新巴塞尔协议的各项内容，并按照其相关要求，制定一系列的风险控制标准，以此有效规避各类风险。2014 年，上海分行更是秉承合规经营的理念，特别重视风险管理方面的工作，始终根据监管当局的要求，认真贯彻落实各项政策、法规，努力加强内控制度建设，同时强化分行员工的合规意识，将合规经营的理念渗透给每一名员工，形成了自下而上主动合规的企业文化。

(严谨瑜)

12. 德意志银行(中国)有限公司上海分行

德意志银行最早于 1872 年进入中国，在上海设立其第一家海外办事处。2008 年德意志银行在中国注册法人银行，德意志银行(中国)有限公司总部设在北京，北京、上海、广州、天津、重庆和青岛设有分行，并在中国(上海)自由贸易试验区设有支行。德意志银行在香港特别行政区设有地区中心。在 2014 年，香港地区中心迈入其第 56 周年历史。德意志银行还在北京和上海设有证券业务代表处。

【自贸区】 2014年5月，德意志银行(中国)有限公司上海自贸试验区支行正式开业，侧重服务企业和金融机构客户针对跨境交易的需求，为其提供全方位的资本市场解决方案、现金管理和贸易融资服务。具体服务项目包括人民币境外放款业务自动扫款服务、双向人民币资金池业务、应付和应收账款、外汇、利率对冲、供应链财务解决方案、结构性大宗商品贸易融资、结构性贸易和出口融资及其他金融解决方案。

【业务发展】 通过迅速的自身发展和战略投资，德意志银行全球核心业务均在中国得以积极开展，其中包括公司金融咨询、资本市场、金融交易业务、以及资产与财富管理。德意志银行入股华夏银行。华夏银行是一家在上海证券交易所上市的全国性股份制银行。2008年10月和2011年4月德意志银行两次增持华夏银行股份，2014年所持股比已达19.99%。

(德意志银行)

13. 德国北德意志州银行上海分行

北德意志州银行是德国十大银行之一，总部位于德国北部城市汉诺威。德国北德意志州银行上海分行于2004年3月由中国银行业监督管理委员会批准成立，在下列范围内经营对各类客户的外汇业务以及对除中国境内公民以外客户的人民币业务：吸收公众存款；发放短期、中期和长期贷款；办理票据承兑与贴现；买卖政府债券、金融债券，买卖股票以外的其他外币有价证券；提供信用证服务及担保；办理国内外结算；买卖、代理买卖外汇；从事同业拆借；提供保险箱服务；提供资信调查和咨询服务；经中国银行业监督管理委员会批准的其他业务。吸收中国境内公民每笔不少于100万元人民币的定期存款(涉及行政许可的凭许可证经营)。2014年，上海分行专注于公司及贸易融资业务，未开办零售业务和理财业务。

【贷款】 2014年度，人民币业务发放的贷款增多，因此贷款余额同比增加。贷款客户对象包括上市公司及其子公司、具有德国背景的中小型外商投资企业等。上海分行有关贷款人和担保人的资信及项目的可行性均经上海分行、新加坡地区总部及德国总行有关部门详细分析后才给予授信承诺。

【贸易融资】 2014年度，上海分行还是与中外资银行积极开展涉及信用证项下代付、托收项下代付、汇款项下代付、一二级市场福费廷等内容的业务合作。

【资金业务】 上海分行已于2004年取得金融衍生产品交易资格，2005年取得远期结售汇业务许可，目前可以为各类客户提供全面资金业务。

(蒋 晨)

14. 德国商业银行股份有限公司上海分行

德国商业银行股份有限公司于1993年在上海建立了其在中国的第二个代表处。1994年7月，经中国人民银行批准，德国商业银行股份有限公司上海代表处升格为上海分行，2000年8月开始经营人民币业务。2009年1月德国商业银行股份有限公司收购了原德国德累斯登银行股份公司，并于2009年5月11日完成了与原德国德累斯登银行股份公司的合并，上海为亚洲总部所在地。2014年，德国商业银行股份有限公司上海分行的营运资金约为8.5亿元人民币，包括外汇业务营运资金4 100万欧元和人民币业务营运资金人民币4.5亿元。上海分行可以开展各类客户的外汇业务，及对除中国境内公民以外客户的人民币业务。此外，德国商业银行股份有限公司上海分行已获准吸收中国境内公民每笔不少于100万元人民币的定期存款。上海分行与约80家中国银行保持业务往来。

【业务发展】 德国商业银行股份有限公司上海分行现共有企业客户部、贸易融资及结算服务部、财务控制与会计部、资金部、信贷部、运营部等12个部门。上海分行充分把握了国家对外资银行不断开放的政策，积极地扩展各项业务。经过十多年的发展，上海分行拥有了一支专业的、高效率的营销团队，建立了有效的风险信贷管理机制，培养了一批富有极强责任心的后台操作人员，为客户提供了满意的商业银行服务。

【金融服务】 上海分行提供的服务主要包括：企业/项目融资(包括流动资金贷款、中长期贷款、银团贷款、项目融资等)、贸易融资(各类进出口结算业务、保函、福费庭等)、外汇交易(即期和远期外汇交易、即期和远期结售汇交易，外汇掉期交易)、人民币跨境交易、本外币账户结算以及金融咨询。

2014年,上海分行的各项业务稳步开展。至2014年底,上海分行共有员工112人,本外币总资产152.55亿元。

(德商银行)

德商银行上海分行举行20周年开业纪念庆典

15. 法国兴业银行(中国)有限公司上海分行

法国兴业银行是法国10大企业之一,在欧元区金融机构中处于领先地位。1994年12月18日,法国兴业银行获得中国人民银行批准,在上海设立法国兴业银行上海分行,并不断拓展业务范围,逐步完善产品线,建立了稳定的客户关系。法国兴业银行(中国)有限公司上海分行于2009年11月2日获得了中国银行业监督管理委员会批准,将业务范围扩大至对各类客户的外汇业务和人民币业务。法国兴业银行(中国)有限公司上海分行引用母行成功的经营理念和管理制度,建设企业信用文化,引进专业人才,加强风险控制,并坚持与中国发展的实际情况相结合,在商业及个人银行、企业及投资银行和私人银行等优势业务领域,努力为中国客户提供优质且全面的金融服务:

【企业与投资银行业务】 法兴(中国)充分利用其在投资银行、环球融资和环球市场中的优势为各行各业的客户提供个性化的金融解决方案,为客户创造价值。在投资银行方面,可以为客户提供全球咨询策略、并购、战略股权交易、股权和债权结构、资产和负债管理等战略咨询和融资方案;在环球融资方面,主要为客户提供整合融资、结构性金融和对冲保值方案;在环球市场方面,主要为客户提供跨资产投资和风险管理方案。

【商业银行业务】 法兴(中国)凭借丰富的金融专业经验和强大的服务网络,致力于与企业建立长期伙伴关系。在商业银行业务方面,为客户提供了商业信贷、贸易融资、现金管理等金融产品和服务。在商业信贷方面,法兴(中国)根据客户的资金和流动性需求量身定做解决方案,为企业客户提供各种形式的本外币贷款,包括流动资金贷款、中长期贷款、跨境融资和银团贷款等。在贸易融资方面,法兴银行在法国、俄罗斯、东欧、西北非等国家和地区拥有强大的分行网络以及贸易融资实力,这使得法兴(中国)可以在境内提供差异化的贸易融资服务,从而为企业客户提供全方位的产品和服务,具体包括信用证项下的进出口贸易融资服务、国内贸易融资产品,以及保函、备用信用证的开立等。法兴(中国)具有专业的产品设计团队和较强的单据处理能力,可以为客户量身定制合理化的贸易融资方案,提供快速的文件处理、及时的单证跟踪和优良的结算服务。同时,法兴(中国)也为企业客户提供全面的现金管理服务,包括提供本外币账户管理、收付款服务、本外币兑换、资金池、透支账户、网上银行以及投资理财等现金管理产品。

【个人银行业务】 法兴银行立志成为客户最好的银行合作伙伴和可靠的理财顾问。法兴(中国)依托遍及全球的法兴银行分支网络、精英团队对金融市场的敏锐洞察力,以及强大的产品研发能力,根据客户的具体情况,优选适合客户需要的产品组合。法兴为中国的个人投资者度身定制了"尊享黑金理财"以及"红钻创享理财"两大金融服务,旨在提供一对一贴心服务及整合理财方案。法兴(中国)个人银行提供的金融产品和服务包括现金存取款服务、个人投资理财产品、房屋按揭贷款服务、保险以及网上银行、电话银行、传真银行等远程银行服务。

【私人银行业务】 法兴(中国)为私人银行客户提供财富管理服务,包括财产规划和财务结构安排、专业的结构性产品等。

2014年法兴(中国)上海分行已在上海建立了2家同城支行,上海浦西支行以及上海自贸试验区支行，表明了在中国布局进程的加快。

（法兴银行）

16. 荷兰安智银行股份有限公司上海分行

荷兰安智银行上海分行成立于1996年，注册资本为人民币8亿元，可以经营所有的外汇业务和除中国境内公民以外其他客户的人民币业务。荷兰安智银行股份有限公司上海分行是荷兰安智银行在中国银行业务的中心，2006年12月由荷兰商业银行股份有限公司上海分行更名。截至2014年，荷兰安智银行股份有限公司在中国只有上海分行一个营业性分支机构，在北京为代表处，目前已设立北京分行筹备组。

荷兰安智银行上海分行一直积极地为客户提供金融顾问服务，包括存贷款业务，信用证服务，担保，国内外结算，买卖外汇，买卖债券，同业拆借等。在贷款和贸易结算方面，提供包括各种短中长期贷款、信用证开证、信托收据融资、出口押汇和汇款业务，并擅长提供结构性的专门融资安排，如项目融资、银团联贷、大宗商品融资和福费廷等业务。在资金业务方面，提供包括同业拆借、外汇交易、外汇远期和期权、利率远期、期权和结构性存款在内的全面金融产品服务。

【主要业绩】 上海分行秉承稳健的经营理念，在有效控制风险的前提下积极扩展业务。由于受到国际经济金融环境不稳定等因素的影响，2014年上海分行各项核心业务仍然在稳定发展，上海分行共实现营业利润人民币16 101.84万元，营业利润比2013年减少18.57%。这是由贷款拨备计提引起的。对于外国银行分行的贷款拨备计提在过去允许由总行拨付，但是为了更好的监测本地拨备计提，安智银行决定从2014年12月起进行本地的贷款拨备计提，即在2014年利润表上反映为1.2亿元的损失。若去掉以上的影响，上海分行的营业利润将有42.13%的增长。分行贷款业务积极开展，贷款仍为资产中的主要组成部分和银行主要收入来源。贷款业务主要包括短期融资，中长期项目融资和银团贷款。同时，金融市场同业业务得到进一步加强，大宗商品贸易融资业务进一步扩大，投资业务发展迅速。

【主要业务】 上海分行大力发展人民币业务。随着人民币业务的自由度的扩大，着力发展为国际大企业、大型欧洲企业、本地蓝筹公司、良好的中资客户提供优质的人民币业务。分行的主要客户为与总行有多年合作经验且信用优良的跨国企业，以及财务健康、资信良好、具有行业领头羊地位的中资企业。跨境人民币业务稳步有序发展，2014年继续与在分行开户的境外参加银行保持良好的合作关系。

企业融资部门2014年的主要业务仍然为对外资企业和中资企业的人民币贷款业务。2014年由于全球经济增长缓慢，再加上多数行业存在产能过剩现象，企业新增投资意愿减弱，所以2014年企业融资部门新增贷款规模较往年有所回落。另外，2014年市场流动性一直并不宽松，资金成本呈高位盘整状态，故贷款利差有所收窄。2014年企业融资部全年盈利较2013年相比依然稳定发展，贷款质量良好，全年未发生任何贷款逾期还款情况。大宗商品贸易融资方面，尽管全球经济环境依然不容乐观，但在严格的管理制度及风险审查下，贸易融资部业务保持持续稳定发展，所有放贷未发生逾期还款现象。

金融市场业务方面，2014年度的业务指标都顺利完成，在信用额度方面，成功开展了一些长期限的交易。这充分显示了分行对中国市场的投入和对中资银行的信心。

【社会责任】 荷兰安智银行上海分行在华业务发展过程中，一直积极承担着企业应尽的社会责任及义务，热心投身于中国的慈善事业。在慈善公益事业方面，荷兰安智银行持续执行和扩大总行的"Chances for Children"（CFC）活动。分行每年都定期与官方或民间慈善组织机构开展合作，不仅积极捐款、捐赠实物（教学用具、教科书、文体用品等），还鼓励员工一起参与到慈善活动中，从而大大提高员工与企业的社会责任感。分行曾资助上海本地的农民工小学并安排员工定期拜访，捐赠教学用品、给学生授课、建立奖学金；分行还连续两年连同安智其他分行（香港、台北分行）同事轮流组织去贵州苗寨探望贫困地区学生，并于暑假期间安排当地学生来沪参加夏令营，分行员工利用自己业余时间陪同学生参观上海景点并组织聚餐等，给参与该活动的每一位员工及受帮助的学生都留下了美好、深刻的印象。2014年分行还在员工间发起了爱心礼包认领活动，所得善款全部用于购买学习、生活用品，并由全体员工根据各个受助家庭的需求亲自分配、打包，以用于资助四川芦山地震灾区儿童的生活及学习，员工们的真诚努力也得到了受助家庭的热忱反馈。

（安智银行）

17. 瑞典北欧斯安银行有限公司上海分行

瑞典北欧斯安银行有限公司总部设在瑞典首都斯德哥尔摩，为北欧最主要的金融机构之一。

在中国，首先于 1983 年在北京设立代表处，2005 年在上海开设了分行。瑞典北欧斯安银行有限公司上海分行是其总行在中国各项银行业务服务中心，为 300 多家公司客户提供包括人民币和外币业务在内的全方位的金融服务。上海分行的业务范围包括账户开立和支付、企业贷款、现金管理、贸易融资、项目融资、外汇以及资金交易等。分行交易室还为客户提供即期货币兑换，以及外汇敞口的远期、掉期套期保值。

【金融服务】 上海分行于 2009 年 4 月正式获得中国银行业监督管理委员会批准，对除中国境内公民以外的客户开展人民币业务。随后，逐步向企业客户提供包括存款、贷款、贸易融资、人民币账户以及现金管理服务在内的各项往来结算服务。分行在 2014 年进一步深化人民币业务能力，构建更为显著的信贷资产规模，继续为企业客户特别是北欧和德国企业在华的中小微型公司提供贷款票据贴现、贸易融资、现金池、透支、贴现业务等服务，并开展与之相关联的电子银行方案等多元化的产品和服务。此外，随着跨境人民币国际化的进一步深入开展，分行也积极地加入和推广此项业务。

【重点项目】 上海分行自成立之初至今，已获得了全部外汇业务及人民币业务的经营资格，主要包括即期结售汇业务资格、衍生产品交易业务资格、对客户远期结售汇业务资格以及对客户人民币与外币掉期业务资格、人民币现金管理以及贷款业务。至此，分行的经营范围扩展至对各类客户的全面外汇业务以及对除中国境内公民以外客户的人民币业务。

分行在 2014 年加大发展外汇买卖、结售汇等外汇交易相关的业务，在服务原有客户的基础上，拓展目标客户群，增强外汇衍生产品营销力度，加深与国内大中型金融机构的资金往来业务，扩大银行自身在国内市场上的知名度。

（北欧斯安银行）

18. 瑞典商业银行公共有限公司上海分行

瑞典商业银行公共有限公司成立于 1871 年，总部位于斯德哥尔摩，是一家提供全方位金融服务的国际化金融机构。瑞典商业银行公共有限公司上海分行于 2005 年 6 月成立，成为第一家在中国取得营业资格的北欧银行，2008 年底，上海分行又率先获准开展除中国境内公民以外客户的人民币营业资格。

【经营范围】 上海分行的经营范围为全面外汇业务和对除中国境内公民以外客户的人民币业务，具体包括吸收公众存款，发放短期、中期和长期贷款，办理票据承兑与贴现，买卖政府债券、金融债券，买卖股票以外的其他外币有价证券；提供信用证服务及担保，办理国内外结算，买卖、代理买卖外汇，从事外币兑换，从事同业拆借，从事银行卡业务，提供保管箱服务，提供资信调查和咨询服务，经中国银行业监督管理委员会批准的其他业务。上海分行还可以吸收中国境内公民每笔不少于 100 万元人民币的定期存款。

【主要业务和客户】 2014 年，上海分行的客户主要是北欧四国，以及英国、德国、荷兰等国在华的分公司和子公司。自 2008 年获得人民币业务资格以来，分行人民币业务发展迅猛，客户数量不断增加，对人民币贷款、人民币一般存款账户透支、银行承兑汇票贴现、人民币汇款等业务需求逐步增长。外汇业务方面，分行提供外汇贷款、外汇资金结汇、人民币资金购汇以及外汇买卖业务等，业务规模呈上升态势。衍生产品方面，分行提供对客远期结售汇和对客人民币与外币掉期业务，客户需求不断增长。中间业务方面，分行提供托收、信用证通知、信用证修改、信用证转让、担保和保函、保理、贸易融资、福费庭和进口信用证再融资等业务，发展势头良好。资金拆借方面，分行积极与国内银行开展资金拆借业务，不断拓展新的同业合作伙伴。

（瑞典商业银行）

19. 瑞典银行有限公司上海分行

瑞典银行成立于 1820 年，是北欧及波罗的海地区历史最悠久，规模最大的银行，总部位于瑞典首都斯德哥尔摩。

瑞典银行于 2001 年 1 月在上海设立了代表处，是第一家在上海设立代表处的北欧银行。瑞典银行有限公司上海分行系按照《中华人民共和国外资银行管理条例》的规定，由瑞典银行有限公司于 2007 年 4 月 27 日在上海设立的外国银行分行。经营期限为 30 年，主要从事对各类客户的外汇业务以及对除中国境内公民以外客户的人民币业务。分行运营资金为 5 亿元人民币，其中外汇运营资金为等值 2 亿元人民币的美元，人民币运营资金 3 亿元人民币。

【目标客户】 瑞典银行上海分行的战略目标是通过支持北欧和中国两国的企业，提供优质完善的金融服务，使瑞典银行上海分行成为联系、促进中国和北欧两国经济文化交流的桥梁。一直秉承"以客户为中心"的经营理念，成为客户眼中称职的，有创新精神的商业伙伴和一家高效的营销机构。同时，通过积极有效的市场营销和严格的内控制度，达到安全性、流动性、稳定性的要求指标的管理经营模式。

【主要业务】 瑞典银行有限公司上海分行为中国、北欧及波罗的海国家的公司客户提供全面外汇及人民币服务，包括且不限于存贷款服务、支付服务、贸易融资服务、外汇交易产品和与银行业务相关的咨询服务。2014 年度上海分行经营情况良好，业务量及客户量增长迅速。各项核心业务仍然在积极稳定增长中。双边贷款和贸易融资是上海分行的主要业务之一。客户主要为北欧、波罗的海和俄罗斯企业在中国的子公司。贸易融资包括提供信用证，备用信用证，托收，保函，贸易融资，打包贷款等各种各样的贸易融资服务来支持客户在国际和国内的业务运作。

【合规管理】 上海分行严格要求员工遵守当地的法律、法规和监管机构的规定及银行的内部条例，同时严格按照监管当局的要求，加强分险控制，建立了业务操作前台和后台结合的管理模式，严格执行各项合规性操作。

（瑞典银行）

20. 瑞士信贷银行股份有限公司上海分行

瑞士信贷银行股份有限公司是一家集投资银行、私人银行及资产管理于一体的国际知名金融公司。瑞士信贷银行股份有限公司上海分行成立于 1994 年 7 月，是瑞士籍银行的在华首家外资银行分行。开业至今，瑞信上海稳健经营持续盈利，并在监管当局保持着良好的合规经营纪录。经中国银监会批准，瑞信上海可经营对各类客户的外汇业务及对除中国境内公民以外客户的人民币业务，可以吸收中国境内公民每笔不少于 100 万元人民币的定期存款。瑞信上海目前的主营业务为本外币贷款、人民币债券业务、衍生产品业务。

截至 2014 年底，上海分行本外币总资产为 147 亿元人民币，其中外汇总资产折合人民币 41 亿元；本外币营运资金合计为 4 亿元人民币，其中外汇营运资金为 2 亿元人民币，人民币业务资本充足率为 77.19%。

【主要业务】 贷款方面，2014 年上海分行，有 5 笔本外币贷款，主要用于支持客户的短期流动性需求及固定资产需求。截至 2014 年 12 月 31 日，分行客户外币贷款余额为 1 425 万美元。交易方面，上海分行积极活跃在银行间外汇、债券及利率衍生品市场。全年在银行间外汇市场交易总量达美元 1 469.02 亿元，利率掉期交易总量为人民币 622.27 亿元，债券交易总量为人民币 19.22 亿元。瑞信上海分行获得了 2014 年度银行间外汇市场最佳远掉会员奖、远掉最具做市潜力会员奖。

2014 年 6 月，经银行间市场清算所股份有限公司(简称"上海清算所")审议通过，瑞信上海成为上海清算所人民币利率互换集中清算会员。

【产品创新和发展】 瑞信上海分行一直以来都走在金融改革创新的前沿，致力于风险可控的情况下，积极开展适合瑞信上海业务模式的新产品和新业务。对于新产品的创新，瑞信上海分行在积极探索开展包括但不限于公司债的交易、国债期货交易、在上海期货交易所进行商品期货的交易、并购贷款、资产证券化等业务。

【社会责任】 2014 年，瑞信上海分行的员工参与了以下慈善活动：(1)加入亚太地区企业公民美丽中国笔友项目，与云南省中学生结为笔友。(2)参加 2014 年地球一小时活动，以示瑞信上海在环境和气候变化上做出的努力。(3)11 月 18 日，瑞信上海的 12 名员工参加了 Calello Global Challenge 组织的体育活动，并为癌症研究组织募集了港币 3 566 元。

（瑞信上海）

21. 西班牙桑坦德银行有限公司上海分行

桑坦德银行是一家多元化的全球金融服务集团，是欧元区最大的银行，总部设在西班牙北部桑坦德。西班牙桑坦德银行有限公司上海分行于 2008 年 8 月 25 日经中国银行业监督管理委员会批准成立，注册及营业地址为上海市浦东新区世纪大道 88 号金茂大厦 2001-2002 室，现任负责人为欧安和先生(Ortiz Calle Angel)。中国银监会已于 2012 年 4 月 9 日正式批准上海分行经营对除中国境内公民以外客户的人民币业务，并批准上海总行向上海分行增拨人民币营运资金 4 亿元人民币等值的自由兑换货币。增资后，上海分行的营运资金为 8 亿元人民币，其中外汇营运资金 4 亿元人民币等值的美元，人民币营运资金 4 亿元人民币。

【经营范围】 上海分行在下列范围内经营对各类客户的外汇业务以及对除中国境内公民以外客户的人民币业务：吸收公众存款；发放短期、中期和长期贷款；办理票据承兑与贴现；买卖政府债券、金融债券，买卖股票以外的其他外币有价证券；提供信用证服务及担保；办理国内外结算；买卖、代理买卖外汇；代理保险；从事同业拆借；提供保管箱服务；提供资信调查和咨询服务；经中国银行业监督管理委员会批准的其他业务；吸收中国境内公民每笔不少于 100 万元人民币的定期存款。

【主要业务】 中国是拉丁美洲最重要的亚洲贸易伙伴。桑坦德银行把中国看作是它亚洲战略成功的关键市场，致力于发展国际贸易融资业务。受益于全球经济复苏，特别是中国进出口贸易的强劲增长，上海分行从 2009 年度至今连续盈利，截至 2014 年 12 月底，分行总资产为 6.81 亿美元，比上年增长 50%，净利润为 421.36 万美元，比上年增加 38.13%。桑坦德银行发挥自身在拉美和欧洲市场传统优势的同时，积极配合中国政府鼓励企业“走出去”的国际化策略，为中国企业在拉美地区的业务拓展和市场开发提供全面的金融服务。

（施玲烨）

22. 意大利联合圣保罗银行股份有限公司上海分行

意大利联合圣保罗银行股份有限公司是由原意大利联合银行股份有限公司和原意大利圣保罗意米银行股份有限公司于 2007 年合并组成。集团总部设在意大利米兰。截至 2014 年年末，集团资产市值 401 亿欧元，位列欧元区第四大银行。意大利联合圣保罗银行股份有限公司上海分行(由意大利联合银行股份有限公司上海分行和意大利圣保罗意米银行股份有限公司上海分行合并而成)成立于 1997 年 9 月 9 日，原名意大利联合银行股份有限公司上海分行。1997 年 11 月开始从事外汇银行业务。并于 2002 年取得人民币业务经营许可，开始向客户提供人民币金融服务。2007 年和 2010 年，上海分行获得银监会批准，两次增加营运资金。增资后营运资金达到等值 8 亿元人民币。

现任分行行长裴缔齐先生(Mr. Rosario Pedicini)为意籍人士，在我行有近 30 年从业经验。工作岗位涵盖银行零售业务、会计、信贷审批、内审、衍生产品、公司业务等各个领域。历任我行伦敦分行衍生品主管、法兰克福分行副行长及阿姆斯特丹分行行长等职务。于 2012 年初被总行派遣至中国担任上海分行行长。

【主要业务】 上海分行主要业务为人民币及外币信贷，以及各种贸易融资。主要服务客户为意大利等欧洲集团公司在中国设立的外商投资企业。2014 年为超过 400 家企业提供服务，其中包括众多意大利著名品牌企业。

【特色服务】 在帮助中资企业走出去方面，总行在意大利设立了“外资企业服务部”，通过分行的协调，专门为包括中资企业在内的外资企业在意大利以及欧洲的业务发展提供金融服务。借助专门的中资企业服务团队和上海分行的通力协作，多家著名中资企业在意大利的业务得到了快速的发展和壮大。2014 年分行协助上海电力及中国电网在意大利进行投资活动。

（郭于浩）

23. 意大利裕信银行股份有限公司上海分行

意大利裕信银行总部在米兰，原名联合信贷罗马银行，上海分行于 1996 年 5 月 13 日正式对外营业。从 2004 年起，分行正式经营人民币业务。2006 年底，分行获准经营全面外汇业务。2007 年 9 月，分行获准扩大人民币业务服务对象范围，经营对除中国境内公民以外客户的人民币业务以及吸收中国境内公民每笔不少于100万元人民币的定期存款。2009年11月，银监会批准意大利联合信贷罗马银行股份有限公司上海分行名称变更为意大利裕信银行股份有限公司上海分行。2014年，上海分行继续侧重于公司业务。

【信贷业务】 外币存款主要来源于与上海分行有业务往来的、有意大利背景的三资企业的资本金和结算账户，以及来自于私人或外商代表处开立的用于接受国外汇款以支付当地费用的外汇往来账户中的存款。人民币存款主要来源于与分行有业务往来的、有意大利背景的三资企业的基本和一般账户。分行的外币信贷组合除以贷款的形式投向在本地注册的外商投资企业，还包括意大利金融机构发行的债券。人民币信贷组合主要是贷款。

分行所有的借款人都经过严格审查，反映了银行仔细评估贷款风险质量的政策。分行每年都会定期对仍在贷款有效期内的借款人的经营状况进行核查和追踪，以此来合理监控信贷风险。此外，上海分行采用中国银行业监督管理委员会的贷款风险分类指引对所有贷款进行了评级。2014年12月末分行所有的客户贷款均为正常贷款。

【其他业务】 除了信贷业务之外，分行还从事汇款、结算、支付和外汇买卖等其他业务，以此产生分行另外的收费收入。另外，分行也为当地的企业做一些出口结算业务。尽管从此项业务中获得的收益有限，但分行仍将此作为扩大客户基础和更全面地服务客户的良好机会。

（裕信银行）

24. 英国巴克莱银行有限公司上海分行

英国巴克莱银行有限公司上海分行于2005年12月6日设立于上海，注册地址及营业地址为浦东新区陆家嘴环路1233号汇亚大厦。英国巴克莱银行有限公司是一家成立于英国并在英格兰和威尔士注册登记的公司，主要为客户提供零售银行、信用卡、企业银行、投资银行、理财管理和投资管理等业务。英国巴克莱银行有限公司的客户和业务遍布欧洲、亚洲、美洲和非洲。

英国巴克莱银行在中国大陆境内只有上海一家分行和北京代表处。巴克莱银行上海分行自成立以来，主要致力于为机构客户提供远期、掉期、期权等衍生产品交易服务以及即期结售汇和外汇买卖等金融服务。2009年7月，巴克莱银行上海分行获得经营除中国境内公民以外的人民币业务资格。2012年5月，巴克莱银行上海分行获得开展人民币对外汇期权和人民币外汇货币掉期的业务资格。此外，上海分行同时是中国外汇交易中心会员、全国银行间同业拆借市场会员和上海黄金市场会员。

【新业务】 2014年，上海分行对客开展的新业务为利率掉期期权交易。通过开展该项衍生产品交易，上海分行可以为客户提供更多金融避险工具。

【内控管理】 巴克莱银行上海分行自建立之初，就极为重视银行内控制度的建设。上海分行设有合规部，并配有两名专职人员负责行内专项合规事宜。上海分行以巴克莱集团制度为基础，结合中国银行业法律法规，制定并切实履行与分行业务紧密联系的各项内控制度，包括2014年新制定的《客户投诉管理制度》、《监管报告管理制度》，以及新修订的《营运部操作流程》、《支付系统应急预案》。上海分行通过有效可行的内控制度最大可能的控制并减小银行的内部风险，为客户提供更优质可靠的金融服务。

（巴克莱银行）

25. 加拿大丰业银行有限公司上海分行

加拿大丰业银行于1832年在加拿大哈利法克斯市成立，是加拿大最国际化的银行和北美最大的金融机构之一。丰业银行在中国的历史源于1982年在北京开设首家代表处。目前，丰业银行在中国境内设有上海、广州、重庆3家分行和北京代表处，并对西安银行参股投资及与北京银行合作成立了中加基金管理有限公司以开拓理财业务。丰业银行于2004年11月在上海成立上海代表处，2006年9月升格为上海分行。上海分行在2007年至2014年间分别获得结售汇业务经营许可、中国外汇交易中心会员资格、全国银行间同业拆借中心会员资格、衍生产品经营许可、银行间远期外汇市场会员资格、银行间掉期外汇市场会员资格、人民币业务经营资格和中国银行间市场交易商协会会员资格。

【开拓发展】 秉承总行经营理念，上海分行主要为欧美和亚洲的大型跨国公司及银行现有集团客户在华业务发展需求提供金融服务，除利用总行全球客户关系和资源与其他分支机构紧密合作从亚太和北美现有客户中拓展发掘在华投资信贷业务外，还积极为中资企业走出去提供当地银行业务方面的咨询和协助。上海分行根据政策的引导进行进一步调整和优化，重点支持国家政策所支持的行业领域，如新兴产业和消费金融行业等，也相应推动业务的增长。除了传统贷款业务之外，上海分行亦积极拓展其他多种业务类型，如贸易融资、外汇交易、存款类业务，和其他中间业务等以便更全面服务于客户，也同时提高客户的利润贡献率，进而提高分行的资本收益率。

【主要业绩】 2014 年，上海分行继续配合中国港湾工程有限责任公司在加勒比地区和拉丁美洲的业务发展，积极与客户总部关于该地区银行业务需求进行沟通，支持了丰业银行在该地区与客户的业务往来合作(区域现金管理)。经济结构调整转型，消费仍为经济主流，上海分行于 2014 年继续积极支持消费金融行业(如汽车金融公司)的银行融资需求，为多家汽车金融公司如丰田汽车、梅赛德斯奔驰等提供信贷支持，已批准的授信额度达到人民币 12 亿元整。除此以外，上海分行对于个别高新科技行业包括汽车安全配件技术在华投资等融资需求也会予以积极服务支持。

凭借在企业客户金融服务方面拥有的丰富经验和先进理念，上海分行贷款覆盖的行业涉及制造业、食品加工业、批发业、餐饮业和租赁业等。除此以外，上海分行还向集团海外机构及贸易融资客户，尤其是与中国贸易往来频繁的国家和地区，推荐人民币结算服务，并利用香港分行的境外人民币融资能力，为中资银行提供人民币项下的进口代付、福费廷等融资产品。上海分行自身则努力拓展境内外的人民币出口信用证贴现业务和对公客户的人民币协定存款业务。2014 年上海分行各项业务稳步发展，资产状况良好，无不良贷款。2014 年年末，上海分行税后利润为 4 752.96 万元，完成年初既定的业务盈利目标。

(陆蓉晖)

加拿大丰业银行上海分行

26. 美国银行有限公司上海分行

美国银行有限公司在中国大陆地区共设有上海、北京和广州三家分行。成立于 1991 年的上海分行为美国银行中国区分行的主报告行及管理行。美国银行有限公司上海分行下设环球财资产品部、企业及投资银行部、环球金融市场部、客户发展服务部、运营部、人事部、财务部及合规部等主要部门，截至 2014 年末，上海分行共有正式员工 233 人，与 2013 年持平。美国银行有限公司上海分行业务经营范围为《中华人民共和国外资银行管理条例》第三十一条规定业务范围内的全部外汇业务以及除中国境内居民以外的人民币业务。

【主要业绩】 美国银行有限公司上海分行一贯秉承以客户为中心的服务方针，在中国银监会批准的业务范围内，利用美国银行全球产品和网络优势，加强同中资金融机构进行合作，为银行的全球跨国公司客户以及优秀的中资企业提供优质的产品和服务。目前分行在中国主要服务于欧美和亚洲的大型跨国公司，为其在中国的发展提供金融服务，此外银行也继续积极开展与优质的中资企业的业务与合作，特别是为有计划向海外拓展、进行国际化经营的优秀中资企业提供更为专业和便利的服务。2014 年，美国银行有限公司上海分行各项业务继续稳步发展，均达到或超过预期目标。

【贷款业务】 分行的贷款客户群相对集中在制

造业，大多数跨国公司的贷款由其母公司全额担保，分行根据其财务状况进行贷款审批评级和后续风险管理；对极少数跨国公司客户的信用贷款，是建立在严格筛选，严格审查和有相应的财务制约或财产抵押的基础上。对中资企业贷款主要通过银团贷款，并结合出口信贷等方式进行，每笔贷款必须经过银行内部严格审批并要求通过所有政府部门的合法审批手续。总体而言，上海分行的信贷资产质量较好且风险较小。

（美国银行）

三、其他金融机构

1. 中国银联上海分公司

2014年，上海银行卡产业蓬勃发展。中国银联上海分公司将产业发展与服务地区经济发展相结合，立足上海海派文化精神、智慧城市建设要求和自贸区试验改革战略，致力于推动上海成为银行卡使用便捷城市、支付体验最佳城市、支付创新领先城市，在产业升级、创新发展和服务社会等诸多领域取得了显著成绩，业绩斐然，为上海“四个中心”建设和经济社会全面发展再立新功。银联品牌产品与权益不断丰富，银联品牌产品的知名度不断提高，“便民服务工程”以其广度和深度得到市场认可，产业升级走在全国前列并全面加速，银联移动互联网支付和银联钱包等创新支付模式的市场影响力不断增强。全年上海地区银联系统运行安全平稳，风险防控与技术水平稳居全国前列，为上海地区产业健康发展与经济发展保驾护航。

【主要业绩】 传统支付领域持续健康发展，银行卡对于便民便商、拉动内需、扩大消费、促进就业和经济发展发挥了重要作用。2014年跨行交易快速发展，银联卡结构层次丰富优化，形成有质有量的良好局面。尤其银联高端卡、金融IC卡等重点产品与权益的市场认可度不断提高，完善的产品体系初显出巨大的市场魅力。一是跨行交易继续实现超越。2014年，上海地区实现银行卡跨行交易12.2亿笔，交易金额达22 092.9亿元，同比分别增长23.2%和30.5%。全市日常类(包括宾馆餐娱类、百货一般类、超市加油类等等)商户消费金额达5 829.5亿元，继续高居全国榜首。二是银联卡市场占比持续提升。2014年上海地区新增银联卡1 890万张，累计发行量达到1.45亿张，全年银联卡交易金额共计1.73万亿元，同比增长35.2%，市场占比78.3%，同比增长2.5个百分点。其中银联信用卡交易金额达2 820亿元，市场占比达42.8%，同比增长6个百分点。

受理市场呈现全面立体发展。依托规模经济、总部经济，通过拓展行业应用和渠道，重点打造银联支付服务示范商圈，形成了城区郊区、远程近程一体化、立体化、有点有面的格局，为银行卡产业发展注入了强劲动力。截至2014年12月底，上海地区联网POS终端达76.0万台，联网特约商户24.5万家，分别同比增长13.4%和25.6%，ATM注册终端同比增加2 945台，累计活动终端达到2.1万台。

【创新业务】 创新业务百花齐放，商业模式日渐成熟，市场影响广泛。一是互联网业务始终走在全国前列。通过不断提升用户体验，深化电子商务、旅游、基金、保险等行业合作，把握上海自贸区发展契机，上海分公司互联网支付业务实现蓬勃发展，领跑全国，全年上海地区互联网业务交易清算笔数和金额分别同比增长137.9%、115.6%，新增互联网用户350.6万户，新增银联在线商户1 106家。二是移动支付发展保持领先。通过非接支付受理拓展，借助小额支付项目与行业合作积极布局移动支付终端受理，受理环境日渐成熟，全年，移动支付用户数265.4万户，移动智能卡新增用户数达197.42万户，均位居全国第一，实现交易金额161亿元，同比增长147%。

产业升级全面加速。根据中国人民银行全面推行发行金融IC卡的统一部署，上海分公司从金融IC卡发卡、受理环境建设、行业应用等方面积极展开工作。2014年，上海分公司根据2013年金融IC卡电子现金跨行圈存试点工作经验，推动各成员银行开通ATM终端电子现金跨行圈存业务，同时联合同业机构开展ATM跨行圈存与非接受理营销活动，培养了金融IC卡用卡习惯，促进了金融IC卡发卡与受理环境的成熟。截至2014年底，上海地区受理机构全部开放跨行圈存业务，金融IC卡受理实现全覆盖。全年，上海地区金融IC卡交易笔数达1.2亿笔，交易金额达2 903亿元，分别同比大增266%和341%。

【社会责任】 便民生，促发展。一是便民终端稳步发展，全年上海POS终端结构中，缴费、超市加油、便民、公益占比达42%，超市家电、水电煤缴费等民生类行业刷卡金额位居全国榜首，成为服务市民的重要渠道；全年缴费交易笔数和交易金额分别增长36%和80%。二是银行卡服务社会效果突出，银联金融IC卡进入停车场、菜场、自助售卖机等生活领域，上海购物卡、旅游卡会员礼遇、品质生活等增值服务不断升级，虹桥机场1元停车，上海热购卡发行等，整合了权益资源，服务于市民生活，促进了消费增长。

（沪银联）

2. 城市商业银行资金清算中心

2014年度，城市商业银行资金清算中心围绕三年发展规划和“一主两翼”发展思路，以改革和改制为契机，在经营管理多个方面取得新的突破，较好地完成了全年工作目标和任务。

【市场拓展】 2014年末，清算中心服务银行共计346家，同比新增105家；其中城商行132家、村镇银行208家、其他金融机构6家。在清算中心提供的各项业务和服务中，接入城商行汇票系统的银行有114家；接入支付清算系统的银行有86家，同比新增11家；接入网银托管系统的银行有142家，其中年内上线68家；接入移动网银托管的银行有30家，其中年内上线20家；接入电子商业汇票系统的银行有55家。

支付清算系统全年处理业务142.51万笔、清算资金达3 481.50亿元，同比分别增长80.39%和54.94%；其中城商行汇票处理系统全年汇票签发量2.59万笔、签发金额334亿元。支付清算系统汇兑业务通汇网点从4 000余家增加至80 000余家，占全国网点比重接近40%，基本覆盖国内主要城市，规模效应进一步显现。

【经营绩效】 2014年末，清算中心总资产达到181亿元，同比增长43%；净资产2.8亿元，同比增长107%。全年实现营业收入3.09亿元，同比增长63%；净利润1.23亿元，同比增长115%，创历史最好水平；人均净利润195万元，同比增加76万元。

【新型业务】 一是网银托管。作为金融外包服务重点的二代网银托管平台（一期）成功上线，大幅提升客户体验度，满足接入行对网上银行系统的更高要求，增强了网银平台市场竞争力；同时，对移动网银平台进行持续优化升级。二是电子支付。电子支付平台实现快捷支付和个人网银、企业网银支付功能，以进一步满足接入行的实际操作需要。三是微信银行。把握互联网金融发展趋势，开发微信银行项目等。

【内部管理】 一是实施组织架构调整工作。以战略为导向、以客户为中心、以高效为目标，初步形成前台营销，中台业务运营、产品开发和风险管理，后台运维保障与综合支持的组织架构。二是开展规章制度流程梳理。全年制定或修订各类规章制度近30个，基本覆盖经营管理各个方面；加强授权管理，优化资产审批流程；完善合同管理体系，防范法律合规风险。三是加强业务系统运行控制。全年清算中心各业务系统运行稳定，各项性能指标均在合理范围之内；业务运行期间无重大事故发生，为各成员行与会员行业务开展提供了有力保障。四是夯实人力资源发展基础。通过外部引进和内部选拔，充实清算中心人才队伍；通过人力资源的良性开发与科学培养，不断提升干部员工整体水平；通过合理考核与有效激励，激发干部员工积极性与主动性。

【改制工作】 清算中心改制工作在2014年度取得了实质性进展。拟定了清算中心改制方案，包括股份配置方案、改制后新公司董监事会方案等，并获主管部门认可。召开改制后新公司发起人预备会议，加强与各拟投资入股单位的联系与沟通，宣传清算中心改制工作，并促进各单位最终的科学决策。

【新型产品】 基于社交网络的发展趋势，在连续推出个人网银一代、企业网银一代、个人网银二代、企业网银二代、手机银行等产品后，清算中心又推出了新型移动支付产品：“微信银行”。2014年11月22日，微信银行完成了上线投产工作。利用微信平台提供微信银行产品，通过客户数量众多的微信平台进行客户引流，有助于增加银行的用户开户数量，提升银行的知名度和客户体验，从而提升银行的核心竞争力。

（郎　瑾）

3. 中国华融资产管理股份有限公司上海市分公司

2014年，华融资产管理公司上海分公司认真贯彻落实公司年初、年中工作会议精神，围绕打造“治理科学、管控有序、主业突出、综合经营、业绩优良”的一流资产管理公司的战略目标，继续保持上海分公司“不发一案、不倒一人”的全年工作目标，在“转观念、拓市场、化风险、强管理、带队伍”等五项中心工作上下功夫，将全年工作目标落到实处，并取得实效。2014 年，上海分公司实现商业化收入同比增长 55%，实现商业化考核利润同比增长 22%，完成公司下达年度利润计划的 153.68%。2014 年，上海分公司工作重心和主要措施主要体现在“四个转变”上。

【转变思想观念】 认清当前形势，坚定发展信心。一是按照公司党委和监管部门的要求，牢牢把握“稳中求进、改革创新、转型升级”的发展主基调，统一思想，坚持“创新＋稳健”、“质量和效益”，牢固树立正确的价值观、责任观和发展观，凝聚共识，凝心聚力，精心安排部署 2014 年各项工作，做到各项工作早计划、早布局、早行动、早见效。二是更新发展观念，将工作重心转移到调结构、转方式上，加快转型升级步伐。三是分公司党委班子率先垂范，以身作则，打拼市场，坚定员工的发展信心。四是以制度建设来促进员工转变观念，积聚发展正能量。

【转变工作状态】 主动出击，贴近市场，加大市场拓展力度。一是增强意识，要求全体员工必须树立责任意识、忧患意识，振奋精神，增强工作中的“三劲”，即：冲劲，韧劲和闯劲，进一步加大市场开发力度，群策群力，想方设法，利用各种途径多做项目。二是找准方法，通过制定《部门工作目标责任制》引导员工主动跑市场、找项目。明确各业务部经营考核指标，确定考核评分标准和方法，确立考核导向，促进业务部门跑市场，找客户，谈项目。三是摸清方向，加强研究分析，明确市场拓展方向。年初分公司就通过专题会议，研究公司业务政策导向和上海区域内主要行业领域动向，梳理市场拓展主攻方向。

【转变工作机制】 强化风险管控，着力防化风险，优化经营质量。一是加强风险管理和内部控制组织建设及制度建设，进一步理顺业务流程和运行机制。确立了内部分工明确、风险责任清楚、相互配合制衡的工作机制和追责机制，进一步完善了“两线三台”的风险控制体系。二是严格审查把关，努力把好项目风险关。业务审查、评估、法律等工作克服时间要求紧，人手少，工作量集中等困难，既保证工作的合规有效，又配合项目及时推进。三是完善项目后续管理，加强对商业化业务投后管理。分公司多次组织专项检查，查找项目的风险隐患。按照公司要求，对涉及年内到期的有关项目进行了风险排查，对集团风险进行了有效识别，做好风险监测。

【转变队伍面貌】 提升团队战斗力，着力打造高素质的专业团队。一是通过人才引入和岗位竞聘，优化员工队伍结构。2014 年，分公司新引进和招聘新员工多人，重点向一线业务部门倾斜，均为大学本科以上。分公司还通过内部公开竞聘方式，选聘年轻员工带利润标的上岗担任部门负责人，成效明显。二是强化党风廉政建设“两个责任”落实，确保员工平安进步。强化党委主体责任和纪委监督责任，讲恒心、使韧劲，锲而不舍地抓作风建设，严格执行中央八项规定。三是加大培训交流力度，提升员工能力。分公司强调在干中学、学中干，分别由相关分管领导、业务部门负责人以及外聘专家进行培训，组织了多次业务培训活动。全面提高分公司干部员工的政治思想理论水平和综合素质，以及解决实际问题的能力。

（华融资产）

4. 中国长城资产管理公司上海办事处

2014 年是中国长城资产管理公司五年中期战略第二步“上台阶、创品牌”启动之年，也是办事处商业化改革发展转承启程之年。全体员工奋力拼搏，经营业绩再创历史新高，业务经营“三驾马车”齐头并进，内控管理水平持续提升，办事处呈现出了快速健康发展的良好势头。

【经营业绩】 2014 年办事处共计实现商业化利润近 4 亿元，超额完成总公司下达的年度利润目标，为办事处可持续发展打下了坚实基础。2014 年，办事处被总公司授予“精品”办事处称号，并被评为年度先进单位；办事处班子考核定级为优秀。

【业务开展】 一是不良资产主业迅猛发展，新增规模、市场份额等各项指标领先同业，市场影响力明显提升。二是固定收益类业务稳健扩张，投放资金规模迅速扩大，为完成全年利润目标任务奠定了稳固的基础。三是投资投行业务实现重大突破，长城投行品牌在资本市场成功打响，为办事处业务创新发展开启了新的局面。

【内部管理】 2014 年，办事处内部管理工作不断优化，风险管控能力明显增强，形成了前中后台协管共防的新局面。服务保障能力持续提升，为自身经营管理工作顺利开展奠定了良好基础。一是完善了绩效考核办法，二是强化了预算管理，三是优化了财务资源配置和会计管理，四是提高了信息统计报送工作质量，五是加强了资金管理。

【文化建设】 办事处干部队伍建设深入推进，整体呈现出风正气顺的良好工作局面。一是加强了党的建设和班子建设，二是加强了干部队伍建设，三是加强了员工队伍建设，四是加强了企业文化建设。

（长城资产）

5. 中国东方资产管理公司上海办事处

2014 年是中国东方资产管理公司上海办事处获得公司总部授权独立运作商业化业务的第一年，办事处以稳健经营为立足点，采取“早动手、快操作、重风控、讲实效”的工作思路，抢抓机遇，积极进取，努力平衡风险与收益之间的关系。全年实现商业化业务利润总额较 2013 年增长 20.90%，商业化业务任务完成率 146%，继续保持公司全辖第一的领先地位。

【业务发展】 2014 年，在经济新常态的宏观背景下，办事处以变应变，调整业务政策，降低风险。一方面，大力推进资产管理的业务模式，围绕优质客户拓展业务，业务选择上采取先求质后求价，先重安全后重规模的策略，提高项目选择标准。同时，深入与在沪各金融机构的沟通和联系，开拓融资渠道，以优化结构，加速周转，提高质量，分散风险和追求单产收益率为目标，力求从过去简单的高速增长转向健康的适度增长，从粗放的外延式增长转向有质量和可持续的内涵式增长。另一方面，广泛参与了多家银行不良资产包收购业务，认真分析识别不良资产包中的商业逻辑，积极推进不良资产包收购与处置工作，探索跨领域、跨链条的项目增值空间。

【业务创新】 办事处紧紧抓住上海自贸区与国际金融中心两大战略联动的重大机遇，结合公司总部的授权契机，发挥区内优势、资源优势、功能优势，不断探索新的可持续发展业务模式。2014 年首次尝试成功“股＋债”业务，同时还在股权类业务方面实现了突破，共参与设立三支股权类投资基金，其中上海自贸区股权基金系中国上海自贸区实验区内第一支股权基金。

【风险控制】 办事处坚持合规经营，严守风险底线。一是进一步完善风险管理组织架构，按照“建立覆盖业务全流程的风险管理制度”的原则，根据公司总部各职能部门的要求，逐步构建起了涵盖项目立项、尽职调查、风险审查、评估、法律、投决会会议、授信执行审查、投后管理和评级等的“一横六纵”全流程制度体系。二是严格落实公司各项风险管理政策和审查标准，不断强化风险管理意识，对增量项目在项目筛选、方案设计、风控条件等方面提高标准，充分识别、计量和管理战略客户和特定区域的集中度风险，坚持用“红线意识”和“底线思维”把控项目实质风险。同时，对存量项目不断细化各项投后管理措施，克服投后管理“项目多，地域分布广，人手紧”的困难，制订细化的投后管理实施细则，项目责任到人。三是做好风险预警，扎实做好存量项目每季度风险评级，对风险暴露项目及时处置。

【队伍建设】 一是认真贯彻落实中央精神和公司要求，坚持从严管理干部，预防四风问题，对重点工作狠抓落实，持续深入改进工作作风。二是坚持结果导向，对待员工公平公正，积极倡导“创新求存、超越自我”的文化氛围，通过不断改革激励机制、完善分配体制等方式，充分调动员工积极性，努力提高员工的向心力和凝聚力。三是不定期组织专题培训和召开座谈会，帮助员工实现业务转型中的知识储备，营造学习型组织氛围，同时在业务团队人员安排上新老搭配，以老带新，以新促老，发挥互补优势，努力培养一支老中青三代员工有机结合、具备较强开拓创新意识和较高专业素质的干部人才队伍。

（东方资产）

6. 中国信达资产管理股份有限公司上海市分公司

2014 年，中国信达资产管理股份有限公司上海市分公司在总公司的领导下，坚持改革、发展、创新的工作方针，坚持以不良资产收处为核心业务不动摇，以效益为中心，大力开展业务创新、拓展市场化业务。同时，认真开展党风廉政建设活动，巩固党的群众路线教育实践活动成果，形成长效机制，推动和保障分公司各项工作全面健康发展。

【经营发展】 一是坚持主业，巩固和提升同业占比。坚持加大银行不良债权传统收购业务的力度，排除时间紧、竞争激烈、价格限制等困难和压力，上下齐心协力，收购规模在同业中处于领先地位。在结构上，钢贸企业所涉及的资产占比较重。二是积极推进，确保股权处置收益最大化。在国内宏观经济形势调整、资本市场低迷、煤化工行业产能过剩的情况下，成功处置上海焦化股权项目，实现公司重大股权资产项目运作突破，最大程度地提升了股权价值及流动性，实现了可观的投资收益。三是加强创新，做大做强重组类业务。四是积极响应公司推动的大协同战略，主动开拓集团协同业务，积极与信达财险、幸福人寿、金谷信托、信达资本、信达投资、信达租赁开展紧密合作。

【业务创新】 分公司各业务部门深度挖掘客户，对市场化项目进行了积极的探索与尝试，并选择优质项目予以推进。2014 年在项目方案交易结构的设计创新上，花费了很大的精力和心血：完成了第一单对租车行业供应链业务的探索；开发了“股权＋债权”等业务模式在交易结构上的运用；并尝试了“金融与非金融并举”的债权收购模式在业务上的使用。分公司积极探索灵活多样的交易结构，逐步做强做精市场化业务。

【风险控制】 分公司严格按照总公司的规程开展各项工作，高度重视内控合规工作。一是继续认真执行项目管理责任人、合规事务联系人制度，以及坚持实行风控联系人制度和风险预警制度，加强和完善业务决策机制。二是按照新建立的内部评级制度的要求，准确、及时地完成客户信用评级、客户限额、客户业务评级工作。三是为防范和警示风险项目，后台部门定期汇总资产风险分类，及时采取风险化解措施。各部门协调合作，严格控制运营风险。

【企业文化】 分公司领导班子对企业文化建设高度重视，以身作则，率先垂范，自觉践行和传播公司文化，积极推进企业文化建设。一是注重青年员工的发展，在肯定青年员的同时，积极勉励青年员工，培养其成为信达实现跨越式发展的中坚力量。二是组织员工参加“欢乐跑中国”活动，培养努力向前、奋力拼搏的精神。三是精心组织员工拓展等活动，加深了员工间的友谊，更增进了分公司领导与员工之间的相互了解和员工的团队合作意识。四是积极创建学习型企业，注重日常业务培训。分公司通过各种举措，不断创建着和谐共荣、团结奋进的企业文化。

（信达资产）

7. 上海国际信托有限公司

2014 年，上海国际信托在严控风险的基础上，以加快发展为主线，主动调整布局，突出转型发展，打造创新平台，继续保持了持续、快速、健康发展的良好态势，公司管理资产规模、盈利能力和经济效益均再创历史新高。

【机制创新】 公司突出改革转型，实施双向激励，努力打造开放、共享的交流平台，提升业务开拓激情和营销效率，有效激发公司经营活力。一是引入激励竞争机制。在公司内部营造出良好的竞争氛围，有效增强了各团队及成员的危机意识、赶超意识和竞争意识，激发经营活力。二是完善绩效评价体系。积极推进公司产品经理、客户经理绩效考核办法制订工作，建立清晰、量化的绩效考核体系，打通一线业务人员向上垂直晋升路径，确保市场化激励措施执行到位。三是发挥竞赛推进作用。组织开展“赢在 2014——上海信托马年信托业务营销大赛”活动，大赛期间累计实现新增信托收入 4.3 亿元，新增跨年信托规模 1 663 亿元，新增直销规模 185 亿元，新增客户 494 户，新增创新项目 11 单，实现了有规模、有效益的良性增长，为公司各项经营业绩指标再攀新高奠定了坚定的基础。

【业务拓展】 公司强化对市场的前瞻性判断和对业务的准确把握，积极探索业务模式和产品的创新方向，优化升级各类业务，全力培育主动管理能力，业务创新领域进一步加大。一是信托基金化业务取得持续增长。公司坚持不懈地探索和开展信托基金化业务，不断增强产品竞争力，丰富公司产品线，努力满足客户多样化、差异化的投资需求。二是资产证券化业务实现全面突破。公司加大了公、私募资产证券化业务布局，资产证券化业务取得全面突破。截至 2014 年底，公司成功发行资产证券化类项目 15 个，规模达 218 亿元，涉及的资产包括信贷资产、个人汽车贷款以及金融租赁资产。三是信托产品非标转标工作取得实质突破。公司积极响应监管机构发展债券型直接融资工具的创新要求，探索将信托产品逐步由以往的非标产品向准标准化产品转型，将存量的信托资产转变为标准化产品，并在实践中不断尝试，引入外部评级，成功将信贷类集合资金信托计划改造成准标准化产品在交易所挂牌。同时，存续信托受益权作为基础资产实现证券化工作也正在稳步推进。

【财富管理】 公司努力提升家族及财富管理品牌的影响力和吸引力。一是财富管理业务优势进一步巩固。公司继续做大做强直销业务，提升营销市场化水平。2014 年，公司合格投资者总数近 3 万人，通过直销发行集合信托产品 360 亿元，大大提升了公司的市场竞争力。二是家族信托业务迈出新步伐。2014 年公司设立了家族管理办公室，成立了多单相关产品，通过境内外法律的差异性设计相应的信托架构，家族信托初具雏形。同时，公司举办“2014 年第二届中国家族信托年会”，举行多个家族信托、财富沙龙活动，不断培育和寻找市场潜在客户群，逐步建立了家族信托的潜在客户群网络。三是积极筹建海外财富管理平台。2014 年公司 QDII 项目规模行业领先。以 QDII 业务为基础，公司积极进行海外布局，拓展海外业务，实现从在岸配置到离岸配置的跨越。四是推出赢通转让平台。公司积极打造信托产品的可流通二级市场，于 2014 年 10 月 8 日成功推出“上海信托赢通转让平台”，顺利完成线上第一笔信托转让交易。

【风险管理】 针对 2014 年以来经济新常态，公司加强战略前瞻性研究，提前进行风险预判，采取积极防控措施，主要包括：一是更新和完善各项业务指引和风控制度，防范市场风险和操作风险。引导业务部门进一步向优质区域、优质交易对手倾斜和集中，在推动业务高速发展的同时有效地防范风险。二是严守风险底线，控制实质风险。成立信托业务尽职调查专门团队，推进风险控制关口前移，实现风险管理的过程控制，建立起前台业务部门和中台风险管理部门尽调两道风险控制防线，有效完善了信托业务事前风险防范机制。三是强化风险排查，防范信托业务合规风险和交付风险。全面排查、掌握公司存续项目的风险状况。同时，组建运营管理二部负责房地产和非上市股权投资类项目管理，建立项目事中风险发现机制，充分发挥运营协同、审计稽核和财务内控监督职能，及时疏堵风险漏洞，有效保障公司业务拓展。截至年底，公司未发生信托项目风险事件，所有产品均顺利安全兑付，为投资者实现了较好的投资收益。这也是公司集中力量拓展业务和转型创新的重要前提和坚实保障。

【公司荣誉】 公司积极推进上海信托品牌形象和客户资源的整合，有效提升公司品牌的影响力和吸引力。公司规范推进装修工程，不断提升服务保障能力；精准投放媒体广告，聚焦高端客户培育；依托上海国际艺术节独家冠名意大利圣切契利亚乐团高端音乐会，市场反响热烈。2014 年，公司多次荣获新闻媒体评选的“中国优秀信托公司”、“年度最佳信托公司奖”、“最佳风险管理信托公司”、“中国卓越金融奖”、“最佳品牌建设信托公司”、“最佳风险管理奖”等大奖；“福元 2014 年第一期个人汽车抵押贷款证券化信托资产支持证券”被评选为 2014 年度上海金融创新奖，公司国金财富中心荣获 2013 年—2014 年度上海市“青年文明号”称号。

（杨胜利）

8. 华澳国际信托有限公司

华澳国际信托有限公司原名昆明国际信托投资公司，成立于 1992 年。2008 年 10 月 24 日，根据中国银监会批复，由昆明迁往上海。2009 年 8 月 21 日，根据中国银监会上海银监局批复，公司完成了新牌照的换证工作，领取了新金融许可证。2009 年 5 月 27 日，公司名称由“昆明国际信托投资公司”变更为“华澳国际信托有限公司”。

【经营情况】 2014 年公司全年实现总收入 4.52 亿元，税前利润 2.05 亿元，净利润 1.52 亿元。2014 年资本回报率 25%、净资产收益率 16%。截至 2014 年底，公司存续信托项目共计 161 个，存续总规模 435 亿元，集合信托项目 81 个，存续规模 145 亿元，单一信托项目 80 个，存续规模 290 亿元；全年新增信托业务项目 73 个，新增项目规模 151 亿元。其中集合信托项目新增 34 个，新增规模 78 亿元；单一信托项目新增 39 个，新增规模 73 亿元。2014 年到期并清算 108 个项目，总信托规模 222 亿元。

2014 年末，华澳信托资产管理规模达 434 亿元，客户总数超过 5 000 人。2014 年的资产管理规模较 2013 年减少 71.363 6 亿元，新增客户数 1 100 人。从存续受托资金的投资方向看，工商企业类产品占比 65.54%，基础产业类信托占比 27.07%，地产类 5.35%，金融市场信托产品 0.05%，其他 1.98%；从资金投向区域来看，存量业务中，河南(17.55%)、福建(17.20%)、江苏(15.10%)、上海(10.46%)四个地区的占比在10%以上;从存续项目类型来看,单一290亿元(66.82%),集合144亿元(34.18%)。

【组织建设】 2014年公司新设立资产管理部,负责存续项目投后风险管理、房地产项目现场监管、风险应急处置、法律诉讼及资产保全、监管信息处理及报送、征信系统管理及维护、抵质押权证管理、中小企业发展基金项目贷款审批等工作。每半年开展对所有存续信托项目的风险排查,检查内容包括但不限于项目总体风险状况、实际运行情况,交易对手的经营及财务状况、用款情况、第一还款来源、抵押物的现场状态、价值变动及权属变化、担保方的经营财务情况、总体担保能力等,并针对四大类信托项目设计压力测试情景库、完成压力测试,通过全面摸底,做到心中有数,防范潜在项目风险。

2014年7月,公司与上海立信会计学院合作成立华澳—立信金融风险研究所,围绕金融信托、资产管理、财富管理等金融创新前沿领域的风险管理问题进行系统深入地研究。充分结合市场需求,完善从产品设计到客户需求的对接,最终将研究成果落实成熟之后交由业务部门推进。华澳信托由此成为首家与国内高校合作成立研究所的信托公司,开启了此类研究所以金融风险为研究主题的先河。

【业务创新】 2014年度,公司在信托业务上继续保持平稳发展,并加强信托业务发展方向性的研究,其中PPP模式、消费信托、小微企业服务等研究与实践已初见成效,并购投融资业务和资产证券化受托业务等也已取得一定的突破。公司在支持小微企业金融的创新领域推出了多款产品,例如中小企业发展基金、中小企业优选基金等华澳中小企业系列产品,在项目结构化设计、流程优化等多方面进行了创新,为小、微企业的发展提供了流动资金贷款等多项帮助。公司还开展了P2P业务的创新。公司在银信合作、证券投资等不同的业务平台都创建了不同的产品系列:浦西4期、博道3期等创新型信托产品的研究工作全面落地,并成功发行,获得市场认可和赞誉。同时华澳的臻财富集合资金信托计划凭借创新的产品结构、严谨的风控措施荣获"金融奥斯卡"之称的金蝉奖"2014年最具创新力信托产品"。

【品牌形象】 公司为贯彻公司财富管理业务的发展战略、进一步推广"臻财富"品牌形象,推出了臻融、臻鑫、臻诚、臻信、臻惠、臻智、臻享、臻爱九个模块,涵盖了货币基金、并购基金、公益信托等多种投资渠道,丰富了产品线的同时满足客户多种投资需求。公司以客户为中心,为客户提供更多的增值服务,推出了六艺:礼—"臻 教育";乐—"臻 品鉴";射—"臻 运动";御—"臻 养生";书—"臻 艺术";数—"臻 私塾"六个方面设立臻赏会。

【履行社会责任】 2014年公司积极履行社会责任,继续从信托项目收入中提取一定比率金额用于支持公益事业发展。公司持续对已经建成的遍布全国的十余家"华澳爱心图书室"进行后续投入和管理,并继续寻找合适学校开展此类公益项目合作。

(华澳信托)

华澳国际信托公司和上海立信会计学院合作的
华澳—立信金融风险研究所成立

9. 华宝信托有限责任公司

华宝信托有限责任公司成立于1998年,是宝钢集团有限公司旗下的金融板块成员公司,宝钢集团有限公司持股98%,浙江省舟山市财政局持股2%。华宝信托注册资本金37.44亿元(含1 500万美元),旗下控股华宝兴业基金管理有限公司(中法合资)。秉承宝钢集团一贯的严谨稳健、诚信规范作风,华宝信托始终以"受益人利益最大化"为经营理念,以专业化和差异化发展为基本战略,以资产管理与信托服务为两大主业,立足资本市场,不断强化能力建设、渠道建设和品牌建设。公司业务门类齐全、专业化分工清晰、团队阵容整齐、主动管理与创新能力强大、业绩持续良好。目前,公司为中国信托业协会第三届理事会副会长单位，公司董事长任中国信托业保障基金有限责任公司董事。

2006年起，华宝信托进入快速发展阶段，2006—2014年累计清算信托项目814个，成功兑付率100%。公司为投资者创造了良好收益，1998—2014年累计为客户实现收益760亿元。截至2014年底，华宝信托管理的信托资产规模已超4 900亿元（含年金），稳居行业前列。华宝信托也为股东创造了良好收益，自1998年成立以来，华宝信托连续17年都实现盈利。

【经营情况】 2014年末，华宝信托存续信托计划共873个，管理信托资产规模4 915亿元，较年初增长81%。2014年，华宝信托共新增信托计划337个，涵盖基金化、私募基金及股指期货、产融结合、大型投融资等领域。其中主动管理型新增合同206个，占新增总量61%，其中组合投资类150个，证券投资类32个，融资类14个，事务管理类7个，股权投资类3个；被动管理型新增信托131个，占比39%，其中事务管理类53个，融资类42个，证券投资类30个，组合投资类6个。

2014年公司在进一步加大风险控制力度的基础上，继续加快产品创新进程。其中，基金化类固定收益类产品——“现金增利”自推出以来以其较高的流动性及稳定的收益水平受到市场好评。截止2014年年末“现金增利”资产规模超百亿元。

产融结合方面，2014年公司大力推动产融结合的落实，将产融结合由传统的融资业务推向真实股权投资新模式。在“产融生辉”系列项目成功运作的基础上，继续推进与宝钢工程的深入合作，持续发行“产融生辉”系列产品，实现产业投资和金融服务的互利共赢。同时，公司把产融结合视角拓展到绿色农业投资基金项目，实现了产融结合由融资到投资，由地产到非地产领域的转变。

QDII业务方面，继2012年取得QDII业务资格并发行公司首单QDII产品后，公司进一步拓展境外理财业务。目前公司的QDII投资付汇总额度达到19亿美元，在信托公司申请获批的规模中排名第一。2014年公司累计发行QDII项目59笔，截至2014年12月末，公司存续QDII规模约76亿元，为行业内管理QDII资产规模最大的信托公司。此外公司首次为直销客户发行集合信托计划参与海外投资，丰富了公司的产品线。

在资产证券化业务方面，公司2014年共成立2单项目，初始发行规模78亿元。同时，公司也在私募资产证券化方面进行了积极的探索和实践，2014年成功发行多个私募形式的资产证券化产品，基础资产类型包括融资租赁、小额贷款等。

华宝信托在开发产品拓展业务的同时，也致力于风险控制与中后台运营能力提升。2014年，公司继续以“认真履行受托职责，遵循诚实、信用、谨慎、有效管理的原则，恪尽职守，为受益人的最大利益处理信托事务”为宗旨，有效地保障了受益人利益。2014年全年公司共支付受益人收益231亿元，未发生未付和延迟支付受益人利益的情况，无不规范运作行为的发生。

2014年，华宝信托共有137个产品到期清算，全部正常清算缴付，按时向受益人支付本金及收益。清算项目运作期间累计支付受益人收益约40亿元，加权平均年化收益率为6.36%。其中主动管理型项目清算75个，加权平均年化收益率7.57%；被动管理型项目清算62个，加权平均年化收益率5.92%。

【重大活动】 （1）2014年7月，华宝信托取得全国社保基金理事会受托管理社保基金信托资产的合格受托人资格。之后，在由全国社保基金理事会组织的某保障房信托贷款项目的受托人竞标中，华宝信托凭借专业完善的应标方案以及突出的综合实力，从参加投标的信托同行中脱颖而出，被全国社会保障基金理事会选聘为该项目的信托受托人。全国社会保障基金是我国社会保障战略储备基金，被投资者称之为资本市场的“国家队”。此次与华宝信托的合作达成，体现了社保基金对华宝信托公司整体实力的认可和肯定，这也是华宝信托进一步提升专业能力、探索大型机构客户服务方案并积累有益经验的契机。

（2）2014年8月，华宝信托通过人力资源和社会保障部的企业年金管理资格延续申请，继续成为国内唯一一家拥有“法人受托机构”和“账户管理人”两项资格的信托公司。目前，华宝信托企业年金业务在信托行业中一枝独秀，不但规模持续稳定增长，并且充分发挥了信托跨越资本市场和实业市场的独特优势，率先提出打造人力资源管理综合金融解决方案供应商的战略，形成了自身的品牌及业务特色。11月，由华宝信托担任受托人的中国旺旺核心员工薪酬延付计划“福旺计划信托”成立，在信托财产运用上与中国旺旺港股实现了对接，实现了境内机构的员工薪酬福利资金及员工持股资金通过信托投资于其在港发行的股票的突破。

【重要荣誉】 2014 年 6 月，在由上海证券报社主办的第八届“诚信托”评选中，华宝信托荣获 2014 年度“诚信托—管理团队”奖。7 月，在由证券时报社主办的第七届“优秀信托公司”评选中，华宝信托荣获“中国优秀信托公司”奖，华宝信托董事长郑安国荣获“信托业领军人物”奖，华宝产融生辉 4 号—莱茵达珠海蓝琴信托计划获评“最佳房地产信托计划”。8 月，在由《21 世纪经济报道》主办的第七届“金贝奖”评选中，华宝信托荣获“2014 年最具服务创新信托公司”奖。

（梁　蓉）

10. 中海信托股份有限公司

2014 年，中海信托股份有限公司坚持合规稳健的经营理念，强化风控，最大限度减少因政策变动带来的冲击，加快推进业务转型步伐，完善制度流程建设，主要经营指标再创历史新高。

【主要业绩】 2014 年底，中海信托资产总额为 52.49 亿元，净资产为 38.39 亿元，资产继续保持高质量。公司全年实现营业收入 14.09 亿元、利润总额 11.71 亿元、净利润 9.73 亿元、资本利润率 25.44％，盈利能力良好。公司人均净利润达到 725.78 万元，继续保持行业领先水平。面对不确定的外部市场环境，公司主动控制发展节奏，确保业务发展风险可控。2014 年底，公司管理信托资产余额为 3 142.51 亿元，全年累计管理信托资产规模 5 299.24 亿元，保持了稳健、可持续发展态势。

【业务创新】 公司视创新为发展的动力，坚持以市场为导向，以客户为中心，充分利用跨市场配置的信托制度优势进行产品和业务创新。2014 年，公司在严格控制风险的前提下，重点围绕结构化优先级证券投资产品开发相关固定收益类组合管理产品。加大创新力度，不断提升主动管理能力，拓展资产管理产品线。

在信贷资产证券化业务方面，继 2012 年 11 月、2013 年 3 月相继发行交银 2012 年第一期信贷资产支持证券和工元 2013 年第一期信贷资产支持证券后，公司分别于 2014 年 5 月和 7 月发行了“工元 2014 年第一期信贷资产支持证券”和“信银 2014 年第一期信贷资产支持证券”，规模分别达到 55.72 亿和 61.97 亿。凭借在资产证券化业务领域的管理能力和经验，公司与上海陆家嘴国际金融资产交易市场股份有限公司合作，开展了多笔类资产证券化项目，累计规模达 300 亿。上述信托计划的成功发行，既为下一步开展类似“规模大、期限长”的信托业务积累了经验，也进一步树立了公司在资产管理、尤其是资产证券化业务领域的行业领先地位。

【风险管理】 中海信托严格按照监管要求，在业务开展过程中不断提高风险防范能力，通过加强风控机制建设，完善制度、流程，有效建立应急处置机制，实现全年合规稳健经营。2014 年，公司继续开展第十版内控制度的滚动修订工作，加强全程风控，完善量化风控标准，着重提高项目管理各环节的风险防范；加强对突发事件的应急处理能力，确保在业务开展过程中不因市场变化而出现风险暴露点。

【社会责任】 中海信托始终坚持把企业社会责任建设与公司企业文化建设融会贯通，积极履行国有金融企业的社会责任，弘扬中海特色的企业文化。一方面，公司始终把维护受益人的利益放在首位，不断优化风险控制体系，切实承担起国有金融企业维护金融稳定的社会责任。公司通过“低风险、差异化”发展道路，为客户提供结构化融资业务、低风险理财业务、资产证券化业务、资本市场投资业务、财务顾问等金融服务，树立起稳健经营和专业理财的良好社会形象。2011—2014 年，公司累计管理信托资产规模超过 15 000 亿元，累计为投资人创造信托利润超过 400 亿元。公司连续十一年未发生一笔信托不能到期兑付的情况，未发生一笔任何损害委托人、受益人利益的情况，未新增任何不良资产，得到委托人和市场的高度认可，成为委托人信得过的信托理财平台。

另一方面，公司坚持服务社会、奉献社会、回报社会，发扬“一方有难、八方支援”的精神，及时伸出援手，组织员工开展各种捐赠活动，扶助弱势群体。同时，公司积极参与所在地政府和社区组织的公益活动，广泛与社会群体保持紧密联系，多渠道主动收集地方政府和社区意见，实现企业与社会的和谐互动，塑造了一个具有高度社会责任感的金融企业形象。

【重大活动】 2014年,中海信托积极响应中国海洋石油总公司开展“质量效益年”活动号召,精心组织,周密部署,广泛宣传,紧扣金融企业特点,以“抓风控、促效益”为重心,找准突破口,实现了发展质量和费用管控双赢。首先,公司将防范风险作为最实质的“降本增效”手段,以不断优化业务结构,拓宽资产管理业务范围,增强主动管理能力为抓手,提升核心竞争力。公司连续十多年保持“零风险”记录,并连续荣获“诚信托—卓越公司奖”、“最佳风险管理信托”公司等荣誉。其次,公司将“降本增效”建立在科学的成本费用结构分析基础上,紧扣“营销费用”这一突破口,以持续完善内控制度为抓手健全风险、费用管控的常态化制度,以办公系统多样化数据接入为手段将财务系统中营销费用以报销人为单位导入OA系统,实现动态管控目标,2014年营销费用较2013年减少11.9%。公司“质量效益年”活动取得的成效得到了中国海洋石油总公司的高度认可,公司相关部门及多名员工分别被授予“质量效益年”活动立功集体和立功个人的荣誉称号。

【获奖情况】 2014年3月,公司三度蝉联年度“上海市黄浦区经济发展突出贡献100强企业”荣誉称号,排名前列。6月,公司荣获上海证券报社主办的第八届诚信托评选“诚信托—卓越公司奖”,是公司连续第八次获得该活动奖项。7月,公司荣获证券时报社主办的“2014中国信托业峰会暨第七届中国优秀信托公司评选”—“最佳风险管理信托公司”奖,是公司连续第七次获得该活动奖项。

(李 峰)

11. 中泰信托有限责任公司

2014年,中泰信托有限责任公司信托资产规模、信托业务收入和净利润等主要经营指标,均创造了历史新高。截至2014年末,公司受托管理信托项目228个,管理信托资产规模760.32亿元,比年初增加143.42亿元,增长23.25%。全年实现营业收入7.44亿元,较上年增长8.87%。2014年公司实现信托业务收入3.87亿元,较上年增长16.90%。公司固有业务方面,公司2014年实现收入3.57亿元。较上年增长1.34%。其中,考核经营收入4 888万元,出售华泰证券股票实现收益2.48亿元,公司对大成基金和都邦保险的投资按照权益法核算,取得投资收益9 928万元和1 317万元,2014年实际分红收入6 000万元,此外,公司取得营业外收入1 465万元。2014年实现利润总额5.11亿元,较上年增长9.08%;人均利润255.85万元。公司净利润4.1亿元,较上年增长12.1%。

【系统建设】 作为落实战略发展方向的重要措施,公司2014年全面推进系统化建设工作,在基础系统建设、系统优化的同时,深度整合各系统模块,为公司各职能运转提供线上平台。目前,公司已经完成包括核心业务系统、协同办公系统、人力资源管理系统及邮件系统的基础建设工作,并为了进一步提升业务效率和管理水平,一方面对已上线系统进行持续的功能模块优化以不断适应业务创新发展的需要,另一方面陆续引入了档案管理、知识管理等企业管理系统,通过公司内部系统的建设和完善,实现以系统推动内部运转效率、将精细化管理落到实处。

【创新研究】 为了响应国家关于“优化资源配置,盘活存量,用好增量”的宏观金融政策导向,推动公司的业务开展与业务创新,用资产证券化手段拓展和升级传统信托业务,积极参与银行存量资产的信贷资产证券化,发挥资产证券化在优化金融资源配置、存量结构调整、提升金融效率和完善信托功能方面的作用,公司已就关于获得特定目的信托受托机构资格之事宜呈请中国银行业监督管理委员会上海监管局审批并转报中国银监会。

在新型城镇化融资模式中,投融资主体和方式均发生转变,且城镇化建设项目将会具有差异化与地方特色。因此,针对更具地方特色的城镇化项目,公司对此类长期项目积极研发出期限匹配、股权清晰的信托产品结构,如区域发展基金产品、PPP项目,并组织业务部门在实际操作过程中进行实践性探索,以此对接各具地方特色的城镇化新型融资需求,围绕城市经济特色的核心,让资源充分发挥产业优势和资源优势。

【风险管理】 2014年,中泰信托有限责任公司在业务规模快速增长、业务种类日渐丰富的背景下,对于风险管理工作坚持全面性、独立性、连续性、审慎性、有效性等基本原则,以风险最小化、风险成本最低化为目标,坚持以风险管理为核心开展经营活动,平衡业务发展与风险管理之间的关系。

首先,公司结合业务需要修订补充了多项制度,从业务前期的尽职调查、方案设计,到业务中期的存续管理，再到业务后期的风险处置，进一步明确了各环节的岗位职责和工作流程，使风险管理体系更好地覆盖了信托业务开展的各个阶段。

其次，公司将信息化建设作为年内的工作重点，通过多次意见征集，汇集了各业务部门、风控部门、财富中心所提的个性化需求，结合制度梳理工作，在通过在线处理提升业务效率的同时，将业务流程和工作要求通过信息系统加以固化，使风险管理体系通过信息系统得以有形体现。

再次，公司通过部门设置和部门职责的完善继续加强风险防范和业务管控，一方面继续通过风险管理部门加强风险排查，提升风险揭示和风险化解能力；另一方面又针对存续信托业务的管控需要强化了运营部门的有关职能，并对使风控体系与业务管控体系有机结合，形成“大风控、大运营”的整体安排。

最后，通过全员的风险教育，提升了整体对风险的认识，公司上下不仅对于业务的信用风险、市场风险、合规风险和法律风险在工作中加以注意，也进一步提升了对操作风险和声誉风险的认识，并通过流程梳理和岗位设置做出有效布置。

建立和完善适合公司经营现状和业务发展要求的风险管理体系成为 2014 年内风险管理工作的重要内容，公司风险管理相关岗位职责明晰，人员充实，事中的风险排查和风险提示工作有序进行，在制度规范、系统完善、风险防范及强化管理等方面不断加强和提升。

【获奖情况】 2014 年 6 月 27 日，中泰信托荣获《证券时报》“中国最具成长性信托公司”称号、《上海证券报》的 2013 年度中国“诚信托”成长优势奖，公司的“中泰·华府樟园信托贷款集合资金信托计划”荣获《证券时报》“年度最佳房地产投资信托计划”称号。2014 年 7 月 11 日，中泰信托总裁周雄获得《证券时报》“年度信托业领军人物”称号；中泰信托在 2014 年上海市中资金融机构金融统计工作年度考核评比中荣获法人金融机构类三等奖，得到中国人民银行上海分行的通报表彰。

【社会责任】 中泰信托重视企业社会责任的履行，积极参与公益活动和相关社会活动，致力于成为一家具有高度社会责任感的金融机构。2014 年，中泰信托积极参加中国信托业协会倡导发起的《“中国信托业公益慈善基金”之“千人成长助学”公益项目》，并承诺作为固定资助捐赠人、在协会统一部署下开展相关资助工作。

（王　珍）

2014 中泰信托第二季度财富论坛在上海成功举办

12. 上海爱建信托有限责任公司

2014 年，上海爱建信托有限责任公司围绕“以深化城镇化改革和推进自贸区建设为契机，加快转型和创新，强化流程重塑和制度执行，完善激励约束机制，实现公司长期稳健发展”的总体要求，深入推进业务转型，经营业绩稳步增长，内部管理持续改进，整体发展水平呈现良好发展态势。公司参评并获得《上海证券报》主办的第八届“诚信托”——投资回报奖；《21 世纪经济报道》主办的 2014 中国资产管理金贝奖“最佳综合服务信托公司”。年内，公司实现营业收入 85 324.63 万元，较 2013 年度同比增长 29.72%；实现净利润 45 496.70 万元，较 2013 年度同比增长 24.62%；实现受托资产规模 584.61 亿元，其中集合信托规模 275.20 亿元，单一信托规模 309.41 亿元。

【信托业务】 （1）转型发展传统业务。2014 年，公司传统业务转型发展的路径为从单体项目产品管理向私募投行管理模式转型，提升资产业务综合管理能力；同时提升传统业务的精细化管理，加强交易对手的合作深度。对开展房地产业务加强市场调研和引入外部并购机构，在开展政信合作业务，提高金融机构对接能力和增加政府信用引入模式，业务风险管控体系方面，加强存续项目管理，提升交易对手管理层级，提升区域市场趋势研究及短期市场波动监控能力。通过以上举措，公司不但新增业务规模 442 亿元，而且进一步优化了信托业务结构。

（2）积极开拓创新业务。2014 年，公司以组织架构先行为基础，积极推进产品线创新，搭建了现金管理、自贸区业务、资产证券化业务、组合配置产品线。年内，公司完成了自贸区基金子公司的创设工作；配置型信托计划通过银监报备程序后顺利发行；公司申报了新股申购资格，新股申购业务进入操作阶段；申请公司同业拆借业务资格，提高公司资金运用效率及充裕公司资金流动性；公司资产证券化业务资格申请已报至北京银监会并完成了答辩。在业务资格申请处于审批流程中的背景下，公司已组织实施及正在实施若干类资产证券化业务，如江铃财务汽车贷款收益权集合资金信托计划、远东租赁资产收益权集合资金信托计划等。同时已完成或正在开展多篇资产证券化专题研究：资产证券化现状与信托业务机会概述、房地产信托投资基金 REITs 研究、融资租赁现状与资产证券化研究、加油站资产开展证券化可行性研究等。

【固有业务】 (1) 自营贷款业务。公司始终将自有资金的安全性放在首位，各项目保障程度较高，全年收入超过 2.14 亿元，较上年增长 11.51%，年化收益率达 12.89%，提高了自有资金使用效率。

(2) 固定收益业务。公司在固有资金运作上充分考虑宏观经济政策与市场环境变化，相机抉择，采取了灵活的投资策略，在保证资金安全的基础上努力实现收益最大化，较好地完成了年度目标。

(3) 证券投资业务。公司搭建投资决策机制，于 2014 年 6 月开始证券投资业务，通过核心卫星策略取得了可观稳健的收益。

【营销业务】 (1) 营销能力提升。2014 年，公司加强了财富管理核心能力的培育，通过开设浦东网点扩展营销半径，优化团队结构、增设团队长职级以及相关人员的补充等举措应对市场挑战。使公司信托直销业务规模、渠道创收等各项核心的经营性指标，达到甚至超过公司年初制定的经营计划指标。

(2) 进一步完善营销体系。2014 年，公司通过明确流程、理顺机制，做大规模来进一步优化营销体系。公司进一步明晰了销售管理流程，确保所有产品能做到合规有效推介；着重引导和培育私财干部梯队的建设，清晰任职资格，体现营销管理作用和效率；建立了合理的营销激励约束机制，向市场化方向靠拢；强化营销服务、方式多样化，重视新媒体功能，提升公司整体品牌形象。

【风控管理】 (1) 风险管理的动态调整和制度优化。2014 年，公司为适应市场环境变化及提高整体风险管理水平，以“风控前移”为核心，形成了三个体系：一是风险政策底线，其目标为主要业务类型和风险措施及合同条款的标准化和规则化；二是风险政策指导意见，动态调整风险政策，引导业务拓展；三是业务拓展指导意见，根据案例及业务经验，优化业务的交易结构，指导业务开展，为业务的标准化创造条件。

(2) 深化传统业务综合信用风险管控模式。政信业务：公司密切关注地方财力收支的变化趋势，评估变化趋势及地方政府发债政策变化对还款和平台再融资能力的影响；跟踪监控平台的收支、经营和现金流变化情况，严格执行分期和分步还款；通过预警提前预防和应对可能出现的还款风险。不动产业务：在业务准入方面，公司从三个维度加强了业务准入的管理：一是提高交易对手层级，加强交易对手管理。公司加强了对交易对手的尽职调查，建立了房地产企业(集团)的信用评级模型，先评级再开展业务，交易对手的层级明显提高；二是加强了区域房地产市场的动态监控和趋势分析，精准选择展业区域；三是加强房地产行业的研究，动态调整风险政策。在存续项目管理方面，延续了与爱建资产合作进行现场管理的模式，并在中台运营管理总部设立了专业的房地产运营团队，集中管理不动产业务，严格执行房地产项目的开发、销售节点管理和期间现金流管理，加强项目的预警管理，针对出现的风险信号及时实施风险预案。

(3) 建立岗位操作风险识别评估机制。落实了评审委员问责机制，通过评审委员分工审查项目和评审职责认定，提升项目评审质量；再造项目审批流程，建立预审退回机制，严格准入；进一步推进风险管理执行体系建设，加强对交易对手风险状况的持续评估。

【协同促效率】 (1) 强化运营管理职能。2014 年，公司组织架构不变，协同架构细分，多向沟通整合，提高流程绩效；清晰职责，为流程总目标服务；建立协同管理新架构，加强运营管理总部对前中后台协调配合，提高业务效率，加强对业务部门的专业服务与支持，使得业务部门更专注于市场及客户的开拓；同时，通过前台与中台分离，达到对业务部门的制衡与监督，实现信托业务交易实施、业务流程管理的专业化，降低操作风险与道德风险，降低受托人的责任风险。

（2）系统建设提供技术保障。为完善和提升公司业务系统处理能力，强化公司管理，促进公司信托业务的开展更规范、更安全，满足公司长远发展的需要，2014 年公司建立了完整的、业务全覆盖的业务处理系统。新的业务处理系统与流程重塑相勾连，降低操作风险，提升了公司整体效率。

（3）完善长效激励考核机制。以组织架构调整和管理深化为依托，明确公司价值链各环节的贡献权重，建立长效考核机制；考量投入产出比，鼓励业务部门超额完成目标任务以及参与渠道营销；统一历年信托业务考核方案中的计奖比例，对创新业务进行激励倾斜；继续深化前、中台部门二次分配细则的落实，监督分配的合理性。

（爱建信托）

13. 安信信托股份有限公司

2014 年 2 月 13 日，根据中国银行业监督管理委员会《关于安信信托投资股份有限公司变更公司名称和业务范围的批复》，上海银监局核发了新的金融许可证，安信信托投资股份有限公司名称变更为安信信托股份有限公司，业务范围变更为：资金信托；动产信托；不动产信托；有价证券信托；其他财产或财产权信托；作为投资基金或者基金管理公司的发起人从事投资基金业务；经营企业资产的重组、购并及项目融资、公司理财、财务顾问等业务；受托经营国务院有关部门批准的证券承销业务；办理居间、咨询、资信调查等业务；代保管及保管箱业务；存放同业、存放同业、贷款、租赁、投资方式运用固有财产；以固有财产为他人提供担保；从事同业拆借；法律法规规定或中国银行业监督管理委员会批准的其他业务。上述业务包括外汇业务。公司 2014 年度共实现主营业务收入 180 938 万元，归属于母公司的净利润 102 353 万元，归属于母公司的所有者权益为 180 464 万元。公司总资产 29.54 亿元，比上年末增加 13.54 亿元，增幅为 84.57%，负债总额 11.49 亿元。资产负债率 38.91%，比上年度减少 7.06 个百分点。截至 2014 年 12 月 31 日，固有资产拨备充分，无不良资产。

【信托业务】 截至报告期末，存续信托项目 294 个，受托管理信托资产规模 1 511.51 亿元；已完成清算的信托项目 149 个，清算信托规模 361.70 亿元；新增设立信托项目 146 个，新增信托规模 681.24 亿元。其中，新增集合类信托项目 16 个，实收信托规模 51.68 亿元；新增单一类信托项目 130 个，实收信托规模为 629.56 亿元。公司 2014 年信托资金主要投向涉及基础产业、房地产、证券投资、实业、金融和其他。与 2013 年末的资金投向涉及行业所占比例基本相同。在保持业务增速的态势下，公司继续升级业务结构调整，向新能源、养老服务和物流地产等领域进行业务拓展和布局。主动管理类信托业务占信托资产总规模比例为 26.53%，信托规模有一定提升，公司继续加强自主发行能力和主动管理能力。

【公司治理】 公司根据《中华人民共和国证券法》、《上海证券交易所股票上市规则》等有关法律、法规和规范性文件的规定，根据《公司章程》及相关内控文件和公司业务管理制度，七届董事会第十次会议于 2014 年 3 月 5 日审议通过了《安信信托股份有限公司业务授权制度》。根据中国银行业监督管理委员会 2014 年 4 月 8 日颁布的《关于信托公司风险监管的指导意见》（银监办发[2014]99 号）之规定，继续完善公司治理，结合自身特点公司制定了《安信信托股份有限公司恢复与处置计划》并经公司七届董事会第十四次会议和股东大会审议通过。

【合规先行】 公司继续严控风险，倡导合规先行的操作原则。聘请外部专家委员参与业务评审会，出具客观独立的评审意见，同时，由公司投资监管部门派员参与拟投项目贷前实地勘查，客观评价项目的可行性，从源头上对项目可能存在的风险进行了有效把关和控制。报告期内，公司对存续项目进行持续跟踪管理，派专人协同业务经办部门对项目进行现场贷后检查。公司利用月历节点系统，实时关注每个项目的节点信息，及时提示业务部门督促交易对手完成节点要求。通过利用全方位、多时点的措施对项目潜在的市场风险、信用风险和流动性风险动态监测，适时发出风险提示函，提前进行项目风险警示。

公司合规部门及时对内控制度体系、公司规章制度汇编进行了系统梳理，并对创新业务类型制定了相关操作指引与细则。为了更深入地贯彻“全员合规”的文化理念，公司多次组织员工学习、领会监管要求、法规等，定期对销售人员、业务人员和新入职员工开展业务流程合规培训、业务模式探讨交流与法律合规知识考试，持续提升员工的法律素养与专业知识。公司定期对合规管控进行审查，并将合规考核纳入员工绩效考核中，建立了以董事长为案件风险防范第一责任人、总裁为案防制度制定和执行第一责任人，合规总监负责案防具体工作的案防工作管理体系。

【特色产品】 一是安信·治霾系列·清洁能源一号集合资金信托计划。公司利用自身在金融领域的人才、信息及管理优势，发挥受托人专业的信托财产管理职能，努力将投资者利益、社会节能环保、治理雾霾等相结合而设立的一系列资金信托计划。该系列信托计划由安信信托运用信托资金，采用股权、债权或组合投资等方式，将信托资金投资于国内绿色环保的行业，如新能源发电、新技术、新材料等绿色行业。作为该系列集合信托计划项下的受托人，安信信托以投资者利益最大化为原则而管理、运用和处分信托财产，为投资者获取投资收益。二是安信·颐年系列集合资金信托计划。从老人的消费习惯入手，安信信托为高净值老人客户量身打造“安信·颐年系列”养老信托首个产品——安信·颐年1号集合资金信托计划。老人在加入信托计划后，可根据认购的信托受益权份额入住自己喜欢的户型、享受自身需要的养老服务。同时，老人有权灵活调整支付方式，既可以通过认购/申购B类信托受益权，以信托收益为限由安信信托代为支付增值养老服务费用，也可以选择自行向养老服务公司支付增值养老服务费用(自行支付的增值养老服务费采用市价，不享受信托集合采购的价格优惠)。信托计划不仅可实现理财与养老相结合的目的，同时通过主动管理提高信托计划各个环节的紧扣度；通过受益人大会、理事会等机制实现民主监督功能。

【社会责任】 (1) 坚持依法诚信纳税，积极履行企业公民的法定义务。公司作为企业公民依法纳税、积极履行代扣代缴税款的法律义务；依法进行税务登记、设置账簿、保管凭证、纳税申报；如实向税务机关反映公司的生产经营情况和执行财务制度的情况，按有关规定提供相应的报表和资料，没有瞒报、漏报、误报，偷税漏税的行为。报告期内公司主营业务收入180 938万元，上缴国家税收18 678万元，公司为国家财政收入和地方经济发展做出了应有的贡献。2014年安信信托实现基本每股收益2.253 9元，向职工支付工资、社保、福利费用等共计16 758万元，上缴国家税收达18 678万元，根据以上口径统计公司每股社会贡献值为3.03元。

(2) 致力于服务实体经济，创造客户价值，实现行业共赢。公司一直秉承“服务至上”的理念，持续打造服务平台和营销平台，努力提高金融服务水平，为客户获取实质性财富增长。公司管理的信托项目及信托资金规模保持一定幅度的增长，信托业务结构持续优化，在信托报酬率、业务的可持续性和规模效应方面得到了提升和发展；在核心客户的沟通交流上，在销售渠道的拓展和客户维护上也呈现出多样化、细节化和体贴化，结合自身的平台优势为客户提供人性化、个性化的服务，满足其多样化需求。

(3) 严格履行信息披露义务，保障股东的信息知情权。在信托业务方面，公司按照相关法律法规的要求，制订了《信托项目信息披露指引》，并严格进行信托业务的信息披露：一般信托项目的常规信息，公司每季度向受益人披露一次，证券投资类项目每月披露一次；充分保证了受益人对信托项目重大事项和经营情况的知情权。

(4) 关注民生热点，主动承担社会责任。2014年，为秉承安信信托热衷社会公益，扶持贫弱群体，公司向芭莎公益慈善基金捐赠人民币72万元整，用于芭莎公益基金扶持贫困地区医疗、教育事业。为了推动上市金融企业更好地履行社会责任，广泛参与到社会慈善公益事业活动，把感恩社会、回报社会的理念根植于企业文化中，捐赠人民币1 000万元设立非公募基金会——“上海至美公益基金会”。

(安信信托)

14. 宝钢集团财务有限责任公司

2014年，宝钢集团财务有限责任公司紧密围绕产融结合，不断进行业务创新，在延伸产业链金融服务、深化票据管理、探索互联网金融等方面逐渐形成特色。当年实现利润总额2.1亿元，净资产收益率8.86%，监管指标全部符合银监会考核标准。凭借依托电商平台，深化产业链金融服务的良好表现，荣膺《金融时报》和社科院金融研究所联合颁发的“2014中国金融机构金牌榜——年度最具创新力财务公司”奖项。

【结算和资金集中管理】 作为集团的结算主渠

道，发挥“万向节”式电子化结算平台快捷、高效、低成本的优势，年结算流量3万亿元，业务量125万笔；资金集中管理平台覆盖成员单位220家，归集资金余额258亿元，协助集团、股份提高了资金的整体使用效率。

【资金运作和流动性管理】 模拟市场化基金的管理方式，内部建立3个基金化运作的资产组合，提升流动性管理能力和资金运作效益。债券类基金取得12%的年化收益率，投资业绩跑赢市场上同类基金；低风险固定收益类基金发挥安全性和收益性优势，配合流动性管理基金，在保障整个集团结算流动性的前提下，有效提高短期资金的配置效率。2014年与金融同业进一步稳固合作关系，投融资渠道畅通，交易能力提升。

【信贷及供应链融资】 以服务为目的，提供优惠贷款利率和票据贴现利率，支持集团成员单位降本增效；以过桥贷款形式支持成员单位完成外部银行的贷款到期周转；试点营改增背景下的售后回租业务，通过税务筹划降低整体税赋；围绕核心主业向上游供应商提供票据贴现和保理业务，向下游电商平台购买宝钢产品的买家提供现货质押融资业务（“宝融通”），全年供应链融资业务累计发生44亿元；积极争取人民银行再贴现资源，引入集团外低成本资金。

【委托理财及财务顾问】 发挥银行间市场会员优势，为宝钢股份、德盛镍业、黄石涂镀公司等成员单位提供代理回购业务，协助企业提高短期资金运作效率；发挥资金管理经验，为宝钢工程集团提供资金管理整体服务方案，支持企业提高财务管理效率；建立财务公司微信平台，向成员单位及外部客户发布公司动态、产业及市场信息，提升影响力。

【深化票据服务】 经人行批准作为首批试点财务公司之一，于2014年6月加入人民银行大额支付系统，实现电票线上清算，同时获得查询查复业务资质，支持集团加强了票据风险管控；与宝钢国际、共享服务中心等单位相互协同，大力推进票据信息共享和异地实物票据托管服务，支持宝钢深化票据管理、提高票据使用效率、降低风险和财务成本，全年累计托管票据2.1万张，金额257亿元。

【互联网金融探索】 紧跟宝钢电子商务发展步伐，提供金融配套服务支撑。在线支付方面积极协同东方付通，设计虚实结合的账户体系，优化资金汇划路径，保证在线支付的及时性及灵活性。发挥票据专业经验，支撑东方付通为电商平台提供票据服务托管服务；在线融资方面与电商平台、仓储系统协同，提供“宝融通”在线融资服务，增强了客户黏性，活跃了平台交易，促进了宝钢产品在线销售。

【外汇业务】 有序推进集团货币类衍生品集中交易平台的搭建和运营工作，办理即期结售汇、代理远期结售汇业务，积极推进衍生金融产品交易资质的申请工作，参与集团外汇风险策略研究小组；密切关注自贸区政策变化，研究自贸区金融服务的可行性和业务模式，为拓展自贸区金融服务创造条件。

（谢　放）

宝钢财务公司荣获2014年中国金融机构金牌榜年度最具创新力财务公司奖项

15. 上海汽车集团财务有限责任公司

上海汽车集团财务有限责任公司是1994年5月成立的非银行金融机构，注册资本金人民币30亿元（含1 000万美元），由上海汽车集团股份有限公司和上海汽车工业销售有限公司分别投资98.592%及1.408%组建。2014年是公司成立20周年，全年实现营业收入61.15亿元，年末资产总额1 031亿元，净利润24.53亿元，在近五年连续高速增长的基础上继续保持25%以上的增幅，以优异的业绩为公司20周年华诞献礼。

【汽车金融板块】 2014年，公司成为全国首批五家试点产业链金融的财务公司之一，7月中旬获批对集团外供应商开展保理业务、对经销商开展建店融资业务、对汽车消费贷款客户开展维修贷款业务、对汽车消费贷款客户开展延保和保养贷款业务、对汽车消费贷款客户开展车辆保险贷款业务、对集团成员单位所属品牌的二手车零售贷款业务六项试点。2014 年,公司汽车金融业务已覆盖全国 351 个城市 1 700 多家经销商,汽车金融信贷融资余额同比增长 16%,资产质量依然保持业内最优。公司继续提供最优金融利率,全力支持集团自主品牌发展,覆盖自主品牌 7 种车型;配合集团“车享网”推广,开展个贷业务 O2O 模式尝试,打造可为集团所有企业服务的集成公共支付平台方案;配合商用车公司大通城市速递车定向采购,为其提供业内最优金融方案。借助“阶梯还款”产品实现区域定价,满足不同地区经销商的个贷业务发展需求;为上汽乘用车量身定制个贷新产品“新生贷”;将互联网企业中广泛应用的 PCI 总线闪存卡产品,应用在公司汽车金融系统的 UAT 实测环境,使数据的读写性能提升几十倍。

【公司金融板块】 2014 年,公司企业日均存款额达 802 亿元,最高峰值超 900 亿元。全年结算业务笔数稳步提升,同比增长 16%;银行间外汇市场交易量继续保持财务公司上海地区第一。2014 年 6 月,公司作为牵头行的上汽通用五菱首期 60 亿元人民币银团贷款协议成功签署。同年 9 月,上海通用 180 亿人民币银团启动,上汽财务公司再次担任银团牵头行。2014 年,公司与人行大额支付系统直联,实现电票线上清算;在此基础上,公司进一步开发完成电票在线贴现系统,有力推动了电票业务的发展。此外,公司首单企业“资金池”业务签约,并在年内建立了以财务公司为主导的企业间跨银行、多渠道支付平台的系统开发。

【投融资板块】 2014 年,公司在确保流动性的前提下自营投资总回报率达到了较高水平,其中投资的非货币类资产收益率超过了 10%,比同类产品指数回报率高出一半以上,显示出公司投资团队优秀的投研能力。公司发行的首单资产证券化产品——“上元一期”优先级本息顺利兑付完毕,未发生任何违约事件。公司继续积极探索开放式基金受益权转让,通过转让基金份额获得流动性,创新实现基金流动性由 T+2 变成 T+0。增持上汽通用汽车金融有限公司股权事项收官,公司持有其 45%股份,成为控股股东。2014 年,上汽通用金融继续保持良性增长。

【风险管理】 2014 年,公司积极开展内部审计质量评估,不断强化内审基础建设,全面提升工作质量。在 8 月实施的上汽集团首次内审质量评估工作中,公司在 15 家参评成员单位中位列第一。与此同时,公司还制定了《信用体系建设工作方案》和《信用体系管理指引》,对信用体系建设进行了系统性安排,不断加强和完善信用评价指标体系建设,运用于汽车金融、公司金融及投融资各项业务中,进一步控制业务风险。

【人本管理】 2014 年,公司加速引进急需的创新业务人才,重点招募互联网电商平台等专业人才。在人员培训上重点组织了《互联网思维与金融创新》专项培训、汽车金融营销团队在职培养项目、会计结算部和信息技术部专项工作课程等内容。公司在实践的基础上进一步完善绩效考核体系,根据绩效考核反映的情况,修订了《年终绩效管理办法》,进一步提升绩效考核的合理性。

【企业文化】 2014 年,公司继续从内外两方面大力发展企业文化建设工作。对外,公司着重提升企业公共形象和雇主品牌形象,创造良好外部环境。公司上线了全新官网,开发“好车 e 贷”电商平台,改版了官方微信;在校园招聘活动中,运用企业形象片全面展示公司形象,广招专业人才,并选派高管担任上海财大 MBA 导师。对内,公司则立足提升员工凝聚力和战斗力,营建和谐企业氛围。公司通过 20 周年回顾展、司庆征文活动和“民星才艺秀”20 周年艺术作品征集活动将员工的公司荣誉感推向高峰;外勤员工家属 24 小时就医服务热线、“外勤太太俱乐部”系列活动则使常年奔波在外的外勤员工感受到浓浓暖意;一线员工劳动竞赛、中后台员工的先锋号创建活动,以及明星员工评选活动又极大激发了全体员工的工作热情。

【重大活动】 2014 年 12 月 26 日,上汽财务公司在金融时报社和中国社会科学院金融研究所联合举办的“2014 中国金融机构金牌榜‘金龙奖’颁奖盛典”上,凭借创新方面的突出表现,荣获“年度最具创新力财务公司”称号。这是公司继获得“2013 年度最佳创新财务公司”称号后,再一次获得的全国性创新类荣誉称号。

（季　麟）

16. 上海浦东发展集团财务有限责任公司

2014 年,浦发财务公司紧紧围绕年初确定的目标任务,坚持稳健发展、审慎经营、合规操作、风险可控的经营理念,各项工作有序、健康、平稳发展,较好地完成了年度目标任务。截至 2014 年末,公司资产总额 129.26 亿元,所有者权益 22.31 元,实现净利润 2.39 亿元,净资产收益率为 11.06%,总资产收益率 2.53%。资产质量保持良好,各类监管指标和重要经营资产质量指标均符合监管机构的监管要求。

【信贷业务】 2014 年,公司积极践行"一切为了浦东发展"的使命,努力为新区市政项目建设提供融资支持。牵头完成滨江森林公园二期、东西通道(浦东段)拓建工程、申江路和中环线等银团项目的组建、签约及提款等工作;为金桥地铁上盖项目提供全程融资顾问服务、参与城中村项目融资洽谈和方案设计、参与 16 号地铁周浦站周边建设项目的银团贷款。同时,公司在加强对贷款资金监督检查的基础上,积极为集团及成员企业提供资金支持,全年累计发放各类贷款 58.59 亿元,年末贷款余额 32.14 亿元;日均存贷款规模分别为 83.67 亿元和 24.33 亿元。

【资金业务】 2014 年,公司密切跟踪集团资金计划安排,加大对沉淀结算资金和大额闲置资金的合理配置,在有效确保集团资金需求的前提下,通过分段计收活期存款利息、扩大同业定期提支的合作对象、开展同业存单质押融资等尝试,实现资金业务收入 2.87 亿元,收益率为 4.64%。

【投行业务】 2014 年,公司在确保资金安全性和流动性的基础上,为集团、成员企业和自身创造较好的投资收益。一是合理配置货币基金、理财产品等固定收益品种,完成 7 200 万元的税后投资收益,收益率约为 5%;二是完成两期共计 20 亿元的产业投资基金的委托投资,实现委托投资收益 1 084.94 万元;三是协助集团完成总量为 1.2 亿元左右的权益类资产处置,确保资产的保值增值。

【资金集中】 2014 年,公司加大资金集中管理力度,全年平均资金归集率达 80%。一是通过不断提升服务水平,降低资金使用成本,全力做好资金集中度高的成员企业的维护工作,确保年度资金归集目标的实现;二是通过梳理各账户的资金来源和构成,合理安排及控制资金拨付,挖掘资金集中度低的成员企业的潜力,做好年度资金归集任务的保障;三是通过协助新加入成员企业及时开户,分析部分三级企业归集率低的原因,提高资金集中管理意识,寻求资金归集率的提升空间。

【业务创新】 2014 年,公司积极应对市场竞争,以金融创新为突破,着眼于集团及成员单位的个性化需求,不断提升金融服务功能,打造多元化的金融服务平台。设计现金管理委托投资方案,积极开展现金管理业务,提高成员企业资金收益;启动"传统物业管理升级与转型"的课题研究,提升集团物业板块的管理能力;组织开展经济与产业年会、搭建"浦发财智"微信公众平台、做实金融信息日报及召开各类研讨会,进一步提升和完善公司咨询服务能级。

【风险管理和内部控制】 2014 年,公司积极推行风险嵌入式管理,切实保障公司各项业务的持续、健康、稳定发展。同时,公司以"专项稽核有精度,专项检查有深度,专项抽查有广度"为目标,以强化稽核监督职能为抓手,持续开展各项稽核检查工作。一是对主营业务和重点项目加大检查深度,对新业务加大抽查力度,保证稽核事项全面及时;二是持续跟踪稽核整改情况,确保稽核成果有效实施;三是将稽核工作和案件防控、内控测评及监事会监督职能有机结合,提高稽核质量,完善内控评价机制,保障公司业务稳健开展。

【结算业务】 2014 年,公司在提升服务集团资金管理能力的同时,通过改进结算系统和优化支付结算流程,实现结算业务操作更趋安全和便捷。截至 2014 年底,集团所属的 112 家成员企业,在公司开立了 245 个资金结算账户。全年累计完成结算 2.1 万笔,结算资金量为 1 258 亿元人民币,满足了成员企业的资金支付需求。

【人力资源管理】 2014 年,公司主要从制度、招聘、薪酬和培训等四方面着手,进一步加强人力资源管理。一是通过梳理现行人力资源管理制度,修改和完善相关制度内容及格式化表单,规范了人力资源管理指引性文件;二是引入"招聘测试系统",完善了人才甄选的专业工具,提升招聘能效;三是完成《任职资格管理办法》的方案设计,编制 2014 年度《组织结构及部门职能汇编》和《职位说明书汇编》,推进薪酬管理建设;四是开展"内部培训师队伍建设”课题研究，组织设计新员工入职培训体系，完善标准化培训课件系统。

【信息化建设】 2014年，公司进一步加强信息化建设。一是加强数据同步及应用切换的研究，积极做好灾备项目实施前的准备；二是完成新操作系统的切换及内外网隔离，确保信息数据安全；三是结合需求完成系统二次开发，既规范管理又提升操作实用性；四是完成移动办公建设，进一步提高管理效率。

【企业文化建设】 2014年，通过开展自贸区、互联网金融等学习探讨，公司积极尝试涉及转型创新发展的前瞻性研究。通过编撰《内控手册》和推进穿行测试，构建全面风险管理和控制体系；通过实施廉政风险防控机制建设，建立健全廉政惩治及预防体系；通过群教活动和道德讲堂的开展，强化宗旨意识和理想信念；通过扶贫帮困和同创共建等活动的开展，提升责任意识和团队凝聚力。

（浦发财务）

17. 上海电气集团财务有限责任公司

2014年，上海电气集团财务有限责任公司积极推进金融服务和产品创新，以服务集团转型发展为目标，发展综合金融服务，并在经营效益和管理水平上都取得了良性发展。其中，资产规模首次突破400亿元；净利润超过5亿元，是公司历史上第三高的年份；资金集中度超过上年同期，达到77.84%；贷款拨备提前达到了监管机构的要求；吸收存款和信贷规模均创下历史新高。公司启动了新金融业态建设，推进了电气金融的产业化发展，在成功迁址进入自贸区的基础上，搭建起全球资金集中平台，在多项业务领域取得创新突破。同时，以管理促转型，在各项管理方面都取得了一定的进展。

【信贷业务】 上海电气集团财务有限责任公司一方面积极应对宏观环境变化，认真着手研究对策，形成对重点客户融资需求密切跟踪的应对方案；另一方面大力拓展业务，为输配电合资企业设计综合授信方案，给予贷款额度，用于置换外部商业银行贷款；同时，大力拓展外汇贷款业务，运用吸收的集团企业美元存款向集团内企业放贷，不仅为集团企业降低了融资成本，也进一步丰富了财务公司产品品种；此外，还探索出一条支持企业经营发展与防范过大风险兼备的新路，为成员企业搭建银团贷款，成功地在为企业解决资金需求的同时防范了金融风险。

【融资业务】 上海电气集团财务有限责任公司一方面沿集团产业链加快发展保理、买方信贷等资产类业务，积极拓展同业合作，成功与同业财务公司签署《金融合作协议》，实地调研其与本集团的多个合作项目并完成授信。同时，加大对供应链融资业务的拓展，针对保理业务进行了专项调研，并成功为集团企业办理保理业务。另一方面，通过专业化的项目融资服务帮助集团企业获取订单，为产业提供支持，提高集团整体竞争能力。全年为集团成员企业的30个项目提供不同阶段的项目融资服务，国内外项目各占一半。此外，还在有偿服务上实现了突破，将服务拓展到了外部，为集团成员企业的项目业主后续银行融资提供具体的咨询服务。

【资金业务】 公司深入推行“跨市场、多机构综合询价，进行收益成本测算”的大类资产配置模式，将同业存款、拆借回购、货币基金、理财等诸多低风险业务有效联动，通过持续动态调整部门配置结构来提升整体资金效率，尤其是抓住2014年底市场资金价格出现难得一见的大幅上涨的短暂机会，大量配置收益率水平最高的中短期同业定存。此外，公司积极进行业务创新，与券商合作购买其固定收益理财产品，借助理财产品配置城投债的方式，曲线投资城投债中较好的品种，获得稳固收益；积极拓展同业定存的交易对手，有效地提升了同业资金配置收益率；开展了第一笔以人民银行作为交易对手方的同业回购式再贴现业务，盘活公司的票据资产，开启公司全新的流动性管理渠道等。

【投行业务】 2014年，上海电气集团财务有限责任公司几乎包揽了集团所有并购项目，并首次承担海外项目牵头财务顾问。在多个项目中承担海外项目牵头财务顾问，为集团兼并收购决策提供了有效的支持。

【风险投资】 上海电气集团财务有限责任公司的风险投资取得积极进展，2014年内新增项目151个，其中完成投委会项目立项13个，并在产业和科技VC方面均实现投资突破。

【创新业务】 积极把握自贸区的改革机遇，上海电气集团财务有限责任公司于2014年9月经上海银监局首批获得迁址批准，并于12月初完成工商变更，正式进入自贸区。目前已成功开展了跨境人民币借款、跨境人民币借款资金向自贸区内企业放款、跨境人民币集中收付以及跨境双向人民币资金池境外资金归集四项自贸区创新金融业务，使集团的全球司库功能进一步完善与加强。

【风险管理】 上海电气集团财务有限责任公司积极推进公司业务创新和重大战略举措，强化风险管理。一方面通过加强制度管理，组织制订新业务开展的相关制度，严控业务创新风险，把握风险管控要求；另一方面深入业务需求，全程提供风险管理支持。在金融产业化发展的道路上严把风险关，形成了更加全面、更加深入的管控体系。

【人力资源管理】 上海电气集团财务有限责任公司员工队伍建设走上了良性循环，能进能出的良性流动机制以及绩效考核对于员工的激励与约束发挥了积极作用，公司员工队伍的整体结构也进一步得到优化。

【信息化建设】 为了改善信息管理短板，整体提升公司信息化能力，满足长远发展需求，上海电气集团财务有限责任公司在2014年启动了新核心系统的建设工作。经过一年的开发工作，目前一、二期系统均已上线运行，新核心系统使得系统架构更合理，覆盖业务更全面。

【重大活动】 2014年9月12日下午，上海电气集团财务有限责任公司召开了“创新金融服务助力产业发展”产融结合推进会暨微信平台上线。在上海电气金融微信公众号发布仪式上，上海电气集团股份有限公司首席财务官胡康与金融服务部常务副部长王世璋共同点亮了象征微信公众号正式上线发布的启动球，与此同时上海电气金融的首期微信推送信息也在公众号平台发布。上海电气金融微信公众号将在产品推介、行业资讯以及互动社区三方面发挥更多功能。

2014年12月26日，由《金融时报》社主办，中国社会科学院金融研究所联合举办的“2014中国金融机构金牌榜—金龙奖”颁奖盛典在京隆重举行。上海电气集团财务有限责任公司荣获“年度最佳财务公司”奖项，成为本次全国195家财务公司中评选出的5家“年度最佳财务公司”之一。

（电气财务）

18. 东航集团财务有限责任公司

2014年，东航集团财务有限责任公司继续围绕集团公司和板块战略改革目标，充分发挥集团资金归集、结算、监控、运作的一体化平台功效，以服务集团为基础，拓展业务空间，提供全方位的金融服务。

【信贷业务】 本着为集团各成员单位提供优质服务的宗旨，公司把服务集团成员单位作为重要工作，严格遵守各项规章制度，注重资金安全，严控金融风险。根据年度经营计划及资金的安排，公司合理调整信贷政策，力求以更合理的资金结构发放各类贷款，并且严格按照公司信贷管理制度和业务操作规程办理各类信贷业务，做好贷款三查工作，加强贷后管理，及时了解客户企业经营、财务状况，切实防范信贷风险。截至2014年末，公司共发放人民币自营贷款20笔，贷款金额35.71亿元，美元自营贷款1笔，贷款金额1 200万美元；发放人民币委托贷款30笔，委托贷款金额12.48亿元，发放美元委托贷款2笔，金额4亿美元。新增开户单位15家，开户单位总数达到191家。

根据年内安排，2014年，公司积极开展了消费信贷、买方信贷以及融资租赁三项新业务的筹备工作，多方走访了开展这几项业务的同行业佼佼者，学习到了不少经验。

【资金和投资业务】 2014年，公司加大与集团内成员企业的沟通协调，在保证资金适度流动性的前提下，充分利用闲置资金，提高资金运用效率，实现了资产负债的动态合理均衡配置，为公司贷款、投资两大资金运用提供了保障。在市场资金价格水平上升和存放同业利率上升的情况下，公司积极与银行协商，使公司的存放同业利率水平处于较高水平。而在2014年利率水平大幅下行并保持极度低位的情况下，公司抓住了市场资金价格与存放同业之间的利差机会进行套利操作。截至12月末，共拆出资金43笔，累计拆出资金130亿元，利息收入164.66万元；拆入资金6笔，累计拆入资金18亿元，利息支出87.85万元。

2014年，证券市场呈现前低后高格局。为此，公司加大了参与新股申购的力度，整合金融板块的各项资源，调整投资策略，完善决策流程。并及时抓住下半年的一波上涨行情，在稳定收益的基础上，取得了一定的增值收益。截至2014年末，财务公司通过投资证券、基金、理财产品、债券获利计入利润表投资收益部分8 473.70万元。其中证券盈利2 300.81万元，基金（含专户类）整体盈利5 925.36万元，债券类盈利 247.53 万元。

【外汇业务】 作为集团全球资金管理中心的排头兵，公司外汇跨境资金池于 2014 年进行了卓有成效的探索和实践，成效明显。自试点以来，公司利用资金池通道调入资金使用，已累计完成外债项下资金流入 6.8 亿美元，经常项下集中收付汇 2 169 笔，金额 13.4 亿美元，有效地加强了集团境内外资金的使用效率。与向银行申请结售汇相比，为成员单位节约了可观的资金成本，保证资金衔接发挥了重要作用。4 月，外管局正式批准公司开办外汇衍生品业务。公司在技术操作环节，进行了前期精心准备，包括扩大交易对手，申请授信额度，交易权责确认和合同签署等各项细节，确保新业务稳妥开展。截至 12 月末，公司衍生品业务牌照及准备工作已全部落实，为成员企业外汇服务的力度大幅增强，为满足今后利率市场化、汇率市场化进程中企业的综合金融需求奠定了坚实的基础。

为更好地提升服务效率，促进传统外汇业务服务水平，公司对系统前台操作进行了梳理，基本搭建了前、中、后台一体化业务操作系统、国际收支申报系统，建立了各项外汇业务的标准化操作和管理流程，为公司结售汇业务拓展打下良好的基础。

【业务创新】 为提升对集团的服务能力，提升业务的广度与深度，促进良性发展，公司于 2014 年向股东方申请增加注册资本金 15 亿元，增资后注册资本金达到 20 亿元。截至 12 月底，增资各项工作顺利推进。

【风险管理和内部控制】 2014 年，公司积极开展风险管理，加强规章制度建设。为强化管理和经营，最大限度地防范风险，依据“废、改、立”的思路，公司对各项管理制度进行全面、系统的梳理，并开展制度执行力检查，对照制度、流程检查执行力落实情况。

公司坚持做好风险排查和日常风险监控工作，规范投资操作行为，加强内控管理，确保投资安全。同时，公司根据《合同管理暂行办法》的要求，对各部合同管理工作进行指导、监督、检查、考核。加强了合同管理。

【人力资源管理】 根据公司人才战略部署及上级公司对人才考核的相关指导意见，公司于 2014 年 6 月起，全面启用了财务公司绩效考核管理方案，制定了《东航集团财务有限责任公司员工考核办法操作细则》，从多方位科学评判员工月度工作绩效情况。并将员工的绩效评分作为薪酬分配、工资晋升、职务晋升、岗位调整、员工培训和荣誉评比等的依据，起到了科学考核、有效激励、提升绩效、加强沟通等良好的差别化管理效果。为加强人才储备，2014 年，公司完善了员工的培训与轮岗工作。在上年的基础上，着重以提高员工实际岗位技能和工作绩效为重点，加强业务培训，鼓励员工参与职业资质的学习，安排员工轮岗至不同部门，提升综合能力。

根据上级单位《关于鼓励员工报考“职业资质”的通知》，公司对取得业务相关各项职业资质证书的员工发放相应奖励。截至 10 月末，公司获得相关岗位证书的员工达 80%以上，全年员工轮岗率达到 20%。不仅建立了公司积极良好的学习氛围，也为公司人才储备工作打下了良好的基础，促进了员工业务水平的提升。

【信息化建设】 2014 年，公司围绕信息化建设战略及监管要求，有条不紊地开展了信息技术工作，顺利完成了财务结算信息系统（以下简称“FIS 系统”）的全面升级，搭建完成 FIS 系统一期。该系统搭建完成后，实现了公司各管理领域的全面集成。同时，成员单位也可以足不出户，通过互联网完成结算、存款、查询、对账、电子回单打印等业务，为公司信息化办公奠定了坚实的基础，也为提升成员单位的服务效率水平、提供了有力的技术支持。

（东航财务）

19. 锦江国际集团财务有限责任公司

2014 年，锦江国际集团财务有限责任公司以集团战略为工作核心，进一步提高公司治理水平，圆满完成了各项目标任务，实现了公司平稳发展。2014 年，公司共实现营业收入 1.2 亿元，投资收益 700 余万元，净利润 0.52 亿元。截至 2014 年底，公司注册资本 5 亿元，所有者权益 6.7 亿元，总资产 50 亿元，总负债 43 亿元。

【完善法人治理结构】 2014 年，公司多次组织召开了董事会战略与投资委员会和风险控制与审计委员会，全年召开了四次董事会会议。7 月底，第四届董事会成员任期届满，完成了第五届董事会董事的选举及董事长的聘任等工作。

【信贷业务】 2014 年，公司共发放人民币流动资金贷款金额42.5亿元,发放委托贷款金额13.3亿元。公司吸收集团内企业存款余额为22.7亿元,发放人民币贷款余额为14.4亿元,委托贷款余额为10.4亿元。信贷资产质量继续保持无后三类贷款水平。

【资金集中】 公司积极开展存款业务营销,充分利用网银加强资金集中管理。加强成员企业资金归集服务,公司在锦江之星原有的直营门店资金归集的基础上,进一步开展了锦江都城门店和时尚之旅门店的资金归集工作。此外,加大对锦江国际集团和锦江股份公司的资金管理和融资管理的支持力度,2014年千方百计保证存、贷款与资金调度的平衡协调。

【投资业务】 截至2014年末,财务公司自营投资业务投资额为1亿元,共计实现收益约850万元,年化收益率约为8.5%。截至12月底,公司申购6只可转债,已抛售转债实现收益约270余万元,浮动收益为100余万元。

【业务创新】 2014年公司根据昆明锦江大酒店的中央空调机组改造工程方案,制定了运用融资租赁模式提供融资支持的金融服务方案。在相关部门配合下,解决了会计处理、税务、制度、合同文本及业务流程的实施方案细节,并实地进行贷前调查,并发放了昆明锦江大酒店的中央空调机组融资租赁,为支持酒店的节能改造项目及其他项目的融资租赁奠定了基础。积极开拓委托现金管理业务。2014年公司为集团、成员企业开拓了委托现金管理业务。截至12月31日,共开展67笔委托现金管理业务,累计发生额为198亿元,余额为9亿元,累计实现管理收益约2 964万元。

【风险管理和内部控制】 2014年,公司获得中国人民银行上海分行2013年度上海市非银行金融机构企业征信系统建设工作A等考评。2014年,公司进一步完善管理制度和新业务操作流程设计,修订或制定了9项管理制度。随着业务发展及员工到龄退休,公司及时做好新老交替,员工岗位调整、员工引进等工作,配齐了各管理部门的人员缺口。

【信息化建设】 2014年,公司加强对信息系统软硬件建设和维护,有序推进多个IT建设项目实施。首先,完成了业务流程开发平台的建设,这是财务公司信息科技自主研发转型的重要一步,包括二次开发平台、在线的可视化流程设计、外部数据库连接、图表和报表自动生成功能。其次,开发完善电子回单的新需求,经客户四个月的试用及确认,完全满足了其要求,并且格式经过德勤会计师事务所认可。网上银行电子回单功能的使用,可极大地提高成员企业的财务记账工作效率,降低人力成本。

2014年,公司着手开发锦江信息平台,锦江信息平台包括人行金融标准化、各类业务台账、报表、监管报送信息管理、预算管理、指标预警等功能,现已完成模块的设计、开发测试工作,大部分模块已上线使用。公司完成了保管箱库管理软件开发、调试、上线工作,这是公司完全自主开发研究的软件,拥有源代码,便于公司进一步优化管理系统。此外,公司积极联系电商公司,落实了公司信息系统数据异地灾备工作,并于下半年实施了异地灾备演练,达到了预期目标。

(赵成涛)

锦江财务公司计财部荣获"上海市青年文明号"

20. 中国电力财务有限公司华东分公司

2014年,中国电财华东分公司紧紧抓住党的群众路线教育实践活动契机,在国家电网公司第八督导组和中国电财公司指导下,将开展教育实践活动与分公司经营管理工作相结合,坚持依法治企,全面深化"三抓一创"工作理念,找准管理上存在的突出问题和诱因,坚持不懈地抓好整改落实,不折不扣地兑现作出的承诺,确保了活动善始善终,坚定了干部员工攻坚克难、干事创业的信心,创新驱动、优质服务能力不断提升,流程型财务公司建设等重点工作开展取得显著成效，确保经营任务顺利完成。截至12月末，华东分公司实现考核利润99 869.58万元，完成计划的115.96%；存款日均余额318.86亿元，完成计划的118.10%；贷款日均余额183.99亿元，完成计划的104.54%；可归集资金归集率100%。不良资产控制额为零，营业结算零差错。

【存款规模提升】 针对经营任务，分公司采取多种方式，抓好全口径资金归集效率和社保存款拓展两个增长点，全面提升存款规模。首先，以提高全口径资金归集率为增长点，提升日均存款规模。主动融入网省公司资金预算体系，协助客户单位开展有序收付，采用争取客户在商业银行的融资及时到账、按时归集客户“资金池”外电费资金和增加农网专户资金沉淀等措施，错峰平谷，提高资金归集效率；不断完善结算模式、优化电费归集流程，加大客户单位电费归集频率，确保支付安全；及时跟踪、积极应对各经营单位存款指标变化，采取措施减少不可动用资金项目和数额；积极落实公司存款组合产品推进工作要求，完成国网上海公司5亿元的存款组合产品，稳定了存款规模。其次，以拓展社保存款为增长点，增加市场占有率。按照公司拓展社保存款要求，以分公司年初提出的社保存款余额和增长率两个高增长为目标，深入了解网省公司社保业务现状和需求，结合华东地区社保存款特点，分类管理、分别应对，以社保资金归集暂存和年金回购业务拓展为抓手，采取扩大社保资金归集范围、新增挂接补充医保账户、加大社保资金归集效率等措施拓展社保存款规模；同时，华东分公司还加大业务创新，协助公司开发了“聚财型”协议存款，丰富了社保业务产品种类。

【贷款规模稳定】 积极应对区域内融资计划不断收缩、融资计划安排与贷款需求之间不匹配等压力，突出信贷资源配置计划管理和信贷业务创新服务两个重点，全力维护信贷规模稳定。第一，以加强信贷资源配置计划管理为重点，全力拓展信贷资源。及时响应客户需求，主动争取辖内重点客户国网融资计划份额，全力落实国网融资计划批复，做好融资计划内外放款，大力拓展短期循环贷款，不断深化县公司融资服务，有效拓展了信贷规模。第二，以信贷业务创新服务为重点，全力稳定信贷规模。以服务企业集团成员单位上下游产业链金融业务为引领，积极开展电子票据业务、保函业务、贷款承诺、贷款资产买入等信贷业务创新服务，确保信贷规模稳中有升。依靠公司新管理制度支撑和高效优质服务，顺利完成国电蚌埠发电有限公司首笔电票业务；用保函年度绿色通道方案，为上海送变电工程公司和华东送变电工程公司办理公司首批7笔保函业务；为国网上海公司高效办理出具公司新管理办法颁布后的首笔贷款承诺函；完成国网福建公司在兴业银行4.78亿元流动资金贷款资产买入工作。

【完成经营任务】 围绕国网公司财力集约化和资金管控的新要求，以资金精益化管理和费用严格管控为抓手，全力推进经营任务完成。首先，抓好资金精益化管理，推动资金效益提高。持续优化区域内资金管理指标考核办法，充分发挥同业存款利率指导窗口作用，及时获取网省公司月度现金流量预算和每日资金收支信息，确保了资金计划准确率，提升了资金使用效率和综合效益。其次，抓好费用管控，促进经营效益增加。围绕“三增三节”活动，不断完善分公司经营诊断分析工作机制，加强重点关键领域费用管控，深化费用执行监控，降本增效成效突出。

【深化资金管理平台建设】 根据公司“二十四节气表”的工作部署，将规定动作—流程型财务公司建设落实到位，将自选动作—区域分公司的资金安全共建信息平台二期开发和“区域营业风险在线监控平台”应用推行到位，两个动作齐头并进，进一步确立了一口对外的客户服务机制，增强了核心业务的支撑保障能力和一线服务能力，规范了信贷管理，统一了结算模式，业务流程日趋简化，电子化结算和融资服务工作效率明显提高，“一本制度”建设在区域内得到深入落实，风险“两防两控”机制全面深化，区域内四家分公司的监管报表数据连续两年无差错，同时，区域内的经营计划管理和财务预算管理之间、经济活动分析和财务状况分析之间的结合更加紧密，统一性和协调性得到增强，绩效管理机制建设全面深化，整体信息安全保障能力和信息化项目的深化应用能力不断提高，全面深化了资金管理平台建设。

（中国电财）

21. 中国石化财务有限责任公司上海分公司

中国石化财务有限责任公司上海分公司是中国

石化财务有限责任公司驻沪分支机构，1992 年 11 月 11 日经中国人民银行批准成立上海代表处；1994 年 11 月 29 日经中国人民银行批准成立上海办事处；2007 年 4 月经中国银监会批准，7 月 19 日正式挂牌更名为上海分公司，注册营运资金 1 亿元。目前，上海分公司内设五个部门，分别为综合部、信贷部、财会部、结算部、内控稽核部。共有员工 31 人，平均年龄 34 岁，硕士研究生 4 人，大学本科 25 人，其余均为大专以上学历；分公司拥有高级会计师 2 人，高级经济师 2 人，中级职称 16 人。

【业务范围】 上海分公司业务范围：吸收成员单位的存款；对成员单位办理贷款及融资租赁；办理成员单位之间的内部转账结算；对成员单位办理票据承兑与贴现；办理成员单位之间的委托贷款及委托投资；协助成员单位实现交易款项的收付；对成员单位办理财务和融资顾问、信用鉴证及相关的咨询、代理业务；经批准的保险代理业务；经公司批准的属于财务公司经营范围内的其他业务。

【服务范围】 2014 年，分公司根据上海银监局的核准和总部的授权，主要从事的业务包括内部转账结算、吸收存款、发放贷款、票据贴现及转贴现等。按总部业务区域划分，为上海、浙江、福建三地中石化集团持股 20%以上的各石化成员企业提供金融服务，共有开户企业 143 家，业务涵盖石油化工行业上、中、下游各类企业。各项业务的开展接受人民银行上海分行及上海银监局的领导、监督、检查、管理及指导。

【主要业绩】 2014 年末，分公司资产规模为 66.21 亿元；全年资金总流量达 4.55 万亿元；累计实现营业收入 3.81 亿元；当年实现利润 1.72 亿元；全年累计上缴各项税费 6 426 万元。全年累计发放贷款 85.22 亿元，日均贷款 49.56 亿元；累计办理票据贴现 34.55 亿元，日均存款 11.17 亿元。

【金融文化】 中国石化财务有限责任公司作为中国石油化工集团公司内部金融机构，“集团利益最大化”是财务公司发展的永恒主题，上海分公司以“立足石化、服务主业”为己任，从服务中求效益、求发展，落实科学发展观，充分利用信息技术手段，推行现代管理模式，提高自身核心竞争力，形成立足上海辐射浙江、福建的业务网络。近年来，按照财务公司总部的统一部署，牢固树立大局和服务意识、风险防范和管理意识，以提升服务能力为中心，以强化管理为基础，以提高员工素质为突破口，开拓创新，积极进取，提升服务意识，优化服务结构，以百倍的努力和优质的服务来拓展各项业务，在日趋复杂的金融市场环境下更加注重发展的质量和效益，从偏重于“做大”转向“做强做优”，稳步开展各项工作。

【主题年活动】 2014 年度，分公司积极响应中石化财务公司总部年度工作会议精神及“转型发展当标兵，创建一流立新功”主题年活动指导意见，提出四个坚持：坚持以市场化为导向，促进资源优化配置；坚持以基础工作为基础，推动管理结构升级；坚持以团队工作为拳头，完善服务体系建设；坚持以队伍建设为核心，打造专业高效生力军。在整体经济增速放缓，金融体制改革不断深入新形势下，上海分公司围绕“四个坚持”，建立健全市场化导向体制机制，提高金融市场环境适应能力，提升同业竞争抗压能力，构建全面风险管理体系，探寻经营发展新契机，全力推动各项工作再上新台阶。

（李 易）

22. 百联集团财务有限责任公司

2014 年，百联集团财务有限责任公司在首个正常运营完整年度中，紧紧围绕集团发展战略，以“创新驱动、转型发展”为主线，创新发展思路，深化金融服务，取得公司业绩的开门红，存款准备金工作、会计报表工作受到中国人民银行上海分行书面表扬。

【信贷业务】 公司在中国人民银行上海分行关于 2014 年货币信贷政策导向效果综合评估中，获得 A 类金融机构的好评。根据经济金融环境及监管要求，公司优化信贷投放结构，有计划有重点地支持集团重点单位和重点项目建设，开展了流动资金贷款、项目贷款、抵押贷款、异地贷款、银团贷款、应收账款保理等业务，拓宽融资渠道，丰富贷款形式，充实贷款品种，防控信贷风险，满足成员企业不同的融资需求，积极服务实体经济。

【票据业务】 2014 年，公司着手稳步推进票据业务，制定了《银行承兑汇票票据池业务运营模式暨管理办法和操作规程》等多项规章制度和业务流程，设计开发纸质票据系统，建立交易对手行渠道，培训员工逐步掌握票据专业技能，成熟一项试点一项，陆续启动票据池托管、贴现、转贴现、承兑开票等业务，通过统一结算资金池与票据集中票据池的联通，为成员企业提供全流程一体化的票据金融服务。

【资金集中】 2014 年,公司圆满完成市内成员企业的资金归集工作,并成功试点市外结算业务公司设计搭建了资金池框架下的板块现金管理平台,形成具有集团商贸特色的"台中台、池中池"现金管理创新模式,池与池之间既独立又关联,每个池均能实现跨银行、跨地区的统一支付与清算。

公司坚持以提高资金集中度为主线,以系统创新、产品创新为抓手,积极开拓资金归集渠道。面对业态不一、规模各异的众多成员企业,多措并举,开展了覆盖集团所有二级企业范围的核心业务系统上线推介及培训,形成符合各业态特点的资金归集与金融配套方案,持续夯实客户基础,有效推进资金归集工作向纵深发展。

【风险管理和内部控制】 公司进一步扩大风险管理的内涵与外延,确保公司运营稳中有进,为业务拓展保驾护航。公司成立案件防控自我评估领导小组,协调落实案件风险排查工作;组织开展贯穿全年的"员工行为管理年"主题活动,规范员工行为,引导员工树立正确的人生观、价值观和业绩观,强化员工依法合规意识。

公司有序开展审计稽核工作,在常规检查的基础上,对日趋稳定的存贷款业务开展专项检查,逐条对照,出具有针对性的管理建议书,并督促整改内控中发现的问题。公司对原有的《制度汇编》进行全面梳理与修订,确保线上线下业务流程依法合规、有章可循,同时制定详细的目录及参考依据索引,便于员工日常查询与业务参考。

【人力资源管理】 公司初步建立体现创新驱动的绩效考核框架,凝聚全员智慧协力共促公司转型发展。考核框架体现系统性,激发员工工作积极性的同时,提醒员工绝不触犯风险底线;考核指标重视客观性,既反映各岗位工作特性,又通过权重分布体现工作重点;考核评价凸显问题导向性,从质量、效率等多维度评估指标完成情况,实现工作精细化管理的严格要求。

为建立持续创新长效机制,激发员工乐于创新、善于创新的积极性,公司举办持续创新活动,将经营中遇到的"重、难、艰"问题依轻重缓急进行分类,以公司经营层牵头、员工组团或个人申报等形式确立研究课题,将企业转型发展的压力转化为员工自我突破的动力,提供员工自我展示的平台。

【信息化建设】 2014 年,公司开展多项信息技术安全检查工作,强化信息技术安全管理,构建信息安全环境。根据银监会《关于协同开展对银行业重点外包服务机构外包服务风险联合检查的通知》的要求,以主查人身份参与外包服务风险的实地联合检查,对外包服务商的安全管理、项目管理、公司治理和技术服务能力等方面进行了全面的风险检查与审计,有效防控外包服务的信息安全风险。公司成功建立统一监管报送平台,实现与资金管理平台对接,确保监管报表的正确性、及时性。公司还实施合规预警平台建设,利用系统的报表数据分析功能,为公司的经营决策提供数据支持。

（百联财务）

23. 上汽通用汽车金融有限责任公司

上汽通用汽车金融有限责任公司成立于 2004 年 8 月,是中国首家专业汽车金融公司,也是中国最大的汽车金融公司。注册资本 15 亿元人民币。2014 年 10 月 17 日,经中国银行业监督管理委员会批准,股东结构变更为:上海汽车集团财务有限责任公司和上海通用汽车有限公司。截至 2014 年 12 月 31 日,公司资产规模突破 610 亿元人民币(包括服务资产),已为超过 178 万位中国客户提供了汽车消费信贷服务,与全国 360 多座城市中的近 7 000 家汽车经销商建立了良好的零售信贷业务合作关系。

【特色产品】 小额快速贷:"小额快速贷"是一款专为希望简化贷款手续的客户量身定制的产品。很多客户往往希望可以免房产、免担保、免收入证明,更快捷的将车贷走,小额快速贷以其灵活的贷款申请条件(6 个月以上良好信用记录或本地户口本地工作),使这类客户轻松实现更舒适、高效、便捷的购车梦想。

【新系统】 2014 年,根据中国人民银行相关指引,为进一步优化企业征信数据报送质量,更高效、更全面、更准确的报送征信信贷数据;公司启动了中国人民银行金融信用信息基础数据库企业征信非接口转接口上报系统的开发项目,经过为期半年的测试、验收和调试过程,于 11 月正式通过中国人民银行征信中心的验收,准予上线。新系统的成功上线,意味着公司在企业征信方面实现了 T+1 的上报模式,即当天发生的信贷数据可以在第二天完成上报,做到更及时地更新客户信贷资信状况。此外,新系统标准化的操作,减少了人工干预,不但使得工作流程得到了极大的简化,而且保障了上报数据的准确性。全面提高了数据报送的效率以及数据质量水平。帮助公司更好的防范及控制风险。

【社会责任】 在坚持业务创新的同时,上汽通用汽车金融也不忘回馈社会,打造具有社会责任感的企业公民形象。2008 年“5·12”汶川地震之后,公司主动接洽青少年发展基金会,于 2009 年在四川省天全县紫石乡援建了“上汽通用汽车金融希望小学”。公司每年组织“爱心捐赠”公益活动,募集款项全部购买教学器材、图书、文具邮寄到学校,为教师设立“园丁奖”激励乡村教师辛苦的工作。从 2011 年开始,“蒲公英支教计划”诞生,公司每年派出精挑细选的支教老师,到希望小学教授语文、英语、地理、美术、手工、体育等课程,把快乐学习的理念带到乡村学校。2014 年公司十周年之际,邀请了希望小学师生代表来公司参观,并为师生捐赠了图书和教学用品。

【重大活动】 作为汽车金融行业历史最长、规模最大的企业,公司保持一贯的优良传统,积极投入中国资本市场的创新活动中。在政府及监管机构的支持和帮助下,一直在拓宽融资渠道方面走在前列。公司在 2008 年 1 月和 2012 年 10 月分别发行了中国第一、第二单以个人汽车抵押贷款作为基础资产的信贷资产证券化产品,也是市场上唯一一家成功发行两单以上资产支持证券的汽车金融公司。2014 年 10 月 29 日,公司完成了迄今为止中国最大金额个人汽车抵押贷款支持证券——“通元 2014 年第一期”的发行,规模 30 亿元人民币。经联合资信评估有限公司和中债资信评估有限责任公司评级,A 级资产支持证券、B 级资产支持证券分别获得 AAA、AA+的信用评级。经过十年的发展,资产支持证券已成为汽车金融公司日趋稳固的融资渠道,同时也提升了公司在此竞争激烈的市场上更好服务客户的能力。

(上汽通用)

24. 上海国利货币经纪有限公司

上海国利货币经纪有限公司成立于 2005 年 12 月,为中国首家货币经纪公司。公司致力于在政策法规许可的范围内,在中国金融机构间特别是银行间建立一个共同的平台,通过声讯、电子等手段为银行、证券、保险、基金等金融机构客户提供高效、及时、公正的金融产品价格信息和交易撮合。

【业务发展】 2014 年 3 月,经外汇管理局批准,公司获得在银行间外汇市场开展人民币外汇期权经纪业务的资格。由于充分准备,公司在取得牌照后迅速开展相关业务。2014 年公司牢牢抓住了难得的市场机遇,各项业务指标均取得了两位数的增长,并以显著的优势继续保持了行业领先的地位。公司勤力耕耘原有传统业务的同时,也积极拓展新的业务品种。

【内部管理】 2014 年公司对管理层的分工进行调整,做到责任明确,管理线路清晰,各项工作有章可循,有依可据。同时,为了进一步明确部门职责,行政管理部和人力资源部分列。此外,公司还成立了独立的内部审计部,加强内审工作的监督。2014 年公司启动了新一轮制度的全面梳理和修订工作,对各项制度的合理性、有效性、执行力等进行分析和审核。通过此次制度的梳理,确保公司从思想上统一认识,在制度上形成清晰的规则,从而夯实公司管理基础,推动各项业务和工作的发展。

【团队建设】 为丰富员工的文化生活,树立运动健康意识,增强公司凝聚力,公司举办了第二届秋季运动会等活动,使员工在繁忙的工作之余,释放了紧张与疲惫,也增强了员工队伍的团队协作力和战斗力,培养了团队精神。

(上海国利)

四、金融服务公司

1. 上海远东资信评估有限公司

2014年，远东资信在开发性金融理念的指引下，坚持以“保基础，争创新，谋发展”为目标，执行“稳中求进，稳中求新，稳中求变，稳中求实”的方针策略，保持了上海信贷企业评级市场的领先地位，信贷、集团评级等评级主业稳步增长。5月，公司获得证监会颁发的证券市场资信评级业务许可证，证券评级业务开始成为公司业务发展的重点，业务范围得以扩大。同年，公司围绕自贸区建设和地方政府融资风险等热点实现了咨询服务的不断创新，进一步推广公司研究成果和社会影响力。

【评级业务】 2014年，远东资信传统信贷企业评级、小额贷款公司和担保机构评级等评级业务实现稳步增长，债券评级业务范围得以扩展。公司业务区域不断拓展，尤其是在江西省内的企业评级工作取得明显成效，参与评级的城市和评级规模进一步扩大，由最初参与江西省九江市的借款企业评级试点工作，到目前形成以新余市为主体，九江市和上饶市为补充，此外，公司与新余市企业信用领导小组办公室联合发布了《新余市2014年企业信用白皮书》；受银行等金融机构风险管理部的委托，远东资信2014年完成多家担保机构评级、小额贷款公司评级；公司同时把握债券市场发展机遇，拓展证券评级业务范围，努力提升市场份额。在业务量增长的同时，远东资信也将谨慎把握信用级别，在经济增速放缓，部分行业风险凸显的情况下，起到揭示和防范信用风险的作用。

【咨询业务】 2014年，远东资信在金融机构风险咨询和财务顾问咨询服务方面继续开拓，围绕金融机构风险管理咨询的需求服务，在有效服务金融机构的基础上，远东资信围绕自贸区建设和地方政府融资风险等热点，积极为政府决策提供服务，参与社会诚信体系建设，进一步做强咨询业务。

在自贸区扩围的大趋势下，2014年10月，远东资信与某市发改委就自贸区背景下“十三五”规划开展课题研究，为城市发展目标和功能定位提供政策依据、理论依据和建设策略。11月，远东资信开展中国(上海)自由贸易试验区2014年企业信用管理培训，并积极和自贸区内金融机构合作，参加相关产品客户服务推介会，探讨了针对注册型企业风险特征的自贸区内信贷企业信用评级方法，逐步探索新的业务机会。

【理论研究】 2014年，远东资信进一步加大了信用评级行业发展、信用评级与经济热点相结合等方面的理论研究和研发力度，完成了《保险公司债权投资计划的发展现状及其风险研究》、《商业银行结构化理财产品信用风险研究》、《交易对手信用风险研究》、《棚户区改造信用保障机制研究》、《机构间私募产品报价与服务系统信用评级项目计划书》、《2014年债券发行主体信用等级调整情况统计分析》等一系列课题研究。

2014年，远东资信继续加强各项信用评级基础研究工作上，继续推进行业研究工作，持续跟踪18个行业并开发行业企业信用评级方法，改进并持续发布了行业风险指数，并对国家评级技术予以进一步更新，提升公司社会影响力；随着地方政府融资进入地方自发自还阶段，地方政府融资模式再次成为热点，地方政府融资平台面临转型风险，远东资信针对地方政府债务风险开发了地方政府评级方法和城投公司评级方法，成功获得了2014年度上海市社会诚信体系建设专项资金支持。

【金融支持实体经济】 在深化开展中小微企业信用评价体系和解决方案基础上，2014年远东资信积极拓展小微企业融资服务，为中小企业开展各类主题为信用评级和融资服务对接的公益性活动、免费培训和专家咨询，并为企业提供政府采购、招投标、专项资金申请、评优评选、融资对接所需的低收费信用评价服务。2014年，远东资信通过上海市中小企业服务机构复评，以服务创新共谋专精特新企业发展转型之路，共同帮助企业向“四新”企业方向转型与升级。

（远东资信）

2. 上海新世纪资信评估投资服务有限公司

上海新世纪资信评估投资服务有限公司成立于1992年7月，是一家专业从事债券评级、企业资信评估等信用服务业务的全国性信用评级机构，是我国信用评级行业第一家取得包括人民银行、证监会、发改委、保监会等全部评级资质的评级机构。2014年是新世纪评级发展壮大的一年，公司在评级业务、理论研究、内部制度、对外交流等方面继续快速发展。业务方面，公司在业务规模继续扩大的基础上，在资产证券化业务、地方政府债券评级业务方面取得重大突破，公司产品体系进一步丰富。研究方面，公司评级方法及理论研究快速发展，宏观和行业研究获得投资者广泛认可。内部制度方面，形成了较为完善的内部管理制度体系。2014年12月，经上海市名牌推荐委员会全体会议审议，审定新世纪评级作为服务领域的品牌荣登2014年度上海名牌服务企业榜，这是公司自首评以来连续三次荣登榜单。

【拓展评级业务领域】 2014年，新世纪评级业务规模上升，债券评级业务数量较上年同期有一定幅度增加。公司全年营业收入较上年有较大增长，债券评级市场占有率稳步提升，信贷评级业务全市排名领先，征信业务创新高。除业务数量有所上升外，公司在地方政府债券评级、资产证券化评级等业务领域也有所拓展，公司市场竞争力进一步增强。2014年5月底，财政部发布《2014年地方政府债券自发自还试点办法》，上海、北京、浙江、广东等10个地方获准试点自发自还政府债券，新世纪评级成为此次地方政府债券自发自还试点中首家中标的评级机构，并完成广东、山东、江西、深圳四省市的地方政府债券评级工作。2014年10月13日和10月24日，由新世纪评级的青岛银行和上海银行信贷资产支持证券分别发行成功，标志着公司在资产证券化业务方面取得重大突破。

【优化评级方法体系】 新世纪评级在评级研究方面持续对原有的评级模型和评级报告进行优化，继续推进行业研究的深度和广度，并针对某些特殊评级产品展开了评级技术的专项研究。

2014年，新世纪评级已经完成重型设备、造纸、煤炭、汽车、电子信息、软件、证券、银行、电力等9个行业分析报告，并在公司网站和微信平台进行了披露，使发行人、投资者及各监管部门等都能在第一时间了解到公司的最新行业信用研究成果。这是公司自2011年起连续第4年发布行业分析报告。

2014年，新世纪评级修订并披露了汽车流通、汽车制造、电子信息、有色金属、建筑施工、电气设备、重型装备、港口行业、建材行业、造纸行业、百货零售、农药化肥、电力行业、医药制造、软件行业、煤炭采选、商业银行及证券公司等18个行业的评级方法。

2014年，随着创新产品的发展，新世纪评级完成并披露了《中国地方政府债券信用评级方法》、《中国银行业信贷资产证券化(CLO)信用评级方法》和《中国项目收益类债务融资工具评级方法》。整体看，评级方法的逐步完善和陆续披露有助于发行人、投资者进一步了解公司的评级标准变化情况，也进一步提升了公司的透明度。

【提升合规水平】 新世纪评级根据国家法律法规、各业务主管部门的规范、制度已经形成了较为完善的内部管理制度体系，基本分为内部管理制度与评级工作规范两大部分，涵盖了包括内控制度、业务制度和信息披露制度在内的多个方面的管理制度。

2014年以来，新世纪评级对跟踪评级项目的时间进度、流程管理等方面进行严格的合规检查，达到了银行间市场交易商协会主体跟踪评级和中长期债项跟踪评级两项100%的跟踪评级合规率。

【加强对外交流】 2014年，新世纪评级继续加强对外交流，在20余年评级理论和实务积累的基础上，在国内主要刊物上发表了多篇重要文章。同期，公司多次主办、协办信用评级研讨会议，继续深入与标准普尔公司全面合作，通过与业内人士的不断交流进一步提升市场影响力。

2014年12月，《征信》杂志刊登了新世纪评级总裁朱荣恩撰写的文章《基于主体信用评级的中国社会信用体系建设——兼论中国信用评级业的发展战略》。该文章从中国社会信用体系建设取得的成就、中国社会信用体系建设存在的问题、主体评级在社会信用体系建设中的作用、以主体评级为基础的中国社会信用体系的完善等方面进行系统性阐述，并从加强独立性和利益冲突管理、构建评级过程的质量控制体系、建立金融产品的良性定价机制、推动中国评级业的国际化进程等方面对基于主体评级的中国信用评级业发展战略提出合理建议。

【重大活动】 2014 年 2 月 14 日，新世纪评级与标准普尔在上海浦东香格里拉大酒店联合召开“方兴未艾的中国资产证券化市场：机遇把握与风险防控”研讨会，新世纪评级总裁朱荣恩和时任标准普尔大中华区总裁周彬出席此次研讨会并致辞。中华信用评等公司（标准普尔在台湾的联属公司）资产证券化暨基金评等部部门主管雷明峰和新世纪评级副总裁兼研发总监郭继丰在会上做了主题发言。并会同标准普尔结构融资评级资深董事陈卫理以及上海陆家嘴国际金融资产交易市场股份有限公司（“陆金所”）副总经理杨冀川一起就全球资产证券化的发展趋势、如何合理控制相关风险以及资产证券化在中国发展所面临的机遇和挑战等相关问题展开积极探讨。

2014 年 6 月 13 日，新世纪评级总裁朱荣恩的《时代・道路》主题读书会在海通证券大厦 4 楼会议厅举行。本次活动是上海市社科联主办的第 13 届上海市科学普及活动周系列活动之一，由上海市会计学会证券与期货市场工作委员会主办、上海市总会计师工作研究会、上海股份制研究会协办，上海会计学会百余位会员参加了本次读书会。朱荣恩教授为大家奉献了一场精彩的演讲。

（新世纪评级）

3. 华杰资信评级有限责任公司

华杰资信评级有限责任公司成立于 1999 年 4 月，现注册资本金人民币 5 235 万元，是以企业资信评级业务为基础的综合性、全国性的经济服务机构。经营范围涵盖企业信用评级、金融产品评级、企业综合评价、资金监理、财务顾问、投融资咨询、商业调查、商账催收等。2014 年华杰公司在做好传统的贷款企业评级业务的同时，探索新型的评级业务，开展私募基金优先投资份额的评级业务等，并积极开拓市场，使公司的评级业务稳定发展。面对当前经济结构的转型，华杰公司注重现场调研，评级跟踪，个案分析，揭示企业经营和信用中存在的问题和风险，力求评级报告的公正、公平，为银行内部评级提供客观的参考，为大中小型企业融资、企业招投标搭建信用的平台。

【贷款监管业务】 2014 年华杰公司的贷款监管业务已成长为公司的主要业务之一。当年新增的监管项目数占项目总数的 16.7%，全年完成的监管报告较上年增长 7.8%。公司积极寻找监管业务新的增长点，分别尝试了私募房产基金、公募房产基金、并购贷款和银行信托托管账户的监管业务。华杰的监管业务不仅局限于上海，还扩大至北京、福建、河南、江苏、四川、云南等地，华杰员工的足迹遍及神州大地。

【内部管理】 华杰公司致力于企业标准化建设，2014 年进一步完善内部管理工作站，不断完善业务流程。无论是评级或监管等方面的工作，公司非常注重事先、事中、事后，全过程的质量监控。例如评级工作，事先，完善评级模板、评级指导，2014 年事先根据形势撰写评级指南 20 多篇，并对新老员工进行系列培训。事中，分析师须调研到位，评级报告完成后经三级审核、专家评审会过堂。事后进行报告质量分析，其中专家评审会后当场进行现场讲评当日改进，每周例会常态的案例讲评给人印象深刻。又如监管工作，不仅仅看报表，听介绍，还必须到项目监管现场仔细查看进度，拍照取证，核实销售情况等。所有的业务流程、人员管理和培训教程等等均实施数字化，标准化管理，业务操作留痕，管理审批留痕。

【理论研究】 2014 年华杰公司就评级工作进行了一系列的深入的专题研究。全年完成人行课题 7 个，被人行汇编录用刊登的行业报告 2 篇。2014 年华杰公司向行业协会杂志提供并刊出稿件：行业分析、评级研究、案例分析、公司动态计 20 多篇。公司注重行业分析。利用公司数据库常年对宏观形势、对主要行业（汽车、钢铁、医药、通信等十几个行业）作季度分析，对房地产的 5 个细分市场作月度分析，并出具分析报告。此举不仅有利于分析师提高自身素质，掌握市场动态，而且为银行或企业提供增值服务，体现了华杰资信服务于公众服务于社会的良好的社会责任感。

【人才培养】 华杰公司非常注重复合型人才的培养。进行一年的员工就有机会在评级、监管甚至投行等各类业务平台上实习与工作。员工培训一是采取面授的系统培训，二是学员可随时上网查阅培训教程，三是专业导师一对一的带教，四是金融专家的点评与指教。公司还鼓励员工参加各种专业资质证书考试和学历考试，并给予相应的奖励。2014 年公司举行了评级的培训和贷款业务的专项培训，提高了员工的专业技能。员工成功通过人行评级分析师资质考试(其中 2 位分列人行考试的第一和第二名)和证券从业资格考试。

【金融文化】 阳光、健康、快乐、向上，是华杰公司崇尚的企业文化。公司组织大家观看央视制作的大片“互联网时代”，了解全球科技进步的趋势，紧跟时代的步伐；参与了 2014 年上海市马拉松健身跑，提倡健康生活；公司还提供场地，支持楼宇健身，支持社会公益项目，员工每周开展两次瑜伽运动，长年不断；每季度组织员工观看热门大片，丰富员工业余生活；每月为过生日的同事集体庆生，温馨如同家人；每年组织公司全体员工旅游。此外经常举办“茶艺”、“点心制作”等各种类型讲座，丰富生活，陶冶情操。

(华杰资信)

4. 上海资信有限公司

1999 年 7 月，在中国人民银行上海分行和上海市政府共同协调下，组建了全国首家从事个人征信业务的机构——上海资信有限公司，开展个人信用联合征信业务试点。2009 年 4 月，经中国人民银行总行与上海市政府达成一致意见，人民银行征信中心正式成为上海资信的控股股东。2014 年，上海资信拥有 2 家全资子公司和 1 家分公司：上海资信征信有限公司、上海中誉企业信用咨询有限公司和深圳分公司。上海资信共有员工 100 余人，学历为本科及以上的员工人数超过 98%，大多为金融、财会、数理统计和计算机等专业，并具有银行及会计师事务所的从业经验。作为全家首家从事个人征信的机构，上海资信在行业内具有一定的影响力，担任上海市信用服务行业协会会长单位、上海市新金融信用管理专业委员会主任单位和上海市互联网金融行业协会监事单位。

【个人、企业信用联合征信系统】 2000 年 6 月，上海资信建立的上海市个人信用联合征信系统正式运行，出具了新中国成立以来大陆地区第一份个人信用报告，并于 2002 年推出了大陆地区首个个人信用风险评分。2002 年，上海资信承担了上海市企业联合征信系统的建设工作，成为上海市社会信用体系基础平台的运作载体。面对商业银行对非银行数据的广泛需求，2014 年公司与上海市公共信用信息中心签署了合作协议的基础上，将通过个人联合征信系统整合市公共信用平台相关公共记录，面向上海本地商业银行提供查询服务。

【网络金融征信系统 NFCS】 为适应新金融业态的不断发展，上海资信积极进行业务转型和市场开拓。在原有个人征信、企业征信等传统业务的基础上，不断寻求新的市场定位。针对互联网金融蓬勃发展的征信需要，上海资信设计开发的网络金融征信系统(NFCS)于 2013 年 6 月上线运行。该系统旨在帮助 P2P 网贷行业实现信贷信息的行业内共享，防范网贷借款人身份欺诈、过度负债、恶意违约等风险，是对央行征信系统银行信贷信息的有益补充，也是上海资信走出上海地区，迈向全国的重要举措。网络金融征信系统(NFCS)因成功破解了网络金融征信难题，有效防范了互联网金融领域的信用风险，获得了 2014 年度上海市金融创新成果二等奖。

【商业信用征信系统 CSS】 为帮助融资租赁、商业保理、保险等行业解决信息不对称问题，上海资信于 2014 年 9 月上线运行了商业信用征信系统(CSS)，通过采集业务中相关信息，提供共享征信服务，可以有效满足租赁、售后回租以及转租等各类融资租赁业务需求。

【评级业务】 上海资信评级业务主要包括信贷市场企业评级、贷后资金监管、政府专项评估等。信贷市场企业评级已成为银行及非银行授信机构衡量贷款风险的参考工具，降低信用风险的有效手段。贷后资金监管通过监督信贷资金的用途和流向，保障了银行信贷资金安全，能够帮助商业银行有效控制信贷风险。政府专项评估服务包括：海关企业信用高级认证评估、招投标企业评估、商业企业诚信评级等，在降低监管成本、强化政府公共管理职能、促进区域经济协调发展等方面发挥了积极的作用。

【社会信用体系建设】 上海资信充分发挥资源优势，积极贯彻落实国务院《社会信用体系建设规划纲要(2014—2020 年)》的指导思想，先后协助南京、广州、上海崇明多地开展信用体系建设工作，对政府信用体系建设项目的总体思路和计划实现路径已经形成了成熟的方案。

【知识产权】 在多年的经营中，上海资信积累了丰富的业务经验和雄厚的技术力量，形成了15项技术专利，主要包括：资信网络金融征信系统、资信商业信用征信系统、资信中小企业信用服务平台系统、企业信用评级业务评估流程管理系统、企业信用评级业务评估指标管理系统等。

【企业荣誉】 上海资信获得了社会各界的认可，取得了多项荣誉和资质，主要包括：高新技术企业证书、2010—2014年上海市"劳模集体"称号、2014年度上海市金融创新成果二等奖、2014年度上海市A类纳税信用单位等。

【重大活动】 上海资信发展得到了媒体的广泛关注，《文汇报》、《上海证券报》、《第一财经》、《新华社》、《新金融研究院》对公司进行了专题报道；公司领导应邀参加了"2014年上海市新金融年会暨互联网金融外滩峰会"、"第三届两岸三地征信交流与合作研讨会"、"2014年上海市诚信活动周"、"上海互联网金融发展论坛"、"融资租赁与实体经济发展专题论坛"等活动。

【企业文化】 上海资信努力为员工营造一个高效执行、张弛有序、公平和谐的氛围，为员工营造良好的企业文化，落实"快乐工作、幸福生活"的理念。公司定期组织形式多样的兴趣小组活动，如瑜伽健身、摄影、影评、阅读和足球等，丰富了员工的业余文化生活，形成了积极向上、健康活泼的精神风貌；定期组织员工户外拓展，培养了员工的团队合作意识，促进了员工之间的交流与合作。

（上海资信）

5. 上海金国咨询服务有限公司

作为上海及长三角地区的知名金融中介服务机构，上海金国咨询服务有限公司2014年积极面对风云变幻的市场，在公司既有的三大板块（金融人力资源外包服务、金融咨询服务及中国金币特许零售服务）的基础上及时调整现有业务，灵活应变开发新项目，优化资源配置，提升管理水平，显示了较强的经营抗风险能力，保持了一定的发展势头。公司连续第十二年获得"信得过人才服务单位"称号。

【金融外包服务】 通过新加坡六达资本公司引进了在中国大陆全新的金融职位——外汇交易员。新加坡六达资本公司是一家卓越的外汇交易与培训公司，金国公司与其合作，通过金融人力资源及服务外包的形式，为其招聘一定数量的人员，由其对他们运用六达资本独一无二的外汇交易员的风险管理交易平台，用虚拟账户执行交易训练。通过近三个月的网络课程、讲座，实践真实的市场条件，辅导与表现评估，从基础理论和技能规律化的步入实时市场交易。通过这样的实训与测试，这些人员将拥有外汇交易的终身技能，并将因此而获得终身的收入。他们合格者中的一部分留下为新加坡六达资本公司服务，另一部分则为其他的外汇交易部门提供人力资源服务，特别是为人民币国际化提供熟练的专业人力资源。如今已成功入驻浦东恒生大厦开展业务。

【国际注册信贷师培训】 从2012年开始，公司成为国际注册信贷分析师在上海地区独家鉴定培训机构以来，根据中国人民银行、中国银监会、中国证监会和中国保监会制定的《2012—2020金融人才中长期发展规划》，把信贷员队伍建设列为重点目标的要求，围绕大力提高信贷员的职业水准，建设一支素质精良的信贷员队伍，即对信贷业务的专业认知、对信贷业务的职业良知、对信贷业务技能的精通把握，促进当前金融业的改革创新为中心，其课程运用信贷管理基本原理，广泛吸收国际银行信贷管理与运作重点新规则、新技术、新模式，注重金融理论和实践高度统一，国际和国内的有机结合，具有很强的操作性。同时公司在聘请讲师时，既注重其学衔和学术造诣，更重视其在本领域的丰富经验，大多都是在金融行业摸爬滚打数十年、具有大量生动案例的专家。在2014年，公司组织了三期（近200名信贷等专业人员）国际注册信贷分析师的培训，其中一期为高级证书班，两期为中级证书班；参加培训的银行有中信银行上海分行、光大银行上海分行、上海农商银行等，并有工商银行上海分行、建设银行上海分行、兴业银行上海分行等金融机构派信贷部门负责人参加了旁听考察。国际注册信贷分析师的培训也获得了学员的广泛好评，认为通过培训课程系统梳理了银行信贷业务的基本知识、技能，并且提供了具体的操作方法，许多案例使学员们获益匪浅，对信贷业务具有很强的指导意义。学员们参加全国统一考试，其合格率名列全国第一。同时为各银行举办了六期业务课程培训。

【银行四级柜员培训】 为深入实施人才强市战略，加快上海国际金融中心建设，培养专业化和实战型的金融高技能人才，提高金融行业窗口服务人员的服务质量，从2008年开始，“银行柜员”被确定为第一个试行职业，并从2010年始，公司与上海市银行同业公会合作，通过考核与选拔组成了既具有扎实理论功底，又具有丰富实务操作经验的明星讲师，通过现代化的网络交流平台及专业化的管理，对全市银行的柜员进行“银行四级柜员职业鉴定考试培训”。参加培训的学员普遍感到，强化了服务意识，提高了专业知识，增强了敬业精神和责任心，保证了服务质量，提升了银行的公众形象。2014年“银行柜员职业鉴定考试培训”举办了六期，共有32家商业银行的2 832名柜员参加培训与考试，并获得银行柜员四级或五级证书。此证书由上海市人力资源与劳动保障局颁发，是国家到目前为止唯一的银行业国家鉴定标准证书。

【特许零售服务】 为应对国际黄金市场的剧烈变动和经营环境的弱化，公司及时调整经营方针，加速库存商品的周转，减少库存量，降低经营风险和成本；加大贵金属纪念币的宣传力度，向公众植入贵金属纪念币知识，弘扬中国金币文化。在公司的积极努力下，已成功成为康宁阁钱币有限责任公司的特约经销商，扩大了公司钱币经营业务。

（金国咨询）

6. 上海普兰金融服务有限公司

上海普兰金融服务有限公司是国内首家具有票据中介服务资质的金融服务公司，定位于为货币市场参与者提供咨询、信息、经纪、培训、软件等综合金融服务，提供票据、债券、资金、理财等货币市场交易品种的综合经纪服务。公司总部位于上海浦东张江高科技园区，注册资金3亿元。目前拥有员工800余人，在全国36个城市设有分支机构。服务企业客户3万余家，银行客户逾千家。近三年公司累计上缴税收逾8 000万元。

由于长期以来坚持在规范中运营、在创新中发展的理念和坚持程序先于业务，流程先于操作的实践，倡导走规范和专业经营之路，普兰成为了浦东新区先行先试的试点单位，成为全国首家具有票据中介业务资质的创新型金融服务公司。

【经纪业务】 普兰最优特色、影响力最广、经纪规模最大的核心产品为“票据经纪”，提供票据市场信息数据的收集整理、票据交易双方的业务撮合和票据资源的开发与应用，2014年完成票据经纪量逾9万亿元。

【电子经纪平台】 普兰积极探索包括债券、资金、资产、外汇、理财等货币市场子市场新兴业务，2014年自主研发了货币市场电子交易平台“格桑梅朵”，向参与者提供金融市场多种产品信息共享，使金融产品在线交易撮合，公开化金融市场交易价格，降低了金融市场交易成本，加速各金融机构及金融领域参与者的交易速度，推进了金融市场化进程。

【咨询服务】 普兰现为中小企业提供《货币市场盈利模式的设计与运营》、《新利润区模式设计》、《基于资金运营的中小业务财务筹划》、《集团财务报表整合》等多方面的咨询服务，为中小银行则提供《中小银行经营决策辅助分析系统设计》、《行长经营决策辅助分析系统》等方面的咨询服务。

【软件业务】 为中小银行设计了基于风险运营的票据交易管理软件《普兰票据交易管理系统》，为中小企业设计了基于风险预估的信用测评软件《普兰信用风险测评系统》。

【培训业务】 普兰的培训业务已拓展至票据业务、债券业务、资金业务和财务业务四个方面，其中70％的培训集中于银行客户。为银行客户提供的培训有：货币交易培训、票据交易培训、债券交易培训、资金交易培训、金融IT培训以及经纪人素质培训；为企业客户提供的培训有：资金运营培训、票券业务培训、财务筹划培训、报表整合培训以及经理人素质培训。

【社会责任】 2014年普兰荣获“浦东新区十大慈善公益奖”。2014年2月至10月间，普兰先后将员工自筹爱心基金31万多元及800多件爱心衣物、大量生活物资运向发生灾害的新疆墨玉县乌尊阿热勒村、发生6.5级地震的云南鲁甸、云南大理剑川县弥沙弥新完小等地。

（普兰金融）

五、银行自律组织

上海市银行同业公会

2014年,上海市银行同业公会切实履行"自律、维权、协调、服务"的八字职能,组织广大会员单位积极践行金融服务实体经济、保护金融消费者、履行社会责任、发挥银行业在上海国际金融中心建设中的主力军作用,努力建设"受人尊敬的银行业"。

【服务会员】 以服务会员为本,促行业健康发展。(1)首创动产质押信息平台,降低银行信贷风险。一是在上海银监局、市金融办等相关部门指导下,由公会委托开发的"上海银行业动产质押信息平台"正式上线。二是完成平台各项合作协议及业务规则的制定,积极开展调研培训,参与上海市地方标准《动产(钢材)质押融资仓储管理规范》制定,加强平台推广。三是平台已获上海市现代服务业综合试点立项,获得上海市现代服务业综合试点专项资金资助。

(2)持续推进钢贸信贷风险化解工作。一是组织召开风险处置讨论会议,讨论钢贸信贷处置计划及实现2014年不良"双控"目标的具体措施和方案。二是召开协调会议,持续协调会员银行间内部争议,通过走访、致函等方式与相关部门进行有效沟通。三是完善交叉查封抵质押物快速处置机制,制定《上海市银行同业交叉查封抵质押物快速处置指导意见》。

(3)与时俱进,积极参与自贸区金融发展与创新。一是主动走访区内新设分行机构,了解区内银行机构业务发展现状及遇到的问题。二是开展自贸区金融业务调研,以理论促实践。成立三个调研小组分别完成了自贸区金融创新与监管创新、离岸税收优惠政策、保税仓单融资及风险控制三项课题的调研报告,将课题成果报送监管部门和自贸区管委会,提出相关政策建议。三是反映行业诉求,争取政策支持。公会自贸区联席会议还向人行就自贸区建设相关政策提出问题及建议;配合上海外管局对自贸区外汇管理政策实施效果开展调研;配合自贸区管委会推进综合信息服务平台建设工作,汇总整合成员单位意见,向管委会致函提出相关建议,传递银行业金融机构对平台建设的诉求。

(4)健全银行债权维护工作机制,搭建维权工作平台。一是成立多个债权银行委员会,组织相关债权银行与债务人谈判,制定后续处置计划;推动多头授信客户风险处置工作,为债权银行搭建维权平台。二是研究制定《上海市银行同业公会维护银行债权工作规则》,防范化解行业性、系统性风险,以及多头授信客户债权风险。

(5)完善银团贷款系统,持续推进银团市场发展。一是完善"银团贷款信息发布与统计系统",按季对外发布相关数据。二是开展银团系统历史数据梳理工作,完成《2011—2013年上海地区银团贷款市场情况报告》和《2014年度上半年上海地区银团贷款市场情况分析报告》。三是召开银团贷款业务发展与推进工作座谈会,探讨推动自贸区和跨境银团业务发展,加强银团贷款二级市场建设。

(6)办好公会品牌活动,建立上海银行业营业网点文明规范服务和安全规范新标杆。一是举办上海银行业第六届人力资源管理年会、第十届银行业合规年会、2014年沪港银行卡风险管理研讨会。二是开展"上海银行同业·年度奖项"评比工作,表彰会员单位在业务发展中的突出成绩及对公会工作的支持。三是根据中银协要求,组织开展2014年度中国银行业文明规范服务"五星级营业网点"和"千佳示范单位"评定工作及2014年度创建"最安全银行"主题活动暨"双百"评选活动。

(7)贴近会员需求,常规培训与专题讲座统筹兼顾。一是全年共组织开展10期常规培训,33期专题培训,总培训人数近8 200人。二是全年共举办六期高规格的"上海银行同业·大讲堂",继续扩大品牌影响力。

(8)开展多层次对外交流合作。一是加强同国内行业组织及相关机构的交流合作,就动产质押信息平台、银团贷款、公安点对点查询、从业人员流动规范等方面进行沟通交流。二是组织境内外学习交流,组织会员单位赴多地考察调研,学习交流银行业声誉风险管理、维权工作等方面的经验。同时,结合会员单位业务需求,邀请境外专家来沪进行专题讲座。三是加强与政府职能部门交流合作,与浦东新区金融服务局联合举办银行与基金公司对接交流会,加强银基合作。

(9) 配合开展地方政府融资平台贷款清理工作,牵头成立各区(县)最大债权行为牵头行及区(县)级债权清理甄别工作组,积极推动存量政府性债务的清理和甄别工作。

【回馈社会】 多措并举,主动践行社会责任。(1) 持续完善小微查询平台,提升小微金融服务。完成平台三期开发和手机应用开发,手机应用(APP)安卓版和IOS版本于2014年三季度正式上线运行。截至2014年底,平台汇集了在沪67家银行的370余款产品,平台点击量已逾11.5万人次。

(2) 金融消费者权益保护工作向纵深推进。一是多渠道加强公众金融知识普及宣传,荣获中银协颁发的"2014年度普及金融知识万里行"最佳组织奖。组织开展"2014年上海银行业3·15国际消费者权益保护宣传周"活动、"2014年度上海银行业普及金融知识万里行"活动以及"打击金融诈骗,提高防范能力"专题金融服务进社区活动;通过改编四格漫画、制作光盘免费发放等方式,多方位推广"上海银行业消费者知识系列短片"。二是设立消费者纠纷调解中心,全年共受理理财、信用卡纠纷调解申请6起,达成调解协议4起。三是成立上海银行业消费者投诉中心,进一步优化完善上海银行业客服热线监测工作,举办信访投诉处理培训班,不断提升银行业投诉处理能力。

(3) 全面推动上海银行业开展敬老服务。一是在全国率先发布《上海银行业敬老服务倡议书》,进一步建立和谐金融服务环境,提升老年客户金融服务体验。二是开展"上海银行业敬老服务示范网点"、"上海银行业敬老服务示范员工和敬老服务标兵"评选活动,共有117家网点被评为"敬老服务示范网点";3 500余名员工被推荐成为"敬老服务示范员工",137名员工被评选为"敬老服务示范标兵"。三是组织会员单位开展"诚信经营·敬老服务"活动,组织部署各会员单位统一在网点门楣滚动屏显示宣传口号,组织员工开展敬老活动。

(4) 加强行业自律,维护行业良好秩序。一是发布《上海市银行同业间福费廷二级市场业务操作规范(试行)》,促进上海地区福费廷业务健康发展。二是发布《上海银行业绿色金融倡议书》,助推上海银行业发展绿色信贷,优化信贷结构。三是督促会员单位遵守行业自律规定,维护行业良好竞争秩序。四是组织开展上海地区银行卡受理市场秩序诚信共建活动,推进上海银行卡产业健康发展。五是发布《上海市银行业从业人员流动公约》,启动上海银行业金融机构管理人员合规水平测试与培训工作,加强从业人员有效管理,提升管理人员合规意识。

(5) 2014年,发布《2013年度上海银行业社会责任报告》,从"科学规划、合规运营、绿色金融、风险防控、优质服务、凝聚合力、以人为本、回馈社会"八个方面阐述上海银行业践行社会责任的历程。

【强化治理】 强化内部治理,不断完善自身建设。(1) 开展规范性文件清理工作。对自公会成立以来发布的公约、指引、管理办法、实施细则等规范性文件开展全面梳理与集中清理工作,及时停止执行与现行法律法规冲突的相关规定,确保公会现行各类规范性文件正确有效实施,促进行业依法合规经营。

(2) 多管齐下优化治理。一是优化治理程序,进一步丰富理事会议程,强化制度执行。二是优化会员单位联络机制,通过定期走访会员单位,召开会员单位分组会议、联络员联席会议等方式,充分听取各方对公会工作的意见和建议;公会开发的OA系统已于2014年一季度正式运行,实现了公会与会员单位之间文件的电子化流转。三是优化专委会架构。根据市场环境发展,新设互联网金融小组。四是公会秘书处全体员工尽责履职,荣获"2013—2014年度上海市三八红旗集体"荣誉称号。

(3) 进一步加强内部管理,打造学习型组织。一是加强制度建设和队伍建设,明确部门职责和岗位职责,建立工作台账和工作任务清单,完成公会秘书处内部管理制度的清理工作。二是设立秘书处青年员工为主的团队建设小组,安排员工参加会员单位新员工培训,拓展员工专业能力和视野。三是重视文化传承,推进公会百年历史专项工作。与上海市档案馆开展深度合作,在市档案馆外滩馆成功举办"上海市银行同业公会档案文献展"。

(银行公会)

第三篇　证　　券

证券期货业概述

【证券公司】 截至2014年末，上海共有证券公司22家，占全国123家的17.9%，证券公司分公司76家，证券营业部559家。此外，上海还有证券投资咨询公司16家，异地咨询公司在沪分公司6家，证券资信评级机构3家。上海证券公司总资产9 168.4亿元，净资产1 923.9亿元，净资本1 449.2亿元，同比分别增长100.55%，13.99%和17.53%。

证券公司不断增强业务创新的深度和广度。1家公司成为市场首家获得结售汇业务资格的非银行金融机构；2家公司获批开展上市公司股权激励行权融资资格试点；3家公司取得黄金自营、代理或借贷业务资格；3家公司发行了收益凭证，5家公司参与权益类证券收益互换交易业务；6家公司开展互联网证券业务试点；8家公司成为新三板做市商；10家公司开展港股通经纪业务。此外，9家公司共保荐了227家企业在新三板挂牌上市。创新业务效益日益显现，上海证券公司创新业务收入占营业收入的比例由三年前不足10%提高到目前的25%，个别公司已高达35%，行业收入来源从单一通道向多元化转变，收入结构明显改善。有2家公司的资产规模和盈利水平位居行业前五。

【基金公司】 截至2014年末，上海共有基金公司45家，约占全国95家的47.37%；基金公司分支机构28家；基金评价机构3家，独立基金销售机构13家，基金第三方支付机构7家，基金公司专业子公司34家。辖区基金公司管理公募基金797只，基金总净值12 769亿元，同比分别增长18.07%及35.81%。辖区基金公司子公司管理资产12 020亿元，同比增长113.2%。

基金公司创新步伐进一步加快。组织结构方面，中欧基金开展事业部制改革，并成为全国首家正式实施股权激励方案的公募基金公司；永赢基金率先实施公募基金公司全员持股。产品创新方面，辖区公司相继推出了权益类QDII分级基金、浮动费率制分级基金等创新产品；汇添富、华宝兴业获批公募对冲基金产品。销售方面，借助互联网金融的发展，多家基金公司与京东、腾讯、苏宁等电商平台开展创新合作；兴全添利宝通过和兴业银行“掌柜钱包”合作，成为上海辖区规模最大的公募基金。

【期货公司】 截至2014年末，上海共有期货公司28家，占全国151家的18.5%；期货营业部137家、期货公司分公司1家、期货公司风险管理子公司13家。辖区期货公司总资产855.34亿元(含客户权益)，净资产129.95亿元，净资本105.33亿元，客户权益710.09亿元，同比分别增长38.35%、25.68%、17.12%和41.47%。

期货公司以创新促发展，竞争力进一步提升。辖区共有9家期货公司取得资产管理业务资格，20家期货公司取得投资咨询业务资格、7家期货公司设立了风险管理子公司，1家期货公司取得基金销售业务资格，各类创新资格数量在全国位居前列。2014年，辖区期货公司资产管理规模增长7倍，投资咨询业务收入增长近3倍，风险管理子公司开展的仓单服务、基差交易等创新业务均在积极稳步推进。

【证券行业国际化】 截至2014年末，上海共有合资证券公司4家，占全国36%；合资基金公司25家，占全国52%；外资代表处69家，占全国近一半。

上海证券经营机构积极拓展海外业务。截至2014年底，已有5家证券公司、8家基金公司在香港设立分支机构并取得相关业务牌照。5家证券公司的香港子公司实现营业收入55亿港币，净利润23亿港币，同比增长111.6%、91.7%；8家基金公司的香港子公司共设立46只基金，受托资产总额达300亿元。5家证券公司、7家基金公司借助香港子公司获准开展RQFII业务，截至年底，获批规模达419.6亿元，管理RQFII资产254.7亿元。此外，海通证券、国泰君安通过境内外并购布局融资租赁行业；海通国际在新加坡成立了分公司，并先后收购了日本投资股份公司、葡萄牙圣灵投资银行。与此同时，上海证券经营机构积极抢占“自贸区”桥头、并借力“沪港通”东风，加快推进国际化战略。截至2014年末，本异地证券公司共在自贸区设立了8家分支机构。本异地证券公司在沪分支机构港股通业务平稳运行，合计开通港股通10.8万户，6.6%的账户进行过交易，累计交易量38.7亿元，持仓余额17.2亿元。

（上海证监局）

一、证 券 公 司

1. 海通证券股份有限公司

2014 年海通证券股份有限公司牢牢把握市场机遇，加快创新转型和国际化发展，总资产、净资产、营业收入和净利润等主要财务指标均创历史最好水平，主要业务指标排名行业前列，各项工作再上新台阶。

【经纪业务】 2014 年总交易量市场份额 5.13%，股基交易量市场份额 4.74%，均排名市场第四。加大对互联网金融投入力度，增强了网上开户、业务办理和产品销售的系统承载能力；成功推出 e 海通财平台；积极探索基于互联网的社区金融和资产交易运作模式，首家获得社区智慧屋创新试点。2014 年，海通非现场开户占比达 57%。与 60 家基金、券商及其他金融资产管理机构建立紧密联系，托管业务规模大幅增长。海通期货业务市场份额 6.65%，排名行业第一；期货子公司成功获得中金所全面结算会员资格，行业分类评级 AA 级。海通加强了对租赁业务的资金和人才支持，完成了对恒信租赁子公司 20 亿元增资。全年新增投放融资金额 141 亿元，租赁余额 202 亿元。研究所获得新财富"最具影响力研究机构"第一名，在宏观、固定收益、批发零售、非银金融、石油化工和新能源等六个研究方向影响力排名行业首位。

【投行业务】 海通投行业务积极创新，发挥在中小企业、上海国资国企、文化传媒等领域的传统优势，着力拓展再融资、并购重组和新三板项目，营业收入创历史新高。全年共完成股权和债券主承销项目 63 个，承销总金额 922 亿元。其中，海通成功保荐中国重工项目，实现了在特大军工央企项目上的突破。完成了国内首单"超长期限债券"——北京基础设施投资公司债和国内首单项目收益债——广州热电垃圾发电项目收益债。海通抓住国资国企改革契机，承揽了上海国资国企改革第一单绿地集团借壳金丰投资项目、上海文化传媒领域改革第一单上海文广整合重组等具有市场影响力的大项目。海通重点开拓高科技领域新三板项目，通过将挂牌与 IPO、并购、私募投资、债券融资、做市等对接，实现了对中小企业的全程融资服务。

【资产管理业务】 资产管理子公司不断完善投资策略，积极改进大类资产配置方案，努力提高产品回报，在券商集合产品业绩排名前十的产品中占据四席，其中，年年升风险级以 630%的收益位列市场第一（Wind 数据）。受托资产管理业务规模同比增长 44%，排名进入行业前八。海富通基金公募基金管理规模 302 亿元，富国基金公募基金管理规模 952 亿元。

【PE 及产业资本投资】 2014 年，海通成立海通并购资本管理公司，PE 及产业投资基金管理公司总数达 7 家。全年新增投资项目 60 个，投资金额 35 亿元；上海并购基金成立首年便参与了盛大游戏私有化项目，获得较好收益。

【创新业务】 海通首家通过沪港通现场检查验收，并成功开展运作，截至 2014 年底港股通累计开户 2.05 万户。海通强化期权业务技术准备，首批通过期权业务现场检查验收。顺利获得收益凭证、新三板做市、互联网证券业务试点、外币有价证券承销、黄金交易等创新业务资格。海通柜台市场建设取得显著进展，通过产品创设和发行，成为海通重要的融资平台，2014 年发行各类产品 832 个，发行规模近千亿元，行业排名首位。海通资产证券化业务取得积极进展，完成交通银行、交银租赁和浦发集团等 9 单资产证券化项目。其中，交银租赁项目是国内首单金融租赁公司资产证券化项目。

【海外业务】 海通国际证券进一步巩固了在香港中资券商中的领先地位，投行业务全年共完成股权融资项目 27 个，市场排名第三；积极拓展 ETF 做市业务，交易金额占香港市场 ETF 做市交易量的 20%；成功获得标普 BBB 评级，成为首家获得主体评级的在港中资非银行金融机构。

2014年海通海外收购取得实质性突破，成功签约收购葡萄牙圣灵投资银行，整体竞争力和国际影响力进一步提升，业务布局扩展到欧美成熟市场和南美、非洲等新兴市场，具备了为客户提供全球化服务的能力。海通国际证券成功收购日本上市公司JapanInvest(吉亚)，进一步增强对国际机构投资者的研究服务能力。

【内部管理】 海通以授权体系建设和风险覆盖梳理为抓手，从制度流程、指标限额、系统建设、监控报告、检查考核、人才引进等方面全面推进风险管理体系建设。稳步推进统一后台建设，初步实现对客户数据、影像资料、系统参数的集中管理。

【金融创新奖】 由公司申报的2013年武汉地铁可续期债券项目荣获2014年度上海金融创新奖一等奖。可续期债券是由公司推出的创新金融产品，其通过"续期选择权"、"浮动利率结构"、"债券募集资金可用于资本金"等方面的创新，为基础设施建设提供了长期资金，降低了地方政府短期偿债压力，有效防范债务风险，是通过金融创新服务实体经济的积极尝试。

(海通证券)

2. 东方证券股份有限公司

2014年，东方证券股份有限公司创新业务模式，推动业务转型，加快国际化步伐，各项经营指标良好，营业收入达55亿元(同比增长70%)，净利润达23.42亿元(同比增长132%)，总资产达1 075.3亿元(同比增长77%)，净资产达183.53亿元(同比增长18%)，获评中国证监会A类AA级证券公司。

【创新业务】 东方证券创新业务发展迅速，获得沪港通、互联网业务试点等6项创新试点资格。创新业务收入占比由上年的15%提升至25%，新三板做市业务交易量市占率27%，发行27个场外产品(规模4.27亿元)。互联网"东方赢家"移动财富终端建成，"东方汇"资金保有量30.9亿元，签约客户3.5万多人，"东方e融资"小额质押业务上线。跨境并购基金、跨境人民币基金推出，借助自贸区平台完成盛大游戏收购项目。推进传统自营业务向销售交易业务转型，大自营业务板块收入同比增长81.30%。证券投资扩大海外市场的投资规模，衍生业务发行多期股指挂钩型收益凭证产品。固定收益业务管理6个资本中介产品，规模52亿元，承销国开债、农发债规模分列券商第二和第一名。

【财富管理】 东方证券积极推进销售与财富管理体系建设，全年销售与财富管理板块实现收入19.29亿元。经纪业务客户资产规模3 723亿元，比年初增长66.5%。营业部新设29家，总数增至97家。公司推进营销投顾一体化，销售各类金融产品80.37亿元。机构业务新开发私募、股权质押、地产融资等金融产品49个，规模64.26亿元。证券金融业务总规模233.79亿元，同比增长278%，其中融资融券余额97.77亿元，股票质押业务待购回金额121.68亿元。努力拓展研究服务领域，研究服务实现收入1.58亿元。研究所中标中国平安养老保险股份有限公司、华泰保险集团股份有限公司席位招标。研究团队获新财富互联网传媒行业第三名、军工行业第五名等。

【集团发展】 东方证券加快集团化、国际化发展。东方证券资产管理有限公司收入同比增长60%，资产管理规模同比增长11%。东方花旗证券有限公司完成股权、债权、新三板挂牌、上市公司重大资产重组及中小企私募债等共60个项目，拓展并购业务和资产证券化业务。上海东证期货有限公司成立上海自贸试验区风险管理子公司，开发"东证—大商所农产品指数"，收入和客户权益分别同比增长28%、70%。东方证券(香港)有限公司年末客户资产总量同比增长6倍；首只人民币合格境外投资者(RQFII)基金设立，初始规模4.38亿元；协助母公司实施海外债发行、盛大游戏跨国并购项目等。东方证券资本投资有限公司资产规模近50亿元，进入券商直投业务排名前十位；发起设立国内首只券商直投主导的租赁资产证券化债权基金，规模4.85亿元。上海东方证券创新投资有限公司开发银行不良资产处置业务，参与新三板投资业务，收入和净利润同比增长283%和243%。汇添富基金管理有限公司年末规模2 200亿元，同比增长57.8%；电子商务业务行业领先，年末保有量同比增长4倍。

【内部管理】 东方证券持续完善管理支持与内部控制体制机制建设。一是开展业务支持。发行公司债、次级债、海外债等累计募资300多亿元，完成财富管理体系7个子系统、投资顾问展业平台1.0版、东方赢家APP财富版、大自营平台和一码通统一账户平台，完成29家新营业部信息系统建设。数据中心实现30多个系统数据交互。私募基金托管业务为2家基金提供了外包服务，合计规模1.4亿元。二是落实全面风险控制管理，提升流动性管理水平。公司分拆成立合规与风险两个管理总部。设置产品、网点等专业的风险经理岗位，提升合规管控的有效性。全年完成136个稽核审计项目。创新推出分模块、四统筹的资产负债配置，落实对资产扩张的风险管控。开发公司流动性管理、利率管理和资金审批三大系统，实现对流动性监管指标及时跟踪。三是不断优化人才队伍，加大品牌宣传和行政支持力度。全面开展中层干部定期考察工作，践行"能上能下、能进能出"的干部任用机制，规范晋升体系，完善激励机制，有效激发各级干部员工潜能。分层次夯实人才储备，试点"东方之星"管培生项目，制定"东方菁英"培育计划，全方位构建人才梯队。大力推进企业文化核心理念提炼工作，启动品牌定位及VI完善项目，升级改版官方微信，"心得益彰"公益项目顺利推进，有序开展新办公楼建造工程。

（东方证券）

3. 中银国际证券有限责任公司

中银国际证券有限责任公司经中国证监会批准于2002年2月28日在上海成立，2014年注册资本25亿元人民币。经营范围包括：证券经纪、证券投资咨询与证券交易、证券投资活动有关的财务顾问、证券承销与保荐、证券自营、证券资产管理、证券投资基金代销、融资融券、代销金融产品。中银国际证券还通过全资子公司中银国际期货有限责任公司和中银国际投资有限责任公司分别从事期货业务和直接投资业务。

中银国际证券注册地在上海，并在北京、深圳、广州、成都、哈尔滨等全国47个城市设有分支机构。自成立以来，中银国际证券积极发挥"深厚中行背景、跨境金融服务"业务优势，依托中国银行全方位的金融服务平台、借鉴中银国际控股丰富的境外资本市场运作经验，努力为客户提供高品质、专业化、个性化的投资银行和证券服务。

【主要业务】 2014年，公司积极围绕中银集团"担当社会责任，做最好的银行"的战略目标，按照"把握方向、明确重点、夯实基础、推动创新、改进管理、实现目标"的整体思路和"一个重心，两个战略重点"的具体安排，加强预算与绩效管理，发挥投行龙头带动作用，推进渠道智能化建设，各项业务取得了良好的发展。2014年，公司营业收入、净利润、ROE同比增长较快。公司资产管理业务受托资金规模排名第6位，股票主承销金额排名第10位，债券主承销金额排名第13位，融资融券余额排名第26位，经纪业务股基交易额排名第29位。

（1）资产管理业务：2014年，公司资产管理业务规模3 309亿元，行业排名第6，比2013年前进7名。在《证券时报》主办的"2014中国最佳财富管理机构"评选活动中，公司荣获"中国最佳资产管理券商"、"中国最佳权益类资管产品（中国红稳定价值）"。在中债登主办的中国债券市场优秀成员评选活动中，首次获得"中国债券市场优秀资产管理机构"荣誉称号。中国红稳定价值集合资产管理计划2014年在国金证券和《上海证券报》联合主办的"第六届中国最佳私募基金评选"中，荣获"年度最佳奖"。

（2）投资银行业务：2014年，公司股债合计总承销金额（不含短融、中票）排名位居业内第13位。在股权类业务方面，成功完成了多个IPO、上市公司重大资产重组、上市公司再融资、新三板、财务顾问等项目；在债权类业务方面，公司亦保持了良好的发展势头。2014年，公司分别荣获《证券时报》"最佳私募债券承销商"、"最佳财务顾问项目团队"、"最佳再融资项目（浙报传媒）"以及《上海证券报》"第八届中国最佳投资银行"评比中的"最佳价值发现团队奖"等众多奖项。

（3）经纪业务：2014年，公司全辖新增客户、新开客户资产快速增长，股基交易量市场排名为第29名。同年，公司成为上交所港股通业务先锋会员，首批提交《港股通业务方案》及相关制度、接受上交所等联合检查及系统测试，并顺利通过。10月10日，首批取得上交所港股通开通权限的批复。10月13日，正式开始为投资者开通相关权限。在做好业务和技术准备的同时，积极开展营销推介和投资者教育，树立了"中银沪港通、服务更专业"的品牌形象。公司港股通开户市场份额位居市场前列。

（4）创新业务：公司已开展的创新业务有融资融券、非现场开户、中小企业私募债、新三板推荐挂牌及做市、区域性股权市场、股票期权、柜台交易市场、质押式报价回购、股票质押式回购交易、约定购回式证券交易、私募基金综合托管、港股通、个股期权等,涵盖公司各主要业务板块。新开展的创新业务有港股通、新三板做市、股票期权等。创新业务提高了公司的市场竞争力。

【重大活动】 2014 年 1 月 23 日由中银国际证券担任独家保荐人及主承销商的北京恒华伟业科技股份有限公司的"恒华科技"项目,在深圳证券交易所创业板挂牌上市。"恒华科技"发行价格为 43.21 元/股,募集资金总额 52 197.68 万元(含老股转让)。股票上市首日以 51.85 元开盘,收盘价为 62.74 元,收盘价较发行价上涨 45.20%,发行上市工作获得成功。

2014 年 1 月 28 日由中银国际证券担任联席保荐人及联席主承销商的陕西煤业股份有限公司的"陕西煤业"项目,在上海证券交易所成功挂牌上市。"陕西煤业"发行规模 10 亿股,发行价格为 4 元/股,融资总额 40 亿元。其中,网下申购资金达 458 520 万元,网上冻结资金达 1 231 990 万元,得到了市场认可和投资者的积极认购。

2014 年 9 月 10 日由中银国际证券担任独家保荐人及主承销商的湖北菲利华石英玻璃股份有限公司的"菲利华"项目,在深圳证券交易所创业板挂牌上市。"菲利华"发行价格为 19.13 元/股,募集资金总额 30 990.60 万元。股票上市首日以 25.26 元开盘,收盘价为 27.55 元,收盘价较发行价上涨 44.01%,发行上市工作获得成功。

(中银国际证券)

4. 国泰君安证券股份有限公司

2014 年,国泰君安证券股份有限公司抓住了行业创新和市场向好的机遇,综合金融服务商创新转型成效显著,不仅基本完善了作为投资银行的五大基础功能,从场内到场外、从公募到私募、从境内到境外、从线下到线上构建起行业领先的、较为完备的综合金融服务体系,也构建了面对个人投资者、机构投资者和企业客户的综合金融服务体系。此外,公司受让上海证券 51%股权,进一步拓宽了综合金融服务体系及业务覆盖面。

【证券经纪业务】 2014 年公司实现代理买卖证券业务行业份额按可比单体口径排名,时隔 13 年后重回行业第一。经纪业务转型效果显著,零售线实现的多元化收入占条线收入的比例达到 33.31%。进一步丰富综合理财产品库,加速从公司内外引入多系列产品,已初步形成质量良好、种类齐全和数量充足的金融产品库;大力开展互联网金融服务,平台功能不断完善,综合理财服务平台新增对接包括多种业务系统。

【投资银行业务】 大投行业务链更趋完善,拔得市场优先股业务头筹;完成多单股权质押融资、债券回转售、过桥融资项目,资本中介等创新融资业务;纽约代表处和国际并购组搭建完成,并启动了跨境并购业务。

【信用业务】 2014 年公司信用业务实现了跨越式增长,年末两融余额市场份额行业排名第二,信用融资余额超过 800 亿元,融券年末规模增幅逾两倍,位居行业第一,股票质押余额市场排名第四,微融资业务规模发展喜人,同时着重探索转融券、量化交易等内生增长模式。

【国际业务】 QFII/RQFII 经纪业务大幅增长,交叉业务、创新业务收入不断增加,此外,还与德国商业银行建立战略合作伙伴关系,实现同业跨境业务的突破。

【创新业务】 丰富场外市场业务层次和服务手段,在向市场提供新三板优质挂牌服务的基础上,首批开展做市业务。取得公募基金托管业务资格,建立健全资产托管功能,资产托管业务在较短时间内获得快速发展。初步完成 FICC 业务布局。获得业内首家经外管局批准的结售汇业务资格,获得上海黄金交易所会员资格、上海清算所航运及大宗商品金融衍生品中央对手清算业务资格。

【新系统】 建成业内首个高等级、大容量数据中心,引领 IT 管理步入数据中心时代,并依托数据中心地利优势从容开展扩容整固工作,经受住了万亿行情考验。技术先行,实现综合理财服务向互联网综合金融服务升级与持续创新。

【内部管理】 继续完善风险管理制度和风险管理体系,强化制度执行,重点加强对信用风险、市场风险、流动性风险和操作风险的有效管控,保障了公司平稳健康发展。加强了资产负债和流动性管理,积极扩大公司资金来源,通过发行债券、收益权转让等方式筹集资金,保障了公司业务发展需要,并按照公司发展需要和监管要求,调整了流动性管理的组织架构和运行机制。进一步推进市场化改革,全面推行了干部任期制和续聘考核制度，重点加强了多项创新业务领域的骨干人才的培养和引进，干部员工队伍的素质得到进一步提升。

【子公司业务】 2014 年，资管子公司资产管理业务总规模超过 5 000 亿元，同比增幅 86%，权益类产品和固收类产品均取得出色的投资业绩；香港子公司、期货子公司均实现大幅增长，经营业绩创出新高；上海证券各项经营管理工作平稳有序，实现良好的经营业绩；国联安基金整体规模和盈利能力达到历史最好水平；直投子公司基金推进基金设立工作，扩大另类资产管理规模。

【社会责任】 积极履行社会责任，大力开展助学帮困活动，加大对在沪四所高校困难学生的资助，继续援建云南、江西、甘肃希望小学，进一步做好与奉贤的结对帮扶和综合帮扶工作，在社会上传播正能量，塑造公司良好的社会形象。

（国泰君安）

5. 爱建证券有限责任公司

2014 年，面对复杂的市场环境，爱建证券围绕年初制定的总体思路和重点工作安排，进一步提高管理水平，加大各项业务的开拓力度，努力跟上行业的发展步伐，较 2013 年取得了较好的经营业绩。爱建证券 2014 年实现营业收入 31 388 万元，实现净利润 8 831 万元，上年同期为 681 万元，同比增加 1 197.50%。截至 2014 年末，公司总资产 383 267 万元，较年初 248 633 万元增加 54.15%；净资产为 128 775 万元，每股净资产 1.17 元；净资本 112 214 万元，较 2013 年年末 102 640 万元增长 9.33%。公司经纪业务、信用交易等业务增长幅度较大，为公司完成利润指标做出贡献。

【主营业务】 （1）经纪业务。2014 年，公司 16 家营业部的股票基金交易量为 2 106 亿元，同比增长 40%；营业部股票基金市场占有率 1.33‰。公司经纪业务市场份额排名全行业第 86 位。2014 年，公司经纪业务加快转型步伐，以产品销售为抓手，以提升营销服务能力为目标，完善业务系统建设，完成全国股转系统、港股通系统、非现场见证开户业务正式上线运营，网上开户业务及客户呼叫中心上线试运营，优先股业务上线准备及统一账户平台业务第一阶段上线。同时，优化公司网点布局，申请在南京、长沙、广州、上海新设营业网点。

（2）信用交易业务。2014 年 6 月底，公司融资融券业务正式上线，授信总额 8.96 亿元，融资融券期末余额 4.47 亿元。股票质押式回购业务期末余额 1.72 亿元。信用交易业务成为公司的重要收入来源。

（3）资产管理业务。2014 年，公司完成了首只集合资产管理计划——“爱建证券万家 1 号集合资产管理计划”的发行。“爱建证券万家 2 号集合资产管理计划”的滚动发行，标志着爱建证券在小贷资产证券化业务方面，形成了自己的特色。

（4）投资银行业务。2014 年公司投行部门通过引进新团队，为投行业务的发展带来了新的活力，公司投行在团队建设和业务拓展等方面进入了历史上最好的时期。两个 IPO 项目报会审核；首单独立主承销 15 亿元的南充航空港投资开发有限公司企业债获得国家发改委的批复。

【创新业务】 2014 年，公司获得多项业务资格：4 月，公司取得融资融券业务资格，6 月底，公司融资融券业务正式上线；8 月，公司取得做市商做市业务资格；11 月，公司成为第一批开展港股通业务的券商，业务正式上线；12 月，公司获得全国银行间同业拆借业务的批复。

【创新服务】 针对新媒体的快速发展的局面，公司创新咨询服务，在业内较早利用微信平台，创立“微・财讯”微信公众号，作为咨询信息发布平台，每日早上 7:00 以前按时更新发布，捕捉市场热点、提示风险，效果良好。

【内部管理】 爱建证券积极探索建立激励及专业序列提升机制，全方位考核员工的执业能力，建立 360 度考核模式，将绩效考核结果与薪酬挂钩，实现奖惩有据、优胜劣汰，充分激发了全体干部员工的工作积极性和创造性。

【诚信建设】 “诚信、稳健、开拓”是爱建证券经营管理的核心理念。公司建立了完善的内部诚信经营规则和投诉处理办法，制订了一系列责任追究制度，将诚信列入个人业绩考核的重要指标，实行“奖优罚劣”，形成追究失信责任的有效机制。围绕服务品牌创建等专项工作，组织开展形式多样、针对性强的活动，发挥诚信理念的导向、约束和激励作用，提高专业水平、服务质量。2014 年，公司获得上海市“三星级诚信创建企业”称号。

（爱建证券）

二、基金管理公司

1. 汇添富基金管理股份有限公司

汇添富基金管理股份有限公司是一家高起点、国际化、充满活力的基金管理公司。汇添富基金成立于2004年10月,截至2014年底资产管理总额约2 000亿元,在上海基金同业中排名前三。汇添富基金是中国最早一批获得QDII业务资格、最早一批开展专户业务、最早在香港设立海外子公司并首批获得RQFII资格的基金公司之一,同时是全国社会保障基金投资管理人。截至2014年底,汇添富旗下有51只基金,涵盖股票、指数、ETF、QDII、债券、理财基金、货币市场基金等不同风险收益特征的产品。

【公募业务稳步增长】 至2014年末,公司公募基金资产管理规模逾1 000亿元,位居全行业94家基金公司中第11位,在上海地区40多家基金公司中居前列。同时,产品线进一步完善。年内,公司发行公募基金6只,包括恒生分级指数基金、和聚宝货币市场基金、移动互联股票基金、环保行业股票基金、外延增长股票基金、添富快钱货币市场基金等。公司已经形成了覆盖高、中、低各类风险收益特征、较为完善有效的产品线。

【投资业绩表现优秀】 旗下民营、医药基金荣获金牛基金奖,2014年,汇添富取得了良好的整体投资业绩,准确把握市场节奏,精准布局产品线。旗下基金产品(除QDII产品)成立以来均实现正收益。其中逆向、美丽30、价值、民营等基金位列全市场股票型基金前1/4。

【专户业务快速发展】 积极创新,推出了战略型定增专户、新股投资主题专户、海外市场QDII专户、企业现金管理专户等创新型产品。2014年,公司成功获得包括国内全部大型保险公司在内的多家保险专户资格,获得多个专户组合并取得优异投资业绩。

【国际业务继续向前推进】 香港子公司各项业务继续顺利推进,并成功发行添富主要消费RQFII ETF和医药RQFII ETF,以及RQFII货币市场基金。同时加强国际机构合作,在北欧、中东都有业务推进。

【电子商务业务继续坚持"两条腿走路"】 一方面加强公司官网直销能力优化客户体验,一方面继续加强跨界合作,目前汇添富电商合作伙伴已达11家。2014年,"现金宝"品牌影响力进一步加强,现金宝APP成为下载和使用排名前十位的理财类手机应用中唯一由基金公司开发的应用。

【大力开展各类创新业务】 推出按揭贷款收益权和供应链融资等创新业务。同时完成了大批规章制度和业务指引的修订,有力地保障公司运营合法有序。公司在2014年还涉足一级市场业务,积极参与了绿地集团增资扩股项目,成为第一家介入一级市场并参与国企改革的公募基金公司。

【高度重视投资者服务和保护工作】 2014年,公司围绕向"现代财富管理机构"转型的思路,从不同类型客户的切身需求出发,大力建设投顾式客户服务体系;同时,公司进一步着力开展"投资者见面会"、"添富之约"客户沙龙、投资者"走进汇添富"和"走进上市公司"等全方位的投资者服务与教育活动。2014年汇添富荣获了包括金牛基金奖、上海市金融创新二等奖、最佳债券公司奖等多个重要奖项,行业地位进一步彰显。

【发行与上市】 3月6日,汇添富基金旗下第46只基金产品汇添富恒生指数分级证券投资基金成立,首募规模12.71亿。5月12日,汇添富两只RQFII行业ETF基金在港交所挂牌上市。5月28日,汇添富基金旗下第47只基金产品汇添富和聚宝货币市场基金成立,首募规模5.11亿。8月26日,汇添富基金旗下第48只基金产品汇添富移动互联股票型证券投资基金成立,首募规模16.6亿。9月16日,汇添富基金旗下第49只基金产品汇添富环保行业股票型证券投资基金成立,首募规模20.8

亿。12月8日，汇添富基金旗下第50只基金产品汇添富外延增长主题股票型证券投资基金成立，首募规模54.3亿。12月23日，汇添富基金旗下第51只基金产品汇添富收益快钱货币市场基金成立，首募规模2.5亿。

（汇添富）

2. 华宝兴业基金管理有限公司

华宝兴业基金管理有限公司是中法合资的基金管理公司，于2003年获准开业，是国内首批成立的中外合资基金管理公司之一。公司中外方股东的母公司分别是宝钢集团和法国兴业银行集团，品牌卓越，实力雄厚。

2014年，华宝兴业基金发行了4只公募基金，截至2014年底，公司共管理30只开放式基金，管理公募基金资产的总规模达580亿元，涵盖各主要产品线。同年华宝兴业运作的专户产品合计26只，包括6个“一对一”专户和20个“一对多”专户，截至2014年底专户运作规模合计49.25亿元。

【管理业绩】 2014年4月9日，在《上海证券报》主办的第十一届中国“金基金”奖评选活动中：华宝兴业基金管理公司荣获“金基金·TOP公司大奖”。

6月20日，在《证券时报》主办的2013年度“中国基金业明星奖”评选中：华宝兴业基金管理公司荣获“2013年度十大明星基金公司”称号。

11月，美国《机构投资者》杂志2014年11月刊评选首届亚洲投资管理奖，华宝兴业基金管理有限公司为“中国股票类”奖项唯一得主。

【产品布局】 华宝兴业基金致力于打造以多元化产品为平台的财富管理中心，多年来在“行业基金管理专家”及“创新量化投资专家”方向上布局尤其广泛。

（1）行业基金方面，截至2014年底，华宝兴业旗下共有11只行业主题基金，分别是宝康消费品基金、华宝兴业行业精选股票型基金、华宝兴业新兴产业股票型基金、华宝兴业标普石油天然气上游指数基金、华宝兴业医药生物股票型基金、华宝兴业资源优选股票型基金、华宝兴业服务优选股票型基金、华宝兴业创新优选基金、华宝兴业生态中国基金、华宝兴业品质生活基金和华宝兴业高端制造基金。

（2）量化产品方面，截至2014年底，华宝兴业旗下共有8只公募量化基金，包括：中证100指数基金、国内首只风格ETF——上证180价值ETF及其联接基金、上证180成长ETF及其联接基金、华宝兴业标普石油天然气上游股票指数基金、华宝兴业现金添益交易型货币市场基金和华宝兴业量化对冲公募基金。其中，华宝添益自2014年以来已经成为规模最大的场内货币基金，截至2014年底规模已超过205亿元，目前投资该基金的机构客户数量已超1 200家，2014年日均成交额达到88.12亿元。

（3）在专户领域，华宝兴业2014年管理中的产品包含了量化对冲系列、元盛CTA系列等。2012年，华宝兴业与全球最大CTA基金公司英国元盛资产（Winton Capital）合作开发CTA专户产品——元盛1号，系列产品的总规模已接近18亿元。2014年1月，首只海外对冲基金中基金专户（FOHF）正式成立，帮助中国高净值客户投资海外市场中运作成熟、风控规范的另类投资公募基金，实现资产的相对稳定增值。2014年9月，香港分公司发行第一只追踪中国内地A股市场的RQFII-ETF产品，其已在德意志交易所上市。2014年10月，与海外另类投资巨头橡树资本（Oaktree Capital）合作发行了橡树全球收益增长一号QDII专户，为橡树资本首款面向中国高净值客户发行的投资产品。

【公司治理】 华宝兴业是国内基金业内第一家实行“核心员工持基激励计划”的基金公司，公司的基金经理（含基金经理助理）、核心研究员、大部副总监以上员工等核心员工均纳入持基计划范畴，基金经理（含基金经理助理）必须参与其管理的基金，核心研究员必须参与相应的基金，华宝兴业根据核心员工申购金额按1∶1比例以公司固有资金申购旗下基金，其投资收益则归“持基”员工所有，核心员工持基份额锁定期为18个月。

【社会责任】 2014年，华宝兴业基金通过TLP（图书馆计划）公益组织参与捐建了甘肃、陕西、安徽等省份共计7所贫困地区小学的图书室，受益学生合计1 247名。

（林婷彦）

3. 中欧基金管理有限公司

中欧基金管理有限公司成立于2006年7月19日，现注册资本为人民币18 800万元，总部位于上海陆家嘴金融贸易区，并在北京设有分公司、广州设有办事处。中欧基金是一家合资基金公司。截至2014年末，意 [illegible]利意联银行股份合作公司持股35%；国都证券股份有限公司持股20%；北京百骏投资有限公司持股20%；万盛基业投资有限责任公司持股5%；中欧基金员工合计持股20%。

【基金管理】 中欧基金定位于高阿尔法多策略投资精品店，专注提升投资业绩，致力于为投资人提供超越市场的长期收益。成立以来，中欧基金坚持追求业绩和服务双轮驱动。截至2014年12月31日，旗下共有17只基金，分别为中欧新趋势股票型证券投资基金(LOF)、中欧新蓝筹灵活配置混合型证券投资基金、中欧稳健收益债券型证券投资基金、中欧价值发现股票型证券投资基金、中欧中小盘股票型证券投资基金(LOF)、中欧沪深300指数增强型证券投资基金(LOF)、中欧增强回报债券型证券投资基金(LOF)、中欧新动力股票型证券投资基金(LOF)、中欧鼎利分级债券型证券投资基金(LOF)、中欧盛世成长分级股票型证券投资基金、中欧信用增利分级债券型证券投资基金、中欧货币市场基金、中欧纯债分级债券型证券投资基金、中欧价值智选回报混合型证券投资基金、中欧成长优选回报灵活配置混合型发起式证券投资基金、中欧纯债添利分级债券型证券投资基金以及中欧睿达定期开放混[illegible]型发起式证券投资基金，建成了一条拥有货币基[illegible]债券基金、混合基金、股票基金、指数基金等较[illegible]备的产品线。截至2014年末，公司公募基金[illegible]模为254.58亿元。同时，中欧基金的专户业[illegible]条不紊地发展推进，截至2014年末，公司([illegible]司)共有89只专户产品。

中欧基金的关注度与产品认可度也[illegible]提升。继2013年度荣获多项公司及产品[illegible]，中欧基金持续获得业界认可，一举囊括三[illegible]及大奖：2014年度金牛基金管理公司奖([illegible]报)，2014年度三年持续回报明星基金[illegible]证券时报)，2014年度金基金·股票投资[illegible]管理公司奖(上海证券报)。

【内部管理】 2014年4月，[illegible]股权改制方案获准实施，成为国内首批实[illegible]革的基金公司，实行雇员主导的混合所有[illegible]股权改革，中欧基金实现了对人才价值的[illegible]，建立起“共享平台+多样化的投资策略[illegible]模式，吸引大批业内优秀人才加盟。通过合伙企业的机制设定，使得目前的商业模式得到更有效的推进。合伙人有共同的目标，追求共同的利益，发挥各自专长形成合力，在“互补、平等、包容、守约”的合伙人文化下，最终实现利益的最大交集。投资策略组制度的建立吸引了大量优秀投资人才加盟中欧。截至2014年末，先后有曹剑飞、刁羽、刘明月等业内资深投资人士加入中欧基金，成立各具风格的策略组，策略组负责人平均证券从业超过13年。改革后，组织架构进一步扁平化，内部资源倾斜投资研究、利益相关方互相激励约束，各基础[illegible]投资策略组，致力于为客户提供超越市场[illegible]报，成为名副其实的“多策略投资精品店[illegible]

【业务[illegible] [illegible]中欧基金2014年发行并成立了1只公募[illegible]——中欧睿达定期开放混合型发起式证券[illegible]。中欧睿达是以“在力求本金安全的基[illegible]为持有人创造超额收益”为投资目标的[illegible]基金。

[illegible]管理规模方面，2014年中欧基金继续稳健发[illegible]银河证券基金研究中心统计，截至2014年[illegible]中欧基金公募基金管理规模为254.58亿元，基金份额为228.18亿份。

在产品业绩方面，中欧新动力股票、中欧价值发现股票表现尤为抢眼。据银河证券基金研究中心统计，中欧新动力股票——被评为“三年期开放式股票型持续优胜金牛基金奖”(中国证券报)，中欧价值发现股票——被评为“五年期持续回报股票型明星基金奖”(证券时报)、“五年期开放式股票型持续优胜金牛基金奖”(中国证券报)。自2011年取得特定资产业务资格后，公司专户业务也持续积极推进，规模稳健增长。截至2014年末，公司(包含子公司)共有89只专户产品。

(中欧基金)

4. 华安基金管理有限公司

华安基金管理有限公司成立于1998年6月4日，是中国证监会批准设立的首批五家基金管理公司之一，注册资本1.5亿元人民币。2014年是公司业务发展实现重要突破的一年，新三年战略规划的制定，事业部制改革试点工作启动，电商业务纳入公司战略投入，公募业务持续快速推动，专户业务发展势头良好等等，均为公司打造根植于中国资本市场的资产管理专家的战略目标奠定扎实的基础。目前，公司有 291 名员工，本科及本科以上学历人数达到员工总数的 95%；具从业资格人数达到员工总数的 91.5%。

【资产管理业务】 2014 年上证指数上涨 52.87%，深成指上涨 35.62%，沪深 300 指数上涨 70.41%，创业板上涨 12.83%。公司抓住了牛市的行情机会，通过深化投研互动，积极捕捉市场热点，显著提升公司整体投资业绩。截至 2014 年末，公司资产管理规模 1 354.33 亿元，比 2013 年底增加 415.15 亿元，达到了公司历年资产管理规模的峰值。公司公募资产管理规模 885.28 亿元，比 2013 年底增加 46.66 亿元。公司公募资产规模排名行业第 17 位。公司专户及投顾管理规模 451.20 亿元，同比增长 353%。2014 年公司主动权益类基金加权平均收益率 23.46%，在 20 大基金管理公司中位居第 6 位。固定收益基金 13 只主动型债基中 6 只进入前 1/3，业绩突出。2014 年公司专户投资业绩突出，主动管理平均收益率为 43.51%，最高收益率为 48.51%。

【创新业务】 华安基金始终发挥创新的传统优势，将这种不懈创新的意识延伸到产品设计、投资管理、市场营销和客户服务之中，推动公司各项业务不断向前发展。2014 年，公司在创新方面进行了一系列卓有成效的探索，在管理创新、机制创新、业务创新和模式创新上均有所突破。管理创新上重视公司战略和长期发展，通过全面战略规划引领公司业务发展方向；注重科学管理，探索完善公司管理委员会制度；机制创新上积极推进事业部制改革。指数投资部、创新业务部和私人财富管理等部门率先参与试点。同时，积极推进如国资混改、资产证券化、结构化产品等创新业务布局。2014 年，公司还发行国内首只专注投资欧洲的基金——德国 30(DAX) ETF 及 ETF 联接基金。该基金的优质投资标的和长期投资价值受到了投资者的热烈欢迎，产品募集战果显赫，创 QDII 基金本年募集新高。此外，华安基金与银联数据公司及商业银行合作，进行货币基金功能创新，在一定程度上创新推广基金发行和百姓理财的新模式。

【品牌建设】 公司围绕“智诚相伴”的品牌核心，秉承“以坦诚赢得信任，以睿智创造价值”的文化理念，坚持专业化营销、精准化营销，销售支持和品牌建设两者并重，注重活动的质量和效果，提高公司的品牌知名度及美誉度。作为公司品牌活动“锐智沙龙”的一部分，2014 年 5 月华安基金鼎力支持中欧陆家嘴国际金融研究院与美国顶尖智库彼得森国际经济研究所(Peterson Institute)联合举办“中美经济学家上海研讨会”，百位海内外经济专家学者云集沪上，赢得业内高度关注。7 月中旬，公司成功举办“2014 德国经济及全球投资机遇高峰论坛——华安德国 30(DAX)ETF 研讨会”，开启了投资欧洲的新模式。10 月底，借第八届中国杯帆船赛举行之际，公司举办“2014 华安基金投资策略会暨深圳锐智沙龙”活动，塑造和宣传华安基金的品牌精神和品牌形象，将资产管理的核心理念融入于品牌管理、市场营销和产品推广之中。

【社会责任】 公司在努力为持有人创造收益的同时，积极投身公益事业，不断强化为投资者服务和社会服务的理念，为构建和谐社会贡献绵薄之力。与此同时，华安基金的社会责任工作，建立在组织和经费保障基础上，并结合自身所处的资产管理行业特点，通过寻找特色的活动形式和内容，发挥投资管理能力、投资者教育能力的优势。公司的社会责任不是简单的捐款“输血”，而是更注重培育公益和慈善对象的“造血”能力。在与上海市崇明县华西村的合作中，公司充分发挥自身优势，创造性采取“脱贫转型实验”，帮助华西村农民进行生产方式变革。

(王　艳)

5. 泰信基金管理有限公司

泰信基金管理有限公司于 2003 年 5 月 23 日正式成立。公司注册资本金为人民币 2 亿元，是由山东省国际信托有限公司(出资 9 000 万元)、江苏省投资管理有限责任公司(出资 6 000 万元)、青岛国信实业有限公司(出资 5 000 万元)共同发起设立的。泰信基金管理有限公司是第一家以信托公司为主发起人的基金管理公司，而泰信的三家股东均是其所在地的政府投资主体，实力雄厚、经营稳健、业绩优良，在国内外资本市场上保持着良好的信誉。

【创新业务】 移动互联网的普遍运用，造就了互联网金融的得移动者得天下的格局。公司在 2014 年已启动网上交易向移动端转移的项目，利用微信服务号和微网站的结合，实现了在线查询、在线咨询的功能。

【基金管理】 截至2014年末，公司管理的公募基金共15只，管理资产规模合计100.68亿元，比2013年底增加19.29亿元，上涨23.7%，规模排名55位，公司管理基金份额109.95亿份，份额排名51位。

自2003年成立至2014年，公司已经拥有泰信天天收益货币、泰信先行策略混合、泰信双息双利债券、泰信优质生活股票、泰信优势增长混合、泰信蓝筹精选股票、泰信债券增强收益、泰信发展主题股票、泰信债券周期回报、泰信中证200指数、泰信中小盘精选股票、泰信行业精选混合、泰信中证锐联基本面400指数分级、泰信现代服务业股票、泰信鑫益等15只开放式基金，形成了较完善的基金产品线。

2014年，公司旗下基金投资业绩表现突出。根据晨星基金排名，全年参与排名的13只基金中，近半数位于行业前1/2，其中优质生活股票、中小盘精选等两只基金位于前1/4，蓝筹精选股票、基本面400分级和中证200指数位于前1/3。优势增长混合获得晨星三年期五星评级；优势增长混合、蓝筹精选股票获得晨星五年期四星评级；先行策略混合、优质生活股票、中小盘精选股票和发展主题股票获得晨星三年期四星评级，蓝筹精选股票、债券周期回报获得晨星三年期三星评级。

根据中国公募基金公司综合量化评估报告(2014年4季度)，公司资产管理能力在72家纳入统计的基金公司中列第16位；根据海通证券"2014年度基金公司权益及固定收益类资产超额收益排行榜"，在70家纳入统计的基金公司中，公司权益类基金超额收益排名第26位。公司投资业绩获得了市场的高度肯定。

【内部管理】 为实现绩效与利润相挂钩的主要目的，公司2014年进一步完善了"绩效导向"的企业文化，进一步组织完善了员工关键绩效考核体系，科学设定可量化的KPI考核指标与考核标准，全面、客观、公正、准确地评价从公司到各部门、从管理层到每位员工的工作绩效，并严格将绩效考核结果与薪酬挂钩，实现奖惩有据、优胜劣汰，充分激励员工的工作积极性、主动性与创造性，促进公司目标、部门目标和员工目标的有效统一。

【社会责任】 公司在2014年度初就确立了全年社会责任的计划方案，继续积极履行各项社会责任，加大社会公益活动的深度和广度。2014年公司社会责任预算经费为50万元，由综合管理部和市场部提出社会责任活动建议，总经理办公会审核批准，统筹兼顾，确保经费的使用方向符合企业履行社会责任的原则和方针。2014年5月，公司内部举办了主要骨干和员工的反洗钱的知识培训，强化员工对于反洗钱的认识程度。2014年7月，公司内部举办了"泰信基金管理有限公司防控内幕交易实施细则"的专题研讨，强化社会责任意识。

(徐　磊)

上海浦东南路的泰信基金管理有限公司

三、证券自律组织

1. 上海市证券同业公会

上海市证券同业公会2014年末共有单位会员668家，同比增加70家。3月份公会成功召开五届一次会员大会，选举出新一届理事97名、选派非会员理事6名，共103人组成了五届理事会领导班子。五届一次理事会选举出1名会长、32名副会长（含1名兼任秘书长）。五届一次监事会选举出1名监事长、2名副监事长、6名监事，共9人组成五届监事会。公会结合不断创新的市场大环境，围绕“自律、服务、沟通”宗旨，加强自律管理、服务力度和沟通作用，完成年度工作任务。

【自律管理】 深化行业自律管理和机制建设，推动市场健康发展。根据证监会《关于进一步规范证券经纪业务活动有关事项的通知》，公会合规与自律监察专业委员会牵头起草《上海证券业经纪业务自律规范》，并向全体会员征集意见作了相应修改，经五届二次会员大会表决通过并实施。据此推出了配套实施细则，进一步明确自律管理工作的标准和流程。加强现场检查提升规范经营意识，根据自律规范和专业委员会工作计划，制定自律检查工作方案和工作底稿。在证券营业部自查的基础上开展现场检查，随机对上海25家营业部进行检查，并将检查报告提交专业委员会，以专业委员会的审议结果，分别向业内、上海证监局通报。对14家受到自律措施的营业部分别进行了谈话提醒和书面提醒。通过现场检查及通报检查情况，进一步推动上海地区证券经营机构对合规经营的重视和对问题的自查自纠，充分达到了以点及面，扩大检查效应的预期目标。除现场检查外，公会加大了非现场检查力度，完善了动态跟踪处理机制，实现了从现场检查为主到以现场与非现场自律管理结合的转变。公会每月对营业部经营数据进行跟踪，出现异常波动的及时作出处理。年内先后对199家营业部下发通知，要求对异常波动情况做出说明，做到对营业部经营数据异动及时反映、关注、处理。

【各类培训】 开展各类培训，提升行业核心竞争力。结合市场热点，举办“证券营业部负责人创新与合规”培训，上海地区422家证券经营机构560余负责人参加了培训，内容包括证券公司创新产品的创设、两融业务的套利操作与创新模式以及两融套利的发展、个股期权交易实务与策略、面向证券营业部的企业融资业务等。根据中证协《证券公司流动性风险管理指引》，开设证券公司风险控制与流动性风险管理培训班，25家证券公司的负责人和相关高管共130余人参加培训。学习境外券商先进合规管理经验，举办合规管理专题培训，邀请日本大和证券负责人作主题交流，25家会员单位的合规总监或负责人、上海证监局相关人员约近百人参加，与会人员就合规体系人员配置、薪酬体系、风险防控等方面进行了多轮互动交流。开展自贸区分账核算业务培训，公会与上海市基金、期货同业公会共同举办自贸区分账核算业务的专题培训，来自证券、基金和期货经营机构的相关负责人及上海证监局相关人员，共百余人参加了培训。协调资源，落实六期估值建模培训。公会与北京诚迅金融培训公司，联合上海市基金、银行同业公会、上海市上市公司协会共同协办财务报表分析、估值建模、并购估值建模多期培训，来自证券、基金公司、银行、上市公司的66位学员参加了培训。

【投资者权益保护】 保护中小投资者权益，促进证券市场稳步发展。诉调对接，公正处理纠纷投诉和调解。年内共受理各类投诉举报12起，处理中证协调解中心转办证券纠纷调解11起。7月起受理12386热线中关于证券投资咨询类的投诉，共接待投诉93起，截至年底办结57起，涉及金额400余万元。加强宣传工作，维护投资者合法权益，引导投资者树立正确的投资理念。一是积极做好“3.15消费者日”宣传活动，与市金融服务办、市公安局、上海证监局联合制作“和谐金融、美好生活”的宣传折页，在证券营业部免费发放给投资者。二是转发中证协《关于印制打非宣传月海报及案例的说明》，配合发放张贴相关宣传海报。增进了解，开展走进上市公司系列活动。使投资者更为直观、深入地了解上市公司、树立理性、长期的投资理念，公会与上海上市公司协会一起开展走进上市公司系列活动，年内分别走进上港集团等多家上市公司，受到会员单位和投资者的好评。召开网络“整非”业务交流座谈会，20家证券公司、分公司的负责人参加了会议。加深了会员对网络“整非”技术的了解认识，充分达到了整治网络非法证券活动、更好地为会员提供服务、为投资者厘清市场投资环境。

【交流活动】 拓展视野，取长补短，共谋发展。增进业内交流，完善不同层次、类别的会员联系交流机制，为会员之间良好的沟通创造条件，根据行业热点和会员需求，举办证券业沙龙活动。按主题和类别促进业内沟通、加强信息互动、共谋行业发展。举办上海地区证券公司办公室主任联席会议、新三板业务负责人讨论交流、资产管理业务交流等8次沙龙活动。热情接待异地证券协会来访交流，先后接待多家外地证券业协会及经营机构代表来沪考察交流，召开长三角地区证券业协会联席会议，就培训工作、证券纠纷调解以及自律管理等进行了交流探讨和经验分享。还组织公会相关人员赴外地协会学习，取长补短。

【企业诚信创建】 推进诚信建设，提升行业形象。上海市“企业诚信创建”活动始于2010年，公会会员单位积极响应。目前已有137家会员参加活动，被授予“一星”至“五星”诚信企业，提升了企业和行业的诚信形象。公会通过联系人制度，努力收集会员单位诚信建设成果，包括各级奖项荣誉、各类投资者保护活动、参与社会公益活动、深受投资者信赖的先进集体、先进个人案例，除在公会网站刊登外，还推送至市行业诚信体系建设平台。

【践行社会责任】 回报社会，勇于担当，传达行业正能量。五届一次会员大会通过《上海证券行业践行社会责任倡议书》，6月份公会首次向社会公开发布《上海证券行业2013年度社会责任报告》，内容涵盖九家综合性法人证券公司及一家证券投资咨询机构践行社会责任的情况。报告展示了上海地区证券类法人机构运营情况，帮助政府和社会公众了解上海地区证券类法人机构社会责任实践活动，并就行业承担的社会责任、义务和行动作出公开申明和承诺，以回应社会期望，接受政府和社会公众的评价与监督。

【提升行业服务质量】 规范行业窗口服务标准，更好地服务投资者。2014年公会制定了上海市地方服务标准《上海证券业经纪业务窗口服务规范标准》工作手册，向各证券类会员单位发送。作为全国首创的证券服务类规范标准，其在行业内有效推广，极大地推动了行业窗口服务标准化进程，提高了上海地区行业服务水平和良好的社会形象。开展“诚信、高效”劳动竞赛。一是积极配合市金融工委完成2013年“诚信、高效”金融窗口优质服务劳动竞赛的评选，并对“五星优质服务网点”和“五星服务明星”进行表彰和奖励。二是参加市金融工会主办的关于开展建设上海国际金融中心职工“制度创新、服务争优、技能提升”为主题的立功竞赛活动，拟定公会参赛方案，并参与设计本行业的竞赛活动奖项和评选方法、标准，组织部分会员单位参加相关培训。

【综合信息管理平台】 为充分依托信息技术，提高服务会员效率和水平，公会着手整合原网站的4个系统，打造统一集中信息管理平台系统。网站的后端作为会员服务专栏，会员单位登录后通过访问网站会员通道，填报证券金融产品备案、业务数据报送、营销人员和投资顾问备案、广电节目备案、在线入会申请等信息数据，极大提高会员报送各类信息及数据的便利性、时效性和准确性。网站的前端设置为投资者系统，投资者能便捷地查询相关信息。如通过投资者专用通道，可查询本地区所有合法证券经营机构及迁址公告、机构合规的金融产品销售信息、证券及咨询机构营销人员信息、投资顾问信息、证券从业人员诚信信息、合法广播和电视证券节目演播的预告等；投资者还可以浏览各证券经营业务系统风险提示、法律法规、投资者保护与教育专栏，并可线上提交投诉、信息反馈和证券纠纷调解等事项。

（证券公会）

2. 上海市期货同业公会

2014年4月25日，上海市期货同业公会顺利召开换届大会并选举产生了第四届理事、监事及新一届的公会领导。在上海证监局的指导下，新一届公会进一步提高认识，明确目标与方向，明确职能定位和工作重点，充分发挥自律组织作用，大力推动期货业创新发展。2014 年 2 月正式获得“中国社会组织评估 4A 等级”称号，截至 2014 年 12 月底公会共有 167 家会员单位。

【创新发展】 为传达首届期货创新大会精神，公会联合多家学术机构举办了上海期货创新发展讲坛。讲坛以“期货创新大会带来的发展新机遇”为主题，邀请上海市浦东金融服务局领导、上海辖区期货公司高管、金融行业专家近百人，共话期货行业发展机遇。

公会在 2014 年开展期权理论基础和交易实务系列培训，多层次期权培训帮助会员单位学习创新业务知识，开拓经营思路，全行业近 2 000 人次参加了系列培训并收到良好效果。组织信息技术安全服务招标，帮助会员单位大大降低了成本，部分公司节约成本达 40%，后续将对技术安全服务公司进行服务质量评测并向业内公布。

【诚信自律】 公会结合上海市金融服务办公室“和谐金融、美好生活”主题活动开展“3.15 国际消费者权益日宣传活动”，组织第二届“内幕交易警示教育展”，组织会员单位深入学习，牢固树立防范意识。组织“2014 期货法律知识宣传暨现场咨询会”，邀请了金融行业专业律师和相关法律专家，对网络信息传播领域法规要点进行解读。组织 26 家期货公司编写社会责任报告，在网站以及《期货日报》上发布，这是上海地区连续第五年发布社会责任报告。

此外，公会还积极响应上海市金融工委号召，在全行业广泛深入开展了“制度创新、服务争优、技能提升”期货行业职工立功竞赛。竞赛包括：上海期货行业制度创新成就奖竞赛、上海期货行业工间操普及和团体工间操比赛、上海期货创新技能竞赛、上海期货行业“五好服务窗口（营业部）”争优活动竞赛，各项活动中涌现出一批批优秀的期货从业人员与团队，展现了期货行业积极向上的精神风貌。

【人才培养】 公会与中国期货业协会合作开展后备人才培训活动。历经 5 个月时间，共有 199 名学员参加。经过理论培训、意愿筛选、考试考核后，合格学员 96 名，部分学员进入期货公司实习并留用。公会又与大连商品交易所合作培训，6—7 月开展了为期 5 周的煤焦矿产业培训班，55 名学员获取了合格证书，7 名学员获得优秀学员称号。

【服务经济】 公会于 2014 年 11 月成功举办了“第五届期货机构投资者年会”，中国证监会上海监管局、中国期货业协会、上海自贸试验区管委会、上海市金融服务办公室领导出席并致辞，会议吸引期货、银行、证券、保险、基金、实业界等各类机构投资者 1 000 余人参会，从长三角辐射国内和境外地区，影响更为广泛，成为公会的年度品牌盛会。

公会清算财务委员会委员等有关人员一行 14 人赴鲁证期货进行了学习和调研。就 IB 业务、营业部管理、资产管理业务进行交流考察。公会又与上海期货交易所合作开展有色金属产业基地调研，28 名研究人员赴江铜开展了为期四天的实地调研培训，以此更好地发挥了期货服务实体经济。

（期货公会）

3. 上海市基金同业公会

上海市基金同业公会成立于 2010 年 11 月 18 日，是在中国证券监督管理委员会上海监管局的指导下，经上海市社会团体管理局批准，由上海基金行业相关业务单位发起并自愿组成的行业性的非营利性社会团体法人。作为中国基金业第一家地方性行业自律组织，截至 2014 年末，公会共有会员单位 78 家，包括上海地区 45 家基金管理公司，5 家独立基金销售机构，3 家外资银行基金代销机构，25 家异地基金管理公司在沪分支机构，会员单位数进一步扩大。

【完善专业委员会制度】 2014 年，在上海证监局的指导下，公会第七个专业委员会——特定客户资产管理业务专业委员会成立。会议发表了《自律倡议书》，明确了委员会发挥行业自律功能的决心。特定客户资产管理业务专业委员会的成立，进一步全方位覆盖了行业业务发展领域，加强了理事会的行业渗透力，为今后更好的发挥行业自律服务工作，提供了更多保障和支持。

【国际化发展】 公会组织会员单位参加 2014 澳中金融领袖对话，为中澳两地金融领袖提供了交流经验、增进友谊的良好平台，为中澳两地今后在基金、养老金、资产管理等金融领域合作打下了先行基础。并于 11 月，受澳大利亚政府邀请，携行业相关会员单位与市金融办负责人同行赴澳大利亚新南威尔士州参加“第三届澳中金融论坛”，与澳方官员、党派代表、金融界领袖和高等院校代表等就澳中两地金融产业领域合作进行交流，寻求共赢发展新机遇。

【狠抓行业自律工作】 9月，公会组织召开上海基金业诚信平台建设专题座谈会议，征集了上海证监局、公司董事长、总经理、督察长、人力资源总监等行业人士相关意见，为推动健全上海基金业诚信体系建设达成一致共识。10月，公会联合上海证监局制订的《上海市基金同业公会诚信平台暂行管理办法(试行)》及《上海市基金同业公会诚信平台实施细则》正式上线，同时建立信息查询报送人和查询人制度。形成对行业具有普遍约束力的管理办法，更深层次强化从业人员职业道德意识，建立了诚信长效机制，为行业持续稳健发展提供保障。

【推进“12386”证监会热线投资者诉求处理工作】 经过先期经验积累和工作流程规范，公会“12386”投诉转办工作效率大幅提升，截至2014年12月31日，公会累计收到投诉转办函160件。在已办结的投诉函中，153件达成和解，达成和解的占比近80%。公会转办的投诉标的金额合计2 598万元。内容主要涉及网络系统及基金申赎、规范经营、公司诚信、客户服务、基金业绩等方面问题。公会根据流程要求相关会员单位进行及时处理，并仔细审核投诉处理情况和答复意见，确认无误后及时提交上海证监局信访办，并每月上报相关数据和分析报告。

（基金公会）

第四篇 保　　险

保险业概述

【保险公司】 2014年，上海全市共有50家法人保险机构，其中保险集团1家，财产险公司18家，人身险公司22家，再保险公司3家，资产管理公司6家；共有88家省级保险分支机构，其中财产险分公司45家，人身险分公司41家，再保险分公司2家。

【原保费收入】 全市原保险保费收入累计986.75亿元，同比增长20.13%。其中财产险公司原保险保费收入343.17亿元，增长12.58%；人身险公司原保险保费收入643.58亿元，增长24.58%。

2014年1—12月，上海中资保险公司原保险保费收入为843.00亿元，占市场份额为85.43%；外资保险公司原保险保费收入143.75亿元，占市场份额为14.57%。中、外资保险公司原保险保费收入比例为85∶15。

【赔付支出】 截至2014年12月末，上海保险公司赔付支出累计378.66亿元，增长25.40%。其中财产险赔款支出177.24亿元，增长9.18%；寿险给付158.41亿元，增长53.55%；健康险赔款给付37.51亿元，增长17.89%；意外险赔款支出5.50亿元，增长18.80%。截至年末，保险公司总资产共计5 854.10亿元，较年初增加1 698.75亿元，增长40.88%。

【保险中介机构】 (1)专业保险中介机构。截至2014年底，经批准设立的专业保险中介法人机构213家，其中代理公司106家，经纪公司63家，公估公司44家；非法人分支机构(含分公司和营业部)149家，其中代理、经纪、公估的分支机构分别为75家、50家和24家。2014年，上海共有6家机构退出市场，其中法人机构3家，分支机构3家。(2)保险兼业代理机构。截至2014年底，上海共有4 644家保险兼业代理机构，其中主要是银邮类和车商类兼业代理机构，数量占比分别达到66.30%和17.27%。(3)保险营销员。截至2014年底，上海共有保险营销员42 235人，比2013年底增加2 191人，持证率100%。

(保监局)

一、人寿保险公司

1. 中国人寿保险股份有限公司上海市分公司

2014年，在上海寿险市场环境错综复杂、产品跨界竞争严重的情况下，中国人寿上海市分公司凝心聚力、砥砺前行，推进了公司的稳定发展。

【业务发展】 一是市场份额差距不断缩小。总保费与主要竞争对手差距缩小了3.6亿元，5年期及以上期交保费差距缩小了1.8亿元，队伍差距缩小了1 262人。二是结构调整取得成效。实现5年期及以上保费3.52亿元，同比增长17.7%。5年期在新单期交保费中占比达43.6%，同比提升33%。三是效益型业务发展迅速。实现短险保费9.1亿元，同比增长7%。团险短险保费增长8%，突破8亿元，创历史新高。四是新型渠道快速发展。柜面直销实现保费148万元。电销渠道实现长险首年期交保费784万元，同比增长23%。自贸区分公司影响力不断扩大。五是专项指标超额完成。团险渠道全面达成各项预算指标，小额信贷保险达成率达144%，同比增长29%。六是政策性业务硕果累累。双中标上海市政府新型农村合作医疗大病保险和城镇居民大病保险项目，将为313万名城乡居民提供大病保险金融服务。

【销售队伍】 2014年，个险渠道推进队伍发展常态运作体系建设，全年累计新增2 488人，月均增员率6.24%。收展渠道全新出发，积极构建建设体系，配备管理力量，盘活资源，稳步推进。团险渠道坚持两支队伍共建，保证销售队伍高产能、服务队伍高效能。银保渠道在做强客户经理队伍基础上，着力发展保险规划师队伍，全年净增231人。电销渠道着力提升队伍产能，在72个销售人员中，绩优人力占比30%，平均举绩率达76.75%。

【管理服务】 2014年，后台运营部门首推"十项实事工程"，自实施以来，主要指标均有较大程度改善。此外，运营部门还开展了客户信息真实性排查，组织客户服务流程体验，推进"颗粒归仓"保单复效工作，完善流程管控，有效提升了工作效率。培训中心紧贴一线需求，通过增加培训覆盖率等举措，助力一线。品牌宣传方面，举办有姚明参加的"将爱传递·为爱投篮"慈善公益活动；向全市近150万注册志愿者捐赠保险，取得了良好社会反响。

【改革创新】 技术创新方面，通过官方微信、云助理，与客户、销售伙伴实现线上线下的实时联动。管理创新方面，建立全辖视频晨会、部门联席会议制度和业务督导机制，强化服务基层意识，打破沟通壁垒。模式创新方面，将EA门店作为渠道创新的重点项目，积极探索一站式保险服务销售模式。

（中国人寿）

2. 中国平安人寿保险股份有限公司上海分公司

中国平安人寿保险股份有限公司上海分公司成立于1994年5月4日。至2014年底，累计有效契约量418万件，客户总量486万人，全市设有41个营业网点，外勤销售团队近1.1万人，内勤团队近千人。

【保险基础服务】 2014年，平安人寿上海分公司公开承诺："一般理赔案件，材料齐全，2个工作日结案"、"足不出户、预约上门理赔服务"、"高额意外/重疾—特案预赔"。全年共结案理赔案件近5.5万件，理赔金给付4.1亿元，客户的理赔获赔率超过了95.6%。同时，秉承"拒赔更审慎"原则，为客户寻找理赔的理由，提供简易、便捷的理赔服务。此外，分公司还积极配合开展保险公众宣传日活动，通过参观集中作业中心、开设咨询台、分发保险宣传资料等方式，加强对公众的保险理念普及和宣传。

【附加价值服务】 平安人寿上海分公司连续多年针对不同客户群体开展分层级、多样化的附加值服务。2014 年，上海寿险面向所有客户举办第十九届客户服务节，吸引 37 万余名客户热情参与。六大主题的 VIP 俱乐部会员服务贯穿全年，同时，每季度针对高端客户策划开展一系列丰富多彩的会员活动。

【E 化平台创新】 平安人寿从客户体验的角度出发，打造围绕消费者需求与体验的客户服务体系，一方面推出“服务多渠道，简单便捷真安心”等服务升级举措，另一方面不断优化、改善、突破现有的先进服务平台，推出了“平安人寿 APP”，客户通过 APP 预约临柜办理业务即可享受“免等待”服务。“平安人寿 APP”以风险管理为主线，集成对客户合同风险、财富风险、健康风险等一揽子移动互联解决方案，为客户提供持续关怀，与客户共同开启掌上金融之旅。2014 年平安人寿 APP 全国注册用户达 645 万；上海分公司注册用户近 24 万。

【产品推动创新】 2014 年平安人寿提出保障保人、理财保钱的人寿保险双核理念，“保人”即以“平安福、护身福”双福保障产品，为客户的人身意外与疾病提供有力保障；“保钱”即以“尊越人生”等分红型两全保险为客户提供财富保值和长期稳健增值的理财渠道，为客户的子女教育金、养老金、资产配置、财富传承提供保障。2014 年 11 月，平安人寿上海分公司将保钱类产品“尊越人生”升级为“尊御人生”，凭借安全性，收益性，灵活性三者平衡的财富理念，一举斩获《理财周刊》“2014 上海保险行业年度大奖”财富传承类寿险产品年度大奖，这也是平安人寿上海分公司连续五年获得该评选奖项。

（平安人寿）

3. 新华人寿保险股份有限公司上海分公司

新华人寿保险股份有限公司上海分公司成立于 2001 年 3 月，以稳健的姿态高速发展。经历十二年发展，新华保险上海分公司坚持以客户为中心，不断提升业务价值，打造长期核心竞争力。目前，公司已经形成覆盖全市的营销网络布局，下设有静安、虹口、金山、普陀、徐汇、崇明、宝山、闵行、浦东、松江等 12 家营销机构。银保方面，有工商银行、农业银行、中国银行、建设银行、光大银行，以及邮储等多家渠道合作单位，法人客户 1 200 余家，内勤员工近 400 人，综合实力平稳增长。

【转型发展】 2014 年，新华保险上海分公司紧跟总公司战略规划，以“转型、价值、创新、超越”为关键词，坚持以价值经营为核心，稳步提升价值业务。业务结构层面上，团险业务占比不断提升，2014 年占比超过四分之一，当年累计价值保费同比增长 198.7%。同时，保费存续的盘子逐渐增加，当年累计价值保费同比增长 32.7%。

【社会责任】 公司在坚持内涵式增长和价值成长的同时，始终不忘企业公民的社会责任，通过一系列的产品创新和服务创新，充分发挥保险经济补偿和社会管理机制积极参与社会和谐建设。先后与上海市血液中心和上海市老龄委以及上海市志愿者协会合作，共同开发出无偿献血“爱心卡”、“银发无忧”老年人综合保障方案，得到社会各界的认可，口碑良好。公司诚信尽责的经营赢得了社会的认可，先后被评为“上海市诚信服务单位”、“上海市诚信在线企业”、“上海消费者最信赖的保险公司”、“上海保险论坛年度优秀服务保险公司服务创新奖”、“《解放日报·保险周刊》客户服务规范奖、星级标准服务卓越奖”、“《新闻晨报》最佳产品设计奖”、《理财周刊》上海保险行业稳健提升客户价值机构年度大奖等荣誉称号。

【保险服务】 围绕着“客户至上”的服务理念，新华保险上海分公司着力打造全方位多层级的金融保险服务。自 2011 年起，连续三年通过新华保险星级理赔服务水平认证，被评为四星级理赔服务，为本次认证中的最高星级。2014 年 3 月通过新华保险总公司星级柜面服务水平认证，成为首批获得四星级服务柜面认证的机构，并于 3 月 19 日正式挂牌。同时，有效细分客户群体，建立起多元化的客户服务体系，提供独具特色的延伸性和高附加值服务。在为期三个月的“客户服务节”中，围绕“客户关怀”和“保单关怀”两条主线，开展“千万客户大拜访”、“少儿书画大赛”、“名家面对面、关爱万里行”健康巡讲、新华关爱进社区系列公益活动等活动，把“关爱客户每一天”的理念传递给每一位新华客户，在上海市场上成功打造了新华保险的服务品牌！

（新华人寿）

4. 太平人寿保险有限公司上海分公司

2014 年是中国太平集团实现“三年再造一个新

太平”的宏伟战略目标的收官之年，作为太平人寿总部所在地，太平人寿上海分公司紧随集团步伐，锐意进取，改革创新，顺利达成“三年再造”计划目标，总保费实现翻番，市场影响力和竞争力进一步提升。公司积极践行“产品、服务、销售一体化”的理念，加强客户服务，提升客户满意度；积极响应保监会号召，进一步完善合规内控管理，培育合规文化，有效保证了业务销售品质，树立放心品牌。

【开拓创新】 2014 年，太平人寿上海分公司深化专业经营，业务增速跑赢大市，同时主动防范风险、优化业务结构，坚持有价值的成长。2014 年，太平人寿上海分公司总保费突破 13 亿，较 2012 年末增长 6 亿，实现翻番。三年来，公司以快速增长为目标，不断夯实基础建设，以 KPI 指标为导向，强化营销队伍的自主经营能力。同时，公司积极应对市场变化，大胆尝试新业务模式，开展了多项创新项目，如中石化加油站合作营销项目等。

【强化服务】 在三年再造的有利背景下，公司依托中国太平集团综合性、多元化经营平台，加速发展一站式、一揽子金融理财服务，为上海市民提供周全的保险服务，满足客户养老、教育、疾病、医疗、生存、身故、残疾等多方面的保障需求。在 2014 年中，公司不断深化客户服务，通过组织多场客户答谢会、开展客户服务节、搭建卓越客户体验馆等活动，增强了客户满意度及品牌忠诚度，提升了品牌价值。

（太平人寿）

5. 合众人寿保险股份有限公司上海分公司

2014 年，合众人寿保险股份有限公司紧密围绕“新十年 新梦想 跨越成长”这一战略发展方向，积极面对多变的市场环境带来的挑战和机遇，全力打造以医疗和养老产业为支撑的金融保险集团。

【产品创新】 为满足客户日益增长的养老保障需求，公司进一步加大产品创新力度，继 2013 年推出国内首个实物保障计划之后，2014 年 4 月公司再次推出一款与“养老社区”衔接的保险计划——“合众福来宝年金保险”。该产品实现养老保险与养老社区的衔接，使商业保险提供的养老体系更加健全完善，也为客户提供了更多的养老方式选择空间，获得市场的积极响应。

【系统创新】 合众人寿拥有业内领先的集中后援运营系统，全面实现了快捷安全的 E 化投保，积极实践绿色金融，方便客户，助力环保。2014 年 2 月公司在业内率先上线了自主研发设计的 APP——财保街，客户可通过 APP 实现自助投保、查询等多项功能，更绿色高效；2014 年 6 月合众代理人自助管理工具合众管家正式上线，帮助代理人实现 E 化展业，更方便快捷。

【客户服务】 合众人寿始终秉持“理赔不难”的服务理念，先后推出了“延滞付利息”等理赔六大特色服务。2014 年 5 月，公司第八届“5·15 客户服务节”盛装启动，围绕“分享合众，共赢好礼”的主题，开展了“唤醒休眠保单 减免利息”、“安装注册有礼 免费赠险”、“答题赢话费”、“寻找失联客户 维护客户信息”等多项活动，将服务客户回馈客户贯穿始终。

（合众人寿）

6. 汇丰人寿保险有限公司

汇丰人寿保险有限公司由汇丰保险（亚洲）有限公司和国民信托有限公司合资成立，总部设于上海，在北京设有分公司。汇丰人寿为个人和企业客户提供全面的保险产品与服务，覆盖家庭保障、退休养老、子女教育、财富管理和增值与财富传承各个方面。

【主要业务】 2014 年，公司的业绩增长主要源于银行保险业务的快速发展，这意味着汇丰全球领先的“整合银保模式”在国内有效、成功地运营。通过对产品开发、销售管理及支持与品质服务管理进行银保一体化的深度整合，汇丰人寿将保险很好地契入到了银行的一站式全面财富管理服务中，更好地满足了客户的长期财务需求。汇丰人寿的银行保险产品主要以年金保险和两全保险为主，兼具长期储备与保障功能的保险解决方案受到了市场和客户的青睐。汇丰人寿注重长期保障类产品的开发，旨在让保险回归保障本质。此外，期缴产品有助于培养民众有计划地长期储备财富的习惯，可以更好地协助家庭和个人实现长期财富管理的目标，因而，汇丰人寿亦注重期缴产品的开发和推广。

【社会责任】 汇丰人寿保险有限公司视社会责任为公司文化建设的重要组成部分，积极承担对社会、社区的责任，把支持教育作为企业社会责任的重点。2014 年 1—8 月汇丰人寿持续与复旦大学合作实施为期五年的"点亮未来"——汇丰人寿·复旦大学贵州支教项目，支持中国贫困山区的教育事业。此外，汇丰人寿还非常注重员工志愿者活动，定期为社会孤残老人和儿童等弱势群体提供切实的帮助。

7. 友邦保险有限公司上海分公司

友邦保险有限公司上海分公司成立于 1992 年 9 月，是改革开放后首家进入中国大陆营业的外商独资人寿保险企业。目前公司注册营运资本金人民币 117 185.8 万元。截至 2014 年底，公司总资产为 308.26 亿元，同比增长 25.87%；全年保费收入 24.82 亿元，同比增长 6.23%；各项赔款和给付支出 5.86 亿元，同比增长 35.39%。公司共有员工 732 名，保险营销员 1 978 名，电话销售中心 1 个，营销服务部 11 个，基本遍及上海各区县。

【创新驱动】 2014 年，友邦保险有限公司上海分公司业绩稳步上升，市场份额持续扩大。公司根据市场需求推出系列新产品，"友邦金全福灵活组合保险计划""友邦传世经典终身寿险计划(分红型)""友邦稳赢智选保险计划""友邦祈安员工福利保险计划"等陆续面世，产品结构趋于丰富和合理。公司采取多项措施促进业务发展，先后推出"友邦中国区星生代(Gen Y)人才计划"、上海人才引荐微信传播、营销员电子邮箱全面免费开通使用等活动；上线"友邦上海微视界"微信公众平台，发布公司最新动态、品牌讯息和保险理念等信息；成立营销员行政服务中心，延长微信服务时间，为营销员展业提供一站式服务；举办友邦上海世界超级足球联赛、友邦中国第三届华夏精英大会暨集团高峰会等活动。

【保险服务】 公司提升客户服务质量，开展客户信息真实性和失效保单清理工作。推出"网上客户服务中心及掌上友邦推广竞赛"、所有复效保单免息复效和"真伙伴，真心赞"客户服务活动，强化客户体验和人文关怀；公司官方微信"人工客户服务"功能上线，通过网络为客户提供业务咨询和业务办理，同时也为潜在客户提供咨询服务。2014 年，公司联手上海财经大学打造"保险专业硕士实践基地"，并启动保险专题研究项目，培养与输送集专业理论基础和务实知识于一体的高素质、应用型的高端保险人才。10 月，公司获得市级"五星级诚信创建企业"称号。11 月，公司传世经典尊享版/乐享版终身寿险(分红型)产品获得《理财周刊》"2014 保险行业年度大奖——创新型终身寿险产品年度大奖"。

(友邦保险)

8. 中国人民人寿保险股份有限公司上海市分公司

中国人民人寿保险股份有限公司上海市分公司于 2007 年 10 月成立，上海市分公司秉承中国人民保险"人民保险，服务人民"的光荣使命，服务经济社会发展，保障人民品质生活。上海市分公司业务、财务实行集中管理模式，内控体系较为完善，目前下辖 11 个分支机构，其中 6 家支公司、5 家营销服务部，服务网点基本覆盖全市，为客户提供包括柜面、电话、互联网等多种保险服务体验。上海市分公司积极参与国家的健康养老产业、基础建设以及各类民生工程，为客户提供"美好生活"、"无忧一生"、"百万身价"、"鑫利年金(B 款)"等近二百个保险产品服务。

【创新发展】 2014 年，上海市分公司紧紧围绕集团公司"加大改革创新力度、继续保持稳健增长、更加注重价值创造"的工作主基调，贯彻总公司"规模效益化"、"效益多元化"的指导思想，以科学转型统筹推进业务发展、队伍建设、成本管控、合规经营等各项工作，公司业务稳步发展。上海市分公司利用多种途径，积极拓展企业补充养老保险和补充医疗保险，依靠品牌优势以及创新服务方式积极拓展养老和医疗健康市场。截至 2014 年底，上海市分公司实现保费收入 13.38 亿元，创历史新高。

【保险宣传】 2014 年，上海市分公司认真组织开展了"保险公众宣传日活动"、"防范打击非法集资宣传月活动"、"人保客户节"等项活动，利用各种宣传媒介，向广大客户和市民宣传保险政策，发送各类宣传资料，为改善保险形象，提升服务能力发挥了积极的作用。

(人民人寿)

二、财产保险公司

1. 中国人民财产保险股份有限公司上海市分公司

2014年,中国人民财产保险股份有限公司上海市分公司坚持效益第一,加强基层建设,突出市场导向,强化过程管理,超额完成各项经营指标。

【业务拓展】 车险业务方面,完善车险承保体系,巩固政府业务、优质私家车业务和车队业务等市场优势,实现扭亏为盈,业务结构得到优化,业务质量明显提升。非车险业务实现突破,辖区内四家经营单位转型改造为非车险专营机构,组建专门的商非专业团队,财产险、工程险等大项目加大介入力度,积极推广医疗责任险新模式,创新推进单用途预付卡履约保证保险、短期出口信用险等业务。积极参与政府民生工程,持续推进残疾人、特困妇女、独居老人等项目,并中标上海城镇居民大病保险。推进渠道建设,加强车商、银保、经代等渠道的合作深度和广度,不断升级电网销渠道增值服务,探索社区电子门店新模式。

【管理能力提升】 开展理赔管理效能专项调研分析和审计检查,强化人身伤害、车险定价、通赔、反欺诈、追偿等理赔关键环节管控,提高现场查勘率及查勘质量,完善零配件报价库的维护机制,强化车险诉讼案件管理,加强整车拍卖及零配件回收,健全追偿工作机制,建立人身伤案件害自主调解制度。推进"多快好省"理赔服务品牌落地,实施车险客户"互碰快赔"服务,推进基层公司和业务部门负责人在线接听客户咨询投诉电话制度。

【基层队伍建设】 抓好教育实践活动"两方案、一计划"的落实工作,37项重点整改项目全部完成。制定"基层建设年"实施方案,建立完善组织、资源保障机制和检查评估机制,基层建设14个项目按计划全部完成。品牌形象得到提升,组织开展微电影大赛,加强与各类媒体的联系沟通。公司推出的新医疗责任险、承运人责任险、商业预付卡履约保证保险、车险人身伤害案件投诉调解服务等分别获得市保险同业公会优质产品、行业创新、星级服务等奖项。

(人保财险)

2. 中国太平洋财产保险股份有限公司上海分公司

2014年太平洋产险上海分公司认真贯彻落实集团提出的"以客户需求为导向"的战略转型,通过新技术应用,重视新渠道、新产品的推动,取得良好成效,尤其是航班延误险业务取得大规模发展。同时公司继续加大重点市政工程的承保力度,先后承保轨道交通11号线北段、13号线2期等重大市政工程项目,为上海的经济建设和社会发展保驾护航。

【自贸区分公司】 2014年,太平洋产险上海分公司下属自贸区分公司各项工作持续推进。自贸区分公司通过业务创新,开拓国际优质客户,参与国际分工,探索多种承保形式,取得初步成效。目前已开展离岸保险,知识产权保险、文化产业保险、短期出口信用保险等多项创新业务,离岸保险业务占比过半。上海分公司的"离岸保险业务在自贸区的试点创新"项目荣获2014年度上海金融创新奖获奖项目。

【保险服务】 在业务快速发展的同时,太平洋产险上海分公司立足于"一个太平洋保险的综合性服务平台"的定位,利用互联网和移动技术的运用,建立新型客户服务平台,打造具有公司特色的客户服务品牌。2014年,沪上首家保险业智慧型示范门店在太平洋产险上海分公司顺利诞生,门店设置客户体验、自助服务、互动服务等服务功能分区,客户在门店既可享受座谈式服务、柜面服务,更可体验公司运用互联网新技术为客户量身定做的智慧型服务。2014年底,该门店顺利通过中国质量协会的现场管理星级评审，被授予五星级门店。同时，太平洋产险上海分公司在车险理赔服务上推出的“金钥匙”服务荣获2014年度上海保险行业大奖特色车险服务年度大奖，在市保险同业公会主办的“保险品质奖”评选中荣获年度星级服务奖；在当年由《解放日报“保险周刊”》主办的“第十届上海优秀服务保险公司评选”中，公司再次被评为“上海优秀保险服务公司”。

（太平洋产险）

3. 中国平安财产保险股份有限公司上海分公司

2014年是充满机遇与挑战的一年，中国平安财产保险股份有限公司上海分公司发掘市场需求，追求创新发展，打造最优客户体验，业务规模稳中有升，实现保费收入83.63亿元，同比增长19.67%。

【产品创新】 迎合保险市场产品创新大发展趋势，平安产险上海分公司针对丰富宠物保障的市场需求，开发宠物医疗保险等新险种。年内，公司推出“宠物宝”综合保障计划，打破市场上宠物类保险只有第三者责任保障内容的惯例，着力解决宠物医疗保障问题，并引进DNA鉴定识别技术，为宠物提供专业治疗方案。

【保险服务】 2014年，平安产险上海分公司继续优化客户体验，年内开展系列客户服务活动。公司打造天天客服节，围绕“节日回馈、特色主题”，开展假日出行护航行动、门店互动、低碳环保健步行等活动来服务客户。

【品牌形象】 2014年平安产险上海分公司品牌形象进一步提升。公司蝉联“上海市文明单位”荣誉称号。同时，公司在上海保监局开展的车险理赔服务质量测评中获得第一名，在中国质量万里行促进会开展的保险公司理赔现场时效抽查中排名第一，门店建设获得A级评级。静安门店、宠物宝综合保障计划、停车关怀服务、好车主APP等产品分获“2014中国(上海)保险品质奖”星级服务奖、优质产品奖、行业创新奖。

（平安产险）

4. 安信农业保险股份有限公司

2014年，安信农业保险股份有限公司认真贯彻落实《上海市政府贯彻〈国务院关于加快发展现代保险服务业的若干意见〉的实施意见》的精神，结合上海国资国企改革要求，紧贴都市型农业经济发展特点，以发展“普惠金融”为引领，聚焦农险主业，强化业务创新，深化“三农”服务，推进业务发展。

【发展农保主业】 2014年，公司种植险保费规模持续扩大，其中上海地区农险业务同比增长13.36%，浙江分公司农险规模同比增长16.84%。公司先后创新推出了露地青菜鸡毛菜气象指数保险、高温意外伤害附加险，开展了粮食等农产品目标价格保险试点，推广使用GPS现场查验技术，试飞成功无人机参与理赔查勘，启动农业保险承保理赔服务标准化试点工作。围绕全产业链，公司涉农保险不断向农业全产业链各领域延伸，扩大食品安全类险种，创新开展了互联网农产品品质保证保险(大闸蟹)；推进了支农惠农工作，完善小额信贷保证保险的配套政策；加强政策落地，完善农机具、群众渔船等保险政策，实现新农合第三方管理项目稳健发展。

【做强商业保险】 按照“调结构、稳发展”的指导思想，以参与政府管理、社会管理作为创新发展的抓手，推进了防汛设施综合保险、知识产权综合保险、社区文化中心综合保险等业务；推动了诉讼保全保险、质押借款保证保险等创新业务发展；加强再保业务标准化管理，在实践中完善了再保管理模式。

【创新成果】 公司推出了绿叶菜天气指数保险、猪肉价格指数保险、家庭农场收入损失保险、食品安全责任保险(生产流通领域)、渔业人员人身意外伤害保险、务农人员人身意外伤害保险等新险种，得到了政府部门和广大客户的肯定。其中，全行业领先的“绿叶菜气象指数”保险获2014年上海市金融创新三等奖。

（安信农保）

5. 美亚财产保险有限公司上海分公司

2014年，美亚保险上海分公司经营稳健，赔付率及综合成本率指标良好，偿付能力充足。全年实现总保费收入6.58亿元，净赔款支出1.24亿元，综合赔付率27.11%。公司2014年原保险保费收入在上海外资产险中居第二位。当年，公司业务发展均衡，责任险为第一险种，总保费收入2.12亿元，同比增长9.55%；意外伤害保险居第二，总保费为1.78

亿,同比增长4.38%;货运险位居第三,总保费为1.01亿,同比下降7.69%。

【合规管理】 上海分公司秉承诚信合规的经营理念,贯彻落实保险监管制度及内部控制要求,开展全面的合规管理工作,已在健全合规管理政策、完善合规管理体系、开展合规风险评估与检查、组织合规培训及违规事件调查与责任追究等方面日趋完善,为公司的业务发展提供了重要保障。

【保险服务】 2014年,美亚保险上海分公司继续致力于提高客户的满意度,以快捷、公道、贴心的服务理念,积极收集客户反馈,进一步梳理各项服务和投诉处理流程,设立了严格的处理时间标准,制订有针对性的服务。

【社会责任】 美亚保险上海分公司积极履行社会责任,热心组织参与公益活动。2014年7月,美亚保险发起为期4个月的"AIG美亚道路安全行"活动,在广州、佛山、东莞、深圳、上海等六城市分别举办。美亚保险上海分公司积极参与其中。10月至11月期间,上海分公司提供一系列设备,如模拟驾驶仪、安全带模拟器、酒后眼镜等仪器,让参与者在活动中体验不正确驾驶习惯带来的潜在危害。该活动得到了政府部门和行业协会的支持,受到广大市民的欢迎。

(美亚保险)

6. 中国出口信用保险公司上海分公司

2014年,面对经济发展新常态,面对上海外贸出口增速放缓的新情况以及短期险进一步放开环境下市场竞争的新挑战,中国出口信用保险公司上海分公司紧紧围绕"多元、特色、持续、全面"的发展目标,改革创新、积极进取,各方面工作取得了明显的成效。

【创新转型】 在出口买贷、出口卖贷、海外投资、担保、特险、短期险、国内险、资信业务、进口保理、进口福费廷、进口预付款、出口保理、出口福费廷和服务贸易等险种或模式上均实现承保。特险、银行保单及服务贸易等创新业务实现保额42.3亿美元、申报保费1 139.6万美元,分别同比增长290%和124.8%。其中,银行保单实现承保额24.6亿美元、保费226.2万美元,同比分别增长204%和2.4%;特险业务实现了预付款被索风险的承保,取得新客户、新模式的突破,完成保额18.5亿美元、保费827.6万美元,同比分别增长1 389.6%和289.1%;服务贸易承保涉及12个大类中的5个,实现保额4.4亿美元,保费77.4万美元,同比分别增长406%和13%。

【可持续发展】 项目险积累储备项目33个,合同金额132亿美元,其中中长期险24个,合同金额104亿美元;海外投资险9个,合同金额28亿美元,其中国资平台审批合作项目保额超过10亿美元;担保业务担保额4.8亿美元。短期险新签千万以上保单97张,同比增长23%,实现申报保额34.8亿美元、申报保费1 080万美元,同比分别增长115%和125%。

【结构优化和风险管控】 短期险费率维持稳定,保费与保额同步增长、风险与收益更加匹配,实现承保利润5 205万元人民币。零申报、负增长保单数较6月末减少38张,占比降低4.2个百分点。千万以上客户372户。同比增加36户;3A客户保额、保费分别增长20%和26%,客户结构进一步优化。90天以上长账期业务保额同比降低15%,保费增长1%。规模控制业务占比为9.7%,同比下降0.2个百分点。内贸险报损大幅增长的趋势逐步扭转,业务质量得到一定改善。2014年没有发生新的虚假贸易融资案件。

【政策性职能提升】 2014年通过出口信用保险直接和间接拉动上海市出口378.3亿美元,约占上海出口总额的18%;促进和保障了99.2万个就业岗位,对上海社会经济发展做出了新贡献。短期险的一般贸易出口渗透率达到28.2%,同比增加0.96个百分点;客户覆盖率达到9.1%,同比增加0.9个百分点,分公司的政策性履职能力进一步增强。

(出口信保)

7. 劳合社保险(中国)有限公司

劳合社保险(中国)有限公司是劳合社在中国设立的全资子公司。截至2014年底,共有14个管理代理公司管理的16个辛迪加加入了劳合社(中国)平台,相应建立了16个承保业务部。劳合社(中国)是在中国境内少数几家享受国际评级机构高信用评级的财产保险公司。

【业务经营】 2014年,公司超额完成年度业务经营目标,总保费收入达到人民币4.25亿元(主要为再保险业务)，较2013年增长43.4%，超出原计划33个百分点。从险种结构来看，2014年度保费收入居前三位的险种分别为农险、企财险和工程险，分别占公司保费总收入的42.5%、18.7%和14.7%，合计占公司保费总收入的75.9%。与2013年度相比保费收入涨幅居前三位的险种分别为工程险、农业保险和其他风险保险。

【增加资本】 公司于2014年按照“偿二代”技术标准测算了最低资本要求，并经投资方同意增资人民币7.8亿元，使公司累计注册资本增加至人民币10亿元，以确保公司的偿付能力水平能够在“偿二代”体系正式生效后满足相关监管要求。2014年9月，公司获批筹建北京分公司。

【渠道创新】 劳合社中国沿袭劳合社倚重保险中介渠道开展业务的传统，积极同国内各保险中介机构拓展合作领域，同时还致力于促进保险市场渠道创新。2014年，公司高层管理者一直保持与监管机构就授权承保业务(Coverholder)模式进行沟通和交流，并在行业媒体上积极宣传这类已经在国外很成熟的业务模式，以期获得监管层和业内人士更多的认识和支持。

(劳合社)

三、互联网保险公司

众安在线财产保险股份有限公司

2013年,国内首家互联网保险公司众安在线财产保险股份有限公司正式成立,注册资本金10亿元,总部位于上海。众安保险是由浙江阿里巴巴电子商务有限公司(现更名为浙江蚂蚁小微金融服务集团有限公司)、深圳市腾讯计算机系统有限公司、中国平安保险(集团)股份有限公司等互联网、金融领域的领先企业共同出资打造的互联网保险公司,在国内被称为“三马保险”。

2014年,众安保险基于“服务互联网、保障互联网”的思路,结合网络生态的环境特点及其潜在的保险需求,拓宽了保险的服务领域,突显了保险的保障功能,取得了良好的经营业绩。截至2014年末,公司总保费收入7.94亿元,同比增长6 129.59%;资产规模逐步扩大,总资产达到12.39亿元;偿付能力充足率为759%,远高于保险公司偿付能力充足II类公司150%的标准;服务客户数累计超过2亿人次,投保件数累计突破10亿件。

【互联网保险】 2014年,众安保险秉承着“服务互联网”的宗旨,从互联网交易保障、互联网金融、生活服务三个方面入手,进行了相关的互联网保险产品设计,研发了多款创新的互联网保险产品。互联网交易保障产品是围绕着各类互联网场景,分析研究商品质量、售后服务、资金安全等各环节中的风险,并进行针对性设计的保险产品。公司研发了众乐宝、参聚险、百度手机卫士责任险、退运费险、中信信用卡盗刷险等互联网保险产品。其中,众乐宝是国内首款网络保证金保险产品,百度手机卫士责任险是国内首款APP安全保障类保险产品。截至2014年底,众乐宝和参聚险两款产品保费收入达到了约7 000万元,服务商户数量超过百万,累积释放中小卖家保证金约200亿元,大大缓解了互联网中小商家的资金压力。公司为互联网金融提供相应的保险产品,主要包括招财宝变现借款保证保险产品、易居贷、随时贷等。其中,招财宝变现借款保证保险产品是利用互联网的方式,帮助用户流通购买的其他金融机构发行的定期理财产品,缓解了用户因为购买定期理财产品无法变现或变现成本过高的问题。针对现代生活在线航旅预订、在线餐饮预订、在线交通预订等领域可能产生的风险,公司设计了覆盖航旅保障类保险产品、O2O应用履约保证保险、3C产品意外保险等。

【平台建设】 2014年,除了产品研发、开拓业务以外,众安保险在基础平台建设方面投入了大量精力,以推动保险业务快速发展。公司根据互联网保险的业务特点,已经初步完成了核心业务平台、众安精算信用平台、众安开放平台等三大平台的搭建。这些平台的搭建为众安保险更好地支持互联网保险业务奠定了坚实的基础,成为公司中长期的核心竞争力之一。

【内控体系】 2014年,众安保险建立了由董事会负最终责任、总经理直接领导、内部审计部进行检查监督、各业务部门负首要责任、全体员工为内部控制主体的内部控制体系;明确各部门在内部控制体系中的职责和分工;定期梳理和完善公司各项制度和流程,以确保其合理性和有效性。公司建立了内部控制分工明确、报告路线清晰、相互协作、高效执行的内部控制组织体系,保障公司健康、稳定、有序的发展。

(众安保险)

四、保险集团公司

中国太平洋保险（集团）股份有限公司

2014年是中国保险业发展历程中有重要意义的一年，国务院发布了《关于加快发展现代保险服务业的若干意见》和《关于加快发展商业健康保险的若干意见》等一系列重要政策，这些政策立足于服务国家治理体系和治理能力现代化，以及更好地满足人们消费升级的需求，对加快发展养老保险、健康保险、农业保险相关的产品和服务创造了重要的历史机遇。中国太平洋保险（集团）股份有限公司顺应时代变化，积极推进完善保险主业战略布局，扩大保险服务领域。

【战略布局】 2014年，太平洋保险旗下迎来了四个新伙伴。公司与德国安联集团组建太保安联健康保险股份有限公司，将整合太平洋保险与安联的优势，向国内中高端人群提供专业的健康险产品和健康管理等服务。通过管理架构优化，长江养老融入了集团整体平台，在公司治理层面实现与集团的一体化管理。有利于加强其与集团其他子公司间的资源共享，推进企业年金业务的全国布局，实现新一轮价值增长。公司成为安信农保第一大股东，志在全面提升公司农险经营发展的专业能力和市场竞争力，推进农险业务持续健康快速发展。旗下成立了太平洋保险养老产业投资管理有限责任公司，按照"轻资产、重服务、城市型、可复制"的发展策略规划和推进以健康养生、康复护理为特色的养老服务业务模式。

【价值增长】 通过聚焦价值增长的经营策略优化，公司为客户提供优质的保险保障产品和服务，实现价值的持续增长。2014年实现营业收入2 197.78亿元，同比增长13.8%；实现净利润110.49亿元，同比增长19.3%；每股收益1.22元，同比增加19.3%；加权平均净资产收益率10.3%，同比上升0.8个百分点。截至2014年末，集团内含价值1 712.94亿元，较上年末增长18.6%；其中有效业务价值740.64亿元，较上年末增长18.6%。公司保持了稳健扎实的财务基础，偿付能力充足率达到280%，连续第四年入选《财富》世界400强，排名跃至384位，较2013年上升45位。

【转型发展】 公司持续推进"以客户为中心"的转型发展，从客户需求出发，以创新产品和服务推动价值增长方式实现转变。寿险针对客户的投资理财和高额意外保障需求，推出"财富升级"计划和"安行宝"产品，有效推动了客户加保：全年个人业务老客户加保人数达152.22万，同比增长56.9%；老客户加保保费97.76亿元，同比增长57.5%，在营销渠道新保的占比达到62.7%。产险针对中小企业客户需求，创新"财富U保"系列产品，餐饮娱乐业、酒店娱乐业、机电制造业三款行业专属产品投放产险41家分公司，累计约为8万家中小企业客户提供了超过8 000亿元的综合财产保障和超过2 000亿元的综合责任保障。

【资源共享】 跨公司、跨渠道的客户资源共享，有效提高投入产出比。营销员通过向车险客户提供寿险产品和服务，满足其综合保险保障需求，并获得了大量潜在客户。目前，车险客户资源共享已在21家产、寿险分公司推广，通过移动客户关系管理系统固化作业模式，为客户提供多样化的解决方案。

【业务创新】 运用新技术，改善客户界面。中国太保"在线商城"为客户提供线上全流程的82款产品和100项服务，457万客户使用保单查询等线上服务功能，全年线上互联网平台服务人次超过7 700万。建设业内首家移动应用实验室，形成企业级移动应用产品孵化器。"神行太保"智能移动展业平台建成涵盖销售、服务、理赔、管理四大领域，全年服务客户超过1 600万人次。

（太保集团）

五、保险自律组织

上海市保险同业公会

2014年，上海市保险同业公会按照“1年打基础，2年上台阶，3年见成效”的总体思路，以建设全国一流地方性保险社团组织为标准，以服务监管和行业发展中心工作为主线，以自律、维权、服务、交流、宣传为依托，严格执行《章程》，围绕服务上海国际保险中心建设和秘书处内部建设两大主题，不断创新工作方式、方法，力求办实事、求实效、出实绩，为行业规范健康发展做出了积极努力。

【行业自律】 公会统一思想，多措并举，健全自律规则体系，增强自律的科学性与可操作性。一是增强自律工作的依法合规性，推动费用自律到服务自律不断转化。年内修订了车险、非车险、个险、银保、电销等多个自律公约及其实施细则，且通过多种方式开展检查保证了公约的有效执行。二是以开展规范服务为抓手，推动服务标准化建设。除推动“上海市地方标准《机动车辆保险理赔（物损）服务质量规范》”有效执行，促进车险经营公司不断改善理赔服务质量外，稳步开展创星争优活动测评工作，积极发挥优质服务网点和明星示范引领作用，在全行业树立了文明规范服务学习标杆。三是从基础管理入手，规范从业人员行为。包括启动培训教案制作工作、做好销售人员岗前和后续教育、开发完善“上海市保险从业人员综合信息平台”、主动跟进和处理了近562例的违纪违规人员的网上通报案例，推动会员单位对从业人员的规范化管理。

【反保险欺诈】 在协调、指导各保险公司有序开展保险反欺诈工作的基础上，深入推进跨行业合作开展反欺诈工作建设，在第三届海峡两岸反欺诈论坛上，公会作为全国唯一的地方行业协会代表作经验介绍。公会创新构建了区域打击保险欺诈合作机制和保险业驻点交警部门参与车险涉人伤案件调解机制，防范保险理赔欺诈行为。同时，通过建立和完善保险反欺诈工作的组织架构和工作机制、建立反欺诈信息报送和情报员制度、印发《工作专报》等，巩固与经侦、交警的合作，指导业内开展风险排查和处理，公会全年向市公安局经侦总队移送多起案件，其中立案6件。

【风险防控】 公会运用大数据、信息化，为行业风险防控提供有力支持。一是通过做好客户信息清查和补充更正、对疑似案件进行排摸、串并和筛查等工作、积极为行业提供各项数据支持，提升保险企业风险识别和防范能力。二是积极开展行业数据统计与调研，譬如，完成上海地区人身险公司核保数据、满期给付专项统计、完成生调、体检数据及体检机构合作情况报告、协调中国保信上海分公司研究上海车险赔付率高企成因等，为政府制定相关规则提供可靠依据。三是加强公会自有系统建设，受上海保监局委托研发“水灾风险地图”系统，建立起了国内领先的单项风险防范技术标准，提升了为行业服务的能力。

【投诉维权】 全年共受理各类咨询、投诉件3 419件，调解成功率91%。一是调整思路，公会确立了以专职调解为主、兼职调解为辅的调解新模式。二是调整机构、建章立制。原公会人民调解委员会更名为“上海市保险合同纠纷人民委员会”，陆续制订系列规范性文件，为诉调工作的切实开展，提供了制度保证。三是在上海保监局和上海市高级人民法院共同签署《关于建立保险纠纷诉调对接工作机制的会议纪要》的基础上，公会先后与浦东新区法院、普陀法院签约，推进诉调对接工作联动机制，在浦东自贸区设立上海首个进驻法院的保险纠纷行业调解工作室，为行业营造更好的司法环境。

【保险宣传】 公会创新载体，努力改善行业宣传运营环境。一是与业内公司、高校等建立项目合作计划，共同推进保险宣传工作。譬如，与大西洋再保险合作举办国际论坛、建立上海金融学院奖学金制度等。二是开通上海保险行业微信公众号，改版门户网站，对行业重大政策、监管信息、行业新闻、公会动态等进行跟踪发布。三是组织举办系列行业宣传活动。与第一财经等合作，推进保险微电影大赛活动；与《新闻晨报》合作，配合上海保监局组织开展7.8全国保险宣传日活动、防范和打击非法集资宣传活动等等，这些活动提升了行业的服务意识、诚信意识、民众的维权意识。

【自身建设】 公会不断理顺运行机制，致力于打造规范有序的内部管理体系。一是平稳完成换届工作。正副秘书长由原7人调整为4人，年龄均在60岁以下，为秘书处领导班子年轻化迈出重要一步。二是完善内部基础制度建设，开展了“技能全培训、岗位大练兵”、全体员工述职等活动，同时，梳理了两会秘书处内部制度。

（保险公会）

第五篇　市　　场

一、交易所(中心)

1. 中国外汇交易中心暨全国银行间同业拆借中心

2014年,中国外汇交易中心暨全国银行间同业拆借中心(简称外汇交易中心)落实中国人民银行有关实施稳健货币政策、加快推进利率市场化、完善汇率形成机制、加快人民币国际化、促进金融市场深化发展、加强金融风险监测等政策,加强安全生产、系统建设、交易机制和产品服务创新,提高市场服务水平,提升外汇交易中心核心竞争力和市场地位。全年外汇市场、货币市场、债券市场的现货及衍生品累计成交361.5万亿元,同比增长27.0%。银行间市场各类产品和服务创新取得成效,同业存单发行和交易显著扩大,货币直接交易进一步丰富,衍生品市场业务向纵深推进,各类市场基准体系不断完善,上海自贸试验区国际金融资产交易平台已实现基础功能,市场开放有序扩大。

2014年末外汇市场成员构成情况表

项　　目	数值(家)	比年初增加
外汇市场会员	465	60
本币市场成员	7 369	1 007
中国货币网注册用户	29 724	5 008
中国票据网用户	2 575	194

【简化债券市场联网及开户手续】 2月,人民银行发布《关于商业银行理财产品进入银行间债券市场有关事项的通知》,对理财产品进入银行间债券市场进行规范,理财产品和部分合格机构投资者重启入市。3月,外汇交易中心、中央结算公司和上海清算所联合发布《关于简化全国银行间债券市场联网和开户材料的通知》,规定市场成员在人民银行上海总部完成市场准入备案后,分别向三家机构提出联网或开户申请,材料齐全后,外汇交易中心、中央结算公司和上海清算所在三个工作日内完成联网或开户手续。11月,人民银行金融市场司发布《关于做好部分合格机构投资者进入银行间债券市场有关工作的通知》,明确农村金融机构和四类非法人投资者进入银行间债券市场开立账户进行交易。

【推出债券市场尝试做市业务】 6月,外汇交易中心发布《银行间债券市场尝试做市业务规程》,明确规定尝试做市机构的权利和义务。同时,公布42家尝试做市机构名单,其中34家为综合尝试做市商,8家为专项尝试做市商。

【利率衍生品电子化交易、标准化产品和集中清算取得进展】 2月,外汇交易中心推出基于双边授信的电子化撮合交易平台X-Swap,这是利率衍生品市场的一项市场机制创新,此前利率衍生品主要采用双边授信、人工询价的方式进行交易。2月,《中国人民银行关于建立场外金融衍生产品集中清算机制及开展人民币利率互换集中清算业务有关事宜的通知》出台,标志着场外金融衍生品集中清算机制建立。11月,外汇交易中心上线标准利率衍生产品,对利率互换、远期利率协议等利率衍生产品的到期日、期限等产品要素进行标准化设置。

【加强基准体系建设】 全年新增22类债券收益率曲线,人民币汇率由年初的10个货币品种增加到年末的14个。3月31日起授权制作并发布人民币参考汇率,对市场成交的引导作用明显增强。推广贷款基础利率(LPR)应用,已有9家报价行发放以LPR为基准的贷款2.45万亿元。

【发挥Shibor对市场利率的引导作用】 8月1日起,Shibor发布时间由上午11:30调整为上午9:30。同时,简化Shibor报价期限品种,各报价行每个交易日仅对隔夜、1周、2周、1个月、3个月、6个月、9个月和1年八个品种进行报价。

【推进上海自贸试验区平台项目】 外汇交易中心拟订并上报国际金融资产交易平台建设方案,10月8日上线交易平台第一期即信息服务功能,12月31日上线平台第二期即报价服务功能。同时,推进平台的营销服务，开展在上海自贸试验区设立实体机构的可行性研究。

【丰富境外机构投资者类型】 年内，参与境内银行间人民币外汇市场的境外机构 8 家，比上年末增加 3 家；参与拆借市场的境外机构 4 家，比上年末增加 2 家；在“三类机构”框架下获准进入境内银行间债券市场、并在外汇交易中心本币交易系统开立交易账号的境外商业金融机构（不含境外央行、国际金融机构、主权基金）78 家，比上年末增加 15 家；在本币交易系统开立交易账号的人民币合格境外投资者（RQFII）62 只、合格境外机构投资者（QFII）14 只，比上年末分别增加 40 只、13 只。

【金融创新奖】 《同业存单发行及交易流通》项目是人民银行的重点项目。根据中国人民银行利率市场化改革整体部署，交易中心在前期研究的基础上，于 2013 年 7 月启动了同业存单业务发行及交易系统开发建设项目，12 月完成系统上线进入运行阶段。获 2014 年度上海金融创新奖一等奖。同业存单是大额存单的一种特殊形式，是重要的货币市场工具，具有标准化、可转让的特性。项目设计充分考虑了同业存单的产品特点和银行间市场实际，开创性地采用了注册管理、集中发行交易、统一托管结算的业务模式。同业存单的推出，是我国利率市场化改革的重要里程碑，对规范日益庞大的同业业务也具有十分重要的现实意义。同业存单项目落户上海，使货币市场发展进入一个新阶段，在利率市场化改革中扮演重要角色，对上海市积累金融资源、加强金融服务、建设上海国际金融中心意义重大。

（外汇交易中心）

2. 中 国 银 联

2014 年，中国银联股份有限公司实现银行卡跨行交易 186.7 亿笔、41.1 万亿元，同比分别增长 23.3％和 27.3％。

【业务发展稳中有进】 一是银联标准卡发卡量持续提升。全年新增银联标准卡 6.7 亿张，累计 46 亿张。新增金融 IC 卡 5.6 亿张，累计发卡 10.6 亿张；金融 IC 卡实现交易 36.1 亿笔、6.2 万亿元，分别是上年的 3.4 倍和 4.8 倍。二是受理市场规模持续扩大。全年新增联网商户 439.9 万户、联网 POS 终端 530.3 万台、联网 ATM 9.5 万台。与东航合作推出全球首个空地互联云支付平台，与多家知名快递企业和快餐连锁企业开展战略合作，与卫生部合作推进居民健康卡项目，医疗便民支付方案在多家医院试点。策划和组织“62 儿童消费节”、“重阳感恩季”主题平台营销活动，北京地铁“银联号”冠名和“62 品牌日”专项宣传，进一步提升银联品牌影响力。三是国际业务全面加快发展。受理网络从点到线到面进一步扩展，累计开通 150 个市场和地区的银联卡业务。发卡和用卡的本地化进程进一步加快。开展了持卡人最常去的全球 60 大机场、40 大知名商圈和 30 大旅游胜地的营销活动，增加境外品牌推广的投入，重点市场的品牌影响进一步提高。

【创新步伐日益加快】 一是进一步加强与银行、运营商等产业各方的合作，通过创新性产品，满足各机构多样化、个性化的需求，为产业各方创造价值。目前已与 100 多家商业银行和 70 多家非金融支付机构开展互联网与移动支付业务合作，为全国百强电商和铁路总公司等行业大商户提供服务，与航空、旅游、便民、保险及基金等垂直细分行业商户合作不断深化。“银联在线支付”和“银联手机支付”业务全年同比分别增长 167.8％和 226.9％，成为持卡人线上支付的重要选择。二是加快推进移动与互联网支付产品融合发展，完善移动互联网支付产品。不断完善 TSM 平台功能，增强平台应用多样性，与境内外知名手机厂商合作推出全能手机产品。三是加快 020（线上线下一体化）业务布局，通过打造银联钱包，整合线上线下资源，实现透过服务持卡人服务商业银行的创新尝试。四是启动 HCE（主机卡模拟）、Token（支付标记）、TEEI（可信执行环境）、mPOS 等新技术新产品的研究和系统建设，建成 TSP（标记服务）平台并启动业务试点，与国际检测机构开展合作，逐步增强对前沿技术标准的引领能力。五是积极开展电子支付技术的基础性和前瞻性研究，国家工程实验室、云计算示范工程有序推进。

【积极服务和促进银行卡产业发展】 一是强化与商业银行协作，妥善处置预授权等产业重大风险事件，并借助行业自律组织力量，形成多层次的市场规范体系和市场规范的合力。二是联合各方加大违规约束力度，强化“套冒”违规约束和“32 域”不规范整改力度。自 6 月份启动“32 域”不规范专项治理工作以来，违规商户数量降幅达 66％。三是不断优化风险管理规则体系，实施重点产品动态风险策略，优化产品全流程风险服务机制。强化对移动互联网业务的风险服务,国内银行卡欺诈率和贷记卡欺诈损失率均远低于全球水平。四是系统整合与架构优化工作取得阶段性成果,简化了服务接口,统一了服务界面,提供了一体化清算服务,为提升系统架构性能及市场拓展、产品推广、业务运营打下良好基础。五是完善"全网络、一体化"生产运营机制,从网络、系统、基础环境等各个层面保障了生产系统的安全稳定运行,全年跨行交易成功率保持在99%以上。

(唐　黎)

3. 上海证券交易所

2014年,是我国资本市场的改革创新年,也是上海证券交易所(以下简称"上交所")抓住机遇,积极作为,开拓创新,突破瓶颈,实现跨越式发展的一年。上交所紧密围绕蓝筹股市场、债券市场、衍生品市场、国际化市场四大发展战略,以沪港通和股票期权为突破点,坚守安全运行底线,稳步推进改革创新,取得了丰硕成果,开创了上交所发展新局面。同时,在市场监管、市场服务、技术治理、基础建设各领域均取得长足进步。上交所在迈向开放型、综合型交易所的发展道路上跨出了实质性步伐。

截至2014年末,沪市股票市场总市值24.40万亿,较上年增加61.40%;全年累计成交金额37.56万亿元,同比增长63.60%,日均成交达1 533.20亿元;股市筹资总额达3 962.59亿元;债券市场挂牌只数达2 603只,托管量2.29万亿元,累计成交86.68万亿元,均创历史新高;基金市场上市只数达75只,总市值2 084亿元,累计成交37 478亿元,亦创历史新高。在WFE中,上交所股票市场市价总值排名第四,交易量排名第三,筹资额排名第四,股指涨幅居主要市场之首,国际影响力显著提升。

【发展战略实现重大突破】 2014年,以沪港通和股票期权两项市场创新的成功为标志,上交所发展战略取得重大突破。

(1) 沪港通成功启动,推动资本市场双向开放迈出重要一步。11月17日,沪港通业务正式启动,首日双向成交共计235亿元,沪股通用尽当日额度。上线以来,开通顺利,运行平稳,实现预期目标。沪港通从筹备到实施,成为我国深化改革和对外开放的标志性事件之一。沪港通在我国资本项目尚未完全实现可兑换的情况下,开创了操作便利、风险可控的跨境证券投资新模式,是我国资本市场新一轮双向开放的升级版,有利于推动人民币国际化进程,提升了上海和香港国际金融中心地位,大幅度推动了上交所的国际化步伐。

(2) 股票期权成功获批,引领金融衍生品市场的新突破。2014年9月,国务院正式批复在上交所率先开展股票期权业务试点。上交所即将推出的股票ETF期权是我国资本市场的首只场内期权产品,这也标志着我国金融衍生品市场的又一次重大创新。

【市场建设取得重要进展】 2014年,上交所在聚焦重大业务创新的同时,始终把市场建设放在基石性地位,努力夯实上交所市场持续长远健康发展的基础,股票、债券、基金等各市场均有重要进展,市场总体实力得到有效提升。

(1) 蓝筹股市场活力迸发,市场服务能力不断提升。蓝筹股市场战略是上交所核心发展战略。2014年,按照新国九条"壮大主板市场"的要求,围绕做大做强做活蓝筹股市场,上交所持续推进市场服务,引入新的市场工具和机制,促进上市公司现金分红,初步扭转了上市资源匮乏的状况,交易市场也出现转折性变化,呈现交投活跃、量价齐升的局面。一是积极吸引优质公司上市。年初以来,上交所适应全面竞争、均衡审核政策出台后的新形势新情况,优化市场服务体系和策略,做精做细市场服务手段,积极争取符合上交所上市条件的优质公司来所上市。启动中小企业培育万家工程,强化与新三板、国家级重点高新区的合作,加大对中小型企业、新兴产业企业的服务力度。全年共通过走访、举办培训会、并购对接等形式,向近3 000家拟上市企业提供了资本市场融资配套服务,完成各类企业培训162期、2.1万人次;共有43家企业在上交所IPO,募集资金342.18亿元。二是努力促进上市公司转型升级。抓住国有企业混合所有制改革全面启动、市场化并购重组深入推进的有利时机,推动上交所上市公司通过再融资、并购重组等方式做大做强,利用资本市场实现转型升级。全年共有153家上市公司实现股权再融资2 819.40亿元,54家上市公司完成公司债融资951亿元;169家上市公司进入重大资产重组程序,涉及交易金额1 317.01亿元;39家公司完成重组,合计增加市值1 931.62亿元;新增市值超过百亿公司7家。积极推动市值管理,发布上市公司实施员工持股计划指引并推动多家上市公司实施。积极推动历史遗留问题解决,完成了*ST中纺股权分置改革,推动新城B转A取得实质性进展。三是丰富蓝筹股市场工具。通过引入新机制、推出新产品丰富蓝筹股市场投资品种和投资工具,提升蓝筹股市场投资的便利性。上半年,上交所发布《优先股业务试点管理办法》,率先启动优先股试点工作,市场反应热烈。农业银行、中国银行完成优先股发行,另有多家上市公司提出发行预案。四是提升蓝筹股市场回报。积极督促、引导上市公司通过现金分红积极回报投资者,优化投资者回报机制,提升蓝筹股市场吸引力。全年,共有674家沪市上市公司提出2013年度派现方案,占上市公司总数的70%,合计分配现金红利达6 707亿元,派现金额占归属于上市公司股东净利润总额的35%,分红公司家数及分红总额再创历史新高。五是完善市场退出机制。严格执行退市新规,完善配套业务规则,加大对高风险公司退市风险揭示力度,积极稳妥地做好风险公司处置工作。上半年,平稳完成第一家大型央企*ST长油退市工作,维护了退市制度的公正性和权威性。下半年,针对年报后高风险公司出现的状况,及时警示退市风险,加强投资者教育,为坚决执行退市规则做好预案和准备。

(2) 债券市场发展保持积极态势,创新与风控均衡推进。2014年,按照新国九条"规范发展债券市场"的要求,上交所一手抓市场发展,一手抓风险防范,在有力控制风险的前提下,市场规模、交易品种、业务规则和风险机制完善等方面仍稳步推进,取得积极进展。一是有效防控债市风险。对上交所债券市场的风险管理机制进行了全面梳理、提升和完善,建立健全了债券动态风险监测、预警和处置机制,形成了债市风险定期评估制度,制定了债券风险警示及暂停上市的相关方案,强化二级市场投资者适当性管理,推进异常价格波动停牌机制优化工作,加强回购市场风险控制。全年处置了华特斯等4起私募债券风险事件,保障了债券市场的健康有序发展。二是市场规模大幅增长。2014年,上交所债券市场的挂牌量、托管量和交易量均有大幅提升。债券挂牌达2 603只,托管量2.29万亿元,交易量86.68万亿元(现券2.54万亿元),分别较2013年增长54%、32%和39%(现券同比增长66%),均创历史新高。共有199家企业发行中小企业私募债券,支持中小企业融资达370.64亿元。三是债券产品不断创新。上交所债券市场推出了多项创新产品,债券交易品种日益多元化。完成了首只国开行政策性金融债的发行试点、首单平安银行信贷资产支持证券的上市交易、宝钢集团公开发行可交换债券,推出了并购重组私募债券和证券公司短期公司债的试点。四是努力推进债市"三个整合"。成立债券规则整合小组,完成债券上市与交易规则、上市细则和交易细则整合初稿。明确了进一步完善交易机制的总体思路。就债券市场独立交易系统开展规划设计工作。

(3) 基金市场创新发展,市场规模持续扩大。2014年,上交所基金市场保持了良好的发展势头。一是基金市场规模持续扩大。基金挂牌上市总数75只,基金总市值2 084亿元,全年累计交易量达37 478亿元,分别较2013年增长17%、45%和317%,均创历史新高。二是基金产品线进一步丰富。顺利推出了首只为配合国企混合所有制改革而推出的创新封闭式基金,持续发展货币ETF、债券ETF和实时申赎货币基金等固定收益类产品,新增10只跨市场行业ETF和2只跨境ETF产品上市。三是积极研究基金产品创新。对商品ETF、杠杆ETF、LOF产品等创新产品展开了研究,全面做好LOF平台上线准备工作。

(4) 探索上交所市场分层,积极推进战略新兴板建设。2014年初,上交所明确了战略新兴板建设思路,拟定了初步业务方案。同时,在市场服务中提高了服务新兴产业企业的力度和针对性,深入研究国企分拆新兴产业业务上市等课题,为战略新兴板的设立做好市场资源准备。

(5) 落实资本市场全面深化改革部署,全力做好承接注册制改革准备。一是深刻理解注册制改革的重大意义,形成共识。二是围绕注册制的改革目标和实现路径进行框架设计。三是着手制定注册制实施方案。全面梳理制度规则,设计业务流程,筹备组织机构,储备人力资源,研究廉政风险防控机制,开展承接注册制的相关准备。

(6) 深化投资者教育和服务,突出中小投资者权益保护。以创新业务为重点,持续推进投资者教育、服务和保护工作。围绕沪港通和股票期权,开展了大规模的投资者教育工作,总计培训沪港通投资者84.6万人次、从业人员28.6万人次，培育股票期权“特约讲师”近千人，使这两项全新的业务比较快地被投资者所了解并正面认知，为业务创新推进提供了有力支持。以创新业务为契机，大力推行投资者适当性管理制度，防范市场风险。依托“我是股东”活动和投资者声音快速调研平台，先后组织超过900名中小投资者走进20家上市公司，持续引导上市公司做好投资者关系管理。组织上市银行业绩说明会，帮助上市公司展示投资价值，促进投资者全面了解上市公司。

【市场开放迈出实质步伐】 2014年，上交所抓住新一轮对外开放带来的发展机遇，大力推进上交所国际化战略，积极筹建自贸区金融资产交易平台、深化国际项目合作、加强国际市场推介，主动对接和拓展国际市场，上交所对境外投资者开放取得实质性进展。

(1) 以沪港通启动为契机，建立与国际市场联通的新模式。沪港通在既有的制度框架下，实现了上海与香港股票市场的直接对接，从而使上交所市场逐步成为国际市场的有机组成部分。

(2) 抓住自贸区建设机遇，筹建国际金融资产交易平台。目前，平台运营主体公司组建工作有序推进，开展了广泛的市场调研，对平台的功能定位、运行模式、产品设计进行了反复研究和论证，形成了初步方案。

(3) 积极开展国际市场推介，提升上交所国际影响力。积极参与WFE等国际行业组织活动，桂敏杰理事长成功连任WFE董事。与爱尔兰交易所、台湾证交所等境外交易所和期权行业理事会(OIC)签署合作备忘录。

(4) 积极寻找切入点，与国际机构商讨双边或多边业务合作。积极推动上交所指数在国际主要交易所挂牌，有序推进上交所对外指数合作，推动完成上交所行情在德交所显示工作。召开国际行情信息商大会，启动与德交所信息数据项目合作。推进将A股纳入MSCI指数的相关工作。

【市场监管效能显著提升】 2014年，按照新国九条“充分发挥证券交易所的自律监管职能”的要求，从交易所功能和定位出发，上交所全面推进自律监管，效能提升。

(1) 以信息披露为核心，上市公司监管效率进一步提升。在推进直通车基础上由事先审核转向事后监管；推进信息披露监管公开；强化信息披露监管快速反应机制；做好分行业信息披露监管的准备；强化上市公司监管协作。

(2) 聚焦证券机构创新发展，提升会员监管和服务水平。认真做好服务证券行业创新发展工作；着力提高会员风险监测水平；下大力气做好机构投资者发展服务工作。

(3) 针对市场违规行为新特点，加大市场监察力度。围绕监管重点难点热点加大违规行为监控力度；完善市场异常波动的应急处置机制。

(上交所)

4. 上海黄金交易所

2014年，上海黄金交易所及时统一思想，制定发展规划，明确发展战略和目标。交易所在年初抓紧研究制定了三年发展规划，特别是明确提出了市场化、国际化的发展战略，提出了要围绕市场化做大做强国内市场，围绕国际化不断增强国际市场影响力和话语权，努力把交易所建成国际一流贵金属交易所的愿景。

【推出国际板】 抓住机遇，成功推出黄金国际板。上海自贸区建设为交易所实现国际化提供了良好契机，9月18日，交易所国际板正式启动，实现了黄金市场参与主体国际化、交易资金国际化、黄金定价国际化和交割储运国际化，不仅标志着中国黄金市场进一步对外开放，更标志着交易所大力实施国际化发展战略开了个好头。目前国际板发展势头总体良好，市场功能初步显现，主要体现在以下方面：

(1) 交易路径通畅，交易规模逐步上升。目前，交易所首批40家国际会员大部分已开展自营业务，按照循序渐进的原则，代理业务将随后启动，届时普通国际客户将通过会员代理参与国际板交易。同时，交易所积极与相关部门协调，在合规的前提下最大限度精简、便利入市流程和开户手续，活跃市场交易。截至2014年12月底，国际板累计成交190.55吨，交易金额454.53亿元，其中：国际板合约成交156.29吨，成交金额372.47亿元，国际会员参与主板合约成交34.26吨，成交金额82.06亿元，交易规模稳步提高。

(2) 通关效率高，正成为黄金进口和转口的新渠道。截至12月末，共有15.95吨黄金向海关申办入境手续存入国际板指定仓库，入境通道基本顺畅，入库登记顺利。其中，多家商业银行向海关申办进口黄金共 14.54 吨，进口通道通畅，通关效率较高，国际板已成为商业银行进口黄金的新渠道。我们也为把国际板建成亚太黄金转口的新渠道做了很多基础性的工作，力争尽快形成国际板黄金转口业务模式。

（3）结算业务运行正常，跨境资金划付顺利。国际板依托自贸区自由贸易账户体系为国际投资者参与黄金交易提供结算便利，并进行有效的管控。工商银行、农业银行、中国银行、建设银行、交通银行、浦发银行及招商银行等 7 家商业银行作为国际板指定结算银行，已按照资金封闭运行的原则顺利开展国际板资金结算业务，结算银行对国际投资者的金融服务也在不断加强。截至 12 月末，国际会员已在 7 家结算行开立 58 个 FT 账户，净额清算资金 43.15 亿元人民币。

（4）租借平台搭建完成。制定完成国际板实物租借配套制度，相关系统测试完毕，会员宣传推广有序推进。按照规定，国内外会员均可通过合规机构对在交易所托管的黄金、铂金、白银等实物开展租借业务。

（5）各方高度评价，国际板影响力渐增。国际板启动以来，受到国内外广泛关注和积极评价。李克强总理在考察自贸区建设时指出，国际板的启动“释放了中国继续扩大金融开放的强烈信号”，并要求交易所努力让“上海金”变成“百姓金”。以世界黄金协会（WGC）、芝加哥商品交易所集团（CME Group）等为代表的国际同业高度评价国际板建设，积极寻求与交易所开展多方合作。国内各主要银行表示，国际板为商业银行创造了新的业务机会，潜力巨大，愿意与交易所一起做好国际板建设工作。新华社、《人民日报》、路透社等国内外主流媒体及时对国际板开业及进展情况进行了大量报道，认为“国际板将对平衡国际金价产生影响”，“助推人民币国际化”，“中国价格走向世界”，“开启了世界金融历史的新纪元”，国际板启动还入选了《金融时报》“2014 资本市场十大新闻”，新华社“2014 上海国际金融中心建设十大事件”等年度新闻，舆论反映十分积极正面。

【市场化转型】 找准定位，加快市场化转型，激发了交易所发展的活力。市场化转型是 2014 年工作的主线之一，为此，交易所把产品、服务、系统和人才建设定位为市场化建设的核心内容着重加以推动，取得了一定成效。

（1）在创新产品方面：按照市场化的要求，研究分析市场需求，在此基础上研发适应市场参与主体投资意愿、投资习惯和便于投资者投资获利的新产品、新业务。重点完成了 Au(T＋N)合约改造，合约上线后交易较活跃，日均成交 21 吨，市场反应良好；推出了白银即期询价品种，为白银上下游产业客户提供了更多的交易渠道。同时，交易所开展了黄金权证、黄金报价产品、黄金集中定价产品及互联网开户等创新业务的各项准备工作。

（2）在增强交易活跃度和流动性方面：一是进一步降低交易门槛，及时推出了 mAu(T＋D)新合约，降低了 Au9999 合约规格；二是延长交易时间，将夜市交易时间提前 1 个小时，基本覆盖全球主要交易时段；三是降低交易成本，实行平今仓免收手续费，在有效控制风险的前提下，放宽了持仓限额，下调了保证金比例；四是试行程序化交易，为下一步推广做好准备；五是启动银行间询价市场尝试做市商业务，21 家尝试做市商表现积极，市场活跃度明显提升。

（3）在完善服务方面：按照“渠道为王，服务为先”的理念，交易所立足为投资者提供更好的服务，不断拓宽服务和推广渠道，稳步推进交易、清算、交割等市场服务和营销推广体系建设，工作取得新进展。在交易服务方面，上线了黄金远期曲线报价功能，开展询价交易现金差额交割，向全市场发布上海黄金现货（上午）基准价，研发了贵金属价格指数(SGE_PMPI)并内部运行，为市场提供公允的价格指导。在清算服务方面，确保全年清算工作及时安全，推广保证金封闭运行业务，完成库存充抵保证金业务上线，完善结算银行管理，推动结算银行提升金融服务水平。在交割服务方面，确保全年实物交割储运及时高效，严把实物质量关，优化现有租借系统，增加租借自动过户等功能，优化现有物流配送流程，完成瑞士庞博等 4 家海外品牌交易所注册认证，市场反响热烈，推动更多基金开展黄金 ETF 业务，全年黄金 ETF 共成交 30.37 吨、73.96 亿元，同比分别增长 107.87％、97.02％。在会员服务方面，在北京成立会员服务中心，辐射北方地区，以深圳备份中心为依托，筹备南方的会员服务中心；完成首批证券公司入会工作，做好国泰君安、东方证券、华泰证券的入市辅导，启动中信建投个人代理业务试点；升级优化增值税开票系统，进一步完善发票管理工作，抑制非法套票行为；进一步规范和改进会员扶持计划的实施，充分发挥扶持会员发展的作用。在市场推广方面，成立了专门的市场部门负责市场推广和投资者教育工作；实施交易所品牌战略，推出了交易所新标识，加强产品宣传推广；与交行、光大、兴业、平安、民生、中行、上海银行、山东黄金等会员签订战略合作协议，结成更紧密的合作关系；进一步促进和规范培训工作，组建交易所投资者教育公益讲师团，开通交易所公众微信号，全年共培训各商业银行业务人员近万人。

(4) 在加快 IT 系统建设方面：从服务市场需求、支撑未来业务发展出发，交易所投入大量人力、财力开展 IT 系统建设，在保障全年系统安全平稳运行的基础上，按计划完成了各项建设任务。目前，在用的各类业务系统及对外接口已增至 47 个，基本建成了以核心交易系统、国际板交易系统、询价交易系统、清算银行系统、管理及会员服务系统、仓库服务系统、ETF 系统等核心生产系统为主，灾备系统、账户卡、财务系统等配套技术系统为辅的 IT 系统平台。全新的第三代交易系统一期工程进入实际开发阶段，为交易所未来的业务创新和发展提供更加可靠有力的技术支撑。

(5) 在推进人才队伍建设方面：根据交易所业务发展需要，积极推进人员招聘、新员工定薪等方面的市场化转型，以市场化的方式引进了一批具有较好国际视野、熟悉国际业务、专业能力较强的业务人才，对国际板建设和交易所各项业务的推进起到了积极作用。经过强度较高的工作实践，已组成了一支较精干的 IT 人员队伍和国际业务人员队伍。同时，根据交易所长远发展的需要，严格按照组织程序，选拔任用了一批优秀年轻干部，充分调动其创新创业的积极性，对部分中层干部进行了轮岗交流，并研究制定管理培训生方案，进一步推进了交易所人才队伍的梯队建设。

【加强内部管理】 完善机制，规范工作，加强了内部管理和自身建设。以年初国家审计署延伸审计的整改落实为契机，切实加强内审监督，完善相关制度，规范工作机制，不断改善内部管理。一是抓紧进行章程修订等制度建设，进一步完善现代企业的治理结构，优化交易所组织架构。二是结合交易所实际，规范了手续费、运保费、招标采购等相关制度执行。三是完成国家高新技术企业认证第一阶段的注册登记工作，已进入第二阶段软件著作权申请程序，积极提升交易所软实力。四是积极稳妥、谨慎规范，稳步推进“两地三中心”等基础设施建设。

【金融创新奖】 上海黄金交易所研发并推出的《国际业务板块》获得 2014 年度上海金融创新成果奖一等奖。国际板建设是金交所实施国际化战略的重大举措。国际业务板块的内容是，利用自贸区的制度优势，引入境外投资者，打通跨境资金和实物流通渠道，上市人民币报价的国际板合约，使境内外投资者在同一平台上竞价交易，从而形成真正有影响力的国际价格，发挥“上海金”的全球定价作用。按照“交易双向开放，资金封闭运行，实物分区交割”的原则，金交所国际板在客户、资金和实物管理方面实现了重大突破，建立了“双向开放”的交易制度、“封闭运行”的资金清算体系和“分区交割”的实物管理体系，在实现跨境资金和实物融通的同时，有效地隔离了跨境冲击风险。

(王晓蕊)

上海黄金交易所启动投资者教育品牌“黄金大讲堂”

5. 上海期货交易所

【市场拓展】 2014 年，上海期货交易所持续拓展市场功能，提升市场效率。(1) 优化机制提高市场效率。一是增加天胶、石油沥青、螺纹钢、热轧卷板连续交易品种，连续交易开盘时间提前至 20:00

的条件已基本成熟。二是单向大边制度实施以来，保证金成本平均每日降低约25亿元；进一步挖掘单向大边保证金制度潜力，形成跨品种单向大边方案。三是完成仓单合约和价差合约交易方案的设计，通过仓单平台连通场内外市场，增强交易所在现货市场的影响力。四是充分听取市场意见，适当调整持仓限额和套保审批要求，完成相关方案设计。五是做好保证金和涨跌停板幅度常态化管理。在风险可控的前提下，利用长假风控窗口调整部分品种的保证金比例及涨跌停板幅度。六是推进套期保值电子化管理系统优化，提升套保审批的精细化管理水平。七是制定远程席位电子化管理方案，实现会员通过网络办理远程席位申请。八是结合市场情况，实施2014年会员手续费减免方案，减免额度为14.875亿元。并实施多项手续费调整方案，有效降低市场交易成本，提升市场竞争力。

(2) 做精做深现有品种。一是科学评估现有品种。建设有色金属数据库，完成黄金期货合约修改方案，初步拟定线材期货合约规则优化方案以及黄金、白银、螺纹钢和热轧卷板期货的做市商业务规则草案。二是拓展交割品牌注册，抓好交割业务管理，完成白银交割手续费和仓储费用调整方案，开展对广东和上海地区有色金属交割仓库的检查，逐步优化有色金属交割仓库的全国布局。三是推进自动识别技术在有色金属交割仓库和注册生产企业中试点应用，加强对交割商品的事中监管和事后溯源。四是积极开展创新型厂库交割业务、基差合约以及地区升贴水设置的可行性研究。

(3) 加大市场服务力度。一是建立市场服务中心，开设热线电话和公共邮箱。自10月27日正式启动以来，市场服务中心运行平稳，受理各类市场咨询和意见建议达66件次，均已及时回复和解决。二是密切联系市场。所领导带队分赴全国7个城市召开“分片区会员座谈会”；实地走访百余家期货公司和相关金融机构，多渠道听取意见建议。三是借鉴国际投资者教育平台的经验，推进上期所投资者教育平台建设，进一步明确定位布局和发展框架。四是加大市场培育及会员创新支持力度，以“期货大讲堂”、“与机构投资者同行”、“为产业服务”为抓手，提供47场次不同侧重点的讲座培训；正式挂牌有色金属产业培训基地，首批开设江西铜业、铜陵有色等6家现场教学点；与会员单位合作举办市场会议605场，覆盖企业总数约15 000余家，合作举办驻厂调研124场。五是与机构投资者开展全方位合作，提供专业化服务。先后与有色金属工业协会、兴业银行、招商银行、中国民生银行签订战略合作协议。

【创新驱动】 落实创新驱动，推进国际化建设。(1) 扎实推进国际化原油期货市场建设。2014年以来，原油期货上市工作整体进展顺利。一是通过对原油期货合约设计、交易、结算、交割、风控流程、境外投资者引入模式等问题的全面梳理，完成原油期货规则(草案)体系建设，包括能源中心章程、交易规则在内的15份文件已阶段性定稿。二是完成落实各项交割准备工作，积极做好境内期货公司与境外特殊参与者引入的相关准备，扎实推进存管行建设。三是按照能源中心境外注册“先香港、新加坡后欧美”的要求，重点对在香港、新加坡境外注册进行专项分析，积极做好在香港证监会注册的调研及前期准备。四是正式开展联调测试，截至11月30日，在测试系统中共开立模拟境内会员227家，模拟客户4 019个，累计成交量1 013.50万手，成交金额6 078.49亿元。五是根据“对内合用，对外分离”的原则落实技术系统的改造和开发，积极做好仿真交易准备。

(2) 加快产品创新步伐。一是顺利推出热轧卷板期货，目前市场运行平稳。二是稳步推进镍、锡期货的上市准备工作，完成镍、锡期货合约规则设计并上报证监会获正式立项。三是不断完善纸浆期货合约、规则草案，与中国造纸协会开展紧密合作。四是做好有色金属指数期货、黄金期货期权和铜期货期权上市前的各项准备工作。五是稳步推进不锈钢、废钢、钢坯、铂、钯、水泥等储备品种的开发研究。

(3) 持续推进国际化建设。一是保持与境外交易所的业务沟通。在第一阶段合约外挂合作方案的基础上，与香港交易所研究双向跨境交易的组织框架和业务模式。二是不断探索拓展与境外交易所的合作空间，研究向国际新兴市场输出上期所成熟理念、制度和技术设施的路径，培育自身开拓海外业务的能力。三是与东京商品交易所签署《天然橡胶每周库存数据许可使用协议》。四是成功举办“第十一届上海衍生品市场论坛”、“第三届亚洲铜业周”、“第二届国际清算研讨会”、“中国黄金国际大会”等国际会议，参加FIA Boca会议和WFE第54届年会等国际会议。五是根据《金融市场基础设施原则》，完成上期所内部评估并做好接受外部评估的准备工作。

【市场监管】 加强自律监管，严守风险底线。(1) 做好日常风控管理。一是重视风险预研预判，推进业务前端风险的动态监控与分析，紧盯市场主要运行和风险指标，及时发现风险隐患并适时调整风控措施。二是坚持每周召开市场动态分析例会，针对风险苗头迹象制定应对预案。三是全面排查运维风险隐患，完善突发事件应急预案，优化应急处置流程。四是加强应急演练常态管理，以交易端的突发事件为切入点，开展日常实战演习。

(2) 优化市场监管机制。一是完善合约、规则及制度，不断方便会员和投资者，促进期货品种的功能发挥。二是着手系统梳理 1991 年至 2014 年交易所交易、结算、交割等各项制度变迁，为搭建和优化交易所新一代规则框架做好积累和准备。三是积极参与《期货法(草案)》的起草工作，对草案提出意见建议，配合参与全国人大财经委和证监会立法调研。四是搭建会员监管信息平台与会员合规运作电子平台，继续推动 SMARTS 风险监控系统的引进、安装和使用。五是搭建基于"大数据"技术的历史数据分析平台，深入分析品种运行风险和各类客户行为特征。六是提高监管能力，匹配创新步伐。探索建立指数、期权等衍生品的监管模式，设计监管指标和流程，满足交易所产品系列不断丰富后的监管需求。借鉴境外风控经验，开展针对信用额度管理的基础性研究。七是组织开办四期"上期首风讲坛——走进期权风险管理"系列培训。八是加强监管协作和违法违规线索监测力度，高效打击期货犯罪，保护投资者合法权益。落实与上海市公安局经侦总队签署的《打击和防范期货领域违法犯罪协作机制》，与上海黄金交易所探索建立监管协作机制，不断加强跨境执法协查力度，研究跨境审计监管合作的相关制度安排。

(3) 加强系统运维建设。一是确保技术系统运行良好，保证信息安全。各系统工作正常，未发生影响交易及相关业务的故障及信息安全事件。加强系统演练力度，进一步完善应急预案。二是完成更新一代交易系统(NGES2.0)的软件开发工作，系统报单处理能力达到每秒 6 万笔，响应时间在 100 微秒以下概率达到 60%，基本达到设计目标，具备上线运行条件。三是网络带宽升级为万兆，大幅降低网络延时。完成新加坡和香港境外网络接入点以及证联网上期所核心节点的建设。四是对现有机房内部挖潜，进行托管机房改造，提升我所为行业提供基础设施服务能力，支持会员业务创新。

(4) 强化舆情信息监测。规范市场信息传播秩序，确保信息发布公开公正、准确透明。围绕交易所"两会宣传"、上海衍生品市场论坛及新品种上市等重要活动，做好宣传及风控措施解读。一是不断完善微博、微信的日常发布和运维机制，回应市场疑问和投资者关注，扩大交易所的品牌影响力。二是与期货业内有影响力的主要媒体开展全方位合作，探索媒体分类管理模式。三是贴近市场和投资者需求，进一步完善交易所网站的功能和使用便捷性。

【管理体系】 完善管理体系，提升核心竞争力。(1) 进一步规范内部管理。一是在"三会一层"治理结构基础上探索现代化管理模式。推动建立权责明确、运转高效、相互制衡的运行机制。进一步明确标准、理顺流程，提高会议决策效率。根据中央和证监会指示精神及交易所发展要求，全面梳理并相应修订内部管理规章制度。二是制定参股公司和子公司管理的制度安排，进一步规范参股公司管理，推动子公司管理进入探索实践阶段。三是通过常规稽查、专项稽查和延伸稽查相结合，事前、事中提供合规建议和监督，事后进行稽查审计，加强对职能部门的内审合规检查。四是针对国内日益严峻的安全形势，加强期货大厦的安全保卫工作，排查并消除影响期货大厦、机房系统平稳运行的安全隐患。五是开展文化调研，多层面了解员工需要，推进核心价值观落地，服务交易所中心工作。

(2) 优化人力资源配置。一是统筹规划员工职业发展通道，推动落实非竞争性岗位职务晋升聘任工作规范化、制度化，细化新员工定级标准；着力人才培养，举办各类培训；完善员工保障待遇，践行"以人为本"理念。二是优化绩效体系，完善绩效考核方法，确立以绩效为导向的考核机制。通过指标引导员工全面发展，确保各级员工形成合力，更加充分体现交易所核心价值观。三是推进人事基础信息系统、绩效管理系统等的落地运行，不断完善交易所人力资源管理系统建设，提升人力资源管理信息化水平。

【金融创新奖】 上海期货交易所《市场服务中心综合服务平台》项目获 2014 年度上海金融创新奖三等奖。2014 年以来，上海期货交易所开始筹建市场服务中心，确立运行机制，明确市场服务中心人员及业务部门配合人员，明晰分工和责任，在现有框架下正式运行，形成一个跨部门、团队合作紧密、快速反应的组织。渠道方面，拓展市场主体与交易所沟通的渠道，引入互联网平台（网站页面）、邮件及800热线电话等更多样化的模式。架构方面，通过内部组织架构的调整和市场服务流程的梳理、再造，使信息得以快速处理和反馈。体系建设方面，将以市场为导向，充分重视来自市场的第一手信息。以市场服务中心为平台，将原先散乱于各部门、各个条块的信息归集整理，形成完备体系，从而在处理速度、效率和专业程度上实现整体提升。800热线电话将在工作时段（工作日 08:30—11:30，13:30—17:00）由人工接听。同时，上期所开通公共邮箱 msc@shfe.com.cn 接收书面咨询和意见建议。所有市场咨询事项可在提出的24个小时内由专员进行限时答复，向交易所提出的意见建议则可在15个工作日内获得反馈。市场服务中心充分整合交易所各业务部门的职能，形成整体服务优势，通过多样化方式强化服务效率，提升客户体验。

（上期所）

上海期货交易所、中国金融期货交易所主办“上海衍生品市场论坛”

6. 中国金融期货交易所

2014年，中国金融交易所全面贯彻落实年初确定的工作部署，全力维护股指期货和国债期货市场安全平稳运行，全面推进新产品新业务筹备，各项工作稳步有序推进。

【优化业务规则】 按照“服务现货、降低成本、提高效率、发挥功能”的原则，对沪深300股指期货和5年期国债期货交易保证金、持仓限额等业务规则进行优化，进一步完善套保套利管理，引入单向大边保证金制度。股指期货与国债期货市场运行效率和质量得到进一步提升，市场功能有效发挥。一是沪深300股指期货运行持续健康优化。从成交金额来看，沪深300股指期货占中国期货市场总成交金额的55.93%，在中国已上市的46个期货品种（44个商品期货，2个金融期货品种）中位居第一。二是5年期国债期货市场功能与影响力初步显现。国债期货市场流动性显著提高，已成为国债价格发现的主要工具，对“健全反映市场供求的国债收益率曲线”的积极作用初步显现。国债期货丰富了机构管理利率风险的手段，成为国债发行定价的重要参考，机构承销和持有国债意愿明显增强，促进了国债发行。

【推进新产品上市准备与后续品种研究开发】 一是10年期、3年期国债期货获批立项，10年期国债期货上市申请已上报国务院。积极推进其他关键年限国债期货、短期利率期货产品研发，开展国债期货大宗交易及期转现业务准备。二是上报上证50、中证500股指期货上市申请，根据国务院领导和会领导重要批示精神，全方位评估沪深300股指期货市场功能和业务规则，补充完善产品上市相关材料。加快指数类产品线规划，开展波动率指数期货、中小板和创业板指数期货等后续产品研究论证。三是完成欧元兑美元、澳元兑美元交叉汇率期货产品立项，并开展全市场仿真交易，上市准备工作基本就绪；研究利用上海自贸区金融创新政策和人民币国际化战略，积极探索推进面向自贸区推出人民币外汇期货相关工作。四是进一步深化沪深300股指期权上市准备，开展期权经济功能专题研究，优化产品制度设计，加快推动交易所与会员的技术系统开发，扎实推进做市商业务准备与组合保证金制度实施。基于期权仿真交易行情编制并发布中国波动率指数（CVX），不断优化编制方法、提高发布频率。

【拓展国际业务】 一是结合上海自贸区各项金融监管细则和金融业务创新，全面深入研究中金所自贸区业务开展模式，探讨在自贸区开立自由贸易账户等服务方案。二是深入论证国际业务发展方案，探索对外开放模式与路径，研究内地与香港股指期货市场交易互联互通机制。研究论证与境外交易所开展产品链接、托管交易、指令路由等业务模式。三是深化国际交流合作，与芝加哥商业交易所签署数据行情分销合作协议，就 SPAN 保证金系统开展合作谈判；举办香港交易所团组来所专项交流；与加拿大多蒙交易所集团、巴西交易所、韩国交易所、迪拜黄金与期货交易所等 4 家境外交易所签署合作谅解备忘录；正式成为国际证监会组织附属会员；与上期所成功合作举办上海衍生品市场论坛，借助国际会议等平台，进一步推动国际宣传与推广。

【加强技术系统建设】 一是坚持技术系统长期优先发展战略，研究制定全面推动交易所技术发展指导意见。二是以支持产品和业务创新为目标，优化多个股指期货、股指期权、多个国债期货、交叉汇率、波动率指数等新产品生产及仿真系统，完成隔夜利率指数期货、场外清算业务的所内仿真上线，实现大边保证金、价格波动带、做市商管理、策略组合保证金、会员信息管理等系统上线，初步形成组合保证金本土化系统建设方案。三是有序推进新一代业务系统项目建设，完成交易核心架构、结算核心、交易所管理系统、结算管理系统四大核心系统主体开发，实现交易核心、结算核心与全市场仿真系统同步运行、并行测试。四是持续推进技术基础设施建设，正式上线上海张江同城灾备中心，稳步推进大连异地灾备数据中心项目建设，全面做好中金所银期一线通平台接入证联网各项准备，推动数据中心建设工作。五是大力提升技术信息市场化服务水平，飞马平台、一线通平台、金融托管机房服务和行情信息经营服务四项主打产品和服务上线运营。牵头制定《期货公司柜台系统数据接口标准》，行业测试中心建设方案正式通过评审。六是以风险评估为核心，不断提高技术运维水平，优化完善运维管理制度体系，顺利通过 ISO/IEC 27001 年审及 ISO/IEC 20000 再认证，持续保障系统安全稳定运行，全年未出现交易结算事故。

【强化市场监查工作】 一是切实做好市场风险防控，确保市场规范运行。深入落实投资者适当性制度等监管安排，强化风险实时监控，把握市场运行规律，保障市场平稳运行。二是适应市场发展和监管转型要求，研究优化监管监控指标，做好开仓限额、持仓限额、大户报告等业务规则优化调整。启动新一代监查系统建设咨询工作，学习国际先进交易所市场监管经验。三是深化跨市场监管协作机制，完善跨市场例会制度，将证金公司纳入跨市场监管协作体系，与中登公司扩展数据交换范围。四是加强市场合规检查与培训，探索建立会员合规评价指标体系，对 25 家会员开展现场检查，对全部会员开展非现场检查，举办 3 期首席风险官合规培训，培育行业风险管理文化。五是积极参与《期货法》立法、《证券法》修订工作，完成《期货法调整范围研究》等 13 项期货立法重点课题研究，对《证券法》修订草案研提修改意见 70 余条，组织完成《衍生品监管》翻译工作。深入开展法治研究，探索夯实违约责任承担机制、错单交易处理、强平强减等重大业务问题的法律基础。

【加大市场宣传培训力度】 一是以交易所党委名义下发《关于进一步加强市场宣传工作的意见》，不断强化市场宣传与投资者教育工作力度。由交易所领导带头、动员社会各方力量，通过在中央媒体撰文、参加重要论坛、接受媒体专访等形式，加大市场正面宣传。全年对外发文达 1 700 余篇次、上百万字，对外发文数量较 2013 年翻番。二是主打“高端平台、高端话题、高端人士”，抓住两会、股指期货四周年、国债期货一周年、上海衍生品市场论坛等重大选题集中宣传。联合央视财经频道录制“财经论剑——金融期货期权改革发展论坛”，在央视二套播出。三是坚持主动出击，拓宽舆论阵地，将传统媒体与官方微博微信等新媒体相结合，开展大规模、多层次培训和交流。全年累计培训媒体 175 家次、记者编辑约 500 人次。四是依托会员、协会等渠道大规模开展投资者教育和行业培训，累计支持 112 家会员在 175 个城市举办约 1 300 场投资者教育活动，培训投资者逾 13 万人次，举办 11 期股指期权讲师培训班，培育 400 余名种子讲师。五是积极开展金融期货专业领域研修，支持市场机构开展海外股指期权业务研修，邀请海外优秀师资开展期权做市商、交易实务等专项培训。六是举办两届“中金所杯”高校大学生金融衍生品知识竞赛，共吸引 730 多所高校的 6.5 万余名高校大学生(其中境外学生 500 名)参赛，取得良好的社会效应。

【加强内部管理】 一是继续以建章立制为抓手，建立健全各类内部管理制度，大幅精简会议和文件，优化议事效率，加强保密要求，提升交易所运行效率。二是贯彻落实证监会证券期货交易所财务监督管理制度要求，强化预算管理整体有效性，扎实推进预决算管理体系建设，落实后评管理和内控评估，推动构建科学、严格、高效的财务内控体系。完善自有资金存款制度依据，扎实推进资金存管工作。加强采购合规管理，完善采购管理制度和流程，编制采购管理目录，探索供应商管理模式，加入中国金融学会金融采购专业委员会。三是顺应交易所管控需求，围绕重大项目、重点领域和重要环节，加大内部审计和控股子公司审计力度，以审促改，推动决策执行和风险防控。加强前端控制，创新工作机制，将内审鉴证工作有机嵌入公司治理和运营管理。

【金融创新奖】 为提高期货行业效率，降低行业成本，中国金融期货交易所《金融期货数据交换平台》项目（简称：一线通平台），填补了中国期货行业的空白。获2014年度上海金融创新奖三等奖。

一线通平台是由中国金融期货交易所下属全资子公司中金所技术公司自主开发和运营，立足中国期货行业，面向银行、证券、期货、基金、QFII、信托、保险七大类金融机构，提供银期数据交换服务、资金数据同步服务等金融数据交换服务的中国期货行业平台。一线通平台开创性地建立我国期货市场数据交换的间联模式，改变了传统单一直连方式，打造了国内期货行业唯一的金融数据交换平台。该平台推动了我国期货行业数据交换的规范化和标准化，优化了期货行业业务流程，增强了电子交易直通处理能力，显著提高了行业效率，有效降低了行业成本。

2014年末，已有130家机构（9家银行和121家期货公司）接入一线通仿真平台，其中105家机构（8家银行和97家期货公司）已接入一线通生产平台。平台所承载的银期转账业务每日交易金额约50亿。与此同时，接入机构数量、交易金额和服务类别仍在持续增加。

（中金所）

7. 上海清算所

2014年，上海清算所创新推出人民币利率互换、人民币铁矿石掉期、人民币动力煤掉期和外汇等4项中央对手清算业务，顺利实现综合业务系统Ⅰ、债券柜台业务系统和招标发行系统的平稳上线，成功举办全球中央对手方协会（CCP12）全体会员特别大会。2014年全年，上海清算所清算业务共46.18万亿元，同比增长192%；办理招标发行22单、871.4亿元；完成登记托管固定收益产品4 698只、5.55万亿元；付息兑付2.81万亿元；期末托管余额4 823只、5.57万亿元；发行登记、付息兑付金额与托管余额同比分别增长135%、46.68%和100%；披露发行、兑付及存续期信息2万余份；共有清算会员84家，发行人账户2 306家、投资者账户5 136家。

【人民币利率互换集中清算业务】 2014年1月2日，上海清算所推出第一项银行间市场利率衍生品中央对手清算业务——人民币利率互换集中清算业务，使利率互换成为我国第一个集中清算的场外衍生品，有力支持我国成为全球第三个实施场外金融衍生品强制集中清算机制的国家。人民币利率互换集中清算，是指上海清算所对市场参与者达成的利率互换交易进行合约替代，承继交易双方的权利及义务，成为中央对手方，并按多边净额方式计算各清算会员在相同结算日的利息净额，建立安全稳妥的风险控制机制，保证合约履行、完成利息净额结算。目前，纳入强制集中清算的品种包括：浮动端参考利率为SHIBOR隔夜、SHIBOR三个月和7天回购定盘利率等3个品种、期限在5年以下的利率互换交易，符合这些要素标准的人民币利率互换交易涵盖了90%以上的市场份额。

2014年，该业务共清算2.45万笔、2.3万亿元，其中下半年2.44万笔、2.28万亿元，清算金额是去年同期交易规模的约2倍，市场对利率互换强制集中清算普遍表示欢迎。中国工商银行、交通银行、上海浦东发展银行、兴业银行、中信证券5家机构成为该业务的综合清算会员，国家开发银行、中国农业银行、中国国际金融有限公司、汇丰银行（中国）等42家中外资机构成为普通清算会员。

【人民币铁矿石、动力煤掉期中央对手清算业务】 2014年8月4日，上海清算所创新推出人民币铁矿石、动力煤掉期中央对手清算业务，是继人民币远期运费协议中央对手清算业务后，在大宗商品金融衍生品领域的又一项中央对手清算业务创新，基本构建了我国的场外航运及大宗商品金融衍生品中央对手清算平台。人民币铁矿石、动力煤掉期是指交易双方通过上海清算所指定的经纪公司达成交易，以人民币计价、清算、结算的，以指定的铁矿石、动力煤现货价格指数为最终结算标的，通过上海清算所进行中央对手清算的场外大宗商品金融衍生品。

目前，中国农业银行、中国银行、中国建设银行、交通银行、上海浦东发展银行已经成为这两项业务的综合清算会员，中信证券、招商证券、国泰君安证券为这两项业务的普通清算会员，上海汇锝利投资管理有限公司、上海辛浦森航运经纪有限公司等 6 家知名经纪公司积极参与。截至 2014 年底，人民币铁矿石掉期中央对手清算量约为 2 740 万湿吨，约占同期国际铁矿石掉期交易清算量最大的新加坡清算所同类产品的 15%；人民币动力煤掉期中央对手清算量约为 5 160 万吨，是同期新加坡清算所同类产品的 35 倍。

【外汇中央对手清算业务】 2014 年 11 月 3 日，上海清算所推出外汇中央对手清算业务，涵盖外汇即期、外汇远期、外汇掉期，形成了我国外汇市场统一的中央对手清算平台，实现外汇清算结算全流程风险覆盖，有利于推进人民币汇率形成机制的市场化进程。引入外汇中央对手清算机制后，2014 年 11、12 两个月的清算金额较上年同期增长 62%。

外汇中央对手清算业务涵盖了外汇即期、远期和掉期三个产品，可覆盖绝大多数银行间外汇市场交易。其中，中央对手清算的即期交易包括了美元/人民币、欧元/人民币、日元/人民币、英镑/人民币、港币/人民币、澳元/人民币 6 个货币对。美元/人民币的远期、掉期交易中央对手清算的期限范围由一个月拓展至一年。截至 2014 年底，国家开发银行、中国工商银行、蒙特利尔银行(中国)等 39 家中外资机构积极参与外汇中央对手清算业务。

【综合业务系统 I】 2014 年 6 月，上海清算所综合业务系统 I 顺利上线运行。综合业务系统 I 为债券簿记、债券实时逐笔清算、现券净额清算、人民币外汇即期竞价、外币对即期竞价、人民币外汇询价等业务处理提供技术支持；连接利率互换、人民币远期运费协议等清算系统和债券招投标发行、语音查询等业务系统；并有债券回购交易中央对手清算、债券交易代理清算、外汇交易代理清算等功能，是上海清算所核心业务系统。综合业务系统 I 是我国场外市场第一个主要服务金融衍生品和创新金融产品的中央对手清算和集中托管一体化的技术平台，有效整合原有多个独立业务系统功能，并通过积极推进该系统的上下行接口标准等举措服务于金融领域的信息标准化工作，强化了场外金融市场健康有序发展的技术基础。

【债券招标发行系统】 2014 年 3 月 18 日，上海清算所提供技术支持的人民银行债券发行系统正式对外提供服务。开展招标发行服务以来，上海清算所高度重视市场服务，主动拜访市场机构，根据发行人、观察员和承销商等市场各方的意见建议，不断优化服务质量、提升服务水平。2014 年，上海清算所共完成招标发行业务 22 单、871.4 亿元，覆盖 11 家发行人、8 家主承销商，涉及中期票据、短期融资券等多个品种。

【债券柜台业务系统】 2014 年 3 月 28 日，人民银行发布公告〔2014〕第 3 号，商业银行柜台债券品种可以在记账式国债基础上增加国家开发银行债券、政策性银行债券和中国铁路总公司等政府支持机构债券。上海清算所积极完成债券柜台业务方案，经人民银行同意，发布《银行间市场清算所股份有限公司债券柜台交易登记结算业务规则》，顺利完成债券柜台业务系统上线，为债券柜台业务的正式开展做好了充分准备。

【市场服务】 2014 年上海清算所推出两项市场服务受到市场广泛好评。一是抵押券冲抵保证金降低市场成本。2014 年 10 月，上海清算所保证券管理制度在人民币利率互换集中清算业务中试点实施。该业务的清算参与者可在最低保证金要求的 50%范围内，向上海清算所提交合格保证券，代替现金作为最低保证金。截至 2014 年底，上海清算所认可的合格保证券已有 1 700 多只，包括短期融资券、超短期融资券、中期票据等品种，债券数量充足、品种覆盖广泛。该制度推出后，市场机构参与踊跃，短短两个半月共计提交了面值 2.85 亿元的保证券，可折抵现金保证金 1.58 亿元。2014 年 12 月 15 日起，上海清算所进一步优化保证券操作流程，清算会员可每日提交保证券转入、转出申请，进一步便利清算会员操作，节约会员资金成本。二是操作代理和查询代理服务。2014 年 8 月起，上海清算所向市场提供操作代理和查询代理服务，有效满足了各托管机构对其托管的非法人产品账户进行分组管理和使用单一证书进行客户端系统操作，以及各资产管理人通过单一证书登录客户终端查询其管理的全部产品债券账户的需求。通过使用该服务，托管机构可使用单一证书登陆上海清算所综合业务系统 I，对其托管的所有非法人产品进行交易确认、查询、单据下载等业务操作，大大简便了托管机构对非法人账户的管理和操作。

【支持实体经济】 一是为非金融企业债务融资工具提供全额逐笔清算和发行托管结算服务。自2014年7月新增项目收益票据以来，上海清算所共为短期融资券、超短期融资券、中期票据、非公开定向债务融资工具、中小企业集合票据和区域集优中小企业票据、非金融企业资产支持票据、项目收益票据等8个产品提供全额逐笔清算和发行托管结算服务。2014年，上海清算所非金融企业债务融资工具新增登记托管量4.18万亿元，同比增长71.71%，其中，中期票据新增0.98万亿元，同比增长292%；非公开定向债务融资工具新增1.02万亿元，同比增长79%；超短期融资券新增1.10万亿元，同比增长47%；短期融资券新增1.07万亿元，同比增长26%；有效满足了各类企业日益增长的直接融资需求。二是创建“清算所沙龙”，构建金融市场交流平台。2014年10月起，上海清算所联合上海市金融办创建了“清算所沙龙”品牌活动。截至2014年底，“清算所沙龙”共举办4期，先后有100余家实体企业直接参与。沙龙分别向参会企业普及通过银行间市场债务融资工具实现融资的优势、流程及发行策略等信息，向参会的大宗商品贸易、生产企业介绍上海清算所自贸区大宗商品创新金融衍生品的避险功能及使用策略等，数十家企业与主承销商形成了进一步沟通的意向，更有30余家大宗商品贸易和生产企业向上海清算所递交了开户申请。

【重大活动】 2014年9月25—26日，上海清算所、CCP12国际组织(全球中央对手方协会)和中国银行间市场交易商协会联合在上海成功举办“危机后场外市场改革深化与机制创新”国际研讨会，上海清算所同期承办2014年度CCP12全体会员特别大会。来自纽约和芝加哥联邦储备银行、欧盟理事会、法国金融市场管理局等国际监管机构，国际资本市场协会等国际组织的代表，主要同业机构高管，领域内的专家学者等超过150位中外嘉宾参会，共同进行了“场外市场在多层次资本市场体系中的功能定位与发展前景”、“合格投资者队伍建设与场外市场发展”、“场外市场风险防范与中央对手方清算安排”3个系列主题研讨，以及“场外金融衍生品的强制集中清算”、“立足中国(上海)自由贸易试验区发展场外大宗商品金融衍生品市场”2个平行专题讨论，有力提升了上海国际金融中心的影响力。

【金融创新奖】 上海清算所“人民币利率互换集中清算项目”获2014年上海金融创新奖二等奖。人民币利率互换是我国首个集中清算的场外金融衍生品和掉期类衍生品，目前只有少数国际领先清算机构能够实施该项目，属于国际领先，国内首创。一是业务规则和业务流程设计符合国际先进经验。二是风控框架和核心风控算法经过国内外专家审核和校验。三是业务设计具备独创性。四是完全自主研发，具备自主知识产权的系统。人民币利率互换集中清算业务的推出，标志着我国金融市场最主流的利率衍生产品的清算又进入到了一个新的阶段，使得我国场外市场风险集约管理能力再上新台阶，充分表明上海国际金融中心建设达到了新的层次。

(清算所)

二、金融市场

1. 全国银行间市场

【银行间货币市场】 2014年,人民银行实施稳健货币政策,降低实体经济融资成本。货币市场流动性总体适度充裕。除因春节、季末、年末以及新股发行带来的资金面压力而出现利率波动以外,全年货币市场利率中枢总体呈下移趋势。隔夜信用拆借和7天质押式回购年加权平均利率为2.71%和3.62%,比上年分别下降30和70个基点。Shibor利率除隔夜利率以外全线下行,其中隔夜Shibor利率比上年末上行38个基点至3.53%,7天Shibor下行61个基点至4.64%,3个月Shibor下行42个基点至5.14%。以隔夜Shibor利率为例,隔夜Shibor在1月份受春节因素影响达到峰值4.84%,后一路走低至2%左右。一季度末隔夜利率小幅攀升至3.01%,7月受新股密集发行叠加财政存款上缴等因素影响一度冲高至3.35%。除此之外的大部分时间,隔夜利率均在2.5%左右区间震荡。年末,资金再次拉紧,利率翘尾现象明显,隔夜利率最高攀升至3.7%。受债券市场行情向好、市场加杠杆需求增加等因素带动,回购交易持续活跃,货币市场成交大幅增长。全年货币市场共成交262.1万亿元,同比增长35.3%。其中信用拆借成交37.7万亿元,同比增长6%;质押式回购成交212.4万亿元,同比增长39.8%;买断式回购成交12万亿元,同比增长94%。从货币市场融资结构和资金流向看,大型商业银行、政策性银行、股份制商业银行分列资金净融出前三位,净融出金额分别为56.5万亿元、47.4万亿元和3.7万亿元。城市商业银行、证券公司和农村金融机构分列资金净融入前三位,净融入金额分别为34.0万亿元、27.5万亿元和21.5万亿元。

【银行间债券市场】 2014年,债券收益率全面下行,仅在4月和7月前后出现小幅调整。1年期、10年期国债收盘到期收益率从年初的4.16%和4.62%一路下行至年末的3.25%和3.62%,分别下行91和100个基点;3年期和5年期AAA级中期票据收盘到期收益率从年初的6.35%和6.34%下行至年末的4.74%和4.72%,分别下行172和154个基点。1年期和10年期国债期限利差从年初的46个基点一度扩大至4月的最高点139个基点,此后逐步缩小,至年末,利差收窄至37个基点。债券市场成交较为活跃。全年债券市场累计成交40.8万亿元,同比下降2.2%。尽管市场累计成交同比仍微跌,但从月度数据来看,成交比2013年下半年的低点反弹明显。受债券行情推动,机构借入债券便利回购的意愿增强,债券借贷获爆发式增长,全年债券借贷成交4 019.9亿元,同比增长507%。从成交券种来看,受超日债等部分债券出现信用违约事件的影响,信用债成交量同比下降20.2%,市场占比由上年的53.7%降为44.1%。利率债成交稳步增长,成交量同比增长16.9%,成交占比比上年增加9个百分点至55.8%。

【银行间外汇市场】 2014年,人民币汇率总体呈波动走势。至年末,人民币对美元中间价报6.119 0,比上年末贬值221个基点,贬值幅度0.36%。人民币对俄罗斯卢布、欧元、日元、加元、澳元、英镑和林吉特分别升值67.7%、12.9%、12.5%、8.5%、8.2%、5.4%和4.8%,对港元贬值0.3%。国际收支总顺差收窄,远期结售汇顺差减少。前三季度,经常项目顺差1 527亿美元,同比增长10.0%,资本和金融项目顺差687亿美元,同比下降65.5%,国际收支总顺差2 214亿美元,同比下降34.5%。外汇即期价格双向波动。2014年人民币对美元交易价收报6.204 0,比上年末贬值1 501个基点,贬值幅度2.4%。总体呈现有涨有跌的双向浮动格局。境外人民币CNH收报6.218 5,全年贬值1 623个基点,贬值幅度2.6%。银行间外汇市场交易量保持较快增长,全年共成交8.9万亿美元,同比增长16.7%。其中人民币外汇市场成交8.8万亿美元,同比增长16.9%;外币对市场成交 605.6 亿美元，同比下降 5.7%。币种结构持续改善。美元币种交易保持主导地位，全年成交 8.6 万亿美元，占比 96.6%，比上年增加 0.7 个百分点。人民币对新西兰元、英镑、欧元和新加坡元直接交易，全年分别成交 280.7、1 391.5、3 407.1、840.5 亿元人民币，其中英镑和欧元分别同比增长 654.0%、19.7%。12 月，银行间市场开展人民币对坚戈区域交易，成交 2.6 亿元人民币。人民币对港元、加拿大元、林吉特和俄罗斯卢布分别成交 2 317.1、15.3、11.9、254.9 亿元人民币，同比增长 37.2%、57.1%、3.7%和 368.6%。人民币对日元、澳元和泰铢分别成交 4 595.4、1 492.1 和 2.1 亿元人民币，同比下降 64.0%、0.3%和 60.5%。

【银行间衍生品市场】 2014 年，利率互换成交大幅增长。利率互换累计成交 4.0 万亿元，同比增长 48.0%；未平仓余额 3.8 万亿元(单边计算)，同比增长 1.3 万亿元。债券远期和远期利率协议无成交。利率互换主要期限品种仍集中在 1 年期及 1 年期以下品种，占总成交量的 78.9%；浮动端主要参考利率为七天回购定盘利率(FR007)和 Shibor 利率(包括隔夜和 3 个月 Shibor 利率)，成交占比分别为 81.1%和 18.2%。受银行间市场流动性整体较为充裕、货币市场利率中枢明显下移以及市场宽松预期等因素影响，全年互换利率全线震荡下行。短期利率下降速度较快，主要期限利差逐步加大。以成交量占比最高的 FR007-IRS 为例，4 月中旬以前 1 年期互换利率的运行区间在 4%～5%，此后缓步下降至 3%～4%，11 月中旬下降至 3%以下，年底随着资金趋紧，利率再度升至 3%以上。5 年期和 1 年期利差从年初的 4 个基点扩大至 7 月的 50 个基点，随后利差逐步收敛，至 12 月底利差在 12 个基点左右。总体来看，年底互换曲线形态较年初陡峭化。外汇衍生品价格呈波动走势。人民币对美元 1 年期掉期年初为 200 点左右升水，2 月末出现 40 点左右贴水，之后随着升值预期逐渐消退，掉期点上涨，年末升水达 1 600 点左右水平。年末境内 1 年期掉期价格 6.362 6，境外 1 年期 NDF 价格 6.337 5，以中间价为参考，境内外汇掉期和境外 NDF 显示 1 年后人民币预期贬值幅度为 3.8%和 3.4%。外汇期权市场隐含波动率上升，年末 6 个月期限和 1 年期限波动率分别为 2.77%和 2.66%，同比上升 68.2%和 48.7%。外汇衍生品交易量超过即期产品。2014 年外汇即期成交 4.2 万亿美元，同比增长 1.4%；外汇衍生品成交 4.7 万亿元，同比增长 34.8%。外汇衍生品成交占比 53.0%，比上年增加 7.1 个百分点，首次超过外汇即期成交。其中掉期产品成交 4.5 万亿美元，增长 31.4%；远期产品成交 573.9 亿美元，增长 59.9%；货币掉期产品成交 100.7 亿美元，增长 3.1 倍。6 月，国家外汇管理局发布《银行对客户办理人民币与外汇衍生产品业务管理规定》，放开客户卖空限制，促进期权市场发展，期权产品全年成交 1 298.9 亿美元，同比增长 5 倍。

（外汇交易中心）

2. 上海黄金交易所市场

2014 年，上海黄金交易所市场运行平稳，业务进展成效显著。交易所总交易额 6.51 万亿元，其中，黄金成交额 4.59 万亿元，白银成交额 1.91 万亿元，铂金成交额 187.72 亿元。交易所采取多项业务创新措施，市场服务功能显著增强。一是交易产品创新，降低 Au99.99 合约交易门槛、新增 mAu(T+D)合约和改造黄金 T+N 产品；二是增强交易机制，提高交易效率，推出平今仓免手续费和开展程序化交易试点，短线交易得以大幅增长，市场流动性明显增强；三是交易时间和业务模式进一步与国际接轨，夜市交易时间延长一小时及国际板上线，尤其国际板对中国黄金市场对外开放有着重要的战略性意义。

【黄金市场】 2014 年，交易所黄金成交量为 1.85 万吨，同比增长 59.17%，成交金额 4.59 万亿元，同比增长 42.81%。日均交易量 75.46 吨，同比增长 54.63%。夜市黄金成交 3 265.90 吨，同比增长 58.49%。

国际板共有 15 家国际会员参与了交易，以自营业务为主；34 家国内会员参与国际板合约交易。全年 69 个交易日，累计成交 190.55 吨、454.53 亿元。其中：国际板黄金合约成交 156.29 吨、372.47 亿元；国际会员参与主板交易成交 34.26 吨、82.06 亿元。国际板交易规模逐步扩大。9—12 月，日均成交量稳定增长，全年日均成交量 2.76 吨。市场运行呈现以下特点：

(1) 价格全年波动下行，国内外价差进一步缩

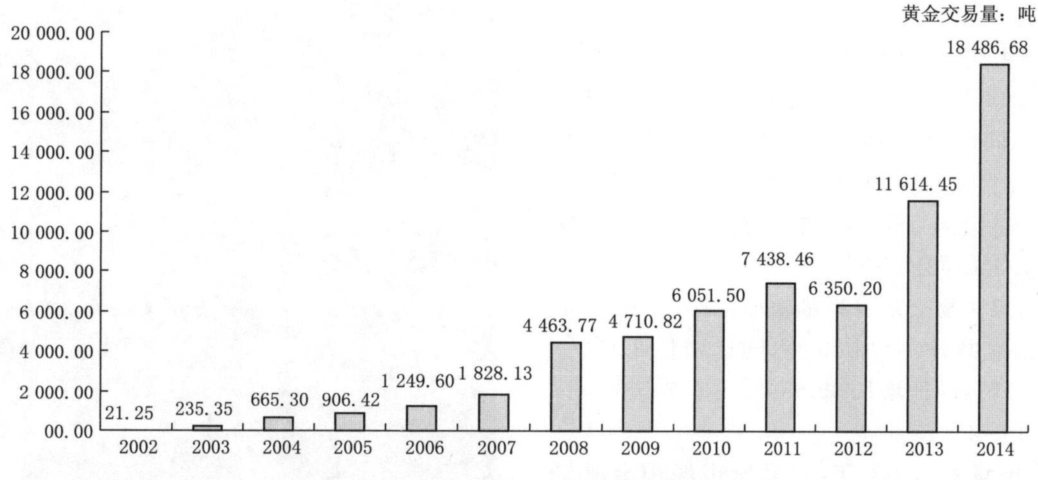

图1　上海黄金交易所历年黄金交易量

小。2014年，国内外黄金价格均呈现四次大幅波动下跌、年底回升的走势。从全年来看，国内金价上涨，涨幅为1.75%；国际市场黄金价格下跌，跌幅为1.69%。

我国黄金需求，特别是年末到次年农历春节的季节性黄金需求支撑了国内黄金价格。国内金价高于国际金价，是国内金价跌幅小于国际金价，年底升幅大于国际金价的重要因素。

2014年，国内与国际黄金的价差有所下降。国内外平均价差为0.74元/克，较2013年3.23元/克的价差大幅减少。全年245个交易日中，191个交易日国内金价高于国际金价，平均高0.84元/克；54个交易日，国内金价低于国际金价，平均低0.38元/克。全年最大价差出现在1月2日，为4.37元/克，仍远小于2013年10.23元/克的最大价差。

(2) 交易所市场投资性交易占比超五成。2014年，黄金延期交易合约是交易所市场交易量最大的黄金交易合约，占黄金总成交量的53.44%，显示了国内市场较为强劲的黄金投资需求。黄金延期交易合约共成交9 880.19吨，同比增长47.58%。其中：Au(T+D)合约成交8 665.02吨，同比增长29.43%；mAu(T+D)合约成交543.32吨；Au(T+N)合约成交671.85吨。

(3) 实物黄金需求大，处于历史高位。交易所黄金入库2 178.41吨，同比下降0.89%；黄金出库2 102.36吨，同比下降4.31%。实物交割清算黄金(不含国际板)共计1.13万吨，同比上升54.19%。实物黄金交割比(不含国际板)22.78%，同比减少15.05个百分点。

(4) 黄金租借业务发展良好，丰富了黄金市场产品体系，促进了市场功能深化。在监管机关的指导下，交易所进一步规范了黄金租借市场的发展，业务发展良好，市场整体风险可控。2014年，工商银行等28家商业银行在交易所平台开展黄金租借业务，借出黄金量共计1 936.41吨，同比上升75.54%。黄金租借市场的稳步发展，同时推动了黄金租借业务衍生而来的黄金远期、期权等套期保值工具的快速发展，丰富了黄金市场产品体系。黄金租借利率与国内货币市场利率走势、人民币汇率波动、租赁对手信用状况、租赁市场供求状况等相关性越来越强，有效促进了黄金市场与其他金融子市场协调发展。

【白银市场】 2014年，交易所白银成交50万吨，同比增长16.14%，成交金额1.91万亿元，同比下降3.90%。日均交易量2 041吨。夜市白银成交25.40万吨，同比增长16.89%。市场运行呈现以下特点：

(1) 白银价格波动下跌，波动幅度大。2014年，交易所市场白银价格跟随国际白银价格走势，呈现出四次波动下跌走势，全年下跌14.28%，波幅较金价大，但较国际银价小，国际白银价格全年下跌19.47%。

(2) 金银价格比走高，处于历史高位。金银价格比是用金价除以银价，衡量金价相对于银价的倍数关系。2014年，国内金银价格比均在58以上，比值变化与国际金银价格比相似，呈波动升高之势，全年升幅为17.94%，处于历史高位。国际金银价格比高于国内金银价格比，比值均在60以上，全年升幅为 24.71%。

(3) 白银交易仍以投资性为主,个人仍是主要参与者。2014 年,交易所白银延期交易品种成交 49.91 万吨,同比增长 16.08%,占白银总交易量的 99.83%。白银实物交割比为 0.28%。个人客户全年成交 29.97 万吨,同比增加 1.67%,占白银交易总量的 59.95%,同比下降 8.53 个百分点。

(4) 白银实物交割清算量增加。2014 年,白银实物交割清算共计 1 448.88 吨,同比增长 8.15%;入库 718.07 吨,同比增长 39.83%;出库 700.07 吨,同比增长 45.13%。

【铂金市场】 2014 年,交易所市场铂金成交 64.89 吨,同比下降 28.09%,成交金额为 187.72 亿元,同比下降 31.42%。日均成交量为 264.84 千克。市场运行呈现以下特点:

(1) 铂金价格波动上涨后大幅下跌。2014 年,国内铂金价格跟随国际铂价走势,呈先波动上涨再大幅下跌的走势,全年跌幅 8.54%。国际铂金价格全年跌幅大于国内,达 11.96%。

(2) 以现货交易为主,交易量与实际生产需求相关。2014 年,工业用铂金交易量占比 34.88%;首饰用铂金交易量占总交易量比为 65.12%;实物交割清算 64.89 吨,同比下降 28.09%;入库 32.32 吨,同比下降 30.55%;出库 32.87 吨,同比下降 27.71%。

【黄金询价市场】 2014 年,交易所询价市场取得了快速发展。一是交易量大幅增长,全年交易量 2 799.35 吨,同比增长 192.33%,其中银行间询价市场成交 1 163.89 吨,同比增长 752.02%。二是市场份额明显扩大,询价市场交易量占交易所黄金交易总量的比例由 8.18%增长至 15.58%。三是市场参与主体范围不断扩展,全年银行间市场参与机构新增 16 家,增长 59.26%;交易所询价市场参与者新增 263 家,增长 118.47%。

【资金清算】 2014 年,交易所清算资金 1.78 万亿元,同比增长 6.04%。会员自营 1.03 万亿元,增长 4.49%;代理 7 454.80 亿元,增长 7.73%;日均清算 1 273 笔。截至年底,国际板结算银行轧差净额清算资金 43.15 亿元人民币,跨区调拨资金 40.01 亿元人民币,其中从境外(含自贸区内)调拨至境内 0.29 亿元,从境内调拨至境外(含自贸区内)39.72 亿元。

(上金所)

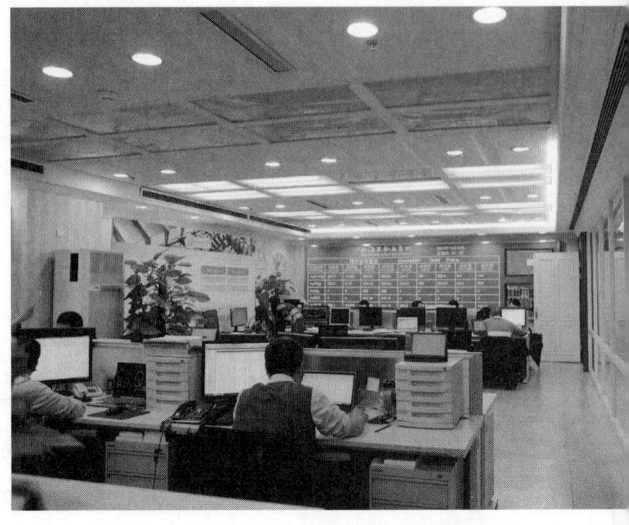

上海黄金交易所交易大厅

3. 上海股票市场

2014 年上半年,沪深主板指数走势相对平稳,三季度以后尤其是年末大幅上扬,而创业板指数高位震荡。2014 年 12 月 31 日,上证综合指数和深证成份指数分别收于 3 234.68 点和 11 014.62 点,比上年末分别上涨 1 118.70 点和 2 892.84 点,涨幅分别为 52.9%和 35.6%;创业板指数收于 1 471.76 点,比上年末上涨 167.32 点,涨幅为 12.8%。

截至 2014 年末,沪市加权平均市盈率从上年末的 10.99 倍上升至 15.99 倍,增幅为 45.5%;深市加权平均市盈率从上年末的 27.8 倍上升至 34.1 倍,增幅为 22.7%。

【市场交易及融资情况】 (1) 股票成交数量和金额均显著增加。2014 年,沪、深股市股票累计成交数量为 73 754.61 亿股,同比增长 52.5%,日均成交 301.04 亿股,同比增长 48.1%;累计成交金额为 74.39 万亿元,同比增长 58.7%(其中上海证券交易所全年股票累计成交金额 37.71 万亿元,同比增长 64.2%),日均成交 3 036.3 亿元,同比增长 54.2%。其中,沪深主板市场累计成交金额为 51.37 万亿元,同比增长 61.9%;中小企业板累计成交金额为 15.22 万亿元,同比增长 51.8%;创业板累计成交金额为 7.8 万亿元,同比增长 52.5%。

(2) 股票发行数量显著增加,创业板融资占比提高。2014 年,各类公司通过股票市场共发行股份 1 251.97 亿股,同比增长 104.3%,其中:首发股数

图 1　2014 年沪深主板市场走势

图 2　2014 年创业板市场走势

70.1 亿股、增发股数 1 156.87 亿股、配股股数 25 亿股，共募集资金 4 856.43 亿元，同比增长 73.3%。其中，通过创业板市场融资金额为 500.08 亿元，同比增长 535.3%，占沪深股市股票融资总额的 10.3%，融资事件数 148 例，同比增长 543.5%，占沪深股市融资事件总数的 24%，市场占比明显提高。

(3) 股票总市值大幅增长。截至 2014 年末，沪深两市股票总市值为 37.11 万亿元，较 2013 年末增加 13.2 万亿元，同比增长 55.2%；其中沪市股票总市值为 24.4 万亿元，较 2013 年末增加 9.28 万亿元，同比增长 61.4%。沪深两市股票流通市值为 31.56 万亿元，较 2013 年末增加 11.6 万亿元，同比增长 58.1%；其中沪市股票流通市值为 22.05 万亿元，较 2013 年末增加 9.4 万亿元，同比增长 61.5%。

【制度建设】 (1) 顶层制度建设取得新进展。2014 年 5 月 9 日，国务院印发《关于进一步促进资本市场健康发展的若干意见》(国发[2014]17 号)，以处理好市场与政府、创新发展与防范风险、风险自担与投资者保护、积极推进与稳步实施的关系为基本原则，从发展多层次股票市场、规范发展债券市场、培育私募市场、推进期货市场建设、提高证券期货服务业竞争力、扩大资本市场开放、防范和化解金融风险以及营造资本市场良好发展环境等九个方面，指明了资本市场下一步发展的方向，有利于加快完善现代市场体系、拓宽企业和居民投融资渠道、优化资源配置和促进经济转型升级。其中，在发展多层次股票市场一节中，提出要积极稳妥推进股票发行注册制改革、加快多层次股权市场建设、提高上市公司质量、鼓励市场化兼并重组和完善退出制度等五条意见。

(2) 创业板市场改革稳步推进。2014 年 5 月 14 日，中国证监会发布修订后的《首次公开发行股票并在创业板上市管理办法》和新制定的《创业板上市公司证券发行管理暂行办法》。其中，创业板首发办法主要修订了以下方面：一是适当放宽财务准入指标，取消持续增长要求；二是简化其他发行条件，强化信息披露约束；三是全面落实保护中小投资者合法权益和新股发行体制改革意见的要求。另外，还废止了《关于进一步做好创业板推荐工作的指引》(证监会公告[2010]8 号)，拓展市场服务覆盖面，创业板申报企业不再限于九大行业。创业板再融资办法主要内容包括：一是设置简明统一的发行条件，强化对再融资的约束机制；二是推出“小额快速”定向增发机制，允许“不保荐不承销”，自受理之日起 15 个工作日内作出核准或者不予核准决定；三是支持上市公司在特定范围自行销售非公开发行的股票，降低融资成本；四是加大董事会的自我约束功能，强化管理层再融资的责任意识。修订创业板首发办法、制定创业板再融资办法是全面推进创业板市场改革的重要举措，进一步明确了创业板支持成长型、创新型中小企业的市场定位，有利于推动多层次资本市场体系建设。

(3) 股转系统、区域股权、柜台市场建设有序推动。2014 年，全国中小企业股份转让系统挂牌步入常态化，挂牌公司数量从年初的 347 家扩大到 1 579 家。6 月 5 日，《全国中小企业股份转让系统做市商做市业务管理规定(试行)》发布，明确了证券公司申请开展做市业务的五项条件。8 月 25 日，做市商系统正式上线，挂牌公司可选择协议转让、竞价转让或做市转让方式之一进行转让。做市商制度的引入增强了板块的活跃度，有助于实现市场的价格发现功能并提升交易价格的稳定性。

2014 年，区域性股权市场继续呈现快速发展的态势。据不完全统计，全国正式开业的区域股权市场约为 20 家，累计挂牌企业数量超过 15 000 家，较去年增加 9 000 余家，相当于场内上市公司数量总和的 5 倍。其中，前海股权交易中心、上海股权托管交易中心和浙江股权交易中心是最活跃的区域股权市场，截至 2014 年末挂牌公司数量分别为 4 378 家、3 105 家和 1 586 家。从挂牌公司的行业分布看，银行、多元金融、食品饮料与烟草等占比较高。

证券公司柜台市场建设进展顺利，柜台市场系统上线运营，投资者适当性管理工作有序开展。2014 年 8 月 15 日，中国证券业协会发布《证券公司柜台市场管理办法(试行)》和《机构间私募产品报价与服务系统管理办法(试行)》，从私募产品发行、销售与转让、登记托管与结算、信息披露、自律管理等方面对证券公司柜台市场业务做了进一步规范，对于再造证券公司基础功能、建设现代化投行具有重要意义。

【市场创新】 (1) 优先股试点丰富证券品种。2014 年 3 月 21 日，中国证监会发布《优先股试点管理办法》。《办法》主要内容包括以下方面：一是上市公司可以发行优先股，非上市公众公司可以非公开发行优先股。二是三类上市公司可以公开发行优先股。三是上市公司发行优先股，可以申请一次核准，分次发行。四是公司非公开发行优先股仅向办法规定的合格投资者发行，每次发行对象不得超过二百人，且相同条款优先股的发行对象累计不得超过二百人。五是优先股交易或转让环节的投资者适当性标准应当与发行环节保持一致；非公开发行的相同条款优先股经交易或转让后，投资者不得超过 200 人。4 月 3 日，中国银监会、中国证监会联合发布《关于商业银行发行优先股补充一级资本的指导意见》(银监发[2014]12 号)，明确了商业银行补充发行优先股补充一级资本的监管要求和路线图。沪、深交易所随后发布《上海证券交易所优先股业务试点管理办法》和《深圳证券交易所优先股试点业务实施细则》，中国证券登记结算公司发布《优先股试点登记结算业务实施细则》。开展优先股试点，有利于加快发展直接融资，支持企业兼并重组，丰富证券品种，为投资者提供多元化投资渠道。截至年末，A 股上市公司共有 18 家公布境内优先股发行预案，总规模达 4 574 亿元。其中，上市银行 11 家，基建公司 4 家，能源、药业、制造业各 1 家。

(2) 多措施推进证券经营机构创新。2014 年 5 月 13 日，中国证监会印发《关于进一步推进证券经营机构创新发展的意见》(证监发[2014]37 号》)，明确了今后一段时期推进证券经营机构创新发展的总体原则、主要任务和具体措施。《意见》从三个方面、共十五条明确了推进证券经营机构创新发展的主要任务和具体措施：一是建设现代投资银行。支持证券经营机构提高综合金融服务能力，完善基础功能，拓宽融资渠道，发展跨境业务，提升合规风控水平，促进形成具有国际竞争力、品牌影响力和系统重要性的现代投资银行。二是支持业务产品创新。推动资产管理业务发展，支持开展固定收益、外汇和大宗商品业务，支持融资类业务创新，稳妥开展衍生品业务，发展柜台业务，支持自主创设私募产品。三是推进监管转型。转变监管方式，深化审批改革，放宽行业准入，实施业务牌照管理。

(3) 新办法推动私募基金行业发展。2014 年 8 月 21 日，中国证监会发布《私募投资基金监督管理暂行办法》，以更好地促进私募基金发展，发挥其促进多层次资本市场平稳运行、优化资源配置和推进经济结构战略性调整等方面的重要作用。《办法》主要明确了以下五项制度安排：一是明确了全口径登记备案制度。要求各类私募基金管理人均应当向基金业协会申请登记，各类私募基金募集完毕，均应当向基金业协会办理备案手续。二是确立了合格投资者制度。从资产规模或收入水平、风险识别能力和风险承担能力、单笔最低认购金额三个方面规定了适度的合格投资者标准。三是明确了私募基金的募资规则。四是提出了规范投资运作行为的有关规则。五是确立了对不同类别私募基金进行差异化行业自律和监管的制度安排。要求私募基金在基金业协会办理备案手续时，应当明确主要投资方向及根据主要投资方向注明的基金类别，要求“同一私募基金管理人管理不同类别私募基金的，应当坚持专业化管理原则”。截至2014年末，已完成登记的私募基金管理机构4 856家，管理私募基金6 787只，管理规模19 597.9亿元，私募基金行业从业人员85 504人。其中：私募证券投资基金3 163只，规模3 882.2亿元；私募股权投资基金2 544只，规模12 046.9亿元；创业投资基金665只，规模1 440.7亿元；其他类型基金451只，规模2 228.1亿元。

（王　晟）

4. 上海保险市场

2014年，上海共实现原保险保费收入986.75亿元，全国排名第8位，同比增长20.13%。其中，财产险业务原保险保费收入为320.36亿元，同比增长12.31%；寿险业务原保险保费收入为545.60亿元，同比增长25.17%；健康险业务原保险保费收入为82.46亿元，同比增长21.52%；人身意外险业务原保险保费收入为38.33亿元，同比增长18.16%。2014年，上海保险公司赔付支出累计378.66亿元，同比增长25.41%。其中，财产险业务赔款支出为177.24亿元，同比增长9.18%；寿险业务给付金额为158.41亿元，同比增长53.55%；健康险业务赔款与给付支出为37.51亿元，同比增长17.89%；意外险业务赔款支出为5.50亿元，同比增长18.80%。

【财产险业务】 (1) 2014年，上海财产险业务原保险保费收入为320.36亿元，全国排名第7位，较上年同期增加35.11亿元，同比增长12.31%。其中，机动车辆保险、企财险、船舶保险、货运险和责任险五个主要险种原保险保费收入合计为289.23亿元，同比增长11.29%，占财产险业务原保险保费收入的90.28%，占财产险公司原保险保费收入的84.28%。

(2) 2014年1—12月，上海财产险业务累计赔款支出177.24亿元，同比增长9.18%。

【人身险业务】 (1) 2014年，上海人身险业务原保险保费收入为666.39亿元(其中包括财产险公司经营的意外险、短期健康险原保险保费收入22.81亿元)，全国排名第7位，较上年同期增加130.21亿元，同比增长24.28%。其中，寿险业务实现原保险保费收入为545.60亿元，同比增长25.17%，占人身险业务原保险保费收入的81.87%；健康险业务实现原保险保费收入82.46亿元，同比增长21.52%，占人身险业务原保险保费收入的12.37%；人身意外险业务实现原保险保费收入38.33亿元，较上年同期增加5.89亿元，同比增长18.16%，占人身险业务原保险保费收入的5.75%。

(2) 2014年，上海人身险业务赔款与给付支出201.42亿元，较上年同期增加61.81亿元，同比增长44.27%。其中，寿险业务给付金额为158.41亿元，同比增长53.55%；健康险业务赔款与给付支出37.51亿元，同比增长17.89%；意外险业务赔款支出5.50亿元，同比增长18.80%。

【保险中介市场主体】 (1) 专业保险中介机构。截至2014年底，经批准设立的专业保险中介法人机构216家，较年初净增加4家，其中代理公司108家，经纪公司64家，公估公司44家；非法人分支机构(含分公司和营业部)149家，其中代理、经纪、公估的分支机构分别为75家、50家和24家。2014年，上海共有6家机构退出市场，其中法人机构3家，分支机构3家。

(2) 保险兼业代理机构。截至2014年底，上海共有4 644家保险兼业代理机构，其中主要是银邮类和车商类兼业代理机构，数量占比分别达到66.30%和17.27%。

(3) 保险营销员。截至2014年底，上海共有保险营销员42 235人，比2013年底增加2 191人，持证率100%。

【保险代理机构业务】 (1) 代理保费规模。2014年，上海保险代理法人机构(含其全国分支机构)累计代理保费收入56.13亿元，同比增长49.45%。其中，代理财产险保费收入39.00亿元，同比增长68.43%；代理人身险保费收入17.12亿元，同比增长18.93%。

(2) 代理险种结构。2014年，上海保险代理法人机构(含其全国分支机构)代理财产险和人身险业务的比例约为2.28。代理财产险业务中机动车辆险、意外伤害保险、责任保险业务比重较大，占比分别为71.33%、6.56%和6.12%。代理人身险业务中意外伤害保险、健康险、分红寿险业务比重较大，占比分别为71.31%、12.07%和6.34%。

(3) 代理佣金收入。2014年，上海保险代理法人机构(含其全国分支机构)累计实现代理业务手续费收入12.54亿元，同比增长34.59%。其中代理财产险业务手续费收入为6.31亿元，同比增长86.63%，代理人身险业务手续费收入为6.24亿元，同比增长4.98%。代理财产险业务手续费收入和人身险业务手续费收入的比例为1.01。保险代理平均手续费率为22.35%，其中财产险和人身险的平均手续费率分别为16.17%和36.41%。

(4) 利润状况。2014年末，上海保险专业代理法人机构(含其全国分支机构)资产总额达到11.91亿元，净利润为8 206.32万元。在103家正在经营状态的保险专业代理法人机构中，有60家机构报表显示盈利，43家机构的报表显示亏损。

【保险经纪机构业务】 (1) 经纪保费规模。2014年，上海保险经纪法人机构(含其全国分支机构)实现经纪保费收入110.39亿元，同比增长33.55%，其中财产险经纪保费73.95亿元，同比增长12.29%，人身险经纪保费25.61亿元，同比增长61.80%，再保险经纪保费10.83亿元，同比增长1 012.27%。

(2) 经纪险种结构。2014年，上海保险经纪法人机构(含其全国分支机构)财产险和人身险业务比例为2.88。财产险业务中，企业财产保险、责任保险、货物运输保险和机动车辆保险占比较大，分别达到31.97%、19.32%、11.79%和11.70%。人身险业务中，健康保险、意外伤害保险和分红寿险占比较大，分别达到54.52%、36.15%和8.42%。

(3) 经纪业务收入。2014年，上海保险经纪法人机构(含其全国分支机构)共实现业务收入16.31亿元，同比增长33.64%。其中经纪佣金收入13.03亿元，咨询业务收入3.28亿元。经纪佣金收入中财产险经纪佣金收入9.92亿元，同比增长23.20%；人身险经纪佣金收入2.92亿元，同比增长83.86%；再保险经纪佣金收入0.18亿元，同比增长165.53%。经纪业务的平均佣金率为11.81%，其中，财产险和人身险的平均佣金率分别为13.42%和11.42%。

(4) 利润状况。2014年，上海保险经纪法人机构(含其全国分支机构)资产总额达到20.96亿元；净利润1.66亿元。在63家持续经营的经纪机构中，有41家机构的报表显示盈利，22家机构的报表显示亏损。

【保险公估机构业务】 (1) 实现收入情况。2014年，上海保险公估法人机构(含其全国分支机构)累计实现营业收入(含公估服务费收入和其他收入)43 084.05万元，同比增长12.67%，其中理赔公估服务费收入为40 939.61万元，同比增长14.56%；承保公估服务费收入941万元，同比增长103.53%；其他收入1 203.44万元，同比增长0.13%。按照险种划分，企业财产保险和机动车辆保险收入比重较大，占比分别为31.88%和30.61%。

(2) 利润状况。2014年，上海保险公估法人机构(含其全国分支机构)资产总额达到3.40亿元，净利润为1 871.76万元。在44家持续经营的公估机构中，30家机构的报表显示盈利，2家机构的报表显示盈亏平衡，12家机构的报表显示亏损。

(上海保监局)

5. 上海商品期货市场

2014年，上海商品期货市场运行规范有序，交易规模稳步增长。全年市场总成交金额为63.24万亿元(以下数据按单边计算)，总成交量为8.42亿手，同比分别增长4.67%和31.10%，分别占全国的49.41%和36.81%。市场运行呈现三个方面特点：一是投资者结构逐步合理，二是客户套保积极性明显提高，三是各品种走势与国际市场联动紧密。

【品种走势】 2014年上期所铜期货合约共成交7 051.03万手，成交金额168 728.76亿元，与上年相比分别上涨9.67%和0.84%。全年共交割铜46 640手(单边)，交割金额114.43亿元(单边)，与上年相比分别下降了9.61%和17.83%，本年累计交割率达0.07%。全年库存最高时为213 297吨，最高持仓量449 169手。

2014年上期所铝期货合约共成交1 392.63万手，成交金额9 628.45亿元，与上年相比上涨了321.30%和299.97%。全年共交割铝145 100手(单边)，交割金额96.96亿元(单边)，与上年相比分别上涨了

77.15%和 62.11%,本年累计交割率为 1.23%。全年库存最高时为 409 137 吨,最高持仓量 282 804 手。

2014 年上期所锌期货合约共成交 4 042.93 万手,成交金额 33 285.68 亿元,与上年相比分别上涨了 234.59%和 268.17%。全年共交割锌 38 895 手(单边),交割金额 31.28 亿元(单边),与上年相比分别上涨了 3.97%和 12.66%,年累计交割率为 0.12%。库存最高时为 273 700 吨。最高持仓量 291 517 手。

2014 年上期所铅期货合约共成交 145.78 万手,成交金额 1036.43 亿元。与上年相比分别上涨了 743.85%和 320.84%。全年共交割铅 29 185 手(单边),交割金额 20.03 亿元(单边),与上年相比分别上涨 48.96%和下降 38.34%,年累计交割率为 2.34%。库存最高时为 90 391 吨。最高持仓量 30 409 手。

2014 年上期所黄金期货合约共成交 2 386.54 万手,成交金额 59 913.14 亿元,与上年相比分别上涨 18.81%和 11.89%。全年共交割黄金 3 651 手(单边),交割金额 9.00 亿元(单边),与上年相比分别上涨 28.51%和 19.25%,本年累计交割率为 0.02%。全年库存最高时为 2 172 千克。最高持仓量 141 472 手。

2014 年上期所白银期货合约共成交 19 348.77 万手,成交金额 115 091.49 亿元,与上年相比分别上涨 11.70%和下降 0.40%。全年共交割白银 25 122 手(单边),交割金额 15.40 亿元(单边),与上年相比分别下降 56.53%和 63.75%,本年累计交割率为 0.01%。全年库存最高时为 574 761 千克。最高持仓量 441 243 手。

2014 年上期所天然橡胶期货合约共成交 8 863.16 万手,成交金额 127 785.03 亿元,与上年相比分别上涨 22.36%和下降 12.03%。全年共交割橡胶 17 739 手(单边),交割金额 24.62 亿元(单边),与上年相比分别上涨 21.44%和下降 15.72%,本年累计交割率为 0.02%。全年库存最高时为 207 658 吨。最高持仓量 262 786 手。

2014 年上期所燃料油期货合约共成交 0.15 万手,成交金额 2.48 亿元,与上年相比分别上涨 41.39%和下降 1.23%。全年共交割燃料油 17 手(单边),交割金额 0.03 亿元(单边),与上年相比分别下降了 77.92%和 84.84%。本年累计交割率为 2.06%。全年库存最高时为 83 129 吨。最高持仓量 78 手。

2014 年上期所石油沥青期货合约共成交 65.02 万手,成交金额 276.86 亿元。与上年相比分别下降 79.26%和 79.80%。全年共交割石油沥青 13 506 手(单边),交割金额 5.75 亿元(单边),与上年相比分别上涨了 0%和 0%。本年累计交割率为 0.36%。全年库存最高时为 89 381 吨。最高持仓量 24 625 手。

2014 年上期所螺纹钢期货合约共成交 40 807.81 万手,成交金额 116 204.03 亿元,与上年相比分别上涨 38.93%和 6.21%。全年共交割螺纹钢 10 710 手(单边),交割金额 3.10 亿元(单边),与上年相比分别下降 46.32%和 57.10%。本年累计交割率为 0.00%。全年库存最高时为 52 903 吨。最高持仓量 2 411 067 手。

2014 年上期所线材期货合约共成交 0.07 万手,成交金额 0.22 亿元,与上年相比分别下降 82.78%和 84.99%。全年共交割线材 0 手(单边),交割金额 0 亿元(单边),与上年相比分别上涨 0%和 0%。本年累计交割率为 0%。全年库存最高时为 0 吨。最高持仓量 20 手。

2014 年上期所热轧卷板期货合约共成交 125.54 万手,成交金额 400.68 亿元。全年共交割热轧卷板 180 手(单边),交割金额 0.06 亿元(单边)。本年累计交割率为 0.02%。全年库存最高时为 8 626 吨。最高持仓量 44 078 手。

(上期所)

热轧卷板期货在上海期货交易所上市交易

6. 上海黄金期货市场

2014 年是黄金市场波动较大的一年。3 月初,俄乌局势动荡,金价暴涨。下半年,受到美联储退出

QE、油价暴跌等因素的影响，金价震荡下行。面对复杂局面，上海期货交易所始终坚持风险防范和市场服务，不断满足市场需求，进一步修订完善黄金期货合约，推动银行、券商、基金等金融机构参与贵金属期货市场，黄金期货市场持续健康发展。

【市场运行】　(1) 成交情况。2014 年上海期货交易所黄金期货成交规模同比有所上升。全年黄金期货各合约成交量① 2 386.54 万手(约合 2.39 万吨)，同比增加 18.81%；成交金额 5.99 万亿元，同比增加 11.89%。全年日均成交量 9.74 万手，日均成交额 244.54 亿元，日均持仓 10.39 万手，年末持仓 9.74 万手。

月度成交量。2014 年 1—6 月，各月度成交量均高于去年同期水平，这是因为 2013 年 7 月前尚未开展连续交易。7 月至 10 月，各月度成交量较去年同期有不同程度的下降。11 月至 12 月，月成交量相应放大，超过去年同期水平。

月末持仓量。2014 年各月末持仓量较去年同期呈现不同幅度的增长。特别是 2 月份以后，各月末持仓量始终稳定在 9 万手以上。其中，10 月份月末持仓量 12.96 万手，创黄金期货上市以来月末持仓量新高。

套保成交情况。2014 年黄金期货套保机构数和套保成交量均大幅增加。有套保申请并参与交易的机构数为 33 家，同比增长 37.50%；套保交易量为 54.97 万手，同比增长 94.14%。

(2) 交割情况。2014 年黄金期货交割量为 3 651 公斤，同比增长 28.52%，月均交割 304.25 公斤，全年交割率为 0.02%，与去年持平。

(3) 会员参与情况。2014 年，参与上海期货交易所黄金期货的会员共 176 家，约占总会员数的 85%。其中，期货公司会员 152 家，非期货公司会员 24 家。黄金期货成交金额排名前 10 的会员成交金额占比为 38.44%，同比上升 2.1 个百分点。

【市场价格】　(1) 国内黄金期货价格走势。2014 年上海期货交易所黄金期货价格走势与国际黄金期货价格走势基本保持一致。黄金期货主力合约年初开盘于 244.45 元/克，年末收于 241.65 元/克，全年跌幅为 1.15%。全年最高价 272.65 元/克出现于 3 月 17 日，全年最低价 225.5 元/克出现于 11 月 5 日。

全年来看，上海期货交易所黄金期货价格与 COMEX 黄金期货价格的相关系数为 0.958 0，与上海黄金交易所黄金 T+D 价格的相关系数为 0.997 6，国内外价格均保持着很强的相关关系。从国内黄金期货与黄金 T+D 的价差走势来看，基本上在±2 元以内波动。从国内黄金期货与 COMEX 黄金期货的价差走势来看，总体表现为国内黄金期货价格高于国际黄金期货价格。

(2) 黄金期货价格波动情况。2014 年黄金期货价格波动较 2013 年有所下降，日收益率年化波动率下降 5.46 个百分点，为 14.01%。

年　　度	2013	2014
年化波动率	19.47%	14.01%

注：年化波动率根据日收益率标准差与年交易天数的算术平方根算出。

【市场建设】　2014 年，国内外经济形势严峻复杂，地缘政治及地区局势对市场产生扰动影响。面对复杂多变的市场形势，上海期货交易所按照证监会推进监管转型，切实履行“两维护，一促进”(维护市场公开、公平、公正，维护投资者特别是中小投资者合法权益，促进资本市场健康发展)职能的要求，针对黄金期货推出多项举措，守住不发生系统性风险的底线，为期货市场稳健运行、改革创新、发挥服务实体经济功能奠定了坚实基础。

一是进一步修订完善黄金期货合约，不断满足市场需求。针对市场呼声较高以及普遍反映的问题，上海期货交易所对黄金期货合约交割月份、持仓梯度保证金基准值等内容进行了修改。修订《上海期货交易所贵金属注册管理规定》，吸引更多的黄金精炼企业注册交割品牌。

其次，优化投资者结构，进一步吸引金融机构参与贵金属期货市场。2014 年，上海期货交易所吸收中信银行、广发银行成为非期货公司会员，使可以参与黄金期货自营交易的商业银行数达到 17 家。同时，上海期货交易所继续推动券商、基金等特殊单位法人参与贵金属期货市场，2014 年共计 1 960 家特殊单位客户办理了开户手续，同比增长 249.73%。随着银行、基金、券商等金融机构的不断参与，市场主体日益多样，金融机构作为“市场稳定器”的作用日益显现。

---

①　上海期货交易所交易量和交易金额均按单边统计。

第三，在完善技术系统方面，推进套期保值电子化管理系统优化，提升套保审批的精细化管理水平，适当放松持仓限额和套保审批要求。同时，为贯彻落实“科学监管”理念，提高工作效率，取消了纸质仓单以及相配套的仓库柜台业务。

（上期所）

7. 中国金融期货市场

【股指期货市场】 沪深300股指期货各项业务规则不断优化，运行效率和质量得到进一步提升，市场功能有效发挥。2014年，股指期货价格运行平稳，期现价差总体处于合理水平，期现价格相关性高达99.91%。2014年，股指期货波动率1.21%，较2013年减少0.19个百分点；成交持仓比下降至5.4，同比下降36.2%。股指期货成交量前低后高，随着11月股票现货市场交易活跃度增强，股指期货成交量显著上升，持仓量大幅增加。2014年沪深300股指期货共成交2.17亿手，同比增长12.13%；总成交金额达163.14万亿元(单边)，增长15.95%；日均成交88.43万手，增长9.34%；日均持仓16.42万手，增长54.31%。

【国债期货市场】 5年期国债期货丰富了机构管理利率风险的手段，成交持仓稳步增长，市场功能与影响力初步显现。同时，国债期货流动性不断提高，成为国债价格发现的主要工具，对“健全反映市场供求的国债收益率曲线”具有积极作用。国债期货成交持仓稳步增长。随着投资者对国债期货理解和参与程度的不断加深，以及市场交易成本的逐步降低，当前国债期货市场规模较上市初期有了明显增长。2014年，5年期国债期货总成交量92.29万手，成交金额8 785亿元，日均成交量3 767手，日均成交金额35.86亿元。2014年12月，国债期货日均成交和持仓规模分别达到10 976手和22 630手，分别是2013年12月份的3.83倍和7.03倍。2014年国债期货平均成交持仓比为0.40，接近成熟市场水平，投资者参与较为理性。国债期货市场流动性不断提高。随着国债期货市场规模稳步增长，市场流动性水平也有所改善。平均买卖价差相对于最小变动价位的倍数有所下降，买卖报价深度有所提高。

【市场运行特点】 从股指期货市场来看，随着投资者套保对冲意识不断增强，资产管理机构中性产品发行规模大幅增加，各类机构参与进程加快。2014年底，特殊法人客户日均持仓量达到6万手，较2013年增长80.8%。作为多头套保的主要力量，以基金管理公司和信托公司为代表的资产管理机构持仓持续增长，已占机构总持仓量半数。参与程度较高的12家证券公司，其大盘蓝筹股持仓比例由不足30%增至50%，促进了股市稳定。与此同时，国债期货上市以来，机构投资者参与的广度和深度也在不断提高。从国债期货交易情况来看，2014年，法人客户日均成交占全市场的比例为28.72%，较2013年提高14.07%；从持仓情况来看，2014年底，法人客户持仓占全市场的比例为62.64%，较2013年底提高24.47%。机构投资者的积极参与增强了国债期货市场的流动性。与国债现货二级市场相比，期货的日均成交量是相近期限现券交易的两倍以上，价格发现功能进一步体现，对健全反映市场供求的国债收益率曲线具有积极作用。

（中金所）

8. 上海产权市场

2014年，上海产权市场积极顺应我国经济发展新常态，坚持“推动流转、防止流失、优化配置、提升价值”的服务理念，坚持规范中创新，充分发挥市场平台优化资源配置的功能，市场整体呈现出总量和质量同步提升态势。上海联合产权交易所全年实现各类企业产权交易及技术交易合计1 188.18亿元，同比增长56.30%。

【市场化公开挂牌金额首次超过千亿元】 上海产权市场全年挂牌宗数和挂牌金额同比分别增长22.53%和46.94%，市场化公开挂牌金额首次超过千亿元。单宗挂牌金额过亿元的大项目明显增多，平均单宗挂牌金额3 273万元，同比增长19.9%。从行业分布看，挂牌项目主要集中在第三产业，挂牌宗数占66.25%，同比增长6.78%；挂牌金额占79.06%，同比增长36.83%。其中，挂牌金额同比增长前三位的行业分别是资产管理业、计算机与通信业和金融业。如上海申通地铁资产经营管理有限公司持有的以地铁上盖房地产为核心资产“上海资贤投资发展有限公司60%股权和转让方对该公司的22 379万元人民币债权”项目，有8家房地产行业的龙头投资人办理了意向受让登记，最终被一家房地产公司竞价受让。

【为国资国企改革服务能力提升】 国资国企整合重组并购活跃，存量转让和增量投资“双驱动”。全年共有98家中央企业在上海联交所挂牌并成交项目，完成的央企出让成交宗数和金额同比分别增长96.59%和54.66%，完成的央企受让成交金额同比增长98.42%；上海市国有企业集团完成的出让成交宗数和金额同比分别增长4.63%和33.94%，完成的受让成交金额同比增长52.03%。根据国资国企混合所有制发展的新需求，积极探索增资扩股业务模式。全年完成融资项目金额合计达到206.16亿元，同比增加2.5倍。如，上海世纪出版集团成功融资27.66亿元；中央企业中国诚通集团内蒙古诚通能源公司增资项目实现融资3 100万元；中小企业仟果公司“A轮融资”+“B轮融资”两次股权融资实现增资4 500万元。

【民营资本和投资机构积极参与产权交易】 参与产权收购的民营资本占比近五成，受让主体VC、PE等投资机构增长四成。全年各类民营资本收购占比达到47.4%，投资机构参与产权交易增长明显，全年VC/PE等投资机构参与收购和出让项目资金分别占到交易总量的35.64%和44.37%，同比分别增长38.73%和164.35%。上海产权市场已成为创投和私募投资基金进入与退出的重要渠道。如，上海物联网基金3 000万出资份额、上海铎得宝股权投资公司3 600万出资份额等一批基金份额公开挂牌出让交易。“上海浦迪投资发展有限公司22.377%股权”转让项目被一家股权投资基金以7.7亿元的价格收购。

【异地并购交易呈现放量增长态势】 异地并购交易放量增长，长三角地区项目成交金额同比增长八成。上海产权市场全年企业产权交易涉及30个省市，异地并购成交宗数和金额同比分别增长19.46%和48.09%。其中：上海并购异地企业金额同比增长100.96%；异地并购上海企业金额同比增长82.9%；异地企业间并购金额同比增长23.44%。随着长江经济带国家战略的推进，异地并购中长三角地区标的项目的成交宗数、金额占比最大，分别达到59.18%和61.72%，同比增长24.24%和82.10%，如“上海锐思资产管理有限公司100%股权”项目被东北一家投资管理有限公司以14.64亿元价格收购。

【各类资产进场规范交易进程加快】 物权交易覆盖面从“大额小众”向“小额大众”转变，市场竞价增值效应显著。上海联交所发挥中央企业资产交易首批试点机构的优势，按照《关于中央企业资产转让进场交易有关事项的通知》(国资厅发产权〔2013〕78号)和《关于规范国有及国有控股企业资产转让管理有关问题的通知》(沪国资委产权〔2014〕98号)等资产进场交易文件的要求，积极推进上海市及中央企业国有资产进场交易，各类物权成交宗数和金额快速增长，交易覆盖面从“大额小众”向“小额大众”转变，全年有超过3 000人次的自然人直接参与了资产类的竞价交易。交易品种日趋多样化，成功开展了包括房产、设备、船舶、车辆、停车位使用权、出租汽车运营权、采矿权等品种，一批金银币、纪念邮票及等文化艺术资产项目通过网络动态报价实现了增值交易。如：“上海市长宁区定西路1310弄16号整幢房产(共计120套住宅)”通过采用多次报价法，最终以5.89亿成交，增值19.02%，为大批量物权处置积累了经验；“上海市建国西路319号办公楼及相关资产”项目以2.3亿元成交，高出挂牌价1.07亿元。

【市场多元化服务功能提升】 创新服务领域拓宽，市场多元化服务功能提升。一是稳步推进金融企业国有产权交易，全年完成金融央企项目涉及31个央企和部委，成交金额217.27亿元，同比增长67.86%；二是涉诉资产进场交易实现突破，全年共完成11宗涉诉资产交易项目，交易金额近40亿；三是积极拓展技术产权交易新空间，新推了体育产权交易板块，首批发布了赛事冠名权、体育科技成果转化等8个项目；四是积极推进中小企业投融资平台建设，正式启动上海市中小企业投融资服务中心工作，完成注册并正式运营；五是上海农村产权交易所转变经营机制取得成效，联手金山区政府先行先试，探索合作共建上海农村产权交易市场化新模式，积极推进全市统一农村产权交易市场的建设步伐。

【市场规范运行能力提升】 以六部委第五次评审为契机，全面提升市场规范运行能力。一是顺利完成六部委第五次评审各项工作。2014年，上海联交所以国务院国资委等六部委对京、津、沪、渝等四家央企产权交易机构开展综合评审为契机，以问题为导向对上海联交所历年制度规则进行了摸底梳理，查找存在的法律风险、廉政风险源，并与市产管办形成联动机制，不断优化制度体系建设，建设一支过硬的规范从业、廉洁从业人员队伍，健全完善风险控制和防范机制。上海联交所规范建设得到了六部委专家评审组的充分肯定。二是进一步完善制度规则。针对物权交易业务发展需要，对相关规则进行了修订完善，制定出台了《上海联合产权交易所资产交易操作流程（试行）》、《关于推进资产项目进场交易相关事项的操作口径》等资产交易规则。积极防范会员在执业过程中的经营风险，新出台《上海经纪会员管理细则》，修订完成央企会员、律师事务所会员等各类会员管理细则。

（游乔君）

第六篇　统　　计

一、金融综合统计

2014年上海市中资金融机构统计口径

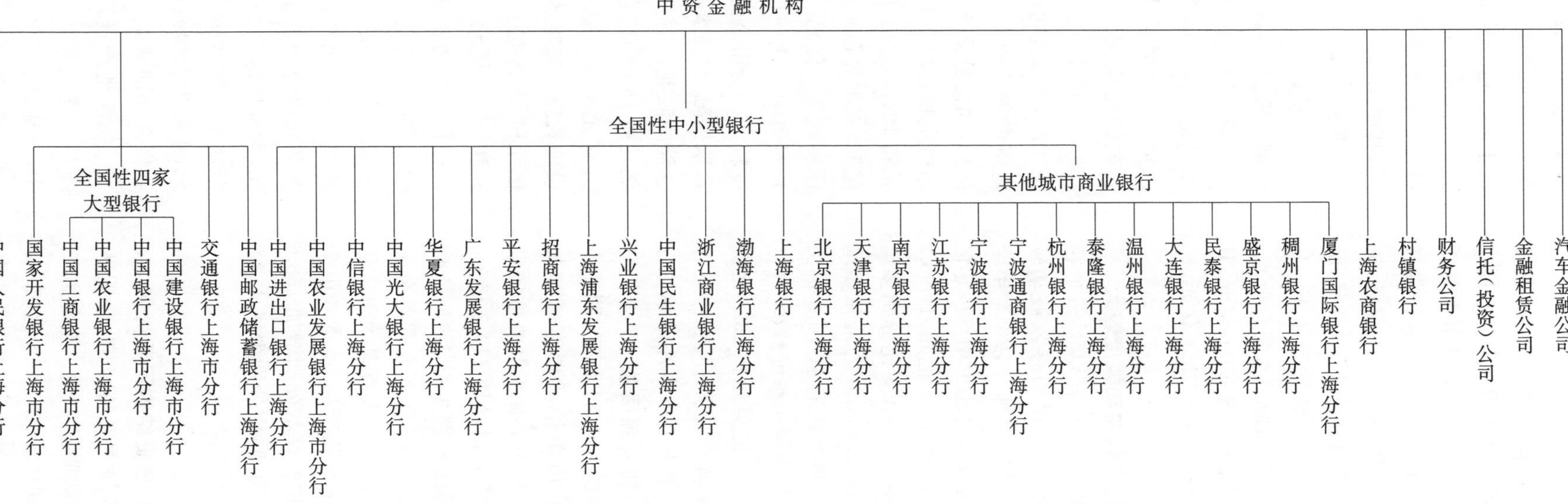

注：全国性大型银行是指本外币资产总量超过2万亿的银行；全国性中小型银行是指本外币资产总量小于2万亿且跨省经营的银行。首次分组以2008年末各金融机构本外币资产总额作为参考标准。

数字提要

2014年，上海市货币信贷运行总体平稳，各项存贷款总量增长适度，信贷结构不断优化，较好地支持了本市实体经济发展。2014年末，上海市本外币各项存款余额73 882亿元，同比增长6.7%，增幅较年初下降2个百分点。全年新增存款4 613亿元，同比少增861.3亿元；其中第4季度新增1 561.3亿元，同比多增838.9亿元。本外币各项贷款余额47 916亿元，同比增长8%，增速较年初微降0.4个百分点。全年新增贷款3 424.2亿元，同比多增126.6亿元；其中第4季度新增943.1亿元，同比多增522.6亿元。

一、各项存款增长趋缓，存款波动幅度较大

2014年，上海市存款变化主要有以下三个特点：一是本外币存款增速放缓，人民币存款波动较大，外汇存款少增明显。从存款币种分，2014年全市新增人民币存款4 498.5亿元，同比少增594.9亿元。其中1至4季度分别增加2 475.8亿元、1 998.2亿元、−1 763.7亿元和1 788.2亿元，同比分别多增807.1亿元、503.2亿元、多减2 836.1亿元和多增930.9亿元。2014年，全市新增外汇存款16.2亿美元，同比少增65.2亿美元。其中第4季度减少33亿美元，环比和同比分别多减3.8亿美元和16.8亿美元。二是单位存款增速回落，单位定期存款、协定存款和结构性存款少增明显。年末全市本外币单位存款余额同比增长6.4%，较年初大幅回落4.7个百分点。当年新增本外币单位存款2 597.1亿元，同比少增1 471.1亿元。其中本外币单位活期存款增加828.7亿元，同比多增710.6亿元；本外币单位定期存款、协定存款和结构性存款分别增加749.2亿元、304.7亿元和522.9亿元，同比分别少增1 405.4亿元、1 159.3亿元和314.4亿元。三是个人存款分流较多。2014年，全市新增本外币个人存款959.7亿元，同比少增612.8亿元。按存款产品分，本外币个人活期存款、定期存款和结构性存款分别增加158.6亿元、651.3亿元和129.8亿元，同比分别少增437.9亿元、24.7亿元和171.7亿元。

二、贷款总量增长平稳，信贷结构不断优化

2014年，全市信贷运行的主要特点有：一是人民币贷款增长适度，外汇贷款明显少增。全年新增人民币贷款3 346.8亿元，同比多增170.1亿元；新增外汇贷款9.9亿美元，同比少增32亿美元。其中下半年外汇贷款减少39.4亿美元，同比多减4.9亿美元。二是短期贷款减少较多，中长期贷款投放占比上升。按贷款期限分，当年全市本外币短期贷款减少413.5亿元，同比多减994.8亿元；全市新增本外币中长期贷款2 568.7亿元，同比多增248.3亿元，其中12月份增加416.7亿元，同比多增332.7亿元，使全年新增的本外币中长期贷款占各项贷款增量的比重达到75%，同比上升4.6个百分点。三是票据融资、单位固定资产贷款和银团贷款增加较多，个人贷款投放比重仍最高。按贷款种类分，个人贷款仍是银行当年贷款营销重点。全年新增本外币个人贷款899亿元，同比少增448.9亿元，占各项新增贷款的比重超过1/4。本外币票据融资全年新增753.7亿元，同比多增993.5亿元，其中企业直贴增加430.7亿元，同比多增617.1亿元。本外币单位固定资产贷款和银团贷款分别增加659亿元和427.1亿元，同比分别多增132.5亿元和118.6亿元；本外币融资租赁贷款和单位经营贷款分别增加454.8亿元和194.5亿元，同比分别少增103.6亿元和354.6亿元；而本外币贸易融资贷款则减少151.1亿元，同比多减309亿元。四是金融机构单位贷款行业投向相对集中，对中型以下企业和住房保障信贷投放力度较大。全市金融机构发放的本外币企业贷款（不含票据融资）主要投向房地产业、商务租赁业和交运仓储邮政业，三行业贷款分别增加946.9亿元、569.3亿元和180.2亿元，同比分别多增594.6亿元、少增84亿元和84.3亿元。而批发零售业、水利环境公共设施管理业和制造业贷款分别减少289.1亿元、162.1亿元和131.6亿元，同比分别多减139亿元、43.6亿元和594.6亿元。按借款企业规模分，上海市中外资银行投放的企业贷款以中、小、微企业为主，分别增加558.6亿元、522亿元和217.5亿元，同比分别多增599.6亿元、少增15.1亿元和多增126.7亿元。其中中型房地产企业贷款增加422亿元，小型租赁商务和房地产企业贷款分别增加255亿元和152亿元，微型房地产企业贷款增加114.4亿元。投向大型企业贷款减少488.3亿元，同比多减1 048.6亿元，主要为大型政府投融资平台企业贷款和制造企业贷款分别减少312亿元和197.4亿元。

按房地产贷款资金投向分，当年全市新增房地产开发贷款829.3亿元，同比多增431.1亿元。其中，土地储备开发贷款增加211.4亿元，同比多增111亿元；保障房开发贷款和商用房开发贷款分别增加153.7亿元和275.4亿元，同比分别多增65亿元和119.2亿元。五是个人住房贷款增量触底反弹。2014年，全市新增本外币个人消费贷款940.9亿元，同比少增400.8亿元，按贷款用途分，本外币个人住房贷款增加597.6亿元，同比少增192.1亿元。第四季度商业银行个人住房贷款发放节奏有所加快，贷款增量止跌回升，其中12月份全市新增本外币个人住房贷款70.2亿元，环比和同比分别多增35.2亿元和20.3亿元。当年全市新增本外币个人汽车消费贷款245.9亿元，同比少增211.9亿元，其中12月份增加58.8亿元，同比多增50.1亿元。

（2014年12月份汇率6.119 0）

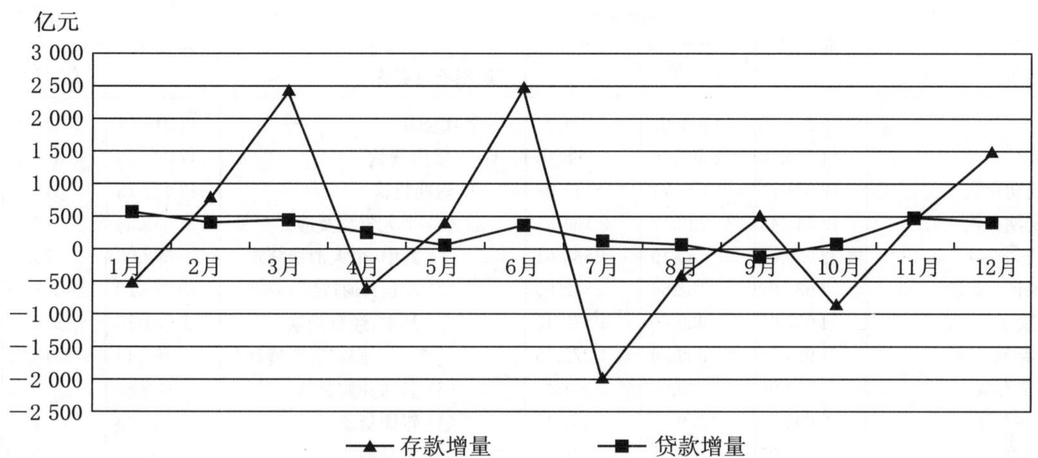

上海市中资金融机构本外币存贷款增量变动图

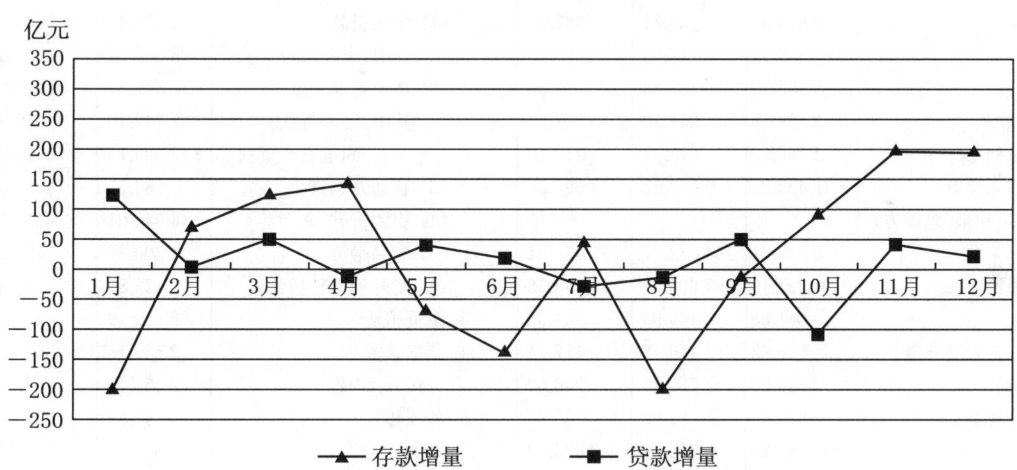

上海市外资金融机构本外币存贷款增量变动图

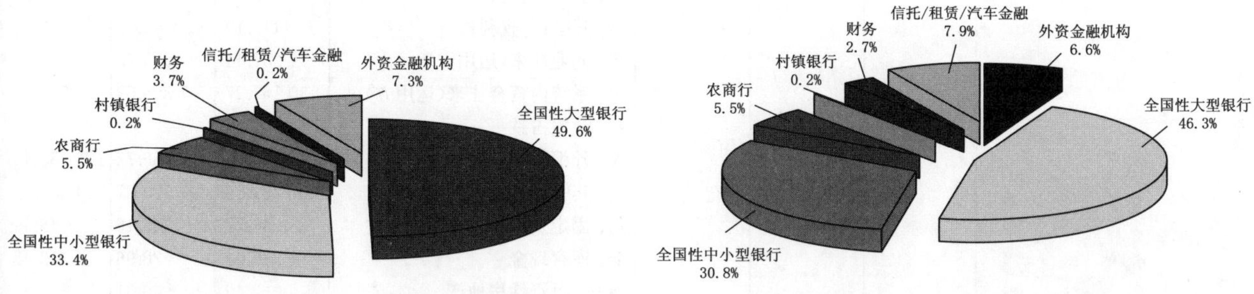

上海市中外资金融机构人民币存款余额占比图　　上海市中外资金融机构人民币贷款余额占比图

(一) 本外币信贷收支统计

1. 上海市中外资金融机构本外币信贷收支表

汇率:6.119 0　　2014-12-31　　单位:亿元

来源项目名称	本期	比年初增减数 本年	比年初增减数 上年	运用项目名称	本期	比年初增减数 本年	比年初增减数 上年
一、各项存款	73 882.45	4 612.96	5 474.25	一、各项贷款	47 915.81	3 424.23	3 297.65
1. 单位存款	44 149.12	2 597.06	4 068.10	(一) 境内贷款	47 067.43	3 372.68	3 218.69
其中:活期存款	12 364.11	828.71	118.08	1. 短期贷款	13 412.75	−413.54	581.28
定期存款	13 441.43	749.17	2 154.57	(1) 个人贷款及透支	1 055.66	12.46	25.45
通知存款	2 639.64	−53.19	−566.61	其中:个人消费贷款	568.06	90.33	74.79
保证金存款	2 636.07	132.56	−42.83	(2) 单位普通贷款及透支	9 636.22	−202.16	424.23
2. 个人存款	24 057.05	959.70	1 572.45	其中:经营贷款	9 381.36	−212.14	516.20
储蓄存款	21 995.54	809.86	1 272.45	固定资产贷款	153.43	−13.96	−100.71
保证金存款	54.98	20.07	−1.45	(3) 普通并购贷款	0.80	−5.15	4.12
结构性存款	2 006.52	129.77	301.45	(4) 银团贷款	20.43	−24.07	−8.86
3. 财政性存款	2 606.01	807.51	168.73	(5) 贸易融资	2 699.64	−194.62	136.34
4. 临时性存款	73.67	−24.52	34.08	(6) 境外筹资转贷款			
5. 委托存款	346.29	39.51	18.31	2. 中长期贷款	28 451.63	2 568.66	2 320.36
6. 其他存款	2 650.31	233.71	−387.44	(1) 个人贷款	8 650.49	886.56	1 322.42
二、金融债券	329.11	41.99	55.05	其中:个人消费贷款	8 042.34	850.65	1 250.36
三、中长期借款	55.20	−131.53	70.86	(2) 单位普通贷款	14 840.34	1 079.59	660.10
四、应付及暂收款	2 551.18	254.10	577.57	其中:经营贷款	2 747.19	406.63	32.85
其中:应付利息	1 286.62	218.32	243.30	固定资产贷款	12 093.15	672.96	627.25
五、同业往来(来源方)	18 432.24	9 098.57	2 095.37	(3) 普通并购贷款	286.53	108.09	−0.14
六、系统内资金往来(来源方)				(4) 银团贷款	4 340.01	451.21	317.44
七、外汇买卖(来源方)	170 329.61	166 882.97	127 469.01	(5) 贸易融资	300.37	43.53	21.58
其中:结售汇	101 221.19	97 965.47	74 956.78	(6) 境外筹资转贷款	33.89	−0.33	−1.04
八、各项准备	1 041.85	165.99	134.36	3. 融资租赁	2 589.19	454.80	558.37
其中:贷款损失准备金	978.62	146.18	117.01	4. 票据融资	2 559.16	753.70	−239.80
九、所有者权益	3 578.28	780.46	346.62	其中:贴现	2 559.16	753.70	−237.11
其中:实收资本	937.05	81.62	66.94	5. 各项垫款	54.69	9.06	−1.51
十、其他	−11 082.28	−785.49	−2 632.59	(二) 境外贷款	848.38	51.54	78.96
				二、有价证券	3 587.13	780.31	−61.86
				三、股权及其他投资	3 830.09	2 015.27	999.70
				四、应收及预付款	1 449.34	56.73	576.60
				其中:应收利息	413.19	41.38	123.51
				五、同业往来(运用方)	1 257.44	503.78	−14.79
				六、系统内资金往来(运用方)	30 167.27	7 398.53	1 977.77
				七、金银占款			
				八、外汇买卖(运用方)	170 105.30	166 666.72	126 755.49
				其中:结售汇	100 782.81	97 528.97	74 331.29
				九、固定资产	566.72	45.16	46.99
				十、库存现金	236.03	28.96	13.48
				十一、投资性房地产	2.49	0.31	−0.55
资金来源总计	259 117.63	180 920.00	133 590.49	资金运用总计	259 117.63	180 920.00	133 590.49

2. 上海市中资金融机构本外币信贷收支表

汇率:6.119 0 2014-12-31 单位:亿元

栏目 来源项目名称	本期	比年初增减数		栏目 运用项目名称	本期	比年初增减数	
		本年	上年			本年	上年
一、各项存款	67 813.15	4 453.11	5 237.68	一、各项贷款	43 386.58	3 260.42	3 156.54
1. 单位存款	39 072.92	2 356.86	3 738.27	(一) 境内贷款	42 971.14	3 252.10	3 089.50
其中:活期存款	11 049.27	679.54	185.85	1. 短期贷款	11 304.82	−347.01	407.89
定期存款	11 990.02	816.97	1 956.68	(1) 个人贷款及透支	1 053.89	11.63	25.07
通知存款	2 193.71	−118.25	−535.13	其中:个人消费贷款	567.51	89.97	74.78
保证金存款	2 500.43	123.23	−63.40	(2) 单位普通贷款及透支	7 961.10	−63.78	306.25
2. 个人存款	23 273.88	993.97	1 573.62	其中:经营贷款	7 822.87	−38.27	386.43
储蓄存款	21 539.22	820.91	1 279.98	固定资产贷款	115.88	−24.54	−85.00
保证金存款	53.95	19.69	−1.86	(3) 普通并购贷款	0.80	−5.15	5.15
结构性存款	1 680.71	153.36	295.50	(4) 银团贷款	2.99	−12.29	−10.69
3. 财政性存款	2 605.83	807.33	168.73	(5) 贸易融资	2 286.04	−277.43	82.10
4. 临时性存款	69.06	−26.82	35.10	(6) 境外筹资转贷款			
5. 委托存款	346.29	39.51	18.31	2. 中长期贷款	26 928.25	2 439.97	2 368.50
6. 其他存款	2 445.17	282.26	−296.36	(1) 个人贷款	8 425.78	864.11	1 312.14
二、金融债券	259.17	31.96	5.12	其中:个人消费贷款	7 828.38	834.12	1 243.08
三、中长期借款	55.20	−131.53	70.86	(2) 单位普通贷款	13 853.22	1 001.23	677.79
四、应付及暂收款	2 357.64	279.61	588.75	其中:经营贷款	2 206.22	306.98	59.41
其中:应付利息	1 211.23	207.72	236.48	固定资产贷款	11 647.00	694.25	618.38
五、同业往来(来源方)	15 682.06	8 461.22	1 173.45	(3) 普通并购贷款	280.71	108.16	3.29
六、系统内资金往来(来源方)				(4) 银团贷款	4 045.81	420.84	351.58
七、外汇买卖(来源方)	19 635.72	16 200.61	13 543.05	(5) 贸易融资	288.84	45.97	24.74
其中:结售汇	17 513.73	14 269.55	11 126.22	(6) 境外筹资转贷款	33.89	−0.33	−1.04
八、各项准备	956.26	137.16	125.92	3. 融资租赁	2 589.19	454.80	558.37
其中:贷款损失准备金	894.18	117.76	108.76	4. 票据融资	2 095.66	695.02	−242.90
九、所有者权益	2 755.23	646.30	282.88	其中:贴现	2 095.65	695.02	−240.21
其中:实收资本	632.97	80.66	46.60	5. 各项垫款	53.22	9.32	−2.35
十、其他	−6 956.99	−644.28	−311.67	(二) 境外贷款	415.44	8.32	67.04
				二、有价证券	3 086.12	678.35	−174.50
				三、股权及其他投资	3 824.60	2 009.79	1 202.31
				四、应收及预付款	1 298.17	42.11	636.18
				其中:应收利息	337.02	25.36	118.93
				五、同业往来(运用方)	434.42	−120.82	229.62
				六、系统内资金往来(运用方)	30 137.62	7 298.82	2 069.38
				七、金银占款			
				八、外汇买卖(运用方)	19 617.49	16 190.46	13 540.22
				其中:结售汇	17 510.29	14 267.99	11 124.96
				九、固定资产	537.52	45.76	42.78
				十、库存现金	232.49	28.92	14.05
				十一、投资性房地产	2.41	0.36	−0.53
资金来源总计	102 557.42	29 434.17	20 716.04	资金运用总计	102 557.42	29 434.17	20 716.04

3. 上海市外资金融机构本外币信贷收支表

汇率:6.119 0　　　　2014-12-31　　　　单位:亿元

栏目 来源项目名称	本月余额	比年初增减数		栏目 运用项目名称	本月余额	比年初增减数	
		本 年	上 年			本 年	上 年
一、各项存款	6 069.12	159.66	236.57	一、各项贷款	4 529.23	163.81	141.11
1. 单位存款	5 076.21	240.19	329.83	(一) 境内贷款	4 096.28	120.59	129.19
其中:活期存款	1 314.84	149.17	−67.77	1. 短期贷款	2 107.93	−66.53	173.39
定期存款	1 451.40	−67.80	197.89	(1) 个人贷款及透支	1.77	0.83	0.38
通知存款	445.93	65.06	−31.48	其中:个人消费贷款	0.55	0.36	0.00
保证金存款	135.63	9.33	20.57	(2) 单位普通贷款及透支	1 675.12	−138.38	117.97
2. 个人存款	783.16	−34.27	−1.17	其中:经营贷款	1 558.49	−173.87	129.77
储蓄存款	456.32	−11.06	−7.53	固定资产贷款	37.55	10.59	−15.71
保证金存款	1.04	0.38	0.41	(3) 普通并购贷款			−1.03
结构性存款	325.81	−23.59	5.94	(4) 银团贷款	17.44	−11.78	1.83
3. 临时性存款	4.61	2.29	−1.02	(5) 贸易融资	413.61	82.80	54.24
4. 其他存款	205.14	−48.55	−91.08	(6) 境外筹资转贷款			
二、代理财政性存款	0.18	0.18	0.00	2. 中长期贷款	1 523.38	128.69	−48.14
三、金融债券	69.94	10.03	49.94	(1) 个人贷款	224.70	22.46	10.28
其中:境外发行	9.94	9.94		其中:个人消费贷款	213.97	16.53	7.28
四、中长期借款				(2) 单位普通贷款	987.12	78.36	−17.69
其中:境外借款				其中:经营贷款	540.97	99.65	−26.56
五、应付及暂收款	193.54	−25.51	−11.19	固定资产贷款	446.15	−21.29	8.87
其中:应付利息	75.39	10.61	6.82	(3) 普通并购贷款	5.82	−0.06	−3.44
六、卖出回购资产	248.06	210.06	−16.10	(4) 银团贷款	294.21	30.37	−34.14
七、向中央银行借款	0.23	0.23	−1.11	(5) 贸易融资	11.53	−2.43	−3.16
八、同业往来(来源方)	3 624.72	762.70	316.69	(6) 境外筹资转贷款			
1. 同业存放	1 896.01	579.13	92.30	3. 融资租赁			
其中:境外同业存放	1 561.69	519.56	609.35	4. 票据融资	463.51	58.68	3.10
2. 同业拆借	1 728.71	183.57	224.39	其中:贴现	463.51	58.68	3.10
其中:境外同业拆借	1 125.58	81.26	355.13	5. 各项垫款	1.46	−0.26	0.84
九、境外联行往来(来源方)	856.70	121.71	275.40	(二) 境外贷款	432.95	43.23	11.92
十、外汇买卖(来源方)	150 693.89	150 682.35	113 925.96	二、有价证券	1 429.21	547.68	44.85
其中:结售汇	83 707.47	83 695.93	63 830.56	三、股权及其他投资	5.48	5.48	−202.61
十一、委托存款及委托投资基金(净)				四、应收及预付款	151.17	14.62	−59.58
1. 委托存款及委托投资基金				其中:应收利息	76.17	16.03	4.58
2. 减:委托贷款及委托投资				五、买入返售资产	480.35	−143.68	439.52
十二、代理金融机构委托贷款基金				六、存放中央银行准备金存款	1 387.37	151.45	103.76
其中:中央银行委托贷款基金				七、存放中央银行特种存款			
十三、各项准备	85.59	28.83	8.45	八、缴存中央银行财政性存款	0.12	0.12	0.00
其中:贷款损失准备金	84.44	28.42	8.25	九、同业往来	3 204.62	357.77	318.54
十四、所有者权益	823.04	134.16	63.73	1. 存放同业	1 285.86	−51.79	96.24
其中:实收资本	304.08	0.96	20.34	其中:存放境外同业	287.88	165.01	−103.79
十五、其他	−892.21	−465.20	−838.13	2. 拆放同业	1 918.76	409.56	222.30
				其中:拆放境外同业	468.13	410.80	−150.28
				十、境外联行往来(运用方)	93.82	45.69	9.94
				十一、代理金融机构贷款			
				其中:代理人行专项贷款			
				十二、库存现金	3.55	0.04	−0.57
				十三、外汇买卖(运用方)	150 487.81	150 476.27	113 215.28
				其中:结售汇	83 272.52	83 260.98	63 206.33
				十四、投资性房地产	0.07	−0.05	−0.02
资金来源总计	161 772.81	151 619.20	114 010.21	资金运用总计	161 772.81	151 619.20	114 010.21

（二）人民币信贷收支统计

1. 上海市中外资金融机构人民币信贷收支表

2014-12-31　　单位：亿元

栏目 来源项目名称	本　期	比年初增减数		栏目 运用项目名称	本　期	比年初增减数	
		本　年	上　年			本　年	上　年
一、各项存款	69 549.14	4 498.51	5 093.39	一、各项贷款	43 227.33	3 346.76	3 176.63
1. 单位存款	40 955.69	2 564.58	3 567.39	（一）境内贷款	43 041.43	3 346.86	3 194.54
其中：活期存款	11 160.98	829.57	76.20	1. 短期贷款	11 056.41	−142.08	602.80
定期存款	12 294.87	812.73	1 831.64	(1) 个人贷款及透支	1 051.88	12.14	25.19
通知存款	2 612.64	−59.01	−545.77	其中：个人消费贷款	564.28	90.00	74.52
保证金存款	1 928.64	−19.76	−73.75	(2) 单位普通贷款及透支	8 570.77	−263.29	463.82
2. 个人存款	23 230.56	916.05	1 591.22	其中：经营贷款	8 330.92	−261.92	552.32
储蓄存款	21 269.32	783.07	1 264.41	固定资产贷款	138.64	−25.15	−97.26
保证金存款	53.20	20.21	−1.47	(3) 普通并购贷款	0.80	−0.15	−0.88
结构性存款	1 908.04	112.77	328.28	(4) 银团贷款	19.00	−21.58	−8.47
3. 财政性存款	2 606.01	807.51	168.73	(5) 贸易融资	1 413.96	130.80	123.14
4. 临时性存款	46.41	−3.28	25.85	(6) 境外筹资转贷款			
5. 委托存款	340.57	42.89	18.08	2. 中长期贷款	26 932.53	2 398.81	2 290.19
6. 其他存款	2 369.90	170.76	−277.89	(1) 个人贷款	8 635.42	885.31	1 322.13
二、金融债券	329.11	41.99	55.05	其中：个人消费贷款	8 027.33	849.37	1 250.14
三、中长期借款	31.00	−112.96	60.01	(2) 单位普通贷款	13 650.83	924.23	623.39
四、应付及暂收款	2 333.88	193.70	466.34	其中：经营贷款	2 071.83	302.89	−21.43
其中：应付利息	1 248.79	205.23	250.49	固定资产贷款	11 579.00	621.34	644.82
五、同业往来（来源方）	16 887.97	9 041.86	1 651.88	(3) 普通并购贷款	263.25	117.90	−13.07
六、系统内资金往来（来源方）				(4) 银团贷款	4 166.74	444.50	337.74
七、外汇买卖（来源方）	39 309.37	37 687.92	29 769.87	(5) 贸易融资	216.28	27.05	20.00
其中：结售汇	26 832.71	25 215.51	24 298.72	(6) 境外筹资转贷款		−0.18	
八、各项准备	960.56	149.85	133.33	3. 融资租赁	2 441.78	329.12	542.67
其中：贷款损失准备金	903.21	130.26	115.84	4. 票据融资	2 558.40	753.23	−239.77
九、所有者权益	3 277.71	784.87	308.60	其中：贴现	2 558.40	753.23	−237.08
其中：实收资本	795.24	96.37	76.15	5. 各项垫款	52.31	7.78	−1.35
十、其他	−10 080.85	−1 306.79	−1 160.26	（二）境外贷款	185.89	−0.10	−17.92
				二、有价证券	3 566.80	767.76	−62.07
				三、股权及其他投资	3 674.92	1 866.99	999.92
				四、应收及预付款	1 229.31	57.02	493.94
				其中：应收利息	382.45	37.05	126.43
				五、同业往来（运用方）	480.66	−56.02	212.95
				六、系统内资金往来（运用方）	30 432.24	7 347.26	1 812.59
				七、金银占款			
				八、外汇买卖（运用方）	39 215.35	37 576.33	29 686.62
				其中：结售汇	26 889.75	25 277.36	24 382.40
				九、固定资产	558.68	45.04	44.66
				十、库存现金	210.13	27.50	13.53
				十一、投资性房地产	2.49	0.31	−0.55
资金来源总计	122 597.89	50 978.95	36 378.21	资金运用总计	122 597.89	50 978.95	36 378.21

2. 上海市中资金融机构人民币信贷收支表

2014-12-31

单位:亿元

来源项目名称	本期	比年初增减数 本年	比年初增减数 上年	运用项目名称	本期	比年初增减数 本年	比年初增减数 上年
一、各项存款	64 659.94	4 325.76	4 767.37	一、各项贷款	40 375.78	3 209.90	3 169.64
1. 单位存款	36 812.51	2 330.05	3 276.31	(一) 境内贷款	40 226.87	3 211.94	3 184.02
其中:活期存款	10 397.47	712.10	118.53	1. 短期贷款	9 622.38	−196.87	542.60
定期存款	11 209.99	858.42	1 695.54	(1) 个人贷款及透支	1 050.13	11.32	24.81
通知存款	2 173.73	−123.64	−513.78	其中:个人消费贷款	563.74	89.66	74.52
保证金存款	1 799.44	−34.11	−92.51	(2) 单位普通贷款及透支	7 455.73	−226.76	443.50
2. 个人存款	22 617.55	942.02	1 553.38	其中:经营贷款	7 326.89	−193.42	523.93
储蓄存款	20 962.97	788.22	1 257.15	固定资产贷款	106.52	−32.37	−85.24
保证金存款	52.16	19.82	−2.12	(3) 普通并购贷款	0.80	−0.15	0.15
结构性存款	1 602.42	133.98	298.34	(4) 银团贷款	2.99	−11.11	−11.83
3. 财政性存款	2 605.83	807.33	168.73	(5) 贸易融资	1 112.73	29.83	85.97
4. 临时性存款	42.56	−6.29	27.23	(6) 境外筹资转贷款			
5. 委托存款	340.57	42.89	18.08	2. 中长期贷款	26 016.62	2 376.91	2 343.64
6. 其他存款	2 240.91	209.76	−276.35	(1) 个人贷款	8 425.49	864.23	1 311.77
二、金融债券	259.17	31.96	5.12	其中:个人消费贷款	7 828.09	834.24	1 242.71
三、中长期借款	31.00	−112.96	60.01	(2) 单位普通贷款	13 149.83	934.36	667.81
四、应付及暂收款	2 139.21	349.63	419.95	其中:经营贷款	1 937.81	304.31	41.68
其中:应付利息	1 183.07	197.50	241.75	固定资产贷款	11 212.02	630.05	626.13
五、同业往来(来源方)	15 307.74	8 523.19	1 061.18	(3) 普通并购贷款	257.59	117.93	−9.67
六、系统内资金往来(来源方)				(4) 银团贷款	3 971.46	430.32	358.29
七、外汇买卖(来源方)	8 826.93	7 216.90	5 559.64	(5) 贸易融资	212.24	30.25	15.44
其中:结售汇	8 810.57	7 204.79	5 554.09	(6) 境外筹资转贷款		−0.18	
八、各项准备	899.30	128.65	124.69	3. 融资租赁	2 441.78	329.12	542.67
其中:贷款损失准备金	842.69	109.27	107.44	4. 票据融资	2 094.90	694.54	−242.88
九、所有者权益	2 747.19	662.07	248.43	其中:贴现	2 094.90	694.54	−240.19
其中:实收资本	622.60	81.22	45.91	5. 各项垫款	51.20	8.23	−2.02
十、其他	−7 030.70	−1 091.42	76.14	(二) 境外贷款	148.91	−2.04	−14.38
				二、有价证券	3 068.13	664.75	−177.65
				三、股权及其他投资	3 674.92	1 866.99	1 202.53
				四、应收及预付款	1 118.56	18.14	569.40
				其中:应收利息	316.67	22.50	117.40
				五、同业往来(运用方)	409.00	−106.13	202.92
				六、系统内资金往来(运用方)	29 686.35	7 186.28	1 799.93
				七、金银占款			
				八、外汇买卖(运用方)	8 759.08	7 120.13	5 499.74
				其中:结售汇	8 749.01	7 136.69	5 575.03
				九、固定资产	537.35	45.80	42.82
				十、库存现金	208.20	27.54	13.73
				十一、投资性房地产	2.41	0.36	−0.53
资金来源总计	87 839.79	20 033.77	12 322.54	资金运用总计	87 839.79	20 033.77	12 322.54

3. 上海市外资金融机构人民币信贷收支表

2014-12-31　　　　单位:亿元

来源项目名称	本月余额	比年初增减数		运用项目名称	本月余额	比年初增减数	
		本　年	上　年			本　年	上　年
一、各项存款	4 889.02	172.57	326.02	一、各项贷款	2 851.55	136.86	6.99
1. 单位存款	4 143.17	234.53	291.08	(一) 境内贷款	2 814.56	134.93	10.52
其中:活期存款	763.51	117.47	−42.33	1. 短期贷款	1 434.03	54.79	60.20
定期存款	1 084.89	−45.68	136.10	(1) 个人贷款及透支	1.75	0.82	0.38
通知存款	438.90	64.63	−32.00	其中:个人消费贷款	0.54	0.34	0.00
保证金存款	129.20	14.34	18.76	(2) 单位普通贷款及透支	1 115.04	−36.53	20.32
2. 个人存款	613.00	−25.97	37.84	其中:经营贷款	1 004.02	−68.50	28.39
储蓄存款	306.35	−5.15	7.26	固定资产贷款	32.12	7.22	−12.01
保证金存款	1.04	0.39	0.65	(3) 普通并购贷款			−1.03
结构性存款	305.61	−21.21	29.93	(4) 银团贷款	16.00	−10.47	3.37
3. 临时性存款	3.85	3.01	−1.37	(5) 贸易融资	301.23	100.97	37.16
4. 其他存款	128.99	−39.00	−1.54	(6) 境外筹资转贷款			
二、代理财政性存款	0.18	0.18	0.00	2. 中长期贷款	915.91	21.90	−53.45
三、金融债券	69.94	10.03	49.94	(1) 个人贷款	209.93	21.08	10.36
其中:境外发行	9.94	9.94		其中:个人消费贷款	199.24	15.13	7.42
四、中长期借款				(2) 单位普通贷款	501.00	−10.13	−44.42
其中:境外借款				其中:经营贷款	134.02	−1.41	−63.11
五、应付及暂收款	194.67	−155.93	46.39	固定资产贷款	366.99	−8.72	18.69
其中:应付利息	65.72	7.73	8.74	(3) 普通并购贷款	5.66	−0.02	−3.41
六、卖出回购资产	223.24	189.35	−20.21	(4) 银团贷款	195.29	14.18	−20.54
七、向中央银行借款	0.23	0.23	−1.11	(5) 贸易融资	4.03	−3.21	4.56
八、同业往来(来源方)	1 967.06	609.69	167.84	(6) 境外筹资转贷款			
1. 同业存放	1 711.47	561.28	183.95	3. 融资租赁			
其中:境外同业存放	1 514.93	488.17	618.95	4. 票据融资	463.51	58.68	3.10
2. 同业拆借	255.59	48.41	−16.11	其中:贴现	463.51	58.68	3.10
其中:境外同业拆借	35.42	9.99	15.90	5. 各项垫款	1.11	−0.45	0.67
九、境外联行往来(来源方)	149.60	83.45	46.17	(二) 境外贷款	36.99	1.94	−3.53
十、外汇买卖(来源方)	30 482.44	30 471.02	24 210.24	二、有价证券	1 420.81	548.65	41.80
其中:结售汇	18 022.14	18 010.72	18 744.63	三、股权及其他投资			−202.61
十一、委托存款及委托投资基金(净)				四、应收及预付款	110.75	38.88	−75.46
1. 委托存款及委托投资基金				其中:应收利息	65.78	14.54	9.02
2. 减:委托贷款及委托投资				五、买入返售资产	480.35	−143.68	439.52
十二、代理金融机构委托贷款基金				六、存放中央银行准备金存款	1 342.44	151.67	107.44
其中:中央银行委托贷款基金				七、存放中央银行特种存款			
十三、各项准备	61.26	21.20	8.63	八、缴存中央银行财政性存款	0.12	0.12	0.00
其中:贷款损失准备	60.53	20.99	8.40	九、同业往来	1 630.78	−223.72	468.89
十四、所有者权益	530.52	122.80	60.17	1. 存放同业	676.70	−149.71	178.74
其中:实收资本	172.64	15.15	30.24	其中:存放境外同业	5.61	5.61	−0.45
十五、其他	−273.09	−559.69	79.15	2. 拆放同业	954.09	−74.00	290.15
				其中:拆放境外同业	0.07	−3.42	0.82
				十、境外联行往来(运用方)			
				十一、代理金融机构贷款			
				其中:代理人行专项贷款			
				十二、库存现金	1.92	−0.04	−0.20
				十三、外汇买卖(运用方)	30 456.27	30 456.20	24 186.88
				其中:结售汇	18 140.74	18 140.67	18 807.37
				十四、投资性房地产	0.07	−0.05	−0.02
资金来源总计	38 295.06	30 964.90	24 973.23	资金运用总计	38 295.06	30 964.90	24 973.23

4. 上海市中资全国性大型银行人民币信贷收支表

2014-12-31

单位:亿元

来源项目名称	本月余额	比年初增减数		运用项目名称	本月余额	比年初增减数	
		本 年	上 年			本 年	上 年
一、各项存款	33 100.36	632.75	2 056.31	一、各项贷款	20 018.36	1 293.67	1 366.25
1. 单位存款	16 867.21	200.87	1 208.47	(一)境内贷款	19 933.63	1 292.85	1 373.56
其中:活期存款	5 083.18	122.10	−21.40	1. 短期贷款	3 946.37	−240.35	560.89
定期存款	5 089.77	450.01	875.17	(1)个人贷款及透支	398.09	−31.71	6.88
通知存款	681.50	−178.18	−291.31	其中:个人消费贷款	277.92	11.63	12.20
保证金存款	418.80	−111.71	23.97	(2)单位普通贷款及透支	2 746.41	−203.77	466.64
2. 个人存款	15 357.58	272.76	953.52	其中:经营贷款	2 707.34	−185.38	484.78
储蓄存款	14 609.91	323.80	885.76	固定资产贷款	29.44	−26.54	−12.30
保证金存款	1.74	0.17	0.24	(3)普通并购贷款			−0.30
结构性存款	745.93	−51.20	67.52	(4)银团贷款	1.31	−12.20	−6.35
3. 临时性存款	11.58	3.48	38.57	(5)贸易融资	800.56	7.32	94.01
4. 其他存款	864.00	155.64	−144.24	(6)境外筹资转贷款			
二、代理财政性存款	1 915.32	615.98	372.38	2. 中长期贷款	15 236.77	1 136.14	1 009.93
三、金融债券	0.01	0.00	0.00	(1)个人贷款	4 598.94	414.88	816.93
其中:境外发行				其中:个人消费贷款	4 437.82	420.98	800.24
四、中长期借款				(2)单位普通贷款	7 879.66	387.64	17.57
其中:境外借款				其中:经营贷款	1 036.98	159.86	−70.38
五、应付及暂收款	1 058.97	140.70	254.43	固定资产贷款	6 842.69	227.78	87.95
其中:应付利息	662.47	88.60	163.58	(3)普通并购贷款	178.40	77.60	6.54
六、卖出回购资产	25.88	−49.83	20.26	(4)银团贷款	2 578.74	258.05	169.22
七、向中央银行借款	14.61	5.82	7.55	(5)贸易融资	1.02	−2.03	−0.33
八、同业往来(来源方)	7 995.76	2 733.55	−149.83	(6)境外筹资转贷款			
1. 同业存放	7 961.65	2 768.81	−113.84	3. 融资租赁			
其中:境外同业存放	812.45	452.24	109.21	4. 票据融资	740.89	390.56	−197.98
2. 同业拆借	34.11	−35.25	−36.00	其中:贴现	740.89	390.56	−197.98
其中:境外同业拆借	34.11	26.63	−37.87	5. 各项垫款	9.60	6.51	0.72
九、境外联行往来(来源方)	2 955.41	706.58	2 053.70	(二)境外贷款	84.72	0.82	−7.31
十、外汇买卖(来源方)	5 234.32	4 411.40	4 060.74	二、有价证券	1 237.15	90.57	33.25
其中:结售汇	5 223.10	4 400.18	4 060.74	三、股权及其他投资	46.75	8.19	−22.31
十一、委托存款及委托投资基金(净)	0.83	−10.79	4.94	四、应收及预付款	681.81	−69.73	537.36
1. 委托存款及委托投资基金	2 624.69	−333.75	1 658.07	其中:应收利息	186.17	15.23	89.50
2. 减:委托贷款及委托投资	2 623.86	−322.96	1 653.13	五、买入返售资产	663.59	98.52	21.17
十二、代理金融机构委托贷款基金	12.37	5.08	0.72	六、存放中央银行准备金存款	826.74	−23.27	717.47
其中:中央银行委托贷款基金				七、存放中央银行特种存款			
十三、各项准备	353.34	53.03	20.37	八、缴存中央银行财政性存款	1 320.80	241.48	75.95
其中:贷款损失准备	345.02	48.49	19.43	九、同业往来	1 890.95	−302.05	239.30
十四、所有者权益	412.30	78.64	50.42	1. 存放同业	1 117.33	−287.96	−23.79
其中:实收资本				其中:存放境外同业			
十五、其他	−20 993.25	−3 561.60	−1 788.04	2. 拆放同业	773.62	−14.09	263.09
				其中:拆放境外同业	1.00	1.00	
				十、境外联行往来(运用方)	46.56	46.56	
				十一、代理金融机构贷款	12.37	−4.65	10.46
				其中:代理人行专项贷款			
				十二、库存现金	124.68	14.76	9.29
				十三、外汇买卖(运用方)	5 216.46	4 367.29	3 975.76
				其中:结售汇	5 215.95	4 387.72	4 057.65
				十四、投资性房地产			
资金来源总计	32 086.21	5 761.34	6 963.94	资金运用总计	32 086.21	5 761.34	6 963.94

5. 上海市中资全国性中小型银行人民币信贷收支表

2014-12-31　　　　单位:亿元

来源项目名称	本月余额	比年初增减数		运用项目名称	本月余额	比年初增减数	
		本年	上年			本年	上年
一、各项存款	22 261.38	2 136.26	1 663.04	一、各项贷款	13 314.87	967.40	640.01
1. 单位存款	15 320.84	1 522.70	1 461.64	(一) 境内贷款	13 251.77	970.29	646.93
其中:活期存款	3 543.69	389.91	−77.09	1. 短期贷款	3 947.96	−155.97	−274.55
定期存款	4 467.61	266.07	523.93	(1) 个人贷款及透支	578.56	30.69	3.47
通知存款	1 002.92	−37.96	−216.04	其中:个人消费贷款	233.72	68.32	49.65
保证金存款	1 223.52	55.34	−126.13	(2) 单位普通贷款及透支	3 064.88	−201.81	−266.42
2. 个人存款	5 433.03	487.38	400.45	其中:经营贷款	2 988.43	−190.95	−229.71
储蓄存款	4 551.51	302.94	168.87	固定资产贷款	65.23	−1.22	−47.03
保证金存款	49.76	19.06	−2.35	(3) 普通并购贷款	0.80	−0.15	0.45
结构性存款	831.76	165.38	233.94	(4) 银团贷款	1.24	1.11	−3.93
3. 临时性存款	14.59	−6.72	−14.76	(5) 贸易融资	302.49	14.18	−8.12
4. 其他存款	1 492.92	132.90	−184.29	(6) 境外筹资转贷款			
二、代理财政性存款	26.00	4.79	−9.19	2. 中长期贷款	8 558.26	928.53	1 114.04
三、金融债券	99.91	−22.29	0.01	(1) 个人贷款	2 792.82	281.57	341.01
其中:境外发行				其中:个人消费贷款	2 399.86	249.18	285.48
四、中长期借款				(2) 单位普通贷款	4 257.70	448.01	620.09
其中:境外借款				其中:经营贷款	757.73	125.43	122.14
五、应付及暂收款	646.77	131.05	93.15	固定资产贷款	3 499.97	322.59	497.95
其中:应付利息	398.41	86.04	60.87	(3) 普通并购贷款	69.87	30.99	−16.21
六、卖出回购资产	439.43	−122.59	171.07	(4) 银团贷款	1 229.86	139.05	153.38
七、向中央银行借款	48.57	8.32	28.31	(5) 贸易融资	208.02	29.08	15.76
八、同业往来(来源方)	12 277.71	4 748.25	814.40	(6) 境外筹资转贷款		−0.18	
1. 同业存放	12 176.56	4 782.56	939.48	3. 融资租赁			
其中:境外同业存放	655.11	409.38	198.74	4. 票据融资	707.46	197.46	−189.40
2. 同业拆借	101.15	−34.31	−125.09	其中:贴现	707.46	197.46	−189.40
其中:境外同业拆借	26.90	−22.96	42.14	5. 各项垫款	38.09	0.27	−3.14
九、境外联行往来(来源方)	15.25	15.24	−0.10	(二) 境外贷款	63.10	−2.89	−6.92
十、外汇买卖(来源方)	1 014.18	234.53	235.38	二、有价证券	2 518.40	679.28	43.03
其中:结售汇	1 009.19	233.76	231.86	三、股权及其他投资	3 370.11	1 772.66	1 238.69
十一、委托存款及委托投资基金(净)	338.26	53.83	11.51	四、应收及预付款	327.33	82.51	57.26
1. 委托存款及委托投资基金	5 862.87	1 753.45	966.45	其中:应收利息	79.02	−2.36	21.64
2. 减:委托贷款及委托投资	5 524.62	1 699.62	954.94	五、买入返售资产	2 477.91	−366.60	441.14
十二、代理金融机构委托贷款基金	302.83	259.66	43.17	六、存放中央银行准备金存款	1 438.09	105.51	101.55
其中:中央银行委托贷款基金				七、存放中央银行特种存款			
十三、各项准备	359.16	38.40	70.42	八、缴存中央银行财政性存款	8.05	6.86	−2.68
其中:贷款损失准备	330.61	23.92	68.03	九、同业往来	2 198.26	−173.71	−1 639.96
十四、所有者权益	936.73	318.97	3.91	1. 存放同业	1 553.02	−214.76	−1 694.89
其中:实收资本	47.04	4.70		其中:存放境外同业	0.69	0.69	
十五、其他	−11 757.32	−4 254.18	−1 938.80	2. 拆放同业	645.24	41.05	54.93
				其中:拆放境外同业	0.07	0.07	
				十、境外联行往来(运用方)			
				十一、代理金融机构贷款	302.83	259.66	43.17
				其中:代理人行专项贷款			
				十二、库存现金	59.69	8.21	1.37
				十三、外汇买卖(运用方)	990.91	208.09	263.24
				其中:结售汇	981.04	204.44	258.60
				十四、投资性房地产	2.40	0.36	−0.53
资金来源总计	27 008.86	3 550.23	1 186.28	资金运用总计	27 008.86	3 550.23	1 186.28

6. 上海市其他城市商业银行人民币信贷收支表

2014-12-31 单位:亿元

栏目 来源项目名称	本月余额	比年初增减数		栏目 运用项目名称	本月余额	比年初增减数	
		本 年	上 年			本 年	上 年
一、各项存款	2 438.49	209.49	593.95	一、各项贷款	1 692.44	295.06	296.29
1. 单位存款	1 877.45	64.32	482.96	(一) 境内贷款	1 691.49	294.92	296.17
其中:活期存款	436.32	9.02	146.87	1. 短期贷款	893.34	87.93	117.16
定期存款	590.06	−7.73	136.15	(1) 个人贷款及透支	166.09	45.68	30.43
通知存款	81.05	−19.77	4.66	其中:个人消费贷款	66.00	22.47	13.59
保证金存款	335.99	−2.44	31.06	(2) 单位普通贷款及透支	722.01	48.05	103.84
2. 个人存款	295.25	33.81	66.48	其中:经营贷款	710.84	47.93	108.16
储蓄存款	256.68	17.81	56.64	固定资产贷款	11.15	0.10	−4.33
保证金存款	1.98	1.93	0.01	(3) 普通并购贷款			
结构性存款	36.60	14.07	9.83	(4) 银团贷款	0.40	0.40	−1.70
3. 临时性存款	3.63	1.05	−12.08	(5) 贸易融资	4.84	−6.20	−15.40
4. 其他存款	262.16	110.31	56.59	(6) 境外筹资转贷款			
二、代理财政性存款	0.03	0.00	0.02	2. 中长期贷款	658.09	117.11	190.84
三、金融债券				(1) 个人贷款	161.42	36.54	35.37
其中:境外发行				其中:个人消费贷款	140.71	33.93	32.81
四、中长期借款				(2) 单位普通贷款	429.54	55.71	142.01
其中:境外借款				其中:经营贷款	196.14	48.37	59.21
五、应付及暂收款	75.08	21.40	25.13	固定资产贷款	233.40	7.34	82.81
其中:应付利息	62.02	18.87	22.63	(3) 普通并购贷款	3.50	−1.23	−0.98
六、卖出回购资产		−7.79	−49.75	(4) 银团贷款	60.19	26.10	11.99
七、向中央银行借款	6.57	−6.21	1.78	(5) 贸易融资	3.44	−0.01	2.44
八、同业往来(来源方)	1 774.52	238.74	631.14	(6) 境外筹资转贷款			
1. 同业存放	1 774.48	238.69	650.50	3. 融资租赁			
其中:境外同业存放	9.40	9.35	0.05	4. 票据融资	128.76	80.70	−11.39
2. 同业拆借	0.05	0.05	−19.36	其中:贴现	128.76	80.70	−11.39
其中:境外同业拆借	0.05	0.05	−0.15	5. 各项垫款	11.30	9.17	−0.44
九、境外联行往来(来源方)				(二) 境外贷款	0.95	0.15	0.11
十、外汇买卖(来源方)	43.30	18.72	15.63	二、有价证券	102.66	−2.58	−5.92
其中:结售汇	40.66	18.57	13.18	三、股权及其他投资	392.73	−11.34	363.61
十一、委托存款及委托投资基金(净)	0.03	−0.02	−0.07	四、应收及预付款	29.95	7.06	15.37
1. 委托存款及委托投资基金	295.35	39.05	144.02	其中:应收利息	22.80	7.92	9.20
2. 减:委托贷款及委托投资	295.32	39.07	144.09	五、买入返售资产	145.05	−435.29	153.84
十二、代理金融机构委托贷款基金	28.10	28.10		六、存放中央银行准备金存款	44.56	−46.46	−4.68
其中:中央银行委托贷款基金				七、存放中央银行特种存款			
十三、各项准备	45.48	22.32	9.22	八、缴存中央银行财政性存款	0.07	0.05	0.02
其中:贷款损失准备	44.48	22.09	8.86	九、同业往来	579.18	−67.35	242.20
十四、所有者权益	9.98	−10.82	19.38	1. 存放同业	471.55	−60.15	246.58
其中:实收资本				其中:存放境外同业			
十五、其他	−1 356.31	−723.89	−169.43	2. 拆放同业	107.63	−7.20	−4.38
				其中:拆放境外同业			
				十、境外联行往来(运用方)			
				十一、代理金融机构贷款	28.10	28.10	
				其中:代理人行专项贷款			
				十二、库存现金	3.33	0.17	0.64
				十三、外汇买卖(运用方)	47.21	22.62	15.65
				其中:结售汇	45.07	22.89	13.25
				十四、投资性房地产			
资金来源总计	3 065.27	−209.95	1 077.01	资金运用总计	3 065.27	−209.95	1 077.01

7. 上海市村镇银行人民币信贷收支表

2014-12-31

单位:亿元

来源项目名称	本月余额	比年初增减数		运用项目名称	本月余额	比年初增减数	
		本年	上年			本年	上年
一、各项存款	119.00	−0.04	19.69	一、各项贷款	81.85	−1.64	18.26
1. 单位存款	106.49	−1.20	16.91	(一)境内贷款	81.85	−1.64	18.26
其中:活期存款	48.33	−6.66	10.44	1. 短期贷款	62.27	−8.09	12.32
定期存款	44.06	7.36	4.09	(1)个人贷款及透支	8.70	−1.49	1.85
通知存款	1.12	−2.53	−0.21	其中:个人消费贷款	0.32	0.28	−0.01
保证金存款	2.83	−0.21	−2.96	(2)单位普通贷款及透支	53.57	−6.60	10.47
2. 个人存款	12.48	1.24	2.69	其中:经营贷款	53.49	−6.61	10.40
储蓄存款	12.47	1.29	2.70	固定资产贷款	0.08	0.01	0.07
保证金存款	0.01	−0.05	0.00	(3)普通并购贷款			
结构性存款				(4)银团贷款			
3. 临时性存款	0.02	−0.08	0.09	(5)贸易融资			
4. 其他存款				(6)境外筹资转贷款			
二、代理财政性存款				2. 中长期贷款	17.24	6.43	6.16
三、金融债券				(1)个人贷款	4.17	1.52	1.29
其中:境外发行				其中:个人消费贷款	2.57	1.22	0.77
四、中长期借款				(2)单位普通贷款	13.07	4.92	4.87
其中:境外借款				其中:经营贷款	9.71	2.47	4.56
五、应付及暂收款	2.08	0.27	0.59	固定资产贷款	3.36	2.45	0.31
其中:应付利息	1.12	0.25	0.27	(3)普通并购贷款			
六、卖出回购资产				(4)银团贷款			
七、向中央银行借款	1.70	−0.30	2.00	(5)贸易融资			
八、同业往来(来源方)	5.44	−0.39	−7.68	(6)境外筹资转贷款			
1. 同业存放	5.44	−0.39	−7.68	3. 融资租赁			
其中:境外同业存放				4. 票据融资	2.21	0.08	−0.40
2. 同业拆借				其中:贴现	2.21	0.08	−0.40
其中:境外同业拆借				5. 各项垫款	0.12	−0.06	0.19
九、境外联行往来(来源方)				(二)境外贷款			
十、外汇买卖(来源方)				二、有价证券		−0.62	0.00
其中:结售汇				三、股权及其他投资	1.50	1.10	−20.45
十一、委托存款及委托投资基金(净)				四、应收及预付款	1.04	0.16	0.27
1. 委托存款及委托投资基金	11.36	5.58	2.05	其中:应收利息	0.42	0.15	0.08
2. 减:委托贷款及委托投资	11.36	5.58	2.05	五、买入返售资产			
十二、代理金融机构委托贷款基金				六、存放中央银行准备金存款	22.58	−3.61	7.47
其中:中央银行委托贷款基金				七、存放中央银行特种存款			
十三、各项准备	3.44	0.77	1.15	八、缴存中央银行财政性存款			
其中:贷款损失准备	3.43	0.77	1.15	九、同业往来	41.74	1.16	12.13
十四、所有者权益	21.28	−1.06	2.26	1. 存放同业	41.74	1.16	12.13
其中:实收资本	15.05			其中:存放境外同业			
十五、其他	−4.02	−2.69	−0.26	2. 拆放同业			
				其中:拆放境外同业			
				十、境外联行往来(运用方)			
				十一、代理金融机构贷款			
				其中:代理人行专项贷款			
				十二、库存现金	0.19	0.01	0.07
				十三、外汇买卖(运用方)			
				其中:结售汇			
				十四、投资性房地产			
资金来源总计	148.91	−3.44	17.75	资金运用总计	148.91	−3.44	17.75

8. 上海市信托投资公司人民币信贷收支表

2014-12-31

单位:亿元

来源项目名称 \ 栏目	本月余额	比年初增减数		运用项目名称 \ 栏目	本月余额	比年初增减数	
		本 年	上 年			本 年	上 年
一、各项存款				一、各项贷款	49.44	15.74	−2.01
1. 单位存款				(一) 境内贷款	49.44	15.74	−2.01
其中:活期存款				1. 短期贷款	34.05	18.35	4.34
定期存款				(1) 个人贷款及透支			
通知存款				其中:个人消费贷款			
保证金存款				(2) 单位普通贷款及透支	34.05	18.35	4.34
2. 个人存款				其中:经营贷款	34.05	18.35	4.34
储蓄存款				固定资产贷款			
保证金存款				(3) 普通并购贷款			
结构性存款				(4) 银团贷款			
3. 临时性存款				(5) 贸易融资			
4. 其他存款				(6) 境外筹资转贷款			
二、代理财政性存款				2. 中长期贷款	15.39	−2.61	−3.66
三、金融债券				(1) 个人贷款			
其中:境外发行				其中:个人消费贷款			
四、中长期借款				(2) 单位普通贷款	15.34	−2.56	−3.76
其中:境外借款				其中:经营贷款	15.34	−2.56	−3.76
五、应付及暂收款	32.61	8.36	−1.18	固定资产贷款			
其中:应付利息				(3) 普通并购贷款			
六、卖出回购资产				(4) 银团贷款	0.05	−0.05	0.10
七、向中央银行借款				(5) 贸易融资			
八、同业往来(来源方)				(6) 境外筹资转贷款			
1. 同业存放				3. 融资租赁			
其中:境外同业存放				4. 票据融资			−2.69
2. 同业拆借				其中:贴现			
其中:境外同业拆借				5. 各项垫款			
九、境外联行往来(来源方)				(二) 境外贷款			
十、外汇买卖(来源方)				二、有价证券	103.44	23.36	−7.41
其中:结售汇				三、股权及其他投资	102.99	40.18	22.51
十一、委托存款及委托投资基金(净)				四、应收及预付款	8.56	−1.02	1.41
1. 委托存款及委托投资基金	18.90	−0.15	−2.08	其中:应收利息	0.39	0.17	−0.03
2. 减:委托贷款及委托投资	18.90	−0.15	−2.08	五、买入返售资产	6.74	−0.83	−1.06
十二、代理金融机构委托贷款基金	0.01			六、存放中央银行准备金存款			
其中:中央银行委托贷款基金				七、存放中央银行特种存款			
十三、各项准备	6.97	4.65	−2.52	八、缴存中央银行财政性存款			
其中:贷款损失准备	3.28	3.11	−3.03	九、同业往来	20.29	−15.40	13.45
十四、所有者权益	274.20	56.75	32.21	1. 存放同业	20.29	−15.40	13.45
其中:实收资本	127.19	17.43	0.09	其中:存放境外同业			
十五、其他	−21.61	−7.73	−1.32	2. 拆放同业			
				其中:拆放境外同业			
				十、境外联行往来(运用方)			
				十一、代理金融机构贷款	0.01		
				其中:代理人行专项贷款			
				十二、库存现金	0.00	0.00	0.00
				十三、外汇买卖(运用方)	0.70	−0.01	0.31
				其中:结售汇	1.03	−0.01	0.34
				十四、投资性房地产	0.01	0.00	0.00
资金来源总计	292.18	62.04	27.20	资金运用总计	292.18	62.04	27.20

9. 上海市财务公司人民币信贷收支表

2014-12-31

单位:亿元

来源项目名称	本月余额	比年初增减数		运用项目名称	本月余额	比年初增减数	
		本 年	上 年			本 年	上 年
一、各项存款	2 493.16	370.46	316.90	一、各项贷款	1 187.00	101.37	203.03
1. 单位存款	2 493.15	370.45	316.90	（一）境内贷款	1 187.00	101.37	203.03
其中:活期存款	467.06	107.93	71.55	1. 短期贷款	651.02	73.14	165.22
定期存款	1 045.18	48.19	168.87	(1) 个人贷款及透支	11.24	0.53	−0.28
通知存款	461.86	99.61	−9.17	其中:个人消费贷款	11.01	0.33	−0.32
保证金存款	38.96	0.66	10.71	(2) 单位普通贷款及透支	639.28	72.11	165.50
2. 个人存款	0.01	0.01		其中:经营贷款	638.28	78.76	178.22
储蓄存款				固定资产贷款	1.00	−6.65	−12.72
保证金存款	0.01	0.01		(3) 普通并购贷款			
结构性存款				(4) 银团贷款			
3. 临时性存款				(5) 贸易融资	0.50	0.50	
4. 其他存款				(6) 境外筹资转贷款			
二、代理财政性存款				2. 中长期贷款	419.75	45.03	64.99
三、金融债券				(1) 个人贷款	233.61	30.71	74.74
其中:境外发行				其中:个人消费贷款	232.09	30.81	73.35
四、中长期借款				(2) 单位普通贷款	131.44	13.17	−11.42
其中:境外借款				其中:经营贷款	58.05	6.70	10.80
五、应付及暂收款	51.06	6.91	9.55	固定资产贷款	73.38	6.47	−22.22
其中:应付利息	19.70	5.27	5.07	(3) 普通并购贷款			
六、卖出回购资产				(4) 银团贷款	51.50	−2.05	1.66
七、向中央银行借款	6.73	−7.06	6.65	(5) 贸易融资	3.20	3.20	
八、同业往来(来源方)	7.19	−3.24	−28.94	(6) 境外筹资转贷款			
1. 同业存放	3.69	−3.74	−15.94	3. 融资租赁	26.98	−27.34	−30.93
其中:境外同业存放				4. 票据融资	89.26	10.55	3.75
2. 同业拆借	3.50	0.50	−13.00	其中:贴现	89.26	10.55	3.75
其中:境外同业拆借	3.50	3.50		5. 各项垫款			
九、境外联行往来(来源方)				（二）境外贷款			
十、外汇买卖(来源方)				二、有价证券	232.88	130.41	−181.98
其中:结售汇				三、股权及其他投资	137.33	44.01	−17.14
十一、委托存款及委托投资基金(净)	1.48	−0.15	1.63	四、应收及预付款	6.76	1.70	−1.89
1. 委托存款及委托投资基金	855.84	−34.63	193.53	其中:应收利息	5.21	1.34	−1.51
2. 减:委托贷款及委托投资	854.36	−34.49	191.91	五、买入返售资产	12.14	−15.22	27.36
十二、代理金融机构委托贷款基金				六、存放中央银行准备金存款	330.89	27.97	48.70
其中:中央银行委托贷款基金				七、存放中央银行特种存款			
十三、各项准备	34.04	11.34	7.10	八、缴存中央银行财政性存款			
其中:贷款损失准备	33.63	11.16	6.86	九、同业往来	1 055.06	149.98	258.35
十四、所有者权益	308.94	72.35	42.78	1. 存放同业	1 055.06	149.98	258.35
其中:实收资本	149.53	24.29	14.22	其中:存放境外同业			
十五、其他	59.21	−10.37	−19.24	2. 拆放同业			
				其中:拆放境外同业			
				十、境外联行往来(运用方)			
				十一、代理金融机构贷款			
				其中:代理人行专项贷款			
				十二、库存现金	0.01	0.00	0.01
				十三、外汇买卖(运用方)	−0.26	0.01	−0.02
				其中:结售汇	−0.04	0.00	0.00
				十四、投资性房地产			
资金来源总计	2 961.82	440.23	336.43	资金运用总计	2 961.82	440.23	336.43

10. 上海市金融租赁公司人民币信贷收支表

2014-12-31 单位:亿元

来源项目名称	本月余额	比年初增减数		运用项目名称	本月余额	比年初增减数	
		本年	上年			本年	上年
一、各项存款	50.19	5.54	1.56	一、各项贷款	2 414.31	357.92	575.36
1. 单位存款	49.54	4.89	1.56	(一) 境内贷款	2 414.31	357.92	575.36
其中:活期存款				1. 短期贷款			
定期存款				(1) 个人贷款及透支			
通知存款				其中:个人消费贷款			
保证金存款	49.54	4.89	1.56	(2) 单位普通贷款及透支			
2. 个人存款	0.64	0.64		其中:经营贷款			
储蓄存款				固定资产贷款			
保证金存款	0.64	0.64		(3) 普通并购贷款			
结构性存款				(4) 银团贷款			
3. 临时性存款				(5) 贸易融资			
4. 其他存款				(6) 境外筹资转贷款			
二、代理财政性存款				2. 中长期贷款			
三、金融债券	85.97	45.97	20.00	(1) 个人贷款			
其中:境外发行				其中:个人消费贷款			
四、中长期借款		−117.62	58.01	(2) 单位普通贷款			
其中:境外借款				其中:经营贷款			
五、应付及暂收款	197.84	26.61	58.26	固定资产贷款			
其中:应付利息	14.05	2.06	2.27	(3) 普通并购贷款			
六、卖出回购资产	32.95	16.33	14.62	(4) 银团贷款			
七、向中央银行借款				(5) 贸易融资			
八、同业往来(来源方)	1 842.72	310.60	320.77	(6) 境外筹资转贷款			
1. 同业存放				3. 融资租赁	2 414.31	357.92	575.36
其中:境外同业存放				4. 票据融资			
2. 同业拆借	1 842.72	310.60	320.77	其中:贴现			
其中:境外同业拆借				5. 各项垫款			
九、境外联行往来(来源方)				(二) 境外贷款			
十、外汇买卖(来源方)				二、有价证券			
其中:结售汇				三、股权及其他投资	0.84	0.84	
十一、委托存款及委托投资基金(净)				四、应收及预付款	40.69	−6.15	−44.48
1. 委托存款及委托投资基金				其中:应收利息	22.26	5.84	3.41
2. 减:委托贷款及委托投资				五、买入返售资产			
十二、代理金融机构委托贷款基金				六、存放中央银行准备金存款			
其中:中央银行委托贷款基金				七、存放中央银行特种存款			
十三、各项准备	51.53	11.88	16.46	八、缴存中央银行财政性存款			
其中:贷款损失准备	51.46	11.98	16.28	九、同业往来	85.10	55.40	−4.07
十四、所有者权益	280.75	60.20	53.67	1. 存放同业	85.10	55.40	−0.07
其中:实收资本	179.40	29.90	22.50	其中:存放境外同业			
十五、其他	−1.02	48.51	−16.55	2. 拆放同业			−4.00
				其中:拆放境外同业			
				十、境外联行往来(运用方)			
				十一、代理金融机构贷款			
				其中:代理人行专项贷款			
				十二、库存现金	0.00	0.00	0.00
				十三、外汇买卖(运用方)			
				其中:结售汇			
				十四、投资性房地产			
资金来源总计	2 540.94	408.00	526.80	资金运用总计	2 540.94	408.00	526.80

11. 上海市汽车金融公司人民币信贷收支表

2014-12-31

单位：亿元

栏目 / 来源项目名称	本月余额	比年初增减数		栏目 / 运用项目名称	本月余额	比年初增减数	
		本　年	上　年			本　年	上　年
一、各项存款	113.24	11.36	5.73	一、各项贷款	936.89	203.50	123.07
1. 单位存款	113.24	11.36	5.73	（一）境内贷款	936.89	203.50	123.07
其中：活期存款				1. 短期贷款	371.39	127.77	64.33
定期存款	72.40	3.40	−1.00	(1) 个人贷款及透支	27.40	6.86	8.94
通知存款				其中：个人消费贷款	27.40	6.86	8.94
保证金存款	40.84	7.96	6.73	(2) 单位普通贷款及透支	343.99	120.92	55.39
2. 个人存款				其中：经营贷款	343.37	120.86	54.83
储蓄存款				固定资产贷款	0.62	0.06	0.56
保证金存款				(3) 普通并购贷款			
结构性存款				(4) 银团贷款			
3. 临时性存款				(5) 贸易融资			
4. 其他存款				(6) 境外筹资转贷款			
二、代理财政性存款				2. 中长期贷款	565.00	77.18	60.50
三、金融债券	23.28	23.28	−14.89	(1) 个人贷款	564.28	77.07	60.24
其中：境外发行				其中：个人消费贷款	563.98	79.47	67.29
四、中长期借款	31.00	4.67	2.00	(2) 单位普通贷款	0.73	0.11	0.26
其中：境外借款				其中：经营贷款	0.06	0.01	−0.25
五、应付及暂收款	42.69	13.62	3.81	固定资产贷款	0.67	0.10	0.50
其中：应付利息	5.96	1.91	−0.28	(3) 普通并购贷款			
六、卖出回购资产				(4) 银团贷款			
七、向中央银行借款				(5) 贸易融资			
八、同业往来（来源方）	633.28	89.09	129.47	(6) 境外筹资转贷款			
1. 同业存放	88.72	−38.29	51.27	3. 融资租赁	0.50	−1.46	−1.76
其中：境外同业存放				4. 票据融资			
2. 同业拆借	544.56	127.38	78.20	其中：贴现			
其中：境外同业拆借				5. 各项垫款			
九、境外联行往来（来源方）				（二）境外贷款			
十、外汇买卖（来源方）				二、有价证券			
其中：结售汇				三、股权及其他投资			
十一、委托存款及委托投资基金（净）				四、应收及预付款	7.31	1.64	2.27
1. 委托存款及委托投资基金				其中：应收利息	5.68	0.76	1.83
2. 减：委托贷款及委托投资				五、买入返售资产			
十二、代理金融机构委托贷款基金				六、存放中央银行准备金存款	15.79	1.06	3.46
其中：中央银行委托贷款基金				七、存放中央银行特种存款			
十三、各项准备	9.82	0.10	3.22	八、缴存中央银行财政性存款			
其中：贷款损失准备	9.61	1.10	3.16	九、同业往来	38.12	−38.81	30.89
十四、所有者权益	150.84	29.64	30.09	1. 存放同业	38.12	−38.81	30.89
其中：实收资本	54.39	4.90	9.09	其中：存放境外同业			
十五、其他	−6.04	−4.38	0.26	2. 拆放同业			
				其中：拆放境外同业			
				十、境外联行往来（运用方）			
				十一、代理金融机构贷款			
				其中：代理人行专项贷款			
				十二、库存现金	0.00		
				十三、外汇买卖（运用方）			
				其中：结售汇			
				十四、投资性房地产			
资金来源总计	998.12	167.38	159.69	资金运用总计	998.12	167.38	159.69

(三) 外汇信贷收支统计

1. 上海市中外资金融机构外汇信贷收支表

2014-12-31 亿美元

来源项目名称 \ 栏目	本期	比年初增减数		运用项目名称 \ 栏目	本期	比年初增减数	
		本 年	上 年			本 年	上 年
一、各项存款	708.17	16.21	81.36	一、各项贷款	766.22	9.93	41.94
1. 单位存款	521.89	3.44	95.24	(一) 境内贷款	657.95	1.85	23.52
其中:活期存款	196.62	−0.85	12.59	1. 短期贷款	385.09	−45.92	9.52
定期存款	187.38	−11.10	57.35	(1) 个人贷款及透支	0.62	0.05	0.05
通知存款	4.41	0.94	−3.21	其中:个人消费贷款	0.62	0.05	0.05
保证金存款	115.61	24.56	7.65	(2) 单位普通贷款及透支	174.12	9.39	−1.34
2. 个人存款	135.07	6.67	0.87	其中:经营贷款	171.67	7.54	−0.80
储蓄存款	118.68	3.96	4.72	固定资产贷款	2.42	1.83	−0.53
保证金存款	0.29	−0.02	0.01	(3) 普通并购贷款		−0.82	0.82
结构性存款	16.09	2.73	−3.87	(4) 银团贷款	0.23	−0.41	−0.04
3. 财政性存款				(5) 贸易融资	210.11	−54.14	10.03
4. 临时性存款	4.45	−3.50	1.55	(6) 境外筹资转贷款			
5. 委托存款	0.93	−0.56	0.08	2. 中长期贷款	248.26	26.96	11.42
6. 其他存款	45.83	10.16	−16.38	(1) 个人贷款	2.46	0.20	0.11
二、金融债券				其中:个人消费贷款	2.45	0.20	0.10
三、中长期借款	3.95	−3.06	1.94	(2) 单位普通贷款	194.39	24.78	10.91
四、应付及暂收款	35.51	9.78	18.47	其中:经营贷款	110.37	16.61	11.71
其中:应付利息	6.18	2.13	−1.02	固定资产贷款	84.02	8.16	−0.80
五、同业往来(来源方)	252.37	8.39	77.88	(3) 普通并购贷款	3.80	−1.62	2.22
六、系统内资金往来(来源方)	43.30	−8.57	−24.81	(4) 银团贷款	28.32	1.00	−2.41
七、外汇买卖(来源方)	21 412.03	21 112.67	16 034.08	(5) 贸易融资	13.74	2.65	0.58
其中:结售汇	12 156.97	11 888.22	8 317.22	(6) 境外筹资转贷款	5.54	−0.04	0.00
八、各项准备	13.28	2.60	0.49	3. 融资租赁	24.09	20.53	2.60
其中:贷款损失准备金	12.32	2.57	0.48	4. 票据融资	0.12	0.08	0.00
九、所有者权益	49.12	−0.90	7.63	其中:贴现	0.12	0.08	0.00
其中:实收资本	22.41	−2.42	−0.98	5. 各项垫款	0.39	0.21	−0.02
十、其他	−163.66	86.09	−245.13	(二) 境外贷款	108.27	8.08	18.42
				二、有价证券	3.32	2.05	0.07
				三、股权及其他投资	25.36	24.23	0.00
				四、应收及预付款	35.96	−0.18	14.24
				其中:应收利息	5.02	0.69	−0.33
				五、同业往来(运用方)	126.95	91.36	−35.17
				六、系统内资金往来(运用方)			
				七、金银占款			
				八、外汇买卖(运用方)	21 390.74	21 095.58	15 930.29
				其中:结售汇	12 076.00	11 806.77	8 201.05
				九、固定资产	1.31	0.01	0.41
				十、库存现金	4.23	0.22	0.11
				十一、投资性房地产			
资金来源总计	22 354.09	21 223.20	15 951.90	资金运用总计	22 354.09	21 223.20	15 951.90

2. 上海市中资金融机构外汇信贷收支表

2014-12-31

亿美元

来源项目名称	本期	比年初增减数 本年	比年初增减数 上年	运用项目名称	本期	比年初增减数 本年	比年初增减数 上年
一、各项存款	515.31	19.02	89.72	一、各项贷款	492.04	6.50	12.48
1. 单位存款	369.41	3.06	84.51	(一) 境内贷款	448.48	4.96	−1.74
其中:活期存款	106.52	−5.73	14.08	1. 短期贷款	274.95	−25.62	−12.40
定期存款	127.48	−7.26	45.61	(1) 个人贷款及透支	0.62	0.05	0.05
通知存款	3.26	0.87	−3.33	其中:个人消费贷款	0.62	0.05	0.05
保证金存款	114.56	25.39	7.31	(2) 单位普通贷款及透支	82.59	26.43	−20.13
2. 个人存款	107.26	8.13	6.20	其中:经营贷款	81.06	25.15	−20.18
储蓄存款	94.17	5.02	6.31	固定资产贷款	1.53	1.28	0.05
保证金存款	0.29	−0.02	0.05	(3) 普通并购贷款		−0.82	0.82
结构性存款	12.79	3.13	−0.16	(4) 银团贷款		−0.19	0.19
3. 财政性存款				(5) 贸易融资	191.75	−51.09	6.67
4. 临时性存款	4.33	−3.38	1.48	(6) 境外筹资转贷款			
5. 委托存款	0.93	−0.56	0.08	2. 中长期贷款	148.98	9.80	8.11
6. 其他存款	33.38	11.77	−2.55	(1) 个人贷款	0.05	−0.02	0.06
二、金融债券				其中:个人消费贷款	0.05	−0.02	0.06
三、中长期借款	3.95	−3.06	1.94	(2) 单位普通贷款	114.95	10.55	4.70
四、应付及暂收款	35.70	−11.61	28.28	其中:经营贷款	43.86	0.28	4.39
其中:应付利息	4.60	1.66	−0.75	固定资产贷款	71.09	10.27	0.31
五、同业往来(来源方)	61.17	−10.38	20.01	(3) 普通并购贷款	3.78	−1.62	2.22
六、系统内资金往来(来源方)				(4) 银团贷款	12.15	−1.60	−0.65
七、外汇买卖(来源方)	1 766.43	1 467.09	1 318.82	(5) 贸易融资	12.52	2.53	1.77
其中:结售汇	1 422.32	1 153.59	922.14	(6) 境外筹资转贷款	5.54	−0.04	0.00
八、各项准备	9.31	1.36	0.43	3. 融资租赁	24.09	20.53	2.60
其中:贷款损失准备金	8.41	1.36	0.42	4. 票据融资	0.12	0.08	0.00
九、所有者权益	1.31	−2.59	5.67	其中:贴现	0.12	0.08	0.00
其中:实收资本	1.70	−0.10	0.16	5. 各项垫款	0.33	0.18	−0.05
十、其他	12.04	73.30	−63.54	(二) 境外贷款	43.56	1.54	14.22
				二、有价证券	2.94	2.22	0.52
				三、股权及其他投资	24.46	23.33	0.00
				四、应收及预付款	29.35	3.82	11.39
				其中:应收利息	3.33	0.46	0.33
				五、同业往来(运用方)	4.15	−2.43	4.44
				六、系统内资金往来(运用方)	73.75	18.19	44.61
				七、金银占款			
				八、外汇买卖(运用方)	1 774.54	1 481.26	1 327.72
				其中:结售汇	1 431.82	1 164.47	918.57
				九、固定资产	0.03	−0.01	−0.01
				十、库存现金	3.97	0.21	0.16
				十一、投资性房地产			
资金来源总计	2 405.24	1 533.11	1 401.32	资金运用总计	2 405.24	1 533.11	1 401.32

3. 上海市外资金融机构外汇信贷收支表

2014-12-31　　单位:亿美元

来源项目名称	本月余额	比年初增减数 本年	比年初增减数 上年	运用项目名称	本月余额	比年初增减数 本年	比年初增减数 上年
一、各项存款	192.86	−2.82	−8.36	一、各项贷款	274.18	3.43	29.46
1. 单位存款	152.48	0.38	10.73	(一) 境内贷款	209.47	−3.11	25.26
其中:活期存款	90.10	4.87	−1.49	1. 短期贷款	110.13	−20.30	21.92
定期存款	59.90	−3.84	11.74	(1) 个人贷款及透支	0.00	0.00	0.00
通知存款	1.15	0.07	0.11	其中:个人消费贷款	0.00	0.00	0.00
保证金存款	1.05	−0.83	0.34	(2) 单位普通贷款及透支	91.53	−17.04	18.79
2. 个人存款	27.81	−1.46	−5.33	其中:经营贷款	90.61	−17.61	19.38
储蓄存款	24.51	−1.06	−1.59	固定资产贷款	0.89	0.55	−0.58
保证金存款		0.00	−0.04	(3) 普通并购贷款			
结构性存款	3.30	−0.40	−3.71	(4) 银团贷款	0.23	−0.22	−0.23
3. 临时性存款	0.12	−0.12	0.06	(5) 贸易融资	18.36	−3.05	3.36
4. 其他存款	12.44	−1.61	−13.82	(6) 境外筹资转贷款			
二、代理财政性存款				2. 中长期贷款	99.28	17.16	3.31
三、金融债券				(1) 个人贷款	2.41	0.22	0.05
其中:境外发行				其中:个人消费贷款	2.41	0.22	0.04
四、中长期借款				(2) 单位普通贷款	79.44	14.23	6.21
其中:境外借款				其中:经营贷款	66.51	16.33	7.32
五、应付及暂收款	−0.18	21.39	−9.81	固定资产贷款	12.94	−2.11	−1.11
其中:应付利息	1.58	0.47	−0.27	(3) 普通并购贷款	0.03	−0.01	0.00
六、卖出回购资产	4.06	3.38	0.67	(4) 银团贷款	16.17	2.60	−1.76
七、向中央银行借款				(5) 贸易融资	1.23	0.12	−1.19
八、同业往来(来源方)	270.90	24.11	31.09	(6) 境外筹资转贷款			
1. 同业存放	30.16	2.82	−13.76	3. 融资租赁			
其中:境外同业存放	7.64	5.12	−1.45	4. 票据融资			
2. 同业拆借	240.75	21.30	44.85	其中:贴现			
其中:境外同业拆借	178.16	11.04	58.98	5. 各项垫款	0.06	0.03	0.03
九、境外联行往来(来源方)	115.56	5.86	39.76	(二) 境外贷款	64.71	6.54	4.20
十、外汇买卖(来源方)	19 645.60	19 645.58	14 715.26	二、有价证券	1.37	−0.16	0.53
其中:结售汇	10 734.65	10 734.63	7 395.08	三、股权及其他投资	0.90	0.90	
十一、委托存款及委托投资基金(净)				四、应收及预付款	6.61	−4.00	2.85
1. 委托存款及委托投资基金				其中:应收利息	1.70	0.24	−0.66
2. 减:委托贷款及委托投资				五、买入返售资产			
十二、代理金融机构委托贷款基金				六、存放中央银行准备金存款	7.34	−0.06	−0.36
其中:中央银行委托贷款基金				七、存放中央银行特种存款			
十三、各项准备	3.98	1.24	0.05	八、缴存中央银行财政性存款			
其中:贷款损失准备	3.91	1.20	0.06	九、同业往来	257.21	94.44	−19.04
十四、所有者权益	47.81	1.69	1.96	1. 存放同业	99.55	15.70	−10.61
其中:实收资本	20.71	−2.32	−1.15	其中:存放境外同业	46.13	25.98	−15.84
十五、其他	−101.18	15.87	−152.85	2. 拆放同业	157.65	78.74	−8.43
				其中:拆放境外同业	76.49	67.66	−23.77
				十、境外联行往来(运用方)	15.33	7.44	1.82
				十一、代理金融机构贷款			
				其中:代理人行专项贷款			
				十二、库存现金	0.27	0.01	−0.05
				十三、外汇买卖(运用方)	19 616.20	19 614.32	14 602.58
				其中:结售汇	10 644.19	10 642.31	7 282.48
				十四、投资性房地产			
资金来源总计	20 179.40	19 716.31	14 617.78	资金运用总计	20 179.40	19 716.31	14 617.78

4. 上海市中资全国性大型银行外汇信贷收支表

2014-12-31　　　　单位：亿美元

来源项目名称	本月余额	比年初增减数 本年	比年初增减数 上年	运用项目名称	本月余额	比年初增减数 本年	比年初增减数 上年
一、各项存款	221.54	−41.45	32.07	一、各项贷款	300.55	−14.53	−15.30
1. 单位存款	133.86	−33.78	29.57	(一) 境内贷款	270.27	−13.00	−23.02
其中：活期存款	65.42	−0.71	5.91	1. 短期贷款	172.99	−16.42	−23.66
定期存款	56.13	−2.92	16.85	(1) 个人贷款及透支	0.51	0.05	0.03
通知存款	0.10	−1.01	−3.97	其中：个人消费贷款	0.51	0.05	0.03
保证金存款	12.18	−9.24	−6.41	(2) 单位普通贷款及透支	55.45	26.79	−19.48
2. 个人存款	80.36	2.94	4.54	其中：经营贷款	53.92	25.52	−19.52
储蓄存款	75.24	1.96	4.60	固定资产贷款	1.53	1.28	0.05
保证金存款	0.25	−0.01	0.05	(3) 普通并购贷款		−0.82	0.82
结构性存款	4.87	0.99	−0.11	(4) 银团贷款		−0.17	0.17
3. 临时性存款	3.17	−2.85	1.36	(5) 贸易融资	117.02	−42.27	−5.20
4. 其他存款	4.14	−7.77	−3.39	(6) 境外筹资转贷款			
二、代理财政性存款				2. 中长期贷款	97.07	3.35	0.70
三、金融债券				(1) 个人贷款	0.02	0.01	0.00
其中：境外发行				其中：个人消费贷款	0.02	0.01	0.00
四、中长期借款	3.95	0.24	0.18	(2) 单位普通贷款	76.95	4.89	0.76
其中：境外借款	3.95	0.24	0.18	其中：经营贷款	21.09	−0.32	0.59
五、应付及暂收款	28.86	−14.89	26.71	固定资产贷款	55.86	5.21	0.17
其中：应付利息	0.81	−0.55	−0.77	(3) 普通并购贷款	3.41	−1.60	2.26
六、卖出回购资产				(4) 银团贷款	10.05	0.02	−1.31
七、向中央银行借款				(5) 贸易融资	1.15	0.07	−0.98
八、同业往来(来源方)	76.58	−11.46	−23.34	(6) 境外筹资转贷款	5.50	−0.04	−0.04
1. 同业存放	67.87	−2.12	−38.88	3. 融资租赁			
其中：境外同业存放	13.40	1.95	3.66	4. 票据融资	0.12	0.08	0.00
2. 同业拆借	8.71	−9.34	15.54	其中：贴现	0.12	0.08	0.00
其中：境外同业拆借	8.44	−7.39	14.22	5. 各项垫款	0.09	0.00	−0.05
九、境外联行往来(来源方)	3.21	−32.49	8.62	(二) 境外贷款	30.28	−1.53	7.72
十、外汇买卖(来源方)	1 146.52	1 009.94	1 051.34	二、有价证券	4.63	3.69	0.83
其中：结售汇	837.61	705.77	663.51	三、股权及其他投资	0.71	−0.01	0.00
十一、委托存款及委托投资基金(净)	0.00	−0.01	0.01	四、应收及预付款	26.78	2.64	13.01
1. 委托存款及委托投资基金	97.32	−3.01	25.43	其中：应收利息	1.73	−0.32	0.29
2. 减：委托贷款及委托投资	97.32	−3.00	25.42	五、买入返售资产			
十二、代理金融机构委托贷款基金				六、存放中央银行准备金存款	3.80	0.27	3.53
其中：中央银行委托贷款基金				七、存放中央银行特种存款			
十三、各项准备	6.75	0.68	0.42	八、缴存中央银行财政性存款			
其中：贷款损失准备	5.86	0.69	0.41	九、同业往来	7.41	−8.61	−32.97
十四、所有者权益	4.47	2.19	5.56	1. 存放同业	3.99	−6.21	−26.16
其中：实收资本				其中：存放境外同业	0.11	−2.74	2.42
十五、其他	1.57	86.41	−68.16	2. 拆放同业	3.42	−2.40	−6.81
				其中：拆放境外同业			
				十、境外联行往来(运用方)	0.03	−0.02	−0.06
				十一、代理金融机构贷款			
				其中：代理人行专项贷款			
				十二、库存现金	2.92	0.17	0.08
				十三、外汇买卖(运用方)	1 146.61	1 015.57	1 064.29
				其中：结售汇	838.29	707.62	663.80
				十四、投资性房地产			
资金来源总计	1 493.45	999.16	1 033.41	资金运用总计	1 493.45	999.16	1 033.41

5. 上海市中资全国性中小型银行外汇信贷收支表

2014-12-31

单位:亿美元

来源项目名称 \ 栏目	本月余额	比年初增减数		运用项目名称 \ 栏目	本月余额	比年初增减数	
		本 年	上 年			本 年	上 年
一、各项存款	282.51	59.01	57.84	一、各项贷款	161.31	−1.94	24.90
1. 单位存款	225.32	34.87	55.23	(一)境内贷款	148.97	−4.17	18.45
其中:活期存款	36.16	−4.75	9.56	1. 短期贷款	99.15	−8.53	11.01
定期存款	67.71	−5.96	28.34	(1)个人贷款及透支	0.10	0.00	0.02
通知存款	3.17	1.89	0.64	其中:个人消费贷款	0.10	0.00	0.02
保证金存款	100.74	34.01	13.04	(2)单位普通贷款及透支	25.92	−0.63	−0.17
2. 个人存款	26.80	5.15	1.65	其中:经营贷款	25.92	−0.63	−0.17
储蓄存款	18.84	3.02	1.70	固定资产贷款			0.00
保证金存款	0.04	−0.01	0.00	(3)普通并购贷款			
结构性存款	7.92	2.14	−0.05	(4)银团贷款		−0.02	0.02
3. 临时性存款	1.15	−0.55	0.12	(5)贸易融资	73.13	−7.88	11.14
4. 其他存款	29.24	19.54	0.83	(6)境外筹资转贷款			
二、代理财政性存款				2. 中长期贷款	49.62	4.21	7.44
三、金融债券				(1)个人贷款	0.03	−0.03	0.06
其中:境外发行				其中:个人消费贷款	0.03	−0.03	0.06
四、中长期借款				(2)单位普通贷款	35.70	3.41	3.97
其中:境外借款				其中:经营贷款	20.48	−1.65	3.82
五、应付及暂收款	4.67	1.86	1.17	固定资产贷款	15.22	5.06	0.14
其中:应付利息	3.35	1.82	0.00	(3)普通并购贷款	0.37	−0.01	−0.04
六、卖出回购资产				(4)银团贷款	2.11	−1.62	0.66
七、向中央银行借款				(5)贸易融资	11.37	2.46	2.75
八、同业往来(来源方)	95.33	25.67	−4.37	(6)境外筹资转贷款	0.04		0.04
1. 同业存放	57.42	32.71	−12.97	3. 融资租赁			
其中:境外同业存放			0.00	4. 票据融资	0.00	0.00	0.00
2. 同业拆借	37.91	−7.03	8.59	其中:贴现	0.00	0.00	0.00
其中:境外同业拆借	17.23	−10.93	7.39	5. 各项垫款	0.21	0.16	0.01
九、境外联行往来(来源方)				(二)境外贷款	12.33	2.23	6.45
十、外汇买卖(来源方)	204.50	41.91	62.93	二、有价证券	0.30		0.22
其中:结售汇	171.85	35.15	54.91	三、股权及其他投资	23.35	23.35	
十一、委托存款及委托投资基金(净)	0.93	−0.55	0.07	四、应收及预付款	1.53	0.64	−2.11
1. 委托存款及委托投资基金	6.65	1.95	0.87	其中:应收利息	1.35	0.57	0.01
2. 减:委托贷款及委托投资	5.72	2.49	0.80	五、买入返售资产			
十二、代理金融机构委托贷款基金				六、存放中央银行准备金存款	2.58	0.47	0.83
其中:中央银行委托贷款基金				七、存放中央银行特种存款			
十三、各项准备	2.17	0.35	−0.03	八、缴存中央银行财政性存款			
其中:贷款损失准备	2.16	0.34	−0.03	九、同业往来	33.89	5.54	8.67
十四、所有者权益	−5.74	−5.36	0.24	1. 存放同业	26.93	4.45	7.82
其中:实收资本		−0.16	0.16	其中:存放境外同业	1.56	0.22	0.38
十五、其他	−152.20	−48.62	−26.79	2. 拆放同业	6.96	1.08	0.85
				其中:拆放境外同业	2.00	0.18	1.77
				十、境外联行往来(运用方)			
				十一、代理金融机构贷款			
				其中:代理人行专项贷款			
				十二、库存现金	0.98	0.05	0.09
				十三、外汇买卖(运用方)	208.24	46.18	58.45
				其中:结售汇	176.38	39.87	50.61
				十四、投资性房地产			
资金来源总计	432.17	74.28	91.05	资金运用总计	432.17	74.28	91.05

6. 上海市其他城市商业银行外汇信贷收支表

2014-12-31　　　　　　单位:亿美元

来源项目名称＼栏目	本月余额	比年初增减数		运用项目名称＼栏目	本月余额	比年初增减数	
		本　年	上　年			本　年	上　年
一、各项存款	62.19	23.55	8.24	一、各项贷款	30.57	1.37	1.35
1. 单位存款	58.73	21.63	8.19	(一) 境内贷款	30.30	2.23	0.22
其中:活期存款	5.09	1.26	1.45	1. 短期贷款	27.52	2.26	−2.59
定期存款	16.18	3.99	5.33	(1) 个人贷款及透支			
通知存款	0.04	−0.18	−0.10	其中:个人消费贷款			
保证金存款	21.22	8.20	−2.58	(2) 单位普通贷款及透支	5.63	−0.86	−0.20
2. 个人存款	2.05	0.52	0.18	其中:经营贷款	5.63	−0.86	−0.20
储蓄存款	2.02	0.56	0.15	固定资产贷款			
保证金存款				(3) 普通并购贷款			
结构性存款	0.03	−0.04	0.03	(4) 银团贷款			
3. 临时性存款	0.00	−0.01	−0.13	(5) 贸易融资	21.89	3.12	−2.39
4. 其他存款	1.41	1.41	0.00	(6) 境外筹资转贷款			
二、代理财政性存款				2. 中长期贷款	2.72	−0.08	2.81
三、金融债券				(1) 个人贷款	0.03	−0.03	0.06
其中:境外发行				其中:个人消费贷款	0.03	−0.03	0.06
四、中长期借款				(2) 单位普通贷款	2.69	−0.05	2.74
其中:境外借款				其中:经营贷款	2.45	−0.02	2.47
五、应付及暂收款	0.44	0.27	−0.10	固定资产贷款	0.24	−0.03	0.27
其中:应付利息	0.43	0.26	−0.08	(3) 普通并购贷款			
六、卖出回购资产				(4) 银团贷款			
七、向中央银行借款				(5) 贸易融资			
八、同业往来(来源方)	20.22	6.30	−1.10	(6) 境外筹资转贷款			
1. 同业存放	3.74	3.69	−0.23	3. 融资租赁			
其中:境外同业存放			0.00	4. 票据融资			
2. 同业拆借	16.48	2.61	−0.88	其中:贴现			
其中:境外同业拆借	8.87	1.00	−4.76	5. 各项垫款	0.06	0.06	0.01
九、境外联行往来(来源方)				(二) 境外贷款	0.27	−0.87	1.13
十、外汇买卖(来源方)	8.42	4.70	2.32	二、有价证券			
其中:结售汇	7.36	3.80	2.16	三、股权及其他投资			
十一、委托存款及委托投资基金(净)				四、应收及预付款	0.17	0.07	−2.15
1. 委托存款及委托投资基金	0.81	0.04	0.21	其中:应收利息	0.15	0.08	−0.02
2. 减:委托贷款及委托投资	0.81	0.04	0.21	五、买入返售资产			
十二、代理金融机构委托贷款基金				六、存放中央银行准备金存款			
其中:中央银行委托贷款基金				七、存放中央银行特种存款			
十三、各项准备	0.18	0.03	−0.03	八、缴存中央银行财政性存款			
其中:贷款损失准备金	0.18	0.03	−0.03	九、同业往来	9.33	−4.32	12.74
十四、所有者权益	−0.46	−0.65	0.30	1. 存放同业	9.33	−4.32	12.74
其中:实收资本		−0.16	0.16	其中:存放境外同业			
十五、其他	−43.09	−33.00	4.63	2. 拆放同业			
				其中:拆放境外同业			
				十、境外联行往来(运用方)			
				十一、代理金融机构贷款			
				其中:代理人行专项贷款			
				十二、库存现金	0.05	0.02	0.01
				十三、外汇买卖(运用方)	7.78	4.07	2.31
				其中:结售汇	6.64	3.09	2.15
				十四、投资性房地产			
资金来源总计	47.91	1.20	14.26	资金运用总计	47.91	1.20	14.26

7. 上海市信托投资公司外汇信贷收支表

2014-12-31

单位:万美元

栏目 来源项目名称	本月余额	比年初增减数		栏目 运用项目名称	本月余额	比年初增减数	
		本 年	上 年			本 年	上 年
一、各项存款				一、各项贷款			
1. 单位存款				(一) 境内贷款			
其中:活期存款				1. 短期贷款			
定期存款				(1) 个人贷款及透支			
通知存款				其中:个人消费贷款			
保证金存款				(2) 单位普通贷款及透支			
2. 个人存款				其中:经营贷款			
储蓄存款				固定资产贷款			
保证金存款				(3) 普通并购贷款			
结构性存款				(4) 银团贷款			
3. 临时性存款				(5) 贸易融资			
4. 其他存款				(6) 境外筹资转贷款			
二、代理财政性存款				2. 中长期贷款			
三、金融债券				(1) 个人贷款			
其中:境外发行				其中:个人消费贷款			
四、中长期借款				(2) 单位普通贷款			
其中:境外借款				其中:经营贷款			
五、应付及暂收款	124	−71	8	固定资产贷款			
其中:应付利息				(3) 普通并购贷款			
六、卖出回购资产				(4) 银团贷款			
七、向中央银行借款				(5) 贸易融资			
八、同业往来(来源方)				(6) 境外筹资转贷款			
1. 同业存放				3. 融资租赁			
其中:境外同业存放				4. 票据融资			
2. 同业拆借				其中:贴现			
其中:境外同业拆借				5. 各项垫款			
九、境外联行往来(来源方)				(二) 境外贷款			
十、外汇买卖(来源方)	1 691	−24	577	二、有价证券	75	−1 792	753
其中:结售汇	1 691	−24	577	三、股权及其他投资	3 976	−78	−1
十一、委托存款及委托投资基金(净)				四、应收及预付款	71	64	−11
1. 委托存款及委托投资基金				其中:应收利息	67	60	−11
2. 减:委托贷款及委托投资				五、买入返售资产			
十二、代理金融机构委托贷款基金				六、存放中央银行准备金存款			
其中:中央银行委托贷款基金				七、存放中央银行特种存款			
十三、各项准备		−2	2	八、缴存中央银行财政性存款			
其中:贷款损失准备				九、同业往来	5 725	457	−303
十四、所有者权益	9 899	594	−149	1. 存放同业	5 725	457	−303
其中:实收资本	8 500			其中:存放境外同业			
十五、其他	−1 845	−1 845		2. 拆放同业			
				其中:拆放境外同业			
				十、境外联行往来(运用方)			
				十一、代理金融机构贷款			
				其中:代理人行专项贷款			
				十二、库存现金	1		0
				十三、外汇买卖(运用方)	19	0	0
				其中:结售汇			
				十四、投资性房地产			
资金来源总计	9 869	−1 349	438	资金运用总计	9 869	−1 349	438

8. 上海市财务公司外汇信贷收支表

2014-12-31

单位：万美元

来源项目名称	本月余额	比年初增减数		运用项目名称	本月余额	比年初增减数	
		本 年	上 年			本 年	上 年
一、各项存款	70 658	13 754	−13 235	一、各项贷款	33 234	25 352	1 668
1. 单位存款	70 658	13 754	−13 235	（一）境内贷款	32 274	25 392	1 168
其中：活期存款	34 390	−6 332	−13 564	1. 短期贷款	9 270	2 888	1 432
定期存款	36 268	20 086	329	(1) 个人贷款及透支			
通知存款				其中：个人消费贷款			
保证金存款				(2) 单位普通贷款及透支	9 270	2 888	1 432
2. 个人存款				其中：经营贷款	9 270	2 888	1 432
储蓄存款				固定资产贷款			
保证金存款				(3) 普通并购贷款			
结构性存款				(4) 银团贷款			
3. 临时性存款				(5) 贸易融资			
4. 其他存款				(6) 境外筹资转贷款			
二、代理财政性存款				2. 中长期贷款	23 004	22 504	−264
三、金融债券				(1) 个人贷款			
其中：境外发行				其中：个人消费贷款			
四、中长期借款				(2) 单位普通贷款	23 004	22 504	−264
其中：境外借款				其中：经营贷款	23 004	22 504	−264
五、应付及暂收款	2 174	267	444	固定资产贷款			
其中：应付利息	251	178	26	(3) 普通并购贷款			
六、卖出回购资产				(4) 银团贷款			
七、向中央银行借款				(5) 贸易融资			
八、同业往来（来源方）				(6) 境外筹资转贷款			
1. 同业存放				3. 融资租赁			
其中：境外同业存放				4. 票据融资			
2. 同业拆借				其中：贴现			
其中：境外同业拆借				5. 各项垫款			
九、境外联行往来（来源方）				（二）境外贷款	960	−40	500
十、外汇买卖（来源方）				二、有价证券		−207	207
其中：结售汇				三、股权及其他投资			
十一、委托存款及委托投资基金(净)				四、应收及预付款	193	152	−1
1. 委托存款及委托投资基金	63 352	15 552	34 800	其中：应收利息	66	26	−1
2. 减：委托贷款及委托投资	63 352	15 552	34 800	五、买入返售资产			
十二、代理金融机构委托贷款基金				六、存放中央银行准备金存款	3 234	1 507	−91
其中：中央银行委托贷款基金				七、存放中央银行特种存款			
十三、各项准备	30			八、缴存中央银行财政性存款			
其中：贷款损失准备	30			九、同业往来	46 813	−12 419	−14 104
十四、所有者权益	10 759	659	140	1. 存放同业	46 813	−12 419	−14 104
其中：实收资本	8 281	500		其中：存放境外同业			
十五、其他	−86	−302	331	2. 拆放同业			
				其中：拆放境外同业			
				十、境外联行往来（运用方）			
				十一、代理金融机构贷款			
				其中：代理人行专项贷款			
				十二、库存现金			
				十三、外汇买卖（运用方）	63	−7	0
				其中：结售汇	63	−7	0
				十四、投资性房地产			
资金来源总计	83 537	14 378	−12 320	资金运用总计	83 537	14 378	−12 320

(四)利　　率

1. 中国人民银行对金融机构存贷款基准利率调整表

(2014 年)

单位:年利率,%

项　　　　目	利　　率
一、人民银行对金融机构存款利率	
(一) 法定准备金	1.62
(二) 超额准备金	0.72
二、人民银行对金融机构贷款利率	
(一) 流动性再贷款(不含农信社)	
二十天	3.25
三个月	3.55
六个月	3.75
一年	3.85
(二) 再贴现	2.25
(三) 农信社再贷款	
二十天	2.8
三个月	3.05
六个月	3.25
一年	3.35
(四) 支小再贷款	
三个月	3.7
六个月	3.9
一年	4
(五) 专项政策性再贷款(超限额及新发放部分)	4.27
(六) 金融稳定再贷款(延期期间)	4.27

注:支小再贷款利率从 2014 年 3 月 20 日起执行,其他从 2010 年 12 月 26 日起执行。

2. 金融机构人民币存款基准利率调整表

(2014 年)

单位:年利率,%

项　　目	利率一	利率二(2014 年 11 月 22 日起执行)
一、活期存款	0.35	0.35
二、定期存款		
(一) 整存整取		
三个月	2.60	2.35
半年	2.80	2.55
一年	3.00	2.75
二年	3.75	3.35
三年	4.25	4.00
五年	4.75	—
(二) 零存整取、整存零取、存本取息		
一年	2.60	2.35

（续表）

项　　目	利率一	利率二(2014年11月22日起执行)
三年	2.80	2.55
五年	3.00	—
(三) 定活两便	按一年以内定期整存整取同档次利率打六折执行	按一年以内定期整存整取同档次利率打六折执行
三、协定存款	1.15	1.15
四、通知存款		
一天	0.80	0.80
七天	1.35	1.35

注：自2014年11月22日起，人民银行不再公布金融机构人民币五年期定期存款基准利率。

3. 金融机构人民币贷款基准利率调整表

（2014年）　　　　单位：年利率，%

项　　目	利率一	项　　目	利率二(2014年11月22日起执行)
一、短期贷款		一、短期贷款	
六个月以内(含六个月)	5.60	一年以内(含一年)	5.60
六个月至一年(含一年)	6.00		6.00
二、中长期贷款		二、中长期贷款	
一至三年(含三年)	6.15	一至三年(含三年)	6.00
三至五年(含五年)	6.40		
五年以上	6.55	五年以上	6.15
三、贴现	金融机构自主确定	三、贴现	金融机构自主确定
四、个人住房公积金贷款		四、个人住房公积金贷款	
五年以下(含五年)	4.00	五年以下(含五年)	3.75
五年以上	4.50	五年以上	4.25
五、罚息水平		五、罚息水平	
(一) 逾期贷款	在合同利率水平上加收30%～50%	(一) 逾期贷款	在合同利率水平上加收30%～50%
(二) 挤占挪用贷款	在合同利率水平上加收50%～100%	(二) 挤占挪用贷款	在合同利率水平上加收50%～100%

注：自2014年11月22日起，金融机构人民币贷款基准利率期限档次简并为一年以内(含一年)、一至五年(含五年)和五年以上三个档次。

4. 小额外币存款利率表

（2014年）　　　　单位：年利率，%

项　　目	美　　元	欧　　元	日　　元	港　　币
活　　期	1.150 0	0.100 0	0.000 1	1.000 0
七天通知	1.375 0	0.375 0	0.000 5	1.250 0
一个月	2.250 0	0.750 0	0.010 0	1.875 0
三个月	2.750 0	1.000 0	0.010 0	2.375 0
六个月	2.875 0	1.125 0	0.010 0	2.500 0
一　年	3.000 0	1.250 0	0.010 0	2.625 0

注：本表从2005年12月28日起执行，自2014年3月1日起对上海地区金融机构吸收自贸试验区内居民的小额外币存款放开利率上限，自2014年6月27日起对上海地区金融机构吸收企业客户的小额外币存款放开利率上限。

二、金融机构业务统计

（一）人民币信贷收支统计

1. 国家开发银行上海市分行人民币信贷收支表

2014-12-31

单位：亿元

栏目 来源项目名称	本月余额	比年初增减数		栏目 运用项目名称	本月余额	比年初增减数	
		本　年	上　年			本　年	上　年
一、各项存款	220.43	74.48	32.36	一、各项贷款	1 646.98	36.05	68.00
1. 单位存款	188.43	42.48	32.36	（一）境内贷款	1 646.98	36.05	70.55
其中：活期存款	64.25	37.95	−18.25	1. 短期贷款	61.37	−47.87	23.72
定期存款	23.04	−5.00	4.33	(1) 个人贷款及透支			
通知存款	36.56	14.56	9.94	其中：个人消费贷款			
保证金存款	0.00	0.00	0.00	(2) 单位普通贷款及透支	61.37	−47.87	23.72
2. 个人存款				其中：经营贷款	39.87	−54.62	30.96
储蓄存款				固定资产贷款	21.50	6.75	−7.23
保证金存款				(3) 普通并购贷款			
结构性存款				(4) 银团贷款			
3. 临时性存款				(5) 贸易融资			
4. 其他存款	32.00	32.00		(6) 境外筹资转贷款			
二、代理财政性存款				2. 中长期贷款	1 585.45	83.92	46.83
三、金融债券				(1) 个人贷款			
其中：境外发行				其中：个人消费贷款			
四、中长期借款				(2) 单位普通贷款	986.34	−49.37	−48.54
其中：境外借款				其中：经营贷款	7.50	−2.50	2.55
五、应付及暂收款	4.22	1.29	0.70	固定资产贷款	978.84	−46.87	−51.09
其中：应付利息	2.33	1.23	0.59	(3) 普通并购贷款	4.44	−1.08	0.11
六、卖出回购资产				(4) 银团贷款	594.66	134.36	95.25
七、向中央银行借款				(5) 贸易融资			
八、同业往来（来源方）	0.00	0.00	0.00	(6) 境外筹资转贷款			
1. 同业存放	0.00	0.00	0.00	3. 融资租赁			
其中：境外同业存放				4. 票据融资			
2. 同业拆借				其中：贴现			
其中：境外同业拆借				5. 各项垫款	0.16		0.00
九、境外联行往来（来源方）				（二）境外贷款			−2.55
十、外汇买卖（来源方）	0.94	0.06	0.03	二、有价证券	6.32	−5.68	−2.00
其中：结售汇	0.94	0.06	0.03	三、股权及其他投资			
十一、委托存款及委托投资基金（净）				四、应收及预付款	3.66	−2.81	1.08
1. 委托存款及委托投资基金				其中：应收利息	3.56	−2.82	1.06
2. 减：委托贷款及委托投资				五、买入返售资产			
十二、代理金融机构委托贷款基金				六、存放中央银行准备金存款	2.85	−3.10	2.31
其中：中央银行委托贷款基金				七、存放中央银行特种存款			
十三、各项准备	54.64	1.43	6.30	八、缴存中央银行财政性存款			
其中：贷款损失准备	54.64	1.43	6.30	九、同业往来	0.03	−167.00	66.95
十四、所有者权益	32.95	8.30	−3.98	1. 存放同业	0.03	0.00	−0.05
其中：实收资本				其中：存放境外同业			
十五、其他	1 347.62	−228.05	100.96	2. 拆放同业		−167.00	67.00
				其中：拆放境外同业			
				十、境外联行往来（运用方）			
				十一、代理金融机构贷款			
				其中：代理人行专项贷款			
				十二、库存现金			
				十三、外汇买卖（运用方）	0.96	0.06	0.03
				其中：结售汇	0.94	0.06	0.03
				十四、投资性房地产			
资金来源总计	1 660.80	−142.49	136.37	资金运用总计	1 660.80	−142.49	136.37

2. 中国进出口银行上海分行人民币信贷收支表

2014-12-31　　单位:亿元

来源项目名称	本月余额	比年初增减数		运用项目名称	本月余额	比年初增减数	
		本 年	上 年			本 年	上 年
一、各项存款	15.75	5.01	−4.30	一、各项贷款	418.20	−19.67	60.01
1. 单位存款	15.75	5.01	−4.30	(一) 境内贷款	408.76	−24.08	59.36
其中:活期存款	7.43	1.98	−4.74	1. 短期贷款	55.53	−36.92	7.14
定期存款	2.18	0.88	0.31	(1) 个人贷款及透支			
通知存款		−0.30	−1.00	其中:个人消费贷款			
保证金存款	6.14	2.46	1.12	(2) 单位普通贷款及透支	18.24	−36.82	14.06
2. 个人存款				其中:经营贷款	16.54	−38.52	14.06
储蓄存款				固定资产贷款	1.70	1.70	
保证金存款				(3) 普通并购贷款			
结构性存款				(4) 银团贷款			
3. 临时性存款				(5) 贸易融资	37.29	−0.10	−6.91
4. 其他存款				(6) 境外筹资转贷款			
二、代理财政性存款				2. 中长期贷款	353.23	12.84	52.22
三、金融债券				(1) 个人贷款			
其中:境外发行				其中:个人消费贷款			
四、中长期借款				(2) 单位普通贷款	189.62	20.25	47.44
其中:境外借款				其中:经营贷款	35.05	0.15	47.44
五、应付及暂收款	1.15	0.09	0.23	固定资产贷款	154.57	20.10	
其中:应付利息	0.60	0.07	0.11	(3) 普通并购贷款			
六、卖出回购资产				(4) 银团贷款	32.04	−16.20	22.23
七、向中央银行借款				(5) 贸易融资	131.57	8.97	−17.46
八、同业往来(来源方)	0.28	0.11	0.17	(6) 境外筹资转贷款		−0.18	
1. 同业存放	0.28	0.11	0.17	3. 融资租赁			
其中:境外同业存放				4. 票据融资			
2. 同业拆借				其中:贴现			
其中:境外同业拆借				5. 各项贷款			
九、境外联行往来(来源方)				(二) 境外贷款	9.44	4.41	0.65
十、外汇买卖(来源方)				二、有价证券			
其中:结售汇				三、股权及其他投资	7.23		
十一、委托存款及委托投资基金(净)				四、应收及预付款	1.09	0.16	0.11
1. 委托存款及委托投资基金				其中:应收利息	0.81	0.06	0.10
2. 减:委托贷款及委托投资				五、买入返售资产			
十二、代理金融机构委托贷款基金				六、存放中央银行准备金存款	2.56	0.10	−0.21
其中:中央银行委托贷款基金				七、存放中央银行特种存款			
十三、各项准备	7.46	−1.10	2.40	八、缴存中央银行财政性存款			
其中:贷款损失准备	7.33	−1.13	2.35	九、同业往来	0.01	0.00	−0.06
十四、所有者权益	2.89	2.89	3.55	1. 存放同业	0.01	0.00	−0.06
其中:实收资本				其中:存放境外同业			
十五、其他	401.55	−26.42	57.82	2. 拆放同业			
				其中:拆放境外同业			
				十、境外联行往来(运用方)			
				十一、代理金融机构贷款			
				其中:代理人行专项贷款			
				十二、库存现金	0.00	0.00	0.00
				十三、外汇买卖(运用方)			
				其中:结售汇			
				十四、投资性房地产			
资金来源总计	429.08	−19.41	59.85	资金运用总计	429.08	−19.41	59.85

3. 中国农业发展银行上海市分行人民币信贷收支表

2014-12-31

单位:亿元

来源项目名称	本月余额	比年初增减数		运用项目名称	本月余额	比年初增减数	
		本年	上年			本年	上年
一、各项存款	51.74	8.70	15.02	一、各项贷款	457.17	149.42	−8.86
1. 单位存款	51.74	8.70	15.03	(一) 境内贷款	457.17	149.42	−8.86
其中:活期存款	42.78	6.29	13.68	1. 短期贷款	116.78	9.72	5.55
定期存款	2.00	−0.62	1.95	(1) 个人贷款及透支			
通知存款	6.70	3.04	−0.60	其中:个人消费贷款			
保证金存款	0.27	−0.02	0.00	(2) 单位普通贷款及透支	116.78	9.72	5.55
2. 个人存款				其中:经营贷款	116.78	9.72	5.55
储蓄存款				固定资产贷款			
保证金存款				(3) 普通并购贷款			
结构性存款				(4) 银团贷款			
3. 临时性存款			−0.01	(5) 贸易融资			
4. 其他存款				(6) 境外筹资转贷款			
二、代理财政性存款	13.96	2.61	−5.00	2. 中长期贷款	183.80	19.24	16.03
三、金融债券				(1) 个人贷款			
其中:境外发行				其中:个人消费贷款			
四、中长期借款				(2) 单位普通贷款	141.46	2.09	24.92
其中:境外借款				其中:经营贷款	0.75		0.15
五、应付及暂收款	0.46	0.10	0.03	固定资产贷款	140.71	2.09	24.77
其中:应付利息	0.02	0.02	0.00	(3) 普通并购贷款			
六、卖出回购资产				(4) 银团贷款	42.33	17.15	−8.89
七、向中央银行借款				(5) 贸易融资			
八、同业往来(来源方)	20.00	20.00	−1.00	(6) 境外筹资转贷款			
1. 同业存放	20.00	20.00	−1.00	3. 融资租赁			
其中:境外同业存放				4. 票据融资	156.60	120.47	−30.44
2. 同业拆借				其中:贴现	156.60	120.47	−30.44
其中:境外同业拆借				5. 各项垫款			
九、境外联行往来(来源方)				(二) 境外贷款			
十、外汇买卖(来源方)				二、有价证券			
其中:结售汇				三、股权及其他投资			
十一、委托存款及委托投资基金(净)				四、应收及预付款	0.47	0.32	−0.01
1. 委托存款及委托投资基金				其中:应收利息	0.45	0.36	−0.05
2. 减:委托贷款及委托投资				五、买入返售资产	126.52	126.52	
十二、代理金融机构委托贷款基金				六、存放中央银行准备金存款	3.45	0.27	0.84
其中:中央银行委托贷款基金				七、存放中央银行特种存款			
十三、各项准备				八、缴存中央银行财政性存款			
其中:贷款损失准备				九、同业往来	30.42	9.93	9.76
十四、所有者权益	6.22	1.00	−0.21	1. 存放同业	30.42	9.93	9.76
其中:实收资本				其中:存放境外同业			
十五、其他	525.70	254.07	−7.12	2. 拆放同业			
				其中:拆放境外同业			
				十、境外联行往来(运用方)			
				十一、代理金融机构贷款			
				其中:代理人行专项贷款			
				十二、库存现金	0.03	0.02	−0.01
				十三、外汇买卖(运用方)			
				其中:结售汇			
				十四、投资性房地产			
资金来源总计	618.07	286.48	1.72	资金运用总计	618.07	286.48	1.72

4. 中国工商银行上海市分行人民币信贷收支表

2014-12-31

单位:亿元

栏目 来源项目名称	本月余额	比年初增减数		栏目 运用项目名称	本月余额	比年初增减数	
		本　年	上　年			本　年	上　年
一、各项存款	10 132.85	−101.99	383.34	一、各项贷款	5 077.02	226.44	299.44
1. 单位存款	4 671.09	−85.59	47.31	(一) 境内贷款	5 048.99	223.29	302.14
其中:活期存款	1 522.84	−66.16	−104.69	1. 短期贷款	1 054.82	−94.20	173.05
定期存款	1 470.70	−42.85	280.40	(1) 个人贷款及透支	87.44	−18.40	12.02
通知存款	145.03	−4.92	−216.53	其中:个人消费贷款	0.86	−0.79	0.12
保证金存款	19.43	−1.05	−23.62	(2) 单位普通贷款及透支	731.88	−29.67	199.62
2. 个人存款	5 331.28	10.91	324.27	其中:经营贷款	725.92	−15.92	186.86
储蓄存款	4 873.49	−26.77	132.15	固定资产贷款	5.57	−14.03	12.65
保证金存款	0.64	0.02	0.08	(3) 普通并购贷款			
结构性存款	457.15	37.66	192.04	(4) 银团贷款			
3. 临时性存款	2.03	0.25	0.23	(5) 贸易融资	235.50	−46.13	−38.60
4. 其他存款	128.45	−27.55	11.54	(6) 境外筹资转贷款			
二、代理财政性存款	841.37	451.27	47.11	2. 中长期贷款	3 590.26	14.17	248.53
三、金融债券	0.00	0.00		(1) 个人贷款	1 102.22	−23.59	264.66
其中:境外发行				其中:个人消费贷款	1 061.62	−13.99	263.70
四、中长期借款				(2) 单位普通贷款	2 113.35	41.27	16.86
其中:境外借款				其中:经营贷款	186.28	32.28	17.56
五、应付及暂收款	314.28	17.34	50.60	固定资产贷款	1 927.07	8.99	−0.69
其中:应付利息	179.84	6.22	52.43	(3) 普通并购贷款	100.30	57.99	20.94
六、卖出回购资产				(4) 银团贷款	274.39	−61.50	−53.93
七、向中央银行借款	14.61	5.82	7.55	(5) 贸易融资			
八、同业往来(来源方)	2 353.16	791.67	−141.39	(6) 境外筹资转贷款			
1. 同业存放	2 319.05	762.38	−144.12	3. 融资租赁			
其中:境外同业存放	50.53	25.87	23.15	4. 票据融资	403.90	303.31	−119.43
2. 同业拆借	34.11	29.29	2.73	其中:贴现	403.90	303.31	−119.43
其中:境外同业拆借	34.11	29.29	2.73	5. 各项垫款			
九、境外联行往来(来源方)	46.05	46.05		(二) 境外贷款	28.03	3.15	−2.70
十、外汇买卖(来源方)	3 961.61	3 960.94	3 545.74	二、有价证券	1 010.66	28.82	48.83
其中:结售汇	3 961.61	3 960.94	3 545.74	三、股权及其他投资			
十一、委托存款及委托投资基金(净)	0.00		0.00	四、应收及预付款	359.87	−5.43	285.38
1. 委托存款及委托投资基金	393.98	78.76	121.62	其中:应收利息	30.00	−0.68	5.36
2. 减:委托贷款及委托投资	393.98	78.76	121.62	五、买入返售资产		−15.00	−30.87
十二、代理金融机构委托贷款基金	2.10	2.10		六、存放中央银行准备金存款	4.12	−13.61	−11.03
其中:中央银行委托贷款基金				七、存放中央银行特种存款			
十三、各项准备	120.22	23.77	10.78	八、缴存中央银行财政性存款	433.43	44.25	84.43
其中:贷款损失准备	119.99	23.62	10.76	九、同业往来	42.79	−113.91	110.24
十四、所有者权益	133.54	3.46	−12.68	1. 存放同业	0.06	−33.75	31.80
其中:实收资本				其中:存放境外同业			
十五、其他	−6 960.43	−1 052.32	442.95	2. 拆放同业	42.73	−80.16	78.44
				其中:拆放境外同业	1.00	1.00	
				十、境外联行往来(运用方)	40.49	40.49	
				十一、代理金融机构贷款	2.10	2.10	
				其中:代理人行专项贷款			
				十二、库存现金	31.42	4.43	3.93
				十三、外汇买卖(运用方)	3 957.48	3 949.54	3 543.64
				其中:结售汇	3 957.48	3 949.54	3 543.64
				十四、投资性房地产			
资金来源总计	10 959.37	4 148.12	4 334.00	资金运用总计	10 959.37	4 148.12	4 334.00

5. 中国农业银行上海市分行人民币信贷收支表

2014-12-31

单位:亿元

栏目 来源项目名称	本月余额	比年初增减数		栏目 运用项目名称	本月余额	比年初增减数	
		本 年	上 年			本 年	上 年
一、各项存款	6 301.54	298.29	192.65	一、各项贷款	3 335.26	215.10	208.79
1. 单位存款	2 905.29	147.72	118.91	(一) 境内贷款	3 329.83	215.62	208.76
其中:活期存款	1 062.16	20.96	−33.63	1. 短期贷款	574.01	−74.81	50.71
定期存款	745.43	141.35	110.21	(1) 个人贷款及透支	43.75	−1.75	0.66
通知存款	65.77	−33.68	−12.38	其中:个人消费贷款	26.85	0.84	−0.55
保证金存款	58.03	9.44	−11.52	(2) 单位普通贷款及透支	374.16	−119.03	16.94
2. 个人存款	3 265.61	154.63	97.31	其中:经营贷款	372.21	−105.43	17.13
储蓄存款	3 263.48	242.67	87.43	固定资产贷款	1.95	−13.60	2.48
保证金存款	0.01	0.00	0.01	(3) 普通并购贷款			−0.30
结构性存款	2.13	−88.04	9.88	(4) 银团贷款	0.31	−0.75	−13.37
3. 临时性存款	0.44	0.04	0.22	(5) 贸易融资	155.79	46.71	46.77
4. 其他存款	130.20	−4.10	−23.79	(6) 境外筹资转贷款			
二、代理财政性存款	1 045.77	155.07	320.09	2. 中长期贷款	2 652.55	263.42	151.07
三、金融债券				(1) 个人贷款	910.31	107.83	147.83
其中:境外发行				其中:个人消费贷款	887.11	109.11	143.91
四、中长期借款				(2) 单位普通贷款	1 019.94	59.24	−68.96
其中:境外借款				其中:经营贷款	138.88	8.01	−1.95
五、应付及暂收款	173.89	45.97	17.17	固定资产贷款	881.06	51.23	−67.01
其中:应付利息	114.01	17.11	17.12	(3) 普通并购贷款	22.04	6.65	−6.44
六、卖出回购资产				(4) 银团贷款	700.26	89.71	78.64
七、向中央银行借款				(5) 贸易融资			
八、同业往来(来源方)	445.75	121.99	−5.28	(6) 境外筹资转贷款			
1. 同业存放	445.75	123.32	34.42	3. 融资租赁			
其中:境外同业存放	7.55	−1.92	−22.72	4. 票据融资	100.11	23.85	6.98
2. 同业拆借		−1.33	−39.70	其中:贴现	100.11	23.85	6.98
其中:境外同业拆借		−1.33	−39.70	5. 各项垫款	3.16	3.16	
九、境外联行往来(来源方)				(二) 境外贷款	5.43	−0.51	0.04
十、外汇买卖(来源方)	1 260.43	439.15	514.97	二、有价证券	58.12	9.16	−15.92
其中:结售汇	1 260.43	439.15	514.97	三、股权及其他投资			
十一、委托存款及委托投资基金(净)			0.01	四、应收及预付款	48.07	38.05	2.37
1. 委托存款及委托投资基金	992.15	87.38	600.63	其中:应收利息	9.10	2.46	−0.24
2. 减:委托贷款及委托投资	992.15	87.38	600.62	五、买入返售资产	9.11	−29.54	38.65
十二、代理金融机构委托贷款基金	10.27	2.98	0.72	六、存放中央银行准备金存款	2.15	−16.46	9.87
其中:中央银行委托贷款基金				七、存放中央银行特种存款			
十三、各项准备	65.32	10.21	−5.40	八、缴存中央银行财政性存款	874.14	192.14	−6.36
其中:贷款损失准备	63.67	9.34	−5.54	九、同业往来	422.00	344.30	−162.90
十四、所有者权益	115.31	−11.61	6.06	1. 存放同业	177.00	177.00	−104.10
其中:实收资本				其中:存放境外同业			
十五、其他	−3 363.27	137.13	−447.94	2. 拆放同业	245.00	167.30	−58.80
				其中:拆放境外同业			
				十、境外联行往来(运用方)	0.00	0.00	
				十一、代理金融机构贷款	10.27	2.98	0.72
				其中:代理人行专项贷款			
				十二、库存现金	38.34	5.33	3.85
				十三、外汇买卖(运用方)	1 257.53	438.11	513.98
				其中:结售汇	1 257.53	438.11	513.98
				十四、投资性房地产			
资金来源总计	6 055.01	1 199.17	593.06	资金运用总计	6 055.01	1 199.17	593.06

6. 中国银行上海市分行人民币信贷收支表

2014-12-31

单位:元

指　　标	金　　额	指　　标	金　　额
人民币资金运用总计	517 452 964 766.99	人民币资金来源总计	517 452 964 766.99
一、各项贷款	310 094 781 236.08	一、各项存款	391 824 606 639.92
(一) 境内贷款	306 605 888 863.54	1. 单位存款	224 149 264 480.47
1. 短期贷款	68 277 112 244.86	其中:活期存款	67 284 687 055.84
(1) 个人贷款及透支	9 971 798 495.04	定期存款	81 074 767 177.71
其中:个人消费贷款	9 693 936 849.58	通知存款	10 230 233 804.92
(2) 单位普通贷款及透支	41 258 466 570.22	保证金存款	13 686 539 446.44
其中:经营贷款	41 230 188 936.67	2. 个人存款	156 454 347 799.62
固定资产贷款	28 277 633.55	储蓄存款	156 414 416 206.53
(3) 普通并购贷款	0.00	保证金存款	39 931 593.09
(4) 银团贷款	100 000 000.00	结构性存款	0.00
(5) 贸易融资	16 946 847 179.60	3. 临时性存款	417 357 485.28
(6) 境外筹资转贷款	0.00	4. 其他存款	10 803 636 874.55
2. 中长期贷款	229 419 973 134.11	二、代理财政性存款	552 317 322.74
(1) 个人贷款	105 897 446 197.40	三、金融债券	0.00
其中:个人消费贷款	101 973 762 264.63	其中:境外发行	0.00
(2) 单位普通贷款	66 110 450 752.54	四、中长期借款	0.00
其中:经营贷款	10 768 796 066.26	其中:境外借款	0.00
固定资产贷款	55 341 654 686.28	五、应付及暂收款	19 248 879 235.06
(3) 普通并购贷款	1 405 040 000.00	其中:应付利息	16 379 721 578.32
(4) 银团贷款	55 904 801 130.05	六、卖出回购资产	2 588 000 000.00
(5) 贸易融资	102 235 054.12	七、向中央银行借款	0.00
(6) 境外筹资转贷款	0.00	八、同业往来(来源方)	117 001 261 765.86
3. 融资租赁	0.00	1. 同业存放	117 001 261 765.86
4. 票据融资	8 710 289 864.35	其中:境外同业存放	57 053 915 070.93
其中:贴现	8 710 289 864.35	2. 同业拆借	0.00
5. 各项垫款	198 513 620.22	其中:境外同业拆借	0.00
(二) 境外贷款	3 488 892 372.54	九、境外联行往来(来源方)	281 473 690 550.31
二、有价证券	16 047 784 854.70	十、外汇买卖(来源方)	1 122 457 699.48
三、股权及其他投资	0.00	其中:结售汇	0.00
四、应收及预付款	11 472 620 747.06	十一、委托存款及委托投资基金(净)	0.00
其中:应收利息	10 672 260 550.61	1. 委托存款及委托投资基金	55 260 152 846.12
五、买入返售资产	23 264 511 088.50	2. 减:委托贷款及委托投资	55 260 152 846.12
六、存放中央银行准备金存款	78 842 475 605.21	十二、代理金融机构委托贷款基金	0.00
七、存放中央银行特种存款	0.00	十三、各项准备	7 636 263 671.33
八、缴存中央银行财政性存款	673 062 000.00	其中:贷款损失准备金	7 202 763 858.80
九、同业往来(运用方)	75 331 843 358.57	十四、所有者权益	7 067 689 324.62
1. 存放同业	41 692 771 874.29	其中:实收资本	0.00
其中:存放境外同业	0.00	十五、其他	−311 062 201 442.33
2. 拆放同业	33 639 071 484.28		
其中:拆放境外同业	0.00		
十、境外联行往来(运用方)	10 000.00		
十一、代理金融机构贷款	0.00		
其中:代理人行专项贷款	0.00		
十二、库存现金	1 678 712 646.23		
十三、外汇买卖(运用方)	47 163 230.64		
其中:结售汇	0.00		
十四、投资性房地产	0.00		

7. 中国建设银行上海市分行人民币信贷收支表

2014-12-31 单位:亿元

来源项目名称	本月余额	比年初增减数		运用项目名称	本月余额	比年初增减数	
		本 年	上 年			本 年	上 年
一、各项存款	7 987.41	420.21	737.95	一、各项贷款	4 222.29	387.35	278.05
1. 单位存款	4 968.10	339.04	643.94	（一）境内贷款	4 209.35	388.07	279.03
其中:活期存款	1 328.34	167.78	43.14	1. 短期贷款	833.58	17.42	91.93
定期存款	1 480.82	266.00	274.93	(1) 个人贷款及透支	157.73	9.46	−14.54
通知存款	216.99	−20.11	8.34	其中:个人消费贷款	152.73	20.57	−0.41
保证金存款	76.63	−50.69	39.28	(2) 单位普通贷款及透支	595.70	−4.89	101.39
2. 个人存款	2 921.69	72.78	212.46	其中:经营贷款	589.57	−5.13	116.36
储蓄存款	2 839.58	99.75	398.18	固定资产贷款	0.10	−5.06	−15.60
保证金存款	0.19	0.14	0.03	(3) 普通并购贷款			
结构性存款	81.92	−27.11	−185.75	(4) 银团贷款			
3. 临时性存款	3.03	1.65	−0.99	(5) 贸易融资	80.16	12.85	5.07
4. 其他存款	94.59	6.75	−117.46	(6) 境外筹资转贷款			
二、代理财政性存款	22.66	13.43	−3.85	2. 中长期贷款	3 319.82	372.95	276.36
三、金融债券	0.00	0.00	0.00	(1) 个人贷款	1 001.03	136.02	158.96
其中:境外发行				其中:个人消费贷款	966.50	136.80	157.78
四、中长期借款				(2) 单位普通贷款	2 287.67	216.81	119.09
其中:境外借款				其中:经营贷款	434.51	70.24	−71.54
五、应付及暂收款	144.67	22.49	3.53	固定资产贷款	1 853.15	146.57	190.63
其中:应付利息	118.40	19.14	3.97	(3) 普通并购贷款	31.12	20.12	−1.69
六、卖出回购资产				(4) 银团贷款			
七、向中央银行借款				(5) 贸易融资			
八、同业往来(来源方)	2 231.36	1 176.78	−194.91	(6) 境外筹资转贷款			
1. 同业存放	2 231.36	1 176.78	−194.91	3. 融资租赁			
其中:境外同业存放	93.67	79.24	9.50	4. 票据融资	54.95	−2.60	−88.24
2. 同业拆借				其中:贴现	54.95	−2.60	−88.24
其中:境外同业拆借				5. 各项垫款	1.00	0.30	−1.02
九、境外联行往来(来源方)				（二）境外贷款	12.94	−0.72	−0.98
十、外汇买卖(来源方)	0.09	0.00	0.00	二、有价证券	1.11	−0.70	−1.50
其中:结售汇	0.09	0.00	0.00	三、股权及其他投资	0.20		−60.47
十一、委托存款及委托投资基金(净)	0.00		−0.01	四、应收及预付款	29.88	−0.57	4.22
1. 委托存款及委托投资基金	406.29	−162.42	157.93	其中:应收利息	24.09	−1.09	3.97
2. 减:委托贷款及委托投资	406.29	−162.42	157.94	五、买入返售资产	134.11	99.36	−49.75
十二、代理金融机构委托贷款基金				六、存放中央银行准备金存款	1.20	−4.93	−1.26
其中:中央银行委托贷款基金				七、存放中央银行特种存款			
十三、各项准备	2.10	0.73	0.55	八、缴存中央银行财政性存款	6.15	−0.65	−0.01
其中:贷款损失准备				九、同业往来	634.44	−156.64	−100.24
十四、所有者权益	28.12	11.79	−2.31	1. 存放同业	484.94	−161.17	−104.81
其中:实收资本				其中:存放境外同业			
十五、其他	−5 366.25	−1 324.04	−470.13	2. 拆放同业	149.50	4.53	4.57
				其中:拆放境外同业			
				十、境外联行往来(运用方)			
				十一、代理金融机构贷款			
				其中:代理人行专项贷款			
				十二、库存现金	20.80	−1.83	1.77
				十三、外汇买卖(运用方)			
				其中:结售汇			
				十四、投资性房地产			
资金来源总计	5 050.17	321.39	70.80	资金运用总计	5 050.17	321.39	70.80

8. 交通银行上海市分行人民币信贷收支表

2014-12-31　　　　单位:亿元

栏目 来源项目名称	本月余额	比年初增减数		栏目 运用项目名称	本月余额	比年初增减数	
		本　年	上　年			本　年	上　年
一、各项存款	3 084.30	−353.76	225.77	一、各项贷款	2 263.12	−34.73	114.81
1. 单位存款	1 687.20	−478.28	140.41	(一) 境内贷款	2 259.70	−34.56	114.48
其中:活期存款	367.00	−97.75	−1.44	1. 短期贷款	610.51	−83.30	47.04
定期存款	424.42	−90.45	55.75	(1) 个人贷款及透支	0.32	−0.55	−1.82
通知存款	110.63	−121.45	−62.37	其中:个人消费贷款	0.04	−0.14	0.09
保证金存款	126.82	−86.28	2.46	(2) 单位普通贷款及透支	542.10	5.54	24.32
2. 个人存款	1 048.88	7.48	106.52	其中:经营贷款	538.89	2.96	28.23
储蓄存款	843.65	−18.83	55.25	固定资产贷款			
保证金存款	0.51	0.02	−0.08	(3) 普通并购贷款			
结构性存款	204.72	26.29	51.35	(4) 银团贷款			
3. 临时性存款	1.89	0.81	0.38	(5) 贸易融资	68.09	−88.29	24.54
4. 其他存款	346.33	116.23	−21.53	(6) 境外筹资转贷款			
二、代理财政性存款	0.00	−1.59	1.41	2. 中长期贷款	1 621.81	51.05	66.85
三、金融债券				(1) 个人贷款	403.30	44.18	56.92
其中:境外发行				其中:个人消费贷款	390.07	44.26	56.30
四、中长期借款				(2) 单位普通贷款	764.66	19.47	−10.16
其中:境外借款				其中:经营贷款	156.61	0.98	−17.25
五、应付及暂收款	188.33	7.44	97.72	固定资产贷款	608.05	18.49	7.09
其中:应付利息	48.56	0.68	10.16	(3) 普通并购贷款	6.44	−8.29	−4.39
六、卖出回购资产				(4) 银团贷款	447.41	−4.31	24.48
七、向中央银行借款				(5) 贸易融资			
八、同业往来(来源方)	1 788.28	366.45	125.06	(6) 境外筹资转贷款			
1. 同业存放	1 788.28	367.78	125.96	3. 融资租赁			
其中:境外同业存放	90.16	16.90	64.47	4. 票据融资	24.07	−3.54	−1.49
2. 同业拆借		−1.33	−0.89	其中:贴现	24.07	−3.54	−1.49
其中:境外同业拆借		−1.33	−0.89	5. 各项垫款	3.30	1.23	2.08
九、境外联行往来(来源方)	94.62	−170.75	233.74	(二) 境外贷款	3.43	−0.17	0.32
十、外汇买卖(来源方)	0.03	0.03	−0.01	二、有价证券	0.47	0.33	0.13
其中:结售汇	0.03	0.03	−0.01	三、股权及其他投资	40.56	2.19	38.17
十一、委托存款及委托投资基金(净)	0.83	−10.79	4.94	四、应收及预付款	114.30	−120.12	168.65
1. 委托存款及委托投资基金	203.27	−38.16	37.99	其中:应收利息	2.95	−0.56	1.39
2. 减:委托贷款及委托投资	202.44	−27.37	33.05	五、买入返售资产	13.11	−109.76	−39.69
十二、代理金融机构委托贷款基金				六、存放中央银行准备金存款	26.26	−15.25	17.12
其中:中央银行委托贷款基金				七、存放中央银行特种存款			
十三、各项准备	27.89	−0.91	−1.09	八、缴存中央银行财政性存款	0.34	−0.10	0.28
其中:贷款损失准备	27.89	−0.91	−1.09	九、同业往来	37.97	−251.15	−7.12
十四、所有者权益	30.04	−5.47	−2.77	1. 存放同业	37.97	−251.15	−7.12
其中:实收资本				其中:存放境外同业			
十五、其他	−2 703.76	−362.67	−382.33	2. 拆放同业			
				其中:拆放境外同业			
				十、境外联行往来(运用方)	6.07	6.07	
				十一、代理金融机构贷款		−9.74	9.74
				其中:代理人行专项贷款			
				十二、库存现金	8.35	0.22	0.38
				十三、外汇买卖(运用方)	0.01	0.00	0.00
				其中:结售汇			
				十四、投资性房地产			
资金来源总计	2 510.56	−532.03	302.46	资金运用总计	2 510.56	−532.03	302.46

9. 中国邮政储蓄银行上海分行人民币信贷收支表

2014-12-31

单位:亿元

栏目 来源项目名称	本月余额	比年初增减数		栏目 运用项目名称	本月余额	比年初增减数	
		本 年	上 年			本 年	上 年
一、各项存款	1 455.57	77.80	111.95	一、各项贷款	372.74	128.30	77.26
1. 单位存款	205.59	19.96	12.95	(一) 境内贷款	372.74	128.30	77.26
其中:活期存款	65.74	1.47	−0.28	1. 短期贷款	129.31	20.71	57.76
定期存款	134.61	18.01	12.44	(1) 个人贷款及透支	9.12	−3.60	4.08
通知存款	4.22	0.96	−0.04	其中:个人消费贷款	0.49	0.36	0.11
保证金存款	1.03	−0.47	0.83	(2) 单位普通贷款及透支	28.63	−44.51	30.94
2. 个人存款	1 225.57	34.77	98.87	其中:经营贷款	28.60	−44.38	30.77
储蓄存款	1 225.57	34.77	98.87	固定资产贷款	0.04	−0.13	0.17
保证金存款				(3) 普通并购贷款			
结构性存款				(4) 银团贷款			
3. 临时性存款	0.00	0.00	0.01	(5) 贸易融资	91.55	68.82	22.73
4. 其他存款	24.40	23.08	0.12	(6) 境外筹资转贷款			
二、代理财政性存款				2. 中长期贷款	172.67	63.48	24.60
三、金融债券				(1) 个人贷款	123.10	37.55	42.03
其中:境外发行				其中:个人消费贷款	112.78	36.44	40.58
四、中长期借款				(2) 单位普通贷款	46.60	22.95	−17.42
其中:境外借款				其中:经营贷款	5.51	−1.37	1.79
五、应付及暂收款	41.09	3.02	7.11	固定资产贷款	41.10	24.33	−19.22
其中:应付利息	35.53	2.59	7.15	(3) 普通并购贷款			
六、卖出回购资产				(4) 银团贷款	2.97	2.97	
七、向中央银行借款				(5) 贸易融资			
八、同业往来(来源方)	7.20	2.01	2.34	(6) 境外筹资转贷款			
1. 同业存放	7.20	2.01	2.34	3. 融资租赁			
其中:境外同业存放				4. 票据融资	70.75	44.11	−5.10
2. 同业拆借				其中:贴现	70.75	44.11	−5.10
其中:境外同业拆借				5. 各项垫款			
九、境外联行往来(来源方)				(二) 境外贷款			
十、外汇买卖(来源方)				二、有价证券			
其中:结售汇				三、股权及其他投资	6.00	6.00	
十一、委托存款及委托投资基金(净)				四、应收及预付款	11.30	−1.28	−0.82
1. 委托存款及委托投资基金	76.40	33.39	17.52	其中:应收利息	9.75	−1.04	1.47
2. 减:委托贷款及委托投资	76.40	33.39	17.52	五、买入返售资产	274.61	78.77	52.01
十二、代理金融机构委托贷款基金				六、存放中央银行准备金存款	1.74	0.20	−0.67
其中:中央银行委托贷款基金				七、存放中央银行特种存款			
十三、各项准备	6.80	3.29	1.62	八、缴存中央银行财政性存款	0.00	0.00	0.00
其中:贷款损失准备	6.80	3.29	1.62	九、同业往来	0.41	0.05	−0.22
十四、所有者权益	1.67	1.49	−0.66	1. 存放同业	0.41	0.05	−0.22
其中:实收资本				其中:存放境外同业			
十五、其他	−836.55	127.26	5.69	2. 拆放同业			
				其中:拆放境外同业			
				十、境外联行往来(运用方)			
				十一、代理金融机构贷款			
				其中:代理人行专项贷款			
				十二、库存现金	8.98	2.83	0.50
				十三、外汇买卖(运用方)			
				其中:结售汇			
				十四、投资性房地产			
资金来源总计	675.77	214.88	128.06	资金运用总计	675.77	214.88	128.06

10. 上海浦东发展银行上海分行人民币信贷收支表

2014-12-31

单位:亿元

来源项目	2014 年末余额	运用项目	2014 年末余额
一、各项存款	3 670.87	一、各项贷款	1 912.48
1. 单位存款	2 613.96	(一) 境内贷款	1 902.06
其中:活期存款	646.24	1. 短期贷款	423.20
定期存款	561.30	(1) 个人贷款及透支	39.05
通知存款	394.54	其中:个人消费贷款	16.78
保证金存款	77.86	(2) 单位普通贷款及透支	295.95
2. 个人存款	989.80	其中:经营贷款	271.78
储蓄存款	840.19	固定资产贷款	23.83
保证金存款	0.34	(3) 普通并购贷款	
结构性存款	149.27	(4) 银团贷款	
3. 临时性存款	1.23	(5) 贸易融资	88.19
4. 其他存款	65.89	(6) 境外筹资转贷款	
二、代理财政性存款	3.42	2. 中长期贷款	1 451.86
三、金融债券		(1) 个人贷款	404.60
其中:境外发行		其中:个人消费贷款	321.83
四、中长期借款		(2) 单位普通贷款	521.91
其中:境外借款		其中:经营贷款	117.37
五、应付及暂收款	178.54	固定资产贷款	404.54
其中:应付利息	62.00	(3) 普通并购贷款	36.75
六、卖出回购资产		(4) 银团贷款	488.59
七、向中央银行借款	7.52	(5) 贸易融资	
八、同业往来(来源方)	1 912.04	(6) 境外筹资转贷款	
1. 同业存放	1 911.40	3. 融资租赁	
其中:境外同业存放	310.56	4. 票据融资	26.96
2. 同业拆借	0.64	其中:贴现	26.96
其中:境外同业拆借	0.64	5. 各项垫款	0.05
九、境外联行往来(来源方)		(二) 境外贷款	10.42
十、外汇买卖(来源方)	0.03	二、有价证券	304.62
其中:结售汇	0.03	三、股权及其他投资	
十一、委托存款及委托投资基金(净)	5.02	四、应收及预付款	120.40
1. 委托存款及委托投资基金	1 184.54	其中:应收利息	4.27
2. 减:委托贷款及委托投资	1 179.52	五、买入返售资产	193.78
十二、代理金融机构委托贷款基金		六、存放中央银行准备金存款	1.62
其中:中央银行委托贷款基金		七、存放中央银行特种存款	
十三、各项准备	39.99	八、缴存中央银行财政性存款	
其中:贷款损失准备	30.90	九、同业往来	138.17
十四、所有者权益	61.02	1. 存放同业	98.07
其中:实收资本		其中:存放境外同业	0.65
十五、其他	−3 199.09	2. 拆放同业	40.10
		其中:拆放境外同业	
		十、境外联行往来(运用方)	
		十一、代理金融机构贷款	
		其中:代理人行专项贷款	
		十二、库存现金	7.93
		十三、外汇买卖(运用方)	0.37
		其中:结售汇	
		十四、投资性房地产	
资金来源总计	2 679.37	资金运用总计	2 679.37

11. 上海银行人民币信贷收支表

2014-12-31　　　　单位:万元

资金来源项目	本月余额	比年初增减数	
		本 年	上 年
一、各项存款	68 567 679.00	8 563 689.00	6 961 466.00
1. 单位存款	46 319 857.00	5 212 244.00	5 547 756.00
其中:活期存款	9 706 020.00	−557 406.00	201 163.00
定期存款	15 351 994.00	305 006.00	2 549 406.00
通知存款	1 623 100.00	406 672.00	−153 859.00
保证金存款	2 206 514.00	74 525.00	−483 115.00
2. 个人存款	18 945 845.00	2 260 278.00	1 975 199.00
储蓄存款	15 369 332.00	1 493 403.00	1 369 461.00
保证金存款	1 278.00	−1 970.00	2 519.00
结构性存款	3 575 235.00	768 845.00	603 219.00
3. 临时性存款	58 466.00	−99 262.00	−14 195.00
4. 其他存款	3 243 511.00	1 190 429.00	−547 294.00
二、代理财政性存款	17 219.00	−3 240.00	5 700.00
三、金融债券	999 134.00	−222 891.00	109.00
其中:境外发行	0.00	0.00	0.00
四、中长期借款	0.00	0.00	0.00
其中:境外借款	0.00	0.00	0.00
五、应付及暂收款	1 871 399.00	300 561.00	452 659.00
其中:应付利息	1 239 237.00	196 906.00	304 376.00
六、卖出回购资产	4 394 300.00	−301 181.00	1 675 961.00
七、向中央银行借款	0.00	−10 000.00	6 000.00
八、同业往来(来源方)	26 097 809.00	5 416 762.00	3 993 209.00
1. 同业存放	25 189 993.00	5 668 134.00	3 630 115.00
其中:境外同业存放	1 597 549.00	1 303 839.00	232 446.00
2. 同业拆借	907 816.00	−251 372.00	363 094.00
其中:境外同业拆借	248 240.00	−163 928.00	408 115.00
九、境外联行往来(来源方)	0.00	0.00	0.00
十、外汇买卖(来源方)	11 510 448.00	1 705 732.00	2 627 453.00
其中:结售汇	11 510 448.00	1 705 732.00	2 627 453.00
十一、委托存款及委托投资基金(净)	9.00	4.00	5.00
1. 委托存款及委托投资基金	25 446 500.00	12 546 499.00	6 758 720.00
2. 减:委托贷款及委托投资	25 446 491.00	12 546 495.00	6 758 715.00
十二、代理金融机构委托贷款基金	0.00	0.00	0.00
其中:中央银行委托贷款	0.00	0.00	0.00
十三、各项准备	1 254 758.00	207 578.00	143 850.00
其中:贷款损失准备金	1 202 003.00	167 209.00	138 321.00
十四、所有者权益	7 579 276.00	1 987 169.00	1 374 485.00
其中:实收资本	470 400.00	47 000.00	0.00
十五、其他	1 652 355.00	2 438 758.00	−25 915.00
资金来源总计	123 944 386.00	20 082 941.00	17 214 982.00

资金运用项目	本月余额	比年初增减数	
		本 年	上 年
一、各项贷款	45 082 432.00	3 681 102	3 943 441
(一) 境内贷款	44 998 417.00	3 687 743	3 953 927
1. 短期贷款	14 824 418.00	273 304	1 491 193
(1) 个人贷款及透支	1 670 091.00	302 880	252 725
其中:个人消费贷款	1 268 153.00	302 584	339 992
(2) 单位普通贷款及透支	11 501 330.00	−1 227 144	842 357
其中:经营贷款	10 935 554.00	−1 241 325	671 802
固定资产贷款	302 911.00	38 287	12 252
(3) 普通并购贷款	0.00	0	0
(4) 银团贷款	25 137.00	−13 853	−13 076
(5) 贸易融资	1 627 860.00	1 211 421	409 187
(6) 境外筹资转贷款	0.00	0	0
2. 中长期贷款	21 996 031.00	1 137 522	2 526 738
(1) 个人贷款	4 998 999.00	471 159	691 843
其中:个人消费贷款	4 674 859.00	404 349	690 420
(2) 单位普通贷款	13 323 019.00	205 801	1 390 677
其中:经营贷款	1 683 331.00	41 030	164 515
固定资产贷款	11 639 688.00	164 771	1 226 162
(3) 普通并购贷款	182 528.00	171 925	−34 000
(4) 银团贷款	3 491 485.00	288 637	478 218
(5) 贸易融资	0.00	0	0
(6) 境外筹资转贷款	0.00	0	0
3. 融资租赁	0.00	0	0
4. 票据融资	8 100 221.00	2 266 052	−52 545
其中:贴现	8 100 221.00	2 266 052	−52 545
5. 各项垫款	77 747.00	10 865	−11 459
(二) 境外贷款	84 105.00	−6 641	−10 486
二、有价证券	14 786 991.00	1 996 047	638 407
其中:境外有价证券	0.00	0	0
三、股权及其他投资	21 686 381.00	7 151 224	12 984 177
四、应收及预付款	705 665.00	119 593	41 094
其中:应收利息	65 337.00	−25 711	53 136
五、买入返售资产	6 245 682.00	2 932 032	2 478 450
六、存放中央银行准备金存款	13 504 831.00	1 753 416	1 451 949
七、存放中央银行特种存款	0.00	0	0
八、缴存中央银行财政性存款	12 465.00	3 076	1 367
九、同业往来(运用方)	10 459 965.00	1 024 742	−7 265 426
1. 存放同业	7 430 317.00	−297 127	−7 741 174
其中:存放境外同业	400.00	400	0
2. 拆放同业	3 029 648.00	1 321 869	475 748
其中:拆放境外同业	700.00	700	0
十、境外联行往来(运用方)	0.00	0	0
十一、代理金融机构贷款	0	0	0
其中:代理人行专项贷款	0	0	0
十二、库存现金	265 941	51 400	61 173
十三、外汇买卖(运用方)	11 175 300	1 363 922	2 883 871
其中:结售汇	11 126 877	1 330 265	2 873 254
十四、投资性房地产	18 733	6 387	−3 521
资金运用总计	123 944 386	20 082 941	17 214 982

12. 上海农商银行人民币信贷收支表

2014-12-31

单位:亿元

来源项目名称	本月余额	比年初增减数 本年	比年初增减数 上年	运用项目名称	本月余额	比年初增减数 本年	比年初增减数 上年
一、各项存款	3 730.47	398.40	475.88	一、各项贷款	2 464.65	281.71	279.29
1. 企业存款	1 892.29	221.45	273.10	1. 短期贷款	643.18	−10.89	52.37
(1) 活期存款	1 274.60	99.94	142.23	(1) 个人贷款及透支	30.31	7.32	4.97
(2) 定期存款	617.69	121.51	130.87	(2) 单位普通贷款及透支	604.07	−25.65	47.24
2. 财政存款	0.09	−0.68	0.13	(3) 普通并购贷款		0.00	0.00
3. 机关团体存款	0.00	0.00	0.00	(4) 银团贷款		0.00	0.00
4. 储蓄存款	1 821.58	180.67	199.12	(5) 贸易融资	8.80	7.44	0.16
(1) 活期储蓄	259.64	20.57	26.04	2. 中长期贷款	1 249.81	197.31	70.93
(2) 定期储蓄	1 561.94	160.10	173.08	(1) 个人贷款及透支	244.99	63.51	21.60
5. 农业存款		0.00	0.00	(2) 单位普通贷款及透支	890.82	96.25	16.95
6. 信托存款		0.00	0.00	(3) 普通并购贷款		0.00	0.00
7. 委托存款		0.00	0.00	(4) 银团贷款	114.00	37.55	32.38
8. 其他存款	16.51	−3.04	3.53	(5) 贸易融资		0.00	0.00
二、金融债券	50.00	−15.00	0.00	3. 票据融资	567.60	93.25	155.71
三、应付及暂收款	107.87	22.34	1.40	4. 各项垫款	4.06	2.04	0.28
其中:应付及预收利息	81.81	13.52	10.15	二、有价证券及投资	986.74	189.36	156.49
四、同业往来	143.86	2.34	−37.98	三、应收及预付款	45.39	9.12	17.44
五、行内资金往来	0.64	0.26	0.38	其中:应收利息	17.84	1.45	2.69
六、各项准备	80.99	8.48	8.49	四、同业往来	221.54	116.91	−35.59
其中:贷款损失准备	65.64	20.22	−15.94	五、系统内资金往来	0.00	0.00	0.00
七、所有者权益	366.70	48.15	35.39	六、金银占款	0.48	0.48	0.00
其中:实收资本	50.00	0.00	0.00	七、外汇占款	−14.46	−17.14	0.58
当年结益	57.82	6.95	9.83	八、固定资产	47.57	14.60	−0.36
八、其他	217.77	80.45	40.71	九、库存现金	23.73	4.60	2.99
				十、存放央行存款	717.60	26.91	118.18
				十一、买入返售证券	113.43	−57.92	−19.95
				十二、其他	91.63	−23.21	5.20
资金来源总计	4 698.30	545.42	524.27	资金运用总计	4 698.30	545.42	524.27

13. 中信银行上海分行人民币信贷收支表

2014-12-31　　　　单位:亿元

栏目 来源项目名称	本月余额	比年初增减数		栏目 运用项目名称	本月余额	比年初增减数	
		本 年	上 年			本 年	上 年
一、各项存款	773.63	−94.68	−16.52	一、各项贷款	661.22	14.48	19.82
1.单位存款	533.67	−53.55	41.59	(一)境内贷款	659.72	14.58	19.71
其中:活期存款	106.04	27.86	4.41	1.短期贷款	228.09	−98.01	−57.44
定期存款	171.60	10.14	9.89	(1)个人贷款及透支	15.46	−7.31	−15.12
通知存款	28.64	−1.53	−24.02	其中:个人消费贷款	3.50	0.96	2.01
保证金存款	93.19	−40.51	−29.23	(2)单位普通贷款及透支	200.50	−84.91	−47.12
2.个人存款	142.11	−33.86	2.99	其中:经营贷款	195.15	−89.23	−37.60
储蓄存款	118.49	12.44	−23.31	固定资产贷款	4.02	4.02	−10.00
保证金存款	1.00	−0.64	−7.02	(3)普通并购贷款	0.80	0.80	−0.20
结构性存款	22.62	−45.66	33.31	(4)银团贷款	0.02	0.02	
3.临时性存款	0.92	0.07	0.42	(5)贸易融资	11.30	−6.61	5.01
4.其他存款	96.93	−7.34	−61.51	(6)境外筹资转贷款			
二、代理财政性存款	0.68	−2.01	2.55	2.中长期贷款	326.82	65.70	47.13
三、金融债券				(1)个人贷款	112.14	29.63	27.23
其中:境外发行				其中:个人消费贷款	104.52	29.83	24.78
四、中长期借款				(2)单位普通贷款	201.45	40.11	22.97
其中:境外借款				其中:经营贷款	6.63	−2.10	21.74
五、应付及暂收款	7.80	−11.52	−5.11	固定资产贷款	194.82	42.20	1.23
其中:应付利息	11.33	−2.42	0.35	(3)普通并购贷款	0.30	−0.20	
六、卖出回购资产				(4)银团贷款	10.33	−3.70	−3.07
七、向中央银行借款				(5)贸易融资	2.60	−0.14	
八、同业往来(来源方)	760.69	229.17	−65.55	(6)境外筹资转贷款			
1.同业存放	756.60	225.08	−65.37	3.融资租赁			
其中:境外同业存放	99.74	94.56	3.99	4.票据融资	99.94	52.75	25.46
2.同业拆借	4.09	4.09	−0.19	其中:贴现	99.94	52.75	25.46
其中:境外同业拆借	4.09	4.09		5.各项垫款	4.87	−5.86	4.57
九、境外联行往来(来源方)				(二)境外贷款	1.51	−0.10	0.11
十、外汇买卖(来源方)	12.01	2.83	−1.24	二、有价证券	19.55	13.96	−4.53
其中:结售汇	9.66	2.22	−2.32	三、股权及其他投资		−145.83	145.83
十一、委托存款及委托投资基金(净)	323.74	108.43	−5.85	四、应收及预付款	26.31	12.85	8.86
1.委托存款及委托投资基金	359.65	100.11	7.80	其中:应收利息	4.09	−1.66	1.83
2.减:委托贷款及委托投资	35.91	−8.32	13.65	五、买入返售资产	35.29	−287.69	223.13
十二、代理金融机构委托贷款基金	66.46	66.46		六、存放中央银行准备金存款	4.86	−8.55	5.27
其中:中央银行委托贷款基金				七、存放中央银行特种存款			
十三、各项准备	31.91	−11.40	29.80	八、缴存中央银行财政性存款	0.59	0.55	−0.84
其中:贷款损失准备	28.57	−12.61	28.24	九、同业往来	16.10	−80.73	−301.32
十四、所有者权益	−7.60	9.35	−30.60	1.存放同业	0.10	−88.46	−278.26
其中:实收资本				其中:存放境外同业	0.00	0.00	
十五、其他	−1 123.18	−708.32	189.99	2.拆放同业	16.00	7.73	−23.05
				其中:拆放境外同业			
				十、境外联行往来(运用方)			
				十一、代理金融机构贷款	66.46	66.46	
				其中:代理人行专项贷款			
				十二、库存现金	2.53	0.76	−0.36
				十三、外汇买卖(运用方)	13.23	2.06	1.62
				其中:结售汇	10.75	1.43	0.53
				十四、投资性房地产			
资金来源总计	846.15	−411.68	97.48	资金运用总计	846.15	−411.68	97.48

14. 中国光大银行上海分行人民币信贷收支表

2014-12-31

单位:亿元

来源项目名称	本月余额	比年初增减数 本年	比年初增减数 上年	运用项目名称	本月余额	比年初增减数 本年	比年初增减数 上年
一、各项存款	1 023.82	−114.81	113.48	一、各项贷款	570.78	−14.48	−28.67
1. 单位存款	562.48	−71.25	−24.73	(一) 境内贷款	567.92	−15.27	−28.66
其中:活期存款	99.73	−16.88	19.68	1. 短期贷款	138.81	−20.27	−35.96
定期存款	212.02	41.33	−27.38	(1) 个人贷款及透支	5.75	0.26	−0.88
通知存款	48.03	−31.30	−4.32	其中:个人消费贷款	1.61	0.42	0.07
保证金存款	45.58	−9.94	−46.28	(2) 单位普通贷款及透支	84.89	−14.71	20.51
2. 个人存款	342.12	−3.67	103.99	其中:经营贷款	83.98	−14.85	23.42
储蓄存款	216.86	4.55	48.21	固定资产贷款	0.50	0.29	−1.16
保证金存款	0.12	−0.07	−3.58	(3) 普通并购贷款			
结构性存款	125.13	−8.14	59.36	(4) 银团贷款			
3. 临时性存款	0.61	0.15	0.18	(5) 贸易融资	48.17	−5.83	−55.59
4. 其他存款	118.61	−40.05	34.04	(6) 境外筹资转贷款			
二、代理财政性存款	0.68	0.32	−3.30	2. 中长期贷款	417.03	12.29	7.09
三、金融债券				(1) 个人贷款	174.16	0.19	−6.23
其中:境外发行				其中:个人消费贷款	96.81	−9.53	−17.26
四、中长期借款				(2) 单位普通贷款	171.86	18.64	−19.22
其中:境外借款				其中:经营贷款	26.28	−8.00	−18.42
五、应付及暂收款	28.34	8.01	3.65	固定资产贷款	145.58	26.64	−0.80
其中:应付利息	21.57	6.67	3.80	(3) 普通并购贷款			
六、卖出回购资产			−1.20	(4) 银团贷款	52.98	6.26	3.57
七、向中央银行借款	0.68	0.68		(5) 贸易融资	18.03	−12.79	28.96
八、同业往来(来源方)	643.45	264.35	−83.82	(6) 境外筹资转贷款			
1. 同业存放	643.45	264.35	−83.82	3. 融资租赁			
其中:境外同业存放				4. 票据融资	8.32	−3.06	−0.51
2. 同业拆借				其中:贴现	8.32	−3.06	−0.51
其中:境外同业拆借				5. 各项垫款	3.76	−4.23	0.72
九、境外联行往来(来源方)	0.08	0.08		(二) 境外贷款	2.87	0.79	−0.01
十、外汇买卖(来源方)				二、有价证券	0.13	−0.08	−0.11
其中:结售汇				三、股权及其他投资	99.35	1.46	−80.30
十一、委托存款及委托投资基金(净)	2.73	−59.04	30.59	四、应收及预付款	3.96	−3.36	1.23
1. 委托存款及委托投资基金	44.28	−46.83	20.95	其中:应收利息	3.45	−3.44	1.19
2. 减:委托贷款及委托投资	41.55	12.22	−9.65	五、买入返售资产	121.21	6.74	52.92
十二、代理金融机构委托贷款基金				六、存放中央银行准备金存款	2.98	−11.10	−3.05
其中:中央银行委托贷款基金				七、存放中央银行特种存款			
十三、各项准备	16.92	1.28	−1.48	八、缴存中央银行财政性存款	0.50	0.43	−0.43
其中:贷款损失准备	16.87	1.29	−1.49	九、同业往来	84.89	−177.70	78.75
十四、所有者权益	−0.84	10.02	−27.62	1. 存放同业	5.98	−110.95	49.72
其中:实收资本				其中:存放境外同业			
十五、其他	−828.37	−310.04	−12.12	2. 拆放同业	78.91	−66.75	29.03
				其中:拆放境外同业			
				十、境外联行往来(运用方)			
				十一、代理金融机构贷款			
				其中:代理人行专项贷款			
				十二、库存现金	3.10	−0.79	−2.00
				十三、外汇买卖(运用方)	0.05	0.00	0.00
				其中:结售汇	0.05	0.00	0.00
				十四、投资性房地产	0.55	−0.26	−0.18
资金来源总计	887.49	−199.14	18.16	资金运用总计	887.49	−199.14	18.16

15. 华夏银行上海分行人民币信贷收支表

2014-12-31　　　　单位:亿元

来源项目名称	本月余额	比年初增减数 本年	比年初增减数 上年	运用项目名称	本月余额	比年初增减数 本年	比年初增减数 上年
一、各项存款	580.73	93.80	−13.15	一、各项贷款	266.48	14.03	−29.83
1. 单位存款	295.86	16.48	−4.99	(一) 境内贷款	265.80	14.12	−29.89
其中:活期存款	73.75	−3.89	11.68	1. 短期贷款	75.83	−30.22	−36.06
定期存款	97.31	8.03	−9.09	(1) 个人贷款及透支	0.25	−0.29	−2.66
通知存款	25.01	−12.32	2.99	其中:个人消费贷款	0.05	−0.05	−0.09
保证金存款	19.43	3.90	−7.39	(2) 单位普通贷款及透支	75.12	−29.21	−33.84
2. 个人存款	47.72	6.37	−4.23	其中:经营贷款	74.55	−28.61	−32.85
储蓄存款	44.29	2.95	−4.25	固定资产贷款	0.07	−0.60	−1.49
保证金存款				(3) 普通并购贷款			
结构性存款	3.44	3.42	0.02	(4) 银团贷款			
3. 临时性存款	0.14	−0.04	0.08	(5) 贸易融资	0.45	−0.72	0.43
4. 其他存款	237.00	71.00	−4.00	(6) 境外筹资转贷款			
二、代理财政性存款	0.01	−0.02	0.03	2. 中长期贷款	175.67	30.27	11.98
三、金融债券				(1) 个人贷款	18.60	−2.90	−0.98
其中:境外发行				其中:个人消费贷款	16.88	−2.51	−0.28
四、中长期借款				(2) 单位普通贷款	150.13	35.16	16.21
其中:境外借款				其中:经营贷款	36.87	8.48	0.50
五、应付及暂收款	21.33	1.60	1.12	固定资产贷款	113.27	26.67	15.70
其中:应付利息	9.08	1.09	−0.12	(3) 普通并购贷款			
六、卖出回购资产				(4) 银团贷款	6.48	−2.45	−3.25
七、向中央银行借款				(5) 贸易融资	0.46	0.46	
八、同业往来(来源方)	62.70	17.83	−51.56	(6) 境外筹资转贷款			
1. 同业存放	62.37	17.90	−51.26	3. 融资租赁			
其中:境外同业存放	0.14	0.14		4. 票据融资	13.20	13.20	−5.62
2. 同业拆借	0.33	−0.07	−0.29	其中:贴现	13.20	13.20	−5.62
其中:境外同业拆借				5. 各项垫款	1.10	0.87	−0.18
九、境外联行往来(来源方)				(二) 境外贷款	0.68	−0.09	0.05
十、外汇买卖(来源方)	136.48	75.71	60.77	二、有价证券	11.00	11.00	−0.75
其中:结售汇	136.48	75.71	60.77	三、股权及其他投资			
十一、委托存款及委托投资基金(净)				四、应收及预付款	11.42	0.22	0.86
1. 委托存款及委托投资基金	54.30	13.36	−2.76	其中:应收利息	0.02	−0.26	0.21
2. 减:委托贷款及委托投资	54.30	13.36	−2.76	五、买入返售资产	21.75	20.75	−64.78
十二、代理金融机构委托贷款基金				六、存放中央银行准备金存款	2.07	−6.00	−0.63
其中:中央银行委托贷款基金				七、存放中央银行特种存款			
十三、各项准备	12.61	−2.16	11.41	八、缴存中央银行财政性存款	0.02	−0.01	−0.06
其中:贷款损失准备	12.43	−2.25	11.41	九、同业往来	10.02	9.87	−0.23
十四、所有者权益	1.08	15.19	−19.63	1. 存放同业	0.02	−0.13	−0.23
其中:实收资本				其中:存放境外同业			
十五、其他	−354.85	−76.25	−23.98	2. 拆放同业	10.00	10.00	
				其中:拆放境外同业			
				十、境外联行往来(运用方)			
				十一、代理金融机构贷款			
				其中:代理人行专项贷款			
				十二、库存现金	0.79	0.11	−0.35
				十三、外汇买卖(运用方)	136.53	75.72	60.78
				其中:结售汇	136.48	75.71	60.77
				十四、投资性房地产			
资金来源总计	460.09	125.69	−34.98	资金运用总计	460.09	125.69	−34.98

16. 中国民生银行上海分行人民币信贷收支表

2014-12-31

单位:亿元

来源项目名称	本月余额	比年初增减数 本年	比年初增减数 上年	运用项目名称	本月余额	比年初增减数 本年	比年初增减数 上年
一、各项存款	2 197.63	125.43	7.89	一、各项贷款	1 333.90	30.20	55.81
1. 企业存款	1 346.26	115.44	−163.80	1. 短期贷款	476.94	−28.46	−102.64
(1) 活期存款	353.94	121.89	−374.11	(1) 工业贷款			
(2) 定期存款	992.32	−6.45	210.31	(2) 商业贷款			
2. 机关团体存款	357.29	60.49	−3.90	(3) 建筑业贷款			
3. 储蓄存款	366.90	14.93	−16.15	(4) 农业贷款			
(1) 活期储蓄	84.59	−2.03	−13.78	(5) 乡镇企业贷款			
(2) 定期储蓄	282.31	16.96	−2.37	(6) 三资企业贷款			
4. 农业存款				(7) 私营企业及个体贷款			
5. 其他存款	127.18	−65.43	191.74	(8) 其他短期贷款			
二、代理财政性存款		−0.03	0.03	其中:个人短期贷款			
三、金融债券				2. 中长期贷款	837.93	106.67	115.91
其中:政策性金融债券				(1) 基本建设贷款			
四、应付及暂收款	42.87	3.76	−6.22	(2) 技术改造贷款			
其中:应付及预收利息	42.87	3.76	−6.22	(3) 其他中长期贷款			
五、卖出回购资产			−19.26	其中:个人中长期贷款			
六、向中央银行借款	8.65	8.29	0.36	3. 票据融资	17.49	−43.59	48.08
七、同业往来	808.41	−33.69	−671.09	其中:贴现			
1. 同业存放	808.41	−23.69	−638.09	4. 各项垫款	1.55	−4.41	5.51
2. 同业拆借		−10.00	−33.00	二、有价证券及投资	491.77	263.35	178.80
八、行内资金往来	1 182.19	329.12	853.07	三、应收及预付款	30.67	16.07	6.56
九、委托存款及委托投资基金(净)				其中:应收利息	14.50	14.50	−5.87
1. 委托存款及委托投资基金	327.25	128.57	−6.16	四、买入返售资产	417.62	109.26	301.25
2. 减:委托贷款及委托投资	327.25	128.57	−6.16	五、存放中央银行准备金存款	1.92	−25.84	8.52
十、代理金融机构委托贷款基金				六、存放中央银行特种存款			
其中:中央银行委托贷款基金				七、缴存中央银行财政性存款		−0.16	−0.34
十一、各项准备	23.38	−5.99	−3.10	八、同业往来	50.09	28.60	−484.28
其中:贷款损失准备	22.46	−6.91	−3.10	1. 存放同业	50.09	28.60	−484.28
十二、所有者权益	−13.99	6.45	−32.19	2. 拆放同业			
其中:实收资本				九、行内资金往来	1 884.96	−26.36	1 911.32
十三、其他				十、代理金融机构贷款			
				其中:代理人行专项贷款			
				十一、库存现金	5.64	1.34	−0.28
				十二、外汇占款			
资金来源总计	2 353.63	421.37	−586.16	资金运用总计	2 353.63	421.37	−586.16

17. 兴业银行上海分行人民币信贷收支表

2014-12-31　　　　单位:亿元

栏目 来源项目名称	本月余额	比年初增减数		栏目 运用项目名称	本月余额	比年初增减数	
		本 年	上 年			本 年	上 年
一、各项存款	1 525.67	59.49	240.75	一、各项贷款	857.77	100.54	50.89
1. 单位存款	1 180.02	99.83	216.88	(一) 境内贷款	849.92	102.12	54.23
其中:活期存款	303.29	62.35	62.40	1. 短期贷款	189.04	−7.82	−4.91
定期存款	367.02	−19.89	−0.72	(1) 个人贷款及透支	20.52	−22.16	1.57
通知存款	105.72	−15.55	23.97	其中:个人消费贷款	11.12	−6.00	10.29
保证金存款	35.68	6.55	−1.06	(2) 单位普通贷款及透支	163.93	24.82	−10.57
2. 个人存款	226.82	6.34	13.91	其中:经营贷款	161.17	23.77	−9.01
储蓄存款	168.33	−51.97	13.73	固定资产贷款	2.76	1.05	−1.56
保证金存款	0.19	0.02	0.18	(3) 普通并购贷款			
结构性存款	58.29	58.29		(4) 银团贷款			
3. 临时性存款	0.15	−0.36	−0.22	(5) 贸易融资	4.59	−10.48	4.09
4. 其他存款	118.67	−46.32	10.19	(6) 境外筹资转贷款			
二、代理财政性存款	2.06	1.73	0.34	2. 中长期贷款	653.90	106.72	58.04
三、金融债券				(1) 个人贷款	227.52	33.45	8.39
其中:境外发行				其中:个人消费贷款	207.78	35.53	1.62
四、中长期借款				(2) 单位普通贷款	324.53	48.52	45.37
其中:境外借款				其中:经营贷款	10.34	−3.73	−5.92
五、应付及暂收款	33.29	6.90	−6.74	固定资产贷款	314.20	52.24	51.29
其中:应付利息	26.08	6.16	2.98	(3) 普通并购贷款	6.14	6.14	
六、卖出回购资产		−59.81	48.81	(4) 银团贷款	87.69	10.59	4.28
七、向中央银行借款	1.78	1.78		(5) 贸易融资	8.02	8.02	
八、同业往来(来源方)	1 458.27	495.67	144.93	(6) 境外筹资转贷款			
1. 同业存放	1 457.93	501.71	145.67	3. 融资租赁			
其中:境外同业存放	7.64	5.58	2.06	4. 票据融资	4.21	4.17	0.04
2. 同业拆借	0.34	−6.04	−0.74	其中:贴现	4.21	4.17	0.04
其中:境外同业拆借	0.34	−5.54	5.89	5. 各项垫款	2.77	−0.95	1.06
九、境外联行往来(来源方)	15.16	15.16		(二) 境外贷款	7.84	−1.58	−3.34
十、外汇买卖(来源方)				二、有价证券	107.82	−18.11	−142.95
其中:结售汇				三、股权及其他投资	320.88	9.76	311.09
十一、委托存款及委托投资基金(净)	6.73	−0.16	−10.30	四、应收及预付款	7.44	−3.52	−11.47
1. 委托存款及委托投资基金	1 207.00	238.64	299.72	其中:应收利息	6.79	−1.88	−2.71
2. 减:委托贷款及委托投资	1 200.27	238.80	310.02	五、买入返售资产	189.80	−143.50	−275.73
十二、代理金融机构委托贷款基金				六、存放中央银行准备金存款	2.41	−8.27	3.60
其中:中央银行委托贷款基金				七、存放中央银行特种存款			
十三、各项准备	20.58	9.47	−1.24	八、缴存中央银行财政性存款			
其中:贷款损失准备	12.38	2.37	−0.39	九、同业往来	97.60	53.63	−58.67
十四、所有者权益	45.63	−2.62	3.70	1. 存放同业	1.76	0.84	−16.74
其中:实收资本				其中:存放境外同业			
十五、其他	−1 523.65	−537.31	−543.42	2. 拆放同业	95.84	52.79	−41.93
				其中:拆放境外同业			
				十、境外联行往来(运用方)			
				十一、代理金融机构贷款			
				其中:代理人行专项贷款			
				十二、库存现金	1.81	−0.24	0.08
				十三、外汇买卖(运用方)			
				其中:结售汇			
				十四、投资性房地产			
资金来源总计	1 585.53	−9.69	−123.16	资金运用总计	1 585.53	−9.69	−123.16

18. 广发银行上海分行人民币信贷收支表

2014-12-31　　　　单位:亿元

项目名称	本月余额	本期比年初		项目名称	本月余额	本期比年初	
		增减数	增减			增减数	增减
资金来源总计	399.88	−85.61	−17.63%	资金运用总计	399.88	−85.61	−17.63%
一、各项存款	563.42	49.08	9.54%	一、各项贷款	215.77	−30.00	−12.21%
1.单位存款	329.61	35.84	12.20%	(一)境内贷款	214.35	−29.69	−12.17%
其中:活期存款	80.70	17.93	28.58%	1.短期贷款	54.74	−22.44	−29.07%
定期存款	55.24	−18.85	−25.44%	(1)个人贷款及透支	4.43	2.26	104.54%
通知存款	14.72	−9.41	−39.01%	其中:个人消费贷款	0.01	0.01	203.85%
保证金存款	13.31	−15.72	−54.15%	(2)单位普通贷款及透支	50.05	−23.89	−32.32%
2.个人存款	56.42	−15.72	−21.79%	其中:经营贷款	50.00	−23.94	−32.38%
储蓄存款	32.88	−5.63	−14.62%	固定资产贷款	0.04	0.04	100.00%
保证金存款	0.39	0.05	15.46%	(3)普通并购贷款	—	—	0.00%
结构性存款	23.15	−10.14	−30.46%	(4)银团贷款	—	—	0.00%
3.临时性存款	1.41	−0.02	−1.25%	(5)贸易融资	0.26	−0.81	−75.53%
4.其他存款	175.97	28.99	19.72%	(6)境外筹资转贷款	—	—	0.00%
二、代理财政性存款	—	0.39	−100.00%	2.中长期贷款	155.88	−8.20	−5.00%
三、金融债券	—	—	0.00%	(1)个人贷款	56.92	−3.24	−5.39%
其中:境外发行	—	—	0.00%	其中:个人消费贷款	44.28	−5.26	−10.62%
四、中长期借款	—	—	0.00%	(2)单位普通贷款	79.00	−3.28	−3.98%
其中:境外借款	—	—	0.00%	其中:经营贷款	24.28	−2.02	−7.68%
五、应付及暂收款	9.49	0.48	5.28%	固定资产贷款	54.71	−1.26	−2.25%
其中:应付利息	8.52	0.44	5.39%	(3)普通并购贷款	—	—	0.00%
六、卖出回购资产	—	—	0.00%	(4)银团贷款	19.47	−2.18	−10.07%
七、向中央银行借款	—	—	0.00%	(5)贸易融资	0.50	0.50	100.00%
八、同业往来	360.23	206.57	134.44%	(6)境外筹资转贷款	—	—	0.00%
1.同业存放	360.23	206.57	134.44%	3.融资租赁	—	—	0.00%
其中:境外同业存放	—	—	0.00%	4.票据融资	0.58	0.45	349.45%
2.同业拆借	—	—	0.00%	其中:贴现及买断式转贴现	0.58	0.45	349.45%
其中:境外同业拆借	—	—	0.00%	5.各项垫款	3.15	0.50	18.65%
九、境外联行往来	—	—	0.00%	(二)境外贷款	1.42	−0.30	−17.54%
十、外汇买卖	0.00	0.00	−53.13%	二、有价证券及投资	2.14	2.02	1 730.68%
其中:结售汇	0.00	0.00	−54.84%	其中:境外有价证券	—	—	0.00%
十一、委托存款及委托投资基金	—	−0.39	−100.00%	三、股权及其他投资	27.36	−32.13	−54.00%
1.委托存款及委托投资基金	5.19	−2.47	−32.25%	四、应收及预付款	3.08	−8.51	−73.42%
2.减:委托贷款及委托投资	5.19	−2.08	−28.65%	其中:应收利息	2.09	−0.28	−11.90%
十二、代理金融机构委托贷款基金	14.98	14.98	100.00%	五、买入返售资产	111.14	18.16	19.53%
其中:中央银行委托贷款基金	—	—	0.00%	六、存放中央银行准备金存款	3.37	−7.19	−68.08%
十三、各项准备	7.32	1.24	20.45%	七、存放中央银行特种存款	—	—	0.00%
其中:贷款损失准备金	7.24	1.20	19.78%	八、缴存中央银行财政性存款	0.06	0.03	104.90%
十四、其他	−555.56	−357.96	181.15%	九、同业往来	20.89	−43.11	−67.36%
				1.存放同业	0.89	−2.71	−75.38%
				其中:存放境外同业	—	—	0.00%
				2.拆放同业	20.00	−40.40	−66.89%
				其中:拆放境外同业	—	—	0.00%
				十、境外联行往来	—	—	0.00%
				十一、代理金融机构贷款	14.98	14.98	100.00%
				其中:代理人行专项贷款	—	—	0.00%
				十二、库存现金	1.09	0.14	14.63%
				十三、外汇买卖	—	—	0.00%
				其中:结售汇	—	—	0.00%
				十四、投资性房地产	—	—	0.00%

19. 平安银行上海分行人民币信贷收支表

2014-12-31

单位:亿元

栏目 来源项目名称	本月余额	比年初增减数		栏目 运用项目名称	本月余额	比年初增减数	
		本 年	上 年			本 年	上 年
一、各项存款	1 093.21	98.34	−56.44	一、各项贷款	1 156.10	163.23	106.54
1. 单位存款	818.61	65.87	−34.35	(一) 境内贷款	1 153.96	163.93	107.55
其中:活期存款	211.73	31.65	21.79	1. 短期贷款	221.27	7.60	−201.04
定期存款	242.35	16.87	56.50	(1) 个人贷款及透支	57.93	14.08	3.68
通知存款	29.41	−3.32	−20.32	其中:个人消费贷款	20.50	13.52	−10.83
保证金存款	209.23	11.94	−92.96	(2) 单位普通贷款及透支	162.50	−2.69	−195.07
2. 个人存款	156.67	30.30	1.39	其中:经营贷款	161.80	2.31	−197.17
储蓄存款	114.09	9.15	−9.70	固定资产贷款	0.70	−5.00	2.10
保证金存款	42.58	21.15	11.09	(3) 普通并购贷款			
结构性存款				(4) 银团贷款			
3. 临时性存款	1.00	0.46	0.10	(5) 贸易融资	0.84	−3.78	−9.65
4. 其他存款	116.94	1.72	−23.59	(6) 境外筹资转贷款			
二、代理财政性存款	0.11	0.07	0.03	2. 中长期贷款	915.73	149.15	308.69
三、金融债券				(1) 个人贷款	731.40	85.22	259.42
其中:境外发行				其中:个人消费贷款	693.17	87.15	268.60
四、中长期借款				(2) 单位普通贷款	174.42	60.99	53.50
其中:境外借款				其中:经营贷款	55.75	49.79	−26.93
五、应付及暂收款	29.66	12.55	1.39	固定资产贷款	118.67	11.21	80.44
其中:应付利息	22.97	10.41	0.19	(3) 普通并购贷款			−3.77
六、卖出回购资产				(4) 银团贷款	2.20	−1.70	−3.54
七、向中央银行借款				(5) 贸易融资	7.71	4.63	3.08
八、同业往来(来源方)	923.65	275.53	27.49	(6) 境外筹资转贷款			
1. 同业存放	923.65	279.18	117.24	3. 融资租赁			
其中:境外同业存放	77.45	77.45		4. 票据融资	8.17	−0.47	3.97
2. 同业拆借		−3.66	−89.75	其中:贴现	8.17	−0.47	3.97
其中:境外同业拆借		−3.66	−3.92	5. 各项垫款	8.79	7.65	−4.07
九、境外联行往来(来源方)				(二) 境外贷款	2.14	−0.70	−1.01
十、外汇买卖(来源方)				二、有价证券			
其中:结售汇				三、股权及其他投资	11.56	−142.50	102.71
十一、委托存款及委托投资基金(净)			0.00	四、应收及预付款	16.44	2.17	3.86
1. 委托存款及委托投资基金	47.97	13.69	12.31	其中:应收利息	3.89	−7.11	2.61
2. 减:委托贷款及委托投资	47.97	13.69	12.31	五、买入返售资产	161.22	−277.52	151.62
十二、代理金融机构委托贷款基金	127.09	101.42	25.67	六、存放中央银行准备金存款	57.15	40.38	−1.29
其中:中央银行委托贷款基金				七、存放中央银行特种存款			
十三、各项准备	26.96	6.88	9.04	八、缴存中央银行财政性存款	0.04	0.03	0.00
其中:贷款损失准备	26.83	6.83	8.99	九、同业往来	4.25	−150.57	−86.83
十四、所有者权益	24.15	6.56	−2.14	1. 存放同业	4.25	−150.57	−73.59
其中:实收资本				其中:存放境外同业			
十五、其他	−688.34	−764.25	297.42	2. 拆放同业			−13.24
				其中:拆放境外同业			
				十、境外联行往来(运用方)			
				十一、代理金融机构贷款	127.09	101.42	25.67
				其中:代理人行专项贷款			
				十二、库存现金	2.64	0.46	0.17
				十三、外汇买卖(运用方)			
				其中:结售汇			
				十四、投资性房地产			
资金来源总计	1 536.49	−262.90	302.46	资金运用总计	1 536.49	−262.90	302.46

20. 北京银行上海分行人民币信贷收支表

2014-12-31

单位:亿元

来源项目名称	本月余额	比年初增减数		运用项目名称	本月余额	比年初增减数	
		本 年	上 年			本 年	上 年
一、各项存款	327.64	−61.78	72.30	一、各项贷款	416.15	32.37	44.16
1. 单位存款	280.43	−56.46	67.04	(一)境内贷款	415.39	32.30	44.03
其中:活期存款	45.89	−26.65	22.50	1. 短期贷款	196.87	11.99	−7.14
定期存款	108.38	−20.06	14.19	(1)个人贷款及透支	8.07	3.17	−3.36
通知存款	20.35	−12.92	17.18	其中:个人消费贷款	2.10	1.17	0.53
保证金存款	32.18	1.52	−2.54	(2)单位普通贷款及透支	187.32	11.16	−1.53
2. 个人存款	36.84	1.11	4.65	其中:经营贷款	187.32	11.16	−1.52
储蓄存款	19.18	−4.65	2.25	固定资产贷款			−0.01
保证金存款		0.00	−0.01	(3)普通并购贷款			
结构性存款	17.66	5.76	2.41	(4)银团贷款			
3. 临时性存款	0.36	0.08	0.11	(5)贸易融资	1.47	−2.34	−2.25
4. 其他存款	10.00	−6.50	0.50	(6)境外筹资转贷款			
二、代理财政性存款				2. 中长期贷款	209.71	14.01	64.58
三、金融债券				(1)个人贷款	85.33	17.83	24.12
其中:境外发行				其中:个人消费贷款	79.84	16.41	23.35
四、中长期借款				(2)单位普通贷款	80.63	−20.97	29.65
其中:境外借款				其中:经营贷款	10.68	5.88	2.80
五、应付及暂收款	9.60	2.55	1.48	固定资产贷款	69.95	−26.85	26.85
其中:应付利息	8.21	2.00	1.35	(3)普通并购贷款	3.50	−1.23	−0.98
六、卖出回购资产				(4)银团贷款	37.84	17.63	10.15
七、向中央银行借款				(5)贸易融资	2.42	0.75	1.63
八、同业往来(来源方)	380.38	−40.85	123.73	(6)境外筹资转贷款			
1. 同业存放	380.38	−40.85	123.88	3. 融资租赁			
其中:境外同业存放				4. 票据融资	8.81	6.31	−13.41
2. 同业拆借			−0.15	其中:贴现	8.81	6.31	−13.41
其中:境外同业拆借			−0.15	5. 各项垫款			
九、境外联行往来(来源方)				(二)境外贷款	0.76	0.07	0.14
十、外汇买卖(来源方)				二、有价证券			−17.00
其中:结售汇				三、股权及其他投资	26.00	5.90	8.10
十一、委托存款及委托投资基金(净)				四、应收及预付款	3.95	−0.20	1.73
1. 委托存款及委托投资基金	16.82	−13.67	21.11	其中:应收利息	3.77	−0.32	1.71
2. 减:委托贷款及委托投资	16.82	−13.67	21.11	五、买入返售资产		−82.38	−30.64
十二、代理金融机构委托贷款基金				六、存放中央银行准备金存款	12.85	−24.83	−7.71
其中:中央银行委托贷款基金				七、存放中央银行特种存款			
十三、各项准备	22.24	9.47	5.92	八、缴存中央银行财政性存款			
其中:贷款损失准备	21.30	9.16	5.69	九、同业往来	292.56	−24.05	156.36
十四、所有者权益	−1.05	−2.17	−2.51	1. 存放同业	208.16	−52.45	155.49
其中:实收资本				其中:存放境外同业			
十五、其他	13.08	−0.36	−45.86	2. 拆放同业	84.40	28.40	0.87
				其中:拆放境外同业			
				十、境外联行往来(运用方)			
				十一、代理金融机构贷款			
				其中:代理人行专项贷款			
				十二、库存现金	0.37	0.06	0.05
				十三、外汇买卖(运用方)			
				其中:结售汇			
				十四、投资性房地产			
资金来源总计	751.88	−93.13	155.05	资金运用总计	751.88	−93.13	155.05

21. 江苏银行上海分行人民币信贷收支表

2014-12-31

单位:亿元

栏目 来源项目名称	本月余额	比年初增减数		栏目 运用项目名称	本月余额	比年初增减数	
		本 年	上 年			本 年	上 年
一、各项存款	200.27	−16.76	−68.62	一、各项贷款	203.11	22.37	24.78
1. 单位存款	150.70	−20.30	−59.65	(一) 境内贷款	203.11	22.37	24.78
其中:活期存款	20.26	3.72	−6.00	1. 短期贷款	83.23	−15.92	−5.43
定期存款	41.81	−23.65	19.49	(1) 个人贷款及透支	1.19	0.63	0.24
通知存款	3.60	−4.46	−9.09	其中:个人消费贷款	0.74	0.42	0.16
保证金存款	40.38	−4.97	−58.27	(2) 单位普通贷款及透支	81.45	−11.63	0.56
2. 个人存款	21.77	3.35	3.83	其中:经营贷款	74.48	−9.26	3.66
储蓄存款	21.36	2.94	3.83	固定资产贷款	6.96	−2.37	−3.10
保证金存款				(3) 普通并购贷款			
结构性存款	0.41	0.41		(4) 银团贷款			
3. 临时性存款	0.95	0.20	−12.80	(5) 贸易融资	0.60	−4.92	−6.22
4. 其他存款	26.85			(6) 境外筹资转贷款			
二、代理财政性存款				2. 中长期贷款	71.06	7.59	22.86
三、金融债券				(1) 个人贷款	19.75	8.25	3.92
其中:境外发行				其中:个人消费贷款	15.79	8.11	3.34
四、中长期借款				(2) 单位普通贷款	43.60	−3.27	21.21
其中:境外借款				其中:经营贷款	27.41	−0.26	10.47
五、应付及暂收款	8.44	2.96	1.40	固定资产贷款	16.19	−3.01	10.73
其中:应付利息	7.05	2.97	1.22	(3) 普通并购贷款			
六、卖出回购资产				(4) 银团贷款	7.70	2.60	−2.27
七、向中央银行借款	2.09	−7.05	2.41	(5) 贸易融资			
八、同业往来(来源方)	346.42	205.08	75.04	(6) 境外筹资转贷款			
1. 同业存放	346.42	205.08	82.97	3. 融资租赁			
其中:境外同业存放				4. 票据融资	46.87	30.34	6.01
2. 同业拆借			−10.93	其中:贴现	46.87	30.34	6.01
其中:境外同业拆借				5. 各项垫款	1.95	0.36	1.34
九、境外联行往来(来源方)				(二) 境外贷款			
十、外汇买卖(来源方)	0.47	0.44	1.82	二、有价证券		−3.60	3.60
其中:结售汇	0.07	0.07	1.79	三、股权及其他投资			
十一、委托存款及委托投资基金(净)			−0.12	四、应收及预付款	0.72	−1.15	1.27
1. 委托存款及委托投资基金	52.67	28.86	−7.31	其中:应收利息	0.54	−1.16	1.22
2. 减:委托贷款及委托投资	52.67	28.86	−7.19	五、买入返售资产	19.70	−107.38	65.21
十二、代理金融机构委托贷款基金				六、存放中央银行准备金存款	2.38	−2.05	0.18
其中:中央银行委托贷款基金				七、存放中央银行特种存款			
十三、各项准备	6.03	3.05	1.20	八、缴存中央银行财政性存款			
其中:贷款损失准备	5.97	3.02	1.17	九、同业往来	0.38	−68.79	39.19
十四、所有者权益	−2.04	−2.04	0.70	1. 存放同业	0.38	−35.35	27.99
其中:实收资本				其中:存放境外同业			
十五、其他	−334.68	−345.81	125.22	2. 拆放同业		−33.44	11.19
				其中:拆放境外同业			
				十、境外联行往来(运用方)			
				十一、代理金融机构贷款			
				其中:代理人行专项贷款			
				十二、库存现金	0.22	0.03	−0.01
				十三、外汇买卖(运用方)	0.47	0.44	1.82
				其中:结售汇	0.47	0.44	1.82
				十四、投资性房地产			
资金来源总计	226.99	−160.13	136.04	资金运用总计	226.99	−160.13	136.04

22. 温州银行上海分行人民币信贷收支表

2014-12-31

单位:亿元

来源项目名称	本月余额	比年初增减数 本年	比年初增减数 上年	运用项目名称	本月余额	比年初增减数 本年	比年初增减数 上年
一、各项存款	105.15	5.33	16.48	一、各项贷款	45.88	−3.85	9.09
1. 单位存款	71.66	5.18	12.85	(一) 境内贷款	45.88	−3.85	9.09
其中:活期存款	13.40	−3.09	5.05	1. 短期贷款	27.18	−12.81	2.32
定期存款	21.70	4.07	1.97	(1) 个人贷款及透支	2.19	−2.37	2.40
通知存款	0.46	−3.68	−2.74	其中:个人消费贷款	0.02	0.00	0.02
保证金存款	15.33	−2.15	5.62	(2) 单位普通贷款及透支	24.99	−10.44	−0.07
2. 个人存款	4.75	−4.18	−1.46	其中:经营贷款	24.93	−10.49	−0.07
储蓄存款	4.75	−4.18	−1.46	固定资产贷款	0.06	0.06	
保证金存款				(3) 普通并购贷款			
结构性存款				(4) 银团贷款			
3. 临时性存款	0.22	0.12	0.09	(5) 贸易融资			
4. 其他存款	28.52	4.22	5.00	(6) 境外筹资转贷款			
二、代理财政性存款				2. 中长期贷款	13.86	4.95	6.84
三、金融债券				(1) 个人贷款	1.09	0.36	0.66
其中:境外发行				其中:个人消费贷款	0.00	0.00	0.00
四、中长期借款				(2) 单位普通贷款	12.18	3.99	6.18
其中:境外借款				其中:经营贷款	10.54	2.35	6.18
五、应付及暂收款	2.71	0.81	−2.55	固定资产贷款	1.64	1.64	
其中:应付利息	2.44	0.76	0.05	(3) 普通并购贷款			
六、卖出回购资产				(4) 银团贷款	0.60	0.60	
七、向中央银行借款				(5) 贸易融资			
八、同业往来(来源方)	52.21	−6.00	9.70	(6) 境外筹资转贷款			
1. 同业存放	52.21	−6.00	9.70	3. 融资租赁			
其中:境外同业存放				4. 票据融资	4.25	3.43	0.39
2. 同业拆借				其中:贴现	4.25	3.43	0.39
其中:境外同业拆借				5. 各项垫款	0.58	0.58	−0.47
九、境外联行往来(来源方)				(二) 境外贷款			
十、外汇买卖(来源方)				二、有价证券	2.30		
其中:结售汇				三、股权及其他投资	63.83	−28.32	49.64
十一、委托存款及委托投资基金(净)				四、应收及预付款	0.72	−0.01	0.11
1. 委托存款及委托投资基金	8.20	5.70	1.64	其中:应收利息	0.64	−0.01	0.08
2. 减:委托贷款及委托投资	8.20	5.70	1.64	五、买入返售资产			
十二、代理金融机构委托贷款基金				六、存放中央银行准备金存款	3.26	−7.57	−2.03
其中:中央银行委托贷款基金				七、存放中央银行特种存款			
十三、各项准备				八、缴存中央银行财政性存款			
其中:贷款损失准备				九、同业往来	10.46	−68.66	39.30
十四、所有者权益	2.12	2.12	8.55	1. 存放同业	10.46	−63.66	54.60
其中:实收资本				其中:存放境外同业			
十五、其他	−35.65	−110.73	63.96	2. 拆放同业		−5.00	−15.30
				其中:拆放境外同业			
				十、境外联行往来(运用方)			
				十一、代理金融机构贷款			
				其中:代理人行专项贷款			
				十二、库存现金	0.09	−0.06	0.02
				十三、外汇买卖(运用方)			
				其中:结售汇			
				十四、投资性房地产			
资金来源总计	126.53	−108.46	96.14	资金运用总计	126.53	−108.46	96.14

23. 浙江民泰商业银行上海分行人民币信贷收支表

2014-12-31　　　　单位:亿元

栏目 / 来源项目名称	本月余额	比年初增减数		栏目 / 来源项目名称	本月余额	比年初增减数	
		本 年	上 年			本 年	上 年
一、各项存款	35.89	0.26	14.47	一、各项贷款	28.19	5.50	9.30
1.单位存款	14.01	2.58	2.02	(一)境内贷款	28.19	5.50	9.30
其中:活期存款	3.20	−0.36	0.08	1.短期贷款	27.72	5.06	9.29
定期存款	2.67	−0.22	−0.86	(1)个人贷款及透支	19.96	2.87	6.62
通知存款	0.02	−0.01	−0.28	其中:个人消费贷款	4.92	−0.13	2.52
保证金存款	8.12	3.17	3.09	(2)单位普通贷款及透支	7.76	2.20	2.67
2.个人存款	8.77	−2.40	1.41	其中:经营贷款	7.48	2.08	2.50
储蓄存款	8.77	−2.40	1.41	固定资产贷款	0.28	0.12	0.16
保证金存款				(3)普通并购贷款			
结构性存款				(4)银团贷款			
3.临时性存款	0.11	0.07	0.03	(5)贸易融资			
4.其他存款	13.00	0.00	11.00	(6)境外筹资转贷款			
二、代理财政性存款				2.个人中长期贷款			
三、金融债券				(1)个人贷款			
其中:境外发行				其中:个人消费贷款			
四、中长期借款				(2)单位普通贷款			
其中:境外借款				其中:经营贷款			
五、应付及暂收款	0.68	−0.01	0.43	固定资产贷款			
其中:应付利息	0.49	0.05	0.24	(3)普通并购贷款			
六、卖出回购资产				(4)银团贷款			
七、向中央银行借款				(5)贸易融资			
八、同业往来(来源方)				(6)境外筹资转贷款			
1.同业存放				3.融资租赁			
其中:境外同业存放				4.票据融资	0.42	0.39	0.03
2.同业拆借				其中:贴现	0.42	0.39	0.03
其中:境外同业拆借				5.各项垫款	0.05	0.05	−0.02
九、境外联行往来(来源方)				(二)境外贷款			
十、外汇买卖(来源方)			−0.65	二、有价证券			
其中:结售汇			−0.65	三、股权及其他投资			
十一、委托存款及委托投资基金(净)				四、应收及预付款	0.21	−0.03	0.07
1.委托存款及委托投资基金	0.00	−1.02	0.67	其中:应收利息	0.16	0.02	0.08
2.减:委托贷款及委托投资	0.00	−1.02	0.67	五、买入返售资产			
十二、代理金融机构委托贷款基金				六、存放中央银行准备金存款	2.13	1.69	−0.78
其中:中央银行委托贷款基金				七、存放中央银行特种存款			
十三、各项准备				八、缴存中央银行财政性存款			
其中:贷款损失准备				九、同业往来	0.42	0.15	0.17
十四、所有者权益	0.30	0.30	0.33	1.存放同业	0.42	0.15	0.17
其中:实收资本				其中:存放境外同业			
十五、其他	−5.65	6.81	−6.34	2.拆放同业			
				其中:拆放境外同业			
				十、境外联行往来(运用方)			
				十一、代理金融机构贷款			
				其中:代理人行专项贷款			
				十二、库存现金	0.27	0.05	0.12
				十三、外汇买卖(运用方)			−0.65
				其中:结售汇			−0.65
				十四、投资性房地产			
资金来源总计	31.22	7.36	8.23	资金运用总计	31.22	7.36	8.23

(二) 外汇信贷收支统计

1. 国家开发银行上海市分行外汇信贷收支表

2014-12-31　　单位:万美元

来源项目名称	本月余额	比年初增减数 本年	比年初增减数 上年	运用项目名称	本月余额	比年初增减数 本年	比年初增减数 上年
一、各项存款	2 968	614	414	一、各项贷款	889 856	55 619	118 034
1. 单位存款	2 968	614	414	(一) 境内贷款	753 924	79 180	112 039
其中:活期存款	2 968	614	414	1. 短期贷款	199 517	14 781	25 336
定期存款				(1) 个人贷款及透支			
通知存款				其中:个人消费贷款			
保证金存款	0	0	0	(2) 单位普通贷款及透支	191 508	6 773	25 336
2. 个人存款				其中:经营贷款	183 597	239	23 958
储蓄存款				固定资产贷款	7 912	6 534	1 378
保证金存款				(3) 普通并购贷款			
结构性存款				(4) 银团贷款			
3. 临时性存款				(5) 贸易融资	8 008	8 008	
4. 其他存款				(6) 境外筹资转贷款			
二、代理财政性存款				2. 中长期贷款	554 407	64 399	86 703
三、金融债券				(1) 个人贷款			
其中:境外发行				其中:个人消费贷款			
四、中长期借款				(2) 单位普通贷款	475 368	58 756	72 041
其中:境外借款				其中:经营贷款	104 398	−45 900	−16 102
五、应付及暂收款	3	−37	−351	固定资产贷款	370 970	104 656	88 142
其中:应付利息	3	3	0	(3) 普通并购贷款	17 100	−6 743	−2 164
六、卖出回购资产				(4) 银团贷款	60 572	12 650	16 832
七、向中央银行借款				(5) 贸易融资			
八、同业往来(来源方)	8 008	8 008		(6) 境外筹资转贷款	1 367	−264	−6
1. 同业存放				3. 融资租赁			
其中:境外同业存放				4. 票据融资			
2. 同业拆借	8 008	8 008		其中:贴现			
其中:境外同业拆借	8 008	8 008		5. 各项垫款			
九、境外联行往来(来源方)				(二) 境外贷款	135 932	−23 561	5 995
十、外汇买卖(来源方)	37	2	4	二、有价证券	1 193	17	57
其中:结售汇				三、股权及其他投资	2 405	−115	−5
十一、委托存款及委托投资基金(净)				四、应收及预付款	1 725	375	38
1. 委托存款及委托投资基金				其中:应收利息	1 722	377	36
2. 减:委托贷款及委托投资				五、买入返售资产			
十二、代理金融机构委托贷款基金				六、存放中央银行准备金存款			
其中:中央银行委托贷款基金				七、存放中央银行特种存款			
十三、各项准备	32 848	4 643	2 310	八、缴存中央银行财政性存款			
其中:贷款损失准备	29 251	4 740	2 259	九、同业往来			
十四、所有者权益	5 912	−1 207	22 498	1. 存放同业			
其中:实收资本				其中:存放境外同业			
十五、其他	845 403	43 873	93 248	2. 拆放同业			
				其中:拆放境外同业			
				十、境外联行往来(运用方)			
				十一、代理金融机构贷款			
				其中:代理人行专项贷款			
				十二、库存现金			
				十三、外汇买卖(运用方)			
				其中:结售汇			
				十四、投资性房地产			
资金来源总计	895 180	55 896	118 124	资金运用总计	895 180	55 896	118 124

2. 中国进出口银行上海分行外汇信贷收支表

2014-12-31

单位：万美元

栏目 来源项目名称	本月余额	比年初增减数		栏目 运用项目名称	本月余额	比年初增减数	
		本 年	上 年			本 年	上 年
一、各项存款	16 376	−5 660	−4 811	一、各项贷款	402 607	22 129	105 631
1. 单位存款	16 376	6 006	−5 157	（一）境内贷款	305 064	13 570	37 744
其中：活期存款	15 084	4 986	−2 053	1. 短期贷款	67 665	−27 101	40 887
定期存款	548	410	−3 089	(1) 个人贷款及透支			
通知存款				其中：个人消费贷款			
保证金存款	744	610	−15	(2) 单位普通贷款及透支	47 886	−29 418	27 304
2. 个人存款				其中：经营贷款	47 886	−29 418	27 304
储蓄存款				固定资产贷款			
保证金存款				(3) 普通并购贷款			
结构性存款				(4) 银团贷款			
3. 临时性存款		−346	346	(5) 贸易融资	19 780	2 317	13 583
4. 其他存款				(6) 境外筹资转贷款			
二、代理财政性存款				2. 中长期贷款	237 399	40 671	−3 142
三、金融债券				(1) 个人贷款			
其中：境外发行				其中：个人消费贷款			
四、中长期借款				(2) 单位普通贷款	153 349	29 127	−9 434
其中：境外借款				其中：经营贷款	62 000	9 000	−9 434
五、应付及暂收款	330	100	50	固定资产贷款	91 349	20 127	
其中：应付利息	261	31	50	(3) 普通并购贷款			
六、卖出回购资产				(4) 银团贷款	11 076	−5 250	9 848
七、向中央银行借款				(5) 贸易融资	72 974	16 795	−3 557
八、同业往来(来源方)	21 976	7 046	13 429	(6) 境外筹资转贷款			
1. 同业存放	6	0	−1 494	3. 融资租赁			
其中：境外同业存放				4. 票据融资			
2. 同业拆借	21 969	7 046	14 923	其中：贴现			
其中：境外同业拆借	17 377	2 454	14 923	5. 各项垫款			
九、境外联行往来(来源方)				（二）境外贷款	97 543	8 560	67 886
十、外汇买卖(来源方)				二、有价证券			
其中：结售汇				三、股权及其他投资			
十一、委托存款及委托投资基金(净)				四、应收及预付款	1 660	681	536
1. 委托存款及委托投资基金				其中：应收利息	1 660	681	536
2. 减：委托贷款及委托投资				五、买入返售资产			
十二、代理金融机构委托贷款基金				六、存放中央银行准备金存款			
其中：中央银行委托贷款基金				七、存放中央银行特种存款			
十三、各项准备	2 820	153	743	八、缴存中央银行财政性存款			
其中：贷款损失准备	2 820	153	743	九、同业往来	6	−588	478
十四、所有者权益	4 144	4 144	3 490	1. 存放同业	6	−588	478
其中：实收资本				其中：存放境外同业			
十五、其他	358 627	5 118	93 744	2. 拆放同业			
				其中：拆放境外同业			
				十、境外联行往来(运用方)			
				十一、代理金融机构贷款			
				其中：代理人行专项贷款			
				十二、库存现金			
				十三、外汇买卖(运用方)			
				其中：结售汇			
				十四、投资性房地产			
资金来源总计	404 272	22 222	106 645	资金运用总计	404 272	22 222	106 645

3. 中国工商银行上海市分行外汇信贷收支表

2014-12-31

单位:亿美元

来源项目名称	本月余额	比年初增减数 本年	比年初增减数 上年	运用项目名称	本月余额	比年初增减数 本年	比年初增减数 上年
一、各项存款	84.26	7.79	13.23	一、各项贷款	69.47	4.14	3.34
1. 单位存款	57.17	6.38	11.76	(一)境内贷款	66.17	5.00	4.28
其中:活期存款	11.01	−1.91	1.58	1. 短期贷款	58.26	7.10	3.40
定期存款	45.74	8.23	15.53	(1)个人贷款及透支			
通知存款				其中:个人消费贷款			
保证金存款	0.42	0.07	−5.35	(2)单位普通贷款及透支	3.23	0.66	−0.53
2. 个人存款	26.12	0.96	1.86	其中:经营贷款	2.49	0.03	−0.44
储蓄存款	26.04	0.94	1.82	固定资产贷款	0.74	0.63	−0.09
保证金存款	0.08	0.02	0.04	(3)普通并购贷款		−0.82	0.82
结构性存款				(4)银团贷款			
3. 临时性存款	0.01	0.00	0.01	(5)贸易融资	55.03	7.27	3.10
4. 其他存款	0.95	0.45	−0.39	(6)境外筹资转贷款			
二、代理财政性存款				2. 中长期贷款	7.81	−2.10	0.91
三、金融债券				(1)个人贷款			
其中:境外发行				其中:个人消费贷款			
四、中长期借款	0.01	0.00	0.00	(2)单位普通贷款	5.10	−0.81	−1.28
其中:境外借款	0.01	0.00	0.00	其中:经营贷款			
五、应付及暂收款	2.05	0.35	0.12	固定资产贷款	5.10	−0.81	−1.28
其中:应付利息	0.33	0.10	−0.57	(3)普通并购贷款	1.70	−0.93	2.48
六、卖出回购资产				(4)银团贷款	1.00	−0.36	−0.29
七、向中央银行借款				(5)贸易融资			
八、同业往来(来源方)	11.92	−6.39	−7.45	(6)境外筹资转贷款	0.01	0.00	0.00
1. 同业存放	11.92	−1.87	−11.97	3. 融资租赁			
其中:境外同业存放	0.05	0.05		4. 票据融资	0.00	0.00	0.00
2. 同业拆借		−4.52	4.52	其中:贴现			
其中:境外同业拆借		−4.51	4.51	5. 各项垫款	0.09		−0.03
九、境外联行往来(来源方)				(二)境外贷款	3.30	−0.86	−0.94
十、外汇买卖(来源方)	943.63	941.94	981.98	二、有价证券	4.51	3.69	0.82
其中:结售汇	635.31	634.00	581.49	三、股权及其他投资			
十一、委托存款及委托投资基金(净)				四、应收及预付款	0.78	0.65	−0.10
1. 委托存款及委托投资基金	93.38	13.18	21.01	其中:应收利息	0.21	0.12	−0.06
2. 减:委托贷款及委托投资	93.38	13.18	21.01	五、买入返售资产			
十二、代理金融机构委托贷款基金				六、存放中央银行准备金存款			
其中:中央银行委托贷款基金				七、存放中央银行特种存款			
十三、各项准备	1.32	0.00	0.18	八、缴存中央银行财政性存款			
其中:贷款损失准备	1.32	0.00	0.18	九、同业往来	0.11	−6.86	6.53
十四、所有者权益	0.21	−0.14	−0.56	1. 存放同业	0.11	−2.74	2.42
其中:实收资本				其中:存放境外同业	0.11	−2.74	2.42
十五、其他	−23.39	1.94	5.07	2. 拆放同业		−4.11	4.11
				其中:拆放境外同业			
				十、境外联行往来(运用方)	0.03	−0.02	−0.06
				十一、代理金融机构贷款			
				其中:代理人行专项贷款			
				十二、库存现金	0.81	0.07	−0.25
				十三、外汇买卖(运用方)	944.29	943.81	982.28
				其中:结售汇	635.97	635.86	581.79
				十四、投资性房地产			
资金来源总计	1 020.00	945.48	992.57	资金运用总计	1 020.00	945.48	992.57

4. 中国农业银行上海市分行外汇信贷收支表

2014-12-31

单位:亿美元

栏目 来源项目名称	本月余额	比年初增减数		栏目 运用项目名称	本月余额	比年初增减数	
		本 年	上 年			本 年	上 年
一、各项存款	8.32	−9.31	−0.39	一、各项贷款	16.96	0.73	−12.75
1. 单位存款	5.40	−9.65	−0.50	(一) 境内贷款	16.96	0.73	−12.75
其中:活期存款	3.50	−1.15	0.30	1. 短期贷款	15.11	0.84	−10.47
定期存款	1.06	−2.73	1.06	(1) 个人贷款及透支	0.06	0.02	0.01
通知存款				其中:个人消费贷款	0.06	0.02	0.01
保证金存款	0.84	−5.77	−1.86	(2) 单位普通贷款及透支	0.62	0.31	−0.61
2. 个人存款	2.75	0.28	0.12	其中:经营贷款	0.62	0.31	−0.61
储蓄存款	2.75	0.28	0.12	固定资产贷款			
保证金存款				(3) 普通并购贷款			
结构性存款				(4) 银团贷款		−0.17	0.17
3. 临时性存款	0.01	−0.02	0.02	(5) 贸易融资	14.43	0.69	−10.05
4. 其他存款	0.16	0.08	−0.03	(6) 境外筹资转贷款			
二、代理财政性存款				2. 中长期贷款	1.85	−0.11	−2.28
三、金融债券				(1) 个人贷款			
其中:境外发行				其中:个人消费贷款			
四、中长期借款				(2) 单位普通贷款	1.53	−0.16	−1.32
其中:境外借款				其中:经营贷款			−1.10
五、应付及暂收款	8.60	8.25	−0.30	固定资产贷款	1.53	−0.16	−0.22
其中:应付利息	0.04	−0.06	−0.44	(3) 普通并购贷款			
六、卖出回购资产				(4) 银团贷款	0.32	0.05	−0.18
七、向中央银行借款				(5) 贸易融资			−0.77
八、同业往来(来源方)	6.96	3.58	−7.86	(6) 境外筹资转贷款			
1. 同业存放	6.96	3.58	−7.06	3. 融资租赁			
其中:境外同业存放	0.00	0.00	0.00	4. 票据融资			0.00
2. 同业拆借			−0.80	其中:贴现			
其中:境外同业拆借			−0.80	5. 各项垫款			
九、境外联行往来(来源方)				(二) 境外贷款			
十、外汇买卖(来源方)	202.31	71.77	82.02	二、有价证券			
其中:结售汇	202.31	71.77	82.02	三、股权及其他投资			
十一、委托存款及委托投资基金(净)				四、应收及预付款	6.89	6.29	0.09
1. 委托存款及委托投资基金	0.88	0.77	−0.83	其中:应收利息	0.14	0.02	−0.07
2. 减:委托贷款及委托投资	0.88	0.77	−0.83	五、买入返售资产			
十二、代理金融机构委托贷款基金				六、存放中央银行准备金存款			
其中:中央银行委托贷款基金				七、存放中央银行特种存款			
十三、各项准备	0.37	0.00	0.03	八、缴存中央银行财政性存款			
其中:贷款损失准备				九、同业往来	2.55	1.19	−8.36
十四、所有者权益	0.49	0.09	0.44	1. 存放同业	0.07	−0.20	−0.59
其中:实收资本				其中:存放境外同业			
十五、其他	1.97	5.58	−12.91	2. 拆放同业	2.49	1.40	−7.78
				其中:拆放境外同业			
				十、境外联行往来(运用方)			
				十一、代理金融机构贷款			
				其中:代理人行专项贷款			
				十二、库存现金	0.30	−0.02	0.04
				十三、外汇买卖(运用方)	202.30	71.76	82.01
				其中:结售汇	202.30	71.76	82.01
				十四、投资性房地产			
资金来源总计	229.01	79.95	61.03	资金运用总计	229.01	79.95	61.03

5. 中国银行上海市分行外汇信贷收支表

2014-12-31 单位:美元

指标	金额	指标	金额
外币资金运用总计	7 466 092 343.36	外币资金来源总计	7 466 092 343.36
一、各项贷款	6 474 538 595.29	一、各项存款	7 834 462 530.32
(一)境内贷款	5 138 696 286.55	1. 单位存款	4 019 822 574.89
1. 短期贷款	3 235 168 053.76	其中:活期存款	3 492 033 408.43
(1) 个人贷款及透支	21 245 861.18	定期存款	464 833 985.63
其中:个人消费贷款	21 245 861.18	通知存款	3 050 000.00
(2) 单位普通贷款及透支	1 102 554 230.61	保证金存款	59 905 180.83
其中:经营贷款	1 102 554 230.61	2. 个人存款	3 422 729 441.31
固定资产贷款	0.00	储蓄存款	3 412 807 940.77
(3) 普通并购贷款	0.00	保证金存款	9 921 500.54
(4) 银团贷款	0.00	结构性存款	0.00
(5) 贸易融资	2 111 367 961.87	3. 临时性存款	239 369 342.56
(6) 境外筹资转贷款	0.00	4. 其他存款	152 541 177.56
2. 中长期贷款	1 891 154 822.84	二、代理财政性存款	0.00
(1) 个人贷款	1 544 396.02	三、金融债券	0.00
其中:个人消费贷款	1 544 396.02	其中:境外发行	0.00
(2) 单位普通贷款	1 513 958 184.52	四、中长期借款	0.00
其中:经营贷款	700 930 129.37	其中:境外借款	0.00
固定资产贷款	813 028 055.15	五、应付及暂收款	25 904 645.10
(3) 普通并购贷款	0.00	其中:应付利息	18 999 113.19
(4) 银团贷款	229 162 802.40	六、卖出回购资产	0.00
(5)贸易融资	37 795 529.98	七、向中央银行借款	0.00
(6) 境外筹资转贷款	108 693 909.92	八、同业往来(来源方)	4 451 811 557.18
3. 融资租赁	0.00	1. 同业存放	3 964 740 380.63
4. 票据融资	12 373 409.95	其中:境外同业存放	1 311 653 902.07
其中:贴现	12 373 409.95	2. 同业拆借	487 071 176.55
5. 各项垫款	0.00	其中:境外同业拆借	460 100 063.23
(二)境外贷款	1 335 842 308.74	九、境外联行往来(来源方)	161 571 873.69
二、有价证券	0.00	十、外汇买卖(来源方)	58 310 260.45
三、股权及其他投资	44 152 088.92	其中:结售汇	0.00
四、应收及预付款	90 721 625.21	十一、委托存款及委托投资基金(净)	0.00
其中:应收利息	89 484 247.03	1. 委托存款及委托投资基金	242 000 000.00
五、买入返售资产	0.00	2. 减:委托贷款及委托投资	242 000 000.00
六、存放中央银行准备金存款	379 769 513.53	十二、代理金融机构委托贷款基金	0.00
七、存放中央银行特种存款	0.00	其中:中央银行委托贷款基金	0.00
八、缴存中央银行财政性存款	0.00	十三、各项准备	147 324 665.24
九、同业往来(运用方)	355 912 976.15	其中:贷款损失准备金	132 415 683.99
1. 存放同业	262 744 116.69	十四、所有者权益	262 166 396.31
其中:存放境外同业	0.00	其中:实收资本	0.00
2. 拆放同业	93 168 859.46	十五、其他	—5 475 459 584.93
其中:拆放境外同业	0.00		
十、境外联行往来(运用方)	0.00		
十一、代理金融机构贷款	0.00		
其中:代理人行专项贷款	0.00		
十二、库存现金	120 840 107.76		
十三、外汇买卖(运用方)	157 436.50		
其中:结售汇	0.00		
十四、投资性房地产	0.00		

6. 中国建设银行上海市分行外汇信贷收支表

2014-12-31

单位:亿美元

来源项目名称	本月余额	比年初增减数		运用项目名称	本月余额	比年初增减数	
		本年	上年			本年	上年
一、各项存款	23.09	-28.24	6.68	一、各项贷款	47.99	-20.21	-20.95
1. 单位存款	15.05	-18.64	7.81	(一) 境内贷款	47.96	-20.20	-20.94
其中:活期存款	10.20	0.82	-0.04	1. 短期贷款	37.03	-20.98	-22.16
定期存款	2.14	0.42	-3.59	(1) 个人贷款及透支	0.24	0.00	
通知存款	0.02	-0.88	-2.13	其中:个人消费贷款	0.24	0.00	
保证金存款	2.65	0.90	-3.62	(2) 单位普通贷款及透支	19.77	17.03	-16.66
2. 个人存款	6.85	0.83	0.71	其中:经营贷款	19.77	17.03	-16.66
储蓄存款	6.56	1.28	0.49	固定资产贷款			
保证金存款	0.01	0.00	0.00	(3) 普通并购贷款			
结构性存款	0.28	-0.45	0.22	(4) 银团贷款			
3. 临时性存款	0.33	-2.64	2.08	(5) 贸易融资	17.01	-38.00	-5.50
4. 其他存款	0.85	-7.79	-3.92	(6) 境外筹资转贷款			
二、代理财政性存款				2. 中长期贷款	10.94	0.78	1.22
三、金融债券				(1) 个人贷款	0.00	0.00	0.00
其中:境外发行				其中:个人消费贷款	0.00	0.00	0.00
四、中长期借款	3.95	0.24	0.18	(2) 单位普通贷款	6.24	0.70	1.22
其中:境外借款	3.95	0.24	0.18	其中:经营贷款	3.56	0.92	1.71
五、应付及暂收款	0.29	0.00	-0.29	固定资产贷款	2.68	-0.21	-0.49
其中:应付利息	0.09	-0.07	-0.26	(3) 普通并购贷款			
六、卖出回购资产				(4) 银团贷款			
七、向中央银行借款				(5) 贸易融资	0.77	-0.17	-0.18
八、同业往来(来源方)	9.01	-11.84	-8.27	(6) 境外筹资转贷款	3.93	0.25	0.19
1. 同业存放	8.62	-11.97	-8.52	3. 融资租赁			
其中:境外同业存放	0.23	0.18	0.01	4. 票据融资		0.00	0.00
2. 同业拆借	0.39	0.13	0.26	其中:贴现			
其中:境外同业拆借	0.39	0.39		5. 各项垫款		0.00	0.00
九、境外联行往来(来源方)	1.12	1.12		(二) 境外贷款	0.03	-0.01	-0.01
十、外汇买卖(来源方)		0.00	0.00	二、有价证券			
其中:结售汇				三、股权及其他投资			
十一、委托存款及委托投资基金(净)				四、应收及预付款	0.76	-0.37	-0.80
1. 委托存款及委托投资基金	0.18	0.17	0.01	其中:应收利息	0.14	-0.22	-0.41
2. 减:委托贷款及委托投资	0.18	0.17	0.01	五、买入返售资产			
十二、代理金融机构委托贷款基金				六、存放中央银行准备金存款			
其中:中央银行委托贷款基金				七、存放中央银行特种存款			
十三、各项准备		0.00	0.00	八、缴存中央银行财政性存款			
其中:贷款损失准备				九、同业往来		-1.00	-15.18
十四、所有者权益	0.82	-0.05	1.32	1. 存放同业		-1.00	-15.18
其中:实收资本				其中:存放境外同业			
十五、其他	10.81	17.07	-36.43	2. 拆放同业			
				其中:拆放境外同业			
				十、境外联行往来(运用方)	0.00	0.00	
				十一、代理金融机构贷款			
				其中:代理人行专项贷款			
				十二、库存现金	0.32	-0.11	0.12
				十三、外汇买卖(运用方)	0.02		
				其中:结售汇	0.02		
				十四、投资性房地产			
资金来源总计	49.09	-21.69	-36.81	资金运用总计	49.09	-21.69	-36.81

7. 交通银行上海市分行外汇信贷收支表

2014-12-31　　　　单位：亿美元

来源项目名称	本月余额	比年初增减数 本年	比年初增减数 上年	运用项目名称	本月余额	比年初增减数 本年	比年初增减数 上年
一、各项存款	25.07	−7.93	8.12	一、各项贷款	10.44	−11.24	4.15
1. 单位存款	13.74	−8.71	6.65	(一) 境内贷款	10.44	−11.24	4.15
其中：活期存款	5.48	−0.78	0.99	1. 短期贷款	8.32	−10.36	5.72
定期存款	1.55	−3.59	2.34	(1) 个人贷款及透支			
通知存款	0.05	−0.01	−0.34	其中：个人消费贷款			
保证金存款	6.66	−4.33	3.66	(2) 单位普通贷款及透支	1.65	0.32	−1.30
2. 个人存款	10.26	1.52	0.35	其中：经营贷款	1.65	0.32	−1.30
储蓄存款	5.60	0.10	0.70	固定资产贷款			
保证金存款	0.06	−0.02	−0.03	(3) 普通并购贷款			
结构性存款	4.59	1.44	−0.33	(4) 银团贷款			
3. 临时性存款	0.42	0.04	0.20	(5) 贸易融资	6.67	−10.68	7.03
4. 其他存款	0.65	−0.77	0.92	(6) 境外筹资转贷款			
二、代理财政性存款				2. 中长期贷款	2.12	−0.88	−1.58
三、金融债券				(1) 个人贷款			
其中：境外发行				其中：个人消费贷款			
四、中长期借款				(2) 单位普通贷款	1.40	−0.61	−0.99
其中：境外借款				其中：经营贷款	0.08	0.00	0.00
五、应付及暂收款	17.66	−23.00	26.83	固定资产贷款	1.32	−0.60	−0.98
其中：应付利息	0.15	−0.04	0.03	(3) 普通并购贷款			
六、卖出回购资产				(4) 银团贷款	0.38	−0.21	−0.56
七、向中央银行借款				(5) 贸易融资			
八、同业往来(来源方)	1.35	−5.71	−1.34	(6) 境外筹资转贷款	0.34	−0.06	−0.03
1. 同业存放	0.66	−0.71	−5.99	3. 融资租赁			
其中：境外同业存放	0.00	0.00	0.00	4. 票据融资	0.00	0.00	0.00
2. 同业拆借	0.68	−4.99	4.64	其中：贴现			
其中：境外同业拆借	0.68	−3.55	4.09	5. 各项垫款			
九、境外联行往来(来源方)	0.47	0.47	−3.98	(二) 境外贷款			
十、外汇买卖(来源方)	0.00	0.00	0.00	二、有价证券			
其中：结售汇				三、股权及其他投资	0.03		
十一、委托存款及委托投资基金(净)	0.00	−0.01	0.01	四、应收及预付款	17.26	−3.79	13.26
1. 委托存款及委托投资基金	0.47	−1.23	−0.02	其中：应收利息	0.17	−0.10	0.20
2. 减：委托贷款及委托投资	0.47	−1.22	−0.03	五、买入返售资产			
十二、代理金融机构委托贷款基金				六、存放中央银行准备金存款			
其中：中央银行委托贷款基金				七、存放中央银行特种存款			
十三、各项准备	0.28	0.02	0.33	八、缴存中央银行财政性存款			
其中：贷款损失准备	0.28	0.02	0.33	九、同业往来	1.19	0.37	0.05
十四、所有者权益	−0.32	−0.25	0.01	1. 存放同业	1.19	0.37	0.05
其中：实收资本				其中：存放境外同业			
十五、其他	−15.33	21.70	−12.44	2. 拆放同业			
				其中：拆放境外同业			
				十、境外联行往来(运用方)	0.00	−0.01	0.00
				十一、代理金融机构贷款			
				其中：代理人行专项贷款			
				十二、库存现金	0.27	−0.04	0.08
				十三、外汇买卖(运用方)	0.00	0.00	0.00
				其中：结售汇	0.00	0.00	0.00
				十四、投资性房地产			
资金来源总计	29.19	−14.71	17.54	资金运用总计	29.19	−14.71	17.54

8. 上海浦东发展银行上海分行外汇信贷收支表

2014-12-31

单位:亿美元

来源项目	2014 年末余额	运用项目	2014 年末余额
一、各项存款	17.37	一、各项贷款	5.92
1. 单位存款	13.39	(一) 境内贷款	5.92
其中:活期存款	8.30	1. 短期贷款	4.57
定期存款	1.30	(1) 个人贷款及透支	
通知存款	0.02	其中:个人消费贷款	
保证金存款	2.45	(2) 单位普通贷款及透支	0.70
2. 个人存款	3.02	其中:经营贷款	0.70
储蓄存款	2.54	固定资产贷款	
保证金存款		(3) 普通并购贷款	
结构性存款	0.47	(4) 银团贷款	
3. 临时性存款	0.12	(5) 贸易融资	3.87
4. 其他存款	0.85	(6) 境外筹资转贷款	
二、代理财政性存款		2. 中长期贷款	1.35
三、金融债券		(1) 个人贷款	
其中:境外发行		其中:个人消费贷款	
四、中长期借款		(2) 单位普通贷款	0.33
其中:境外借款		其中:经营贷款	0.09
五、应付及暂收款	0.14	固定资产贷款	0.24
其中:应付利息	0.04	(3) 普通并购贷款	0.37
六、卖出回购资产		(4) 银团贷款	0.65
七、向中央银行借款		(5) 贸易融资	
八、同业往来(来源方)	9.37	(6) 境外筹资转贷款	
1. 同业存放	8.94	3. 融资租赁	
其中:境外同业存放		4. 票据融资	
2. 同业拆借	0.43	其中:贴现	
其中:境外同业拆借	0.08	5. 各项垫款	
九、境外联行往来(来源方)		(二) 境外贷款	
十、外汇买卖(来源方)	0.17	二、有价证券	
其中:结售汇		三、股权及其他投资	
十一、委托存款及委托投资基金(净)	0.00	四、应收及预付款	0.26
1. 委托存款及委托投资基金	1.70	其中:应收利息	0.26
2. 减:委托贷款及委托投资	1.70	五、买入返售资产	
十二、代理金融机构委托贷款基金		六、存放中央银行准备金存款	
其中:中央银行委托贷款基金		七、存放中央银行特种存款	
十三、各项准备		八、缴存中央银行财政性存款	
其中:贷款损失准备		九、同业往来	13.69
十四、所有者权益	0.59	1. 存放同业	13.69
其中:实收资本		其中:存放境外同业	
十五、其他	−7.43	2. 拆放同业	
		其中:拆放境外同业	
		十、境外联行往来(运用方)	
		十一、代理金融机构贷款	
		其中:代理人行专项贷款	
		十二、库存现金	0.22
		十三、外汇买卖(运用方)	0.12
		其中:结售汇	0.01
		十四、投资性房地产	
资金来源总计	20.21	资金运用总计	20.21

9. 上海银行外汇信贷收支表

2014-12-31

单位:万美元

栏目 资金来源项目	本月余额	比年初增减额		栏目 资金运用项目	本月余额	比年初增减额	
		本　年	上　年			本　年	上　年
一、各项存款	522 464.00	139 714.00	382 750.00	一、各项贷款	458 297.00	20 277.00	438 020.00
1. 单位存款	508 465.00	152 398.00	356 067.00	(一) 境内贷款	435 797.00	−2 223.00	438 020.00
其中:活期存款	44 538.00	−3 828.00	48 366.00	1. 短期贷款	400 237.00	−8 670.00	408 907.00
定期存款	133 535.00	52 475.00	81 060.00	(1) 个人贷款及透支	979.00	−33.00	1 012.00
通知存款	24 806.00	16 132.00	8 674.00	其中:个人消费贷款	979.00	−33.00	1 012.00
保证金存款	305 586.00	87 769.00	217 817.00	(2) 单位普通贷款及透支	243 804.00	8 780.00	235 024.00
2. 个人存款	11 289.00	−2 374.00	13 663.00	其中:经营贷款	243 804.00	8 780.00	235 024.00
储蓄存款	10 272.00	1 378.00	8 894.00	固定资产贷款	0.00	0.00	0.00
保证金存款	0.00	0.00	0.00	(3) 普通并购贷款	0.00	0.00	0.00
结构性存款	1 017.00	−3 752.00	4 769.00	(4) 银团贷款	0.00	−50.00	50.00
3. 临时性存款	994.00	−416.00	1 410.00	(5) 贸易融资	155 454.00	−17 367.00	172 821.00
4. 其他存款	1 716.00	−9 894.00	11 610.00	(6) 境外筹资转贷款	0.00	0.00	0.00
二、代理财政性存款	0.00	0.00	0.00	2. 中长期贷款	35 560.00	6 447.00	29 113.00
三、金融债券	0.00	0.00	0.00	(1) 个人贷款	0.00	0.00	0.00
其中:境外发行	0.00	0.00	0.00	其中:个人消费贷款	0.00	0.00	0.00
四、中长期借款	0.00	0.00	0.00	(2) 单位普通贷款	34 602.00	8 106.00	26 496.00
其中:境外借款	0.00	0.00	0.00	其中:经营贷款	29 358.00	3 481.00	25 877.00
五、应付及暂收款	5 044.00	1 737.00	3 307.00	固定资产贷款	5 244.00	4 625.00	619.00
其中:应付利息	4 685.00	1 686.00	2 999.00	(3) 普通并购贷款	0.00	0.00	0.00
六、卖出回购资产	0.00	0.00	0.00	(4) 银团贷款	958.00	−1 659.00	2 617.00
七、向中央银行借款	0.00	0.00	0.00	(5) 贸易融资	0.00	0.00	0.00
八、同业往来(来源方)	361 991.00	166 361.00	195 630.00	(6) 境外筹资转贷款	0.00	0.00	0.00
1. 同业存放	140 944.00	126 985.00	13 959.00	3. 融资租赁	0.00	0.00	0.00
其中:境外同业存放	0.00	0.00	0.00	4. 票据融资	0.00	0.00	0.00
2. 同业拆借	221 047.00	39 376.00	181 671.00	其中:贴现	0.00	0.00	0.00
其中:境外同业拆借	160 608.00	−11 063.00	171 671.00	5. 各项垫款	0.00	0.00	0.00
九、境外联行往来(来源方)	0.00	0.00	0.00	(二) 境外贷款	22 500.00	22 500.00	0.00
十、外汇买卖(来源方)	2 236 905.00	257 516.00	1 979 389.00	二、有价证券	3 000.00	0.00	3 000.00
其中:结售汇	1 948 995.00	198 581.00	1 750 414.00	其中:境外有价证券	0.00	0.00	0.00
十一、委托存款及委托投资基金(净)	0.00	0.00	0.00	三、股权及其他投资	214 563.00	214 563.00	0.00
1. 委托存款及委托投资基金	0.00	0.00	0.00	四、应收及预付款	4 771.00	1 388.00	3 383.00
2. 减:委托贷款及委托投资	0.00	0.00	0.00	其中:应收利息	54.00	30.00	24.00
十二、代理金融机构委托贷款基金	0.00	0.00	0.00	五、买入返售资产	0.00	0.00	0.00
其中:中央银行委托贷款基金	0.00	0.00	0.00	六、存放中央银行准备金存款	27 177.00	5 190.00	21 987.00
十三、各项准备	3 792.00	1 314.00	2 478.00	七、存放中央银行特种存款	0.00	0.00	0.00
其中:贷款损失准备金	3 792.00	1 314.00	2 478.00	八、缴存中央银行财政性存款	0.00	0.00	0.00
十四、所有者权益	−28 861.00	−31 244.00	2 383.00	九、同业往来(运用方)	77 155.00	−24 828.00	101 983.00
其中:实收资本	0.00	0.00	0.00	1. 存放同业	19 060.00	−24 153.00	43 213.00
十五、其他	−24 227.00	−6 093.00	−18 134.00	其中:存放境外同业	14 812.00	7 122.00	7 690.00
				2. 拆放同业	58 095.00	−675.00	58 770.00
				其中:拆放境外同业	20 000.00	1 800.00	18 200.00
				十、境外联行往来(运用方)	0.00	0.00	0.00
				十一、代理金融机构贷款	0.00	0.00	0.00
				其中:代理人行专项贷款	0.00	0.00	0.00
				十二、库存现金	1 163.00	13.00	1 150.00
				十三、外汇买卖(运用方)	2 290 982.00	312 702.00	1 978 280.00
				其中:结售汇	2 010 887.00	259 137.00	1 751 750.00
				十四、投资性房地产	0.00	0.00	0.00
资金来源总计	3 077 108.00	529 305.00	2 547 803.00	资金运用总计	3 077 108.00	529 305.00	2 547 803.00

10. 上海农商银行外汇信贷收支表

2014-12-31　　　　单位:亿美元

栏目 来源项目名称	本月余额	比年初增减数		栏目 运用项目名称	本月余额	比年初增减数	
		本　年	上　年			本　年	上　年
一、各项存款	3.36	0.13	1.66	一、各项贷款	2.04	−0.83	0.12
1. 单位活期存款	1.66	0.14	0.36	1. 短期贷款	0.28	−0.19	−1.15
其中:中资企业存款	1.66	0.14	0.36	(1) 境内短期贷款	0.28	−0.19	−1.15
外商投资企业存款		0	0	其中:中资企业贷款			
2. 单位定期存款	1.6	−0.05	1.29	外商投资企业贷款			
其中:中资企业存款	1.6	−0.05	1.29	(2) 境外短期贷款			
外商投资企业存款		0	0	2. 中长期贷款	0.00	0.00	−0.13
3. 储蓄存款	0.1	0.04	0.01	(1) 境内中长期贷款	0.00	0.00	−0.13
其中:定期存款	0.08	0.03	0.01	其中:中资企业贷款		0.00	0.00
4. 信托存款		0	0	外商投资贷款		0.00	0.00
5. 委托存款		0	0	(2) 境外中长期贷款		0.00	0.00
6. 其他类存款	0	0	0	3. 进出口贸易融资	1.74	−0.66	1.40
7. 境外存款		0	0	4. 票据融资		0.00	0.00
二、境外筹资		0	0	其中:贴现		0.00	0.00
三、同业存放	0	−0.17	0.17	5. 融资租赁		0.00	0.00
其中:境外同业存放		0	0	6. 信托贷款		0.00	0.00
四、应付及暂收款	0.02	−0.01	−0.02	7. 委托贷款		0.00	0.00
其中:应付及预提利息		0	0	8. 各项垫款	0.02	0.02	0.00
五、同业拆入	3.1	1.39	0.5	9. 境外筹资转贷款		0.00	0.00
其中:境外同业拆入	0.79	−0.28	0.79	二、有价证券及投资		0.00	0.00
六、外汇买卖	−2.34	−2.78	0.11	三、应收及预付款	0.00	0.00	0.00
其中:结售汇		0	0	其中:应收及预付利息		0.00	0.00
七、境内联行存放		0	0	四、存放同业	0.54	−0.13	−0.25
八、证券业务款项		0	0	其中:存放境外同业	0.48	0.08	−0.28
九、各项准备	0	0	0	五、拆放同业	1.89	−0.70	2.19
其中:贷款损失准备金		0	0	其中:拆放境外同业		0.00	0.00
十、所有者权益	0	0	−0.1	六、存放境外联行		0.00	0.00
其中:实收资本	0	0	0	七、证券业务占款		0.00	0.00
当年结益	0			八、库存现金	0.07	0.00	−0.01
十一、其他	0.57	−0.19	−0.22	九、存放央行	0.17	0.03	0.05
资金来源总计	4.71	−1.63	2.1	资金运用总计	4.71	−1.63	2.10

11. 中信银行上海分行外汇信贷收支表

2014-12-31

单位:亿美元

来源项目名称	本月余额	比年初增减额 本年	比年初增减额 上年	运用项目名称	本月余额	比年初增减额 本年	比年初增减额 上年
一、各项存款	24.37	−1.54	1.16	一、各项贷款	12.82	−0.91	5.43
1. 单位存款	12.50	−7.98	1.44	(一) 境内贷款	12.82	−0.91	5.43
其中:活期存款	2.26	0.54	0.35	1. 短期贷款	7.99	−2.78	4.44
定期存款	3.94	−4.07	−6.07	(1) 个人贷款及透支			
通知存款				其中:个人消费贷款			
保证金存款	6.29	−4.45	7.59	(2) 单位普通贷款及透支	3.93	−0.02	0.95
2. 个人存款	5.68	1.85	0.01	其中:经营贷款	3.93	−0.02	0.95
储蓄存款	1.76	0.62	−0.36	固定资产贷款			
保证金存款				(3) 普通并购贷款			
结构性存款	3.92	1.23	0.37	(4) 银团贷款			
3. 临时性存款	0.36	0.21	0.06	(5) 贸易融资	4.07	−2.76	3.48
4. 其他存款	5.83	4.38	−0.35	(6) 境外筹资转贷款			
二、代理财政性存款				2. 中长期贷款	4.73	1.80	0.99
三、金融债券				(1) 个人贷款			
其中:境外发行				其中:个人消费贷款			
四、中长期借款				(2) 单位普通贷款	4.73	1.98	0.99
其中:境外借款				其中:经营贷款	0.30	−0.27	0.99
五、应付及暂收款	0.42	0.23	−0.14	固定资产贷款	4.42	2.25	
其中:应付利息	0.42	0.24	−0.15	(3) 普通并购贷款			
六、卖出回购资产				(4) 银团贷款			
七、向中央银行借款				(5) 贸易融资		−0.17	
八、同业往来(来源方)	10.47	1.00	−15.56	(6) 境外筹资转贷款			
1. 同业存放	10.34	3.44	−18.14	3. 融资租赁			
其中:境外同业存放				4. 票据融资			
2. 同业拆借	0.13	−2.44	2.57	其中:贴现			
其中:境外同业拆借	0.13	−0.77	0.90	5. 各项垫款	0.10	0.06	
九、境外联行往来(来源方)				(二) 境外贷款			
十、外汇买卖(来源方)	3.41	0.68	0.35	二、有价证券			
其中:结售汇	0.81	0.47	0.36	三、股权及其他投资			
十一、委托存款及委托投资基金(净)	0.87	−0.40	0.00	四、应收及预付款	0.09	−0.03	0.06
1. 委托存款及委托投资基金	1.00	−0.45	0.17	其中:应收利息	0.09	−0.02	0.05
2. 减:委托贷款及委托投资	0.14	−0.06	0.18	五、买入返售资产			
十二、代理金融机构委托贷款基金				六、存放中央银行准备金存款			
其中:中央银行委托贷款基金				七、存放中央银行特种存款			
十三、各项准备	0.43	0.23	0.07	八、缴存中央银行财政性存款			
其中:贷款损失准备	0.42	0.22	0.07	九、同业往来	2.40	−0.13	−5.81
十四、所有者权益	−0.98	−0.40	−0.27	1. 存放同业	1.25	−1.28	−5.61
其中:实收资本				其中:存放境外同业	0.05	−0.46	0.49
十五、其他	−20.38	−0.08	13.98	2. 拆放同业	1.15	1.15	−0.20
				其中:拆放境外同业			
				十、境外联行往来(运用方)			
				十一、代理金融机构贷款			
				其中:代理人行专项贷款			
				十二、库存现金	0.09	0.00	0.03
				十三、外汇买卖(运用方)	3.21	0.81	−0.12
				其中:结售汇	0.63	0.60	−0.10
				十四、投资性房地产			
资金来源总计	18.61	−0.27	−0.42	资金运用总计	18.61	−0.27	−0.42

12. 中国光大银行上海分行外汇信贷收支表

2014-12-31

单位:万美元

来源项目名称	本月余额	比年初增减数 本年	比年初增减数 上年	运用项目名称	本月余额	比年初增减数 本年	比年初增减数 上年
一、各项存款	230 375	70 297	11 850	一、各项贷款	44 068	−23 177	−7 701
1. 单位存款	95 342	19 018	2 742	(一) 境内贷款	44 068	−23 177	−7 701
其中:活期存款	12 011	227	−31 169	1. 短期贷款	25 757	−8 320	1 769
定期存款	79 543	22 244	27 917	(1) 个人贷款及透支			
通知存款	3 725	−3 058	5 633	其中:个人消费贷款			
保证金存款	63	−395	361	(2) 单位普通贷款及透支	4 970	374	4 596
2. 个人存款	43 264	7 440	−6 327	其中:经营贷款	4 970	374	4 596
储蓄存款	8 872	−1 040	−2 154	固定资产贷款			
保证金存款	398	−133	41	(3) 普通并购贷款			
结构性存款	33 994	8 613	−4 214	(4) 银团贷款			
3. 临时性存款	29	27	−1	(5) 贸易融资	20 787	−8 694	−2 827
4. 其他存款	91 740	43 812	15 436	(6) 境外筹资转贷款			
二、代理财政性存款				2. 中长期贷款	18 311	−14 857	−9 470
三、金融债券				(1) 个人贷款			
其中:境外发行				其中:个人消费贷款			
四、中长期借款				(2) 单位普通贷款	16 038	−10 825	−11 564
其中:境外借款				其中:经营贷款	11 871	−14 992	−11 564
五、应付及暂收款	2 721	1 473	−795	固定资产贷款	4 167	4 167	
其中:应付利息	2 721	1 473	−795	(3) 普通并购贷款			
六、卖出回购资产				(4) 银团贷款	83	−6 222	2 265
七、向中央银行借款				(5) 贸易融资	2 190	2 190	−171
八、同业往来(来源方)	5 135	−9 007	12 281	(6) 境外筹资转贷款			
1. 同业存放	1 261	484	543	3. 融资租赁			
其中:境外同业存放				4. 票据融资			
2. 同业拆借	3 874	−9 491	11 738	其中:贴现			
其中:境外同业拆借	3 688	−9 677	11 738	5. 各项垫款			
九、境外联行往来(来源方)				(二) 境外贷款			
十、外汇买卖(来源方)	73	−10	4	二、有价证券			
其中:结售汇	73	−10	4	三、股权及其他投资			
十一、委托存款及委托投资基金(净)	675	−1 493	726	四、应收及预付款	125	−83	−422
1. 委托存款及委托投资基金	5 842	3 407	726	其中:应收利息	125	−83	−422
2. 减:委托贷款及委托投资	5 167	4 900		五、买入返售资产			
十二、代理金融机构委托贷款基金				六、存放中央银行准备金存款			
其中:中央银行委托贷款基金				七、存放中央银行特种存款			
十三、各项准备	982	−444	−164	八、缴存中央银行财政性存款			
其中:贷款损失准备	982	−444	−164	九、同业往来	3 544	771	−1 332
十四、所有者权益	−2 540	−2 051	1 931	1. 存放同业	3 544	771	−1 332
其中:实收资本				其中:存放境外同业	257	−335	−413
十五、其他	−188 583	−81 077	−35 311	2. 拆放同业			
				其中:拆放境外同业			
				十、境外联行往来(运用方)			
				十一、代理金融机构贷款			
				其中:代理人行专项贷款			
				十二、库存现金	1 101	177	−23
				十三、外汇买卖(运用方)			
				其中:结售汇			
				十四、投资性房地产			
资金来源总计	48 838	−22 312	−9 478	资金运用总计	48 838	−22 312	−9 478

13. 华夏银行上海分行外汇信贷收支表

2014-12-31　　单位:万美元

来源项目名称	本月余额	比年初增减数 本年	比年初增减数 上年	运用项目名称	本月余额	比年初增减数 本年	比年初增减数 上年
一、各项存款	31 654	1 073	1 794	一、各项贷款	58 324	−13 364	14 948
1. 单位存款	30 539	1 463	1 328	(一) 境内贷款	58 324	−13 364	14 948
其中:活期存款	5 499	1 546	1 830	1. 短期贷款	37 851	−11 764	−1 539
定期存款		−60	−540	(1) 个人贷款及透支			
通知存款				其中:个人消费贷款			
保证金存款	25 041	−23	38	(2) 单位普通贷款及透支	1 100	−84	−10 955
2. 个人存款	516	54	53	其中:经营贷款	1 100	−84	−10 955
储蓄存款	516	54	53	固定资产贷款			
保证金存款				(3) 普通并购贷款			
结构性存款				(4) 银团贷款		−153	153
3. 临时性存款	598	−443	413	(5) 贸易融资	36 751	−11 526	9 263
4. 其他存款				(6) 境外筹资转贷款			
二、代理财政性存款				2. 中长期贷款	20 473	−1 600	16 487
三、金融债券				(1) 个人贷款			
其中:境外发行				其中:个人消费贷款			
四、中长期借款				(2) 单位普通贷款	19 570	−1 550	16 120
其中:境外借款				其中:经营贷款	19 570	−1 550	16 120
五、应付及暂收款	199	59	58	固定资产贷款			
其中:应付利息	82	31	2	(3) 普通并购贷款			
六、卖出回购资产				(4) 银团贷款	486	−50	−50
七、向中央银行借款				(5) 贸易融资			
八、同业往来(来源方)	35 075	−11 456	21 420	(6) 境外筹资转贷款	417		417
1. 同业存放	1	−355	−1 019	3. 融资租赁			
其中:境外同业存放				4. 票据融资			
2. 同业拆借	35 073	−11 102	22 439	其中:贴现			
其中:境外同业拆借				5. 各项垫款			
九、境外联行往来(来源方)				(二) 境外贷款			
十、外汇买卖(来源方)	223 772	124 421	99 303	二、有价证券			
其中:结售汇	223 697	124 414	99 283	三、股权及其他投资			
十一、委托存款及委托投资基金(净)				四、应收及预付款	86	−15	−23
1. 委托存款及委托投资基金				其中:应收利息			
2. 减:委托贷款及委托投资				五、买入返售资产			
十二、代理金融机构委托贷款基金				六、存放中央银行准备金存款			
其中:中央银行委托贷款基金				七、存放中央银行特种存款			
十三、各项准备	696	−35	149	八、缴存中央银行财政性存款			
其中:贷款损失准备	682	−35	149	九、同业往来	299	123	−1 536
十四、所有者权益	190	−28	717	1. 存放同业	284	123	115
其中:实收资本				其中:存放境外同业			
十五、其他	−9 053	−2 881	−10 793	2. 拆放同业	15		−1 651
				其中:拆放境外同业			
				十、境外联行往来(运用方)			
				十一、代理金融机构贷款			
				其中:代理人行专项贷款			
				十二、库存现金	127	−7	−25
				十三、外汇买卖(运用方)	223 697	124 414	99 283
				其中:结售汇	223 697	124 414	99 283
				十四、投资性房地产			
资金来源总计	282 533	111 152	112 648	资金运用总计	282 533	111 152	112 648

14. 中国民生银行上海分行外汇信贷收支表

2014-12-31

单位:万美元

来源项目名称	本月余额	比年初增减数		运用项目名称	本月余额	比年初增减数	
		本 年	上 年			本 年	上 年
一、各项存款	99 779.14	38 954	−1 971	一、各项贷款			
1. 企业存款	80 582.09	33 630	−3 241	1. 短期贷款			
(1) 活期存款	24 095.80	−646	7 650	(1) 工业贷款			
(2) 定期存款	56 486.29	34 276	−10 891	(2) 商业贷款			
2. 机关团体存款	142.74	−3	145	(3) 建筑业贷款			
3. 储蓄存款	13 404.14	1 137	320	(4) 农业贷款			
(1) 活期储蓄	3 187.96	402	−87	(5) 乡镇企业贷款			
(2) 定期储蓄	10 216	735	407	(6) 三资企业贷款			
4. 农业存款				(7) 私营企业及个体贷款			
5. 其他存款	5 650	4 190	803	(8) 其他短期贷款			
二、代理财政性存款				其中:个人短期贷款			
三、金融债券				2. 中长期贷款			
其中:政策性金融债券				(1) 基本建设贷款			
四、应付及暂收款	135.09	−125	260	(2) 技术改造贷款			
其中:应付及预收利息	135.09	−125	260	(3) 其他中长期贷款			
五、卖出回购资产				其中:个人中长期贷款			
六、向中央银行借款				3. 票据融资			
七、同业往来	97.47	−604	−4 934	其中:贴现			
1. 同业存放	97.47	−604	−4 934	4. 各项垫款			
2. 同业拆借				二、有价证券及投资			
八、行内资金往来	42 466.66	26 819	15 648	三、应收及预付款	48.44	48	80
九、委托存款及委托投资基金(净)				其中:应收利息	48.44	48	137
1. 委托存款及委托投资基金				四、买入返售资产			
2. 减:委托贷款及委托投资				五、存放中央银行准备金存款			
十、代理金融机构委托贷款基金				六、存放中央银行特种存款			
其中:中央银行委托贷款基金				七、缴存中央银行财政性存款			
十一、各项准备		−25	25	八、同业往来	430.22	430	9 736
其中:贷款损失准备		−25	25	1. 存放同业	430.22	430	9 736
十二、所有者权益		−337	1 009	2. 拆放同业			
其中:实收资本				九、行内资金往来	98 069.61	98 070	
十三、其他				十、代理金融机构贷款			
				其中:代理人行专项贷款			
				十一、库存现金	962.46	962	5 524
				十二、外汇占款			
资金来源总计	30 514	−19 792	19 456	资金运用总计	30 514	−19 792	19 456

15. 兴业银行上海分行外汇信贷收支表

2014-12-31　　　　单位:万美元

来源项目名称	本月余额	比年初增减数 本年	比年初增减数 上年	运用项目名称	本月余额	比年初增减数 本年	比年初增减数 上年
一、各项存款	324 099	−94 944	86 960	一、各项贷款	148 415	−112 662	−38 051
1. 单位存款	308 629	−99 052	90 555	(一) 境内贷款	148 415	−112 662	−23 603
其中:活期存款	20 276	9 780	2 361	1. 短期贷款	122 714	−121 769	−23 397
定期存款	27 490	−111 174	51 960	(1) 个人贷款及透支			
通知存款	6 230	6 183	47	其中:个人消费贷款			
保证金存款	254 633	−3 842	36 187	(2) 单位普通贷款及透支	9 641	6 387	−38 948
2. 个人存款	8 878	3 419	241	其中:经营贷款	9 641	6 387	−38 948
储蓄存款	8 875	3 418	240	固定资产贷款			
保证金存款	2	1	1	(3) 普通并购贷款			
结构性存款				(4) 银团贷款			
3. 临时性存款	333	94	122	(5) 贸易融资	113 073	−128 157	15 551
4. 其他存款	6 258	596	−3 958	(6) 境外筹资转贷款			
二、代理财政性存款				2. 中长期贷款	25 702	9 107	−206
三、金融债券				(1) 个人贷款			
其中:境外发行				其中:个人消费贷款			
四、中长期借款				(2) 单位普通贷款	17 500	2 000	
其中:境外借款				其中:经营贷款	17 500	2 000	
五、应付及暂收款	2 218	−2 279	1 457	固定资产贷款			
其中:应付利息	2 206	−2 212	1 385	(3) 普通并购贷款			
六、卖出回购资产				(4) 银团贷款	889	−206	−206
七、向中央银行借款				(5) 贸易融资	7 313	7 313	
八、同业往来(来源方)	4 192	−105 873	34 863	(6) 境外筹资转贷款			
1. 同业存放	917	175	−4 192	3. 融资租赁			
其中:境外同业存放				4. 票据融资			
2. 同业拆借	3 276	−106 048	39 055	其中:贴现			
其中:境外同业拆借	3 276	−78 048	44 055	5. 各项垫款			
九、境外联行往来(来源方)				(二) 境外贷款			−14 448
十、外汇买卖(来源方)				二、有价证券			
其中:结售汇				三、股权及其他投资			
十一、委托存款及委托投资基金(净)				四、应收及预付款	767	−1 208	−255
1. 委托存款及委托投资基金	8 343	−2 782	11 125	其中:应收利息	767	−1 208	−255
2. 减:委托贷款及委托投资	8 343	−2 782	11 125	五、买入返售资产			
十二、代理金融机构委托贷款基金				六、存放中央银行准备金存款			
其中:中央银行委托贷款基金				七、存放中央银行特种存款			
十三、各项准备	1 533	−1 201	−375	八、缴存中央银行财政性存款			
其中:贷款损失准备	1 533	−1 201	−375	九、同业往来	268	−353	121
十四、所有者权益	−5 848	−2 385	1 162	1. 存放同业	268	−353	121
其中:实收资本				其中:存放境外同业			
十五、其他	−176 342	92 400	−162 223	2. 拆放同业			
				其中:拆放境外同业			
				十、境外联行往来(运用方)			
				十一、代理金融机构贷款			
				其中:代理人行专项贷款			
				十二、库存现金	402	−59	30
				十三、外汇买卖(运用方)			
				其中:结售汇			
				十四、投资性房地产			
资金来源总计	149 852	−114 282	−38 156	资金运用总计	149 852	−114 282	−38 156

16. 广发银行上海分行外汇信贷收支表

2014-12-31

单位:万美元

项目	本月余额	比年初		项目	本月余额	比年初	
		增减额	增减%			增减额	增减%
资金来源总计	14 798	5 562	60.22%	资金运用总计	14 798	5 562	60.22%
一、各项存款	20 339	7 847	62.82%	一、各项贷款	10 305	1 625	18.72%
1. 单位存款	14 204	3 830	36.92%	(一) 境内贷款	10 305	1 625	18.72%
其中:活期存款	5 336	−761	−12.48%	1. 短期贷款	10 305	1 625	18.72%
定期存款	5 082	1 602	46.03%	(1) 个人贷款及透支	0	0	0.00%
通知存款	0	0	0.00%	其中:个人消费贷款	0	0	0.00%
保证金存款	3 786	2 989	375.03%	(2) 单位普通贷款及透支	7 500	3 692	96.95%
2. 个人存款	2 067	51	2.53%	其中:经营贷款	7 500	3 692	96.95%
储蓄存款	2 047	52	2.61%	固定资产贷款	0	0	0.00%
保证金存款	20	−1	−4.76%	(3) 普通并购贷款	0	0	0.00%
结构性存款	0	0	0.00%	(4) 银团贷款	0	0	0.00%
4. 临时性存款	2	0	0.00%	(5) 贸易融资	2 805	−2 067	−42.43%
5. 其他存款	4 066	3 966	3 966.00%	(6) 境外筹资转贷款	0	0	0.00%
二、代理财政性存款	0	0	0.00%	2. 中长期贷款	0	0	0.00%
三、金融债券	0	0	0.00%	(1) 个人贷款	0	0	0.00%
其中:境外发行	0	0	0.00%	其中:个人消费贷款	0	0	0.00%
四、中长期借款	0	0	0.00%	(2) 单位普通贷款	0	0	0.00%
其中:境外借款	0	0	0.00%	其中:经营贷款	0	0	0.00%
五、应付及暂收款	459	−237	−34.05%	固定资产贷款	0	0	0.00%
其中:应付利息	443	−249	−35.98%	(3) 普通并购贷款	0	0	0.00%
六、卖出回购资产	0	0	0.00%	(4) 银团贷款	0	0	0.00%
七、向中央银行借款	0	0	0.00%	(5) 贸易融资	0	0	0.00%
八、同业往来	16 442	−67 514	−80.42%	(6) 境外筹资转贷款	0	0	0.00%
1. 同业存放	8 942	−71 206	−88.84%	3. 融资租赁	0	0	0.00%
其中:境外同业存放	0	0	0.00%	4. 票据融资	0	0	0.00%
2. 同业拆借	7 500	3 692	96.95%	其中:贴现及买断式转贴现	0	0	0.00%
其中:境外同业拆借	0	−3 808	−100.00%	5. 各项垫款	0	0	0.00%
九、境外联行往来	0	0	0.00%	(二) 境外贷款	0	0	0.00%
十、外汇买卖	0	0	0.00%	二、有价证券及投资	0	0	0.00%
其中:结售汇	0	0	0.00%	其中:境外有价证券	0	0	0.00%
十一、委托存款及委托投资基金	0	0	0.00%	三、股权及其他投资	4 010	4 010	100.00%
1. 委托存款及委托投资基金	0	0	0.00%	四、应收及预付款	19	−107	−84.92%
2. 减:委托贷款及委托投资	0	0	0.00%	其中:应收利息	19	−107	−84.92%
十二、代理金融机构委托贷款基金	0	0	0.00%	五、买入返售资产	0	0	0.00%
其中:中央银行委托贷款基金	0	0	0.00%	六、存放中央银行准备金存款	0	0	0.00%
十三、各项准备	0	0	0.00%	七、存放中央银行特种存款	0	0	0.00%
其中:贷款损失准备金	0	0	0.00%	八、缴存中央银行财政性存款	0	0	0.00%
十四、其他	−22 442	65 466	−74.47%	九、同业往来	220	10	4.76%
				1. 存放同业	220	10	4.76%
				其中:存放境外同业	0	0	0.00%
				2. 拆放同业	0	0	0.00%
				其中:拆放境外同业	0	0	0.00%
				十、境外联行往来	0	0	0.00%
				十一、代理金融机构贷款	0	0	0.00%
				其中:代理人行专项贷款	0	0	0.00%
				十二、库存现金	242	27	12.56%
				十三、外汇买卖	2	−3	−60.00%
				其中:结售汇	2	−3	−60.00%
				十四、投资性房地产	0	0	0.00%

17. 平安银行上海分行外汇信贷收支表

2014-12-31　　单位:万美元

来源项目名称	本月余额	比年初增减数 本年	比年初增减数 上年	运用项目名称	本月余额	比年初增减数 本年	比年初增减数 上年
一、各项存款	474 472	85 214	313 050	一、各项贷款	236 495	116 575	85 072
1. 单位存款	361 166	−9 025	305 685	(一) 境内贷款	235 973	116 694	85 241
其中:活期存款	18 303	9 523	−6 203	1. 短期贷款	185 962	114 998	46 956
定期存款	114 094	−166 140	244 656	(1) 个人贷款及透支			
通知存款				其中:个人消费贷款			
保证金存款	228 769	147 592	67 233	(2) 单位普通贷款及透支	64 488	22 935	17 861
2. 个人存款	8 054	5 840	325	其中:经营贷款	64 488	22 935	17 861
储蓄存款	8 054	5 840	325	固定资产贷款			
保证金存款				(3) 普通并购贷款			
结构性存款				(4) 银团贷款			
3. 临时性存款	202	−416	160	(5) 贸易融资	121 474	92 063	29 094
4. 其他存款	105 050	88 815	6 880	(6) 境外筹资转贷款			
二、代理财政性存款				2. 中长期贷款	50 011	1 696	38 285
三、金融债券				(1) 个人贷款	14	−4	−12
其中:境外发行				其中:个人消费贷款	14	−4	−12
四、中长期借款				(2) 单位普通贷款	18 759	1 700	7 059
其中:境外借款				其中:经营贷款	18 759	1 700	7 059
五、应付及暂收款	21 129	5 724	14 205	固定资产贷款			
其中:应付利息	9 648	6 035	2 435	(3) 普通并购贷款			
六、卖出回购资产				(4) 银团贷款			
七、向中央银行借款				(5) 贸易融资	31 238		31 238
八、同业往来(来源方)	18 927	−17 383	35 254	(6) 境外筹资转贷款			
1. 同业存放	593	−20 274	20 070	3. 融资租赁			
其中:境外同业存放				4. 票据融资			
2. 同业拆借	18 334	2 891	15 184	其中:贴现			
其中:境外同业拆借	334	−12 814	13 148	5. 各项垫款			
九、境外联行往来(来源方)				(二) 境外贷款	522	−119	−169
十、外汇买卖(来源方)				二、有价证券			
其中:结售汇				三、股权及其他投资			
十一、委托存款及委托投资基金(净)				四、应收及预付款	4 618	4 089	−670
1. 委托存款及委托投资基金				其中:应收利息	4 612	4 090	−677
2. 减:委托贷款及委托投资				五、买入返售资产			
十二、代理金融机构委托贷款基金				六、存放中央银行准备金存款			
其中:中央银行委托贷款基金				七、存放中央银行特种存款			
十三、各项准备	1 592	948	299	八、缴存中央银行财政性存款			
其中:贷款损失准备	1 592	948	299	九、同业往来	644	234	−24 957
十四、所有者权益	−18 853	−13 397	−5 707	1. 存放同业	644	234	−24 957
其中:实收资本				其中:存放境外同业			
十五、其他	−254 748	59 851	−297 222	2. 拆放同业			
				其中:拆放境外同业			
				十、境外联行往来(运用方)			
				十一、代理金融机构贷款			
				其中:代理人行专项贷款			
				十二、库存现金	762	59	434
				十三、外汇买卖(运用方)			
				其中:结售汇			
				十四、投资性房地产			
资金来源总计	242 519	120 957	59 879	资金运用总计	242 519	120 957	59 879

18. 北京银行上海分行外汇信贷收支表

2014-12-31 单位:万美元

来源项目名称	本月余额	比年初增减数 本年	比年初增减数 上年	运用项目名称	本月余额	比年初增减数 本年	比年初增减数 上年
一、各项存款	208 999	6 724	72 554	一、各项贷款	161 776	6 011	−30 882
1. 单位存款	206 844	6 168	71 735	(一) 境内贷款	161 776	6 011	−30 882
其中:活期存款	2 485	−36	333	1. 短期贷款	161 776	6 011	−30 882
定期存款	83 199	12 182	69 832	(1) 个人贷款及透支			
通知存款		−1 935	1 935	其中:个人消费贷款			
保证金存款	121 160	−4 044	−365	(2) 单位普通贷款及透支	20 777	5 656	−15 441
2. 个人存款	1 639	41	819	其中:经营贷款	20 777	5 656	−15 441
储蓄存款	1 340	403	498	固定资产贷款			
保证金存款				(3) 普通并购贷款			
结构性存款	299	−362	321	(4) 银团贷款			
3. 临时性存款				(5) 贸易融资	140 999	355	−15 441
4. 其他存款	516	516	0	(6) 境外筹资转贷款			
二、代理财政性存款				2. 中长期贷款			
三、金融债券				(1) 个人贷款			
其中:境外发行				其中:个人消费贷款			
四、中长期借款				(2) 单位普通贷款			
其中:境外借款				其中:经营贷款			
五、应付及暂收款	912	66	247	固定资产贷款			
其中:应付利息	912	66	348	(3) 普通并购贷款			
六、卖出回购资产				(4) 银团贷款			
七、向中央银行借款				(5) 贸易融资			
八、同业往来(来源方)	111 000	741	−15 827	(6) 境外筹资转贷款			
1. 同业存放				3. 融资租赁			
其中:境外同业存放				4. 票据融资			
2. 同业拆借	111 000	741	−15 827	其中:贴现			
其中:境外同业拆借	59 100	8 841	−55 827	5. 各项垫款			
九、境外联行往来(来源方)				(二) 境外贷款			
十、外汇买卖(来源方)				二、有价证券			
其中:结售汇				三、股权及其他投资			
十一、委托存款及委托投资基金(净)				四、应收及预付款	920	502	156
1. 委托存款及委托投资基金				其中:应收利息	896	479	156
2. 减:委托贷款及委托投资				五、买入返售资产			
十二、代理金融机构委托贷款基金				六、存放中央银行准备金存款			
其中:中央银行委托贷款基金				七、存放中央银行特种存款			
十三、各项准备	1 485	92	−406	八、缴存中央银行财政性存款			
其中:贷款损失准备金	1 482	92	−404	九、同业往来	85 566	−47 383	131 269
十四、所有者权益	−613	−473	1 301	1. 存放同业	85 566	−47 383	131 269
其中:实收资本				其中:存放境外同业			
十五、其他	−73 321	−47 908	42 667	2. 拆放同业			
				其中:拆放境外同业			
				十、境外联行往来(运用方)			
				十一、代理金融机构贷款			
				其中:代理人行专项贷款			
				十二、库存现金	200	112	−8
				十三、外汇买卖(运用方)			
				其中:结售汇			
				十四、投资性房地产			
资金来源总计	248 462	−40 758	100 536	资金运用总计	248 462	−40 758	100 536

19. 江苏银行上海分行外汇信贷收支表

2014-12-31

单位:万美元

栏目 来源项目名称	本月余额	比年初增减数 本年	比年初增减数 上年	栏目 运用项目名称	本月余额	比年初增减数 本年	比年初增减数 上年
一、各项存款	13 281	7 248	−41 897	一、各项贷款	6 667	−1 858	−8 564
1. 单位存款	13 207	7 218	−41 616	(一) 境内贷款	6 667	−1 858	−8 564
其中:活期存款	3 290	−727	1 263	1. 短期贷款	6 408	−2 067	−8 614
定期存款	5 456	4 359	−31 672	(1) 个人贷款及透支			
通知存款			−3 095	其中:个人消费贷款			
保证金存款	4 461	3 586	−8 112	(2) 单位普通贷款及透支	1 199	−241	−3 993
2. 个人存款	74	30	−281	其中:经营贷款	1 199	−241	−3 993
储蓄存款	74	30	−281	固定资产贷款			
保证金存款				(3) 普通并购贷款			
结构性存款				(4) 银团贷款			
3. 临时性存款				(5) 贸易融资	5 209	−1 826	−4 621
4. 其他存款				(6) 境外筹资转贷款			
二、代理财政性存款				2. 中长期贷款			
三、金融债券				(1) 个人贷款			
其中:境外发行				其中:个人消费贷款			
四、中长期借款				(2) 单位普通贷款			
其中:境外借款				其中:经营贷款			
五、应付及暂收款	159	158	−931	固定资产贷款			
其中:应付利息	159	158	−931	(3) 普通并购贷款			
六、卖出回购资产				(4) 银团贷款			
七、向中央银行借款				(5) 贸易融资			
八、同业往来(来源方)	75	−444	395	(6) 境外筹资转贷款			
1. 同业存放	25	−494	519	3. 融资租赁			
其中:境外同业存放				4. 票据融资			
2. 同业拆借	50	50	−124	其中:贴现			
其中:境外同业拆借				5. 各项垫款	259	209	50
九、境外联行往来(来源方)				(二) 境外贷款			
十、外汇买卖(来源方)	767	718	2 982	二、有价证券			
其中:结售汇	767	718	2 982	三、股权及其他投资			
十一、委托存款及委托投资基金(净)				四、应收及预付款	44	−14	−21 989
1. 委托存款及委托投资基金				其中:应收利息	44	−14	−508
2. 减:委托贷款及委托投资				五、买入返售资产			
十二、代理金融机构委托贷款基金				六、存放中央银行准备金存款			
其中:中央银行委托贷款基金				七、存放中央银行特种存款			
十三、各项准备				八、缴存中央银行财政性存款			
其中:贷款损失准备				九、同业往来	43	−18	25
十四、所有者权益	35	35	−340	1. 存放同业	43	−18	25
其中:实收资本				其中:存放境外同业			
十五、其他	−6 785	−8 885	12 242	2. 拆放同业			
				其中:拆放境外同业			
				十、境外联行往来(运用方)			
				十一、代理金融机构贷款			
				其中:代理人行专项贷款			
				十二、库存现金	11	2	−3
				十三、外汇买卖(运用方)	767	718	2 982
				其中:结售汇	113	113	2 933
				十四、投资性房地产			
资金来源总计	7 532	−1 170	−27 549	资金运用总计	7 532	−1 170	−27 549

20. 温州银行上海分行外汇信贷收支表

2014-12-31　　　　单位:万美元

来源项目名称	本月余额	比年初增减数		运用项目名称	本月余额	比年初增减数	
		本　年	上　年			本　年	上　年
一、各项存款	1 475	−2 827	−2 299	一、各项贷款	549	−3 713	1 056
1. 单位存款	1 454	−2 835	−2 305	(一) 境内贷款	549	−3 713	1 056
其中:活期存款	1 051	−518	994	1. 短期贷款	549	−1 713	−943
定期存款	403	−1 995	−3 622	(1) 个人贷款及透支			
通知存款				其中:个人消费贷款			
保证金存款		−22	22	(2) 单位普通贷款及透支	546	−1 598	−1 062
2. 个人存款	21	8	6	其中:经营贷款	546	−1 598	−1 062
储蓄存款	21	8	6	固定资产贷款			
保证金存款				(3) 普通并购贷款			
结构性存款				(4) 银团贷款			
3. 临时性存款				(5) 贸易融资	3	−116	119
4. 其他存款				(6) 境外筹资转贷款			
二、代理财政性存款				2. 中长期贷款		−2 000	2 000
三、金融债券				(1) 个人贷款			
其中:境外发行				其中:个人消费贷款			
四、中长期借款				(2) 单位普通贷款		−2 000	2 000
其中:境外借款				其中:经营贷款		−2 000	2 000
五、应付及暂收款	4	−7	−137	固定资产贷款			
其中:应付利息	4	−7	−80	(3) 普通并购贷款			
六、卖出回购资产				(4) 银团贷款			
七、向中央银行借款				(5) 贸易融资			
八、同业往来(来源方)				(6) 境外筹资转贷款			
1. 同业存放				3. 融资租赁			
其中:境外同业存放				4. 票据融资			
2. 同业拆借				其中:贴现			
其中:境外同业拆借				5. 各项垫款			
九、境外联行往来(来源方)				(二) 境外贷款			
十、外汇买卖(来源方)				二、有价证券			
其中:结售汇				三、股权及其他投资			
十一、委托存款及委托投资基金(净)				四、应收及预付款	7	−6	−9
1. 委托存款及委托投资基金				其中:应收利息	7	−6	−9
2. 减:委托贷款及委托投资				五、买入返售资产			
十二、代理金融机构委托贷款基金				六、存放中央银行准备金存款			
其中:中央银行委托贷款基金				七、存放中央银行特种存款			
十三、各项准备				八、缴存中央银行财政性存款			
其中:贷款损失准备				九、同业往来	81	16	−115
十四、所有者权益	20	20	43	1. 存放同业	81	16	−115
其中:实收资本				其中:存放境外同业			
十五、其他	−847	−895	3 328	2. 拆放同业			
				其中:拆放境外同业			
				十、境外联行往来(运用方)			
				十一、代理金融机构贷款			
				其中:代理人行专项贷款			
				十二、库存现金	14	−7	3
				十三、外汇买卖(运用方)			
				其中:结售汇			
				十四、投资性房地产			
资金来源总计	652	−3 710	935	资金运用总计	652	−3 710	935

(三) 资产负债项目统计

1. 国家开发银行上海市分行资产负债表

单位:人民币元(本外币合并)

资　　产	行次	2014 年 12 月 31 日	2013 年 12 月 31 日	负债及股东权益	行次	2014 年 12 月 31 日	2013 年 12 月 31 日
资产:				负债:			
现金及存放中央银行款项	1	285 231 487.14	595 323 056.30	向中央银行借款	19	0.00	0
存放同业款项	2	9 980 118.87	9 335 005.75	同业及其他金融机构存放款项	20	113 217.67	29 317.55
贵金属	3	0.00	0	拆入资金	21	490 037 667.40	0
拆出资金	4	0.00	16 700 000 000.00	交易性金融负债	22	80 000 000.00	0
交易性金融资产	5	80 000 000.00	0	衍生金融负债	23	0.00	0
衍生金融资产	6	0.00	0	卖出回购金融资产款	24	0.00	0
买入返售金融资产	7	0.00	0	吸收存款	25	22 145 086 726.97	14 738 782 970.33
应收利息	8	461 836 739.66	720 609 185.96	应付职工薪酬	26	6 144 059.97	0
发放贷款和垫款	9	211 894 303 706.66	205 140 403 234.63	应交税费	27	180 506 135.52	173 079 326.38
可供出售金融资产	10	0.01	−0.01	应付利息	28	232 731 801.48	109 797 994.86
持有至到期投资	11	552 000 000.00	1 200 000 000.00	预计负债	29	0.00	0
长期股权投资	12	0.00	0	应付债券	30	0.00	0
投资性房地产	13	0.00	0	递延所得税负债	31	0.00	0
固定资产	14	12 503 739.38	16 054 290.85	其他负债	32	219 842 959 856.50	213 883 194 515.98
无形资产	15	54 250.01	8 177.12	负债合计	33	242 977 579 465.51	228 904 884 125.10
递延所得税资产	16	0.00	0	所有者权益(或股东权益):			
其他资产	17	33 338 196 047.62	7 422 121 376.48	实收资本(或股本)	34	0.00	0
				资本公积	35	0.00	0
				减:库存股	36	0.00	0
				盈余公积	37	0.00	0
				一般风险准备	38	0.00	0
				未分配利润	39	3 656 526 623.84	2 898 970 201.98
				外币报表折算差额	40	0.00	0
				所有者权益(或股东权益)合计	41	3 656 526 623.84	2 898 970 201.98
资产总计	18	246 634 106 089.35	231 803 854 327.08	负债及所有者权益(或股东权益)总计	42	246 634 106 089.35	231 803 854 327.08

2. 中国进出口银行上海分行资产负债表

2014-12-31

单位：人民币元（本外币合计）

项　　目	行次	期初数	期末数	项　　目	行次	期初数	期末数
资产：				负债：			
现金及银行存款	1	9 240 017.77	11 104 748.07	向中央银行借款	28		
存放中央银行款项	2	245 569 395.73	255 677 006.02	联行存放款项	29	63 891 458 889.12	62 128 937 751.22
贵金属	3			同业及其他金融机构存放款项	30	16 975 252.13	28 070 275.69
存放联行款项	4	0.00	0.00	拆入资金	31	909 837 783.07	1 344 310 735.17
存放同业款项	5	37 494 016.56	1 346 467.54	交易性金融负债	32		
拆出资金	6		410 753 419.59	衍生金融负债	33	0.00	0.00
交易性金融资产	7			卖出回购金融资产款	34		
衍生金融资产	8	0.00	0.00	吸收存款	35	1 727 086 837.68	2 577 128 949.10
买入返售金融资产	9			应付职工薪酬	36		
应收款项类金融资产	10	365 814 000.00		应交税费	37	47 784 728.52	45 081 964.67
应收利息	11	131 337 744.84	179 630 940.68	应付利息	38	67 364 546.54	76 145 679.73
其他应收款	12	7 261 547.43	14 699 301.86	其他应付款	39	4 005 552.51	13 485 720.13
发放贷款和垫款	13	65 978 317 952.40	65 552 292 204.20	预计负债	40	57 576 590.65	117 776 086.86
可供出售金融资产	14			应付债券	41		
持有至到期投资	15			递延所得税负债	42		
长期股权投资	16	722 888 000.00	722 888 000.00	其他负债	43	300 414 046.41	353 457 304.75
投资性房地产	17			负债合计	44	67 022 504 226.64	66 684 394 467.32
固定资产	18	71 558 349.55	66 115 509.75	所有者权益（或股东权益）：			
在建工程	19	20 263 054.51	0.00	实收资本（或股本）	45	0.00	0.00
固定资产清理	20	0.00	0.00	其中：国有资本	46	0.00	0.00
无形资产	21	60 966.62	106 264.36	外商资本	47		
商誉	22			资本公积	48	0.00	0.00
长期待摊费用	23		12 359 676.26	减：库存股	49		
抵债资产	24	0.00	0.00	盈余公积	50		
递延所得税资产	25			一般风险准备	51		
其他资产	26	160 401.67	294 921.67	未分配利润	52	567 461 220.43	542 873 992.69
				外币报表折算差额	53		
				归属于母公司所有者权益合计	54	567 461 220.43	542 873 992.69
				少数股东权益	55		
				所有者权益（或股东权益）合计	56	567 461 220.43	542 873 992.69
资产总计	27	67 589 965 447.08	67 227 268 460.01	负债和所有者权益（或股东权益）总计	57	67 589 965 447.08	67 227 268 460.01

3. 中国农业发展银行上海市分行资产负债表

编制单位：中国农业发展银行上海市分行　　2014-12-31　　单位：人民币元(本外币合计)

项目	行次	年初数	年末数	项目	行次	年初数	年末数
资产：				负债：			
现金及银行存款	1	1 946 874.75	3 486 652.90	向中央银行借款	28		
存放中央银行款项	2	317 750 809.37	345 175 094.79	联行存放款项	29	27 179 340 505.41	52 711 465 601.66
贵金属	3			同业及其他金融机构存放款项	30		2 000 000 000.00
存放联行款项	4			拆入资金	31		
存放同业款项	5	2 048 804 737.76	3 041 762 917.00	以公允价值计量且其变动计入当期损益的金融负债	32		
拆出资金	6			衍生金融负债	33		
以公允价值计量且其变动计入当期损益的金融资产	7			卖出回购金融资产款	34		
衍生金融资产	8			吸收存款	35	5 438 120 270.24	6 569 332 350.09
买入返售金融资产	9		12 651 616 509.08	应付职工薪酬	36	9 396 999.10	10 990 655.24
应收款项类金融资产	10			应交税费	37	24 863 336.29	29 742 667.01
应收利息	11	8 554 859.99	44 957 725.49	应付利息	38		2 044 367.23
其他应收款	12	6 586 606.93	2 378 552.79	其他应付款	39	5 161 274.33	5 263 888.52
发放贷款和垫款	13	30 774 830 452.52	45 843 949 609.23	预计负债	40		
可供出售金融资产	14			应付债券	41		
持有至到期投资	15			递延所得税负债	42		
长期股权投资	16			其他负债	43	189 123 548.92	189 123 548.92
投资性房地产	17			负债合计	44	32 846 005 934.29	61 517 963 078.67
固定资产	18	173 311 145.38	206 262 677.11	所有者权益(或股东权益)：			
在建工程	19	35 472 956.00		实收资本(或股本)	45		
固定资产清理	20			其中：国家资本	46		
无形资产	21	2 572.98		集体资本	47		
商誉	22			法人资本	48		
长期待摊费用	23			其中：国有法人资本	49		
抵债资产	24			个人资本	50		
递延所得税资产	25			外商资本	51		
其他资产	26			其他权益工具	52		
				资本公积	53		
				减：库存股	54		
				其他综合收益	55		
				盈余公积	56		
				一般风险准备	57		
				未分配利润	58	521 255 081.39	621 626 659.72
				归属于母公司所有者权益合计	59	521 255 081.39	621 626 659.72
				少数股东权益	60		
				所有者权益(或股东权益)合计	61	521 255 081.39	621 626 659.72
资产总计	27	33 367 261 015.68	62 139 589 738.39	负债和所有者权益(或股东权益)总计	62	33 367 261 015.68	62 139 589 738.39

4. 中国工商银行上海市分行资产负债表

2014-12-31

单位:万元

序号	项目	A	B	C
		人民币	外币折人民币	本外币合计
1	Ⅰ.资产			
2	1. 现金	314 194.19	50 040.27	364 234.46
3	2. 贵金属	9 402.89	159 843.17	169 246.05
4	3. 存放中央银行款项	41 170.88	0.00	41 170.88
5	4. 存放同业款项	550.00	6 987.16	7 537.16
6	4.1 境内同业	550.00	0.00	550.00
7	4.2 境外同业	0.00	6 987.16	6 987.16
8	70. 存放系统内款项	72 145 714.33	1 496 607.49	73 642 321.82
9	71. 拨付营运资金	0.00	0.00	0.00
10	5. 应收利息	299 974.38	13 212.42	313 186.79
11	6. 贷款	44 308 989.66	895 498.45	45 204 488.11
12	7. 贸易融资	2 422 193.47	3 414 189.17	5 836 382.64
13	8. 贴现及买断式转贴现	4 039 042.04	41.54	4 039 083.58
14	9. 其他贷款			
15	10. 拆放同业	427 300.00	0.00	427 300.00
16	11. 其他应收款	257 946.20	35 152.66	293 098.85
17	12. 投资	10 106 557.49	285 832.48	10 392 389.97
18	12.1 债券	10 106 557.49	279 910.28	10 386 467.77
19	12.2 股票	0.00	0.00	0.00
20	12.3 其他	0.00	5 922.19	5 922.19
21	12.3.1 其中:长期股权投资	0.00	0.00	0.00
22	13. 买入返售资产	0.00	0.00	0.00
23	13.1 境内外金融机构	0.00	0.00	0.00
24	13.2 境内外非金融机构	0.00	0.00	0.00
25	13.9 买入返售资产(按品种分类)			
26	13.9.1 债券	0.00	0.00	0.00
27	13.9.2 票据	0.00	0.00	0.00
28	13.9.3 贷款	0.00	0.00	0.00
29	13.9.4 其他	0.00	0.00	0.00
30	14. 长期待摊费用	16 703.72	0.00	16 703.72
31	15. 固定资产原价	1 058 278.77	0.00	1 058 278.77
32	16. 减:累计折旧	392 904.11	0.00	392 904.11

（续表）

序号	项　　目	A	B	C
		人民币	外币折人民币	本外币合计
33	17. 固定资产净值	665 374.66	0.00	665 374.66
34	18. 固定资产清理	－6 908.98	0.00	－6 908.98
35	19. 在建工程	260 869.58	0.00	260 869.58
36	20. 无形资产	80 293.12	0.00	80 293.12
37	21. 抵债资产	1 076.83	340.93	1 417.76
38	22. 递延所得税资产	32 021.27	0.00	32 021.27
39	23. 其他资产	20 081.25	79 843.11	57 262.22
40	23.1　投资性房地产	0.00	0.00	0.00
41	23.2　衍生金融资产	17 053.73	38 520.69	55 574.41
42	23.3　商誉	0.00	0.00	0.00
43	24. 减:各项资产减值损失准备	1 202 235.16	82 071.44	1 284 306.60
44	25. 资产总计	134 240 311.81	6 355 517.40	140 553 167.08
45	Ⅱ. 负债及所有者权益			
46	26. 单位存款	47 801 053.20	3 579 990.01	51 381 043.21
47	27. 储蓄存款	53 306 431.40	1 615 581.62	54 922 013.02
48	28. 向中央银行借款	0.00	0.00	0.00
49	29. 同业存放款项	23 190 498.88	739 321.82	23 929 820.70
50	29.1　境内同业	22 685 211.73	736 363.49	23 421 575.22
51	29.2　境外同业	505 287.15	2 958.33	508 245.48
52	72. 系统内存放款项	0.00	0.00	0.00
53	30. 同业拆入	341 134.00	0.00	341 134.00
54	31. 卖出回购款项	146 057.68	0.00	146 057.68
55	31.1　境内外金融机构	146 057.68	0.00	146 057.68
56	31.2　境内外非金融机构	0.00	0.00	0.00
57	31.9　卖出回购款项(按品种分类)			
58	31.9.1　债券	0.00	0.00	0.00
59	31.9.2　票据	146 057.68	0.00	146 057.68
60	31.9.3　贷款	0.00	0.00	0.00
61	31.9.4　其他	0.00	0.00	0.00
62	32. 汇出汇款	17 598.81	792.91	18 391.72
63	33. 应解汇款	2 735.56	2.26	2 737.82
64	34. 存入保证金	200 700.96	31 056.13	231 757.09
65	35. 其他存款			

（续表）

序号	项目	A 人民币	B 外币折人民币	C 本外币合计
66	36. 应付利息	1 798 429.56	20 616.28	1 819 045.85
67	37. 应交税费	596 678.27	0.86	596 679.12
68	38. 应付职工薪酬	111 257.68	0.00	111 257.68
69	40. 应付股利	0.00	0.00	0.00
70	41. 其他应付款	642 767.59	106 811.84	749 579.43
71	43. 递延收益	77 429.81	92.18	77 521.99
72	44. 预计负债	0.00	0.00	0.00
73	46. 应付债券	28.87	0.00	28.87
74	47. 其他负债	4 126 215.66	173 218.05	4 256 771.58
75	47.1 衍生金融负债	5 570.89	34 529.89	40 100.78
76	48. 递延所得税负债	0.00	0.00	0.00
77	49. 负债合计	132 359 017.94	6 267 483.96	138 583 839.77
78	50. 少数股东权益			
79	51. 所有者权益			
80	52. 实收资本	545 850.97	75 071.60	620 922.57
81	53. 资本公积	－40 730.02	1 532.98	－39 197.04
82	53.1 其中:重估储备	0.00	0.00	0.00
83	54. 盈余公积	0.00	0.00	0.00
84	55. 一般风险准备	0.00	0.00	0.00
85	56. 信托赔偿准备	0.00	0.00	0.00
86	57. 未分配利润	1 376 172.92	11 428.86	1 387 601.78
87	57.1 其中:本年利润	1 376 172.92	11 428.86	1 387 601.78
88	58. 外币报表折算差额	0.00	0.00	0.00
89	59. 所有者权益合计	1 881 293.87	88 033.43	1 969 327.31
90	60. 负债及所有者权益总计	134 240 311.81	6 355 517.40	140 553 167.08
91	附注项目			
92	61. 各项存款	101 328 519.93	5 227 422.93	106 555 942.86
93	62. 各项贷款	50 770 225.17	4 309 729.17	55 079 954.34
94	63. 生息资产	132 966 095.34	6 020 358.02	138 986 453.36
95	64. 付息负债	119 991 078.77	5 566 278.16	125 557 356.93

5. 中国农业银行上海市分行资产负债表

2014-12-31 单位:人民币元(本外币合并)

	期初金额	期末金额		期初金额	期末金额
资产			负债		
现金及存放中央银行款项	73 561 696 555.23	91 649 696 229.10	向中央银行借款		
存放同业款项净额	164 399 621.99	17 740 286 923.23	同业及其他金融机构存放款项	38 630 649 903.95	53 029 128 616.33
存放同业款项总额	164 399 621.99	17 740 286 923.23	联行存放款项	7 125 204 097.64	6 222 869 837.74
减:存放同业减值准备			拆入资金	31 400 000.00	0
贵金属	170 520.00	170 520.00	以公允价值计量且其变动计入当期损益的金融负债	4 892 290 919.20	5 826 131 089.61
存放联行款项	348 838 162 114.93	330 856 384 778.42	衍生金融负债	7 860 750.24	3 820 777.95
拆出资金净额	8 301 174 128.98	25 885 142 269.15	卖出回购金融资产款		
拆出资金总额	8 357 521 112.98	26 021 037 184.15	客户存款	690 612 256 760.64	729 631 330 393.43
减:拆出资金减值准备	−56 346 984.00	−135 894 915.00	其中:公司活期存款	197 340 840 122.97	195 283 938 264.85
以公允价值计量且其变动计入当期损益的金融资产	4 823 506 377.71	5 729 534 095.39	公司定期存款	81 412 902 211.21	90 515 196 997.94
衍生金融资产	3 906 006.80	1 898 544.59	个人活期存款	105 865 876 253.31	114 082 956 145.10
买入返售金融资产净额	3 865 003 854.46	911 105 953.25	个人定期存款	197 722 035 020.55	213 949 809 414.02
买入返售金融资产总额	3 865 003 854.46	911 105 953.25	保证金存款	8 700 415 681.59	6 110 647 122.80
减:买入返售金融资产减值准备			其他存款	99 570 187 471.01	109 688 782 448.72
应收利息	738 703 918.02	994 092 248.58	应付职工薪酬	1 647 222 327.84	1 821 854 072.56
发放贷款及垫款净额	316 495 339 125.53	337 548 844 612.17	应交税费	302 009 182.40	366 826 694.82
发放贷款及垫款总额	321 928 166 963.80	343 916 126 065.19	应付利息	9 747 345 041.26	11 423 205 972.28
其中:对公贷款及垫款	236 488 329 892.74	247 917 438 335.13	预计负债	0	552 448.21
零售贷款及垫款	85 439 837 071.06	95 998 687 730.06	应付债券及发行存款证		
减:发放贷款及垫款减值准备	−5 432 827 838.27	−6 367 281 453.02	递延所得税负债		
可供出售金融资产净额			其他负债	2 383 489 265.70	1 979 155 850.88
可供出售金融资产总额			其中:应付财政部款项		
减:可供出售金融资产减值准备			应付待结算及清算款项	764 059 354.35	788 658 345.37
持有至到期投资净额			久悬未取款项	27 189 139.94	17 453 135.14
持有至到期投资总额			递延收益	81 127 539.09	71 150 609.30
减:持有至到期投资减值准备			应付投资款项		
应收款项类投资净额			转贷资金		
应收款项类投资总额			预提费用		
减:应收款项类减值准备			应付股利		
长期股权投资净额			分摊往来 2		
长期股权投资总额			其他负债——其他	1 511 113 232.32	1 101 893 761.07
减:长期股权投资减值准备			负债合计	755 379 728 248.87	810 304 875 753.81
固定资产净值	9 918 637 299.58	10 156 266 815.98	所有者权益		
固定资产原值	12 748 554 943.90	13 307 488 397.37	实收资本		
减:累计折旧	−2 829 917 644.32	−3 151 221 581.39	其他权益工具		
减:固定资产减值准备			资本公积		
无形资产净值	456 022 031.88	436 619 038.53	盈余公积		
无形资产原值	600 060 103.57	598 782 983.06	一般风险准备		
减:累计摊销	−144 038 071.69	−162 163 944.53	未分配利润/(累计亏损)	13 035 670 336.29	12 036 519 013.72
减:无形资产减值准备			外币报表折算差额		
投资性房地产净值			归属于母公司所有者权益合计	13 035 670 336.29	12 036 519 013.72
投资性房地产原值			少数股东权益		
减:投资性房地产减值准备			所有者权益合计	13 035 670 336.29	12 036 519 013.72
递延所得税资产			负债及所有者权益总计	768 415 398 585.16	822 341 394 767.53
其他资产	1 248 677 030.05	431 352 739.14			
其中:应收及暂付款	232 108 539.35	173 544 001.88			
抵债资产					
长期待摊费用	80 460 293.93	94 374 552.23			
商誉					
待处理资产	1 813 725.26	1 669 336.77			
分摊往来 1					
固定资产清理	2 573 819.31	0			
其他资产——其他	931 720 652.20	161 764 848.26			
资产总计	768 415 398 585.16	822 341 394 767.53			

6. 中国银行上海市分行资产负债表

2014-12-31

单位:万元

序号	项 目	A	B	C
		人民币	外币折人民币	本外币合计
1	Ⅰ.资产			
2	1. 现金	167 871.26	73 942.06	241 813.33
3	2. 贵金属	4 794.18	30 011.70	34 805.88
4	3. 存放中央银行款项	7 854 587.33	232 380.97	8 086 968.29
5	4. 存放同业款项	4 133 878.42	160 773.13	4 294 651.55
6	4.1 境内同业	4 133 878.42	160 773.13	4 294 651.55
7	4.2 境外同业	0.00	0.00	0.00
8	70. 存放系统内款项	3 191 304.98	3 211 666.54	6 402 971.52
9	71. 拨付营运资金	0.00	0.00	0.00
10	5. 应收利息	177 292.87	17 853.39	195 146.26
11	6. 贷款	28 433 540.91	2 639 125.74	31 072 666.65
12	7. 贸易融资	1 704 908.22	1 315 073.14	3 019 981.36
13	8. 贴现及买断式转贴现	871 028.99	7 571.29	878 600.28
14	9. 其他贷款			
15	10. 拆放同业	3 363 907.15	57 010.03	3 420 917.17
16	11. 其他应收款	34 918.22	757.15	35 675.37
17	12. 投资	7 531.04	27 819.79	35 350.83
18	12.1 债券	7 531.04	0.00	7 531.04
19	12.2 股票	0.00	0.00	0.00
20	12.3 其他	0.00	27 819.79	27 819.79
21	12.3.1 其中:长期股权投资	0.00	27 819.79	27 819.79
22	13. 买入返售资产	97 071.75	0.00	97 071.75
23	13.1 境内外金融机构	97 071.75	0.00	97 071.75
24	13.2 境内外非金融机构	0.00	0.00	0.00
25	13.9 买入返售资产(按品种分类)			
26	13.9.1 债券	0.00	0.00	0.00
27	13.9.2 票据	97 071.75	0.00	97 071.75
28	19.9.3 贷款	0.00	0.00	0.00
29	13.9.4 其他	0.00	0.00	0.00
30	14. 长期待摊费用	10 571.04	0.00	10 571.04
31	15. 固定资产原价	484 210.83	0.00	484 210.83
32	16. 减:累计折旧	223 337.39	0.00	223 337.39

（续表）

序号	项　目	A 人民币	B 外币折人民币	C 本外币合计
33	17. 固定资产净值	260 873.44	0.00	260 873.44
34	18. 固定资产清理	932.75	0.00	932.75
35	19. 在建工程	132 164.97	0.00	132 164.97
36	20. 无形资产	35 193.56	0.00	35 193.56
37	21. 抵债资产	18 845.94	8 983.66	27 829.60
38	22. 递延所得税资产	0.00	0.00	0.00
39	23. 其他资产	13 114.79	21.38	12 806.11
40	23.1　投资性房地产	0.00	0.00	0.00
41	23.2　衍生金融资产	0.00	20.58	20.58
42	23.3　商誉	0.00	0.00	0.00
43	24. 减:各项资产减值损失准备	736 543.84	90 147.96	826 691.80
44	25. 资产总计	49 777 787.98	7 692 841.98	57 470 299.90
45	Ⅱ. 负债及所有者权益			
46	26. 单位存款	22 126 636.19	2 516 413.40	24 643 049.59
47	27. 储蓄存款	15 641 441.62	2 088 297.18	17 729 738.80
48	28. 向中央银行借款	0.00	0.00	0.00
49	29. 同业存放款项	8 339 324.60	2 426 024.64	10 765 349.24
50	29.1　境内同业	5 994 734.67	1 623 423.62	7 618 158.29
51	29.2　境外同业	2 344 589.93	802 601.02	3 147 190.95
52	72. 系统内存放款项	0.00	0.00	0.00
53	30. 同业拆入	0.00	298 038.85	298 038.85
54	31. 卖出回购款项	0.00	0.00	0.00
55	31.1　境内外金融机构	0.00	0.00	0.00
56	31.2　境内外非金融机构	0.00	0.00	0.00
57	31.9　卖出回购款项(按品种分类)			
58	31.9.1　债券	0.00	0.00	0.00
59	31.9.2　票据	0.00	0.00	0.00
60	31.9.3　贷款	0.00	0.00	0.00
61	31.9.4　其他	0.00	0.00	0.00
62	32. 汇出汇款	2 132.24	42 897.81	45 030.05
63	33. 应解汇款	39 584.99	103 572.29	143 157.28
64	34. 存入保证金	1 372 647.10	42 726.95	1 415 374.05
65	35. 其他存款			

（续表）

序号	项 目	A 人民币	B 外币折人民币	C 本外币合计
66	36. 应付利息	740 413.53	11 230.56	751 644.09
67	37. 应交税费	32 925.80	0.00	32 925.80
68	38. 应付职工薪酬	71 237.08	0.00	71 237.08
69	40. 应付股利	0.00	0.00	0.00
70	41. 其他应付款	166 799.31	1 714.41	168 513.71
71	43. 递延收益	36 352.33	2 723.79	39 076.12
72	44. 预计负债	7.14	0.00	7.14
73	46. 应付债券	0.00	0.00	0.00
74	47. 其他负债	15 297.77	351.53	15 319.23
75	47.1 衍生金融负债	0.00	21.46	21.46
76	48. 递延所得税负债	0.00	0.00	0.00
77	49. 负债合计	48 584 799.70	7 533 991.39	56 118 461.03
78	50. 少数股东权益			
79	51. 所有者权益			
80	52. 实收资本	511 749.35	0.00	511 749.35
81	53. 资本公积	0.00	0.00	0.00
82	53.1 其中：重估储备	0.00	0.00	0.00
83	54. 盈余公积	0.00	0.00	0.00
84	55. 一般风险准备	0.00	0.00	0.00
85	56. 信托赔偿准备	0.00	0.00	0.00
86	57. 未分配利润	681 238.93	158 850.59	840 089.52
87	57.1 其中：本年利润	681 238.93	158 850.59	840 089.52
88	58. 外币报表折算差额	0.00	0.00	0.00
89	59. 所有者权益合计	1 192 988.28	158 850.59	1 351 838.87
90	60. 负债及所有者权益总计	49 777 787.98	7 692 841.98	57 470 299.90
91	附注项目			
92	61. 各项存款	39 182 442.14	4 793 907.62	43 976 349.77
93	62. 各项贷款	31 009 478.12	3 961 770.17	34 971 248.29
94	63. 生息资产	49 691 201.27	7 351 510.28	57 042 711.55
95	64. 付息负债	47 474 924.73	7 368 225.32	54 843 150.04

7. 中国建设银行上海市分行资产负债表

2014-12-31 单位:人民币亿元(本外币合计)

资　　产	行次	期末余额	年初余额	负债和股东权益	行次	期末余额	年初余额
资产:	1			负债:	27		
现金及存放中央银行款项	2	30.13	38.17	向中央银行借款	28		
存放同业款项	3	72.03	97.19	同业及其他金融机构存放款项	29	2 249.87	1 179.14
贵金属	4	0.34	0.45	拆入资金	30	2.43	1.561 576 106
拆出资金	5	149.50	144.97	交易性金融负债	31	445.69	486.48
交易性金融资产	6	412.90	554.96	衍生金融负债	32	4.53	6.42
衍生金融资产	7	7.58	8.49	卖出回购金融资产款	33	0.00	0
买入返售金融资产	8	134.11	34.75	吸收存款	34	7 720.57	7 422.77
发放贷款和垫款	9	4 274.71	4 112.82	应付利息	35	118.36	99.82
应收利息	10	13.40	18.60	应付职工薪酬	36	10.85	9.44
可供出售金融资产	11	0.17	0.01	应交税费	37	6.10	5.13
应收款项投资	12			预计负债	38	0.30	0.27
持有至到期投资	13	1.11	1.81	应付债券	39	0.00	0.002 360 273
长期股权投资	14			递延所得税负债	40		
资产支持证券	15			其他负债	41	20.04	9.05
投资性房地产	16			负债合计	42	10 578.73	9 220.08
固定资产	17	34.42	34.68	股东权益:	43		
在建工程	18	2.30	3.15	股本	44		
无形资产	19	12.44	12.79	资本公积	45		
商誉	20			减:库存股	46		
递延所得税资产	21			盈余公积	47		
其他资产	22	5 466.63	4 178.82	一般风险准备	48		
	23			未分配利润	49	33.04	21.58
	24			外币报表折算差额	50		
	25			股东权益合计	51	33.04	21.58
资产总计	26	10 611.76	9 241.66	负债和股东权益总计	52	10 611.76	9 241.66

8. 交通银行上海市分行资产负债表

2014-12-31 单位：人民币元(本外币合计)

项目名称	期末余额	上年同期	项目名称	期末余额	上年同期
流动资产:		0.00	流动负债		0.00
现金及银行存款	1 001 336 838.45	1 002 269 572.98	短期存款	146 404 909 489.25	179 333 061 346.60
其中:现金	1 000 580 903.16	1 001 516 314.27	短期储蓄存款	84 191 689 556.25	81 482 302 097.92
贵金属	48 839 157.12	55 487 388.78	财政性存款	4 510.76	159 416 206.36
存中央银行款项	2 660 168 267.20	4 194 908 072.23	向中央银行借款		0.00
其中:准备金存款		0.00	同业存放款项	179 191 596 329.36	142 888 214 977.99
其中:备付金存款	2 625 719 267.20	4 150 656 072.23	联行存放款项		0.00
存放同业款项	4 496 157 998.03	29 412 862 661.65	拆入资金	418 414 694.08	3 594 622 850.19
存放联行款项	269 516 384 692.15	228 877 852 381.15	应解汇款	320 798 813.41	267 935 798.47
拆出资金		0.00	汇出汇款	125 274 818.47	74 616 273.00
短期贷款	54 103 984 369.49	53 544 743 595.04	委托存款	83 721 244.45	125 294 716.54
应收进出口押汇	9 946 038 721.93	21 367 061 016.73	应付代理证券款项		0.00
应收账款	398 394 486.52	515 521 690.31	卖出回购证券款		0.00
其他应收款	172 498 001.93	679 141 294.49	应付账款	4 948 486 582.18	4 904 867 085.04
贴现	4 173 407 094.52	19 834 476 981.59	其他应付款	2 696 878 955.45	2 648 240 242.38
短期投资	4 690 747 920.28	4 747 651 071.29	存入短期保证金	15 660 193 936.24	25 753 071 174.69
委托贷款及委托投资		0.00	应付工资	457 936 393.97	432 199 790.58
自营证券		0.00	应付福利费		0.00
代理证券		0.00	应交税金	216 201 844.23	221 244 498.34
买入返售证券		0.00	应付利润		0.00
待处理流动资产净损失		0.00	预提费用		0.00
其他流动资产	730 206.96	1 714 539.27	发行短期债券		0.00
一年内到期的长期投资	46 714 741.77	13 907 866.46	其他流动负债	2 357 408 641.36	2 444 409 047.11
流动资产合计	351 255 402 496.35	364 247 598 131.97	一年内到期的长期负债	15 607 039 103.26	13 554 623 769.85
长期资产:		0.00	发行短期存款证		0.00
中长期贷款	163 350 548 915.03	159 222 790 558.05	流动负债合计	452 680 554 912.72	457 884 119 875.06
逾期贷款	2 117 822 397.12	1 317 694 513.88	长期负债:		0.00
减:呆账准备	2 961 996 188.57	3 039 275 462.56	长期存款	34 322 137 512.91	33 096 125 106.04
应收租赁款		0.00	长期储蓄存款	16 848 438 728.26	14 229 802 453.79
减:未收租赁收益		0.00	存入长期保证金	9 745 076 401.51	15 721 576 736.03
应收转租赁款		0.00	应付转租赁租金		0.00
租赁资产		0.00	发行长期债券		0.00
减:待转租赁资产		0.00	长期借款		0.00
经营租赁资产		0.00	长期应付款		0.00
减:经营租赁资产折旧		0.00	发行长期存款证		0.00
长期投资	37 471 090.00	37 405 232.00	其他长期负债		0.00
固定资产原值	3 769 297 065.07	3 269 145 306.85	长期负债合计	60 915 652 642.68	63 047 504 295.86
减:累计折旧	1 674 005 392.27	1 495 541 356.91	所有者权益		0.00
减:固定资产减值准备		0.00	实收资本		0.00
固定资产净值	2 095 291 672.80	1 773 603 949.94	资本公积		0.00
固定资产清理		0.00	盈余公积		0.00
在建工程	270 390 366.69	650 374 001.43	监管储备		0.00
待处理固定资产净损失		0.00	未分配利润	2 811 761 223.43	3 512 821 587.97
长期资产合计	164 909 528 253.07	159 962 592 792.74	其中:本年利润	2 811 761 223.44	3 512 821 587.96
无形、递延及其他资产		0.00	所有者权益合计	2 811 761 223.43	3 512 821 587.97
无形资产	25 918 571.18	26 555 441.37			
递延资产	53 703 502.61	57 970 838.12			
其他长期资产	163 415 955.62	149 728 554.69			
其他资产合计	243 038 029.41	234 254 834.18			
资产总计	516 407 968 778.83	524 444 445 758.89	负债及所有者权益总计	516 407 968 778.83	524 444 445 758.89

9. 中国邮政储蓄银行上海分行资产负债表

2014-12-31

单位：人民币元(本外币合并)

项　目	行次	年初数	年末数	项　目	行次	年初数	年末数
资产：	1	—	—	负债：	33	—	—
现金及银行存款	2	618 020 570.58	901 634 932.70	向中央银行借款	34	0.00	0.00
存放中央银行款项	3	153 678 696.09	173 836 686.28	联行存放款项	35	0.00	0.00
贵金属	4	0.00	0.00	同业及其他金融机构存放款项	36	707 652 371.55	3 217 344 382.24
存放联行款项	5	96 180 926 767.85	96 181 015 047.36	拆入资金	37	609 690 000.00	1 201 705 349.59
存放同业款项	6	39 290 733.71	41 527 076.10	交易性金融负债	38	0.00	0.00
拆出资金	7	0.00	0.00	衍生金融负债	39	0.00	0.00
交易性金融资产	8	0.00	0.00	卖出回购金融资产款	40	0.00	0.00
衍生金融资产	9	0.00	0.00	吸收存款	41	139 577 326 620.86	144 384 258 148.70
买入返售金融资产	10	19 584 116 767.98	27 460 962 653.31	应付职工薪酬	42	11 847 278.52	17 767 622.35
应收款项类金融资产	11	0.00	600 000 000.00	应交税费	43	27 700 515.85	36 709 761.67
应收利息	12	316 209 675.25	213 306 107.76	应付利息	44	2 863 373 779.55	3 117 447 079.56
其他应收款	13	132 803 106.28	40 562 848.42	其他应付款	45	37 466 634.48	66 287 591.69
发放贷款和垫款	14	24 715 462 201.89	37 550 820 896.92	预计负债	46	0.00	0.00
可供出售金融资产	15	0.00	0.00	应付债券	47	0.00	0.00
持有至到期投资	16	0.00	0.00	递延所得税负债	48	0.00	0.00
长期股权投资	17	0.00	0.00	其他负债	49	3 646 673 496.95	15 444 382 239.17
投资性房地产	18	0.00	0.00	负债合计	50	147 481 730 697.76	167 485 902 174.97
固定资产	19	2 983 881 411.42	3 689 054 304.20	所有者权益(或股东权益)：	51	—	—
在建工程	20	141 625 905.60	103 572 887.53	实收资本(或股本)	52	0.00	0.00
固定资产清理	21	0.00	0.00	其中：国有资本	53	0.00	0.00
无形资产	22	2 884 403.13	5 295 662.91	外商资本	54	0.00	0.00
商誉	23	0.00	0.00	资本公积	55	0.00	0.00
长期待摊费用	24	80 789 189.17	168 689 046.28	减：库存股	56	0.00	0.00
抵债资产	25	0.00	0.00	盈余公积	57	0.00	0.00
递延所得税资产	26	0.00	0.00	一般风险准备	58	0.00	0.00
其他资产	27	2 532 041 268.81	355 624 025.20	未分配利润	59	0.00	0.00
	28			外币报表折算差额	60	0.00	0.00
	29			归属于母公司所有者权益合计	61	0.00	0.00
	30			少数股东权益	62	0.00	0.00
	31			所有者权益(或股东权益)合计	63	0.00	0.00
资产总计	32	147 481 730 697.76	167 485 902 174.97	负债和所有者权益(或股东权益)总计	64	147 481 730 697.76	167 485 902 174.97

10. 上海浦东发展银行上海分行资产负债表

2014-12-31

单位:元(总折人民币)

资　　产	期初数	期末数	负债及所有者权益	期初数	期末数
现金	835 188 993.08	928 793 210.44	向中央银行借款	0.00	0.00
存放中央银行款项	87 231 421.74	162 367 053.44	同业存放款项	100 249 110 055.69	196 687 371 676.52
存放同业	28 244 133 124.94	12 478 134 365.95	拆入资金	630 482 170.44	327 670 000.00
贵金属	0.00	0.00	衍生金融负债	0.00	0.00
拆出资金	3 000 000 000.00	4 010 000 000.00	卖出回购金融资产款	105 780 292.94	752 112 682.19
交易性金融资产	0.00	0.00	短期存款	203 549 322 526.39	235 995 583 321.79
加或减:交易性金融资产公允价值调整	0.00	0.00	短期储蓄存款	68 484 152 012.73	80 735 626 066.83
衍生金融资产	0.00	0.00	存入短期保证金	2 065 388 652.29	3 420 415 870.01
买入返售金融资产	9 254 826 590.84	19 377 738 996.98	长期存款	29 202 242 066.86	30 586 585 885.38
应收利息	414 406 620.62	587 160 850.03	长期储蓄存款	17 324 234 807.00	20 080 713 468.58
短期贷款	41 068 723 332.21	43 200 155 400.53	存入长期保证金	4 467 860 533.21	5 918 129 990.35
贴现	1 456 987 950.01	2 962 811 847.53	应解汇款及临时存款	288 376 506.73	151 298 616.05
进出口押汇	1 889 913 181.19	1 033 383 845.60	汇出汇款	7 970 716.48	43 043 374.65
中期贷款	56 134 032 297.46	63 464 478 921.42	资产托管存款	2 021 631 581.47	975 217 478.67
长期贷款	79 879 537 921.29	83 574 262 573.94	应付职工薪酬	11 906 769.91	19 067 185.32
逾期贷款	264 659 490.93	685 836 856.48	应交税费	165 371 077.67	181 958 315.16
减:贷款呆账准备	2 414 425 010.60	3 090 476 151.62	应付利息	6 135 891 522.22	6 227 408 050.09
可供出售金融资产	25 000 000.00	25 000 000.00	发行同业存单	0.00	0.00
加或减:可供出售金融资产公允价值调整	0.00	0.00	发行大额存单	0.00	0.00
减:可供出售金融资产减值准备	0.00	0.00	发行长期债券	0.00	0.00
持有至到期投资	0.00	0.00	递延所得税负债	0.00	0.00
减:持有至到期投资减值准备	0.00	0.00	委托资金	0.00	0.00
分为贷款和应收款的金融资产	9 426 842 481.97	36 257 328 902.79	财政性存款	212 898 030.25	300 425 805.02
减:分为贷款和应收款的金融资产减值准备	0.00	194 163 210.09	其他应付款	742 679 079.02	684 835 845.40
长期股权投资	0.00	0.00	应付利润	0.00	0.00
减:长期股权投资减值准备	0.00	0.00	预提费用	0.00	0.00
固定资产	1 423 863 103.98	1 476 867 262.02	其他流动负债	126 779 103.52	315 961 469.77
减:累计折旧	632 886 886.59	684 607 412.37	其他长期负债	0.00	0.00
减:固定资产减值准备	0.00	0.00			
固定资产清理	0.00	0.00			
在建工程	15 776 201.20	19 251 969.90	负债合计	435 792 077 504.82	583 403 425 101.78
减:在建工程减值准备	0.00	0.00			
无形资产	153 796 755.14	183 872 855.14	实收资本	0.00	0.00
减:无形资产累计摊销	93 954 330.99	111 928 529.23	其他权益工具	0.00	0.00
减:无形资产减值准备	0.00	0.00	资本公积	0.00	0.00
递延所得税资产	0.00	0.00	盈余公积	0.00	0.00
其他应收款	369 608 242.96	1 092 516 009.04	一般风险准备	0.00	0.00
减:坏账准备	52 734 824.50	158 646 160.90	未分配利润	5 770 788 086.31	6 468 906 991.04
其他流动资产	185 849 203 738.15	285 123 840 684.50			
长期待摊费用	84 922 391.54	84 592 072.71	所有者权益合计	5 770 788 086.31	6 468 906 991.04
待处理抵债资产	783 177 510.48	749 004 747.85			
减:抵债资产跌价准备	580 008 705.90	556 087 772.06			
其他长期资产	24 727 004 000.00	37 190 842 902.80			
减:其他非贷款资产减值准备	51 960 000.00	0.00			
资产合计	441 562 865 591.13	589 872 332 092.82	负债和所有者权益合计	441 562 865 591.13	589 872 332 092.82

11. 上海银行资产负债表

2014-12-31

单位：人民币万元

项目	年初数	年末数	项目	年初数	年末数
资产：			负债：		
现金及存放中央银行款项	12 115 460.90	13 958 875.40	向中央银行借款	10 000	0.00
存放同业及其他金融机构款项	6 663 724.9	7 088 280.5	同业及其他金融机构存放款项	19 606 404.3	25 990 658.8
拆出资金	2 057 556.4	3 452 630.7	拆入资金	2 246 760.40	2 277 610.30
交易性金融资产	728 127.9	742 288.9			5 376.30
衍生金融资产	103 055.50	40 537.50	衍生金融负债	105 918.30	34 636.80
买入返售金融资产	3 313 650.00	6 231 470.30	卖出回购金融资产款	4 695 481	4 394 300
应收利息	537 332.90	687 527.60	吸收存款	62 322 341.80	71 891 421.20
发放贷款和垫款	42 881 077.10	46 705 036.50	应付职工薪酬	141 977.20	163 407.00
可供出售金融资产	5 490 131.60	8 582 254.30	应交税费	145 464.30	203 311.60
持有至到期投资	7 409 337.00	7 600 468.40	应付利息	1 061 195.10	1 268 278.40
应收款项类投资	14 999 948.80	21 379 268.70	应付债券	1 222 025.10	3 812 941.00
长期股权投资	75 073.9	215 512.4	其他负债	323 741.00	493 947.00
固定资产	446 635.00	431 426.90	负债合计	91 881 308.5	110 535 888.40
无形资产	46 190.80	51 972.10			
递延所得税资产	217 475.40	254 047.00	所有者权益(或股东权益)：		
其他资产	392 030.90	498 045.00	股本	423 400.00	470 400.00
			资本公积	996 369.80	1 568 871.00
			其他综合收益	−63 138.30	72 786.20
			盈余公积	1 221 938.1	1 502 498.7
			一般风险准备	1 048 000.00	1 283 000.00
			未分配利润	1 968 930.90	2 486 197.90
			外币报表折算差额	0.00	0.00
			归属于母公司所有者权益合计	5 595 500.50	7 383 753.80
			少数股东权益		
			所有者权益(或股东权益)合计	5 595 500.50	7 383 753.80
资产总计	97 476 809.00	117 919 642.20	负债和所有者权益(或股东权益)总计	97 476 809.00	117 919 642.20

12. 上海农商银行资产负债表

2014-12-31

单位:人民币元

资　　产	年初余额	年末余额	负债及所有者权益	年初余额	年末余额
资产:			负债:		
现金及存放中央银行款项	71 118 804 544.81	74 286 473 639.70	向中央银行借款		500 000 000.00
存放同业款项	7 273 394 454.80	7 408 087 725.24	同业及其他金融机构存放款项	13 258 895 515.94	17 388 989 268.25
减:存放同业款项减值准备			拆入资金	2 044 646 433.99	1 902 868 380.24
贵金属		48 024 097.47	联行存放	143 839 379.51	40 478 761.91
拆出资金	5 281 188 650.02	16 401 840 208.04	交易性金融负债		
减:拆出资金减值准备			衍生金融负债		
存放联行			卖出回购金融资产款	8 383 300 000.00	18 570 405 393.22
交易性金融资产	757 268 051.20	2 925 318 260.00	吸收存款	335 117 809 709.39	374 954 024 673.30
衍生金融资产			汇出汇款	73 720 323.92	170 594 092.50
买入返售金融资产	17 135 303 437.21	11 343 728 174.37	应付职工薪酬	887 796 256.37	1 262 282 979.60
减:买入返售金融资产减值准备			应交税费	569 831 158.56	742 720 046.92
应收利息	1 649 983 555.66	1 793 019 070.76	应付利息	6 836 908 415.29	8 191 720 653.05
其他应收款	1 890 402 487.78	2 593 884 820.38	应付股利	158 892.86	196 778.98
减:坏账准备	6 687 000.00	6 687 000.00	其他应付款	278 386 273.93	609 095 058.63
发放贷款及垫款	220 051 546 935.98	247 722 279 890.66	递延收益	1 213 408 095.17	1 437 660 518.30
减:贷款损失准备	5 690 966 227.66	6 564 071 767.99	预计负债	361 349 638.29	355 584 115.29
可供出售金融资产	27 435 983 805.92	43 293 216 731.68	应付债券	6 500 000 000.00	5 000 000 000.00
减:可供出售金融资产减值准备	1 387 969 634.96	1 377 918 024.60	递延所得税负债		
持有至到期投资	44 198 224 068.39	40 420 565 610.05	其他负债	3 845 921 713.27	4 573 948 641.79
减:持有至到期投资减值准备			负债合计	379 515 971 806.49	435 700 569 361.98
应收款类投资	5 808 761 776.62	10 495 852 357.67			
减:应收款类投资减值准备	22 423 792.00	22 423 792.00			
长期股权投资	1 538 571 761.15	1 539 828 910.15			
减:长期股权投资减值准备	103 611 377.78	103 611 377.78			
投资性房地产					
减:投资性房地产减值准备					
固定资产原值	5 272 642 840.31	7 232 441 582.48			
减:固定资产累计折旧	1 975 715 960.98	2 475 251 218.32			
减:固定资产减值准备					
固定资产净值	3 296 926 879.33	4 757 190 364.16			
在建工程	2 471 784 692.41	1 787 899 852.95			
减:在建工程减值准备					
无形资产	666 387 203.78	844 366 378.25	所有者权益:		
减:无形资产减值准备			实收资本(或股本)	5 000 000 000.00	5 000 000 000.00
长期待摊费用	132 707 783.55	143 687 831.90	资本公积	7 767 585 224.06	8 604 518 535.41
递延所得税资产	1 554 619 039.06	1 363 373 382.44	减:库存股		
待处理抵债资产	668 711 795.96	162 467 916.77	盈余公积	6 136 030 322.26	7 404 874 163.35
减:抵债资产跌价准备	40 075 975.24	25 007 245.25	一般风险准备	3 578 031 715.80	3 968 460 530.03
其他资产	5 693 399 202.36	11 140 452 702.43	未分配利润	9 374 617 049.74	11 693 416 126.68
减:其他资产减值准备			所有者权益合计	31 856 264 311.86	36 671 269 355.47
资产合计	411 372 236 118.35	472 371 838 717.45	负债和所有者权益合计	411 372 236 118.35	472 371 838 717.45

13. 中国光大银行上海分行资产负债表

2014-12-31

单位:元(人民币汇总)

资　　产	期初数	期末数	负债及所有者权益	期初数	期末数
资产:			负债:		
现金及银行存款	442 973 706.50	378 357 543.19	对公存款	86 927 174 341.74	79 717 782 427.91
贵金属	0.00	0.00	储蓄存款	36 742 788 088.27	36 879 587 771.66
存放中央银行款项	1 414 382 581.69	347 547 289.23	财政性存款	36 934 952.46	68 459 104.13
存放同业款项	5 362 034 275.36	818 038 890.09	向中央银行借款	0.00	0.00
存放联行款项	57 136 605 656.39	93 127 234 431.75	同业存放款项	37 957 300 775.36	64 422 833 962.23
拆出资金	14 565 839 134.42	7 871 403 448.78	联行存放款项	0.00	0.00
买入返售金融资产	11 348 880 951.61	11 873 029 015.30	同业拆入款项	827 127 444.75	240 418 818.01
发放贷款和垫款	51 249 631 022.65	50 934 894 302.93	卖出回购金融资产款	0.00	68 079 149.84
贸易融资	10 281 053 762.90	8 025 796 769.15	应解汇款	47 800 220.07	80 290 616.87
贴现	1 118 885 406.20	813 072 935.71	汇出汇款	1 508 264.23	1 115 783.68
信贷资产减值准备	1 647 213 157.40	1 748 459 332.88	应付利息	1 566 527 423.81	2 325 485 281.12
应收利息	701 783 605.48	352 865 049.35	其他应付款	30 442 205.56	55 572 592.83
其他应收款	38 891 492.66	46 482 765.16	交易性金融负债	0.00	0.00
交易性金融资产	0.00	0.00	衍生金融负债	0.00	0.00
衍生金融资产	1 698 666.25	1 194 661.77	应付债券	0.00	0.00
可供出售金融资产	0.00	0.00	长期借款	0.00	0.00
持有至到期投资	21 007 150.80	13 322 269.52			
长期股权投资	0.00	0.00	应付职工薪酬	215 747 537.40	220 359 820.78
应收款项类投资	16 283 700 000.00	9 934 856 883.33	应交税费	88 311 941.80	79 533 887.64
			应付股利	0.00	0.00
固定资产原值	1 609 105 780.46	1 626 084 372.01	预计负债	8 326 337.09	7 044 601.72
减:累计折旧	366 125 406.21	433 100 961.47	递延所得税负债	0.00	0.00
固定资产净值	1 242 980 374.25	1 192 983 410.54	其他负债	6 589 840 125.89	858 200 798.32
投资性房地产	56 840 269.00	54 528 419.39	负债合计	171 039 829 658.43	185 024 764 616.74
固定资产清理	625 578.12	593 915.76	股东权益:		
在建工程	0.00	0.00	股本	0.00	0.00
无形资产	46 504 939.65	43 060 927.86	资本公积	0.00	0.00
商誉	0.00	0.00	盈余公积	0.00	0.00
长期待摊费用	28 488 596.52	39 196 405.14	一般风险准备	0.00	0.00
抵债资产	133 600 000.00	133 600 000.00	未分配利润	1 116 444 898.72	240 887 148.46
递延所得税资产	0.00	0.00	其中:本年利润	0.00	0.00
其他资产	94 190 746.66	530 277 467.21	股东权益合计	1 116 444 898.72	240 887 148.46
资产总计	169 923 384 759.71	184 783 877 468.28	负债和股东权益总计	169 923 384 759.71	184 783 877 468.28

14. 华夏银行上海分行资产负债表

2014-12-31

单位：人民币元(本外币合并)

资　　产	期末余额	期初余额	负债和所有者权益(或股东权益)	期末余额	期初余额
资产：			负债：		
现金及存放中央银行款项	294 355 532.34	883 607 886.32	向中央银行借款	0	0
存放同业款项	19 736 947.06	24 635 966.63	同业及其他金融机构存放款项	6 236 958 317.09	4 468 711 715.75
贵金属	0	0	拆入资金	2 207 422 648.16	2 835 359 981.01
拆出资金	1 000 000 000.00	0	交易性金融负债	0	0
交易性金融资产	0	0	衍生金融负债	0	0
衍生金融资产	0	0	卖出回购金融资产款	0	0
买入返售金融资产	2 175 437 791.79	100 000 000.00	吸收存款	60 035 142 285.79	50 543 531 550.54
应收利息	125 545 033.29	82 513 400.83	应付职工薪酬	131 202 568.69	104 187 267.57
发放贷款及垫款	28 978 893 720.49	28 073 352 172.97	应交税费	34 242 743.33	32 025 677.33
可供出售金融资产	0	0	应付利息	999 395 796.69	819 847 732.54
持有至到期投资	0	0	预计负债	0	0
应收款项类投资	1 100 000 000.00	0	应付债务凭证	0	0
长期股权投资	0	0	递延所得税负债	0	0
投资性房地产	0	0	其他负债	372 287 965.53	375 064 351.92
固定资产	411 919 043.68	415 924 218.11	—		
无形资产	0	0	负债合计	70 016 652 325.28	59 178 728 276.66
递延所得税资产	0	0	股东权益：		
其他资产	36 030 869 721.27	28 201 532 319.49	股本	0	0
			资本公积	0	0
			减：库存股	0	0
			盈余公积	0	0
			一般风险准备	0	0
			未分配利润	120 105 464.64	—1 397 162 312.31
			股东权益合计	120 105 464.64	—1 397 162 312.31
资产合计	70 136 757 789.92	57 781 565 964.35	负债与股东权益合计	70 136 757 789.92	57 781 565 964.35

15. 中国民生银行上海分行资产负债表

2014-12-31　　单位:人民币亿元

资　产	年初数	期末数	负　债	年初数	期末数
流动资产			流动负债		
一、现金及银行存款	8.24	6.24	一、短期存款		0.00
二、存放中央银行	27.92	1.92	二、短期储蓄存款		0.00
三、存放同业	28.04	50.35	三、财政性存款	0.03	0.00
四、存放联行款项	0.00	1 944.97	四、向中央银行借款	0.36	8.65
五、拆放同业	0.00	3.00	五、同业存放	832.53	808.47
六、短期贷款	572.44	494.43	六、联行存放	0.00	1 208.17
其中:贴现	61.08	17.49	七、同业拆入	10.00	2.79
七、应收账款	14.68	30.70	八、票据融资	0.00	0.00
其中:应收利息	10.58	14.53	九、应解汇款及临时存款	0.55	0.60
八、短期投资	194.62	358.77	十、汇出汇款	0.58	0.13
九、委托贷款及投资	198.68	327.25	十一、委托存款	198.68	327.25
十、买入返售证券	308.36	417.62	十二、卖出回购证券	0.00	0.00
十一、待处理流动资产损失	0.00	0.00	十三、应付及预提款项	39.27	42.95
十二、其他流动资产	0.00	0.00	十四、存放短期保证金	189.36	179.79
长期资产		0.00	十五、发行短期债券	0.00	0.00
十三、中长期贷款	731.26	837.93	十六、其他流动负债	0.00	0.00
十四、减:贷款损失准备	29.38	23.38	长期负债		0.00
十五、长期投资	33.80	133.00	十七、长期存款		0.00
十六、固定资产净值	5.44	5.26	十八、长期储蓄存款		0.00
固定资产	9.20	9.60	十九、存放长期保证金	6.11	0.00
减:累计折旧	3.76	4.34	二十、发行长期债券	0.00	0.00
十七、固定资产清理	0.00	0.00	二十一、其他长期负债	24.66	22.35
十八、在建工程	0.00	0.00	所有者权益		0.00
十九、待处理固定资产损失	0.00	0.00	二十二、实收资本	0.00	0.00
二十、减:其他资产减值准备	0.00	0.00	二十三、资本公积	−4.00	1.79
无形递延及其他资产	1.55	2.05	二十四、公积金	0.00	0.00
法人机构拨付分行营运资金	12.50	0.00	二十五、公益金	0.00	0.00
			二十六、未分配利润	−0.25	0.00
			其中:本年利润	−15.98	−15.52
资产总计	2 981.50	3 119.28	负债总计	2 981.50	3 119.28

16. 兴业银行上海分行资产负债表

2014-12-31 单位：人民币万元(本外币合计)

项 目 名 称	上期余额	本期余额
现金及存放中央银行款项	130 082.24	44 702.30
存放同业款项	12 987.72	19 263.19
贵金属		
拆出资金	430 500.00	958 400.00
交易性金融资产	139 165.69	50 718.47
衍生金融资产		
买入返售金融资产	3 332 942.96	1 897 981.84
应收利息	98 739.59	72 552.22
发放贷款及垫款	9 047 195.76	9 352 340.76
可供出售金融资产	1 110 570.55	1 819 983.40
持有至到期投资	588 790.56	582 936.22
应收款项类投资	2 530 838.84	1 756 540.39
长期股权投资	285.00	0.00
投资性房地产		
固定资产	40 893.68	39 406.48
在建工程	81 601.66	182 188.42
无形资产	44.97	41.95
递延所得税资产		
其他资产	11 449 197.77	16 791 485.86
资产总计	28 993 837.04	33 568 541.55
向中央银行借款		
同业及其他金融机构存放款项	9 566 671.07	14 584 887.80
拆入资金	730 387.68	23 480.34
交易性金融负债		
衍生金融负债		
卖出回购金融资产款	598 100.00	17 833.70
吸收存款	17 218 871.77	17 259 508.11
应付职工薪酬	44 200.80	53 478.94
应交税费	15 896.41	13 548.32
应付利息	226 178.71	274 289.28
预计负债		
应付债券		
递延所得税负债		
其他负债	132 130.71	920 953.40
负债合计	28 532 437.19	33 147 979.91
所有者权益(或股东权益)：		
股本		
资本公积	−6 858.60	8 043.90
盈余公积		
一般风险准备		
未分配利润	468 258.44	412 517.73
减：库存股		
所有者权益(或股东权益)	461 399.84	420 561.64
负债及所有者权益总计	28 993 837.04	33 568 541.55

17. 广发银行上海分行资产负债表

2014-12-31　　单位:人民币亿元

资　　产	期初数	期末数	负债及所有者权益	期初数	期末数
资产:			负债:		
现金及存放中央银行款项	11.62	4.54	向中央银行借款	0	0
存放同业款项	3.60	0.89	同业及其他金融机构存放款项	153.66	360.23
贵金属	0	0	拆入资金	0	0
拆出资金	60.40	20.00	交易性金融负债	0	0
交易性金融资产	0	0	衍生金融负债	0.11	0.03
衍生金融资产	0.11	0.04	卖出回购金融资产款	0	0
买入返售金融资产	92.98	111.14	吸收存款	514.33	563.42
应收利息	2.41	2.09	应付职工薪酬	0.21	0.30
发放贷款和垫款	238.19	207.47	应交税费	0.27	0.21
应收款项投资	59.61	29.50	应付利息	8.08	8.52
可供出售金融资产	0	0	预计负债	0	0
持有至到期投资	0	0	应付债券	0	0
长期股权投资	0	0	递延所得税负债	0	0
固定资产	0.36	0.30	其他负债	3.88	7.74
在建工程	0	0	负债合计	680.53	940.45
无形资产	0.02	0.02	所有者权益(或股东权益):	0	
递延所得税资产	0	0	实收资本(或股本)	0	
其他资产	199.85	562.13	资本公积	0	
			减:库存股	0	
			盈余公积	0	
			一般风险准备	0	
			未分配利润	−11.38	−2.34
			外币报表折算差额	0	
			所有者权益(或股东权益)合计	−11.38	−2.34
资产总计	669.15	938.11	负债和所有者权益(或股东权益)总计	669.15	938.11

18. 平安银行上海分行资产负债表

2014-12-31 单位：人民币元(本外币合计)

指标名称	行号	年初数	期末数
现金及存放中央银行款项	1	2 136 161 586.51	6 863 585 280.06
贵金属	2		
存放同业款项	3	132 430 514.17	389 794 865.46
拆出资金	4		
存放联行款项	5		
以公允价值计量且变动计入当期损益的金融资产	6		
衍生金融资产	7		
买入返售金融资产	8	43 874 258 619.86	16 122 153 256.65
应收利息	9	1 131 028 042.78	672 454 614.16
发放贷款和垫款	10	104 499 726 228.67	125 716 661 126.68
应收款项类投资	11	30 781 407 372.66	1 156 401 382.14
可供出售金融资产	12		
持有至到期投资	13		
长期股权投资	14		
商誉	15		
固定资产	16	95 264 722.27	109 400 902.82
投资性房地产	17		
无形资产	18	1 236 532.49	1 598 485.91
递延所得税资产	19		
其他资产	20	11 455 674 754.59	72 906 730 097.90
资产总计	21	194 107 188 374.00	223 938 780 011.78
	22		
	23		
向中央银行借款	24		
同业及其他金融机构存放款项	25	65 709 377 563.00	80 577 468 688.65
拆入资金	26	1 300 391 093.39	1 138 291 258.55
联行存放款项	27		
以公允价值计量且变动计入当期损益的金融负债	28		
衍生金融负债	29		
卖出回购金融资产款	30		
吸收存款	31	123 002 671 462.47	136 607 622 993.08
应付职工薪酬	32	50 977 563.35	182 833 316.79
应交税费	33	140 132 795.00	159 858 643.55
应付利息	34	1 474 090 969.88	2 881 649 268.23
预计负债	35	0.00	0.00
应付债券	36		
递延所得税负债	37		
其他负债	38	1 000 662 705.41	1 056 134 538.66
负债合计	39	192 678 304 152.50	222 603 858 707.51
股东权益	40		
股本	41		
资本公积	42		
其他综合收益	43		
盈余公积	44		
一般风险准备	45		
未分配利润	46	1 428 884 221.50	1 334 921 304.27
归属于母公司股东权益合计	47	1 428 884 221.50	1 334 921 304.27
少数股东权益	48		
股东权益	49	1 428 884 221.50	1 334 921 304.27
负债和股东权益总计	50	194 107 188 374.00	223 938 780 011.78

19. 浙商银行上海分行资产负债表

2014-12-31

单位:人民币元(本外币合计)

资　　产	行次	期初数	期末数	负债及所有者权益	行次	期初数	期末数
现金及存放中央银行款项	1	165 039 145.04	169 995 541.25	向中央银行借款	22		
贵金属	2			同业及其他金融机构存放款项	23	9 224 232 435.63	20 738 229 000.19
存放同业及其他金融机构款项	3	6 731 376 821.78	11 777 388 038.48	拆入资金	24	3 590 207 401.62	5 941 131 895.80
拆出资金	4		409 400 000.00	交易性金融负债	25		
交易性金融资产	5			衍生金融负债	26		
衍生金融资产	6	2 686.76		贴现负债	27	9 879 760.42	
买入返售金融资产	7	12 299 996 398.27	12 567 227 327.09	吸收存款	28	19 002 896 649.67	22 689 883 168.12
应收利息	8	49 956 830.50	78 110 489.92	其中:各项存款	29	19 001 657 649.67	22 688 791 868.12
发放贷款和垫款	9	12 537 093 015.06	12 832 087 755.30	财政预算存款	30		
其中:贷款	10	12 521 286 268.43	12 548 180 465.87	汇出汇款	31	1 239 000.00	1 091 300.00
票据贴现	11	15 806 746.63	283 907 289.43	卖出回购金融资产款	32	69 055 375.32	
减值准备	12			预计负债	33		
可供出售金融资产	13			应付职工薪酬	34	35 458 335.76	52 592 667.76
持有至到期投资	14			应交税费	35	17 809 955.82	16 563 689.79
贷款和应收款项类投资	15	417 693 589.05	12 095 441 394.93	应付利息	36	4 095 642.16	91 892.45
长期股权投资	16			应付债券	37		
固定资产	17	129 808 214.38	122 296 480.01	递延所得税负债	38		
无形资产	18			其他负债	39	190 437 276.90	107 013 988.41
递延所得税资产	19			负债合计	40	32 144 072 833.30	49 545 506 302.52
其他资产	20	30 864 122.15	30 090 284.06				
				实收资本(或股本)	41		
				资本公积	42		
				其中:股本溢价	43		
				可供出售金融资产公允价值变动	44		
				盈余公积	45		
				一般风险准备	46		
				未分配利润	47	217 757 989.69	536 531 008.52
				所有者权益合计	48	217 757 989.69	536 531 008.52
资产总计	21	32 361 830 822.99	50 082 037 311.04	负债和所有者权益总计	49	32 361 830 822.99	50 082 037 311.04

20. 北京银行上海分行资产负债表

2014-12-31

单位：人民币元（本外币合计）

资 产	期末余额	期初余额	负债和所有者权益（或股东权益）	期末余额	期初余额
资产：			负债：		
现金及存放中央银行款项	1 335 000 497.50	3 805 010 635.59	向中央银行借款	0.00	0.00
存放同业款项	26 128 046 193.93	34 108 976 402.06	同业及其他金融机构存放款项	38 037 976 522.22	42 624 132 148.43
贵金属	0.00	0.00	拆入资金	6 891 546 000.00	6 675 196 018.79
拆出资金	8 440 000 000.00	5 600 000 000.00	交易性金融负债	0.00	0.00
交易性金融资产	0.00	0.00	衍生金融负债	0.00	0.00
衍生金融资产	0.00	0.00	卖出回购金融资产款	0.00	0.00
买入返售金融资产	0.00	8 238 398 430.49	吸收存款	45 739 486 881.42	50 686 095 664.58
应收利息	432 716 590.07	434 242 864.93	应付职工薪酬	4 989 484.00	0.00
发放贷款和垫款	49 342 380 723.86	46 446 522 856.44	应交税费	71 320 304.96	61 857 320.11
可供出售金融资产	0.00	0.00	应付利息	877 148 113.61	671 842 395.68
持有至到期投资	0.00	0.00	预计负债	0.00	0.00
应收投资款项	2 600 000 000.00	2 010 000 000.00	应付债券	0.00	0.00
长期股权	0.00	0.00	递延所得税负债	0.00	0.00
投资性房地产	0.00	0.00	其他负债	302 371 873.16	3 087 758 926.05
固定资产	1 017 865 835.90	958 497 580.98	负债合计	91 924 839 179.37	103 806 882 473.64
无形资产	0.00	0.00			
递延所得税资产	0.00	0.00	所有者权益（或股东权益）：		
其他资产	2 485 790 971.21	2 308 596 820.11	实收资本（或股本）	0.00	0.00
			资本公积	0.00	0.00
			减：库存股	0.00	0.00
			盈余公积	0.00	0.00
			一般风险准备	0.00	0.00
			未分配利润	−143 038 366.90	103 363 116.96
			所有者权益（或股东权益）合计	−143 038 366.90	103 363 116.96
资产总计	91 781 800 812.47	103 910 245 590.60	负债和所有者权益（或股东权益）总计	91 781 800 812.47	103 910 245 590.60

21. 天津银行上海分行资产负债表

2014-12-31

单位:人民币元(本外币合计)

资　产	期初余额	期末余额	负债和所有者权益(或股东权益)	期初余额	期末余额
流动资产			流动负债		
现金及银行存款	7 957 736.48	10 524 689.93	短期存款	6 584 224 367.53	9 686 505 049.86
贵金属	0.00	0.00	短期储蓄存款	489 729 350.03	498 291 296.36
存放中央银行款项	1 514 985 696.24	929 768 492.35	财政性存款	0.00	0.00
存放同业款项	832 022 518.11	2 647 346 701.76	向中央银行借款	0.00	0.00
存放联行款项	0.00	0.00	同业存放款项	21 408 578 754.15	22 945 630 095.23
拆放同业	0.00	0.00	联行存放款项	0.00	0.00
短期同业借出	0.00	0.00	同业拆入	0.00	0.00
短期贷款	5 592 566 701.32	7 348 651 682.16	应解汇款	34 389 267.35	29 542 853.65
应收进口押汇	11 227 181.77	39 725 523.23	汇出汇款	0.00	0.00
应收账款	45 625 680.29	428 210 784.15	委托存款	1 192 300 000.00	2 188 565 736.50
减:坏账准备			应付代理证券款项	0.00	0.00
其他应收款	17 914 975.74	13 902 264.75	卖出回购证券款	0.00	0.00
贴现	0.00	1 089 530 000.00	应付账款	619 295 210.76	586 395 537.58
短期投资	0.00	0.00	其他应付款	11 081 387.02	25 106 152.87
委托贷款及委托投资	1 192 300 000.00	2 188 565 736.50	存入短期保证金	4 899 117 860.75	7 471 826 939.92
自营证券	0.00	0.00	应付工资	0.00	0.00
代理证券	785 795.50	1 768 686.58	应付福利费	0.00	0.00
买入返售证券	0.00	0.00	应缴税金	21 339 357.33	19 169 817.29
买入返售金融资产	11 862 454 331.96	7 288 517 029.35	应付利润	0.00	0.00
交易性金融资产	0.00	0.00	预提费用	0.00	0.00
可供出售金融资产	0.00	0.00	发行短期债券	0.00	0.00
应收投资款项	10 432 613 726.07	7 722 651 704.83	其他流动负债	99 921 457.63	100 000 000.01
待处理流动资产净损失	0.00	0.00	流动负债合计	35 359 977 012.55	43 551 033 479.27
其他流动资产	4 115 901 512.38	14 151 460 749.65			
一年内到期的长期投资	0.00	0.00	长期负债:		
流动资产合计	35 626 355 855.86	43 860 624 045.24	长期存款	4 769 449 372.60	4 651 034 151.53
			长期储蓄存款	665 369 839.42	704 299 982.75
长期资产:			存入长期保证金	0.00	0.00

（续表）

资 产	期初余额	期末余额	负债和所有者权益(或股东权益)	期初余额	期末余额
中长期贷款	5 081 762 299.28	5 008 704 206.72	应付转租赁租金	0.00	0.00
逾期贷款	79 332 702.60	62 004 861.23	发行长期债券	0.00	0.00
减:贷款呆账准备	0.00	0.00	长期借款	0.00	0.00
应收租赁款	0.00	0.00	长期应付款	0.00	0.00
减:未收租赁收益	0.00	0.00	其他长期负债	0.00	0.00
应收转租赁款	0.00	0.00	长期负债合计	5 434 819 212.02	5 355 334 134.28
租赁资产	0.00	0.00			
减:待转租赁资产	0.00	0.00	所有者权益:		
经营租赁资产	0.00	0.00	实收资本	0.00	0.00
减:待转租赁资产折旧	0.00	0.00	资本公积	0.00	0.00
长期投资	0.00	0.00	盈余公积	0.00	0.00
减:风险投资准备	0.00	0.00	未分配利润	319 914 271.24	343 495 500.15
长期同业借出	300 000 000.00	300 000 000.00	所有者权益合计	319 914 271.24	343 495 500.15
固定资产原值	16 588 865.00	20 081 260.00			
减:累计折旧	9 329 695.69	12 888 411.24			
固定资产净值	7 259 169.31	7 192 848.76			
固定资产清理	0.00	0.00			
在建工程	3 703 277.70	99 530.00			
待处理固定资产净损失	0.00	0.00			
长期资产合计	5 472 057 448.89	5 378 001 446.71			
无形资产	49 333.21	41 333.23			
递延资产	16 247 857.85	11 196 288.52			
其他长期资产	0.00	0.00			
其他资产合计	16 297 191.06	11 237 621.75			
资产合计	41 114 710 495.81	49 249 863 113.70	负债及所有者权益总计	41 114 710 495.81	49 249 863 113.70
补充资料:代保管有价值品(万元)		270.00			
抵押及质押品(万元)		1 314 892.00			

22. 温州银行上海分行资产负债表

2014-12-31

单位:万元

	项目	A 人民币	B 外币折人民币	C 本外币合计
1	Ⅰ.资产			
2	1. 现金	927.80	87.08	1 014.88
3	2. 贵金属	0.00	0.00	0.00
4	3. 存放中央银行款项	32 621.54	0.00	32 621.54
5	4. 存放同业款项	104 602.33	496.56	105 098.89
6	4.1 境内同业	104 602.33	496.56	105 098.89
7	4.2 境外同业	0.00	0.00	0.00
8	70. 存放系统内款项	365 168.68	5 181.33	370 350.01
9	71. 拨付营运资金	0.00	0.00	0.00
10	5. 应收利息	6 380.53	43.74	6 424.27
11	6. 贷款	416 235.78	3 340.83	419 576.61
12	7. 贸易融资	0.00	19.20	19.20
13	8. 贴现及买断式转贴现	42 516.34	0.00	42 516.34
14	9. 其他贷款			
15	10. 拆放同业	0.00	0.00	0.00
16	11. 其他应收款	772.68	0.00	772.68
17	12. 投资	661 277.77	0.00	661 277.77
18	12.1 债券	23 000.00	0.00	23 000.00
19	12.2 股票	0.00	0.00	0.00
20	12.3 其他	638 277.77	0.00	638 277.77
21	12.3.1 其中:长期股权投资	0.00	0.00	0.00
22	13. 买入返售资产	0.00	0.00	0.00
23	13.1 境内外金融机构	0.00	0.00	0.00
24	13.2 境内外非金融机构	0.00	0.00	0.00
25	13.9 买入返售资产(按品种分类)			
26	13.9.1 债券	0.00	0.00	0.00
27	13.9.2 票据	0.00	0.00	0.00
28	13.9.3 贷款	0.00	0.00	0.00
29	13.9.4 其他	0.00	0.00	0.00
30	14. 长期待摊费用	2 022.60	0.00	2 022.60
31	15. 固定资产原价	660.29	0.00	660.29
32	16. 减:累计折旧	232.04	0.00	232.04

（续表）

	项 目	A	B	C
		人民币	外币折人民币	本外币合计
33	17. 固定资产净值	428.25	0.00	428.25
34	18. 固定资产清理	0.00	0.00	0.00
35	19. 在建工程	0.00	0.00	0.00
36	20. 无形资产	0.00	0.00	0.00
37	21. 抵债资产	0.00	0.00	0.00
38	22. 递延所得税资产	0.00	0.00	0.00
39	23. 其他资产	75.20	0.00	75.20
40	23.1 投资性房地产	0.00	0.00	0.00
41	23.2 衍生金融资产	0.00	0.00	0.00
42	23.3 商誉	0.00	0.00	0.00
43	24. 减:各项资产减值损失准备	2 512.50	0.00	2 512.50
44	25. 资产总计	1 630 517.00	9 168.74	1 639 685.74
45	Ⅱ. 负债及所有者权益			
46	26. 单位存款	848 519.97	8 894.76	857 414.73
47	27. 储蓄存款	47 465.54	130.87	47 596.41
48	28. 向中央银行借款	0.00	0.00	0.00
49	29. 同业存放款项	522 082.31	0.00	522 082.31
50	29.1 境内同业	522 082.31	0.00	522 082.31
51	29.2 境外同业	0.00	0.00	0.00
52	72. 系统内存放款项	0.00	0.00	0.00
53	30. 同业拆入	0.00	0.00	0.00
54	31. 卖出回购款项	0.00	0.00	0.00
55	31.1 境内外金融机构	0.00	0.00	0.00
56	31.2 境内外非金融机构	0.00	0.00	0.00
57	31.9 卖出回购款项(按品种分类)			
58	31.9.1 债券	0.00	0.00	0.00
59	31.9.2 票据	0.00	0.00	0.00
60	31.9.3 贷款	0.00	0.00	0.00
61	31.9.4 其他	0.00	0.00	0.00
62	32. 汇出汇款	0.00	0.00	0.00
63	33. 应解汇款	2 200.23	0.00	2 200.23
64	34. 存入保证金	153 269.25	0.00	153 269.25
65	35. 其他存款			

（续表）

	项目	A 人民币	B 外币折人民币	C 本外币合计
66	36. 应付利息	24 411.26	23.80	24 435.06
67	37. 应交税费	501.65	0.00	501.65
68	38. 应付职工薪酬	2 168.57	0.00	2 168.57
69	40. 应付股利	0.00	0.00	0.00
70	41. 其他应付款	59.46	0.00	59.46
71	43. 递延收益	1 160.11	0.00	1 160.11
72	44. 预计负债	0.00	0.00	0.00
73	46. 应付债券	0.00	0.00	0.00
74	47. 其他负债	0.00	0.00	0.00
75	47.1 衍生金融负债	0.00	0.00	0.00
76	48. 递延所得税负债	0.00	0.00	0.00
77	49. 负债合计	1 601 838.35	9 049.43	1 610 887.78
78	50. 少数股东权益			
79	51. 所有者权益			
80	52. 实收资本	10 000.00	0.00	10 000.00
81	53. 资本公积	0.00	0.00	0.00
82	53.1 其中:重估储备	0.00	0.00	0.00
83	54. 盈余公积	0.00	0.00	0.00
84	55. 一般风险准备	0.00	0.00	0.00
85	56. 信托赔偿准备	0.00	0.00	0.00
86	57. 未分配利润	18 678.65	119.31	18 797.96
87	57.1 其中:本年利润	19 958.11	119.31	20 077.42
88	58. 外币报表折算差额	0.00	0.00	0.00
89	59. 所有者权益合计	28 678.65	119.31	28 797.96
90	60. 负债及所有者权益总计	1 630 517.00	9 168.74	1 639 685.74
91	附注项目			
92	61. 各项存款	1 051 454.99	9 025.63	1 060 480.62
93	62. 各项贷款	458 752.12	3 360.03	462 112.15
94	63. 生息资产	981 792.14	9 037.92	990 830.06
95	64. 付息负债	1 573 537.30	9 025.63	1 582 562.93

23. 厦门国际银行上海分行资产负债表

2014-12-31

单位:万元

序号	项目	A 人民币	B 外币折人民币	C 本外币合计
1	Ⅰ.资产			
2	1. 现金	231.63	165.4	397.03
3	2. 贵金属	0	0	0
4	3. 存放中央银行款项	7 928.88	0	7 928.88
5	4. 存放同业款项	99 875.22	3 265.62	103 140.85
6	4.1 境内同业	99 875.22	3 265.62	103 140.85
7	4.2 境外同业	0	0	0
8	70. 存放系统内款项	0	387 197.33	387 197.33
9	71. 拨付营运资金	0	0	0
10	5. 应收利息	16 810.35	30.15	16 840.5
11	6. 贷款	1 755 910.14	52 275.06	1 808 185.2
12	7. 贸易融资	4 216.32	1 925.95	6 142.27
13	8. 贴现及买断式转贴现	25 709.39	0	25 709.39
14	9. 其他贷款			
15	10. 拆放同业	47 149.38	0	47 149.38
16	11. 其他应收款	3 217.35	673.4	3 890.75
17	12. 投资	3 159 178.63	0	3 159 178.63
18	12.1 债券	0	0	0
19	12.2 股票	0	0	0
20	12.3 其他	3 159 178.63	0	3 159 178.63
21	12.3.1 其中:长期股权投资	0	0	0
22	13. 买入返售资产	0	0	0
23	13.1 境内外金融机构	0	0	0
24	13.2 境内外非金融机构	0	0	0
25	13.9 买入返售资产(按品种分类)			
26	13.9.1 债券	0	0	0
27	13.9.2 票据	0	0	0
28	13.9.3 贷款	0	0	0
29	13.9.4 其他	0	0	0
30	14. 长期待摊费用	106.06	0	106.06
31	15. 固定资产原价	1 171.07	0	1 171.07
32	16. 减:累计折旧	710.79	0	710.79

（续表）

序号	项　　目	A	B	C
		人民币	外币折人民币	本外币合计
33	17. 固定资产净值	460.28	0	460.28
34	18. 固定资产清理	0	0	0
35	19. 在建工程	0	0	0
36	20. 无形资产	0	0	0
37	21. 抵债资产	0	0	0
38	22. 递延所得税资产	0	0	0
39	23. 其他资产	1 160 810.08	0	1 160 810.08
40	23.1　投资性房地产	0	0	0
41	23.2　衍生金融资产	0	0	0
42	23.3　商誉	0	0	0
43	24. 减:各项资产减值损失准备	41 230.05	0	41 230.05
44	25. 资产总计	6 240 373.66	445 532.91	6 685 906.58
45	Ⅱ. 负债及所有者权益			
46	26. 单位存款	4 118 474.88	431 112.67	4 549 587.55
47	27. 储蓄存款	67 801.24	553.25	68 354.49
48	28. 向中央银行借款	0	0	0
49	29. 同业存放款项	1 689 469.79	0	1 689 469.79
50	29.1　境内同业	1 595 477	0	1 595 477
51	29.2　境外同业	93 992.79	0	93 992.79
52	72. 系统内存放款项	0	0	0
53	30. 同业拆入	0	1 905.19	1 905.19
54	31. 卖出回购款项	0	0	0
55	31.1　境内外金融机构	0	0	0
56	31.2　境内外非金融机构	0	0	0
57	31.9　卖出回购款项(按品种分类)			
58	31.9.1　债券	0	0	0
59	31.9.2　票据	0	0	0
60	31.9.3　贷款	0	0	0
61	31.9.4　其他	0	0	0
62	32. 汇出汇款	0	0	0
63	33. 应解汇款	0	0	0
64	34. 存入保证金	222 118.02	358.56	222 476.58

（续表）

序号	项　　目	A	B	C
		人民币	外币折人民币	本外币合计
65	35. 其他存款			
66	36. 应付利息	108 844.77	409.07	109 253.84
67	37. 应交税费	2 469.3	0	2 469.3
68	38. 应付职工薪酬	7 391.24	0	7 391.24
69	40. 应付股利	0	0	0
70	41. 其他应付款	22 446.06	31.14	22 477.2
71	43. 递延收益	96.39	0	96.39
72	44. 预计负债	0	0	0
73	46. 应付债券	0	0	0
74	47. 其他负债	60.44	0	60.44
75	47.1　衍生金融负债	0	0	0
76	48. 递延所得税负债	0	0	0
77	49. 负债合计	6 239 172.13	434 369.88	6 673 542.01
78	50. 少数股东权益			
79	51. 所有者权益			
80	52. 实收资本	0	10 000	10 000
81	53. 资本公积	0	0	0
82	53.1　其中:重估储备	0	0	0
83	54. 盈余公积	0	0	0
84	55. 一般风险准备	0	0	0
85	56. 信托赔偿准备	0	0	0
86	57. 未分配利润	1 201.53	1 163.03	2 364.56
87	57.1　其中:本年利润	1 201.53	1 163.03	2 364.56
88	58. 外币报表折算差额	0	0	0
89	59. 所有者权益合计	1 201.53	11 163.03	12 364.56
90	60. 负债及所有者权益总计	6 240 373.66	445 532.91	6 685 906.57
91	附注项目			
92	61. 各项存款	4 408 394.14	432 024.48	4 840 418.62
93	62. 各项贷款	1 785 835.84	54 201.01	1 840 036.85
94	63. 生息资产	6 219 544.48	442 151.85	6 661 696.34
95	64. 付息负债	6 097 775.85	433 735.12	6 531 510.97

24. 浙江民泰商业银行上海分行资产负债表

2014-12-31 单位:万元

序号	项目	A 人民币	B 外币折人民币	C 本外币合计
1	Ⅰ.资产			
2	1. 现金	2 705.08	7.43	2 712.51
3	2. 贵金属	0.00	0.00	0.00
4	3. 存放中央银行款项	21 333.98	0.00	21 333.98
5	4. 存放同业款项	4 158.31	141.64	4 299.95
6	4.1 境内同业	4 158.31	141.64	4 299.95
7	4.2 境外同业	0.00	0.00	0.00
8	70. 存放系统内款项	64 212.35	0.00	62 452.66
9	71. 拨付营运资金	0.00	0.00	0.00
10	5. 应收利息	1 594.91	23.19	1 618.10
11	6. 贷款	277 666.20	0.00	277 666.20
12	7. 贸易融资	0.00	6 746.95	6 746.95
13	8. 贴现及买断式转贴现	4 243.04	0.00	4 243.04
14	9. 其他贷款			
15	10. 拆放同业	0.00	0.00	0.00
16	11. 其他应收款	416.86	0.00	416.86
17	12. 投资	0.00	0.00	0.00
18	12.1 债券	0.00	0.00	0.00
19	12.2 股票	0.00	0.00	0.00
20	12.3 其他	0.00	0.00	0.00
21	12.3.1 其中:长期股权投资	0.00	0.00	0.00
22	13. 买入返售资产	0.00	0.00	0.00
23	13.1 境内外金融机构	0.00	0.00	0.00
24	13.2 境内外非金融机构	0.00	0.00	0.00
25	14. 长期待摊费用	2 358.29	0.00	2 358.29
26	15. 固定资产原价	2 056.54	0.00	2 056.54
27	16. 减:累计折旧	800.69	0.00	800.69
28	17. 固定资产净值	1 255.85	0.00	1 255.85
29	18. 固定资产清理	0.00	0.00	0.00
30	19. 在建工程	0.00	0.00	0.00
31	20. 无形资产	0.00	0.00	0.00
32	21. 抵债资产	0.00	0.00	0.00

（续表）

序号	项 目	A 人民币	B 外币折人民币	C 本外币合计
33	22. 递延所得税资产	0.00	0.00	0.00
34	23. 其他资产	804.93	0.00	804.93
35	23.1 投资性房地产	0.00	0.00	0.00
36	23.2 衍生金融资产	0.00	0.00	0.00
37	23.3 商誉	0.00	0.00	0.00
38	24. 减:各项资产减值损失准备	5 126.71	0.00	5 126.71
39	25. 资产总计	375 623.09	6 919.21	380 782.61
40	Ⅱ. 负债及所有者权益			
41	26. 单位存款	188 879.30	5 080.68	193 959.98
42	27. 储蓄存款	87 673.67	23.75	87 697.42
43	28. 向中央银行借款	0.00	0.00	0.00
44	29. 同业存放款项	0.00	0.00	0.00
45	29.1 境内同业	0.00	0.00	0.00
46	29.2 境外同业	0.00	0.00	0.00
47	72. 系统内存放款项	0.00	1 759.69	0.00
48	30. 同业拆入	0.00	0.00	0.00
49	31. 卖出回购款项	0.00	0.00	0.00
50	31.1 境内外金融机构	0.00	0.00	0.00
51	31.2 境内外非金融机构	0.00	0.00	0.00
52	32. 汇出汇款	0.00	0.00	0.00
53	33. 应解汇款	1 080.55	0.00	1 080.55
54	34. 存入保证金	81 231.11	0.00	81 231.11
55	35. 其他存款			
56	36. 应付利息	4 881.79	8.68	4 890.47
57	37. 应交税费	1 035.28	0.00	1 035.28
58	38. 应付职工薪酬	588.46	0.00	588.46
59	40. 应付股利	0.00	0.00	0.00
60	41. 其他应付款	242.71	0.00	242.71
61	43. 递延收益	33.34	0.00	33.34
62	44. 预计负债	0.00	0.00	0.00
63	46. 应付债券	0.00	0.00	0.00
64	47. 其他负债	20.05	0.00	20.05

（续表）

序号	项　　目	A	B	C
		人民币	外币折人民币	本外币合计
65	47.1　衍生金融负债	0.00	0.00	0.00
66	48. 递延所得税负债	0.00	0.00	0.00
67	49. 负债合计	365 666.26	6 872.80	370 779.37
68	50. 少数股东权益			
69	51. 所有者权益			
70	52. 实收资本	10 000.00	0.00	10 000.00
71	53. 资本公积	0.00	0.00	0.00
72	53.1　其中:重估储备	0.00	0.00	0.00
73	54. 盈余公积	0.00	0.00	0.00
74	55. 一般风险准备	0.00	0.00	0.00
75	56. 信托赔偿准备	0.00	0.00	0.00
76	57. 未分配利润	−43.17	46.41	3.24
77	57.1　其中:本年利润	−43.17	46.41	3.24
78	58. 外币报表折算差额	0.00	0.00	0.00
79	59. 所有者权益合计	9 956.83	46.41	10 003.24
80	60. 负债及所有者权益总计	375 623.09	6 919.21	380 782.61
81	附注项目			
82	61. 各项存款	358 864.63	5 104.43	363 969.06
83	62. 各项贷款	281 909.24	6 746.95	288 656.19

三、金融机构人员统计

1. 中资金融机构人员结构表

单位名称	总人数	男	女	年龄				学历				职称			
				30岁以下	31—40岁	41—50岁	51岁以上	博士	硕士	本科	大专以下	高级	中级	初级	其他
中国人民银行上海总部	590	318	272	64	225	215	86	80	223	226	61	115	362	51	62
上海银监局	245	114	131	49	114	59	23	19	155	71	/	33	108	14	90
交通银行	91 641	42 668	48 973	41 650	25 138	18 737	6 116	208	8 452	60 733	22 248	/	/	/	/
上海银行	9 988	4 292	5 696	4 251	3 437	1 457	843	31	1 106	6 381	2 470	80	1 367	1 655	6 886
上海农商银行	6 139	3 041	3 098	2 239	1 724	1 577	599	19	518	3 653	1 949	31	869	1 832	3 407
中国外汇交易中心	361	208	153	139	130	67	25	26	182	132	21	24	166	27	144
上海黄金交易所	176	125	51	51	85	31	9	5	67	88	16	/	/	/	/
上海期货交易所	347	230	117	105	115	85	42	38	149	142	18	39	98	18	192
中国金融期货交易所	258	173	85	113	104	30	11	62	173	22	1	/	/	/	/
上海清算所	204	115	89	99	75	27	3	12	166	25	1	7	29	6	162
国家开发银行上海市分行	174	100	74	76	48	38	12	3	118	53	/	35	60	60	19
中国进出口银行上海分行	81	41	40	37	26	13	5	1	36	43	1	4	23	8	46
中国农业发展银行上海市分行	294	133	161	86	46	88	74	/	28	182	84	7	86	84	117
中国工商银行上海市分行	14 528	5 807	8 721	6 458	2 893	4 197	980	34	830	9 424	4 240	148	1 584	5 511	7 285
中国农业银行上海市分行	10 314	4 285	6 029	3 918	1 205	3 749	1 442	12	634	5 552	4 116	107	1 947	5 859	2 401
中国银行上海市分行	8 271	3 429	4 842	4 397	1 794	1 696	384	5	674	6 387	1 205	29	2 235	3 140	2 867
中国建设银行上海市分行	10 480	4 131	6 349	4 545	2 634	2 546	755	14	596	7 299	2 571	122	3 487	5 011	1 860
交通银行上海市分行	5 123	2 267	2 856	2 496	1 272	990	365	10	523	3 548	1 042	22	1 519	1 109	2 473
中国邮政储蓄银行上海分行	3 111	1 336	1 775	1 459	724	596	332	3	112	1 546	1 450	28	93	176	2 814
上海浦东发展银行上海分行	3 891	1 797	2 094	1 703	1 280	628	280	9	453	2 600	829	14	707	411	2 759

（续表）

单位名称	总人数	男	女	年龄				学历				职称			
				30岁以下	31—40岁	41—50岁	51岁以上	博士	硕士	本科	大专以下	高级	中级	初级	其他
中信银行上海分行	1 540	619	921	791	540	164	45	9	286	1 110	135	20	289	88	1 143
中国光大银行上海分行	1 764	825	939	857	531	271	105	3	186	1 296	279	14	247	133	1 370
华夏银行上海分行	868	350	518	292	329	180	67	1	70	628	169	/	/	/	/
中国民生银行上海分行	2 476	1 002	1 474	1 111	975	323	67	8	359	1 853	256	/	/	/	/
兴业银行上海分行	1 832	736	1 096	954	573	266	39	4	212	1 251	365	3	254	149	1 426
广发银行上海分行	966	421	545	450	338	138	40	2	111	691	162	17	182	71	696
平安银行上海分行	2 130	946	1 184	1 138	691	243	58	3	279	1 351	497	7	262	105	1 756
浙商银行上海分行	371	177	194	112	178	71	10	1	48	238	84	/	/	/	/
渤海银行上海分行	325	161	164	170	91	46	18	/	36	210	79	3	44	26	252
北京银行上海分行	658	311	347	262	266	115	15	3	92	220	343	6	82	36	534
天津银行上海分行	389	185	204	237	115	34	3	/	39	306	44	/	/	/	/
江苏银行上海分行	422	194	228	230	124	61	7	/	46	324	52	/	/	/	/
南京银行上海分行	388	179	209	199	139	48	2	1	49	298	40	1	29	7	351
宁波银行上海分行	567	241	326	309	177	70	11	1	103	421	42	2	36	28	501
杭州银行上海分行	401	180	221	225	136	32	8	1	30	286	84	3	62	37	299
温州银行上海分行	221	100	121	108	78	30	5	/	40	157	24	7	42	14	158
浙江泰隆商业银行上海分行	873	385	488	766	95	11	1	/	60	599	214	/	/	/	/
浙江民泰商业银行上海分行	372	170	202	284	73	9	6	1	59	221	91	/	/	/	/
厦门国际银行上海分行	329	210	119	260	60	9	/	/	37	261	31	5	26	25	273
上海崇明沪农商村镇银行	38	22	16	16	11	6	5	/	/	26	12	/	6	4	28
上海奉贤浦发村镇银行	48	22	26	30	8	7	3	/	3	39	6	2	5	10	31
上海浦东江南村镇银行	30	17	13	13	12	5	/	/	2	16	12	/	2	3	25
上海浦东建信村镇银行	20	14	6	8	8	3	1	/	2	15	3	/	/	/	/
中国工商银行票据营业部	308	133	175	105	89	86	28	2	74	213	19	39	98	46	125
中国农业银行票据营业部	68	28	40	8	30	20	10	1	27	35	5	20	35	5	8
中国银联上海分公司	40	24	16	7	17	9	7	/	16	19	5	1	3	36	/
城市商业银行资金清算中心	63	35	28	17	33	9	4	/	11	46	6	1	13	7	42
中国华融资产管理有限公司上海市分公司	51	35	16	18	14	8	11	1	23	23	4	6	14	8	23

（续表）

单位名称	总人数	男	女	年龄				学历				职称			
				30岁以下	31—40岁	41—50岁	51岁以上	博士	硕士	本科	大专以下	高级	中级	初级	其他
中国长城资产管理公司上海办事处	47	33	14	16	11	12	8	/	24	20	3	6	12	7	22
中国信达资产管理有限公司上海市分公司	50	29	21	12	15	14	9	/	25	25	/	3	19	2	26
中国东方资产管理公司上海办事处	42	22	20	8	11	14	9	/	29	8	5	5	6	8	23
上海国际信托有限公司	290	156	134	151	79	43	17	7	174	96	13	13	82	95	100
华澳国际信托有限公司	203	117	86	89	95	16	3	1	91	105	6	/	/	/	/
华宝信托有限责任公司	307	138	169	146	121	30	10	6	147	144	10	4	80	5	218
中海信托股份有限公司	138	79	59	64	49	21	4	3	83	47	5	5	15	2	116
中泰信托有限责任公司	221	132	89	108	74	31	8	7	94	90	30	2	33	5	181
上海爱建信托有限责任公司	158	101	57	28	87	33	10	6	55	88	9	/	/	/	/
安信信托股份有限公司	191	119	72	84	59	36	12	4	53	100	34	2	13	4	172
宝钢集团财务有限责任公司	61	37	24	18	16	19	8	/	26	31	4	6	29	6	20
上海浦发集团财务有限责任公司	48	26	22	14	23	9	2	/	15	27	5	1	18	4	25
锦江国际集团财务有限责任公司	22	17	5	4	10	4	4	/	3	13	6	1	6	3	12
中国电力财务有限公司华东分公司	108	54	54	35	39	26	8	1	43	56	8	22	50	7	29
上海汽车集团财务有限责任公司	527	360	167	357	139	16	15	/	105	399	23	3	56	16	452
上海电气集团财务有限责任公司	90	58	32	17	61	10	2	2	39	45	4	1	19	4	66
上海远东资信评估有限公司上海总部	87	36	51	37	32	11	7	1	37	39	10	1	13	4	69
上海新世纪资信评估投资服务有限公司	186	83	103	107	53	15	11	3	81	79	23	2	10	2	172
华杰资信评级有限责任公司	61	26	35	20	13	15	13	2	16	30	13	10	14	3	34
上海通用汽车金融公司	776	485	291	452	308	14	2	/	136	445	195	/	/	/	/
泰信基金管理有限公司	103	57	46	32	45	21	5	2	50	43	8	/	/	/	/
中银国际证券有限责任公司	2 197	1 405	792	674	949	491	83	16	403	1 051	727	/	/	/	/
海通证券股份有限公司	5 036	2 206	2 830	1 804	1 657	1 239	336	60	1 033	3 279	664	/	/	/	/
中国石化财务有限责任公司上海分公司	31	16	15	13	12	4	2	/	4	25	2	/	/	/	/
爱建证券有限责任公司	425	248	177	94	155	146	30	8	77	217	123	/	/	/	/
中欧基金管理有限公司	108	64	44	43	55	10	/	4	63	37	4	/	/	/	/

2. 外资金融机构人员结构表

单位名称	总人数	男	女	年龄				学历				职称			
				30岁以下	31—40岁	41—50岁	51岁以上	博士	硕士	本科	大专以下	高级	中级	初级	其他
三菱东京日联银行(中国)有限公司	2 365	574	1 791	1 117	1 057	164	27	2	429	1 721	213	/	/	/	/
东亚银行(中国)有限公司	4 439	1 677	2 762	1 839	2 047	488	65	12	877	2 995	555	/	/	/	/
汇丰银行(中国)有限公司	6 047	1 590	4 457	3 303	2 258	428	58	7	1 891	3 658	491	/	/	/	/
法国巴黎银行(中国)有限公司	281	105	176	37	173	60	11	15	103	135	28	/	/	/	/
大华银行(中国)有限公司	1 118	346	772	429	582	100	7	1	275	735	107	/	/	/	/
南洋商业银行(中国)有限公司	1 440	603	837	637	513	245	45	2	253	975	210	/	/	/	/
盘谷银行(中国)有限公司	271	89	182	111	106	44	10	1	67	168	35	/	/	/	/
富邦华一银行有限公司	705	278	427	398	200	84	23	5	154	441	105	/	/	/	/
正信银行有限公司	72	44	28	19	15	16	22	1	15	36	20	10	19	8	35
三井住友银行(中国)有限公司上海总行	651	203	448	325	252	67	7	1	97	470	83	/	/	/	/
永亨银行(中国)有限公司上海分行	75	33	42	36	35	4	/	/	7	41	27	/	/	/	/
韩国产业银行上海分行	53	11	42	35	11	5	2	/	18	31	4	/	/	/	/
韩亚银行(中国)有限公司上海分行	92	20	72	63	24	5	/	/	11	77	4	/	/	/	/
友利银行(中国)有限公司上海分行	84	17	67	44	28	9	3	/	12	67	5	/	/	/	/
澳大利亚澳洲联邦银行公众股份有限公司	35	13	22	8	15	10	2	/	11	18	6	/	/	/	/
印度国家银行上海分行	41	19	22	24	12	3	2	/	4	36	1	/	/	/	/
马来西亚马来亚银行有限公司上海分行	56	22	34	28	22	5	1	/	8	45	3	/	/	/	/
德国商业银行股份有限公司上海分行	112	47	65	40	41	23	8	/	42	56	14	/	/	/	/
西班牙桑坦德银行有限公司上海分行	23	10	13	5	14	4	/	/	7	16	/	/	/	/	/
荷兰安智银行上海分行	50	12	38	14	28	8	/	1	18	26	5	/	/	/	/
澳大利亚西太平洋银行上海分行	61	18	43	9	34	16	2	/	11	48	2	/	/	/	/
瑞典北欧斯安银行上海分行	44	14	30	19	18	7	/	/	13	31	/	/	/	/	/
瑞典商业银行上海分行	33	8	25	16	15	/	2	/	4	26	3	/	/	/	/
瑞士信贷银行上海分行	31	13	18	4	13	12	2	/	13	15	3	/	/	/	/
意大利联合圣保罗银行上海分行	28	10	18	8	14	4	2	1	6	17	4	/	/	/	/
加拿大丰业银行上海分行	23	7	16	6	13	3	1	/	6	13	4	/	/	/	/
美国银行上海分行	233	79	154	64	125	43	1	1	87	122	23	/	/	/	/
法国巴黎银行上海分行	384	129	255	65	222	76	21	32	189	118	45	/	/	/	/
法国兴业银行上海分行	125	39	86	48	58	16	3	2	41	77	5	/	/	/	/
德意志银行上海分行	359	129	230	93	220	35	11	1	112	208	38	/	/	/	/
俄罗斯外资银行上海分行	30	14	16	3	22	5	/	/	/	28	2	/	/	/	/

四、证 券 统 计

1. 上海证券市场总貌

	2014年	2013年	2012年
交易天数	245	238	243
上市公司总数	995	953	954
新上市公司数	43	1	26
上市证券总数	3 758	2 786	2 098
股票	1 039	997	998
A股	986	944	944
B股	53	53	54
债券	2 646	1 731	1 059
政府债	267	218	191
公司债	2 336	1 468	830
债券回购	43	45	38
基金	68	58	41
封闭式	3	9	12
ETF	61	47	29
交易型货币基金	4	2	—
优先股	5	—	—
发行数量(亿)			
股票	27 085.17	25 751.69	24 617.62
优先股	10.30	—	—
集资总额(亿)			
股票	3 962.59	2 515.72	2 890.31
优先股	1 030.00	—	—
股票流通数量(亿股)	24 914.59	23 731.13	19 521.33
股票市价总值(亿)	243 974.02	151 165.27	158 698.44
股票流通市值(亿)	220 495.87	136 526.38	134 294.45
解禁的存量限售股份	11 889.86	11 735.91	8 698.45
年度解禁限售股份	657.52	3 616.35	1 138.66
卖出的已解禁限售股份	491.58	544.82	277.55
成交金额(亿)	1 281 497.98	865 098.34	547 535.22
股票	377 162.12	230 266.03	164 545.01
A股	375 149.95	228 918.82	164 047.38
B股	484.45	689.94	413.48
股票回购	1 527.72	657.27	84.14
债券	866 848.59	625 839.41	379 818.85
政府债	1 247.47	771.60	905.56
公司债	24 198.95	14 540.88	7 537.43
债券回购	841 402.16	610 526.93	371 375.86
基金	37 479.25	8 989.48	3 171.36
封闭式	193.00	231.86	144.53
ETF	10 142.68	6 706.52	3 026.59
交易型货币基金	27 141.81	2 050.41	—

（续表）

	2014年	2013年	2012年
优先股	4.27	—	—
沪股通交易金额(亿元人民币)	1 675.12	—	—
港股通交易金额(亿元人民币)	205.63	—	—
平均市盈率	15.99	10.99	12.30
A股	15.99	10.99	12.29
B股	15.77	11.62	13.18
股价指数			
上证综合指数	3 234.68	2 115.98	2 269.13
上证50指数	2 581.57	1 574.78	1 857.68
上证180指数	8 044.51	5 040.27	5 550.09
上证380指数	4 866.71	3 352.49	2 944.82
会员公司数	113	111	112
营业部数	7 199	5 785	5 263
交易单元数	11 252	9 262	8 311
投资者(万户)	9 737.52	9 097.69	8 996.40
A股总户数(万户)	9 580.73	8 623.40	8 841.56
B股总户数(万户)	156.79	474.29	154.84
信用账户数(万户)	292.19	132.61	49.37
WFE排名			
总市值排名	4	6	7
总筹资额排名	4	5	3
总成交金额排名	3	5	6

2. 上证综合指数历年数据

年份	开盘	最高	日期	最低	日期	收盘
1992	293.74	1 429.01	05/26	292.76	01/02	780.39
1993	802.14	1 558.95	02/16	750.46	12/20	833.80
1994	837.70	1 052.94	09/13	325.89	07/29	647.87
1995	637.72	926.41	05/22	524.43	02/07	555.29
1996	550.26	1 258.69	12/11	512.83	01/19	917.02
1997	914.06	1 510.18	05/12	870.18	02/20	1 194.10
1998	1 200.95	1 422.98	06/04	1 043.02	08/18	1 146.70
1999	1 144.89	1 756.18	06/30	1 047.83	05/17	1 366.58
2000	1 368.69	2 125.72	11/23	1 361.21	01/04	2 073.48
2001	2 077.08	2 245.44	06/14	1 514.86	10/22	1 645.97
2002	1 643.49	1 748.89	06/25	1 339.20	01/29	1 357.65
2003	1 347.43	1 649.60	04/16	1 307.40	11/13	1 497.04
2004	1 492.72	1 783.01	04/07	1 259.43	09/13	1 266.50
2005	1 260.78	1 328.53	02/25	998.23	06/06	1 161.06
2006	1 163.88	2 698.90	12/29	1 161.91	01/04	2 675.47
2007	2 728.19	6 124.04	10/16	2 541.53	02/06	5 261.56
2008	5 265.00	5 522.78	01/14	1 664.93	10/28	1 820.81
2009	1 849.02	3 478.01	08/04	1 844.09	01/05	3 277.14
2010	3 289.75	3 306.75	01/11	2 319.74	07/02	2 808.08
2011	2 825.33	3 067.46	04/18	2 134.02	12/28	2 199.42
2012	2 212.00	2 478.38	02/27	1 949.46	12/04	2 269.13
2013	2 289.51	2 444.80	02/18	1 849.65	06/25	2 115.98
2014	2 112.13	3 239.36	12/31	1 974.38	03/12	3 234.68

3. 股票市场概貌

股票市场交易	2014 年	2013 年	增减(%)
交易天数	245	238	2.94
上市股票数	1 039	997	4.21
A 股	986	944	4.45
B 股	53	53	0.00
新上市股票数	43	1	4 200.00
股票市价总值(亿)	243 974.02	151 165.27	61.40
A 股	243 102.74	150 406.94	61.63
B 股	871.28	758.33	14.89
股票非限售市值(亿)	220 495.87	136 526.38	61.50
A 股	219 624.59	135 768.04	61.76
B 股	871.28	758.33	14.89
总成交金额(亿)	377 162.12	230 266.03	63.79
A 股	375 149.95	228 918.82	63.88
B 股	484.45	689.94	−29.78
股票回购	1 527.72	657.27	132.43
日均成交金额(亿)	1 539.44	967.50	59.12
A 股	1 531.22	961.84	59.20
B 股	1.98	2.90	−31.72
股票回购	3.12	1.79	74.30
总成交量(亿)	42 938.82	26 718.85	60.71
A 股	42 471.35	26 432.16	60.68
B 股	96.01	131.57	−27.03
股票回购	371.45	155.13	139.44
日均成交量(亿)	175.26	112.26	56.12
A 股	173.35	111.06	56.09
B 股	0.39	0.55	−29.09
股票回购	0.76	0.42	80.95
总成交笔数(百万)	1 590.88	1 153.21	37.95
A 股	1 586.07	1 146.99	38.28
B 股	4.67	6.21	−24.80
股票回购	0.14	0.01	1 300.00
大宗交易成交			
总成交金额(亿)	1 365.75	910.65	49.98
总成交量(亿)	180.54	104.40	72.93
总成交笔数(笔)	3 187.00	2 348.00	35.73
股票换手率	173.76	123.60	40.58
A 股	174.42	123.83	40.85
B 股	64.59	89.42	−27.77
股票平均价格	8.78	8.62	1.86
A 股	8.83	8.66	1.96
B 股	5.05	5.24	−3.63
股票市盈率 P/E	15.99	10.99	45.50
A 股	15.99	10.99	45.50
B 股	15.77	11.62	35.71

4. 债券市场概貌

债券市场交易	2014 年	2013 年	增减(%)
交易天数	245	238	2.94
上市债券数	2 646	1 731	52.86
政府债	267	218	22.48
公司债	2 336	1 468	59.13
债券回购	43	45	−4.44
新上市债券数	1 080	763	41.55
总成交金额(亿)	866 848.59	625 839.41	38.51
政府债	1 247.47	771.60	61.67
公司债	24 198.95	14 540.88	66.42
债券回购	841 402.16	610 526.93	37.82
日均成交金额(百万)	353 815.75	262 957.74	34.55
政府债	509.17	324.20	57.05
公司债	9 877.12	6 109.61	61.67
债券回购	343 429.45	256 523.92	33.88
总成交量(百万)	865 647.14	625 409.31	38.41
政府债	1 250.92	770.29	62.40
公司债	22 991.16	14 087.22	63.21
债券回购	841 405.05	610 551.80	37.81
日均成交量(百万)	3 533.25	2 627.77	34.46
政府债	5.11	3.24	57.72
公司债	93.84	59.19	58.54
债券回购	3 434.31	2 565.34	33.87
总成交笔数(百万)	12 312.43	8 974.30	37.20
政府债	15.17	13.74	10.41
公司债	724.13	533.29	35.79
债券回购	11 573.13	8 427.27	37.33
日均成交笔数(万)	50.25	37.71	33.25
政府债	0.06	0.06	0.00
公司债	2.96	2.24	32.14
债券回购	47.24	35.41	33.41
债券发行(亿)	107 584.04	88 620.02	21.40
政府债	76 484.50	65 827.90	16.19
公司债	31 099.54	22 792.12	36.45
大宗交易成交			
总成交金额(亿)	1 505.32	1 116.05	34.88
总成交量(百万)	1 500.89	1 109.77	35.24
总成交笔数(笔)	5 584.00	4 202.00	32.89

5. 基金市场概貌

基金市场交易	2014 年	2013 年	增减(%)
交易天数	245	238	2.94
上市基金数	68	58	17.24
封闭式基金	3	9	−66.67
ETFs	61	47	29.79
交易型货币基金	4	2	100.00
新上市基金数	16	20	−20.00
发行额(亿)	1 029.53	929.12	10.81
封闭式基金	404.00	363.60	11.11
ETFs	625.53	565.52	10.61
交易型货币基金	229.29	23.18	889.13
总成交金额(亿)	37 479.25	8 989.48	316.92
封闭式基金	193.00	231.86	−16.76
ETFs	10 142.68	6 706.52	51.24
交易型货币基金	27 141.81	2 050.41	1 223.73
日均成交金额(亿)	152.98	37.77	305.03
封闭式基金	0.79	0.97	−18.56
ETFs	41.40	28.18	46.91
交易型货币基金	110.78	9.24	1 098.92
总成交量(亿)	4 549.64	3 744.80	21.49
封闭式基金	190.61	242.73	−21.47
ETFs	4 086.99	3 480.64	17.42
交易型货币基金	269.81	20.48	1 217.43
日均成交量(百万份)	1 856.99	1 573.45	18.02
封闭式基金	77.80	101.99	−23.72
ETFs	1 668.16	1 462.45	14.07
交易型货币基金	110.13	9.22	1 094.47
总成交笔数(万)	2 873.91	1 109.18	159.10
封闭式基金	102.62	173.06	−40.70
ETFs	1 054.63	844.53	24.88
交易型货币基金	1 716.60	91.57	1 774.63
日均成交笔数(万)	11.73	4.66	151.72
封闭式基金	0.42	0.73	−42.47
ETFs	4.30	3.55	21.13
交易型货币基金	7.01	0.41	1 609.76
大宗交易成交			
总成交金额(亿)	71.82	42.50	68.99
总成交量(亿份)	24.92	19.56	27.40
总成交笔数(笔)	71.00	87.00	−18.39

6. 基金基本信息

基金代码	基金简称	发行时间	上市日	发行方式	发行价格(元)	基金管理人	托管人	总份额(亿份)	流通量(亿份)
500002	基金泰和	1999.04.02	1999.04.20	上网发行	1.010	嘉实基金管理有限公司	中国建设银行	20.00	19.70
500005	基金汉盛	1999.04.30	1999.05.18	上网发行	1.010	富国基金管理有限公司	中国农业银行	20.00	19.70
500009	基金安顺	1999.06.09	1999.06.22	上网发行	1.010	华安基金管理有限公司	交通银行	30.00	29.85
500011	基金金鑫	1999.10.15	1999.11.26	上网发行	1.010	国泰基金管理有限公司	中国建设银行	30.00	29.85
500015	基金汉兴	1999.12.24	2000.01.10	上网发行	1.010	富国基金管理有限公司	交通银行	30.00	29.85
500018	基金兴和	1999.07.08	1999.07.30	上网发行	1.010	华夏基金管理有限公司	中国建设银行	30.00	29.85
500038	基金通乾	2001.08.23	2001.09.21	上网发行	1.010	融通基金管理有限公司	中国建设银行	20.00	19.90
500056	基金科瑞	2002.02.28	2002.03.20	上网发行	1.010	易方达基金管理有限公司	交通银行	30.00	29.85
500058	基金银丰	2002.08.08	2002.09.10	上网发行	1.010	银河基金管理有限公司	中国建设银行	30.00	29.85
510010	治理 ETF	2009.09.18	2009.12.15	上网发行	1.000	交银施罗德基金管理有限公司	中国农业银行	18.96	18.96
510020	超大 ETF	2009.12.23	2010.03.19	上网发行	1.000	博时基金管理有限公司	中国建设银行	3.37	3.37
510030	价值 ETF	2010.04.14	2010.05.28	上网发行	1.000	华宝兴业基金管理有限公司	中国工商银行	3.43	3.43
510050	50ETF	2004.12.24	2005.02.23	上网发行	1.000	华夏基金管理有限公司	中国工商银行	101.56	101.56
510060	央企 ETF	2009.08.20	2009.10.27	上网发行	1.655	工银瑞信基金管理有限公司	招商银行	4.37	4.37
510070	民企 ETF	2010.07.27	2010.10.29	上网发行	1.000	鹏华基金管理有限公司	中国工商银行	1.23	1.23
510090	责任 ETF	2010.05.19	2010.08.09	上网发行	1.000	建信基金管理有限公司	中国工商银行	2.12	2.12
510110	周期 ETF	2010.09.08	2010.11.15	上网发行	1.000	海富通基金管理有限公司	中国工商银行	0.76	0.76
510120	非周 ETF	2011.04.13	2011.06.08	上网发行	1.000	海富通基金管理有限公司	中国工商银行	0.43	0.43
510130	中盘 ETF	2010.03.17	2010.06.23	上网发行	1.000	易方达基金管理有限公司	中国工商银行	2.06	2.06
510150	消费 ETF	2010.11.30	2011.02.25	上网发行	1.000	招商基金管理有限公司	中国工商银行	1.78	1.78
510160	小康 ETF	2010.08.18	2010.11.01	上网发行	1.000	南方基金管理有限公司	中国工商银行	9.60	9.60
510170	商品 ETF	2010.11.17	2011.01.25	上网发行	1.000	国联安基金管理有限公司	中国银行	1.50	1.50
510180	180ETF	2006.03.09	2006.05.18	上网发行	1.000	华安基金管理有限公司	中国建设银行	46.09	46.09
510190	龙头 ETF	2010.11.10	2011.01.10	上网发行	1.000	华安基金管理有限公司	中国工商银行	1.18	1.18
510210	综指 ETF	2011.01.20	2011.03.25	上网发行	1.000	富国基金管理有限公司	中国工商银行	0.70	0.70
510220	中小 ETF	2011.01.14	2011.03.28	上网发行	1.000	华泰柏瑞基金管理有限公司	中国银行	0.16	0.16
510230	金融 ETF	2011.03.23	2011.05.23	上网发行	1.000	国泰基金管理有限公司	中国银行	4.32	4.32
510260	新兴 ETF	2011.03.28	2011.06.08	上网发行	1.000	诺安基金管理有限公司	中国工商银行	2.89	2.89
510270	国企 ETF	2011.06.08	2011.08.18	上网发行	1.000	中银基金管理有限公司	招商银行	0.60	0.60
510280	成长 ETF	2011.07.27	2011.10.18	上网发行	1.000	华宝兴业基金管理有限公司	中国银行	2.67	2.67
510290	380ETF	2011.09.07	2011.11.08	上网发行	1.000	南方基金管理有限公司	中国建设银行	2.20	2.20
510300	300ETF	2012.04.24	2012.05.28	上网发行	1.000	华泰柏瑞基金管理有限公司	中国工商银行	94.81	94.81
510310	HS300ETF	2013.02.26	2013.03.25	上网发行	1.000	易方达基金管理有限公司	中国建设银行	49.74	49.74
510330	华夏 300	2012.12.17	2013.01.16	上网发行	1.000	华夏基金管理有限公司	中国工商银行	80.55	80.55
510410	资源 ETF	2012.03.28	2012.05.11	上网发行	1.000	博时基金管理有限公司	中国建设银行	2.52	2.52

（续表）

基金代码	基金简称	发行时间	上市日	发行方式	发行价格(元)	基金管理人	托管人	总份额(亿份)	流通量(亿份)
510420	180EWETF	2012.06.04	2012.07.09	上网发行	1.000	景顺长城基金管理有限公司	中国银行	3.12	3.12
510430	50 等权	2012.08.15	2012.09.24	上网发行	1.000	银华基金管理有限公司	中国建设银行	0.75	0.75
510440	500 沪市	2012.08.15	2012.10.08	上网发行	1.000	大成基金管理有限公司	中国银行	0.06	0.06
510450	180 高 ETF	2013.06.26	2013.08.01	上网发行	1.000	上投摩根基金管理有限公司	中国银行	0.28	0.28
510500	500ETF	2013.01.29	2013.03.15	上网发行	1.000	南方基金管理有限公司	中国农业银行	31.66	31.66
510510	广发 500	2013.03.27	2013.05.24	上网发行	1.000	广发基金管理有限公司	中国工商银行	15.23	15.23
510520	诺安 500	2014.01.22	2014.03.10	上网发行	1.000	诺安基金管理有限公司	中国银行	0.51	0.51
510610	能源行业	2013.03.20	2013.05.08	上网发行	1.000	华夏基金管理有限公司	中国建设银行	1.10	1.10
510620	材料行业	2013.03.20	2013.05.08	上网发行	1.000	华夏基金管理有限公司	中国建设银行	0.72	0.72
510630	消费行业	2013.03.20	2013.05.08	上网发行	1.000	华夏基金管理有限公司	中国建设银行	2.86	2.86
510650	金融行业	2013.03.20	2013.05.08	上网发行	1.000	华夏基金管理有限公司	中国建设银行	3.13	3.13
510660	医药行业	2013.03.20	2013.05.08	上网发行	1.000	华夏基金管理有限公司	中国建设银行	3.80	3.80
510680	万家 380	2013.10.23	2013.12.02	上网发行	1.000	万家基金管理有限公司	华夏银行	0.07	0.07
510700	百强 ETF	2013.04.15	2013.05.31	上网发行	1.000	长盛基金管理有限公司	中国银行	0.09	0.09
510880	红利 ETF	2006.11.08	2007.01.18	上网发行	1.000	华泰柏瑞基金管理有限公司	招商银行	4.89	4.89
510900	H 股 ETF	2012.08.01	2012.10.22	上网发行	1.000	易方达基金管理有限公司	交通银行	1.01	1.01
511010	国债 ETF	2013.02.25	2013.03.25	上网发行	100.000	国泰基金管理有限公司	中国建设银行	0.04	0.04
511210	企债 ETF	2013.07.03	2013.08.16	上网发行	100.000	博时基金管理有限公司	中国工商银行	0.02	0.02
511220	城投 ETF	2014.11.05	2014.12.16	上网发行	100.000	海富通基金管理有限公司	中国银行	0.67	0.67
512010	医药 ETF	2013.09.11	2013.10.28	上网发行	1.000	易方达基金管理有限公司	中国建设银行	0.93	0.93
512070	非银 ETF	2014.06.18	2014.07.18	上网发行	1.000	易方达基金管理有限公司	中国建设银行	2.38	2.38
512110	中证地产	2013.11.26	2014.01.06	上网发行	1.000	华安基金管理有限公司	中国建设银行	0.03	0.03
512120	中证医药	2013.11.26	2014.01.06	上网发行	1.000	华安基金管理有限公司	中国建设银行	0.29	0.29
512210	景顺食品	2014.07.09	2014.08.19	上网发行	1.000	景顺长城基金管理有限公司	中国银行	1.45	1.45
512220	景顺 TMT	2014.07.09	2014.08.19	上网发行	1.000	景顺长城基金管理有限公司	中国银行	0.46	0.46
512230	景顺医药	2014.07.09	2014.08.19	上网发行	1.000	景顺长城基金管理有限公司	中国银行	1.37	1.37
512300	500 医药	2014.10.22	2014.12.18	上网发行	1.000	南方基金管理有限公司	中国农业银行	7.29	7.29
512600	主要消费	2014.06.04	2014.07.25	上网发行	1.000	嘉实基金管理有限公司	中国银行	0.45	0.45
512610	医药卫生	2014.06.04	2014.07.25	上网发行	1.000	嘉实基金管理有限公司	中国银行	3.04	3.04
512640	金融地产	2014.06.11	2014.07.25	上网发行	1.000	嘉实基金管理有限公司	中国银行	0.47	0.47
513030	德国 30	2014.07.14	2014.09.05	上网发行	1.000	华安基金管理有限公司	招商银行	8.91	8.91
513100	纳指 ETF	2013.04.17	2013.05.15	上网发行	1.000	国泰基金管理有限公司	中国建设银行	0.5	0.5
513500	标普 500	2013.11.27	2014.01.15	上网发行	1.000	博时基金管理有限公司	中国工商银行	2.95	2.95
518800	国泰黄金	2013.07.10	2013.07.29	上网发行	1.000	国泰基金管理有限公司	中国工商银行	0.21	0.21
518880	黄金 ETF	2013.07.10	2013.07.29	上网发行	1.000	华安基金管理有限公司	中国建设银行	0.67	0.67

7. 市场筹资

证券类型	筹资方式	筹资额(亿元)	
		2014年	2013年
股票	首次发行	311.77	0.00
	再次发行	3 650.82	2 515.72
股票筹资合计		3 962.59	2 515.72
优先股	首次发行	1 030.00	0.00
	再次发行	0.00	0.00
优先股筹资合计		1 030.00	0.00
债券	公司债	2 228.82	2 460.46

8. 股票投资者历年新开户

年份	新开户总数			A股新开户数		B股新开户数		信用交易新开户数		
	总数	自然人	机构	自然人	机构	自然人	机构	总数	自然人	机构
1992	100.2	99.5	0.7	99.5	0.7	0.0	0.0	—	—	—
1993	312.3	311.4	0.9	310.6	0.7	0.8	0.0	—	—	—
1994	151.4	150.7	0.7	149.9	0.6	0.7	0.2	—	—	—
1995	110.3	109.8	0.6	109.0	0.5	0.8	0.1	—	—	—
1996	522.7	521.8	0.9	520.0	0.8	1.8	0.1	—	—	—
1997	502.8	501.4	2.2	499.6	2.0	1.8	0.1	—	—	—
1998	286.1	285.1	1.0	283.9	1.0	1.2	0.2	—	—	—
1999	281.7	279.7	2.1	278.6	2.0	1.0	0.1	—	—	—
2000	676.7	672.1	4.6	666.5	4.6	5.6	0.1	—	—	—
2001	462.0	458.2	3.8	379.9	3.8	78.3	0.1	—	—	—
2002	136.1	133.8	2.3	130.4	2.2	3.5	0.0	—	—	—
2003	76.1	75.2	0.9	73.6	0.9	1.6	0.0	—	—	—
2004	71.0	70.3	0.7	69.1	0.6	1.2	0.1	—	—	—
2005	44.8	44.2	0.6	43.8	0.5	0.4	0.1	—	—	—
2006	153.6	152.1	1.5	150.5	1.4	1.6	0.1	—	—	—
2007	1 915.5	1 909.5	6.0	1 867.4	5.9	42.1	0.1	—	—	—
2008	725.6	722.7	2.9	719.5	2.8	3.2	0.1	—	—	—
2009	862.8	859.3	3.4	856.2	3.4	3.1	0.1	—	—	—
2010	748.9	746.2	2.7	743.9	2.6	2.3	0.1	2.1	2.1	0.0
2011	550.8	548.5	2.3	547.2	2.2	1.3	0.1	15.5	15.4	0.1
2012	291.4	290.0	1.4	289.4	1.3	0.6	0.1	32.4	32.3	0.1
2013	257.0	255.3	1.8	254.4	1.7	0.8	0.1	84.9	84.7	0.2
2014	484.1	481.3	2.8	480.4	2.6	0.9	0.1	163.2	163.0	0.2

注:开户单位为万户。

9. 股票投资者历年开户累计

年 份	开户总数			A股开户总数		B股开户总数		信用交易开户总数		
	总 数	自然人	机 构	自然人	机 构	自然人	机 构	总 数	自然人	机 构
1992	111.2	110.5	0.7	110.2	0.7	0.0	0.0	—	—	—
1993	423.5	421.9	1.6	421.1	1.4	0.8	0.2	—	—	—
1994	574.9	572.6	2.3	571	2.0	1.6	0.3	—	—	—
1995	685.2	682.3	2.9	680.0	2.5	2.3	0.4	—	—	—
1996	1 207.9	1 204.1	3.8	1 200.0	3.3	4.1	0.5	—	—	—
1997	1 713.3	1 708.1	5.2	1 702.2	4.6	5.9	0.6	—	—	—
1998	1 999.4	1 993.1	6.3	1 986.1	5.6	7.1	0.7	—	—	—
1999	2 281.1	2 272.8	8.3	2 264.7	7.6	8.1	0.8	—	—	—
2000	2 957.8	2 944.9	13.0	2 931.2	12.1	13.7	0.8	—	—	—
2001	3 419.8	3 403.1	16.8	3 311.1	15.9	92.0	0.9	—	—	—
2002	3 556.0	3 536.9	19.1	3 441.4	18.1	95.5	1.0	—	—	—
2003	3 632.1	3 612.1	20.0	3 515.1	19.0	97.1	1.0	—	—	—
2004	3 703.1	3 682.4	20.7	3 584.2	19.5	98.2	1.1	—	—	—
2005	3 747.9	3 726.6	21.3	3 628.0	20.1	98.6	1.2	—	—	—
2006	3 901.5	3 878.8	22.8	3 778.5	21.4	100.3	1.3	—	—	—
2007	5 817	5 788.2	28.8	5 645.9	27.3	142.4	1.5	—	—	—
2008	6 542.6	6 510.9	31.7	6 365.4	30.1	145.5	1.6	—	—	—
2009	7 405.4	7 370.3	35.1	7 221.6	33.4	148.6	1.7	—	—	—
2010	8 154.2	8 116.5	37.8	7 965.5	36.0	151.0	1.8	2.1	2.1	0.0
2011	8 705.0	8 664.9	40.1	8 512.7	38.1	152.2	2.0	17.6	17.5	0.1
2012	8 996.4	8 954.9	41.5	8 802.1	39.5	152.8	2.1	50.0	49.8	0.2
2013	9 253.4	9 210.1	43.3	9 056.5	41.2	153.6	2.2	134.8	134.5	0.4
2014	9 737.5	9 691.5	46.1	9 536.9	43.8	154.5	2.3	292.2	291.7	0.5

单位:开户单位为万户。

10. 上海证券交易所会员公司概貌

会员公司	2014年	2013年	增减(%)
会员公司数量	113	111	1.80
席位数量	10 860	8 880	22.30
A股	10 675	8 693	22.80
B股	185	187	−1.07
B股证券商	102	102	0.00
境内	62	62	0.00
境外	40	40	0.00
会员公司交易金额(亿)			
合计	2 562 987.43	1 730 196.68	48.13
股票	754 324.25	460 532.05	63.79
A股	750 299.91	457 837.64	63.88
B股	968.89	1 379.87	−29.78
股票回购	3 055.45	1 314.54	132.43
基金	74 958.50	17 978.95	316.92
债券	1 733 697.18	1 251 678.83	38.51
政府债	2 494.95	1 544.20	61.57
公司债现货	48 397.90	29 081.76	66.42
债券回购	1 682 804.33	1 221 053.86	37.82
其他	7.50	6.84	9.58

五、保 险 统 计

1. 上海市保险业务情况综合表(2014)

全部保费	保费收入(百万元)	99 148.93
	同比增长(%)	1.19
财产保险业务 (不包括意外险、健康险业务)	保费收入(百万元)	33 030.04
	同比增长(%)	1.11
人身保险业务 (包括产险中意外险、健康险业务)	保费收入(百万元)	66 118.89
	同比增长(%)	1.24
保险密度(元)	全部业务	6 937.08
	财产保险	2 310.99
	人身保险	4 626.09
保险深度(%)	全部业务	4.21
	财产保险	1.40
	人身保险	2.81

注:本表数据来源于上海市各保险公司业务统计表汇总。

2. 上海市人寿保险公司

序号	保险机构	保费收入																	
		合计	个人业务							团体业务								其中新单保费
			人寿保险					意外伤害险	健康险	人寿保险					意外伤害险	健康险	
			小计	普通寿险	分红寿险	投资连接保险	万能保险			小计	普通寿险	分红寿险	投资连接保险	万能保险			
1	中国人寿保险股份有限公司上海市分公司	6 907.38	5 867.15	2 783.83	3 083.32	—	—	212.42	279.70	89.94	72.46	17.48	—	—	143.41	314.76	3 663.74
2	中国太平洋人寿保险股份有限公司上海分公司	1 951.89	1 559.74	484.49	1 073.36	—	1.89	9.40	2.62	24.71	18.74	5.92	—	0.05	256.77	98.65	754.66
3	中国平安人寿保险股份有限公司上海分公司	9 781.79	8 424.42	2 026.37	6 046.12	66.47	285.46	132.47	1 185.91	38.88	38.88	—	—	—	0.02	0.09	1 884.63
4	泰康人寿保险股份有限公司上海分公司	3 086.48	2 523.56	758.19	1 764.09	0.06	1.22	30.92	59.69	3.72	3.71	—	—	0.01	407.79	60.80	491.24
5	新华人寿保险股份有限公司上海分公司	5 341.14	4 652.94	1 404.34	3 240.03	—	8.57	184.48	304.49	3.83	3.83	—	—	—	24.03	171.37	2 270.94
6	太平人寿保险有限公司上海分公司	1 316.87	1 246.43	644.13	602.40	−0.10	—	8.08	62.36	—	—	—	—	—	—	—	772.89
7	富德生命人寿保险股份有限公司上海分公司	1 038.16	996.12	147.80	847.94	0.03	0.35	0.63	18.92	1.18	1.17	—	—	0.01	7.11	14.20	915.52
8	民生人寿保险股份有限公司上海分公司	46.20	38.14	0.14	38.00	—	—	0.11	6.94	0.27	0.27	—	—	—	0.09	0.65	14.55
9	合众人寿保险股份有限公司上海分公司	659.93	631.06	242.35	386.66	—	2.05	1.23	19.82	0.52	0.52	—	—	—	1.92	5.38	256.98
10	中国人民健康保险股份有限公司上海分公司	180.43	—	—	—	—	—	1.04	110.03	—	—	—	—	—	29.16	40.20	7.00
11	和谐健康保险股份有限公司上海分公司	30.62	28.65	—	—	—	28.65	0.21	0.85	—	—	—	—	—	0.18	0.73	—
12	汇丰人寿保险有限公司	507.99	498.82	1.75	497.04	0.03	—	—	8.45	0.19	0.19	—	—	—	0.04	0.49	101.58
13	平安健康保险股份有限公司上海分公司	148.68	—	—	—	—	—	—	10.12	—	—	—	—	—	0.52	138.04	145.50
14	友邦保险有限公司上海分公司	2 482.30	1 695.92	952.97	737.01	1.69	4.25	89.72	569.18	12.16	12.16	—	—	—	28.65	86.67	563.73
15	中宏人寿保险有限公司上海分公司	1 413.07	1 162.95	81.04	1 079.16	2.75	—	16.17	209.80	1.40	1.40	—	—	—	7.43	15.32	242.13
16	建信人寿保险有限公司	2 391.00	2 129.00	1 729.00	394.00	2.00	4.00	34.00	180.00	4.00	4.00	—	—	—	14.00	30.00	1 525.00

业务统计表(2014)

单位:人民币百万元

有效保单件数(万件)	赔款支出									退保
	合计	个人业务				团体业务				
		赔款支出	死伤医疗给付	满期给付	年金给付	赔款支出	死伤医疗给付	满期给付	年金给付	
364.01	2 707.57	70.88	113.10	2 056.64	120.06	321.00	24.70	—	1.19	2 352.67
1 016.89	390.51	5.57	46.11	40.14	136.03	94.04	8.25	41.71	18.66	1 195.50
419.85	2 747.09	83.47	318.20	1 376.93	830.92	0.04	1.18	0.02	136.33	844.37
18.50	3 109.63	2.60	38.17	2 904.76	102.45	53.98	1.08	—	6.59	241.69
170.78	1 684.99	2.57	80.18	1 058.12	468.14	70.15	1.15	—	4.68	3 620.82
15.27	354.33	2.03	13.15	285.64	50.73	0.04	1.80	0.74	0.20	379.92
58.53	562.15	0.09	8.78	524.80	0.01	28.47	—	—	—	935.05
2.37	56.87	0.05	0.79	28.02	28.01	—	—	—	—	89.92
10.76	182.11	0.21	8.87	132.55	35.03	5.05	0.40	—	—	130.69
0.88	49.22	0.44	1.88	2.86	—	43.94	0.10	—	—	45.26
—	3.75	0.01	0.04	2.19	—	0.79	0.28	0.44	—	1 088.82
0.88	18.04	0.16	3.88	—	12.28	1.72	—	—	—	21.41
—	84.22	0.11	2.69	—	—	81.42	—	—	—	0.36
134.02	585.73	70.66	83.95	57.22	326.78	45.22	1.90	—	—	183.74
34.00	165.27	21.33	36.36	12.36	86.35	8.47	0.40	—	—	99.52
43.00	189.00	11.00	43.00	1.00	100.00	34.00	—	—	—	371.00

序号	保险机构	保费收入															
		合计	个人业务							团体业务							其中新单保费
			人寿保险					意外伤害险	健康险	人寿保险					意外伤害险	健康险	
			小计	普通寿险	分红寿险	投资连接保险	万能保险			小计	普通寿险	分红寿险	投资连接保险	万能保险			
17	中德安联人寿保险有限公司上海分公司	610.05	527.55	82.66	443.04	0.21	1.64	6.68	46.23	2.16	2.16	—	—	—	2.55	24.88	179.68
18	工银安盛人寿保险有限公司	2 130.66	1 968.74	76.15	1 890.16	2.43	—	3.15	82.41	7.04	7.04	—	—	—	8.86	60.46	1 815.26
19	交银康联人寿保险有限公司	537.77	487.18	292.80	194.18	—	0.20	5.34	36.31	0.10	0.10	—	—	—	7.74	1.10	329.88
20	天安人寿保险股份有限公司上海分公司	1 466.12	1 396.22	1 234.58	161.42	—	0.22	1.01	6.54	1.23	1.23	—	—	—	17.97	43.15	62.35
21	海康人寿保险有限公司	160.85	137.34	49.14	87.86	0.01	0.33	2.87	17.81	0.18	0.18	—	—	—	0.37	2.28	21.18
22	长生人寿保险有限公司	93.13	30.15	2.55	27.31	—	0.29	1.24	7.01	4.39	4.39	—	—	—	5.35	44.99	63.36
23	华夏人寿保险股份有限公司上海分公司	77.73	63.23	43.91	19.32	—	—	0.90	6.76	1.58	0.45	1.13	—	—	2.07	3.19	5.74
24	正德人寿保险股份有限公司上海分公司	7.21	7.17	4.25	2.92	—	—	—	0.04	—	—	—	—	—	—	—	4.24
25	信诚人寿保险有限公司上海分公司	254.22	215.04	18.01	195.62	1.16	0.25	1.49	14.37	0.85	0.85	—	—	—	5.18	17.29	50.30
26	中美联泰大都会人寿保险有限公司	1 047.64	888.24	621.63	266.18	0.41	0.02	33.42	81.72	2.57	2.57	—	—	—	5.83	35.86	42.95
27	中意人寿保险有限公司上海分公司	422.87	117.98	73.80	43.77	0.40	0.01	1.52	4.49	27.90	27.90	—	—	—	26.00	244.98	379.82
28	瑞泰人寿保险有限公司上海分公司	4.97	1.00	0.59	—	0.41	—	3.35	0.62	—	—	—	—	—	—	—	4.82
29	招商信诺人寿保险有限公司上海分公司	1 138.41	768.61	273.14	494.94	0.53	—	52.12	187.36	0.02	0.02	—	—	—	0.01	130.29	596.09
30	中国人民人寿保险股份有限公司上海市分公司	1 338.06	648.07	527.12	115.72	—	5.23	56.80	12.51	51.24	2.51	48.16	—	0.57	562.06	7.38	1 281.95
31	国华人寿保险股份有限公司上海分公司	159.66	146.98	100.43	46.13	—	0.42	0.03	3.41	0.52	0.52	—	—	—	4.17	4.55	97.13
32	中国人寿养老保险股份有限公司上海市分公司	—	—	—	—	—	—	—	—	—	—	—	—	—	—	—	—
33	平安养老保险股份有限公司上海分公司	1 375.93	—	—	—	—	—	—	—	6.23	6.23	—	—	—	488.87	880.83	1 375.91

（续表）

有效保单件数（万件）	赔款支出									退保
	合计	个人业务				团体业务				
		赔款支出	死伤医疗给付	满期给付	年金给付	赔款支出	死伤医疗给付	满期给付	年金给付	
7.66	119.00	3.23	5.68	70.09	27.97	12.03	—	—	—	62.25
14.16	159.71	19.30	8.83	33.09	39.90	58.59	—	—	—	115.41
6.56	36.40	0.34	7.55	27.32	0.96	0.23	—	—	—	165.99
10.92	81.74	0.44	4.76	18.33	11.82	45.77	0.62	—	—	393.62
3.73	50.32	0.52	1.74	36.71	8.54	2.81	—	—	—	178.09
1.62	64.13	0.57	1.12	13.04	2.25	46.65	0.50	—	—	27.13
—	8.33	0.01	0.22	—	5.94	2.16	—	—	—	3.21
2.06	34.72	—	0.05	34.67	—	—	—	—	—	9.92
3.33	21.37	0.55	4.44	9.19	0.15	6.99	—	0.05	—	19.05
17.50	53.78	0.60	26.16	—	7.80	19.22	—	—	—	69.04
1.09	349.42	0.02	1.51	137.85	3.49	188.58	17.97	—	—	15.95
1.31	0.22	—	0.22	—	—	—	—	—	—	0.14
48.65	155.82	61.58	13.80	—	0.06	80.38	—	—	—	50.81
6.65	687.08	0.32	5.65	435.16	0.49	19.73	176.81	2.17	46.75	941.08
12.40	219.30	0.03	4.45	185.90	23.25	4.89	0.51	—	—	320.04
—	—	—	—	—	—	—	—	—	—	—
3.94	799.98	—	—	—	—	792.40	0.05	—	7.53	0.92

序号	保险机构	保费收入															
		合计	个人业务							团体业务							其中新单保费
			人寿保险					意外伤害险	健康险	人寿保险					意外伤害险	健康险	
			小计	普通寿险	分红寿险	投资连接保险	万能保险			小计	普通寿险	分红寿险	投资连接保险	万能保险			
34	英大泰和人寿保险股份有限公司上海分公司	89.23	78.61	1.17	77.35	—	0.09	0.01	1.11	0.03	0.03	—	—	—	5.97	3.50	30.39
35	华泰人寿保险股份有限公司上海分公司	338.44	322.52	0.71	321.73	—	0.08	0.41	6.65	0.09	0.09	—	—	—	2.76	6.01	15.09
36	光大永明人寿保险有限公司上海分公司	75.62	35.47	21.06	14.38	0.02	0.01	0.94	4.37	2.22	2.22	—	—	—	6.72	25.90	54.38
37	太平养老保险股份有限公司上海分公司	1 070.71	—	—	—	—	—	—	—	603.49	32.55	570.94	—	—	57.17	410.05	1 070.30
38	幸福人寿保险股份有限公司上海分公司	240.17	215.92	62.70	153.08	—	0.14	0.14	1.23	0.43	0.43	—	—	—	9.72	12.73	95.33
39	泰康养老保险股份有限公司上海分公司	17.96	8.45	—	8.45	—	—	—	—	4.91	0.21	4.70	—	—	1.20	3.40	15.79
40	昆仑健康保险股份有限公司上海分公司	−32.26	—	—	—	—	—	−0.75	−56.32	—	—	—	—	—	4.09	20.72	25.21
41	阳光人寿保险股份有限公司上海分公司	705.38	677.57	357.56	320.00	—	0.01	0.37	7.26	0.01	0.01	—	—	—	4.98	15.19	367.98
42	安邦人寿保险股份有限公司上海分公司	12 124.82	12 124.81	9 978.22	2 146.59	—	—	—	0.01	—	—	—	—	—	—	—	12 124.72
43	中融人寿保险股份有限公司上海分公司	370.10	370.04	—	370.04	—	—	—	—	—	—	—	—	—	0.01	0.05	370.10
44	信泰人寿保险股份有限公司上海分公司	22.90	22.04	9.00	12.73	—	0.31	0.02	0.50	—	—	—	—	—	0.29	0.05	4.62
45	陆家嘴国泰人寿保险有限责任公司上海营运部	144.67	51.29	11.11	40.17	0.01	—	10.46	10.95	—	—	—	—	—	15.35	56.62	86.38
46	北大方正人寿保险有限公司上海营业部	192.45	135.41	21.37	113.46	0.06	0.52	1.87	24.39	3.73	3.73	—	—	—	3.21	23.84	258.25
47	中荷人寿保险有限公司上海分公司	34.04	32.18	2.49	29.69	—	—	0.02	1.70	0.01	0.01	—	—	—	0.03	0.10	21.44
48	农银人寿保险股份有限公司上海分公司	272.84	261.73	0.01	261.72	—	—	2.57	—	—	—	—	—	—	8.54	—	8.54
49	前海人寿保险股份有限公司上海分公司	0.20	—	—	—	—	—	—	—	0.01	0.01	—	—	—	0.07	0.12	0.20
	总计	63 776.48	53 194.44	25 122.56	27 647.09	78.58	346.21	906.86	3 538.32	901.74	252.77	648.33	—	0.64	2 178.26	3 056.86	34 469.47

（续表）

有效保单件数（万件）	赔款支出									退保
	合计	个人业务				团体业务				
		赔款支出	死伤医疗给付	满期给付	年金给付	赔款支出	死伤医疗给付	满期给付	年金给付	
5.39	140.36	—	0.97	133.48	4.57	1.33	0.01	—	—	67.38
5.44	695.30	0.04	6.62	672.46	12.79	3.39	—	—	—	305.29
3.31	107.18	—	4.10	72.12	1.10	29.17	0.69	—	—	161.63
0.47	472.14	—	—	—	—	223.71	223.71	12.36	12.36	44.73
3.10	289.91	0.06	2.63	262.72	1.58	22.72	0.20	—	—	159.69
0.52	0.18	—	—	—	—	0.09	—	—	0.09	0.09
0.50	33.08	0.02	0.05	—	—	33.01	—	—	—	−1.85
6.62	70.04	—	3.49	53.12	—	5.99	7.43	0.01	—	566.21
—	2.08	—	2.08	—	—	—	—	—	—	72.24
5.40	4.54	—	4.51	—	—	—	0.03	—	—	243.01
1.16	0.25	—	0.14	—	0.02	0.09	—	—	—	8.00
2.31	56.28	0.46	1.33	1.56	5.47	45.33	2.13	—	—	16.17
4.41	28.43	0.63	3.17	0.34	4.97	18.70	0.62	—	—	21.80
0.41	0.83	—	0.66	—	—	0.17	—	—	—	10.30
0.50	0.02	—	—	—	—	0.01	0.01	—	—	6.15
—	—	—	—	—	—	—	—	—	—	—
2 470.86	17 632.42	359.90	915.08	10 680.38	2 459.91	2 452.47	472.53	57.50	234.38	15 654.23

3. 上海市人寿保险公司业务来源统计表(2014)

单位:人民币百万元

序号	公司名称	保费收入						
		合计	分入保费	银行代理	营销代理	中介机构	公司直接承保	其他
1	中国人寿保险股份有限公司上海市分公司	6 907.38	—	3 098.03	2 931.77	—	877.58	—
2	中国太平洋人寿保险股份有限公司上海分公司	1 951.89	—	558.66	983.72	252.91	127.22	29.38
3	中国平安人寿保险股份有限公司上海分公司	9 781.79	—	634.96	8 469.92	—	38.99	637.92
4	泰康人寿保险股份有限公司上海分公司	3 086.48	—	2 238.20	261.42	458.90	127.96	—
5	新华人寿保险股份有限公司上海分公司	5 341.14	—	3 191.74	1 152.39	358.51	638.50	—
6	太平人寿保险有限公司上海分公司	1 316.87	—	913.40	357.49	2.51	18.54	24.93
7	富德生命人寿保险股份有限公司上海分公司	1 038.16	—	661.30	347.34	13.19	11.91	4.42
8	民生人寿保险股份有限公司上海分公司	46.20	—	9.57	20.75	14.87	1.01	—
9	合众人寿保险股份有限公司上海分公司	659.93	—	208.10	436.29	6.08	9.46	—
10	中国人民健康保险股份有限公司上海分公司	180.43	—	91.68	45.27	43.48	—	—
11	和谐健康保险股份有限公司上海分公司	30.62	—	29.72	—	0.90	—	—
12	汇丰人寿保险有限公司	507.99	—	465.70	21.24	—	21.05	—
13	平安健康保险股份有限公司上海分公司	148.68	87.92	—	—	52.64	—	8.12
14	友邦保险有限公司上海分公司	2 482.30	—	94.60	2 291.48	31.41	29.55	35.26
15	中宏人寿保险有限公司上海分公司	1 413.07	—	40.18	—	—	1 372.89	—
16	建信人寿保险有限公司	2 391.00	—	1 008.00	889.00	—	27.00	467.00
17	中德安联人寿保险有限公司上海分公司	610.05	—	393.43	158.23	13.47	44.92	—
18	工银安盛人寿保险有限公司	2 130.66	—	1 753.58	210.91	58.60	107.57	—
19	交银康联人寿保险有限公司	537.77	—	486.31	42.43	6.47	2.56	—
20	天安人寿保险股份有限公司上海分公司	1 466.12	—	1 259.99	143.78	—	—	62.35
21	海康人寿保险有限公司	160.85	—	67.86	19.26	41.29	32.44	—
22	长生人寿保险有限公司	93.13	—	7.51	29.48	9.29	46.85	—
23	华夏人寿保险股份有限公司上海分公司	77.73	—	3.96	29.56	36.13	6.84	1.24
24	正德人寿保险股份有限公司上海分公司	7.21	—	6.58	0.62	0.01	—	—
25	信诚人寿保险有限公司上海分公司	254.22	—	157.74	75.85	—	17.67	2.96
26	中美联泰大都会人寿保险有限公司	1 047.64	—	272.30	124.94	—	606.13	44.27
27	中意人寿保险有限公司上海分公司	422.87	—	55.20	—	222.15	144.94	0.58
28	瑞泰人寿保险有限公司上海分公司	4.97	—	0.24	—	3.47	1.26	—
29	招商信诺人寿保险有限公司上海分公司	1 138.41	—	513.12	—	137.05	43.72	444.52
30	中国人民人寿保险股份有限公司上海市分公司	1 338.06	—	525.23	31.83	93.06	635.27	52.67
31	国华人寿保险股份有限公司上海分公司	159.66	—	98.66	23.17	2.77	35.06	—
32	中国人寿养老保险股份有限公司上海市分公司	—	—	—	—	—	—	—
33	平安养老保险股份有限公司上海分公司	1 375.93	—	31.08	254.77	504.30	585.78	—
34	英大泰和人寿保险股份有限公司上海分公司	89.23	—	72.92	3.32	8.73	4.26	—
35	华泰人寿保险股份有限公司上海分公司	338.44	—	303.75	24.80	8.85	1.04	—
36	光大永明人寿保险有限公司上海分公司	75.62	—	30.64	1.32	−10.74	35.54	18.86
37	太平养老保险股份有限公司上海分公司	1 070.71	—	187.02	12.06	329.58	542.05	—
38	幸福人寿保险股份有限公司上海分公司	240.17	—	187.55	10.07	30.50	12.05	—
39	泰康养老保险股份有限公司上海分公司	17.96	—	0.41	0.15	1.21	16.19	—
40	昆仑健康保险股份有限公司上海分公司	−32.26	—	0.11	−0.52	−32.81	0.89	0.07
41	阳光人寿保险股份有限公司上海分公司	705.38	—	619.57	6.14	0.32	74.62	4.73
42	安邦人寿保险股份有限公司上海分公司	12 124.82	—	12 124.60	—	—	0.22	—
43	中融人寿保险股份有限公司上海分公司	370.10	—	370.04	—	—	—	0.06
44	信泰人寿保险股份有限公司上海分公司	22.90	—	1.54	2.50	18.86	—	—
45	陆家嘴国泰人寿保险有限责任公司上海营运部	144.67	—	18.94	37.29	37.43	51.01	—
46	北大方正人寿保险有限公司上海营业部	192.45	—	0.29	67.31	3.24	121.61	—
47	中荷人寿保险有限公司上海分公司	34.04	—	23.23	0.18	10.63	—	—
48	农银人寿保险股份有限公司上海分公司	272.84	—	272.84	—	—	—	—
49	前海人寿保险股份有限公司上海分公司	0.20	—	—	—	0.10	0.10	—
	总计	63 776.48	87.92	33 090.08	19 517.53	2 769.36	6 472.25	1 839.34

4. 上海市人寿保险公司保费收入市场份额表(2014)

单位:人民币百万元

序号	公司名称	保费收入	占市场比例(%)
1	中国人寿保险股份有限公司上海市分公司	6 907.38	10.83
2	中国太平洋人寿保险股份有限公司上海分公司	1 951.89	3.06
3	中国平安人寿保险股份有限公司上海分公司	9 781.79	15.34
4	泰康人寿保险股份有限公司上海分公司	3 086.48	4.84
5	新华人寿保险股份有限公司上海分公司	5 341.14	8.37
6	太平人寿保险有限公司上海分公司	1 316.87	2.06
7	富德生命人寿保险股份有限公司上海分公司	1 038.16	1.63
8	民生人寿保险股份有限公司上海分公司	46.20	0.07
9	合众人寿保险股份有限公司上海分公司	659.93	1.03
10	中国人民健康保险股份有限公司上海分公司	180.43	0.28
11	和谐健康保险股份有限公司上海分公司	30.62	0.05
12	汇丰人寿保险有限公司	507.99	0.80
13	平安健康保险股份有限公司上海分公司	148.68	0.23
14	友邦保险有限公司上海分公司	2 482.30	3.89
15	中宏人寿保险有限公司上海分公司	1 413.07	2.22
16	建信人寿保险有限公司	2 391.00	3.75
17	中德安联人寿保险有限公司上海分公司	610.05	0.96
18	工银安盛人寿保险有限公司	2 130.66	3.34
19	交银康联人寿保险有限公司	537.77	0.84
20	天安人寿保险股份有限公司上海分公司	1 466.12	2.30
21	海康人寿保险有限公司	160.85	0.25
22	长生人寿保险有限公司	93.13	0.15
23	华夏人寿保险股份有限公司上海分公司	77.73	0.12
24	正德人寿保险股份有限公司上海分公司	7.21	0.01
25	信诚人寿保险有限公司上海分公司	254.22	0.40
26	中美联泰大都会人寿保险有限公司	1 047.64	1.64
27	中意人寿保险有限公司上海分公司	422.87	0.66
28	瑞泰人寿保险有限公司上海分公司	4.97	0.01
29	招商信诺人寿保险有限公司上海分公司	1 138.41	1.78
30	中国人民人寿保险股份有限公司上海市分公司	1 338.06	2.10
31	国华人寿保险股份有限公司上海分公司	159.66	0.25
32	中国人寿养老保险股份有限公司上海市分公司	—	—
33	平安养老保险股份有限公司上海分公司	1 375.93	2.16
34	英大泰和人寿保险股份有限公司上海分公司	89.23	0.14
35	华泰人寿保险股份有限公司上海分公司	338.44	0.53
36	光大永明人寿保险有限公司上海分公司	75.62	0.12
37	太平养老保险股份有限公司上海分公司	1 070.71	1.68
38	幸福人寿保险股份有限公司上海分公司	240.17	0.38
39	泰康养老保险股份有限公司上海分公司	17.96	0.03
40	昆仑健康保险股份有限公司上海分公司	−32.26	−0.05
41	阳光人寿保险股份有限公司上海分公司	705.38	1.11
42	安邦人寿保险股份有限公司上海分公司	12 124.82	19.01
43	中融人寿保险股份有限公司上海分公司	370.10	0.58
44	信泰人寿保险股份有限公司上海分公司	22.90	0.04
45	陆家嘴国泰人寿保险有限责任公司上海营运部	144.67	0.23
46	北大方正人寿保险有限公司上海营业部	192.45	0.30
47	中荷人寿保险有限公司上海分公司	34.04	0.05
48	农银人寿保险股份有限公司上海分公司	272.84	0.43
49	前海人寿保险股份有限公司上海分公司	0.20	—
	合计	63 776.48	100.00

5. 上海市财产保险公司

公司序号	保险机构	保费收入										
		合计	企业财产保险	机动车辆保险	货物运输保险	责任保险	工程保险	信用及保证保险	农业保险	短期健康保险	意外伤害保险	其他
1	中国人民财产保险股份有限公司上海市分公司	5 263.10	445.81	3 385.34	172.13	331.00	74.68	39.78	—	50.08	61.62	702.66
2	中国太平洋财产保险股份有限公司上海分公司	6 410.98	559.30	4 764.48	—	480.85	98.15	51.64	—	52.10	211.67	192.79
3	中国平安财产保险股份有限公司上海分公司	8 362.55	545.58	6 127.40	233.35	374.73	106.38	564.98	—	85.63	227.10	97.40
4	天安财产保险股份有限公司上海分公司	311.39	23.67	245.28	9.23	9.32	2.34	−3.42	—	2.59	17.11	5.27
5	史带财产保险股份有限公司上海分公司	248.96	34.25	115.13	13.91	6.57	16.49	—	—	2.53	61.34	−1.26
6	华泰财产保险有限公司上海分公司	539.55	71.30	168.11	175.99	48.93	12.86	0.58	—	14.15	30.04	17.59
7	太平财产保险有限公司上海分公司	800.62	75.18	581.90	22.21	41.44	11.84	1.72	—	34.71	30.67	0.95
8	中华联合财产保险股份有限公司上海分公司	632.70	80.19	466.96	7.32	24.61	4.20	2.06	—	20.43	25.79	1.14
9	华安财产保险股份有限公司上海分公司	362.87	4.52	138.67	0.54	2.82	0.30	2.16	—	54.96	154.04	4.86
10	中国大地财产保险股份有限公司上海分公司	932.19	67.59	499.68	8.26	23.03	8.57	23.11	—	229.38	22.90	49.67
11	中国大地财产保险股份有限公司营业部	375.20	65.70	34.56	11.42	72.24	40.64	30.63	—	60.01	10.54	49.46
12	安信农业保险股份有限公司	811.06	64.72	65.48	0.50	46.56	93.52	2.78	448.77	8.36	49.42	30.95
13	安邦财产保险股份有限公司上海分公司	160.22	5.60	87.55	—	46.78	1.42	—	—	—	0.42	18.45
14	安盛天平财产保险股份有限公司上海分公司	717.52	162.67	306.98	85.04	62.51	34.02	1.46	—	41.01	19.79	4.04
15	永诚财产保险股份有限公司上海分公司	402.90	54.19	221.61	2.58	6.29	4.47	0.76	—	72.34	25.01	15.65
16	阳光财产保险股份有限公司上海市分公司	446.55	10.49	283.36	8.72	5.37	2.51	121.72	—	—	6.77	7.61
17	都邦财产保险股份有限公司上海分公司	99.78	4.10	91.39	0.16	0.46	0.35	—	—	—	3.32	—
18	美亚财产保险有限公司上海分公司	657.95	87.78	4.58	100.71	212.08	16.67	19.56	—	19.18	177.90	19.49
19	东京海上日动火灾保险(中国)有限公司上海分公司	212.84	63.69	4.05	81.13	44.97	7.77	5.76	—	—	3.21	2.26
20	太阳联合保险(中国)有限公司	169.95	49.81	—	43.80	48.92	7.66	1.27	—	0.14	16.89	1.46
21	丘博保险(中国)有限公司	175.93	3.66	—	23.40	101.95	—	—	—	35.47	11.45	—
22	三星财产保险(中国)有限公司	161.91	21.84	110.87	5.27	4.17	9.10	0.27	—	—	7.64	2.75
23	三井住友海上火灾保险(中国)有限公司营业部	137.07	27.35	−0.38	58.46	26.08	2.15	18.30	—	0.80	2.51	1.80
24	中国出口信用保险公司上海分公司	463.12	—	—	—	—	—	463.12	—	—	—	—
25	民安财产保险有限公司上海分公司	54.39	5.55	9.20	1.24	1.80	2.03	0.76	—	29.81	0.04	3.96
26	渤海财产保险股份有限公司上海分公司	26.63	4.72	20.19	—	0.33	—	—	—	—	0.52	0.87
27	日本财产保险(中国)有限公司上海分公司	410.06	220.05	25.39	54.48	59.08	16.22	12.43	4.73	14.09	3.38	0.21
28	中银保险有限公司上海分公司	188.40	41.78	59.69	4.89	6.43	12.23	34.19	—	8.69	4.08	16.42

业务统计表(2014)

单位:人民币百万元

保户储金及投资款	赔款支出											赔案件数(万件)	未决赔款
	合计	企业财产保险	机动车辆保险	货物运输保险	责任保险	工程保险	信用保证保险	农业保险	短期健康保险	意外伤害保险	其他		
—	3 247.91	182.49	2 379.14	58.11	124.31	22.27	29.14	—	25.95	14.96	411.54	56.00	2 178.89
—	3 627.20	268.10	2 972.19	4.21	173.34	25.48	15.98	—	47.84	72.75	47.31	86.27	1 752.22
1.13	4 273.69	231.00	3 516.26	78.89	135.85	51.71	134.25	—	37.35	40.87	47.51	111.00	2 225.67
368.23	187.30	12.54	154.56	7.29	3.01	0.54	0.52	—	2.09	2.09	4.66	4.78	80.86
—	226.65	114.88	70.24	10.50	2.68	2.08	—	—	0.21	25.36	0.70	2.37	126.78
—	215.17	39.46	95.91	29.91	9.67	0.47	3.63	—	28.92	6.14	1.06	6.07	207.09
—	414.24	12.34	333.70	7.25	8.63	5.97	0.04	—	32.55	10.43	3.33	11.38	149.83
—	402.76	30.42	309.74	2.91	19.25	0.61	1.02	—	19.10	17.20	2.51	11.94	19.02
—	119.42	4.21	85.87	0.06	0.51	0.40	0.92	—	3.56	20.37	3.52	—	12.62
—	483.51	21.59	339.48	1.89	4.80	0.35	0.19	—	91.38	11.48	12.35	8.88	177.49
—	200.73	39.70	28.54	2.83	19.79	8.40	41.20	—	40.25	2.30	17.72	1.79	315.47
—	368.23	12.32	42.27	0.64	4.11	12.23	0.38	266.73	4.66	17.23	7.66	3.30	91.08
—	49.40	3.65	44.07	—	0.84	0.08	0.10	—	—	0.06	0.60	1.40	20.8
—	407.15	97.09	216.65	42.56	17.26	4.52	0.01	—	18.67	9.28	1.11	5.40	160.94
—	233.24	23.39	158.09	2.73	1.59	1.12	0.10	—	31.53	2.91	11.78	4.66	93.4
—	229.48	6.30	192.39	9.71	1.83	0.11	13.30	—	—	5.22	0.62	7.29	107.12
—	32.59	1.69	30.75	—	—	—	—	—	—	0.15	—	0.69	14.72
—	180.23	33.39	1.16	33.48	46.87	0.08	0.29	—	9.83	50.04	5.09	3.76	97.29
—	74.09	26.52	1.23	27.07	11.45	7.06	—	—	—	0.75	0.01	0.33	85.44
—	50.77	25.36	—	10.58	7.97	3.38	0.01	—	0.03	3.14	0.30	0.18	56.53
—	96.01	0.13	—	16.55	28.24	—	—	—	32.71	18.38	—	1.83	59.51
—	80.62	10.17	61.62	4.08	1.71	—	0.28	—	—	2.76	—	3.57	27.06
—	102.62	80.88	1.33	10.25	7.23	1.19	0.14	—	0.73	0.87	—	0.12	22.68
—	449.39	—	—	—	—	—	449.39	—	—	—	—	0.02	209.85
—	54.68	6.33	6.71	17.14	1.65	0.36	—	—	22.28	0.04	0.17	1.32	9.3
—	17.47	5.07	12.18	—	0.08	—	—	—	—	0.01	0.13	0.29	3.88
—	193.98	119.18	2.74	26.98	7.25	5.91	13.15	6.76	8.75	0.55	2.71	1.17	15.23
—	69.96	6.52	25.97	2.97	3.56	1.27	13.22	—	4.68	0.75	11.02	1.47	52.49

公司序号	保险机构	保费收入										
		合计	企业财产保险	机动车辆保险	货物运输保险	责任保险	工程保险	信用及保证保险	农业保险	短期健康保险	意外伤害保险	其他
29	安诚财产保险股份有限公司上海分公司	306.32	4.38	291.59	0.46	1.17	0.49	—	—	—	8.15	0.08
30	国泰财产保险有限责任公司	75.98	25.34	23.69	3.94	16.63	2.72	0.81	—	—	—	2.85
31	中国人寿财产保险股份有限公司上海市分公司	1 022.87	85.53	828.06	15.73	30.66	12.85	—	—	—	20.83	29.21
32	华泰财产保险有限公司营业部	279.55	17.66	—	40.68	45.48	3.83	0.51	—	51.51	113.54	6.34
33	英大泰和财产保险股份有限公司上海分公司	304.50	128.96	146.25	0.82	13.55	8.45	0.37	—	—	5.99	0.11
34	紫金财产保险股份有限公司上海分公司	68.40	4.38	48.88	7.75	1.64	0.75	0.50	—	1.02	1.49	1.99
35	中意财产保险有限公司上海分公司	44.89	9.23	3.61	10.15	11.97	7.83	—	—	—	0.90	1.20
36	中国人民财产保险股份有限公司航运保险运营中心	1 231.53	—	—	—	—	—	—	—	—	—	1 231.53
37	中国太平洋财产保险股份有限公司航运保险事业营运中心	679.09	—	—	340.64	—	—	—	—	—	—	338.45
38	信达财产保险股份有限公司上海分公司	175.11	10.65	143.01	1.13	9.99	2.18	0.26	—	0.07	7.76	0.06
39	鼎和财产保险股份有限公司上海分公司	115.30	2.91	101.17	5.08	3.11	0.40	0.10	—	—	2.43	0.10
40	长安责任保险股份有限公司上海市分公司	107.29	5.77	94.55	0.14	0.32	4.20	—	—	1.27	1.04	—
41	浙商财产保险股份有限公司上海分公司	50.64	1.84	46.31	0.10	0.63	0.61	—	—	0.02	1.12	0.01
42	劳合社保险(中国)有限公司	425.30	79.79	2.30	35.02	24.45	70.89	—	180.74	—	5.71	26.40
43	信利保险(中国)有限公司	40.63	7.76	—	—	30.30	—	—	—	—	—	2.57
44	中国平安财产保险股份有限公司航运保险运营中心	244.66	—	—	91.40	—	—	—	—	—	—	153.26
45	安联财产保险(中国)有限公司上海分公司	169.19	5.66	61.25	5.90	23.91	5.03	16.11	—	29.67	19.98	1.68
46	永安财产保险股份有限公司上海分公司	113.90	4.02	60.50	0.42	2.95	0.91	3.10	—	33.36	4.20	4.44
47	永安财产保险股份有限公司航运保险运营中心	39.62	4.75	0.40	0.39	19.26	0.77	0.21	—	−0.05	6.24	7.65
48	阳光财产保险股份有限公司航运保险运营中心	70.92	3.39	—	31.48	12.07	—	—	—	—	0.41	23.57
49	众诚汽车保险股份有限公司上海分公司	194.70	1.60	183.66	3.80	1.35	0.04	—	—	0.05	0.36	3.84
50	众安在线财产保险股份有限公司	52.75	—	—	—	0.98	—	8.02	—	—	3.60	40.15
51	华泰财产保险有限公司航运保险运营中心	7.80	—	—	0.08	—	—	—	—	—	—	7.72
52	苏黎世财产保险(中国)有限公司上海分公司	5.58	0.09	—	1.14	4.24	—	—	—	—	0.11	—
53	天安财产保险股份有限公司航运保险中心	2.05	—	—	—	1.63	—	—	—	—	—	0.42
54	中国大地财产保险股份有限公司航运保险运营中心	7.49	—	—	3.24	—	—	—	—	—	—	4.25
	总计	35 372.45	3 204.80	19 852.70	1 724.23	2 345.61	708.52	1 425.61	634.24	953.38	1 389.03	3 134.33

（续表）

保户储金及投资款	赔款支出											赔案件数（万件）	未决赔款
	合计	企业财产保险	机动车辆保险	货物运输保险	责任保险	工程保险	信用保证保险	农业保险	短期健康保险	意外伤害保险	其他		
—	104.79	0.05	92.75	0.59	0.62	0.49	—	—	0.02	2.91	7.36	2.23	74.28
—	72.16	20.99	37.08	2.54	8.39	1.29	0.27	—	—	—	1.60	1.42	−34.92
—	586.62	37.21	516.46	5.98	16.24	2.39	—	—	—	3.48	4.86	11.54	284.69
—	202.25	5.21	—	7.57	8.18	165.96	0.06	—	10.87	4.35	0.05	0.52	132.78
—	154.72	20.03	106.18	7.21	16.65	0.23	—	0.03	—	3.94	0.45	2.76	6.64
—	47.64	8.57	32.50	3.07	1.20	0.06	0.19	—	0.38	0.43	1.24	0.31	8.32
—	8.54	3.41	0.81	2.75	0.69	0.52	—	—	—	0.33	0.03	0.06	11.81
—	620.40	—	—	—	—	—	—	—	—	—	620.40	0.23	221.82
—	384.88	—	—	208.23	—	—	—	—	—	—	176.65	0.47	397.24
—	78.81	7.19	61.12	1.64	3.70	0.35	0.01	—	0.05	4.58	0.17	—	60.89
—	63.44	2.28	56.92	0.17	0.53	0.06	—	—	—	1.43	2.05	1.42	9.80
—	43.44	0.42	38.11	—	2.59	—	—	—	0.58	0.13	1.61	—	8.18
—	76.52	2.06	69.51	0.01	0.95	0.10	—	—	—	3.89	—	0.89	35.79
—	165.93	23.95	0.14	9.14	3.97	10.14	—	111.95	—	0.82	5.82	0.06	140.02
—	3.05	0.03	—	—	3.02	—	—	—	—	—	—	0.01	30.58
—	103.53	—	—	33.23	—	—	—	—	—	—	70.30	0.17	183.65
—	77.92	0.64	23.00	1.26	0.83	1.77	26.77	—	20.79	2.70	0.16	0.69	15.54
—	83.08	15.25	53.47	4.82	0.33	—	—	—	5.62	2.69	0.90	1.38	60.85
—	29.59	0.23	1.78	0.33	3.09	—	—	—	18.73	1.51	3.92	3.80	9.86
—	11.28	0.42	—	4.63	1.98	—	—	—	—	0.02	4.23	—	17.78
—	66.61	0.23	65.34	0.89	0.08	—	—	—	0.02	0.05	—	1.89	59.59
—	23.95	—	—	—	—	—	0.07	—	—	—	23.88	298.02	0.37
—	—	—	—	—	—	—	—	—	—	—	—	—	—
—	0.05	—	—	0.02	0.03	—	—	—	—	—	—	—	0.13
—	—	—	—	—	—	—	—	—	—	—	—	—	0.1
—	—	—	—	—	—	—	—	—	—	—	—	—	0.6
369.36	19 097.69	1 562.89	12 237.96	702.67	716.55	338.95	744.63	385.47	520.13	369.35	1 519.09	665.15	10 109.65

6. 上海市财产保险公司业务来源统计表(2014)

单位:人民币百万元

序号	公 司 名 称	合 计	分入保费	银行代理	营销代理	中介机构	公司直接承保	其 他
1	中国人民财产保险股份有限公司上海市分公司	5 263.10	—	113.65	21.88	3 225.52	1 901.94	0.11
2	中国太平洋财产保险股份有限公司上海分公司	6 410.98	—	58.35	1.46	4 213.74	2 031.02	106.41
3	中国平安财产保险股份有限公司上海分公司	8 362.55	—	34.26	322.44	3 592.61	4 413.24	—
4	天安财产保险股份有限公司上海分公司	311.39	—	3.40	—	264.14	43.85	—
5	史带财产保险股份有限公司上海分公司	248.96	—	—	248.96	—	—	—
6	华泰财产保险有限公司上海分公司	539.55	21.60	4.21	—	456.87	56.87	—
7	太平财产保险有限公司上海分公司	800.62	—	27.93	—	582.98	189.71	—
8	中华联合财产保险股份有限公司上海分公司	632.70	—	7.17	—	458.28	114.05	53.20
9	华安财产保险股份有限公司上海分公司	362.87	—	214.61	—	148.26	—	—
10	中国大地财产保险股份有限公司上海分公司	932.19	1.74	4.76	−0.01	834.10	44.13	47.47
11	中国大地财产保险股份有限公司营业部	375.20	39.05	0.30	—	294.77	40.65	0.43
12	安信农业保险股份有限公司	811.06	—	37.80	—	253.66	519.60	—
13	安邦财产保险股份有限公司上海分公司	160.22	—	—	53.57	32.92	73.73	—
14	安盛天平财产保险股份有限公司上海分公司	717.52	110.24	4.87	—	388.37	214.04	—
15	永诚财产保险股份有限公司上海分公司	402.90	—	8.24	—	348.76	45.90	—
16	阳光财产保险股份有限公司上海市分公司	446.55	—	0.16	—	192.43	253.96	—
17	都邦财产保险股份有限公司上海分公司	99.78	—	—	—	99.78	—	—
18	美亚财产保险有限公司上海分公司	657.95	89.09	—	149.06	196.55	223.25	—
19	东京海上日动火灾保险(中国)有限公司上海分公司	212.84	—	0.06	—	70.35	142.43	—
20	太阳联合保险(中国)有限公司	169.95	22.47	0.01	23.53	96.38	27.56	—
21	丘博保险(中国)有限公司	175.93	52.37	—	—	61.56	62.00	—
22	三星财产保险(中国)有限公司	161.91	18.99	—	—	14.26	128.66	—
23	三井住友海上火灾保险(中国)有限公司营业部	137.07	12.79	—	—	54.22	70.06	—
24	中国出口信用保险公司上海分公司	463.12	—	—	—	7.81	455.31	—
25	民安财产保险有限公司上海分公司	54.39	—	4.71	—	48.96	0.72	—
26	渤海财产保险股份有限公司上海分公司	26.63	0.16	—	—	26.09	0.21	0.17
27	日本财产保险(中国)有限公司上海分公司	410.06	315.07	—	49.51	2.24	43.24	—

（续表）

序号	公司名称	合计	分人保费	银行代理	营销代理	中介机构	公司直接承保	其他
28	中银保险有限公司上海分公司	188.40	5.23	69.76	—	88.30	25.11	—
29	安诚财产保险股份有限公司上海分公司	306.32	—	—	—	291.36	14.96	—
30	国泰财产保险有限责任公司	75.98	—	—	—	59.66	16.32	—
31	中国人寿财产保险股份有限公司上海市分公司	1 022.87	—	15.46	0.02	883.14	123.96	0.29
32	华泰财产保险有限公司营业部	279.55	—	—	3.62	94.00	15.07	166.86
33	英大泰和财产保险股份有限公司上海分公司	304.50	—	—	—	281.50	13.70	9.30
34	紫金财产保险股份有限公司上海分公司	68.40	—	0.34	—	67.95	0.11	—
35	中意财产保险有限公司上海分公司	44.89	12.11	—	—	29.96	2.82	—
36	中国人民财产保险股份有限公司航运保险运营中心	1 231.53	—	28.47	183.75	423.05	593.99	2.27
37	中国太平洋财产保险股份有限公司航运保险事业营运中心	679.09	—	38.38	—	347.19	293.52	—
38	信达财产保险股份有限公司上海分公司	175.11	—	1.15	—	164.48	9.13	0.35
39	鼎和财产保险股份有限公司上海分公司	115.30	—	—	—	113.87	1.43	—
40	长安责任保险股份有限公司上海市分公司	107.29	—	—	76.26	15.00	15.40	0.63
41	浙商财产保险股份有限公司上海分公司	50.64	—	—	—	50.60	0.04	—
42	劳合社保险(中国)有限公司	425.30	424.48	—	—	0.43	0.39	—
43	信利保险(中国)有限公司	40.63	5.23	—	—	35.00	0.40	—
44	中国平安财产保险股份有限公司航运保险运营中心	244.66	—	0.67	1.68	180.02	50.89	11.40
45	安联财产保险(中国)有限公司上海分公司	169.19	16.24	—	70.57	52.97	29.41	—
46	永安财产保险股份有限公司上海分公司	113.90	0.22	—	—	98.41	14.74	0.53
47	永安财产保险股份有限公司航运保险运营中心	39.62	0.55	0.17	—	38.35	0.55	—
48	阳光财产保险股份有限公司航运保险运营中心	70.92	—	—	—	43.18	27.74	—
49	众诚汽车保险股份有限公司上海分公司	194.70	—	—	—	187.63	7.07	—
50	众安在线财产保险股份有限公司	52.75	—	—	—	3.60	49.15	—
51	华泰财产保险有限公司航运保险运营中心	7.80	—	—	—	7.72	0.08	—
52	苏黎世财产保险(中国)有限公司上海分公司	5.58	0.66	—	—	4.69	0.23	—
53	天安财产保险股份有限公司航运保险中心	2.05	—	—	—	1.63	0.42	—
54	中国大地财产保险股份有限公司航运保险运营中心	7.49	—	—	2.48	2.64	2.37	—
	合计	35 372.45	1 148.29	678.89	1 208.78	19 531.94	12 405.13	399.42

7. 上海市财产保险公司保费收入市场份额表(2014)

单位:人民币百万元

序号	公 司 名 称	保费收入	占市场比例(%)
1	中国人民财产保险股份有限公司上海市分公司	5 263.10	14.88
2	中国太平洋财产保险股份有限公司上海分公司	6 410.98	18.12
3	中国平安财产保险股份有限公司上海分公司	8 362.55	23.64
4	天安财产保险股份有限公司上海分公司	311.39	0.88
5	史带财产保险股份有限公司上海分公司	248.96	0.70
6	华泰财产保险有限公司上海分公司	539.55	1.53
7	太平财产保险有限公司上海分公司	800.62	2.26
8	中华联合财产保险股份有限公司上海分公司	632.70	1.79
9	华安财产保险股份有限公司上海分公司	362.87	1.03
10	中国大地财产保险股份有限公司上海分公司	932.19	2.64
11	中国大地财产保险股份有限公司营业部	375.20	1.06
12	安信农业保险股份有限公司	811.06	2.29
13	安邦财产保险股份有限公司上海分公司	160.22	0.45
14	安盛天平财产保险股份有限公司上海分公司	717.52	2.03
15	永诚财产保险股份有限公司上海分公司	402.90	1.14
16	阳光财产保险股份有限公司上海市分公司	446.55	1.26
17	都邦财产保险股份有限公司上海分公司	99.78	0.28
18	美亚财产保险有限公司上海分公司	657.95	1.86
19	东京海上日动火灾保险(中国)有限公司上海分公司	212.84	0.60
20	太阳联合保险(中国)有限公司	169.95	0.48
21	丘博保险(中国)有限公司	175.93	0.50
22	三星财产保险(中国)有限公司	161.91	0.46
23	三井住友海上火灾保险(中国)有限公司营业部	137.07	0.39
24	中国出口信用保险公司上海分公司	463.12	1.31
25	民安财产保险有限公司上海分公司	54.39	0.15
26	渤海财产保险股份有限公司上海分公司	26.63	0.08
27	日本财产保险(中国)有限公司上海分公司	410.06	1.16

（续表）

序号	公　司　名　称	保费收入	占市场比例(%)
28	中银保险有限公司上海分公司	188.40	0.53
29	安诚财产保险股份有限公司上海分公司	306.32	0.87
30	国泰财产保险有限责任公司	75.98	0.21
31	中国人寿财产保险股份有限公司上海市分公司	1 022.87	2.89
32	华泰财产保险有限公司营业部	279.55	0.79
33	英大泰和财产保险股份有限公司上海分公司	304.50	0.86
34	紫金财产保险股份有限公司上海分公司	68.40	0.19
35	中意财产保险有限公司上海分公司	44.89	0.13
36	中国人民财产保险股份有限公司航运保险运营中心	1 231.53	3.48
37	中国太平洋财产保险股份有限公司航运保险事业营运中心	679.09	1.92
38	信达财产保险股份有限公司上海分公司	175.11	0.50
39	鼎和财产保险股份有限公司上海分公司	115.30	0.33
40	长安责任保险股份有限公司上海市分公司	107.29	0.30
41	浙商财产保险股份有限公司上海分公司	50.64	0.14
42	劳合社保险(中国)有限公司	425.30	1.20
43	信利保险(中国)有限公司	40.63	0.11
44	中国平安财产保险股份有限公司航运保险运营中心	244.66	0.69
45	安联财产保险(中国)有限公司上海分公司	169.19	0.48
46	永安财产保险股份有限公司上海分公司	113.90	0.32
47	永安财产保险股份有限公司航运保险运营中心	39.62	0.11
48	阳光财产保险股份有限公司航运保险运营中心	70.92	0.20
49	众诚汽车保险股份有限公司上海分公司	194.70	0.55
50	众安在线财产保险股份有限公司	52.75	0.15
51	华泰财产保险有限公司航运保险运营中心	7.80	0.02
52	苏黎世财产保险(中国)有限公司上海分公司	5.58	0.02
53	天安财产保险股份有限公司航运保险中心	2.05	0.01
54	中国大地财产保险股份有限公司航运保险运营中心	7.49	0.02
	总计	35 372.45	100.00

8. 上海市主要保险中介

序号	中介公司名称	成立时间	总部所在地	注册资金（百万元）	股东单位数（个）	员工人数（个）	法人代表
1	韦莱保险经纪有限公司	2004 年 8 月	上海	30	2	388	ADAMGARRARD
2	中怡保险经纪有限责任公司	2003 年 10 月	上海	50	2	526	邬小蕙
3	上海电气保险经纪有限公司	2004 年 3 月	上海	10	1	21	秦 怿
4	上海环亚保险经纪有限公司	2002 年 3 月	上海	20	1	93	鲍荣清
5	上海晨光保险经纪有限公司	2004 年 4 月	上海	10	2	12	宋建平
6	上海华一保险经纪有限公司	2004 年 7 月	上海	10	1	37	高忠德
7	中元保险经纪有限公司	2005 年 6 月	上海	20	4	28	房志敏
8	上海安国保险经纪有限公司	2005 年 3 月	上海	10	2	21	柳镇源
9	上海美世保险经纪有限公司	2005 年 12 月	上海	10	2	86	曹卫群
10	上海鑫诺保险经纪有限公司	2009 年 1 月	上海	10	3	5	王 钧
11	上海恒昊保险经纪有限公司	2008 年 4 月	上海	10	2	6	黄焕中
12	上海亚太保险经纪有限公司	2008 年 7 月	上海	10	7	15	金怡钟
13	上海合晖保险经纪有限公司	2008 年 9 月	上海	10	4	12	司文奇
14	上海同人保险经纪股份有限公司	2010 年 7 月	上海	22.5	9	31	许兴铭
15	上海中盈保险经纪有限公司	2005 年 5 月	上海	12	3	67	俞侃敏
16	华泰伟业上海保险经纪有限责任公司	2011 年 10 月	上海	10	1	20	丛雪松
17	金宏(上海)保险经纪有限公司	2012 年 8 月	上海	10	2	4	黄腾昌
18	江泰保险经纪股份有限公司华东分公司	2005 年 3 月	北京	137.6	7	29	沈开涛
19	达信(北京)保险经纪有限公司上海分公司	2005 年 7 月	北京	50	1	114	李 铭
20	怡和立信保险经纪有限责任公司上海分公司	2007 年 8 月	广东	20	1	26	Nicholas Cousins
21	上海恒泰保险代理有限公司	2003 年 5 月	上海	2	2	5	朱渊毅
22	上海东方保险代理有限公司	2003 年 8 月	上海	5	8	18	包莉莉
23	上海合泰保险代理有限责任公司	2003 年 9 月	上海	10	2	9	魏志城
24	上海文定保险代理有限公司	2006 年 4 月	上海	2	2	8	沈国文
25	上海良将保险代理有限公司	2006 年 7 月	上海	2	3	5	李纯勇
26	上海乐诚保险代理有限公司	2006 年 12 月	上海	2	2	24	李 丽

机构情况表(2014)

单位:人民币百万元

资产	负债	所有者权益	保险业务收入	营业收入	营业支出	营业利润	利润总额	净利润
402.25	257.20	145.05	210.64	317.07	265.57	51.50	54.27	42.74
402.28	177.04	225.24	491.93	492.04	373.20	118.84	128.75	95.69
24.27	5.39	18.88	15.56	15.56	10.33	5.23	5.51	4.10
55.72	8.26	47.46	46.71	46.71	40.86	5.85	5.85	4.41
41.73	0.69	41.04	9.52	10.37	4.13	6.24	5.69	4.34
10.60	3.43	7.17	20.44	20.44	20.22	0.22	0.33	0.20
15.85	5.12	10.73	105.41	105.41	105.40	0.01	0.80	0.80
9.03	0.13	8.90	7.33	7.33	8.02	−0.69	−0.53	−0.72
21.35	18.41	2.94	73.56	73.56	75.86	−2.30	−2.27	−2.27
8.56	0.06	8.50	0.20	0.20	0.01	0.19	0.19	0.19
9.51	0.35	9.16	6.65	6.65	7.32	−0.67	−0.67	−0.67
11.14	1.63	9.51	6.13	6.13	7.06	−0.93	0.02	0.01
7.16	0.01	7.15	1.81	1.88	5.29	−3.41	−3.49	−3.54
32.35	3.45	28.90	—	4.60	2.99	1.61	1.61	1.43
25.11	8.15	16.96	13.96	20.63	14.49	6.14	1.65	1.24
10.78	0.01	10.77	2.41	2.41	2.23	0.18	0.20	0.15
7.94	0.24	7.70	—	—	1.15	−1.15	−1.15	−1.15
4.02	0.44	3.58	—	12.52	9.05	3.47	3.58	3.58
28.10	4.20	23.90	16.30	16.30	11.50	4.80	5.00	4.40
6.53	5.09	1.44	19.29	19.29	12.93	6.36	2.17	2.01
1.70	0.23	1.47	1.57	1.57	1.54	0.03	0.03	0.02
7.09	4.49	2.60	2.93	2.93	2.72	0.21	0.25	0.19
5.88	0.08	5.80	1.20	1.20	1.70	−0.50	−0.40	−0.40
3.33	0.03	3.30	4.47	4.47	3.91	0.56	0.55	0.44
3.39	0.03	3.36	1.96	1.96	1.86	0.10	0.12	0.10
1.41	0.28	1.13	2.32	2.32	2.28	0.04	−0.18	−0.18

序号	中介公司名称	成立时间	总部所在地	注册资金（百万元）	股东单位数（个）	员工人数（个）	法人代表
27	上海宜安保保险代理有限公司	2007 年 7 月	上海	10	1	77	陆 健
28	上海尚诚保险代理有限公司	2009 年 1 月	上海	2	2	55	秦 轶
29	上海天越保险代理有限公司	2008 年 11 月	上海	2	2	6	甘维斌
30	上海一鸣优信保险代理有限公司	2008 年 12 月	上海	3	3	9	王艳春
31	上海上合保险代理有限公司	2007 年 2 月	上海	2.9	1	5	詹[illegible]铄
32	上海玄元保险代理有限公司	2009 年 9 月	上海	50	1	27	全丹颂
33	华泰保险销售有限公司	2011 年 4 月	上海	50	1	152	丛雪松
34	上海汽车集团保险销售有限公司	2011 年 5 月	上海	2	1	4	谷 峰
35	永安保险销售(上海)有限公司	2012 年 6 月	上海	50	1	81	黄勇军
36	鑫山保险代理有限公司	2012 年 5 月	上海	60	4	45	林重文
37	大众保险销售服务(上海)有限公司	2012 年 7 月	上海	20	1	—	陈燕平
38	永鑫保险销售服务有限公司	2013 年 1 月	上海	51	1	72	刘木清
39	中煤联合保险销售服务有限公司	2013 年 2 月	上海	50	1	30	蒲海成
40	华瑞保险销售有限公司	2013 年 8 月	上海	50	1	23	路 昊
41	上海博骏保险代理有限公司	2013 年 10 月	上海	50	1	8	杨汉松
42	紫金保险销售有限公司上海分公司	2012 年 2 月	江苏	—	1	11	钟锋杰
43	永鑫保险销售服务有限公司上海分公司	2013 年 6 月	上海	—	1	2	徐幼峰
44	根宁翰保险公估(中国)有限公司	2004 年 2 月	上海	4	1	116	罗木杨
45	上海东太保险公估有限公司	2004 年 7 月	上海	2.2	3	139	钱章存
46	上海雅盾保险公估有限公司	2005 年 2 月	上海	2	2	8	柳万春
47	上海泰达汽车保险公估股份有限公司	2006 年 2 月	上海	6	6	115	武 纯
48	上海天衡汽车保险公估有限公司	2009 年 1 月	上海	2	2	58	张露堂
49	上海锦正保险公估有限公司	2008 年 3 月	上海	2	2	95	朱 青
50	上海真才保险公估有限公司	2011 年 7 月	上海	2	2	6	顾龙礼
51	丰亚保险公估(上海)有限公司	2014 年 3 月	上海	2	3	7	王有辅

（续表）

资产	负债	所有者权益	保险业务收入	营业收入	营业支出	营业利润	利润总额	净利润
17.25	7.45	9.80	12.93	12.93	12.82	0.11	0.11	0.11
0.40	3.77	−3.37	—	7.67	6.32	1.35	1.35	1.35
2.53	0.23	2.30	6.43	6.43	9.61	−3.18	−3.12	−3.28
1.90	0.05	1.85	2.90	2.90	2.71	0.19	0.19	0.19
0.89	0.12	0.77	0.05	0.05	0.28	−0.23	−0.76	−0.76
47.06	2.24	44.82	0.53	0.53	4.64	−4.11	−4.18	−4.18
65.00	38.00	27.00	—	187.00	171.00	16.00	17.00	17.00
2.00	0.40	1.60	—	—	0.44	−0.44	−0.44	−0.44
54.82	11.51	43.31	36.99	36.99	36.73	0.26	0.26	0.26
15.41	0.92	14.49	27.72	27.72	17.93	9.79	−14.17	−14.17
9.28	0.06	9.22	—	6.34	8.78	−2.44	−2.64	−2.64
58.54	6.87	51.67	61.59	61.60	45.92	15.68	0.50	0.27
54.53	3.87	50.66	0.17	2.51	2.15	0.36	0.66	0.49
60.34	11.07	49.27	—	6.46	11.80	−5.34	−0.34	−0.34
62.10	1.94	60.16	20.00	20.00	7.45	12.55	12.54	9.41
−2.11	0.46	−2.57	0.45	0.45	2.03	−1.58	−1.61	−1.61
0.62	2.06	−1.44	1.16	1.39	2.60	−1.21	−1.30	−1.30
32.00	23.00	9.00	—	77.78	74.79	2.99	3.03	2.62
4.70	2.35	2.35	—	20.62	20.74	−0.12	0.07	0.05
2.07	0.07	2.00	0.88	0.88	0.88	—	0.02	—
0.39	0.39	—	—	15.78	15.22	0.56	0.56	0.17
2.05	0.81	1.24	—	8.35	8.24	0.11	0.11	0.06
4.54	1.97	2.57	—	19.30	19.26	0.04	0.09	0.05
1.60	0.10	1.50	1.15	1.15	1.02	0.13	0.13	0.13
1.76	0.01	1.75	0.34	0.34	0.58	−0.24	−0.24	−0.24

9. 上海市再保险公司业务统计表(2014)

单位:人民币百万元

项目	德国通用再保险股份公司上海分公司				中国人寿再保险股份有限公司上海分公司				汉诺威再保险股份公司上海分公司				中国财产再保险股份有限公司上海分公司			
	财产再保险业务		人寿再保险业务		财产再保险业务		人寿再保险业务		财产再保险业务		人寿再保险业务		财产再保险业务		人寿再保险业务	
	2013 年	2014 年	2013 年	2014 年	2013 年	2014 年	2013 年	2014 年	2013 年	2014 年	2013 年	2014 年	2013 年	2014 年	2013 年	2014 年
分保费收入	34.98	59.00	333.99	558.95	—	—	1 400.41	4 622.52	1 299.62	2 556.00	13 222.30	59 497.48	7 376.34	6 299.41	—	—
摊回分保赔偿	—	—	—	—	—	—	—	—	0.65	0.79	22.35	480.31	—	—	—	—
利息收入	0.27	0.24	2.54	2.31	—	—	2.59	3.31	47.89	58.59	155.68	480.96	0.08	0.01	—	—
投资收入	2.68	3.49	25.59	33.06	—	—	—	—	—	—	—	—	—	—	—	—
其他收入	0.06	0.05	0.53	0.46	—	—	−0.01	40.54	0.11	0.12	6.64	—	4.21	—	—	—
转回未决赔款准备金	—	—	—	—	—	—	—	—	—	—	—	—	0.71	0.69	—	—
转回长期责任准备金	—	—	—	—	—	—	—	—	—	—	—	—	—	802.75	—	—
分保费支出	—	—	—	—	—	—	—	—	81.03	78.12	7 025.37	47 072.17	3.82	0.30	—	—
分保赔款支出	7.00	4.92	161.37	245.49	—	—	392.94	389.22	876.84	658.91	570.11	1 249.82	3 056.69	3 966.17	—	—
分保费用支出	0.16	3.97	79.24	165.07	—	—	9.85	316.18	473.07	1 200.57	512.01	415.89	2 545.42	2 123.33	—	—
利息支出	—	—	—	—	—	—	—	—	—	—	—	—	—	—	—	—
营业费用	21.52	26.27	29.73	36.48	—	—	14.36	19.33	29.45	32.60	42.54	65.76	7.38	17.69	—	—
其他支出	—	—	—	0.04	—	—	2 553.40	467.92	2.62	2.89	—	41.49	979.48	84.31	—	—
提存未决赔款准备金	12.85	46.67	17.95	20.47	—	—	47.98	134.58	—	—	5 070.12	8 014.09	755.77	712.33	—	—
提存长期责任准备金	—	—	57.28	49.78	—	—	−1 504.61	3 326.09	−4.74	544.20	62.55	3 530.72	—	—	—	—
损益	−3.54	−19.05	17.08	77.45	—	—	−110.93	13.05	−110.00	98.21	124.27	68.81	33.36	198.73	—	—
提存长期责任准备金	1.83	−7.97	98.29	56.13	—	—	3 177.21	−1 504.61	—	—	1 082.31	5 070.12	—	—	—	—
损益	−10.27	4.42	24.23	18.24	—	—	−233.63	−110.93	40.22	−110.00	116.52	124.27	285.04	34.09	—	—

第七篇　法　　规

一、上海市人民政府

1. 上海市人民政府印发关于促进本市互联网金融产业健康发展的若干意见的通知

沪府发〔2014〕47号

各区、县人民政府，市政府各委、办、局：

现将《关于促进本市互联网金融产业健康发展的若干意见》印发给你们，请认真按照执行。

上海市人民政府

2014年8月4日

关于促进本市互联网金融产业健康发展的若干意见

互联网金融是基于互联网及移动通信、大数据、云计算、社交平台、搜索引擎等信息技术，实现资金融通、支付、结算等金融相关服务的金融业态，是现有金融体系的进一步完善和普惠金融的重要内容。其表现形式既包括以互联网为主要业务载体的第三方支付，金融产品销售与财富管理，金融资讯与金融门户，金融大数据采掘加工，网络融资与网络融资中介等新兴、新型金融业态；也包括持牌互联网金融机构，以及各类持牌金融机构设立的主要从事互联网金融相关业务的法人机构或功能性总部。为把本市建成互联网金融发展的高地，进一步提升上海国际金融中心的影响力、辐射力、创新力和资源配置能力，推动中国(上海)自由贸易试验区金融改革创新，助力上海打造具有全球影响力的科技创新中心，现就促进本市互联网金融产业健康发展提出如下若干意见：

一、明确指导思想，突出“四个坚持”

(一) 坚持服务实体经济，促进产业转型升级。鼓励互联网金融为符合国家及本市产业导向领域的中小微企业和家庭居民提供多样、灵活的金融服务；支持互联网金融与电子商务、现代物流、信息服务、跨境贸易等领域融合发展，促进相关行业转型升级。

(二) 坚持鼓励金融创新，形成竞争发展格局。切实转变观念、创新政府管理模式，以更加包容的态度支持互联网金融企业与持牌金融机构在互联网金融领域进行产品创新、技术创新、服务创新、管理创新和模式创新，在细分领域和行业解决方案方面做专、做深、做精、做细，错位竞争、特色发展，持续提升核心技术水平和综合竞争力。

(三) 坚持营造发展环境，完善行业基础设施。立足当前、着眼长远，整合现有政策资源，加强人才培育、研究创新、信用体系、法治环境等方面的基础设施建设，着力营造有利于行业健康发展的良好环境。

(四) 坚持规范健康发展，切实防范金融风险。坚持底线思维，妥善处理互联网金融创新发展和风险防范的关系，切实加强投资者教育与金融消费者权益保护，引导互联网金融企业合理有序竞争、规范健康发展。

二、加强政策支持，促进集聚发展

(五) 鼓励有条件的企业发展互联网金融业务、申请有关业务许可或经营资质。鼓励有条件的企业在本市发起设立以互联网为主要业务载体或以互联网业务为主要服务领域的各类持牌金融机构。支持电子商务平台等大型互联网企业在本市设立小额贷款、融资担保、融资租赁、商业保理等新型金融企业。支持有条件的互联网金融企业依法申请有关金融业务许可或进行有关金融业务备案，申领增值电信业务经营许可等经营资质。允许主要从事互联网金融业务的企业在名称中使用“互联网金融”或“网络金融”字样，并在工商登记等环节提供便利。

(六) 加大对互联网金融企业的支持培育力度。对互联网金融领域的新兴业态和创新模式，本市战略性新兴产业发展专项资金、服务业发展引导资金、高新技术成果转化专项资金等财政资金予以重点支持。支持有条件的互联网金融企业进行软件企业、高新技术企业、技术先进型服务企业等方面认定，按照规定享受相关财税优惠政策。

（七）拓宽互联网金融企业融资渠道。充分发挥上海市大学生科技创业基金、上海市创业投资引导基金等政策性基金的助推作用，探索设立主要投向互联网金融领域早期创业企业的创业投资基金和天使投资基金。支持社会资本发起设立互联网金融产业投资基金、并购基金，鼓励各类机构投资有发展潜力的互联网金融企业。支持互联网金融企业在境内外多层次资本市场上市(挂牌)。

（八）支持持牌金融机构向互联网金融领域拓展转型。支持银行业、证券业、保险业持牌金融机构积极开展互联网金融领域的产品和服务创新，提升金融服务广度、深度和能级。对持牌金融机构在沪设立的主要从事互联网金融相关业务的法人机构或功能性总部，市、区县两级政府可根据相关政策给予支持。

（九）鼓励互联网金融企业合理集聚。积极支持有条件的区县、园区结合自身产业定位，建设有特色的互联网金融产业基地(园区)，制定有针对性的政策措施，引导互联网金融企业合理集聚。对优秀互联网金融产业基地(园区)，市、区县两级政府可给予一定支持。

三、加强基础建设，营造发展环境

（十）吸引集聚互联网金融人才。支持互联网金融企业的高级管理人员和高级技术人才享受本市人才引进政策，在居住证等入沪手续办理方面提供便利。支持作出突出贡献的互联网金融企业高级管理人才和技术人才申报本市有关高级人才项目。支持高等院校、专业机构加强互联网金融领域人才培训，探索开展从业人员资质认证，对有关培训认证费用可给予适当补贴。

（十一）鼓励互联网金融领域研究创新。鼓励互联网金融企业、持牌金融机构、高等院校等开展互联网金融产业理论、标准、技术和产品等方面的研究。支持设立专业化的互联网金融研究机构，打造具有国际、国内影响力的互联网金融论坛。对互联网金融领域的重要创新成果，支持申报本市金融创新奖。

（十二）加强互联网金融领域信用体系建设。支持互联网金融企业充分利用各类信用信息查询系统，规范信用信息的记录、查询和使用。支持信用服务机构面向互联网金融领域加强信用产品研发和服务创新，建设互联网金融信用信息服务平台。对为互联网金融企业提供专业信用服务的机构，可按照规定给予一定支持。支持市公共信用信息服务平台与互联网金融企业加强合作，促进公共信用信息、金融信用信息、社会信用信息互动共用。

（十三）完善配套支持体系。鼓励持牌金融机构与互联网金融企业在客户资金存管(监管)、渠道营销、风控外包等方面开展深度合作，构建互联网金融产业联盟，促进信息技术手段与金融业务的融合运用。支持设立、发展提供数据存储及备份、云计算共享、大数据挖掘、信息系统及数据中心外包、信息安全维护等基础服务的机构，支持建立互联网金融数据共享交换平台。

（十四）营造良好法治环境。探索开展互联网金融相关领域地方立法研究，加大对互联网金融企业专利、软件、品牌等知识产权的保护力度。充分发挥上海金融法治环境建设联席会议等工作机制的作用，针对互联网金融行业特点，着力营造良好法治环境。

四、强化风险防控，引导规范发展

（十五）严厉打击互联网金融领域各类违法犯罪行为。充分发挥本市金融稳定例会、打击非法金融活动领导小组等工作机制的作用，积极配合中央金融监管部门开展工作，严厉打击互联网金融领域的非法集资、洗钱犯罪、恶意欺诈、虚假广告、违规交易、买卖客户信息等违法犯罪行为。

（十六）引导互联网金融企业增强合规经营意识、提升风险防控能力。引导互联网金融企业明确经营“底线”、政策“红线”，健全风险管理、信息披露、纠纷处理等方面的内控机制。推动互联网金融企业开展客户资金存管(监管)、做实各类准备金账户，切实提升自身风险防控能力。推动互联网金融企业提升信息技术水平与信息安全防护能力，强化对企业金融数据和客户信息的安全保护。

（十七）支持开展行业自律与第三方监测评估。支持建立互联网金融行业协会、联盟，制定自律公约、行业标准，加强对会员企业及其从业人员的职业道德和职业纪律约束。充分发挥第三方机构作用，探索对有关领域互联网金融活动开展监测评估，建立社会力量参与市场监督的工作机制。

（十八）健全互联网金融风险防控与安全保障机制。针对互联网金融特点，探索建立行业风险监测、预警和应急处置机制。配合国家相关部门健全互联网金融领域支付安全、信息安全等方面的监管制度、技术规范及标准体系。加强相关政府部门间的信息共享，完善本市互联网金融企业及其从业人员诚信体系。

（十九）加强投资者教育和金融消费者权益保护。通过电视、广播、报刊、网络等多种形式，加强互联网金融适当性教育，提高投资者风险意识及产品认知、风险识别能力。畅通互联网金融消费投诉渠道，加强金融消费者权益保护。

五、健全工作机制，完善部门协同

（二十）健全促进本市互联网金融产业健康发展的工作机制。由本市相关部门、中央在沪监管单位参与，建立本市互联网金融产业发展联席会议（以下简称“联席会议”）。联席会议主要职责是跟踪分析互联网金融产业发展的新情况、新问题，积极向国家有关部门争取先行先试政策，研究确定本市互联网金融产业发展的重点领域和政策措施，协调解决互联网金融产业发展中遇到的困难和问题，推动完善互联网金融领域风险防控和应急处置机制。联席会议召集人由市政府分管领导担任，日常事务由市金融办会同市经济信息化委承担。

2. 上海市人民政府印发关于本市进一步促进资本市场健康发展的实施意见的通知

沪府发〔2014〕56 号

各区、县人民政府，市政府各委、办、局：

现将《关于本市进一步促进资本市场健康发展的实施意见》印发给你们，请认真按照执行。

上海市人民政府

2014 年 9 月 15 日

关于本市进一步促进资本市场健康发展的实施意见

《国务院关于进一步促进资本市场健康发展的若干意见》（以下简称《意见》）从经济社会发展全局高度，对新时期资本市场改革、开放、发展和监管进行了统筹规划和总体部署。资本市场是上海国际金融中心建设的重要组成部分，为贯彻落实《意见》精神，现就本市进一步促进资本市场健康发展提出如下实施意见：

一、明确总体要求

（一）坚持市场化、法治化、国际化导向，促进资本市场健康发展

以贯彻落实《意见》为指引，通过中国（上海）自由贸易试验区（以下简称“自贸试验区”）先行先试，促进资本市场进一步深化改革，加快创新，扩大开放；围绕服务实体经济发展，拓展资本市场广度和深度，不断完善服务全国的功能；加快上海国际金融中心建设，推进人民币国际化进程，不断提升上海作为全球性人民币产品创新、交易、定价和清算中心地位。以贯彻落实《意见》为动力，形成功能齐全、开放高效的资本市场体系；培育治理结构完善、经营运作规范、具备核心竞争力和成长潜力的上市挂牌公司；建设富有创新活力和市场影响力的证券期货经营机构队伍。以贯彻落实《意见》为契机，加快形成促进资本市场健康发展的良好氛围；全面加强资本市场信用、法治、人才环境建设；有效防范资本市场风险，切实保护投资者合法权益。

二、把握自贸试验区建设重大战略机遇，不断提升上海资本市场开放水平

（二）促进资本市场在自贸试验区进一步开放

不断扩大自贸试验区资本市场开放的范围。配合国家金融管理部门，推动资本市场支持促进自贸试验区政策的落地实施，研究出台相关细则。推动区内金融机构和企业按规定进入上海地区的证券和期货交易场所进行投资和交易，推进区内符合条件的个人按规定开展跨境双向投资。推动境外机构和自贸试验区注册企业的境外母公司在境内发行人民币债券。促进跨境资本通过自由贸易账户实现双向流动。努力把自贸试验区建成全国资本市场对外开

放度最高的试验田。

（三）加快在自贸试验区设立面向国际的金融交易平台

支持金融市场机构在自贸试验区内研究设立国际金融交易平台，推出面向全球投资者的产品与业务。支持上海黄金交易所建立上海国际黄金交易中心，提升在全球黄金市场中的定价能力，逐步推动国际黄金转口中心建设。稳步推进上海国际能源交易中心建设，加快推动原油期货上市交易。积极推进上海证券交易所设立国际金融资产交易平台，加快产品研究与创新。支持上海期货交易所、大连商品交易所、郑州商品交易所在自贸试验区内设立商品交割仓库。支持上海银行间市场清算所、中国证券登记结算公司对自贸试验区内发行的债券开展登记托管和清算结算。支持自贸试验区内金融市场平台与境外资本市场的连接合作。

（四）提升自贸试验区证券期货服务业开放水平

按照国家的统一部署，配合中国证监会逐步放宽合资证券公司业务范围，逐步提高符合条件的外资机构在自贸试验区内设立合资证券公司、基金管理公司和期货公司的持股比例；逐步允许符合条件的外资机构在自贸试验区内设立合资证券投资咨询公司。加快推进证券期货经营机构在自贸试验区内注册成立分公司或专业子公司。支持本市证券期货经营机构利用自贸试验区平台，实施“走出去”战略，发行合格境内机构投资者（QDII）和人民币合格境内机构投资者（RQDII）产品；支持其境外分支机构按规定发行合格境外机构投资者（QFII）、人民币合格境外机构投资者（RQFII）产品，逐步扩大 QFII、RQFII 参与金融期货产品的范围。

（五）支持在自贸试验区探索金融监管模式创新

积极支持国家金融管理部门完善自贸试验区金融监管体制，推动自贸试验区证券业监管转型与创新，探索并推进证券行业准入的“负面清单”管理；加强金融监管协调和跨境监管合作，切实防范自贸试验区金融风险，构筑自贸试验区金融安全网。

三、坚持金融服务实体经济发展的本质要求，进一步增强上海多层次资本市场的服务功能

（六）支持股票市场发展

充分发挥和强化上海证券交易所在股票市场中的重要作用。支持上海证券交易所壮大主板市场，做大、做强、做活蓝筹股市场，增加市场内部层次。配合国家金融管理部门做好股票发行注册制改革等相关工作，加快推动沪市上市公司监管转型。积极推进上海证券交易所开展沪港股票市场交易互联互通机制（以下简称“沪港通”）等试点，提升上海资本市场的国际影响力。推进上海证券交易所 ETF 期权等业务创新。支持和鼓励各类符合条件的企业到上海证券交易所上市。

（七）支持债券市场发展

充分发挥银行间债券市场、交易所债券市场的作用。支持银行间债券市场和交易所债券市场协同发展，推进市场间的交叉挂牌及自主转托管机制，促进债券跨市场流转。支持注册在本市符合条件的商业银行参与上海证券交易所债券回购。支持本市企业以多种形式发行债券进行融资，支持注册地在本市的公司依照中国证监会有关公司债券管理办法公开或私募发行公司债券。支持各类债券发行人在上海招标发行债券。做好上海政府地方债自发自还试点。扩大本市专业机构债券投资范围和规模。支持各类金融机构丰富债券市场产品、开展资产证券化创新。

（八）支持商品期货市场发展

支持上海期货交易所产品创新，不断增加新品种，进一步完善期货品种结构体系。加快推出商品指数期货，探索运用商品期货期权、碳排放权等交易工具，实现期货市场价格发现和风险管理功能。促进商品期货市场与商品现货市场的联动发展。鼓励本市企业合理运用期货等风险管理工具对冲风险。

（九）支持金融期货市场发展

支持在沪金融市场稳步发展金融衍生产品，逐步丰富各种股指期货、股指期权和股票期权产品。支持中国金融期货交易所发展国债期货，进一步健全反映市场供求关系的国债收益率曲线。配合人民币汇率形成机制改革，积极支持在沪金融市场在充分研究的基础上稳步推出外汇期货等产品创新。探索场外金融衍生品创新业务，建立集中清算机制。

（十）提升股权托管交易市场服务功能

加快上海股权托管交易市场综合金融服务平台建设。以服务本市科技型中小企业发展为重点，探索金融产品创新，增强市场资源集聚、整合和配置功能。做好与多层次资本市场的对接，推动上海股权托管交易市场健康发展。

（十一）促进非公开市场规范发展

不断拓展市场空间，完善本市非公开市场交易机制及发行制度。逐步健全私募投资基金二级市场，培育合格机构投资者参与非公开市场交易。拓宽私募投资基金销售渠道，鼓励私募投资基金管理人通过非公开市场发行产品。率先研究私募投资基金行业标准和行为规范。营造私募市场发展环境，培育与私募投资产品发行相关的定价、估值、交易、风控、后台管理等新型服务业态及服务机构，大力吸引、集聚行业高端人才。

（十二）促进资本市场基础设施建设

支持在沪的资本市场登记结算机构加强登记、结算、清算、托管等设施建设，不断降低市场成本，防范市场风险，保障资本市场安全高效运行和整体稳定。积极推进“沪港通”等跨境登记结算业务技术系统建设，为跨境金融产品开发提供良好服务。以智慧城市建设为基础，进一步完善本市信息通讯等基础设施建设，以信息网络技术发展为支撑，为资本市场发展提供有力的技术保障。

四、支持证券期货服务机构增强核心竞争力，进一步提升服务能力

（十三）支持各类证券期货经营机构和业务集聚发展

努力改善营商环境，提供优质服务，吸引境内外各类证券期货经营机构、资金与资产管理机构到上海发展。促进各类资本依法在沪设立机构总部和功能性机构，提供工商注册、税务登记、政策扶持等便利。支持符合条件的其他金融机构在风险可控前提下申请证券期货业务牌照，在本市依法发起开办或参与设立专业牌照证券公司和基金管理公司。积极支持民营资本进入证券期货服务业。支持本市证券期货经营机构与其他金融机构在防范风险的基础上以相互持股的方式探索综合经营。

（十四）增强在沪证券期货经营机构竞争力

支持证券期货经营机构做大做强做专业，探索国际化和集团化发展。推进金融资源优化整合，加快金融资源向优势企业集聚。发挥本市基金管理行业优势，鼓励引导基金管理公司向现代资产管理机构转型。推动证券期货经营机构上市进程，完善市场化资本补充机制。形成若干全国领先、具有国际竞争力、品牌影响力和系统重要性的现代投资银行；打造一批法人治理健全、服务水平优良、风险管理完善的证券期货经营机构。推动上海成为重要的全球资产管理中心。

（十五）完善本市证券期货经营机构激励约束机制

完善证券期货经营机构法人治理结构，落实董事会选人用人权，更好发挥企业家作用。建立健全市场化激励约束机制，在具备条件的证券期货经营机构探索开展股权激励试点，完善与长效激励相配套的业绩挂钩、延期支付、追索扣回等配套约束机制。

（十六）促进证券期货互联网业务健康发展

支持本市证券期货业、各类资产管理机构利用网络信息技术创新产品、业务和交易方式，增强服务的便利性，扩大服务范围，提升服务水平。支持互联网企业多形式参与上海资本市场，规范开展股权众筹等业务，促进互联网金融健康发展。

（十七）支持私募投资基金探索创新

鼓励发展多样化私募投资基金和各类私募投资产品，拓展投资范围。进一步推进合格境内有限合伙人（QDLP）和外商投资股权投资企业（QFLP）试点，促进境内外私募投资基金在沪集聚发展。完善私募投资基金支持本市企业创新创业发展的产品、服务和途径。

（十八）促进证券期货相关专业服务业发展

加强对开展证券期货业务的会计师事务所、资产评估机构、评级增信机构、法律服务机构的服务和管理，打造功能齐备、分工专业、服务优质的金融专业服务业。积极稳妥发展从事各类专业金融服务的新型机构。

（十九）壮大专业机构投资者队伍

充分利用本市各类资产管理公司集聚优势，积极争取国家政策支持，支持和推动本市社保基金、企业年金、职业年金、商业保险资金、信托基金等机构投资者参与资本市场投资，不断扩大资本市场投资范围和规模，壮大多元化的专业投资者队伍。

五、充分发挥资本市场资源配置功能，推动本市企业创新发展

（二十）推进企业在多层次资本市场上市挂牌

支持企业到主板、中小企业板、创业板、全国中小企业股份转让系统和上海股权托管交易中心等市场上市挂牌。建立本市多层次资本市场上市挂牌企业统一资源库，加大拟上市挂牌公司的培育力度。

加强部门协同，进一步完善和整合相关扶持政策，切实做好中小企业改制与上市挂牌的服务工作。

（二十一）提高上市挂牌公司质量

不断优化上市公司发展环境，将上海打造成全国上市公司运作最规范的地区。促进本市企业通过资本市场进一步完善法人治理结构，督促上市挂牌公司规范经营，履行好信息披露义务，提高企业效益，为股东创造价值。积极探索上市公司市值管理及相关考核评价体系，鼓励上市公司多形式开展股权激励和职工持股计划。根据退市制度安排，积极配合金融监管部门和市场主体稳妥做好上市挂牌公司的退市或摘牌工作。

（二十二）依托资本市场推进企业改革与发展

充分发挥资本市场资源配置功能，推动国有控股上市公司、非上市公司开放性市场化重组，支持国有资本与民营等其他各类资本相互融合，发展混合所有制经济。以公众公司为主要实现形式，利用多层次资本市场，加快本市国有企业股份制改革，实现企业集团整体上市、核心业务资产上市或引进战略投资者。依托资本市场，建立公开、透明、规范的国资流动平台，畅通国有资本合理流动渠道。鼓励民营企业激发内生动力，稳固可持续发展基础，利用资本市场健康发展。发挥资本市场服务实体经济、促进产业结构调整的作用，支持新技术、新产业、新模式、新业态企业加快发展。

（二十三）支持企业借助资本市场开展并购重组

尊重企业的市场主体地位，进一步突破部门、地区、行业和所有制的限制，鼓励各类资本公平参与并购重组，促进企业股权有序顺畅流转。改善政府管理和服务，简化审批程序，完善鼓励扶持政策，降低并购重组成本。引导商业银行在风险可控的前提下积极稳妥开展并购贷款业务。支持符合条件的企业发行优先股、定向发行可转换债券作为并购重组的支付方式，研究推进定向权证等作为支付工具。加快建立现代企业产权制度，发挥本市产权市场在企业并购重组中的作用。

六、加强和改进政府服务，努力营造良好的资本市场发展环境

（二十四）推进本市资本市场信用环境建设

建立健全本市信用信息体系，加强本市公共信用信息与金融信用信息的共享互通与联动合作。优化使用环境，便利市场参与者依法依规查询相关信用信息。鼓励社会资本进入信用评级行业，规范并加快评级业务发展，努力提高服务水平。完善资本市场守信激励和失信惩戒机制，使上海成为信用体系最全、征信环境最好、信用服务最优的城市。

（二十五）加强资本市场法治环境建设

配合国家和地方立法部门，促进资本市场法律制度体系不断完善。健全资本市场执法机制，加强本市执法部门与资本市场监管部门的联动。支持以司法改革试点为契机，进一步优化司法环境，健全上海金融检察、审判专业化机构组织体系。探索建立调解与仲裁、诉讼的对接机制，设立第三方金融纠纷调解中心，建立公平、公正和高效的纠纷解决机制，多元化解决资本市场纠纷。

（二十六）加强本市资本市场人才队伍建设

创新人才服务与管理模式，集聚高层次、紧缺型人才，提高资本市场人才国际竞争力。健全与资本市场发展相适应的多渠道、多形式的专业培训体系，提高金融人才队伍能力素质。优化资本市场人才政策环境，提供人才引进便利和其他相关服务。

（二十七）推动资本市场创新发展研究

充分利用智库和学术研究机构，加强资本市场改革创新发展研究工作，对涉及上海资本市场发展的综合性、全局性、战略性问题深入开展研究。加强研究成果的运用，鼓励学术研究机构与各类金融市场、金融机构之间协作开展研发，形成研究成果应用推广的合作机制。鼓励在沪资本市场各类主体探索业务创新，支持其申报本市金融创新奖项。

（二十八）发挥行业协会积极作用

强化资本市场行业自律，充分发挥本市证券、期货、基金、股权投资、上市公司等行业协会和金融业联合会在自律规范、服务会员、搭建平台、引领发展方面的积极作用，推进各类资本市场相关机构和企业健康发展。

（二十九）保护投资者合法权益

进一步加强资本市场投资者特别是中小投资者合法权益保护。引导和支持本市上市公司增强持续回报能力。保障中小投资者知情权，支持中小投资者依法行使权利。多种形式开展投资者教育，提高投资者风险防范意识，引导投资者理性投资。

（三十）规范本市资本市场信息传播秩序

严格管理涉及资本市场的内幕信息，确保信息发布公开公正、准确透明。对造谣、传谣以及炒作不实信息误导投资者和影响社会稳定的机构与个人要依法严肃查处。进一步营造有利于资本市场健康发展的新闻宣传和舆论环境。

（三十一）配合国家金融管理部门做好资本市场监管

全力配合和支持国家金融管理部门依法履行监管职责，切实承担地方政府监管责任，维护资本市场安全运行和社会稳定。积极贯彻落实国家资本市场法规政策，在职责范围内制定具体实施细则和操作办法。建立健全地方政府部门与金融管理部门之间的沟通协作机制，为加强资本市场监管创造良好环境。

（三十二）防范化解资本市场风险

健全资本市场风险监测预警和评估处置机制。建立资本市场风险舆情监测网络，依托城市管理平台和公共信用信息服务平台，全面监测辖内风险信息。配合国家金融管理部门完善风险管理措施，及时化解重大风险隐患。完善本市打击非法金融活动工作机制，加强与相关地区和部门的协调，做好区域内金融风险防范和处置工作，规范各类区域性交易场所，打击各种非法证券期货活动。

（三十三）进一步健全本市促进资本市场健康发展的工作机制

建立由市领导牵头、各相关部门参与的联席会议制度。统一制定本市促进资本市场健康发展政策，协调解决本市促进资本市场健康发展的相关事项。联席会议办公室设在市金融办，承担联席会议日常工作。各区县、各有关部门要结合自身职责和工作实际，在促进资本市场健康发展、风险防范等方面发挥积极作用。

本实施意见自 2014 年 10 月 1 日起施行，有效期至 2019 年 9 月 30 日。

3. 上海市人民政府贯彻《国务院关于加快发展现代保险服务业的若干意见》的实施意见

沪府发〔2014〕73 号

各区、县人民政府，市政府各委、办、局：

《国务院关于加快发展现代保险服务业的若干意见》（国发〔2014〕29 号）（以下简称《若干意见》）立足国家治理体系和治理能力现代化，对新时期加快发展现代保险服务业作出了重要战略部署。为贯彻《若干意见》，结合上海实际，现提出如下实施意见：

一、明确指导思想和发展目标

（一）明确指导思想

深刻领会《若干意见》对保险业的历史新定位、发展新要求，以推进上海国际金融中心建设和服务特大城市治理体系现代化为导向，抓住中国（上海）自由贸易试验区（以下简称“自贸试验区”）先行先试契机，加快保险业制度创新和对外开放，优化保险资源配置，细化保险业支持政策，改善保险业发展环境，使保险成为政府改进公共服务和加强社会管理的重要抓手、企业风险管理和经济提质增效升级的基本工具、居民民生保障和财富管理的主要渠道。

（二）确立发展目标

到 2020 年，基本建成与上海经济社会发展需求相适应的现代保险服务体系，构建国际领先、辐射全国、繁荣高效、功能齐全的保险市场，提升再保险、航运保险、保险资金运用等领域的定价权和话语权，发展成为国际保险中心。上海地区的保险深度（保费收入/国内生产总值）达到 6%，保险密度（保费收入/总人口）达到 7 300 元/人。

二、利用自贸试验区先行先试契机，全面推进上海保险业制度创新和对外开放

（三）发展离岸保险市场建立区域性再保险中心

支持中外资再保险机构、自保公司、再保险经纪机构入驻，吸引风险评估、损失理算、法律咨询等专业服务机构聚集，完善再保险产业链。加快筹建保险交易所，推动形成区域性再保险交易、定价中心，配合加强对离岸再保险市场主体承接我国境内业务活动的监管。大力发展跨境人民币再保险。支持保险机构开展全球保单分入业务。鼓励各类保险机构为中国海外企业提供风险保障。推动国际和国内资本利用自贸试验区平台为国内巨灾保险、特殊风险保险提供再保险支持。研究探索符合国际惯例、适应离岸保险业务发展的税收政策和外汇管理政策。建立自贸试验区国际化的保险纠纷解决机制。

（四）推动自贸试验区内保险资金跨境双向投融资试点

配合中国保监会扩大保险资金境外投资范围试点。支持在自贸试验区内设立保险资产管理公司及子公司，设立各类专业保险资产管理机构、保险资金运用中心。支持保险机构利用自贸试验区平台，在政策范围内开展多种形式境外融资。支持保险资金参与自贸试验区内各类国际交易市场。研究依托金融要素市场开展巨灾债券试点。支持保险资产管理机构在自贸试验区内发起设立基金，支持区内基础设施建设。

（五）打造自贸试验区国际保险创新平台

大力发展自贸试验区国际航运、国际贸易等重点产业责任保险、贸易信用保险、融资租赁保险。在自贸试验区创新特殊风险分散机制，开展能源、航空航天等特殊风险业务。支持在自贸试验区试点设立外资专业健康医疗保险机构，探索服务模式和服务产品创新。支持保险机构在自贸试验区设立保险产品研发中心，开展保险产品创新和风险测试。发挥国际保险经纪机构桥梁作用，将国际先进经验和产品技术引入中国市场。

（六）支持在自贸试验区探索保险监管制度创新

配合国家金融管理部门以自贸试验区为平台，开展保险监管制度创新，推动保险监管体系和监管能力现代化建设。推进保险产品管理制度、保险资金跨境投资管理制度、离岸保险监管制度创新。支持保险法人机构属地监管。加强金融监管协调和跨境监管合作，切实防范金融风险，构筑自贸试验区金融安全网。

三、立足上海国际金融、航运中心建设，不断增强上海保险市场的集聚效应和辐射功能

（七）完善现代保险市场体系

积极吸引中外资保险法人机构聚集，支持各类专业性保险公司及保险资产管理公司在沪设立，发挥总部经济优势和辐射效应。优化保险中介市场结构，提升保险中介机构国际化、专业化水平，促进市场繁荣和运行效率提升。结合保险交易市场建设，制定对符合条件的保险经纪公司、保险代理公司等中介机构开展的具有高技术含量的特定业务给予财政扶持的政策。吸引在沪设立保险数据中心、运营中心、研发中心、电销网销中心、后援中心等功能性机构，发展自保公司及专业互助保险组织，促进会计、审计、税务、法律、咨询等金融专业服务机构发展，完善保险业服务链，提升行业核心竞争力。大力发展各类保险社团组织，重点发挥保险社团组织在行业自律、交流培训、标准制定、环境营造等方面的作用，进一步增强市场活力。

（八）加快建设航运保险中心

继续支持保险公司在沪设立航运保险运营中心，积极吸引航运保险经纪、保险公估、海损理算等机构入驻。加强上海航运保险协会建设，研发航运保险协会条款，形成国际航运保险定价中心。研究建立航运保险产品注册制度。结合保险交易市场建设，建立国际航运保险业务操作平台，进一步扩大国际航运保险业务范围，积极研究加强对船舶建造、港口码头、运营责任等相关险种的支持政策，推动货运保险电子发票试点。鼓励航运责任、电商物流等创新业务发展。建立航运保险与航运产业的融合发展机制，推动综合航运金融服务平台建设，加强保险与工商、海关、海事、交港等部门信息共享。支持推动船东互保组织在沪发展。

（九）推动建立保险资金运用中心

制定支持性政策，充分发挥保险公司的机构投资者作用，为上海金融市场长期稳定发展提供有力支持。鼓励保险公司在沪试点设立基金管理公司。推动设立不动产、基础设施、养老等专业保险资产管理机构。支持在沪保险资产管理机构参与沪港通试点。支持保险机构投资、发起资产证券化产品。支持专业保险资产管理公司设立夹层基金、并购基金、不动产基金、养老产业基金、健康产业基金等私募基金。探索发展债券信用保险。

四、强化保险对民生保障的有效支撑，完善多层次社会保障体系

（十）积极发展应对老龄化风险的民生保险

推动个人税收递延型商业养老保险在沪率先试点。尽快开展住房反向抵押养老保险试点。支持保险机构大力拓展企业年金、职业年金等补充养老保险业务。落实企业为职工支付的补充养老保险费和补充医疗保险费有关企业所得税政策。积极发展独生子女家庭保障计划。创建失独老人保险保障模式。探索建立失地农民补充养老保险。加强配套建设，支持保险机构开发提供生活医疗护理的商业性长期护理保险。

（十一）推动商业养老和健康保险服务转型升级

推动保险公司商业养老和健康保险业务发展，鼓励开发个人储蓄性养老保险、失能收入损失保险和各类医疗、疾病保险产品，探索开发针对药品、医疗器械、特需医疗和检查检验服务的健康保险产品，支持开发中医药养生保健、治未病保险产品。鼓励有条件的企业建立商业养老健康保障计划。支持保险公司提供疾病预防、健康维护、慢性病管理等健康管理服务。支持保险机构参与养老和健康服务产业链整合，探索运用股权投资、战略合作等方式，投资养老服务产业、设立医疗机构、参与公立医院改制。支持搭建保险机构和医疗机构对接服务平台，鼓励保险公司开发各类健康保险服务产品，促进上海国际医学园区、上海新虹桥国际医学中心和上海市质子重离子医院等高端医疗与社会办医发展。

（十二）鼓励政府购买养老、医疗等保险经办服务

鼓励市区相关部门结合实际，向保险公司购买经办服务。积极推进商业保险机构承办大病保险工作，城镇居民大病先从个人负担较重的疾病病种起步，新农合大病在市级统筹和原有大病减负基础上，探索管理型医疗，推动大病保险从理赔型向管理型转变。支持保险机构参与基本医疗保险经办。强化商业保险机构对医疗机构医疗费用的监督控制和评价，增强医保基金使用的科学性和合理性。探索开展医保个人账户资金购买商业健康保险试点。

五、加强保险在特大城市治理中的高效运用，创新社会管理机制

（十三）运用责任保险促进社会管理模式转变

建立政府引导、市场运作、立法保障的责任保险发展模式，利用保险经济杠杆化解民事责任纠纷，加快转变政府职能。在涉及公众利益的环境污染、食品安全、医疗责任、医疗意外、校园安全、实习安全领域，探索开展强制责任保险试点。加快发展危险化学品安全生产责任保险、养老机构责任保险、居家护理责任保险、火灾高危单位责任保险、建设工程质量潜在缺陷保险、地下空间综合责任保险，进一步扩大保障范围、提高保险责任。支持开展电梯综合责任保险、医师执业保险、实习安全保险等试点。在大宗交易市场以及单用途预付卡等领域，支持开展履约保证保险。

（十四）构建防灾防损体系增强城市抵御风险能力

将保险全过程风险管理技术纳入火灾、积涝、台风、雷电等灾害防范救助体系，完善防灾规范和防灾标准，提升城市灾害事件管理能力。建设灾害风险数据平台。发挥保险费率杠杆机制的激励约束作用，提高企业和居民防灾意识和防灾水平，积极发展企业财产保险、工程保险、机动车辆保险、家庭财产保险、意外伤害保险，运用市场手段加强风险管理。支持防汛墙、海塘等防汛设施综合保险试点，探索对台风、暴雨、高潮、洪水、积涝等灾害的有效保障模式，逐步形成财政支持下的多层次巨灾风险分散机制。

（十五）深化农险创新保障都市型农业发展

进一步研究新一轮农业保险财政扶持政策。鼓励各区县按照产业发展规划，发展特色农产品保险，丰富市民“菜篮子”、“米袋子”。继续完善保淡绿叶菜价格保险，推进蔬菜气象指数保险试点工作，稳步扩大“保价格、保收入”的农业保险品种和范围。建立农业保险参与病死猪无害化处理的工作机制，保障猪肉市场供应安全。继续发展农民专业合作社等新型农业经营主体小额信贷保证保险。加强勘查无人机、电子追溯、气象预警等新技术在农业保险领域的运用，丰富农业保险风险管理工具。进一步加强基层农业保险服务体系建设。继续落实并不断完善财政支持下的农业大灾风险分散机制政策。

六、围绕创新驱动转型发展战略，充分发挥保险对经济提质增效升级的引擎作用

（十六）支持保险资金深度参与上海城市建设

鼓励保险资金利用债权投资计划、股权投资计划等方式支持重大基础设施、棚户区改造、保障性安居工程、智慧城市建设等民生工程和重大工程。完善政策配套，制定保险资金运用的增信、财政支持措施。

（十七）加大保险对科技创新的支持力度

支持保险资金以股权、债权、基金、资产支持计划等形式，为本市科技型企业、小微企业和战略新兴产业的发展提供资金支持。支持保险资金投资创业

投资基金创新试点。研究建立科技保险保费补贴机制,鼓励和支持保险公司和保险中介研发适合科技企业需求的创新保险产品,鼓励和支持科技企业投保各类科技保险,开展首台(套)重大技术装备质量保证保险和产品责任保险试点。扩大科技型中小企业贷款履约保证保险覆盖面,探索科技企业联合投保模式,优化风险定价和损失分摊机制。鼓励发展小微企业信用保险和保证保险,为小微企业提供综合金融服务。

(十八)强化保险与文化产业的合作联动

支持保险机构通过投资企业股权、债权、基金、资产支持计划等形式,为文化企业提供资金支持。支持保险资金投资文化产业投资基金。大力发展艺术品、影视、动漫、游戏、演艺以及相关版权、品牌、商标等文化产业保险。推动发展文化企业贷款履约保证保险,发挥出口信用保险对文化企业"走出去"的支持作用。探索研究制定对文化企业保险的保费补贴政策。

(十九)发挥保险对贸易转型升级的保障功能

支持设立信用保险公司。鼓励保险机构为对外贸易提供投资、营运、劳动用工等方面的一揽子保险服务。扩大短期出口信用保险规模和覆盖面,发展中长期出口信用保险、海外投资保险、海外租赁保险等业务,支持本市成套设备生产和高新技术服务企业"走出去"。发展进口贸易信用保险,改善进口企业贸易条件。推动国内贸易、电子商务等信用保险发展。

(二十)增强保险对新经济、新业态的培育作用

支持保险资金参与本市国有企业混合所有制改革。支持保险公司与小额贷款公司、融资性担保公司、商业保理公司等新型金融机构及有关互联网企业开展多种形式的业务合作和业务创新。大力发展互联网保险,支持保险公司积极运用网络、云计算、大数据、移动互联网等新技术促进保险业销售渠道和服务模式创新。鼓励发展体育产业保险、会展责任保险、知识产权保险等新兴保险业务。鼓励保险机构开发各类个人消费信贷保证保险,推动本市消费结构升级。

七、完善基础设施和支持政策,营造现代保险服务业发展的良好环境

(二十一)建立支持保险业发展的工作机制

建立由市领导牵头、各相关部门参与的联席会议,统一制定本市加快现代保险服务业发展的政策措施,协调解决相关事项。联席会议办公室设在市金融办,承担日常工作。各区县、各有关部门要结合自身职责和工作实际,在加快现代保险服务业发展方面发挥积极作用。

(二十二)推进本市保险业信用环境建设

建立健全本市信用信息体系,加强本市公共信用信息与保险信用信息的共享互通与联动合作,强化保险业守信激励和失信惩戒机制。优化使用环境,便利市场参与者依法依规查询相关信用信息。支持中国保险信息技术管理有限责任公司等保险数据管理机构在沪发展。加强本市机动车辆联合信息平台与相关部门信息系统、市公共信用信息服务平台等系统的数据交换,发挥保险大数据在城市交通管理、二手车市场建设、税收征缴中的作用。鼓励商业保险机构参与人口健康数据应用业务平台建设,推动本市养老、医疗信息与人身保险综合信息平台数据交换,提升居民健康、养老保障的精细化管理水平。

(二十三)加强保险业法治环境建设

配合国家有关部门,促进保险行业法律法规和规章制度体系不断完善。支持以司法改革试点为契机,进一步优化司法环境,健全上海金融检察、审判专业化机构组织体系。配合保险监管部门加大保险监管力度,监督保险机构全面履行对保险消费者的各项义务,严肃查处各类损害保险消费者合法权益的行为。探索建立保险消费纠纷多元化解决机制,推动设立第三方保险纠纷调解中心,建立健全保险纠纷诉讼、仲裁与调解对接机制。

(二十四)加快建设保险人才资源高地

加强国际保险人才开发,引进海外高层次保险人才。促进高等院校加强保险等相关学科专业建设,重点支持复合型保险专业人才培养。引进推广国际保险职业资格能力认证项目,健全保险从业人员职业技能培训体系。优化保险人才政策环境,提供人才引进便利、生活保障和创业就业等支持。

(二十五)加强保险投资兴办养老产业的用地保障

鼓励符合条件的保险机构投资兴办养老产业。各级政府将保险机构等投资兴办的养老服务设施建设用地纳入土地利用总体规划和土地利用年度计划,合理安排用地。对营利性养老机构建设用地,按照国家对经营性用地依法办理有偿用地手续的规

定，优先保障新增供应，并鼓励利用存量自有土地或集体建设用地。对符合土地协议出让规定的，可采用协议出让方式供地。加强对养老服务设施用地监管，严禁改变土地用途。

（二十六）鼓励政府以多种方式购买保险服务

鼓励市、区县相关部门结合实际，积极探索运用保险的风险管理功能及保险机构的网络、专业技术等优势，通过运用市场化机制，降低公共服务运行成本。结合保险交易市场建设，完善各级财政出资购买保险、市政工程建设所需保险、市属国有企事业单位所需保险等的集中采购平台，提高相关业务开展的规范化、透明化水平。

（二十七）提升全社会保险意识

支持本市新闻媒体开办专门的保险频道或栏目，更好发挥宣传和引导作用。加强中小学、职业院校学生保险意识教育，推动保险知识进校园。弘扬保险文化，宣传保险核心价值理念，推动保险意识深入人民群众。依托党校、干部在线学习城等平台，开设专题保险课程。在全社会形成学保险、懂保险、用保险的氛围。

（二十八）切实防范化解保险业风险

支持配合国家金融管理部门依法履行监管职责，切实承担地方政府监管责任，维护保险业安全运行和社会稳定。健全保险业风险舆情监测网络，构建案件风险防控长效机制和欺诈风险防范联动机制，严厉打击保险领域的非法集资、洗钱、欺诈等违法犯罪行为，逐步建立公安部门与保险监管部门全方位打击保险领域违法犯罪活动合作机制。

各区县、各有关部门要把发展现代保险服务业作为推进经济转型、转变政府职能、带动扩大就业、完善社会治理、保障改善民生的重要抓手，加强沟通协调，形成工作合力。有关部门要根据本实施意见和本市加快发展现代保险服务业重点工作分工表的要求，做好工作，促进本市现代保险服务业有序健康发展。

本实施意见自 2014 年 12 月 1 日起实施，有效期至 2019 年 11 月 30 日。

附件：本市加快发展现代保险服务业重点工作分工表（略）

2014 年 11 月 21 日

二、金融管理部门

1. 中国人民银行上海总部关于支持中国(上海)自由贸易试验区扩大人民币跨境使用的通知

银总部发[2014]22号

国家开发银行、各政策性银行、国有商业银行、股份制商业银行、中国邮政储蓄银行上海(市)分行;交通银行、上海浦东发展银行、上海银行、上海农村商业银行;其他城市商业银行上海分行;上海市各外资银行;上海市各非银行金融机构:

根据《中国人民银行关于金融支持中国(上海)自由贸易试验区建设的意见》(以下简称《意见》)及有关规定,经中国人民银行总行批复同意,现就支持中国上海自由贸易试验区(以下简称试验区)扩大人民币跨境使用通知如下:

一、国家出台的各项鼓励和支持扩大人民币跨境使用的政策措施均适用试验区

二、试验区经常和直接投资项下跨境人民币结算

上海地区银行业金融机构可在"了解你的客户"、"了解你的业务"和"尽职审查"三原则基础上,凭区内机构(出口货物贸易人民币结算企业重点监管名单内的企业除外)和个人提交的收付款指令,直接办理经常项下和直接投资项下的跨境人民币结算业务。

(一) 银行在办理上述主体的直接投资项下结算业务时,应按照试验区投资准入的负面清单管理要求,对属于负面清单管理范围内的直接投资跨境人民币结算业务,要求其出具有权审批部门的核准文件。

(二) 人民银行上海总部与中国上海自由贸易试验区管理委员会通过试验区综合信息监管平台建立直接投资信息共享制度,并为商业银行提供相关信息服务。

三、试验区个人银行结算账户

为便利个人开展经常项下跨境人民币结算业务,在区内就业或执业的个人可依据《人民币银行结算账户管理办法》(中国人民银行令[2003]第5号发布)等银行结算账户制度的规定开立个人银行结算账户或者个体工商户单位银行结算账户,办理人民币跨境收付。其中,境外个人开立人民币银行结算账户应当同时出具公安机关出入境管理机构签发的有效期1年(含)以上的居留证件。

四、试验区人民币境外借款

区内金融机构和企业从境外借用人民币资金(不包括贸易信贷和集团内部经营性融资)应用于国家宏观调控方向相符的领域,暂不得用于投资有价证券(包括理财等资产管理类产品)、衍生产品,不得用于委托贷款。

(一) 区内企业借用境外人民币资金规模(按余额计)的上限不得超过实缴资本 * 1 倍 * 宏观审慎政策参数。其中:实缴资本以最近一期验资报告为准,借用期限1年(不含)以上。区内借款企业可以依据《人民币银行结算账户管理办法》的规定,在上海地区的银行开立专用存款账户,专门存放从境外借入的人民币资金,只能用于区内或境外,包括区内生产经营、区内项目建设、境外项目建设等。

在试验区启动前已经设立在区内的外商投资企业在借用境外人民币资金时,可自行决定是按"投注差"模式还是按本通知规则办理,并通过其账户银行向人民银行上海总部备案。一经决定,不再变更。

(二) 区内非银行金融机构借用境外人民币资金(按余额计)的上限不得超过实缴资本 * 1.5 倍 * 宏观审慎政策参数。借用期限1年(不含)以上。借入资金可调回存入开立在上海地区银行的专用存款账户，只能用于区内或境外，包括区内经营、区内项目建设、境外项目建设等。

（三）区内企业和非银行金融机构开立的存放境外人民币借款的专用存款账户活期计息。

（四）区内银行从境外借入人民币资金须进入试验区分账核算单元，在区内使用，服务于实体经济建设。

（五）上述公式中的宏观审慎政策参数由人民银行上海总部设定，可根据全国信贷调控的需要进行灵活调整。

五、试验区跨境双向人民币资金池

（一）区内企业可根据自身经营和管理需要，开展集团内跨境双向人民币资金池业务。集团指包括区内企业（含财务公司）在内的，以资本关系为主要联结纽带，由母公司、子公司、参股公司等存在投资性关联关系成员共同组成的跨国集团公司。跨境双向人民币资金池业务指集团境内外成员企业之间的双向资金归集业务，属于企业集团内部的经营性融资活动。

（二）开展集团内跨境双向人民币资金池业务，需由集团总部指定一家区内注册成立并实际经营或投资的成员企业（包括财务公司），选择一家银行开立一个人民币专用存款账户，专门用于办理集团内跨境双向人民币资金池业务，该账户不得与其他资金混用。参与资金池业务的境内外各方应签订资金池业务协议，明确各自在反洗钱、反恐融资以及反逃税中的责任和义务。

（三）资金由被归集方流向归集方为上存，由归集方流向被归集方为下划。参与上存与下划归集的人民币资金应为企业产生自生产经营活动和实业投资活动的现金流，融资活动产生的现金流暂不得参与归集。

六、试验区经常项下跨境人民币集中收付业务

（一）区内企业可根据自身经营和管理需要，开展境内外关联企业间的经常项下跨境人民币集中收付业务。境内外关联企业包括集团内以资本关系为主要联结纽带、存在投资性关联关系的成员公司，以及与集团内企业存在供应链关系的、有密切贸易往来的集团外企业。

（二）企业集团总部须指定一家在区内注册成立并实际经营或投资的成员企业（包括财务公司），并选择一家银行开立一个人民币专用存款账户，专门为其境内外关联企业办理经常项下集中收付业务。

（三）区内企业应跟与之开展经常项下集中收付业务的各方签订集中收付协议，明确各自承担贸易真实性等的责任。

七、跨境电子商务人民币结算业务

（一）鼓励上海地区的银行向注册在区内的跨境电子商务运营机构直接提供基于真实跨境电子商务的跨境人民币结算服务。

（二）支持上海地区的银行与区内依法取得“互联网支付”业务许可的支付机构（含分支机构）合作，提供基于真实跨境电子商务（包括个人及跨境电子商务出口经营主体）的跨境人民币结算服务。

（三）银行应与支付机构签订办理跨境电子商务人民币结算业务的协议并报人民银行上海总部备案。银行应按照人民银行有关规定负责对通过支付机构办理的跨境人民币结算业务的真实性及合规性进行审核。支付机构向银行提交的跨境人民币结算业务应具有真实跨境电子商务交易背景，符合国家有关法律法规，履行反洗钱、反恐融资审核职责，并保留相应交易记录，配合国家有关部门的检查。

（四）支付机构应遵守《非金融机构支付服务管理办法》（中国人民银行令［2010］第2号发布）、《支付机构客户备付金存管办法》（中国人民银行公告［2013］第6号发布）以及其他相关规定。

八、关于跨境人民币交易服务

（一）中国外汇交易中心暨全国银行间同业拆借中心在区内面向试验区和国际提供以人民币计价结算的金融资产交易服务，支持扩大人民币跨境使用。

（二）上海黄金交易所在区内面向试验区和国际提供以人民币计价结算的贵金属交易、交割和结算服务，提高人民币在国际贵金属市场上的使用。

九、关于信息报送

各项跨境人民币业务及收付信息应及时准确完整报入人民币跨境收付信息管理系统，并进行相应的国际收支统计申报。

十、关于反洗钱、反恐融资和反逃税

银行在向区内金融机构和企业提供相关跨境人民币服务时，应在服务协议中明确列示双方应按国家有关规定切实履行反洗钱、反恐融资和反逃税义务和职责，保留相关交易记录和凭证，并确保能还原交易原貌，配合相关部门的检查等条款。

中国人民银行上海总部

2014 年 2 月 20 日

2. 中国银行业监督管理委员会上海监管局关于试行中国(上海)自由贸易试验区银行业监管相关制度安排的通知

沪银监通〔2014〕16 号

在沪各银行业金融机构：

为进一步贯彻落实《国务院关于印发中国（上海）自由贸易试验区总体方案的通知》（国发〔2013〕38 号）和《中国银监会关于中国（上海）自由贸易试验区银行业监管有关问题的通知》（银监发〔2013〕40 号），促进中国（上海）自由贸易试验区（以下简称“试验区”）银行业创新和稳健发展，经中国银监会同意，现就试验区银行业监管总体制度安排通知如下。

一、关于试验区业务的总体监管要求

经营试验区业务的上海各银行业金融机构应遵守中国银监会现行各项审慎监管要求，另有规定的除外。对于试验区业务中可能更为突出的风险管理领域，如流动性风险、市场风险、交易对手信用风险、国别风险、法律合规风险以及金融消费者保护等，银行业金融机构应适用更为审慎的管理标准。

监管部门鼓励和支持上海各银行业金融机构针对区内投资贸易便利化需求，积极开展金融创新，特别是支持区内客户跨境贸易和跨境投融资的金融服务需求、支持利用境内外两个市场为区内客户提供多样化的风险管理服务。

二、关于试验区业务的风险评估要求

经营试验区业务的上海各银行业金融机构，应针对试验区业务做好事前和持续的风险自评估。具体评估要求详见附件 1:《中国(上海)自由贸易试验区业务风险评估指导意见(试行)》。风险自评估侧重于针对试验区业务的风险管理流程和管理能力的有效性和适应性。

事前自评估报告须于正式开办试验区业务后 10 个工作日内，由开办试验区业务的银行业金融机构法人或授权归口管理机构，向上海银监局书面提交(上海本地注册的法人机构应由总行提交)。本通知发布前已开展试验区业务的银行业金融机构应于 2014 年 6 月 10 日前提交自评估报告。此后，各银行业金融机构应于每年 3 月底前将上一年度风险自评估报告报送上海银监局。评估中如发现重大业务风险，机构应及时采取措施，确保相关风险管理制度安排与试验区业务发展状况持续相符，有关情况亦应同时报告监管部门。

试验区业务项下的新产品管理纳入日常监管流程之中。监管部门将根据监管需要，酌情对机构的自评估情况进行监管评估及督导，强化事中、事后监管。对监管评估不达标者，监管部门将依法采取相应的监管措施，包括责令暂停业务等强制措施。

三、关于试验区银行业特色监测报表体系

监管部门将针对试验区银行业建立相对独立的统计和监测体系，定期从试验区业务和机构两个维度收集数据和监管信息。报送要求详见附件 2:《中国(上海)自由贸易试验区银行业监测报表制度(试行)》。考虑到试验区相关工作的创新性和试验性，特设置两个月的试报期。试报期内，监管部门将不对因口径理解差异等原因造成的报送质量问题进行考核。试报期后，监管部门将依法对报送工作不合规的机构和个人，采取必要的监管措施。

监管部门将定期监测分析试验区业务的推进情况和风险管理状况，重在把握试验区业务支持区内实体经济的有效性，以及前瞻预判可能存在的区域性、系统性风险隐患，为支持试验区建设的相关制度安排提供重要依据。监管部门并将根据试验区业务和政策的进展适时完善特色监测报表体系。

四、关于试验区内机构的监管要求

(一) 关于试验区内机构的业务范围。试验区内机构可根据区内客户投资贸易便利化的需求，在主要从事区内业务和跨境业务的基础上，经营境内区外业务。取得离岸业务资格的中资商业银行总行，可授权试验区内自贸区分行开办离岸业务。

（二）关于试验区内的机构网点规划。对全国性中资商业银行、政策性银行、上海本地银行在区内增设或升格分支机构的年度网点计划不作事前审批，在区内增设或升格银行分支机构不受该银行在上海地区年度网点总计划的限制。

（三）关于试验区内机构及其高管准入。对区内分行级以下（不含分行）银行机构和高管的准入，实行事后报告制度。详见附件3：《关于简化中国（上海）自由贸易试验区内相关机构和高管准入方式的实施细则（试行）》。

（四）关于试验区内机构和试验区业务的风险管控。针对试验区业务，监管部门将坚持法人为本的风险监管理念，强调并表风险管理要求，确保试验区业务的风险得到有效管控。同时，加强对试验区内机构的日常现场检查和非现场监管，重点防范交易对手信用风险、法律合规风险、操作风险及做好金融消费者保护，强化行为监管，防止重大风险事件。

五、关于试验区银行业的功能布局及资源支持

银行业金融机构办理试验区业务是银行业探索跨境金融服务和加快金融创新的战略需要，也是探索可复制、可推广银行业经营管理经验的契机。为此，上海各银行业金融机构应牢牢把握这个重大机遇，以最大限度满足客户区内外联动、境内外联动对金融服务的需求为导向，充分发挥各自的管理优势，制定科学的试验区业务经营策略和创新发展策略。

（一）上海各银行业金融机构应合理区分试验区内机构、区外境内的上海地区其他机构经营试验区业务的功能定位和发展重点，尽快形成特色化的试验区业务创新发展模式，有效支持试验区实体经济发展。

（二）经营试验区业务的上海各银行业金融机构应积极争取总行或总部的充分支持，为试验区业务的探索与创新发展预留足够的空间。包括但不限于：适当调整对试验区业务和试验区内机构的绩效考核标准；在试验区业务开展初期不对试验区业务和试验区内分支机构下达单独的存贷比考核指标；对于按有关规定以自求平衡为原则的账户，建立相对独立的流动性风险管理体系，并从资金来源方面给予必要的支持；在遵循总行统一业务管理政策的前提下，授权试验区业务归口管理机构更多业务自主权，在风险可控的前提下自主开展资金交易业务、单独区内或境外平盘；协调经营试验区业务的区内外经营网点和境内外机构的协同运作，加强资源共享，共同支持试验区业务的创新发展和风险管理。

特此通知。

2014年5月12日

3. 中国保监会办公厅关于进一步简化行政审批支持中国(上海)自由贸易试验区发展的通知

保监厅发〔2014〕36号

上海保监局，各保险公司：

为进一步贯彻落实党中央、国务院关于建设中国（上海）自由贸易试验区（以下简称自贸区）的重要战略部署，深化保险业行政审批改革，推动保险业更好参与和服务自贸区建设，现就相关事项通知如下：

一、允许上海航运保险协会试点开发航运保险协会条款，报备后由会员公司自主使用。

二、取消在沪航运保险营运中心、再保险公司在自贸区内设立分支机构的事前审批，由上海保监局实施备案管理。

三、取消自贸区内保险支公司高管人员任职资格的事前审批，由上海保监局实施备案管理。

中国保监会办公厅

2014年5月15日

4. 国家外汇管理局上海市分局关于印发支持中国(上海)自由贸易试验区建设外汇管理实施细则的通知

上海汇发〔2014〕26号

上海市各外汇指定银行：

为支持中国（上海）自由贸易试验区（以下简称试验区）建设，扩大对外开放，落实《中国（上海）自由贸易试验区总体方案》（国发〔2013〕38号）和《中国人民银行关于金融支持中国（上海）自由贸易试验区建设的意见》（银发〔2013〕244号），经国家外汇管理局批准，国家外汇管理局上海市分局(以下简称外汇局)按照服务实体经济、深化外汇管理改革、有效防范风险、“成熟一项、推出一项”原则，在试验区实施以下外汇管理政策措施：

一、深化外汇管理改革，促进贸易投资便利化

(一) 简化经常项目收结汇、购付汇单证审核。银行按照“了解你的客户”、“了解你的业务”、“尽职审查”等原则办理经常项目收结汇、购付汇业务。

(二) 简化直接投资外汇登记手续。一是拓宽直接投资外汇登记业务办理渠道。二是实行外商投资企业外汇资本金意愿结汇，外商投资企业可在外汇资本金账户开户银行开立一一对应的人民币专用存款账户，用于存放资本金结汇所得人民币资金，并按照真实交易原则通过该账户办理各类支付业务。

(三) 放宽对外债权债务管理。一是取消对外担保和向境外支付担保费行政审批。二是将区内企业境外外汇放款金额上限由其所有者权益的30%整至50%将境外直接投资债权登记纳入境外外汇放款登记管理。三是取消境外融资租赁债权审批，允许境内融资租赁业务收取外币租金。

(四) 改进跨国公司总部外汇资金集中运营管理、外币资金池及国际贸易结算中心外汇管理试点政策。放宽试点企业条件，简化审批流程及账户管理。

(五) 完善结售汇管理。便利银行开展面向区内客户的大宗商品衍生品的柜台交易。

二、加强统计监测与分析预警，有效防范外汇收支风险

(六) 严格履行外汇管理数据信息报送义务。银行、企业等应按照现行外汇管理规定，及时、准确地向外汇局报送国际收支统计申报、境内资金划转、结售汇等数据；主动报告异常或可疑情况并积极采取措施防止异常跨境资金流动。

(七) 强化非现场监测与现场核查检查。外汇局加强跨境资金流动监测，完善外汇收支预警指标体系，对银行、企业等异常或可疑情况进行风险提示，依法开展现场核查检查，实施分类管理，处罚违规行为；必要时调整政策，采取临时性管制措施。

本通知自发布之日起实施。下一步，外汇局将及时总结试验区外汇管理政策措施实施效果，积极研究进一步促进投融资汇兑便利化等政策措施，支持试验区实体经济发展，更好地服务于试验区国家战略。

附件：外汇管理支持试验区建设实施细则

国家外汇管理局上海分局

2014 年 2 月 28 日

附件

外汇管理支持试验区建设实施细则

第一章 总 则

第一条 为支持中国(上海)自由贸易试验区(以下简称试验区)建设，落实《中国(上海)自由贸易试验区总体方案》(国发[2013]38 号)和《中国人民银行关于金融支持中国(上海)自由贸易试验区建设的意见》(银发[2013]244 号，以下简称《意见》)，制定本实施细则。

第二条 试验区内银行(含注册在区内的银行以及办理区内业务的上海地区其他银行，下同)、境内外企业、非银行金融机构、个人(以下简称区内主体)适用本实施细则。

第三条 国家外汇管理局上海市分局(以下简称外汇局)具体负责监督管理试验区外币账户开立、资金划转、结售汇、本外币数据统计等事项。

第四条 区内主体应按照现行外汇管理规定，认真履行国际收支、结售汇、境内资金划转、账户等数据报送义务，保证数据的准确性、及时性、完整性。

第五条 区内银行应当遵循“了解你的客户”、“了解你的业务”、“尽职审查”等原则，切实按照本实施细则规定履行试验区外汇业务真实性、合规性审查，制定完善的内控管理制度并报外汇局备案。

第六条 区内企业、非银行金融机构、个人等办理本实施细则规定的外汇业务创新，应当具有真实合法交易基础，并通过账户办理，不得使用虚假合同或者构造交易办理业务。

第二章 经常项目业务

第七条 区内主体与境外之间经常项目交易，按本细则第五条规定办理购付汇、收结汇手续。对于资金性质不明确的，区内银行应要求企业、非银行金融机构、个人等提供相关单证。

区内 A 类企业货物贸易外汇收入无需进入待核查账户。服务贸易、收益和经常转移等对外支付单笔等值 5 万美元以上的，按规定提交税务备案表。

第八条 符合条件的区内企业可通过国内外汇资金主账户办理经常项目外汇资金集中收付汇和轧差净额结算。

第九条 允许区内金融租赁公司、外商投资租赁公司及中资融资租赁公司(以下简称融资租赁类公司)在向境内承租人办理融资租赁时收取外币租金。对区内大型融资租赁企业实行货物贸易特殊标识监测管理。

第三章 资本项目业务

第十条 直接投资项下外汇登记及变更登记下放银行办理。

第十一条 区内外商投资企业的外汇资本金实行意愿结汇。外商投资企业应在外汇资本金账户开户银行开立一一对应的人民币专用存款账户,用于存放资本金结汇所得人民币资金,按照真实交易原则通过该账户办理各类支付手续。

银行应参照《国家外汇管理局关于资本项目信息系统试点及相关数据报送工作的通知》(汇发〔2012〕60号)附件4《外汇账户数据采集规范(1.1版)》的要求报送人民币专用存款账户的开关户及收支余信息,人民币专用存款账户的账户性质代码为2113,账户性质名称为"资本项阶结汇待支付账户"。银行应参照《国家外汇管理局关于做好调整境内银行涉外收付凭证及相关信息报送准备工作的通知》(汇发〔2011〕49号)的要求,通过境内收付款凭证,报送人民币专用存款账户与其他境内人民币账户之间的收付款信息。

第十二条 外商投资企业资本金及其结汇所得人民币资金不得用于以下用途:

(一)不得直接或间接用于企业经营范围之外或国家法律法规禁止的支出;

(二)除另有规定外,不得直接或间接用于证券投资;

(三)不得直接或间接用于发放人民币委托贷款(经营范围许可的除外)、偿还企业间借贷(含第三方垫款)以及偿还已转贷第三方的银行人民币贷款;

(四)除外商投资房地产企业外,不得用于支付购买非自用房地产的相关费用。

第十三条 放宽区内企业境外外汇放款管理,将区内企业境外外汇放款金额上限调整至其所有者权益的50%,确有需要超过该比例的,由外汇局按个案集体审议方式处理。

第十四条 区内企业提供对外担保,可自行办理担保合同签约,无需到外汇局申请办理事前行政审批手续。

区内企业提供对外担保时,不受担保人和被担保人净资产比例、被担保人盈利状况及担保人和被担保人之间股权关联条件的限制。

区内企业签订对外担保合同,应当按规定办理对外担保登记和履约核准手续,并符合关于担保项下资金用途的限制性规定。

第十五条 区内企业、非银行金融机构向境外支付担保费无需核准,可持担保费支付通知书直接到银行办理购付汇手续。

银行在办理担保费购付汇手续时,应确认相关担保业务符合外汇局相关规定。

第十六条 取消区内融资租赁类公司办理融资租赁对外债权业务的逐笔审批,实行登记管理。

第十七条 整合跨国公司总部外汇资金集中运营管理、境内外币资金池和国际贸易结算中心外汇管理试点。区内企业已开立的境内外币资金池账户、国际贸易结算中心专用账户名称统一改为国内外汇资金主账户,功能并入国内外汇资金主账户。

国内外汇资金主账户除可以办理第八条的业务和国际贸易结算中心业务外,还可以集中管理境内成员单位资本金、外债、资产变现资金等。

符合条件的区内企业可根据经营需要,开立国际外汇资金主账户。国际外汇资金主账户与境外资金往来自由,与国内外汇资金主账户在规定额度内自由划转。

符合条件的区内企业通过国内外汇资金主账户、国际外汇资金主账户开展的各类试点业务所涉行政审批改为备案。

第四章 外汇市场业务

第十八条 银行为区内企业办理大宗商品衍生品交易,应遵守如下规定办理所涉结售汇业务:

(一)符合相关金融监督管理部门规定,包括事先获得必要的业务资格、履行必要的产品报备程序等;银行分支机构开办此项业务应符合银行内部管理规定,包括获得必要的事先授权等。

(二)银行或其总行应具备银行间外汇市场做市商资格;或者该银行在上海地区近3年执行外汇

管理规定情况考核中曾经获得一次以上A级，且没有得过B以下评级。

（三）银行开展大宗商品衍生品交易项下的结售汇业务应向上海市分局事先备案。

（四）银行为企业提供的大宗商品衍生品交易，应审核企业具有真实的大宗商品实物交易背景，符合适度套期保值原则，并向客户如实披露信息、揭示风险，由企业自主承担有关风险。

（五）银行为企业提供大宗商品衍生品交易项下因境外平盘产生的汇率敞口或外汇盈亏，可在本行办理相应的结售汇业务，并纳入银行结售汇综合头寸平盘；外汇局对银行该结售汇业务实行年累计发生额规模管理。

（六）银行应将上述结售汇交易纳入银行结售汇统计，交易项目归属于“240/440其他投资”项下；交易主体按照“银行自身”统计。

（七）银行应向外汇局定期报送大宗商品衍生品的有关交易和结售汇信息。

第五章 附 则

第十九条 外汇局对区内企业货物贸易等外汇收支进行非现场监测，对异常或可疑情况进行现场核查，并根据现场核查结果进行分类管理。

第二十条 当国际收支出现或可能出现严重失衡时，外汇局可采取相应的临时性管制措施。

第二十一条 外汇局可根据国家宏观调控政策、外汇收支形势及创新业务开展情况，逐步完善和改进创新业务内容。

第二十二条 外汇局依法对区内主体进行监督检查和调查。违反《外汇管理条例》和本规定的，暂停办理创新业务，并按照《外汇管理条例》及相关规定进行处罚。

第二十三条 本实施细则自发布之日起施行，未尽事宜按照海关特殊监管区域外汇管理办法等现行外汇管理规定办理。

国家外汇管理局上海市分局

2014年2月28日

第八篇　文　　化

一、学 术 团 体

1. 上海市金融学会

2014 年，上海市金融学会加强组织协调，发动理事单位和会员结合金融工作实际，开展重点课题和青年课题研究。召开上海市金融学会第九届会员代表大会，选举产生新一届理事会。组织开展学术讨论会 8 次，积极参加市社联科普周活动和学术活动月。成立上海市金融学会票据专业委员会。加强《上海金融》期刊编辑、审稿以及《上海金融年鉴》组稿，进一步提高稿件质量，提升金融刊物的影响力。

【加强组织协调】 学会年初召开专业研究部工作会议，讨论全年学术活动安排，研究课题选题和招标等事宜。发动各理事单位和会员，参加学会 2014 年重点课题和青年课题申报，第五届"青年金融论坛"征文和 2014 年学术年会征文。经评审，从理事单位和个人申报的研究项目中确定上海市金融学会 35 个重点研究课题和 60 个青年研究课题。组织开展上海市金融学会重点课题中期交流会。召开上海市金融学会第九届理事会第二次会议（通讯会议）。上海市金融学会与中国城市金融学会票据专业委员会、中国工商银行票据营业部展开合作，成立上海市金融学会票据专业委员会。

7 月，中国金融学会协助台北金融研究发展基金会主办"2014 年两岸三地人民币业务培训班"。为确保两岸金融交流活动的顺利开展，上海市金融学会协助中国金融学会做好上海自贸区创新金融体制建设座谈会和人民币跨境业务发展座谈会。10 月，协助中国金融学会做好推荐第十届全国优秀金融参评论文工作。

【选举产生新一届理事会】 认真做好换届大会工作。3 月 18 日，上海市金融学会召开第九届会员代表大会，审议通过工作报告、财务报告和章程修改，选举产生新一届理事会理事 194 人。聘请名誉会长、顾问和各专业研究部主任、副主任。中国人民银行上海总部副主任兼上海分行行长张新当选为新一届理事会会长，并对学会打造学术研究、交流的开放平台提出殷切希望。上海市社联党组副书记、专职副主席桑玉成到会讲话。本次会议吸收一批新的金融机构作为学会理事单位，同时吸收一批新的青年专家学者和会员，不断壮大学会队伍。会议同时邀请中国人民银行副行长潘功胜作了关于利率市场化的学术报告。

【推动学术研究和交流】 学术团体的生命力在于开展学术研究活动。学会紧紧围绕经济建设和金融改革开放中出现的新情况、新问题，以多种形式开展多样化的学术研究和交流活动，为会员提供良好的交流、沟通平台。

2014 年先后举办了 8 次学术讨论会。例如，上海市金融学会与上海国际金融中心研究院、上海市世界经济学会 4 月 19 日联合召开"上海自贸区建设中关于人民币问题讨论会"。会议邀请美国康奈尔大学 Eswar Prasad 教授（美元陷阱与人民币国际化）、上海发展研究基金会秘书长乔依德（上海自贸区金融开放和人民币国际化）、复旦大学金融研究中心主任、经济学院副院长孙立坚（上海自贸区的挑战）等作了主题发言。上海市金融学会和上海对外经贸大学 5 月 24 日联合主办 2014 互联网金融论坛，从金融理论、金融监管、金融法律及金融实务的角度介绍和阐述互联网金融的发展现状和趋势。上海市金融学会 6 月 5 日召开"上海自贸区与商业银行发展"讨论会，会议邀请上海市金融学会常务理事、中国人民银行上海总部跨境人民币业务部副主任施俐娅分析和解读了自贸区金融的相关政策和细则，同时邀请了建设银行上海自贸区分行副行长林宇灵、上海浦东发展银行上海自贸区分行副行长王建新、工商银行上海自贸区分行市场部负责人姚启明就自贸区给商业银行带来的机遇与挑战、自贸区的金融创新和风险防范等作了主题发言。中国人民银行上海总部调查统计研究部副主任顾铭德代表上海市金融学会会长张新作了“上海自贸区给商业银行带来的机遇”的讲话。由同济大学国家社科基金决策咨询点、同济大学经济与管理学院、上海市金融学会联合举办的中国金融改革与发展高层论坛于6月21日召开，会议邀请交通银行副行长兼首席信息官侯维栋、阿里巴巴集团副总裁叶朋、美国凯西储大学托马斯教授等作了主题演讲。由同济大学、上海市金融学会、上海市期货同业公会主办的“金融创新与区域金融发展”研讨会于10月23日召开。由上海市金融学会和上海对外经贸大学联合举办的第一届上海国际金融中心建设年度论坛于10月24日召开，主题是“自贸区建设与金融发展”。此外，为贯彻上海市社联“第13届上海市社会科学普及活动周”活动，上海市金融学会举办专题讲座活动，邀请中国人民银行金融消费权益保护局副局长孙天琦作了关于“普惠公众　积极开展金融消费权益保护工作”的专题讲座。为培养青年人才，搭建青年研究平台，给青年提供展示风采的舞台，上海市金融学会召开第五届“青年金融论坛”。

另外，由中国浦东干部学院主办、上海市金融学会协办的“金融改革与风险防范”论坛于6月23日召开。会议邀请了中国人民银行金融消费权益保护局局长、上海总部党委委员、金融消费权益保护部主任焦瑾璞(互联网金融与消费者保护)、人民银行上海总部金融稳定部主任杜要忠(对所谓理财产品有关问题的分析)以及浦东干部学院“运用现代金融　促进经济发展专题培训班”的部分学员作了主题演讲。

【加强期刊编辑及培训】 按期编辑出版《上海金融》月刊和《金融探索与实践》内刊。编辑出版《上海金融论丛2014》，汇编《青年金融论坛论文集》。召开《2014上海金融年鉴》启动工作会议。在浙江省金华市召开第九次“长三角金融”组稿培训。召开《上海市志·金融分志·综合卷》第三期编纂人员业务培训。为《中国金融年鉴》《上海年鉴》《上海经济年鉴》《上海浦东年鉴》《陆家嘴年鉴》《上海金融发展报告》组稿及撰稿。为中共上海市委党史研究室《上海改革开放实录(1992—2002)》《口述上海改革创新(1992—2002)》中推进金融市场体系建设专题组稿及撰稿。

(肖立伟)

2. 上海城市金融学会

2014年，上海城市金融学会重点推进重大课题调研、专题学术研讨和群众性学术活动，以理论实践推动工商银行上海市分行创新转型。由于工作成绩突出，学会获中国城市金融学会“最佳团体会员”、上海市社联“年度达标学会”等多项荣誉。

【学术研究】 重点课题调研取得诸多成果，为银行战略发展提供前瞻理论指导。2014年，学会深入开展课题调研，牵头并组织各分会完成了100多个重点课题。在上海市金融学会重点课题评选中获三等奖2篇，青年课题评选中获二等奖2篇；在总行“第十二届中国城市金融优秀论文及调研报告评选”中，获二等奖2篇、三等奖6篇；在总行“2014年全行金融青年论坛”中，获三等奖2篇，优秀奖1篇；在上海金融业联合会“2013金融业优秀研究成果”评选中，获一等奖1篇。学会全年围绕以下几个领域开展了重点研究：一是围绕工行战略发展，总行重点课题研究取得多项成果。重点研究互联网金融创新、自贸区金融创新、渠道管理创新、风险管理方法创新和授信审批机制创新。二是围绕金融创新，上海市金融学会重点课题攻关获得监管机构和同业肯定。《自贸区跨境人民币融资政策的传导机制研究》和《互联网金融引发商业银行经营行为“蝴蝶效应”影响机制的路径研究》获上海市金融学会重点课题三等奖；2篇论文获上海市金融学会青年课题二等奖。三是围绕基层经营重点难点，群众性课题研究活动形成丰硕成果。

【学术活动】 举办了层次多样的学术活动，发挥沟通内外的学术交流平台作用。成功组织参加IMF 2014年度磋商会谈，提升了工商银行的国际影响力。成功组织召开上海自贸区调研汇报会，为总行课题研究提供依据和思路。成功举办两次学术报告会，助推我行新兴业务跨越发展。积极组织参加人行“新时期上海票据市场创新与发展”主题征文活动，探索金融市场创新路径。举办“我与自贸区共成长”主题征文活动，探索自贸区金融创新发展方向。成功组织参加各类学术交流活动，拓宽研究视野。

【学术组织】 持续开展论文评选和会刊出版工作，推动优秀研究成果创造价值。办好学会会刊，每月出版《上海城市金融》，积极刊登获奖论文。成功开展年度优秀论文评选及优秀研究成果交流活动。编辑《优秀论文集》，在全行范围内分享、推广学会优秀研究成果。完善学会组织建设，并吸收了一批高学历的中高层业务骨干，进一步为学会集聚了人才队伍。

（城金学会）

3. 上海市农村金融学会

2014年上海市农村金融学会紧紧围绕中国农业银行上海市分行中心工作和任务，继续加强应用理论研究和课题调研工作，依托上海加快建设国际金融中心的大背景，为农行业务经营和发展转型提供智力支持和理论先行；认真做好农行信访维稳工作，为业务发展保驾护航；积极开展金融志编纂工作，牵头组织金融系统各单位的“金融从业人员”篇章的培训、编纂、录入、审核等工作；加强农行精神文明建设和企业诚信建设，扎实推进各项工作的有序推进，圆满完成了各项工作。

【学术研究】 积极开展学术研究工作，加强金融实务调研，发挥参谋助手作用。（1）围绕加快推进农行经营转型和业务发展，坚持以科学发展观为指导，理论联系实际，认真组织重大课题研究和专题调研活动。按照总分行年度工作指导思想和阶段工作重点，以及学会活动规划，认真制订落实2014年学会课题研究计划，适时组织专题调研与重大课题研究。采取全员发动与重点落实相结合，以中青年理论研究骨干为重点，精选课题，加强指导，抓好调研进度，取得了丰硕成果。年内组织完成2014年学会课题研究4项，同时，组织参与投标并中标完成总行学会重点课题研究《农业银行支持上海自贸试验区发展策略研究》和一般课题研究《全面深化改革背景下提升城市行竞争力研究》各1项、上海市金融学会重点课题研究2项（曾振宇：《商业银行服务科技型小微企业路径研究》；张月静：《新形势下商业银行配合政府推动经济社会发展的现状、问题与改进措施》）和青年课题研究6项，其中彭娜的《利率市场化进程中商业银行贷款业务管理策略》荣获二等奖。

（2）为引导全行青年学习贯彻党的十八届三中全会和中央经济工作会议精神，潜心思考深入研究，为上海农行转型发展献计献策，学会认真组织开展以“互联网金融的健康发展与风险管理”为主题的“2014年青年论坛”征文活动，形成论文51篇；并有3篇优秀论文选送总行，其中荣获总行第十五届“青年论坛”三等奖、优秀奖各1篇。

（3）完成了“智慧农行”征文活动，进行了优秀文章的评选、成果交流工作；为配合做好重大课题研究和专题调研，学会积极组织课题研究开题座谈会、课题研究中期交流会等各具特色的调研座谈会5次，开展辅导、讨论和交流，有效地推动课题研究，提高调研质量。

【办好会刊】 办好《上海农村金融》杂志，做好理论研究和宣传工作。（1）上海市农村金融学会认真做好《上海农村金融》的组稿、编辑和校对工作，全年共编发《上海农村金融》双月刊6期、发表文章115篇，50万字，无差错，会刊质量不断提高，有效宣传了分行党委的工作要求和业务动态，及时总结了农行业务经营中涌现出来的先进事迹和先进个人，为宣传业务发展中的正能量做出了不懈努力。

（2）《上海农村金融》始终保持了正确的政治方向和业务方向，坚持办刊宗旨，突出办刊特色，紧紧围绕转型发展这一主题，重点强化了金融实务研究，及时将金融活动前沿性的应用理论观点及研究成果交流推介，起到了解放思想、开拓思路、指导实践的积极作用。同时，加强通联员队伍建设，组织必要的培训、讲座，不断提高他们的写作水平，保证刊物质量。

（3）做好《上海农村金融》的发行工作，确保每个网点、每个部室都能看得到刊物，最大程度发挥刊物的功能和作用；开展了年度刊物优秀文章评选工作，分别就调研类、通讯类各评出一等奖一个，二等奖三个。三等奖六个以及组织奖，进行了表彰。

【信访维稳】 切实做好分行信访维稳工作，践行打造贴心银行。（1）2014年党的十八届四中全会召开，提出了“依法治国”战略部署。经济结构调整带来社会矛盾、利益个体的矛盾冲突日益突出，在农行信访（投诉）数量逐年上升的背景下，信访维稳工作压力进一步凸显。学会进一步完善了信访维稳工作机制和应急预案，完善信访维稳工作流程，加强了同分行本部有关职能部门、有关支行的联系沟通和合作，加强信访督办的力度，加强与市信访办、市金融工委、同业公会、银监局等信访部门的联系，及时受理这些部门转来的信访事项，确保各类信访在规定的时限内完成流程。全年共受理各类信访投诉267件次，比2013年上升了29%（比2012年上升了40.9%），其中分别受理市信访办和银监局系统转来的网上信访48件和32件，全部信访落实率100%；办结率96.3%。

（2）全年信访工作始终按照“属地管理”和“谁主管、谁负责”的原则做实、做好信访工作。配备必要的人员，保证接访工作的规范化和连贯性。做好全国“两会”等重要时点的信访维稳工作，认真落实行政值班和突发事件报告制度。耐心细致地对信访人员进行思想开导和情绪安抚，努力化解潜在矛盾。要注重排查金融产品销售过程中可能引发的信访投诉，及时干预处理。切实完成信访有关任务。

（3）以高度的责任感做好信访接待（来访、来电、来信）工作，态度和蔼，认真倾听，完整记录；重视信访回复工作，力争用规范、专业、简洁的语言文字答复有关诉求，切实履行大型上市商业银行的社会责任。

（4）为落实“事要解决”原则，在分行、支行（网点）召集有关职能部门领导、支行领导、信访干部召开信访协调会10次，共同探讨解决信访矛盾的途径和方法，开展工作协调，了解情况，沟通信息，拟定应对措施，助力经营行业务发展。

（5）完成上报总行、银监局、市金融工委、同业公会等各类信访协查函、调研报告等26份。参加了与银监局、市金融工委等的有关信访事项的协调会、双边谈话等4次，提出了信访事项的有关看法和意见，形成报告。协助银监局有关部门对有关支行有关业务进行现场检查，配合银监局领导对分行信访工作进行调研。

（6）积极组织有关职能部门的相关人员参加上海银行同业公会的信访投诉处理培训班，提高分行处理信访投诉的能力和水平，为信访投诉处理规范化、专业化提供保障；贯彻落实分行党委构建六位一体平安农行体系的要求，对6个支行进行的有关工作进行了检查打分，提出了整改意见，共同构建和谐农行、平安农行。

【编纂金融志】 有效推进金融志的编写工作，行内专业编写全面展开。（1）积极参加银监局就金融志工作召开的8次会议，其中3次参编行培训，5次例会。会上金融编纂办对编纂工作提出各项要求并进行多次集中培训。学会组织动员分行职能部门共同参与金融志编纂工作，将金融志编纂工作按业务条线和内容下发至各主管业务部门进行实际编纂。同时集中编发了二期关于编纂工作的简报，通报各部门编纂进度。截至目前，系统共录入430余条。

（2）积极协调分行人力资源部牵头金融系统各单位的“金融从业人员”篇章的培训、编纂、录入、审核等工作。并于2014年9月末在分行开展牵头行集中培训，详述编纂工作开展的方法和工作完成时间节点，同时下发正式文件。编纂工作于10月正式开始。人力资源篇所有参编机构共录入528条，分行录入204条。

【文明建设】 积极推进企业诚信建设和精神文明建设。（1）上海市农村金融学会召开了精神文明建设工作推进会，协调有关单位精神文明创建工作；按照分行党委对系统内精神文明创建工作的总要求，有效组织分行本部等11个单位参加第17届上海市文明单位的预申报、网上申报工作。

（2）积极参加由上海市精神文明建设委员会办公室和上海市“企业诚信创建”活动组委会开展的文明单位企业诚信建设宣传教育活动，做好有关申报工作。经上海市“企业诚信创建”活动组委会审核，分行荣获上海市“一星级诚信创建企业”称号。

【达标创优】 学会开展达标创优活动，加强学会基础管理工作，做好与市社联、市社团局的联系沟通，推进学会自身建设上新台阶。市社联组织的达标创优活动是加强学会管理的有效抓手，学会秘书处在开展学会工作的过程中认真落实达标的各项要求，使学会顺利达标。加强与市社联、市社团局的联系沟通，及时上报各类材料，确保学会网上年报数据准确完整，反映学会真实概貌，使学会合法有序地开展工作。

2014年，学会荣获“2013年度上海市达标学会”称号、总行金融刊物发行先进单位三等奖。

（农金学会）

4. 上海市钱币学会

学会作为学术性的群众团体，构筑学术研究、学术交流公共平台是学会的重要职能。2014年，上海市钱币学会始终坚持以“学”为主，继续把学术研究放在学会工作的首位，积极开展各项学术活动。

【学术研究】 (1)根据上海市社联第八届学会学术活动月安排，2014年11月12日，学会与上海印钞有限公司联合召开了“人民币在上海的印制与流通”学术研讨会。现场有中心发言：于英辉的《人民币的防伪与反假》、赵启明的《寻访影响中国的美国纸钞雕刻家海趣》、方茂森的《话说手雕》、王炜的《人民币在上海印刷时的特约单位》。还有王允庭、杨天亮、余榴梁、黄瑞勇等与会代表40余人，围绕对人民币的深入研究与反假，进行了交流。在人民货币方面的研究各抒己见，学术气氛十分浓厚，较好地反映了货币发展史和钱币学研究相互结合、共同发展的学术前景。上海市社联学会处领导应邀出席本次研讨会，对学会的学术研究活动给予了充分的肯定。(2)继续办好《钱币博览》。2014年坚持重视刊物的质量，全彩印版的杂志，尽量做到图文并茂，特别是彩图的清晰，吸引了广大的钱币爱好者，受到大众读者的欢迎。(3)上海市钱币学会和《中国历代货币大系》编辑委员会经过多年的辛勤努力，《中国历代货币大系》第4卷(宋辽西夏金货币)于2014年10月由上海人民出版社正式出版发行。该卷全书共分上中下三册：上册为总论和宋(北宋时期)货币；中册为宋(南宋时期)货币；下册为辽西夏金货币和专论、资料等。全书共汇集以上各个时期的钱币图版计13 516幅，文字达330多万字。《中国历代货币大系》的全部12卷还剩下最后的第12卷(钱币学与货币文化)。目前这最后一卷的文字稿和图版工作已经基本完成，并进入统排阶段。

【普及钱币知识】 义务鉴定钱币和钱币讲习班这两项活动都是钱币学会的品牌。2014年，继续开展钱币知识的传播普及工作，提供更好的公共文化产品。

(1)2014年义务鉴定钱币12次，共接待来鉴定的人员计415人次。年内鉴定的钱币有：古钱4 893枚，铜元75枚，金银币628枚，纸币613张，压胜钱74枚，纪念币164枚，外国硬币85枚。(2)每月一次会员活动也是坚持数年的一项工作，2014年共组织活动8次。分别由会员杨顺发、程程、赵雨夫、王金龙、任昆、沈逸林等先生，介绍有关钱币上的书法、金银币的版别、网络时代的收藏变化、流通纪念币和纸币的收藏、奥林匹克钱币精品等内容，还进行了藏品观摩和交流活动。(3)继续与黄浦区老年大学联合办好钱币讲习班。2014年仍然按春、秋两季招生，并注意不断提高和改进授课形式与内容。

【自身建设】 提倡寓服务于管理，整体推进学会自身建设。认真做好“年检”、“年报”、“达标申报”和“两优一特一品”活动的材料组织、提交报审工作。根据上海市社团局、上海市社联规定，3月底前按时完成了年检、年报工作，并通过社联的年度“达标学会”考核、评审。同时，学会积极参与社联组织开展的“评优”活动。按照社联的有关规定和要求，认真负责地做好材料组织与申报工作。经初审、互评、终评，并经上海市社联党组批准，上海市钱币学会蝉联殊荣，再次获得年度上海市优秀社会科学学会称号。

(沈鸣镝)

5. 上海市保险学会

2014年，上海市保险学会围绕服务上海国际保险中心建设和秘书处内部建设两大主题，不断创新工作方式、方法，积极推动上海保险业的理论学术研究，圆满完成了年初制订的各项任务，为促进上海保险市场的健康发展做出了积极努力。

【理论研究】 学会致力于理论研究工作，强化保险理论对实践的指导。一是开展理论征文活动。学会举办上海保险业界学术理论征文活动，共收到论文30余篇，论文主题集中于新国十条、巨灾风险、保险业大数据、上海自贸区保险等热点领域，在实务性和理论研究方面均有较大的指导作用。二是推进保险课题研究。完成学会2012—2014年度课题的结项工作。《车险人伤理赔管理问题的法律对策与司法公正》、《上海市住房反向抵押贷款养老保险问题研究》等课题成果，充分展示了学会将推进课题研究项目为行业提供理论支持的初衷。三是结合热点出版专刊。学会出版《上海保险》“新国十条”宣传专刊；携手会同市二中院、华东政法大学保险法研究所等单位策划出版《上海市保险经典案例评析》(暂命名)，坚持理论指导实践。

【学术交流】 一是与业内公司、高校等建立项目合作计划，共同推进保险理论宣传与研究。譬如与大西洋再保险合作，举办高规格国际论坛，宣传“国十条”，共同探索巨灾保险新路径。新华网、《经济观察报》、《中国金融》杂志、《中国保险报》等多家媒体进行了深度报导。同时，合作建立上海金融学院奖学金制度，体现高校人才培养对接行业发展；资助上海水灾风险数据库项目，为上海保险界理论研究和保险教育、保险数据基础建设做出一定贡献。二是与上海金融学院合作举办“保险家俱乐部”沙龙活动，面向保险行业高层管理者和高端专业技术人才，搭建公益性高端学术交流平台；三是与复旦大学、韬睿惠悦咨询公司联合主办“2014 保险与员工福利研讨会”、“2014 上海风险管理研讨会”等活动，取得良好成效。

【行业宣传】 一是普及保险知识，推动行业刊物发行。譬如开展 2015 年度报刊赠阅工作。组织落实为政府机关、高校等相关单位赠阅 2015 年《中国保险报》和《上海保险》杂志，以进一步加强保险知识宣传，提升全社会保险意识，构建全社会学保险、懂保险、用保险的保险文化格局。二是做好新闻发布及媒体宣传工作，提升行业影响力。譬如继续维护好与沪上主要媒体的合作机制；加强与保监局、市金融服务办、市社团联、市社联、市工经联、中保协、中保学等各委办局的信息交流。针对上海保险业的重大事件和热点话题，通过《上海保险》杂志的平台，以任务访谈、深度报道、专题报道等形式进行宣传，扩大了上海保险业服务上海经济社会发展的影响力。

【自身建设】 学会努力加强自身建设，推进规范化工作进程。一是圆满完成换届工作。二是健全组织架构、完善制度建设，包括完善专业委员会工作机制、组织从业人员加强适岗能力培训等。三是建立杂志特约编审机制，提高办刊质量。四是大力发展新会员，截至 2014 年年底，已有团体会员 82 家，个人会员 300 余人。

（保险学会）

6. 上海金融法制研究会

2014 年，上海金融法制研究会坚持学会特色，突出学术研究，紧紧围绕上海自贸区金融改革创新的法制环境，继续承接和联合参加上海市人大、市政府、上海市社联发布的相关课题研究和调研，从金融与法制交接的实际视角，为上海市人大及相关主管部门、监管部门提供咨询服务，为金融机构提供意见、建议。

【服务大局】 （1）2 月 22 日，金法会召开上海自贸区金融创新座谈会，与上海金融实务部门的专家与来自香港金融领域的 12 位专家、青年才俊围绕上海自贸区金融改革在中国金融改革中所扮演的角色，其特色政策和做法，以及如何让上海与香港更好互动，进行了座谈会，提出了建议。6 月 26 日，座谈会成员再次聚会，围绕自贸区金融创新与风险防范的平衡，以及互联网金融的规范发展，从理论导向与实践操作上进行了深入的学术交流。

（2）3 月 11 日，金法会联合上海市立法研究所在上海证交所会议室召开上海自贸区立法调研座谈会，重点就自贸区金融创新方面内容进行研究。到会专家、领导分别就鼓励金融创新、创新账户体系、投融资汇兑便利，人民币跨境使用、利率市场化、外汇管理、金融风险防范等方面提出了许多有针对性和建设性的意见和建议。经整理后报送人大地方立法参考。

（3）6 月 28 日，金法会以《金融与法》专辑的形式，发表本会专题综述：“聚焦上半年自贸区金融创新与风险防范”从学术研究与实际状况的角度，向会员单位提供综合归纳的信息。

（4）9 月 25 日，金法会与上海市立法研究所、上海市金融纪工委联合举办“中国（上海）自由贸易试验区金融创新与监管研究”论坛。总结一年来自贸区金融创新方面的经验，提出在金融创新方面遇到的新问题新挑战，提出有效监管的对策建议。《金融与法》刊出专辑，以此热烈祝贺中国（上海）自由贸易试验区一周年。

（5）10 月 21 日，在上海市社联第八届学会学术活动月中，金法会与复旦大学中国金融史研究中心和上海市档案馆联合主办“银行家与上海金融变迁和转型”研讨会，共同总结近代以来在上海转型成为一个国际化、现代化的金融中心过程中，银行家所起到的巨大作用：吸收各界的才俊、注重人才的培养；扎根于传统文化，形成了具有个人特色的经营理念；审时度势、抓紧机遇、于动荡中艰难转型。金法会的研究，由事及人，从历史上银行家的品格特质对金融变迁与转型的互动，延续了一条日渐日深的研究路径。这次研讨会被上海市社联评为优秀组织奖。

【服务会员】 落实 2014 年工作要点中在服务

会员上更实一点的指导思想，发挥金法会跨界面广，研究力量雄厚、复合和会员支持力度大的优势，在三个方面作了努力。第一是更丰富地办好“金融法制讲坛”。这是金法会的一个品牌，全年的八期讲座主要围绕了三个重点，一是解读大局政策。举办专场报告会，邀请上海市政府发展中心特约研究员姚为群作“融入经济全球化新主流——中国(上海)自由贸易试验区功能探索”专题讲座。1月3日，在建行上海市分行，邀上海社科院党委书记潘世伟作“全面深化改革的纲领性文件——十八届三中全会精神解读”报告；5月16日，邀请市人大法工委主任、市立法研究所所长丁伟作“中国(上海)自由贸易试验区立法情况”专题讲座。6月20日，特邀新华社资深编辑、学者熊蕾来沪介绍美国的意识形态作法。二是宣讲金融形势和热点。3月6日在农行上海分行、11月5日在上海市人大培训中心，邀请金融专家王世豪主讲中国经济金融形势发展变化趋势。4月16日，在招行上海分行邀请上海市金融服务办金融稳定处处长赵万兵，上海经侦总队一支队政委任志强主讲当前金融风险集中点和金融犯罪的重点监控领域。将警情通报制度化。在人力、智力和部分的财力上支持会员的学习研究。如为农发行上海市分行的相关人员的培训时、联系上海社科院世界经济研究所所长张幼文作上海自贸区报告；与工行上海市分行监察室合作，向工行人民广场支行赠送金融法制书籍。当金法会的会员出版《稀见民国银行史资料初编》著作时，金法会联合复旦大学金融史研究中心、上海书店出版社为其举办首发座谈会。

【内外互动】 金法会把加强内外互动作为走向成熟的必经之路。2014年，与上海市立法所联合举办了多次研讨与讲座。与复旦大学金融史研究中心的联合研究，已经连续举办七次系列研讨会。与香港地区加强学术交流，香港有关专家三次来沪交流。5月、6月间金法会组织资深金融专家赴中山大学珠海分校开展系列讲座。5月21日，与士研传媒等多家单位联合举行第八届中国支付业国际峰会。

【学研并重】 2014年，金法会加强了多学科的联合学习与研究，致力于搞好专业交流，实务总结与前端理论的提示。按照上海市社联的要求，推出有质量的学术成果，培育高水平的学术新人。在征求会员单位关于年度研讨、课题研究的意见、建议和需求的基础上，形成研究课题的生成机制。2月20日组织完成了对“2013年度金融法制青年课题”的终期评审。3月27日正式启动第三方理财的法律问题研究等五个2014年青年课题的招标与研究。10月23日进行了青年课题的中期评审，肯定了五个课题现实性强、跨界的针对性强、前沿问题有难度的成绩，也提出了课题涉及新技术往往与传统的东西梳理不清，以及复合性学术背景不足，跨学科联合研究不足的问题。

(金法会)

二、报 刊 图 书

1.《上海金融》月刊

2014年,《上海金融》编辑部有条不紊开展工作,按时保质完成了全年12期的正常出刊,全年未出现任何重大差错。年内,期刊还加入DOI系统,为期刊走向国际创造了条件。下半年,编辑部克服中央八项规定给发行工作带来的不便,主动出击化解难题,仍然出色完成下一年度的发行工作,全年发行数量及广告收入均创历史新高。

【调整定位】 随着领导班子的调整,根据领导新的思路和要求,刊物在下半年微调了选稿思路,更偏重实践性和政策性强的稿件,主动向市场知名人士约稿,并尝试访谈,对一些热点问题选择不同观点的稿件进行深入探讨,以上均取得业内积极的评价和良好的社会效果,为来年期刊的进一步发展提高奠定了基础。

【荣誉】 2014年,《上海金融》继续荣获“中文核心期刊”和“中国人文社会科学核心期刊”,继续保持“中国核心学术期刊”称号,荣获“中文社会科学引文索引(CSSCI)扩展版”,在该年《中国学术期刊影响因子年报》中,位列“金融保险类”期刊第10名。

(姜天鹰)

2.《建行财富》月刊

《建行财富》杂志作为上海市投资学会的会刊,始终坚持正确的办刊方向,贯彻品质第一的办刊理念,形成集学术性、前瞻性、专业性与实用性于一体的办刊特色。

2014年,上海市投资学会充分发挥科学理论的指导作用,继续扩大《建行财富》期刊在学术界和社会上的影响力,进一步提高期刊的品位和定位,引导广大读者科学理财的观念,将学术性较强的专业理论研究刊物,继续办成具有一定社会影响力和时代特征的金融适用性文化刊物,为建设和培育更具时代特点的金融文化刊物及专业学术发展作出贡献。

上海市投资学会始终坚持理论联系实际的学风,注重提高刊物的创新理念和实用价值,办成具有较高学术价值、广泛社会影响和普遍参考意义的学术适用性刊物。

(吕 沂)

3.《上海证券报》

《上海证券报》是新华社重点社办报刊,也是国内外有广泛影响力的财经专业报刊。《上海证券报》不断强化财经报道专业性、影响力,搭建智库型媒体发展平台,发挥创新型全媒体采编指挥中心的枢纽作用,通过持续的改革创新和完善深化,使报社的各项管理体制走向科学和规范,逐步建立起符合现代传媒企业要求的管理框架体系,全面提升了报道专业水平和品牌影响力。

【采编报道】 《上海证券报》在做好资本市场重大报道和日常报道的同时进一步强化精品意识,抓住重要新闻和重大题材精心策划,不断推出新闻性、思想性、专业性和权威性高度统一的好报道,特别是报社多年来对资本市场和上市公司的许多首发报道、独家报道和深度报道,充分反映了《上海证券报》舆论监督和舆论导向的正能量,引起了资本市场和财经界的高度关注。如近来证券市场的大幅震荡和调整,报社连续刊发了系列社评和专题,其中多篇社论在中国政府网显著位置转发,也得到了监管部门的高度评价,相关报道国内各财经网站都有大量转载。

在宏观经济深度报道方面,面对我国经济新常态和宏观调控新态势，报社持续加强了宏观经济的跟踪报道和前瞻展望，在年初、年中和年末的相关重要时间节点，加强了对我国经济形势和数据的专题报道和专栏解析，如对 CPI 数据、PPI 数据、信贷数据、贸易数据以及进出口数据等反映我国经济新趋向的指标性信息，做了专题和专版解析，为读者把握和了解我国经济趋势提供了专业而权威的咨询，并同时加大了对经济数据反映的经济趋向重点解析，并对相关行业和上市公司的具体影响展开重点梳理，相关报道通过相关持续性专栏和焦点版专题报道展开，国内各财经网站都有大量转载，也体现了《上海证券报》财经报道的专业影响力。

【转型发展】 2014 年，《上海证券报》围绕"努力实现由传统财经媒体向现代新媒体财经传媒企业的战略转型"，全力推进报纸实现媒体融合和战略转型的新突破，在业务组织架构、采编流程机制、平台创新建设等方面不断改革探索，推动采编队伍在新媒体时代的业务转型和竞争能力提升，并在新媒体产品市场化营销等方面积极探索，取得显著成效，已形成传统媒体和新媒体业务齐头并进、市场影响力不断提升、经济效益快速增长的可喜局面，媒体融合和战略转型的工作已经度过了适应期，进入完善和加快发展的新阶段，各项工作取得了较好的成效。

【资讯业务】 《上海证券报》为进一步服务市场，满足不同投资者需求，报社旗下新媒体资讯产品已初步形成报纸、网站、手机报互为补充的资讯产品链。特别是随着改版后中国证券网的新上线，原创深度的资讯稿数量逐步增加，网站点击率呈上升趋势，网站影响力进一步扩大，上证资讯业务市场占有率排名榜首，市场影响力也与日俱增，新闻信息集成产品形态多样，资讯价值凸显，强化了作为中国最具影响力的财经资讯服务商的先发优势和核心竞争力。

（上证报）

4.《上海金融报》

2014 年，在新老媒体走向融合的大趋势下，传统媒体的转型之路步履维艰。《上海金融报》面临着来自宏观经济形势、微观经济主体和互联网金融的考验与挑战。令人感到欣慰的是，上海金融报社在金融时报社领导的支持和关怀下，报社同志们团结一致，迎难而上，大胆创新，不断进取，较好地完成了年初确定的各项工作。

【舆论导向】 报社始终坚持正确的舆论导向，服从服务于上海"四个中心"建设大局，为上海自贸区建设和上海经济金融发展创造良好的舆论环境。严格遵守宣传纪律，按照上海市委宣传部的要求，不炒作、不添乱，令行禁止，很好地恪守新闻媒体的职业操守。同时，紧跟市场热点，2014 年金融行业的重大举措及财经热点，比如沪港通、央行降息、存款保险制度推出征求意见稿、自贸区金融改革创新、沪指突破 3 000 点等，报纸都做了及时全面的报道。

【开拓合作】 紧密与一行三局等部门的工作联系，开拓合作范围，丰富合作内容，实现报社经济效益和社会效益双丰收。一年来，《上海金融报》与人民银行上海总部合作，推出了"第二代支付系统推广建设宣传"专栏；继续与上海银监局、上海市金融工委、共青团上海市委合作推出"上海银行业青年'进小微、进郊区、进社区'活动"；作为媒体协办单位，参与了上海金融业联合会等主办的"第八届(2014)上海中小企业金融洽谈会"有关新闻报道和专题的采写工作，并推出特刊，继续获评媒体宣传奖；推出建国六十五周年特刊，展现上海金融业改革发展的新风采。

继续加强对外联系与合作，不断拓展报纸盈利空间和社会影响力。2014 年以来，报社继续开拓盈利模式，成功取得湖州等地村镇银行年度责任报告刊登权；继续与东方航空公司合作，成为东航客舱指定读物；继续承办《上海银行同业》杂志的编辑出版工作。

【舆情工作】 继续做好和完善舆情工作，开通微信客户端。2014 年是舆情工作进一步深化的一年，开发的产品更加多样；同时尝试新增了保险业舆情服务，为舆情工作的进一步市场开拓奠定了坚实基础。2014 年，《上海金融报》还开通了报社微信客户端，定期发送报纸内容，有效地扩大报纸影响力。

（上海金融报社）

5. 2014年上海版金融类图书目录

序号	书 名	作 者	出 版 社
1	2014年上海国际金融中心建设蓝皮书	吴大器主编	上海人民出版社
2	交易所信息披露对证券市场影响的实证研究	李茁编	上海人民出版社
3	上海金融发展报告(2014)	郑杨主编	上海人民出版社
4	规矩与方圆——商业银行经营管理方略	沈立强著	上海人民出版社
5	中国金融期货市场开放战略研究	孙海霞著	上海人民出版社
6	国际金融监管法制化研究——以主权财富基金国际监管制度为视角	张瑾著	上海人民出版社
7	2014中国理财市场报告	本书编写组编	上海人民出版社
8	上海证券交易所研究中心研究报告2013	黄红元主编	上海人民出版社
9	居民消费对中国产业结构转型的影响研究	王宇著	上海人民出版社
10	解读21世纪的资本	林行止 何帆著	上海人民出版社
11	价值增值论——国际经济分析的价值理论	张幼文著	上海人民出版社
12	产业结构优化论	周振华著	上海人民出版社
13	经济理论歧见的剖析	胡寄窗著	上海人民出版社
14	中国近代经济思想史	马伯煌主编	上海人民出版社
15	亚当·斯密经济理论研究	陈其人著	上海人民出版社
16	权力与繁荣	[美]曼瑟·奥尔森著	上海人民出版社
17	对外贸易进入平衡增长新阶段	王新奎主编	上海人民出版社
18	中世纪欧洲经济社会史	[比利时]亨利·皮朗著	上海人民出版社
19	俄罗斯与东北亚能源合作多样化进程	王龙著	上海人民出版社
20	金砖国家合作与全球治理年度报告(2014)——战略合作包容性增长	本书编写组编	上海人民出版社
21	上海自贸区建设与国际金融中心发展战略(英文版)	孙立坚主编	上海人民出版社
22	防范短期资本流向逆转研究	唐珏岚著	上海人民出版社
23	中国经济与管理·2014年(第1辑)	颜廷君 顾建光主编	上海人民出版社
24	国有企业的产业经济学分析	陆军荣著	上海人民出版社
25	新阶段·新模式·新格局——全面提高开放型经济发展水平	李安方著	上海人民出版社
26	收入分配与社会公平	权衡等著	上海人民出版社
27	中国地区差异与地区平衡发展	张华 张益平著	上海人民出版社
28	“第三次工业革命”与上海新兴产业发展	朱瑞博 刘芸著	上海人民出版社
29	中国经济运行风险指数(2013年第四季度)	唐海燕 贾德奎等著	上海人民出版社
30	自贸区框架下寻求中国对外贸易的发展	杨逢珉著	上海人民出版社
31	制度创新与管理创新——中国(上海)自由贸易试验区建设研究报告集	上海市社会科学界联合会编	上海人民出版社
32	区域贸易协定争端解决机制——理论及其条约法实践	钟立国著	上海人民出版社
33	国别贸易投资环境报告(2014)	中华人民共和国商务部编	上海人民出版社
34	国别贸易投资环境报告(2014)——汽车制造业分册	中华人民共和国商务部编	上海人民出版社
35	博弈双赢——论世界贸易组织争端解决机制中的磋商程序	张琪著	上海人民出版社

（续表）

序号	书　　名	作　　者	出 版 社
36	中国(上海)自由贸易试验区建设与上海国际贸易中心转型升级	石良平等著	上海人民出版社
37	中国贸易运行监控报告 2014——对外贸易进入平衡增长新阶段	上海 WTO 事务咨询中心编	上海人民出版社
38	中国公共养老金体系研究——模式选择与改革路径	张熠著	上海人民出版社
39	贸易便利化——金砖国家合作的共识	刘军梅等著	上海人民出版社
40	资产评估学基础(第三版)	周友梅著	上海财经大学出版社
41	国际信贷	钱婵娟著	上海财经大学出版社
42	公司金融学(第二版)	郭丽虹著	上海财经大学出版社
43	国际金融学	孟昊著	上海财经大学出版社
44	证券投资分析(第二版)	张祖国著	上海财经大学出版社
45	金融理财实验教程	章劼著	上海财经大学出版社
46	银行信贷管理实验教程	施继元著	上海财经大学出版社
47	银行国际业务实验教程	马欣著	上海财经大学出版社
48	电子支付与互联网银行	徐学锋著	上海财经大学出版社
49	金融计量学(第三版)	邹平著	上海财经大学出版社
50	金融英语	王安国著	上海财经大学出版社
51	《货币金融学》习题集(第三版)	胡乃红著	上海财经大学出版社
52	保险营销学(第三版)	粟芳著	上海财经大学出版社
53	保险学	李加明著	上海财经大学出版社
54	最优再保险理论与实证研究	钟明著	上海财经大学出版社
55	投资学教程(第二版)	金德环著	上海财经大学出版社
56	个人理财(第三版)	刘伟著	上海财经大学出版社
57	证券投资学	李朝贤著	上海财经大学出版社
58	连锁世界的力量	魏雪飞著	上海财经大学出版社
59	财神的宝库	童牧野著	上海财经大学出版社
60	程益泰商号经营史料选辑	程源著	上海财经大学出版社
61	时寒冰说:未来二十年,经济大趋势(现实篇)	时寒冰著	上海财经大学出版社
62	现代招商引资操作实务	罗熙昶　戴剑著	上海财经大学出版社
63	改革:新经济政策向何处去?	王尔德著	上海财经大学出版社
64	数字时代的必修课:杨吉 TMT 百部全说	杨吉著	上海财经大学出版社
65	简单易懂的基金理财书	信诚基金管理有限公司编	上海财经大学出版社
66	中国经济发展史(1949—2010)	《中国经济发展史》编写组编	上海财经大学出版社
67	中国房地产居间服务的功能及其实现机制研究	杨玉红著	上海财经大学出版社
68	2014 中国投资发展报告:深度剖析公司债券的融资成本	杨晔等著	上海财经大学出版社
69	2014 上海网络信贷服务业白皮书	上海网络信贷服务业白皮书编委会编	上海财经大学出版社
70	上海国际金融中心发展环境专项研究(一)	吴大器著	上海财经大学出版社
71	公共风险资本与私人风险资本合作机制研究	蔺楠著	上海财经大学出版社
72	人力资本与社会资本对创新的多层次影响	王莉红著	上海财经大学出版社
73	财经类创新人才培养模式改革	孙铮著	上海财经大学出版社
74	2014 中国产业发展报告:新改革与大转型	上海财经大学中国产业发展研究院编	上海财经大学出版社

（续表）

序号	书 名	作 者	出 版 社
75	基于CO-OP的应用型金融人才培养模式改革(之四)	储敏伟等著	上海财经大学出版社
76	2013中国城市国际贸易竞争力评价	陈信康著	上海财经大学出版社
77	2013国民经济运行报告	国民经济运行报告编写组编	上海财经大学出版社
78	劳动力流动与收入分配:以思想史为基础的考察	伍山林著	上海财经大学出版社
79	中国金融安全报告(2014)	联合课题组编	上海财经大学出版社
80	中国和平崛起背景下人民币国际化战略研究	张青龙著	上海财经大学出版社
81	中国(上海)自由贸易试验区与国际经济合作	上海财经大学自由贸易研究院,上海发展研究院著	上海财经大学出版社
82	基于认知演化视角的企业技术创新研究	湛泳著	上海财经大学出版社
83	2013中国产业发展报告	上海财经大学中国产业发展研究院编	上海财经大学出版社
84	金融危机治理研究	吴奇志著	上海财经大学出版社
85	企业文化力机制研究	杨浩著	上海财经大学出版社
86	全球100个自由贸易区概览(上下)	上海财经大学自由贸易区研究院,上海发展研究院编	上海财经大学出版社
87	创意产业发展与地域营销	胡彬 陈超著	上海财经大学出版社
88	2013上海民营经济	上海市工商联等编	上海财经大学出版社
89	文化经济规律研究	秦淑娟等著	上海财经大学出版社
90	2013中国金融发展报告	上海财经大学金融学院编	上海财经大学出版社
91	2014中国(上海)自由贸易试验区发展研究报告	上海财经大学自由贸易区研究院,上海发展研究院	上海财经大学出版社
92	顺势而为(引进版)	益智译著	上海财经大学出版社
93	致命的风险(引进版)	[美]罗迪·博伊德著	上海财经大学出版社
94	大交易:市场回报最大化的简单策略(引进版)	[美]彼得·范著	上海财经大学出版社
95	恐惧与贪婪:动荡世界中的投资风险和机遇(引进版)	[美]尼古拉斯·萨尔克斯著	上海财经大学出版社
96	兼并重组:企业外部扩张管理(引进版)	[德]马丁·格劳姆,[德]托马斯·赫特施莱因特	上海财经大学出版社
97	公司信用分析基础(引进版)	[美]布莱·甘吉林,[美]约翰·比拉尔代洛著	上海财经大学出版社
98	动态宏观经济理论(引进版)	[美]托马斯·J.萨金特著	上海财经大学出版社
99	像欧奈尔信徒一样交易(二):令我们在股市大赚18 000%的策略(引起版)	[美]吉尔·莫拉雷斯,[美]克瑞斯·卡彻著	上海财经大学出版社
100	缺陷的繁荣:经济学的悲观视角(引进版)	[美]丹尼尔·科恩著	上海财经大学出版社
101	征服美国通货膨胀(引进版)	[美]托马斯·J.萨金特著	上海财经大学出版社
102	经济学的新疆域:心理学、社会学与人类学视角(引进版)	[美]乔治·A.阿克洛夫著	上海财经大学出版社
103	掉期交易与其他衍生品(引进版)	[美]理查德·弗拉维尔著	上海财经大学出版社
104	奇异期权与混合产品	[英]穆罕默德·布祖巴,[英]阿德尔·奥塞兰著	上海财经大学出版社
105	微观经济理论(特别影印本)	[美]安德鲁·马斯-科莱尔著	上海财经大学出版社
106	中级微观经济学精要(引进版)	[美]罗伯托·塞拉诺著	上海财经大学出版社

（续表）

序号	书 名	作 者	出 版 社
107	投资经济实务	胡斌著	上海财经大学出版社
108	破冰注会预科核心基础知识	高顿财经研究院组编	上海财经大学出版社
109	审计学	马春静，梁铁宇主编	上海财经大学出版社
110	国际贸易学	郭羽诞主编	上海财经大学出版社
111	虚拟价值理论与应用	马艳等著	上海财经大学出版社
112	国际贸易实务	董本云，季彬主编	上海财经大学出版社
113	国际贸易实务——案例·技能·实训	冯晓玲，李贺主编	上海财经大学出版社
114	微观经济学	陈燕和等主编	上海财经大学出版社
115	金融的宽度	郝相君著	上海交通大学出版社
116	国际金融	艾蔚著	上海交通大学出版社
117	银行卡产业标准管理与服务	柴洪峰著	上海交通大学出版社
118	金融信托业务法律问题研究	刘迎霜著	上海交通大学出版社
119	守望的缺失与重建：中国证券纸媒股市报道研究	周晓红著	上海交通大学出版社
120	交叉上市对资本市场的影响研究	柯建飞著	上海交通大学出版社
121	金融理财风险防范与监控对策研究	倪维尧	上海交通大学出版社
122	欧元区债务危机区域传染研究	陈晔 余晓明著	上海交通大学出版社
123	近代中国农村内生金融建设思想研究(1927—1949)	韩丽娟著	上海交通大学出版社
124	上海金融改革理论与实践——2013年上海金融业改革发展优秀研究成果汇编	上海金融业联合会编	上海交通大学出版社
125	上海自贸区金融政策解读	上海市金融服务办公室、上海金融业联合会自贸区分会编	上海交通大学出版社
126	家俭成储——储蓄宣传画的故事	黄沂海著	上海交通大学出版社
127	中国金融改革40问	王江等著	上海交通大学出版社
128	企业生命周期视角的公司非效率投资与公司治理研究	李云鹤著	上海交通大学出版社
129	中国零售银行业的创新机遇：应对新机遇，捕捉新洞见	林国沣 方溪源著	上海交通大学出版社
130	中国(上海)自由贸易实验区投资直通车	王中美 吕文洁著	上海交通大学出版社
131	抓住自贸区机遇，促进金融为实体经济服务	上海金融业联合会编	上海交通大学出版社
132	金融创新：企业、监管与市场的挑战	德勤著	上海交通大学出版社
133	信息系统的商业价值	侯立文著	上海交通大学出版社
134	安全信息管理学	孙殿阁 胡广霞著	上海交通大学出版社
135	外源性产业集群中跨国公司的本土嵌入机制与失效研究	江青虎著	上海交通大学出版社
136	人力资源管理概论(第三版)	赵永乐等著	上海交通大学出版社
137	中央与地方行政权力配置研究	刘志欣著	上海交通大学出版社
138	迁移工作流与云工作流	吴修国著	上海交通大学出版社
139	巅峰对决——马云马化腾争霸风云录	刘世英著	上海交通大学出版社
140	决胜数字时代	本书编委会编	上海交通大学出版社
141	理性与企业行为	惠丰廷著	上海交通大学出版社
142	大数据平台：组织架构与商业模式	徐晋著	上海交通大学出版社
143	资本助力快递业新格局	德勤著	上海交通大学出版社

（续表）

序号	书　　名	作　　者	出 版 社
144	预测与决策——理论及应用	张华歆著	上海交通大学出版社
145	企业社会责任在中国：视界・阐析・展望	[法]魏明德著	上海交通大学出版社
146	愿景驱动的学习型企业研究	聂子龙著	上海交通大学出版社
147	中国企业发展年度报告 2014	王方华著	上海交通大学出版社
148	现代企业管理(第二版)	许艳芬　王志伟著	上海交通大学出版社
149	创新四重奏　从实验室到市场	林垂宙著	上海交通大学出版社
150	国有企业分类与分类监管	罗新宇著	上海交通大学出版社
151	企业风险管理制度建设	白文华著	上海交通大学出版社
152	合同风险和履约——企业的延伸力量，维护商业利益	德勤企业风险管理服务部编	上海交通大学出版社
153	商业银行经营与管理	周浩明等著	上海交通大学出版社
154	中国企业靠什么“赢”	陈玮著	上海交通大学出版社
155	服务创新：关系嵌入的视角	王家宝著	上海交通大学出版社
156	平台企业管理：打造最具魅力的企业	季成　徐福缘著	上海交通大学出版社
157	以责任看发展——多元视阈的“责任发展观”研究	胡道玫著	上海交通大学出版社
158	大数据：你的规划是什么？	《大数据：你的规划是什么？》编委会编	上海交通大学出版社
159	中国(上海)自由贸易试验区指引	《中国(上海)自由贸易试验区指引》编委会编	上海交通大学出版社
160	公司变革——21 世纪成功企业的经营之道	孔恩睿著	上海交通大学出版社
161	招标投标评标实务(第二版)	赵国先著	上海交通大学出版社
162	钱是如何被藏起来的	[英]罗内・帕兰[英]理查德・墨菲[法]克里斯蒂安・肖瓦尼奥著	译林出版社
163	强盗银行家：能源、金融与精英统治的世界	[美]约瑟夫・P.法雷尔著	译林出版社
164	广角镜战略：企业创新的生态与风险	[美]罗恩・阿德纳著	译林出版社
165	不懂主管，还敢拼职场	[德]克丽斯汀娜・维纳著	译林出版社
166	投资的诡计	[韩]郑铁珍著	译林出版社
167	国际货币体系再思考——布雷顿森林会议七十周年后	上海发展研究基金会编	上海远东出版社
168	近代中国票据市场的制度变迁研究	万立明著	上海远东出版社
169	上海证券交易所期权投资者知识测试辅导读本(修订版)	上海证券交易所编	上海远东出版社
170	股指期权教程	刘仲元著	上海远东出版社
171	区域创意产业创新生态系统演化机理研究	曹如中著	上海远东出版社
172	期权定价与高级策略	黄红元主编	上海远东出版社
173	当代中国经济改革教程	吴敬琏著	上海远东出版社
174	期权交易——入门与进阶	黄红元主编	上海远东出版社
175	进才的快乐期权路	琦权著	上海远东出版社
176	不做理财白痴——100 个你必须知道的财富秘密	黄罗维主编	上海远东出版社
177	就这样理财，就这样生活	汪标著	上海远东出版社
178	期权投资之独孤九剑	琦权著	上海远东出版社
179	幸福与幸福指数——理论构建与计量分析	刘正山著	上海远东出版社

（续表）

序号	书　　　名	作　　者	出 版 社
180	英汉银行业务实用辞典	史万钧著	上海远东出版社
181	上海证券交易所期权投资者知识测试辅导读本	上海证券交易所编	上海远东出版社
182	赢心服务　致胜网点	上海起航企业管理咨询有限公司编	上海远东出版社
183	监管之路——危机后的思考	王华庆著	上海远东出版社
184	从官办到官商合办再到商办——浙江实业银行及其前身的历史变迁(1908—1937)	何品著	上海远东出版社
185	ETF 投资——从入门到精通	上海证券交易所编	上海远东出版社
186	技术分析、有效市场与行为金融	汪天都著	复旦大学出版社
187	金融硕士(MF)辅导(2015)	中国专业硕士命题研究中心　金程考研专业课教研中心编	复旦大学出版社
188	国际金融实务	杨玉凤　李英主编	复旦大学出版社
189	权益类证券定价方法	李斯克等著	复旦大学出版社
190	中值市场的杠杠融资——专为中国同行介绍	[美]卡尔(Carr, M.A)[美]叶有明著	复旦大学出版社
191	世界各国宝钞鉴赏	卫志孝编著	复旦大学出版社
192	外贸单证实务	刘卫东主编	复旦大学出版社
193	上市公司治理溢价检验及其形成机制研究	赵玉洁著	复旦大学出版社
194	路径与挑战:不同视角下的上海国际金融中心建设	贺瑛　张树义著	复旦大学出版社
195	全球流动性过剩与中国输入型通胀研究	王俊杰著	复旦大学出版社
196	马克思主义与西方新制度经济理论比较研究	顾钰民著	复旦大学出版社
197	国际经济学教程	黄飞鸣编著	复旦大学出版社
198	中级投资学	杨晔　杨大楷主编	复旦大学出版社
199	中国海关史十六讲	姚永超　王晓刚编著	复旦大学出版社
200	外滩金融集聚带建设理论与实践	钱胜等编著	复旦大学出版社
201	绿色丝绸之路经济带的路径研究——中亚农业现代化、咸海治理与新能源开发	徐海燕著	复旦大学出版社
202	主权债务与金融危机:这次将不同于以往?	[美]布拉佳(Braga, C.A.P.)[美]文斯利特(Vincelette, G.A.)主编	复旦大学出版社
203	长江三角洲区域治理的理论与实践	唐亚林著	复旦大学出版社
204	长三角经济社会协同发展与区域治理体系优化	俞惠煜　廖明　唐亚林主编	复旦大学出版社
205	汇率调整与制造业产业升级	徐涛著	复旦大学出版社
206	企业直接债务融资操作实务	葛培健主编	复旦大学出版社
207	我的分配观——“个人消费品分配”研究拾零	陶友之著	复旦大学出版社
208	跨国服务公司在中国从事反向外包的经济影响——生产者服务业的视角	孟雪著	复旦大学出版社
209	廉价货币时代:2003—2013 年经济波动研究	殷醒民著	复旦大学出版社
210	场外金融衍生产品法律监管研究	熊玉莲著	复旦大学出版社
211	上海自贸区解读	周汉明等主编	复旦大学出版社
212	亚洲的智慧:区域一体化和可持续发展的探索	袁堂军　张怡主编	复旦大学出版社

（续表）

序号	书 名	作 者	出 版 社
213	上海自贸区背景下的服务贸易发展研究	陈霜华等著	复旦大学出版社
214	猜想与求证——社会主义社会资源配置方式的世纪探索	江春泽著	复旦大学出版社
215	中国代际收入流动性的实证研究：经济机制与公共政策	陈琳著	复旦大学出版社
216	中国的贸易开放、产业升级与就业结构研究	唐东波著	复旦大学出版社
217	俄罗斯经济再转型：创新驱动现代化	李新著	复旦大学出版社
218	服务型跨国公司模块化	夏辉著	复旦大学出版社
219	新编金融法案例教程	张秀全 李智著	立信会计出版社
220	国际金融学（第四版）	冯文伟著	立信会计出版社
221	新编财政与金融（第五版）	李海波著	立信会计出版社
222	国际结算与贸易融资	徐莉芳 李月娥著	立信会计出版社
223	艺术品投资指南	祝君波著	上海三联书店
224	进城务工人员就业集中地区医疗保险研究	吴传俭著	上海三联书店
225	中国商业史	王孝通著	上海科学技术文献出版社
226	2014 上海国际经济贸易发展报告	上海市商务委员会主编	上海科学技术文献出版社
227	战略性新兴产业圆中国梦	周戟主编	上海科学技术文献出版社
228	创新情报 引领发展——《竞争情报》论文集（2011—2013 年）	张左之 徐宏宇编	上海科学技术文献出版社
229	2013—2014 世界商务发展动态	上海市商务委员会，上海科学技术情报研究所编著	上海科学技术文献出版社
230	经济短周期与股市的行业效应（基于 1999 年以来中国股市的实证分析）	卢文伟著	上海社会科学院出版社
231	新产业革命与上海的转型发展	王战等主编	上海社会科学院出版社
232	2013 长江三角洲经济社会发展报告	周易 王惠初著	上海社会科学院出版社
233	健康经济与上海的转型发展（新产业·新技术·新业态·新模式）	王振 王玉梅主编	上海社会科学院出版社
234	智库报告：2013 年中国智库报告	上海社会科学院智库研究中心编	上海社会科学院出版社
235	2014 上海服务业发展报告	上海市发展和改革委员会，上海市信息中心主编	上海社会科学院出版社
236	平台经济与上海的转型发展	王玉梅 徐炳胜主编	上海社会科学院出版社
237	中国（上海）自由贸易试验区建设：理论分析与实践探索	沈开艳等著	上海社会科学院出版社
238	智库报告：改革中的金融开放——中国金融体制创新与市场开放风险研究	孙立行著	上海社会科学院出版社
239	上海金融发展报告（2014）	杨建文 潘正彦主编	上海社会科学院出版社
240	智库报告·人民币国际化——理论依据、战略规划和营运中心	周宇等著	上海社会科学院出版社
241	长三角地区经济转型升级的探索实践	王振 宗传宇著	上海社会科学院出版社
242	全球经济治理——议题、挑战与中国的选择	苏宁等著	上海社会科学院出版社
243	上海郊区发展报告（2013—2014）	上海市发展和改革委员会，上海社会科学院编	上海社会科学院出版社
244	2014 年上海市国民经济和社会发展报告	俞北华等主编	上海社会科学院出版社
245	深化改革中的货币政策、风险管理与金融发展	上海市金融学会编	学林出版社

三、金融博物馆

1. 上海市银行博物馆

上海市银行博物馆2014年按照科学发展观要求，积极做好各项工作，圆满完成了制定的文化宣传、教育计划。全年对外开放数超过250天，常设展览累计接待参观人数近3万人次。各类免费参观团体与个人占所有参观者的比例已超过90%。为迎接5.18"世界博物馆日"和5.23"中国文艺志愿者服务日"，开展了一系列卓有成效的免费主题活动。接待的重要团体与个人有：克罗地亚前总统斯捷潘·梅西奇，中国人民银行上海总部、海警司令部、国家外汇管理局、上海报业集团等机构领导，上海珠心算协会、小主人报社、进才实验小学、上海财经大学、美国通用公司等企事业单位。

【主题展览】 (1) 上海市银行博物馆与上海历史博物馆联合举办的"上海金融百年档案展"，位于外滩的市档案馆4楼展厅向社会公众免费开放。银行博物馆为展览提供了清代银锭、银元、钱庄印章、老银行存折、业务宣传品等各类珍贵文物100余件。展览从2013年10月4日一直持续到2014年6月。上海市各大媒体进行了全方位的报道，许多观众流连忘返于精彩的展品之中，亲身感受上海百年金融业的深厚历史底蕴和文化传承。

(2) 2014年上海科技活动周于5月17日—23日在上海跨国采购会展中心举行，银行博物馆作为上海科普教育基地的重要专题场馆之一，认真策划，精心准备，在会展现场设立展区，迎接八方来宾参观。银行博物馆专门刻制了参观纪念印章，为观众提供盖章留念服务，并向观众赠送博物馆简介折页。

【教育实践】 银行博物馆历来是各年龄段学生朋友们的实践基地。2014年共接待中小学生超过10 000人。《小主人报》、《新闻晨报》学生记者团多次来访参观，将他们的感受写成文章，刊登于报纸上。为落实市政府三公里文化服务圈建设，与上海市委党校、上海浦东新区东方小学、工银安盛人寿保险公司、国金证券等单位签订了长期合作协议，将金融文化融于学生课外活动。暑假期间还合办了"2014陆家嘴金融城未来金融家夏令营"，吸引了超过300名来自全国一流高校的优秀学生参与。

在4月2日"世界自闭症日"期间，银行博物馆在浦东96广场举办慈善义卖活动。义卖活动现场，志愿者纷纷绑上代表关爱自闭症儿童的蓝丝带，向市民宣传关爱自闭症知识；博物馆的员工们也捐出了丰富的义卖品，对倾囊相助的爱心市民及自闭症家庭赠送免费参观券。同往年一样，银行博物馆继续参加"爱心连你我，共谱和谐情"活动，为广大无偿献血者免费提供200张门票，进一步弘扬社会公益事业。

【宣传研究】 经过三年多的努力，国内首部《近代中国银行业机构人名大辞典》于2014年1月正式出版，共收录银行业机构及人名万余条。这是我国第一部系统整理银行业金融机构和人物的专门工具书，填补了该领域研究的空白。继《银行老照片》、《银行老股票》后，银行博物馆出版《银行老存单》，精选清末以来400余张银行老存单，结合中国储蓄业务发展加以分类研究，为中国储蓄史提供了第一手资料。银行博物馆还发表大量学术性研究文章，刊于《中国城市金融》、《上海城市金融》、《行家》等杂志上，并出版高质量的学术期刊《银行博物》，坚持对金融史、银行史的不懈探索。

【新馆建设】 银行博物馆新馆利用复兴中路301号大楼，以现有藏品为基础，独立筹建新馆。新馆馆址近淮海路商圈，交通便捷。大楼为工行永久使用建筑，楼高5层，建筑面积约3 850平方米，系上海历史文化保护建筑，具有较为丰富的历史文化内涵。场馆目前正处于深化设计阶段。

(银行博物馆)

2. 历道证券博物馆

2014 年，历道证券博物馆严格执行国家《民办非企业单位登记管理暂行条例》、《文物保护法》、《文物保护法实施条例》、《博物馆管理办法》等有关法律法规，按照章程开展活动，无违法违规行为，无安全事故，规范运作，热心服务公众，积极促进博物馆持续健康发展。

【服务行业】 历道证券博物馆依托证券行业，积极拓展博物馆的教育服务功能，将证券行业投资者教育、金融证券发展史知识教育巧妙地融合在一起，经过多年的打造，湘财“历道行”已成为投资者教育工作的一个特色品牌，受到证券业协会、上海证监局、湖南证监局、上海证券交易所、深圳证券交易所等管理部门的高度赞赏。

历道证券博物馆还是证券行业员工培训基地，帮助新入职员工和老员工进一步了解证券行业的发展历史。

【服务社会】 (1) 历道证券博物馆工作人员克服人手少、参观嘉宾众多接待量大、观众层次众多、观众需求不一的困难，充分运用博物馆藏品丰富的平台，认真细致、热心专业服务客户。既注重历史文化的传承、知识的传播，也注重观众群体的感受和收获，以优质服务向国内外来宾展示了中国证券文化的发展脉络、展示上海金融中心的文化内涵。

(2) 响应并积极参与国家文物局、上海市文物局、浦东新区文物保护管理所开展的博物馆日集中开放系列活动，做好大客流观众集中接待工作。

(3) 参加上海市及浦东新区政府部门组织的金融文化活动，历道证券博物馆作为主推金融服务项目之一，文化特色浓厚而鲜明。参加“上海市民文化节”、“陆家嘴金融文化节”等文化活动，为丰富市民文化生活、普及金融知识、为金融城快速发展营造良好的金融文化环境做出积极的努力。历道证券博物馆因热心、细致、专业服务，荣获主办方赞誉。

(4) 历道证券博物馆为浦东干部学院及复旦大学、上海财经大学等高校的定点校外课堂，积极配合学校的科研教学项目的开展。

(5) 参加由浦东精神文明办、浦东文保所、上海地铁等共同举办的上海地铁公益文化墙活动，宣传文博知识。

(6) 博物馆受邀成为东昌中学学生金融素养培育区域联动组织成员单位，定期向学生传播金融知识，指导学校开展有关金融素养课程的研发，对学校开展的培育和提升学生金融素养的活动进行专业指导，并协助指导学校的金融实验室开展工作。

(7) 参加上海市及浦东新区文史学会活动，加强交流，提高学术研究能力。完成了《上海金融年鉴》供稿。历道证券博物馆入编上海市文化广播影视管理局和市文物局联合发行的《文化上海·博物馆导览图》，该图在社会观众中广为发放，进一步提高了博物馆的社会影响力。

【自身建设】 加强管理，合规运营。(1)根据民政部、国家文物局的要求，完善内部管理制度，规范运营，科学管理。按时做好报表报送工作，顺利完成年检工作。着手开展博物馆数字化建设准备工作。(2)加强博物馆的安全防范工作。积极贯彻国家文物局、公安部的系列文件精神和要求，认真加以落实和部署，切实有效地做好我馆的各项安全工作。(3)加强学习，提升能力。博物馆员工在做好日常接待和管理工作的同时，认真钻研历史史料，向书本学习，向行业专家求教，努力提升专业服务能力。

(张冠琼)

四、上海金融景气指数

1. 上海金融景气指数分析

【金融业整体景气度】 受到金融创新和金融市场一级指标带动，2014 年上海金融业整体保持向上增长态势。以 2006 年为基期（1 000 点），综合上海金融业在金融市场、金融机构、金融国际化、金融创新、金融人才和金融生态环境的定量评价部分，测算金融业整体的发展状况和景气程度，发展度指数达到 3 716 点，较 2013 年末增长 10.4%；反映景气度的增速指数为 1 104 点，较 2013 年增长 0.9%。

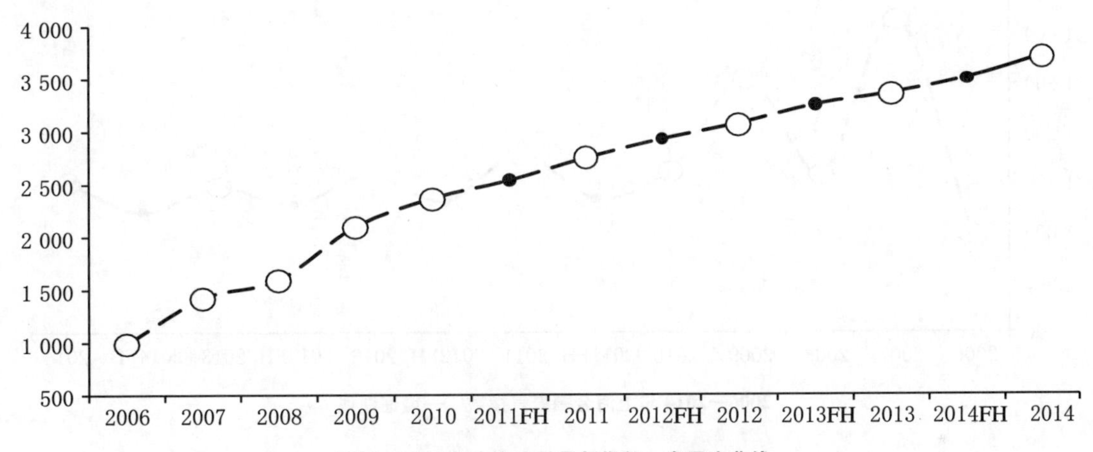

2006—2014 年上海金融景气指数—发展度曲线

年　份	以 2006 年为基期①	以上年为基期
2006	1 000	1 000
2007	1 432	1 432
2008	1 603	1 119
2009	2 107	1 314
2010	2 374	1 127
2011FH	2 542	1 071
2011	2 753	1 160
2012FH	2 929	1 064
2012	3 074	1 117
2013FH	3 252	1 058
2013	3 365	1 095
2014FH	3 508	1 043
2014	3 716	1 104

上海金融景气指数在 2006—2014 年保持稳健的向上发展态势，发展度指数的年均复合增长率达到 17.8%，高于上海市 GDP 复合增速（9.0%）8.8 个百分点。

从景气角度看，上海金融业在过去八年中的发展展现出周期波动性。其中，2007—2008 年期间上海金融业发展的波动最为剧烈。受 2007 年股市牛市影响，2007 年上海金融景气指数较 2006 年增长逾 40%；此后，由于金融危机的原因，2008 年指数增速出现较大幅度回调。2011 年增速指数有所回升，而 2013 年上半年相对放缓，2013 年末再现回升。2014 年再度迎来新一轮牛市。从总体上来说，由于中央政府的各项积极调控政策有效实施，宏观经济波动趋于平稳，上海金融景气增速波动也随之逐渐平稳。

① 由于数据可得性和数据源发布延迟等原因，对指标体系有所调整，同时对历年部分缺失数据进行增补，故本期所示指数与前期报告有小幅差异。

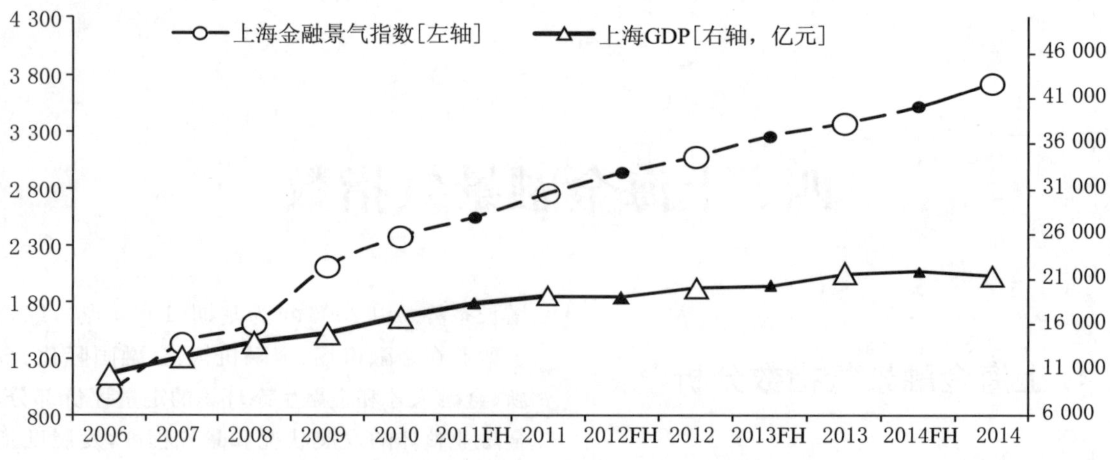

2006—2014 年上海金融景气指数同上海 GDP 发展比较

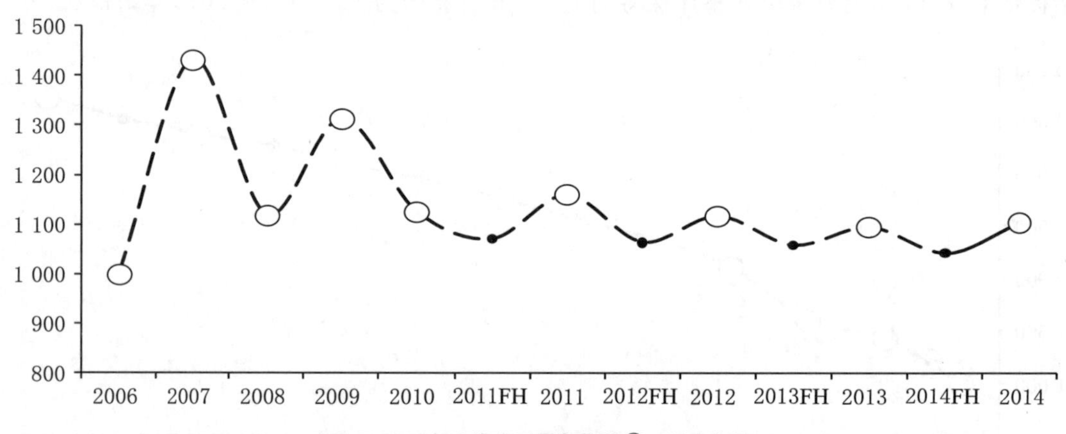

2006—2014 年上海金融景气指数①—增速曲线

从一级指标发展度子指数走势看，2014 年在新推型创新和渐进型创新高速增长的带动下，金融创新继续走高，发展度子指数达 19 361 点，较 2013 年末大幅提升 39.4%，景气度持续高涨；受黄金、货币、保险、外汇、股票、基金、债券等多个子市场良好发展的推动，金融市场日渐成熟，发展度子指数达 4 814 点，较 2013 年末增长 10.9%；人民币国际化进程继续深化，推动金融国际化保持进一步增长，发展度子指数达到 2 887 点，较 2013 年末增长 8.8%；在宏观商业环境的推动下，金融生态环境整体呈现稳定增长态势，发展度子指数达 1 961 点，较 2013 年末增长 5.5%，景气度上升；金融机构方面，在机构数量持续增长、机构绝对实力不断强化的推动下，金融机构整体水平稳步发展，发展度子指数达到 2 152 点，较 2013 年末增长 4.0%，景气度小幅提升。

从景气程度来看，2014 年金融市场在黄金市场，货币市场，股票市场和基金市场等子市场影响下，景气度也持续走高，增速子指数达 1 109 点；金融国际化在人民币国际化指标上升的带动下，增速指数达到 1 088 点，但较 2013 年同期有所放缓；金融创新指标在渐进型创新和新推型创新两项二级指标的推动下持续增长，但增速有所放缓，表征景气度的增速子指数达 1 394 点，景气度有所回落；2014 年上海金融生态环境增速子指数为 1 055 点，较 2013 年发展脚步加快；金融机构增速子指数为 1 040 点，较 2013 年小幅上涨。金融人才增速指数为 1 027 点，上海继续通过完善人才引进和培养平台，大力实施海外招聘等方式，持续引进高端金融人才，人才质量稳步提升。

① 以上年为基期，计算逐年的增速变化。

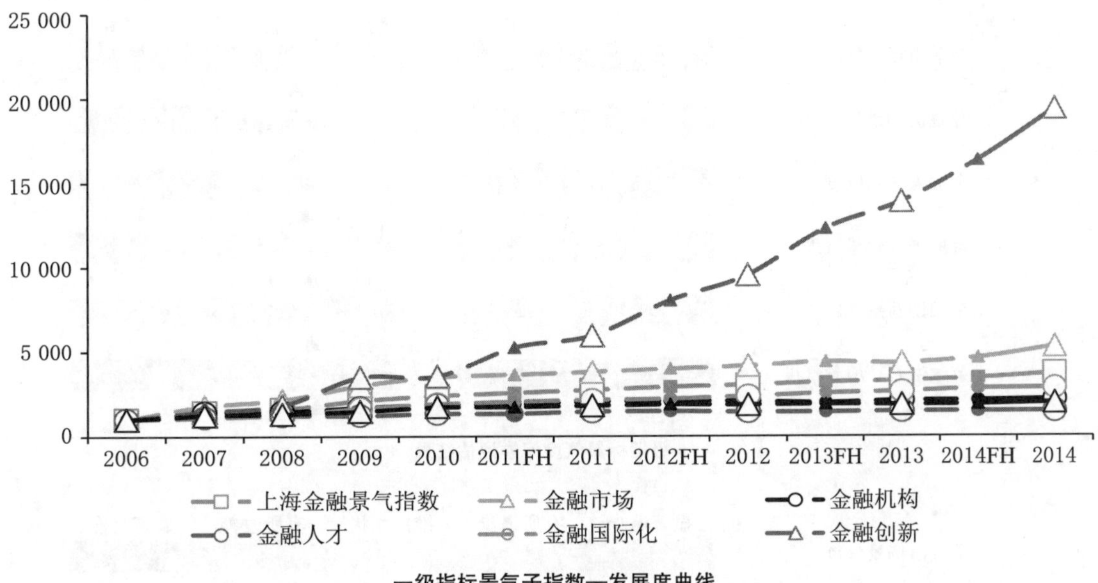

一级指标景气子指数—发展度曲线

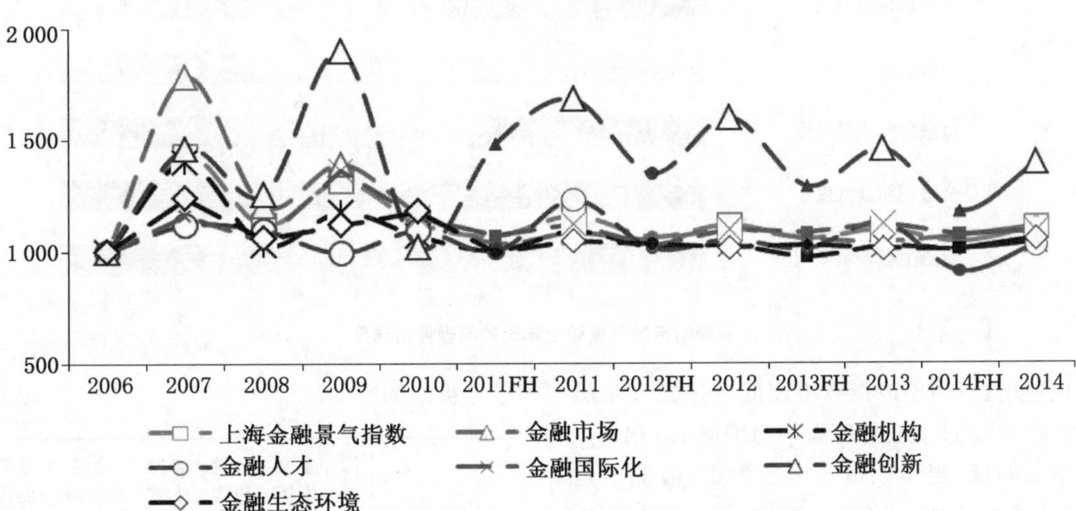

2006—2014 年上海金融景气指数及一级指标—增速曲线

从问卷调研所得到的主观测评结果来看，上海金融业从业者对于 2014 年上海金融业各个维度的景气度评价基本维持在“较好”水平，而与 2013 年相比，大部分从业者认为 2014 年的金融业景气度“有所改善”，从具体打分情况来看，部分从业者认为，在金融市场与金融国际化两方面 2014 年较 2013 年有所提升。

【景气指数灯号分析】 考虑到不同的一级指标因素不能完全相互比较，将最新一年的增速同各指标自身的历史增速比较，同时为了更为直观地分析并展示上海金融景气度和各分项指标的景气度，将上海金融景气指数以灯号图的形式予以呈现，可以分析每项指标当年的增长水平。景气度以及灯号的分类以指标定量分析为基础，结合当年实际情况（例如有部分新兴市场、新兴机构等未能纳入指标体系）进行定性调整，最后得出六种情景。在定量方面，依照当年增速水平与历史平均增速和历史最高增速的比例关系，将景气度状态分为如下六种情景①：

1）正常趋涨：当年该指数增速低于过去五年历史平均增速 1.5 倍、高于过去五年历史平均增速；

2）正常趋缓：当年该指数增速低于过去五年历史平均增速、高于过去五年历史平均增速 0.5 倍；

① 其中，金融创新景气度状态评判方法与其他一级指标不同，根据金融创新具有高增长的特点，当其增速高于过去五年历史平均增速时，均属于正常趋涨水平。

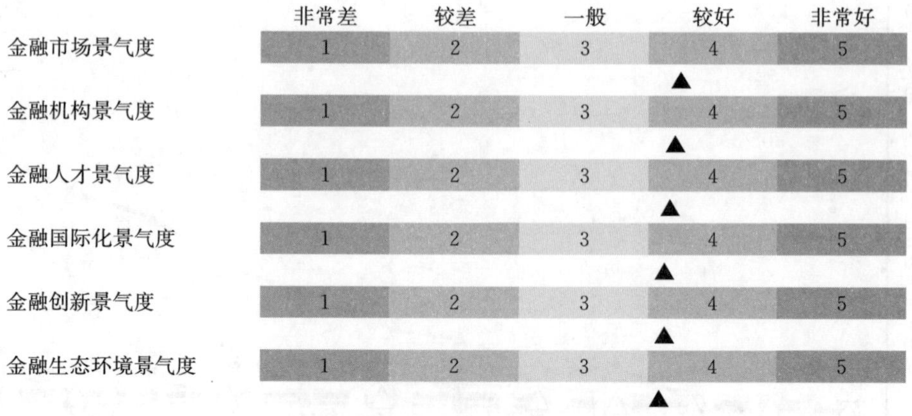

	非常差	较差	一般	较好	非常好
金融市场景气度	1	2	3	4	5
金融机构景气度	1	2	3	4	5
金融人才景气度	1	2	3	4	5
金融国际化景气度	1	2	3	4	5
金融创新景气度	1	2	3	4	5
金融生态环境景气度	1	2	3	4	5

一级指标景气度问卷评估结果

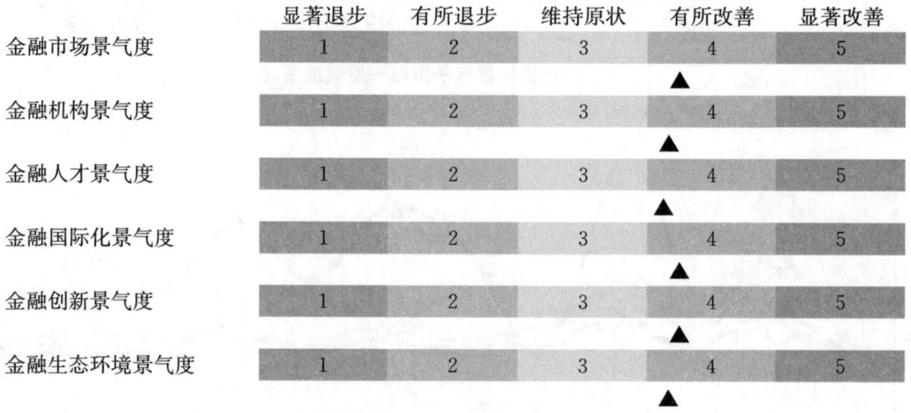

	显著退步	有所退步	维持原状	有所改善	显著改善
金融市场景气度	1	2	3	4	5
金融机构景气度	1	2	3	4	5
金融人才景气度	1	2	3	4	5
金融国际化景气度	1	2	3	4	5
金融创新景气度	1	2	3	4	5
金融生态环境景气度	1	2	3	4	5

一级指标景气度较上年比较问卷评估结果

3）快速增长：当年该指数增速低于过去五年历史最高增速、高于过去五年历史平均增速1.5倍；

4）增长偏低：当年该指数增速为正，但低于过去五年历史平均增速0.5倍；

5）增长趋热：当年该指数增速高于过去五年历史最高增速；

6）不景气：当年该指数增速为负。

当上海金融景气度或各分项景气度为第1、2类情景时（呈现正常趋涨和正常趋缓状态），认为该状态正常，以 标示；

当上海金融景气度或各分项景气度为第3、4类情景时（呈现快速增长和增长偏低状态），认为需要对该状态予以关注，分析成因，以 标示；

当上海金融景气度或各分项景气度为第5、6类情景时（呈现增长趋热和不景气状态），认为需要对该状态予以警戒，分析成因并迅速采取措施予以改善，以 标示。

基于以上定义，2014年上海金融景气指数的灯号分析如图所示：

	上海金融	金融市场	金融机构	金融人才	金融国际化	金融创新	金融生态
增长趋热	○	○	○	○	○	○	○
快速增长	○	○	○	○	○	○	○
正常趋涨	○	●	○	○	○	●	●
正常趋缓	●	○	●	○	●	○	○
增长偏低	○	○	○	●	○	○	○
不景气	○	○	○	○	○	○	○
灯号图							

2014年上海金融景气指数灯号分析

其中，上海金融整体景气度处于正常趋缓状态，发展状态正常。金融机构、金融国际化2014年增速均低于过去五年历史平均增速而高于其0.5倍，故处于正常趋缓状态，判定为正常。2014年金融市场、金融创新、金融生态增速低于过去五年历史平均增速1.5倍且高于过去五年历史平均增速，处于正常趋涨状态。正如主观调查问卷反映的上海金融人才政策偏紧，金融人才 2014 年增速低于过去五年历史平均增速 0.5 倍，处于增长偏低状态，但是上海金融业从业队伍逐年扩大，未来具有巨大的发展空间。综上给予 2014 年金融景气指数“绿灯”信号。

2. 上海金融景气指数指标体系及数据①

一级指标	二级指标	三级指标分类	三级指标	单位	2009 年	2010 年	2011 年	2012 年	2013 年	2014 年
金融市场	市场综合评价	金融市场整体交易规模	上海金融市场交易总量②	万亿元	253.8	433.6	406.1	447.2	665.8	631.8
		金融市场直接融资能力	上海直接融资额占全国融资总额比例	%	17.5	21.7	24.0			
			上海非金融机构直接融资额占社会融资总量比例	%	11.0	11.3	11.3			
		市场发展质量	上海金融市场衍生品交易量占总交易量比例	%	31.4	48.2	43.6	37.6	39.8	46.6
	信贷市场	市场规模(绝对规模、市场份额)	上海中外金融机构本外币贷款余额	万亿元	3.0	3.4	3.7	4.1	4.4	4.8
			上海中外金融机构本外币贷款余额占全国比例	%	6.3	6.7	5.3	6.1	5.8	5.5
		市场发展质量	上海不良贷款率	%	1.20	0.80	0.60	0.66	0.80	0.89
	货币市场	市场规模	信用拆借市场成交额	万亿元	19.4	27.9	33.4	46.7	35.5	34.8
			回购市场交易额	万亿元	76.2	101.4	99.5	147.6	158.2	224.4
			利率衍生品交易额	万亿元	1.1	1.8	2.8	2.9	3.2	4.03
		市场参与者	银行间本币市场成员数	家	2 446	3 063	3 984	5 603	6 466	7 665
	外汇市场	市场规模	外汇衍生品交易额	亿美元	8 116	13 162	19 866	26 375	34 324	45 429
			即期外汇交易额增速	%	19.3	3.5	17.6	−5.6	21.4	1.2
		市场参与者	银行间外币市场会员数	家	276	293	318	362	405	429
	债券市场	市场规模(绝对规模、相对规模、市场地位)	债券市场总市值	万亿元	18.0	20.3	21.6	31.2	33.8	40.3
			债券市场总发行额	万亿元	8.6	9.5	7.0	5.9	5.6	6.0
			债券市场总市值与全国 GDP 比率	%	52.5	51.0	45.9	60.0	59.4	46.2
			债券市场市值全球排名	排名	6	5	5	3		
		市场发展质量(品种结构,持有结构,交易场所结构)	企业债券市值占比	%	13.7	17.2	19.3	20.3	19.6	10.2
			非银行机构债券持有额占比	%	28.0	23.7	24.0	27.8	28.4	31.0
			上海证交所现券交易额占比	%	0.9	1.2	1.3	1.6	1.0	2.9
		市场流动性	债券市场现券日均交易额	亿元	2 003	2 797	2 777	2 915	1 557	1 587
			债券市场换手率	%	266	318	294	273	112	105
		市场参与者	银行间债券市场投资者数	人	9 247	10 235	11 162	12 415	6 075	6 681
		市场自有指数	中债综合指数	点数	132	134	141	143	149	161

① 数据来源:《上海金融年鉴》,《上海金融发展报告》,《上海金融运行报告》,中国人民银行,中国银监会,中国证监会,中国保监会,各交易所,上海统计年鉴,中国统计年鉴,统计公报,同业协会,WFE, Wind, CVSource 等。

② 包含股票市场、债券市场、期货市场、货币市场、黄金市场等,不含外汇市场。

（续表）

一级指标	二级指标	三级指标分类	三级指标	单位	2009 年	2010 年	2011 年	2012 年	2013 年	2014 年
金融市场	股票市场	市场规模（绝对规模、相对规模、市场份额、市场地位）	上海股票市场月均市价总值②	万亿元	15.0	16.8	17.4	15.2	15.4	16.8
			上海股票市场筹资总额	亿元	3 343	5 532	3 365	2 586	2 423	3 611
			上海股票市场总市值占全国股票市场比例	%	75.7	67.4	69.1	68.9	65.4	73.4
			上海股票市场筹资总额占全国股票市场比例	%	91.5	61.8	49.6	55.8	57.9	47.0
			上海股票市场总市值与全国 GDP 比率	%	54.2	45.0	31.5	30.6	26.6	38.0
			上海股票市场交易额全球排名③	排名	2	2	3	3		
		市场发展质量（持有结构，公司结构）	上海股票市场机构投资者持股市值占比例	%	17.0	15.9	15.6	17.4	13.0	
			上海股票市场日间市场效率系数	点数	1.07	1.09	1.09			
			上海股票市场 ST 公司数量占上市公司数量比例	%	2	3		2	2	3
		市场流动性	上海股票市场日均交易额	亿元	1 420	1 257	974	677	968	1 533
			上海股票市场流通股换手率	%	504	189	125	101	124	171
		市场参与者	上海证券市场投资者数量	万户	7 405	8 154	8 705	8 996	9 253	9 738
		市场自有指数	上证综合指数	点数	3 277	2 808	2 199	2 269	2 116	3 235
	期货市场①	市场规模（绝对规模、市场份额、市场地位）	上海商品期货市场成交金额④	万亿元	73.8	123.5	86.9	89.2	120.8	126.5
			上海商品期货市场成交量	亿手	8.7	12.4	6.2	7.3	12.9	16.9
			上海金融期货市场成交金额	万亿元		82.1	87.5	151.7	141.0	164.0
			上海金融期货市场成交量	万手		9 179	10 082	21 012	19 355	21 758
			上海期货市场成交额占全国期货总成交额比例	%	56.5	66.5	63.4	46.8	47.8	49.4
			上海期货市场交易量全球排名	排名	10	11	14	11	12	
		期货市场发展质量	金融期货成交额占股票交易额比例	%		270	368	461	614	435
			上海期货市场上市交易品种数⑤	个	8	9	9	10	11	12
		市场参与者	上海期货交易所会员数⑥	个	210	209	208	209		203
	基金市场	市场规模（公募基金、私募基金）	上海法人基金公司管理资产规模	亿元	8 814	8 144	8 121	10 619	11 362⑦	11 704
			上海法人基金公司总基金只数	只	244	303	431	823	748⑧	
			上海 PE/VC 公司投资额	亿美元	15.8	21.0	47.2	42.3	49.7	43.0
		市场发展质量（投资者结构，ETF 基金）	上海法人基金公司机构投资者持有基金份额占比	%	25.8	24.8	37.8			
			上交所 ETF 市值	亿元	409.7	480.7	424.7	741.2	1 223.4	1 782
			上交所 ETF 交易额	亿元	5 759	4 202	2 699	3 027	6 707	10 143

① 含商品期货和金融期货市场。由于金融期货没有 2010 年以前的数据，自 2011 年开始，将期货市场项下的商品期货和金融期货三级指标区分开。

② 由于股票市场市值的高波动性，为更加准确的反应上海股票市场年度整体市值水平，故选取月均市价总值作为指标，即每月月底市值的平均。

③ 按交易所所在城市排名。

④ 商品期货及金融期货成交金额及成交量均为双边计算。

⑤ 此处仅包括商品期货市场。

⑥ 此处仅包括商品期货交易所会员数。

⑦ 由于数据可得性原因，此处数值为截止到 2014 年 2 月底的上海法人基金公司管理资产规模。

⑧ 由于数据可得性原因，此处数值为截止到 2014 年 2 月底的上海法人基金公司总基金只数。

（续表）

一级指标	二级指标	三级指标分类	三级指标	单位	2009年	2010年	2011年	2012年	2013年	2014年
金融市场	保险市场	市场规模和市场份额	上海市保费收入	亿元	665①	696	753	821	821	987
			上海市保险赔付	亿元	174②	195	261	256	302	379
			上海市保费收入占全国保费收入比例	%	6.0	4.8	5.3	5.3	4.8	4.9
		市场发展潜力	上海市保险深度	%	4.4	4.1	3.9	4.1	3.8	4.2
			上海市保险密度	元/人	3 461	3 022	3 208	3 565	3 286	4 068
	黄金市场	市场规模	上海黄金交易所黄金成交额	亿元	10 278	16 143	24 772	21 506	32 134	45 892
			上海黄金交易所总成交额	亿元	11 020	20 205	44 411	35 297	52 242	65 140
		市场参与者	上海黄金交易所会员数	家	162	163	166	166	166	173
	产权市场	市场规模（绝对规模、市场份额）	上海产权市场交易金额	亿元	1 396	2 454	5 545	117 64	13 977	
			上海产权市场交易涉及行业数	个	71	79	82	84	87	87
		市场参与者	上海产权市场会员数	家	416	444	455	473	486	512
		市场自有指数	上海产权市场交易指数	点数	1 091	1 548	1 997	1 253	1 128	1 318
	其他市场	信托市场	上海信托公司受托资产规模	亿元	2 662	3 491	4 766	5 833		
			上海信托公司信托资产规模占全国比例	%	12.6	11.5	9.9	7.8		
			上海信托公司主动管理信托资产规模占比	%	35.7	40.4	34.3			
		银行卡市场	上海银行卡累计发卡量	万张	10 010	11 427	13 098	14 207	15 964	16 613
			上海人均借记卡发卡量	张/人	4.2	3.9	4.3	4.7	5.2	5.3
			上海人均信用卡发卡量	张/人	1.0	1.1	1.2	1.3	1.4	1.6
			上海银行跨行交易金额	亿元	5 763	6 418	8 267	12 061	16 933	22 092
			银行跨行交易转接系统处理交易量	亿笔	6.0	6.6	7.4	8.5	9.9	12.2
			上海受理的银行卡POS跨行交易金额	亿元	4 114	4 813	6 259	9 634	13 708	17 885
金融机构	机构整体	机构整体数量	上海金融机构总数	家	986	1 049	1 136	1 227	1 337	
		机构整体实力	上海金融资产总规模	亿元	8.2					
			上海金融业增加值对GDP贡献率	%	12.1	11.4	11.7	12.2	13.1	13.9
			上海金融业增加值占全国金融业增加值比例	%	10.3	10.3	10.3	8.5	8.4	7.0
	银行业	银行业机构数量（法人机构、营业机构）	上海法人商业银行数	家	24	25	25	25	25	26
			上海银行业一级分行级机构数	家	98	107	111	112	110	112
			上海银行业总行营业部、专营机构数	家	14	16	17	20	21	23
			上海银行业营业网点数	家	3 355	3 358	3 358	3 558	3 654	4 136
		银行业机构实力（资产、主要业务、利润）	上海银行业金融机构资产总额	万亿元	6.3	7.0	8.1	9.0		
			上海银行业金融机构资产规模占全国比例	%	7.9	7.4	7.4	6.8	6.6	
			上海银行业金融机构净利润	亿元	599	798	955	1 019	991	
			上海银行业金融机构净利润占全国银行业金融机构净利润比例	%	9.0	8.9	9.2	8.0		
	证券业	证券业机构数量（法人机构、营业机构）	上海法人证券公司数	家	14	14	15	16	16	16
			上海证券公司营业部数	家	459	476	484	487	501	580

①② 2011年保监会更改数据统计口径，为与2011年数据比较，此数据为2011年所披露数据反推结果。

（续表）

一级指标	二级指标	三级指标分类	三级指标	单位	2009 年	2010 年	2011 年	2012 年	2013 年	2014 年
金融机构	证券业	证券业机构实力（资产、主要业务、收入、利润）	上海法人证券公司净资本	亿元	981	1 010	996	1 140	1 233	
			上海法人证券公司净资本占全国证券公司净资本比例	%	25.8	23.3				
			上海法人证券公司经纪业务交易额	亿元	1 240	2 356	2 684			
			上海法人证券公司经纪业务交易额占所有证券公司经纪业务交易额比例	%	21.6	21.4	25.4			
			上海法人证券公司营业收入	亿元	421	342	277	259	308	
			上海法人证券公司营业收入占全国证券公司营业收入比例	%	20.5	17.9				
			上海法人证券公司净利润	亿元	212	152	104	83	92	
			上海法人证券公司净利润占全国证券公司净利润比例	%	22.7	19.5				
	期货业	期货业机构数量（法人机构、营业机构）	上海法人期货公司数	家	25	26	28	28	28	28
			上海期货公司营业部数	家	89	98	111	115	128	137
		期货业机构实力（保证金、收入、利润）	上海法人期货公司保证金规模	亿元	170	324	340	439	502	711
			上海法人期货公司保证金规模占全国期货公司保证金规模比例	%	16.9	20.2	22.9	24.8	25.7	26.2
			上海法人期货公司营业收入	亿元	26.3	43.3	47.3	65.2	42.0	48.0
			上海法人期货公司营业收入占全国期货公司营业收入比例	%	30.4	30.5	46.7	37.7	22.7	25.3
			上海法人期货公司净利润	亿元	2.4	3.8	4.9	6.9	7.1	11.3
			上海法人期货公司净利润占全国期货公司净利润比例	%	13.9	15.0	21.2	19.4	20.0	27.4
	基金业	基金业机构数量	上海法人基金管理公司数	家	30	31	34	36	41	45
			上海 PE/VC 企业数	家	1 647	1 725				
			上海法人基金管理公司管理资产规模占全国基金管理公司管理资产规模比例	%	32.7	31.9	37.1	37.1	38.2	
			上海 PE/VC 公司投资规模占全国 PE/VC 公司投资规模比例	%	5.0	8.3	12.4		17.2	12.8
	保险业	保险业机构数量	上海法人保险公司数	家	34	34	35	49	50	50
			上海保险公司分公司数	家	71	81	80	79	81	88
		保险业机构实力	上海法人保险公司保费收入	亿元	665	884	753	820	821	987
			上海法人保险公司保费收入占全国保险公司保费收入比例	%	6	6	5	5	5	5
			上海保险公司资产规模	亿元	7 428		2 901	4 397	5 391	
			上海保险公司资产规模占全国保险公司资产规模	%	18.2					
			上海保险业受托资产规模	亿元	10 223					
	新型金融机构	信托业	上海信托公司数	家	7	7	8	7	7	7
			上海信托公司营业收入	亿元	26.1	30.9	37.6			
			上海信托公司营业收入占全国比例	%		10.9	8.6			
			上海信托公司净利润	亿元	17.7	21.1	23.4			
			上海信托公司净利润占全国比例	%		13.3	7.8			

（续表）

一级指标	二级指标	三级指标分类	三级指标	单位	2009 年	2010 年	2011 年	2012 年	2013 年	2014 年
金融机构	新型金融机构	机构数量	上海村镇银行数	家	3	4	10	16	19	23
			上海小额贷款公司数	家	35	52	81	80	107	117
			上海金融租赁公司数	家	3	4	3	4	4	6
			上海汽车金融公司数	家	4	4	4	4	4	5
			上海货币经纪公司数	家	2	2	2	2	2	2
			上海发卡机构数	家	29	35	41	41		
	金融中介服务机构	机构数量	上海证券投资咨询机构数	家	18	21	19	19	19	24
			上海保险中介机构数	家	292	302	310	324	352	363
			上海律师事务所数	家	1 043	1 064	1 116	1 153	1 225	1 336
			上海会计师事务所数	家	266	274	293	306	319	331
金融人才	人才聚集	从业人数	上海金融业从业人员数	万人	22.1	24.1	31.4	36.2	40.8	46.4①
		就业人口占比	上海金融业从业人员占上海在职职工比例	%	3.9	3.7	6.3	6.5	6.6	
	人才质量	高级人才比例	上海法人金融机构从业人员管理人员比例	%	10.9	11.2				
			上海金融业从业人员高等学历比例	%	48.8	58.7			77	
		人均贡献	上海金融业从业人员人均金融业增加值	万元/人	82.2	83.3	89.8	94.0	105.91	
	人才供给	行业薪酬水平	上海金融业从业人员平均工资水平	万元	11.3	15.4	16.7	17.2	23.0	
		高校毕业生供给	全国大学毕业生数	万人	568	614	651	699	699	727
			本地大学毕业生数	万人	12.7	13.4	17.5	17.8	17.8	17.8
金融国际化	市场国际化	外汇存贷款	上海外汇存款占总存款比例	%	5.2	4.5	5.0	5.8	6.1	5.9
			上海外汇贷款占总贷款比例	%	11.8	10.5	10.3	10.5	10.4	9.8
		货币市场	外资金融机构同业拆借交易规模占比	%	9.7	8.1				
			外资金融机构回购市场交易规模占比	%	2	2				
			外资金融机构利率衍生品交易规模占比	%	19.7	38.4				
		外汇市场	外资金融机构在人民币外汇市场的市场份额占比	%	25.0	33.0				
		债券市场	外资金融机构现券买卖交易规模占比	%	9.0	10.5				
		黄金市场	外资金融机构黄金现货交易量占比	%	0.8	3.6	4.6	3.4	3.9	
		产权市场	上海产权市场外资并购涉及国家和地区数	个	31	31	32	35	36	
		境外投资开放度	累计批准 QFII 额度	亿美元	167	197	217	374	514	697
			累计批准 QDII 额度	亿美元	628	726	749	844	850	820
	机构国际化	外资金融机构总数	上海外资金融机构总数	家	402	402	394			
		外资银行数量和实力	上海法人外资银行数	家	20	21	21	22	22	22
			上海外资银行分行数	家	70	77	78	77	73	79
			上海外资银行资产规模占上海银行业资产规模比例	%	11.7	12.5	12.7	18.0		12.0
		合资证券公司数量和实力	上海合资证券公司数	家	4	5	5	6	6	
			上海外资证券公司代表处数量	家	56	60	80	81	77	69
			上海合资证券公司净资本占上海法人证券公司净资本比例	%	3.9			3.9	5.4	

① 因《2014 年度浦东金融人才白皮书》数据暂更新至 2013 年，故 2014 年数据是根据近 3 年统计数据推算而得。

（续表）

一级指标	二级指标	三级指标分类	三级指标	单位	2009年	2010年	2011年	2012年	2013年	2014年
金融国际化	机构国际化	合资基金公司数量和实力	上海合资基金管理公司数	家	19	21	21	21	25	24
			上海合资基金管理公司管理资产规模占上海基金管理公司管理资产规模比例	%	70.2	68.9	69.0		57.6	69.8
		外资保险公司数量和实力	上海外资保险公司数	家	18	19		34	32	34
			上海外资保险公司保费收入占上海保险公司保费收入比例	%	18.0	18.8	14.0	12.9	15.3	15.0
		海外发展质量	中国金融机构海外分支机构数	个	151	172				
			上海法人金融机构QDII额度占全国比例	%	26.7	25.5	27.0	27.0	27.3	
	人才国际化	国际化人才供给	在沪外国常住人口数	万人	15.2	16.3	16.4	17.4		
			中国留学回国人员总数	万人	50	63	82	109	139	175
	人民币国际化	国际结算	上海跨境贸易人民币结算量	亿元		746	3 312	3 590	6 845①	19 075
		国际储备	中国双边货币互换规模	亿元	6 800	8 335	12 442	12 542	25 682	30 075
金融创新	创新整体评估	创新整体评价	上海金融创新奖的获奖作品数	个		37	59	46	42	60
			上海金融业重大先行先试创新试点	个		5	4	5		
			金融创新景气度问卷评价	评分		3.1	3.3	3.3	3.4	4.0
	渐进型创新	银行业	新发行结构性理财产品个数	个	597	647	1 387	1 680		
			上海小企业贷款余额占比	%	13.5	13.4	13.6	17.0		
			上海银行业金融机构中间业务收入	亿元	208	273	363	395	433	
		证券业	券商集合理财规模	亿元	978	998	1 357	2 039	5 652	9 503
		期货业	上海新增商品期货交易品种数	个	2	—	1	1	1	4
		基金业	上海法人基金管理公司新基金产品数	个	76	83	140	154		
		保险业	上海法人保险公司新保险产品数	个	15	15	8			
		其他	上海产权市场交易品种数	个	20	22	24	26		
	新推型创新	新推型创新	上海证交所融资交易额	亿元		421	1 372	4 936	20 762	60 718
			上海证交所融券交易量	亿股		0	15	256	827	680
			超短期融资券发行量	亿元		150	2 090	5 822	7 535	10 996
			信用风险缓释凭证名义本金金额	亿元		6.9	7.4	7.4		
金融生态环境	宏观商业环境	宏观经济环境	中国国内生产总值	万亿元	34.1	39.8	47.2	51.9	56.9	63.6
			中国人均国内生产总值	万元	2.6	2.9	3.5	3.8	4.2	4.7
			上海地区生产总值占中国国内生产总值比例	%	4.4	4.2	4.1	3.9	3.8	3.7
			中国进出口贸易总量	亿美元	22 075	29 738	36 421	38 668	41 600	43 030
			中国外商直接投资额	亿美元	900	1 057	1 160	1 117	1 176	1 196
			中国全社会固定资产投资额	万亿元	22.5	27.8	31.1	37.5	43.7	51.3
		产业支撑	中国工业增加值	万亿元	14.8	17.1	18.9	20.0	21.1	22.8
			中国工业增加值占中国GDP比例	%	39.7	40.2	40.0	38.5	37.0	35.8
		金融环境	中国经济金融化率	倍	2.59	2.64	2.57			
			中国经济证券化率	%	71.6	66.7	45.5	44.4	42.0	68.0

① 由于数据可得性原因，此处数值为截止到2013年10月底的上海跨境贸易人民币结算量。

（续表）

一级指标	二级指标	三级指标分类	三级指标	单位	2009 年	2010 年	2011 年	2012 年	2013 年	2014 年
金融生态环境	宏观商业环境	税收环境	上海个人税赋水平①	%	13.0	13.9	14.0			
		生活成本	上海城市居民家庭人均可支配收入	万元	2.9	3.2	3.6	4.0	4.4	4.8
			上海居民消费价格指数	点数	100	103	105	103	103	103
			上海住宅租赁价格指数	点数	101	105	107	105	107	105
			上海城市生活成本指数	点数	95.2					
	基础设施环境	金融基础设施	上海 ATM 机具数	万台	1.08	1.23	1.34	1.56	2.04	2.11
			上海联网 POS 机具数	万台	22.8	32.3	46.0	56.3	67.2	76.1
			上海人均联网 POS 机具数	台/万人	119	140	196	264	278	314
			上海人均联网 ATM 机具数	台/万人	5.6	5.3	5.7	6.5	8.4	8.7
			上海银行卡现金渗透率	%	36.1	41.4	43.8	48.4	75.0	
			全国个人征信系统收录信息数	亿人	7	8	8	8	8	9
			全国企业征信系统收录信息数	万户	1 576	1 700	1 800	1 800	2 000	1 963
		办公环境	上海办公楼出租面积	万平方米	426	516	516	644		
			上海办公楼租赁价格指数	点数	101	101②				
		交通运输	上海港口货物吞吐量	亿吨	5.9	6.5	7.3	7.4	7.8	7.6
			上海机场进出港旅客人数	万人	5 708	7 170	7 456	7 871	8 279	8 966
			上海万人城市轨道交通	公里	355	453	454	468	538	548
			上海万人道路长度	公里	11	12	12	12	12	
			上海出租车数	万辆	5	5	5	5	5	
		信息化建设	上海宽带接入用户数	万户	470	499	505	627		
			上海信息通信管线长度	沟公里	5 354	5 821	6 258	7 003	7 886	
		城市建设	上海万人执业医生数	人	27	22	22	23	24	26
			上海百万人影剧院数	个	8.8	5.9	6.1	5.9	6.0	
			上海万人公共图书藏量	万册	2 630	2 766	2 605	3 026	2 998	
			上海社区公共运动场数	个	261	316	406	324		
			上海旅游年接待游客数	亿人次	1.3	2.2	2.4	2.6	2.7	2.8
			上海城市绿化覆盖率	%	38	38	38	38	38	38
			上海人均公共绿地面积	平方米	12.8	13.2	13.4	21.6	22.0	13.0
			上海环境空气质量优良率	%	92	92	92	94	66	78

（上海金融业联合会）

① 根据当年上海金融从业人员平均工资水平来计算。

② 从 2011 年开始，上海统计数据中取消了房屋租赁价格指数中的非住宅租赁价格指数。

第九篇　人　　物

一、先 进 劳 模

［尤　佳］　自2003年加入上海证监局以来，数年如一日坚守稽查岗位，兢兢业业，任劳任怨，以自己的实际行动切实履行资本市场“守夜人”的职责。2013年主动请缨，借调西藏，克服高原缺氧、身体不适等不利条件，参与驻村维稳、机构监管等工作。2014年西藏借调归来后，参与证券法修改小组工作。2014年4月，荣获2012—2013年度证券期货监管系统五一劳动奖章。

［冯雪飞］　女。中共党员。东北财经大学研究生。现任上海银行信用卡中心总经理、上海银行直属党委委员、信用卡中心党支部书记。2013—2014年度上海市三八红旗手。2012年以来，她带领信用卡中心全体员工，深入分析市场和产业发展趋势，制定了全行信用卡业务的新三年发展规划，提出以效益为核心、以结构调整为主线的转型发展战略，坚定战略自信，坚持不懈地推进战略转型，取得了显著成效。至2014年12月末交易额、贷款余额及业务收入在绝对值和增长率上均创历史新高。结构质量不断提升，新户动户率大幅提高、年轻客群持续扩大、高端卡贡献度进一步提升、互联网等新兴渠道构建完成；战略性业务高速发展，分期付款业务连续两年实现交易额、贷款余额和收入“三个翻一番”，贷款收益率、分期收益率等各项收入指标保持同业先进水平。

［毕　鹏］　1966年出生。中共党员。博士研究生。现任上海期货交易所监查部高级总监。在上期所财务部工作期间，建章立制，健全财务内控制度；科学安排财务支出，保障张江中心工程建设；合理规划纳税，上期所连续多年评定为A级纳税单位；充分利用信息技术，提升财务管理效能；争取风险基金相关政策，为提升上海商品期货市场的风险应对能力贡献力量。在结算部工作期间，组织完成质押仓单直接进入交割制度，提升了上海商品期货市场的资金效率；组织完成上海商品期货市场第一节市场价格的公布工作，更好地服务实体企业；扎实做好连续交易结算环节的准备工作。在监查部工作期间，与上海公安经侦总队合力打击恶性违法行为，维护上海商品期货市场的良好秩序；组织监查团队做好连续交易监查工作，为连续交易保驾护航。2014年，荣获上海市五一劳动奖章。

［杨艳华］　女。中共党员。1959年10月出生。现任海通证券股份有限公司并购融资部党支部书记、总经理。2013年，被上海市总工会授予2012年度上海市五一劳动奖章，2014年被授予全国五一劳动奖章。自1998年进入金融行业从事投资银行业务后，先后独立承揽并主持了新世界、大众公用等众多上市公司再融资业务。从事并购工作以后，她领导团队承做了五矿集团重组中钨高新、上海文广集团旗下的百视通吸收合并东方明珠、光明集团旗下农房重组海博股份、华谊集团资产注入双钱股份、上汽集团重组巴士股份、上海久事重组强生控股、百联集团旗下友谊股份吸并百联股份等重大资产重组。承做了全球五百强绿地集团借壳重组金丰投资，打造超千亿市值的房地产航母；上海市混合所有制改革第一单上海城投引进弘毅资本。还先后完成了多家有影响力的并购案例。2014年，海通证券并购融资部实现并购交易金额1 356.82亿元，营业收入11 214.94万元，人均创收560万元，连续5年被《上海证券报》评为“最佳并购团队”。

［李俊伟］　现任上海期货交易所黄金钢材部执行总监，负责黄金、钢材、白银品种的相关工作，同时兼任交易所产业服务与发展委员会执行主任，协调交易所新产品创新和产业发展工作。具有法律事务部、办公室、行政部、新闻信息部、会员部、黄金钢材部六个部门的工作经历，业务能力和组织协调能力强，尤其是在业务工作上，能够紧紧围绕交易所的中心工作，积极有效地进行业务发展和创新，助推交易所的业务工作登上了新的台阶。2014年，荣获上海市青年五四奖章。

［张欣园］　1976年9月出生。中共党员。先后担任中行上海分行国际结算部科长、中行汉堡分行

副经理、中行法兰克福分行信贷部经理、中行上海分行国际结算部供应链融资团队主管、高级产品经理等职务。现任中国银行上海市分行贸易金融部总经理。作为中国银行跨境贸易人民币结算业务领军人，他带领部门和团队配合国家主管部门，积极参与跨境贸易人民币结算管理办法及相关规程的制定，完成了全球首笔跨境贸易人民币结算业务，在推动人民币迈向国际化、上海市建设国际金融中心、中国（上海）自由贸易试验区的伟大实践中作出了突出贡献。2014 年荣获全国五一劳动奖章。

[吴 萌] 1971 年出生。中共党员。先后获得计算机应用及金融工程专业硕士学位。2000 年进入上海证监局工作，先后在信息调研处、机构监管一处和办公室工作。现任办公室主任和第一党支部书记。重视学习，不断拓展视野，优化知识结构，大力加强学习型团队建设。同时，坚持学以致用，开拓创新，近年来在年度考评中连续评为优秀。2014 年 4 月，荣获 2012—2013 年度证券期货监管系统五一劳动奖章。

[吴兴东] 1977 年 4 月出生。经济师，MBA。现任交通银行上海市分行银行卡业务部副总裁。作为上海金融系统的优秀青年代表，曾于 2011 年荣获“上海市五一劳动奖章”；作为卡业务营推团队负责人，带领团队荣获 2014 年“上海市五四青年集体”荣誉称号。他荣获上海市劳动模范。在吴兴东的带领下，营推团队为交行上海市分行卡业务高速发展作出了积极贡献：POS 收单业务量从十几亿元到突破 1 400 亿元，信用卡发卡 5 年增长超百万张，卡业务净收入增长 300%，突破 3 亿元。

[和洪甲] 女。1967 年 1 月出生。中共党员。在职研究生学历、金融学硕士。2010 年加入创业初期的上海清算所，现任综合部总经理、党委办公室主任。她工作兢兢业业，善于凝结团队的力量，注重发挥调动可用的一切资源，形成推动目标实现的强大合力。在她的带领下，20 余项综合办公、行政管理制度相继出台，规范的综合管理机制逐渐成熟；公司 OA 系统建立并持续完善，为年均 2 000 份以上的文件流转提供支持，实现了公文运转和档案管理办公自动化。她勇挑重担，负责“危机后的场外市场改革深化与机制创新国际研讨会暨全球中央对手方协会（CCP12）全体会员特别大会”的会议筹办工作，会议组织被 CCP12 国际组织称赞为“设定了 CCP12 会议新的标杆”，实现了深入研讨危机后场外市场发展、广泛达成新时期改革创新共识、巩固提升上海清算所国际交流合作等预期目标。荣获 2013—2014 年度中国人民银行巾帼建功标兵。

[赵胤纲] 大学本科。上海银行上海自贸试验区分行营业部公司业务接柜兼企业开销户岗柜员。曾获上海银行首届“青年微笑服务大使”称号，获上海银行“迎世博、树形象、满意服务在金融”服务礼仪大赛第二名，多次获得上海银行浦东分行“三星级柜员”称号，担任《上海银行营业厅服务礼仪教学示范片》男一号，代表上海银行参加上海市金融青工委主办的“上海金融青年服务才艺比赛”，是上海银行浦东分行服务礼仪讲师团小讲师。2014 年，荣获上海市五一劳动奖章。

[俞 虹] 女。现在中信银行上海分行任职。作为一名支行行长助理和兼职保卫人员，始终牢固树立“安全第一”思想，以强烈的责任感和事业心认真地履行工作职责，工作成绩突出。她本人除连续五年被分行评为“优秀兼职保卫人员”外，还多次获得市区两级“治安保卫先进个人”称号。她通过开展经常性的安全和法制教育，全体员工的防范意识、法制观念和防范技能不断提高，成功处置多起网络电信诈骗、冒名虚假开卡等事件，避免客户损失的同时，维护了银行良好声誉。2014 年，在中国银行业开展创建“最安全银行”主题活动暨“双百”评选活动中，被中国银行业协会评为“中国银行业 2014 年度安全防范先进个人”，作为上海地区 3 名人选之一最终获得全国“百佳”称号。

[唐晨壬] 1961 年 5 月出生。大学本科，工程师。中共党员、中国农工党党员。现任上海银行闸北支行行长、党支部书记。荣获 2012—2014 年度上海市劳动模范。唐晨壬自 1993 年进入上海银行工作，始终秉承“点滴用心、相伴成长”的企业文化建设理念，立足本职，着眼长远，兢兢业业，求实奋进，勤勉肯干，带领闸北支行全体员工不断创造优异业绩。身为管理者，却坚持以首席客户经理的身份定位自己，以身作则，身先士卒，肩负起支行绝大多数业绩指标。在他的领导下，支行摆脱一度落后态势，成长为上海银行的一等行，各项工作稳健、有序、快速发展。2010 年至 2014 年，支行人民币日均存款从 159 亿增加到 206 亿，在区域内五行（工、农、中、建、上行）中市场份额占比达四分之一。

上海市金融系统先进劳模简表(2014 年)

姓　名	获奖称号	工作单位
尤　佳	证券期货监管系统五一劳动奖章	上海证监局
冯雪飞	上海市三八红旗手	上海银行信用卡中心
毕　鹏	上海市五一劳动奖章	上海期货交易所监查部
朱　楠	上海市巾帼建功标兵	兴业银行上海分行
庄蓓岚	上海金融系统五星级“优质服务明星”	兴业银行上海分行
刘琼瑜	银监会系统监管标兵	上海银监局
孙卫东	上海银行同业年度个人突出贡献奖	兴业银行上海分行
杨艳华	全国五一劳动奖章	海通证券公司并购融资部
李　东	银监会系统舆情工作先进个人	上海银监局
李俊伟	上海市青年五四奖章	上海期货交易所黄金钢材部
吴　萌	证券期货监管系统五一劳动奖章	上海证监局
吴兴东	上海市劳动模范	交通银行上海市分行
张欣园	全国五一劳动奖章	中国银行上海市分行
张潇潇	上海金融系统五星级“优质服务明星”	兴业银行上海分行
陈　靖	银监会系统监管标兵	上海银监局
和洪甲	中国人民银行巾帼建功标兵	上海清算所
赵胤纲	上海市五一劳动奖章	上海银行上海自贸试验区分行
俞　虹	中国银行业安全防范先进个人	中信银行上海分行
郭陆健	银监会系统监管标兵	上海银监局
唐　杰	银监会系统信息报送先进个人	上海银监局
唐晨壬	上海市劳动模范	上海银行闸北支行
傅　静	上海市三八红旗手	中国建设银行上海市分行
温　浩	银监会系统信息报送先进个人	上海银监局

二、新闻人物

1. 2014 沪上金融家

荣获“2014 沪上金融家”称号的是：中国农业银行票据营业部总经理王红霞，上海黄金交易所党委委员、副总经理沈刚，中国太平洋人寿保险公司董事长、总经理徐敬惠，中国金融期货交易所监事会主席武小强，汇丰银行（中国）有限公司副董事长、行长、行政总裁黄碧娟。

2. 2014 沪上金融行业领袖

荣获“2014 沪上金融行业领袖”称号的是：上海诚鼎创投董事长安红军，上海股权托管交易中心总经理张云峰，泰隆银行上海分行行长严强，海通国际证券有限公司总裁林涌，中欧基金管理有限公司董事长窦玉明，友邦保险有限公司中国区首席执行官蔡强。

3. 2014 沪上金融创新人物

荣获“2014 沪上金融创新人物”称号的是：上海国际集团总裁助理、中国保险交易所（筹）筹建方案研究设计小组组长朱仲群，华夏银行上海分行行长史泽夫，上海拍拍贷金融信息服务有限公司首席执行官张俊，星展银行（中国）有限公司董事总经理陈德隆，上海全通金融谷发展有限公司董事长林振雄，上海证大金融信息服务有限公司董事长贺牧，上海证券交易所国际发展部副总监傅浩，中美联泰大都会人寿保险有限公司董事、首席执行官谭强。

·链接·　“2014 沪上金融家”榜单揭晓

上海金融界年度“奥斯卡”——“2014 沪上金融家”评选，2014 年 12 月 15 日在上海黄浦江畔揭晓，19 位上海金融界精英脱颖而出，收获本年度各大奖项。

“2014 沪上金融家”评选旨在“展现沪上金融家新貌，传承东方金融家精神”，由新华社上海分社、中国金融信息中心、新华社金融信息平台上海总部、上海金融业联合会等联合主办。

本次评选自 2014 年 5 月份正式启动以来受到了社会各界的广泛关注，金融机构踊跃参与，通过自荐报名和机构推荐，超过 100 位上海金融界的高端人士参与。

“2014 沪上金融家”评选除了呈现以往的国际化、年轻化、多元化、产经融合四个特点之外，呈现出四个新的特征：一是自贸区金融创新因素成为评选的亮点；二是具有“小微金融、普惠金融”特色的候选人入选；三是互联网金融特色的新业态因素增多；四是出现多位“老面孔”竞逐“新奖项”。

上海自贸区成立运行已逾一年，自贸区金融改革在制度建设、业务创新、市场平台搭建以及金融机构集聚方面取得了积极进展，金融创新的制度框架已基本形成，创新成效不断显现，多位获奖者都有参与自贸区金融创新的业绩和背景。

三、金融机构负责人

［大谷力］ 1989年进入日本住友信托银行，主要从事企业、新客户开拓、不良债权回收等业务。2004年12月被派到上海，作为分行的营业总监，全面协助上海分行成立的筹备工作。2010年3月奉总公司调令回国复命。2013年5月，再次赴任于日本三井住友信托银行上海分行。同年8月得到监管当局的批准，成为上海分行的副行长，全面负责分行的内部管理。现任上海分行行长。

［王　波］ 曾任宝钢集团财务公司宝林证券营业部上海证券交易所出市代表、交易主管，华宝信托投资管理部总经理助理、信托资产管理部副总经理、发展研究中心副总经理、总经理、公司投资总监、公司副总经理兼投资总监。现任华宝信托有限责任公司党支部书记、工会主席、总经理。

［王少钦］ 1958年10月出生。中共党员。研究生学历，副教授。从事经济工作32年，金融从业年限19年。曾担任河南金融管理学院团委书记、宣传部长，河南金育实验银行常务副行长、行长，厦门联合信托投资公司副总经理、总经理，中泰信托投资公司副总裁，安徽国元信托投资公司总裁，中国华闻投资控股公司总经济师兼中泰信托投资公司监事长。现任安信信托公司董事长。

［王开国］ 1958年11月出生。中共党员。经济学博士，高级经济师。曾任国家国有资产管理局科研所应用室副主任、政策法规司政研处处长和科研所副所长等职。1995年2月加入海通证券有限公司，先后担任副总经理、总经理、党组书记和董事长等职。1998年12月起担任海通证券党委书记兼董事长至今。兼任中国证券业协会副会长、上海金融业联合会副理事长和上海证券交易所理事等职。2012年在中国证券业金紫荆奖评选活动中，荣膺"最具影响力领袖"称号。

［王东华］ 1960年9月出生。中共党员。大学本科。历任中国进出口银行办公室综合宣传处处长助理，信贷管理部法律事务处处长助理，信贷管理部资产保全处副处长，上海分行风险管理处副处长、处长，上海分行办公室主任、人力资源处处长、监察室主任、上海分行行长助理、党委委员兼办公室主任、上海分行党委委员、纪委副书记等职。2014年6月任上海分行副行长、党委委员、纪委副书记。

［王红霞］ 女。1964年1月出生。中共党员。高级经济师。现任中国农业银行票据营业部总经理。2005年，作为中国农业银行票据营业部筹备组主要负责人，指导组建中国农业银行在京外设立的第一个直属持牌营运中心——票据营业部(国内第二家商业银行总行级票据专营机构)。组织构建票据营业部业务营销架构、市场研究体系、内部管理制度和IT支持系统，客户网络和市场影响力扩大到全国近30个省区市，开业四年即实现票据资产规模和创利超越同业，跻身国内票据市场引领机构。2012年，组织研发投产"票远通"产品，在国内票据市场首创规范化的组合交易和远期交易模式，为市场的长远发展注入新的驱动力。荣获2014年"沪上十大金融家"称号。

［王成然］ 曾任宝钢集团计划财务部投资处综合主管、财务处副处长、资产经营处副处长（主持工作)、资产经营处处长、资产经营部副部长、部长，宝钢集团业务总监，宝钢集团总经理助理兼华宝投资董事长，宝钢集团总经理助理兼审计部部长，宝钢集团金融系统党委书记兼华宝投资资本运营部总经理。现任宝钢集团金融系统党委书记、华宝信托有限责任公司董事长。

［王新浩］ 1967年12月出生。中共党员。博士研究生学历，讲师。1989年7月参加工作，1994年3月从事金融工作，历任光大银行大连分行资产部、客户部和公司银行部总经理等职，2000年7月进入浦发银行，先后任大连分行筹建负责人，大连分行副行长、行长、党委书记等职。2013年9月以来任浦发银行上海分行行长、党委书记，并兼自贸试验区分行行长、党委书记。2014年兼任上海奉贤浦发

村镇银行股份有限公司董事长。

[史泽夫] 1956年7月出生。中共党员。在职本科学历,高级经济师。先后任华夏银行武汉分行党委书记、行长,华夏银行总行公司业务部总经理、营销总监。现任华夏银行总行营销总监兼上海分行党委书记、行长。2013年4月,史泽夫同志调任上海分行任党委书记、行长。面对分行现状,提出了以"七个转变"为主线的转型发展:从单一营销逐步向综合营销转变,从以存款为中心逐步向以市场为导向、以客户为中心转变,从个人营销逐步向团队营销转变,从关系营销逐步向产品营销转变,从高资本消耗逐步向低资本消耗转变,从传统业务逐步向新兴业务转变,从粗放管理逐步向精细化管理转变。同时,着力以机制创新为突破提高市场竞争力,着力以结构调整为导向加快创新转型,积极融入上海主流经济和主流社会。荣获"2014沪上金融创新人物"称号。

[朱可炳] 1974年10月出生,浙江人。中共党员。高级会计师、注册会计师。现任宝山钢铁股份有限公司财务总监兼董事会秘书,财务公司董事长。

[朱学华] 1965年3月出生。历任上海证券有限责任公司副总经理、党委书记、副董事长并兼任海际大和证券有限责任公司董事长。2014年6月起任华安基金管理有限公司党总支书记,同年8月起任华安基金管理有限公司董事长。

[朱承东] 1966年出生。研究生学历。从事金融行业工作二十余年。2004年9月担任瑞士信贷银行上海分行行长。

[伍崇宽] 1962年3月出生。中共党员。研究生学历。1983年8月在航天工业部参加工作,1997年5月调入中国光大银行。历任光大银行总行办公室总经理、资产保全部总经理,黑龙江分行党委书记、行长等职。2014年任中国光大银行党委委员兼上海分行党委书记、上海分行行长。

[刘建平] 1970年7月生,中共党员。1997年毕业于北京大学,获法学硕士学位。1992年7月参加工作,具有18年证券及基金行业监管和管理经验,曾先后就职于北京大学、中国证券监督管理委员会基金监管部、上投摩根基金管理有限公司。现任中欧基金管理有限公司总经理。

[刘洪涛] 1970年8月出生。西安交通大学工商管理学硕士。先后在交通银行、比利时联合银行、汇丰银行任职,2008年11月加入法国兴业银行。现任法国兴业银行(中国)有限公司上海分行行长。

[许 臻] 1957年6月出生。中共党员。研究生学历,经济学博士学位,高级会计师。历任中国人民银行上海分行会计财务处处长,中国人民银行支付结算管理办公室副主任、支付结算司副司长、上海清算所筹备组组长、银行间市场清算所股份有限公司董事长兼总经理。现任银行间市场清算所股份有限公司(简称:上海清算所)党委书记、董事长。

[许罗德] 1962年出生,湖南湘阴人。中共党员。1983年毕业于湖南财经学院。经济学学士,高级会计师。1983年8月至1996年10月任中国印钞造币总公司财务处副处长、总公司办公室主任。1996年10月至1999年3月任中国人民银行办公厅秘书处处长;1999年3月至2003年10月任中国人民银行办公厅副主任;2003年10月至2007年8月任中国人民银行支付结算司司长。2007年8月起任中国银联总裁、党委书记。2013年8月任上海黄金交易所理事长。2007年12月当选上海市第十三届人大代表。2013年1月当选第十二届全国人大代表。

[杨自理] 1965年10月出生。国际金融专业,硕士学历。金融从业年限19年,具备信托资本运作、财富管理、运营管理等行业经验。曾先后于中国对外经济贸易信托公司、中国民生信托有限公司担任总经理、总裁职务。现任华澳国际信托有限公司总裁。

[杨晓民] 1965年3月出生。中共党员。研究生学历。1988年参加工作,金融工作年限27年。曾先后任深圳发展银行爱华支行副行长,深圳发展银行中二区总经理,深圳发展银行信贷部总经理,深圳发展银行广州分行副行长、行长、党委书记,平安银行上海分行行长、党委书记,平安银行交通金融事业部总裁。现任广发银行上海分行行长、党委书记。

[杨晓波] 1976年10月出生。中共党员。硕士。从事经济工作14年,金融从业年限8年。曾任上海长信会计师事务所、资产评估公司总经理助理,安信信托投资公司财务总监、董事会秘书、首席风控官。现任安信信托公司总裁。

[李 莅] 女。1967年4月出生。中共党员。

大学本科。历任中国进出口银行信贷部业务四处、信贷二部业务一处、买方信贷部买方信贷处、买方信贷部买方信贷一处处长助理；买方信贷部买方信贷一处，出口信贷部买方信贷一处、三处副处长；出口信贷部买方信贷三处、二处处长；船舶融资部、交通运输融资部副总经理；交通运输融资部总经理。2012 年 3 月至今任中国进出口银行上海分行行长、党委书记。

［李　跃］ 1971 年 7 月出生。中共党员，硕士研究生。历任中国进出口银行总行营业部风险管理处处长助理、副处长，公司业务二处副处长，卖方信贷二处副处长，公司业务二部买方信贷处副处长、处长，公司业务一部总经理助理，公司业务部总经理助理、副总经理兼信贷三部副总经理、副总经理兼信贷二部副总经理。2013 年 4 月至今任上海分行副行长、党委委员。

［李建国］ 1963 年 6 月出生。硕士研究生，毕业于澳大利亚麦考里大学货币银行和财政研究中心金融学专业，经济师。曾任中国人民银行外资司港澳事务管理处副处长，中国华安投资公司副总经理，中国人民银行国际司港澳台处副处长，中国人民银行驻东京代表处首席代表，中国人民银行上海总部国际部副主任。现任上海银行副行长。

［吴庆斌］ 1973 年 4 月出生。本科。毕业于清华大学水利水电工程系水利水电建筑工程专业及法学专业，获得双学士学位。先后任职于北京国际信托有限公司等机构，并担任重要管理职务，具有十余年金融工作及管理经验。现任中泰信托有限责任公司董事长。

［沈　刚］ 女。上海黄金交易所党委委员、副总经理，目前负责交易所综合、财务、交割、交易及纪委、工团等工作。交易所国际板上线后，兼任上海国际黄金交易中心有限公司法人代表。沈刚从事黄金业务几十年，历经了黄金管理体制改革的全过程，而她在黄金交易所工作的十三年间，为交易所的筹建、发展、壮大倾注了全部心血。

2014 年，交易所抓住上海自贸区制度创新的契机，提出增设国际业务板的方案。她坚决贯彻交易所党委确定的工作目标，积极争取总行的支持批准。同时牵头落实成立子公司，制定国际板业务配套规则制度，设立指定仓库，招募国际业务会员和市场推广等各项工作，保证 9 月 18 日交易所国际板顺利启动运行，为交易所实现市场化、国际化战略迈出实质性一步。荣获“2014 沪上金融家”称号。

［沈立强］ 工商管理硕士，高级会计师。从事金融工作三十余年。历任中国工商银行浙江省分行副行长、党委委员，浙江省分行营业部总经理、党委书记，浙江省分行党委副书记，河北省分行行长、党委书记，中国工商银行股份有限公司上海市分行行长、党委书记。上海市银行同业公会会长、上海市城市金融学会会长、上海市金融学会副会长、上海国际商会副会长、上海世界贸易中心协会副会长、中国城市金融学会常务理事、上海市宏观经济学会常务理事、中国社会科学院陆家嘴研究基地理事会理事、上海财经大学校董会董事，上海市人大代表，首届上海十大金融家。

［沈建峰］ 1973 年 8 月出生。中共党员。金融从业年限 17 年，研究生学历。1997 年起先后在中国人民银行上海分行银行管理处、股份制银行监管处任职。2003 年 4 月在广东发展银行上海淮海支行先后担任支行副行长、支行行长职位。2007 年 11 月加入北京银行，担任上海分行行长助理职务。2010 年 12 月任北京银行上海分行副行长，2011 年 10 月至今担任上海分行行长。

［张慎峰］ 1963 年 10 月出生。中共党员。在职研究生学历，管理学博士学位。1989 年至 1998 年在山东省办公厅任职，1998 年起历任山东省证管办副主任、中国证监会济南证管办副主任、青岛证监局局长，2004 年任山东证监局局长兼济南稽查局局长。2007 年起历任中国证监会稽查总队党委书记、总队长，稽查局局长，证监会首席稽查兼稽查局局长。2012 年 9 月任中国金融期货交易所党委书记、总经理，同年 12 月任中金所党委书记、董事长至今。

［陈永健］ 1966 年 1 月 18 日出生。香港中文大学工商管理学士。具有二十三年金融从业经验，曾在银行数个部门和业务领域担任过管理职位，包括商业银行、市场信贷、贸易融资、金融机构同业、资金外汇、分行管理以及公司战略发展。历任加拿大丰业银行香港分行高级客户经理、台北分行行长及广州分行行长等。现任加拿大丰业银行有限公司上海分行董事兼分行行长及西安银行非执行董事。

［陈浩鸣］ 1966 年 3 月出生。中共党员。硕士。曾任海洋石油开发工程设计公司经济师、中国海洋石油总公司财务部资产处处长、中海石油投资

控股有限公司总经理、海康人寿保险有限公司董事、招商银行监事。2005年8月至2009年9月任中海信托股份有限公司副总裁。2009年9月至2011年1月任中海基金管理有限公司总经理。2011年1月至今担任中海信托总裁，兼任中海基金董事长，2012年12月起兼任中海信托党委书记。

［武小强］ 1955年2月出生。中国社会科学院研究生院研究生毕业。1993年投身中国期货事业，历任北京商品交易所总裁、大连商品交易所理事长等职务。长期致力于期货理论研究，撰写的《企业法》研究获中央领导批示。2012年担任中国金融期货交易所监事会主席以来，加强完善公司制交易所治理结构，探索建立内审与纪检部门联合鉴证机制，创新开展专项审计及部门联席会议，加强内控监督，防范风险，切实保障了5年期国债券期货、10年期国债期货平稳上市，为建立“社会责任至上、市场功能完备、治理保障科学、运行安全高效”的交易所做出了突出贡献。荣获“2014沪上金融家”称号。

［范 华］ 女。1966年1月出生。货币银行学专业，本科学历。金融从业年限26年，具有金融行业财富管理领域经验。曾任职于中国银行、中国光大银行、中国对外经济贸易信托有限公司。现任华澳国际信托有限公司副总裁。

［林 涌］ 1969年10月出生。福建福州人。曾任海通证券投资银行部总经理；现任海通国际控股有限公司行政总裁、海通国际证券集团有限公司副主席兼执行董事。同时兼任厦门大学管理学院兼职教授、香港证券及期货事务监察会咨询委员会委员、香港中国金融协会副主席、香港中资证券业协会副会长。在海通证券国际化战略部署下其带领团队于2007年在香港成立了海通国际控股有限公司，并在2010年成功收购了在香港证券市场独具领导地位的大福证券集团。在林涌主持下“海通国际”品牌正式启动，并完成了从传统经纪行向以资本中介业务为核心的全能型投行的转型。至此，海通国际已成为海通最重要的海外业务平台，各线业务获得全面提升。荣获“2014沪上金融行业领袖”称号。

［季 雨］ 1979年7月出生。中共党员。研究生学历。2000年7月起在中关村生命科学园担任市场部经理职务，2001年10月起在北京国际电器公司任项目经理，2005年9月在中国人民大学攻读MBA。2007年7月加入北京银行，在北京总行营业部先后担任公司客户经理、总经理助理职务。2014年1月担任北京银行上海分行副行长。

［周 宏］ 1970年1月出生。中共党员。历任中国银行江苏省分行计划财务部副总经理，江苏银行计划财务部副总经理、总经理。现任江苏银行上海分行行长。

［周 炯］ 男，1960年6月出生。共产党员。硕士，会计师。2002年至2008年7月历任中海石油财务有限责任公司资金部经理、总会计师。2008年8月至今担任中海信托股份有限公司副总裁兼财务总监，2012年12月起兼任公司党委副书记、纪委书记。

［周 雄］ 1966年5月出生。中共党员。博士。毕业于厦门大学财政金融系金融学专业，先后获得学士、硕士及博士学位。后于北京大学光华管理学院完成EMBA课程学习，并取得MBA学位。先后任职于华夏证券股份有限公司、人民日报出版社及中泰信托有限责任公司等机构，并担任高级管理职务，具有二十余年金融行业管理经验。现任中泰信托有限责任公司总裁。

［周 磊］ 36岁。硕士，EMBA。曾任上海国际集团资产经营有限公司融资安排部项目经理、经理；上海国际集团资产管理有限公司融资安排总部总经理；上海国际集团资产管理有限公司项目开发副总监；上海爱建信托有限责任公司副总经理。现任上海爱建信托有限责任公司董事、总经理。

［周伟忠］ 1963年11月出生。硕士学位。曾任中国人民银行舟山市分行普陀区支行副行长、行长，中国人民银行舟山市分行行长助理、副行长、行长兼国家外汇管理局舟山市外汇管理支局局长，中国人民银行上海分行金融稳定处处长，中国人民银行上海总部金融稳定部综合处处长、金融稳定部副主任，爱建信托公司副总经理、总经理。现任爱建股份公司副总经理，爱建信托公司董事长，爱建资产管理公司董事长。

［胡 政］ 1963年出生。工学博士。历任上海石油交易所总裁助理，上海商品交易所副总裁，上海期货交易所副总经理。2006年起任中国金融期货交易所副总经理，2012年12月任中国金融期货交易所党委副书记、副总经理。2014年1月任中国金融期货交易所党委副书记、总经理。

［胡 罡］ 1967年3月出生。中共党员。博

士。2001年3月至2005年5月任中信银行长沙分行副行长、党委委员，2005年5月至2013年5月任中信银行重庆分行行长、党委书记，2013年5月至2014年5月任中信银行总行首席风险官。现任中信银行总行批发业务总监，上海分行行长、党委书记。

[胡　康] 1963年8月出生。中共党员。澳门科技大学工商管理专业管理学学士，高级经济师。现任上海电气集团股份有限公司首席财务官、资产财务部部长，兼任上海机电股份有限公司监事长，上海电气集团股份有限公司金融服务部部长。

[洪佩丽] 女。1964年3月出生。硕士，高级经济师。曾在国家外汇管理局上海分局、中国人民银行上海分行任职，后担任中国银监会上海监管局副局长、重庆监管局局长。2014年8月起担任富邦华一银行董事长。

[顾清良] 1963年5月出生。中共党员。硕士研究生学历。历任中国农业银行浙江省分行国际业务部副总经理，中国民生银行杭州分行营业部总经理，兴业银行杭州庆春支行行长。2004年5月加入浙商银行工作，先后任总行市场拓展二部总经理、西安分行行长兼党委书记、总行资金部总经理。2013年8月起任浙商银行上海分行行长。

[钱　华] 硕士。先后担任国联安基金公司副总经理、安信证券管理委员会委员、万家基金管理公司副总经理、浦银安盛基金公司总经理、上海爱建信托公司副总经理。2014年11月担任爱建证券公司总经理。

[徐正良] 1972年11月出生，浙江宁波人。全日制本科学历，EMBA在读。1995年8月至2004年5月在中国农业银行北仑支行，先后从事出纳、信贷、业务经理、分理处主任、支行行长助理等岗位工作。2004年6月至2007年11月任宁波银行北仑支行副行长，2007年12月至2008年11月任宁波银行总行营业部总经理，2008年12月至2013年8月任宁波银行苏州分行行长；2013年9月至今任宁波银行上海分行行长。

[郭　伟] 1963年6月出生。中共党员。研究生学历，高级经济师。具有丰富的银行经营管理工作经验，曾任中国工商银行山西省分行资金营运部总经理、中国工商银行山西阳泉分行行长、中国工商银行山西省分行营业部总经理、副行长，中国工商银行总行机构业务部副总经理。在票据业界颇具影响力，曾荣获2013年度上海“沪上十大金融行业领袖”称号、首届“中国工商银行职工之友”称号。现任中国工商银行票据营业部总经理、中国城市金融学会常务理事、中国城市金融学会票据专业委员会常务副会长。

[郭奕乾] 1954年9月出生。芝加哥大学工商管理硕士学位。2007年加入法国巴黎银行(中国)有限公司，出任企业银行业务主管及副首席执行官。在银行和金融服务领域拥有超过35年的专业经验，曾在加拿大、美国、中国及中国香港地区等多家全球领先的金融机构担任高级管理职务，涉及投资银行、商业银行、风险管理和资本市场。现任法国巴黎银行(中国)有限公司首席执行官，行长。

[常　宏] 博士。先后担任上海浦东新区人民政府副处长、Sino-century Capital & Development Co.Ltd.创始合伙人、汉世纪投资公司董事长、张江汉世纪创投公司总经理。现任上海陆家嘴金融发展有限公司总经理、陆家嘴国际信托董事长，兼任爱建证券公司董事长。

[崔畅范] 1962年1月出生，韩国人。本科，毕业于韩国外国语学校工商管理系。自1988年起供职于韩国产业银行，曾在总行国际营业部、国际投资部、金融工程部、企业金融部及资金交易部等部门工作，并曾任职于新加坡分行、伦敦分行等海外分行。2013年开始担任韩国产业银行上海分行行长至今。

[康志信] 1972年2月出生。中共党员。本科学历，助理经济师。1990年7月参加工作，1994年1月从事金融工作，历任工商银行奉贤支行副行长，上海农商行奉贤支行行长、党委书记，2011年4月进入浦发上海分行奉贤支行任行长至今。2014年兼任上海奉贤浦发村镇银行股份有限公司行长。

[堀越秀一] 1961年5月26日出生。毕业于日本一桥大学经济学部，本科学历。1984年就职东京银行(即现三菱东京日联银行)，先后调任至美洲本部、日本总部和欧洲本部负责企划及公司客户业务相关工作，2011年起兼任该行执行董事，次年6月任香港分行行长。自2014年8月起担任三菱东京日联银行(中国)有限公司行长兼执行董事。

[谢　众] 1964年11月出生。中共党员。研究生学历，经济学博士学位，高级经济师。历任中国人民银行会计司结算处副处长、支付科技司支付制

度处副处长、支付结算管理办公室支付制度处处长、支付结算司副司长，湖北省武汉市挂职任副市长。现任银行间市场清算所股份有限公司(简称:上海清算所)党委副书记、总经理。

[蒋 洪] 1962年4月出生。国防科学技术大学工学硕士、中欧国际工商学院EMBA,高级工程师，享受国务院政府特殊津贴。曾任上海银行科技部负责人、副总经理、总经理，上海银行副总工程师、总工程师。现任上海银行副行长，中国银联董事。

[童 威] 1969年3月出生。曾任上海证券有限责任公司研究发展中心部门总经理，上海国际集团有限公司研究发展总部副总经理(主持工作)，上投摩根基金管理有限责任公司副总经理，上海国际集团有限公司战略发展总部总经理。2014年12月任华安基金管理有限公司副总经理。

[詹文嶽] 1962年11月出生。硕士。曾任花旗银行(台北分行)副总经理，台湾中国信托商业银行执行副总，富登金融控股董事总经理，富邦银行(香港)董事、厦门银行董事、富邦金融控股(股)资深副总经理等职。2014年2月任富邦华一银行行长兼财务总监。

[窦玉明] 1969年5月生。1994年毕业于清华大学，获管理学硕士学位。1994年9月参加工作，具有20年证券及基金行业从业经验，曾先后就职于中信国际合作公司、深圳君安证券公司、大成基金管理有限公司、嘉实基金管理有限公司、富国基金管理有限公司。现任中欧基金管理有限公司董事长。在“2014沪上金融家”评选活动中荣获“2014沪上金融行业领袖”称号，成为基金行业唯一获此殊荣的人选。

[瞿秋平] 1961年6月出生。中共党员。经济学硕士，高级会计师。曾任中国工商银行上海分行副行长、江苏分行副行长，上海银行行长、党委副书记、副董事长，中国证券监督管理委员会派出机构工作协调部主任、非上市公众公司监管部主任等职。2014年6月起担任海通证券股份有限公司党委副书记、总经理、董事。兼任中国上市公司协会金融服务专业委员会副主任委员。

[Jan-Willem Sudmann] 1963年3月出生。德国汉堡大学经济学硕士。1992年作为管理培训生加入德国德累斯登银行，开始其职业生涯。曾担任过德累斯登银行驻埃及开罗首席代表，德累斯登银行股份有限公司Kleinwort Benson全球项目融资负责人，德累斯登银行股份有限公司中东，北非及土耳其金融机构部客户关系负责人，德累斯登银行股份有限公司国际产品及金融机构部全球负责人，德国商业银行股份有限公司北京分行行长等职务。现任德国商业银行股份有限公司上海分行行长。

[Vivienne Zhaohui YU] 女。工商管理硕士。在银行业有20多年的工作经验。在其任职于澳洲联邦银行的15年间，先后在国际金融服务部、环球市场部，以及商业银行部担任多个管理职位。现任澳大利亚澳洲联邦银行公众股份有限公司上海分行行长。

第十篇　长 三 角 金 融

一、长三角金融概览

（一）上海市金融概览

2014年，上海市经济平稳增长，全年地区生产总值同比增长7%，增速比上年回落0.7个百分点。经济运行的主要特点：一是第三产业比重进一步提升。全年第三产业增加值增长8.8%，占全市生产总值的比重达到64.8%，比上年提高1.6个百分点。其中，金融业增加值增长14%。

二是工业生产稳中趋缓。全年规模以上工业总产值增长1.6%，增速比上年回落2.8个百分点。战略性新兴产业制造业增速加快。全年总产值增长5.5%，增速比上年提高4.1个百分点。

三是消费市场平稳运行，固定资产投资增速回落。全年商品销售总额增长11.4%，增速比上年回落1.1个百分点；社会消费品零售总额增长8.7%，增速提高0.1个百分点。全年固定资产投资增长6.5%，增速比上年回落1个百分点。

四是对外贸易小幅增长。全年进出口总额增长5.6%，增速比上年提高4.5个百分点。其中，进口增长7.9%；出口增长3%。

五是居民消费价格温和上涨。全年居民消费价格上涨2.7%，涨幅比上年提高0.4个百分点。工业生产者价格持续下降。工业生产者出厂价格下降1.1%；工业生产者购进价格下降4.1%。

六是地方财政收入增长较快。全年地方财政收入增长11.6%，增速比上年提高1.8个百分点。地方财政支出增长8.7%，增速提高0.5个百分点。城乡居民收入稳步增长。全年城市居民家庭人均可支配收入47 710元，增长8.8%。农村居民家庭人均可支配收入21 192元，增长10.3%。

【存款】 各项存款增长趋缓，存款波动幅度较大。全年银行业金融机构（含外资金融机构）本外币各项存款同比增长6.7%，增幅较年初下降2个百分点。全年新增存款4 613亿元，同比少增861.3亿元。

一是人民币存款波动较大，外汇存款少增明显。全市新增人民币存款4 498.5亿元，同比少增594.9亿元。其中1至4季度分别增加2 475.8亿元、1 998.2亿元、−1 763.7亿元和1 788.2亿元，改变了人民币存款增量逐季递减的走势。在银行揽存竞争激烈和存款分流渠道多元化、常态化的作用下，存款季末冲高和季初回落的震幅扩大，人民币存款月度增量的波动性加剧，存款的大起大落加大了商业银行负债管理的难度。全年新增外汇存款16.2亿美元，同比少增65.2亿美元。受商业银行主动压缩外汇存贷款总量满足外汇资金监管要求的影响，全年外汇存款增长先升后降，存款下滑逐季加速。

二是单位存款增速大幅回落。全市本外币单位存款余额同比增长6.4%，较年初大幅回落4.7个百分点。全年新增本外币单位存款2 597.1亿元，同比少增1 471.1亿元。从存款增长节奏看，受经济下行影响，下半年单位存款增速大幅减缓，仅增41.6亿元，较上半年少增2 513.9亿元。第三季度全市本外币单位存款减少1 624.9亿元，同比多减1 822.7亿元，其中单位协定存款、活期存款和结构性存款分别减少930.1亿元、554.8亿元和502.7亿元。第四季度在银行揽存和增加贷款投放的作用下，全市新增本外币单位存款1 666.5亿元，同比少增259.4亿元，其中单位活期存款和协定存款等高流动性存款增加2 722.8亿元，同比少增49.8亿元；定期存款减少402亿元，环比和同比分别多减343.3亿元和425.1亿元，单位存款持续增长的基础仍不稳定。

三是活期存款同比多增。从新增存款的期限结构看，全市本外币活期存款增加1 000.3亿元，同比多增401.9亿元，其中12月增加1 198.6亿元，占全年增量的120%，主要是受年末企业总部资金归集、银行贷款集中投放产生派生存款和投资市场资金回流银行等因素的影响。随着资本市场行情升温和存款基准利率下调，投资市场较高的回报率使银行高收益存款需求大幅收缩，金融机构定期类存款走势由少增转为多降，定期存款占比持续下滑。截至年末，全市本外币定期存款余额占全部存款总量的39.6%，占比较年初下降1.2个百分点。

四是个人存款分流较多。全年新增本外币个人存款959.7亿元，同比少增612.8亿元。受个人消费行为积极，投资、理财活跃和降息弱化居民储蓄意愿等因素的影响，下半年个人存款分流加速，个人存款月度增量的波动幅度明显加大。下半年全市本外币个人存款减少678.7亿元，同比多减1 001.7亿元，其中个人活期存款和结构性存款分别减少322.2亿元和362.4亿元，同比分别多减515.6亿元和760.8亿元。

【贷款】 贷款总量增长平稳。全年银行业金融机构(含外资金融机构)本外币各项贷款增长8%，较年初下降0.4个百分点。全年新增贷款3 424.2亿元，同比多增126.6亿元。

一是人民币贷款增长适度，外汇贷款少增明显。从新增贷款币种看，全年新增人民币贷款3 346.8亿元，同比多增170.1亿元。从贷款发放进度看，全年人民币贷款投放节奏成“U”形走势。上半年人民币贷款在年初信贷需求大量释放的带动下增加2 054.4亿元，同比多增602.9亿元；随着经济探底拖曳实体经济融资萎缩和受银行深化风险控制的影响，第三季度全市仅增人民币贷款400.7亿元，同比少增664.1亿元；第四季度在定向宽松政策充实流动性和降息刺激贷款有效需求扩张的作用下，银行信贷投放明显提速，新增人民币贷款891.6亿元，同比多增231.2亿元。全年新增外汇贷款9.9亿美元，同比少增32亿美元，主要与三季度外汇贸易融资集中到期收回有关。第四季度外汇贷款重拾升势，增加12.5亿美元，主要与银行下调内部资金价格，满足企业短期外汇贸易融资需求有关。

二是短期融资结构变化显著。按贷款期限分，受金融市场短期融资产品多样化、企业偏好票据支付防范债务风险，以及企业偿债能力下降加剧短期贷款展期现象的影响，银行短期信贷供给结构呈“一增一减”的特点。全年本外币短期贷款减少413.5亿元，同比多减994.8亿元；而票据融资全年新增753.7亿元，同比多增993.5亿元，其中企业直贴增加430.7亿元，七成增量用于中小微企业，同比多增617.1亿元，成为替代短期贷款调节企业资金临时周转的重要工具。

三是单位固定资产贷款和银团贷款增加较多。按贷款种类分，在经济结构调整的低迷期，房地产市场平稳运行使得个人贷款成为银行营销重点，单位固定资产贷款和银团贷款投放也明显增多。本外币个人贷款当年新增899亿元，同比少增448.9亿元，占各项新增贷款的比重超过1/4。本外币单位固定资产贷款和银团贷款分别增加659亿元和427.1亿元，同比分别多增132.5亿元和118.6亿元。

四是贷款行业投向相对集中。受经济转型发展、行业景气度和资金余缺性差异的影响，全年新增贷款行业投向相对集中于总部经济、房地产和物流业发展需要。金融机构发放的本外币企业贷款(不含票据融资)主要投向房地产业、商务租赁业和交运仓储邮政业，三行业贷款分别增加946.9亿元、569.3亿元和180.2亿元，同比分别多增594.6亿元、少增84亿元和84.3亿元。按借款企业规模分，中外资银行投放的企业贷款以中、小、微企业为主，分别增加558.6亿元、522亿元和217.5亿元。受政府投融资平台贷款清收和大企业青睐低成本直接融资等因素的影响，全年投放大型企业贷款减少488.3亿元，同比多减1 048.6亿元。

【银行业】 2014年，全市有中资法人银行4家，外资法人银行22家，村镇银行法人10家；银行业从业人员15万人。在沪非银行金融机构共有6类35家(法人)。平安银行资金中心、宁波通商银行资金中心和太平石化金融租赁公司获准开业。

全市银行业金融机构本外币资产总额11.27万亿元，同比增长15.14%；负债总额10.86万亿元，同比增长14.86%。全年累计实现净利润1 175.01亿元，同比多增183.79亿元。表外资产占比上升。银行业表外业务余额19 824.81亿元，同比增长16.41%，增速高于同期各项贷款。表外业务与总资产的比值升至17.60%，比年初上升0.2个百分点。利息收入占比趋降。截至年末，全市银行业利息净收入为2 009亿元，在营业净收入中占比为74.4%，同比减少1.74个百分点；中间业务收入为523亿元，在营业净收入中占比为19.4%，同比基本持平。与全国盈利结构比较，上海利息净收入占比低于全国，中间业务收入占比则高于全国。

【证券期货业】 2014年，全市共有证券公司22

家，占全国的17.9%，证券公司分公司76家，证券营业部559家。证券投资咨询公司16家，异地咨询公司在沪分公司6家，证券资信评级机构3家。证券公司总资产9 168.4亿元，净资产1 923.9亿元，净资本1 449.2亿元，同比分别增长100.55%、13.99%和17.53%。

全市共有基金公司45家，占全国的47.37%；基金公司分支机构28家；基金评价机构3家，独立基金销售机构13家，基金第三方支付机构7家，基金公司专业子公司34家。基金公司管理公募基金797只，基金总净值12 768.79亿元，同比分别增长18.2%和35.7%。基金公司子公司管理资产12 020亿元，同比增长113.2%。

全市共有期货公司28家，占全国的18.5%；期货营业部137家、期货公司分公司1家、期货公司风险管理子公司13家。期货公司总资产855.34亿元(含客户权益)，净资产129.95亿元，净资本105.33亿元，客户权益710.09亿元，同比分别增长38.4%、25.7%、17.1%和41.5%。

【保险业】 2014年，全市共有50家法人保险机构，其中保险集团1家，财产险公司18家，人身险公司22家，再保险公司3家，资产管理公司6家；共有88家省级保险分支机构，其中财产险分公司45家，人身险分公司41家，再保险分公司2家。

全市原保险保费收入累计986.75亿元，同比增长20.13%。其中财产险公司原保险保费收入343.17亿元，增长12.58%；人身险公司原保险保费收入643.58亿元，增长24.58%。保险赔付支出累计378.66亿元，增长25.40%。其中财产险赔款支出177.24亿元，增长9.18%；寿险给付158.41亿元，增长53.55%；健康险赔款给付37.51亿元，增长17.89%；意外险赔款支出5.50亿元，增长18.80%。截至年末，保险公司总资产共计5 854.10亿元，较年初增加1 698.75亿元，增长40.88%。

【金融市场】 全年金融市场(含外汇市场)交易总额786.66万亿元，增长23.2%。银行间市场。受债券市场行情向好、市场加杠杆需求增加等因素带动，回购交易持续活跃，全年货币市场共成交262.1万亿元，同比增长35.3%。其中，同业拆借成交37.7万亿元，同比增长6%；质押式回购成交212.4万亿元，同比增长39.8%；买断式回购成交12万亿元，同比增长94%。有序扩大同业存单发行和交易，累计89家机构发行同业存单973期、9 688亿元。银行间债券市场较为活跃，累计成交40.8万亿元，同比下降2.2%。投资者结构进一步丰富。理财产品和部分合格机构投资者重启入市。银行间债券市场尝试做市业务推出。

票据市场。全市金融机构银行承兑汇票余额3 156.2亿元，较年初增长18.5%。票据贴现余额3 224.8亿元，较年初增长48.2%。金融机构累计发生再贴现业务307.7亿元，同比增长19.7%，年末再贴现余额为96.8亿元，同比增长12.2%。

外汇市场。人民币对美元中间价报6.119 0，较上年末6.096 9贬值221个基点，贬值幅度0.36%，为2005年汇改以来首个年度贬值。外汇即期市场成交4.2万亿美元，同比增长1.4%；外汇衍生品市场成交4.7万亿美元，同比增长34.8%。外汇市场成员465家，较年初增加60家。扩大国际主流货币和新兴市场货币挂牌。中国外汇交易中心分别于3月、6月、9月、10月和12月推出人民币对新西兰元、英镑、欧元、新加坡元直接交易和人民币对坚戈银行间市场区域交易，银行间人民币外汇市场交易货币对增至13对。

黄金市场。上海黄金交易所黄金成交量为1.85万吨，同比增长59.17%，成交金额4.59万亿元，同比增长42.81%。夜市黄金成交3 265.90吨，同比增长58.49%。2014年，交易所国际板启动，累计成交黄金190.55吨，成交金额454.53亿元。推出白银即期询价品种，为白银上下游产业客户提供更多的交易渠道。工商银行等28家商业银行在交易所平台开展黄金租借业务。

证券市场。全年通过上海证券市场股票筹资3 962.59亿元，比上年增长57.5%；发行公司债2 955.2亿元，下降5.6%。截至年末，上海证券市场上市证券3 758只，增加972只，其中股票1 039只，增加42只。上海证券交易所各类有价证券总成交金额128.15万亿元，增长48.1%，其中，股票成交金额37.72万亿元，增长63.8%。2014年沪港通业务正式启动，股票期权业务试点获批。推出创新封闭式基金，配合国企混合所有制改革。发展货币ETF、债券ETF和实时申赎货币基金等固定收益类产品，新增10只跨市场行业ETF和2只跨境ETF产品上市。完成了首只国开行政策性金融债的发行试点、首单平安银行信贷资产支持证券的上市交易、宝钢集团公开发行可交换债券，推出了并购重组私募债券和证券公司短期公司债的试点，债券市场产品体系进一步丰富和完善。

期货市场。上海期货交易所总成交金额 126.47 万亿元，增长 4.7%。增加天胶、石油沥青、螺纹钢、热轧卷板四个连续交易品种。中国金融期货交易所总成交金额 164.02 万亿元，增长 16.3%。对沪深 300 股指期货和 5 年期国债期货交易保证金、持仓限额、交易指令等业务规则进行优化，进一步完善套保套利管理。引入单向大边保证金制度，提升资金使用效率，降低市场运行成本。

【金融稳定】 按贷款“五级”分类口径统计，全市银行业金融机构不良贷款余额 427.14 亿元，不良贷款率 0.89%。持续完善动产质押信息平台，规避大宗商品贸易虚假仓单、重复质押等风险。截至年末，钢贸风险基本化解完毕，总体不良率低于全国平均水平。合理分散大额信用风险，全年银团贷款签约 2 308 亿元，较上年增长 9.4%。妥善处置各类风险个案，优化“泛鑫案”后续处置工作流程、做好“11 超日债”付息债务违约事件处置、“李卫星案”后续资产处置等工作。

【自贸区金融改革】 以资本项目可兑换和金融服务业开放为目标的金融创新制度有序推进。自由贸易账户、扩大人民币跨境使用和深化外汇管理改革等试点稳步实施。已通过分账核算系统验收的 10 家银行共开立了 9 741 个自由贸易账户；自贸试验区跨境人民币结算总额 3 226 亿元，其中，跨境人民币境外借款业务累计金额 197.28 亿元，跨境双向人民币资金池业务收支总额 783 亿元。2014 年分三批推出共计 27 个金融创新案例，涉及自由贸易账户融资创新、存款利率市场化创新、支付结算创新、企业资金管理创新、对外直接投资创新等多个方面。

各类金融市场平台在自贸区内集聚发展。2014 年 12 月证监会批准在国际能源交易中心开展原油期货交易。2014 年 9 月 18 日上海黄金交易所国际板正式推出。其他金融要素市场也在积极研究利用自贸区优势设立面向国际的金融交易平台或开发面向国际的金融交易业务。

各类金融机构在自贸区内集聚发展。至年末，自贸区内各类金融机构 4 191 家，其中，新设“一行三会”牌照金融机构 116 家，类金融公司 722 家，金融信息服务公司 438 家，投资与资产管理公司 2 915 家，合计超过自贸新设企业的 1/4，有力地提升了上海国际金融中心的服务功能。

【国际金融中心建设】 金融市场改革和创新取得突破。作为资本市场重大制度创新的“沪港通”试点启动，沪港两地证券市场成功实现联通，为资本市场继续推动双向开放奠定了良好基础。中国外汇交易中心推出人民币对欧元、英镑、新西兰元、新加坡元直接交易，扩大了人民币的跨境使用。上海清算所推出人民币利率互换集中清算业务，我国场外市场风险集约管理能力再上新台阶。

金融机构加快集聚。金砖国家开发银行落户上海，成为首个总部设在上海的国际多边金融组织。包括农业银行上海管理部、太平石化金融租赁公司、太平洋保险养老产业投资管理公司等功能性金融机构落户。民营金融加快发展，中国民生投资股份有限公司成立，上海首家民营银行——华瑞银行获批筹建。

【金融产品和服务创新】 银行业通过管理机制、商业模式和技术改良革新，推动各种要素的重组，改进和提升服务。一是发挥上海作为全国资金集聚中心的优势，以国际金融中心建设、上海自贸区建设为契机，在跨境业务、分账核算业务、离岸业务等业务创新方面取得突破；二是推动商业模式创新，重点加强债券市场投行与交易业务等 7 个业务领域的产品创新，向“网点—网络—移动终端”的全方位金融服务模式转变；三是针对利率市场化加快、金融“脱媒”加深的挑战，提升全面风险管理能力，加快管理方式、技术流程创新，向精细化管理转变。

证券公司增强业务创新的深度和广度。创新业务收入占营业收入的比例由 3 年前不足 10%提高到目前的 25%，行业收入来源从单一通道向多元化转变，收入结构明显改善。基金公司创新步伐加快。组织结构方面，中欧基金开展事业部制改革，并成为全国首家正式实施股权激励方案的公募基金公司；永赢基金率先实施公募基金公司全员持股。产品创新方面，推出了权益类 QDII 分级基金、浮动费率制分级基金等创新产品；汇添富、华宝兴业获批公募对冲基金产品。销售方面，借助互联网金融的发展，多家基金公司与京东、腾讯、苏宁等电商平台开展创新合作；兴全添利宝通过和兴业银行“掌柜钱包”合作，成为上海规模最大的公募基金。

保险业以自贸区建设为契机，在产品创新、业务创新、组织创新等方面均有所突破。一是推动落实自贸区保险制度创新。2014年保监会有关支持上海自贸试验区建设三项新举措出台，从产品监管、机构监管、高管人员监管三个方面进一步简政放权。二是以航运保险为重点推进自贸试验区保险业务和模式创新。推出了全国首个航运保险协会条款——无船承运经营者保证金责任保险条款。区内离岸保险业务顺利起步，本外币保单双向跨境业务合作项目正式启动，知识产权保险、文化产业保险、演艺保险、会展保险等险种创新推出。三是鼓励市场主体创新，构建业态齐全、功能强劲的自贸试验区保险市场体系。截至年末，上海自贸试验区内已有14家保险公司、2家保险中介机构和1家外资代表处。

【新型金融业态】 互联网金融、私募基金等新兴、新型金融业态健康发展。出台促进全市互联网金融产业健康发展的“20条”意见，社会反响良好。小额贷款公司规范运营，《关于进一步促进本市小额贷款公司发展的若干意见》和4个配套监管文件发布。大型电商在沪设立互联网小贷公司，百度、京汇等互联网小贷公司开业经营，唯品会、春宇供应链等互联网小贷公司获准筹建。

（肖立伟）

1. 浦东新区

2014年是落实“十二五”规划承上启下的关键年，浦东新区以集聚高能级金融机构、推进金融改革创新、持续优化政府服务、促进金融服务实体经济为主攻方向，深入推进金融核心功能区建设，促进了新区金融业继续保持快速健康发展。2014年浦东新区全年实现金融业增加值1 503.34亿元，同比增长18.83%，增幅同比减少1.82个百分点，占全市金融增加值的比重达46%，占新区生产总值的21.15%，占新区第三产业增加值的31.58%。

【金融环境建设】 金融发展硬环境方面。一是商业配套功能不断提升，持续推进楼宇商业配套达标提升工程，拓展完善金融城白领便携式餐饮点，加快建设大型商业配套项目，南滨江酒吧休闲街、成衣定制街、东方浮庭等约2.4万平方米商业配套已建成并投入使用，环球金融中心东南侧绿地、金融城地下空间等约4.6万平方米商业配套正在加紧建设中。二是交通配套设施日益改善，二层连廊一期世纪连廊项目全面竣工，开通换乘免费的金融城巴士，基本解决了上下班最后一公里难题。三是无线金融城建设有序推进，无线WIFI实现陆家嘴全覆盖。四是金融城形象和品牌持续提升，连续举办六届陆家嘴论坛，与第一财经、《新民晚报》、《中国日报》分别合作创办陆家嘴月刊、陆家嘴金融城周刊、陆家嘴金融城英文网站。五是文化需求得到初步满足，推动翡翠滨江画廊项目、震旦博物馆等重大文化项目落户陆家嘴，连续举办陆家嘴金融文化节等专项活动。

金融软环境建设方面。一是政策扶持，目前机构奖励政策覆盖了银证保等监管类金融机构，股权投资、融资租赁等新兴金融机构，第三方支付、信用评级等金融专业服务机构，以及新区上市或挂牌的企业；人才奖励政策针对金融高管人员、管理人员和专业骨干人员；此外，顺应创新型金融机构快速发展的趋势，新区正在制定出台阳光私募、互联网金融机构等创新型机构的扶持政策。二是金融教育培训，2010年，新区设立浦东国际金融研究交流中心，与哈佛大学、芝加哥大学、瑞士洛桑管理学院等合作举办高端金融培训，累计培训600多人。三是服务金融人才，为金融人才提供就医、就学、安居等方面的服务，位于内环的2 300套陆家嘴金融城人才公寓目前已全部投入使用。

【金融机构体系建设】 大力引进监管类金融机构。引入一系列重点机构，包括：太保安联健康险、瑞银期货、中融汇信期货等法人金融机构，中国农业银行上海管理总部、美国再保险公司上海分公司等业务总部或分支机构。2014年全年共引进监管类金融机构50家，总数已达844家。其中，银行类金融机构240家，证券类金融机构358家，保险类金融机构246家。

加快发展非监管类金融机构。股权投资企业：引进了海通并购基金、奥氏、肯阳、鼎晖等国际知名基金管理公司新设的基金，全球排名第一的对冲基金桥水基金等也确定落户浦东。年末，股权投资企业及其管理机构数量达到2 415家，较上年增加963家。融资租赁企业：推动267家融资租赁机构落户浦东，年末，共有融资租赁企业442家（包含三家银行系金融租赁公司），较上年增加了近三倍。阳光私募和财富管理企业：年末，约有200家阳光私募公司，管理资产规模为900亿元。2014年，新增73家财富管理公司，新区财富管理企业达378家。

规范发展地方小型金融机构。坚持发展与监管并重，推进外资设立小贷试点，同时加强对小贷、融资担保公司的日常监管，完善监管流程。2014年，小额贷款公司增加3家，达到22家；融资担保公司减少3家，目前共13家。小额贷款公司贷款余额44.65亿元。担保公司全部在保贷款余额90.09亿元，在保户数1 313户。两类机构的数量与规模均处于全市领先地位。

加快发展金融专业服务机构。近年来，浦东各类金融专业服务机构增长迅速，在第三方支付、金融资讯、信用评级和资信调查及金融猎头四类机构的引进上取得了重要突破，重要多边贷款机构金砖国家开发银行也确定落户浦东。2014年末，新区共有各类金融专业服务机构1 059家，比年初增加了594家。

【金融创新先行先试】 推动新型金融机构加快发展。中银消费金融公司首批获得银监会批准筹建；上海股权托管交易中心拥有挂牌企业3 105家，累计交易金额达到8.62亿元，业务规范程度全国最高；平安集团在浦东设立了上海陆家嘴国际金融资产交易所。

全国性信托登记平台取得突破性进展。2014年10月，经银监会批准，全国信托登记中心拟落户上海自贸区，上海信托登记中心将探索改制为公司制的全国性信托登记服务平台，目前公司筹建进入实质性推进阶段。

推动金融开放。目前新区已有黑石、凯雷等11家企业开展QFLP试点，占本市的一半，获批额度近12亿美元；目前首批参与QDLP试点的6家海外知名对冲基金中，肯阳基金、奥氏资本、元胜投资、橡树资本等4家已落户浦东。

主动服务自贸区金融改革与创新。汇丰、花旗银行在自贸区率先开展跨境人民币资金池业务；华安基金在自贸区设立首家基金公司专业子公司；东方电子支付建立了跨境通电商服务平台；推动上海期货交易所、上海黄金交易所、上海证券交易所在自贸试验区设立金融交易市场，在陆家嘴开展运作。

【金融支持中小企业】 积极促进各类企业参与多层次资本市场。2014年末，新区累计国内上市公司98家，比上年末增加4家，4家企业累计募集资金近10亿元人民币；场外市场方面，2014年末，新区在上海股权托管交易中心挂牌企业49家，比上年增加25家，在新三板挂牌企业49家，比上年增加29家。

运用多种金融工具破解中小微企业融资难题。试点上海市小微企业专项信用贷款工作，已有965户新区小微企业申请参与，目前11家合作银行在浦东新区已为其中的448户新区企业设立信用贷款授信额度，授信获批总额为9.87亿元；组建了功能性担保公司——上海浦东融资担保有限公司，将有效整合集中新区功能性担保资源，通过市场化手段，放大银行信贷。

【金融支持“三农”发展和民生改善】 浦东积极推动商业银行、村镇银行、小额贷款公司等机构在农村地区布局，截至2014年12月底，新区20家已开业小额贷款公司涉农贷款余额6.05亿元，占全部贷款的13.55%；非涉农小企业贷款27.14亿元，占全部贷款的60.78%。

（周玉媛）

2. 黄 浦 区

2014年，黄浦区金融业增加值为562.91亿，同比增长9.8%，占地区生产总值的34.6%；全年金融服务业完成区级税收19.15亿元，同比增长21.8%，金融业区级税收占总区级税收的比重为12.4%。黄浦区在巩固传统金融机构集聚优势的同时，聚焦新金融发展，推动金融功能提升、规模拓展和模式创新，加快打造外滩金融集聚带建设新的增长极，全年共引进重点金融、类金融机构130家，其中民营金融和互联网金融机构73家。抓住金融机构业务拓展的机遇，大力吸引保险、证券、基金、信托、期货各类专项子公司，年内中银资产管理、齐鲁证券资产管理公司、上实财务公司等相继入驻。关注大资管背景下资产管理、财富管理类企业的蓬勃发展，吸引鼎晖百孚、民生财富等领先型企业落户外滩。加快推进外滩金融创新试验区建设，坚持以互联网金融、民营金融为发展重点，吸引一批标杆企业落户外滩，在民营金融方面，2014年8月由全国工商联牵头组建、59家民企共同发起设立，首家经国务院批准冠以“中国字样”的民营大型投资公司——中民投落户上海、选址外滩。截至年底，中民投各板块业务加速布局，已设立公司达10家。在互联网金融方面，年内已引进蚂蚁金服旗下的招财宝、商融保理、蚂蚁钱包以及玖富、点融、汇付金融等一批行业领军企业，也包括夸客、前涌等一批具有较强发展潜力的企业，通过点上突破和面上集聚，充分体现了黄浦互联网金融方阵的实力。进一步完善政策支持体系。继《黄浦区关于建设外滩金融创新试验区的实施意见》(10条)及《细则(暂行)》(46条)之后，积极呼应国家、监管部门以及上海市促进互联网金融发展的20条意见，率先迭代，正式发布了《黄浦区进一步促进互联网金融发展的若干意见》即2.0版政策。国内首个由政府挂牌命名的互联网金融产业园区—宏慧盟智园成为了市金融办、市经信委联合授牌的互联网金融产业基地之一，首个互联网金融科普基地即阿里小微金融线下演示中心已在园内建成。主动复制推广自贸区金融创新试点。坚持需求导向、发展导向，积极研究自贸区金融创新试点的成果，争取外汇资金池及融资租赁兼营与主业相关商业保理业务试点的优先复制、同步实施。

【第二期互联网金融外滩论坛】 2月22日，在中国金融四十人论坛(CF40)的学术支持下，上海新金融研究院(SFI)举行年度课题评审会暨互联网金融外滩论坛第二期闭门研讨会。SFI特邀嘉宾、中国人民银行副行长刘士余，CF40常务理事会副主席、中国互联网金融研究中心理事长、中国投资有限责任公司副总经理谢平，SFI学术顾问、市委常委、常务副市长屠光绍，SFI副理事长、区委书记周伟，区委副书记、区长彭崧，副区长吴成，中国人民银行货币政策司司长张晓慧，中国银联总裁时文朝，阿里小微金融服务集团首席执行官彭蕾等出席会议。

【外滩国际金融峰会落户外滩金融中心】 4月3日，外滩国际金融峰会永久落户外滩金融中心签约仪式正式举行。黄浦区政府与亚布力中国企业家论坛、复星集团、外滩金融中心签订战略合作备忘录。

【“招财宝”在外滩创新金融试验区成立】 4月3日，浙江阿里巴巴电子商务有限公司全资子公司上海招财宝金融信息服务有限公司举行成立仪式，正式落户外滩金融创新试验区。该公司旗下独立运营在投资理财用户和金融机构之间，提供居间信息服务的互联网平台——“招财宝”正式发布。“招财宝”是阿里金融继“支付宝”、“余额宝”之后的又一互联网金融创新，是一个崭新且独立运营的投资理财开放平台。

【上海新金融研究院跻身全球“最佳管理”智库】

在2014年出炉的《2013年全球智库报告》中，上海新金融研究院(SFI)在182个国家参与评选的6 826个智库中，位列“最佳管理”排名第29位，是该榜单中国区第一；位列“最值得期待的智库”排名第40位，是该榜单中国区第三；位列“最佳会议”排名第39位，是该榜单中国区第四；位列“最佳合作机构”排名第50位，是该榜单中国区第四。《2013年全球智库报告》由美国宾夕法尼亚大学智库与公民项目发布报告。上海新金融研究院于2011年7月14日在黄浦区成立，是为支持上海国际金融中心建设而成立的学术研究机构，与黄浦区建立长期战略合作关系。

【第二届“上海金融大讲坛”】 5月23日，由新民晚报社与市金融办主办，黄浦区政府支持的第二届“上海金融大讲坛”在黄浦区举行。讲坛由《新民晚报》社副总编辑裘正义、市金融办副主任马弘共同主持，副区长吴成、上海农商银行行长侯福宁出席讲坛并致辞，上海黄金交易所党委书记、理事长许罗德围绕“黄金市场的发展与黄金投资”作了主题演讲。来自市、区两级金融系统的政府官员、专家学者，以及金融企事业单位的代表、部分市青联委员和市民代表近400人聆听了讲座。

【第二届外滩国际金融峰会】 7月4日，由亚布力中国企业家论坛和上海金融业联合会主办，黄浦区人民政府和市金融办支持的第二届外滩国际金融峰会在黄浦区举行。市委副书记、市长杨雄接见了企业家代表。市委常委、常务副市长屠光绍，区委书记周伟，区委常委、副区长吴成，副区长李忠民，以及亚布力中国企业家论坛轮值主席、TCL集团董事长兼CEO李东生，亚布力中国企业家论坛理事长、泰康人寿保险股份有限公司董事长兼CEO陈东升，亚布力中国企业家论坛理事、复星集团董事长郭广昌等400余位企业家、金融家、投资家出席峰会。本次峰会以“民营经济与金融变革”为主题，通过主题演讲、专题讨论等形式，对民营金融特别是互联网金融进行了深入探讨。

【黄浦区互联网金融企业首次线下活动】 7月11日，黄浦区金融办、打浦桥社区(街道)在互联网金融产业园区“盟智园”举行“我们的朋友圈”—区互联网金融企业首次线下活动。

【2014上海新金融年会暨互联网金融外滩峰会】 7月19、20日，2014·上海新金融年会暨互联网金融外滩峰会在黄浦区召开，会议主题为“互联网金融：创新、发展与监管”。本次会议由上海新金融研究院（SFI）与美国LendIt峰会联合主办，中国金融四十人论坛（CF40）提供学术支持。全体大会由SFI学术委员会主席兼院长钱颖一主持，国泰君安证券董事长万建华致欢迎辞，区委书记周伟为研究院新任理事颁发聘书，SFI常务副院长王海明汇报了研究院三年来的工作情况。市政府副秘书长金兴明，区委副书记、区长彭崧，区委常委、副区长吴成，副区长李忠民，以及国内外监管层领导、业界高管、学界专家等五百余位嘉宾参加会议。

【中国民生投资股份有限公司揭牌成立】 8月21日，由全国工商联牵头组织、59家知名民营企业发起设立的中国民生投资股份有限公司（中民投）在上海金外滩国际广场正式揭牌。全国政协副主席、全国工商联主席王钦敏致辞，中央统战部副部长、全国工商联党组书记、常务副主席全哲洙和市委副书记、市长杨雄共同为中民投揭牌，市委常委、常务副市长屠光绍致辞。区领导周伟、彭崧、吴成、李忠民、胡广杰，中民投董事长董文标、总裁李怀珍出席仪式。3月，在全国工商联的大力支持下，中民投获得国务院同意，成为我国首家“国字号”民营大型投资公司。5月9日，中民投在上海注册成立，注册资本500亿元。

【2014年上海（中小微企业）金融洽谈会】 8月28日至30日，“金洽会”在上海东亚展览馆举办。黄浦区是“金洽会”的联合主办单位之一。当天，黄浦展区共计接受问询近400人次，主要涉及批发零售、咨询服务、制造加工、文创等行业。大部分中小微企业的融资需求周期在1年以内，主要用于满足流动资金与业务扩张等需求。

【黄浦区政府与浦东发展银行签署战略合作协议】 10月14日，黄浦区政府与上海浦东发展银行举行战略合作签约仪式。区委书记周伟，区委副书记、区长彭崧，区委常委、副区长吴成、区政府党组成员王新华、陈靖，浦东发展银行董事长吉晓辉、副行长冀光恒、上海分行行长王新浩出席签约仪式。吴成与冀光恒代表双方共同签署战略合作协议。

【上海上实集团财务有限公司正式开业】 10月16日，上实集团财务有限公司在黄浦区正式开业。上实财务是由银监会批准成立的非银行金融机构，是黄浦区重点集聚发展的新型金融机构，上实财务是继百联财务之后入驻黄浦的第五家财务公司。

【“企业债务融资工具沙龙——区国资企业发行人专场”活动】 10月24日，上海清算所和黄浦区共同举办“企业债务融资工具沙龙——区国资企业发行人专场”，区委常委、副区长吴成，上海清算所董事长许臻，市金融办相关处室负责人出席。活动中，上海清算所及主承销商介绍了企业债务融资工具的种类、特点、适用范围及相关申请程序，使企业对债券发行有了进一步的了解。

【恒信金融租赁更名并完成增资】 10月24日，入驻黄浦区的恒信金融租赁完成所有更名手续，正式更名为海通恒信国际租赁，注册资本从2.025亿美元增加到5.23亿美元，在外资系融资租赁公司的总资产规模排名中位居第三，资产规模已经突破200亿元，是中国融资租赁行业的标杆企业。

【英国华人金融家协会代表团来访】 10月29日，英国华人金融家协会代表团一行来黄浦区访问，市金融办地方处、市人保局留学生处、区金融办、区人力资源社会保障局、入驻黄浦的企业代表参加了座谈。座谈会上，市金融办、市人力资源社会保障局、区金融办分别介绍了私募基金设立、海外人才回国投资创业、黄浦区金融发展等情况，英国华人金融家协会负责人介绍了协会运作情况，并与参会企业就国内资金管理方面内容进行交流。英国华人金融家协会是2009年在伦敦注册成立的非盈利性组织，个人会员50多人，均在英国著名金融机构担任领导职位。

【第四届外滩金融法律论坛】 11月11日，第四届外滩金融法律论坛在黄浦区举行，区委副书记、区长彭崧，市政协社会和法制委员会主任缪晓宝，区人大常委会主任施兴忠，市司法局副局长王协，市金融办副主任吴俊，区委常委、副区长吴成，中华全国律师协会副会长、市律师协会会长盛雷鸣，区法院党组书记、代院长樊长春等出席。企业家、金融家、法学家和中外知名律师等嘉宾280余人参加论坛。本次论坛以新经济下的互联网金融创新与法律风险防范为主题，将目光聚焦于互联网金融发展的现状和未来，围绕模式创新与风险防范等议题提出建议并进行讨论。

【外滩金融创新试验区推进大会】 12月6日，黄浦区委、区政府在国内首个互联网金融产业园区“宏慧·盟智园”召开外滩金融创新试验区推进大会。中国投资公司副总经理谢平、上海银监局局长廖岷、上海保监局副局长李峰、上海市金融办副主任解冬、国泰君安董事长万建华、上海新金融研究院常务副院长王海明应邀出席大会，互联网金融和民营金融企业、电商企业、关联第三方机构等二百余位代表参加会议。会上发布了《黄浦区关于进一步促进互联网金融发展的若干意见》，并为“黄浦区互联网金融科普教育基地”揭牌。

【互联网金融外滩论坛第4期】 12月6日，上海新金融研究院与中国金融四十人论坛CF40联合举办互联网金融外滩论坛第4期，主题为“互联网金融时代的银行业:机遇与挑战”。中国人民银行副行长潘功胜，中国银监会副主席阎庆民，中国投资有限公司副总经理谢平，区委书记周伟，区委副书记、区长彭崧，市金融办主任郑杨，区委常委、副区长吴成等参加论坛。入驻黄浦区的点融网、外滩网信等互联网金融企业的负责人也应邀参加并参与研讨。阎庆民、浦发银行战略发展部总经理李麟分别就“金融互联网时代银行业变革及监管研究(CF40课题报告)”、“互联网金融生态及行业规制研究(SFI课题报告)”发表了主题演讲。

【市互联网金融产业基地合作共建推进会】 12月17日，市金融办、市经信委在黄浦区盟智园召开市互联网金融产业基地合作共建推进会。市金融党委书记孔庆伟，市金融办主任郑杨，区委副书记、区长彭崧出席，市有关单位、中央驻沪监管部门、相关区县、互联网金融产业基地和企业以及行业协会代表等参加会议。会上，市金融办、市经信委与黄浦区、浦东新区、长宁区、嘉定区共同签署“共建上海互联网金融产业基地务实合作备忘录”，同时，获得认定的黄浦盟智园互联网金融产业园、浦东新兴金融启航基地、长宁虹桥互联网金融财富天地、嘉定工业区互联网金融产业基地、张江互联网金融园等5家互联网金融产业基地，共同签署了“上海互联网金融产业基地联盟协议”。

【上海金融信息服务业年度峰会】 12月17、18日，第五届上海金融信息服务业年度峰会暨2014互联网金融高峰论坛在黄浦区举行。市经信委副主任邵志清，市金融办副主任吴俊，区委常委、副区长吴成出席。论坛上，上海市网络信贷服务业企业联盟(上海网贷联盟)发布了《网络信贷行业标准》2.0版，并增补17家平台及第三方服务机构加入上海网贷联盟。在两天的峰会中，除通过主题演讲的方式发表了各自对行业的观点外，与会人员围绕“从传统金融到互联网金融”、“互联网金融的小声音大思考”、“互联网金融垂直领域的探索和实践”等专题进行了圆桌互动与思想交锋。

【九家金融机构荣获2014年度上海金融创新奖】 2015年初，上海市人民政府正式发布2014年度上海金融创新奖获奖项目的决定，黄浦区9家金融机构荣获上海2014年度金融创新奖。分别为上海黄金交易所的“国际业务板块”项目、海通证券股份有限公司的“2013武汉地铁可续期债券”项目、弘毅股权投资管理(上海)有限公司的“投资PPTV——自贸区跨境股权投资第一单”项目获得一等奖；银行间市场清算所股份有限公司的“人民币利率互换集中清算”项目、上海资信有限公司的“P2P网络金融征信系统”项目、上海新湖瑞丰金融服务有限公司的“二次点价＋复制期权订单农业新模式”项目、汇添富基金管理股份有限公司的“现金宝账户”项目获得二等奖；上海国际信托有限公司的“福元2014年第一期个人汽车抵押贷款证券化信托”项目获得三等奖；东方证券股份有限公司的“东证—远东债权投资基金”项目获得提名奖。

(黄浦区金融办)

3. 静　安　区

2014年，静安区牢固树立标杆意识，主动对接上海国际金融中心建设，切实推动区域金融产业创新发展，引导金融服务实体经济，助力创新创业，有效维护区域金融稳定。2014年，区金融业税收总收入32.9亿元，比上年增长13.44%，占全区税收总额的12.62%。其中证券业实现税收17.6亿元，占全区金融业税收贡献的53.5%。静安区坚持差异化发展战略，支持有经验、有影响、有实力且有信誉的机构入驻静安发展。其中，推动信拓城(上海)海外投资基金入驻静安。同时，上海合众道远股权投资管理有限公司、巴西银行上海分行等一批外资金融机构纷纷入驻发展，有力推动了静安跨国金融功能区建设，进一步增强区域集聚效应。

静安区坚持以完善规划为先，增强产业引导，加强区域内金融发展研究，积极推进区域金融产业“十二五”总结与“十三五”规划工作，依托全面调研、深入思考，进一步提高产业规划前瞻性。坚持以优化金融生态环境为重，定期召开区域内银行、保险等金融机构例会，举办各类人才培训讲座，举行各类专题活动，有效促进区域内金融机构互动交流，有力营造区域金融发展氛围。坚持以维护区域金融稳定为要，进一步完善小额贷款公司日常监管工作，各小贷公司现场检查和评级情况位居全市前列。注重宣传和排查并举，大力普及金融消费安全知识，顺利完成区域非法集资风险排查、标准化合约交易行为清查、非融资性担保公司清查等工作，有效维护区域金融稳定。

【推进金融改革创新】 在上海国际金融中心建设和中国(上海)自由贸易试验区建设重点推进的大背景下，静安区围绕全面深化改革发展，邀请市金融办领导与业内著名专家就自贸区金融改革与互联网金融等主题开展区域内高端金融人才培训，同时推动多项金融创新业务在静安的先行先试，实现区域金融业持续稳步发展。信拓城(上海)海外投资基金成为全国首家募集结汇且出海投资成功的QDLP基金，区内部分企业通过获得外币双向资金池试点资格，建立了跨境资金集中运营平台，突破了企业境内外资金流动限制，提高集团资金全球配置效率。5月，由市金融办担任指导单位、静安区政府作为主办方的“2014静安金融创新案例发布会”在静安区800秀大秀场举行。通过现场介绍与静态展示的方式，共展示26项静安企业在金融创新领域的部分成果，提升静安金融发展的创新力度。

【加强金融政策引导】 在金融领域改革开放快速推进，机遇与挑战并存的大背景下，静安区紧抓机遇、直面挑战、主动应对。2014年，静安区政府与市金融办签署战略合作备忘录，成为首个与市金融办建立战略合作关系的中心城区。同时，双方共同发布了《静安区促进金融业发展若干意见》，明确提出“打造静安跨国金融功能区，着力建设外资金融试验区和创新金融实践区”的发展目标。聚焦金融发展重点领域，注重金融人才激励，突出政策指引与工作创新，强调领域准入与政策突破，对静安区金融产业的集聚发展起到积极引导作用。

【落实地方金融监管职责】 切实履行地方金融监管职能，进一步完善小额贷款公司成立初审与日常监管工作，促进小贷公司诚信守法经营。静安区已有5家小贷公司获批设立，其中，由香港维信理财和光大资本投资合资设立的外资小贷公司——静安维信小贷于2014年10月底正式开业，其“小额、分散”的管理理念和信息化的风控系统业界领先。在落实召开小贷公司工作例会、走访小额贷款公司、约谈高管人员提示风险防范等日常监管的同时，会同外聘评级机构、会计师事务所等第三方专业机构开展现场检查，对小贷公司进行评级和合规性审计，督促辖区内小贷公司规范发展，区内小贷公司现场检查和评级情况均居全市前列。

维护区域金融有序稳定发展，坚持宣传与排查并举，推广普及金融消费安全知识技能，增强金融机构风险防控意识和能力，营造诚信守法的金融发展环境。加强市区各部门之间的信息互通，及时掌握区内涉嫌违法违规的各类金融活动情况，切实落实反假币工作联席会议制度、打击非法集资工作联席会议制度等机制，联合有关成员单位，2014年共计开展区域非法集资风险排查、标准化合约交易行为清查、非融资性担保公司清查等各类专向排查工作，排摸范围覆盖千余家单位，有力防范区域金融风险的发生，维护区域金融稳定。

【支持金融服务实体经济】 静安区坚持金融服务实体经济导向，优化企业金融服务环境，鼓励支持区内企业利用多平台、多渠道融资发展。2014年，静安区印发《静安区支持中小企业开展股权托管交易的若干政策》，鼓励中小企业拓展融资途径，并对通过预报及在上海股交中心成功挂牌的企业进行补贴；修订《关于支持本区小额贷款公司发展的若干政策》，鼓励小贷公司帮助中小企业融资发展，对符合要求的企业发放小额贷款贴息，切实缓解中小企业融资贵问题。此外，积极搭建中小微企业融资平台。8月底，静安区金融办作为主办方之一，携区内8家银行、小贷、典当、咨询等金融机构及相关企业参展第八届“上海中小微企业金融洽谈会”，并获优秀组织奖。开幕式上，工商银行静安支行、中国银行静安支行作为静安区金融机构代表分别与上海茶恬园国际旅行社有限公司、上海百雀羚日用化学有限公司举行“静安金融全方位服务特色中小企业”签约仪式。

（王轶洁）

4. 虹　口　区

2014年，虹口区贯彻落实上海市委、市政府创新驱动、转型发展的经济战略，努力打造上海国际金融中心和国际航运中心的双重承载区，北外滩财富管理高地建设取得新进展，上海对冲基金园区发展迅猛，与年内挂牌成立的上海风险投资中心形成以对冲基金和风险投资并举的特色鲜明、体系完备、结构合理、后劲十足的金融业态。虹口区通过多种途径，不断加大金融对区内支柱产业的扶持力度，促进金融与科技、文化、航运等产业发展的进一步融合，为实现虹口"新崛起"战略目标垫路铺石。至年底，虹口区金融企业总数956家，其类别包括证券公司、基金管理公司及子公司、期货公司总部、资产管理公司、对冲基金、金融服务公司、第三方基金销售公司、融资租赁以及一大批股权投资企业等。年内，全区金融企业完成三级税收收入11.2亿元，同比增长47%；完成区级税收收入3.57亿元，同比增长43%，占全区现代服务业区级税收比重10.85%，占全区区级税收比重为5.77%。（解文才）

【证券基金业】 2014年，区内证券基金公司等资本市场服务类企业保持较快增长，全年该类企业三级税收收入达7.84亿元，同比增长65%；区级税收收入为2.49万元，同比增长60%。多家有实力的资产管理机构落户虹口，如嘉合基金管理有限公司、银河资本资产管理有限公司等，使得区域证券投资类企业集聚水平进一步提升。原有证券公司、基金公司和资产管理公司通过寻求合作发展机会，积极推进创新业务，自身市场竞争力得到大幅度提高。

（蒋　旭）

【其他金融机构】 2014年，全区金融企业的集聚发展取得质和量的双飞跃，对区域经济的贡献度不断提升，金融产业持续快速发展，形成了自身的发展特色，金融成为区域支柱产业的趋势愈发明显，除了传统金融机构外，一大批新型金融企业也纷纷落户虹口区，如金融服务公司、股权投资企业、阳光私募、对冲基金等。年内，新增一家功能性金融服务机构——中国投资咨询有限责任公司。（刘婧文）

【加强金融监管】 为落实属地监管的职责，切实加强对虹口区小贷公司、担保公司的监管工作，根据市金融办统一部署，2014年区金融办组织安排了对区内小贷公司、担保公司全面风险排查工作。在风险排查中，更是引入了会计师事务所和律师事务所，由区政府监管人员担任组长，中介机构专业人员混合编组的方式，既保证了检查的严肃性，又锻炼了队伍。对于排查中暴露出的问题，督促各公司积极整改，确保其合规经营。同时按照市级监管部门的要求，分别完成了对电子商务公司的集中检查、对非融资性担保公司的清理规范和对无照经营第三方支付企业的排查。各项监管工作有效地防范和化解了风险，维护了人民群众合法权益和经济金融秩序稳定。（蒋　旭）

【加强与高校科研机构合作】 9月26日，上海对冲基金园区与上海财经大学上海市金融信息技术研究重点实验室签署战略合作备忘录，共同发起成立上海对冲基金研究中心，旨在进一步深入落实上海财经大学与虹口区人民政府的合作战略。借助上海财经大学在金融方面的学术科研优势，对对冲基金行业的前沿问题和关键技术进行研究和攻关，开展一系列培训活动，从而为上海对冲基金园区内企业提供更好的服务咨询，全面支持上海对冲基金园区建设的快速、健康发展。（谢文才）

【支持中小微企业发展】 2014年，虹口区政府与上海证券交易所、信达资产、中国建设银行上海市分行、交通银行上海市分行等机构就金融支持小微企业发展的主题，继续加强相互间的战略合作关系。贯彻落实国务院《关于进一步支持小型微型企业健康发展的意见》、国务院办公厅《关于金融支持小微企业发展的实施意见》以及上海市金融服务办公室等七部门《关于印发〈关于推进本市小微企业融资服务平台建设的指导意见〉的通知》等重要文件精神，通过不断加强中小微企业融资服务平台建设等有效措施，努力缓解虹口区内中小微企业融资困难。年内，通过各形式、各层次的融资渠道帮助中小微企业解决融资需求超过36亿元。（蒋　旭）

【开展金融研讨培训活动】 通过与中国基金业协会、大型金融企业、知名财经媒体等的合作，虹口区举办了多场各类交流研讨活动，吸引了上百家金融机构参与交流，其中影响力较大的活动有："《私募投资基金管理人登记和基金备案办法》上海培训班"、"公募基金合规与风险管理业务培训班"、"2014全球量化投资高峰论坛——量化之战"、"商品和管理期货研讨会"、"加中金融衍生品及风险管理国际研讨会”。这些活动为区内金融机构提供了合作交流的平台，提高了金融人才的知识水平和业务能力，创造了合作的机会，极大地推动了区域金融产业的发展。（周 竞）

【加强金融人才服务工作】 虹口区金融办注重对各项金融人才集聚政策和措施的落实，不断加大对区内高层次金融人才和紧缺专业人才引进和培训等方面的支持力度，支持高级金融人才扎根虹口，在办理户籍、高管就医和子女入学入托等方面提供便利服务。在先进人物评选方面，2 名优秀女性金融人才获得了“2014 年度虹口区三八红旗手”，其中 1 名被评选为“2014 年度上海市三八红旗手”；在高层次人才培养方面，上海好买基金管理销售有限公司董事长杨文斌获得“上海市领军人才”的荣誉称号。（解文才）

【上海对冲基金园区发展迅猛】 上海对冲基金园区在 2014 年继续保持迅猛的发展态势，截至年底，累计入驻的对冲基金公司超过 170 家，资产管理规模约 700 亿元人民币，较最初开办时分别增长了约 10 倍和上百倍。不但入驻企业数量大增，而且园区金融软环境也得到明显改善，园区各项金融产业扶持政策得到充分落实，同时园区与第三方机构的合作不断加强，国内国际影响力不断提升，正成为中国最有影响力的专业型功能性特色金融园区之一。（左 晶）

【上海风险投资中心落户虹口】 10 月，为了进一步加大虹口区金融支持实体经济发展工作实施力度，打造财富管理高地战略向纵深前进，促进平台经济和高新技术产业健康、快速发展，上海风险投资中心正式在虹口北外滩落户。上海风险投资中心是依托市、区两级资源，建立以全多层次资本市场体系，促进全社会金融资本和产业资本的进一步融合，拓宽高新技术企业和中小型企业的融资渠道为目的的中心，也是更广义的财富管理理念的推广和应用。在运营过程中，中心在人才激励、物业租金等诸多方面，鼓励扶持国内外机构、企业和个人在虹口区设立风险投资机构。（刘婧文）

【2014 中国对冲基金高峰论坛】 10 月 18 日，由上海对冲基金园区主办，中国绝对收益投资管理协会、上海对冲基金俱乐部、上海同安投资管理有限公司、上海弘尚资产管理有限公司承办的“财富管理——2014 中国对冲基金高峰论坛”在北外滩隆重举行。来自海内外的超过 300 家银行、证券市期货以及知名对冲基金等金融机构参会，参会嘉宾总数超过了 600 人。会议秉承财富管理和量化对冲的主题，针对对冲基金的发展趋势、投资策略、国内外经验和技术手段等话题，与会嘉宾纷纷发表了真知灼见。（刘婧文）

【上海中小微企业金融洽谈会】 8 月 28 日，第八届上海中小微企业金融洽谈会在上海东亚展览馆开幕。展会期间，150 余家金融服务机构重点推介和展示中小微企业融资产品与服务，开展现场业务咨询和融资洽谈。上海虹口虹叶小额贷款有限公司、北外滩小额贷款股份有限公司、中科小额贷款股份有限公司、东华美钻小额贷款股份有限公司区内四家金融服务机构参会，区金融办被市金融办和金融业联合会授予第八届上海中小微企业洽谈会优秀组织奖。（刘婧文）

5. 宝 山 区

2014 年，宝山区主动对接上海国际金融中心建设和自贸区建设，结合自身区域特点和发展实际，着力提升金融服务水平，在地方金融机构发展和监管、中小微企业融资、推动直接融资、营造良好金融生态环境方面，不断拓展、积极创新，各项工作取得了一定的成效。

【推进地方金融监管服务】 2014 年宝山区在积极推进金融市场繁荣发展的同时，还加强对金融市场的监管，提高风险防范意识和能力，促进金融市场的健康发展，更好地为地方经济建设服务。针对市场准入、退出及日常工作做好监管工作，加强小贷公司、担保公司过程化管理。定期或必要时与各家小贷公司、担保公司进行沟通，了解情况并进行详尽的记录，做好日常监管工作。

【注重金融普惠服务中小微企业】 2014 年宝山区通过政府引导、市场运作的模式，立足普惠金融、扶持小微企业、服务实体经济，打造中小微企业融资服务平台，引导金融服务机构和经营顾问机构进驻，满足中小微企业融资需求，破解中小微企业融资难题。一是继续积极支持金融服务中小微。着眼于以金融服务激发企业活力，区政府印发了《关于建立“宝山区中小微企业融资服务平台”实施意见的通知》，实现了公平开放、真正服务小微企业的目标。

二是积极争取各类金融创新试点。在市金融办等部门的指导下，宝山区中小微企业融资服务平台入围上海市金融创新奖，这也是区县主导的金融产品首次获得创新奖，同时也获得了张江园区科技融资服务平台试点，把小微平台的服务领域拓展到科技型企业和国家级园区。

【直接融资有新突破】 通过直接融资降低企业融资成本，提升和激发存量企业活力，帮助扩大宝山企业的市场影响力。2014 年宝山区迎来企业资本市场直接融资数量的新突破：一是主板、中小板和创业板方面，跟踪好已报会的 3 家拟上市企业；服务好后备上市企业，特别是战略性新兴产业和现代服务业领域的企业加快改制报备。二是大力推进企业新三板、股托中心挂牌。3 月 27 日，区金融办与上海股权托管交易中心签署战略合作协议；开展数场股权托管政策细则沟通会、创投机构与企业对接会，2014 年挂牌企业数量达 9 家，比 2014 年增加了 4 家，挂牌企业数量位居全市第三。

【制定完善落实金融扶持政策】 为贯彻落实《上海市推进国际金融中心建设条例》和《上海集聚金融资源加强金融服务促进金融业发展的若干规定》，主动对接上海国际金融中心建设，大力促进宝山区金融服务业的集聚和发展，充分发挥金融服务业对全区经济增长以及"调结构、促转型"的重要作用，宝山区依据最新出台的金融政策，制定完善落实相关金融扶持政策，优化宝山区金融生态环境，集聚金融人才和金融机构，鼓励金融创新，提升金融对宝山发展的服务质量和效能。

【营造良好金融生态环境】 一是充分发挥宝山区金融业联合会组织协调、资源整合作用。联合会发布政府投资项目、产业项目，组织到陆金所学习，组团参加上海市中小企业金融洽谈会等。二是组织企业与券商、投资机构资本对接会。鼓励区内企业充分利用多层次资本市场来融资金、融智慧、融资源，通过金融来全方位助力宝山企业成长发展，让更多企业走上资本助力之路。三是加强金融信息宣传工作。及时宣传区域金融业发展和金融工作亮点，增强公众金融意识，为金融业发展创造良好的舆论环境。四是加强防范金融风险宣传活动。通过电视台、《宝山报》、宝山区门户网站以及社区居委等向公众普及非法集资、非法吸收公众存款等知识，提高公众风险意识。五是协助人民银行开展反假币工作，进一步宣传了反假货币知识，有力地打击犯罪活动，维护社会经济稳定，提高广大群众的假币鉴别能力和假币意识。

【组织企业参中小微企业金融洽谈会】 "第八届(2014)上海中小企业金融洽谈会"于 8 月 28 日—8 月 30 日在上海东亚展览馆举行。宝山区已连续第四年参展。在区领导的关心推进下，区内各参展单位的大力协助下，按照宝山第六次党代会提出了"经济发展好、民生保障好、社会管理好、文化建设好、生态改善好"的"五好"的总体要求，和"建设全市加快经济发展方式转变的示范区、推动城市转型发展的最佳实践区，率先基本实现城乡一体化"的总体目标来组织参展，提供中小企业融资洽谈平台，搭建金融和产业、金融和企业、金融和项目的对接桥梁，推动区域内实体经济的发展。通过本次活动，区金融办被市金融办和市金融业联合会授予"第八届上海中小微企业金融洽谈会优秀组织奖"。

(宝山区金融年鉴)

(二) 江苏省金融概览

2014 年，在劳动力、土地、环境等各项要素制约增强背景下，江苏省经济增长进一步放缓，全年 GDP 同比增长 8.7%，增速比 2013 年下降 0.9 个百分点。具体来看，一是全省工业生产增速持续下行。从年内各季增速看，1—3 月、1—6 月、1—9 月、1—12 月，全省规模以上工业增加值累计同比增速分别为 10.6%、10.6%、10.1%、9.9%，呈逐步放缓态势。二是投资、消费增长进一步回落，出口增速维持低位，全年全省完成固定资产投资(不含农户)、实现社会消费品零售总额同比分别增长 15.5%、12.4%，增速比 2013 年下降 4.1 个、1 个百分点，低于 2009—2013 年平均增速 6.8 个、4.3 个百分点。全年全省出口总额同比增长 4%，已连续 36 个月保持个位数的低位增长(除节假日扰动因素引起的 1、2 月的异常值)。三是物价涨势趋弱，全年全省 CPI 涨幅比 2013 年回落 0.1 个百分点，CPI 月环比趋势周期项自 2013 年 5 月起持续回落，预示通胀压力趋弱。四是财政收支增长放缓。全年全省公共财政预算收入、支出同比分别增长 10.1%、8.6%，增速比 2013 年下降 2 个、1.4 个百分点，低于 2009—2013 年平均增速 8.7 个、12.9 个百分点。五是全省就业情况良好,全年全省实现城镇新增就业 138.34 万人,比 2013 年多增 1.44 万人。六是经济结构转型升级成效初显,市场内生活力有所增强,经济运行"新常态"特征进一步显现。

【金融运行】 本外币贷款平稳增长,金融支持实体经济力度进一步加大。全年全省新增本外币贷款 7 392 亿元,位列全国第二位,同比多增 354 亿元。截至年末,全省金融机构本外币贷款余额为 7.25 万亿元,同比增长 11.7%,增速小幅放缓,同比下降 0.9 个百分点。全年全省信贷形势主要呈现以下特点:一是人民币贷款增长平稳,外币贷款下降。截至年末,全省人民币各项贷款余额为 6.96 万亿元,同比增长 12.5%。在国内进出口企业信贷需求不旺、贸易融资业务监管趋严的背景下,外汇贷款持续减少。截至年末,全省金融机构外汇贷款余额为 477 亿美元,同比下降 5.4%,增幅比 2013 年下降 3.1 个百分点。二是信贷增长满足了经济发展合理资金需求。全年各项贷款增速虽同比有所回落,但仍超过全省地区生产总值增速(8.7%)和 CPI 涨幅(2.2%)之和 0.8 个百分点,对经济增长保持了有力支撑。三是在全国的份额和位次继续居于领先地位。全省本外币贷款余额、人民币贷款余额分别于 4 月末和 5 月末跃居全国第二。全年全省新增人民币贷款占全国的份额为 7.72%,新增人民币贷款继续保持全国第二。四是各项贷款的区域分布更趋均衡。全年全省金融机构继续加大对区域经济协调发展的信贷支持力度,苏北、苏中地区贷款增长快于苏南。截至年末,苏北和苏中地区本外币贷款余额合计 2.1 万亿元,同比增长 15%,高出苏南地区增速 4.7 个百分点;全年新增贷款 2 741 亿元,同比多增 56 亿元。

短期贷款和票据融资此消彼长,中长期贷款继续保持较快增长。在制造业企业有效信贷需求不足、票据贴现利率波动下行的背景下,短期贷款增加较少,票据融资增加较多。全年全省金融机构短期贷款增加 594 亿元,较 2013 年增量少 1 825 亿元;票据融资增加 1 125 亿元,较 2013 年增量多 780 亿元。票据融资和短期贷款呈现一增一减的走势,在一定程度上反映部分商业银行存在用票据贴现撑足信贷额度的现象。

中长期贷款继续保持较快增长。截至年末,全省金融机构本外币中长期贷款余额同比增长 17.5%,比 2013 年末上升 2.12 个百分点。全年全省金融机构本外币中长期贷款增加 5 575 亿元,较 2013 年增量多 1 335 亿元。中长期贷款增加较多主要由基础设施建设贷款、地产开发贷款和个人购房贷款增加较多所带动。

小微、涉农贷款增加较少,基础设施行业贷款增长较快,房地产贷款增长放缓,制造业贷款净下降。在经济增长放缓、信贷风险加大的背景下,小微、涉农贷款增加较少。截至年末,全省金融机构本外币小微企业贷款(不含票据融资)余额为 1.69 万亿元,同比增长 10.2%,比 2013 年增速下降 4.2 个百分点。全年全省金融机构本外币小微企业贷款增加 1 633 亿元,同比少增 191 亿元。截至年末,全省金融机构本外币涉农贷款(不含票据融资)余额为 2.42 万亿元,扣除南京溧水、高淳撤县建区和泰州姜堰撤市改区因素影响,同比增长 9.1%,比 2013 年增速下降 4.5 个百分点。全年全省本外币涉农贷款增加 2 199 亿元,同比少增 833 亿元。

分行业来看,基础设施建设贷款增长明显加快,房地产贷款有所放缓。截至年末,全省本外币基础设施行业贷款余额为 1.06 万亿元,同比增长 15.3%,处于历史较高水平;比年初新增 1 387 亿元,较 2013 年增量多 710 亿元。与此同时,部分承担基础设施建设任务的政府融资平台被归入租赁和商务服务业,全年租赁和商务服务业新增本外币贷款 1 526 亿元,较 2013 年增量多 945 亿元。

房地产市场观望情绪浓厚。截至年末,全省金融机构本外币房地产贷款(含房地产开发贷款和购房贷款)余额为 1.72 万亿元,同比增长 16.4%,较 2013 年同期下降 5.6 个百分点。全年全省金融机构房地产贷款增加 2 418 亿元,同比少增 248 亿元。

制造业贷款有所下降。截至年末,全省金融机构本外币制造业贷款(不含票据融资)余额为 1.63 万亿元,同比下降 1.4%。全年全省金融机构本外币制造业贷款减少 243 亿元,同比少增 918 亿元。

表外融资增长放缓,企业债券融资增长显著。全年全省社会融资规模为 13 440 亿元,创历史新高,且位居全国第一位,较 2013 年增加 1 352 亿元;占同期全国社会融资规模的 8.17%,同比上升 1.19 个百分点。从融资结构看,主要呈现以下特征:一是表外融资增长放缓。受表外业务、同业业务逐步规范等因素影响,表外融资(包括委托贷款、信托贷款和未贴现的银行承兑汇票)增长明显放缓,全年新增2 826亿元,较2013年增加11亿元;占同期社会融资规模的21%,同比下降2.3个百分点。二是直接融资快速增长,债券融资增长尤为显著。全年全省企业直接融资(包括企业债券融资和境内股票融资)为2 858亿元,较2013年增加1 166亿元;占同期社会融资规模的21.3%,同比上升7.3个百分点。其中,企业债券融资(含直接债务融资工具和企业债)净额为2 509亿元,较2013年增加866亿元,直接债务融资发行额位居全国第一。企业债券融资快速增长,一方面是因为在银行间市场资金面充裕的背景下,债券发行利率波动下行,企业发债意愿有所增强;另一方面,在地方政府债务管理进一步趋严背景下,部分城投公司在地方政府债务甄别期限来临之前突击发行城投债,也助推了企业债券融资增加。三是小额贷款公司贷款大幅少增。在金融风险上升的背景下,小额贷款公司贷款投放较为谨慎,加之停业整顿和退出的小额贷款公司数量较多以及小额贷款公司资金来源受限等因素影响,截至年末,全省小额贷款公司贷款余额为1 147亿元,同比增长0.33%,增速延续波动放缓的走势,比2013年末下降9.92个百分点。全年全省小额贷款公司新增贷款3.76亿元,较2013年减少102亿元;占同期社会融资规模的0.03%,同比下降0.85个百分点。

人民币存款有所少增,外币存款增长加快。在利率市场化和互联网金融冲击下,全省本外币存款增长有所放缓。截至年末,全省金融机构本外币存款余额为9.69万亿元,同比增长9.8%,延续2013年下半年以来增速放缓的走势,增幅比2013年末下降3.3个百分点。全年全省本外币存款新增8 628亿元,同比少增1 535亿元。

全年全省人民币存款增加8 132亿元,较2013年增量少1 963亿元。人民币存款增长趋缓主要受以下三方面因素影响:一是在金融脱媒日益加剧的背景下,理财产品、信托计划、资管计划、货币市场基金等金融产品持续分流银行存款。全年全省商业银行表外理财产品余额增加4 187亿元,同比多增2 342亿元。二是股市行情回暖分流了较多的存款尤其是个人存款。全年全省金融机构客户交易结算资金存款新增383亿元,同比多增477亿元。三是由于监管趋严,同业业务有所收缩,表外业务扩张步伐放缓,一定程度上抑制了存款的派生。全年全省金融机构同业资产在2013年减少318亿元的基础上,进一步减少171亿元。

存款偏离度监管新规出台后,商业银行季末存款冲高现象较以往季末有所改善,存款波动随之也有所减弱。2014年9、12月,全省金融机构人民币存款分别增加488亿元、684亿元,同比分别少增1 242亿元、977亿元;10、11月,全省金融机构人民币存款分别减少863亿元、增加779亿元,同比分别少减667亿元、多增693亿元。

从存款结构看,单位存款、个人存款均增加较少,存款延续定期化走势。全年全省金融机构人民币单位存款增加4 836亿元,同比少增203亿元;人民币个人存款增加2 743亿元,同比少增1 759亿元。个人存款占比有所下降主要因个人存款受理财产品和股市分流更为明显所致。在利率市场化加快的背景下,受存款利率上浮等因素影响,存款延续定期化走势。截至年末,全省金融机构人民币定期存款余额为3.96万亿元,占各项存款余额的42.2%,同比上升0.12个百分点,占比连续三年上升。

全年在人民币对美元总体保持贬值的背景下,居民结汇意愿有所减弱,外汇存款增加较多。截至年末,全省金融机构外汇存款余额为524亿美元,同比增长18.3%,增速比2013年末上升12.4个百分点。

【债券市场】 银行间债券市场交易活跃。全年全省累计完成质押式回购192 021.62亿元,买断式回购9 842.6亿元,现券交易22 449.58亿元,同比分别增长32.27%、61.48%、−41.66%。

债券结算代理业务回落。全省共有两家地方法人金融机构具有债券结算代理资格,分别为南京银行和常熟农村商业银行。截至年末,两家结算代理行共有中央国债登记结算公司结算代理户36户,上海清算所结算代理户7户。全年两家结算代理行共代理结算业务5 197笔,代理结算金额5 464.94亿元,同比增长39.57%。

银行间市场非金融企业债务融资工具实现跨越式发展。全年全省共发行各类债务融资工具3 159亿元,同比增长1 334.94亿元。截至年末,全省债务融资工具余额达到4 530.17亿元,同比增长1 763.9亿元。同时创新工作继续位于全国前列。成功发行了银行间债券市场基础期限最长、发行利率最低的"7+N"的长期限含权中期票据,省内首单项目收益票据成功发行(全国第二单),超短期融资券剔除央企以后发行金额位居全国第一。

【货币市场】 同业拆借交易量下降,净融入额大幅减少。全年全省共有44家机构开展同业拆借业务,累计成交14 939.33亿元,同比增长2.44%,累计拆入资金9 981.33亿元,同比减少14.59%,拆出资金4 958亿元,同比增加54.12%,净拆入额为5 023.33亿元。尽管从拆借方向上看全省仍然是资金净融入方,但四季度净融入量首次呈现大幅度减少的态势。

交易集中在短期限产品。从交易产品上看,全年省内市场成员的交易集中在短期限产品,与同业拆借市场调节资金头寸的定位相匹配。从交易量上看,1天、7天期限交易分别占全部交易量的72.55%、22.55%,三者合计占比95.1%。

交易价格下行。在市场资金面整体保持宽松的背景下,全年同业拆借利率水平较2013年下降明显。全年全省同业拆借交易加权平均利率为3.091 5%,同比下降31.74个基点。

【票据市场】 承兑业务快速发展,敞口比例高位运行。全年全省金融机构累计办理票据承兑30 654.75亿元,同比增加1 235.52亿元,截至年末,银行承兑汇票余额为14 224.66亿元,环比减少550.41亿元,同比增加1 040.33亿元。承兑敞口规模有所扩大,其中11月达到顶点为8 641亿元,年末回调至8 249亿元,平均敞口比例升至57.57%,环比、同比分别上升2.06、1.13个百分点。

贴、转交易活跃,银行持票倾向明显。全年全省金融机构累计办理直贴18 339.81亿元,同比增加2 107.55亿元,贴现承兑发生比为60.4%,同比上升7.41个百分点。转贴现业务大幅增长,全年累计办理买断式转贴现57 469.15亿元,同比增加19 408.1亿元;办理买入返售28 671.05亿元,同比增加10 313.63亿元。买断式转贴现规模再创新高,主要是在企业有效信贷需求不足背景下,信贷资源缺乏较好投向,银行持票意愿上升。年末全省贴现余额为3 225.90亿元,环比、同比分别增加288.99亿元、1 129.83亿元,贴现余额占各项贷款余额的比例为4.45%,环比、同比分别上升0.3、1.21个百分点。

贴、转利率持续回落,利差空间不断缩小。在货币市场流动性整体保持宽松、货币市场利率低位运行的情况下,全省票据贴现利率自年初以来就进入下行通道。从监测情况看,全省全年贴现加权平均利率为5.803 3%,相对于贷款利率水平而言,贴现融资的价格优势更为明显。全年转贴现加权平均利率为5.270 6%。转贴现利率与3月期SHIBOR利差总体收窄,10月、11月保持在30个基点左右,12月虽反弹至93.13个基点,但同比仍有所缩减;贴现与转贴现利差创新低,四季度利差水平为0.045%,同比缩减90.66个基点。

【外汇市场】 全年以银行贸易融资业务为渠道的套利活动较为活跃,引发了大量套利性的跨境资金净流入和净结汇。但二季度以来,由于利率、汇率、监管等因素的变化,企业贸易融资套利明显减少,银行贸易融资业务萎缩。截至年末,全省外币、本币贸易融资余额分别为372.98亿美元和1 217.75亿元人民币,较2013年末分别下降108.71亿美元和114.63亿元人民币。主要原因:一方面,人民币升值和贬值过程交替出现,汇率双向波动幅度的加大增加了跨境贸易融资套利的风险和成本。另一方面,境内外利差有所缩小,压缩了跨境套利空间。

【黄金市场】 全年受金价下挫影响,商业银行黄金市场业务整体下滑。全省商业银行累计自营上海黄金交易所业务9 751.86千克,成交金额24.8亿元,实现零的突破;代理上海黄金交易所业务136 090.17千克,同比增加55 713.95千克,成交金额338.71亿元,同比增加84.58亿元;开展账户金业务120 501.35千克,同比减少33 650.92千克,成交金额306.8亿元,同比减少148.12亿元;开展实物金业务17 704.04千克,同比减少21 497.88千克,成交金额49.56亿元,同比减少70.96亿元。

【金融服务】 不断加强支付体系建设,进一步改善支付服务环境。一是金融基础设施建设进一步完善。中央银行会计核算数据集中系统(ACS)在全省顺利上线。组织开展ACS综合前置的上线运行,截至年末已在全省22家银行机构上线运行。组织第二代支付系统上线运行,截至年末辖内14家法人机构和江苏省集中代收付中心切换为第二代支付系统,45家银行一级分行支付系统直接参与者切换为第二代支付系统。二是农村支付结算服务水平进一步提升。继续大力推进农村金融综合服务站建设。截至2014年11月末,辖内农村金融综合服务站已达7 535家,覆盖了全省61.8%的无银行网点行政村。批准了银联商务江苏分公司开展银行卡助农取款业务，不断优化服务点的设置，辖内人民银行太仓市支行完成了全市74个行政村的ATM全覆盖，成为继昆山之后全国第二个实现ATM“村村通”的县级市。三是青奥支付服务环境显著改善。全面推进青奥支付环境建设，实现了青奥比赛场馆、指定酒店等核心区域POS布放全覆盖。金融IC卡推广明显突破；南京市城区95%的ATM能够受理外卡；青奥比赛场馆周边各银行营业网点ATM布放齐全，柜面窗口开放率达到100%。

大力加强基础设施建设，科技管理信息化水平进一步提高。金融机构信息管理取得重大进展，当年9月底全面完成了全省所有银行业存款类金融机构共12 544张金融机构代码证的发放。小微机构接入平台覆盖面进一步扩大，截至年末接入机构已达17家。科技管理信息化水平进一步提高，全年集中推广了4个科技类信息化管理系统。金融IC卡推广应用成效显著，四季度，全省金融IC卡新增发卡1 848万张，新增占比91.3%，金融IC卡消费交易额5 075亿元，占所有银行卡消费交易额的32.9%。

积极开展货币发行系统建设，不断优化人民币流通环境。一是扩大二代货发系统在全省试点。全年全省13个中心支库、7个县支库和1个代理库都开展了各类业务测试，苏州清分中心与苏州中支发行库之间也进行了清分出入库业务测试。全省215家在人民银行发行库开户办理存取现金业务的金融机构全部软件部署完毕并开展业务测试。基于现代物流技术的二代货发发行库管理系统在全省得到了可复制验证。二是全省人民币流通满意工程取得新的成果。进一步推进硬币自助服务机具安装运行与联网升级进度，全省新增硬币自助设备57台，并积极推进自动柜员机支付10元券试点；进一步巩固全额清分工作成果；进一步推进人民币纸币冠字号码管理，初步实现银行业金融机构人民币冠字号码的本行联网查询和人民银行江苏省各市中心支行冠字号码信息的分级查询管理；进一步夯实反假货币工作水平，建立商业银行“反假货币360”门户网站。三是现金流通“最后一公里”问题得到进一步解决。截至年末，全省13个地市农村地区金融综合服务站覆盖50.9%的行政村，配备A类点钞机4 699台，其他现金流通相关设备(非A类点钞机、验钞仪、保险柜、残钞兑换仪等)6 259台，累计办理假币鉴别业务5 650笔，残钞兑换业务12 284笔，小面额货币兑换业务20 934笔，进一步满足了农村居民对现金流通服务的需求。

进一步加强国库系统建设，不断拓宽服务领域。一是大力推进业务系统建设，提高国库信息化水平。开发并上线运行“江苏省省级国库集中支付业务电子化系统”。依托TIPS基础数据回传功能，开发并上线运行“江苏省国库收入电子凭证档案系统”。二是积极开展国库业务创新，拓宽国库服务领域。率先开发并在全省推广运用了“江苏省纳税信息统计系统”，建立了全省统一集中的数据信息仓库。依托“财政存款账户查询系统”创建了财政存款账户信息数据库。进一步组织开展凭证式国债到期委托兑付约定转存业务的试点。全年中国银行、江苏银行、南京银行、兴业银行在全省所有营业网点全部开展了国债约定转存业务。江苏银行、南京银行在省外的分支机构也同步开展了业务试点。全年全省共办理国债约定转存业务1.15万笔，金额达9.25亿元，占全部国债销售额的21.54%，比2013年提高14个百分点。组织苏州、无锡、南京等市中心支库联合海关开展了海关缴税无纸化处理的试点。组织苏州、南通等市开展了“以社保基金银行定期存款招投标为试点”的地方国库现金管理，常熟市支库试点开展了全省首例县级社保基金银行定期存款招投标。

积极探索征信市场监管方式，强化征信系统服务与管理。一是完善制度建设，探索征信市场管理。全年分行组织省内人民银行对16家全国性金融机构、15家地方性金融机构、1家外资银行的98个分支机构592个网点开展了征信相关业务现场检查，对1 400多例内控制度建设不到位、授权文本不规范、查询授权不合规等违规行为进行了查处和纠正。二是转变管理方式，规范评级市场发展。首次组织开展了对省内8家备案信用评级机构的现场检查，对评估人员不符合规范要求、现场访谈不到位等问题进行了查处。三是创新服务手段，推进小微企业试验区建设。四是夯实信息基础，推进农村信用体系建设。全年全省共有68个县区开展了农户信息采集及农户系统运行工作。五是开展代理查询试点，提升征信服务水平。当年分行作为总行试点单位，选择在个人信用报告查询量较大的南京与苏州两市，开展了金融机构代理个人信用报告查询试点。六是完善查询系统建设，强化内管内控手段。当年分行组织开发了人民银行个人征信查询管理系统。

着力改善支付系统运行环境，不断提高技术保障水平。做实做细日常运行维护，做好重点运行时期系统保障。全年全省大额支付系统处理业务10 239万笔、217万亿元，小额支付系统处理业务14 977万笔、3.4万亿元，网上支付跨行清算系统处理业务3 044万笔、3 349亿元，支票影像交换系统处理业务42万笔、268亿元，电子商业汇票系统出票3万笔、2 901亿元，承兑3.1万笔、3 042亿元，存量票据0.8万笔、1 354亿元。完成参与机构第二代支付系统推广，全年全省共有15家法人机构分两批完成第二代支付系统推广，其中7家法人机构参与第二批全国试点推广。做好试点，全面推进清算账户归并，全年全省共45家一代直接参与者分6批开展清算账户归并，完成率达88%；南京银行、江苏银行和首都银行3家法人机构归并异地直接参与者6家，完成率达100%。加强引导，推动备份系统建设，江苏银行和南京银行已完成备份前置机系统接入。做好网上支付跨行清算系统参与机构接入点迁移，全年分3批组织8家机构完成接入点迁移，完成率达100%。

【金融资产质量】 全年全省银行业金融机构不良贷款持续“双升”。股份制商业银行和城市商业银行不良贷款增加较快。苏南地区新增不良贷款较多，苏中、苏北部分地区信贷风险暴露较快。商业银行加大不良贷款处置力度，但清收和处置工作面临诸多困难。随着信贷资产质量持续下行，商业银行普遍加大了对不良贷款集中核销和清收处置的力度。

（张秋龙）

1. 南 京 市

2014年，南京市实现地区生产总值8 820.75亿元，按可比价格计算，比上年增长10.1%。其中，第一产业增加值223.96亿元，增长3.5%；第二产业增加值3 671.45亿元，增长8.8%，其中全部工业增加值3 165.78亿元，增长9.3%；第三产业增加值4 925.34亿元，增长11.5%。按常住人口计算，人均地区生产总值达107 545元，按年平均汇率折合17 507美元。产业结构继续优化。三次产业增加值比例调整为2.5∶41.7∶55.8。

民营经济实现增加值3 740.01亿元，占GDP比重42.4%，比上年提高1.1个百分点，工商部门登记的私营企业20.07万户，其中当年新增3.87万户，分别比上年增长16.3%、54.8%；私营企业注册资本5 642.80亿元，其中当年新增1 118.45亿元，分别比上年增长39.6%、154.3%。年末个体、私营企业上缴税金247.67亿元，增长11.5%，占全部税收的12.9%。

城市居民消费价格总水平比上年上涨2.6%。其中，食品类上涨2.8%，居住类上涨2.9%。商品零售价格上涨0.9%。

规模以上工业企业实现工业总产值13 239.73亿元，比上年增长5.3%。其中国有及国有控股企业增长1.8%；股份制企业增长4.6%，外商及港澳台投资企业增长7.1%。工业企业实现产品销售产值13 017.56亿元，比上年增长5.0%；出口交货值1 831.36亿元，增长6.7%；工业新产品产值1 335.11亿元，增长15.2%，新产品产值率为10.1%。工业企业实现主营业务收入12 863.55亿元，比上年增长4.3%；工业利税1 580.74亿元，增长11.7%；盈亏相抵后利润总额755.60亿元，增长0.9%。

全社会固定资产投资5 460.03亿元，比上年增长3.7%。其中，国有及国有经济控股投资2 195.60亿元，增长6.0%；外商及港澳台投资453.82亿元，增长10.1%。第一产业投资34.87亿元，比上年增长48.1%；第二产业投资2 180.71亿元，下降12.5%，其中工业投资2 152.36亿元，下降14.2%；第三产业投资3 244.45亿元，增长17.6%。三次产业投资比例为0.6∶39.9∶59.5。完成房地产开发投资1 125.49亿元，比上年增长0.5%。

进出口总额572.21亿美元，比上年增长2.6%。其中，出口总额326.28亿美元，增长1.1%；进口245.93亿美元，增长4.7%。新增外商投资企业314个，比上年下降6.5%。新批合同外资49.20亿美元，比上年下降8.2%。全年实际使用外资32.91亿美元，下降18.4%。

社会消费品零售总额4 167.20亿元，比上年增长12.9%。公共财政预算收入903.49亿元，比上年增长8.7%。公共财政预算支出920.90亿元，增长8.2%。全体居民人均可支配收入37 283元，比上年增长9.0%。其中，城镇居民人均可支配收入42 568元，增长8.8%；农村居民人均可支配收入17 661元，增长10.3%。城镇居民人均生活消费支出25 855元，增长7.2%。农村居民人均生活消费支出12 818元，增长11.4%。

【货币政策】 加强宏观审慎管理，适度拓宽合意贷款空间。人民银行南京分行对差别准备金动态调整机制的有关参数进行调整，数次调增南京银行、省租赁、紫金农商行等法人金融机构合意贷款145.70亿元。对部分支小支农信贷需求实施专项规划管理，加大对支小支农贷款较多的地方法人金融机构的支持。南京分行营业管理部贯彻落实分行工作意图，通过金融形势分析会、计财处长座谈会等平台以及约见谈话、窗口指导等方式，及时传达信贷调控精神，引导法人金融机构落实有扶有控的信贷政策要求，实现信贷合理稳健增长。截至2014年末，南京地区15家法人金融机构比年初新增贷款400.68亿元，同比多增39.43亿元。

贯彻落实定向降准政策，支持地方法人金融机构扩大信贷投放。6月，人民银行总行实施定向降准，对符合审慎经营要求且"三农"或小微企业贷款达到一定比例的商业银行下调人民币存款准备金率0.5个百分点。营管部认真落实调整政策，加强动态监测，南京定向降准共释放资金约33.34亿元，有力地支持了地方法人金融机构的信贷投放。

加大信贷政策支持再贷款发放力度，重点支持涉农、小微企业票据再贴现，有效引导融资成本下行。一是完善支小再贷款管理，并要求做到"专项使用、专户管理"，金融机构借用支小再贷款发放的小微企业贷款利率低于其他同档小微企业贷款利率。2014年，营管部共发放支小再贷款28.50亿元。二是重点支持涉农、小微企业票据办理再贴现，并要求再贴现票据的贴现利率低于同档平均利率。2014年，营管部共办理再贴现业务1 853笔、总金额50.70亿元，同比分别增长78.52%、28.52%。12月末，再贴现业务余额为17.88亿元，其中，小型企业票据再贴现余额为7.73亿元，同比增长91.34%，涉农行业票据再贴现余额为1.27亿元，上年同期余额为零。

开展常备借贷便利操作试点，保持地方法人金融机构流动性合理适度。选择江苏银行、南京银行、紫金农商行等进行试点，先后发放常备借贷便利资金2.10亿元，建立和完善常备借贷便利政策工具发放、收回等操作流程，引导地方法人金融机构适时、正确、有序地运用常备借贷便利工具，保持适度流动性，发挥常备借贷便利利率作为货币市场利率上限的作用，稳定市场预期，保持货币市场平稳运行。

加强窗口指导和信贷政策引导，促进经济结构调整和转型升级。一是"金融支持转型升级系列工程"和"小微企业金融服务升级扩面三年计划"两项工程取得新进展。以省级重点示范项目为抓手，引导金融机构加大对科技创新产业、战略性新兴产业、现代服务业、传统产业改造升级以及绿色环保等领域的资金支持力度，改进和提升小微企业金融服务水平。截至2014年末，南京地区主要金融机构人民币战略新兴产业贷款余额为621.66亿元，同比增长21.70%；现代服务业贷款余额为1 938.20亿元，同比增长17.96%；科技产业贷款余额为201.48亿元，同比增长36.83%。

二是文化金融工作开创新局面。联合市委宣传部印发《南京市创建"全国文化金融合作试验区"工作方案》并签订共建合作协议。探索开展金融支持文化产业信贷政策导向效果专项评估，形成"一市一评"的南京品牌。截至2014年末，南京地区文化创意产业贷款余额为242.24亿元，同比增长78.68%，文化金融服务覆盖面有效提高，基本形成以文化金融服务中心为平台、文化银行等为主体、多元化的投融资"南京模式"。

三是支持现代农业加快发展，"三农"金融服务工作取得新突破。开展农村土地承包经营权抵押贷款试点工作，高淳区成功发放南京地区首笔土地承包经营权抵押贷款300万元；加大对家庭农场等新型农业经营主体和现代农业发展的金融支持力度，截至2014年末，南京地区新型农业经营主体贷款余额为104.79亿元，全年累计发放贷款102.50亿元。

四是房地产金融监测管理迈上新台阶。推进"房地产监测创新"行长工程，完善房地产贷款监测指标体系，建立跨部门沟通协调机制，积极引导辖区金融机构贯彻落实住房金融新政、完善相关服务。

五是普惠金融服务取得新成效。继续完善就业、助学、少数民族、农民工、大学生村官等民生领域的金融服务工作，积极支持保障房建设和棚户区改造等民生工程建设。2014年南京金融机构累计发放创业人员小额担保贷款1 660笔、金额达2.17亿元。发放助学贷款6 271笔、金额达0.63亿元。

【金融运行】 存款增量较大，稳定性逐渐增强。截至2014年末，南京地区金融机构（含外资金融机构，下同）本外币存款余额20 733.39亿元，同比增长12.57%，增速比上年末高0.69个百分点，比年初增加2 450.57亿元，同比多增611.80亿元。存款增量江苏省排名第一位。各项存款余额在全国 15 个副省级城市排名第 5 位，与上年末位次持平。人民币各项存款余额 20 161.86 亿元，同比增长 11.70%，增速比上年末低 0.20 个百分点，比年初增加 2 254.84 亿元，同比多增 373.51 亿元。外币存款余额为 93.40 亿美元，同比增长 35.54%，增速比上年末高 43.02 个百分点，比年初增加 31.77 亿美元，同比多增 36.73 亿美元。

存款特点：一是人民币存款增速先高后低。上半年增速较快，下半年增速逐渐回落。从 1 月的 8.79%上升至 6 月的 13.98%，再逐渐回落至 12 月的 11.70%。下半年部分银行同业业务融资出现较快收缩。外汇占款同比明显少增。

二是下半年存款稳定性逐渐增强。从 8 月份开始，月度间存款波动逐渐变小，主要受存款偏离度新规等政策因素影响。8 月至 12 月，月度存款增量平均为 38 亿元，极差为 165.35 亿元。而 1 到 7 月，月度存款增量平均为 294.92 亿元，极差为 1 277.08 亿元。从季末前后几天的存款变化看，前三季度末的“冲时点”现象比较突出，在四季度末有所缓解。

三是单位存款同比明显多增。12 月末，人民币单位存款余额为 13 397.10 亿元，同比增长 13.37%，比年初增加 1 662.06 亿元，同比多增 532.23 亿元。

四是活期性质存款比重企稳回升。12 月末，南京活期性质人民币存款余额为 9 303.12 亿元，比年初增加 1 180.47 亿元，同比多增 255.48 亿元。从定、活期存款所占比重来看，一季度活期存款比重有所下降，从年初的 45%下降至一季度末的 43.11%，二季度开始波动上行，年末回升至 46.14%。

贷款保持较快增长，基础设施和房地产相关行业贷款增加较多。2014 年末，南京金融机构本外币贷款余额 16 448.55 亿元，同比增长 13.14%，比上年末高 1.98 个百分点，比年初增加 1 759.29 亿元，同比多增 321.24 亿元，比 2011—2013 年年平均增量多 382.01 亿元，金融服务实体经济的广度和深度持续加大。贷款增量在江苏省首次超过苏州排名第一，比苏州多 46.93 亿元。各项贷款余额在 15 个副省级城市中排名第 5 位，比上年末上升 1 个位次，全年贷款增量排名第 4 位，与上年末位次持平。

贷款特点：一是人民币贷款保持快速增长，外币贷款增速较低。12 月末，人民币贷款余额为 15 628.53 亿元，同比增长 13.32%，比上年末高 1.33 个百分点，比年初增加 1 687.31 亿元，同比多增 231.33 亿元。人民币贷款增加较多受四个方面因素影响：定向降准、住房信贷政策、不对称降息、合意贷款管理优化等一系列“微刺激”货币政策；备战青奥会背景下，青奥、地铁、机场等基础设施建设领域信贷投放增长加快；部分表外融资转为表内信贷；《国务院关于加强地方政府性债务管理的意见》(国发〔2014〕43 号)后续债务甄别政策落地前，四季度部分银行加快投放节奏，加大了对政府融资平台的信贷投放。

二是外币贷款适度增长。12 月末，外币贷款余额为 134.01 亿美元，同比增长 9.29%，比上年末高 8.53 个百分点，比年初增加 11.32 亿美元，同比多增 10.49 亿美元。一方面，进出口信贷支持力度较大，全年增加 18.63 亿美元，同比多增 19.80 亿美元。另一方面，受贸易融资业务监管趋严、人民币汇率双向波动加剧、外币存款利率下调导致贸易融资全额保证金存款收益下滑等因素影响，企业外币贸易融资套利行为减少，全年外币贸易融资减少 3.01 亿美元，同比少增 8.35 亿美元。

三是短期贷款同比少增，中长期贷款明显多增。12 月末，本外币短期贷款余额为 5 099.46 亿元，同比增长 5.25%，比上年末高 1.39 个百分点，总体处于 2012 年以来较低水平，比年初增加 97.43 亿元，同比少增 61.72 亿元。中长期贷款保持较快增长，增速在年内屡创新高，中长期贷款余额为 10 432.58 亿元，同比增长 16.79%，比上年末高 1.93 个百分点，为 2012 年以来最高，比年初增加 1 506.21 亿元，同比多增 350.90 亿元。中长期贷款增量在全部贷款增量中占比为 85.61%，同比高 5.28 个百分点。其中，单位固定资产贷款和银团贷款投放贡献较多，全年分别新增 781.60 亿元和 378.06 亿元，同比分别多增 195.87 亿元和 196.75 亿元。

四是信贷资源行业集中趋势明显。1—12 月，本外币租赁和商务服务业、房地产业、水利、环境和公共设施管理业、建筑业以及交通运输、仓储和邮政业等五大行业贷款分别增加 364.95 亿元、335.94 亿元、295.66 亿元、152.90 亿元和 76.92 亿元，同比分别多增 204.88 亿元、59.22 亿元、146.94 亿元、76.22 亿元和 38.74 亿元。上述五个行业贷款增量之和占同期各项贷款增量的 72.93%，较 2013 年贷款增量前五大行业占比大幅提高 11.45 个百分点。

五是充分加大对小微企业、“三农”等领域的信贷支持力度。12 月末，南京小微企业贷款余额 2 891.71 亿元，同比增长 16.65%，较同期各项贷款增速高 3.65 个百分点。全年小微企业贷款增加 327.92 亿元，占同期各项贷款增量的 19.50%。涉农贷款余额 1 578.04 亿元，比年初增加 196.95 亿元，占同期各项贷款增量的 11.71%。

六是房地产贷款增速有所放缓，却仍处于历史较高水平。12 月末，房地产贷款余额 3 820.64 亿元，同比增长 21.32%，比上年末低 5.84 个百分点，较 2011—2013 年同期平均增速高 6.77 个百分点。房地产贷款余额占各项贷款余额的 24.45%，较上年同期高 1.61 个百分点。全年新增房地产贷款 671.31 亿元，同比少增 1.24 亿元，占同期各项贷款增量的 39.79%。12 月末，保障性住房开发贷款余额为 487.26 亿元，同比增长 21.49%，比上年末高 6.66 个百分点，比年初增加 86.19 亿元，同比多增 34.39 亿元。个人住房贷款余额为 1 960.09 亿元，同比增长 19.94%，比上年末低 3.61 个百分点，较 2011—2013 年同期平均增速高 7.57 个百分点，比年初增加 325.82 亿元，同比多增 14.32 亿元。其中，商品房贷款新增 255.90 亿元，同比多增 62.71 亿元；二手房贷款新增 69.92 亿元，同比少增 48.39 亿元。

利率市场化继续推进，存款利率期限分化，贷款利率先升后跌。2014 年南京地区人民币活期存款利率呈现上升走势，11 月份达两年来峰值 0.366 6%，年末回落至 0.364 9%，比上年末高 0.04 个基点。人民币整存整取定期存款加权利率为 3.214 2%，同比下降 10.38 个基点，但各期限利率走势则以上升为主。具体看来，1—10 月份，6 个月以内各期限利率一般略低于上年同期 1—2 个基点；1 年期利率一般略高于上年同期 1 个基点；2 年、3 年、5 年期存款利率均表现为同比上升，升幅区间为 10—30 个基点。11 月份利率政策调整后，6 个月以内各期限利率同比降幅扩大至 10—20 个基点，1 年期利率同比出现下降，其余各中长期存款利率同比升幅缩小。贷款利率先升后跌，个人住房贷款利率年末跌破 6%。2014 年，人民币贷款加权平均利率为 6.721 1%，同比上升 12.12 个基点。从时序上看，前三季度贷款加权平均利率分别为 6.760 2%、6.784 2%和 6.764 9%，同比升幅约在 12—17 个基点，9 月份起连续回落，特别是降息后，12 月份贷款加权平均利率降至 26 个月以来的最低水平 6.533 9%，同比下降 5.74 个基点。

【金融市场】 同业拆借交易。2014 年南京地区资金拆借市场活跃度逐渐回升。累计成交 9 666.82 亿元，同比下降 10.28%；但各季度成交量总体呈现增长趋势，其中，四季度成交 2 556.38 亿元，同比增长 24.77%，比三季度增长 16.44%。拆入、拆出交易量更趋平衡，全年净拆入资金 1 092.56 亿元，同比下降 65.67%；其中，前三季度分别净拆入 396.17 亿元、360.71 亿元、852.66 亿元，四季度净拆出 516.98 亿元，此前 11 个季度的净拆入/拆出金额均在千亿元以上。拆借价格稳中有降。拆入、拆出价格均在 3%附近波动，除一季度同比上升外，其余三个季度的加权平均利率均表现为同比下跌。四季度拆入和拆出的加权平均利率分别为 2.903 5%、3.028 7%，同比分别下降 132.25、119.66 个基点。

债券回购交易。2014 年南京债券回购市场交易规模继续扩大，累计成交 77 526.38 亿元，同比增长 17.8%，增速上升 1.85 个百分点；净回购量 48 106.82 亿元，同比增长 5.37%。从时序上看，回购交易量一季度延续上年的逐季减少走势，仅成交 11 285.58 亿元，但随后快速回升，四季度累计成交 26 481.79 亿元，比三季度增长 24.56%；净回购量继续冲高，四季度创新高 16 289.2 亿元，比上年二季度的峰值高 21.58%。

债券回购利率总体下降。与拆借利率走势类似，二季度正回购、逆回购加权平均利率均降至年内最低水平，三季度有所回升；四季度再次下行至 2.888 4%、2.892 6%，同比分别下降 128.15、119.83 个基点。南京地区仅有一家银行开展债券结算代理业务，自 2011 年 7 月按规定暂停了所有机构新增开户手续办理。截至 2014 年末，由该行作为结算代理人在中央结算公司的丙类债券托管账户有 33 户，在上海清算所的间接结算成员账户有 7 户。全年南京银行代理债券回购成交金额为 6 216.95 亿元，同比增长 81.73%；其中，四季度代理成交金额为 1 690.22 亿元，比三季度减少 15.58%。

票据市场交易。2014 年南京金融机构票据贴现、转贴现累计成交量为 49 420.54 亿元，同比增长 47.44%；加权平均利率 5.281 6%，同比上升 1.79 个基点。其中，各月贴现发生额基本维持 200 亿元以上，累计成交 2 667.23 亿元，同比增长 22.4%，基本恢复 2012 年水平；转贴现发生额自 5 月份起保持

4 000 亿元以上，全年累计成交 46 753.3 亿元，同比增长 49.18%，创历史新高。票据市场利率在前 11 个月保持向下势头，贴现加权平均利率连续跌破 7%、6%、5%关口，转贴现加权平均利率跌破 6%、5%关口，至 11 月份分别为 4.806 9%、4.633 7%，基本恢复 2013 年 6 月连续上涨之前的利率水平。12 月份，票据市场利率出现明显反弹，贴现、转贴现利率分别升至 5.733 1%、5.518 2%，环比升幅分别为 92.63、88.45 个基点。2014 年年末南京贴现余额 526.86 亿元，比年初增长 17.87%，高于人民币各项贷款余额增速 5.77 个百分点；贴现余额占人民币各项贷款余额的 3.37%，同比上升 0.13 个百分点。

债券现券交易。2014 年南京债券现货交易金额 6 312.73 亿元，同比减少 46.47%；其中，四季度交易量大幅萎缩，仅成交 438.71 亿元，创三年来新低。一级市场交易量前三季度保持增长，并创单季峰值 872.4 亿元，四季度快速下滑至 126.31 亿元；二级市场交易先升后降。南京银行代理现券买卖总量为 614.41 亿元，同比增长 22.89%；其中，四季度现券买入、卖出金额分别为 72.82 亿元、60.4 亿元，比三季度分别减少 47.46%、22.65%。

国债柜台交易。南京地区工商银行、农业银行、中国银行、建设银行、招商银行、民生银行、南京银行七家商业银行具有国债柜台交易资格。2014 年总成交金额为 14 485.06 万元，同比增长 339.7%，主要源于二季度起柜台债券市场新增了政策性金融债。

2014 年南京地区城市商业银行和外资银行共发行理财产品 7 416 个，同比增加 1 945 个。募集金额 4 311.83 亿元，同比增长 40.33%。其中人民币理财产品 6 967 个、募集 4 306 亿元，分别占总量的 93.95%、99.86%，同比分别上升 2.05、0.11 个百分点；外币理财产品共 449 个，募集金额 5.84 亿元。

【社会融资规模】 2014 年南京市积极创新融资工具，社会融资规模增加较多，直接债务融资取得新突破。全年社会融资规模 3 885 亿元，比上年同期多增 608.21 亿元。其中，人民币贷款增加 1 687.31 亿元，同比多增 231.33 亿元；外币贷款（折合人民币）增加 71.98 亿元，同比多增 89.91 亿元；委托贷款增加 1 024.49 亿元，同比多增 329.17 亿元；信托贷款增加 393.98 亿元，同比多增 26.82 亿元；未贴现的银行承兑汇票增加 107.16 亿元，同比多增 121.80 亿元；企业债券净融资 484.80 亿元，同比减少 188.65 亿元；非金融企业境内股票融资 31 亿元，同比减少 0.69 亿元；保险公司赔偿 70.85 亿元，同比多增 8.47 亿元。

南京地区社会融资规模及构成统计表

单位：亿元

项目	2014 年 1—12 月		2013 年 1—12 月	
	新增额	占比	新增额	占比
区域社会融资规模	3 885		3 276.79	
其中：人民币贷款	1 687.31	43.43%	1 455.98	44.43%
外币贷款（折合人民币）	71.98	1.85%	−17.93	−0.55%
委托贷款	1 024.49	26.37%	695.32	21.22%
信托贷款	393.98	10.14%	367.16	11.20%
未贴现的银行承兑汇票	107.16	2.76%	−14.64	−0.45%
企业债券融资	484.80	12.48%	673.45	20.55%
非金融企业境内股票融资	31	0.80%	31.69	0.97%
保险公司赔偿	70.85	1.82%	62.38	1.90%
其他	13.43	0.35%	23.38	0.71%

积极推进南京地区直接债务融资工作。组织政府相关经济主管部门、发债企业等对主承销银行服务情况进行评价，促进主承销银行提高服务水平。推动南京城建成功发行 10 亿元长期限含权中期票据（俗称“永续债”），为同类产品中基础期限最长的票据。2014 年全市企业在银行间市场共发行各类直接债务融资工具 1 204.80 亿元，占江苏省发行量的 38.14%，其中，超短期融资券发行 282 亿元，占江苏省发行量的 80%以上。截至 12 月末，南京市直接债务融资余额达 1 660.31 亿元，比年初增加 424.60 亿元，占江苏省余额的 36.65%。

（谈建军）

南京市主要经济金融统计

（2010—2014 年） 单位：亿元

项目	2010 年	2011 年	2012 年	2013 年	2014 年
国内生产总值	5 010.36	6 145.52	7 201.57	8 011.78	8 820.75
第一产业(增加值)	142.02	163.61	184.64	204.64	223.96
第二产业(增加值)	2 327.76	2 760.99	3 170.78	3 450.58	3 671.45
第三产业(增加值)	2 540.57	3 220.91	3 846.15	4 356.56	4 925.34
全社会固定资产投资	3 306.05	4 010.03	4 683.45	5 265.55	5 406.03
地方财政收入	1 075.25	1 298.77	1 427.25	1 591.59	903.49
地方财政支出	542.73	665.99	769.81	851.01	920.90
社会消费品零售总额	2 267.77	2 670.30	3 080.58	3 504.17	4 167.20
居民消费价格指数(以上年为 100)	104.2	105.4	102.7	102.7	102.6
进出口总额(亿美元)	456.01	573.44	552.35	557.57	572.21
进　口(亿美元)	207.16	264.79	133.34	234.91	245.93
出　口(亿美元)	248.85	308.65	319.01	322.66	326.28
全部金融机构各项存款(余额)	12 887.43	14 241.99	16 540.43	18 417.90	20 733.39
企业存款	5 465.82	9 175	11 006.45	12 083.41	13 792.64
财政存款	180.76	251.20	297.54	251.29	479.72
城乡储蓄存款	3 572.07	3 968.03	4 532.02	4 955.76	5 135.67
全部金融机构各项贷款(余额)	10 915.34	11 723.52	13 079.32	14 538.65	16 448.55
短期贷款	3 230.36	4 023.46	4 664.63	4 844.91	5 099.46
中长期贷款	6 931.80	7 002.54	7 777.40	8 932.85	10 432.58
全部保险机构保费收入	191.30	194.08	236.50	264.75	311.53
全部保险机构保险赔款支出(含满期给付)	41.40	56.43	68.45	84.43	105.65
全部保险机构保险密度(元/人)	2 121	2 321	2 430	3 309	3 792
全部保险机构保险深度(%)	3.4	3.6	3.7	3.8	4.0

注：全部金融机构各项存款、贷款余额的七项数据为本外币并表统计数(含外资金融机构)。2014 年财政收入是南京市本级数字。财政性存款是全口径统计的，包括驻宁省级商业银行代理财政存款。

2. 无　锡　市

2014 年，无锡市地区生产总值 8 205.31 亿元，按可比价格计算，比上年增长 8.2%，其中第一产业增加值 156.96 亿元，增长 3.2%；第二产业增加值 4 186.34 亿元，增长 6.6%；第三产业增加值 3 862.01 亿元，增长 10.3%。三次产业比例调整为 1.9∶51.0∶47.1。按常住人口计算人均生产总值达到 126 389 元，同比增长 7.9%，按现行汇率折算达到 2.07 万美元，继续名列全省首位。

工业生产小幅增长。全市规模以上工业企业实现增加值 3 017.50 亿元，比上年增长 4.9%。工业经济效益持续提高。全市规模以上工业实现主营业务收入 14 429.56 亿元，比上年下降 1.0%；工业产销率 97.8%，与上年持平；工业企业实现利税 1 247.94 亿元，比上年增长 10.2%；实现利润 866.67 亿元，比上年增长 15.7%。

固定资产投资增长较快。全年固定资产投资完成 4 634.21 亿元，比上年增长 16.0%。分产业投向：第一产业投资 13.21 亿元，比上年下降 17.7%，第二产业投资 1 746.58 亿元，比上年增长 13.3%，第三产业投资 2 874.42 亿元，比上年增长 18.2%。

财政收入稳步提高。全市一般公共预算收入 768.01 亿元，比上年增长 8.0%。财政支出结构继续调整。一般公共预算支出 748.06 亿元，比上年增长

5.1%。

对外贸易创历史新高。全年实现对外贸易进出口总额 741.70 亿美元,比上年增长 5.4%。其中,进口总额 299.39 亿美元,比上年增长 2.5%;出口总额 442.31 亿美元,比上年增长 7.5%。出口结构持续优化,一般贸易实现出口额 231.13 亿美元,总量占比达 52.3%。利用外资结构优化。全年新批外资项目 407 个,协议注册外资 55.01 亿美元,到位注册外资 31.16 亿美元,下降 6.7%。

消费品市场发展良好。全年实现社会消费品零售总额 3 054.75 亿元,比上年增长 11.5%。2014 年居民消费品价格总指数为 102.2,物价上涨 2.2%,比上年上升 0.1 个百分点。人口规模逐步扩大。年末全市户籍人口 477.14 万人,比上年增长 1.0%。年末全市常住人口 650.01 万人,比上年增长 0.2%,城镇化率 74.47%。

居民收入稳步增加。全体居民人均可支配收入 36 471 元,比上年增长 8.9%。城镇常住居民人均可支配收入 41 731 元,比上年增长 8.6%。农村常住居民人均可支配收入 22 266 元,比上年增长 10.1%。全体居民人均消费支出 24 049 元,比上年增长 7.4%,城镇常住居民人均消费支出 27 358 元,比上年增长 6.9%。农村常住居民人均生活消费支出 15 114 元,比上年增长 9.7%。

【货币政策】 2014 年,中国人民银行无锡市中心支行引导全市金融系统积极应对复杂严峻的经济金融形势,克服不良贷款处置、金融风险暴露、信贷需求不足等不利因素,确保金融对地方经济回稳趋升的支撑。一是落实传导货币政策,保持宏观调控弹性。在加强地方法人机构信贷总量日常监测的基础上,根据信贷需求摸排情况,及时向上汇报对辖内 3 家农商行合意贷款规模,并进行了有针对性的调增调减。传导落实货币政策微调,落实好两次定向降低部分金融机构存款准备金率的政策调整,引导金融机构加强对小微企业、"三农"领域等薄弱环节的定向支持;贯彻执行存贷款基准利率下调,引导金融机构主动降低实体企业融资成本,支持经济转型发展。推动落实住房金融新政要求,引导金融机构优先安排资金、精简审批环节、缩短审批周期,引导市场合理预期,有效推动住房金融业务发展。1—12 月全年个人住房贷款新增 71.76 亿元,其中仅 11、12 月新增 21.17 亿元,占比达 28.96%。

二是化解银企信息不对称,大力推动融资需求对接。组织 27 家金融机构与 2 249 家企业、项目达成 2 183 亿元的授信合作意向,其中增量授信 1 088 亿元。年末银企签约户数履约率达 78%,资金履约率达 64%。强化重点项目融资扶持。深化"百企百项、百行百人"、"点对点融资服务"特色活动,推动金融机构抓紧与签约项目的深入对接。会同市委农办等农口部门全面摸排全市新型农业经营主体和农业基础设施建设领域资金需求。

三是推动小微金融服务升级扩面,推进小微企业诚信体系建设。推进小微企业金融服务升级扩面。2014 年,全市银行机构按照"小微企业金融服务升级扩面计划"申报 31 个小微金融服务项目。加快推进小微企业信用体系试验区建设,配合人民银行南京分行与无锡市政府签订《共建小微企业信用体系试验区合作备忘录》,加快小微企业信用信息系统建设,实现了政府 7 个综合部门非银行信用信息数据采集。

四是推进农村金融改革发展,保障"三农"金融服务提质增效。推进农村金融综合改革试验区建设。联合相关部门配合市政府将江阴市、宜兴市、惠山区列为无锡市农村金融综合改革试验区,与相关部门联合出台《农村金融改革创新工作意见》,深入市(县)区积极指导农村金融综合改革。推进新型农业经营主体融资机制建设。与市委农办、财政及金融办联合建立 100 万元"惠农贷"家庭农场风险补偿基金,以 1∶10 的比例撬动家庭农场类贷款,目前已为 9 家家庭农场发放贷款 255 万元。指导平安银行、邮储银行探索利用省级"农村合作社联盟基金",为全市农民合作社提供贷款近 6 000 万元。推进农村土地承包经营权贷款取得突破。与市委农办、市农委等部门联合推动试点乡镇与金融机构合作探索农村土地承包经营权贷款,引导法人机构出台农村土地承包经营权抵押贷款管理办法,其中无锡农村商业银行对 2 家专业合作社授信 260 万元,首笔贷款 75 万元已正式发放,实现农村土地承包经营权贷款的落地。

五是创新发展金融市场业务,大力推动直接债务融资。1—12 月,全市累计发行直接债务融资工具 483.4 亿元,同比增加 251.3 亿元,增长 1.3 倍,募集资金占全省份额的 14.6%,同比提升近 4 个百分点。指导无锡农村商业银行发行二级资本债 15 亿元，提高资本充足率，增强其支持实体经济发展能力。

【金融运行】 2014年，面对复杂严峻的经济金融形势，全市金融机构积极克服实体企业信贷需求不足等因素影响，确保全市金融运行总体平稳，社会融资规模同比多增，债券融资快速发展，不良贷款在全市金融机构加快不良资产处置的基础上年底实现了余额和不良率“双降”。2014年，全辖金融机构新增社会融资规模1 416.45亿元，同比多增485.93亿元，增幅52.22%。年末，全辖金融机构本外币各项存款余额12 315.01亿元，同比增长5.78%，当年新增673.05亿元，同比少增220.58亿元。其中：单位存款余额7 397.25亿元，同比增长5.60%，当年新增392.59亿元，同比多增40.03亿元；个人存款余额4 518.02亿元，同比增长5.30%，当年新增227.28亿元，同比少增219.83亿元。全辖金融机构本外币各项贷款余额9 029.65亿元，同比增长5.42%，当年新增464.27亿元，同比少增77.11亿元。其中：短期贷款余额4 229.16亿元，当年减少289.46亿元，降幅6.41%，同比多减430.66亿元；中长期贷款余额4 148.74亿元，当年新增531.82亿元，增幅14.70%，同比多增195.9亿元；票据贴现余额614.65亿元，当年新增205.23亿元，增幅50.13%，同比多增145.58亿元。全辖金融机构不良贷款余额196.06亿元，当年减少7.44亿元，降幅3.66%，同比多减108.49亿元；不良贷款率2.17%，比年初下降0.21个百分点。与此同时，全市金融机构利润同比增长继续放缓。2014年全年全市金融机构实现利润195.84亿元，同比减少25.88亿元，同比下降11.67%，较上年同期降幅扩大1.17个百分点。

【金融市场】 证券交易市场规模扩大。年末全市共有证券营业部90家。全市证券交易开户总数114万户。证券机构托管市值总额1 425.64亿元，比上年增长39.0%。全年股票、权证、基金成交金额21 788.24亿元，比上年增长44.1%。新增上市企业数4家，募集资金7.55亿元。

保险业稳步发展。全年实现保费收入191.36亿元，比上年增长9.4%。其中财产险收入76.39亿元，比上年增长14.0%；人寿险收入114.97亿元，比上年增长6.6%。保险赔款支出46.78亿元，比上年增长13.7%。保险给付支出18.82亿元，比上年增长26.8%。

【金融创新】 贯彻落实政策导向，创新融资服务措施。一是引导银行机构积极贯彻落实国务院要求，采取多种措施降低企业融资成本和贷款利息外费用。2014年12月份，全市企业人民币贷款平均利率6.52%，比年初下降0.17个百分点；票据贴现利率5.49%，比年初大幅下降1.75个百分点。二是着力提升货币政策工具效应。开展“央行票据通县区行”系列活动，扩大“央行票据通”惠及面。1—12月，累计办理“央票通”业务2 537笔，支持金额52.2亿元，同比分别增加743笔、9.47亿元。创新推出“央行微贷通”业务，明确扶持小微企业、推行利率优惠等相关措施，要求以不低于再贷款资金2倍的杠杆撬动地方法人金融机构增加对小微企业、“三农”领域的信贷投放。全年发放支农支小再贷款3.5亿元，满足近220户农业经营主体、小微企业的融资需求。三是加速发展应收账款质押融资。12月末全市应收账款融资余额878亿元，同比增长14.63%，高于各项贷款增幅9.21个百分点，应收账款融资业务实现辖内银行全覆盖。

（李红霞）

无锡市主要经济金融统计

（2010—2014年） 单位：亿元

项　　目	2010年	2011年	2012年	2013年	2014年
国内生产总值	5 758	6 880.15	7 568.15	8 070.18	8 205.31
第一产业(增加值)	104.94	122.98	137.22	148.53	156.96
第二产业(增加值)	3 208.79	3 728.12	4 012.03	4 207.43	4 186.34
第三产业(增加值)	2 444.27	3 029.05	3 418.9	3 714.22	3 862.01
全社会固定资产投资	2 985.65	3 169.18	3 618.07	4 015.77	4 634.21
地方财政收入	511.89	615	658.03	710.91	768.01
地方财政支出	468.47	592.67	648.61	711.49	748.06

（续表）

项　　目	2010 年	2011 年	2012 年	2013 年	2014 年
社会消费品零售总额	1 809.08	2 122.72	2 427.94	2 740.92	3 054.75
居民消费价格指数(以上年为 100)	103.4	105.1	102.5	102.1	102.2
进出口总额(亿美元)	612.23	724.47	707.75	703.73	741.7
进口(亿美元)	249.51	301.35	294.61	292.24	299.39
出口(亿美元)	362.72	423.12	413.14	411.49	442.31
全部金融机构各项存款(余额)	8 827.2	9 722.44	10 740.38	11 641.96	12 315.01
企业存款	2 945.01	6 150.62	6 640.9	7 000.79	7 397.25
财政存款	42.05				
储蓄存款	3 109.44	3 340.09	3 763.82	4 120.67	4 518.02
全部金融机构各项贷款(余额)	6 487.13	7 279.81	8 024	8 565.39	9 029.65
短期贷款	3 016.36	3 817.73	4 376.06	4 517.26	4 229.16
中长期贷款	2 970.32	3 220.67	3 282.36	3 618.28	4 148.74
全部保险机构保费收入	131.36	161.16	153.14	174.86	191.36
全部保险机构保险赔款支出(含满期给付)	18.55	26.02	47.65	55.99	65.6
全部保险机构保险密度(元/人)	2 813.7	3 071	3 258	3 702.86	4 280
全部保险机构保险深度(%)	2.28	2.34	2.02	2.17	2.33

注：全部金融机构各项存款、贷款余额的七项数据为本外币并表统计数(含外资金融机构)。2011 年起企业存款、财政存款统一为“单位存款”口径。

3. 常　州　市

2014 年，常州市实现地区生产总值 4 901.87 亿元，按可比价格计算增长 10.1%。其中，第一产业完成增加值 138.5 亿元，增长 3.0%；第二产业完成增加值 2 458.2 亿元，增长 9.5%；第三产业完成增加值 2 305.2 亿元，增长 11.4%。全市第一、二、三次产业比重由上年的 3.2∶51.6∶45.2 调整为 2.9∶50.1∶47.0，第三产业增加值在经济总量中所占比重比上年提高 1.8 个百分点。全市按常州人口计算的人均生产总值为 104 423 元，按平均汇率折算为 16 999 美元。在经济总量扩大、结构改善的同时，地方财政收入平稳增长。2014 年全市财政总收入 1 335.5 亿元，比上年增长 14.2%，其中公共财政预算收入 433.9 亿元，比上年增长 6.1%，公共财政预算支出 426.9 亿元，比上年增长 2.2%。全年完成全社会固定资产投资 3 310.1 亿元，比上年增长 16.1%，其中工业投资完成 1 680.2 亿元，比上年增长 11.1%。全年实现农林牧渔业总产值 256.8 亿元，比上年增长 7.0%；完成规模以上工业总产值 11 195.3 亿元，比上年增长 11.2%。全年实现进出口贸易总额为 288.1 亿美元，比上年下降 1.4%，其中进口 74.26 亿美元，比上年下降 15.8%，出口 213.84 亿美元，比上年增长 5.0%。全年注册外资实际到账 31.2 亿美元，比上年增长 0.3%；全年新增工商登记注册外资 3 000 万美元以上项目 49 个，新增世界 500 强企业投资项目 1 个。全年实现社会消费品零售总额 1 804.2 亿元，比上年增长 13.1%。2014 年全年物价水平温和上涨，全年居民消费价格指数(CPI)为 102.2，与 2013 年持平；工业品出厂价格指数(PPI)为 98.1。2014 年末，全市户籍人口 368.6 万人，比上年末增加 0.7%；年末常住人口 469.6 万人，比上年末增长 0.1%，其中城镇人口 322.6 万人，城镇化率为 68.7%。全年新增就业 13.5 万人，年末城镇登记失业率控制在 1.9%。全年市区城镇居民人均可支配收入 39 483 元，比上年增长 9.2%；农民人均纯收入 20 133 元，比上年增长 10.8%。年末全市金融机构人民币储蓄存款余额 2 952.9 亿元，比年初增加 182.2 亿元。

【货币政策】 2014 年，中国人民银行常州市中心支行加强货币政策工具管理，组织全市金融机构认真贯彻执行稳健的货币政策，密切关注宏观调控政策在辖区的传导和实施效应。加大窗口指导，贯彻落实稳健货币政策。一是畅通政策传导渠道。加强与市金融办、发改委、经信委、财政局等部门的沟通联系，构筑工作合力，积极传导贯彻货币政策意图。制定并印发《常州市科技信贷政策导向效果评估指引》，引导信贷资源向科技型、小微型企业等重点领域倾斜。二是发挥政策工具效能。调查摸底金融机构支小再贷款、再贴现需求状况，发挥再贴现、支小再贷款引导效应，累计投入再贴现资金 34.27 亿元、支小再贷款 13 亿元，优先支持小微企业和“三农”领域。制定支小再贷款管理、地方法人机构流动性监测管理等实施细则，做好法人金融机构年度合意贷款调控工作。同时加大对金融机构利率定价和民贸贴息工作的指导。三是强化法人机构管理。组织开展金融市场业务现场检查、专项票据兑付后续监测等，督促法人金融机构规范业务发展。完善金融市场管理，强化业务创新推动，积极指导和支持江南农商行成功发行二级资本债券、同业存单以及信贷资产支持证券产品。

强化政策引导，引导金融服务实体经济。一是强化金融支持转型升级。大力开展“金融支持转型升级系列工程”，强化信贷政策与产业政策对接，联合市金融办、发改委、经信委等部门开展重点项目、“十大产业链”建设、“双百行动”计划、创新型企业培育“十百千”工程等专项银企对接活动，促进银行信贷资金与重点项目、龙头企业的无缝对接。二是强化金融支持小微企业。深入落实“小微企业金融服务升级扩面计划”，推进常州市小微企业金融服务平台上线运行，大力推广“信贷工厂”、“金融顾问”等融资培育模式，加大“年审制”、“周转易”、贷款保证保险等金融创新产品的推广运用，提高小微企业金融服务专业化水平。三是强化金融支持民生改善。引导金融机构增加县域地区和“三农”领域的信贷投入，满足城镇化建设、涉农企业和农业现代化发展的信贷需求。会同市财政、妇联、劳动保障等部门，出台小额担保贷款管理暂行办法及其补充规定，进一步做好薄弱领域的金融普惠工作。

优化金融服务，持续拓宽社会融资渠道。一是促进农村金融服务创新。进一步完善制度设计，着力解决瓶颈制约，创新开发金融服务管理信息系统，加强新型农业经营主体金融服务，推广农村土地承包经营权抵押贷款业务。全年累计为 14 户农业经营主体发放贷款 1 540 万元。积极推进农村金融产品和服务创新，进一步拓展中小企业信用信息辅助管理系统功能，引导金融机构强化家庭农场等新型农业经营主体金融支持力度。二是推动债务融资快速发展。组织召开全市直接债务融资工作座谈会，积极推进项目落实，努力扩大直接债务融资主体范围。2014 年，全市企业累计发行债务融资工具 188.6 亿元，至 12 月末，余额达到 294 亿元，比年初增加 166.5 亿元，增长 130.59%。三是力促商票业务增量扩面。继续发挥再贴现资金引导作用，促进金融机构商业承兑汇票业务发展。全年累计办理商票再贴现 15.34 亿元，全市企业累计签发商票 206.25 亿元。

【金融运行】 2014 年，常州市金融运行平稳有序。存款运行情况。1.各项存款弱势增长。至 12 月末，全市本外币各项存款余额 6 980.70 亿元，比年初增加 442.36 亿元，同比少增 305.19 亿元，比年初增长 6.77%，增速同比回落 6.14 个百分点。2.单位存款和个人存款增势均显乏力。至 12 月末，全市金融机构本外币单位存款余额为 3 717.70 亿元，比年初增加 245.02 亿元，增长 7.06%，增速同比回落 5 个百分点。从个人存款来看，12 月末，全市金融机构本外币个人存款余额 3 077.57 亿元，比年初增加 163.49 亿元，增长 5.61%，增速同比回落 8.79 个百分点。3.外汇存款有所增加。至 12 月末，全市金融机构外汇各项存款余额为 36.30 亿美元，比年初增加 5.10 亿美元，增长 16.34%，增速同比提高 10.32 个百分点。

贷款运行情况。1.人民币贷款增长平稳，外汇贷款持续下降。至 12 月末，全市本外币各项贷款余额 4 897.39 亿元，比年初增加 407.16 亿元，同比少增 64.86 亿元，增长 9.07%，增速同比回落 2.68 个百分点。其中，人民币各项贷款余额 4 789.74 亿元，比年初增加 471.42 亿元，增长 10.92%；外汇贷款余额仅为 17.59 亿美元，比年初减少 10.6 亿美元，降幅为 37.61%。2.中长期贷款和票据融资增长较快。至 12 月末，全市本外币中长期贷款余额 2 118.98 亿元，比年初增加 275.07 亿元，增长 14.92%，增速同比提高 1.18 个百分点。但短期贷款增势依然低迷，12 月末余额为 2 519.43 亿元，仅比年初增加 4.84 亿元，比年初增长 0.19%，增速同比大幅回落 10.21 个百分点。同时,票据融资保持快速增长态势,1—12 月,全市新增票据融资 127.76 亿元,同比多增 115.93 亿元,大幅增长 102.52%。3.房地产各项贷款增长分化明显。至 12 月末,全市房地产各项贷款余额为 1 179.01 亿元,比年初增加 123.74 亿元,同比少增 67.63 亿元,增长 11.73%,增速同比下降 10.42 个百分点。因政府土地储备贷款集中投放,全市地产开发贷款保持较快增长,12 月末余额为 168.85 亿元,比年初增长 62.04%,增速同比提高 20.28 个百分点。受房地产市场调整压力影响,全市房产开发贷款仅比年初增长 0.95%,增速同比下滑 35.72 个百分点;全市个人购房贷款余额比年初增加 57.09 亿元,同比少增 33.52 亿元。

【金融市场】 一是企业上市稳步推进。至 2014 年末,全市共有上市公司 36 家,其中 A 股 21 家,B 股 1 家,H 股 8 家。二是证券市场交易活跃度大幅提升。2014 年全市证券营业部全年证券交易总额为 9 780.2 亿元,比上年增长 89.1%,其中 A 股交易 7 701.4 亿元,比上年增长 59.4%; B股交易 6.9 亿元,比上年下降 37.0%;债券成交 1 748.9 亿元,比上年增长 824.7%;基金成交 323.1 亿元,比上年增长 130.6%。三是保险市场业务平稳增长。至 2014 年末,全市共有保险公司 65 家,比上年增加 1 家,其中产险公司 28 家,寿险公司 37 家。2014 年实现保费总收入 135.4 亿元,同比增长 14.3%,其中寿险 89.7 亿元,比上年增长 13.5%,财产险 45.7 亿元,比上年增长 15.9%。2014 年保险赔款支出 29.4 亿元,比上年增长 13.3%,其中寿险赔款支出 3.6 亿元,比上年增长 39.0%;财产险赔款支出 25.8 亿元,比上年增长 10.5%。

【金融创新与服务】 一是优化小微企业融资培育。推进常州市小微企业金融服务平台上线运行,通过银行“晒产品”、企业“晒需求”的方式在互联网打造不间断的银企对接平台,进一步优化小微企业融资服务环境。积极推荐申报“小微金融服务计划”、“惠民通小微支持计划”等省级重点示范项目,有效发挥政策支持工具的杠杆作用,切实支持小微企业发展。二是推进农村金融服务创新。积极贯彻落实国务院农村金融服务工作要求,在武进区积极试点,探索开展农村土地承包经营权抵押贷款试点工作。完善制度设计,从农村土地承包经营权抵押登记管理、抵押贷款管理、农村集体产权交易平台建设、抵押贷款风险补偿机制等四个方面出台文件,着力解决农村土地承包经营权抵押贷款业务的瓶颈制约。全年累计为 14 户农业经营主体发放贷款 1 540 万元。三是促进企业融资渠道拓宽。完善债务融资服务长效机制,加强后续监督,针对区域集优存续项目建立月度监测报告制度,推动直接债务融资稳健发展。组织召开全市直接债务融资推进会,积极推进项目落实,扩大直接债务融资主体范围,2014 年,黑牡丹集团、新誉集团等企业先后发行短期融资券、中期票据、非公开定向债务融资工具、资产支持票据等合计 186 亿元。

(郑 蕾)

常州市主要经济金融统计

(2010—2014 年)

单位:亿元

项 目	2010 年	2011 年	2012 年	2013 年	2014 年
国内生产总值	2 976.68	3 580.42	3 969.75	4 360.93	4 901.87
第一产业(增加值)	99.82	111.36	126.30	138.12	138.46
第二产业(增加值)	1 667.16	1 950.84	2 100.76	2 250.80	2 458.17
第三产业(增加值)	1 209.70	1 518.22	1 742.69	1 972.01	2 305.24
全社会固定资产投资	2 103.55	2 338.94	2 760.14	2 902.84	3 310.05
地方财政收入	286.18	350.88	378.99	408.88	433.88
地方财政支出	273.44	354.22	384.12	403.88	426.92
社会消费品零售总额	1 044.73	1 236.10	1 404.53	1 597.01	1 804.2
居民消费价格指数(以上年为 100)	103.4	105.0	102.5	102.2	102.2
进出口总额(亿美元)	222.78	286.35	290.28	292.13	288.1
进 口(亿美元)	67.20	92.74	90.68	88.39	74.26
出 口(亿美元)	155.58	193.61	199.60	203.74	213.84

（续表）

项目	2010 年	2011 年	2012 年	2013 年	2014 年
全部金融机构各项存款(余额)	4 550.47	5 020.88	5 789.88	6 538.33	6 980.70
企业存款	1 286.02	1 991.19	2 203.56	2 543.40	2 679.93
财政存款	26.42	31.1	44.45	34.81	45.44
储蓄存款	2 009.24	2 171.20	2 489.97	2 770.68	2 952.86
全部金融机构各项贷款(余额)	3 011.67	3 505.80	4 018.21	4 490.23	4 897.39
短期贷款	1 521.36	1 936.28	2 277.82	2 514.85	2 519.43
中长期贷款	1 406.95	1 485.65	1 620.92	1 843.65	2 118.98
全部保险机构保费收入	86.53	93.56	109.41	118.42	135.38
全部保险机构保险赔款支出(含满期给付)	12.10	24.41	29.97	25.93	29.4
全部保险机构保险密度(元/人)	2 398.28	2 585.74	2 999.12	3 236.31	3 672.42
全部保险机构保险深度(%)	2.91	2.61	2.76	2.72	2.76

注：全部金融机构各项存款、贷款余额的七项数据为本外币并表统计数(含外资金融机构)。

4. 苏 州 市

2014 年，苏州市实现地区生产总值 13 761 亿元，按可比价格计算比上年增长 8.3%。其中第一产业增加值 204 亿元，与上年基本持平；第二产业增加值 6 893 亿元，比上年增长 6.2%；第三产业增加值 6 664 亿元，比上年增长 1.1%。人均地区生产总值(按常住人口计算)13 万元，按年平均汇率折算超过 2 万美元。

工业生产稳中略增。全市实现工业总产值 35 773 亿元，比上年增长 0.2%，其中规模以上工业总产值 30 586 亿元，比上年增长 0.3%。在规模以上工业中，大型工业企业产值 16 392 亿元，比上年下降 3%，中小微工业企业产值 14 193 亿元，比上年增长 4.6%。

投资趋于平缓。全市完成全社会固定资产投资 6 231 亿元，比上年增长 3.8%。分产业看：第一产业完成投资 4.4 亿元，比上年增长 30.7%；第二产业完成投资 2 308.6 亿元，比上年下降 4.9%；第三产业完成投资 3 917.7 亿元，比上年增长 9.7%。

消费趋于稳定。全市实现社会消费品零售总额 4 061 亿元，比上年增长 12%。其中批发和零售业零售额 3 580 亿元，增长 12%；住宿和餐饮业零售额 481 亿元，增长 11.7%。

出口温和增长。全市实现进出口总额 3 113 亿美元，比上年增长 0.6%。其中出口 1 812 亿美元，比上年增长 3.1%；进口 1 301 亿美元，比上年下降 2.6%。

财政收支状况良好。全市实现地方公共财政预算收入 1 444 亿元，比上年增长 8.5%，其中各项税收收入 1 244 亿元，增长 9.3%；税收收入占公共预算收入的比重达到 86.2%。全市地方公共财政预算支出 1 305 亿元，比上年增长 7.6%。

【货币政策】 2014 年，人民银行苏州市中心支行认真贯彻落实稳健的货币政策，引导苏州市各银行业金融机构加大对苏州区域经济的支持力度，促进社会融资总量稳步增长，推动金融改革举措有效落地，为地方经济转型升级和创新发展提供了有力保障。

充分发挥定向引导作用，提升政策工具效果。一是落实存款准备金相关政策。认真组织开展地方法人机构存款准备金检查工作，及时发现和纠正法人机构执行政策过程中存在的问题。加大对“定向降准”政策的宣传引导，加强流动性及信贷投放监测，引导地方法人机构加大对“三农”、小微企业的信贷支持。二是创新再贴现票据量化引导管理模式。苏州中支制订《人民银行苏州市中心支行再贴现业务评分办法(试行)》，对银行贴现业务的行业、价格等要素给予综合评分，并据此确定受理顺序，从而有效引导金融机构加大对“三农”、科技型中小企业、文化产业及节能环保产业等符合信贷政策导向的行业、企业的支持力度，促进信贷资源有效合理流动。三是探索开展特色信贷政策导向效果评估工作。按照点面结合、定性与定量评估相结合的思路，搭建科技金融信贷政策导向效果评估机制，重点评估银行机构在战略新兴产业和科技型小微企业信贷政策的执行情况，推动银行业金融机构持续深化科技金融服务机制建设，促进科技和金融的深层次结合。

推动信贷结构优化调整，加大经济转型的支持力度。一是加强银企融资对接服务。与市经信委紧密合作，通过对全市重点工业投资项目的摸排、中小企业信用信息数据库筛选等方式，遴选出一批具有贷款条件的重大优质项目，重点向银行机构进行推荐，帮助银行机构扩大优质项目储备。29家银行机构与64家企业进行了对接，现场签约（授信）金额306亿元，加大金融服务实体经济的力度。二是积极做好科技金融服务工作。加强与科技局、财政局等部门合作，配合搭建"实体"、"网络"、"移动"三位一体的苏州市科技金融超市平台。2014年末，通过该平台共遴选出科技含量高、市场潜力大、信誉良好的科技型中小企业达6 642家；整合120家各类科技金融服务机构，422位专家资源，342项科技金融创新产品。三是充分利用银行间债券市场对农业的支持功能。支持苏州银行在全国首家发行"三农"专项金融债券，发行总量为20亿元，募集资金全部用于发放涉农贷款。

【金融运行】　存款增长明显放缓，季末冲高现象缓解。至2014年12月末，全市金融机构本外币各项存款余额为22 833亿元，比年初增加1 595亿元，同比少增850亿元。2014年，在全国、全省存款增长普遍放缓形势下，苏州市银行业金融机构负债能力在省内仍然保持优势，存款增量居于全省第二位，仅低于南京，增量占比达18.49%。全年存款增长呈现两个明显特点：一是存款偏离度政策效应明显，季度末存款冲高现象明显缓解。9月和12月当月的存款变动分别为增加26亿元和减少200亿元，明显小于3月份和6月份存款单月增量1 533和1 210亿元。二是单位和个人存款增长均有所放缓。12月末苏州市单位存款余额14 386亿元，比年初增加1 138亿元，同比少增289亿元。个人存款余额7 118亿元，比年初增加318亿元，同比少增441亿元。

贷款增长平稳，结构出现新变化。2014年，各银行业金融机构对苏州地区信贷投入力度较大，12月末全市贷款余额18 427亿元，较年初增加1 712亿元，同比少增29亿元。从贷款主体看，单位贷款增长相对平稳，个人贷款增长明显放缓。12月末，全市本外币各项单位贷款余额（不含贴现，下同）较年初增加978亿元，同比少增167亿元，同期投向单位的票据贴现和银团贷款分别较年初增加234亿元和206亿元，同比分别多增128亿元和113亿元；个人贷款余额较年初增加366亿元，同比少增155亿元。从贷款期限看，中长期贷款增长较快，短期贷款增长明显偏缓。12月末全市本外币中长期贷款余额较年初增加1 449亿元，同比多增379亿元；同期短期贷款较年初仅增加42亿元，同比少增517亿元，明显低于近三年来1 000亿元左右的平均水平。从企业类型看，大型企业贷款增长稳定，中小微企业贷款增长进一步放缓。12月末，全市大型企业贷款较年初增加325亿元，同比多增273亿元。中小微企业贷款较年初增加700亿元，同比少增351亿元。从行业类型看，房地产行业贷款增长高位回落，基础设施行业贷款增长稳定，制造业贷款增长放缓。12月末，房地产行业贷款较年初增加220亿元，虽然同比多增134亿元，但下半年仅增加20亿元，仅占当年增量的9.09%。基础设施行业（包括电力、热力、燃气及水生产和供应业，交通运输、仓储和邮政业，水利、环境和公共设施管理业）贷款较年初增加221亿元，同比多增52亿元。制造业贷款较年初增加38亿元，同比少增114亿元。

银行间市场融资快速增长，融资结构明显改善。2014年，人民银行通过下发符合发债条件企业名单、举办直接债务融资业务银企专项对接会等，帮助银行培育目标客户，推动银行间市场债务融资发展。全年全市企业在银行间市场共发行各类债务融资工具463亿元，同比多发行301亿元。年末债务融资工具余额为692亿元，较上年末增加339亿元。

利率有所回落，企业融资成本下降。2014年，人民银行通过下调基准利率、在公开市场主动降低正回购利率等政策工具，推动和引导金融机构降低对实体经济的利率水平。12月末，全市金融机构1年期贷款加权平均利率为6.79%，较年初下降0.23个百分点，较同期全省平均水平低0.17个百分点。票据贴现利率呈现稳中有降态势，12月份全市3—6个月银行承兑汇票贴现利率为5.30%，较年初下降2.22个百分点，较低的贴现利率有效降低了企业的融资成本。

【金融市场】 资本市场亮点突出。一是首发上市继续领先全省。新增上市公司8家,累计达92家;新增首发融资和再融资共计210亿元,累计941亿元。上市企业数量位居全省第一,其中,境内上市公司71家,占全省的28.1%,位于全省第一,全国大中城市第五位;上市公司市值5 104亿元,同比增加58%。二是企业再融资创新高。16家上市公司新增再融资175亿元,同比分别增长78%和182%,创历史新高,上市公司实力进一步增强。三是新三板挂牌成效显著。全面实施"新三板挂牌企业三年培育计划",新增挂牌企业71家,仅次于北京、上海,位居全国第三,占全省的42%,挂牌总数全国第四。

保险业发展趋于稳定。截至2014年底,全市保险公司74家,其中财产险公司34家、人身险公司40家。保费收入311.8亿元,同比增长15.6%,占全省保费收入的18.5%,其中:财产险保费收入143.1亿元,同比增长16.6%;人身险保费收入168.7亿元,同比增长14.7%。保费收入位列江苏省第一位,列国内各大城市第九位。2014年全市保险深度为2.26%,保险密度2 940元/人。

【金融创新】 一是工业园区跨境人民币创新业务试点正式启动。至12月末,共有32家园区企业与12家新加坡银行机构签订跨境人民币贷款合同24.11亿元,实际提款16.35亿元。二是昆山试验区跨境人民币创新业务试点向纵深拓展。2014年7月,人民银行总行同意台资企业将其以流动资金设立的企业参与双向借款试点业务,拓宽了政策覆盖面。试点以来,台资企业集团内部双向借款业务达74.89亿元。三是工业园区外汇资本金结汇管理方式改革试点正式落地。试点四个月来,共31家企业发生意愿结汇1.76亿美元,其中资本金意愿结汇1.44亿美元,占园区同期资本金结汇金额的54.5%。试点政策增强了企业资金运用的灵活性。四是跨国公司总部外汇资金集中运营试点不断扩大。试点企业数量由2家扩大到7家,参与地区由园区扩大到吴江区、张家港市和常熟市。7家试点企业共集中境内外成员企业116家,累计集中运营境内外汇资金66亿美元。五是跨境双向人民币资金池业务成功办理。4家企业集团成功备案,位居全省首位。其中,沙钢集团、永钢集团和盛虹集团累计成功归集境外子公司资金3 238万元。六是海关特殊监管区域外汇管理改革试点深入推进。"外汇监测服务系统"在园区综保区试点运行的基础上,目前正在向全市9个海关特殊监管区推广,张家港保税区、保税港区已正式运行。

(殷贵梅)

苏州市主要经济金融统计

(2010—2014年) 单位:亿元

项目	2010年	2011年	2012年	2013年	2014年
国内生产总值	9 168.91	10 716.99	12 011.65	13 015.7	13 760.89
第一产业(增加值)	155.53	164.51	195.08	214.49	203.98
第二产业(增加值)	5 294.07	6 057.3	6 502.25	6 849.59	6 892.98
第三产业(增加值)	3 719.31	4 495.18	5 314.32	5 951.62	6 663.93
全社会固定资产投资	3 617.82	4 502.02	5 266.49	6 001.94	6 230.67
地方财政收入	2 869.16	3 492.38	3 333.17	3 952.40	3 778.67
地方财政支出	2 448.94	3 022.44	2 782.60	3 149.76	2 631.11
社会消费品零售总额	2 407.89	2 829.58	3 240.97	3 627.6	4 061.11
居民消费价格指数(以上年为100)	103.4	105.1	102.7	102.1	102.1
进出口总额(亿美元)	2 740.80	3 008.63	3 056.92	3 093.5	3 113.06
进 口(亿美元)	1 209.70	1 336.29	1 310.03	1 336.4	1 301.28
出 口(亿美元)	1 531.10	1 672.33	1 746.89	1 757.06	1 811.78

（续表）

项　　目	2010年	2011年	2012年	2013年	2014年
全部金融机构各项存款(余额)	14 225.49	16 004.16	18 796.06	21 237.59	22 832.53
企业存款	5 538.93	6 961.992	11 824.56	13 238.78	14 386
财政存款	121.89	142.305 1	197.25	228.68	276.91
储蓄存款	4 701.31	5 126.887	5 845.91	6 470.7	6 817.56
全部金融机构各项贷款(余额)	10 831.62	12 776.25	14 877.84	16 675.53	18 427.41
短期贷款	3 830.62	5 411.525	6 843.28	7 457.51	7 539.17
中长期贷款	6 308.12	6 974.71	7 596.64	8 667.16	10 116.2
全部保险机构保费收入	193.00	205.00	237.42	269.8	311.8
全部保险机构保险赔款支出(含满期给付)	43.00	55.00	71.64	94.3	110.6
全部保险机构保险密度(元/人)	3 026.69	3 192	3 665	2 550	2 944
全部保险机构保险深度(%)	2.10	2.1	1.98	2.1	2.3

注:全部金融机构各项存款、贷款余额的七项数据为本外币并表统计数(含外资金融机构)。2013年以后的保险密度以常住人口为口径。

5. 南　通　市

2014年,南通市实现生产总值5 652.69亿元,比上年增长10.5%。其中:第一产业增加值367.11亿元,增长3.5%;第二产业增加值2 873.83亿元,增长10.3%;第三产业增加值2 411.76亿元,增长11.9%。人均GDP达到77 457元,按年平均汇率计算达到12 658美元。全年全员劳动生产率为115 481元/人,提高11.3%。

产业结构继续优化。全市三次产业结构由上年的6.8∶52.1∶41.1调整为6.5∶50.8∶42.7。全年实现服务业增加值2 093.1亿元,比上年增长12.9%,第三产业在国民经济中的比重首次超过工业。“两新”产业较快发展,完成高新技术产业产值5 501.19亿元,增长16.7%。六大新兴产业完成产值4 179.54亿元,增长20.1%。

工业生产稳步增长。全市规模以上工业增加值2 864.24亿元,比上年增长11.4%。其中,轻重工业分别增长7.5%和13.5%。全市规模以上工业主营业务收入12 308.3亿元,增长11.1%;利税总额1 471.8亿元,增长15.0%;利润总额936.4亿元,增长13.9%。亏损企业亏损总额28亿元,下降5.2%。

固定资产投资持续增长。全年固定资产投资额3 896.39亿元,比上年增长18.1%。分产业投向,第一产业投资9.91亿元,增长416.15%;第二产业投资2 046.82亿元,增长10.3%;第三产业投资1 839.66亿元,增长27.6%。全年基础设施投资622.8亿元,增长44.0%。全年房地产开发投资678.9亿元,增长13.8%。

财政收入收支良好。全市实现一般公共预算收入550亿元,比上年增长13.2%,其中,增值税增长9.7%,营业税增长7.3%。全年一般公共预算支出649.95亿元,增长12.8%,其中,用于社会保障与就业、科学技术、教育、医疗卫生、环境保护等民生方面的财政投入达371.8亿元,增长15.0%。

外向型经济喜中有忧。全年进出口总值316.47亿美元,增长6.2%,其中,出口总值224.8亿美元,增长5.7%;进口总值91.7亿美元,增长7.4%。全年新批外商投资项目305个,比上年下降13.3%,其中,千万以上项目140个,下降4.8%;新批协议注册外资55.2亿美元,增长11.5%;实际到账注册外资23.0亿美元,增长0.9%。

国内贸易保持增长。全年社会消费品零售总额2 153.52亿元,增长11.8%。其中,城市消费品零售额1 567.4亿元,增长11.8%;农村消费品零售额586.1亿元,增长11.7%。分行业看,批发和零售业消费品零售额1 980.0亿元,增长11.5%;住宿和餐饮业消费品零售额173.5亿元,增长14.3%。

物价水平小幅上涨。全市市区居民消费价格总指数102.1,物价总水平比上年增长2.1%,其中,八大类消费价格呈现“六涨二降”的态势。城乡居民收入继续增加。城镇居民人均可支配收入 33 374 元，增长 8.9%；人均消费支出 22 035 元，增长 7.2%。农村居民人均可支配收入 15 821 元，增长 10.9%；人均消费支出 11 051 元，增长 10.3%。

【货币政策】 2014 年，中国人民银行南通市中心支行切实贯彻稳健货币政策，加强对商业银行的业务引导，为地方经济快速健康发展做出了有效的贡献。《金融时报》专题刊登了李丹瑾行长《人行南通中支——优化金融服务　促经济健康发展》等系列采访文章。

充分发挥货币政策工具的杠杆作用。一是有效运用货币信贷政策工具，引导结构调整和产业升级。全年累计发放再贴现 46.2 亿元，同比增长 28.5%，累计支持小微企业 489 家，同比增长 67.4%，再贴现利率同比下降 1.2 个百分点，降低了小微企业融资成本；支农、支小再贷款累计发放 10.8 亿元，较上一年增加 9.8 亿元。二是大力推进"金融支持转型升级"和"金融服务升级扩面"两项工程。全年转型升级项目贷款投放 30.21 亿元，拓展首贷户 103 户；小微企业扶持项目投放 19.33 亿元，拓展首贷户 124 户。三是改善融资结构，加快推进直接债务融资工具发行，全年发行量达 99.5 亿元，同比增长 111%，提前实现了倍增目标，并实现了所有品种的全覆盖。四是探索建立全新的金融评价体系。创造性地建立了"金融支持经济发展指标体系"，分别从金融对经济增长的直接推动作用、对产业结构调整的支持作用、对信用和融资等环境的改造作用以及对民生和弱势群体的扶持作用四个方面进行科学、客观的评价。

有力维护区域金融稳定和金融秩序。一是选择具有代表性的 20 家年销售收入 30 亿元以上的大型民营企业按季度进行定期监测，分析潜在风险隐患；对单体担保 2 亿元以上、授信 5 亿元以上的企业及时进行监测分析，防范企业担保圈风险扩散和相互传染。二是扩大金融风险防范范围。将小额贷款公司、担保公司、农民资金互助社、典当行等具有融资功能的非金融机构纳入金融稳定协调机制覆盖范围。选取市融资性担保公司作为突破口，探索建立"影子银行"统计制度。三是强化"两管理两综合"成果运用。对 2013 年度执行人民银行政策法规综合评价等级为 C 类的银行机构，采取禁止其参加市本级财政性资金定期存款招投标以及开展综合执法检查等措施，提升了权威性和威慑力。四是加大金融监管力度。对市区各银行机构开展了金融消费权益保护工作评价，全年妥善办结金融消费投诉 57 起。构建起务实高效的反洗钱协调机制，协助破获反洗钱案件 1 起。全年立案打击外汇违法违规行为 24 起，结案 23 起。五是完善金融生态环境创建长效机制。2014 年，辖区 6 县（市、区）全部被评为"金融生态优秀县"，在江苏省率先实现县域"创优全覆盖"。在 2014 年江苏省 69 个设乡镇的县域综合评估中，南通市整体排名江苏省领先。

【金融运行】 存款增量江苏省第三，"立行之本"更加巩固。2014 年末，全市金融机构本外币各项存款余额为 8 508.32 亿元，比年初增加 966.2 亿元，增幅 12.81%，增速高于江苏省平均水平 3.04 个百分点。当年增量仅次南通、苏州，列江苏省第三。其中，个人存款余额 4 692.96 亿元，比年初增加 458.65 亿元，增幅 10.83%，增速高于江苏省平均水平 3.02 个百分点；单位存款余额 3 643.87 亿元，比年初增加 465.18 亿元，增幅 14.63%，增速高于江苏省平均水平 4.15 个百分点。

贷款增幅高于全省，合理需求得到满足。2014 年末，全市金融机构本外币各项贷款余额为 5 258.93 亿元，比年初增加 586.12 亿元，增幅 12.54%，增速高于江苏省平均水平 1.19 个百分点，有效满足了经济发展的合理资金需求。一是中长期贷款余额 2 179.94 亿元，比年初增加 300.61 亿元，增幅 16%，高于各项贷款平均增幅 3.46 个百分点；短期贷款余额 2 822.12 亿元，比年初增加 161.76 亿元，增幅 6.08%，低于各项贷款平均增幅 6.46 个百分点；票据融资余额 253.58 亿元，比年初增加 122.32 亿元。二是全市小微企业贷款 1 344.45 亿元，比年初增加 161.94 亿元，增幅 13.69%，高于各项贷款平均增幅 1.15 个百分点。

表外融资强势增长，内外联动合力强劲。2014 年末，全市银行承兑汇票、信用证、保函、金融衍生品等五项表外融资余额 2 019.24 亿元，比年初增加 412.1 亿元，增长 25.64%，增速比各项贷款高 13.1 个百分点，表外融资增速超越表内贷款，已成为支持经济发展的重要一翼。表内表外联动发力，金融服务经济发展的合力更加强劲。

贷款质量有所下降，经营效益明显下滑。2014 年末，全市不良贷款余额 48.19 亿元，比年初增加 16.05 亿元，不良贷款率 0.92%，比年初上升 0.23 个百分点。随着金融机构数量增多、金融市场化改革步伐加快，同业竞争日益加剧，银行存贷款息差收窄，加之坏账拨备增加，经营效益明显下降。银行机构税后利润121.35亿元，同比减少4.29亿元，下降3.66%。

【金融市场】　2014年末，全市社会融资规模增量为1 026.16亿元。各项贷款增量586.12亿元，占社会融资规模增量的57.12%；银行承兑汇票增量净值75.95亿元，占比7.4%；非金融企业委托贷款增量122.56亿元，占比11.94%；小贷公司贷款增量16.02亿元，占比1.56%；债券净发行增量196亿元，占比19.1%，其中，发行地方企业债增量110.5亿元，短期融资券增量23.5亿元，中长期票据增量17亿元，资产支持票据20亿元，定向票据25亿元。保险公司赔偿29.51亿元，占比2.88%。全市保险机构总数达74家，保险行业从业人员1.64万人。全年保费收入154亿元，比上年增长10.1%，其中，财产险收入49.2亿元，增长24.6%；人寿险收入104.8亿元，增长17.1%。

【金融创新】　打造"创新金融"，实施信贷工作"一行一品"工程。出台《金融服务经济创新联系行管理办法》，确定了6家银行机构为首批金融创新联系行，指导其自主开展金融创新实践，取得23项创新成果。一是在如皋农村商业银行试点成功的基础上，在全市法人银行业金融机构中全面开展了小微企业贷款批量营销和小微贷款标准化流程工作。二是指导建设银行南通分行与市财政局创新推出"助保贷"业务，并在全辖推广实施，为解决小微企业融资难、融资贵问题探索出有效的新途径。三是在全市开展土地承包经营权抵押贷款试点业务，辖内通州区、海门市、如皋市累计投放贷款822万元。推动地方政府设立100万元专项风险补偿基金。四是指导民生银行南通分行创新推出"渔网贷"产品，在全市推广，较好地解决了沿海地区渔民技术改造和流动资金需求。

打造"开放金融"，深化外汇服务方式方法。一是积极布局采购贸易方式改革。修订《个人跨境人民币结算试点管理暂行办法》和《市场采购贸易方式外汇管理暂行办法》，为海门叠石桥国际家纺城市场采购贸易方式改革做好政策准备。大力推动跨境外币电子商务的开展，成功为叠石桥智利客商通过"旅游购物"贸易方式购买家纺产品，实现了零突破。二是积极搭建离岸金融服务平台。成功帮助浦发银行南通分行、交通银行南通分行、招商银行南通分行完成离岸金融分中心的审批与落地工作。浦发银行南通分行、交通银行南通分行已分别从离岸引入1亿元和0.9亿元资金投向辖区企业。南通率先成为江苏省"集群式"离岸金融机构基地。三是筹谋跨境资金集中运营破题。引导江苏综艺股份有限公司参加全省跨境资金集中运营试点，首单业务已正常开展。四是创造条件支持实体经济发展。成功办理辖区首笔5 900万元的跨境人民币境外放款业务。

（张　飒）

南通市主要经济金融统计

（2010—2014年）　　单位：亿元

项　目	2010年	2011年	2012年	2013年	2014年
国内生产总值	3 417.88	4 080.22	4 558.67	5 038.89	5 652.69
第一产业(增加值)	262.43	287.21	319.09	345.41	367.11
第二产业(增加值)	1 908.56	2 221.48	2 414.11	2 623.50	2 873.83
第三产业(增加值)	1 246.89	1 571.53	1 992.11	2 069.98	2 411.76
全社会固定资产投资	2 168.38	2 378.36	2 886.47	3 298.73	3 896.39
地方财政收入	290.81	373.69	419.7	485.9	550
地方财政支出	316.75	419.45	513.0	576.4	649.95
社会消费品零售总额	1 268.32	1 479.87	1 708.65	1 927.09	2 153.52
居民消费价格指数(以上年为100)	103.70	105.00	102.5	102.2	102.1
进出口总额(亿美元)	210.96	258.44	263.01	298.14	316.47
进　口(亿美元)	69.89	78.14	75.15	85.36	91.7
出　口(亿美元)	141.07	180.30	187.86	212.78	224.8

（续表）

项　　目	2010年	2011年	2012年	2013年	2014年
全部金融机构各项存款(余额)	4 957.83	5 614.56	6 477.84	7 542.12	8 508.32
企业存款	1 206.41	2 427.12	2 680.25	3 177.48	2 070.36
财政存款	29.12	29.79	25.45	28.58	30.44
储蓄存款	2 693.99	3 068.10	3 605.65	4 150.54	4 226.08
全部金融机构各项贷款(余额)	2 964.58	3 408.62	4 006.48	4 672.81	5 258.93
短期贷款	1 510.04	1 884.35	2 304.14	2 660.67	2 822.12
中长期贷款	1 283.10	1 444.96	1 603.33	1 879.02	2 179.94
全部保险机构保费收入	134.45	151.88	127.13	139.86	154
全部保险机构保险赔款支出(含满期给付)	22.80	32.00	20.80	56.21	29.51
全部保险机构保险密度(元/人)	1 846.38	2 083.66	1 742.15	1 958.39	1 848.57
全部保险机构保险深度(%)	3.93	3.72	2.79	2.84	3.95

注:全部金融机构各项存款、贷款余额的七项数据为本外币并表统计数(含外资金融机构)。

6. 扬　州　市

2014年,扬州市实现地区生产总值3 697.89亿元,可比价增长11%。其中,第一产业增加值240亿元,增长3.8%;第二产业增加值1 886.26亿元,增长11%;第三产业增加值1 571.63亿元,增长12.1%。全市人均GDP突破8万元,达82 727元,位列全省第6位。

工业经济增速有所放缓,但主要指标增幅高于省均水平。2014年,全市2 681家规模以上工业完成总产值9 457.17亿元,增长11.5%,实现工业增加值2 145.68亿元,增长12%,高出省均2.1个百分点,增速同比下降1.2个百分点。全年实现工业开票销售4 196.5亿元,增长10.4%;实现主营业务收入9 083.47亿元,增长11.1%;实现利税1 066.57亿元,增长12.7%;利润616.95亿元,增长14.7%。

投资增速小幅下降,房地产开发投资增速大幅下降。2014年,全市完成固定资产投资2 416.66亿元,增长19.3%,高出省均3.8个百分点,增速同比下降1个百分点,处在2010年以来的低位。其中房地产开发投资360.44亿元,增长14.1%。增速同比下降19.9个百分点,增速连续六个季度下降。从产业来看,第一产业投资15.15亿元,增长1.2%;第二产业投资1 330.68亿元,增长15.0%;第三产业投资1 070.83亿元,增长25.0%。

消费需求小幅回升,物价指数微幅下降。2014年,全市社会消费品零售总额为1 232亿元,增长12.1%,增速同比提高0.6个百分点。1—12月,扬州市CPI上涨2.1%,同比下降0.1个百分点。

进出口增幅同比由降转升,进口增速大幅提高。2014年,全市进出口总额为100.12亿美元,增长5.3%,高出省均3个百分点,增幅同比提高11.8个百分点。其中,出口总额为76.82亿美元,增长1.7%,增速同比提高9.3个百分点;进口总额为23.3亿美元,同比增长19.1%,增速同比提高22.72个百分点。

财政收入增速小幅回落,财政支出稳定增长。2014年,全市公共财政预算收入295.19亿元,增长13.9%,高出省均3.8个百分点,增速同比下降1.37个百分点。其中,税收收入242.22亿元,占公共财政预算收入比重为82.06%,增长13.88%,增速同比下降3.92个百分点。全市公共财政预算支出374.67亿元,增长17.3%,其中一般公共服务支出50.96亿元,增长20%。

【货币政策】 加强窗口指导,确保货币政策执行到位。积极组织地方法人金融机构做好江苏省“金融支持转型升级系列工程”和“小微企业金融服务增量扩面三年计划”2014年度省级重点项目的申报、遴选和推荐工作,获得专项信贷规划5亿元。灵活运用再贴现工具,按照“六优先、五限制、四不放”的再贴现原则,全年共为银行办理24.5亿元再贴现业务;积极开展商业承兑汇票试点工作,努力通过再贴现工具引导商业信用发展,全年共办理商业承兑汇票再贴现2亿元。

组织银企对接,引导金融支持实体经济。年初,人民银行扬州市中心支行联合市金融办、市经信委印发《金融支持规模骨干企业“双百双十工程”活动方案》,组织开展了全市规模骨干工业企业和“122”重点技改项目银企签约活动,签约授信金额319.6亿元,年末签约落实率为92.4%。继续组织银行县域行,引导信贷资源向县域倾斜。2月,组织市级银行业机构与宝应县104家企业达成47亿元授信协议,6月在江都区举办“加快园区建设,促进转型升级”银企签约大会,共促成86家企业与16家银行达成79.07亿元授信协议。

推进金融创新与试点,加强支农惠农金融服务。2014年,扬州市稳步推进农村承包土地经营权抵押贷款,至年末已覆盖江都、仪征、高邮、宝应等四个县(市、区),2014年末全市农村承包土地经营权抵押贷款余额为6 500万元,较年初增加5 602万元。在仪征创新开展农民住房财产权抵押贷款试点,全年共发放贷款1.1亿元。同时,积极引导农村金融机构加大对家庭农场、专业大户、农民合作社和产业化龙头企业四类新型农业经营主体的金融服务,全年各银行业机构累计对2 687户四类新型农业经营主体给予信贷支持29.59亿元。

加快推进直接债务融资,不断优化企业融资结构。年初,组织召开2014年全市直接债务融资工作推进会,明确全年发债目标,并分别于6月、8月对市经济综合部门和100多家企业进行业务培训和政策宣讲。推动银行业机构积极配合相关企业加快已注册项目的发行进度,全年全市非金融企业直接债务融资工具注册发行额保持较快增长,共注册发行92.5亿元,增长125.61%。

【金融运行】 社会融资结构持续优化,贷款和债券融资保持较快增长。2014年,全市社会融资规模849.30亿元,同比多增168.39亿元,增长24.73%。其中贷款增加较多。2014年末,全市各项贷款本外币余额为2 766.18亿元,较年初增加390.56亿元,同比多增57.93亿元,余额同比增长16.44%,高出GDP(增速11%)和CPI增速(2.1%)之和3.34个百分点,超省均增速4.76个百分点,增速位于全省第3位。异地贷款净流入加快。2014年,异地贷款净流入122.31亿元,同比增加79.62亿元,增长1.87倍,占社会融资总规模比例为14.4%,同比提高8.13个百分点。债券融资加快发展。2014年,全市非金融企业债券净额增加117.40亿元,同比多增70.4亿元;债券融资占社会融资总规模比例为13.82%,同比提高6.92个百分点。

存款增长持续放缓,冲时点现象有所好转。2014年末,全市各项存款本外币余额为4 323.54亿元,比年初增加435.15亿元,同比少增88.02亿元;余额同比增长11.19%,增速同比下降4.36个百分点,较二季度末、三季度末分别下降4.48和1.67个百分点,在加强存款偏离度管理的情况下,银行业机构季末冲存款行为得到有效控制。12月份存款仅新增27.65亿元,同比少增75.97亿元。

贷款增长较快,中长期贷款增加较多。2014年末,全市中长期贷款余额为1 290.81亿元,较年初增加260.97亿元,同比多增100.59亿元,新增额占各项贷款新增额的66.82%,同比上升18.6个百分点。短期贷款余额为1 345.61亿元,较年初增加84.51亿元,同比少增78.33亿元;票据融资余额为127.29亿元,较年初增加44.57亿元,同比多增35.75亿元。

小微企业贷款增速放缓,制造业增速持续下滑。2014年末,全市小微企业贷款余额721.01亿元,较年初增加87.5亿元,同比多增2亿元;余额同比增长13.82%,低于全部贷款增幅2.62个百分点,增速同比下降8.7个百分点。2014年末,全市制造业贷款余额为591.59亿元,较年初微增0.11亿元,同比少增26.83亿元;余额同比增长0.15%,增速同比下降4.75个百分点,增速持续放缓,较二季度末、三季度末分别下降7.81和2.55个百分点。

【金融市场】 2014年,全市各类保险机构实现保费收入96.67亿元,增长10%。其中,财产险保费收入27.47亿元,增长14.9%;人身险保费收入69.2亿元,增长8.2%。保险赔款总支出17.11亿元,增长8.4%,其中财产险支出14.34亿元,增长8%;人身险支出2.76亿元,增长10.4%。

2014年,全市证券公司营业部累计开户35.18万户,比上年增加0.59万户。全年证券交易额6 167.05亿元,比上年增加2 385.44亿元,其中股票交易额4 516.46亿元,比上年增加1 657.79亿元,占交易额的73.24%;基金交易完成额91.8亿元,比上年增加2.93亿元,占交易额的1.49%。

(周 懿)

扬州市主要经济金融统计

(2010—2014年) 单位:亿元

项目	2010年	2011年	2012年	2013年	2014年
国内生产总值	2 207.99	2 630.30	2 933.2	3 252.01	3 697.89
第一产业(增加值)	159.25	184.54	203.86	224.47	240
第二产业(增加值)	1 229.34	1 427.87	1 555.78	1 693.70	1 886.26
第三产业(增加值)	819.4	1 017.89	1 173.56	1 333.84	1 571.63
全社会固定资产投资	1 331.85	1 476.18	1 783.65	2 025.20	2 416.66
地方财政收入	167.78	218.08	225.0	259.26	295.19
地方财政支出	193.94	248.98	268.48	302.65	374.67
社会消费品零售总额	719.5	846.04	967.87	1 099.51	1 232.00
居民消费价格指数(以上年为100)	103.4	105.1	102.6	102.2	102.1
进出口总额(亿美元)	82.4	101.5	102.02	95.1	100.12
进　口(亿美元)	21.83	28.3	20.3	19.6	23.30
出　口(亿美元)	60.57	73.2	81.72	75.5	76.82
全部金融机构各项存款(余额)	2 471.96	2 860.65	3 365.22	3 888.39	4 323.54
企业存款	659.3	1 356.55	1 588.68	1 833.05	2 076.54
财政存款	17.87	18.18	21.15	13.79	20.78
储蓄存款	1 259.73	1 435.27	1 705.76	1 940.28	2 127.35
全部金融机构各项贷款(余额)	1 514.88	1 751.50	2 042.98	2 375.62	2 766.18
短期贷款	702.62	865.72	1 098.2	1 261.04	1 345.61
中长期贷款	739.76	829.57	869.73	1 030.11	1 290.81
全部保险机构保费收入	65.99	72.97	74.2	87.9	96.67
全部保险机构保险赔款支出(含满期给付)	7.96	9.17	14.33	15.78	17.11
全部保险机构保险密度(元/人)	1 332.81	1 586.30	1 613.04	1 911.53	2 095.42
全部保险机构保险深度(%)	2.99	2.77	2.53	2.70	2.61

注:全部金融机构各项存款、贷款余额的七项数据为本外币并表统计数(含外资金融机构)。

7. 镇　江　市

2014年,镇江市实现地区生产总值3 252.4亿元,比上年增长10.9%。其中,第一产业增加值122.2亿元,增长3.6%;第二产业增加值1 662.6亿元,增长10.8%;第三产业增加值1 467.6亿元,增长11.5%。产业结构升级优化,三次产业比例由上年的4.4∶52.9∶42.7调整为3.8∶51.1∶45.1,第三产业增加值占GDP比重比上年提高2.4个百分点。全市人均地区生产总值102 651元,增长11.0%,按年均汇率折算为16 718美元。

固定资产投资较快增长。全年完成固定资产投资2 142.3亿元,增长22.2%。全年在建亿元以上项目675个,比上年增加61个,其中:当年新开工453个,增加115个。

对外贸易恢复性增长。全年外贸进出口总额103.1亿美元,增长3.6%,其中,出口66.02亿美元,增长6.1%;进口37.1亿美元,下降0.6%。利用外资降幅较大。全年新批外商投资企业117家,新批协议外资23.8亿美元,下降26.5%;实际利用外资12.9亿美元,下降57.9%。对外投资较快增长。当年新批境外投资项目数35个,其中境外投资中方协议投资额1.9亿美元,增长65.8%。

全年财政总收入656.1亿元,增长3.9%,其中,公共财政预算收入277.8亿元,增长9.1%。消费市场持续活跃。全年实现社会消费品零售总额976.6亿元,增长12.7%。全年居民消费价格总指数

102.0，涨幅比上年下降 0.1 个百分点。城乡居民生活水平进一步提高，全年城镇居民人均可支配收入为 35 752 元，增长 9.2%，农村居民人均可支配收入为 17 617 元，增长 11.0%。

【货币政策】 2014 年，中国人民银行镇江市中心支行准确把握货币信贷政策的实施要求，积极疏通货币信贷政策传导机制。一是加强宣传，为货币政策营造良好的实施环境。制定《人民银行镇江市中心支行 2014 年货币信贷工作指引》和《人民银行镇江市中心支行 2014 年金融稳定工作指引》，利用专报件、金融分析会、新闻通气会等形式，向政府、经济部门、媒体等宣传金融形势和货币政策调整变化情况，引导社会各界树立正确的政策预期，为政策实施和金融运行提供更好的舆论和环境支撑。顺应形势变化，召开金融稳定与信贷工作座谈会，传达总分行金融稳定会议精神，对当前的金融风险进行提示，构建中心支行和各市支行的工作合力，及时防范金融风险，维护金融稳定运行。

二是加强窗口指导，综合运用差别化准备金、再贴现、再贷款等货币政策工具，引导银行业金融机构优化信贷结构。全年累计为银行业金融机构办理再贷款、再贴现 24.11 亿元，其中：商业承兑汇票再贴现 18.68 亿元、支农再贷款 4.9 亿元、支小再贷款 5 340 万元，有效引导金融机构加大对中小企业和“三农”的支持力度。认真落实存款准备金政策。按照人总行工作部署，分别降低县域农村商业银行、镇江农村商业银行存款准备金率 2 个和 0.5 个百分点，支持 4 家法人银行业金融机构加大对“三农”和小微企业支持力度；推动农业银行“三农”事业部改革，对符合条件的“三农”事业部（丹阳市和句容市）执行比农业银行低 2 个点的存款准备金率；对丹徒蒙银村镇银行存款准备金缴存与管理情况进行现场检查，有效加强存款准备金政策常态管理。

三是继续落实差别化房地产信贷政策，加强房地产市场监测，加大对保障性安居工程支持力度，引导银行业金融机构合规执行差别化房地产信贷政策，合理引导住房需求。

【金融运行】 2014 年，全市银行业金融机构认真落实稳健货币政策，着力扩大融资总量、优化信贷结构，金融运行稳健向好。截至 12 月末，全市银行业金融机构本外币各项存款余额 3 598.68 亿元，比年初增加 251.95 亿元，同比少增 195.28 亿元，增幅 7.53%，低于全省增幅 2.24 个百分点。信贷投放基本平稳，截至 12 月末，银行业金融机构各项贷款余额 2 730.19 亿元，比年初增加 307.48 亿元，同比多增 13 亿元，增幅 12.69%，高于全省贷款平均增幅 1.34 个百分点。

贷款结构继续调整。一是大型企业贷款增长缓慢，小微企业较快增长。大型企业新增贷款 6.30 亿元，同比少增 9.96 亿元；中型企业新增贷款 95.66 亿元，同比少增 38.39 亿元；小微企业新增贷款 109.39 亿元，同比多增 63.08 亿元，增幅为 15.52%，高于全部贷款 2.83 个百分点。二是制造业贷款持续下降，房地产等行业贷款增加较快。受工业企业利润增长放缓、产成品销售率下降、企业亏损面扩大等因素影响，制造业贷款比年初下降 4.81 亿元，同比少增 106.97 亿元；建筑业、批发和零售业、房地产业、租赁与商务服务业、水利环境和公共设施管理业、个人贷款等领域连续两年成为信贷支持的重点，分别增加贷款 10.97 亿元、10.32 亿元、61.75 亿元、74.93 亿元、50.66 亿元、47.66 亿元。三是中长期贷款增长持续加快。截至 12 月末，中长期贷款比年初增加 220.59 亿元，增幅 23.49%，高于全部贷款增幅 10.8 个百分点。

利率水平持续回落，实体经济融资成本降低。受市场资金面充裕以及人总行降息影响，资金价格持续回落。12 月末，全市银行业金融机构贷款加权平均利率为 7.04%，比年初下降 0.23 个百分点，贴现利率为 5.73%，比年初下降 1.92 个百分点。

【金融市场】 证券市场稳健发展。证券营业机构围绕客户加强合规管理、改进服务质量、提升服务水平、大力推进稳健经营。截至 2014 年末，镇江纳入人民银行统计范围的证券营业网点全年累计股票交易额为 3 075.82 亿元。

保险市场稳步发展。2014 年末拥有保险公司 54 家，比上年增加 4 家，其中：财产险公司 26 家、人寿险公司 28 家。全年实现保费收入 69.72 亿元，比上年增加 12.83%，其中：财产险 20.59 亿元，增长 14.64%；人身险 49.13 亿元，增长 12.09%。全年保险赔偿与给付支出 23.73 亿元，比上年增长21.41%，其中：财产险 11.1 亿元，增长 29.07%；人身险 12.63 亿元，增长 15.4%。

直接债务融资稳步推进，直接融资规模进一步扩大。2014 年，7 家企业发行债务融资工具 134.3 亿元，同比多发 62.6 亿元，增长 87.31%。截至 12 月末，全市债务融资工具余额为 214.5 亿元，比年初增加 117.5 亿元，增长 121.13%。企业上市步伐加快。全年新增 1 家在纳斯达克上市企业，2 家"新三板"挂牌企业，8 家"四板"市场挂牌企业，年末全市累计 31 家挂牌上市企业，其中境外上市企业 16 家。

【金融创新】 人民银行镇江市中心支行联合市科技局等部门联合印发《关于扎实做好科技金融服务推进省级科技金融合作创新示范区建设的实施意见》，整合现有科技和金融资源，加快科技创新与金融市场化融合，完善科技投融资体制建设，加大科技企业扶持力度。根据《江苏"金融支持转型升级系列工程"实施方案（2013—2015）》和《江苏小微企业金融服务升级扩面三年计划（2013—2015）》，在银行业金融机构自主申报基础上，推荐扬中恒丰村镇银行、丹阳农村商业银行、句容农村商业银行 3 家机构的科技成长贷、惠农贷、惠农通 3 个项目申报为省级重点示范项目，通过配套政策推动发展普惠金融。加大对家庭农场等新型农业经营主体的支持，对 14 家重点家庭农场、农业龙头企业等落实主办行制度，不断提升对家庭农场等新型农业经营主体的金融服务水平。

（程　鸿）

镇江市主要经济金融统计

（2010—2014 年）　　单位：亿元

项　　目	2010 年	2011 年	2012 年	2013 年	2014 年
国内生产总值	1 956.64	2 310.4	2 630.1	2 927.1	3 252.4
第一产业（增加值）	81.58	100.41	116.7	129.1	122.2
第二产业（增加值）	1 124.52	1 274.23	1 419.5	1 549.4	1 662.6
第三产业（增加值）	750.54	935.76	1 093.8	1 248.6	1 467.6
全社会固定资产投资	1 327.08	1 223.45	1 500.7	1 753.2	2 142.34
地方财政收入	381.5	531.27	530.86	631.2	656.1
地方财政支出	298.22	425.14	424.86	538.03	567.5
社会消费品零售总额	559.52	658.07	761.7	866.89	976.56
居民消费价格指数（以上年为 100）	103.7	105	102.4	102.1	102.0
进出口总额（亿美元）	81.54	100.75	114.4	99.5	103.07
进　口（亿美元）	34.03	44.56	36.8	37.27	37.05
出　口（亿美元）	47.51	56.19	77.4	62.23	66.02
银行业金融机构各项存款（余额）	2 242.89	2 474.45	2 903.48	3 346.73	3 598.68
企业存款	632.87	1 307.46	1 506.74	1 725.0	1 885.38
财政存款	13.29	13.97	16.82	12.42	18.97
储蓄存款	1 002.51	1 115.64	1 308.93	1 483.62	1 578.35
银行业金融机构各项贷款（余额）	1 617.07	1 835.5	2 128.23	2 422.71	2 730.19
短期贷款	807.33	993	1 256.13	1 443.37	1 482.35
中长期贷款	725.68	809.01	826.78	938.96	1 159.55
全部保险机构保费收入	54.04	57.92	57.85	61.79	69.72
全部保险机构保险赔款支出（含满期给付）	9.6	11.86	13.58	19.54	23.73
全部保险机构保险密度（元/人）	1 930.5	2 130.3	1 839.43	1 952.0	2 565
全部保险机构保险深度（%）	3.42	2.5	2.2	2.1	2.17

注：全部金融机构各项存款、贷款余额的七项数据为本外币并表统计数（含外资金融机构）。

8. 泰 州 市

2014年,泰州市完成地区生产总值3 370.89亿元,增长10.8%。其中,第一产业增加值217.08亿元,增长3.3%;第二产业增加值1 728.64亿元,增长10.5%;第三产业增加值1 425.17亿元,增长12.3%。全年规模以上工业增加值2 169.70亿元,增长11.5%,比上年回落1.3个百分点;规模以上工业总产值9 709.60亿元,增长14.7%。全市规模以上工业企业累计实现主营业务收入9 331.76亿元,同比增长15.1%;实现利润716.79亿元,同比增长21.4%;实现利税1 210.97亿元,同比增长20.9%。全年固定资产投资2 200.19亿元,增长21.3%。全年财政总收入805.94亿元,增长15.6%;公共财政预算收入283.00亿元,增长9.2%。全年进出口总额108.90亿美元,增长4.3%;出口61.82亿美元,下降1.8%;进口47.08亿美元,增长13.5%。全年社会消费品零售总额937.17亿元,增长12.0%。全年城镇常住居民人均可支配收入31 346元,农村常住居民人均可支配收入15 076元,分别增长9.2%和10.8%,剔除价格因素,实际分别增长7.0%和8.5%。

【货币政策】 2014年,人行泰州中支贯彻落实稳健的货币政策,坚持稳中求进,改革创新,主动作为,引导全市金融机构加大对实体经济的支持力度。

实施"货币政策工具导向工程",不断增强金融服务实体经济的能力。一是认真执行信贷规划。定期召开法人机构经营情况汇报会,引导法人金融机构用好信贷规划,做好小微企业和"三农"金融服务。指导金融机构申报省级重点示范项目,"家庭农场助推器"、"双小工程"等四个项目获得人行南京分行专项规划4.5亿元。二是扩大再贷款、再贴现资金规模。出台了《关于进一步明确支农再贷款和支小再贷款工作要求的通知》,2014年累计向辖内7家法人金融机构发放再贷款12亿元,累计办理再贴现50.5亿元,惠及企业2 000余家。撬动商业承兑汇票签发突破百亿,达120.3亿元,同比增长107.6%。三是推动发行泰州首支专项金融债。开展现场办公,帮助江苏长江商业银行完善专项金融债申请材料。12月15日,人民银行总行批复同意长江银行10亿元小微企业专项金融债发行。

实施"金融聚焦转型升级"工程,关键领域支持力度不断加大。一是深入开展"小微企业金融服务升级扩面"。在高港区、泰兴黄桥工业园区、兴化安丰镇等地开展"银镇(区)共建"和"金融超市"等活动。组织辖内长江银行、兴化农商行、姜堰农商行参加省小微企业转贷方式创新试点。指导工商银行成功试点"园区贷"模式,解决园区企业抵押物不足问题,为园区企业授信8亿元,已投放贷款近亿元。二是强化对重大项目建设的金融支撑力。会同市发改委出台了《关于深化金融支持全市转型升级"双百"工程重大项目工作的通知》,向金融机构发布"双百"工程名录,创新运用征信系统跟踪贷款落实情况,实现重点项目全流程金融服务。三是进一步加大对创业群体、初创企业的信贷支持。为适应新形势下创业资金需求,泰州中支会同市人社局、财政局出台了《关于进一步优化小额贴息贷款有关政策的通知》,放宽小额担保贷款的限额。将个人小额担保贷款的最高额度从12万提高至30万元,劳动密集型小企业最高额度从200万提高至300万元。延长贷款期限。贷款最长期限可以达到3年,可以申请两次贴息贷款。拓宽贷款还款方式和反担保方式。借款人可以选择按月还款或到期一次还款,可以通过提供存单质押、不动产抵押来提供反担保。

实施"直接融资提速扩面"工程,融资规模和种类再上新台阶。推动金融机构开展直接债务融资宣传和集中走访活动,加大对重点企业的直接融资跟踪服务,促成银行业金融机构累计与20户企业签订主承销协议,签约金额278.7亿元。积极推动华信药业成功注册全省首单、全国第二单10亿元项目收益票据。至2014年12月,全市直接债务融资工具存续余额86.5亿元,同比增长74.7%;累计发行46亿元,同比翻番,既有效节约了企业融资成本,又积极扩大了企业融资渠道。

【金融运行】 2014年12月末,全市金融机构本外币各项贷款余额2 854.53亿元,同比增长15.84%,高出全省平均增速4.16个百分点,位居全省第四、沿江八市第二。2014年,全年新增本外币各项贷款390.38亿元,同比多增6.89亿元。

短期贷款增速放缓。12月末,全市短期贷款余额1 552.68亿元,比年初增加118.71亿元,同比少增86.49亿元;同比增长8.21%,比上年同期和半年末分别下降10.22和5.40个百分点。

中长期贷款增速加快。12月末，全市中长期贷款余额1 162.75亿元，比年初增加219.71亿元，同比多增35.56亿元；同比增长23.30%，高于各项贷款增速7.46个百分点。

小微企业贷款增幅位居全省第一。12月末，全市小微企业贷款余额1 016.89亿元，比年初增加210.61亿元，同比多增96.76亿元。余额同比增速为22.17%，高于各项贷款增幅6.33个百分点，增速位居全省第一，高于全省平均增幅9.77个百分点。

制造业贷款增幅位居全省第二。12月末，全市制造业贷款(人民币)余额714.26亿元，同比增长4.4%，高出全省平均水平5.5个百分点(全省平均水平为−1.1%)，增幅位居全省第二。在全省制造业贷款较年初下降152.80亿元的情况下，泰州市制造业贷款较年初仍新增30.39亿元，新增量位居全省第一。

金融资源进一步向重点领域倾斜。2014年，全市金融机构金融资源向“双百工程”、医药高新区等重点领域倾斜。至12月末，全市“双百工程”项目贷款余额168.62亿元，余额同比增长44.90%；比年初增加52.25亿元，同比多增29.21亿元。医药高新区资金投入增加。至12月末，园区医药企业贷款余额55.04亿元，比年初增加21.48亿元，同比多增16.42亿元。

【金融市场】 保险事业快速发展。全年保险业务收入86.35亿元，增长17.9%；其中，财产险收入24.92亿元，增长16.1%；人寿险收入61.43亿元，增长18.7%。全年赔款和给付31.04亿元，增长16.0%；其中，财产性赔付14.12亿元，增长27.3%；人寿险赔付16.92亿元，增长8.1%。

证券市场发展稳中有降。全年证券交易额3 109.81亿元，增长33.9%；其中，股票交易额2 390.20亿元，增长37.7%；基金交易额128.02亿元，下降17.4%；债券交易额7.61亿元，增长29.0%。全年期货交易额487.20亿元，下降32.7%。

【金融创新】 着力推进绿色信贷。2014年，人行泰州中支会同市环保局提请市政府出台了《泰州市绿色信贷信息共享管理办法》，创新建立“绿色信贷信息共享服务”平台，在全省率先实现企业环评、节能降耗等26项绿色金融信息共享。制定了《泰州市排污权质押贷款管理办法》，引导金融机构跟进泰州市排污权领域交易平台建设，配套推进排污权质押融资信贷产品。2014年底，兴业银行泰州分行对首批购买排污权指标的宏远新材料发放排污权质押贷款20万元，标志着泰州绿色金融发展取得新突破。

(周海静)

泰州市主要经济金融统计

(2010—2014年)

单位:亿元

项目	2010年	2011年	2012年	2013年	2014年
国内生产总值	2 002.58	2 420	2 701.67	3 006.91	3 370.89
第一产业(增加值)	148.45	172	191.75	205.96	217.08
第二产业(增加值)	1 125.58	1 318	1 434.53	1 574	1 728.64
第三产业(增加值)	728.28	930	1 075.39	1 226.95	1 425.17
全社会固定资产投资	1 538.03	1 197.65	1 454.59	1 764.17	2 200.19
地方财政收入	456.37	623.3	627.95	697.23	805.94
地方财政支出	341.88	473.69	499.65	617.24	718.47
社会消费品零售总额	550.29	645.27	737.6	837.12	937.17
居民消费价格指数(以上年为100)	103.8	103.9	108.0	101.9	102.1
进出口总额(亿美元)	85.84	110.88	103.7	104.42	108.9
进　口(亿美元)	27.07	36.1	34.23	41.5	47.08
出　口(亿美元)	58.77	74.78	69.47	62.92	61.8
全部金融机构各项存款(余额)	2 359.79	2 632.69	3 076.17	3 612.6	4 061.82
企业存款	611.57	1 278.43	1 456.25	1 720.8	1 965.5
财政存款	12.74	6.59	8.52	11.3	10.46
储蓄存款	1 164.18	1 311.6	1 550.76	1 790.9	2 031.66

（续表）

项　　目	2010年	2011年	2012年	2013年	2014年
全部金融机构各项贷款(余额)	1 531.07	1 804.45	2 080.66	2 464.2	2 854.5
短期贷款	819.58	1 034.68	1 229.65	1 434.9	1 552.6
中长期贷款	616.36	713.86	758.89	943	1 162.7
全部保险机构保费收入	66.7	72.09	69.88	73.23	86.35
全部保险机构保险赔款支出(含满期给付)	12.43	16.95	18.34	26.75	31.04
全部保险机构保险密度(元/人)	1 322	1 430	1 378	1 446	1 670
全部保险机构保险深度(%)	3.33	3	2.6	2.4	2.6

注:全部金融机构各项存款、贷款余额的七项数据为本外币并表统计数(含外资金融机构)。

9. 徐　州　市

2014年徐州市完成地区生产总值4 963.91亿元,按可比价计算,比上年增长10.5%。其中,第一产业增加值473.56亿元,增长3.4%;第二产业增加值2 290.26亿元,增长10.8%;第三产业增加值2 200.09亿元,增长11.3%。人均地区生产总值达到57 655元,较上年增长10.1%。三次产业结构调整为9.5∶46.1∶44.3,第三产业占比比上年提高1.3个百分点。工业经济平稳增长。全市规模以上工业实现总产值11 610.30亿元,增长12.1%。全市重点培育的装备制造业、能源产业、食品加工业、煤盐化工业、冶金业和建材业等六大千亿元产业分别完成产值3 157.12亿元、807.25亿元、2 736.22亿元、2 096.58亿元、978.92亿元和560.05亿元,分别增长13.8%、10.2%、14.9%、8.1%、9.5%和15.1%。占全市规模以上工业产值比重达89.0%,较上年提高0.2个百分点。

全市实现固定资产投资3 671.56亿元,增长18.8%。其中,工业投资1 976.93亿元,增长15.8%。分投资主体看,国有及国有经济控股企业投资529.99亿元,增长31.1%;外商投资85.70亿元,增长43.9%;民间投资2 597.25亿元,增长15.4%。全年新增固定资产2 858.99亿元,增长29.9%。全市实现社会消费品零售总额1 664.45亿元,增长13.0%。其中,限额以上企业实现消费品零售额1 608.42亿元,增长12.3%。全年实现公共财政预算收入472.33亿元,比上年增长11.7%。公共财政保障能力继续增强,财政支出结构进一步优化,全年公共财政预算支出660.93亿元,比上年增长12.8%。全市完成进出口总额59.88亿美元,其中,出口46.77亿美元,进口13.12亿美元。出口总量继续保持苏北第一。进出口总额中,一般贸易出口38.97亿美元,下降10.5%;加工贸易7.68亿美元,增长41.8%。全年新批外商直接投资企业189家,新批协议外资30.21亿美元,实际到账外资16.58亿美元,比上年增长15.0%。

全市全体居民人均可支配收入18 744元,同比增长10.0%。其中,城镇居民人均可支配收入24 080元,增长9.4%;农村居民人均可支配收入12 811元,增长11.3%。城镇居民人均消费支出15 005元,增长7.5%。

【货币政策】 落实稳健货币政策,加强货币信贷调控工作。2014年,人民银行徐州市中心支行通过行长联席会议等多种形式督促引导各商业银行分支行力争更多的信贷资源向徐州倾斜;充分运用好再贷款、再贴现等货币政策工具,加大对地方性中小金融机构的资金支持,增强其信贷投放能力。全年共办理再贴现6.8亿元,再贷款9.2亿元。

【金融运行】 2014年12月末,全市金融机构人民币贷款余额为2 724.79亿元,比年初增加363.99亿元,创历史新高,同比多增50.42亿元。人民币各项贷款余额同比增长15.42%,较上年同期上升0.1个百分点。其中,国有商业银行和地方性中小金融机构当年新增贷款分别为97.53亿元和95.46亿元,同比分别少增27.26亿元、16.96亿元,新增贷款分别占全市新增贷款总量的26.8%和26.23%,成为2014年信贷增长的主要推动力量。股份制商业银行贷款增长显著。2014年股份制商业银行新增贷款74.22亿元,同比多增35.11亿元,占全市新增贷款总量的20.39%,较上年同期增长

7.92 个百分点。

2014 年末，全市金融机构人民币各项存款余额为 4 286.46 亿元，比年初增加 402 亿元，同比增长 10.35%，较上年同期下降 5.11 个百分点。存款增长表现为以下特点：(1)上半年各项存款增长较多，下半年各项存款波动收窄，季末冲高特征不显著。上半年各项存款增长较多，新增存款 431.47 亿元，同比多增 92.36 亿元；下半年各项存款出现负增长，净减少 29.47 亿元，同比少增 210.74 亿元。按季度看，全年四个季度新增各项存款分别为 240.04 亿元、191.43 亿元、-88.24 亿元、58.77 亿元，同比分别少增 88.46 亿元、多增 180.82 亿元、少增 220.85 亿元、多增 10.1 亿元，波动逐步收窄。受存款偏离度新规实施的影响，人民币各项存款波动有所收窄，季末冲存款现象不再明显，政策效果较为突出。(2)2014 年新增个人存款占同期各项存款新增总量的 77.33%，较上年同期上升 10.44 个百分点。2014 年个人存款增长逐步放缓，呈现逐季回落态势。一、二、三、四季度全市新增个人存款分别为 224.07 亿元、72.63 亿元、20.9 亿元、-6.75 亿元。

【金融市场】 2014 年，在央行继续施行稳健货币政策的背景下，徐州市货币市场总体运行平稳，货币市场资金供应增加，同业利率小幅波动。金融机构整体流动性状况良好，外汇市场稳健运行，票据融资量大幅上升、银行理财产品销售势头良好。

2014 年末，全市纳入统计范围的保险公司共 55 家，全年实现保费收入 106.46 亿元，比上年增长 16.6%，其中财产险保费收入 37.70 亿元，寿险保费收入 68.76 亿元，分别增长 16.2%和 16.8%。全年各类保险赔款给付支出 22.56 亿元，其中产险支出 19.99 亿元，寿险支出 2.57 亿元。

【金融创新】 创新货币政策工具管理，分类定向传导，动态实施地方法人金融机构信贷调控，引导大型商业银行扩大小微企业金融服务，强化地方法人机构“三农”服务方向。辖区直接融资业务发展步伐加快，全年直接债务融资工具发行额 143 亿元，是 2013 年发行量的 2.9 倍，总量翻番。大力推动产金政策融合，与市发改委建立政策协同机制，推进“三重一大”项目与金融有效对接。

推动金融产品和渠道开发，在全辖首推“一区一链一市场”金融支持模式，以园区、经济开发区及专业市场为突破，指导商业银行开办“科技之星”、“易贷通”等 30 余种新型融资产品，支持辖区经济转型升级。2014 年，全市高新技术业和现代服务业贷款新增 54 亿元，增量占比 16%，较 2013 年提升 9.6 个百分点。

实施金融支持中小微企业发展战略，提请市政府出台《金融支持中小微企业发展意见》，探索信用征集、信用体系建设、信贷融资“三信融合”模式试点。启动小微企业信用信息扩容工程，开发信用信息综合分析系统，采集包括无贷户在内的 8.9 万户企业信息，分类筛选推介，破解信息不对称难题。

建设金融顾问服务体系“升级版”，实施“双库扩容”计划，拓展融资服务深度，编写《小微企业融资实务指南》，梯次推进融资辅导计划。创设金融综合服务区，借助第三方支付平台，重点打造“诚信、智慧、创新”三圈融合的综合服务区，协调市场管理方、银行和商户签订三方协议，设立商圈发展风险补偿基金，统一为商户提供无障碍支付、信用增进，融资理财等一揽子服务。

开展新型农业经营主体融资支持试点，在全省首推家庭农场政银保三方合作融资模式，协调政府设立风险补偿专项基金，推行全流程主办行制度，指导商业银行在全省首家开办家庭农场小额保证保险贷款业务。充分运用棚户区改造信贷政策导向特色评估效果，引导金融机构以银团贷款为主，摸索多元化融资渠道。

（郝　彬）

徐州市主要经济金融统计

(2010—2014 年)　　单位：亿元

项　目	2010 年	2011 年	2012 年	2013 年	2014 年
国内生产总值	2 942.14	3 551.65	4 016.58	4 435.82	4 963.91
第一产业(增加值)	282.82	334.54	382.46	432.38	473.56
第二产业(增加值)	1 490.92	1 777.04	1 968.52	2 118.32	2 290.26
第三产业(增加值)	1 168.40	1 440.07	1 665.60	1 885.12	2 200.09

(续表)

项目	2010年	2011年	2012年	2013年	2014年
全社会固定资产投资	1 938.72	2 201.03	2 685.89	3 090.13	3 671.56
地方财政收入	413.89	555.33	597.63	659.95	732.59
地方财政支出	325.72	454.24	530.05	585.86	660.93
社会消费品零售总额	956.99	1 141.89	1 312.50	1 473.61	1 664.45
居民消费价格指数(以上年为100)	103.6	105.2	102.6	102.3	102.1
进出口总额(亿美元)	41.61	63.10	83.27	62.89	59.88
进　口(亿美元)	15.30	21.50	20.39	13.92	13.12
出　口(亿美元)	26.31	41.59	62.88	48.97	46.77
全部金融机构各项存款(余额)	2 655.36	3 003.76	3 364.47	3 920.50	4 286.46
企业存款	645.37	1 433.58	1 494.56	1 684.10	1 749.44
财政存款	42.40	34.49	39.53	43.96	43.58
储蓄存款	1 329.11	1 500.83	1 794.72	2 096.60	2 377.44
全部金融机构各项贷款(余额)	1 447.20	1 744.09	2 047.23	2 375.30	2 724.79
短期贷款	793.95	978.34	1 165.90	1 317.89	1 397.90
中长期贷款	594.78	687.28	783.25	948.49	1 162.27
全部保险机构保费收入	82.06	82.87	83.05	93.00	106.46
全部保险机构保险赔款支出(含满期给付)	15.35	20.03	25.72	35.68	31.45
全部保险机构保险密度(元/人)	843.47	848.50	838.45	978.95	1 015.26
全部保险机构保险深度(%)	2.79	2.33	2.07	2.10	2.14

注:全部金融机构各项存款、贷款余额的七项数据为本外币并表统计数(含外资金融机构)。

10. 连云港市

2014年,连云港市实现地区生产总值1 965.89亿元,按可比价格计算,比上年增长10.2%。其中,第一产业增加值261.98亿元,增长3.3%;第二产业增加值889.68亿元,增长11.7%;第三产业增加值814.23亿元,增长10.3%。全年固定资产投资完成2 090.36亿元,比上年增长26.32%。消费品市场持续活跃,全年实现社会消费品零售总额740.47亿元,比上年增长13%。全年外贸进出口总额80.3亿美元,比上年增长20.9%,其中出口额43.55亿美元,比上年增长15.1%。城乡居民生活水平进一步提高,全年城镇居民人均可支配收入23 595元,比上年增长9.9%;农村居民人均可支配收入11 697元,比上年增长11.8%。全年地方财政收入495.96亿元,比上年减少6.69%;地方财政支出596.67亿元,比上年增长0.17%。市场物价水平保持稳定,城市居民消费价格总指数(CPI)比上年增长2.4%。

【货币政策】 中国人民银行连云港市中心支行通过宏观调控指导、行政手段推动和市场机制引导,促进金融机构加大对地方经济的支持力度。

有效传导货币信贷政策,促进社会融资总量平稳合理稳定增长。先后组织召开全市经济金融形势分析会、金融工作座谈会、行长联席会议、金融机构信贷处长例会、法人金融机构信贷形势分析会等,引导金融机构主动适应货币信贷政策微调,更加注重满足实体经济发展的合理资金需求,加大信贷投放力度,防止宏观经济超预期下行。

落实信贷政策要求,深化民生领域金融服务。推动辖内银行机构着力创新小微企业金融产品和服务方式、信贷模式和服务流程,满足小微企业融资需求,有效降低企业成本。

加强利率管理与监测。按月做好银行机构和小额贷款公司利率数据和民间借贷监测工作，对监测中发现的新问题及时上报；并认真做好民贸贴息工作。全年为益海(连云港)粮油工业有限公司、连云港飞雁毛毯有限责任公司分别办理流动贷款贴息302.14 万元、58.36 万元，较好地促进民贸企业的发展。

【金融运行】 各项存款持续增加，但增速有所下降。截至 2014 年 12 月末，连云港市本外币各项存款余额为 1 887.31 亿元，同比增长 10.37%，增速比上年同期下降 0.81 个百分点。全年新增各项存款 177.37 亿元，同比多增 5.39 亿元。具体来看，上半年存款季末冲时点的现象非常明显，其中 3 月和 6 月存款分别增加 105.46 亿元和 120.48 亿元，占全年新增存款的 59.46%和 67.93%。9 月中旬，银监会发布“存款偏离度”监管措施后，冲时点现象明显收敛。其中，9 月份存款减少 5.13 亿元，12 月份存款仅增加 1.31 亿元。

各项贷款平稳增加，结构调整有喜有忧。2014 年 12 月末，连云港市本外币贷款余额为 1 607.32 亿元，较年初新增 181.92 亿元。在贷款投放上，制造业贷款增长乏力、批发零售业贷款余额减少。到 12 月末，基础设施类贷款余额 367.59 亿元，比年初新增 70.55 亿元，同比多增 32.73 亿元；制造业贷款余额 199.81 亿元，同比增长 6.36%，低于各项贷款增速 6.4 个百分点；批发零售业贷款余额为 133.99 亿元，同比下降 26.49%，比年初减少 48.29 亿元。房地产类相关贷款增速持续下行，12 月末全市房地产开发贷款余额为 55.18 亿元，同比增长 23.74%，增速比上年同期回落 19.94 个百分点。

【金融市场】 直接债务融资工作加快推进。一是直接融资量实现新突破，2014 年连云港市企业通过发行直接债务融资工具融资 162 亿元，居全省第 5 位，苏北第 1 位，实现发行额和余额双翻番；二是直接债务融资受益群体不断扩大，2014 年在银行间市场发行债务融资工具的企业数由 2013 年的 11 家增加到 16 家；三是提供债务融资工具主承销服务的金融机构数量不断增加，目前已有 15 家主承销商为连云港市企业成功发行债务融资工具提供主承销服务，已有 9 家具有主承销资格的金融机构在连云港市设立分支机构。

对发债企业以及主承销商的监测评估不断强化。认真落实《银行间市场非金融企业债务融资工具业务评价指引》要求，及时关注债务融资工具发行进展情况，积极了解发债企业的业务经营情况，认知评估债务融资工具的风险状况。

法人金融机构参与金融市场的深度和广度不断提高。批复灌云农商行加入全国银行间同业拆借市场的申请，指导东方农商行和灌云农商行备案、开展黄金市场业务，推动东海农商行加入全国银行间同业拆借市场以及灌云农商行加入债券市场，提高法人金融机构参与金融市场的广度。

【金融创新】 深化县域金融发展与稳定工作模式。一是推动“三个平台”建设，建立综合完整的金融分析制度。建立银行、保险、具有融资功能的非金融机构经营情况采集体系，掌握正规金融机构及影子银行体系金融数据，建立金融体系信息电子数据库，认真做好金融运行信息整理加工和分析评估，及时向金融机构预警和提示金融风险，并通过各类会议制度等，实现信息共享。二是深化灌南县三口镇农村金融服务改革。通过建设农村信用信息体系、创新“三次评价”农户授信模式、设立农村金融综合服务站等创新做法，探索切合当地实际的农户授信模式，延伸便民服务通道，提升“三农”金融服务能力。三是加大不良贷款处置力度，敢于动真碰硬。2014 年 9 月，灌南县金融发展与稳定工作领导小组下发《关于清收国家公职人员拖欠县农村信用合作联社贷款的通知》，在全县范围内集中开展机关和事业单位工作人员拖欠县农联社贷款的清收工作，经排查，共涉及 1998 年以来 338 名公职人员拖欠贷款 1 798 万元，至 2014 年末，已经清收本息 373 万元，剩余款项将在保证公职人员生活费的基础上逐月扣收。

推动东海县开展农村土地承包经营权抵押贷款试点工作取得实效。十八届三中全会提出开展土地承包经营权抵押贷款试点的政策。人行连云港市中心支行与东海县委、县政府主要领导多次磋商，推动东海县政府出台土地承包经营权抵押贷款管理办法和风险基金管理办法，成立了农村产权评估专家组，在县农村产权交易所办理抵押登记并发放他项权证，实现农村土地承包经营权可抵押，破解农村抵押难问题。截至 2014 年末，东海县已有 6 家银行机构开办了土地承包经营权抵押贷款业务，共发放 63 笔农村土地承包经营权抵押贷款、金额 3 212 万元。

(李敬喜)

连云港市主要经济金融统计

(2010—2014年)　　单位:亿元

项　　目	2010年	2011年	2012年	2013年	2014年
国内生产总值	1 193.31	1 410.52	1 603.42	1 810.49	1 965.89
第一产业(增加值)	182.60	204.11	232.40	245.26	261.98
第二产业(增加值)	545.07	654.28	736.14	816.46	889.68
第三产业(增加值)	465.64	552.13	634.88	718.77	814.23
全社会固定资产投资	1 234.25	1 240.93	1 519.94	1 654.75	2 090.36
地方财政收入	352.58	462.41	564.74	531.52	495.96
地方财政支出	352.03	468.38	600.06	595.65	596.67
社会消费品零售总额	430.65	500.23	575.49	655.57	740.47
居民消费价格指数(以上年为100)	103.50	104.9	102.3	102.2	102.4
进出口总额(亿美元)	50.76	69.00	80.04	66.3	80.3
进　口(亿美元)	24.75	31.64	44.01	28.49	36.75
出　口(亿美元)	26.01	37.36	36.03	37.81	43.55
全部金融机构各项存款(余额)	1 243.81	1 388.69	1 538.04	1 709.90	1 887.31
企业存款	281.20	723.38	756.75	811.84	874.43
财政存款	15.70	21.27	28.50	26.47	46.10
储蓄存款	538.24	626.63	727.44	850.95	929.40
全部金融机构各项贷款(余额)	946.26	1 088.17	1 285.20	1 425.50	1 607.42
短期贷款	449.48	568.33	677.28	642.73	672.23
中长期贷款	418.23	504.84	580.50	687.86	858.52
全部保险机构保费收入	33.42	35.17	38.99	44.06	49.52
全部保险机构保险赔款支出(含满期给付)	7.68	9.27	11.52	15.70	17.17
全部保险机构保险密度(元/人)	693.03	729.32	808.54	913.67	940.52
全部保险机构保险深度(%)	2.80	2.49	2.43	2.47	2.52

注:全部金融机构各项存款、贷款余额的七项数据为本外币并表统计数(含外资金融机构)。

11. 淮　安　市

2014年,淮安市完成地区生产总值2 455.39亿元,按照可比价格计算,比上年增长10.9%。其中,第一产业增加值292.20亿元,增长3.6%;第二产业增加值1 101.15亿元,增长11.2%;第三产业增加值1 062.04亿元,增长12.5%。三次产业比例调整为12.9∶44.8∶43.3。全市常住居民可支配收入19 110元,同比增长10.1%;城镇常住居民人均可支配收入25 798元,同比增长9.4%;农村常住居民人均可支配收入12 010元,同比增长11.6%。全市规模以上工业总产值5 668.43亿元,同比增长20.3%;规模以上工业增加值1 266.41亿元,按可比价格计算,增长12.9%。全市规模以上工业企业实现销售收入5 568.85亿元,增长20.3%;利税总额529.45亿元,增长27.9%;利润总额295.90亿元,增长34.3%。完成规模以上固定资产投资1 795.73亿元,比上年增长23%。其中工业投资1 009.86亿元,增长25.6%;房地产开发投资357.66亿元,增长14.6%。实现社会消费品零售总额814.81亿元,比上年增长13.1%,其中,城镇729.16亿元,比上年增长13.8%;乡村85.65亿元,比上年增长6.2%。进出口总额41.07亿美元,比上年增长14.1%。其中,出口总额31.61亿美元,比上年增长13.7%;进口总额9.46亿美元,比上年增长15.4%;贸易顺差22.15亿美元,比上年增加2.55亿美元。实现财政收入551.78亿元,同比增长11.6%。其中,公共财政预算收入

308.51亿元，增长13.7%。全年财政总支出517.55亿元，增长13.7%。其中，公共财政预算支出413.38亿元，增长12.5%。全市居民消费价格指数(CPI)为102.1，涨幅较2012年下降0.1个百分点。2014年末，全市户籍总人口560.25万人，比上年增加7.29万人，增长1.3%；常住总人口485.23万人，比上年增加2.54万人，增长0.5%。

【货币政策】 2014年，中国人民银行淮安市中心支行认真执行稳健货币政策，加强窗口指导，引导信贷结构调整，推动金融创新，充分发挥金融支持地方经济发展的支撑作用。

一是加强宣传协调，准确传达货币政策意图。通过召开全市金融工作会议、货币信贷工作会议、季度金融形势分析会以及各类金融工作座谈会，将稳健货币政策精神准确传达到位。定期走访银行机构、约见银行机构负责人谈话，适时把握全辖信贷变化情况，指导和督促银行机构有效落实货币信贷政策。运用金融快报、专报、简报等载体，认真分析经济金融热点，加强政策宣传、情况通报和数据解读，及时有效地传达货币政策信息。加强与地方党委政府、金融机构的沟通与交流，协调解决金融支持地方经济发展中的实际问题，推动经济金融互动发展。

二是加强窗口指导，促进信贷投放均衡合理。制定《关于金融支持淮安加快苏北重要中心城市建设的指导意见》，贯彻落实效果评估暂行办法，督促金融机构加大对淮安苏北重要中心城市建设的支持力度，相关工作得到地方政府高度肯定。建立信贷可供量监测机制，认真做好法人金融机构信贷规划调整优化和监测管理工作，促进地方法人银行机构信贷投放均衡合理。实施"金融支持转型升级活动""小微企业金融服务升级扩面计划"，开展"金融活力提升年"以及金融服务进县区、园区和乡镇活动，举办5场融资对接会，推动银行与企业达成融资协议313.64亿元。

三是强化工具运用，加大普惠金融支持力度。出台支持家庭农场等新型农村经营主体发展的工作意见，开展土地承包经营权抵押贷款业务试点，引导金融机构强化对家庭农场等新型农业经营主体的金融支持。积极贯彻落实总分行存款准备金及定向降准政策措施，增强地方法人机构信贷投放能力。开展中小企业和涉农专项信贷政策导向效果评估工作，推进典型示范项目和支农、支小"一县一品"联系点建设，加大再贷款、再贴现业务对涉农信贷、小微企业信贷投入多的银行机构的支持力度。

【金融运行】 2014年，全市金融总量不断提升，信贷结构持续优化，利率水平总体上稳中有降，金融生态环境总体稳定。

一是地区社会融资总量同比增加，存款增速全省最快。2014年末，淮安市社会融资存量达2 296.63亿元，当年社会融资总额为414.87亿元，当年社会融资总额较上年同期增加120.99亿元，增长42.62%。2014年末，全市金融机构人民币存款余额2 005.72亿元，比年初增加284.43亿元，同比多增65.31亿元，增长16.52%，全省排名第一，分别高于全省、苏北平均水平7.02个百分点和4.07个百分点。

二是直接融资实现突破。2014年，淮安市有1户企业在上海证券交易所成功挂牌上市，2户企业在"新三板"挂牌，5户企业在"四板"挂牌，淮安市企业境内上市工作实现了零的突破。2014年新增企业债券(含银行间债券市场发行中期票据3亿元)46亿元，占当年新增贷款的19.32%，占社会融资总额的11.09%，初步改变了依赖银行信贷的单一融资模式。

三是贷款较快增长，结构继续优化。2014年末，全市金融机构人民币贷款余额1 617.55亿元，比年初增加242.4亿元，同比多增40.44亿元；同比增长17.63%，在全省、苏北均排名第二，高出全省、苏北平均增速5.12个百分点和1.54个百分点。

涉农、小企业贷款增长相对较快。2014年末，全市涉农贷款(不含票据融资)余额为619.59亿元，同比增长22.29%，高于全部贷款增速5.25个百分点。2014年末，人民币小微企业贷款(含票据贴现)余额343.29亿元，同比增长17.32%。其中，小企业贷款余额320.93亿元，同比增长19.45%，增速高于同期全部企业贷款增速7.31个百分点；而微型企业贷款比年初下降1.6亿元。

四是金融体系流动性状况稳定，人民币贷款利率下行。从对地方法人金融机构流动性监测看，金融体系流动性状况保持总体稳定。12月末，辖内12家农村法人金融机构平均备付金率为12.11%，比全省农村法人金融机构平均备付金率高5.87个百分点。

12月末淮安市金融机构人民币贷款(不含个人

住房、票据贴现)加权平均利率为7.41%、个人住房按揭贷款利率为6.14%,同比分别下降0.35个百分点和0.59个百分点;票据贴现利率为5.63%,同比下降1.63个百分点。

【金融市场】 2014年末,全市证券营业部共有14家,营业收入13 558万元,同比增长76.39%;营业支出6 610万元,同比增长53.67%;利润总额10 754万元,同比增长196.46%。

2014年,淮安市全年实现保费收入57.88亿元,比上年增长35.23%。其中财产险增长18.15%,人意险增长9.4%,健康险增长63.3%。全年保险赔款和给付支出16.70亿元,其中财产险10.4亿元,寿险4.52亿元,意外险0.27亿元,健康险0.15亿元。

【金融创新】 建设"淮安融资网",为企业提供网上金融政策、产品咨询和融资服务。建立"网格化"金融帮办机制,对辖区进行"网格化"区域划分,配置金融帮办辅导员、巡查员及督察员"三员"。强化与地方财政部门合作,推动设立金融产品创新专项资金,全年辖区银行机构各类创新产品达51项,贷款余额62.6亿元。加强银行间直接债务融资市场管理与服务,成功发行3亿元企业中期票据,实现辖区银行间市场发行中期票据零突破;积极推动辖区符合"六真原则"的平台企业发行债务融资工具,进一步拓宽企业融资渠道。

【中国人民银行二代货发第二阶段江苏省扩大试点工作会议召开】 9月3日,中国人民银行二代货发第二阶段江苏省扩大试点工作会议在淮安召开。中国人民银行党委委员、行长助理金琦出席会议并作重要讲话。会议期间,全体会议代表现场观摩了试点单位运用二代货发发行库管理系统办理商业银行现金出入库和移动扫描终端查库的业务演示,观看了二代货发发行库管理系统淮安试点工作资料片。会上,总行货币金银局文四立局长介绍了二代货发系统开发的背景和建设目标。人民银行南京分行对二代货发第二阶段江苏省扩大试点工作作了具体部署。中国银行总行代表商业银行就做好二代货发扩大试点工作作会议发言。

(陈秀权)

淮安市主要经济金融统计

(2010—2014年)　　单位:亿元

项　　目	2010年	2011年	2012年	2013年	2014年
国内生产总值	1 388.07	1 690.00	1 920.91	2 155.86	2 455.39
第一产业(增加值)	195.97	223.46	247.98	272.58	292.2
第二产业(增加值)	647.10	794.18	889.20	983.15	1 101.15
第三产业(增加值)	545.00	672.36	783.73	900.13	1 062.04
全社会固定资产投资	921.01	1 009.99	1 247.99	1 453.05	1 795.73
地方财政收入	310.01	407.82	438.36	494.60	551.78
地方财政支出	255.38	352.58	410.16	455.26	517.55
社会消费品零售总额	464.81	547.84	633.24	721.22	814.81
居民消费价格指数(以上年为100)	103.3	104.4	102.4	102.2	102.1
进出口总额(亿美元)	21.71	28.55	42.41	36.00	41.07
进　口(亿美元)	6.76	10.15	8.75	8.20	9.46
出　口(亿美元)	14.95	18.40	33.66	27.80	31.61
全部金融机构各项存款(余额)	1 214.46	1 335.01	1 521.41	1 737.07	2 036.86
企业存款	282.89	623.53	688.98	773.94	946.46
财政存款	1.03	20.60	14.98	9.05	26.68
储蓄存款	587.24	680.93	808.97	934.30	1 047.22
全部金融机构各项贷款(余额)	863.80	1 016.58	1 190.46	1 397.49	1 635.59
短期贷款	393.61	464.38	551.89	656.67	705.18
中长期贷款	424.11	526.18	590.28	699.44	853.95

（续表）

项　　目	2010 年	2011 年	2012 年	2013 年	2014 年
全部保险机构保费收入	31.83	34.94	36.3	42.8	57.88
全部保险机构保险赔款支出(含满期给付)	8.00	9.13	10.3	14.7	16.70
全部保险机构保险密度(元/人)	663.14	727.40	755.78	886.70	605.8
全部保险机构保险深度(%)	2.29	2.07	1.89	1.99	2.93

注：全部金融机构各项存款、贷款余额的七项数据为本外币并表统计数(含外资金融机构)。

12. 盐　城　市

2014 年，盐城市实现地区生产总值 3 835.6 亿元，增长 10.9%。其中，第一产业增加值 516.9 亿元，增长 3.5%；第二产业实现增加值 1 784.5 亿元，增长 11.8%；第三产业实现增加值 1 534.2 亿元，增长 12.1%。二、三产业比重为 86.5%，比上年提升 0.6 个百分点。城市居民消费价格总指数为 102.3，工业生产者出厂价格与上年持平，工业生产者购进价格同比下跌 0.9%。粮食总产量 703.1 万吨，比上年增长 2.4%。规模以上工业企业实现总产值 7 417 亿元，增长 16.4%。实现规模以上工业增加值 1 800 亿元，增长 12.7%。实现服务业增加值 1 534.2 亿元，增长 12.1%。全社会固定资产投资 2 751.4 亿元，增长 23.2%。其中，第一产业投资 37.1 亿元，增长 24.1%；第二产业投资 1 663.2 亿元，增长 20.2%；第三产业投资 1 051.1 亿元，增长 28.2%。社会消费品零售总额 1 314.04 亿元，增长 13%。进出口总值 75.17 亿美元，增长 15.1%。其中，出口 43.94 亿美元，增长 16.3%，增幅比上年回升 7.2 个百分点；进口 31.23 亿美元，增长 13.6%。公共财政预算收入 418 亿元，增长 14%；公共财政预算支出 602.22 亿元，增长 10.4%。

【货币政策】 2014 年，中国人民银行盐城市中心支行贯彻稳健货币政策，努力保持货币信贷总量平稳增长，推动信贷结构优化，落实各项信贷政策，强化货币政策引导作用。一是努力保持货币信贷总量平稳增长。2014 年，全市金融机构本外币各项贷款新增 389.23 亿元，同比多增 30.75 亿元，增加额创历年新高；各项贷款余额比上年末增长 17.58%，增幅位列全省第一。其中，全市地方法人金融机构人民币贷款新增 104.69 亿元，完成全年合意贷款投放目标的 98.62%。

二是积极推动信贷结构优化。推动“金融支持转型升级系列工程”和“小微企业金融服务升级扩面三年计划”两项工程。重点支持新型农业经营主体发展。全市 64 户省级重点新型农业经营主体当年累计投放贷款 5.63 亿元，12 月末余额为 4.36 亿元，较一季度末增长 21.44%。通过典型示范，带动全市 12 月末新型农业经营主体贷款余额达到 26.59 亿元，比上年增长 12.9%。

三是规范金融市场业务行为。根据总行《关于加强银行业金融机构黄金市场业务管理的通知》要求，对滨海农商行、黄海农商行黄金市场业务备案资料进行审核，并出具初审意见。作为全省首批 7 家自律机制基础成员之一，大丰农商行同业存单内部发行准备工作已就绪，并向人总行进行发行备案，计划 2015 年发行同业存单 5 亿元。

四是强化货币政策工具的导向作用。2014 年累计发放支农再贷款 14.7 亿元，累计发放支小再贷款 4.29 亿元，累计办理再贴现 34.58 亿元，重点支持涉农支小票据。

【金融运行】 2014 年，盐城市社会融资总量平稳增长，融资结构持续改善，贷款投向进一步优化，各项存款增加较多，季节波动性特征明显。各项贷款增量创新高，增速全省第一。在同业业务、表外业务监管进一步趋严的背景下，部分表外融资需求转向表内信贷，加之稳增长政策拉动下，基础设施建设领域信贷投放增长加快，有力推动各项贷款增长。2014 年末，全市本外币各项贷款余额 2 603.82 亿元，比年初增加 389.23 亿元，同比多增 30.75 亿元；贷款比年初增长 17.58%，列全省第一。

表外融资同比多增，直接债务融资大幅增加。2014 年，全市金融机构表外融资增加 167.97 亿元，同比多增 40.4 亿元，表外融资多增主要是受直贷及委托贷款、敞口增加较多的因素影响。但与此同时，在信用风险加大的背景下，由于信托业务、同业业务监管趋严，加之政府投融资平台融资进一步规范等因素，信托贷款增速持续大幅放缓。全年信托贷款净减少 6.55 亿元，同比少增 19.77 亿元。另外，其他融资、票据同比少增 13.47 亿元、15.24 亿元。直接债务融资大幅增加。2014 年，全市发行非金融企业直接债务融资工具 73 亿元，比上年增加 20.5 亿元，年末余额达到 135 亿元，比上年增长 38.46%。

各项存款增长平稳，季末冲高现象得到有效控制。2014 年末，全市金融机构本外币各项存款余额 3 721.03 亿元，比上月增加 43.12 亿元，同比少增 51.43 亿元，在加强存款偏离度管理的背景下，季末存款大幅冲高的现象得到有效控制。全年各项存款增加 501.04 亿元，同比少增 2.38 亿元，其中，单位存款增加 242.64 亿元，同比多增 38.02 亿元，个人存款增加 273.21 亿元，同比少增 15.10 亿元。

【金融市场】 2014 年，盐城市保险业经营主体继续增加，新设中融人寿、太平洋财险等保险公司盐城中心支公司和华农财险阜宁支公司，盐城保险经营主体达到 53 家，其中，产险公司 21 家，寿险公司 32 家。实现保费收入 88.22 亿元，增长 27.8%，其中产险保费收入 26.74 亿元，寿险保费收入 61.47 亿元。各项赔付及其他给付支出 33.95 亿元，其中产险赔付支出 14.41 亿元，寿险赔付及其他给付支出 19.54 亿元。2014 年，新增银河证券、西藏同信、锦泰期货等证券期货公司营业部 3 家，全市证券期货营业部达 18 家。

（刘国辉）

盐城市主要经济金融统计

（2010—2014 年）

单位：亿元

项　　目	2010 年	2011 年	2012 年	2013 年	2014 年
国内生产总值	2 332.76	2 771.33	3 120.00	3 475.5	3 835.6
第一产业(增加值)	374.21	416.83	456.13	489.2	516.9
第二产业(增加值)	1 096.55	1 306.26	1 472.87	1 636.00	1 784.5
第三产业(增加值)	862.00	1 048.24	1 191.00	1 350.3	1 534.2
全社会固定资产投资	1 891.05	1 586.98	1 940.89	2 217.7	2 751.4
地方财政收入	407.6	621.49	707.60	717.35	677.52
地方财政支出	503.30	761.26	854.69	856.66	868.89
社会消费品零售总额	759.50	895.09	1 023.20	1 163.40	1 314.04
居民消费价格指数(以上年为 100)	103.5	105.0	102.8	102.7	102.3
进出口总额(亿美元)	39.55	52.45	57.54	65.28	75.17
进　口(亿美元)	16.36	22.67	22.89	27.48	31.23
出　口(亿美元)	23.19	29.78	34.65	37.80	43.94
全部金融机构各项存款(余额)	2 009.17	2 336.19	2 716.87	3 219.99	3 721.03
企业存款	394.85	654.91	750.50	831.61	1 017.71
财政存款	5.51	30.14	28.91	35.87	27.39
储蓄存款	1 131.82	1 273.24	1 532.15	1 793.26	2 067.74
全部金融机构各项贷款(余额)	1 333.93	1 585.18	1 856.11	2 214.59	2 603.82
短期贷款	667.66	820.39	968.35	1 125.10	1 259.38
中长期贷款	587.54	701.36	762.00	951.49	1 134.59
全部保险机构保费收入	64.35	71.22	64.41	69.03	88.22
全部保险机构保险赔款支出(含满期给付)	7.81	18.75	21.12	28.70	33.95
全部保险机构保险密度(元/人)	788.49	867.78	783.28	837.95	1 070.93
全部保险机构保险深度(%)	2.76	2.57	2.07	1.99	2.3

注：全部金融机构各项存款、贷款余额的七项数据为本外币并表统计数(含外资金融机构)。

13. 宿　迁　市

2014年,宿迁市实现地区生产总值1 930.68亿元,比上年增长10.8%。三次产业结构为13.0∶48.4∶38.6。其中一产、二产、三产实际增速为3.5%、12.6%、11.0%。

固定资产投资高位运行。全年完成固定资产投资1 559.22亿元,比上年增长20.8%。其中工业投资1 023.12亿元,增长23.1%;房地产开发投资377.14亿元,增长23.5%。

市场消费稳步增长。全市实现社会消费品零售总额497.96亿元,比上年增长12.6%。其中批发零售业实现436.73亿元,增长13.3%;住宿餐饮业实现61.23亿元,增长7.4%。

对外开放水平逐步提高。全市实现进出口总额37.55亿美元,比上年增长13.0%。其中出口额29.40亿美元,增长5.7%。实际到账外资6.65亿美元,比上年增长33.2%。

居民收入增长较快。全体居民、城镇居民和农村居民人均可支配收入分别为15 888元、20 396元和11 677元,比上年增长11.0%、10.4%和12.1%,城镇居民收入连续12年、农村居民收入连续11年保持两位数增长。

【货币政策】 2014年,人民银行宿迁市中心支行组织全市金融机构全面执行稳健的货币政策。

一是抓好重点领域,扩大融资总量稳增长。抓好《关于金融支持宿迁发展实现更大突破的指导意见》的贯彻落实,持续发挥优惠扶持政策的红利效应。开展差别准备金动态调整政策培训和宣讲,引导地方法人金融机构增加合意贷款规模。全市地方法人金融机构新增贷款67.4亿元,完成人民银行南京分行下达规划的98.2%,信贷增长总体较为适度。市人民银行、市金融办、经信委等部门先后组织召开3次银企合作洽谈会,累计达成合作项目1 236个,协议融资261亿元,资金到位率达98%以上,重点支持了工业企业、重大产业项目。

二是强化信贷导向,推动结构调整促转型。制定并提请市政府办公室下发《关于金融支持小城市建设发展的意见》。继续组织实施"金融支持经济转型升级系列工程"和"宿迁小微企业金融服务升级扩面工程",该市承办的5个省级重点示范项目当年累放贷款20.74亿元。成功申报家庭农场贷款项目为省级重点示范项目。2014年末,全市家庭农场贷款余额2亿元、支持户数1 080家。出台了《关于金融支持三大片区扶贫开发指导意见》。2014年末,西南岗、成子湖、黄墩湖"三大片区"贷款余额达50.2亿元,比年初增长17%。

三是加强工具管理,增进政策导向提实效。两次执行定向降准政策,为当地4家法人农商行释放资金6.7亿元。引导金融机构合理确定存款利率浮动区间和贷款利率水平。出台《金融机构借用人民银行资金管理细则》,全年累计发放再贷款10.51亿元、办理再贴现6.62亿元。加强再贴现管理。市人民银行累计为商业银行办理再贴现304笔、金额6.85亿元。

【金融运行】 2014年,全市金融运行平稳。全市人民币存款余额1 599亿元,比年初增加123.4亿元,增长8.4%,同比少增125.3亿元。全市个人存款、单位存款分别增加84亿元、38.4亿元,同比分别少增43.9亿元、74.2亿元。其中定期类存款(包括定期存款、通知存款、协议存款、保证金存款和结构性存款)余额占全部存款余额的51.1%,比年初提高5.5个百分点。收益较高的理财业务也呈现较快的发展态势,全市对私类表外理财产品余额57.6亿元,比年初增加22.1亿元,大幅增长了62.4%,同比多增1.6亿元。

全市金融机构人民币各项贷款余额1 483.1亿元,比年初增加201亿元,比年初增长15.7%,增速同比回落12.2个百分点。涉农贷款比年初增加148.7亿元,增长21.4%,增速高出各项贷款平均水平5.7个百分点;房地产贷款比年初增加73亿元,增长16.1%,增速高出各项贷款平均水平0.4个百分点。全市中长期贷款增加103亿元,增长17.9%,快于短期贷款7.1个百分点。

【金融市场】 债券市场。2014年,全市共通过银行间市场发行直接债务融资工具融资62.9亿元,比2013年多融资37.3亿元。其中,短期融资券30亿元,中小企业集合票据0.9亿元,定向票据22亿元,中期票据10亿元。

保险市场。12月末,全市32家保险机构累计实现保费收入45.78亿元,比上年同期多增11.94亿元,同比增长35.29%。其中18家产险公司累计实现保费收入16亿元,同比增长26.32%;14家寿险公司累计实现保费收入27.92亿元,同比增长43.52%;农业政策性保险累计实现保费收入1.87亿元,同比增长8.29%。

证券与期货市场。全市10家证券机构累计实现交易额94.61亿元,同比增长62.09%,托管市值63.48亿元,比年初减少8.82亿元;期货机构累计实现交易额1 001.23亿元,同比增长21.92%。

小额贷款公司情况。12月末,全市共设立小贷公司39家(含筹建1家),注册资本总额38.3亿元,实收资本33.79亿元,贷款余额32.8亿元,比年初减少2.38亿元。

融资性担保机构情况。12月末,全市融资性担保机构共32家,总注册资本42.44亿元,总资产60.01亿元,净资产45.4亿元,在保余额211.2亿元,比年初增加17.72亿元,增长9.16%。

【金融创新】 2014年,中国人民银行宿迁市中心支行立足金融支持实体经济发展,着力推进信贷产品和服务方式创新,努力缓解融资难、担保难问题。一是农村土地承包经营权抵押贷款试点取得重要进展。坚持"土地有确权、流转有平台、风险有防控、参与各方有动力"的"四有"原则积极稳妥推进试点工作,取得了明显成效。至2014年末,辖内三县均已开办农村土地承包经营权抵押贷款业务,全市共有农发行、江苏银行、泗洪农商行等10家银行累计办理贷款70笔、金额6 293万元。二是文化与金融融合不断深化。制定出台《关于建设文化产业金融服务平台的实施意见》,合作建设文化产业重点项目库,编制《文化产业金融服务政策及金融产品目录》。三是产品创新与信用建设实现双提升。指导沭阳农商行开展"整村推进"农户小额信用贷款,全年共评定信用户2.2万户,授信信用贷款15亿元,已投放小额信用贷款3 500户、1.6亿元。

11月18日,南京银行宿迁分行举行开业仪式

(王 楠)

宿迁市主要经济金融统计

(2010—2014年) 单位:亿元

项 目	2010年	2011年	2012年	2013年	2014年
国内生产总值	1 015.21	1 304.81	1 516.77	1 706.28	1 930.68
第一产业(增加值)	181.69	209.72	228.71	235	251.62
第二产业(增加值)	479.14	604.52	713.18	815.61	933.56
第三产业(增加值)	354.37	490.57	574.88	655.67	745.48
全社会固定资产投资	652.85	787.64	1 025.56	1 290.75	1 559.22
地方财政收入	205.76	276.24	333.33	381.94	438.50
地方财政支出	234.31	306.48	357.00	399.15	489.53
社会消费品零售总额	286.74	336.26	388.23	442.43	497.96
居民消费价格指数(以上年为100)	103.6	105	102.8	102.4	102.4
进出口总额(亿美元)	12.20	20.71	27.93	33.22	37.55
进 口(亿美元)	3.06	3.58	4.753	5.42	8.15
出 口(亿美元)	9.14	17.13	23.18	27.8	29.4

（续表）

项　　目	2010年	2011年	2012年	2013年	2014年
全部金融机构各项存款(余额)	815.66	997.81	1 240.04	1 488.99	1 627.52
企业存款	182.77	491.08	599.09	711.73	765.59
财政存款		3.68	6.66	5.06	11.06
储蓄存款	419.34	497.50	622.07	737.58	814.61
全部金融机构各项贷款(余额)	629.08	760.00	1 008.93	1 290.26	1 491.07
短期贷款	323.50	394.57	547.94	684.53	757.31
中长期贷款	300.67	357.74	439.94	576.96	679.99
全部保险机构保费收入	22.87	27.45	30.27	33.84	45.78
全部保险机构保险赔款支出(含满期给付)	5.12	6.07	7.57	10.54	4.02
全部保险机构保险密度(元/人)	484.97	575.97	630.89	702.17	945.22
全部保险机构保险深度(%)	2.25	2.10	2.00	1.98	2.53

注：全部金融机构各项存款、贷款余额的七项数据为本外币并表统计数(含外资金融机构)。

(三) 浙江省金融概览

2014年，面对严峻复杂的外部环境和经济下行压力，浙江省突出转型升级主线，着力抓改革、促转型、治环境、惠民生，大力推进“五水共治”“三改一拆”“四换三名”、浙商回归等重点工作，取得积极成效，全年经济运行平稳健康，主要经济指标处于中高速增长合理区间，结构、效益持续向好，市场活力进一步释放，民生不断改善。2014年，全年生产总值40 153.5亿元，按可比价格计算，比上年增长7.6%，增幅与一季度的7%、上半年的7.2%和前三季度的7.4%相比，呈逐季上行态势，从一季度低于全国的0.4个百分点转为全年高于全国0.2个百分点。第一产业增加值1 779.3亿元，增长1.4%。第二产业增加值19 152.7亿元，增长7.1%。第三产业增加值19 221.5亿元，增长8.7%。从主要经济指标看，与全国和部分东部省市下半年增速明显回落的趋势不同，浙江省增速平稳，稳中有升，波幅较小。

三大产业发展平稳。农业生产稳步增长，粮食生产实现“三增”。2014年，农林牧渔业增加值1 808.7亿元，比上年增长1.5%，其中，农业增加值1 004.7亿元，增长3.7%；林业增加值107.4亿元，增长1.8%；牧业增加值213.1亿元，下降8.9%；渔业增加值454.1亿元，增长2.1%，农林牧渔服务业增加值29.4亿元，增长7%。粮食播种面积为1 266.8千公顷(1 900万亩)，比上年增长1.0%；单位面积产量399公斤/亩，增长2.1%；总产量为757.4万吨(151.5亿斤)，增长3.2%，其中，春粮和秋粮分别增长6.1%和3.3%，早稻下降0.3%。生态效益农业持续发展。工业生产增速加快，小微企业较快增长。2014年，规模以上工业增加值12 543亿元，比上年增长6.9%，增幅逐季回升，高于一季度的6.2%、上半年的6.4%和前三季度的6.6%。同期全国及东部省市的增速明显回落，全国规模以上工业增加值增速从上半年的8.8%回落到全年的8.3%，浙江省与全国的差距从2.4个百分点缩小到1.4个百分点。重工业增长快于轻工业，增加值分别增长7.4%和6.1%。在3.85万家规模以上工业企业中，3.33万家小微企业工业增加值增长8.4%，大型、中型企业分别增长6.4%和4.8%。服务业增长较好，比重明显提高。2014年，第三产业增加值增幅比GDP高出1.1个百分点，对GDP增长贡献率达52.1%。其中，批发和零售、交通运输仓储和邮政、金融、住宿和餐饮业、房地产业、其他服务业增加值分别比上年同期增长9.3%、8%、8%、7.8%、1.5%和11.2%。1—11月，1.4万家规模以上服务业(不包括批零住餐、银证保和房地产开发)企业营业收入7 128.4亿元，比上年同期增长12%。全年快递业务24.6亿件，增长73.1%。

三大需求有不同程度的增长。投资增长较快，商品房销售面积降幅收窄。2014年，固定资产投资23 555亿元，比上年增长16.6%，增幅高于广东

(15.9%)、山东(15.8%)、江苏(15.5%),从一季度比全国低1.5个百分点转为比全国(15.7%)高0.9个百分点。房地产投资从一季度的16.2%回升到全年的16.8%,全国从16.8%回落到10.5%。商品房销售面积降幅从一季度的25.6%收窄到全年的4.3%,而全国降幅从3.8%扩大到7.6%。8月份浙江省全面取消限购政策后销售量明显上升,8—12月销售2 629万平方米,同比增长14.6%,月均销量比前7个月平均增长79.8%。消费增长平稳,网络零售快速增长。2014年,社会消费品零售总额16 905亿元,比上年增长11.7%。全年实现网络零售额5 642亿元,比上年增长47.6%,省内居民实现网络消费额3 193亿元,增长41.2%。从限额以上企业商品零售额看,汽车零售额为2 973.5亿元,增长6.7%,增幅比上年回落4个百分点,受4月份起杭州对小客车限牌前的汽车销售井喷影响,汽车销售对社会消费品零售总额的增长贡献率从一季度的33.4%回落到全年的10.6%;建筑及装潢材料、家具、五金电料类零售额分别增长58.2%、36.9%和47.5%;服装、中西药品、文化办公用品、日用品、食品类零售额稳定增长,分别增长18.9%、16.5%、14.4%、14.1%、13.8%;家用电器类零售额回升,增长11.2%,增幅比上年回升5个百分点。餐饮住宿业零售额增幅转降为升。2014年,限额以上企业(单位)餐饮业零售额339亿元,比上年增长4.5%,住宿业零售额147亿元,增长3.7%,增幅均从上年的下降(—2.8%和—13.9%)转为增长。出口增势良好,进口下降。2014年,浙江省进出口总值为3 551亿美元,比上年增长5.8%,其中,出口2 734亿美元,增幅从一季度的2.3%回升到9.9%,高于全国(6.1%)3.8个百分点,也高于广东(1.5%)、上海(2.9%)、江苏(4%)、福建(6.6%)、山东(7.9%)。进口818亿美元,下降6%。12月份,进出口326亿美元,同比增长1.5%,其中,出口255亿美元,增长5.6%;进口71亿美元,下降11.1%。按人民币计价,2014年,进出口总额21 817亿元,比上年增长4.7%,其中,出口16 792亿元,增长8.8%,进口5 024亿元,下降7%。规模以上工业出口交货值12 085亿元,增长5.2%,增幅比一季度回升3个百分点。

财政收支平稳增长。2014年,财政总收入7 522亿元,比上年增长8.9%。公共财政预算收入4 121亿元,增长8.5%,其中,税收收入3 853亿元,增长8.7%,税收比重为93.5%,连续3个月回升。在税收收入中,企业所得税、增值税、营业税及改征增值税分别增长12.1%、7.4%和5.8%。公共财政预算支出5 159亿元,增长9.1%,其中,卫生计生、节能环保、住房保障、城乡社区、商业服务业、社会保障和就业、文体传媒、教育等支出分别增长23.7%、22.9%、22.3%、16.8%、15.8%、9.7%、8.8%、8.5%。

企业效益有所好转。工业企业利润增速高于收入增速。2014年,规模以上工业实现利润3 544亿元,同比增长5.1%,增速高于主营业务收入0.8个百分点。在生产增速比全国低1.4个百分点的同时,利润增速高于全国1.8个百分点。2014年总资产贡献率11.6%;主营业务利润率为5.6%;每百元主营业务收入中的成本为85.6元,低于上年同期0.1元;劳动生产率为18.0万元/人,按可比价计算增长9.4%(折年率);人均创利税增长7.7%。1—11月,规模以上服务业(不包括批零住餐、银证保和房地产开发)企业利润总额1 211.7亿元,增长14.9%。

居民收入较快增长。根据城乡一体化住户调查口径测算,2014年,城镇常住居民人均可支配收入40 393元,增长8.9%,农村常住居民可支配收入19 373元,增长10.7%,城乡居民收入差距从上年的2.12倍缩小至2.09倍左右;全省居民人均可支配收入32 658元,增长9.7%。低收入农户收入倍增计划顺利推进。根据扶贫统计监测,2014年全省省级扶贫标准低收入农户人均纯收入7 251元,比上年增长17.4%,其中,工资性收入和非家庭经营性收入分别增长25.2%和28.7%,但经营纯收入下降3.4%。低收入农户("低保"除外)家庭人均纯收入超过8 000元的户数比重为36.0%,比上年提高20.1个百分点。

【金融运行】 2014年,浙江省金融业积极应对新常态下的困难与挑战,认真贯彻落实各项金融调控政策和监管政策,主动调整信贷结构和融资结构,努力防范和化解金融风险,着力创造良好的货币金融环境,确保了金融平稳运行。

社会融资规模适度增长。2014年,全省社会融资规模增加7 998.5亿元,比上年同期少增347.7亿元。银行表外融资进一步规范压缩。2014年,全省委托贷款、信托贷款分别增加494.7亿元、302.6亿元,同比分别少增870.6亿元、421.7亿元;未贴现银行承兑汇票减少 722.4 亿元，比上年同期少减 367.6 亿元，三者合计同比少增 924.7 亿元，占全部社会融资规模少增额的 2.7 倍。直接融资快速增长。2014 年，全省直接融资总量（企业债券融资＋非金融企业境内股票融资）增加 1 735.8 亿元，同比多增 734.6 亿元，直接融资增加额在社会融资规模中的比重达 21.7%，较上年同期提升 9.7 个百分点。其中，短期融资券、中期票据、中小企业集合票据等企业债务融资工具发行规模在 2013 年突破 1 000 亿元的基础上继续保持快速增长，2014 年全省共计发行（未扣除到期兑付额）1 490.7 亿元。

贷款增长符合预期。2014 年，全省金融机构本外币各项贷款余额 71 361 亿元，同比增长 9.2%。全年新增本外币贷款 5 805.7 亿元，同比多增 101.1 亿元。一是服务业贷款继续快速增长。2014 年，全省新增服务业贷款 3 309.7 亿元，同比多增 1 256.8 亿元；新增额占全部新增贷款的 57%，同比上升 21 个百分点；制造业贷款减少 348.5 亿元，而上年同期为增加 856.7 亿元。二是中长期贷款比重明显上升。2014 年，全省中长期贷款新增 4 537.3 亿元，比上年同期多增 1 567.3 亿元；而短期贷款新增 373.3 亿元，比上年同期少增 2 346.2 亿元。2014 年末，全省中长期贷款余额 28 267.4 亿元，同比增长 19.1%；短期贷款余额 40 233.2 亿元，同比增长 1.5%。

存款增长止跌回稳。2014 年末，全省金融机构本外币各项存款余额 79 241.9 亿元，同比增长 7.5%。从全年走势看，上半年存款增速延续了近年来的震荡下行趋势，继续呈现“季末月冲高、季后月回落”态势，并于 4 月份降至 5.9%的历史低点；进入下半年后，受到市场利率走低、存款偏离度政策以及降息政策等因素影响，存款增长逐步趋稳，月间增量均衡性有所提高，月末、季末冲高特征明显减弱。

【金融市场】 2014 年，浙江省资本市场改革发展的重大政策利好持续释放，浙江证券行业发展势头较好，多层次资本市场建设持续推进，资本市场功能有效发挥。保险业坚持稳中求进，稳中有为，积极推进改革创新，市场体系日益完善，资产规模稳步扩大，服务领域进一步拓宽，保险深度达到 3.13%，保险密度达 2 311 元/人，有效发挥了现代保险经济补偿和风险保障功能。

证券行业发展态势较好。2014 年，浙江省证券经营机构累计代理交易额 20.79 万亿元，同比增长 53.57%；实现手续费收入 99.81 亿元，利润总额 54.17 亿元，分别同比增长 44.61%和 54.42%。上市公司融资增加。

期货行业平稳发展。期货经营机构代理交易额 61.21 万亿元，同比增长 1.9%；实现手续费收入 15.85 亿元，同比下降 20.63%；利润总额 8.6 亿元，同比增长 3.74%。12 家期货公司代理交易额 62.37 万亿元，同比增长 1.47%；实现手续费收入 14.23 亿元，同比下降 21.68%；利润 7.83 亿元，同比增长 1.29%。

证券公司资本充足情况良好。2014 年，浙江省法人证券公司资产规模不断扩大，实力不断增强。截至年末，证券公司总资产 1 022.16 亿元，比上年增长 1.45 倍；为保持竞争力，证券公司不断扩充资本，夯实业务扩张基础，年末净资产达 187.57 亿元，比上年增长 49.03%；净资本 166.55 亿元，比上年增长 83.57%。

证券公司业务结构持续优化。2014 年，法人证券公司营业收入 66.67 亿元，同比增长 50.12%；净利润 22.27 亿元，同比增长 91.02%。在证券行业创新步伐加快的背景下，省内证券公司积极参与业务和产品创新，主动寻求新的利润增长点，资产管理、融资融券、约定式购回等各类新型业务快速发展，尤其是 2014 年下半年以来，随着 A 股指数持续上扬，券商融资融券业务快速发展，收入持续增长，全年融资融券业务利息净收入 15.39 亿元，同比增长 1.1 倍，在创新业务的带动下，券商盈利模式改善，2010—2014 年，经纪业务手续费收入占营业收入比例分别为 71.54%、68.49%、60.35%、58.88%、53.12%，占比逐年下降，收入结构持续优化。

保险资产规模稳步增长。截至 2014 年末，浙江省共有保险市场主体 79 家，比年初增加 3 家；其中，财产险经营主体 35 家，比年初增加 1 家；人身险经营主体 42 家，比年初增加 2 家。各类保险机构达到 3 651 家，比年初增加 29 家；保险专业中介机构 174 家，比年初增加 20 家，兼业代理机构 10 532 家；行业从业人员 17.7 万人。全省保险公司资产总额 2 565.6 亿元，比年初增加 291.3 亿元，其中，财产险公司资产总额 254.8 亿元，比年初增加 31 亿元；人身险公司资产总额 2 310.8 亿元，比年初增加 260.3 亿元。外资保险公司规模增长迅速，资产总额达到 56.9 亿元，比年初增加 28.7 亿元。

保险补偿功能有效发挥。2014 年，浙江省保险业共实现原保险保费收入 1 258.1 亿元，排名全国第 4 位，收入同比增长 13.35%，低于全国平均水平 4.1 个百分点。其中，财产险保费收入 584.5 亿元，同比增长 14.2%，比上年下降 0.9 个百分点；人身险保费收入 673.6 亿元，同比增长 12.66%，比上年上升 1.96 个百分点。保险业赔付支出 474.6 亿元，同比增长 5.2%，增速比上年下降 26.4 个百分点。财产险赔付支出 349.8 亿元，同比增长 0.2%，较上年大幅下降 38.86 个百分点；人身险赔付支出 124.9 亿元，同比增长 22.7%，比上年上升 11.81 个百分点。

产寿险集中度继续分化。从保费收入区域结构看，地区间发展差异较大。杭州、宁波、温州三市保费收入合计 672.64 亿元，占全省保费收入的 53.47%。衢州、丽水、舟山三市原保险保费收入最低，合计收入 90.28 亿元，占比仅 7.18%。从市场主体占有率看，集中度仍然较高。财产险市场前 3 大公司市场占有率 62.1%，比上年上升 1.9 个百分点，市场集中度进一步提升；寿险市场集中度有所下降，前 3 大公司市场占有率 58.4%，比上年下降 3.8 个百分点。

（宋 玮）

1. 杭 州 市

2014 年，杭州市实现地区生产总值 9 201.16 亿元，比上年增长 8.2%。其中第一产业增加值 274.36 亿元，第二产业增加值 3 858.9 亿元，第三产业增加值 5 067.9 亿元，分别增长 1.8%、8.1% 和 8.5%。人均生产总值 103 757 元，增长 7.7%。按国家公布的 2014 年平均汇率折算，为 16 891 美元。三次产业结构由上年的 3.1∶42.6∶54.3 调整为 2014 年的 3.0∶41.9∶55.1。

工业保持平稳增长。杭州市实现工业增加值 3 426.42 亿元，增长 8.6%，其中规模以上工业增加值 2 805.25 亿元，增长 8.9%。战略性新兴产业实现增加值 813.12 亿元，装备制造业实现增加值 921.40 亿元，高新技术产业实现增加值 1 096.63 亿元，分别增长 13.0%、9.3% 和 10.5%。新产品产值率由上年的 27.9% 提高到 31.2%。

固定资产投资结构优化。杭州市完成固定资产投资 4 952.70 亿元，比上年增长 16.2%。从产业投向看，第一产业投资 19.07 亿元，增长 127.0%；第二产业投资 915.25 亿元，增长 0.3%，其中工业投资 913.4 亿元，增长 0.3%；第三产业投资 4 018.38 亿元，增长 20.2%。

对外贸易稳步增长。2014 年，杭州市完成外贸进出口总额 679.98 亿美元，比上年增长 4.5%。其中进口总额 188.32 亿美元，下降 7.2%；出口总额 491.66 亿美元，增长 9.8%（不含省属出口 427.68 亿美元，增长 11.3%）。出口总额中，机电产品出口 193.52 亿美元，高新技术产品出口 59.87 亿美元，分别增长 13.6% 和 19.2%。按贸易方式分，一般贸易出口 412.93 亿美元，增长 13.5%；加工贸易出口 71.71 亿美元，增长 0.2%。出口市场中，对美国、欧盟市场分别增长 11.1% 和 12.7%，对日本出口下降 2.6%；新兴及周边市场中，东盟、印度和韩国分别增长 24.0%、18.7% 和 10.3%。

财政收支基本平衡。杭州市全年完成财政总收入 1 920.11 亿元，比上年增长 10.7%，其中地方一般公共预算收入 1 027.32 亿元，增长 8.7%。杭州市一般公共预算支出 961.18 亿元，增长 12.3%，其中用于民生支出 712.58 亿元，增长 13.3%，占财政总支出的 74.1%，同比提高 0.7 个百分点，住房保障、医疗卫生与计划生育、科学技术等民生项目支出分别增长 21.0%、15.3% 和 13.3%。行政经费有效控制。全市各类会议、活动分别减少 16.0% 和 35.5%，“三公”经费下降 37.1%。

居民收入持续增长。杭州市居民人均可支配收入 39 237 元，增长 9.7%，扣除价格因素，实际增长 7.5%，其中城镇常住居民人均可支配收入 44 632 元，增长 9.1%，农村常住居民人均可支配收入 23 555 元，增长 11.1%，扣除价格因素，实际分别增长 7% 和 8.9%。全体居民人均生活消费支出 28 492 元，增长 6.2%，其中城镇常住居民人均生活消费支出 32 165 元，农村常住居民人均消费支出 17 816 元，分别增长 4.9% 和 11.2%。

物价涨幅逐步回落。2014 年，杭州市居民消费价格同比上涨 2.0%，涨幅同比回落 0.5 个百分点。工业生产者价格延续上年下降态势继续下跌。其中，工业生产者出厂价格同比下降 1.4%，降幅比上年度缩小 0.1 个百分点；工业生产者购进价格同比下降 2.7%，与上年度持平。

【金融运行】 存款增速同比回升，单位存款同比多增。2014 年末，杭州市金融机构本外币存款余额 24 450.5 亿元，同比增长 10.3%，增速比上年提高 0.3 个百分点；2014 年存款累计新增 1 407.9 亿元，同比多增 239.9 亿元。从存款结构看：一是单位存款增量回升。2014 年，单位存款增加 1 542.2 亿元，同比多增 286.4 亿元。二是个人存款同比少增。2014 年，全市个人存款增加 356.4 亿元，同比少增 187 亿元。其中，储蓄存款增加 358.6 亿元，同比多增 28.2 亿元。三是财政性存款增长乏力。2014 年，全市财政性存款新增 53 亿元，同比少增 87.4 亿元。

贷款增速较为平稳，贷款投向持续调整。2014 年末，杭州市金融机构本外币各项贷款余额 21 316.8 亿元，同比增长 10.2%，增速同比上升 3.2 个百分点；全年累计新增贷款 1 776.6 亿元，同比多增 524.8 亿元。从贷款投向来看：一是服务业贷款继续快速增长，制造业贷款有所减少。2014 年，杭州市新增服务业贷款 1 100.5 亿元，同比多增 589 亿元；新增额占全部新增贷款的 74%，同比上升 33.4 个百分点；制造业贷款减少 234.9 亿元，比上年同期多减 229.5 亿元。截至年末，全市服务业贷款余额已超过制造业贷款 4 268.2 亿元，这一贷款投向变动趋势，与杭州市三次产业结构调整高度相关。二是中长期贷款比重明显上升。2014 年，全市中长期贷款新增 1 487.7 亿元，比上年同期多增 615.2 亿元；短期贷款减少 115 亿元，而上年同期为增加 315.4 亿元。2014 年末，全市中长期贷款余额 10 629.3 亿元，同比增长 16.2%；短期贷款余额 9 147.4 亿元，同比增长 0.86%。

贷款利率稳中有降，民间借贷利率下行。2014 年，人民币贷款利率在 7.11%—7.23%区间内窄幅波动，四个季度的利率分别为 7.15%、7.23%、7.23%和 7.11%；全年平均贷款利率为 7.18%，同比下降 0.08 个百分点。2014 年，民间借贷综合平均利率为 22%，同比下降 4.5 个百分点。市场利率回落，降低了企业的财务费用支出和融资成本。

【金融市场】 证券期货业稳步发展。2014 年末，全市法人证券公司(含资产管理公司)5 家，证券营业部 161 家，证券投资咨询机构 2 家。证券经营机构全年累计代理交易额 8.08 万亿元，实现利润 16.68 亿元，同比增长 59.16%。各法人证券公司继续推动证券经纪业务转型和产品创新。期货业发展总体平稳，期货经营机构代理交易额 41.24 万亿元，实现利润 7.92 亿元，同比增长 19.28%。

资本市场融资快速增长。2014 年末，全市共有境内上市公司 80 家，其中，中小板块上市公司 30 家，创业板上市公司 18 家。全年资本市场累计融资 292.83 亿元，是上年融资规模的 3.7 倍。同时，杭州多层次资本市场体系不断丰富，浙江省股权交易中心发展速度较快，截至 2014 年末，浙江股权交易中心挂牌企业 1 591 家，其中成长板企业 220 家，总市值 19.5 亿元，累计成交 1.4 万股；创新板企业 1 371 家，总股本约 14.84 亿股。私募债备案企业 87 家，全年新增 55 家，备案金额 94.39 亿元，完成发行 63 单，发行金额 58.05 亿元，同比增长 254%。全年实现股权融资 35.78 亿元，股权质押融资 30.68 亿元。

保险市场稳步发展。截至 2014 年末，全市共有各类保险机构 633 家，新增保险市场主体 2 家。保险机构、中介机构、行业社团共同发展的市场格局更趋成熟。2014 年，全市保险公司资产规模同比增长 13.23%，保费收入同比增长 14.75%。其中，财产险保费收入增长 11.21%，人身险保费收入增长 17.70%。保险业经营效益继续平稳增长，法人机构偿付能力有所改善，投资收益情况良好。政策性农业保险平稳推进，参保规模提升，新险种开发加快。政策性农房保险实现承保全覆盖。出口信用保险保障作用有效发挥，企业积极通过保险追偿、赔付挽回损失。小额贷款保证保险不断扩面。

【金融服务】 信用体系建设卓有成效。一是征信系统建设取得新的成效，征信覆盖面继续扩大，为金融机构风险防范、政府部门履职等提供重要参考。截至 2014 年底，全市共开通查询用户 6 987 个，全年累计查询 1 079 万次，共有 17 家小额贷款公司、村镇银行等小微机构接入系统，系统覆盖面和服务范围有效延伸。二是多元化、多层次的征信市场体系逐步形成。截至 2014 年底，全市共有 2 家个人征信机构通过许可初审上报总行，其中 1 家获总行批复开展个人征信业务准备工作；共有 2 家企业征信机构获得备案证。三是中小企业和农村信用体系建设持续深化，全市累计为 3.31 万户尚未与银行发生信贷关系的中小企业建立信用档案，其中 8 526 户获得银行授信意向；已累计为 90.67 万农户建立了信用档案，对 39.79 万农户发放了 1 939.7 亿元贷款，信贷支持覆盖面达 33.53%。

支付服务持续完善。2014 年，各类支付清算系统安全稳定运行，业务成功率不断提高，金融服务电子化水平稳步提升。全市新布放ATM机2 083台、POS机62 563台，新增特约商户51 598个，全市ATM/POS清算资金22 638.4万笔、金额7 353.2亿元，通过大小额支付系统清算各类社会资金9 924万笔、金额119.52万亿元。

外汇管理服务更加便利。截至2014年末，全市有1 087个银行机构网点开办结售汇业务，176个银行机构网点开办远期结售汇业务、35个银行机构网点经营期权业务。支持企业到境外投资，全年新登记境外投资外汇登记97笔，中方协议投资总额12.6亿美元。

跨境人民币业务发展迅速。2014年，全市跨境人民币累计结算量3 444亿元，占全省的34%，同比增长52%。其中，货物贸易出口人民币结算1 290亿元，同比增长16%；货物贸易进口人民币结算1 417亿元，同比减少97%；服务贸易及其他项目人民币结算93亿元，同比减少37%；跨境投融资645亿元，同比增长15%。全市累计有40家银行、2 528家企业与125个国家和地区开展跨境人民币业务，参与主体范围和地区分布更加广泛。跨境人民币贸易累计融入资金120亿元，积极满足出口企业的融资需求。

（宋　玮）

杭州市主要经济金融统计

（2010—2014年）

单位:亿元

项　　目	2010年	2011年	2012年	2013年	2014年
国内生产总值	5 949.17	7 019.06	7 802.01	8 343.52	9 201.16
第一产业(增加值)	208.41	236.77	255.11	265.42	274.36
第二产业(增加值)	2 844.07	3 323.79	3 572.63	3 661.98	3 858.90
第三产业(增加值)	2 896.69	3 458.50	3 974.27	4 416.12	5 067.90
全社会固定资产投资	2 651.88	3 100.02	3 722.75	4 263.87	4 952.70
地方财政收入	671.34	785.15	859.99	945.20	1 027.32
地方财政支出	616.58	747.50	786.28	855.74	961.18
社会消费品零售总额	2 146.08	2 548.36	2 944.63	3 531.17	3 838.73
居民消费价格指数(以上年为100)	103.9	104.8	102.5	102.5	102.0
进出口总额(亿美元)	523.55	639.72	616.83	650.71	679.98
进　口(亿美元)	170.18	224.50	204.22	203.05	188.32
出　口(亿美元)	353.37	415.21	412.62	447.66	491.66
全部金融机构各项存款(余额)	17 084.35	18 396.57	20 148.77	22 174.71	24 450.51
企业存款	7 936.54	11 648.10	12 644.93	13 884.84	15 410.40
财政存款	470.61	427.18	478.97	619.40	672.43
储蓄存款	4 932.87	5 547.48	6 089.98	6 408.59	6 767.20
全部金融机构各项贷款(余额)	15 078.73	16 573.74	18 090.90	19 350.46	21 316.83
短期贷款	6 500.78	7 947.96	8 748.39	9 069.35	9 147.43
中长期贷款	7 609.84	7 956.66	8 272.12	9 145.91	10 629.30
全部保险机构保费收入	202.94	211.10	247.92	279.23	320.41
全部保险机构保险赔款支出(含满期给付)	48.98	62.39	85.41	102.39	119.03
全部保险机构保险密度(元/人)	2 417	3 034	3 539	3 952	3 603
全部保险机构保险深度(%)	3.41	3.01	3.18	3.35	3.48

注:全部金融机构各项存款、贷款余额的七项数据为本外币并表统计数(含外资金融机构)。

2. 宁 波 市

2014年,宁波市地区生产总值7 602.51亿元,按可比价计算同比增长7.6%,增幅比上年降低0.5个百分点。其中,一产、二产、三产同比分别增长1.9%、7.9%、7.6%,增幅同比分别提高3.1和降低0.3、0.8个百分点,产业之比为3.6∶51.8∶44.6。分季度看,一季度、二季度、三季度、四季度同比分别增长6.0%、7.2%、8.0%、8.5%。

农业生产先抑后扬。2014年,宁波市农业生产逐步消除上年"菲特"台风灾害影响,扭转负增长不利局面,全年农业增加值增长2.0%。

工业生产低位徘徊。2014年,宁波市规上工业增加值2 540.18亿元,同比增长7.4%,增幅较上年降低0.6个百分点,其中汽车制造业增长较为突出,全年增加值为232.9亿元,同比增长31.9%,对规上工业增加值增长的贡献率为30.8%;全市规上工业总产值、销售产值分别为13 789.32亿元、13 387.35亿元,同比分别增长6.2.%、6.6%,增幅同比分别提升0.6、1.6个百分点。

商品销售增长较快。2014年,宁波市商品销售总额14 414.75亿元,同比增长18.1%,增幅较上年提高2.7个百分点,其中化工材料及制品类增长最快,增幅为21.6%,增幅较上年提高15.0个百分点。宁波大宗商品交易所全年交易额4 481.8亿元,同比增长114.9%。

投资增幅保持较快增长。2014年,宁波市固定资产投资3 989.46亿元,同比增长16.6%,其中基础设施投资971.03亿元,同比增长14.7%,增幅较上年提高15.0个百分点;工业技改投资因受"机器换人"影响呈快速增长,同比增幅为23.9%,超出投资平均增幅7.3个百分点。

消费增幅稳步走高。2014年,宁波市社会消费品零售总额2 992.03亿元,同比增长13.5%,增幅较上年略高0.2个百分点,其中限上批发、零售、住宿、餐饮同比分别增长47.9%、10.6%、4.1%、18.3%,增幅同比分别提高8.9、0.6、20.7、15.6个百分点;全年网络零售额489.7亿元,同比增长82.1%。

外贸增长有所改善。2014年,宁波市外贸进出口总额1 047.04亿美元,同比增长4.4%,增幅较上年高0.5个百分点,其中欧盟、美国、东盟贸易往来的占比居前三位,分别为21.4%、16.3%、8.3%。进口则因"大宗商品价格不断下行、国内需求疲软"等因素负增长幅度继续扩大,由上年的-1.4%进一步下跌至-8.7%。

财政和居民收入稳定增长。2014年,宁波市一般公共预算收入860.61亿元,同比增长8.6%,增幅较上年降低0.7个百分点;城镇居民、农村居民人均可支配收入分别为44 155元、24 283元,同比分别增长9.2%、11.0%。2014年,全市城镇新增就业岗位17.46万人,同比增长8.2%,增幅较上年提高2.1个百分点;城镇登记失业率1.95%,同比下降0.21个百分点。

【金融运行】 融资体系转型加快。2014年,全市社会融资规模1 453.88亿元,同比少增360.42亿元,少增19.84%。其中表内融资规模1 225.45亿元,同比少增126.49亿元,占社会融资规模全部少增额的35.0%;表外融资规模少增316.81亿元,占社会融资规模全部少增额的87.9%,其中信托贷款、未贴现银行承兑汇票、委托贷款分别为-35.23亿元、-223.35亿元、193.15亿元,同比分别少增178.08亿元、70.24亿元、68.49亿元。

直接融资占比上升明显。2014,全市直接融资规模219.76亿元,同比多增119.27亿元,多增幅度高达118.7%;占社会融资规模比例为15.1%,较上年提高9.6个百分点。同时,全市间接融资规模占比为79.8%,较上年降低8.6个百分点。

贷款同比增幅下降。2014年末,宁波市各项贷款余额14 569.78亿元,同比增长9.43%,增幅同比下降1.88个百分点,但比全省高0.21个百分点;比年初新增1 228.78亿元,同比少增97.72亿元,贷款新增额居浙江全省第二位。从平均增量看,2014年全年贷款月均投放102.40亿元,较上年减少8.1亿元,减幅为7.4%。三是从业务品种看,自2014年7月份开始,全市票据融资余额同比增幅连续为正,截至年末,全市票据融资余额429.82亿元,比年初新增186.35亿元,同比多增251.72亿元,余额同比增长76.5%,增幅较上年末大幅提高97.7个百分点,从业态变化情况看,2014年,全市银行机构共处置贷款353.89亿元,比上年增加139.93亿元,增幅为65.4%,不良贷款的核销以及信贷资产证券化的创新加大了全市贷款存量变化幅度。

存款脱媒显著加快。至年底,全市各项存款余额13 890.12亿元,同比增长5.5%,增幅同比降低4.4个百分点;比年初新增725.52亿元,同比少增456.32亿元,其中定期存款比年初新增337.47亿元,占存款全部新增额的46.5%,占比较上年末提高30.9个百分点。一是从基本走势看,2014年4月、10月相继创出有本外币信贷收支统计以来新低,分别为4.66%、4.58%。二是从业务种类看,2014年,全市储蓄存款余额4 819.68亿元,同比仅增长4.9%,增幅同比降低4.4百分点;比年初增加223.21亿元,同比少增165.97亿元,占存款全部少增额的36.4%,占比居各类存款业务品种首位。从变化稳定性看,自9月份出台实施有关控制存款偏离度政策之后,全市存款季末波动幅度明显下降,直至第四季度冲存现象消失,统计数据显示,季末最后十天全市存款增量按季度前后顺序依次分别为512.4亿元、524.2亿元、170.0亿元、−56.3亿元,呈递减收窄之势,存款季度“去泡沫化”政策效应初现。

【金融市场】 截至2014年末,全市共有银行业金融机构67家,其中,法人机构29家,分支机构38家,合计网点数达2 202家,从业人员共45 501人。全市银行业金融机构资产总额为22 514.35亿元,比年初增加2 270.31亿元。全市银行业金融机构负债总额21 756.62亿元,比年初增加2 298.91亿元。全部银行机构不良贷款余额292.35亿元,比年初增加82.32亿元,同比增长39.19%。不良率为2.01%,比年初上升0.43个百分点。2014年,全市银行业金融机构实现净利润148.52亿元,同比下降39.18%。

2014年,全市证券成交总额3.17万亿元,比上年增长46.6%。其中股票和基金成交2.07万亿元,增长50.7%,证券客户交易结算资金余额144亿元,增长117.6%。期货代理交易量5 535.7万手,增长4.5%,代理交易额5.31万亿元,下降0.7%。年末证券投资者开户104.5万户,增长6.2%。年内新增证券公司分支机构24家,期货营业部3家,年末全市共有98家证券公司分支机构,1家证券投资咨询公司,1家期货公司和38家期货营业部。年内新增境内上市公司3家,累计实现首发和再融资额73.9亿元;境内上市公司总数达45家。

2014年,全市实现保费收入207.0亿元,比上年增长11.6%。其中,财产险保费收入111.6亿元,增长15.7%;人身险保费收入95.4亿元,增长7.6%。赔款和给付94.7亿元,下降8.9%。其中,财产险赔付支出74亿元,下降17.4%;人身险赔付支出20.7亿元,增长44%。

【货币政策】 2014年,区域融资结构得到优化。从社会融资规模看,直接融资占比上升明显,较上年提高近10个百分点。银行间市场债务融资工具蓬勃发展,全年银行间市场债务融资工具发行量同比增长42.6%。紧抓利率市场化改革契机,辖内4家机构获市场利率定价自律组织成员资格,发行同业存单431.5亿元。中国人民银行宁波市中心支行落实定向调控机制改革,两次“定向降准”释放流动性22.14亿元;全年累计发放支农再贷款8.91亿元,同比增长8.52%,并通过书面承诺促进支农要求落地;发放支小再贷款2亿元;发放再贴现6 687笔、31.29亿元,同比增长23.95%。加强按日监测和分类指导,督促法人机构做好信贷投放,年末法人机构人民币贷款余额同比增长18.29%。调整存量结构,推动宁波银行在全国城商行中率先尝试信贷资产证券化,释放存量信贷规模45.8亿元。推荐辖内4家机构获得市场利率定价自律组织成员资格,发行同业存单41期、431.5亿元;引导鄞州银行在全国农信系统最先发行二级资本债13.5亿元。促进银行间市场债务融资工具发展,全年共注册债务融资工具124.8亿元,发行189.9亿元,发行量同比增长42.6%。新推动2 000余家企业开展跨境人民币结算,全年全市跨境人民币结算金额2 192.78亿元,同比增长62.78%。

【金融服务】 2014年,中国人民银行宁波市中心支行深化“金融支持创新驱动加快转型发展三年行动计划”,累计出台金融支持的指导意见19个,内容涉及科技金融融合发展、支持新型农业经营主体、支持电子商务、深化小微金融服务等多个方面,引导金融机构积极创新信贷产品,逐步形成七大类、66项特色融资产品,形成了示范带动效应。引导金融机构推进“金火炬”、“金手指”和“金钥匙”三大工程,突出对战略新兴产业、高新技术企业、节能减排领域的金融支持。加大对全市各类重大工程和重点项目建设的资金支持,12月末重点项目建设贷款余额1 250.95亿元,同比增长14.92%。召开金融支持重大民生工程融资对接会,组织12家银行落实462亿元资金支持棚户区改造、“五水共治”等重大民生工程。大力推进普惠金融,组织金融机构同步开展各类政策宣传、产品推广、融资对接活动，全年共举办活动 1 020 余场，其中银企、银农对接 159 场，累计惠及公众近 3 万人。在宁波争创国家移动电子商务金融科技服务创新城市试点中，辖内有 5 家银行成为国家级移动金融试点行。大力支持“三农”业务创新，推广“村民集团授信”，加大“多权一房”抵（质）押贷款投放，截至 12 月末涉农贷款余额 5 211.12 亿元，同比增长 8.72%。在探索建立硬币流通的良性循环机制中，各金融机构积极参与，全年累计回笼硬币逾 2 444 万枚，是上年的 24.5 倍。加强信用体系建设，利用宁波市银行风险信息共享系统，建设中小微企业信用服务平台，一期已于 2014 年 11 月上线试运行。采取市县共建模式，加大农村信用体系建设力度，推广“村民集团授信”等新型授信模式，农户信用档案入库数和入库率显著提升。优化服务实践“外汇金融普惠年”，全面实施外汇服务进企业、信贷资金助企业、优惠让利扶企业等“三大惠企行动”，以及外汇支持外贸实力效益工程、外汇政策进政府、外汇知识进学校、外汇宣传进社区等“四大惠民举措”，全市外汇金融系统共举办各类政策宣传和服务活动 149 场。成功争取境内海运费网上支付试点，在全国率先实现出口集装箱订舱的全流程电子化。推动跨国公司外汇资金集中运营试点，合理核定与分配外债与对外放款指标。支持商业保理机构在浙江省首推面向中小企业的银行贸易融资担保和应收账款收购融资产品。出台金融支持电子商务发展指导意见，促进“跨境购”“保税通”等跨境进口贸易电子平台建设，年末全市跨境贸易电子商务进口业务量位列全国首位。

（陈　科）

宁波市主要经济金融统计

（2010—2014 年）

单位：亿元

项　目	2010 年	2011 年	2012 年	2013 年	2014 年
国内生产总值	5 125.80	6 010.48	6 524.70	7 128.87	7 602.51
第一产业(增加值)	218.40	255.76	270.00	276.35	275.18
第二产业(增加值)	2 848.20	3 335.37	3 516.70	3 741.72	3 935.57
第三产业(增加值)	2 059.20	2 419.35	2 738.00	3 110.80	3 391.76
全社会固定资产投资	2 206.50	2 392.90	2 901.40	3 423.00	3 989.46
地方财政收入	530.90	657.60	725.50	792.80	860.62
地方财政支出	600.70	750.70	828.40	939.90	1 000.90
社会消费品零售总额	1 704.50	2 018.90	2 329.30	2 635.70	2 992.03
居民消费价格指数(以上年为 100)	103.70	105.30	101.70	102.20	101.90
进出口总额(亿美元)	829.00	981.90	965.70	1 003.30	1 047.04
进口(亿美元)	309.30	373.60	351.30	346.20	315.95
出口(亿美元)	519.70	608.30	614.40	657.10	731.10
全部金融机构各项存款(余额)	9 755.52	10 659.27	11 980.50	13 164.60	13 890.12
企业存款	3 410.43	6 220.07	6 961.10	7 439.80	7 792.29
储蓄存款	3 312.17	3 696.28	4 208.80	4 596.50	4 819.68
全部金融机构各项贷款(余额)	9 414.20	10 676.84	11 961.00	13 314.00	14 569.78
短期贷款	4 811.29	5 945.05	6 760.30	7 548.60	7 780.48
中长期贷款	4 150.68	4 485.41	4 790.10	5 387.40	6 192.10
全部保险机构保费收入	144.06	148.39	164.71	185.50	207.00
全部保险机构保险赔款支出(含满期给付)	38.10	48.14	64.27	103.90	94.70
全部保险机构保险密度(元/人)	2 003.60	1 929.00	2 138.00	2 428.00	2 700.00
全部保险机构保险深度(%)	2.81	2.50	2.52	2.60	2.70

注：全部金融机构各项存款、贷款余额的七项数据为本外币并表统计数(含外资金融机构)。

3. 温 州 市

2014 年，温州市实现地区生产总值 4 303 亿元，增长 7.2%，处于近年相对低点(2011—2013 年分别为 9.5%、6.7%和 7.7%)，低于全省 0.4 个百分点。全市公共财政预算收入 353 亿元，增长 8.8%。

工业生产逐步回升。全市规模以上工业增加值 977 亿元，比上年增长 6.2%，增速比上年提高 0.4 个百分点，连续 7 个月呈逐步回升态势。与全省增速差距从 1—5 月最大 1.4 个百分点下降至 0.7 个百分点，逐步收窄。

投资增速下滑。全市完成限额以上固定资产投资 3 053 亿元，增长 16.6%，增速比上年降低 7.5 个百分点，其中基础设施投资增速放缓，比上年增长 11.6%，比上年回落 20.1 个百分点；房地产开发投资增长平稳，同比增长 10.1%，比上年高 3.3 个百分点；受“机器换人”专项行动等影响，工业技改投资增长较快，工业投资同比增长 24.0%，连续三个季度环比上升。

消费稳中有升，外贸低位波动。全市限额以上消费品零售总额 873 亿元，增长 11.3%，增速比上年提高 2.8 个百分点。全市外贸进出口总额 208 亿美元，增长 0.9%，增幅比上年提高 0.1 个百分点。其中进口 22 亿美元，下降 9.3%，进口近 3 年来均处于负增长区间。出口 186 亿美元，增长 2.2%，总体仍处于低位波动状态。

房地产价跌量升。2014 年温州房价在经历 34 个月连续下跌后，7—8 月份环比持平，9—12 月份又连续下跌。据市房管局统计，12 月份市区住宅均价为每平方米 19 506 元，同比下降 13.9%。2011—2013 年末均价分别为 34 674 元、25 855 元和 22 644 元，逐年下降。全年市区商品住宅销售 9 037 套，比上年下降 12.2%，但仍处于历年次高水平：2011—2013 年市场分别销售 939 套、5 654 套和 10 288 套。年末市区商品住宅库存 11 644 套，比上年末增长 40.3%：2011—2013 年市区库存分别为 3 498 套、6 331 套和 8 299 套。当前去库存压力仍然较大。

【货币政策】 2014 年，全市认真贯彻稳健货币政策，增强政策指导的灵活性、主动性，结合金融改革、风险处置和普惠金融服务，落实各项“微刺激”政策，发挥货币政策工具的定向支持作用，引导金融机构特别是地方法人银行机构加大对经济转型升级的信贷支持，改善金融服务。

(1) 加强法人机构合意贷款管理。采取加强政策解释、日常监测、双向沟通，及时根据合意贷款政策变化，加强督促、强化落实，确保合意贷款政策执行到位。全年全市法人机构贷款比年初新增 197.1 亿元，占上级行下达合意贷款的 98.6%。

(2) 落实定向降准及准备金优惠政策。2014 年共对 7 家机构实行定向降准优惠政策，对 4 家改制的农商行实施延期缴纳存款准备金的支持政策。对新增存款用于当地比例考核达标的 10 家法人金融机构执行优惠 1 个百分点的准备金率。

(3) 开展合格审慎评估，推动利率市场化。全市共有 6 家农商行通过 2014 年度合格审慎评估，获得同业存单发行资格，占全省 1/4，2014 年 6 家农商行成功发行 21.3 亿元。及时落实上级行利率调整政策，开展银行机构利率定价评估，着力缓解企业融资成本过高问题。

(4) 争取再贷款额度，加大再贷款支持。2014 年末再贷款余额 25.6 亿元，同比增加 5.6 亿元，创历史新高。积极推广再贴现业务，2014 年末再贴现余额 2.5 亿元，全年累计为 11 家银行办理再贴现 3.1 亿元。

(5) 强化房地产信贷管理。认真做好房地产新政贯彻落实工作，召开政策通报会、座谈会。通过行长联席会议、约谈等方式加强窗口指导，强力推动首套房政策落实，要求各金融机构从维护区域金融稳定的大局出发，切实贯彻落实 2014 年 9 月底出台的住房信贷政策，特别是建议地方法人银行机构积极履行社会责任，对居民首套房实行 9 折优惠利率或基准利率。

(6) 发展直接债务融资。推动辖内企业直接债务融资工具发行增量扩面。2014 年共注册 177.1 亿元，发行 120.5 亿元。全国首单地市级 36 亿元保障房私募债成功发行。鹿城农商银行发行 10 亿元小微企业专项金融债，龙湾农商银行 4.5 亿元资产证券化项目已获人总行批复。

【金融运行】 2014 年，温州金融运行仍然处于金融风波后续影响的低谷状态之中。金融业融资规模总体增长，其中债券融资增加较多，但银行信贷投放逐年收缩，存款增长相应回落，新发生不良贷款仍在增加。

银行信贷投放继续收缩。12 月末，全市本外币各项贷款余额 7 347 亿元，比年初增加 83 亿元，增幅仅 1.2%。自 2011 年金融风波发生以来，全市银行贷款增量已连续三年递减，2012—2014 年三年信贷总增量只是2009—2011年三年的30%。而且信贷投放逐年减少,其中2012年增加618亿元,2013年增加216亿元,2014年增加83亿元。

存款增长回落波动收窄。12月末,全市本外币各项存款余额8 309亿元,比年初增加214亿元,同比增长2.6%,分别比全国、全省平均水平低7.0和3.7个百分点。自2011年金融风波发生以来,银行存款增量与贷款增长同步回落,近三年增量只是2009—2011三年增量的23.3%,其中2012年增加199亿元,2013年是350亿元,2014年是214亿元。

银行经营效益持续下滑。2014年,温州市银行业金融机构税前利润为亏损25亿元,净利润为亏损39亿元,全市年度亏损是首次发生的。分机构来看,不同类型银行机构的盈利状况分化明显。不良贷款率较高的全国性股份制商业银行利润大幅下滑,2014年全市全国性股份制银行亏损138.1亿元。城商行分支行亏损0.8亿元。四大国有银行利润增长较快,实现净利润64.4亿元,比上年增长26.9%。地方法人银行机构利润快速增长,实现净利润31.8亿元,比上年增长59.8%。

【金融市场】 2014年,温州市金融市场运行总体平稳。证券市场交易比较活跃,保险市场业务稳步增长,国际收支和结售汇回落,民间借贷市场利率下降。

股票市场交易活跃。12月末,温州市股民持有股票市值为1 015亿元,同比增长56.5%。2014年累计证券交易14 660亿元,增长72.5%。全年资金净流入量163亿元,增长244.3%,其中资金流入和流出分别为2 045亿元和1 882亿元。全年股市新增开户数为6.89万户,比上年增长119.2%。温州市全部14家上市公司融资总额187.18亿元,其中首发融资129.08亿元,再融资30.1亿元,公司债28亿元。

保险业务增长平稳。2014年全市保险业原保险保费收入145亿元,比上年增长10.4%。2014年末,温州保险总资产329亿元,比年初增加44亿元。小额贷款保证保险实现保费收入281万元,提供风险保险贷款2.3亿元;保险资金投资商业不动产25.1亿元;保单质押贷款余额23.1亿元;五年以上协议存款金额71.9亿元。

外汇市场总量回落。全年涉外收支总额412亿美元,比上年下降3.6%。其中外汇收入306亿美元,下降3.0%;外汇支出105亿美元,下降1.3%;收支顺差201亿美元,下降3.9%。全市结售汇总额260亿美元,比上年下降10.3%。其中,结汇222亿美元,下降8.0%;售汇38亿元美元,下降21.8%;结售汇顺差184亿美元,下降4.5%。

跨境人民币业务增长较快。2014年全市跨境人民币实际收付总量521亿元,比上年增长45.0%。跨境人民币资本项目取得新进展,实际引入外资11.3亿元,其中资本金3.5亿元,外债7.8亿元。探索开展个人跨境人民币结算业务,2014年累计办理个人跨境人民币结算总额12 504万元。

(倪乐央)

温州市主要经济金融统计

(2010—2014年)

单位:亿元

项　　目	2010年	2011年	2012年	2013年	2014年
国内生产总值	2 925.57	3 350.87	3 650.06	4 003.86	4 302.81
第一产业(增加值)	92.78	107.01	112.9	115.39	117.92
第二产业(增加值)	1 535.12	1 750.65	1 843.06	2 015.48	2 046.23
第三产业(增加值)	1 297.66	1 493.21	1 694.1	1 782.99	2 138.66
全社会固定资产投资	925.98	1 751.52	2 357.11	2 950	3 052.81
地方财政收入	411.43	485.61	517.89	565.6	612.44
地方财政支出	311.05	370.4	387.8	438	488.58
社会消费品零售总额	1 498.09	1 767.64	1 929.29	2 136.38	2 410.36
居民消费价格指数(以上年为100)	104.3	106.1	102.3	102.7	101.8
进出口总额(亿美元)	170.94	215.72	204.38	206.02	207.81
进　口(亿美元)	25.51	34.06	27.43	24.56	22.31
出　口(亿美元)	145.43	181.65	176.96	181.46	185.51

（续表）

项　　目	2010年	2011年	2012年	2013年	2014年
全部金融机构各项存款(余额)	6 497.59	7 545.6	7 744.94	8 095.48	8 309.34
企业存款	1 954.34	3 494.17	3 379.45	3 340.12	3 272.45
财政存款	142.40	147.85	145.91	148.15	179.23
储蓄存款	2 154.16	3 566.31	3 843.3	4 002.2	4 386.36
全部金融机构各项贷款(余额)	5 516.68	6 394.96	7 013	7 263.33	7 346.761
短期贷款	4 206.28	5 230.08	5 692.41	5 643.88	5 231.05
中长期贷款	1 173.15	1 085.23	1 166.21	1 484.62	1 938.16
全部保险机构保费收入	101.55	110.88	118.47	131.18	145.65
全部保险机构保险赔款支出(含满期给付)	15.77	19.62	25.96	45.2	46.39
全部保险机构保险密度(元/人)	1 290.67	1 388.8	1 480.49	1 639.75	1 787.49
全部保险机构保险深度(%)	3.47	3.31	3.25	3.28	3.38

注：全部金融机构各项存款、贷款余额的七项数据为本外币并表统计数(含外资金融机构)。

4. 嘉　兴　市

2014年，嘉兴市实现生产总值3 352.8亿元，可比增长7.5%。工业经济“缓中趋稳”，结构总体优化。嘉兴市规模以上工业增加值1 328.3亿元，同比增长7.7%；六大战略性新兴产业实现总产值3 020.9亿元，同比增长15.7%，高于工业总产值增速8.5个百分点。

投资增长总体平稳，三产投资增长较快。固定资产投资2 221.2亿元，同比增长16.3%；第三产业投资1 194.6亿元，同比增长19.7%，高于平均增速3.4个百分点。

出口增长总体平稳，进口增速明显放缓。进出口总额337.3亿美元，同比增长6.2%；出口236.5亿美元，同比增长10.0%，进口100.8亿美元，同比下降1.7%。

居民消费平稳增长，价格水平总体稳定。社会消费品零售总额1 347.0亿元，同比增长12.5%；市区居民消费价格指数累计上涨2.0%。

财政收入增长平稳，企业效益增长放缓。嘉兴市实现财政总收入568.1亿元，同比增长9.8%；规模以上工业企业实现利润366.2亿元，同比增长6.5%。

【货币政策】　加强货币政策工具管理，提高政策的针对性和灵活性。制定出台再贷款“1＋X”运作模式操作指引，通过再贷款＋(配套信贷＋金融创新＋重点支持＋优惠利率)的形式，进一步发挥支农再贷款的政策引导作用。在全省率先创新“央行票融通”业务，安排专项再贴现规模，专门用于承办金融机构为科技型、小微型企业办理贴现的商业汇票给予再贴现资金支持。认真贯彻上级行“定向调控、精准发力”的要求，先后对三类机构实施优惠准备金率，嘉兴市合计增加可贷资金13.16亿元。以开展合格审慎评估为抓手和契机，提高金融机构适应和参与利率市场化改革的能力。

强化信贷政策引导，全面推进普惠金融和转型升级。走访治水办、农经局、水利局，深入排摸嘉兴市509个“五水共治”项目、659家企业的建设情况和信贷资金需求情况。以嘉兴市建设省科技金融改革创新试验区为契机，积极推进科技金融工作。截至2014年末，嘉兴市金融机构对科技企业贷款余额397.8亿元，同比增长21.7%。重点推进“三权三抵押”业务，2014年末，嘉兴市共累计发放土地承包经营权抵押贷款4.7亿元，在全省位列第一。

加大债务融资发行推动力度，加强金融市场监督管理。组织各县(区)及嘉兴市重点银行业金融机构推荐产业优势明显、成长性好、科技含量高、市场竞争力强的中小企业，建立150余家有发债意愿的重点企业发债项目储备库。指导嘉兴银行成功发行10亿元小微企业专项金融债。

【金融运行】　存款增长放缓。2014年12月末，嘉兴市金融机构本外币各项存款余额 5 684.1 亿元，比年初增加 478.5 亿元，同比少增 129.8 亿元，余额同比增长 9.2%。

贷款同比多增。金融机构本外币各项贷款余额 4 641.3 亿元，比年初增加 518.5 亿元，同比多增 71.6 亿元，余额同比增长 12.6%。

银行不良贷款稳中有降。金融机构本外币不良贷款余额 38.4 亿元，比年初下降 12.0 亿元；不良贷款率 0.83%，比年初下降 0.4 个百分点。银行资产质量居全省首位。

【金融市场】 1—12 月，嘉兴市累计保费收入 96.7 亿元，同比增长 15.0%；累计赔款和给付支出 37.6 亿元，同比增长 12.7%。证券交易额 9 318.0 亿元，同比增长 45.8%；证券保证金余额 56.2 亿元，同比增长 110.2%。

【金融创新】 创新推出“中小企业融资服务平台”微信公众平台，实现银企信息实时共享、银企融资常态化对接。依托平台实时发布最新信贷产品，到 2014 年末已收集 25 家银行 120 余款小微企业专属金融产品。采集 6 万多户小微企业纳税申报信息，整合各类奖惩信息、资质认证、政府扶持等情况，形成企业非银信息报告，实现对小微企业融资信用增进。

（郑　飞）

嘉兴市主要经济金融统计

（2010—2014 年）　　单位：亿元

项　　目	2010 年	2011 年	2012 年	2013 年	2014 年
国内生产总值	2 296.00	2 668.06	2 884.94	3 147.66	3 352.80
第一产业(增加值)	126.30	146.09	150.05	155.62	145.14
第二产业(增加值)	1 342.12	1 536.18	1 620.82	1 726.73	1 811.31
第三产业(增加值)	827.58	985.79	1 114.07	1 265.31	1 396.35
全社会固定资产投资	1 518.60	1 502.48	1 642.31	1 910.15	2 221.21
地方财政收入	176.83	226.40	257.73	282.31	307.07
地方财政支出	199.06	240.61	260.70	303.36	334.90
社会消费品零售总额	799.40	948.57	1 083.74	1 196.93	1 347.02
居民消费价格指数(以上年为 100)	104.00	105.5	102.2	101.7	102.0
进出口总额(亿美元)	228.20	284.84	287.44	317.63	337.34
进　口(亿美元)	67.79	92.12	91.41	102.51	100.83
出　口(亿美元)	160.41	192.72	196.03	215.12	236.51
全部金融机构各项存款(余额)	3 590.82	4 168.17	4 597.34	5 205.65	5 684.10
企业存款	1 151.16	2 130.87	2 265.45	2 508.87	2 666.75
财政存款	54.06	61.71	51.36	51.15	76.51
储蓄存款	1 621.29	1 910.30	2 181.17	2 522.83	2 777.08
全部金融机构各项贷款(余额)	2 753.64	3 212.74	3 670.52	4 122.77	4 641.26
短期贷款	1 390.05	1 831.14	2 167.67	2 414.07	2 480.09
中长期贷款	1 252.27	1 359.05	1 444.41	1 671.06	2 104.91
全部保险机构保费收入	59.27	70.09	74.71	84.07	96.67
全部保险机构保险赔款支出(含满期给付)	13.04	19.55	25.94	33.33	37.56
全部保险机构保险密度(元/人)	1 764.13	2 051.81	2 178.10	2 472.65	2 802.03
全部保险机构保险深度(%)	2.58	2.63	2.59	2.67	2.88

注：全部金融机构各项存款、贷款余额的七项数据为本外币并表统计数(含外资金融机构)。

5. 湖 州 市

2014 年，湖州市实现地区生产总值（GDP）1 955.96 亿元，按可比价格计算，比上年增长 8.4%。分产业看，第一产业增加值 120.96 亿元，增长0.9%；第二产业增加值 1 001.58 亿元，增长 9.1%，其中，工业增加值 904.27 亿元，增长 9.2%；第三产业增加值 833.42 亿元，增长 8.6%。三次产业比例为 6.2∶51.2∶42.6。按户籍人口计算的人均 GDP 为 74 332 元，增长 7.9%，折合 12 101 美元；按常住人口计算的人均 GDP 为 66 916 元，增长 7.9%，折合 10 893 美元。全年实现农林牧渔业总产值 211.42 亿元，比上年下降 0.7%。全年实现规模以上工业增加值 700.63 亿元，增长 9.2%，全年规模以上工业实现主营业务收入 3 915.42 亿元，增长 3.5%，利税 361.13 亿元，其中，利润 231.66 亿元，分别增长 11.5%和 12.2%。固定资产投资 1 242.92 亿元，比上年增长 16.2%，其中，非国有投资 1 006.1 亿元，增长16.1%。全市外贸进出口总额 99.89 亿美元，比上年增长 4.8%。其中，出口 88.06 亿美元，增长 8.9%；进口 11.83 亿美元，下降 18.1%。全年新批准及增减资外资项目 157 个，其中，新批外商投资企业 86 家，批准增资项目 53 个。全年合同外资 15.73 亿美元。实现旅游总收入 503.24 亿元，比上年增长 27.9%。财政总收入 295.71 亿元，其中，地方财政收入 167.84 亿元，分别比上年增长 8.9%和 8.5%。财政总收入占 GDP 的比重为 15.12%。全年实现社会消费品零售总额 871.2 亿元，比上年增长 13.7%，全年居民消费价格总水平比上年上升 2.3%。

【货币政策】 认真贯彻落实稳健货币政策，保持货币信贷合理增长，切实加大金融对实体经济的支持力度，促进地方经济转型升级。发挥货币政策工具的调结构作用，推动“三农金融事业部”改革，湖州市成为全省唯一全部县域农行享受优惠存款准备金率的地市。人民银行资金定向支持扩面增量，首次对 2 家小法人机构发放支小再贷款 3 亿元，增加支农再贷款限额 4.3 亿元。再贷款覆盖金融机构由 4 家扩大到 7 家，再贴现办理金融机构也由 1 家扩大到 4 家。深入推进农村土地承包经营权抵押贷款试点工作，长兴县该项试点的工作模式受到浙江省政府两位副省长的肯定和批示，并得到国务院发展研究中心的关注和实地调研。构建科技金融合作机制，深入推进国家级科技和金融结合试点工作，科技信贷投放力度不断加大。以湖州市被列入全国首批科技金融试点市为契机，出台《深化科技金融服务助力科技型企业发展八条意见》，构建科技金融试点框架。引入国开行资金，建立 5 亿元科技企业集合贷款基金。成立全省首家有限合伙制科技金融服务平台。深化安吉县“国家知识产权质押融资试点县”建设工作，知识产权质押贷款惠及面不断扩大。跨境人民币业务保持快速发展，选择中国银行湖州市分行开展个人跨境人民币业务试点，在现有港澳台小额汇款的基础上进一步扩大个人跨境业务范畴。

【金融运行】 2014 年末，全市本外币各项存款余额 2 813.71 亿元，比年初增加 235.78 亿元，同比少增 56.01 亿元，同比增长 9.15%，增速低于上年同期 3.64 个百分点，高于全省平均增速 1.68 个百分点，列全省第 5 位。全市本外币贷款余额 2 363.04 亿元，比年初增加 217.61 亿元，同比少增 13.89 亿元，同比增长 10.14%，增速低于上年同期 2.04 个百分点，高于全省平均增速 0.92 个百分点，列全省第 6 位。全市金融机构不良贷款余额 37.36 亿元，比年初下降 5.96 亿元；不良贷款率 1.58%，比年初下降 0.44 个百分点。

【金融市场】 全市实现股票交易额 3 181.68 亿元，同比增长 73.16%。其中，A 股累计交易额 3 178.68 亿元，增长 73.3%；货币市场基金和证券投资基金累计交易额分别为 161.63 亿元和 81.97 亿元，分别增长 1 652.3%和 76.02%。个人开户数较 2013 年底增加 15 692 户，增长 6.09%；机构开户数较 2012 年底增加 65 户，增长 8.89%。全市保险公司全年保费收入 63.23 亿元，同比增长 7.04%。其中，产险保费收入 31.38 亿元，增长 5.46%；寿险保费收入 31.84 亿元，增长 8.64%。各类保险理赔支出 22.99 亿元，同比下降 2.83%。其中，产险理赔支出 17.2 亿元，下降 10.57%；寿险理赔支出 5.8 亿元，增长 30.78%。

【金融稳定】 出台《关于进一步明确金融稳定各项监测工作的通知》，对金融业重大事项及重要信息报告、出险企业监测等各项监测工作进行合理化整合。持续深化出险企业监测和银行业信贷资产质量监测等两项机制，密切关注辖区企业资金链、担保链风险状况和银行业不良贷款及其处置情况。进一步深化稳健性现场评估工作，评估重点逐步由全面评估转向专项评估，逐步由内部控制评估转向业务风险评估，并分别对南浔农村商业银行和长兴联合村镇银行开展了跨区域发展稳健性专项现场评估和票据业务稳健性专项现场评估。

【金融服务】 大力推广电子支付工具，改善农村支付环境。打造“易(e)支付工程”五个示范体系建设，创建了“网上支付应用示范区”和“手机支付应用示范群体”。“银行卡助农服务示范点”达到服务点总数的10%，辖内各县均创建成为“刷卡无障碍示范县”。推动金融IC卡多应用工作，完成金融IC卡在试点农贸市场和试点医院的应用部署。在全市建立500家残损币回收点，并在50家农贸市场试点推行硬币自助兑换设备建设。深化反假币“零容忍”专项治理工作，全市银行业金融机构柜面A类点钞机配置率达到100%，完成存取款一体机冠字号码改造。创新国库经理手段，自主研发的“企业税负监测系统”，被评为全国国库系统六大实践创新项目。

【外汇管理】 继续落实货物贸易和服务贸易改革的各项措施，推进资本项目改革。灵活开展政策和业务指导，适时传导外汇管理政策，引导企业合理调度资金，促进国际收支平衡。介入美都控股收购油气田项目，引导其利用外汇政策开展跨境资本运作。对佐力小额担保公司香港H股上市的有关涉汇登记业务，进行点对点外汇政策辅导与宣传。对全市部分外资企业外汇资本金和外债结汇情况以及大规模贸易融资重点企业开展核查，对包括改变资本金结汇用途、利用虚假提单构造转口贸易逃汇等各类违规行为予以检查处罚。

【征信管理】 抓住科技型企业和供应链核心企业两大推广重点，推广应收账款融资服务平台。引导辖内机构利用应收账款融资服务系统开展融资交易，拓宽中小企业融资渠道。围绕国家级科技金融改革试点，开展以高新技术产业开发区、技术企业孵化器为框架的科技型中小企业信用示范区建设，打造以科技型中小企业为主体的征信服务平台，为科技型中小企业发展提供有力支持。持续推动德清“农村信用试验区”建设，加强农村信用体系建设成果转化，为支农提供金融保障。联合湖州市金融办部署实施小额贷款公司评级工作，对辖内符合条件的小额贷款公司全面开展评级工作。

（孙　巍）

湖州市主要经济金融统计

（2010—2014年）　　单位:亿元

项　　目	2010年	2011年	2012年	2013年	2014年
国内生产总值	1 301.73	1 518.83	1 661.97	1 803.15	1 955.96
第一产业(增加值)	104.22	116.02	123.31	125.56	120.96
第二产业(增加值)	715.01	824.55	888.20	953.19	1 001.58
第三产业(增加值)	482.50	578.26	650.46	724.40	833.42
全社会固定资产投资	719.98	809.65	970.73	1 070.05	1 242.92
地方财政收入	97.27	122.12	138.55	154.66	167.84
地方财政支出	127.12	151.73	167.51	197.61	224.57
社会消费品零售总额	516.09	609.89	703.87	766.22	871.20
居民消费价格指数(以上年为100)	104.00	104.80	102.00	102.10	102.30
进出口总额(亿美元)	69.28	86.62	87.37	95.33	99.89
进　口(亿美元)	10.67	13.06	13.40	14.45	11.83
出　口(亿美元)	58.61	73.56	73.96	80.88	88.06
全部金融机构各项存款(余额)	1 805.61	2 102.05	2 285.66	2 577.93	2 813.71
企业存款	558.92	1 067.82	1 128.95	1 212.19	1 293.21
财政存款	14.11	25.61	35.48	35.09	40.48
储蓄存款	821.68	954.44	1 082.79	1 243.80	1 374.86

（续表）

项　　目	2010 年	2011 年	2012 年	2013 年	2014 年
全部金融机构各项贷款(余额)	1 461.32	1 712.17	1 912.40	2 145.43	2 363.04
短期贷款	812.49	1 057.63	1 202.75	1 261.99	1 267.24
中长期贷款	600.84	629.46	666.11	835.42	1 035.13
全部保险机构保费收入	41.43	46.03	47.55	59.07	63.23
全部保险机构保险赔款支出(含满期给付)	6.35	8.04	14.59	23.66	22.99
全部保险机构保险密度(元/人)	1 442.50	1 590.93	1 636.90	2 250.34	2 211.97
全部保险机构保险深度(%)	3.18	3.03	2.86	3.55	3.00

注：全部金融机构各项存款、贷款余额的七项数据为本外币并表统计数(含外资金融机构)。

6. 绍　兴　市

2014 年，绍兴市实现地区生产总值 4 265.8 亿元，同比增长 7.5%，其中第一产业增加值 194.3 亿元，增长 0.5%；第二产业增加值 2 213.5 亿元，增长 7.5%；第三产业增加值 1 858.1 亿元，增长 8.3%。全市固定资产投资 2 304.7 亿元，同比增长 15.1%。其中工业投资 1 106.0 亿元，增长 10.6%；基础设施投资 469.8 亿元，增长 28.6%；房地产开发投资 613.5 亿元，增长 14.2%。全市进出口总额 346.8 亿美元，同比增长 3.9%。其中出口总额 297.5 亿美元，增长 6.6%；进口总额 49.3 亿美元，下降 9.5%。全市实际利用外资 6.7 亿美元，同比下降 16.9%。累计实现社会消费品零售总额 1 487 亿元，增长 12.8%。城镇居民人均可支配收入和农村居民人均现金收入分别为 43 167 元、23 539 元，增长 9.1%和 10.5%。财政总收入 546 亿元，增长 8.8%；财政支出 346 亿元，增长 11.0%。市区 CPI 累计同比上升 2.1%；工业生产者出厂价格指数和购进价格指数累计同比分别下降 1.09%和 1.73%。

【货币政策】 做好法人金融机构信贷调控工作，开展常备借贷便利应急演练，为利用常备借贷便利工具，防范法人机构流动性风险奠定了基础。根据总行评估办法，在全市范围内开展小微企业、涉农信贷政策导向效果评估。进一步推进利率市场化改革，举办专家讲座和利率监测二期系统专门培训。对有关银行开展利率、信贷业务、跨境人民币业务、小微企业专项金融债、再贷款使用情况现场检查，对部分银行机构预售资金账户监管情况进行调查，要求各金融机构加强预售资金账户监管，督促其合规开展业务。召开“绍兴市金融服务电子商务发展推进会”，出台《绍兴市金融支持电子商务发展的指导意见》，加强对电子商务发展的支持。联合市文明办，制订并下发《绍兴市道德信贷实施办法》，开展“道德信贷”工程，通过加强对道德模范的信贷支持，推动社会主义精神文明建设。联合金融办、环保局等部门，对排污权抵押价值较低的情况进行调研，并在此基础上参与修订《绍兴市排污权抵押贷款管理办法》。举办“绍兴大企业大集团直接融资培训会”，召开全市银行间市场债务融资工具座谈会，探讨推动银行间债务融资工具发展，特别是研究超短融、资产支持票据、项目收益票据等创新产品推进工作，实现资产支持票据发行零的突破。

【金融运行】 存款增长乏力，低增长成新常态。12 月末，全市金融机构本外币存款余额 6 666.7 亿元，比年初新增 205.0 亿元，同比少增 331.7 亿元；余额同比增长 3.2%，增速比年初回落 5.9 个百分点。增量居全省第 8 位，比年初下降 2 位，增速居全省第 10 位，比年初下降 1 位。主要特点：一是存款低速增长已成为绍兴市存款市场运行的新常态。近十年，绍兴市存款增速最高为 2009 年 2 月的 35.4%，最低增速为 2012 年 5 月的 5.9%。2014 年存款增速始终在 6%以下波动，其中 4 月份更是降至十年来的最低点，仅为 1.1%。二是挤压“泡沫”、减少虚增水分是存款少增的主要因素。2014 年初绍兴市保证金存款余额占各项存款的比例为 10.5%，受信用证保证金下降等因素影响，至 12 月末这一比例回落至 9.1%，高于存款份额 2.9 个百分点。三是偏离度考核后存款稳定性有所提高。

贷款持续增加，增速与经济增长基本相适应。

12 月末，全市金融机构本外币贷款余额 6 006.7 亿元，比年初新增 362.6 亿元，同比少增 149.1 亿元；余额同比增长 6.4%，增速比年初回落 3.6 个百分点。增量居全省第 6 位，比年初下降 1 位，增速居全省第 10 位，比年初下降 2 位。主要特点：一是受四方面因素影响，贷款增速换档。近十年，全市贷款一直保持较快增长态势，且基本在 12%—34%的范围内作周期波动。自 2013 年以来，贷款增速显现出明显的下降态势，2014 年基本维持在 6%—8%之间，换档至“低速增长区”。二是贷款期限趋于长期化。全市中长期贷款新增 322.0 亿元，同比多增 125.9 亿元，在全部贷款增量中的占比由上年的 38.3%上升至 88.8%，上升了 50.5 个百分点；短期贷款下降 47.3 亿元，上年同期为增加 317.7 亿元，其中短期贸易融资下降 100.5 亿元，同比多下降 50.4 亿元。三是支小力度进一步加大。全市金融机构小微企业贷款余额 1 781.3 亿元，比年初新增 179.1 亿元，占全部企业贷款余额的 40.5%，比上年同期提高 2.4 个百分点。余额同比增长 10.3%，比全部企业贷款增速高出 6.6 个百分点。四是行业结构调整明显。一方面，工业贷款和批发零售业贷款少增明显。全市工业贷款下降 53.9 亿元，而上年同期为增长 153.7 亿元；批发零售业贷款下降 0.1 亿元，而上年同期为增加 67.0 亿元。水利、环境和公共设施管理业贷款新增 119.8 亿元，在全市贷款少增的情况下却多增 75.6 亿元，同比增速达 63.3%，增量占比 33.0%，为各行业第一位。全市个人贷款新增 90.8 亿元、建筑房地产业贷款新增 49.4 亿元，增量占比为 25.0%和 13.6%，分列第二、第三位。

社会融资总量多增，结构调整明显。绍兴社会融资总量新增 1 231.6 亿元，同比多增 52.4 亿元，且结构发生了明显的变化。一是本外币贷款占比减小。贷款新增 362.6 亿元，占社会融资总量的比例由上年同期的 43.4%下降至 29.4%；二是直接融资对贷款替代作用增大。直接融资新增 384.2 亿元，同比多增 20.4 亿元，占全市社会融资总量的31.2%，同比提高 0.3 个百分点。三是表外信贷和异地信贷投入增加较多。银行承兑汇票、信用证、保函等其他信贷投入新增 161.1 亿元，同比多增 13.0 亿元；异地信贷资金流入余额 1 870 亿元，新增 132.7 亿元，同比多增 100 亿元，余额同比增长 7.64%。其中异地贷款流入余额 1 404 亿元，新增 86 亿元，余额同比增长 6.5%。

贷款利率稳中有降，银行效益下降。全市人民币贷款加权平均利率 6.91%，同比小幅上升 0.06 个百分点，比上半年下降 0.07 个百分点。其中 12 月 6.59%，比小高点 3 月下降 0.42 个百分点；平均上浮幅度 16.20%，比小高点 3 月下降 2 个百分点。贴现利率一路下降，从上年 12 月的 7.67%一直回落到当年 10 月的 4.85%，之后受市场资金趋紧影响，12 月贴现利率略微上升至 5.32%。在银行效益方面，受利率市场化、拨备计提增加等影响，银行利润持续下降。1—12 月，全市金融机构结益 100.6 亿元，同比下降 24.8%，降幅比上年扩大 6.8 个百分点。

【金融市场】 2014 年末，全市银行业金融机构同业拆入余额 11.69 亿元，比年初增 7.64 亿元，同比多增 18.18 亿元；拆放同业 2.00 亿元，比年初减少 16.83 亿元，上年同期增加 6.90 亿元。全市证券资金账户 64.03 万户，比年初新增开户数 5.61 万户，同比增长 9.60%；当年累计证券总交易额为 23 479.32 亿元，同比增长 64.40%。全市保险机构总的保费收入 92.96 亿元，同比增长 10.34%。其中寿险保费收入 46.52 亿元，增长 5.71%；财产险保费收入 46.44 亿元，增长 15.41%。

（徐明昌）

绍兴市主要经济金融统计

（2010—2014 年）

单位：亿元

项　　目	2010 年	2011 年	2012 年	2013 年	2014 年
国内生产总值	2 783	3 291	3 620	3 967	4 266
第一产业(增加值)	149	172	185	193	194
第二产业(增加值)	1 583	1 844	1 949	2 103	2 214
第三产业(增加值)	1 051	1 275	1 486	1 671	1 858

（续表）

项目	2010年	2011年	2012年	2013年	2014年
全社会固定资产投资	1 254	1 426	1 723	2 002	2 305
地方财政收入	193	240	266	293	317
地方财政支出	222	253	279	312	346
社会消费品零售总额	853	1 007	1 159	1 318	1 487
居民消费价格指数(以上年为100)	104	105.4	102	102	102
进出口总额(亿美元)	270	335	321	334	347
进　口(亿美元)	59	75	65	55	49
出　口(亿美元)	211	260	256	279	298
全部金融机构各项存款(余额)	4 948	5 510	5 924	6 462	6 667
企业存款	1 815	3 094	3 174	3 418	3 419
财政存款	93	98	113	98	126
储蓄存款	1 946	2 228	2 503	2 736	2 818
全部金融机构各项贷款(余额)	3 934	4 463	5 129	5 644	6 007
短期贷款	2 840	3 392	3 957	4 278	4 235
中长期贷款	952	1 024	1 117	1 313	1 692
全部保险机构保费收入	61.87	66.56	75.22	84.24	92.96
全部保险机构保险赔款支出(含满期给付)	16.02	18.23	24.65	30.46	33.51
全部保险机构保险密度(元/人)	1 413	1 348	1 520	1 702	1 878
全部保险机构保险深度(%)	2.22	2.02	2.08	2.12	2.20

注：全部金融机构各项存款、贷款余额的七项数据为本外币并表统计数(含外资金融机构)。

7. 金　华　市

2014年，金华市实现地区生产总值3 206.64亿元，同比增长8.3%。经济运行总体符合预期，但经济内生增长动力尚待加强。全市规模以上工业销售产值4 546.48亿元，同比增长6.5%，实现利润204.2亿元，同比增长0.3%。固定资产投资1 594.79亿元，同比增长16.9%。其中，工业投资720.01亿元，增长8.1%；房地产开发投资367.67亿元，下降4.5%。收入水平增长较快，消费需求保持平稳。城镇居民人均可支配收入39 807元，农民人均纯收入18 544元，分别增长9.4%和11.3%。全市社会消费品零售总额1 592.7亿元，同比增长13.2%。进出口总额414.9亿美元，同比增长21.1%，其中出口396.7亿美元，增长22.0%，“市场采购”贸易方式出口191.6亿美元，同比增长35.8%。财政收入增长较快，消费物价略有上涨。全市财政总收入461.4亿元，增长10.9%，其中地方财政收入268.87亿元，增长10.9%；市区居民消费价格总指数102.4，上涨2.4%，涨幅比上年缩小0.7个百分点。

【货币政策】 2014年，中国人民银行金华市中心支行认真贯彻执行稳健货币政策，扎实开展深化金融服务活动，积极推动跨境人民币结算业务发展，努力维护区域金融稳定，不断提升征信管理和服务水平。

贯彻稳健货币政策。制定出台年度货币信贷工作指导意见，引导金融机构根据产业政策主动对接重点项目，为地方经济结构调整和转型升级营造适宜的信贷环境。发挥信贷调控机制作用，保障春耕备耕及小微企业季节性资金需求，引导法人金融机构用好用足增量指标。推动实施差别化信贷机制。完善再贷款、再贴现管理制度，出台支农再贷款和再贴现两项管理操作规程。发挥差别存款准备金政策作用，扩大信贷“支农支小”。开展常备借贷便利操作试点，出台《金华市常备借贷便利实施方案(试行)》。

维护区域金融稳定。加强区域金融风险监测评估。定期开展小法人金融机构风险监测，严格执行金融重大事项及重要信息报告制度。完善风险企业信息监测制度，针对企业“两链”风险多发实际，加强企业信贷风险预警监测，对出险企业后续处置情况进行分析整理，及时对金融机构进行风险提示。建立评估结果核销机制，创新评估方式，稳步提升稳健性现场评估的质量和应用效果。加强房地产市场与房地产金融监测分析，增加监测内容和监测频度，落实商品房预售资金监管工作要求，防范风险。推进金融稳定工作机制建设。落实银证监管合作机制，开展对兰溪汇丰贵金属交易市场的调查，并建立常态监测机制。完善非法集资日常监测制度，推动建立金融司法联席制度，打造金融案件绿色通道。推动市政府出台《关于优化金融服务促进实体经济发展的指导意见》，与金融办、银监等部门联合编制《风险企业案例汇编》，配合政府协调处置重大风险，完善非法集资日常监测制度并制定评价标准，维护良好的区域金融生态环境。推动政府加大对企业转贷难、担保难的帮扶，设立应急转贷基金缓解两链风险蔓延。推动义乌市和浦江县支行跨区域协调联动，保障县域金融稳定。

推动区域金融改革持续深入。探索贸易金融新模式，参与《义乌市设立民营贸易发展银行试点方案》研究，以设立地方金融稳定保障基金的思路，划定中央金融监管部门分支机构与地方金融监管的边界和风险处置责任。建议启动消费金融公司和浙江稠州商业银行发起设立金融租赁公司的申报筹备工作，支持引进投资基金，惠商紫荆母基金首期资金已募集完成。推动农合机构加快改制进程，进一步提升服务三农和风险管控能力，其中成泰农合行年内成功改制为农商行。配合上级行开展存款保险制度研究，开展存款保险费率测算等工作，切实做好《存款保险条例(草案)》向社会公开征求意见期间各项工作，确保制度平稳推出和有效运行。

【金融运行】 存款增速回落。12月末，全市金融机构本外币存款余额6 638.34亿元，比年初增加476.78亿元，同比少增358.96亿元；余额同比增长7.74%，比上年同期回落7.98个百分点，主要与资本市场回暖、互联网金融产品和理财产品分流、加强存款偏离度管理等因素有关。分部门看，储蓄存款余额比年初增加210.38亿元，同比少增126.05亿元；企业存款余额比年初增加64.04亿元，同比少增217.04亿元。

贷款平稳增长。12月末，全市金融机构本外币贷款余额5 733.36亿元，同比增长11.17%，比上年同期回落7.48个百分点；比年初增加576.04亿元，同比少增218亿元。从期限结构看，企业短期贷款新增159.78亿元，同比少增183.45亿元；企业中长期贷款新增154.17亿元，同比多增85.06亿元。

跨境业务快速发展，结汇售汇顺差增长趋缓。2014年，全市跨境人民币结算量894.41亿元，同比增长38.96%，为涉外经济主体节约汇兑成本约1.8亿元。其中试点以来，已累计为约2.26万户个人客户办理跨境人民币结算业务186.19亿元。结售汇规模继续增长，全市货物贸易收付汇总额375.26亿美元，增长4.88%，其中结汇增长3.87%，售汇增长13.28%，结售汇顺差增长2.59%。

银行不良贷款持续上升。12月末，全市金融机构本外币不良贷款余额83.47亿元，比年初增加35.66亿元；不良贷款率1.46%，比年初上升0.53个百分点。

【金融市场】 2014年，金华辖内全国银行间同业拆借市场成员单位累计发生同业拆借交易396.07亿元，同比增长13.22%，其中拆入交易83.14亿元，同比增长226.04%。辖内市场成员单位共发生回购交易5 240.40亿元，比上年增加841.73亿元，同比增长19.14%。2014年末，辖内银行间债券市场成员单位债券持有量余额为122.11亿元，比上年末增加30.06亿元，同比增长32.66%。全年累计发生债券买卖77.80亿元，同比下降13.02%。

2014年，全市累计交易股票14 393.58亿元，同比增长61.22%；新开证券资金账户数4.92万个，同比增长77.39%。全市保险机构累计实现保费收入135.83亿元，同比增长12.43%；财险赔款支出33.75亿元，同比增长14.61%，寿险赔款给付支出10.25亿元，同比增长14.38%。全市有13家企业发行企业债务融资工具，累计融资额为173.1亿元，比上年增加70.6亿元，同比增长68.88%。其中发行超短期融资券10亿元，短期融资券103.5亿元，中期票据27亿元，定向工具32.6亿元。

(周妙燕)

金华市主要经济金融统计

(2010—2014年)

单位:亿元

项目	2010年	2011年	2012年	2013年	2014年
国内生产总值	2 094.70	2 447.71	2 700.12	2 958.78	3 206.64
第一产业(增加值)	107.19	124.71	134.44	140.20	138.31
第二产业(增加值)	1 085.46	1 245.97	1 344.67	1 445.70	1 509.13
第三产业(增加值)	902.05	1 077.03	1 221.02	1 372.88	1 559.20
全社会固定资产投资	777.71	873.71	1 133.18	1 364.36	1 594.79
地方财政收入	155.93	185.77	214.89	242.47	268.87
地方财政支出	211.52	235.08	271.95	322.25	352.86
社会消费品零售总额	916.23	1 088.95	1 260.41	1 406.98	1 592.70
居民消费价格指数(以上年为100)	104.00	105.60	102.20	103.10	102.4
进出口总额(亿美元)	131.99	164.34	227.39	342.75	414.9
进　口(亿美元)	10.11	12.89	14.26	17.42	18.2
出　口(亿美元)	121.88	151.46	213.13	325.32	396.7
全部金融机构各项存款(余额)	3 986.99	4 746.69	5 324.39	6 161.56	6 638.34
企业存款	1 095.72	1 629.21	1 784.03	2 048.92	2 979.11
财政存款	95.64	123.72	90.27	89.62	117.08
储蓄存款	2 027.62	2 314.15	2 684.35	3 022.28	3 328.72
全部金融机构各项贷款(余额)	3 096.47	3 678.88	4 346.85	5 157.32	5 733.36
短期贷款	2 213.84	2 792.93	3 481.94	4 078.25	4 341.66
中长期贷款	812.21	837.16	813.63	978.78	1 245.62
全部保险机构保费收入	79.21	93.45	106.52	120.81	135.83
全部保险机构保险赔款支出(含满期给付)	14.40	24.70	32.95	41.42	44.0
全部保险机构保险密度(元/人)	1 697.42	1 992.24	2 263.34	2 557.26	2 869.55
全部保险机构保险深度(%)	3.78	3.82	3.95	4.08	4.24

注:全部金融机构各项存款、贷款余额的七项数据为本外币并表统计数(含外资金融机构)。

8. 衢　州　市

2014年,衢州市经济运行呈现增速趋缓、增长平台下移的新常态。全年实现生产总值1 121.01亿元,按可比价格计算,同比增长7.4%;固定资产投资782.1亿元,同比增长16.6%;基础设施投资261.04亿元,同比增长27%;累计实现社会消费品零售总额503.79亿元,同比增长13.6%;进出口总额44.48亿美元,同比增长17.8%,其中,进口15.63亿美元,增长12.7%;出口28.85亿美元,增长20.7%;规模以上工业总产值1 575.37亿元,增长5.7%;全年实现地方财政总收入126.82亿元,同比增长7.3%,其中地方财政收入80.32亿元,增长10.4%;全市公共财政预算支出191.94亿元,增长16%,其中民生支出139.13亿元,增长17.1%;全市居民消费价格总水平同比增长2.5%,城镇居民人均可支配收入同比增长9.3%。

【货币政策】 2014年,中国人民银行衢州市中心支行按照稳中求进的工作总基调,继续以“普惠金融深化年”活动为抓手,以“支持经济转型升级、服务实体经济”为主线,认真贯彻落实稳健的货币政策,引导全市金融机构加大信贷有效投入,继续优化信贷结构,进一步提升金融服务实体经济的工作水平,有力地促进了衢州市经济发展。

一是有效贯彻执行稳健货币政策。灵活、务实地做好法人机构的信贷调控工作,适时申请调增法人机构合意贷款12亿元、余额74亿元,保持涉农和小微企业足够流动性，年末实际新增贷款72.11亿元，合意贷款满足率100%、使用率97.45%；落实差别化存款准备金政策。对存款比例考核达标县域法人金融机构和农行“三农金融事业部”执行差别优惠存款准备金率；加大再贷款、再贴现力度，提高金融支农、支小能力和意愿。全年向上级行申请新增支农再贷款限额1亿元、余额9.91亿元；积极推进再贴现业务的增量扩面，累计办理再贴现2.99亿元、余额1.98亿元；首次办理1亿元支小再贷款。

二是工程化推进、品牌化发展普惠金融。在年初促成“发展普惠金融”正式写入政府工作报告的基础上，及时制发《衢州市“普惠金融深化年”活动方案》。同时，为提高衢州辖区发展普惠金融的系统性和科学性，编制完成《衢州市普惠金融五年规划(2014—2018年)》。衢州市中心支行探索发展普惠金融的工作，在2014年6月国务院普惠金融课题调研组来衢调研期间，得到调研组专家的充分肯定；辖内人民银行江山市支行还被确定为浙江省首批普惠金融指标体系建设试点县(市)之一。在深入开展“普惠金融深化年”活动中，支农、支小、支民生“三箭”齐发，服务经济社会协调发展的作用显著增强。

三是扎实推进支农普惠金融。以金融支持家庭农场为着力点，全力推进金融支农工作。下发指导意见，引导金融机构做好家庭农场等新型农业经营主体金融服务，在家庭农场全面推进小额保证保险贷款。截至年末，金融机构累计支持家庭农场2 624户，发放贷款13.48亿元，余额达到8.81亿元；家庭农场小额保证保险贷款授信330户，额度5 293万元；依托“阳光信贷”工程，开展“整村授信、信用调剂”试点，探索满足农村地区大额资金需求的有效路径；开展“三权”抵押贷款，积极探索包括农村住房财产权、土地承包经营权在内的“两权”抵押贷款业务和林权抵押贷款的增量扩面。年末全市林权抵押贷款余额7.5亿元，总量居全省第二。

四是创新开展支小普惠金融。创新开展金融支持“双四百”工程，即“四个一百”和“一个四百”重点企业工程。工程名录由人民银行下文，要求各家银行对所支持的企业作出金融服务书面承诺，并将850家企业在《衢州日报》上公告。列入名单的企业共向银行申请贷款金额137.52亿元，获批总额137.04亿元，占比99.65%；深入推进应收账款质押融资服务平台建设，破除贷款抵押担保难题。平台达成融资交易70.19亿元，融资额全省第一。积极对接、帮扶小微企业，年内协调商业银行对50多家企业新增授信12.79亿元。

五是扎实推进扶贫开发工作。2014年全市就业再就业小额担保贷款余额同比增长80%；全年累计发放各类下山脱贫、异地搬迁贷款15亿元，其中扶贫小额信贷突破10亿元，低收入农户直接贷款超过3万户、金额6亿元，地方财政贴息3 500万元。加强银政保合作，在全国首创“相伴人生”养老保险小额信用贷款业务；突出加大对创业就业的合力帮扶。会同财政、社保、经信等部门完善《衢州市区促进就业小额担保贷款实施办法》。促成市、区两级小额贷款担保基金的统筹联运，基金规模增加至1 000万元；将小额贷款受益面扩大至城乡登记失业人员、普通高校毕业生以及登记失业人员达到规定比例的劳动密集型企业；同时进一步提高贷款额度、降低贷款门槛和简化贷款流程。

六是积极推动直接债务融资发展。市区域集优债务融资合作项目历时一年正式落地，浙商银行包中债公司发行审核工作全部完成。全年共发行中期票据和短期融资券各5亿元。积极推进有条件企业发行超短融业务，至年末巨化集团已完成20亿元的发行准备。贯彻落实上级行金融支持新型城镇化建设、完善市场化融资机制意见，支持衢州市国资委在银行间市场发行城投债15亿元。

七是推动跨境人民币业务健康快速发展。全年全市累计开展各类跨境业务宣传49次，受惠企业达510家，占全市有进出口实绩企业总数的78.23%。业务种类逐渐由原先单一的货物贸易人民币结算扩展到资本项下。2014年首笔跨境人民币股权转让款入账、新设外商投资企业备案、人民币境外放款等业务相继在衢州市开展，外债业务继续发生。全年全市跨境人民币实际收付94.97亿元，同比增长35%。

【金融运行】 2014年末，全市金融机构本外币各项存款余额1 635.62亿元，同比增长9.57%，高出全省增速2.1个百分点，但低于全国增速0.03个百分点。从结构看，单位存款和个人存款少增明显。1—12月，全市金融机构本外币单位存款新增45.97亿元，同比少增46.52亿元，余额同比增长6.37%，增速较上年同期下降7.99个百分点；个人存款新增85.08亿元，同比少增19.53亿元，余额同比增长

11.87%，增幅较上年同期下降5.29个百分点。个人存款中储蓄存款新增85.92亿元，同比少增11.78亿元，余额同比增长12.16%，增幅同比下降3.95个百分点；财政性存款新增5.97亿元，同比多增9.51亿元；其他存款新增6.15亿元，同比多增5.69亿元。委托存款较年初下降0.44亿元，同比多降1.31亿元。

2014年末，全市金融机构本外币贷款余额1 469.65亿元，同比增长17.49%，增幅较上年同期提高1.51个百分点，全年本外币各项贷款新增218.79亿元，同比多增48.35亿元，贷款增量超过湖州、舟山、丽水、温州，12个月中有11个月贷款增速居全省第一。

2014年，全市社会融资规模增加265.40亿元，同比多增31.85亿元，占全省社会融资规模的比重为3.32%。分结构看：表外融资略有上升。2014年，全市表外融资（包括委托贷款、未贴现的银行承兑汇票）新增9.87亿元，同比多增3.17亿元，占社会融资规模的比重为3.72%，比上年同期提高0.3个百分点。直接融资占比略有下降。2014年，全市直接融资新增26亿元，同比少增1.82亿元，占社会融资规模的比重为9.8%，比上年同期下降9.11个百分点，融资结构有待进一步优化。新增的全部为企业债券，股票融资无新增。

2014年，全市跨境收支总额为47.63亿美元（包括跨境人民币折合美元的金额），同比增长11.23%；但结售汇总额为27.57亿美元，同比下降1.92%。跨境收支顺差为4.39亿美元，同比下降51.39%；结售汇顺差8.65亿美元，同比下降22.3%。

【金融市场】 2014年，随着年末证券二级市场行情趋好，全市证券交易量达到2 972.63亿元，同比增长110.81%；新开户数11 970个，同比上升43.82%；实现佣金收入18 842.15万元，同比上升69.07%；实现利润12 102.74万元，同比增长103.49%。保险市场方面，全市产、寿险保费总收入35.43亿元，同比增长17.03%。其中：产险保费收入15.91亿元，增长20.82%，占全市总保费收入的44.92%；寿险保费收入19.52亿元，增长14.12%，占全市总保费收入的55.08%。

【金融创新】 2014年衢州市创新构建衢州金融支持小微企业的“资金风险池”模式。由政府发起，引入担保机构、合作银行，按照比例出资共同设立“资金风险池”，通过贷款风险补偿、财政奖励等方式，激励银行加大对“个转企”、“小升规”小微企业支持力度，帮助小微企业摆脱传统担保融资依赖，缓解小微企业融资难题。年内，该模式已在支持科技型小微企业方面率先取得突破。首期风险池资金2 000万元，贷款总额放大10倍至2亿元，已为15家企业授信7 150万元，发放贷款6 635万元。在此基础上，衢州市中心支行进一步提出在全市推广“资金风险池”模式的建议，牵头起草的整体方案已经多方论证并报市政府审定，得到市政府主要领导的批示肯定。方案共有11家银行机构、2家保险公司、1家担保公司共同参与。

2014年8月8日，衢州市金融学会举办“普惠金融发展与研究”学

（高　翔）

衢州市主要经济金融统计

（2010—2014年）　　单位：亿元

项　　目	2010年	2011年	2012年	2013年	2014年
国内生产总值	755.48	919.62	972.25	1 056.57	1 121.01
第一产业（增加值）	64.68	76.15	79.75	83.15	82.60
第二产业（增加值）	414.46	511.02	516.34	555.92	569.07
第三产业（增加值）	276.34	332.44	376.16	417.50	469.34

（续表）

项　　目	2010 年	2011 年	2012 年	2013 年	2014 年
全社会固定资产投资	481.80	504.63	566.13	670.72	782.10
地方财政收入	46.98	57.57	63.42	72.75	80.32
地方财政支出	107.09	125.44	138.89	165.51	191.94
社会消费品零售总额	290.82	344.34	396.36	443.67	503.79
居民消费价格指数(以上年为 100)	104.20	105.60	102.40	102.60	102.50
进出口总额(亿美元)	18.89	26.87	30.18	37.76	44.48
进　口(亿美元)	6.85	9.26	11.59	13.86	15.63
出　口(亿美元)	12.05	17.61	18.59	23.90	28.85
全部金融机构各项存款(余额)	953.12	1 157.23	1 299.52	1 492.71	1 635.62
企业存款	280.96	597.41	641.88	734.09	780.85
财政存款	43.83	24.55	25.29	21.75	27.71
储蓄存款	431.29	513.07	608.73	706.81	792.73
全部金融机构各项贷款(余额)	788.22	934.51	1 078.53	1 250.86	1 469.65
短期贷款	410.92	551.65	688.48	775.03	866.21
中长期贷款	353.01	373.16	376.05	460.37	576.82
全部保险机构保费收入	22.23	24.29	26.13	30.27	35.43
全部保险机构保险赔款支出(含满期给付)	3.95	4.93	6.04	7.70	9.42
全部保险机构保险密度(元/人)	884.74	961.82	1 033.66	1 197.41	1 385.80
全部保险机构保险深度(%)	2.94	2.64	2.69	2.87	3.16

注:全部金融机构各项存款、贷款余额的七项数据为本外币并表统计数(含外资金融机构)。

9. 台　州　市

2014 年,台州经济保持平稳增长,全年共实现生产总值 3 387.51 亿元,比上年增长 7.5%。其中,第一产业增加值 215.62 亿元,增长 2.1%;第二产业增加值 1 588.88 亿元,增长 7.1%;第三产业增加值 1 583.01 亿元,增长 8.7%。全年完成全社会固定资产投资 1 765.93 亿元,比上年增长 17.1%。消费品市场持续活跃,2014 年,全市实现社会消费品零售总额 1 646.32 亿元,比上年增长 13.6%。对外贸易低速增长,全年外贸进出口总额 220.79 亿美元,比上年增长 0.9%,其中出口总额 193.51 亿美元,增长 3.4%。城乡居民生活水平进一步提高,全年城镇居民人均可支配收入 39 763 元,比上年增长 9.0%,农村居民人均纯收入 19 362 元,比上年增长 10.5%。全市实现财政总收入 485.29 亿元,比上年同期增长 8.2%,其中地方财政收入 265.21 亿元,增长 7.1%。

【金融运行】 存款同比少增,增速年末下降。一是存款同比少增。2014 年全市本外币存款整体增势较弱,全年新增存款同比少增 257.91 亿元。二是存款增长月度分布不均。3 月、6 月和 9 月存款增长较快,单月新增额分别为 191.83 亿元、229.51 亿元和 52.85 亿元,而 4 月、7 月、10 月则出现大幅下降,表明存款"季末冲高、季初回落"的运行状态仍未得到改观,存款增长仍缺乏稳定性。三是存款增速年末下降。全年存款增速呈现前高后低、年末急剧下降的态势,1 月份增速达 12.73%的年内高点,至 12 月末跌至 8.65%的低点。

贷款增势良好,增量高于上年同期。2014 年末,全市本外币贷款余额 5 039.37 亿元,比年初增加 585.26 亿元,同比多增 45.25 亿元。总体来看,贷款增势明显好于上年。一是贷款增幅稳定。在市政府增贷指导任务的督导和人民银行"金融两年活动"的引导下，各家银行深入挖掘客户需求，扩大信贷覆盖面，全年贷款同比增速维持在12.78%—13.89%之间。二是中长期贷款增量高于上年同期。12月末中长期贷款余额1 649.21亿元，比年初增加271.62亿元，同比多增53.41亿元，其中单位中长期普通贷款多增64.19亿元。

不良贷款缓慢增长，但信贷风险总体可控。2014年全市金融机构不良贷款前三季度维持在较低水平，在四季度增长较快。上半年不良贷款额小幅上升2.14亿元，不良贷款率基本保持在1.1%左右的水平。从10月份开始，随着几家大中型企业陷入关停危机并危及相关担保企业，不良贷款继2013年后再次出现"双升"态势，且增长较快，至12月末不良贷款余额59.82亿元，不良贷款率1.19%，但信贷风险总体可控，信贷资产质量仍居全省前列。

【金融市场】 年末台州市累计已有上市公司33家，比上年增加4家，累计融资总额达到360亿元。年末有小额贷款公司33家，合计注册资金50.7亿元，全年累计发放贷款153.99亿元。

【货币政策】 一是立足区域发展实际，出台政策"组合拳"。制定《全市货币信贷工作指导意见》《深化科技金融创新 推动台州经济转型升级的指导意见》《支持普惠金融发展的指导意见》《金融支持台州市电子商务发展的指导意见》，强化货币信贷政策引导。二是把握货币政策内涵，传导央行政策取向。制定印发2014年度全市货币信贷、金融稳定及跨境人民币业务工作要点，指导辖内支行突出重点开展工作。按季召开金融系统信贷联席会议，"以导促为"引导各银行业金融机构增加对实体经济的信贷投放。及时传达存款准备金、利率、房地产等调整政策，并督促贯彻执行。三是引导信贷合理投放，确保金融要素支撑。完成市级银行2013年度支持地方经济发展业绩考评，编制2014年信贷发展规划，分解市政府提出的年度增贷任务，以推动增强台州经济的信贷支持力度。四是健全政策支撑，畅通传导渠道。为实现信贷投向与产业、投资等宏观经济政策的协调配合，人民银行台州市中支加强部门联动，主动配合政府部门研究完善经济转型升级的金融配套措施，为《关于加快文化产业发展的实施意见》等地方扶持政策的出台提出针对性的意见与建议，建立健全符合地方实际的重点特色产业扶持长效机制。

【保险市场】 2014年，全年保费总收入112.39亿元，比上年增长16.7%。其中财产险保费收入51.72亿元，人寿险保费收入60.67亿元，分别比上年增长16.0%和17.3%。全年各类赔款、给付支出38.38亿元，比上年增长6.0%。保险深度和密度分别达到3.325%和1 882.26元/人。

【金融改革】 台州于2012年底获批创建浙江省小微企业金融服务改革创新试验区，2013年试验区实施方案获准实施以来，一直致力探索和完善可持续、可复制的小微金融模式，在多方面开展了卓有成效的探索。健全小微金融组织体系。积极推动普惠金融发展，国有、股份制商业银行已设立小微金融服务专营机构180家，其中2014年新增65家。国有和股份制商业银行中有10家成为总行或省行的试点行。组建台州市金融投资公司，注册资本32亿元，成为推动台州市重点产业和地方法人金融机构改革发展的重要力量。构建金融服务信用信息共享平台。依托人民银行的征信平台，按照"政府建设、财政出资、人行代管、免费查询"的运行模式，建立了台州市金融服务信用信息共享平台。平台有效整合金融、司法、税务、环保、电力等13个部门覆盖45万余家企业与个体工商户，共收集2 900多万条信用信息。建立小微企业信用保证基金。采用"政府出资为主、金融机构捐资为辅"的设立模式，初创规模5亿元，单家企业担保金额最高不超过500万元，可为市区优质成长型小微企业提供累计50亿元的增信担保。实行非盈利性的运行模式，担保费率严格控制在年0.75%—1%。坚持基金与银行风险共担，明确由银行提供贷款担保对象，并承担20%的风险。推进小微企业信用体系建设。台州是人民银行批准的创建小微企业信用体系建设试验区，是浙江省唯一的试验区。台州市创造性地提出"六机制一环境"的总体思路，即建立共享、辅导、评价、增信、培育、服务机制。

（王立平　潘松权　魏博文）

台州市主要经济金融统计

（2010—2014年）　　单位：亿元

项　　目	2010年	2011年	2012年	2013年	2014年
国内生产总值	2 415.12	2 794.91	2 927.34	3 153.34	3 387.51
第一产业(增加值)	159.99	188.90	201.12	213.3	215.62
第二产业(增加值)	1 262.66	1 443.97	1 435.04	1 515.55	1 588.88
第三产业(增加值)	992.47	1 162.04	1 291.18	1 424.49	1 583.01
全社会固定资产投资	950.24	1 104.08	1 242.56	1 507.87	1 765.93
地方财政收入	164.88	200.12	220.42	247.73	265.21
地方财政支出	222.76	265.53	287.93	329.03	371.47
社会消费品零售总额	960.45	1 132.37	1 304.3	1 449.27	1 646.32
居民消费价格指数(以上年为100)	104.6	106.3	102.3	101.9	102.4
进出口总额(亿美元)	170.01	205.04	206.22	218.78	220.79
进　口(亿美元)	30.38	34.69	33.83	31.57	27.28
出　口(亿美元)	139.63	170.35	172.39	187.21	193.51
全部金融机构各项存款(余额)	3 588.48	3 998.90	4 509.17	5 219.72	5 671.03
企业存款	982.70	1 758.76	1 936.93	2 232.24	2 390.62
财政存款	74.07	78.89	98.64	111.41	101.82
储蓄存款	1 725.08	2 110.37	2 405.68	2 775.34	2 907.89
全部金融机构各项贷款(余额)	3 055.82	3 470.76	3 893.16	4 454.11	5 039.37
短期贷款	1 932.49	2 354.77	2 661.14	2 959.6	3 302.12
中长期贷款	984.53	1 089.62	1 158.38	1 345.55	1 649.21
全部保险机构保费收入	72.92	75.40	84.40	96.28	112.39
全部保险机构保险赔款支出(含满期给付)	18.43	22.38	29.17	36.23	38.38
全部保险机构保险密度(元/人)	1 250.47	1 284.56	1 428.2	1 620.76	1 882.26
全部保险机构保险深度(%)	3.02	2.70	2.87	3.05	3.32

注：全部金融机构各项存款、贷款余额的七项数据为本外币并表统计数(含外资金融机构)。

10. 丽　水　市

2014年，丽水市实现生产总值1 051亿元，增长7.0%；全社会固定资产投资665.08亿元，增长16.6%；进出口总额29.08亿美元，增长12.8%；外商直接投资3.68亿美元，下降30.1%；财政总收入135.02亿元，其中，一般公共预算收入80.96亿元，分别增长8.7%和9.8%；实现社会消费品零售总额476.35亿元，增长13.2%；城镇常住居民人均可支配收入30 413元，农村常住居民人均可支配收入13 635元，分别名义增长8.6%和12.0%；居民消费价格比上年增长2.6%。

【货币政策】 2014年，中国人民银行丽水市中心支行认真贯彻落实稳健货币政策，加强“窗口指导”和政策指引，强化宏观审慎管理，及时落实利率调整和定向降准政策，综合运用再贷款、再贴现等工具，实现地区货币信贷合理适度增长。2014年末，全市金融机构本外币各项贷款余额1 420.56亿元，同比增长9.04%，新增贷款117.81亿元，同比少增61.77亿元。其中，全市地方法人金融机构贷款余额316.07亿元，同比增长20.77%，高出全市平均水平11.73个百分点，新增贷款54.36亿元，同比多增4.27亿元。全年累计发放支农再贷款5.13亿元，办理再贴现525万元。

2014年，组织开展“普惠金融服务年”活动，以“支农支小，扶贫扶弱；普惠金融，惠及民生”为主题，结合丽水市农村金融改革试点工作，制定了《丽水市“普惠金融服务年”活动方案》，并由市政府向各县(市、区)政府、市政府直属各单位转发实施，加强活动督促指导，提升活动实效。2014 年，全市银行干部走访基层 8 037 人次，服务村企数量 6 933 个，累计落实资金 140.66 亿元。截至 2014 年末，全市金融机构为小微企业专设机构（部门）数 137 个，新增小微企业贷款 7 833 户，落实资金 189.87 亿元。

【金融运行】 2014 年末，全市共有法人银行机构 18 家，其中村镇银行 9 家、农村商业银行 2 家、农村信用合作联社 7 家；非法人银行机构 14 家，其中政策性银行 1 家、国有商业银行 5 家、股份制商业银行 3 家、城市商业银行 4 家、邮政储蓄银行 1 家；小额贷款公司 18 家、农村资金互助社 1 家。2014 年末，全市金融机构本外币各项存款余额 1 858.36 亿元，同比增长 10.54%，各项贷款余额 1 420.56 亿元，同比增长 9.04%。

【金融市场】 全市共有保险机构 22 家、证券公司营业部 15 家、期货公司营业部 2 家。2014 年累计实现 A 股交易额 2 543.95 亿元，B 股交易额 1.22 亿元，业务收入 2.16 亿元，营业利润 1.03 亿元，全市累计开户数达 207 653 户。全市保险机构实现保费收入 32.88 亿元，同比增长 16.6%，支付各类赔款（给付）11.08 亿元，同比增长 23.8%。

【金融改革与创新】 一是推进完善农村产权融资服务体系。针对农村地区有效抵押物不足的难题，加快金融产品创新，不断扩大贷款抵押物范围，在成功推进林权抵押贷款的基础上，积极探索开展农房和农村土地流转经营权抵押贷款创新，构建了较为完整的农村产权融资体系。截至 2014 年末，全市“三权”抵押贷款余额达到 63.17 亿元，新增 19.24 亿元，其中：林权抵押贷款余额达到 43.05 亿元，农房抵押贷款余额 18.1 亿元，农村土地流转经营权抵押贷款余额 2.02 亿元。同时，茶园、石雕等抵押贷款持续开展，并创新开展了农副产品仓单、股权、农村水利工程产权等抵（质）押贷款。截至 2014 年末，全市涉农贷款余额达到 752.12 亿元，占全部贷款余额的 52%。

二是不断深化农村信用体系建设。2014 年末，全市已成功创建信用村（社区）869 个，信用乡（镇、街道）38 个，评定信用农户 38.87 万户。在总结云和“信用县”创建工作经验的基础上，顺利完成了景宁“信用县”创建工作。进一步强化农村信用体系建设成果运用，引导金融机构依托农户信用信息系统全面开展“整体批发、集中授信”小额农贷业务，实现“物理网点不下沉，金融服务下沉”的目标。截至 2014 年末，全市共为 1 558 个行政村（行业）开办了该项业务，为 13.3 万信用农户提供授信 125.53 亿元，累计发放贷款 66.57 亿元。

三是逐步完善农村支付结算体系。针对城乡金融服务不均等的问题，不断加快农村金融支付结算基础设施和平台建设，实现了农民基本金融服务不出村。不断拓展全市 2 010 家农村金融服务站功能，在提供小额取现、代理转账等传统金融服务基础上，深化人民币反假、小面额和残损币兑换、农户基本信用信息采集、理财咨询、金融知识宣传、协办证券保险和农户贷款业务等“一站式”金融服务，并加快推进农村金融服务站与村邮站、金融消费权益保护站、手机充值网点等的有效结合。截至 2014 年末，仅小额取现和代理转账业务累计办理 121.32 万笔和29.16 万笔，惠及 150 余万农民。探索开展农村地区非现金支付业务创新，重点是拓展金融 IC 卡在公共服务领域的“一卡多用”功能。在青田县成功开展“菜篮子”一卡通系统工程试点，在全省率先实现农贸市场金融 IC 卡小额非接应用，进一步优化了农村地区非现金支付环境。

四是持续拓宽农村金融服务平台。以加快构建多层次、多形式的农村金融组织体系为重要载体，在持续拓宽服务平台的基础上，不断推动农村金融适度竞争发展和金融服务优化。按“政府主导、市场运作、规范运行、风险可控，巩固成效、稳步推进”的原则，全面推进以财政出资和村级担保基金为重点、以行业协会组建和商业性运作为补充的“四级”农村融资担保组织体系建设。截至 2014 年末，全市已成功组建 2 家由政府财政出资的涉农融资性担保公司；设立 4 个政府担保基金，基金规模共计 1.05 亿元；25 家融资性担保公司共为“三农”发展提供贷款担保4.5 亿元；已建立村级担保组织 86 家，累计为 3 100 户农户担保 2.49 亿元。持续深化外汇管理服务平台建设。截至 2014 年底，已创建村级外币兑换点 5 个、货币兑换公司 1 家，累计办理代兑业务达 13.9 万笔、金额 6.08 亿美元；已发放个人外汇贷款 43 笔、金额 549 万美元。

五是逐步健全农村金融政策扶持体系。以营造先行先试的金融政策环境为动力，积极争取和完善农村金融改革的相关扶持政策。研究制定了覆盖林权、农房、土地流转经营权抵押贷款的财政贴息、财政奖励和风险补偿金等较为完整的财政配套政策体系，构建了“三权”抵押贷款风险防范机制。积极推进丽水市创建国家级保险服务民生示范区。在实现森林、水稻、油菜、自然灾害公众责任险等政策性保险全覆盖的基础上，加快推进食用菌、茶园种植等特色农业保险品种实现新突破。加强政银保合作，创新推进低收入农户扶贫贷款、农村小额保险等重点项目实施。

六是不断完善农村产权制度体系。以农村产权制度改革作为丽水农村金融改革的重要基础和最大支撑，大力推进农村产权制度改革，有效夯实了金改基础。积极推进土地承包经营权流转，截至2014年末，全市共发放土地承包证57.25万份，发放土地流转经营权证429本。创新建立林地经营权流转证制度，实行林地承包权和经营权分离，引导鼓励林地向林业专业合作社、家庭林场、经营大户集聚，发展多种形式的适度规模经营，截至2014年末，全市新增流转面积11.84万亩，林地经营权流转证办证面积达6.24万亩。围绕“产权清晰化、股权商品化、职能分离化、收益分配公平化、制度管理程式化”五个方面内容，逐步推动村经济合作社股份制改革工作，截至2014年末，全市已完成2 418个村经济合作社股份制改革工作。制定出台了《农村水利工程产权制度改革实施方案》，加快推进水利产权确权发证工作，截至2014年末，全市共发放小型水库产权证77本，万方以上山塘产权证300本。加快推进农村宅基地确权登记发证工作，并按照“先易后难、先简后繁、点面结合”原则，全面启动农房登记工作，截至2014年末，全市共完成农村宅基地确权发证89 082宗，累计发放农村集体房屋所有权证16 961处。

（潘丽青）

丽水市主要经济金融统计

（2010—2014年）

单位:亿元

项目	2010年	2011年	2012年	2013年	2014年
国内生产总值	663.29	784.37	885.17	983.08	1 051
第一产业(增加值)	62.93	72.57	79.35	84.65	88.52
第二产业(增加值)	328.6	391.45	446.09	497.87	509.41
第三产业(增加值)	278	331.81	359.73	400.56	453.07
全社会固定资产投资	320.28	362.21	471.98	570.42	665.08
地方财政收入	76.84	100.09	112.66	124.22	135.02
地方财政支出	135.12	154.4	167.94	195.38	217.27
社会消费品零售总额	266.13	315.89	371.09	420.8	476.35
居民消费价格指数(以上年为100)	104	105.3	102.5	102.9	102.6
进出口总额(亿美元)	15.33	21.25	22.29	25.89	29.08
进　口(亿美元)	1.84	3.11	2.53	2.16	2.7
出　口(亿美元)	13.49	18.14	19.76	23.73	26.37
全部金融机构各项存款(余额)	1 128.23	1 293.56	1 475.23	1 681.14	1 858.36
企业存款	265.75	321.43	335.49	325.79	305.25
财政存款	23.62	28.07	47.44	58.49	70.13
储蓄存款	638.81	715.30	831.89	930.05	1 035.59
全部金融机构各项贷款(余额)	821.46	958.99	1 117.86	1 302.75	1 420.56
短期贷款	430.15	576.24	702.31	784	827.32
中长期贷款	370.61	372.13	402.46	502.42	575.94
全部保险机构保费收入	20.76	23.98	26.22	28.2	32.88
全部保险机构保险赔款支出(含满期给付)	5.01	5.93	7.19	8.95	11.08
全部保险机构保险密度(元/人)	799.54	917.61	998.51	1 068.51	1 546
全部保险机构保险深度(%)	3.13	3.06	2.96	2.87	3.13

注:全部金融机构各项存款、贷款余额的七项数据为本外币并表统计数(含外资金融机构)。

11. 舟 山 市

2014年，舟山经济呈现稳中有升态势，工业生产发展较快，产业结构进一步优化，投资实现快速增长，居民消费增势平稳，外贸出口形势严峻，财政收入增长较慢，居民消费价格水平温和上涨，工业生产者出厂价格持续负增长。全年实现地区生产总值1 021.66亿元，比上年增长10.2%。其中，第一产业实现增加值100.82亿元，增长5.9%；第二产业430.07亿元，增长11.4%；第三产业490.77亿元，增长10.0%。2014年全市固定资产投资961.0亿元，同比增长28.1%。工业投资292.9亿元，同比增长21.9%，房地产开发投资225.8亿元，同比增长57.0%。2014年，舟山社会消费品零售总额376.58亿元，同比增长13.5%。全市外贸进出口总额123.35亿美元，同比下降2.7%，其中出口总额57.76亿美元，同比下降13.2%；进口总额65.59亿美元，同比增长8.9%。2014年舟山居民消费价格水平同比上涨1.7%，工业生产者出厂价格同比下降1.5%。全年舟山市财政总收入148.93亿元，同比增长8.4%，其中公共财政预算收入101.02亿元，同比增长9.1%。全市全体常住居民人均可支配收入35 330元，增长10.3%。其中，城镇常住居民人均可支配收入41 466元，增长9.7%；渔农村常住居民人均可支配收入23 783元，增长11.1%。

【货币政策】 2014年，人行舟山市中支引导辖内金融机构贯彻落实稳健货币政策，优化信贷结构，推动普惠金融发展，提升金融服务水平，全力支持群岛新区建设和实体经济转型发展。

深化金融支持新区建设。根据新区推进情况和实体经济的金融需求，出台了《2014年全市金融支持浙江舟山群岛新区建设的意见》。内容主要包括，一是增加信贷投入支持新区建设；二是深化金融支持经济转型升级；三是加强指导与服务保障金融支持功能发挥；四是完善普惠金融服务体系；五是深化管理维护区域金融稳定；六是强化金融宣传，优化金融业发展舆论环境。

强化支农再贷款功效发挥。2014年，人行舟山市中支进一步提升支农再贷款使用成效。一是进一步争取增加限额。在人行杭州中支的支持下，2014年新增限额5.8亿元，到2014年底再贷款余额为5.8亿元，较好地提升了支农信贷的能力。二是引导资金利率水平逐渐下降，通过提高对借款机构的利率要求，确保大部分支农再贷款投放的贷款利率低于全市同期的加权平均利率水平。三是加强对支农再贷款的管理，全年对三个县区和五家借款机构实现了全面检查，通过对支农再贷款用途、投向、利率和资金融资情况现场检查，进一步规范了借款人支农再贷款业务，切实发挥支农再贷款惠农支农的作用。

引导信贷支持船舶行业转型。2014年，人行舟山市中支继续引导金融机构加大船舶行业信贷投入，并在《信贷支持经济发展指导意见》中予以明确。同时，在制订出台的《金融支持浙江舟山群岛新区建设的指导意见》和《加强和改进金融服务支持实体经济发展的指导意见》中，明确要求全市金融机构大力支持船舶工业转型升级和结构调整，支持重点船舶企业做大做强，支持船舶企业开展技术创新和兼并重组。2014年初，在充分调研的基础上，形成《关于船舶工业转型升级亟需调整信贷政策的调研报告》，并上报总行。

持续推进普惠金融发展。2014年人行舟山市中支将推进"普惠金融"纳入全年的重点工作，制定了《舟山市"普惠金融"活动实施方案》，并在嵊泗县召开基层金融机构推进普惠金融座谈会，探讨普惠金融推进工作中存在的问题，如何结合各金融机构自身的特点，因地制宜地来推进普惠金融工作。2014年9月组织全市金融机构召开了全市普惠金融推进会。

【金融运行】 2014年，舟山市金融运行平稳有序，金融总量稳步上行，市内银行表内贷款快速增长，表外融资出现下滑，市外融资延续净流入态势，各项存款增长较快，总体资金压力有所缓解。

存款稳步增长。2014年，舟山市金融机构各项存款增长较快，总体资金压力有所缓解。截至2014年12月末，全市金融机构本外币存款余额1 624.05亿元，比年初增加128.74亿元，同比多增22.13亿元，余额同比增长8.5%，高于全省平均水平1个百分点。分结构来看：机关团体存款余额323.31亿元，比年初增加56.70亿元，同比多增33.66亿元；企业存款余额437.18亿元，比年初减少8.53亿元；个人存款余额634.53亿元，比年初增加55.6亿元，同比少增9.34亿元。

贷款同比多增。2014年，全市银行业机构本外币贷款余额 1 453.70 亿元，比年初增加 120.35 亿元，同比多增 84.04 亿元，余额同比增长 9.03%，增速低于全省平均水平 0.19 个百分点。一是中长期贷款较上年同期增长较快。2014 年，全市中长期贷款余额 688.48 亿元，比年初增加 107.15 亿元，同比多增 85.54 亿元，余额同比增长 18.4%，高于全部贷款增速 9.4 个百分点。其中中长期固定资产贷款余额为 380.51 亿元，比年初新增 80.97 亿元，同比多增 92.72 亿元，余额同比增长 27.0%。二是短期流动资金贷款有所多增。2014 年，全市金融机构短期流动资金融资余额 601.41 亿元，比年初增加 7.87 亿元，同比多增 1.28 亿元，余额同比增长 1.3%。

市外融资增势良好。2014 年，全市企业市外融资余额为 875.08 亿元，比年初增加 104.52 亿元，同比少增 47.67 亿元。其中，市外金融机构表内贷款余额 624.11 亿元，比年初增加 99.15 亿元，同比少增 13.58 亿元；表外融资余额 250.97 亿元，比年初增加 5.37 亿元，同比少增 34.09 亿元。近年来，市外资金持续流入，在全市金融总量中的占比逐步提升，成为舟山新区建设与实体经济发展的重要资金支持。

【金融市场】 2014 年，舟山金融市场运行平稳，发展潜力逐步释放。在保险收支方面，全市保险业共实现保费收入 22.97 亿元，同比上升 10.3%，其中财险收入 10.92 亿元，同比增长 7.1%，寿险收入 12.05 亿元，同比增长 13.4%；保费给赔付支出 8.76 亿元，同比上升 16.6%，其中财险赔款支出 6.60 亿元，同比增长 17.4%，寿险给赔付 2.16 亿元，同比增长 14.3%。在证券市场方面，全市累计转入资金 73.32 亿元，同比增加 26.65 亿元，增幅达到 57.1%。其中，个人进入资金 73.02 亿元，同比增加 27.56 亿元，企业进入资金 0.30 亿元，同比减少 0.91 亿元；全市累计转出资金 66.34 亿元，同比增加 21.41 亿元，增幅达到 47.7%。其中，个人转出资金 65.47 亿元，同比增加 21.83 亿元，企业转出资金 0.86 亿元，同比减少 0.43 亿元。截至 2014 年 12 月末，股市累计沉淀资金 8.49 亿元，同比增加 5.16 亿元，累计交易额 1 069.03 亿元，同比增长 43.7%，市场活跃度明显上升。

（马国标 马金虎）

舟山市主要经济金融统计

（2010—2014 年）

单位：亿元

项　　目	2010 年	2011 年	2012 年	2013 年	2014 年
国内生产总值	633.45	765.30	851.95	930.85	1 021.66
第一产业(增加值)	62.44	76.09	83.05	95.73	100.82
第二产业(增加值)	288.55	344.82	385.42	411.55	430.07
第三产业(增加值)	282.46	344.39	383.48	423.57	490.77
全社会固定资产投资	413.84	500.53	600.81	750.02	961.00
地方财政收入	61.04	76.48	85.56	92.63	101.02
地方财政支出	105.03	148.10	155.22	189.83	188.19
社会消费品零售总额	212.54	251.71	290.54	331.65	376.58
居民消费价格指数(以上年为 100)	104.1	105.8	101.7	102.1	101.7
进出口总额(亿美元)	107.33	132.64	153.56	126.72	123.35
进　口(亿美元)	37.95	57.91	61.32	60.23	65.59
出　口(亿美元)	69.37	74.73	92.24	66.49	57.76
全部金融机构各项存款(余额)	1 143.25	1 314.97	1 389.97	1 497.11	1 624.05
企业存款	402.66	497.50	474.63	479.07	437.18
财政存款	54.26	56.26	78.83	78.24	87.19
储蓄存款	410.80	461.30	508.59	549.61	603.14

（续表）

项　　目	2010年	2011年	2012年	2013年	2014年
全部金融机构各项贷款(余额)	1 017.72	1 162.66	1 295.83	1 333.35	1 453.70
短期贷款	475.99	610.26	733.89	745.71	755.05
中长期贷款	507.02	549.11	559.77	581.38	688.48
全部保险机构保费收入	19.00	19.95	21.33	21.71	22.97
全部保险机构保险赔款支出(含满期给付)	6.21	5.80	7.29	7.63	8.23
全部保险机构保险密度(元/人)	1 963	2 061	1 902	1 901	2 004
全部保险机构保险深度(%)	3.00	2.61	2.50	2.33	2.25

注:全部金融机构各项存款、贷款余额的七项数据为本外币并表统计数(含外资金融机构)。

(四)安徽省金融概览

2014年,面对复杂严峻的宏观环境和艰巨繁重的改革发展任务,安徽省统筹做好稳增长、促改革、调结构、惠民生、防风险各项工作,主动作为,精准发力,保持了经济社会平稳健康发展。全年生产总值(GDP)20 848.8亿元,按可比价格计算,比上年增长9.2%。分产业看,第一产业增加值2 392.4亿元,增长4.6%;第二产业增加值11 204亿元,增长10.3%;第三产业增加值7 252.4亿元,增长8.8%。三次产业结构为11.5∶53.7∶34.8,其中工业增加值占GDP比重为46%。全社会劳动生产率48 559元/人,比上年增加3 221元/人。人均GDP 34 427元(折合5 604美元),比上年增加2 426元。全年民营经济增加值11 946.3亿元,比上年增长9.2%,占GDP比重由上年的57%提高到57.3%。全年进出口总额492.7亿美元,比上年增长8.2%。其中,出口314.9亿美元,增长11.5%;进口177.8亿美元,增长3%。从出口经营主体看,生产型企业出口增长11.7%,贸易型企业出口增长9.4%。从出口商品看,机电产品、高新技术产品出口分别增长25%和1.2倍。全年财政收入3 663亿元,比上年增长8.9%,其中地方财政收入2 218.4亿元,增长6.9%。全部财政收入中,增值税增长7.6%,营业税增长7.5%,企业所得税增长15%。财政支出4 663.6亿元,增长7.2%,其中民生支出3 833亿元,增长7.9%。

【融资规模】 社会融资规模保持适度,表外融资大幅少增。2014年安徽省社会融资规模为4 262.2亿元,同比少增706.8亿元。分结构看,一是人民币贷款和非金融企业直接融资同比多增,占比提高。两者分别同比多增191.7亿元和352.5亿元,占社会融资规模的比重分别为69.3%和19.4%,同比分别提高13.7个和9.8个百分点。二是表外融资大幅少增。随着经济结构调整步伐加快,监管措施强化,金融机构风险管理加强、部分表外融资回归表内,实体经济以委托贷款、信托贷款、未贴现银行承兑汇票方式合计融资228.3亿元,同比少增1 206.4亿元,占社会融资规模的5.4%,较上年低23.5个百分点。其中,信托贷款和未贴现银行承兑汇票均为负增长,分别净降102.5亿元和346亿元。

【存款】 存款增长放缓,金融机构吸收存款压力加大。2014年以来,受理财产品销售、互联网金融创新等因素影响,金融机构吸收存款方面的压力进一步加大,尤其存款偏离度监管要求强化后,银行季末存款波动性明显减小。2014年末,全省本外币各项存款余额30 088.8亿元,同比增长11.7%,增速高于全国2.1个百分点,较上年末回落4.4个百分点,处于近年来较低区间水平;全年新增3 146.9亿元,同比少增572.9亿元,其中一、二季度存款增量分别占全年的66.8%和37.8%,三、四季度分别净下降21.4亿元和122.6亿元。分结构看,住户存款、非金融企业存款、财政存款分别少增213.1亿元、422.9亿元和40.2亿元。

【贷款】 贷款保持平稳增长,期限结构有所调整。12月末,全省本外币各项贷款余额1.97万亿元,同比增长17.2%,较上年末回落1.5个百分点;比年初增加2 859.2亿元,同比多增209.6亿元。其中,人民币各项贷款余额1.91万亿元,同比增长17.2%;比年初增加2 760.8亿元,同比多增195.6亿元。贷款期限结构有所调整,全年票据融资下降

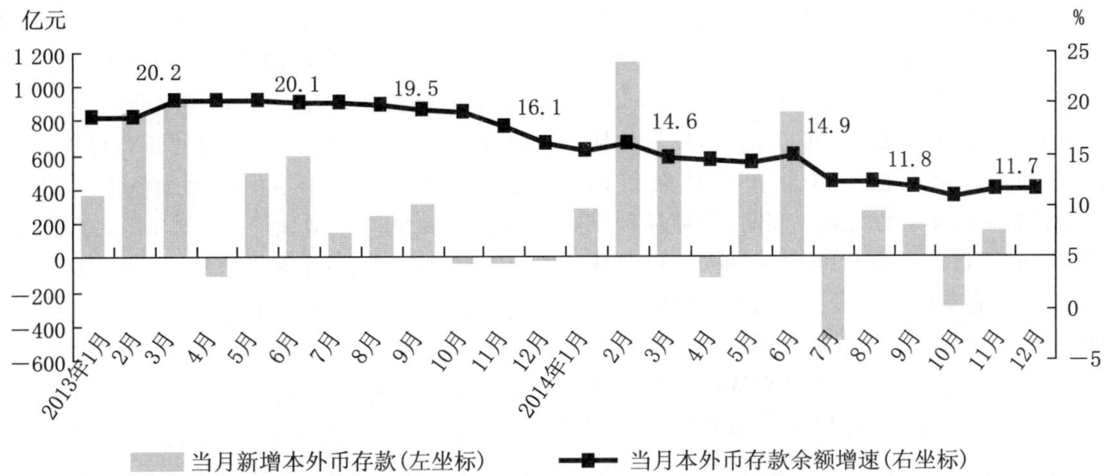

图1 2013年以来安徽省本外币存款增量增速图

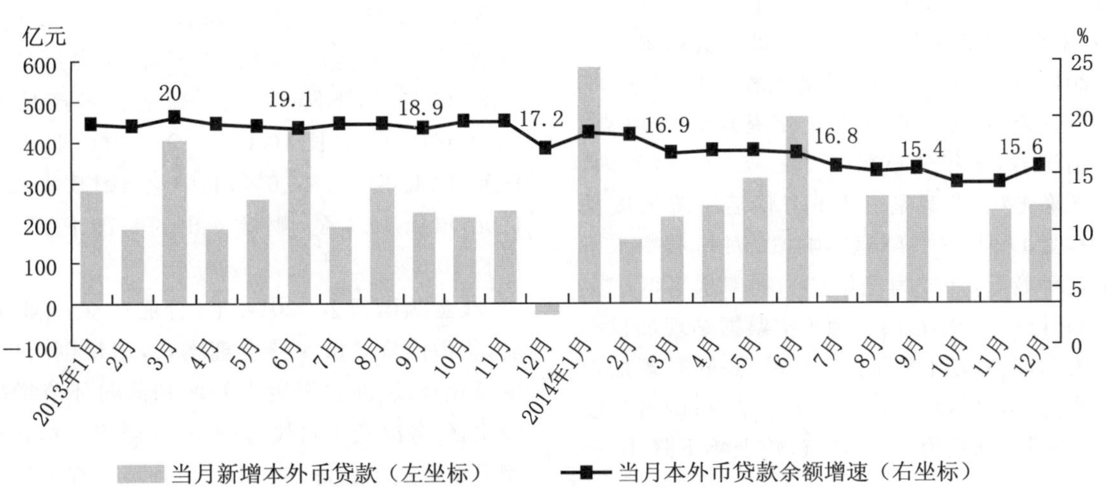

图2 2013年以来安徽省本外币贷款增量增速图

70.4 亿元，同比少增 358.3 亿元；短期贷款增加 1 271.4 亿元，同比多增 228.3 亿元；中长期贷款增加 1 521.2 亿元，同比多增 360.3 亿元。

【信贷结构】 一是支持城镇化建设。围绕城市基础设施、土地资源开发、交通运输等项目建设，加大信贷投放力度，2014 年全省基础设施主要行业贷款增加 402.8 亿元，同比多增 93.6 亿元。二是支持现代服务业发展。2014 年末，全省第三产业贷款余额同比增长 17.4%，其中现代服务业和公共服务业贷款增长较快，公共管理和社会保障、租赁和商务服务业、居民服务业贷款分别同比增长 120.7%、34.7%、19.7%。三是支持居民自住购房需求和保障房建设。2014 年末，全省个人住房贷款余额同比增长 26.8%，增速高于各项贷款 11.1 个百分点；全年累计发放个人住房贷款 36.6 万套、1 172.8 亿元，同比多发放 4.4 万套、217 亿元，其中首套房占比 92.9%，执行基准及下浮利率占比 74.8%。全年全省保障房开发贷款增加 172.9 亿元，同比多增 72.6 亿元。四是支持“三农”发展。2014 年末全省涉农贷款余额 7 418.2 亿元，同比增长 17.3%，较年初新增 1 084.0 亿元；全省各类新型农业经营主体贷款余额 322.9 亿元，同比增长 21.3%，高于全省涉农贷款增速 4.1 个百分点，其中家庭农场贷款余额 8.47 亿元，全年新增 4.87 亿元。五是支持扶贫开发。2014 年末辖内贫困县各项贷款余额 1 929.7 亿元，同比增长 20.7%，高于全省平均水平 5 个百分点，较年初增加 339.2 亿元，同比多增 54.1 亿元，增量占全省县域贷款增量的 32.2%。

【债务融资】 创新债券品种，债务融资规模跨上新台阶。创新开展债务融资工具主承销业务综合评价工作，引导金融机构加大债券承销力度。2014年，全省共发行债务融资工具和金融债券（含同业存单和资产证券化）1 210.9亿元，较上年多发行650.4亿元，其中债务融资工具发行1 011亿元，发行量居全国第10位（不含央企）；占全省直接融资的69.7%，同比提高17.4个百分点。同时，债券品种创新有所突破，信贷资产证券化、同业存单、农村合作金融机构小微企业专项金融债、二级资本金融债、证券公司短期融资券和资产支持票据均实现在安徽的首次发行；“三农”专项金融债、区域集优中小企业集合票据有序推进。截至2014年末，安徽省“十二五”期间已发行债务融资工具2 327.6亿元，是“十一五”期间的4.7倍，债务融资工具“翻两番”计划提前一年完成，所有债券均按期兑付，未发生违约事件。

【利率】 利率呈下降趋势，民间借贷利率上升明显。2014年，安徽省金融机构加权平均利率（不含小额贷款公司）为7.68%，较上年提升17个基点。从月度情况看，全年分布在(7.3%，7.9%)区间内，总体呈下降走势，尤其是进入9月份后下降幅度加大，其中，受11月22日降息影响，12月份利率水平回落至全年最低，并成为全年唯一利率水平低于上年同期的月份。全年辖内金融机构票据贴现加权平均利率为5.73%，较上年下降9个基点；转贴现加权平均利率为5.12%，较上年上升7个基点；两者月度走势基本一致，利差为61个基点，较上年下降16个基点。

【人民币业务】 跨境人民币业务快速发展，支持企业“走出去”。坚持业务发展与风险防范并重的原则，鼓励辖内结算银行创新产品、提升服务，同时非现场核查与现场执法检查“双管齐下”，规范推进跨境人民币业务较快发展。2014年全省参与跨境人民币结算企业1 310家，较上年增加440家；结算金额744亿元，同比增长107.8%，其中经常项下结算金额407亿元，同比增长93.2%，居中部第3位；资本项下结算金额336.6亿元，同比增长128.7%，占资本项下本外币跨境收支的56.4%，较上年提高18.2个百分点。跨境人民币结算金额占本外币跨境收支总额的18.1%，较上年提高6.7个百分点。

（人行合肥中支）

1. 合 肥 市

2014年，面对复杂严峻的宏观环境，合肥市坚持稳中求进，突出改革引领，强化创新驱动，顽强拼搏，扎实工作，保持经济社会持续健康较快发展，“大湖名城、创新高地”建设迈出坚实步伐。全年生产总值(GDP)5 157.97亿元，按可比价格计算，比上年增长10.0%。其中，第一产业增加值257.63亿元，增长4.8%；第二产业增加值2 872.01亿元，增长11.4%；第三产业（服务业）增加值2 028.33亿元，增长8.5%。三次产业结构为5.0∶55.7∶39.3，其中工业增加值占GDP比重由上年43.9%提高到44.5%。按常住人口计算，人均GDP为67 394元，比上年增加5 839元，折合美元首次超过1万美元，达到10 971美元。全年进出口总额200.87亿美元，比上年增长10.5%。其中，出口127.14亿美元，增长5.2%；进口75.73亿美元，增长20.4%。加工贸易出口额58.57亿美元，增长91.9%。机电产品出口额54.86亿美元，下降6.6%。高新技术产品出口额30.59亿美元，增长10.6%。全年财政收入880.68亿元，比上年增长14.6%，其中地方财政收入500.34亿元，增长14.1%。财政支出698.79亿元，比上年增长10.8%。

【金融运行】 2014年，合肥市金融业运行平稳，货币信贷总量保持合理增长，增量创历史新高，城镇化建设、涉农等重点领域和薄弱环节贷款增长较快，债务融资工具快速增长，为经济结构调整与转型升级营造了良好的货币金融环境。存款受理财产品销售、互联网金融创新、股票市场活跃等因素影响，金融机构吸收存款方面的压力依然较大。12月末，合肥市本外币各项存款余额9 269.6亿元，同比增长11.3%，较上年末回落6.4个百分点；全年增加936.5亿元，为三年以来最低水平，同比少增310.9亿元。受存贷比等监管指标约束，存款增长放缓可能在一定程度上影响金融机构信贷投放。

贷款总量保持稳定增长，增量创历史新高。12月末，合肥市本外币各项贷款余额8 666.8亿元，同比增长16.4%，增速高于全省0.8个百分点，连续四个月超过全省增速。全年本外币各项贷款增加1 246.6亿元，同比多增296.8亿元，创历年以来新高；占全省同期新增贷款的41.3%，较上年末提高8.1个百分点。2014年，合肥市金融机构信贷投放节奏较为合理，一季度、二季度、三季度和四季度贷款分别增加347亿元、362.3亿元、247.4亿元和289.8亿元，基本符合3∶3∶2∶2的投放节奏。

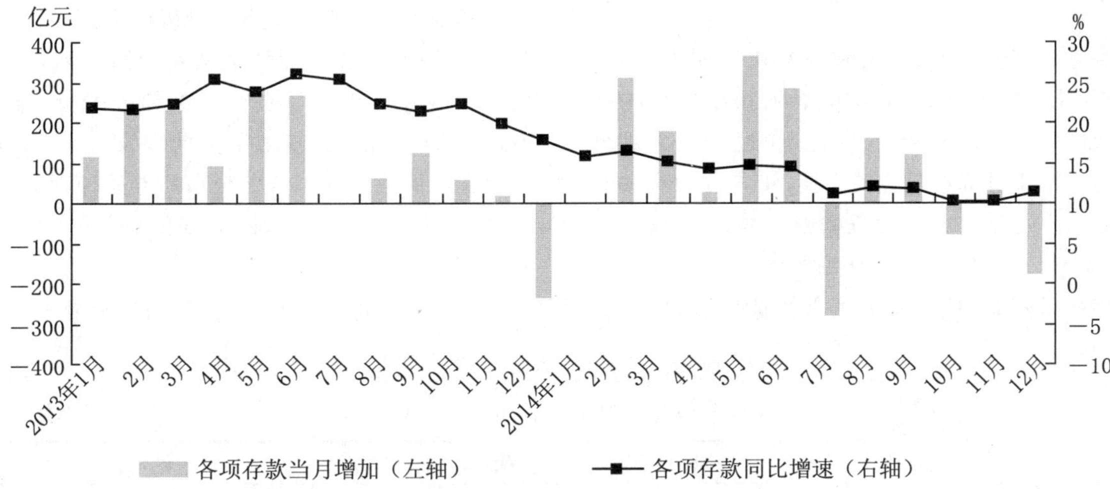

图 1　合肥市金融机构本外币存款增长变化

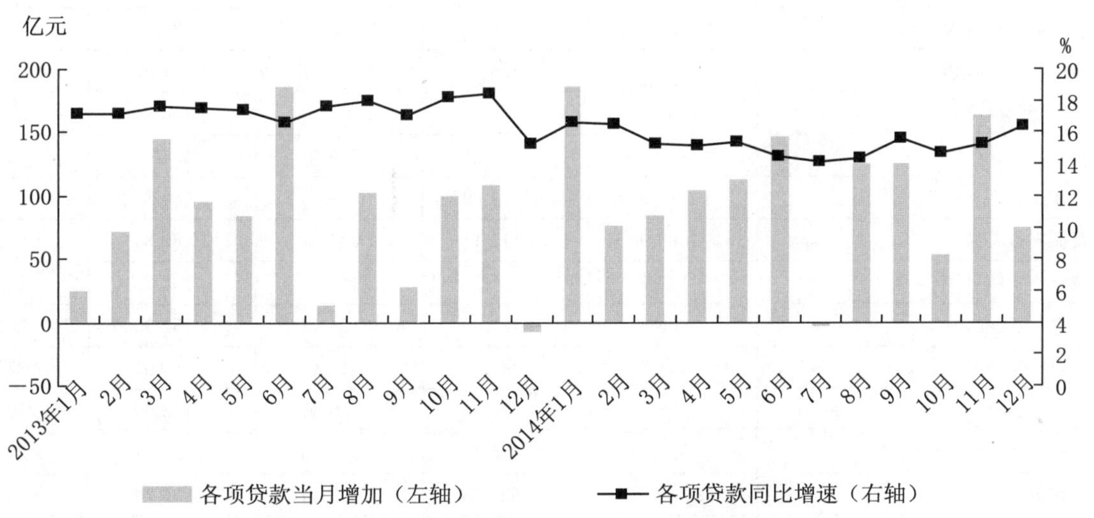

图 2　合肥市金融机构本外币贷款增长变化

【信贷结构】 信贷结构呈现积极变化，助力全市经济转型和结构调整。一是基础设施建设类贷款投放增加，金融支持城镇化建设力度加大。2014年，合肥市各金融机构重点围绕基础设施项目建设，不断加强对土地资源开发、交通运输、能源保障、环境治理等的信贷支持力度。2014 年末，全市基础设施主要行业①人民币贷款余额 2 221.5 亿元，同比增长 12.6%，较上年同期提高 3.1 个百分点；比年初增加 248.7 亿元，同比多增 76.7 亿元。二是房地产贷款持续加快，满足居民自住购房需求。2014 年末，合肥市房地产贷款余额 2 686 亿元，同比增长 32.4%，较上年高 6.9 个百分点。其中，房地产开发贷款余额 766.9 亿元，同比增长 34.1%，增速与上年基本持平。购房贷款余额 1 919.5 亿元，同比增长 31.7%，增速高于上年 9.4 个百分点；比年初增加 462 亿元，同比多增 196 亿元。三是农村金融产品和服务方式创新有序推进，涉农贷款较快增长。2014 年，合肥市涉农金融机构围绕建立现代化农业，下沉经营重心，深耕三农市场，为不同规模、不同发展阶段的农业经营主体提供金融服务，创新推广了土地承包经营权和农房财产权抵押贷款，股权、林权和应收账款质押贷款，工程机械按揭贷款，“便民贷”“农家乐”“金农易贷 · 福农卡”“金土地”贷款等系列惠农支农产品。2014 年末，全市涉农贷款余额 1 431.7 亿元，同比增长 18.5%，全年增加 221.8

① 基础设施主要行业包括电力、热力、燃气及水生产和供应业，交通运输、仓储和邮政业，水利、环境和公共设施管理业。

亿元。

【利率】 贷款加权平均利率同比有所上升，降息效应年末开始显现。2014年，合肥市金融机构新增贷款加权利率为7.19%，同比上升0.13个百分点。但随着11月降息效应的显现，年末贷款利率有所下降。12月合肥市金融机构新增贷款加权利率6.88%，低于1—11月0.37个百分点。

【债务融资】 债务融资工具快速增长，债券品种创新取得新突破。全市金融机构贯彻落实安徽省“十二五”债务融资工具“翻两番”计划，取得积极成效。2014年全市累计发行各类债务融资工具和金融债券397.5亿元，较上年同期多发行153.5亿元，占全省比例达到37.5%。全市债券品种创新取得新突破，信贷资产证券化、同业存单、证券公司短期融资券均在全市实现首次发行。

（人行合肥市中支）

合肥市主要经济金融统计表

（2010—2014年）

单位：亿元

项　　目	2010年	2011年	2012年	2013年	2014年
国内生产总值	2 702.5	3 636.6	4 164.34	4 672.91	5 157.97
第一产业(增加值)	132.6	208.2	229.05	247.21	257.63
第二产业(增加值)	1 457.6	2 002.2	2 303.91	2 583.75	2 872.01
第三产业(增加值)	1 112.3	1 426.2	1 631.91	1 841.95	2 028.33
全社会固定资产投资	3 067.0	3 376.97	4 001.10	4 707.99	5 385.17
地方财政收入	259.4	338.51	389.50	438.62	500.34
地方财政支出	317.7	474.89	572.10	630.89	698.79
社会消费品零售总额	839.0	1 111.12	1 293.62	1 480.84	1 666.75
居民消费价格指数(以上年为100)	102.7	105.7	102.2	102.7	102
进出口总额(亿美元)	99.6	123.09	176.42	181.90	200.87
进　口(亿美元)	43.3	44.89	40.14	62.91	75.73
出　口(亿美元)	56.3	78.20	136.28	118.99	127.14
全部金融机构各项存款(余额)	4 591.81	5 435.73	7 075.18	8 329.37	9 269.58
企业存款	2 222.16	3 627.23	4 465.33	5 286.24	5 893.99
财政存款	146.6	158.07	196.85	236.34	216.95
储蓄存款	1 241.9	1 441.60	2 079.22	2 370.93	2 555.82
全部金融机构各项贷款(余额)	4 353.79	5 296.21	6 462.50	7 446.04	8 666.79
短期贷款	1 083.22	1 407.74	1 669.31	2 060.96	1 931.24
中长期贷款	3 218.97	3 794.89	4 499.11	5 085.94	6 190.55
全部保险机构保费收入	65.7	67.97	89.33	109.11	126.06
全部保险机构保险赔款支出(含满期给付)	16.5	21.35	40.02	46.11	49.37
全部保险机构保险密度(元/人)	1 152.1	903.85	1 180.05	1 433.77	1 637.9
全部保险机构保险深度(%)	2.43	1.87	2.15	2.62	2.44

注：全部金融机构各项存款、贷款余额的七项数据为本外币并表统计数(含外资金融机构)。

2. 马 鞍 山 市

2014年，马鞍山市经济运行总体平稳、稳中有进，经济结构不断优化，发展成果惠及民生，经济运行向着转型升级的轨道前进。全市地区生产总值(GDP)实现1 357.41亿元，同比增长9.7%。

【金融运行】 2014年，马鞍山市金融机构坚持稳中求进，多渠道增加对实体经济的资金投入，信贷结构持续优化，改革创新步伐不断加快，银行融资平稳增长，资本和保险市场稳健发展，金融总体保持稳健较好的运行态势。2014 年末，全市金融机构本外币各项存款余额 1 475.62 亿元，比年初增加 27.77 亿元，同比少增 150.89 亿元，同比增速仅为 1.92%，增速较 2013 年锐减 12.16 个百分点。2014 年末，全市金融机构本外币各项贷款余额 1 103.34 亿元，比年初增加 102.27 亿元，同比少增 19.08 亿元，同比增速为 10.5%，较 2013 年下降 3.34 个百分点。2014 年，受改革政策红利释放、“两融”杠杆效应以及投资者预期改变等多种因素刺激，中国证券市场呈现出较好的表现，马鞍山市证券期货业经营发展总体良好，收入和盈利水平均有较大幅度增长。截至 2014 年末，全市共有 13 家证券营业部、2 家期货营业部，从业人员 249 人。13 家证券营业部资产总额为 12.54 亿元，同比增长 82%；2 家期货公司总资产规模 2.56 亿元，同比增长 93.94%。受证券交易持续活跃影响，全市证券期货机构收入盈利水平明显提升，全年累计完成营业收入 1.29 亿元，实现净利润 0.54 亿元，同比分别增长 42.51%和 68.75%。

2014 年，马鞍山市保险业在全市经济结构不断优化的背景之下保持稳健发展态势，行业整体实力持续增强，风险保障能力进一步提升，农业保险发展良好。截至 2014 年末，马鞍山市共有各类保险业金融机构 20 家，其中财险机构 11 家，人身险机构 9 家。从业人员 1 175 人，另有寿险营销人员 3 128 人，基本构建了由综合性、专业性保险公司和保险中介机构组成的较为完备的服务体系。保险业的资产规模也稳步扩大，2014 年末全市保险业的资产规模达 53.66 亿元，同比增长 2.13%。随着保险业资产规模扩大，2014 年全市保费收入大幅增长，累计实现各项收入 27.48 亿元，同比增长 18.9%。全年各种赔款给付实现增长，“三农”保险发展良好。全年赔款给付支出 10.63 亿元，同比增长 15.9%。2014 年，全市共实现政策性农业保费收入 4 915.2 万元，比上年增加 447 万元，累计赔付农民约 2 800 万元，受益农户超过 9 万户(次)。在保费收入持续快速增长的拉动下，全市保险深度出现明显上升。至 2014 年末，马鞍山市保险深度为 2.02%，同比增加 0.19 个百分点，而保险密度则达到 1 232 元/人，同比增加 194 元/人。

【金融服务】 中国人民银行马鞍山市中心支行高度重视货币政策工具的管理与运用，围绕“管得严、用得活、放得好、收得回、出效益”的目标，找准货币政策工具运用的切入点，全力推进货币政策工具规范化、标准化、项目化、精细化管理。强化货币政策工具定向调控功能，扩大对涉农、小微企业的信贷投放，提升货币政策工具在支持地方经济发展和产业结构转型升级上的推动作用。为提升货币政策工具运用的针对性、有效性，马鞍山市中支尝试将货币政策工具运用与信贷政策导向相结合，推出了“支农再贷款 315 工作方案”，即支农再贷款资金至少要有 30%投向家庭农场、贷款利率要在同等条件下优惠 10%、审批时间不超过 5 个工作日的支农再贷款定向支持方案。2014 年，结合支小再贷款的推出，及时将支小再贷款纳入项目化管理，在方案中增加金融机构按 1∶1 提供额外配套资金、挂钩固定金融产品、设立专用账户科目等要求。通过杠杆化运作的方式实现政策性资金和金融机构自有资金相互配合，进一步扩大政策投放效果。马鞍山市近年来受钢铁行业持续低迷影响，转型升级压力巨大。为推动企业转型，人行马鞍山市中心支行采取定向支持策略，侧重货币政策工具对转型企业支持力度，逐步压缩大中型企业商业票据再贴现额度，暂停部分钢铁行业、钢贸企业的票据再贴现申请，将有限的再贴现额度向县域、小微企业、三农等领域倾斜。2014 年 8 月，安徽省首笔 2 亿元支小再贷款落户马鞍山，人行马鞍山市中心支行采取项目化管理模式，通过筛选，最终确定发放对象为：涉农、居民服务修理、餐饮服务、环保、科技创新等领域 407 户民营小微企业和个体工商户，贷款利率较其他小微企业贷款价格低 1 个百分点以上。与此同时，通过杠杆化运作的方式，引导带动金融机构利用自有资金发放小微企业贷款 20 亿元。

【业务创新】 2014 年，马鞍山市深入开展征信系统数据质量考评和《征信业管理条例》贯彻落实工作，全力推进“信用马鞍山”工程建设，社会信用体系逐步完善，社会信用意识不断提高，为全市经济金融发展提供了基础保障。以小微企业融资需求为立足点，创新应收账款融资平台推广工作，在全省率先实现突破性进展，全年平台推广 105 笔，成交金额 15.8 亿元，位居全省前列。加快小微企业和农村信用体系试验区建设工作，助推含山县创建国家级农村信用体系示范区，全县已录入农户信用信息近 7 万户。全年为中小企业新办贷款卡 495 户，年审 2 768 户，发放机构信用代码证 5 975 份,办理个人信用报告查询 10 949 笔。完善现代化支付结算体系,加强对县支行以及金融机构的业务指导,确保第二代支付系统的安全稳定运行。继续推进“农汇通工程”,促进城乡金融一体发展,实现银行卡助农取款服务点行政村覆盖率达 100%。推动金融 IC 卡市场建设和应用,促成了金融 IC 卡在马鞍山市公共服务领域的应用。以开业管理前后双向延伸、重大事项零报告制度、综合评价与综合执法有机联动为抓手,开发金融综合管理信息系统争取立项并在全省推广。做好存款保险制度实施前后的政策解读和保障工作,形成金融生态环境建设的良好氛围,促进金融生态环境不断改善。

【机构建设】 银行业机构扩充步伐加快,经济效益稳步增长。2014 年,马鞍山市银行业机构扩容步伐加快,新设股份制银行一家(中信银行马鞍山分行),目前已构建包括政策性、国有商业、股份制商业、农村合作类、邮政储蓄、财务公司在内的多层次银行类金融体系,银行组织体系日趋完备,网点城乡布局得到改善。截至 2014 年末,全市银行类金融机构营业网点总数已达 346 个,从业人员数 5 228 人。银行业资产规模和经济效益稳步增长,年末资产总额达 1 641 亿元,同比增长 7%,实现净利润 22 亿元,同比增长 11%,银行业金融机构呈现稳健的发展态势。

(徐锦瑞)

马鞍山市主要经济金融统计

(2010—2014 年)

单位:亿元

项　　目	2010 年	2011 年	2012 年	2013 年	2014 年
国内生产总值	811.0	1 144.0	1 232	1 293.02	1 357.4
第一产业(增加值)	28.5	66.9	71.5	79.6	83.7
第二产业(增加值)	563.6	779.04	818.9	834.1	859.6
第三产业(增加值)	219	298.24	341.6	379.32	414.2
全社会固定资产投资	740.3	1 311	1 201.15	1 431.6	1 674.74
地方财政收入	69.9	91.04	127.82	146.18	121.05
地方财政支出	87.4	139.57	190.37	232.27	181.53
社会消费品零售总额	147.8	226.09	262.94	301.34	340.34
居民消费价格指数(以上年为 100)	103.0	104.8	102	101.8	101.1
进出口总额(亿美元)	28.8	41.97	36.52	36.25	29.72
进口(亿美元)	23.7	34.03	24.52	22.39	17.26
出口(亿美元)	5.07	7.94	12	13.86	12.46
全部金融机构各项存款(余额)	808.2	1 094	1 269.2	1 447.85	1 475.62
企业存款	241.0	361.89	602.65	653.93	635.18
财政存款	17.6	13.31	11.1	70.32	48.52
储蓄存款	355.0	555.39	637.58	723.6	791.92
全部金融机构各项贷款(余额)	554.5	806	877.1	998.5	1 103.34
短期贷款	220.6	367.19	386.64	430.71	368.85
中长期贷款	277.4	363.99	391.1	471.82	588.07
全部保险机构保费收入	16.52	16.61	21.4	23.71	27.48
全部保险机构保费支出(含满期支付)	3.4	4.43	7.79	11.58	10.63
全部保险机构保险密度(元/人)	1 280.62	1 277.69	903	1 038	1 232
全部保险机构保险深度(%)	2.04	1.68	1.89	1.83	2.02

注:全部金融机构各项存款、贷款余额的七项数据为本外币并表统计数(含外资金融机构)。

3. 芜 湖 市

2014年，芜湖市实现地区生产总值2 307.90亿元，比上年增长10.7%。其中，第一产业增加值136.20亿元，增长4.8%；第二产业增加值1 516.02亿元，增长11.1%；第三产业增加值655.68亿元，增长10.8%。按常住人口计算，人均生产总值63 996元，比上年增长9.3%，按年末汇率折算为10 459美元。三次产业增加值比例由上年的6.1∶66.1∶27.8调整为5.9∶65.7∶28.4。全年实现财政收入426亿元，比上年增长11.6%，其中，地方财政收入233.68亿元，增长9.2%。财政支出346.65亿元，比上年增长8.5%。全年完成固定资产投资2 392.64亿元，比上年增长17.2%。城市居民消费价格(CPI)比上年上涨1.9%，其中食品类价格上涨2.2%。城市商品零售价格比上年上涨0.6%。工业生产者出厂价格比上年下降2.0%，工业生产者购进价格比上年下降3.0%。

【金融运行】 2014年，芜湖市金融机构本外币存款余额2 322.95亿元，比年初增加146.98亿元，其中，单位存款1 124.45亿元，比年初增加14.50亿元；个人存款1 159.14亿元，比年初增加125.79亿元。金融机构本外币贷款余额2 182.60亿元，比年初增加232.56亿元，其中，短期贷款706.84亿元，比年初减少46.57亿元；中长期贷款1 216.82亿元，比年初增加196.19亿元。年末外汇存款余额130 656万美元，比年初增加52 638万美元；外汇贷款余额25 272万美元，比年初减少43 372万美元。全市社会融资规模为312.1亿元，同比减少35.1亿元。全市完成直接融资201.73亿元。

银行业服务实体经济力度加大。2014年，芜湖市25家银行(含江阴、和县农商行)及非银金融机构资产规模同比增长17.1%；净利润40.6亿元，同比下降14.1%。农村金融体系再现活力，扬子农商行投资5家村镇银行，南陵县着手筹建村镇银行。2014年，芜湖市本外币存款余额同比增长6.8%，增速较上年同期下滑9.2个百分点，为两年来最低点。从省内排名看，存款总量、增量、增速分居第2、第7和第13位，增速较全省平均水平低4.0个百分点。2014年，芜湖市本外币贷款增量连续6年超过200亿元，同比增长11.9%，增速较上年同期微降0.90个百分点，较全省平均水平低3.37个百分点。从省内排名看，贷款总量、增量、增速分居第2、第2和第11位。

证券交易增长迅速，上市融资交易活跃。2014年，芜湖市共有证券期货营业部16家。全市证券业发展呈现良好势头，代理证券交易量1 612.8亿元，同比增加464.6亿元，增幅达16.2%；年度实现营业收入1.4亿元，同比增加0.2亿元，增幅达15.3%。2014年，辖区30家保险营业部累计实现保费收入35.64亿元，同比增加5.5亿元，比上年增长18.1%。赔款及给付支出14.50亿元。其中18家财险公司累计实现保费收入15.81亿元，同比增加2.2亿元，增长17.6%；累计赔付8.76亿元，同比上升1.2亿元；12家寿险公司累计实现保费收入19.84亿元，同比增加3.3亿元，增长19.7%；累计赔付5.74亿元。

金融市场交易活跃，融资结构相对保持稳定。2014年，芜湖市增强金融市场创新活力，开创多个首单业务。扬子农商行发行10亿元小微企业金融债，为全省农信社系统首单；市宜居集团利用20亿元保险资金直投项目为全省首单。但受企业债券集中到期、股票融资主体有限等因素影响，资本市场融资总额下降明显。融资渠道更趋多元化，企业上市进程加快。楚江集团整体上市，长信科技等8家上市公司实施增发、并购，新增5家“新三板”、12家“四板”(区域性股权交易市场)挂牌企业。

【货币政策】 2014年，人民银行芜湖市中心支行深入贯彻稳健的货币政策，认真执行信贷及监管政策，着眼结构优化，把握总量平衡，加强定向调控。两次实施定向降准、两次调整差别存款准备金动态机制有关参数，增加再贷款和再贴现限额，积极推进金融市场发展。全年信贷投放节奏平稳，民生领域支持力度加大；证券融资功能有效发挥，保险保障功能不断增强；金融市场不断创新，跨境贸易人民币结算持续保持全省领先地位；经济金融呈现良性互动、协调发展的态势。

信贷投放“有保有压”。2014年全市小微企业贷款比年初增加52.2亿元，同比增长13.1%，高于全部贷款增速1.2个百分点，支持力度显著提升。从投向看，金融机构严格限制对产能过剩行业的贷款审批，年末，市辖16家金融机构钢铁、电解铝、平板玻璃、船舶、水泥五大高能耗行业贷款余额66.8亿元，增长9.3%，低于同期全部贷款增速2.7个百分点。

金融支持产业转型升级力度不减。全市四大支柱产业、战略性新兴产业以及八大重点领域产业贷款“两增一减”,分别较年初增加 25.2 亿元、0.2 亿元以及较年初减少 27.7 亿元。全市农村金融创新产品 17 个,累计惠及农户 1.37 万户,累计受益企业 152 个,直接受益群体稳步增加。充分实现各种林权抵押担保价值,2014 年集体林权抵押贷款余额 4 077 万元,新增 1 463.5 万元。

重点支持国家基础设施建设。2014 年末,全市本外币中长期贷款余额同比多增 84.2 亿元,增量占全部贷款增量的 84.4%;余额同比增长 19.1%,增速较上年同期提升 6.8 个百分点。2014 年,芜湖市实施跨江发展战略,坚持基础设施先行,合福铁路及无为站、南陵站施工进入扫尾阶段,长江公路二桥、北沿江高速公路、和谐大道等项目加快推进,商合杭铁路、芜湖长江公铁大桥等一批重点工程开工,各金融机构加强重大项目支持力度,中长期融资快速增长。

民生领域信贷扶持力度不断加大。全年发放就业再就业小额担保贷款 7 556 笔、金额 10.4 亿元,位居全省首位;配合市政府出台推进创业富民、建设创业特区的实施意见,推动办理首批大学生创业免抵押担保贴息贷款。民族特需用品生产贷款发放量和贴息额分别为 1 290 万元和 98.6 万元。保障性安居工程各类融资余额 145.5 亿元,其中,银行贷款余额 59.0 亿元。

利率水平温和上涨。2014 年度,辖内金融机构(不包括小贷公司)人民币贷款加权平均利率为 7.61%,较上年同期上升 0.31 个百分点。其中,大型企业议价能力依旧较强,贷款执行基准利率标准的超五成。具体为,大型企业贷款实行利率下浮、基准利率和利率上浮的贷款比重分别为 8.13%、54.05%、37.82%;中型企业为 1.66%、21.46%、76.88%;小型企业为 2.61%、25.3%、72.09%。从全年走势上看,进入 10 月份以来,月度利率呈现持续下降趋势。28 家纳入利率报备监测的小贷公司,2014 年贷款加权平均利率为 19.5%,同比上升 0.23 个百分点。

【金融服务】 进一步深化区域金融改革。全国首批地方金融资产管理公司国厚公司、全国首家住房金融公司惠居公司、全省首家商业保理公司中安保理开业运营。发挥国有担保机构、创业投资平台作用,对县区国有担保公司累计增资 4 亿元,扶持中小企业。2014 年,全辖大、小额支付系统共处理各类业务 833.1 万笔,清算资金 49 464.9 亿元,较上年同期分别增长 30.3%和 8.8%,资金传输通道更加通畅。

完善金融基础设施。顺利上线中央银行会计核算数据集中系统、支付信息统计分析系统。推动辖区支付清算体系建设。先后 3 个新设网点加入现代化支付系统,现场验收 5 家迁址变更银行机构代码信息。以普惠金融为导向,切实改善农村支付环境。全辖 42 个乡镇、602 个行政村设立助农取款服务点 735 个,实现了全市银行卡助农取款服务点行政村全覆盖。先后开展银行卡领域、支付结算领域专项检查,严格支付结算秩序,有效提升资金清算汇划服务。深化“金融服务下乡示范县、乡镇”创建,辖区无为县泥汊镇被评为省“金融服务下乡示范乡镇”。

切实提升统计服务水平。作为人民银行总行在安徽推行的试点工作,迅速启动,有序推进,制定《芜湖市金融业综合统计工作实施方案》。全市银行、证券、保险、小贷、担保、典当和期货等七类 177 家机构,实现了报数统计与分析,上报机构的类型和数量均居全省首位。参与建设长江经济带首个跨区域多省合作的数据信息共享工作机制,出台《长江经济带四省八市人民银行经济金融信息共享办法》,并共同签署了合作备忘录,有效拓宽了经济金融分析的视野。

跨境人民币业务快速增长。2014 年,全市跨境人民币结算额同比增长 85.9%。自试点以来累计结算额已达 353.7 亿元,位居全省前列。2014 年累计跨境人民币结算金额 201.6 亿元,其中,资本项目结算占据全部业务量的 71.09%。2014 年,累计实收 144.0 亿元,实付 57.6 亿元,实现人民币净流入 86.4 亿元,收付比为 2.5∶1。全市共有 37 家银行分支机构为 77 家贸易主体提供跨境人民币结算服务,境外区域覆盖 46 个国家和地区,结算量前三的分别为香港、新加坡和德国。

稳步推进金融消费权益保护工作。制定《中国人民银行芜湖市中心支行 12363 金融消费权益保护咨询投诉电话处理工作管理办法》,印发《中国人民银行芜湖市中心支行关于加强和改进农村金融消费权益保护助力普惠金融发展的实施方案》,突出保护农村金融消费权益,辖区县域农村金融消费维权服务点行政村覆盖率已超过40%。及时在芜湖市政府信息公开网站、消费者协会网站公示开通12363咨询投诉电话的信息，指导辖区商业银行在营业网点醒目位置张贴包含12363咨询投诉电话的公示牌，确保投诉渠道畅通。全年共受理并妥善处理投诉案件15起，有效维护了金融消费者的合法权益。

芜湖信用建设取得有效进展。2014年，实现面向社会公众的互联网个人信用报告在线查询功能。皖江金融租赁公司作为全省首家金融租赁公司成功接入征信系统。南陵县作为全省农村信用体系建设试验区，被中国邮政储蓄银行确定为全省两个"三农"贷款创新试验区之一。芜湖县、繁昌县荣获全省金融生态县优秀先进县称号。

着力提升反洗钱工作实效。人民银行与公安部门深化情报会商制度，定期或不定期召开情报会商会，拓展金融机构反洗钱人员对资金交易监测的广度和深度，做到优势互补、协同作战，提高线索向案件转化率。全年移交公安部门19份洗钱线索，其中5份成功侦破。对2家金融机构开展反洗钱现场检查，其中1家执行制度不力，予以罚款处罚。

（储灿春）

芜湖市主要经济金融统计

（2010—2014年）

单位：亿元

项目	2010年	2011年	2012年	2013年	2014年
国内生产总值	1 108.63	1 658.24	1 873.63	2 099.50	2 307.90
第一产业（增加值）	49.21	107.01	117.63	128.60	136.20
第二产业（增加值）	722.63	1 092.55	1 234.24	1 388.22	1 516.02
第三产业（增加值）	336.80	458.68	521.76	582.70	655.68
全社会固定资产投资	1 220.10	1 354.21	1 700.79	2 040.65	2 392.64
地方财政收入	94.84	139.97	178.91	213.99	233.68
地方财政支出	144.54	236.14	295.15	319.63	346.65
社会消费品零售总额	287.45	421.01	490.20	559.95	632.71
居民消费价格指数（以上年为100）	103.80	105.70	102.4	102.50	101.90
进出口总额（亿美元）	26.10	39.65	46.24	54.33	64.47
进　口（亿美元）	9.41	12.61	12.54	15.02	14.73
出　口（亿美元）	16.69	27.04	33.70	39.31	49.74
全部金融机构各项存款（余额）	1 238.28	1 491.57	1 876.26	2 175.96	2 322.95
企业存款	510.03	886.20	971.49	1 108.65	1 124.45
财政存款	17.37	15.58	14.01	12.13	15.38
储蓄存款	485.62	574.68	869.05	1 002.68	1 159.14
全部金融机构各项贷款（余额）	1 051.23	1 314.50	1 725.94	1 947.45	2 182.60
短期贷款	378.52	532.01	680.01	751.14	706.84
中长期贷款	635.07	745.85	909.86	1 021.86	1 216.82
全部保险机构保费收入	23.00	22.85	27.75	30.18	35.64
全部保险机构保险赔款支出（含满期给付）	5.91	7.88	9.47	14.62	14.50
全部保险机构保险密度（元/人）	1 006.10	993.0	1 303.1	783	985.35
全部保险机构保险深度（%）	2.10	1.60	1.6	1.44	1.54

注：全部金融机构各项存款、贷款余额的七项数据为本外币并表统计数（含外资金融机构）。

4. 铜 陵 市

2014 年,铜陵市实现地区生产总值 716.3 亿元,按可比价格计算增长 10%,增速居安徽省第三位,分别比全国、全省高 2.6 和 0.8 个百分点。三次产业比例调整为 1.8∶71.6∶26.6,第三产业增加值占 GDP 比重比上年提高 0.9 个百分点。全年完成固定资产投资 767.6 亿元,增长 18%,投资结构进一步优化,技术改造投资占工业投资比重 60%以上。受外部需求放缓、铜价下跌等多重因素影响,全年实现进出口总额 52.4 亿美元,同比下降 8.4%,总量居全省第三位。全年实现财政收入 132.2 亿元,增长1.6%,增速较上年下降 0.6 个百分点。财政支出 105.3 亿元,增长 4.8%,其中民生类支出 85 亿元,占财政总支出的 80%,惠及面和受益水平均居全省前列。居民消费价格涨幅回落,全年居民消费价格总水平上涨 1.1%,比上年同期回落 0.8 个百分点,分别低于全国、全省 0.9 和 0.5 个百分点。居民收入增长与经济发展同步,全年铜陵市常住居民人均可支配收入 26 178 元,比全省平均收入高9 382 元,居全省第一位,增长 9.9%,基本保持与经济发展同步。其中,城镇常住居民人均可支配收入 29 234 元,增长 9.1%;农村常住居民人均可支配收入 16 405 元,增长11.8%。消费市场平稳增长,全年实现社会消费品零售总额 174.6 亿元,增长 12.6%。

【货币政策】 一是及时落实央行定向降准措施。分别下调辖内 3 家地方法人金融机构存款准备金率 2%、0.5%、0.5%,累计释放信贷资金近 2 亿元,全部用于支持"三农"和小微企业发展;二是合理运用再贴现工具。全年累计为辖区金融机构办理再贴现 274 笔,金额 14.23 亿元;三是释放定向支农再贷款政策红利。共计为辖区 4 家涉农企业发放 0.37 亿元定向支农再贷款;四是加强对法人金融机构的调控。按月对地方法人金融机构进行调控,确保其在合意贷款调控范围内均衡投放;五是主动推进银企对接。2014 年通过金融超市平台共举办了 4 次银企对接活动,成功对接项目 66 个,签约金额 17.27 亿元;六是积极开展"暖企行动"。协调辖区金融机构开展企业认领、结对帮扶等活动,成功举办了铜陵市第一届"扶小助微 助农暖企"信贷产品评选活动;七是加快推进跨境人民币业务发展。中小企业办理跨境人民币业务积极性提高,逐渐成为辖区跨境人民币结算业务办理的主导。全年累计办理跨境人民币实收实付 72.6 亿元,同比增长 121.4%,跨境人民币结算占跨境收支总额的 16.7%,同比提高 6.7 个百分点,跨境人民币结算量居全省第三位。

【金融运行】 2014 年,铜陵市金融业总体保持平稳健康发展。信贷增长总体适度,结构不断优化。各项存款同比少增明显,增速继续下降。2014 年末,金融机构本外币各项存款余额 686.1 亿元,同比增长 6.5%,增速较上年末下降 6.4 个百分点,比年初增加 41.7 亿元,同比少增 31.7 亿元。其中人民币存款增速比上年末下降 6.8 个百分点,外币存款增速比上年同期下降 7.5 个百分点。各项贷款同比少增,信贷结构不断优化。2014 年末,铜陵市银行业金融机构本外币各项贷款余额 741.0 亿元,同比增长 9.3%,增速较上年末回落 3.7 个百分点;比年初增加 61.6 亿元,同比少增 16.2 亿元。信贷投放呈现如下特点:一是短期贷款增速下降,中长期贷款平稳增长,票据融资增速持续回升。二是单位贷款同比多增,个人消费贷款增势减弱。三是金融支持社会薄弱环节力度加大。农村金融产品和服务创新以及县域存款按一定比例投放当地等一系列政策措施效果显现,县域信贷投放出现积极变化。四是小微型企业融资状况持续改善。全年小微型企业贷款同比增长 18.03%,增速高于大型企业 21.09 个百分点,高于中型企业 13.73 个百分点;比年初增加 32.1 亿元,较大型企业多增 35.8 亿元、较中型企业多增 24.24 亿元。

银行业金融机构积极转变经营方式,加快发展表外融资业务。2014 年末,金融机构表外融资业务比年初增加 11.6 亿元,增长 20.9%。此外,银行业金融机构通过总行理财资金池、信托和黄金租赁等方式支持实体经济发展。

资产规模稳步增长,资产质量有所下降。2014 年末铜陵市银行业金融机构资产总额 915.7 亿元,同比增长 5.74%;资产质量有所下降,不良贷款出现"双升"。年末铜陵市金融机构不良贷款余额比年初增加 1.76 亿元,不良贷款率比年初增加 0.16 个百分点。全年实现利润 14 亿元,比上年下降 1.19 亿元。

【金融市场】 融资总量有所回升，直接融资稳步增长。全年非金融机构融资量133.1亿元，较上年增加32.8亿元，增长32.7%。推动企业实现直接融资71.5亿元，是上年度的3.17倍。2014年，铜陵市1家企业在“新三板”(全国股转系统)挂牌，27家企业在“新四板”(省股权托管中心)挂牌。证券机构经营效益上升，开户数和交易量大幅增加。2014年，铜陵市证券机构数和从业人数保持稳定，证券机构新增开户数大幅增加，证券机构经营效益显著上升。证券投资者开户数75 452户，比上年增加3 256户，增长4.5%；实现证券交易额723.92亿元，比年初增加263.24亿元，增长57.1%。保险业务平稳发展，保险保障功能进一步提升。2014年末，铜陵市共有各类保险公司分支机构14家，其中财产险公司分支机构8家，寿险公司分支机构6家，机构数量较上年增加1家。全年实现保费收入11.76亿元，比年初增加1.77亿元，增长17.72%，全年保险业各类赔款(给付)支出4.85亿元，保险保障功能进一步提升。铜陵市保险业保险密度为1 477元/人，比上年增长9.3%，保险深度为1.7%，较上年上升0.2个百分点。

【金融改革】 金融改革继续推进，金融服务功能进一步提升。2014年，人民银行铜陵市中心支行积极落实外汇管理系列简政放权措施，努力推动辖区投资贸易便利化，外汇业务指导水平明显提升。全年实现跨境外汇收支总额64.1亿美元，同比增长37.2%；银行结售汇总额48.2亿美元，同比增长71.4%。《存款保险条例》征求意见期间，铜陵辖内银行业金融机构运行平稳，及时监测并妥善处置负面舆情。大型商业银行不断巩固改革成果，内部管理和风险控制能力不断增强。随着利率市场化改革的不断深入，辖内地方法人金融机构通过不断完善利率微观机制建设，利率定价能力不断提升。辖内两家法人金融机构成功在全国银行间同业拆借市场开展业务。村镇银行立足县域经济发展，不断增设分支机构，2014年末分支机构达11家。小额贷款公司全年累放贷款35.09亿元，担保公司实力不断增强，年度担保金额78.46亿元，典当公司累计典当总额13.02亿元，金融机构以灵活的融资方式为小微企业发展补充注入了活力。

【金融创新】 2014年，铜陵市金融机构积极推广黄金租赁业务，全年共办理黄金租赁业务金额25.1亿元，为2013年的2.9倍。创新启动小微企业创业互助基金，互助基金合作银行——铜陵农村商业银行向首批59户基金会员企业发放贷款5 550万元。这种“抱团取暖”互助融资模式，在引导小微企业共谋发展上取得了积极成效，有力助推了成长型实体小微企业发展。铜陵有色金属集团公司成功办理安徽省内首笔、总额为1亿美元的内保外贷业务，并向国家外汇管理总局成功申请跨国公司外汇资金集中运营资格。在安徽省率先搭建农村产权交易平台，开展土地承包经营权抵押贷款业务，全年发放农村“三权”抵押贷款2笔，金额1 030万元。徽商银行铜陵分行开展了辖内首笔金额为7 000万元的资产证券化业务，为盘活存量贷款规模奠定了基础。

【金融生态】 2014年，铜陵市不断推进辖区金融生态环境建设，取得了积极成效，成功入选全国文明城市。一是人民银行铜陵市中心支行组织开展影子银行风险排查活动，重点对不持有金融牌照、无监管的信用中介机构进行了风险排查，推动铜陵市政府出台《关于进一步加强影子银行监管工作实施意见》；二是大力推进诚信社会建设，建立了诚信“红黑板”。推动全市30家诚信体系建设成员单位联合签署了《铜陵市“构建诚信　惩戒失信”合作备忘录》，积极配合地方政府起草《铜陵市建设社会信用体系工作方案》；三是金融IC卡进一步推广应用，“一卡通”拓展至铜陵公交系统和铜陵市人民医院；四是反洗钱各项工作有序开展。人民银行铜陵市中心支行会同铜陵市纪委签署了“反洗钱、反腐败合作备忘录”；五是货币流通环境得到持续优化。人民银行铜陵市中心支行联合铜陵市教育局在铜陵率先建成“反假货币宣传基地”。全年共收缴假币实物22.27亿元，无假币案件发生；六是全面深化金融消费权益保护，全年累计办理5起消费者直接投诉，并通过多种措施，顺利解决投诉纠纷，切实维护了金融消费者权益。

(叶文辉)

铜陵市主要经济金融统计

（2010—2014 年）

单位:亿元

项目	2010 年	2011 年	2012 年	2013 年	2014 年
国内生产总值	466.70	579.4	621.3	680.6	716.3
第一产业(增加值)	9.65	11	11.8	12.6	13.2
第二产业(增加值)	339.5	433	456.3	493.4	512.9
第三产业(增加值)	117.55	135.4	153.2	174.6	190.2
全社会固定资产投资	362.26	412.72	534.3	650.2	767.6
地方财政收入	34.73	45.36	63.6	64.2	66.3
地方财政支出	57.32	70.34	92.9	100.1	105.3
社会消费品零售总额	99.15	117.75	137.2	155.6	174.6
居民消费价格指数(以上年为100)	103.0	105.3	102.5	101.9	101.1
进出口总额(亿美元)	34.11	41.31	35.7	58.2	52.4
进　口(亿美元)	31.14	36.11	32.2	52	43.8
出　口(亿美元)	2.97	5.19	3.5	6.2	8.6
全部金融机构各项存款(余额)	410.27	485.66	570.8	644.4	686.1
企业存款	143.08	255.60	291.6	310.3	323.1
财政存款	2.17	5.48	6.27	17.1	11.8
储蓄存款	193.49	223.70	266.4	310.6	346.1
全部金融机构各项贷款(余额)	437.01	496.37	600.5	678.3	741.0
短期贷款	172.36	222.38	313.8	363.9	388.6
中长期贷款	224.45	241.44	259.9	287.6	322.6
全部保险机构保费收入	9.27	8.5	9.3	10.0	11.8
全部保险机构保险赔款支出(含满期给付)	2.1	4.2	3.4	4.9	4.9
全部保险机构保险密度(元/人)	1 253	1 143	1 216	1 351	1 477
全部保险机构保险深度(%)	1.99	1.5	1.6	1.5	1.7

注:全部金融机构各项存款、贷款余额的七项数据为本外币并表统计数(含外资金融机构)。

5. 安　庆　市

2014 年,安庆市地区生产总值 1 544.3 亿元,按可比价格计算,比上年增长 9.3%。

农业生产平稳运行。全年粮食总产量 258.6 万吨,同比增长 4.45%。经济作物中,棉花总产量增长 7.5%,油料总产量下降 0.43%,蔬菜总产量增长 2.8%。全年肉类总产量 33.1 万吨,比上年增长 2.4%。

工业生产平稳较快增长。全年全部工业增加值 730.7 亿元,比上年增长 12.0%。其中,规模以上工业企业实现增加值 686.8 亿元,增长 12.6%。在规模以上工业中,国有及国有控股企业增加值 106.6 亿元,增长 16.0%;集体企业 6.3 亿元,增长 11.8%;股份制企业 494.7 亿元,增长 10.9%;外商及港澳台投资企业 30.4 亿元,增长 20.8%。规模以上工业企业实现利税 337.8 亿元,增长 14.4%,其中利润 184.9 亿元,增长 4.7%。

固定资产投资结构进一步优化。全年第一产业投资 43.4 亿元,比上年增长 48.6%;第二产业投资 811.7 亿元,增长 23.7%;第三产业投资 539.7 亿元,增长 7.8%。在投资中,工业完成投资 792.5 亿元,增长 22.2%;制造业投资 712.1 亿元,增长 18.5%;交通运输、仓储和邮政业、水利和环境及公共设施管理等基础设施投资 243.7 亿元,增长 13.1%。全年房地产开发投资 146.9 亿元,下降 1.9%。

消费品市场协调发展。全年社会消费品零售总额 589.8 亿元，增长 13.1%。其中城镇消费品零售额 394.5 亿元，增长 12.9%；乡村消费品零售额 195.3 亿元，增长 13.3%。全市限额以上大类商品普遍旺销，居民消费结构的升级速度明显加快。其中粮油、食品、饮料、烟酒类增长 23.4%，日用品类增长 23.2%，家用电器和音像器材类增长 10.7%，体育娱乐用品类增长 36.4%，家具类增长 83.0%。通讯器材类、化妆品、汽车等反映居民消费结构升级的商品继续热销，分别增长 97.3%、16.2%和 23.8%。

外向型经济持续向好。全年进出口总额 22.6 亿美元，比上年增长 25.1%。其中，出口 19.5 亿美元，增长 30.4%；进口 3.1 亿美元，下降 0.4%。在出口中，机电产品、高新技术产品出口快速增长，两者占全部出口的比重由上年的 20.6%提高到 23.2%。全年新批外商投资企业 13 家，比上年增长 30%；合同利用外商直接投资 12 897 万美元，增长 12.4%。全年对外承包工程和劳务合作新签合同金额 150 万美元；完成营业额 2 467 万美元；当年外派劳务人员 587 人。

人民生活持续改善。全年城镇常住居民人均可支配收入 22 109 元，扣除价格因素，比上年实际增长 8.2%；城镇常住居民人均消费支出 13 047 元，增长 10.2%；城镇居民恩格尔系数为 36.8%，比上年下降 1.2 个百分点。全年农村常住居民人均可支配收入 9 024 元，比上年增长 12.3%。农村常住居民人均消费支出 7 434 元，增长 14.2%，其中，食品支出增长 9.7%，交通和通讯支出增长 16.1%。

物价涨幅持续回落。消费品市场价格涨幅平稳，全年居民消费价格比上年上涨 1.3%，比上年回落 1.3 个百分点。其中，食品类价格上涨 2.4%，比上年回落 3.4 个百分点；居住类价格上涨 1.2%；交通和通讯类价格下降 0.9%；烟酒类价格下降 1.5%；医疗保健及个人用品类价格上涨 0.9%；家庭设备用品及服务类价格上涨 2.1%；娱乐教育文化用品及服务类价格上涨 1.5%；全年商品零售价格上涨 0.4%。工业生产者出厂价格比上年上涨 0.3%，其中，生产资料价格下跌 0.9%；生活资料价格同比上涨 4.1%。

【货币政策】 2014 年，人民银行安庆市中心支行积极与地方政府、金融机构和社会公众交流沟通，引导各界正确认识金融宏观调控，有效贯彻执行稳健货币政策，更加注重信贷政策与产业政策的协调配合，积极促进地方经济平稳较快发展。

一是强化信贷导向，有效推动信贷结构优化。联合市农委制定《安庆市家庭农场直管直贷试点工作实施细则》，深入推进家庭农场直管直贷试点工作，引导全市金融机构持续加大对新型农业经营主体的支持力度。重点探索家庭农场信贷服务模式，创新家庭农场“信用联合体”等信贷服务模式。

二是切实做好扶贫开发金融服务。制定出台《安庆市大别山片区扶贫开发金融服务工作方案》，安排“信贷投放增量、普惠金融服务、金融功能完善”三大工程，确定了金融扶贫示范县创建、金融机构重点帮扶以及金融产品创新等三大推进措施。指导各银行业金融机构结合各自授信政策、机构设置等情况制定扶贫开发金融服务方案，明确重点支持的行业、领域。认真落实大别山片区符合条件的机构实行优惠支农再贷款利率政策，引导农村金融机构降低涉农贷款利率。

三是加强支农再贷款政策传导。在 3 家机构实施支农再贷款项目化运用试点，提升支农再贷款工作信贷政策导向的精准度和效果，引导农村金融机构扩大涉农有效信贷投放。引导农村金融机构严格按照规定用途使用支农再贷款资金，坚决防止农村金融机构利用支农再贷款资金进行套利交易。

【金融运行】 2014 年，全市实现社会融资规模 248.5 亿元，同比少增 38.1 亿元。其中，本外币新增贷款占比为 74.8%，比上年提高 1.5 个百分点；受地方政府融资平台年末大举融资推动，委托贷款全年增加 63.2 亿元，同比多增 45.2 亿元；受银行主动调整业务品种和调低风险偏好等因素影响，银行承兑汇票全年减少 43.1 亿元，同比多减 67.7 亿元。

信贷规模稳步扩大，资产质量有所下降。2014 年末，全市银行业金融机构资产总额 2 501.1 亿元，同比增长 12.7%。营业网点 782 个，比年初增加 16 个。年末银行业金融机构不良贷款余额和不良贷款率分别比年初增加 7.29 亿元和提高 0.26 个百分点。

存款增长稳中趋升。全市年末本外币存款余额 2 237.6 亿元，同比增长 13.0%，同比少增 20.2 亿元。单位活期存款、保证金存款分别比年初减少 1.7 亿元、13.3 亿元，同比分别少增 40.5 亿元和 32.3 亿元。

贷款投向更趋优化。全市年末本外币贷款余额 1 259.7 亿元，同比增长 17.7%，同比少增 24.1 亿元。其中固定资产投资贷款比年初增加 62.0 亿元，同比多增 26.7 亿元；基础设施贷款比年初增加 29.1 亿元，同比多增 6.4 亿元；战略性新兴产业新增贷款 17.5 亿元，增幅达 36.4%；小微企业贷款余额 508.8 亿元，同比增长 22.7%，比各项贷款增速高 5.0 个百分点，比年初增加 91.7 亿元，占全部企业贷款增量的比重较上年提高 11.5 个百分点。

金融改革纵深推进。2014 年，全市 3 家农村合作金融机构完成改制农商行工作，至此全市 9 家农村合作金融机构已有 8 家完成改制工作。全年 6 家农村合作金融机构完成增资扩股，累计增加实收资本 17.3 亿元，发展实力不断增强。太湖江淮村镇银行、招商银行安庆分行相继设立，部分金融机构新设支行、网点力度持续加大，银行业组织体系进一步健全。

跨境人民币业务快速增长。2014 年，全市共有 90 家企业办理跨境人民币结算业务，跨境人民币业务往来的国家和地区增加至 57 个。跨境人民币实际收付结算金额 26.6 亿元，为上年的 2.6 倍，占全市本外币跨境收支总额的 20.7%，较上年提高 10.1 个百分点。

【金融市场】 证券业运行平稳。全市 6 家证券营业部全年实现营业收入 1.0 亿元，同比增长 28.8%，其中手续费及佣金收入 9 577.43 万元，同比增长 44.6%；实现净利润 0.6 亿元，同比增长 149.5%。2014 年全市 2 户企业实现直接融资，累计融入资金 9.7 亿元，直接融资规模较上年下降 18.9%。

保险市场运行平稳。全年保险分支机构实现保费收入 45.9 亿元，同比增长 26.1%。其中，财产险业务实现保费收入 17.1 亿元，寿险业务实现保费收入 28.8 亿元，同比分别增长 18.8%和 30.9%。全年寿险累计给付 8.89 亿元，财产险累计赔付支出 8.87 亿元，同比分别增长 28.5%和 24.8%。农业保险稳步发展，保险赔付增长较快，全年农业保险实现保费收入 2.0 亿元，赔付金额达 1.3 亿元，同比分别增长 9.6%和 48.2%，保障农业发展水平不断提升。

金融机构存贷利率小幅下行。贷款利率逐季下行，企业融资成本高问题略有缓解。全市人民币贷款加权平均利率为 8.26%，环比下降 28 个基点。其中，四季度大型企业执行基准利率 1.1 倍以上贷款的占比为 13.6%，环比下降 4.1 个百分点；中型企业执行基准利率 1.1 倍以上贷款的占比为 55.3%，环比下降 1.6 个百分点；小型企业执行基准利率 1.1 倍以上贷款的占比为 81.3%，环比下降 9.9 个百分点，利率重心下移最为明显。

金融基础设施条件进一步改善。继续增强农村地区银行卡助农服务功能，截至年末，全市已设立助农服务点 2 045 家，覆盖全部行政村 1 566 个，累计支付现金 241 万笔，金额 2.4 亿元；建立村级“金融综合服务室（站）”8 个；全市县级以下金融网点共有 426 家加入大、小额支付系统，支付系统覆盖率达 77.0%，较上年提高 26.0 个百分点。

【金融创新】 以三农、扶贫开发以及小微企业为重点，持续深入推动金融产品和服务方式创新工作，多项农村金融创新产品和服务在辖区落地生根。其中“整村推进”信用联合体信贷服务模式以农村信用体系建设为支撑，以特色农业生产经营为核心，以村委会协调沟通、协助管理为保障，为村内农户提供“无需担保、规模倾斜、利率优惠、绿色通道”等贷款优惠服务，在岳西县成效初显；农村土地承包经营权抵押贷款有效释放农村土地的抵质押权能，已在宿松完成制度建设及实现首笔发放；财政奖补资金质押贷款、政府担保公司切块涉农担保额度等模式有效发挥财政资金撬动作用，已在枞阳、太湖有益尝试。

（操基平）

安庆市主要经济金融统计

（2010—2014 年）

单位：亿元

项　　目	2010 年	2011 年	2012 年	2013 年	2014 年
国内生产总值	988.11	1 215.7	1 359.7	1 418.2	1 544.3
第一产业(增加值)	155.55	180.7	196.2	213.8	225.6
第二产业(增加值)	523.99	672.7	759.4	754.0	829.0
第三产业(增加值)	308.57	362.3	404.1	450.4	489.8

（续表）

项　　目	2010年	2011年	2012年	2013年	2014年
全社会固定资产投资	809.4	830.2	972.01	1 185.7	1 394.8
地方财政收入	50.57	82.4	85.62	98.5	105.7
地方财政支出	161.2	213.4	245.64	181.8	299.5
社会消费品零售总额	338.7	397.5	460.56	523.6	589.8
居民消费价格指数(以上年为100)	103.6	105.5	102.1	102.6	101.3
进出口总额(亿美元)	6.81	8.58	12.39	18.0	22.6
进　口(亿美元)	1.75	2.58	2.34	3.1	3.1
出　口(亿美元)	5.06	6.00	10.05	14.9	19.5
全部金融机构各项存款(余额)	1 155.99	1 408.63	1 703.37	1 980.6	2 237.63
企业存款	246.46	494.9	400.75	664.4	777.31
财政存款	32.99	24.4	25.09	27.04	33.17
储蓄存款	716.08	875.15	1 069.21	1 254.97	1 427.15
全部金融机构各项贷款(余额)	555.94	694.28	860.20	1 073.6	1 259.69
短期贷款	279.39	370.45	489.09	625.82	683.79
中长期贷款	258.42	304.82	354.65	433.41	579.37
全部保险机构保费收入	32.8	34.8	42.33	36.4	47.58
全部保险机构保险赔款支出(含满期给付)	7.7	8.2	10.75	14.0	17.76
全部保险机构保险密度(元/人)	532.8	365.3	685.7	680.1	766.33
全部保险机构保险深度(%)	3.32	2.9	3.0	2.6	3.0

注：全部金融机构各项存款、贷款余额的七项数据为本外币并表统计数(含外资金融机构)。

6. 池　州　市

2014年，池州市主动适应经济发展新常态，坚持稳中求进，加快转变经济发展方式，不断深化改革，依托皖江城市带承接产业转移示范区、皖南国际文化旅游示范区和全国生态文明示范区(简称“三区”)发展平台，继续强化工业、旅游业发展的支撑作用，实现了经济社会持续稳定健康发展。全市实现生产总值503.7亿元，较上年增长9.2%，增幅位列全省第10位。人均生产总值35 320元(约合5 749美元)，比上年增加2 779元。2014年，全市三次产业增加值分别为71.7亿元、244.5亿元、187.5亿元，分别比上年增长4.6%、10.3%和9.2%。三次产业结构比例由上年的14.6∶48.8∶36.6调整为14.2∶48.6∶37.2，其中工业化率由37.9%提高到38%，服务业占比提高0.6个百分点。

财政收入92.1亿元，增长10.2%，增幅比全省高1.3个百分点，增幅居全省第12位。其中地方财政收入68.4亿元，增长5.1%。全市财政支出138.8亿元，增长6.2%。

居民消费价格稳中有降，全年上涨1.8%，比上年下降0.6个百分点，比全省高0.2个百分点。工业生产者出厂价格比上年下降2.6%。

全市完成固定资产投资538亿元，比上年增长16.6%，增幅居全省第12位。其中，工业信息化技术改造投资163.1亿元，增长34.3%；民间投资398.9亿元，增长21.5%。分产业看，第一产业投资10.2亿元，增长39.4%；第二产业投资313亿元，同比增长23.8%；第三产业投资214.8亿元，增长6.7%。全年全市工业增加值191.4亿元，比上年增长11.6%。年末规模以上工业企业483户，比上年末净增50户。全年规模以上工业增加值166.3亿元，比上年增长12.5%，增幅比全省高1.3个百分点，增幅居全省第3位。2014年，全市高新技术产业产值237.3亿元，比上年增长31.8%，战略性新兴产业产值95.3亿元，增长17.2%。

对外贸易平稳发展。全市全年进出口总额4.12

亿美元，比上年增长1.5%。其中，出口2.59亿美元，增长0.9%；进口1.53亿美元，增长2.5%。全年利用外商直接投资3.03亿美元，增长15.5%。

旅游经济发展较快，全年实现旅游收入421.9亿元，比上年增长22.3%。全年社会消费品零售总额161.2亿元，比上年增长13.5%。其中，城镇消费品零售额125.8亿元，增长13.8%；乡村消费品零售额35.4亿元，增长12.7%。全年常住居民人均可支配收入16 089元，比上年增长10.1%。其中，城镇常住居民人均可支配收入22 295元，比上年增长7.8%；农村常住居民人均可支配收入10 629元，比上年增长12.5%。

【金融运行】 2014年，池州市金融系统不断加大对实体经济的支持力度，推动经济转型和结构调整，实现了全市金融平稳健康发展。全年存款总体保持增长态势，但增速趋缓。2014年末，全市银行业金融机构本外币合计各项存款余额669.46亿元，同比增长12.09%，比年初增加72.18亿元。其中，人民币各项存款余额668.58亿元，同比增长12.18%，比年初增加72.57亿元。贷款平稳增长，增速有所上升，但月间波动较大。2014年末，全市银行业金融机构本外币合计各项贷款余额464.39亿元，同比增长12.93%，比上年末提高4.22个百分点；比年初增加58.49亿元，同比多增26.10亿元。其中，人民币各项贷款余额461.84亿元，同比增长15.35%，增幅较上年末提高6.81个百分点；比年初增加59.89亿元，同比多增28.39亿元。从全年情况看，各项贷款月环比增幅落在[−0.44，10.32]区间内。中长期贷款增速快于短期贷款。2014年末全市全部中长期贷款余额284.41亿元，比年初增加39.41亿元，增长16.09%，高于各项贷款增速1.40个百分点；短期贷款余额163.85亿元，比年初增加13.07亿元，增长8.6%，低于各项贷款和中长期贷款增速。

票据融资增长迅猛，贸易融资大幅缩水。年末，全市贴现及买断式转贴现余额15.98亿元，比年初增加7.87亿元，增长97.13%。贸易融资余额1.51亿元，较年初下降7.55亿元，下降83.38%。

从贷款投向看，个人消费贷款增加较快，超过制造业成为信贷投放最高行业。12月末，池州市金融机构个人消费贷款余额99.22亿元，比年初增加14.86亿元，增长17.6%，占全部新增贷款的24.82%。小微企业涉农贷款实现“两个不低于”监管目标。年末，全市银行业金融机构小微企业贷款余额263.15亿元，较年初增加39.51亿元，增长17.67%；涉农贷款余额219.01亿元，较年初增加32.87亿元，增长17.66%。

资产负债规模扩张进入新常态，增长趋缓，盈利能力有所下降。年末，池州市银行业金融机构家数为16个，网点数290个，其中法人机构8个。资产总额达到760.90亿元，较年初增加79.48亿元，增长11.66%，低于上年同期0.89个百分点。负债总额731.46亿元，较年初增加75.81亿元，增长11.56%，低于上年同期0.59个百分点。全市银行业金融机构本年累计实现利润6.84亿元，较上年减少1.43亿元，同比下降17.26%。

信贷资产质量有所好转，不良贷款处置力度逐渐加大。2014年末，全市本外币不良贷款余额9.77亿元，较年初增加0.15亿元，不良贷款率2.11%，较年初下降0.27个百分点。2014年全市共处置不良贷款3.56亿元，比上年增加2.73亿元，其中核销不良贷款1.70亿元，较年初增加1.51亿元，核销率达47.74%，增长24.78个百分点。

全市跨境外汇收入2.71亿美元，同比增长13.12%，较上年回落1个百分点；跨境外汇支出1.76亿美元，同比增长44.32%。外汇收支总额4.47亿美元，同比增加8 536万美元，增长23.63%。跨境收支相比顺差0.95亿美元，同比顺差减少2 250万美元。全年，全市银行结售汇总额3.043亿美元，同比增加72万美元，增长0.24%。其中：银行结汇1.95亿美元，同比下降15.59%；售汇1.09亿美元，同比增长49.03%。全市外债(含外汇转贷款)1.14亿美元，较上年同期增加2 993万美元，增长35.52%。

【货币政策】 2014年，池州市金融部门切实把握中央“稳中求进，改革创新”的总基调，认真贯彻落实稳健的货币政策，围绕推动经济转型和结构调整以及市政府提出的“三区”建设平台，不断加大对实体经济的支持力度。一是发挥“窗口”指导作用，准确传导调控政策。人民银行池州市中心支行通过送阅材料、情况反映等载体，借助行长联席会、信贷调度会、经济金融形势研判会等形式，增强新常态下社会各界对稳健货币政策的认知和理解。

二是加强信贷政策引导，增强金融机构信贷投放力度。先后出台了《池州市小微企业信用培育工程方案》《池州市金融支持现代农业加快发展行动方案》等，通过建立小微企业融资培育“金融顾问”制度，提升小微企业信用度；设立专营机构、下放信贷审批权限、实行定点帮扶和专项政策扶持等，引导金融机构加大对家庭农场、现代农业发展的金融扶持。年末，池州市金融机构对家庭农场当年累放贷款4 550万元，专业大户累放贷款14 650万元，农民专业合作社累放贷款2 190万元，农业产业化龙头企业累放贷款91 319万元。

三是灵活运用差别准备金动态调整规则，努力增加合意贷款规模，引导地方法人金融机构积极支持地方经济发展。全年地方法人金融机构合意贷款规模30亿元，比2013年增加11.6亿元。

四是积极发挥定向降准政策效应，争取支农再贷款、再贴现等政策倾斜，发展普惠金融的作用，解决实体经济“融资贵”难题。年末全市支农再贷款余额5.75亿元，累计发放15.5亿元；累计发放再贴现4.7亿元；通过存款准备金政策优惠，增加可贷资金约1.2亿元。

五是引导金融机构拓宽渠道，满足企业资金需求。主动为企业搭建理财融资、信托贷款、系统内借道贷款、融资租赁、直接融资等平台，吸引外地资金，满足当地企业综合的金融需求，并降低融资成本。全年，池州市金融机构通过表外业务为企业融资近33亿元，占贷款投放的72%。

六是推动金融产品和服务方式创新，加大薄弱环节的信贷支持。2014年继续组织开展“优化金融服务·支持‘三区’发展”竞赛活动，推进金融产品和服务方式创新，辖内银行业金融机构应用和创新金融产品58个，累计发放贷款36.3亿元，比上年同期增长45%。开展支农再贷款直贷工作，直接给小微企业提供低成本资金。全年直接向30户以上涉农新型农业经营主体投放3.7亿元的支农再贷款。

【金融市场】 金融市场发展平稳，融资渠道多元化有序推进。2014年，全市社会融资规模总量为125亿元，比上年增加21.8亿元。直接融资有序推进。九华股份IPO主板披露；发行企业债券募集资金9.5亿元；新三板签约企业11家，挂牌2家；四板市场挂牌5家。保险业继续稳健发展。年末，全市全年保险业保费收入16.3亿元，较上年增长23.2%。其中，财产险业务保费收入5.6亿元，增长26.5%；人身险业务保费收入10.7亿元，增长21.5%。累计赔付和给付支出5.2亿元，比上年增长5.4%。其中，财产险业务赔款和给付支出2.9亿元，增长18.9%；人身险业务赔款和给付支出2.3亿元，下降7.8%。2014年，全市证券业机构2家，证券交易额为223.5亿元，较上年增长60.8亿元，增长37.3%。年末，全市证券公司营业收入为0.28亿元，较上年同期增加0.08亿元，增长40%；利润为0.19亿元，较上年同期增加0.07亿元。

【金融服务】 一是创新金融服务手段，提升金融服务质量，以“改善金融服务，支持‘三区’发展”四项竞赛活动为契机，创新金融产品和服务手段，举办专题调研、论坛，促进服务质量的提升。依托“六进”平台，开展金融知识宣传普及，强化金融消费权益保护。推进辖内金融综合统计和分析监测工作，提高分析决策的有效性。开展“信用记录关爱日”活动，加强互联网个人信用信息服务平台应用的宣传，推进机构信用代码推广和融资服务平台应用工作。

二是大力发展普惠金融，推进金融帮扶工作。继续深入推进“金融服务下乡”工作，拓展“助农取款”服务。推动青阳县农村地区手机支付业务创新试点。发挥金融帮扶省、市、县三级联动承启作用，大力推进石台县金融帮扶工作，有效激发金融活力。

三是有效防范和化解金融风险，推进金融生态县创建。持续关注国有商业银行股份制改革，做好中小法人金融机构风险监测。针对民间融资、新兴互联网金融等新情况，有效开展防范和打击非法集资工作。推动辖内青阳、东至金融生态县创建工作，优化金融生态环境。

四是加强发行基金的管理，提升反假工作效率。注重年度发行基金调运计划和现金投回测算，合理组织调运，及时满足旺季市场现金需求。加强反假货币宣传和专项检查活动，有效将反假货币工作范围辐射到农村地区。

五是加强国库运行分析和调研，提高国库服务地方经济发展步伐。依托财税库行横向联网系统电子缴税平台，稳步推进辖内乡镇地区POS机刷卡电子缴税工作。

六是落实外汇管理改革措施，加大外汇监管力度。开展外汇知识咨询宣传活动，特别是货物贸易外汇管理改革后新出台的政策措施。加强与涉外企业的沟通，走访多家涉外企业，针对所涉及的转口转卖业务进行专项调研。实施非现场和现场核查(检查)，关注异常外汇交易行为。

【金融改革】 金融机构建设进一步加快。石台扬子村镇银行、东至扬子村镇银行先后开业运行，标志着池州市在全省率先实现村镇银行区县全覆盖。2014年7月28日，徽商银行石台县支行开业营运，率先在全省实现徽商银行机构辖区县域全覆盖。交通银行池州分行筹建工作稳步推进，选址、首批员工招聘等工作已完成。全年新增3家注册资金达亿元的小额贷款公司，新开业4家金融服务公司。至年末，全市已有17家银行、17家保险公司、2家证券公司营业部、8家融资性担保公司、20家小额贷款公司、6家金融服务公司和1家基金公司。P2P、第三方支付等互联网金融业态应运而生，区域金融市场进一步丰富。

（周玉钦）

池州市主要经济金融统计

（2010—2014年）

单位：亿元

项　　目	2010年	2011年	2012年	2013年	2014年
国内生产总值	300.80	372.50	417.40	462.20	503.66
第一产业(增加值)	45.70	56.30	62.20	67.40	71.65
第二产业(增加值)	140.20	184.50	204.10	225.60	244.53
第三产业(增加值)	114.90	131.70	151.10	169.30	187.48
全社会固定资产投资	356.90	289.80	374.70	461.50	538.04
地方财政收入	31.21	56.80	71.70	65.10	68.44
地方财政支出	65.80	88.10	111.30	131.30	138.82
社会消费品零售总额	91.20	107.10	124.30	142.50	161.21
居民消费价格指数(以上年为100)		105.7	101.8	102.4	101.8
进出口总额(亿美元)	2.11	2.58	3.45	4.10	4.12
进　口(亿美元)	1.14	0.94	1.26	1.52	1.53
出　口(亿美元)	0.97	1.64	2.19	2.58	2.59
全部金融机构各项存款(余额)	366.17	436.59	518.95	597.28	669.46
企业存款	102.65	175.48	194.06	210.51	220.56
财政存款	7.77	8.30	7.68	7.36	10.66
储蓄存款	199.75	252.23	315.73	377.07	427.52
全部金融机构各项贷款(余额)	248.05	316.80	371.97	404.35	464.39
短期贷款	75.59	101.33	139.89	149.23	163.85
中长期贷款	166.35	208.59	227.15	246.87	284.41
全部保险机构保费收入	9.47	9.65	9.91	13.30	16.33
全部保险机构保险赔款支出(含满期给付)	2.01	2.70	3.87	4.90	5.20
全部保险机构保险密度(元/人)	590	598	612	821	1 141
全部保险机构保险深度(%)	3.15	2.59	2.37	2.88	3.24

注：全部金融机构各项存款、贷款余额的七项数据为本外币并表统计数(含外资金融机构)。

7. 滁　州　市

2014年，滁州市实现地区生产总值1 184.80亿元，按可比价格计算，同比增长9.08%。工业经济主导地位进一步稳固，规模以上工业总产值2 240.2亿元，增长11.9%。规模以上工业增加值564.2亿元，增长12.2%。规模以上工业销售产值2 193.1亿元，增长14.8%。工业产品销售率97.9%，同比提高0.3个百分点。财政收入203.6亿元，同比增长13.8%，财政支出268.4亿元，增长7.3%。地方财政收入123.6亿元，同比增长8.0%，其中税收收入88.9亿元,增长8.7%,非税收入34.7亿元,增长6.3%。市本级财政收入66.1亿元,增长19.2%。

全社会固定资产投资1 248.2亿元,增长16%,增速同比回落5.9个百分点。500万元以上项目投资完成942.7亿元,同比增长15.8%,增速下降9.9个百分点。房地产投资305.5亿元,同比增长16.7%,增速提高2.8个百分点。商品房销售503.9万平方米,增长6.7%,增速回落31.7个百分点。从投资结构上看,第一产业投资31.9亿元,同比增长117.6%,第二产业投资621.09亿元,同比增长11.7%,第三产业投资595.1亿元,同比增长17.6%,三次产业投资结构由上年的1.29∶51.69∶47.03变为2.56∶49.76∶47.68,投资结构不断优化。

社会消费品零售总额382.3亿元,同比增长12.9%。消费市场逐步向城镇集中,城镇社会消费品零售总额311.5亿元,同比增长13.3%,乡村社会消费品零售总额70.8亿元,增长13.7%。城乡居民消费能力有所提高,城镇居民可支配收入22 091元,同比增长9.1%,农村居民可支配收入9 171元,同比增长12.1%。

外贸进出口“一增一降”。外贸进出口总额22亿美元,增长18.8%,其中,进口15.2亿美元,同比增长9.6%,出口6.9亿美元,同比下降50.2%。近5年来滁州市进出口首次出现逆差8.3亿元。

居民消费物价指数为101.4,在八大类商品和服务中,食品类、衣着、家庭设备用品维修服务、医疗保健和个人用品类价格是物价水平回升的拉动因素,其中食品类价格指数为103.2,娱乐教育文化用品及服务价格指数102.2。工业生产者价格是物价回升的抵消因素,工业生产者出厂价格指数98.8,工业生产者购进价格指数98.4。

【货币政策】 2014年,人民银行滁州市中心支行根据滁州市经济发展状况和金融运行特征,科学合理地安排全年信贷投放。通过工作汇报会、金融形势分析会、调研座谈会等方式,及时向人民银行各县(市)支行传达合意贷款管理要求,指导其配合做好合意贷款管理;向地方法人金融机构提出货币信贷调控工作要求,引导其正确把握宏观政策导向。开展小微企业和涉农信贷政策导向效果评估,并将涉农贷款参评机构范围扩大到村镇银行;开展对定远农村商业银行2013年至2014年上半年信贷政策导向效果现场评估,加强人民银行小微企业和涉农信贷政策的约束性和导向性。会同科技局等有关单位印发做好科技金融服务的意见,引导信贷资金支持高新技术产业。

加大信贷政策执行监测考核力度。开展2013年度农业银行改革试点县级“三农金融事业部”执行差别化存款准备金率达标考核,落实辖区4家考核达标县级“三农金融事业部”差别化存款准备金率奖励政策。根据《中国人民银行办公厅关于认真组织落实比例办法有关存款准备金激励约束措施的通知》(银办发〔2014〕74号)要求,对考核达标的4家农村商业银行、2家农村合作银行和2家村镇银行,执行比同类金融机构正常标准低1个百分点的存款准备金率。根据农村信用社专项票据兑付后续监测考核以及村镇银行财务健康状况考核有关规定,对达到考核标准的“第一类社”天长农村商业银行和“第一类村镇银行”定远民丰村镇银行分别增加专项支农再贷款额度2 400万元和2 200万元,积极发挥政策正向激励引导。做好农村金融创新、林权抵押贷款、大学生“村官”创业富民贷款统计监测、房地产市场监测、家电信息行业监测等工作。

以企业金融服务平台促进银企对接。依托“滁州市中小微企业金融服务平台”,开展2014年银企对接系列活动。一是推动家庭农场对银对接。举办家庭农场银企对接会,直管直贷试点银行和32户家庭农场参加对接,对接贷款2 300万元;二是举办夏季对接活动。6月至9月,以“激发银企合作活力 提升金融服务成效”为主题,开展“金融支持小微企业夏日行动季”等银企对接系列活动。三是举办各类专场对接活动。各金融机构主动走进园区,接洽行业商会,抓龙头企业,服务配套企业,积极支持规模商圈,扩大小微企业服务群体。中国银行滁州分行自办银企合作活动7场,参加企业约200家,达成合作意向60个,金额10.2亿元。建行滁州市分行举办滁州市汽车服务行业协会银企对接会,还将为大型家电智能企业做配套的模具制造企业群体纳入信贷支持范围。皖东银行举办“皖东农商行与台州商会金融服务洽谈会”、工业园区银企对接活动。

【金融运行】 各项存款、各项贷款增速放缓。截至2014年末,滁州市各项存款余额1 424亿元,较上年末增长10.7%,增速同比下降2.5个百分点;各项贷款余额1 045.4亿元,同比增长16%,增速同比下降10个百分点。

贷款投放结构进一步优化。一是贷款投放向中小微企业倾斜。中小微型企业贷款余额分别为244.3亿元、260.2亿元、15.7亿元，较年初增长14.2%、14.4%、6.6%，而大型企业贷款表现为负增长。二是贷款投放向涉农行业倾斜。涉农贷款余额709.7亿元，较年初增加134.4亿元，增长23.3%，高于各项贷款增速4.8个百分点。三是贷款向个人刚性房贷倾斜。房地产行业贷款增加48.6亿元，增长23.2%，高于各项贷款增速7.4个百分点。房地产开发贷款减少4.8亿元，个人购房贷款增加53.4亿元，增长29.3%。

贷款利率总水平下降。金融机构固定利率贷款471.9亿元，加权平均利率9.022%，同比下降0.011%。其中六个月至一年期贷款386.4亿元，加权平均利率9.023%，下降0.08%。地方法人金融机构贷款333.4亿元，加权平均利率9.655%。金融机构浮动利率贷款455亿元，其中执行基准利率的贷款131.3亿元，占比28.9%，同比下降3.3%；利率上浮10%—30%的贷款117.3亿元，占比25.8%，同比下降3.2%；利率上浮30%—50%的贷款94.2亿元，占比20.7%，同比提高8.6%。

跨境人民币业务势头良好。滁州市共有6家金融机构办理了跨境人民币业务，实际使用人民币结算的企业68家，占有进出口实绩企业的7.7%。跨境人民币业务范围涵盖经常项下收付款、外商直接投资、跨境融资、债权债务类业务等。与滁州市企业发生跨境人民币结算的境外地区共有34个，较上年增加19个。跨境人民币结算量17.4亿元，较上年增长73.1%。跨境人民币收入7.9亿元，增长19.8%；跨境人民币支出9.5亿元，同比增长176.8%。经常项下跨境人民币结算金额13.3亿元，占全部跨境结算金额的76.4%。其中，货物贸易人民币结算量为10.4亿元，增长110.9%。资本项下跨境人民币结算金额4.1亿元，较上年同期增长67.3%。

【金融市场】 滁州市证券业总体保持稳健发展的态势，共有证券非法人营业机构3家，分别是国元证券、华安证券和海通证券，其中下半年海通证券在滁州设立证券营业部，并于9月22日开业，注册资本金300万元人民币；证券业从业人数合计36人，较年初增长4人。全市证券投资者开户数49 879户，证券营业部机构客户保证金余额2.9亿元，同比增长108%。证券累计交易额344.3亿元，同比增长66.4%。受市场交易量的带动，机构手续费收入和盈利水平大幅增长，手续费收入4 248.6万元，同比增长23.6%，实现营业利润合计为3 426万元，同比增长32.3%。

保险市场发展水平稳步提升。截至2014年末，滁州市总保费收入314 429.08万元，同比增长16.83%，同比上升3.06个百分点。保险密度797.03元/人，较上年提高34.98%，增速提高22.08个百分点，保险深度2.65%，较上年上升0.15个百分点。

直接融资规模的持续扩大，体现出滁州市企业在融资需求上开始重视利用股票、短期融资券、债券等融资工具，逐渐形成多元化的融资理念。社会融资结构进一步调整，直接融资方面取得了一定的突破，直接融资规模达到26亿元，分别为滁州市城市建设投资有限公司发行中期票据10亿元，发行企业债14亿元；安徽金禾实业股份有限公司发行公司债2亿元。

票据市场规模继续攀升但增幅放缓，贴现业务规模下降。全年签发银行承兑汇票89.1亿元，同比增长2.2%，增长率同比下降13.5个百分点。全辖银行承兑汇票余额41.6亿元，同比下降2.3%，增长率同比下降49.4个百分点。银行承兑汇票贴现77.87亿元，较上年下降19.1%。再贴现发生额1.03亿元。

【滁州霞客系企业信贷风险事件】 2014年2月27日，江苏霞客环保色纺股份有限公司（以下简称“霞客环保”）因贷款担保方出现财务危机导致到期贷款无法偿还，影响公司正常生产经营活动。受其影响，“霞客环保”在滁州三家关联公司滁州霞客环保色纺有限公司（以下简称“滁州霞客”）、滁州安兴环保彩纤有限公司（以下简称“滁州安兴”）、滁州安邦聚合高科有限公司（以下简称“滁州安邦”）也出现贷款到期不能偿还问题。截至7月末，三家企业债务清偿能力并未得到明显改善，各银行对三家企业的贷款仍存在较大风险。

霞客系风险诱因主要有以下几点。一是霞客环保重组失败、业绩巨亏。2012年，霞客环保第一大股东江阴中基矿业提出资产重组计划，但未能实现；2013年末，已停牌两个月筹划重大重组的霞客环保突然宣布终止。2014年2月22日发布的业绩快报显示2013年霞客环保净利润出现重大亏损。二是担保方财务危机导致霞客环保资金链收紧。在互保企业双达钢业贷款出现逾期后，虽然当地商业银行因政府干预未对万翔集团采取措施，但江阴市部分银行对该互保圈不再信任，要求霞客环保更换担保人，不再接受万翔集团对霞客环保的担保。三是资金统一管理模式影响到滁州三家公司。霞客环保出现信用风险后，当地银行停止信贷支持，导致母公司资金链断裂，无法持续偿付到期的银行债务。由于集团公司采取资金统一归集管理，在资金链断裂后占用大量子公司生产资金，导致滁州霞客到期贷款无法按期偿还，并于 2014 年 2 月 24 日出现违约。这种总部经济资金统一管理模式直接影响了滁州三家霞客系企业资金链。

【尚善生物中小板定向发行 416 万股】 4 月 24 日，尚善生物(100151)首轮定向增资成功发布会举行。本次尚善生物聘请上海国雅投资管理股份有限公司作为保荐机构，共募集股本 416 万股，募集资金 603.20 万元，定增价格 1.45 元/股，溢价 45%。

募集资金主要用于扩建年产 100 吨植物提取物加工生产线项目。本次定向增资的顺利进行，有利于企业拓宽融资渠道、规范运营、扩大企业品牌影响力，同时大力促进沪皖两地资本市场的对接，有利于双方实现资源共享、优势互补、协同创新，助推区域经济快速发展。

(钱国军)

滁州市主要经济金融统计

(2010—2014 年)

单位:亿元

项　　目	2010 年	2011 年	2012 年	2013 年	2014 年
国内生产总值	695.65	850.49	970.74	1 086.14	1 184.80
第一产业(增加值)	148.42	173.29	192.79	208.17	218.40
第二产业(增加值)	342.01	439.65	507.60	575.64	633.70
第三产业(增加值)	205.22	237.55	270.36	302.33	332.70
全社会固定资产投资	723.50	690.13	882.59	1 075.78	1 248.16
地方财政收入	50.53	73.86	96.94	114.42	123.63
地方财政支出	128.12	183.00	230.78	250.87	268.37
社会消费品零售总额	214.80	254.47	296.81	338.48	382.29
居民消费价格指数(以上年为 100)	103.30	105.20	102.10	102.30	101.40
进出口总额(亿美元)	9.13	11.32	15.32	18.55	22.04
进口(亿美元)	2.05	2.50	3.72	4.73	15.15
出口(亿美元)	7.08	8.81	11.60	13.83	6.89
全部金融机构各项存款(余额)	778.46	917.91	1 117.02	1 287.03	1 424.45
企业存款	151.60	217.49	261.76	312.96	302.43
财政存款	31.00	38.23	43.32	40.36	38.00
储蓄存款	418.76	492.53	600.12	713.06	829.57
全部金融机构各项贷款(余额)	482.47	585.21	715.36	901.14	1 045.40
短期贷款	267.42	320.52	371.01	491.79	547.96
中长期贷款	198.10	254.18	322.13	395.32	470.28
全部保险机构保费收入	21.64	22.88	23.65	26.80	31.44
全部保险机构保险赔款支出(含满期给付)	6.90	8.09	6.94	7.00	8.20
全部保险机构保险密度(元/人)	480.04	505.20	523.16	590.50	698.40
全部保险机构保险深度(%)	3.11	2.69	2.44	2.47	2.65

8. 宣 城 市

2014年,宣城市实现地区生产总值912.5亿元,按可比价计算,较上年增长9.0%,总量居全省第10位,增速居全省第11位。其中,第一产业增加值126.9亿元,增长4.5%;第二产业增加值477.7亿元,增长10.4%;第三产业增加值307.9亿元,增长8.4%。

工业经济运行总体平稳。2014年全市规模以上工业实现增加值402.7亿元,同比增长11.3%,其中轻工业实现增加值100.4亿元,同比增长5.5%,重工业实现增加值302.3亿元,同比增长13.3%。全市规模以上工业涉及的33个工业行业中有28个行业保持增长,有11个行业增加值超过10亿元。

固定资产投资继续增长。2014年全市固定资产投资1 140.1亿元,同比增长16.6%,其中工业投资541.1亿元,增长7.9%,房地产开发投资201.8亿元,增长6.7%。分产业看,全市一、二、三产投资占总量比重分别为1.8%、47.7%和50.5%,其中第三产业投资占比有所提高,同比提高4.8个百分点。

消费市场稳定增长。2014年全市社会消费品零售总额342.3亿元,同比增长13.1%,其中,城镇消费品零售额208.2亿元,增长14.5%,乡村消费品零售额134亿元,增长11.0%。

对外贸易增速减缓。2014年全市进出口总额16.9亿美元,较上年同期下降10%,其中出口15.9亿美元,同比下降9.4个百分点。

财政增收速度放缓。2014年全市财政总收入174.9亿元,同比增长10.9%,其中地方财政收入120.2亿元,增长11.7%。

物价水平基本稳定。全年居民消费价格上涨1.3%,涨幅比上年回落1个百分点。从类别看,八大类中除烟酒类、交通和通讯类增速同比下降外,其余六大类价格不同程度上涨。其中,食品类价格累计同比上涨1.7%。

【货币政策】 加强窗口指导和信贷政策引导。2014年,人民银行宣城市中心支行出台《支农再贷款定向支持现代农业的指导意见》,要求再贷款使用机构指定信贷产品,以更加便捷的服务和更加优惠的利率支持"三农"经济发展。2014年,人民银行共向辖内地方法人银行发放支农再贷款5.67亿元,同比增长7.9%。其中,用于定向直贷的4.5亿元,占比79.44%。各银行在获得资金后,将直贷对象确定为农业产业化龙头企业、家庭农场、种养大户等新型农业经营主体。12月,各银行对直贷对象的贷款余额为3.03亿元,同比增长114%。同时,面向小微企业办理再贴现9 400万元,有力引导了全市银行业金融机构对"三农"和小微企业的信贷投放。

加大对基础设施建设的信贷投入。2014年末,宣城市中长期贷款余额469.3亿元,同比增长18.5%,高于当年贷款平均增速3.1个百分点;当年新增73.1亿元,占全部新增贷款的67.6%。其中,固定资产贷款余额160.2亿元,同比增长22.6%,高于全部贷款增速7.2个百分点。中长期贷款占全部贷款比重56.9%,较上年末高1.5个百分点,中长期贷款增速与同期短期贷款增速相比高9.3个百分点,重点支持了城乡道路改造、宁宣杭高速公路、京福高铁、绩溪抽水蓄能和保障房等项目。

继续保持对房地产业的信贷供应。贯彻落实央行、银监会《关于进一步做好住房金融服务工作的通知》以及市政府《关于打造皖苏浙交汇中心城市 促进宣城房地产健康发展若干意见》等文件精神,各银行严格按照文件要求进行首套房的认定标准的调整。12月末,全市和市区各项房地产贷款余额分别为254.94亿元和102.14亿元,分别占同期各项人民币贷款余额的31.98%和32.45%,同比分别增长22.31%和22.37%,高于贷款平均增速近7个百分点,反映出金融对房地产市场的发展支持有力。

普惠金融不断发展。一是保障房建设信贷进一步扩大。2014年保障性住房开发贷款余额8.6亿元,同比增长68.7%,新增保障房贷款2.4亿元。二是进一步推动下岗失业人员再就业。2014年末,下岗失业小额担保贷款余额2.1亿元,全年累计发放1.6亿元。三是积极帮助贫困学生求学。2014年末助学贷款余额2 538万元,全年累计发放1 648万元。

【金融运行】 存贷比幅度持续走高。2014年末,全市银行机构存贷款比例79.8%,较上年末提高1.8个百分点,比全省平均水平高5.8个百分点。新增存贷款比例达到92.1%,比全省平均水平低4个百分点。

存款保持平稳增长。在单位存款多增和储蓄存款平稳增加拉动下,各项存款增量同比多增。2014

年末全市银行机构本外币各项存款余额 1 036.7 亿元，同比增长 12.7%，比上年末低 0.4 个百分点。当年新增 117.2 亿元，同比多增 10.5 亿元。其中，人民币各项存款余额 1 033.9 亿元，同比增长 12.8%，比上年末低 0.5 个百分点，当年新增 117.4 亿元，同比多增 9.7 亿元。

贷款增速趋于稳定。2014 年末，全市银行机构本外币各项贷款余额 830.8 亿元，当年新增贷款 110.8 亿元，同比增长 15.7%。其中，人民币各项贷款余额 824.8 亿元，当年新增贷款 108.1 亿元，同比少增 14.1 亿元，同比增长 15.4%，比上年末下降 5.2 个百分点。各项贷款增速低于全省 0.3 个百分点，高于皖江城市平均水平 0.2 个百分点。

票据融资利率下行，融资余额增速大幅提高。受人民银行再贴现利率引导、货币市场利率和票据市场供求变化等因素共同影响，票据市场利率总体呈下行趋势，票据融资明显多增。2014 年末，票据融资余额 27.8 亿元，同比增长 49.6%，与上年末相比大幅提高 74.2 个百分点；当年新增 9.2 亿元，同比多增 15.3 亿元。

表外融资业务增长较快。2014 年，宣城市银行机构通过银行承兑商业汇票、表内资产表外化，各类表外融资比 2013 年多增 29.5 亿元，中小企业和重点项目的融资供应大幅增加。2014 年末，中小企业银行承兑汇票余额 29.9 亿元，同比多增 4.3 亿元，当年累计签发银行承兑汇票 64 亿元，同比多增 17.2 亿元；委托贷款余额 13.5 亿元，同比多增 8 亿元。

【金融市场】 证券市场交易活跃。2014 年，宣城市共有华安证券、国元证券和海通证券 3 家非法人证券营业机构，证券经营网点为 8 家，从业人员 80 人。2014 年，全市 3 家证券公司共实现股票、基金、债券交易额 662.8 亿元，同比增长 60.04%。其中：国元证券营业部交易额 251.23 亿元，占比 37.9%；海通证券营业部交易额 33.12 亿元，占比 5%。从证券交易类型看，股票交易额 649.75 亿元，同比增长 57.61%。随着大盘走强，投资者市场参与积极性提高。在沪深两市赚钱效应进一步升高的带动下，大量睡眠户重新投入交易，证券投资者将资金转入证券市场，市场交易活跃度稳步增长。截至 2014 年末，宣城市证券投资者开户总数 64 619 户，同比新增 2 118 户，增幅 3.39%。

保险市场稳步发展。2014 年，全市共有保险公司 22 家，新增 1 家财产险公司，另有 1 家财险机构正在批筹中，其中财产险公司 13 家、人寿险公司 9 家，还有 1 家保险专业中介代理公司，全市保险营销员 1 万余人。原保费收入持续增长，财险增幅高于人身险。至 2014 年末，全市保险业累计实现保费收入 22.58 亿元。其中，财产险保费收入 10.96 亿元，人身险保费收入 11.62 亿元。农险品种有所拓展，保费收入继续增长。至 2014 年末，全市实现政策性农业保险收入 11 662.67 万元，同比增长 13.41%。除传统的油菜、小麦、水稻、玉米、棉花、大豆、能繁母猪等政策性保险外，2014 年持续开办了烟叶保险、养鸡保险、大棚蔬菜保险、茶叶保险、深林保险等特色品种。赔付支出稳步增长，社会保障功能持续增强。2014 年末，全市累计各项赔款和给付支出 5.77 亿元，同比增加 0.77 亿元，增长 15.4%。其中，人身险赔付支出 4 009.02 万元，同比增长 9.7%；财产险赔付支出 5.37 亿元，同比增长 16.7%。全市财产险公司整体经营能力不断提升，同比承保利润水平均有所上升，人身险公司业务转型和险种结构调整取得明显成效。

积极推动债务融资工具发展。辖区内已有 3 家农村商业银行加入同业拆借市场，3 家银行加入银行间债券市场。全年辖内企业债券净融资 40.5 亿元，同比多增 14 亿元。企业债券融资占同期社会融资规模的 24.4%，同比提高 8.9 个百分点。

新三板挂牌工作进展顺利。詹氏食品、新宁装备和东方碾磨 3 家企业已在新三板挂牌，红星药业已向全国股转系统提交挂牌材料；地方性场外市场挂牌企业有五星食品等 7 家企业。

【金融创新】 强化银企对接工作。2014 年总签约项目 141 个，合同签约贷款 42 亿元，意向贷款 50 亿元。现场签约 16 个项目，合同贷款 25 亿元。同时，针对物流园区等重点项目举办了多场专项对接会。

大力推进应收账款融资业务。为应对企业“两项资金”占用过高，流动资金不足的问题，人民银行大力推广“应收账款融资服务平台”业务，充分发挥平台在解决中小企业融资难方面的重要作用。2014 年，全市银行办理应收账款融资 152 笔，居全省第 1 位，融资金额近 12.9 亿元。

建立小微专营机构。2014 年，通过专营机构发放小微企业贷款余额 32.9 亿元。其中，徽商银行引进浙江民泰银行小微企业贷款技术和团队，在宁国成立南山支行，专营小微企业贷款。宣城皖南农村商业银行引进先进小微企业贷款管理方式，为小微企业提供无抵押信用担保贷款，2014年共发放此类贷款372笔，金额合计6 460万元。

开办续贷业务。为解决企业"掉头"资金不足的问题，部分银行机构选择优质中小企业办理贷款续贷业务，有效降低了小微企业资金成本。

大力推动产品创新。推动商标权质押贷款业务；继续推动农房抵押贷款业务，2014年末，"宅易贷"产品贷款余额1.6亿元，当年新增1 400万元；审慎稳妥开展土地承包经营权抵押贷款业务，重点支持家庭农场发展；试点大型农机具抵押贷款等业务；推进家庭农场直管直贷试点工作，2014年，全市共有42户家庭农场列入全省试点，2014年末，全市家庭农场贷款余额1.5亿元，同比增长86.5%。

【金融服务】 徽商银行实现县域全覆盖，浦发银行宣城分行开业。按照优化调整后的综合评价体系，完成2013年综合评价工作，对综合评价排名靠后的两家银行开展综合执法检查。同时，对有关金融机构开展12次专项检查。

建立完善现代支付服务体系。开展农村金融综合服务站建设。在助农取款点原有功能基础上，加入水电费代缴、跨行受理和转账、零币兑换等多项服务内容。至12月末，全市已有220个"农村金融综合服务站"挂牌运行。启动"城市一卡通"项目建设。推动市政府出台专项实施方案。"宣城城市卡"已正式发卡，自来水、燃气及公交行业缴费应用正式签约。金融IC卡发放与行业运用工作提速。至12月末，全市新增金融IC卡90万张，并广泛运用于公用事业、医疗行业。推进新型支付业务发展。开展第三方支付机构现场核实工作。成功完成ACS上线工作。全市已有298个银行网点加入支付系统，实现乡镇全覆盖。成功开办跨行小额定期借记业务。

加强金融消费者权益保护工作。出台《加强和改进农村金融消费权益保护实施方案》，建立金融消费权益保护中心、金融机构处理部门、维权工作站"三级网络"。按照合肥中心支行统一部署，开通"12363"热线电话。

开展农村地区金融知识普及工作。组织开展金融知识普及月，黄金市场投资者教育、反洗钱、反假币、征信等多项宣传活动。扎实开展全市惠农现金服务活动，向社会公示小面额主办银行、主办网点。增加向农村地区投放10元以下小面额货币力度，建立"1元硬币预约事由追踪机制"，盘活1元硬币市场存量。开展假币专项治理。配合公安部门开展打击假币犯罪的专项行动。在全省率先实现自动存取款一体机冠字号码记录和查询功能。联合邮政、教育等部门，建立反假币暨青少年集邮活动示范基地；联合宣城市总工会举办宣城市首届人民币点钞识假比赛。打击利用"特殊币"进行反动宣传，1—12月依法收缴"特殊币"847张。郎溪农村商业银行代理发行库已获合肥中心支行批复。

促进涉外农业投融资和贸易便利化。加强主体分类监管。对有关企业贸易融资业务进行核查监测，防范跨境资金流动风险。落实好资本项目简政放权改革政策。支持境内企业跨国并购，鼓励发放并购贷款。安徽中鼎密封件1.6亿美元外币资金池业务获批，成为全省首家开办该业务的民营企业。搭建银企外汇避险产品对接的平台。成功举办第五届"诚信兴商"外汇知识竞赛。

（谷劲松　高　勇）

宣城市主要经济金融统计

（2010—2014年）

单位：亿元

项　目	2010年	2011年	2012年	2013年	2014年
国内生产总值	525.7	671.4	757.5	842.8	912.5
第一产业(增加值)	88.5	102.1	111.7	119.9	126.9
第二产业(增加值)	248.2	349.9	395.1	442.8	477.7
第三产业(增加值)	189	219.4	250.7	280.1	307.9
全社会固定资产投资	730	635.6	805.3	978.2	1 140.1
地方财政收入	49.8	68.4	86.9	107.7	120.2
地方财政支出	104.0	141.7	178.4	204.8	222.5

（续表）

项　　目	2010 年	2011 年	2012 年	2013 年	2014 年
社会消费品零售总额	195.0	228.9	265.8	303.6	342.3
居民消费价格指数(以上年为 100)	102.9	105.4	102.0	102.3	101.3
进出口总额(亿美元)	6.9	10.0	13.5	18.8	16.9
进　口(亿美元)	1.1	1.4	1.5	1.3	1
出　口(亿美元)	5.9	8.5	12.0	17.5	15.9
全部金融机构各项存款(余额)	578.4	679.6	812.8	919.5	1 036.7
企业存款	140.5	176.3	212.3	224.1	377.7
财政存款	15.0	14.0	14.9	21.2	23.3
储蓄存款	319.7	388.8	466.4	541	627.5
全部金融机构各项贷款(余额)	387.6	483.8	594.8	718	830.8
短期贷款	153.4	194.2	249.9	302	330.2
中长期贷款	219.9	268.9	320.1	396.9	472.4
全部保险机构保费收入	14.2	16.7	17.13	21.6	22.58
全部保险机构保险赔款支出(含满期给付)	2.4	3.7	3.71	5.0	5.77
全部保险机构保险密度(元/人)	509.9	600.1	616.74	674.89	747.32
全部保险机构保险深度(%)	2.70	2.49	2.26	2.56	2.47

注:全部金融机构各项存款、贷款余额的七项数据为本外币并表统计数(含外资金融机构)。“全社会固定资产投资”2011 年统计口径发生变动,导致数据比上年下降。

9. 六　安　市

2014 年,六安市地区生产总值 1 086.3 亿元,比上年增长 7.9%,增速较上年下降 0.1 个百分点。分产业看,第一产业增加值 220.6 亿元,增长 4.6%;第二产业增加值 516.1 亿元,增长 9.8%;第三产业增加值 349.5 亿元,增长 7.0%。三次产业结构由 2013 年的 20.8∶47.3∶31.9,调整为 20.3∶47.5∶32.2。按常住人口计算,人均生产总值 19 044 元(折合 3 100 美元),比上年增加 1 216 元。规模以上工业劳动生产率 281 714 元/人,比上年增长 15.5%。全市规模以上工业企业数达到 1 010 户,比上年增加 61 户。全年规模以上工业实现增加值 441.0 亿元,增长 10.6%。

全年实现财政收入 142.1 亿元,增长 11.3%。其中:地方财政收入 94.9 亿元,增长 15.9%;完成中央级收入 40.9 亿元,增长 2.0%。财政支出 319.4 亿元,增长 11.7%。民生工程累计投入财政资金 266.1 亿元,比上年增长 11.3%。

全年完成固定资产投资 1 003.8 亿元,比上年增长 18.8%。分产业看,第一产业投资 55.8 亿元,增长 76.7%;第二产业投资 432.5 亿元,增长 4.7%;第三产业投资 515.5 亿元,增长 28.8%。全年完成房地产企业开发投资额 182.3 亿元,增长 25.9%;当年商品房屋新开工面积 443.7 万平方米,下降 2.5%;施工面积 1 926.4 万平方米,增长 42%;竣工面积 203.1 万平方米,增长 2.3%;商品房屋销售面积 331.2 平方米,增长 20.3%;销售额 153.2 亿元,增长 24%。全年新开工项目 1 659 个,比上年净增 18 个,亿元以上重点项目完成投资 253.1 亿元,同比下降 3.8%。

全年社会消费品零售总额 487 亿元,同比增长 12.5%。其中:城镇消费品零售额 263.5 亿元,增长 12.7%;乡村消费品零售额 223.5 亿元,增长 12.4%。全年利用外商直接投资 35 191 万美元,增长 15.7%,实际到位境内资金 755 亿元,增长 15.1%。全市累计实现进出口总额 68 683 万美元,同比下降 14.1%。其中,出口 66 311 万美元,同比下降 14.6%。全市城镇常住居民人均可支配收入 20 610 元,比上年增长 9.1%;城市居民人均消费性支出 13 006.3 元,增长 5.6%。农村常住居民人均可支配收入 8 287 元,比上年增长 11.9%。农村居民人均生活消费支出 7 395.3 元,增长 9.9%。城市居民消费价格指数为 101.7%,增幅较上年下降 0.3 个百分点。

【货币政策】 2014 年,人民银行六安市中心支行继续贯彻执行稳健的货币政策,有效运用货币政策工具、不断强化窗口指导,大力支持"三农"和小微企业发展,引导金融机构调整和优化信贷结构,促进金融机构改进对实体经济的金融服务,加强对辖内经济金融形势的分析和判断,为上级行、地方党政和中心支行决策提供强有力的智力支持,有力地促进了地方经济平稳较快发展。做好差别存款准备金动态调整工作,引导法人金融机构保持合理的信贷投放节奏。探索支农再贷款"项目化直贷"管理模式,发挥再贷款资金引导作用。探索再贷款抵押担保模式,完善再贷款抵押业务程序。加强再贷款的发放管理,确保中央银行资金管理的严肃性。管理好法定存款准备金政策工具,发挥政策的导向作用。运用货币政策工具推进支持家庭农场等新型农村经营主体。出台了《关于运用支农再贷款项目化直贷支持家庭农场等新型农业经营主体的实施方案》,建立了一整套支持家庭农场的政策措施。对纳入安徽省直管直贷试点的家庭农场进行重点支持,快速培育和促进六安市家庭农场发展壮大。

【金融运行】 2014 年,六安市金融机构本外币各项存款余额 1 717.0 亿元,同比增长 12.6%。其中,人民币各项存款余额 1 715.6 亿元,较年初增加 191.6 亿元,同比增长 12.6%;外汇存款余额 2 311.4 万美元,较年初增加 331.6 万美元,同比增长16.7%。存款变化季节性因素明显。一季度受到元旦、春节和农民工回流因素影响,存款增加 159.1 亿元,占全年比重 83%,较上年同期提升 17.1 个百分点。全市信贷投放总体呈现平稳增长、结构优化的发展态势。本外币各项贷款余额 959.6 亿元,较年初增加 134.3 亿元,同比增长 16.4%。其中,人民币各项贷款余额 958.2 亿元,较年初增加 135.0 亿元,同比增长 16.5%;外币各项贷款 2 384.0 万美元,较年初减少 1 193.5 万美元,同比下降 33.4%。全年信贷运行呈现以下特点:一是信贷支持重点领域和关键环节的力度增强,六安皖江示范区(舒城县、金安区)贷款余额、增量分别占全市贷款总余额、增量的 48.9%、46.6%。二是金寨县农村金融改革成效进一步显现。金寨县新增贷款 21.8 亿元,同比增长 33.8%,高于全市 17.2 个百分点,位列各县区首位。三是消费信贷增长迅速。消费贷款新增 48.1 亿元,占全部新增贷款 35.3%。

【金融市场】 2014 年,六安市共有 6 家证券营业部,主要从事代理业务。全年股票投资者新开户数约 73 400 户,同比增长 3.8%,累计代理买卖证券交易额 568.9 亿元,同比增长 64.5%。证券营业机构共实现利润总额为 4 664.5 万元,同比增长 56.8%。各类保险经营主体 37 家,较上年新增 3 家。其中,人寿保险公司 15 家,较上年新增 1 家,财产保险公司 17 家,较上年新增 3 家;保险代理中介机构 5 家,基本建成涵盖商业保险、政策保险较为稳定的保险服务体系。全年累计实现各类保费收入 50.5 亿元,同比增长 48.9%;其中,财产险保费收入 16.5 亿元,人寿险保费收入 34.0 亿元。国元农业保险种植业保险当年业务量 1.9 亿元,同比多增 0.2 亿元,农业保险业务发展迅速,覆盖面提升,保险功能显现。2014 年六安市实现直接融资 20.9 亿元,占融资总量的 13.4%,较上年同期提升 7.3 个百分点。其中,城市建设投资有限公司发行 10 亿元企业债,六安市长江精工钢结构(集团)股份有限公司增发股票 8.45 亿元。

【金融创新】 创新推进金融支持家庭农场,开展"直管直贷"试点工作,人民银行与市农委联合出台了《关于推进六安市直管直贷工作完善家庭农场金融服务的实施意见》。创新运用"统授直贷"方法开展家庭农场信用评级,人民银行联合市农委出台《六安市家庭农场信用信息评价和运用管理暂行办法》。建立家庭农场重点联系行制度,点对点做好金融服务家庭农场工作。积极推进"两权"抵押贷款,率先在金寨县成立全省第一家县级农村产权交易市场。为扩大林权、宅基地、农房抵押贷款规模奠定基础。创新孔子金融服务扶贫开发"银地联动"制度。联动银行明确一个重点帮扶乡镇,进行定点帮扶,着力开展 1—2 项金融产品和服务方式创新,推动帮扶工作取得实效。金寨县农村金融综合改革试点取得明显成效,在全国层面具有较强的影响力,得到全国人大、国务院扶贫办、人民银行总行的充分肯定。人民银行六安市中心支行一方面及时总结金寨改革的成功经验,尽快复制到六安市其他县区;另一方面,按照试点方案,持续深入推进农村金融改革。

（云　松）

六安市主要经济金融统计

（2010—2014 年）　　单位：亿元

项　　目	2010 年	2011 年	2012 年	2013 年	2014 年
国内生产总值	676.0	821	918.2	1 010.30	1 086.3
第一产业（增加值）	159.3	182.1	198.8	209.60	220.6
第二产业（增加值）	285.8	372.1	423.4	478.20	516.1
第三产业（增加值）	231.1	266.8	296	322.50	349.5
全社会固定资产投资	490.5	588.1	687.24	845.00	1 003.8
地方财政收入	42.7	56.8	69.53	82.00	94.9
地方财政支出	148.4	205.6	250.2	285.9	319.4
社会消费品零售总额	279.9	331.3	382.66	434.20	487.0
居民消费价格指数（以上年为 100）	103.2	105.2	101.5	102.0	101.7
进出口总额（亿美元）	4.54	6.26	7.37	8.01	6.87
进　口（亿美元）	0.19	0.46	0.26	0.24	0.24
出　口（亿美元）	4.35	5.8	7.11	7.77	6.63
全部金融机构各项存款（余额）	843.5	1 054.9	1 278.02	1 525.23	1 716.99
企业存款	192.7	423.23	501.06	586.00	638.15
财政存款	34.2	45.65	45.69	49.59	42.69
储蓄存款	472.3	581.06	723.94	876.48	1 023.45
全部金融机构各项贷款（余额）	485.3	578.6	687.82	824.27	959.61
短期贷款	234.3	236.56	318.09	383.84	425.19
中长期贷款	243.7	255.63	336.69	412.89	495.12
全部保险机构保费收入	38.9	30.4	31.94	33.60	50.5
全部保险机构保险赔款支出（含满期给付）	5.36	10	10.81	13.18	10.63
全部保险机构保险密度（元/人）	553	431	449.67	476.7	700.9
全部保险机构保险深度（%）	5.75	3.7	3.48	3.37	4.65

注：全部金融机构各项存款、贷款余额的七项数据为本外币并表统计数（含外资金融机构）。

10. 黄　山　市

2014 年黄山市实现地区生产总值 507.2 亿元，增长 7.6%，按常住人口计算人均 GDP 37 305 元。固定资产投资 551.7 亿元，同比增长 5.1%；实现社会消费品零售总额 220.3 亿元，增长 12.7%；外贸进出口总额 9.2 亿美元，同比增长 14.2%；财政收入 90.2 亿元，增长 11.4%。共接待游客 4 165.1 万人次，旅游总收入 354.4 亿元，分别比上年增长11.6%、12.7%。全市城镇居民人均可支配收入 24 194 元，同比增长 8.1%；农村居民家庭人均可支配收入 10 942 元，同比增长 12.0%。国家服务业改革试点工作强力推进，三次产业比重由 2013 年的 11.3∶46.4∶42.3 调整为 2014 年的 10.6∶46.3∶43.1。获批国家主体功能区建设试点示范、首批国家生态文明先行示范区建设地区。

【货币政策】 注重对外宣传引导。多形式、多渠道向地方政府、金融机构、社会公众等各个层面做好稳健货币政策的宣传解读工作，合理引导社会舆论和市场预期，切实营造有利于政策执行的外部环境。

用好用活货币政策工具。通过“定向降准”“调整合意贷款参数”等释放流动性，引导信贷资金投向小微企业和三农领域；创新支农再贷款发放管理模式，首次以“项目化”管理形式向县域村镇银行发放再贷款，定向扶持特色农业产业发展。

切实缓解融资难。落实国务院关于降低企业融资成本的措施，指导金融机构通过续贷审批、设立循环贷款等措施有效降低小微企业融资成本。有针对性地开展融资洽谈和金融产品推介，通过逆周期的手段研究解决银行顺周期放贷问题；配合市政府实施小微企业贷款风险补偿，加大小微企业金融服务保障。

强化信贷扶弱功能。年末全市小微企业贷款余额145.7亿元，增长13.9%，高于全部贷款增幅2.7个百分点。年末全市服务业贷款余额119.6亿元，增长19.4%，高于全部贷款增幅8.2个百分点。年末县域贷款占全市贷款的64.5%，比2010年末提高12.5个百分点。

【金融运行】 存贷款保持合理增长。截至年末，全市共有银行网点371家，万人网点拥有量2.74个，居全省前列。银行资产总额823.6亿元，增长9.87%。全市本外币存款余额823.5亿元，比年初增加80.4亿元，增长10.82%，同比下降1.7个百分点；全市本外币贷款余额526.7亿元，比年初增加51.3亿元，增长10.79%，同比回落2.8个百分点。

证券交易额大幅增加。年末全市有华安、国元、银河、申万等6家证券营业机构。证券业投资者账户数59 071户，增长78.7%；全年全市证券交易额562.01亿元，增长120.0%；国债交易额增幅达到59.2%；债券融券回购交易同比大幅增长187.2%。全市证券业机构实现营业收入6 372.1万元，增长98.1%；营业支出1 718.9万元，增长44.8%；净利润3 660.6万元，增长121.4%。全市有近10家企业登录新三板及四板。

保险行业运行总体平稳。年末全市有保险公司17家，与上年末持平，其中财产险公司8家，人身保险公司6家，农业、健康、养老等专业保险公司各1家。全年保险行业累计实现保费收入15.6亿元，增长15.6%，同比提高1.2个百分点，其中，财险增长24.5%，寿险增长10.8%。累计赔付金额6.9亿元，增长11.2%，增速同比下降38.2个百分点。2014年全市保险密度1 086元/人，同比增加160元/人；保险深度3.1%，同比提升0.15个百分点。

【金融市场】 社会融资规模同比减少。年末全市地区社会融资规模为71.4亿元，同比减少7.5亿元，降幅为9.53%。同业定期存款继续下降，利率有所降低。全年金融机构同业活期存款累计发生10.7亿元，减少0.1亿元；同业定期存款累计发生18.3亿元，减少4.9亿元。活期存款加权平均利率0.87%，增加0.17个百分点；定期存款加权平均利率3.71%，减少0.91个百分点。票据市场交易活跃，利率水平稳步下降。全年金融机构累计签发银行承兑汇票67.2亿元，比上年增加20.4亿元，增长43.6%；年末余额33.4亿元，比上年增加10亿元，增长42.7%。1—4季度全市银行承兑汇票加权平均利率分别为6.5%、5.69%、5.49%和5.28%，呈逐季下行趋势。贷款利率水平逐步降低。2014年1—4季度，全市贷款加权平均利率分别为8.42%、7.98%、7.8%和7.53%，呈逐季下行趋势，12月份利率回落至全年最低。

【金融改革】 金融组织体系建设深入推进。2014年5月23日交通银行黄山分行成功开业，实现国有大型银行市域全覆盖。徽商银行新设休宁、黟县、祁门3家县支行，实现县域机构全覆盖。祁门、黟县、徽州区获批筹建村镇银行，逐步实现县域全覆盖。跨境人民币业务不断扩大。全年共办理跨境贸易人民币结算业务252笔，实际收付金额3.35亿元，增长20.9%。市工行、农行、中行、建行、徽商银行5家行的19家分支机构已开办跨境人民币结算业务；与黄山市发生跨境人民币业务的地区和国家有37个，参与结算的企业有71家，境外参加行有84家；除外贸企业和制造企业外，有11家旅行社开始使用人民币结算。强力推进金融业综合统计试点。实现全市银行、证券、保险、小额贷款公司、融资性担保公司、典当行业6类112家机构核心指标采集"两个全覆盖"。

【金融服务】 金融生态环境建设持续推进。积极开展省级优秀金融生态县、良好金融生态县创建工作，深化农村信用体系实验区建设，休宁实验区农户信息采集率达90.6%，财务健全的农民专业合作社信息率100%。通过信用服务平台查询发放贷款2 344户，贷款金额1.46亿元。开展"黄山市银行信贷诚信企业"评选，提高企业守信意识。大力推广应收账款融资服务平台应用工作，拓宽小微企业融资渠道，截至2014年末，全市促成融资交易28笔，融资金额4.8亿元。

大力推进金融IC卡和移动支付应用。黄山风景区和宏村在全国率先实现手机和金融IC卡快速通关。中心城区金融IC卡出租车应用已进入试点阶段。金融IC卡受理环境持续完善，全市直联POS

机全部能够受理金融 IC 卡，间联 POS 机金融 IC 卡受理率 96%，ATM 机全部实现跨行圈存，非接商圈内饮食、娱乐等行业 POS 机均实现非接受理。

实现农村基础金融服务“村村通”。实现 724 个行政村金融服务全覆盖。借力黄山市首批美好乡村建设，在全市建成集“金融知识宣传服务、农户信用信息服务、助农便民支付服务、农村金融维权服务”功能为一体的金融综合服务站 32 家，更多的农村居民能享受到高效、便捷、实惠的金融服务。

国库电子化水平进一步提高。实现全市预算单位社保基金 TIPS 缴纳全覆盖、全市国税系统“委托代征点和纳税大厅零星税款”网上申报全覆盖，进一步提高了税款入库速度和准确率，全市 TIPS 业务占比达到 99%，全省领先。圆满完成 ACS 系统、支付信息统计分析系统的上线运行工作。

（徐明奇）

黄山市主要经济金融统计

（2010—2014 年）

单位：亿元

项　　目	2010 年	2011 年	2012 年	2013 年	2014 年
国内生产总值	309.3	378.8	424.9	470.3	507.2
第一产业（增加值）	39.3	45.1	48.5	53	54.6
第二产业（增加值）	136.4	175.4	196.6	218.1	234.2
第三产业（增加值）	133.6	158.2	179.7	199.2	218.4
全社会固定资产投资	454.3	370.0	445.2	525.1	551.7
地方财政收入	44.3	64.0	76.9	81.02	90.2
地方财政支出	70.3	94.4	124.7	135.2	148.7
社会消费品零售总额	126.0	148.3	172.1	196.1	220.3
居民消费价格指数（以上年为 100）	104.0	105.3	102.4	103	102.1
进出口总额（亿美元）	3.28	4.62	7.00	8.03	9.18
进　口（亿美元）	0.78	0.95	0.7	1.02	0.99
出　口（亿美元）	2.49	3.67	6.3	7.01	8.19
全部金融机构各项存款（余额）	474.33	561.55	660.50	743.08	823.45
企业存款	102.49	233.08	266.37	280.06	297.76
财政存款	13.57	13.82	10.21	11.64	14.02
储蓄存款	258.03	310.73	376.78	441.45	505.82
全部金融机构各项贷款（余额）	281.01	350.54	417.46	474.09	526.70
短期贷款	97.68	129.47	168.24	195.72	212.56
中长期贷款	174.27	205.47	225.10	250.87	282.45
全部保险机构保费收入	12.9	13.63	12.05	13.8	15.6
全部保险机构保险赔款支出（含满期给付）	3.6	3.77	4.16	6.2	6.9
全部保险机构保险密度（元/人）	868.4	921	818.17	926	1 086
全部保险机构保险深度（%）	4.17	3.68	2.84	2.95	3.1

注：全部金融机构各项存款、贷款余额的七项数据为本外币并表统计数（含外资金融机构）。

二、长三角金融稳定报告

1. 上海市金融稳定报告摘要

2014 年，上海市努力克服严峻复杂的外部环境影响，积极应对经济下行压力加大等挑战，认真贯彻落实党的十八大和十八届三中、四中全会精神，深入推进创新驱动发展、经济转型升级各项工作，经济保持平稳增长，经济发展质量和效益进一步提高，改革开放增量红利不断积累。上海市金融机构认真贯彻稳健的货币政策，国际金融中心建设、金融支持实体经济工作稳步推进，自贸试验区金融改革取得重大突破。

（一）经济与金融环境

1. 上海经济金融运行总体平稳有序

2014 年，上海市实现生产总值 23 560.94 亿元，按可比价格计算，同比增长 7%；增幅比 2013 年回落 0.7 个百分点，比全国低 0.4 个百分点。

（1）固定资产投资增速放缓。2014 年，上海市完成固定资产投资总额 6 016.43 亿元，同比增长 6.5%，增速比 2013 年回落 1 个百分点，比全国低 9.2 个百分点。从三大投资领域看，城市基础设施投资同比增长 1.3%，房地产开发投资增长 13.7%，工业投资继续下降 6.5%。工业投资占全社会固定资产投资比重从三分之一左右回落到不足五分之一。

（2）消费增长保持平稳。2014 年，上海市社会消费品零售总额 8 718.65 亿元，同比增长 8.7%，增速比 2013 年提高 0.1 个百分点，比全国平均水平低 3.3 个百分点。商业结构出现新变化，电子商务增势明显好于传统消费。2014 年，全市无店铺零售额同比增长 21.7%。其中，网上商店零售额同比增长 24.6%，占社会消费品零售总额比重为 9.4%，比 2013 年提高 3.6 个百分点，增势明显好于传统商业。

（3）外贸形势有所好转。2014 年，上海市全年进出口总额 4 666.22 亿美元，同比增长 5.6%；增速比 2013 年提高 4.5 个百分点，高于全国 3.3 个百分点，近年来增速首次超全国平均水平。其中，出口总额 2 102.77 亿美元，同比增长 3%；进口总额 2 563.45 亿美元，同比增长 7.9%；贸易逆差 460.68 亿美元。上海自贸区带动效应显现，自贸区进出口总额同比增长 8.3%，占全市进出口总额的 26.6%。

（4）财政收入增长较快。2014 年，上海市完成地方财政收入 4 585.55 亿元，同比增长 11.6%，增速比 2013 年提高 1.8 个百分点，明显高于全市经济增幅。全市地方财政支出 4 923.44 亿元，同比增长 8.7%，增速比 2013 年提高 0.5 个百分点。

（5）工业企业效益增速回落。2014 年，上海市规模以上工业企业实现利润总额 2 661.13 亿元，同比增长 10.4%，增速比 2013 年回落 2.7 个百分点。从全年走势看，企业利润增速呈倒“V”形，汽车、电子信息等行业支撑了利润增长，但石化、钢铁行业对利润增长形成拖累。

（6）居民收入稳步增长。2014 年，上海市城市和农村居民家庭人均可支配收入分别为 47 710 元和 21 192 元，同比分别增长 8.8%和 10.3%；扣除价格因素，实际增长分别为 5.9%和 7.4%，分别比全国平均水平低 0.9 和 1.8 个百分点。就业形势基本稳定保证了居民收入稳步增长。截至 2014 年末，城镇登记失业人数 25.63 万人，比 2013 年末减少 0.74 万人。

（7）金融业持续发展。2014 年，上海市实现金融业增加值 3 268.43 亿元，同比增长 14%。全国银行间市场总成交金额 361.51 万亿元，同比增长 27%。上海黄金交易所总成交金额 6.51 万亿元，同比增长 24.7%。上海证券市场上市证券 3 758 只；其中，股票 1 039 只。2014 年，上海证券交易所各类有价证券总成交金额 128.15 万亿元，同比增长48.1%。中国金融期货交易所总成交金额 164.02 万亿元，同比增长 16.3%。

2. 促进经济增长和金融稳定的重要举措

(1) 深化经济结构战略性调整。服务业成为经济增长主要驱动力,战略性新兴产业制造业加快发展。全市金融业、房地产业和信息服务业增加值同比分别增长14%、3.2%和12.5%。互联网金融、移动互联网、电子商务、云计算等新产业、新业态、新技术和新模式蓬勃发展,增势明显好于传统产业。自贸区建设是上海市利用外资再创新高的重要推手。2014年,上海自贸区合同外资92.35亿美元,占全市合同利用外资近30%。

(2) 继续实施稳健的货币政策。2014年,人民银行上海总部认真贯彻落实总行各项货币信贷政策,稳妥推进利率市场化改革,创新实行分账核算、封闭管理的自由贸易账户管理方式,摸索区域性金融改革的新管理模式。注意保持货币信贷松紧适度,加强定向调控,深入推进货币信贷政策导向效果评估;通过再贷款、再贴现工具引导加强对"三农"和小微企业的支持力度,合理满足上海市重点建设资金需求;多措并举做好缓解企业融资成本高的相关工作;加强宏观审慎管理,灵活调整差别准备金政策参数;落实定向降准政策,支持货币信贷政策执行有力的地方法人金融机构的信贷投放;完善流动性应急预案,维护货币信贷平稳运行。

(3) 积极支持上海国际金融中心建设。2014年,黄金交易所"国际板"正式上线运行,外汇交易中心"国际金融资产交易平台"已经上线,上海国际能源交易中心正式挂牌成立。金融市场开放程度进一步增加。一是支持境外机构和自贸区注册企业的境外母公司在境内发行人民币债券。二是系统评估港澳人民币清算行拆借业务开展情况,推动境外人民币清算行进入同业拆借市场,推动银行间债券市场对外开放。三是推动人民币外商投资股权投资企业试点和人民币合格境内有限合伙人试点。研究个人境内外双向投资试点方案。

(4) 扎实推进上海自贸区金融改革。2014年,人民银行上海总部以服务实体经济为出发点和落脚点,确立了自贸试验区金融改革的总体框架;建立了具备实时逐笔监控功能的自由贸易账户管理信息系统,完善了事中事后监管;有序推进人民币资本项目可兑换,自贸区人民币结算、人民币境外借款、人民币双向资金池等业务均有大幅提升;建立了利率市场秩序自律组织,探索出风险可控的利率市场化路径,自3月1日放开小额外币存款利率上限试点以来,小额外币存款挂牌利率总体稳定,市场决定利率的机制增强;有效实施了简政放权和负面清单管理,金融服务实体经济的功能显著提升;切实把防控风险作为重要底线,建立了开放经济下的宏微观金融审慎政策框架和金融安全保障制度。

3. 经济金融运行中需要关注的方面

(1) 关注经济转型中面临的各种困难。一是有效需求明显不足,经济紧缩风险在上升;二是结构调整任务依然艰巨,钢铁、石化、电子信息等产业持续负增长,新兴产业短期内难以弥补传统产业结构调整过程中增速下滑所形成的缺口;三是在新常态下,尽管经济转型要比全国领先一步,但由于要求高、任务重,上海市改革创新也将面临更加紧迫的形势;四是政府性项目融资面临政策瓶颈,将影响全市基础设施建设和旧区改造工作进度;五是面临的民生改善任务依然繁重。

(2) 关注科技创新能力对上海经济发展的影响。2014年,上海市科研投入稳步增长,全年用于研究与试验发展(R&D)的经费支出为831亿元,占地区生产总值的比例为3.6%。但同时也必须看到,与北京、深圳等科技创新能力较强的地区相比,上海市的科技创新基础还不牢,原始创新能力还不强,市场配置创新资源的作用还没有充分发挥;上海面临的资源、环境、人口压力更大,经济转型升级更迫切。

(二) 银行业

1. 上海银行业发展运行情况

(1) 资产负债规模持续增长,结构出现新变化。2014年,上海市银行业金融机构资产负债规模平稳增长。截至年末,上海市银行业金融机构资产总额① 11.27万亿元,同比增长15.14%;负债总额10.86万亿元,同比增长14.86%。本外币各项存款余额7.39万亿元,同比增长6.7%,增幅较年初下降2个百分点;本外币各项贷款余额4.79万亿元,同比增长8%,增速较年初微降0.4个百分点。

(2) 存贷款增速持续放缓。2009年末,上海银行业各项存款、贷款的增速分别为近年高位23.5%

---

① 全国银行业资产总额为168.2万亿元,同比增长13.6%;各项存款余额117.4万元,同比增长9.6%;各项贷款余额86.8万亿元,同比增长13.3%。

和21.8%，远高于同期上海GDP 8.2%的增速。至2014年末，各项存、贷款增速分别降至6.7%和8%，其中存款增速已低于同期上海GDP 7%的增速。

(3) 表外业务占比不断提升。2014年末，上海市银行业表外业务余额19 824.81亿元，同比增长16.41%，增速高于同期各项贷款8.25个百分点。表外业务与总资产的比值升至17.60%，比年初上升0.2个百分点。

(4) 存款呈现批发化、结构化、定期化，资金成本显著上升。截至2014年末，上海市银行业定期存款、结构性存款、协议存款分别新增914.88亿元、691.73亿元、421.39亿元，合计占同期新增各项存款的51.28%，而活期存款增量仅占24.94%。资金成本显著上升，前三季度上海市银行业机构按日均付息比例计算，每100元存款的利息支出为1.71元，较2013年同期上升0.06元，升幅达3.6%。银行间回购加权利率(7天)由年初的2.5%—3%的波动区间，提升至3.5%—4%的波动区间，同业资金成本不断上升。

(5) 信贷结构继续优化，支持实体经济成效明显。2014年，上海市新增的本外币企业贷款(不含票据融资)中，投向第三产业的贷款增加2 472.4亿元，占全部境内企业贷款(不含票据融资)增量的100.2%，该占比在年内持续上升。2014年，全市金融机构对大型企业投放的本外币贷款减少488.3亿元，对中、小和微型企业投放的本外币贷款分别增加558.6亿元、522.1亿元和217.5亿元。

2. 上海银行业机构稳健性评估

(1) 资本充足率小幅下降，仍高于监管要求。截至2014年末，上海中资法人商业银行平均资本充足率12.44%，同比下降1.06个百分点；外资法人银行平均资本充足率18.16%，同比下降0.60个百分点。随着资本监管要求的提升，上海法人银行资本管理主动性有所提高，资本补充渠道进一步拓宽，部分银行还推出了非公开发行模式的员工持股计划。这些融资性资本工具的推出拓宽了资本补充渠道，为银行业务增长提供了基本保障。

(2) 不良贷款持续双增，资产质量总体可控。2014年，受宏观经济增速放缓，上海市银行业虽加大不良资产处置力度，但不良贷款仍延续不良贷款余额和不良贷款率双增的局面。截至年末，上海市银行业不良贷款余额427.14亿元，同比增长19.4%，比年初增加69.42亿元。不良贷款率为0.89%，比年初增加0.08个百分点。

(3) 流动性变化因素复杂，流动性管理难度加大。随着金融市场的发展，商业银行资金来源和运用渠道日益多元化，特别是随着同业业务发展，银行机构逐步由资产负债持有型机构向交易型机构转变，由存量业务向流量业务转变，影响银行业机构流动性的因素较为多样，特别是在月末、季末等关键时点，银行需要兑付、转表的资金量比较大，增加了流动性管理的难度。

(4) 盈利水平超预期，业务持续发展能力进一步提高。2014年，上海银行业利息净收入为2 009亿元，在营业净收入中占比为74.4%；中间业务收入为523亿元，在营业净收入中占比为19.4%。全年上海市银行业金融机构实现利润1 378.82亿元，同比增长18.24%。总体上看，银行规模扩张和净息差仍是银行收益保持稳定的主要原因。成本收入比继续下降，在集约经营和规模效益的作用下，整体经营费用保持自然增长。成本收入比例的下降对银行利润的增加有所贡献。

3. 上海银行业发展中需要关注的方面

(1) 关注房地产贷款集中度上升和风险源头多极化的风险。上海房地产市场没有大幅反弹基础，但信贷资源还在继续加速向这一领域集中，增量占比、贷款余额占比、房地产开发贷款增量均创历史新高。上海市银行业机构对房地产信贷热情具有一定趋同性，中资银行在沪分行比较突出。房地产贷款风险暴露源头多极化，由原来集中在购房贷款领域，开始向开发贷款领域蔓延。

(2) 关注政府平台贷款风险。截至2014年末，上海市全口径融资平台227户，贷款余额为5 071亿元，较年初减少354亿元，降低6.5%，同比多降2个百分点。2014年三季度，国务院相继出台了加强地方政府性债务管理和深化预算管理制度改革的意见。其中的剥离融资平台公司政府融资职能、政府存量债务实施甄别、确保在建项目后续融资、债权人按照商业化原则承担相应责任和损失等措施，有可能导致个别政府平台逃废债务，银行面临潜在的信贷风险加大。

(3) 关注大宗商品价格波动和贸易融资套利带来的风险。大宗商品贸易及其融资继续快速发展，风险也在加速集聚。部分企业通过虚构大宗商品贸易背景，利用境内外利差和汇差，进行套利交易，并与国内房地产和股市等各类投资风险相互关联，进而将风险传导至银行业金融机构。同时，由于 2014 年大宗商品价格整体回落，部分回落幅度较大，价格的巨大波动极易诱发贸易融资的风险。

(4) 关注表外业务不规范发展带来的风险隐患。一是标的资产信用风险。目前新发信托计划用于偿付到期信托计划难以为继，部分信托计划若遇宏观经济形势恶化、融资方资金链断裂或其他原因可能出现到期交付困难。预计风险暴露会更多地出现在房地产、产能过剩行业、政府融资平台等前期通过三方模式提供资金支持的领域。二是表外业务项下委托贷款存在一定风险隐患。2014 年，上海银行业委托贷款同比增长 27.8%，远超过同期各项贷款 8%的增幅。其中，撮合委贷业务表面上仅作为银行无需承担信用风险的一项中间业务，实际上银行在其中承担了实质性风险，脱离了委托贷款业务的实质。此外，银行通过撮合委贷业务规避信贷规模限制、资本计提、拨备计提等表内贷款的监管要求，存在监管套利之嫌。

(5) 关注银行业面临的声誉风险。2014 年，上海市银行业监管部门收到信访投诉 4 527 项，同比增长 21.63%。其中，来信来访投诉量呈“井喷式”增长，由 2013 年的每月约 70 项增长至 2014 年的每月约 113 项，同比增长近 60%。消费者服务纠纷类投诉占 88%，主要集中在信用卡、代理业务、收费等方面，银行业面临严峻的声誉风险。

(三) 证券业

1. 证券业发展运行情况

至 2014 年末，上海市共有证券公司 22 家，总资产 9 168.4 亿元，净资产 1 923.9 亿元，净资本 1 449.2 亿元①，同比分别增长 100.55%、13.99%和17.53%。共有基金公司 45 家，管理公募基金 797 只，基金总净值 12 769 亿元，同比分别增长 18.07%和 35.81%。上海市基金公司子公司管理资产 12 020 亿元，同比增长 113.20%。共有期货公司 28 家，总资产 855.34 亿元(含客户权益)，净资产 129.95 亿元，净资本 105.33 亿元，客户权益 710.09 亿元，同比分别增长 38.35%、25.68%、17.12%和 41.47%。

(1) 基础制度建设和行业规范进一步完善。2014 年，上海市证券公司公司治理持续优化，风险管理体系开始建立，合规管理继续深化。2014 年分类评价中，上海市共 11 家证券公司参评，其中 4 家公司被评为 A 类 AA 级。基金公司内控和风险管理水平逐步提高，基金公司及从业人员规范执业的意识也得到进一步增强，行业自律管理机制运作顺畅。期货公司合规管理水平不断提升，期货监管法规进一步完善，信息技术基础进一步夯实。

(2) 行业创新的深度和广度不断增强。2014 年，上海市证券公司不断增强业务创新的深度和广度，创新业务效益日益显现，上海证券公司创新业务收入占营业收入的比例由 3 年前不足 10%提高到目前的 25%，个别公司已高达 35%，行业收入来源从单一通道向多元化转变，收入结构明显改善。有 9 家期货公司取得资产管理业务资格，20 家期货公司取得投资咨询业务资格，7 家期货公司设立了风险管理子公司，1 家期货公司取得基金销售业务资格，各类创新资格数量在全国位居前列。

(3) 国际化业务加快推进。2014 年，上海市证券经营机构积极拓展海外业务。5 家证券公司的香港子公司实现营业收入 55 亿港币，净利润 23 亿港币，同比增长 111.6%和 91.7%；8 家基金公司的香港子公司共设立 46 只基金，受托资产总额达 300 亿元。5 家证券公司、7 家基金公司借助香港子公司获准开展 RQFII 业务；截至年末，获批规模达 419.6 亿元，管理 RQFII 资产 254.7 亿元。与此同时，截至 2014 年末，本异地证券公司共在自贸区设立了 8 家分支机构。

(4) 证券市场融资稳步发展。截至 2014 年末，上海市共有上市公司 206 家，占全国 7.9%，市值约占全国 11.6%。2014 年，上海上市公司境内资本市场直接融资 607.51 亿元，其中，IPO 融资 19.62 亿元，股票再融资 404.79 亿元，债券融资 183.10 亿元。

2. 上海证券机构稳健性评估

(1) 证券公司资产规模增长，风控体系运行良好。2014 年，上海市证券公司总资产 9 168.4 亿元，同比增长 100.55%；净资产 1 923.9 亿元，同比增长 13.99%。另外，上海市证券公司合计净资本、托管

① 华泰证券(上海)资产管理有限公司于 2014 年 12 月 26 日取得经营许可证，因此上海市证券公司的财务状况及经营成果数据的统计范围为 21 家证券公司，不含华泰证券(上海)资产管理有限公司，以下同。

证券市值、客户资产、金融资产均较2013年末大幅上升，幅度分别为17.5%、61.6%、69.7%、21.0%。截至2014年末，上海市证券公司的平均流动性覆盖率为188.5%，平均净稳定资金比率为118.0%，显示上海市证券公司流动性风险总体可控。

(2) 盈利水平明显上升。2014年，受益于股市与债市的双繁荣，上海市证券公司实现跨越式增长，全部实现盈利。上海市证券公司营业收入518.3亿元，同比增长68.4%；实现净利润211.5亿元，同比增长130.1%；平均净资产收益率达到11.0%，远高于2013年同期的5.4%。

(3) 信用类业务发展迅猛。2014年，上海是证券公司融资融券业务规模2 295亿元，较2013年末增长了189.2%，利息收入98.5亿元，同比增长147.5%，收入占比较2013年同期增加了6.1个百分点；股票质押回购待购回金额777.1亿元，较2013年同期增长3倍，利息收入22.3亿元，同比增加4倍；约定购回交易规模有所下降，待购回金额28.8亿元，较2013年同期下降59.7%，利息收入4.3亿元，同比增长189.2%。

(4) 资管业务快速扩张。2014年，上海市证券公司资管业务收入29.5亿元，同比增长72.4%，受托资产管理规模2.1万亿，较2013年末增长了89.0%。资管规模仍以通道业务为主，定向资管规模占比93.0%。从业务收入占比看，资产管理业务收入占总营业收入的比重为5.7%，较2013年提高0.2个百分点。

3. 上海证券业发展中需要关注的方面

(1) 关注外部风险的传导与暴露。一方面，随着实体经济下行压力加大、企业生产经营困难增多，产能过剩、地方债务、影子银行、房地产等领域风险逐步显性化，金融领域的风险压力日益增大。另一方面，证券公司正逐步向全能型投资银行转型，不同业务之间的相互渗透越来越强，证券行业与其他金融同业之间的合作越来越频繁，虚拟经济与实体经济之间的关系越来越紧密，刚性兑付被打破的概率加大。单一领域的风险爆发或单个黑天鹅事件，都可能会形成“蝴蝶效应”，向外渗透、传递。

(2) 关注内部风险敞口与杠杆率的提升。近年来，机构的业务结构和风险特征主要发生三个变化：一是表内到表外，二是场内到场外，三是低杠杆到高杠杆。经营结构较之前的同质化模式发生了较大改变，业务本身的交叉化、复杂化、杠杆化、程序化，都使得风险隐患不断增强。在本轮创新发展中，证券公司资本消耗型业务发展最快，加杠杆进程明显提速，2014年上海市证券公司杠杆率从年初的2倍增长到年末的3.4倍。

(3) 关注创新业务的合规风控。目前证券公司综合化经营程度越来越高，信息系统的升级换代涉及对传统业务流程、运营模式的改造。同时，新理念、新业务、新产品越来越丰富，行业的组织、业务和产品模式越来越复杂。这些都对合规风控提出了新的挑战。相对创新转型的持续深入，目前证券公司合规风控体系尚存在系统支持不足、人员配置不足、话语权不足等问题，需要克服的疑点、难点、盲点仍然较多，合规风控的水平和能力有待进一步提升。

(四) 保险业

1. 上海保险业发展运行情况

(1) 市场主体数量大幅增加，资产规模稳步提升。截至2014年末，上海市共有50家法人保险机构，88家省级保险分支机构，213家保险专业中介法人机构，150家保险专业中介分支机构。航运保险中心、资金运用中心、数据中心、电网销中心等功能性机构达63家。上海保险业总资产(含法人公司)达到19 966.21亿元，约占全国保险业总资产的20%；6家在沪保险资产管理公司受托管资产规模超过3万亿元，占全国总数的近一半；3家在沪养老保险总公司企业年金受托管资产1 610亿元，占全国保险业总数的55%。

(2) 保费收入稳步增长，赔付支出尤其是寿险给付支出大幅增长。截至2014年末，上海市原保险保费收入累计986.75亿元，同比增长20.13%。产、寿险公司原保险保费收入比例为35∶65。中、外资保险公司原保险保费收入比例为85∶15。保险赔付支出累计378.66亿元，同比增长25.40%。其中，寿险给付支出158.41亿元，同比增长53.55%。

(3) 上海保险业改革稳步推进。一是构建功能强劲的自贸区保险市场体系，鼓励保险市场主体创新。二是加强市场基础和环境建设，以航运保险为重点推进保险业务和模式不断创新。三是推动地方经济转型升级。创新推出“科技型中小企业短期贷款履约保证保险”项目。四是创新发挥都市型农业保险保障功能。农业保险为全市种养两业提供风险保障数额占农业总产值首次超过 50%。五是创新运用保险机制提升服务大局能力，完善保险的社会保障作用。截至 2014 年末，上海市大病保险已经实现上海市全覆盖，为近 400 万人群提供大病风险保障。六是责任保险有力保障城市公共安全。截至 2014 年末，责任保险提供风险保障 4.66 万亿元。

2. 上海保险机构稳健性运营情况

(1) 整体实力大幅增强，盈利能力显著提高。截至 2014 年末，上海市法人保险机构①总资产共计 7 590.73 亿元，同比增长 42.41%。2014 年共实现净利润 101.57 亿元，较 2013 年大幅增长 174.62%。

(2) 保费收入稳步增长，业务结构明显优化。截至 2014 年末，上海市法人保险机构实现原保费收入 2 009.81 亿元，同比增长 27.52%。其中，法人财产险公司车险保费收入为 431.30 亿元，同比增长 11.74%，占财产险公司业务收入比重为 72.88%，较 2013 年同期下降 0.32 个百分点。法人人身险公司保障功能最强的普通寿险保费收入达 449.87 亿元，较 2013 年同期大幅增长 393.66%，占人身险保费收入的比例也由 2013 年的 8.69%上升至 31.72%。

(3) 偿付能力充足率总体良好，风险整体可控。按照保监会《保险公司偿付能力管理规定》的划分标准，截至 2014 年末，上海市 36 家法人保险公司②偿付能力充足率情况整体良好，所有法人保险公司偿付能力充足率均高于 150%，属于充足 II 类公司，风险整体可控，没有出现系统性和区域性风险。

(4) 保险资金运用余额稳步增长，投资收益率明显上升。截至 2014 年末，上海市法人保险机构保险资金运用余额达 6 703.24 亿元，同比增长 39.51%；实现投资收益 348.87 亿元，同比增长 68.86%；投资收益率达 5.20%，较 2013 年提高 0.74 个百分点。

3. 上海保险业发展中需要关注的方面

(1) 关注资金运用风险。随着第三季度以来股市上涨，保险业加大了权益类投资力度。但目前经济下行压力较大，信用风险有所上升，低等级信用债以及部分另类投资项目风险显著增加。根据《国务院关于加强地方政府性债务管理的意见》，地方政府进行债务甄别工作，部分地方融资平台债务将不能被认定为政府债务，风险变数加大。近一段时期，国际大宗商品价格和我国资本市场波动性增大，保险投资也面临一定挑战，资金运用风险也在积累。

(2) 关注人身险公司面临的现金流压力。2014 年，上海市法人人身险公司全年退保金累计 182.14 亿元，同比大幅增长 81.41%。退保高企的重要原因是人身险公司前期大量销售高现金价值产品，这些产品变相鼓励中短期退保，把名义长险变为实际短险，从而造成投保人策略性退保。满期给付和退保规模快速上升，导致经营性现金净流入量下降，加大了人身险公司流动性压力。

(3) 关注人身险公司投诉量持续增长。2014 年，上海市人身险公司投诉量明显上升，全年投诉总量累计为 1 837 件，较 2013 年增长 145 件。在国家全面深化改革和新国十条出台的大背景下，人身险行业能力建设明显滞后，存在人才储备少、基础数据缺乏、政策理解不透、机构人员庞杂、管理方式落后、内部控制薄弱等自身能力建设方面的不足，与消费者的需求相比，还有较大差距。人身险行业的自身服务能力亟待进一步提高。

(4) 关注个别产险公司综合成本率上升。2014 年，上海市法人财产险公司综合成本率整体较 2013 年下降。其中，4 家法人财产险公司综合成本率上升，1 家保持不变，其余较 2013 年下降。个别财产险公司综合成本率明显上升，如：信利保险公司和太阳联合保险公司综合成本率分别为 257.54% 和 142%，较 2013 年分别上升 172 个和 32 个百分点，需要重点关注。

(五) 金融基础设施建设

1. 支付体系建设稳步推进

2014 年，人民银行上海总部成功实施上海市参与机构第二代支付系统上线切换工作。支付清算系统运行稳定，上海市大额支付系统办理业务笔数、金额同比分别增长 17.49%和 17.19%，小额支付系统办理业务笔数、金额分别增长 18.57%和 28.52%。2014 年，人民银行上海总部支持支付机构开展跨境

① 包括法人注册地在上海的 37 家保险公司和 6 家保险资产管理公司全国分支机构的汇总数据，未包括东方人寿保险股份有限公司(2004 年起停业整顿至今)和 3 家再保险公司。由于太保集团尚未披露 2014 年年报，因此未包括太保集团、太保寿险和太保产险的数据。下同。

② 包括财产保险公司 17 家(不包括太保财险)，人寿保险公司 15 家(不包括太保寿险和已停业整顿的东方人寿)，养老保险公司 2 家(由于长江养老保险公司经营信托型企业年金管理业务和养老保障委托管理业务，故不适用偿付能力信息披露要求)，健康保险公司 2 家。

人民币支付业务，启动人民币自由贸易账户管理体制改革，实施自贸区支付清算基础设施优化升级。组织财务公司实施电子商业汇票线上清算业务试点，优化上海市电子商业汇票业务发展环境。深化非金融支付服务市场管理，推动行业自律管理。

2. 发挥征信体系作用，支持国际金融中心建设

截至 2014 年末，上海市各金融机构共开通个人征信系统查询网点 2 340 个，用户 2 611 个。企业征信系统查询网点 1 797 个，查询用户 5 245 个，月均查询量分别为 493 万次（个人）和 41 万次（企业）。2014 年，人民银行上海总部稳步扩大征信系统接入范围，推动上海市小额贷款公司和融资性担保公司接入金融信用信息基础数据库。保障征信系统的合规使用，组织金融机构进一步贯彻落实《征信业管理条例》相关规定，常态化开展《征信业管理条例》贯彻落实情况的现场和非现场检查工作，严格按照《征信投诉办理规程》处理各类征信异议和投诉。加强培育与管理，促进评级市场的健康发展，积极转变评级管理模式，完善评级机构备案制度，用市场化机制和手段培育信贷评级市场。

3. 反洗钱工作深入开展

2014 年，人民银行上海总部依法开展了对 5 家机构的反洗钱执法检查，努力推动行业反洗钱工作水平的提升。针对支付机构业务创新快、反洗钱基础相对薄弱等实际情况，对部分支付公司开展了非现场监管走访和调研。加强了对新机构、新业务准入前的反洗钱制度合规性审核，完成了对申请开办自贸试验区分账核算业务的 13 家中资银行和 4 家外资银行的评估。加强重点可疑交易报告的分析研判，并通过调查分析，向侦查机关和反恐部门移送了相关可疑线索。充分依托反洗钱联席会议制度，商请公安、检察、海关等合作单位协助提供打击洗钱犯罪的形势信息、相关数据和典型案例。深化与各合作单位的沟通协作，共同打击洗钱活动。

（总　纂：杜要忠
统　稿：王新东　谢　斌　张雅楠
执　笔：王新东　谢　斌　张雅楠
张国文　郭　芳）

2. 江苏省金融稳定报告摘要

2014 年，面对错综复杂的外部环境和较大的经济下行压力，我国政府坚持稳中求进的工作总基调，统筹稳增长、调结构、促改革，不断创新宏观调控思路和方式，通过“定向调控、精准发力”，在短期经济增长与长期结构调整之间寻求平衡点。下半年以来，我国经济已出现企稳迹象，结构调整呈现积极变化，表明已出台的一系列调控政策取得了良好成效。

（一）江苏经济运行情况

2014 年，全省 GDP 同比增长 8.7%，增速低于 2013 年 0.9 个百分点。从 2014 年各个季度来看，一季度、上半年、前三季度、全年，全省 GDP 累计同比增速分别为 8.8%、8.9%、8.8%、8.7%。从经济运行的特点看：一是固定资产投资增速明显放缓，基建投资支撑作用明显。2014 年，全省固定资产投资（不含农户）同比增长 15.5%，增速比 2013 年下降 4.1 个百分点。2014 年，全省基础设施投资同比增长 28%，增速比 2013 年下降 1.2 个百分点，但仍高于 2009—2013 年平均增速 5 个百分点，也高于全部投资增速 12.5 个百分点。二是消费增速放缓，网络消费仍保持强劲增势。2014 年，全省社会消费品零售总额同比增长 12.4%，增速比 2013 年下降 1 个百分点。根据江苏省商务厅测算，2014 年，全省电子商务交易额达到 15 000 亿元，其中网络零售额约 2 900 亿元，同比增长 60%左右。三是出口增速仍处低位。2014 年，全省进出口总额同比增长 2.3%，增速比 2013 年提高 1.8 个百分点。四是物价涨势回落，通胀压力趋弱。2014 年，江苏 CPI 同比上涨 2.2%，涨幅比 2013 年回落 0.1 个百分点。五是财政收入增速放缓，国有土地出让收入大幅回落。2014 年，全省公共财政预算收入同比增长 10.1%，增速比 2013 年下降 2 个百分点。2014 年，全省国有土地出让收入同比增长 7.3%，增速比 2013 年下降 35 个百分点。六是就业水平稳步增长。2014 年，全省实现城镇新增就业 138.34 万人，超额完成全年新增就业 100 万人的目标，比 2013 年多增 1.44 万人。

（二）企业与居民部门

1. 企业

2014 年，江苏省企业部门生产经营活动总体保持增长势头，各项指标增速小幅回落，企业资金周转效率比上年有所降低，企业债券融资增长显著。

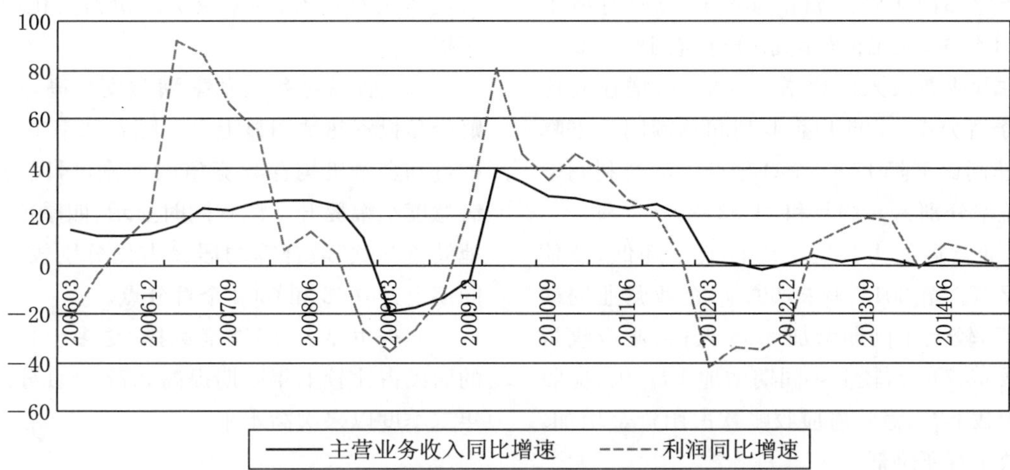

图 1　595 户企业主营业务收入、盈利水平同比增速走势图

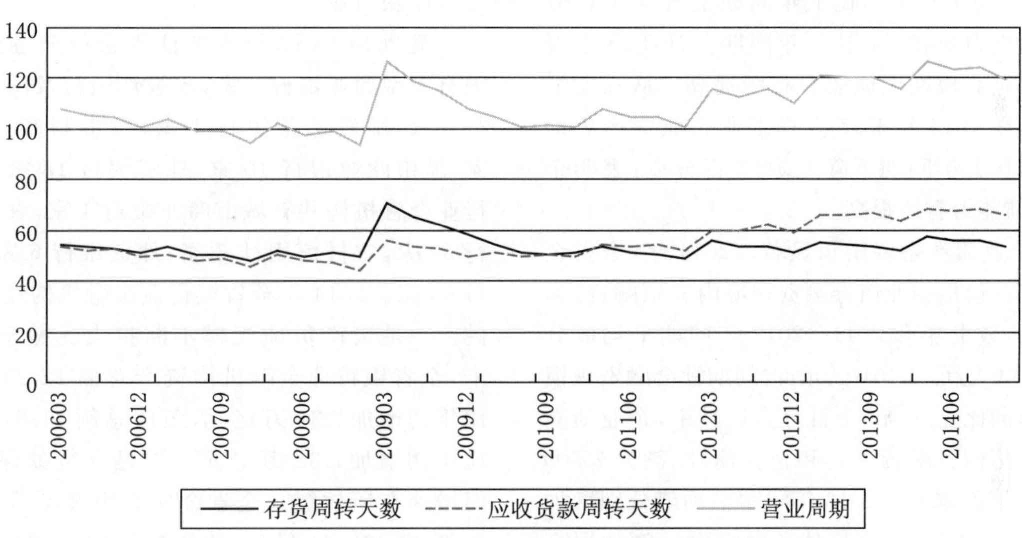

图 2　595 户企业资金营运情况走势图

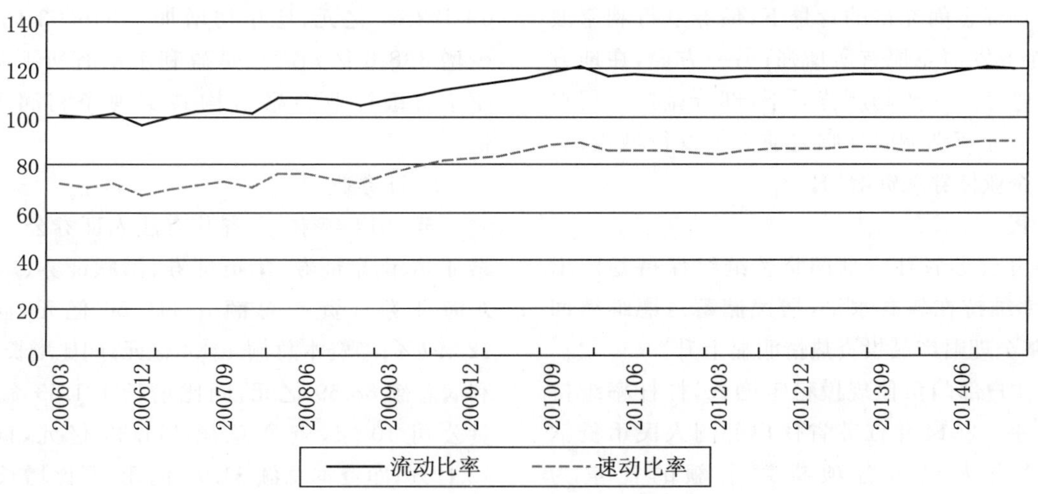

图 3　595 户企业偿债能力走势图

(1) 企业部门生产经营活动指标增速有所下降。至2014年末，人民银行南京分行监测的595户工业企业主营业务收入同比增长0.25%，增速同比下降1.46个百分点。595户企业利润总额同比下降0.24%，增速同比下降17.41个百分点。资产利润率和资本收益率分别为5.19%和31.93%。

(2) 企业营运能力和资金周转效率降低，偿债能力有所提高。至2014年末，595户企业营业周期为119.34天，较上年同期增加3.35天；企业应收货款周转天数65.74天，较上年同期增加1.84天，应收货款周转天数上升，意味着应收账款占用资金增加，资金周转效率有所降低。

从短期偿债能力来看，至2014年末，595户企业流动比率为120.3%，比上年同期上升4个百分点，速动比率为89.87%，比上年同期上升3.58个百分点，表明企业短期偿债能力有所提高。从长期偿债能力看，至2014年末，595户工业企业资产负债率53.3%，比上年同期下降2.24个百分点，表明企业长期偿债能力有所提高。

(3) 企业债券融资增长显著。2014年，全省企业直接融资(包括企业债券融资和境内股票融资)为2 858亿元，较上年和2011—2013年同期平均值分别增加1 166亿元、1 101亿元；占同期社会融资规模的21.3%，同比上升7.3个百分点。其中，企业债券融资(含直接债务融资工具和企业债)净额为2 509亿元，较上年和2011—2013年同期平均值分别增加866亿元、1 050亿元，直接债务融资发行额位居全国第一。企业债券融资快速增长，一方面是因为在银行间市场资金面充裕的背景下，债券发行利率波动下行，企业发债意愿有所增强；另一方面，在地方政府债务管理进一步趋严背景下，部分城投公司在地方政府债务甄别期限来临之前突击发行城投债，也助推了企业债券融资增加。

2. 居民

2014年江苏省住户部门贷款继续保持稳定增长，杠杆率维持在较高水平，居民储蓄意愿继续回升，股票基金理财产品投资热情明显上升。

(1) 住户部门负债规模稳定增长，杠杆率维持在较高水平。2014年江苏省住户部门人民币贷款余额占全省人民币各项贷款余额的比重为23.47%，与上年同期基本持平。数据显示住户部门贷款热情不减，杠杆率依然维持较高水平，这将会使居民对收入、利率及资产价格变化的敏感性显著提高。

(2) 居民对存款利率满意度提高，股票基金理财产品投资热情明显上升。随着利率市场化的不断推进和金融机构存款竞争的加剧，居民对存款利率满意度小幅提升。调查同时显示，四季度选择“更多地储蓄存款”最合算的居民占比分别较上季和上年同期上升0.58和0.02个百分点。

调查也显示，四季度选择“更多地投资”更合算的居民占比较上年同期提高3.77个百分点，为2013年二季度以来次高水平。

(三) 金融业

1. 银行业

至2014年末，全省非法人银行金融机构共有国有大型商业银行5家，政策性银行及国家开发银行3家，邮政储蓄银行1家，股份制商业银行12家，城市商业银行10家，外资银行18家。法人银行业金融机构共有城市商业银行4家，农村商业银行59家，农村信用社3家，外资银行6家，村镇银行69家。2014年全省银行业金融机构经营总体稳健。一是资产负债规模不断扩大。截至2014年末，全省银行业金融机构资产总额12.21万亿元，比年初增加1.35万亿元，负债总额11.81万亿元，比年初增加1.32万亿元。二是存贷款保持增长，但增速有所放缓。全省金融机构人民币各项存款余额93 735.61亿元，比年初增加8 131.55亿元，同比少增1 962.56亿元；人民币各项贷款余额69 572.67亿元，比年初增加7 546.63亿元，同比少增338.8亿元。三是盈利水平有所下降。2014年全省银行业金融机构共实现净利润1 519.29亿元。

2. 证券业

至2014年末，全省共有法人证券公司6家(华泰证券、南京证券、华英证券、国联证券、东吴证券、东海证券)，资产总额3 116.56亿元，同比增长123.97%；净资本总额404.4亿元，同比增长19.67%；利润总额68.59亿元，同比增长121.53%。法人期货公司10家，资产总额144.33亿元，同比增长12.12%；净资本总额31.95亿元，同比增长3.92%；利润总额2.23亿元，同比减少5.99%。至2014年末，江苏境内上市公司254家，其中主板111家，创业板 48 家，中小板 95 家①。

3. 保险业

2014 年，江苏保险业呈稳健运行态势。至 2014 年末，全省共有保险主体 93 家，其中法人机构 5 家（紫金产险、乐爱金产险、利安人寿、东吴人寿、国联人寿），省级分公司 91 家。2014 年全年全省累计实现保费收入 1 683.76 亿元，同比增长 16.44%。其中，财产险保费 606.29 亿元，同比增长 16.91%，人身险保费 1 077.47 亿元，同比增长 16.17%。人身险业务中，寿险保费 916.72 亿元，同比增长 13.29%；健康险保费 112.27 亿元，同比增长 46.93%；意外险保费 48.47 亿元，同比增长 15.74%②。

（四）具有融资功能的非金融机构

1. 小额贷款公司

至 2014 年末，全省共有 621 家小额贷款公司，实收资本合计 897.76 亿元，贷款余额为 1 100.19 亿元。同时，全省小额贷款公司贷大贷集中现象凸显，全省农村小额贷款公司单笔贷款平均金额约 150 万元，科技小额贷款公司单笔贷款平均金额约 320 万元。

2. 融资性担保公司

至 2014 年末，全省共有 416 家融资性担保公司，比年初减少 120 家③。在新发生担保业务大幅萎缩的背景下，部分融资性担保公司的累积代偿压力较大。目前，商业银行普遍从民营担保机构审慎退出，存量担保在逐步压缩。

3. 农民资金互助合作组织

至 2014 年末，江苏省登记备案的农民资金互助合作组织共有 443 家，比年初减少 16 家，社员人数为 45.65 万人，比年初增加 1.43 万人。

4. 典当行

至 2014 年末，全省共有 435 家典当企业，典当余额 106.2 亿元，利润总额为 2.6 亿元。受银监会《关于防范外部风险传染的通知》的政策影响，典当企业外部融资受限，典当行经营资金趋紧，典当企业平均业务规模（典当余额）收缩了 10%—20%。

（五）互联网金融和第三方支付

从省内情况看，银行与互联网金融的融合日益深入。南京银行、江苏银行均成立了直销银行，2014 年 6 月南京银行“你好银行”上线，目前有“鑫元宝”货币基金和“好享存”两款产品；2014 年 8 月江苏银行直销银行上线，目前有“惠多存”、“开鑫盈”、“放心汇”、“容易付”等多款产品和业务。直销银行通过去网点化的经营模式、去个性化的标准产品、简捷的操作流程，降低了运营成本，为客户提供了便捷、低成本的金融服务及较高收益的理财产品。2014 年 10 月，苏州银行宣布与点融网共同搭建 P2P 网络借贷平台，探索将互联网信贷审核技术与传统银行的信贷审核方法相结合，成为继国开行、平安银行、招商银行等银行之后又一家布局 P2P 的银行机构。

随着互联网金融进一步发展，行业分化加剧。从实际运行情况看，银行系 P2P 网贷平台风控措施比较到位，经营较为规范，但社会资本成立的 P2P 公司经营混乱情况较为突出。网贷之家数据显示，2014 年 12 月单月国内问题平台数量达 92 家，69% 的问题平台因为“提现困难”被曝光，“诈骗或跑路”问题平台占比达 25%。P2P 网贷公司频繁出现的风险事件，在很大程度上反映出该行业存在的不规范和巨大经营风险。

（六）金融改革与创新

1. 银行业

（1）开发性、政策性金融改革继续推进。国家开发银行突出同业引领，全面满足江苏多样化融资需求。一是发挥“投、贷、债、租、证”多维度综合金融服务优势，全方位满足客户需求，全年实现社会融资总量 1 168 亿元，列开行全系统第二。二是发挥银团品牌优势，成功组建南京青奥会、常州轨道、江苏斯尔邦、以及徐州、南通和镇江棚户区改造等重点建设项目银团，引导省内其他商业银行资金 168 亿元，保证了省内重大项目的资金需求。三是与省外金融机构建立差异化发展的合作格局，通过内部银团、信托贷款、债券销售、开行子公司协同等业务，引入省外金融机构资金 424 亿元，对支持江苏经济建设起到了积极的促进作用。四是创新融资工具，拓宽融资渠道，推动南京安居集团 32 亿元保障性住房 PPN 顺利发行，惠及低收入家庭 1.93 万户；推动江苏交通控股 30 亿元超短融顺利发行，保障了省内重大交

① 数据来源：江苏省证监局。
② 数据来源：江苏省保监局。
③ 数据来源：江苏省经信委。

通基础设施项目建设；通过国银租赁厂商租赁模式解决徐工集团近40亿元的融资需求，解决了其应收账款流动性问题。五是和省金融办联合创新设立的“开鑫贷”社会金融服务平台累计引导社会资金63亿元，支持了江苏1 712家小微企业发展，得到国务院马凯副总理的肯定。

农业发展银行坚持政策性业务的主体地位，审慎把握商业性业务发展，继续实施“两轮驱动”业务发展战略。一是创新收购资金风险防范措施，以“粮食共同担保基金”作为防控市场化收购贷款风险为有效抓手，积极联合粮食行政主管部门，加大粮食共同担保基金筹集力度，协调财政性资金纳入并充实粮食共同担保基金，有效解决国有地方粮食购销企业缺乏抵押担保的难题。二是探索支持农村土地流转和规模经营，着眼于农业现代化发展趋势和江苏人多地少的现状，依托产业化龙头企业、种粮大户，开展支持农村土地流转试点，2014年以来共发放贷款4笔，金额3 040万元，其中3笔2 540万元采用了土地承包经营权抵押方式。三是拓展银保企政多方合作。如与南京市雨花区政府、人民保险公司保险资本达成合作意向，首次以担保行、独立监督人身份为雨花区棚户区改造项目引入保险债权投资资金20亿元，未来十年将稳定获得每年3 000万元的中间收入。四是探索支持城镇化建设新模式。对接苏州市推进城乡一体化发展的“三优三保”行动，以土地复垦、高标准农田建设为重点，首次整体支持市级城镇化建设，目前已初步达成合作意向，待省政府批复苏州实施方案后推行。五是适时调整优化信贷支持政策。为突破苏南地区土地资源少、受金融危机冲击大等发展瓶颈，推动农发行总行先后出台了组合式担保，滚动式抵押、贷款归还50%后按比例释放抵押物等有针对性的政策，为基层行释放经营活力增加了空间。

进出口银行注重金融创新，推动业务发展。一是积极对接“一带一路”和“长江经济带”等国家战略，加大对国家批复的重大民生基础项目支持力度。累计向苏州中环、南通大丰港、沪通高铁等重大基础设施项目发放贷款152亿元。积极推进与新疆分行以行内信贷合作方式共同支持新疆广汇12.5亿元启东吕四港区LNG分销转运站项目。积极支持文化产业发展。向京杭大运河、无锡灵山、南京牛首山等重点文化保护开发项目投放贷款超过30亿元，支持了重点景区的保护开发，带动当地服务业发展。二是不断加强业务创新力度。进一步加大贸易融资业务推广力度。全年累计办理各项贸易金融业务86.7亿美元，贸易金融业务责任余额36.4亿美元，其中贸易融资余额11.94亿美元；开立保函金额12.82亿美元，责任余额21.10亿美元；开立信用证23.74亿美元，余额3.36亿美元。全年实现贸易金融业务收入1.2亿元，完成任务目标的116%。在全行率先开办了常年咨询顾问业务和保险代理业务，进一步拓宽了分行的业务收入来源。积极推广网银业务，新增网银开户108户，占全行的10%；办理网银支付240笔计126亿元，占全行的26%；办理网银贸金业务27笔，进一步提高了服务客户的效率和便利程度。

(2) 大型商业银行改革进一步深化。一是进一步完善组织管理架构，精简和优化机构和流程。如工商银行为进一步提升支行经营效能，试点开展城区支行扁平化管理，由市行直管二级支行，通过简化行政层级，激发城区网点经营活力。农业银行2014年对内设机构进行了微调。对原信贷管理部等6个部门进行更名，如农村产业金融部更名为农村产业与城镇化金融部、个人金融部更名为零售银行业务部、信息技术管理部更名为科技与产品管理部等。变更后的名称更加凸显部门主要职责和业务范围，有效减少了部门间推诿、边界不清等弊病。中行对二级分行、中心支行、经营性支行的组织架构由省行统一实施总量管理，将组织架构设置作为一项重要的资源投入，体现与各级机构绩效产出的匹配性，对二级分行组织架构按照现行的一、二、三类行分类进行差异化设置；对中心支行、经营性支行组织架构主要依据全辖机构内部等级评定结果进行差异化设置。建设银行2013年以来逐步将二级部建制的内控合规部、企业年金中心升格为一级部建制的内控合规部、养老金业务部，撤销了总务部，分行本部一级部门数增加为27个。二是持续提升内部管理水平，增强风险管控能力。工商银行围绕内控文化建设，以“零案件、零重大事故、零重大负面舆情”为目标，强化运营风险的监测分析与核查，重视加强服务管理，及时妥善处理服务投诉和舆情事件，防范声誉风险；强化金库、营业网点、离行式自助银行等重点部位的安全管理，严防抢盗、火灾等风险。农业银行建立了评价点评级定性动态计量模型，引用评价期内收集的各种内外部监管检查成果，按季开展评价考核，真实动态反映被评价行的内控管理状况，实现自我纠偏、持续完善的内部控制。建设银行在考核激励机制上高度重视风险防范，在KPI考核中风险及内控类分值权重占到70分(占比41.2%)，对于发生重点风险事项的机构，年度考核实行一票否决制。交通银行按照一体化经营管理需要，运用分行内控委员会平台，在全面风险管理委员会例会上，将审计署、银监局、总行审计局、地区审计分局、分行本部审计结果对全辖进行阶段性通报，研究整改方案，通过条线管理部门具体督导，提高全辖对内外审检查问题的整改，促进内控管理工作再上新台阶。三是积极支持民生发展，提升服务国民经济的效率和能力。工商银行以供应链融资、小企业经营型物业贷、集中收银贷、个人经营贷款等产品为重点，积极满足小微企业的融资需求。农业银行试点推广小微企业“工厂化”、“表单化”运作，通过适度调整优化授权，明确表格式的信贷调查、审查、审批模板，统一各环节操作要求等途径，解决小微企业准入难、流程长的突出问题；积极支持现代农业发展，截至2014年9月末，全行支持省级以上龙头企业120户、贷款余额65亿元，对国家级和省级龙头企业服务覆盖率分别达到86%和92%；农田水利建设贷款余额59亿元，其中2014年新支持农田水利建设项目13个，发放贷款22.3亿元。

2. 证券业

(1) IPO融资在全国位居前列。2014年IPO重新启动后，江苏有18家公司首次发行股票，首发融资92.99亿元，IPO融资数量和融资金额都位居全国第二。2014年江苏企业通过证监会IPO审核达15家，排名也是全国第二，占全国通过IPO审核企业总数的14%。IPO审核通过率创新高，达到93.75%，大大高于全国平均水平。随着今世缘的上市，淮安市也实现了境内上市公司零的突破。

(2) 并购重组和再融资规模创新高。2014年全省上市公司并购重组的数量和再融资规模都有大幅提升，有59家次公司公布重大资产重组计划，涉及金额达945亿元，同比增长超过150%，其中25家已经完成并购重组。并购重组已经成为江苏上市公司产业升级、行业整合、优化资源配置的重要手段。再融资方面，全省上市公司完成再融资608.45亿元，是历史最好水平。

(3) 多层次资本市场发展实现了新突破。在2014年新三板扩容以后，全省在新三板挂牌的公司已达到171家，占全国挂牌公司总量的11%，位居全国第二位；新增挂牌公司数量占2014年全国新增挂牌公司总数的14%，位居全国第一位。此外，江苏挂牌公司的做市转让及定向融资也较为活跃。至2014年末，采取做市转让方式的挂牌公司达16家，占全国总量的13%，排在全国第二位。新三板挂牌公司的股权融资开始起步，33家挂牌公司通过定向增发共融资4亿元。

(4) 私募市场发展态势良好。至2014年末，全省共登记备案私募基金管理人251家，占全国总数的5%，备案数量排在全国第5位；管理基金466只，管理基金规模803.95亿元，分别占全国的6.22%和3.92%；从业人员达3 636人。至2014年末，共有244家江苏企业的中小企业私募债通过备案，备案金额560亿元，备案家数和备案金额占全国的三分之一以上，都位居全国第一；195只中小企业私募债完成发行，发行金额315.33亿元，发行家数和发行金额分别占全国的30.42%和36.55%，都名列全国第一。

(5) 证券期货业的创新能力得到提升。2014年，江苏省证券、期货公司积极推进业务和产品创新，证券公司参与了沪港通业务试点，获得了收益权互换、公募基金托管、客户资金消费支付等创新业务资格。全年江苏省证券公司融资类业务收入合计40.4亿元，占总收入的比重达到了22.6%，同比提高了6个百分点；融资融券和股票质押式回购两项业务规模分别占全行业的8.47%和11.02%。3家期货公司的风险子公司通过备案，4家期货公司取得期货资管业务资格。

(6) 投资者权益保护进一步加强。2014年，全省共有204家上市公司在2013年报中公布了现金分红方案，分红总额达174亿元，占全省上市公司净利润总额的34.1%。130家公司的225次股东大会在表决时中小投资者单独计票，8家上市公司还召开视频股东大会，保障了中小投资者参与决策权。证券期货经营机构建立了以“首问负责制”为核心的投诉处理机制，提高了解决矛盾纠纷的效率。

3. 保险业

(1) 农业保险工作迈上新台阶。一是推动优化条款费率，农业保险保额较上年提高11%，而费率降低10%，农民投保成本进一步降低。二是进一步扩大主要种植业保险承保规模，不断提高主要种植业覆盖面和风险保障水平。江苏农业保险已实现“三个涵盖”，即保险险种基本涵盖江苏种植养殖业主要品种、保险责任基本涵盖江苏发生较为频繁和易造成较大损失的灾害风险、参保对象基本涵盖从事农业生产和农产品加工的各类主体，全省农业保险的覆盖网络已经形成。三是不断推动农业保险创新，持续推出了高效设施农业保险、特色种养殖农业保险、价格指数型农业保险等险种，风险保障水平不断提高。四是稳妥推进涉农贷款保证保险试点工作，探索建立农业保险和农村信贷结合的银保互动机制。目前徐州等地已正式开展家庭农场保证保险和小额贷款金融合作试点。

（2）社会保障领域责任保险工作深入推进。一是为医疗和养老基本社会保障提供经办服务。以江阴模式为代表，保险业积极做好新型农村合作医疗经办服务，目前覆盖17个县（市、区）的756.4万农民。以宜兴地区为代表，保险业积极探索经办新型农村养老保险业务，取得较好成效。二是做好大病医疗保险工作。“太仓模式”为国家医保新政的顶层设计提供了蓝本，多次得到国务院领导肯定。与省医改办等五部门联合下发《关于开展城乡居民大病保险工作的实施意见》，制定大病保险服务标准，组织大病保险政策培训，完善全流程大病保险监管体系，开展全省范围的大病保险合规检查。三是积极发展医疗责任保险。覆盖范围已经逐步由二、三级医院延伸到社区医院和私立医院，有效缓解了医患矛盾。

（3）环境污染险稳步推进。指导保险业聘请建立风险评估专家组，探索创建全流程风险管理服务体系。以无锡为例，保险业为全市2 000多家企业提供了风险评估服务，排查出较大环境污染安全隐患1 300多个，为近百家企业的环保工作人员进行了风险防范技术指导。在2014年12月环保部首次公布环境污染险投保情况中，江苏省2 000家企业投保环境污染险，投保企业数量占据全国的40%。

（4）科技保险发展迅速。目前江苏省是全国唯一设立科技保险专营机构的省份，苏州、南京分别获批1家科技保险支公司。全省保险业为1 600多家（次）科技企业提供了1 500亿元的科技创新与经营风险保障。

（七）金融基础设施

1. 支付体系

（1）完善支付基础设施建设，推动多项系统上线运行。2014年，人民银行南京分行推动中央银行会计核算数据集中系统（ACS）在江苏省顺利上线，其子系统ACS综合前置在江苏省22家银行机构上线运行，各上线银行机构能够正常通过前置系统办理账户核对、流动性查询、准备金和财政性缴存款业务。组织辖内14家法人机构和江苏省集中代收付中心切换为第二代支付系统，组织45家银行一级分行支付系统直接参与者切换为第二代支付系统。推动辖区内143家机构完成支付信息统计分析系统的上线运行，自主开发数据审核软件，要求各参与机构利用该软件对报送的数据自行检验并及时进行更正问题数据，提高了统计分析数据的正确率。

（2）稳步推进农村金融发展，进一步提升农村支付结算服务水平。农村金融综合服务站①建设已取得明显成效。截至2014年末，辖内农村金融综合服务站已达8 362家，覆盖了全省68.7%的无银行网点行政村，已提前、超额完成2014年覆盖30%的计划目标。深入推动改善农村支付服务环境建设工作。2014年，辖内人民银行太仓市支行完成了全市74个行政村的ATM全覆盖，成为继昆山之后全国第二个实现ATM“村村通”的县级市。切实防范助农取款服务点的各类业务风险。积极部署助农取款服务点从事民间借贷业务的风险排查工作，督促辖内收单机构强化对综合服务站拓展、签约、管理、终止以及合规和风险教育培训的要求。对不合规、存在风险隐患的综合服务站或收单机构，视情节轻重采取撤销站点、退出农村支付服务市场等措施。

（3）全面推进青奥支付服务环境建设，实现零有责投诉目标。为迎接青奥会的召开，人民银行南京分行全面推进青奥支付环境建设：建立青奥支付环境建设工作机制，指导辖内青奥银行启动青奥主会场、运动员村临时网点的选址和设计工作以及重点网点的升级改造，青奥比赛场馆周边各银行营业

① 农村金融综合服务站是在现有场所条件较好、信用状况优良、人员素质较高、业务需求较大的银行卡助农取款服务点基础上，整合支付、现金、征信、国库和金融消费者权益保护五大类服务功能的综合化农村金融服务平台，提供小额取现、刷卡消费、公用事业费缴纳、人民币真伪识别和兑换、农户信用信息采集、金融知识宣传、金融消费纠纷投诉指导等20项金融服务功能。

网点ATM布放齐全，柜面窗口100%开放；加强省内重点旅游地区青奥支付环境建设，满足人民群众和外地游客在商业网点、公共交通、旅游景区等领域的小额支付需求；青奥会开幕前，开展青奥支付环境建设工作检查和风险排查，对南京市青奥主场馆周边3公里范围内的银行机构、商圈支付环境建设情况进行了现场检查验收。伴随着青奥会的圆满闭幕，人民银行南京分行实现了青奥会期间支付结算服务零有责投诉的目标。

2. 信用环境

(1) 加强征信市场监管。细化征信监管制度，出台了《关于银行业金融机构贯彻落实〈征信业管理条例〉的指导意见》，细化《征信业管理条例》相关内容，印发了《江苏省银行业金融机构征信非现场监管工作指引(试行)》，制定了《江苏省征信投诉办理规程》和征信机构备案及设立许可工作的实施细则。开展银行业金融机构现场检查。2014年人民银行南京分行共对全省15家全国性金融机构、15家地方性金融机构、95个分支机构、568个网点开展了现场检查，抽查13 711份企业和24 275份个人查询授权资料。同时，开展省内人民银行系统个人信用报告查询情况的自查。对2012年8月1日至2014年7月31日期间人民银行南京分行受理的个人信用报告查询申请资料进行了自查，全省13个地市中心支行及55家县支行共68家分支机构抽查了查询记录61.49万笔；针对自查中发现的问题，认真分析原因、研究整改措施、强化贯彻落实，避免类似问题再次发生。

(2) 规范信用评级市场发展。修订信用评级管理制度，通过明确备案管理、业务管理、信息披露、行业自律等四个方面的工作要求，初步建立了以"备案管理—执业行为检查—评级结果考核评价"为主线的事前、事中、事后管理监测机制。加强日常监管，提高信用评级工作质量。2014年，组织中心支行对省内8家备案评级机构开展现场检查，查处专业评估人员不符合规范要求、现场访谈不到位、三级审核及内部评审流于形式等问题100余例，督促相关评级机构及时整改。召开评级报告质量专家评审会13场次，对评级机构执业质量进行客观公正的考核评价。同时，与省金融办加强沟通，组织评级机构参与金融办的日常监管工作。2014年省内评级机构共参与36家小贷公司的现场检查及监管评级，得到省金融办的认可，为推动小贷公司信用评级工作打下良好基础。组织各市中心支行与当地担保机构主管部门联合发布评级结果，将评级结果录入银保监测系统，利用评级结果提高风险防范和处置的前瞻性和主动性以及监管效率。

(3) 深入推进中小微企业、农村信用体系试验区建设。积极贯彻落实《中国人民银行关于加快小微企业和农村信用体系建设的意见》，指导无锡、常州、苏州等地区探索开展综合性的试验区建设，将信用评级、应收账款平台推广及信用信息应用等工作有机结合起来，全方位创建试验区。组织开展江苏省中小企业信用信息辅助管理系统的升级改造工作，截至12月末，辅助系统为1 436万户中小企业建立了信用档案，累计采集企业各类信用信息6 000余万条，其中非银信息2 600万条，入库贷款余额5.15万亿元。同时，组织各市中心支行利用农村金融服务站等载体开展农户及农村经济主体信息采集工作。截至12月末，省内已有74个县区开展了农户系统推广应用工作，共采集260万农户2 291万条信息、2 208户农村合作经济组织1.56万条信息，与2013年末相比采集的农户数增加了50.4%、农村合作经济组织增加了21.7%。

(4) 提升征信及相关系统的管理与服务。加强对新设法人机构接入征信系统的审核管理，指导村镇银行等60余家法人机构开展接入工作。加强对金融机构系统升级测试验收的指导，完成了对苏州银行等5家机构征信接口升级和江苏省农联社等4家机构"企业征信系统接口一期改进"的测试验收工作。强化征信数据质量的检查与监测。2014年对110个网点的10 073笔信贷数据进行了准确性核查，2 809笔进行了完整性核查，监测面涵盖了省内所有金融机构。加强考核力度，按季通报金融机构的数据质量。数据质量考评结果显示，省内企业征信系统地方性接口行综合评分平均为99.02，非接口行综合评分平均为98.53，个人征信系统综合评分平均97.02，数据质量稳定保持在一个较高的水平上。选择南京与苏州两地推进个人信用报告金融机构代理查询试点工作。自代理查询试点正式启动以来，8家代理查询点分别提供了0.99万次和1.91万次查询，查询量约占两地本级查询总量的21.32%和29.45%，有效提升了个人信用报告查询的便利性。推动动产融资登记公示系统及应收账款融资服务平台的应用，取得显著成效。截至12月末，省内已有877家机构注册成为登记系统常用户，累计登记21.56万笔，查询28.49万笔，登记量全国第一，查询量全国第三。

3. 反洗钱

(1) 提升监管有效性，充分发挥监管效能。全面开展综合评价，分行业通报评价结果，并以此作为分类监管的依据，充分发挥反洗钱非现场监管的警示作用。2014年，人民银行南京分行共完成对1 503家金融机构2013年反洗钱工作的综合评价。借助南京分行自主开发的反洗钱通用数据分析系统，对被查单位检查期内全时段全业务展开拉网式分析，充分发挥了现场检查的效能。2014年，全辖共对45家金融机构实施执法检查，其中银行业22家，证券期货业9家，保险业14家。

(2) 完善风险预警，防范洗钱及上游犯罪。继续加强洗钱类型分析，定期发布风险提示。2014年，人民银行南京分行发布洗钱风险提示，内容涉及假证开户、第三方支付、非面对面交易等产品或业务。强化对金融机构报送重点可疑交易的研判调查工作。在涉恐、反贪、涉税、走私等领域进一步深化与公安、国安、海关等相关部门的交流合作，多次开展情报交流及案件会商，预防和打击洗钱犯罪的部门合力进一步增强。

(3) 探索工作创新，完善信息系统功能。根据总行提出的优化意见以及前期使用及试运行中发现的问题，完善并推广反洗钱通用数据分析系统，新一代系统运行更加稳定，功能更加丰富，固化分析模型更加全面，数据分析效率提高20%以上。优化完善反洗钱重点可疑交易报送系统。

4. 金融生态环境建设

(1) 完善金融生态环境综合评估指标体系，有效增强科学性和针对性。遵循"金融生态环境考核评估重点由推动、鼓励金融生态环境创建向金融生态环境实际状况评估转变"的基本思路，成立课题小组，研究出台了《江苏省县域金融生态环境评估指标体系》。新设计的县域金融生态环境评估指标体系包括经济环境、金融运行、信用环境、法制环境和政策环境等5个一级指标、14个二级指标和40个三级指标。与原有考核指标体系相比，新指标体系突出定量考核，定量与定性相结合，减少定性指标及关联度较低的指标；增加对地方财政平衡性考核，推动地方政府自觉遵循经济规律，防止过度透支政府信用和金融资源；指标考核参照值由"所在市县域平均水平"调整为"全省县域平均水平"，统一全省参考标准，更具科学性、系统性、可比性及可操作性。

(2) 有效衔接金融生态县评审和县域金融生态环境综合评估工作，实现评审与评估的有机结合。采用一套评价指标体系、一次性征求评审意见、一种评价方法计算综合得分，对全省69个设乡、镇的县(市、区)金融生态环境进行综合评估，组织开展2013年度金融生态优秀县和达标县考核评定工作，对获得"金融生态示范县"称号满三年的地区组织开展"回头看"。考虑到当前经济处于下行周期，从逆周期调控角度考虑，为维护金融发展环境和金融业发展信心，保护各地金融生态建设工作的积极性，今年金融生态县评审工作遵循"审慎适用摘牌、降级制度，实事求是看待'一票否决性事件'、适当控制评审总体通过比例、加强金融生态环境评估结果的运用"的基本思路，2014年，共评定出7个金融生态优秀县、5个金融生态达标县，8个"回头看"地区继续认定为金融生态优秀县，全省金融生态县覆盖面已达到91.3%，提前完成工作目标。

(3) 持续组织开展县域金融投资者教育工作。组织全辖各中支、各县支行制定金融投资者教育年度工作计划，并报分行备案。针对射阳农商行挤兑事件，要求各县认真总结金融投资者教育工作的成果及存在的问题，从基层党员干部抓起，普及金融知识，培养法治理念，带动和教育群众；进一步改进教育工作方式，深入农村基层一线，采取农民群众能够接受、喜闻乐见的方式方法，确保宣传教育工作能够入户、入脑、入心，接地气，有实效。

(总　纂：李　军
统　稿：马军伟
执　笔：卜建明、宋　磊、张　曦、杨　洋)

3. 浙江省金融稳定报告摘要

2014年，浙江省经济保持平稳发展势头，全年经济运行平稳健康，主要经济指标处于中高速增长合理区间，结构、效益持续向好，为区域金融稳健运行创造了良好的环境。银行业存贷款规模增长平稳，信贷结构持续优化，法人银行机构经营状况良好，总体运行情况较为稳健。证券业发展势头较好，资本市场功能有效发挥，多层次资本市场建设持续推进；证券期货机构经营态势良好，券商利润大幅提升，资本充足情况良好。保险业积极推进改革创新，市场体系日益完善，资产规模稳步扩大，服务领域进一步拓宽，有效发挥了现代保险经济补偿和风险保障功能。小额贷款公司、融资性担保公司、典当行等具有融资功能的非金融机构继续发挥补充作用，温州、丽水、台州等区域金融改革稳步推进，两家民营银行筹建顺利，金融基础设施持续完善。

（一）区域经济

2014 年，浙江省经济运行平稳健康，主要经济指标处于中高速增长合理区间，结构、效益持续向好。

1. 经济运行概况

（1）经济增长保持稳定，产业结构优化调整。2014 年，浙江省实现地区生产总值 40 153.5 亿元，比 2013 年增长 7.6%，增幅下降 0.6 个百分点；人均生产总值 72 967 元，比 2013 年增长 7.3%，增幅下降 0.6 个百分点。三大产业结构由 2013 年的 4.8∶49.1∶46.1 变为 4.4∶47.7∶47.9，三产比重首次超过二产，产业结构向着服务业为主的“新常态”迈进。工业经济发展总体平稳，规模以上工业增加值 12 543 亿元，比 2013 年增长 6.9%，增幅下降 1.6 个百分点。

（2）内需保持平稳增长，外需增速稳步回升。2014 年，浙江省全社会固定资产投资 23 555 亿元，比 2013 年增长 16.6%，增幅比 2013 年下降 1.5 个百分点。社会消费品零售总额 16 905 亿元，扣除价格因素实际增长 11.7%，增速比 2012 年下降 0.1 个百分点。进出口增势良好，进出口总额 3 551 亿美元，比 2013 年增长 5.8%，增幅提高 1.7 个百分点；全年实现进出口贸易顺差 1 916 亿美元，比 2013 年扩大 298 亿美元。

（3）物价涨幅温和上扬，进出价差有所缩小。2014 年，浙江省居民消费价格同比上涨 2.1%，涨幅比 2013 年下降 0.2 个百分点。从价格走势看，下半年以来涨幅逐月回落。工业品出厂价格和原材料购进价格同比降幅有所收窄，分别比 2013 年下降 1.2%和 1.8%，降幅分别同比收窄 0.6 和 0.5 个百分点；出厂价格和原材料购进价格涨幅差 0.6 个百分点，比 2013 年上升 0.1 个百分点，价差略有扩大。

（4）创新驱动作用增强，转型升级稳中有进。2014 年，浙江省装备制造业、高新技术产业和和战略性新兴产业继续保持快速增长，分别同比增长 8.9%、8.5%和 8.6%，增幅分别比规上工业平均水平高 2.0、1.6 和 1.7 个百分点。八大高耗能行业比重下降，增加值为 4 496 亿元，比 2013 年增长 4.6%，增幅比规模以上工业低 2.3 个百分点。信息经济发展势头较好。2014 年，规模以上工业电子信息制造业增加值 1 133 亿元，比 2013 年增长 8.2%。电子商务交易额突破 2 万亿元，比 2013 年增长 25%左右。

2. 经济运行中需要关注的问题

（1）企业承受的各类压力尚未有效缓解。2014 年下半年以来，宏观经济增长动力依旧偏弱，缓慢下行的趋势仍未改变。在此形势下，企业承受的各类压力尚未有效缓解，如市场需求不足制约依然明显、产能过剩与产品销售价格弱势难改、销货款回笼不畅，导致生产经营状况难以改善，总体上呈稳中放缓趋势，走出低谷仍需较长时间。

（2）房地产相关领域风险需密切关注。9 月份以来，浙江房地产市场近期出现持续性回暖，但短期回暖并未改变供过于求格局，房地产中期调整的趋势不会因为降息等利好政策而发生改变，浙江房地产市场可能进入高库存与高去化并存、房价稳中有降的“新常态”。这意味着房地产市场对我省经济金融相关领域的负面影响在很长一段时间内都将持续，尤其是资金链较紧张的房地产企业、与房地产业相关的上下游产业以及涉房较深的制造业企业，由此带来的风险需密切关注。

（二）银行业

2014 年，浙江省银行业存贷款增长平稳，总体运行情况较为稳健。但不良贷款反弹尚未得到有效遏制，信用风险仍处于高发态势。

1. 银行业稳健性评估

（1）存款同比少增，同业存单快速发展。2014 年，在资本市场、理财产品对存款的分流效应增强，存款偏离度监管政策出台背景下，浙江省银行业金融机构各项存款同比少增，年末存款余额 79 241.9 亿元，同比增长 7.5%，增速同比回落 3.1 个百分点；新增存款 5 509 亿元，同比少增 1 543.2 亿元。2014 年，浙江省有 23 家法人金融机构共发行同业存单

1 139 亿元，占全国发行总量的 1/8。

（2）贷款增速较为平稳，贷款结构有所调整。2014 年，浙江省贷款增长总体适度，与经济发展态势基本匹配。年末，各项贷款余额 71 361 亿元，同比增长 9.2%，增幅回落 0.6 个百分点；全年新增贷款 5 805.7 亿元，同比多增 101.1 亿元。从期限看，中长期贷款同比多增 1 567.4 亿元，余额增速达 19.1%。从信贷投向看，基础设施类贷款多增，水利、环境、公共设施业贷款同比多增 844.4 亿元。

（3）利润水平持续下滑，中间业务收入占比提升。2014 年，浙江省银行业金融机构实现利润 847.79 亿元，比上年减少 269.67 亿元，降幅为 23.54%，已经连续三年出现下降。利润出现下降主要是由于不良贷款余额的攀升及处置力度的加大，各银行大幅计提了拨备。中间业务收入率 15.22%，比年初上升 0.48 个百分点，盈利结构继续改善。

（4）不良贷款持续反弹，资产质量下行压力较大。年末，浙江省银行业金融机构不良贷款额 1 396.97 亿元，比年初增加 197.23 亿元；不良贷款率 1.96%，比年初上升 0.12 个百分点。全省不良贷款已经连续三年“双升”，其中，11 月份不良贷款余额和不良贷款率创出五级分类以来的高点。关注类贷款比例达 4.15%，比年初上升 0.96 个百分点，处于历史高位。

（5）中小法人银行机构经营状况较为稳健。年末，浙江省法人银行机构①各项存款 28 494.92 亿元，增长 12.13%；各类贷款余额 21 204.59 亿元，增长 15.31%。不良贷款率 1.34%，比年初上升 0.08 个百分点；全年实现利润 478.67 亿元，比上年增长 16.76%，各项指标均好于全省平均水平。年末加权核心资本充足率和资本充足率分别为 11.82% 和 13.46%，拨备覆盖率 275.43%，均高于监管要求，抗风险能力较强。

2. 银行业运行中需要关注的主要问题

（1）信用风险防控压力不减。一是企业经营仍显困难。浙江省经济各项宏观经济指标趋好，但微观主体经营仍显困难。二是担保链风险仍在延续。以保证方式发放的企业贷款占比仍在三分之一以上，部分前期已处置企业风险再度暴露。三是逃废债行为时有发生。企业逃废债严重破坏金融生态环境，影响不良贷款处置。四是房地产市场、政府融资平台等重点行业隐性风险较大。

（2）法人机构存在流动性风险隐患。从日常监测指标看，法人银行机构的流动性指标均符合监管要求，流动性水平总体稳定，没有出现大的流动性风险事件。但在当前较为复杂的经济金融形势下，银行机构尤其是中小法人银行机构流动性风险、特别是声誉风险导致的流动性风险可能会趋于常态化，应该引起高度的重视。

（3）员工涉案风险相对高发。一是部分银行机构基层营业网点风控薄弱，还存在不少案防漏洞，发生多起存款被非法转走事件。二是企业资金链、担保链问题日益严重，这些问题背后有些涉及银行员工内外勾结骗贷等，但也有担保企业为逃避担保责任，抓住银行员工在业务办理过程的不合规行为，要求公安部门立案侦查。

（4）盈利能力出现下滑。2012 年以来，受经济增速放缓、利率市场化、金融脱媒等因素的影响，浙江省银行业净利润出现连续下滑态势。虽然银行因新发生不良贷款和处置不良贷款大幅计提了拨备是主要原因，但经济增速放缓、利率市场化收窄净息差、金融脱媒挤压盈利空间、负债成本上升等其他趋势性的因素也不容忽视。

（三）证券业

2014 年，浙江证券行业发展势头较好，资本市场功能有效发挥，多层次资本市场建设持续推进；证券期货经营机构经营态势良好，券商利润大幅提升，资本充足情况良好。

1. 证券业稳健性评估

（1）资本市场功能有效发挥。2014 年，浙江省境内上市公司累计融资 674.85 亿元，比上年增长 1.76 倍。其中，首发融资 66.62 亿元。多层次资本市场建设持续推进。截至年末，浙江股权交易中心挂牌企业 1 588 家，比上年增加 851 家，区域股权差异化融资体系初步成型；新三板挂牌企业 69 家，多层次资本市场建设持续推进。

（2）证券期货机构经营态势较好。2014 年，浙江省证券经营机构累计代理交易额 20.79 万亿元，增长 53.57%；利润总额 54.17 亿元，增长 54.42%。

① 包括浙商银行、城市商业银行、农村商业银行、农村合作银行、农村信用社、村镇银行、农村资金互助社、贷款公司和外资法人银行。

期货经营机构代理交易额 61.21 万亿元，增长1.9%；利润总额 8.6 亿元，增长 3.74%。

(3) 法人证券公司资本充足情况良好。年末，浙江省法人证券公司总资产 1 022.16 亿元，增长 1.45 倍；净资产 187.57 亿元，增长 49.03%；净资本 166.55 亿元，增长 83.57%。净资本/净资产为 88.79%，净资本/负债为 19.07%，净资产/负债为 21.48%，证券公司自身持有的资本对负债的覆盖能力较强。

(4) 证券公司业务结构持续优化。2014 年，浙江省法人证券公司营业收入 66.67 亿元，增长 50.12%；净利润 22.27 亿元，增长 91.02%。证券公司资产管理、融资融券、约定式购回等新型业务快速发展，盈利模式改善，2010—2014 年，经纪业务手续费收入占营业收入比例分别为 71.54%、68.49%、60.35%、58.88%、53.12%，占比逐年下降。

2. 证券业运行中需要关注的问题

(1) 部分上市公司经营风险有所上升。在宏观经济结构持续调整以及经济社会改革步伐加快的背景下，部分上市公司经营风险有所显现。如中捷股份因出现重大风险而停牌。个别上市公司因实际控制人出现问题，对公司正常经营带来一定的不利影响。

(2) 跨市场业务的金融风险值得关注。证券业资产管理业务的政策性放开，促使房地产、地方融资平台通过基金子公司资管计划等通道方式获得融资，但由于这些非银行机构对信用风险认识不足，缺乏必要的经验技术和人才储备，难以准确识别、评估基础资产的安全性。

(3) 部分券商合规意识有待提高。部分券商加大了非经纪业务的拓展力度，但在业务开展过程中，部分机构合规意识不足，受到监管部门行政处罚。此外，部分券商融资融券业务客户信用评估制度有待完善，个别券商存在向证券资产不足 50 万元的客户融资融券等问题。

(4) 部分新型业态风险值得关注。随着 A 股市场指数持续上扬，部分借助互联网平台以提高客户杠杆为目的新型业务快速发展。部分 P2P 平台向客户提供股票配资业务，借助低门槛、限制少、方便快捷的优势，满足投资者放大杠杆投资的需要，业务模式中蕴含账户安全等风险。

(四) 保险业

2014 年，浙江省保险业坚持稳中求进，稳中有为，积极推进改革创新，市场体系日益完善，资产规模稳步扩大，服务领域进一步拓宽，保险深度达到 3.13%，保险密度达 2 311 元/人，有效发挥了现代保险经济补偿和风险保障功能。

1. 保险业稳健性评估

(1) 行业格局日益完善，资产规模稳步增长。年末，浙江省共有保险市场主体 79 家，各类保险机构达到 3 651 家，保险专业中介机构 174 家，兼业代理机构 10 532 家。保险公司资产总额 2 565.6 亿元，比年初增加 291.3 亿元。其中，外资保险公司资产总额达到 56.9 亿元，比年初增加 28.7 亿元。

(2) 业务规模平稳增长，保险补偿功能有效发挥。2014 年，浙江省保险业共实现原保险保费收入 1 258.1 亿元，排名全国第 4 位，收入增长 13.35%，低于全国平均水平 4.1 个百分点。保险业赔付支出 474.6 亿元，增长 5.2%，但增速比上年下降 26.4 个百分点。

(3) 区域集中度保持稳定，产寿险集中度继续分化。从区域看，杭州、宁波、温州三市保费收入全省的 53.47%，衢州增速达 19.8%，为全省最快。从市场主体看，财产险市场前 3 大公司市场占有率 62.1%，上升 1.9 个百分点；寿险市场前 3 大公司市场占有率 58.4%，下降 3.8 个百分点。

(4) 保险覆盖面继续扩大，服务领域稳步拓宽。2014 年，全省(不含宁波)农业保险产品提供风险保障 379.21 亿元，向 10.91 万农户支付赔款 2.49 亿元；农房保险为 869.04 万户农户提供风险保障 2 266.45 亿元，向 1.47 万户农户支付赔款 8 054.32 万元。大病保险大幅推进，出台了《关于加快建立和完善大病保险制度有关问题的通知》，目前已覆盖 2 634 万人。

2. 保险业运行中需要关注的问题

(1) 财产险公司盈利基础不稳固。一是车险盈利能力仍然薄弱，2014 年承保利润率仅为 0.6%。二是非车险盈利能力不稳定，2014 年利润增幅最大的险种为企财险和农业险受自然灾害影响大，盈利水平波动较大。

(2) 财产险市场马太效应凸显。大型公司凭借规模优势和成本控制能力，竞争优势越发明显，2014 年前七大公司市场份额上升 2.2 个百分点，利润占比超80%。部分中小公司持续亏损,甚至连续亏损5年以上。

(3) 人身保险退保率逐年攀升。2014年,人身保险全年发生退保164.4亿元,增长40.3%;退保率5.7%,上升1个百分点。究其原因:一是由于近年来分红险分红水平较低,退保率不断上升。二是短期趸缴型业务、高现金价值产品占比持续上升。

(五) 社会金融活动

2014年,浙江省具有融资功能的非金融机构①业务规模有所下降,三类机构的资产质量不佳,行业风险因素有所显现,个别机构风险持续暴露陷入经营困境,可持续发展受到挑战。

1. 小额贷款公司稳健性评估

(1) 贷款投放同比负增长。年末,浙江省正式注册小额贷款公司340家,比2013年末增加26家。2014年累计发放贷款2 890.94亿元,下降10.27%,呈逐季下行态势;年末贷款余额899.72亿元,增长22.85%。

(2) 信用贷款占比略有提高。年末,浙江省小额贷款公司抵押、质押和保证等非信用贷款余额共计868.87亿元,其中信用贷款41.28亿元,占比4.54%,较上年同期提高1.54个百分点。

(3) 净利润持续收缩。2014年,浙江省小额贷款公司累计实现净利润58.27亿元,下降19.05%。小额贷款公司平均净利润自2011年第四季度以来呈震荡下行趋势,2014年第四季度增速降至2011年以来的历史新低。

2. 典当行稳健性评估

(1) 机构数量略有增加。截至2014年末,浙江省共有504家典当企业,比上年末增加21家。注册资本总额109.43亿元,增长5.58%,资金实力略有增强。

(2) 业务量同比全面下降。尽管新增典当企业21家,但2014年浙江省典当企业累计发放典当贷款368.26亿元,下降6.29%;其中,动产质押典当贷款降幅最大,下降14.53%。

(3) 盈利能力继续下降。2014年,浙江省典当行业实现利息与综合服务费收入7.19亿元,下降12.64%;实现税后利润1.25万元,下降35.71%;综合息费率1.95%,较上年同期下降0.2个百分点,已连续三年下降。

3. 融资性担保机构稳健性评估

(1) 机构数量有所减少。2014年末,浙江省融资性担保公司共计486家,较年初减少72家。原因一是部分担保机构因风险事件频发、利润下滑等因素,主动放弃担保牌照,二是行业整顿,淘汰部分经营不规范、主业不达标的担保机构。

(2) 业务规模继续下降。2013年,浙江省融资性担保机构担保责任发生额101.99亿元,比上年下降7.99%。自2013年第三季度以来连续五个季度下降,反映出当前融资担保公司开展业务较为谨慎。

(3) 净利润大幅下降。担保业务收入减少,以及担保代偿额持续高企,导致浙江省融资性担保机构净利润大幅下降,2014年融资性担保机构实现累计净利润1.09亿元,同比下降36.99%。

4. 值得关注的问题

(1) 信用风险持续上升。小额贷款公司不良率持续上升,年末不良贷款率已攀升至5%;典当企业逾期贷款余额增长6.67%,占全部典当贷款余额的比例为15.26%;融资性担保公司担保代偿风险加大,年末担保代偿率为2.19%。

(2) 内部管理相对薄弱。三类机构人员总体素质不高,资金实力不强,运营管理运作尚不规范,多数机构治理结构与风险控制机制不够健全,有效抵御和疏散风险的能力较弱。

(3) 担保业盈利模式有待完善。融资性担保具有典型的"高风险、低收益"特征,担保公司在为企业贷款担保时得到1.5%~3%保费,但要承担100%的风险,顶层制度设计上没有很好解决行业盈利模式。

(六) 金融改革与创新

1. 温州金融综合改革

(1) 积极推进贸易投资便利化。温州成为浙江省唯一的开展外商投资企业外汇资本金意愿结汇试点地区,20家外资企业办理意愿结汇1 006.28万美元。推进人民币跨境投融资业务,2014年跨境人民币实际收付总量521亿元,增长45%。

(2) 推进企业直接债务融资业务。2014年,温州共注册银行间市场各类债务融资工具177.1亿元,发行113亿元,是2013年全年发行总量的3倍。

① 包括小额贷款公司、典当企业和融资性担保公司。

其中，全国首单地级市保障房私募债在银行间市场成功发行，发行金额36亿元。

（3）推进延长贷款期限类信贷产品创新。2014年，温州银行机构累计发放各类延长贷款期限类信贷创新产品2.6万笔，金额326亿元。截至年末，温州中长期贷款余额1 938.2亿元，占比26.4%，较年初提高5.9个百分点。

（4）加快征信体系建设。推动“一系统、一平台”的建设和使用，推进温州市征信综合数据查询平台建设。推动征信市场健康发展，规范发展信用评级业务，扩大信用报告在行政管理中的应用。

（5）推进金融综合统计工作。在进一步完善“温州金融业综合统计信息平台”和“温州金融监测报数平台”的基础上，参与人民银行总行的金融业综合统计系统开发建设，探索金融业综合统计分析框架。

2. 丽水农村金融改革

（1）支持农村普惠金融产品创新。探索开展农村土地流转经营权和农房抵押贷款创新；建立市、县、乡三级的农村产权交易中心，出台了覆盖林权、农房、土地流转经营权抵押贷款的配套实施办法和政策体系，年末“三权”抵押贷款余额达63.2亿元。

（2）推进外汇产品服务创新。在成功建成全国首个村级外币代兑点的基础上，持续发展个人外汇贷款业务。截至年末，已创建村级外币兑换点5个、货币兑换公司1家，累计办理代兑业务达13.9万笔、金额6.08亿美元；已发放个人外汇贷款549万美元。

（3）推进农村金融服务组织建设。已设立社区银行1家、村镇银行9家、小额贷款公司18家，实现新型农村金融组织县域全覆盖。持续推动多层次农村担保体系建设，年末，建立4家由政府财政出资的涉农融资性担保公司、25家融资性担保公司、86家村级担保组织和330个村级资金互助会。

（4）成功创建总行级农村信用体系建设试验区。加快完善农户信用信息系统，全面推进“四信”工程建设。截至年末，共收录农户档案43.8万户，当年信息更新率达98.9%；评定信用农户38.9万户，成功创建信用村（社区）869个、信用乡（镇、街道）38个；有30.4万农户累计获得贷款313.5亿元，农户贷款覆盖面同比增长14.5%。

（5）完善农村金融服务平台建设。年末，小额取现和代理转账业务累计办理分别达121.3万笔和29.2万笔，金额分别达到3.8亿元和1.1亿元，惠及150余万农民。不断推进电子支付业务在农村地区的广泛应用，创建28个网上支付示范区。

3. 台州小微金融专项改革

（1）支持地方法人金融机构开展主动性负债。目前，台州三家城市商业银行发行的专项金融债、同业存单、信贷资产证券化等产品共100多亿元，有效盘活存量信贷。其中，台州银行作为全国三家城市商业银行试点机构之一成功发行了5.31亿元的信贷资产证券化产品。

（2）引导金融机构开展产品服务创新。截至年末，台州小微金融创新产品贷款同比增长21.6%，高于同期全部贷款增速8.4个百分点。同时，支持推进企业债务融资工具发行，2014年新注册各类非金融企业债务融资工具22亿元，发行26亿元，发行量超过2013年。

（3）完善小微金融服务组织体系。2014年新设小微企业金融服务专营机构26家，村镇银行数量达到7家并实现全覆盖。推动建立以政府出资为主、地方银行和其他组织捐资为辅的台州小微企业信用保证基金，首批与6家银行、31家企业顺利签约，承保金额5 187万元。

（4）深化小微企业信用体系建设。推进金融服务信用信息共享平台建设，截至年末，平台已征集金融、工商、税务等13个部门2 500多万条信用信息，覆盖45万多家企业与个体工商户，共开通金融机构查询用户1 085个，累计查询量约9万笔次。推广应收账款融资服务平台，成功办理全省首例集群型应收账款融资业务。

4. 民营银行设立

（1）筹备进展。2014年，温州民商银行和浙江网商银行先后获准筹建，入围全国首批5家民营银行试点。目前，浙江两家民营银行的筹建工作较为顺利。其中，温州民商银行已召开创立大会，高管选任、网点选址等准备工作基本完成，预计2015年上半年正式开业。浙江网商银行筹备进程稍慢，目前各股东持股比例已确定，但因在远程账户开立等操作问题上突破较大，仍在与监管部门进一步沟通，预计2015年年内正式开业。

（2）潜在风险。根据定位，民营银行设立将在提供多元化金融服务、缓解中小企业融资难等方面发挥积极作用，但潜在的风险也不容忽视。一是市场定位是否明确。如果民营银行不是错位竞争而是同质竞争，那么民营银行不仅不能提高银行业金融效率，相反会导致银行业恶性竞争，增加发生系统性金融风险的概率。二是风险控制是否严密。主要包括三大风险隐患：不完善的业务风险识别体系、不完善的内控管理体系、专业的金融管理人才以及从业人员的缺乏。三是经营模式是否健全。如果对关联交易缺乏有效监管，那么民营银行有可能沦为股东间的融资工具。

（七）金融基础设施

1. 支付体系稳健性评估

2014年，浙江省支付清算系统共处理业务4.19亿笔，262.44万亿元，分别增长26.19%和18.1%。顺利上线中央银行会计核算数据集中系统（ACS），16家法人银行机构完成第二代支付系统切换上线、45家非法人银行机构完成第二代支付系统身份变更。支付服务市场监管不断强化。首次对网络支付机构开展综合执法检查，对预付卡支付机构开展专项执法检查，及时启动支付机构应急处置工作机制。开展银行同业账户清理核实工作和预授权套现风险排查及现场调查。农村支付服务环境持续改善。共创建完成252个“网上支付示范区”，覆盖全省所有县（市）；农村地区网银用户达3 908.9万，增长34.5%，全年发生交易笔数、金额增长51.5%和31.6%；手机支付用户增长104.5%，交易笔数、金额增长3.57倍和2.71倍。

2. 征信体系稳健性评估

2014年，个人和企业征信系统共收录浙江省3 549万自然人和134万户企业及其他经济组织的信用信息，全年累计查询4 469万次，为金融机构防范信用风险提供保障。68家小额贷款公司等小微机构接入征信系统，信用信息的采集和共享范围不断扩大。征信市场稳步发展。社会化征信机构初具雏形，2家个人征信机构通过机构开立许可初审，4家企业征信机构通过备案审核获得备案证。信用评级市场日臻成熟，全年共完成9 000余家信贷企业、200余家发债企业及其债项的信用评级。征信市场监管日趋完善，及时、妥善处理信息主体异议、投诉245起。中小企业和农村信用体系建设稳步推进。2014年累计为20.92万户尚未与银行发生信贷关系的中小企业建立信用档案。推广应用中小企业信用信息辅助系统、应收账款融资服务平台，缓解银企信息不对称。推进“三信”创建工作，全年共采集并纳入农户系统的农户档案155余万户，评定信用户113.6万户，创建信用村3 414个、信用乡159个。推广“整村批发，集中授信”信贷业务，累计有3 010个行政村办理了该业务，共42.2万信用农户获得授信436亿元。

3. 反洗钱体系稳健性评估

2014年，全省反洗钱工作继续推进。反洗钱监管不断深化，可疑交易报告质量不断提升，全年向公安部门移送案件线索117起。与浙江省国家安全厅联合印发了《打击恐怖融资犯罪协作办法》，向当地公安部门和浙江省国家安全厅移送多起涉恐线索，反恐融资初显成效。发布新的风险评估指标体系，建立标准化的电子评估表格，洗钱风险评估指标体系进一步完善。发布44期反洗钱风险提示，反洗钱风险提示成效日益显现，为公安部门进一步侦查提供了线索。反洗钱基础日益扎实。主办或参与的各类广场、街头宣传活动千余场次；报刊、电视宣传、广播宣传1 500余次，播放宣传短片超过6万次，进一步扩大了反洗钱工作的社会影响力。

（八）金融稳定总体评估

2014年，浙江省经济增长平稳，金融业总量合理增长，金融改革与创新不断推进，金融结构相对合理，社会金融活动补充功能有效发挥，金融基础设施较为完善，整体金融稳定状况较好。人民银行杭州中心支行运用区域金融稳定定量评估模型对浙江省2014年区域金融稳定状况进行定量评估，结果显示，总分较2013年减少4分，区域金融稳定状况总体较好。从分项指标看，宏观经济得分较2013年减少4分，主要是国内生产总值增长率和典型城市房地产销售价格指数下降较多；金融机构中银行、保险部分指标有所下降，但仍大幅好于最低监管标准，证券业指标则明显优化，因此得分继续保持满分，金融总体运行质量和效益保持平稳；金融生态环境得分与2013年持平，金融活动发展基础仍然稳固。

（总 纂：陆志红
统 稿：李跃华 潘晓斌
执 笔：王 勇 王紫薇 艾 蓓
李冠琦 芦华征 邵荣平 吴伟岐
胡虎肇 翁 磊 潘晓斌）

4. 安徽省金融稳定报告摘要

2014年,面对复杂多变的国内外经济环境,安徽省坚持稳中求进、改革创新,统筹做好稳增长、促改革、调结构、惠民生、防风险各项工作,紧紧抓住国家扩大内陆开放和长三角一体化战略机遇,主动作为,精准发力,经济发展呈现总体平稳、稳中有进的良好态势。全省金融业以深化金融改革、促进金融发展为主线,推动金融业改革创新,提升金融服务实体经济能力,加强金融风险管控,加大金融基础建设,完善金融消费者权益保护机制,优化金融生态环境,全省金融业运行整体稳健。

(一) 区域经济运行与金融稳定

2014年,面对复杂多变的国内外经济环境,安徽省坚持稳中求进、改革创新,统筹做好稳增长、促改革、调结构、惠民生、防风险各项工作,紧紧抓住国家扩大内陆开放和长三角一体化战略机遇,经济发展呈现总体平稳、稳中有进的良好态势。初步核算,全年地区生产总值(GDP)达20 848.8亿元,按可比价格计算,比上年增长9.2%,增速高于全国1.8个百分点。其中,第一、二、三产业增加值分别增长4.6%、10.3%和8.8%。

1. 区域经济运行情况

(1) 经济运行总体平稳,发展活力不断增强。2014年,安徽省经济运行平稳,逐步由以往的高速增长向中高速增长的“新常态”过渡,主要指标增速保持较快增长区间。按常住人口计算,全年全省人均GDP达34 427元,比上年增加2 426元。分季度看,全年四个季度生产总值累计分别增长9.6%、9.3%、9.1%和9.2%,季度间波动幅度在0.3个百分点以内。分性质看,民营经济实现增加值11 946.3亿元,增长9.2%,占生产总值比重由上年的57%提高到57.3%。

(2) 发展方式加快转变,结构调整成效明显。第一、二、三次产业比例由上年的12.3∶54.6∶33.1调整为11.5∶53.7∶34.8。规模以上工业中,高新技术产业和战略性新兴产业实现增加值分别增长13.6%、22.5%,分别高于全部工业2.4个、11.1个百分点。服务业对经济增长的贡献率由上年的30%提高到31.8%。

(3) 三大需求平稳增长,结构有所改善。一是消费平稳增长,消费结构优化。全年社会消费品零售总额增长12.5%,增幅位列全国第2位、中部第1位。农村消费市场增长高于城镇,电商销售加速发展,耐用品消费增长加快。二是投资稳中趋缓,投资结构改善。全年固定资产投资增长16.5%,增幅比全国高0.8个百分点。投资增速逐季小幅回落,房地产开发和六大高耗能行业投资增速放缓,民间投资保持较快增长。三是对外贸易触底回暖,“引进来”和“走出去”齐头并进。全年进出口总额增长8.2%,进出口、出口、进口增幅分别高全国4.8个、5.4个和2.6个百分点。贸易结构优化,高新产品出口大增。实际利用外商直接投资增长15.5%,增幅居中部地区第2位;“走出去”战略加快实施,对外直接投资汇出美元增长20%。

2. 需要关注的问题

(1) 外部经济复苏依然脆弱,外部贸易环境较为复杂。全球工业生产和贸易疲弱,世界经济复苏缓慢,新兴经济体风险因素增多。美元升值加快、美联储量化宽松政策的调整等因素导致国际金融市场波动,新兴市场和发展中国家可能面临较大的不确定性,并对我国经济发展产生重要影响。国内经济企稳的基础还不稳固,经济发达地区向内地的产业转移和资金流动趋缓,利用外部资金发展后劲仍显不足。

(2) 内需增长动力有待提升,经济结构面临继续调整压力。全年固定资产投资增幅比上年回落4.6个百分点、比全国多降0.7个百分点。从投资意愿看,新开工大项目减少,投资资金供应偏紧,房地产投资增速放缓。从消费意愿看,社会消费品零售总额增幅比上年回落1.1个百分点、比全国多降0.1个百分点。企业产成品库存和商品房待售面积增长加快,同时,居民收入增长有所放缓,全年城镇居民人均可支配收入和农村居民人均纯收入增幅分别比上年回落0.9个和1.1个百分点。

(3) 节能降耗压力较大,部分行业产能过剩矛盾有所加深。全年规模以上工业综合能耗比上年增长1.9%,增幅比上年回落,但高耗能型的工业结构尚未根本改变,工业发展对能源的需求仍较为强劲,节能降耗仍面临较大压力。煤炭消费占比偏高,原煤消费占规模以上工业能耗的比重达64.2%,全省钢材、水泥、平板玻璃、房间空气调节器、彩色电视机等的产能利用率相对较低，煤炭、有色、化工、纺织等传统优势产业也面临产能过剩压力。

（二）银行业与金融稳定

1. 银行业发展基本情况

（1）资产负债增速有所放缓，结构调整速度加快。至年末，安徽省银行业机构资产、负债总额分别为4万亿元、3.9万亿元，同比分别增长14.2%、14.1%，增幅较上年同期分别回落3.7个、3.4个百分点。同业资产占总资产比重由上年末的9.5%提升至12.1%，存款占负债总额比重由上年末的79%降至78%。

（2）存款增速放缓，存款稳定性趋强。至年末，全省银行业机构本外币合计各项存款余额3万亿元，同比增长11.7%，增幅比上年同期下降4.4个百分点，但仍高于全国平均水平2.1个百分点。金融机构存款增量逐季下滑，存款偏离度监管要求效果逐步显现。财政性存款同比增速放缓，单位存款和个人存款同比少增。定期存款增长较快，活期存款占比下滑。部分股份制商业银行和城市商业银行存款增长乏力。

（3）各项贷款平稳增长，投放结构更加均衡。至年末，全省银行业机构本外币合计各项贷款余额为22 754.7亿元，同比增长15.6%，增速较上年同期下降1.6个百分点，但仍高于全国水平2.3个百分点。信贷季度投放节奏较为均衡。中长期贷款和票据融资快速增长，短期贷款持续放缓。单位贷款增量占比提高，个人消费贷款平稳增长。信贷结构进一步优化，重点风险关注领域贷款投放力度减弱，薄弱领域信贷满足度不断提高。新兴产业发展较快地区及皖北地区贷款快速增长，传统能源型城市和信用风险暴露较多地区贷款增速放缓。

（4）利润总额持续增加，成本费用控制较好。全年银行业机构实现利润总额472.1亿元，同比增长6.8%。净利息收入增速小幅上升，营业费用增速回落，成本收入比持续下降。

（5）不良贷款率维持低位，涉农机构不良贷款双降。至年末，全省银行业机构不良贷款率较年初下降0.1个百分点，不良贷款率连续七年下降。其中，政策性银行资产质量明显提升；农村合作金融机构受改制因素影响，不良贷款实现账面双降，年末不良贷款余额和不良贷款率比年初分别减少7亿元和0.6个百分点。

（6）地方法人银行业机构资本充足水平总体提升。至年末，全省法人银行业机构核心资本充足率和资本充足率较年初分别上升1.2个和0.5个百分点。其中，农合机构年末核心资本净额和资本净额同比分别增长34.8%和31.5%，资本充足率比年初上升1.4个百分点。

2. 需要关注的问题

（1）银行业机构不良贷款反弹压力加大。至年末，全省银行业不良贷款余额较年初增加34.8亿元。一是潜在信贷风险仍在累积，年末逾期贷款和关注类同比分别增长116.4%、47.7%。二是重点行业和重点领域信用风险仍需关注。地方政府融资平台贷款规模持续增加，集中还款压力大；房地产贷款增速快、占比高，风险敞口不断上升；产能过剩等行业表内外授信存量风险依然较大。

（2）利润增速明显回落，机构间盈利分化特征明显。全年银行业机构实现利润增速较上年回落9.4个百分点。一是中间业务收入增速明显下滑，同比增长14.6%，增幅较上年同期回落14.5个百分点。二是息差水平逐步收窄，年末全省银行业机构利息收入率较年初下降0.8个百分点。三是贷款质量向下迁徙导致银行拨备计提较多，进一步削弱盈利能力。

（3）交叉性金融业务和表外业务快速增长，业务发展亟待规范。交叉性金融业务快速发展，但为规避金融监管，其复杂性、交叉性和隐蔽性程度日益上升。表外业务快速增长，业务发展亟待规范。至年末，全省银行业机构表外业务余额同比增长34.6%，增速比上年同期上升7.7个百分点。其中，委托贷款、委托投资同比分别增长36.1%、152.7%。

（三）证券业与金融稳定

1. 证券业发展基本情况

至年末，安徽省共有2家法人证券公司、9家证券分公司、205家证券营业部，证券从业人数4 272人；共有3家法人期货公司、36家期货公司营业部，期货从业人数909人。

（1）证券市场交易活跃度大幅回升，证券期货交易两极分化。全年证券累计交易量26 532.9亿元，同比增长51.9%；年末客户保证金余额165.4亿元,同比增长119.5%。期货市场交易量下滑明显,全年期货经营机构累计代理交易额15万亿元,同比下降18.7%,上年同期为增长27.1%。

(2)证券期货机构资产规模由降转升,盈利水平分化。至年末,全省证券、期货经营机构总资产同比分别增长114.4%、20.9%,上年同期则分别为下降7.7%、23.4%。全年证券经营机构累计实现利润13.8亿元,同比增长68.9%;期货经营机构实现利润0.4亿元,同比下降15.3%。

(3)证券期货机构经营环境持续改善,创新业务快速发展。2014年,国务院出台《关于进一步促进资本市场健康发展的若干意见》后,证券机构资产管理、融资融券、证券约定式购回、股票质押回购、债券质押式报价回购等创新业务快速发展。至年末,辖内两家法人证券公司融资融券余额合计145.5亿元,同比增长147.9%,创新业务已成为仅次于经纪、自营、投行的重要业务。

(4)上市公司市值规模快速增长,区域多层次资本市场体系建设不断推进。至年末,全省境内上市公司总数80家,上市公司总股本670.1亿股、总市值7 041.6亿元,同比分别增长10%和48.8%。辖区新增上市公司3家,IPO辅导备案企业9家,过会待发行公司2家,在审企业16家、辅导备案企业13家,45家企业挂牌"新三板"。

2. 需要关注的问题

(1)证券公司抗风险能力整体稳健,但负债增长较快。至年末,两家法人证券公司合并计算的净资本/净资产为59.1%,较年初提高7.1个百分点。值得注意的是,负债增速较快,全年负债总额同比增长120.8%,同期资产总额增速为65%。

(2)期货公司盈利能力下降,风险控制水平有待提升。全年3家法人期货公司实现净利润同比下降10.1%。个别机构风险控制指标波动大,其高杠杆经营风险和净资本对客户的保障程度需重点关注。

(3)证券公司需平衡好业务创新与风险管理间关系。证券公司在开展创新业务过程中财务杠杆增长较快,需关注流动性风险;另类投资业务资金主要偏向宏观政策调控行业,信用风险增大,创新业务风险管理有待加强。

(4)合规性风险和信息安全风险管理压力较大。经营模式变化导致合规管理压力增大;互联网金融大力发展,信息化建设与信息安全保障工作面临挑战。

(四)保险业与金融稳定

1. 保险业发展基本情况

至年末,安徽省共有法人保险机构1家,省级分支机构53家。保险机构资产总额1 187.2亿元,同比增长6.96%。全省保险深度和保险密度分别为2.7%和945元/人。

(1)保费收入较快增长,服务领域继续拓宽。全年实现保费收入572.3亿元,同比增长18.5%。其中,财产险业务实现保费收入241.5亿元,同比增长18.4%;人身险业务实现保费收入330.8亿元,同比增长18.5%。辖内森林保险、大病保险、环境污染责任保险进一步推进,农业保险实现重大突破。

(2)保险赔付支出增速大幅放缓,赔付压力有所缓解。全年累计赔款与给付234.4亿元,同比增长5.1%,增速较上年回落41个百分点。其中,财产险业务赔付支出127.4亿元,同比增长10.5%,增速较上年回落15.5个百分点;人身险业务赔付支出107亿元,同比下降0.7%,去年同期为增长76.1%。

(3)产品结构调整继续推进,保险保障功能得到加强。财产险方面,保证险、信用险家财险和等业务得到较快发展,保费收入同比分别增长102%、45.2%和22.8%,增速均高于财产险平均增速。人身险方面,产品结构不断优化,健康险业务继续保持较快发展,保费收入同比增长63.8%,占人身险保费收入的比重较上年提高3.8个百分点。大病保险被列入民生工程,养老机构责任保险统保工作正式启动。

2. 需要关注的问题

(1)部分人身险业务赔付和退保增加,保险机构资金流动性压力加大。部分人身险业务赔付支出增速加快,如人身意外险和健康险赔付支出同比增速较上年同期分别提高17.7个和14.2个百分点。寿险业退保压力有所加大。

(2)财产险产品结构不均衡仍较突出。财产险保费收入对车险业务依赖程度依然较高,财产险业务发展将受制于机动车数量的持续增长能力。2014年,全省车险业务占财产险保费收入的80%,较上年提高0.9个百分点。

(3)保险消费投诉数量增加,保险消费者权益保护工作有待加强。至年末,全省共受理保险消费有效投诉数 896 件,同比增加 47.4%。

(4) 外汇保费收入和赔付支出双降。因部分短期信用保险费率下调和上年出口信用保险赔付基数大等原因,保险公司出现外汇保费收入下降、赔付支出缩减情况。全年外汇保费收入 0.3 亿美元,同比下降 10.6%;外汇赔款支出 0.2 亿美元,同比下降 26.7%。

(五) 金融市场与金融稳定

1. 货币市场作为市场参与者短期头寸调节工具的重要性增强

(1) 同业拆借市场交易大幅增长,拆借交易机构明显增多。全省银行间市场全年累计进行信用拆借 978 笔、金额 2 370.8 亿元,同比大幅增长 117.7%。参与机构明显增多,拆借交易期限多集中于短期品种,总体呈净拆入态势。

(2) 债券回购交易由降转升,短期质押式回购交易主导地位增强。全省债券回购市场全年累计成交 71 143.6 亿元,同比增长 21.3%。质押式回购交易依然占整个回购市场的主导地位,买断式回购交易增速较快,回购交易短期化趋势加强。

(3) 票据融资增速快速回升,融资利率总体下行。部分银行业金融机构运用票据融资替代一般性流动资金贷款,年末全省票据融资余额同比增长 46.3%,余额占各项贷款的比重较年初提高 0.9 个百分点。全年票据融资利率呈现先降后升、总体下行的态势。

2. 债券交易小幅增长,债务融资规模和工具创新取得突破

(1) 银行间债券交易小幅增长,交易机构和品种相对集中。全年全省现券买卖交易累计成交 16 065.5 亿元,同比增长 14.6%。政策性金融债、国债和中期票据成交量排名前三,债券资金净回笼。

(2) 债务融资规模大幅增长,融资结构持续改善。全省债务融资实现跨越式发展,发行各类债务融资工具和金融债券(含同业存单、资产证券化) 1 210.9 亿元,是上年同期的 2.2 倍。债券品种创新取得全面突破,融资工具覆盖市场主要品种。

3. 银行间外汇市场小幅增长,跨境人民币业务快速发展

(1) 银行间外汇市场交易小幅增长,美元结算交易占比明显上升。全年即期结售汇交易累计成交折合 77.6 亿美元,同比增长 10.6%。以美元结算的交易占比 96.4%,同比提高 16.6 个百分点。

(2) 银行结售汇平稳增长,跨境人民币业务快速发展。全年银行代客结售汇总额 381.9 亿美元,同比增长 15.3%。全省跨境人民币实际收付金额 744 亿元,同比增长 107.8%,占全省本外币跨境收支总额的 18.1%,比上年提高 6.7 个百分点;跨国公司外汇资金集中运营管理试点启动。

4. 商业银行黄金业务快速发展

(1) 商业银行黄金代理业务快速发展,代理个人黄金延期交易占比较高。全年商业银行代理上海黄金交易所产品业务累计成交 51.86 亿元,同比增长 145.10%。其中代理个人黄金延期 12 772 千克,占比为 61.46%。

(2) 账户金业务交易量明显下降,实物黄金、黄金租赁业务快速发展。全年商业银行账户金业务(包括纸黄金)累计成交金额 28.7 亿元,同比下降 41.3%。全年实物黄金累计成交金额 38.3 亿元,同比增长 19.7%;黄金租赁业务成交金额 58 亿元,同比增长 454.49%。

5. 利率市场化改革稳步推进

存款利率上浮幅度调整后,各类金融机构定价差异化趋势显现,全国性大型银行上浮幅度较小,股份制银行对挂牌利率调整更为频繁,地方法人金融机构基本"一浮到顶",徽商银行全年累计发行同业存单 119 亿元。

(六) 地方金融改革与金融稳定

2014 年,安徽省地方金融改革渐次推进,农合机构改制基本完成,新设金融机构步伐加快,金融市场体系日臻健全,金融服务广度和深度逐渐提升,服务实体经济能力增强。

1. 农村合作金融机构改制基本完成

至年末,全省 83 家农村合作金融机构中未改制的 7 家农村合作银行和 7 家农村信用社已获批准筹建农商行,农村合作金融机构改制工作基本完成,成为全国首个完成农村商业银行改制的省份。支持民间资本参股农村合作金融机构,年末全省农合机构总股本中民间资本占比近 87%。

2. 新型农村金融机构较快发展,金融服务覆盖面不断扩大

全年新增9家村镇银行，基本实现县域全覆盖。至年末，全省已开业村镇银行达58家，总资产和存、贷款余额分别达322.81亿元、255.45亿元和192.98亿元。

3. 非银行金融机构业务快速发展，经济金融融合度增强

非银行金融机构建设稳步推进，皖北煤电集团财务公司、淮北矿业集团财务公司顺利挂牌开业；徽商银行发起设立金融租赁公司获批筹建，消费金融公司等新型金融机构设立工作积极推进。

4. 农村金融市场改革不断推进，两权抵押贷款试点取得积极进展

2014年，安徽省政府出台了《关于金融服务“三农”和实体经济发展的意见》等一系列文件，为推动金融服务“三农”和小微企业发展起到积极作用。金寨、凤台县农村金融综合改革试点工作稳步推进；两权抵押贷款试点工作取得了积极进展，“两权”抵押贷款余额达2.74亿元；家庭农场直管直贷试点实现62个县域全覆盖，全年累计发放贷款2.49亿元。

5. 地方金融资产管理公司和住房金融公司相继破题

2014年7月，全省首家金融资产管理公司——国厚金融资产管理公司获得银监会、财政部资格认证，填补了安徽省在金融资产管理领域地方法人机构建设的空白。9月，芜湖市成立芜湖市惠居住房金融有限公司，成为全国首个对住房公积金制度展开实质探索的试点城市。

(七)金融基础设施与金融稳定

1. 支付系统运行安全稳健

(1) 支付系统业务量和交易金额大幅提高。一是大、小额支付业务继续保持较快增长。2014年，全省4家现代化支付系统直接参与者和5 803家间接参与者通过大、小额支付系统共处理支付清算业务9 221.2万笔、金额65万亿元，同比增幅分别为10.7%和8.5%。二是支票影像交换系统业务量继续保持平稳增长。全年共处理支票业务2.7万笔，金额7.6亿元，同比分别增长50.8%、22.3%。三是中央银行会计核算数据集中系统(ACS)顺利实现上线运行。四是同城票据交换系统业务量处于逐年萎缩态势。全年共处理支付清算业务120万笔，清算资金4 603.2亿元，同比分别下降53.2%和30.6%。五是银行卡跨行交易笔数、交易金额持续稳定增长。全年全省银行卡跨行信息交换系统成功处理交易37 313.8万笔，交易金额9 533.2亿元，同比分别增长37.7%、31.2%。

(2) 非现金支付工具平稳较快发展。全年共办理非现金支付业务166 806.6万笔，金额356 901.4亿元，同比分别增长21.8%和4.8%。票据业务笔数和金额同比分别下降22%和8.2%。银行卡业务笔数和金额同比分别增长22.7%和8.5%；汇兑、委托收款等结算方式业务笔数和金额同比分别增长13.7%和10.8%。

2. 征信体系建设不断完善

(1) 征信系统服务应用水平显著增强。一是企业征信系统接入网点数继续增加，收录企业和其他组织数、有效信贷记录的企业和其他组织数、查询网点数均稳步增长。二是个人征信系统收录自然人数不断增加，金融机构用户数逐月递增，查询量不断攀升。三是动产融资登记公示系统应用不断增加。四是应收账款融资服务平台应用成效显著。全年完成融资交易592笔，占全国成交笔数的20%；合计融资金额97.56亿元人民币，占全国融资总额的10.6%。

(2) 信用体系建设取得积极成效。一是农村信用体系建设取得新拓展。全省农户和农民专业合作社信息采集和评价工作稳步推进，农村青年信用示范户工作全面试点，积极建设农村信用体系试验区。二是小微企业信用体系建设取得新成效。至年末，全省累计收集中小企业信用档案50 534户，已累计录入企业信用信息基础数据库47 992户。三是外部信用评级体系管理进一步规范。进一步强化银行间债券市场信用评级管理，积极推动商业承兑汇票领域信用评级结果应用，加强评级机构管理。

3. 反洗钱工作成效显著

(1) 推进反洗钱制度建设与研究。构建地方适用型反洗钱工作风险评估标准，初步形成全省银行、证券、保险业(法人机构、分支机构)反洗钱风险评估“5C”标准。

(2) 提升反洗钱非现场监管实效。全年完成312家银行、157家证券、449家保险、12家六类机构共930家金融机构的非现场监管评价。选取洗钱风险较高的金融机构开展监管走访和约谈。推动金融机构反洗钱工作自评估和人民银行复评估。督导支

付机构和新设机构做好反洗钱基础工作。

(3) 提高反洗钱现场检查有效性。全年完成对银行 52 家、证券 5 家、保险 24 家共 81 家金融机构的反洗钱现场检查工作。

4. 反假币工作扎实推进

(1) 反假货币工作联动机制成效显著。进一步发挥了地方政府在反假货币工作中的重要作用，促进形成以政府为核心、人民银行为主导、公安机关为拳头、其他相关部门为主体的反假币工作联动机制。

(2) 反假货币基础逐渐夯实。组织开展了以货币防伪知识、相关法律法规和冠字号码查询管理为主要内容的防伪反假宣传月活动；深入开展"反假货币知识走进助农取款点"活动，延伸农村地区反假货币工作触角。

5. 金融消费权益保护工作顺利展开

(1) 加强金融消费权益保护机制建设。建立健全金融消费权益保护有关制度；"12363"投诉咨询热线电话顺利开通，有效拓展了辖区金融消费咨询投诉渠道。

(2) 推进农村金融消费者保护网络建设。全面启动县域金融消费"三级维权网络"建设，构建以人民银行县支行为中心、金融机构为分中心、覆盖全省所有行政村的金融消费维权服务点为末梢的农村金融权益保护体系。

(3) 加强金融知识普及宣传工作力度。集金融知识普及宣传工作合力，努力扩大金融知识普及宣传的辐射面和影响力。

(八) 总体评估与政策建议

1. 总体评估

2014 年，安徽省经济持续平稳健康发展，金融体系整体稳健，但存在着一些不确定、不稳定因素。

(1) 宏观经济方面。外部经济复苏依然脆弱，外部贸易环境较为复杂；内需增长动力有待提升，经济增长转型压力大；节能降耗压力仍然较大，部分行业产能过剩矛盾依然存在。

(2) 金融业方面。银行业机构信用风险防控压力增加，利润增速持续回落，跨市场、跨机构的交叉性金融风险加大，业务发展亟待规范。证券业机构负债增长较快，期货经营机构经营业绩明显下滑，创新业务风险管理亟待提升。保险业部分寿险业务偿付和退保增加，保险消费投诉数量增长较快，保险消费者权益保护工作有待加强等问题。

2. 相关政策建议

(1) 加快经济发展方式转变，为金融业稳健运行创造良好环境。深入推进重要领域改革，加快释放改革红利。全力推动产业结构优化升级，促进信息化与工业化深度融合。大力实施创新驱动发展战略，推进创新试点省和合芜蚌自主创新试验区建设，发挥科技创新对产业升级的核心作用。从深化改革、政策落实等方面促进民营经济发展。加强地方政府性债务管理，有效防控政府性债务风险。加强对具有融资功能非金融机构的规范和引导，加大对非法集资等非法金融活动打击力度，积极营造良好金融生态环境。

(2) 推动金融机构持续深化改革，强化风险管控能力。推进现代金融企业制度建设，完善金融机构公司治理结构，加强业务流程规范，提升内控执行力，强化资本配置效率，提高金融体系的抗风险能力。推动金融机构加快业务转型和结构调整，规范开展产品与服务创新，优化盈利模式，不断提升风险管控能力。

(3) 加强金融风险监测评估，建立健全风险评估预警机制。完善各类金融风险监测、评估和预警体系，加强对跨区域、跨行业、跨市场、跨机构金融风险的监测分析。加大风险排查力度，及时掌握重点地区、重点机构、重点领域的风险点和潜在风险因素。建立健全区域金融监管合作与风险处置机制，推动监管合作与信息共享，切实维护金融稳定。

（总　纂：陶　诚
统　稿：管玉贵　梁　斌　季　军
执　笔：王　亮　张　媛　陶　峰）

三、长三角金融调查研究

1. 上海互联网金融发展概况

（一）基本情况

上海各级政府高度重视互联网金融产业的发展。2011 年 3 月，上海市就出台了《关于促进本市第三方支付产业发展的若干意见》；2014 年 8 月，上海市政府又正式印发了《关于促进本市互联网金融产业健康发展的若干意见》，这也是国内省级政府出台的首个促进互联网金融发展的政策文件；2014 年底，市金融办、市经信委与浦东新区、黄浦区、长宁区、嘉定区政府共同签署了“共建上海互联网金融产业基地务实合作备忘录”，着力打造服务联盟、共同建设浦东新区新兴金融启航基地、黄浦“宏慧·盟智园”互联网金融产业园、长宁虹桥互联网金融财富天地、嘉定工业区互联网金融产业基地、张江互联网金融园等 5 家市级互联网金融产业基地。上海互联网金融相关业态产生发展较早，呈现以下特点：

1. 业态门类相对齐全

第三方支付、网络融资中介、网上金融产品销售、金融资讯服务、信用信息服务等各类互联网金融业态在上海均有不同程度的发展；在沪银行、证券公司、保险公司、基金公司等持牌金融机构也纷纷向互联网金融、移动金融领域拓展并取得阶段性成效。

2. 发展水平总体较高

在上海市、区两级政府的积极引导、推动下，国内首家持牌互联网金融机构众安在线保险公司已落户上海；阿里、百度、万达、光大、京东、唯品会、携程、盛大、网易等国内知名企业已纷纷将其互联网金融相关业务板块落户上海，或在上海设立网络小贷公司等互联网金融企业；银联、支付宝、快钱、汇付天下等主要的第三方支付企业汇集上海，上海占有国内第三方支付领域半数以上的业务量；平安陆金所、拍拍贷、点融网、青橘 & 筹道股权、爱创业等国内知名的网络融资平台均创设在上海；东方财富、诺亚财富、好买基金等 15 家企业获第三方基金销售牌照并开展网上销售业务；万得信息、大智慧等国内领先的金融资讯企业集聚上海。

3. 部分领域相对薄弱

由于国内互联网领域领军企业多不在上海，上海在新型互联网金融领域缺少必要的平台优势和龙头企业，互联网专业人才较北京、深圳等地也相对短缺；同时，从事金融大数据处理、金融云平台服务、互联网金融信息安全服务等互联网金融领域基础业务的大型专业机构也相对较少。

4. 局部风险已有显现

互联网金融在极大提升金融服务广度、深度和效率的同时，也蕴藏较大风险隐患。特别是在与资金融通、支付相关的领域，非法集资等法律风险、恶意骗款等资金风险、集中违约等信用风险、客户信息被盗等信息安全风险不容忽视。特别是近两年来，上海 P2P 平台跑路、倒闭等风险事件也时有发生。

（二）政府环境

1. 上海市政府支持互联网金融健康发展的举措

随着互联网经济迅猛发展，上海市政府一直都高度重视创新环境的营造。2011 年 3 月，就出台了《关于促进本市第三方支付产业发展的若干意见》。进入 2014 年，上海市政府以更加积极的态度鼓励支持互联网金融的创新发展。当年 8 月 4 日，上海市政府出台《关于促进本市互联网金融产业健康发展的若干意见》（20 条），这是全国首个省级地方政府关于促进互联网金融发展的指导性意见。该意见在公司注册、投资、纳税、征信、创新容忍度、人才等方面都具有标杆和示范效应。随后的 9 月，上海市政府又出台《关于本市进一步促进资本市场健康发展的实施意见》（33 条），其中专门指出“要支持互联网企业参与上海资本市场，促进互联网金融健康发展”。这一系列举措为引导、规范上海互联网金融产业的发展提供了有力的政府引导与支撑。

上海市政府因势利导，明确工作重点，全力为互联网金融的发展营造良好的发展环境，包括营商环境、政策体系、监管红线等。支持有条件的企业发展互联网金融业务，拓宽企业融资渠道，促进互联网金融产业集聚发展。从人才、创新、信用、配套体系、法制环境等方面着手，营造适宜产业发展的环境；主动配合中央各监管部门，引导互联网金融企业明确经营"底线"、监管"红线"，支持行业自律，加强防控行业风险。

(1) 积极争取先行先试政策，支持互联网金融企业申请各类金融业务许可、取得相关经营资质，并在工商登记等环节提供便利条件。

(2) 充分整合各部门现有的专项资金和政策资源，加大对互联网金融企业的支持培育力度。将相关互联网金融业态和企业纳入政策重点支持的领域，支持有条件的互联网金融企业进行软件企业、高新技术企业、技术先进型服务企业等方面的认定，按照规定享受相关财税优惠政策，上海战略性新兴产业发展专项资金、服务业发展引导资金、高新技术成果转化专项资金等财政资金将对互联网金融领域的新兴业态和创新模式予以重点支持。

(3) 在产业导向方面，充分发挥各类政策性引导基金的作用，引导、支持社会资本投入互联网金融企业，拓宽互联网金融企业融资渠道，发挥大学生科技创业基金、上海市创业投资引导基金等政策性基金的助推作用，探索设立主要投向互联网金融领域早期创业企业的创业投资基金和天使投资基金，支持互联网金融企业在境内外多层次资本市场上市。

(4) 注重整合现有的财政、政策资源，对互联网金融企业进行有针对性的扶持。例如市金融办积极支持有条件的区县或园区结合自身产业定位，建设有特色的互联网金融产业基地(园区)，制定有针对性的政策措施，引导互联网金融企业合理集聚；市发改委在组织开展上海市创新型新兴服务业示范企业评选过程中，将互联网金融作为三大主要领域之一；市经信委也对互联网金融产业进行重点支持。

(5) 鼓励、支持持牌金融机构向互联网金融领域拓展转型，在沪设立相关法人机构或功能性总部，着力吸引集聚重点机构。

(6) 支持上海资信公司等征信服务机构，加快互联网金融信用信息平台建设，促进公共信用信息、金融信用信息、社会信用信息互动共用，推动解决制约互联网金融发展中突出的信用信息不对称问题；支持互联网金融企业充分利用各类信用信息查询系统，规范信用信息的记录、查询和使用；支持信用服务机构建设互联网金融信用信息服务平台。

(7) 注重深入了解企业经营发展中存在的突出困难和问题，并积极协调推动解决。如推动有关商业银行、第三方支付机构与 P2P 网络融资中介企业探索开展客户资金存管(监管)等方面的合作，协调支持部分规范经营、风险可控的企业申领增值电信业务经营许可证(ICP 证)等。

(8) 重视发挥行业自律作用，支持上海市互联网金融行业协会的筹备工作，支持上海网络借贷服务业企业联盟等自律组织出台行业准入标准，开展行业自律活动，从而进一步发挥行业自律组织对会员企业及其从业人员的职业道德和职业纪律的约束作用。

2. 上海市互联网金融产业基地相关的概况

为了落实上海市政府出台的《关于促进本市互联网金融产业健康发展的若干意见》的相关内容，从政策扶持、空间载体、孵化培育等多方面加大对互联网金融产业的支持力度，2014 年 12 月 17 日上海市金融办联合上海市经信委共同举办上海市互联网金融产业基地合作共建推进会，对已具备一定条件、积累一定基础的互联网金融产业基地进行挂牌。位于浦东、黄浦、长宁、嘉定 4 区的 5 个产业基地分别是：浦东新兴金融启航基地、黄浦宏慧 · 盟智园互联网金融产业园、长宁虹桥互联网金融财富天地、嘉定互联网金融产业基地、浦东张江互联网金融园。

(1) 浦东新区新兴金融启航基地。坐落于陆家嘴世纪金融广场，基地主要面向互联网金融和对冲基金等新兴业态，通过公共产品和公共服务的提供，为各金融创业团队提供综合孵化培训体系，营造有利于金融市场主题创业、创新的空间环境。2015 年 4 月，浦东新区新兴金融启航基地正式启动运行，一批创业型的互联网金融企业与对冲基金机构入驻。

(2) 宏慧 · 盟智园(以下简称"盟智园")。坐落在黄浦区蒙自路，园区设计遵循创意与配套服务相结合，打造文化与科技相融合的产业园区理念，形成互联网金融、移动互联相关的企业聚集。截至 2015 年 6 月末，盟智园已入住的互联网金融企业有 65 家左右，产业聚集初具规模。盟智园入驻的企业中，点融网、夸客金融、亨元金融为互联网投融资中介平台、大钱为第三方支付、云中信为大数据征信、梦立方为众筹、玖富为在线金融产品销售，已经涵盖了互联网金融行业中的大部分行业模式，蚂蚁金服更是集股权众筹、小贷、金融信息服务、投资管理于一身；园区引进企业有效的错位经营理念，避免了园区内企业的同质性竞争，形成产业链，良性循环，共同发展。

(3) 虹桥互联网金融财富天地。位于虹桥临空经济园区内，是一个全新的集办公、酒店、会展、商业于一体的城市综合体项目。其所在的虹桥临空经济园区，本身已汇聚了一大批有影响力的企业，如携程旅行网、晨讯科技等。并且该区域毗邻世界最大的虹桥综合交通枢纽，交通十分便利，也为该基地的发展提供了良好的先天优势。虹桥互联网金融财富天地主要以金融大数据分析为核心，致力于建设成为互联网金融行业创新思维活跃、创新方式丰富、创新能力强劲的互联网金融产业生态圈。截至 2015 年 2 月末，虹桥互联网金融财富天地已有注册企业 29 家，在办企业 11 家。企业从事业务包括网络借贷、互联网金融交流平台、融资融券、小贷等，涵盖了互联网金融领域的诸多方面。

(4) 嘉定互联网金融产业基地。位于嘉定工业区内，截至 2014 年末，该基地已有大量企业入驻，包括 91 金融超市、百度小贷公司、京东小贷公司、卡友支付、深圳联合金融服务集团(上海)有限公司、上海银雁金融配套服务有限公司、深圳雁联计算系统有限公司上海分公司、深圳市金融联信息咨询有限公司上海分公司、上海联金所信息服务有限公司、深圳市快付通网络科技有限公司上海分公司、深圳黄金投资有限公司上海分公司、深圳市民生电商联合金融融资担保有限公司上海分公司、中国物流有限公司、易宝支付、达信财富等 50 余家企业，入驻企业涵盖金融 BPO 流程业务外包、金融 ITO 信息技术外包、金融风险管理、互联网金融(P2P、第三方支付)等领域。

(5) 张江互联网金融园。位于浦东新区中部，与陆家嘴金融城形成金融前后端发展格局。2014 年张江互联网金融园稳步发展，主要以金融中后台项目为主，已有交通银行、中国人寿、上海农商银行等 24 家金融机构的数据中心或中后台运营中心坐落在该基地。同时，部分新兴互联网金融公司已开始在张江出现，比如青橘众筹。经过 10 年来的建设与发展，张江互联网金融园已初步形成了以区域聚焦、产业集群和技术集聚为特征，以国内外金融数据中心或信息中心为核心的金融信息服务产业主要业务链。

上海通过建设五大互联网金融基地，实现了互联网金融资源在地理上的聚合，进一步优化金融生态环境，集聚新型金融人才，以更大的力度支持互联网金融健康发展，为金融中心建设拓展更大的发展空间。

(三) 法治环境

1. 上海互联网金融的立法环境

上海互联网金融法治环境的立法实践如下：

(1) 上海国际金融中心建设的国家战略为上海互联网金融快速发展提供了立法环境。2009 年国务院正式发布《国务院关于推进上海加快发展现代服务业和先进制造业建设国际金融中心和国际航运中心的意见》，为上海金融市场的健康发展提供了立法保障。2009 年 6 月 25 日，上海市十三届人大常委会第十二次会议表决通过《上海市推进国际金融中心建设条例》，该条例从地方立法的高度明确了政府在推进上海国际金融中心建设过程中的职能，完善了金融创新、金融人才、社会信用、法治建设等发展环境。随后，上海市相继出台了一批鼓励金融创新相关配套规则和政策措施，极大地推动了互联网金融行为的迅猛发展。2015 年 4 月 20 日，国务院印发《进一步深化中国(上海)自由贸易试验区改革开放方案》，方案确认了“三化两广一定位”，即以国际化、市场化和法治化为导向，在更广领域和更大空间推动全面深改，从加快政府职能转变、投资管理制度创新、贸易监管制度创新、金融制度创新、加强法制和政策保障 5 个方面共 25 条任务措施方面进一步深化改革，为上海金融制度创新提供了良好的法治环境。

(2) 上海对于本市互联网金融产业发展进行了积极的制度探索。2014 年 8 月 4 日，上海市人民政府出台的《关于促进本市互联网金融产业健康发展的若干意见》明确上海对互联网金融的态度，努力把上海市建成互联网金融产业发展的高地，进一步提升上海国际金融中心的影响力、辐射力、创新力和资源配置能力。优化法治环境，加大对互联网金融企业专利、软件、品牌等知识产权的保护力度，探索形成更有针对性、适应性的行业纠纷解决机制，充分发挥上海金融法治环境建设联席会议等工作机制的作用。优化互联网金融政务与法制环境，工商、税务等部门为互联网金融企业办理注册登记等事项提供优质高效政务服务。支持上海金融仲裁院充分利用仲裁方式解决互联网金融纠纷，研究出台互联网金融仲裁指导意见，形成专门的互联网金融仲裁员队伍。

2013 年 9 月，上海市黄浦区出台《黄浦区关于建设外滩金融创新试验区的实施细则》，提出建设以互联网金融和民营金融为主体的外滩金融创新实验区，明确支持互联网金融发展。2014 年 12 月，上海市黄浦区发布《黄浦区关于进一步促进互联网金融发展的若干意见》，被称为黄浦互联网金融发展政策 2.0 版。2014 年 9 月，长宁区政府通过了《长宁区关于促进互联网金融产业发展的实施意见》。2014 年 10 月，上海市浦东新区陆家嘴金融贸易区管理委员会正式发布《陆家嘴互联网新兴金融产业园暨创新孵化基地配套措施》。

2. 上海互联网金融的执法监督环境

(1) 我国互联网金融相关的法律法规。2006 年 1 月 26 日，中国银监会发布了《电子银行业务管理办法》。2010 年 6 月 4 日，中国人民银行发布《非金融机构支付服务管理办法》(〔2010〕第 2 号)，是第三方支付的重要监管法规。2012 年 5 月 16 日，中国保监会发布了《关于提示互联网保险业务风险的公告》(保监公告〔2012〕7 号)，对互联网保险业向广大投保人进行了风险提示。2013 年 3 月 15 日，中国证监会发布了《证券投资基金销售机构通过第三方电子商务平台开展业务管理暂行规定》。2013 年 9 月 16 日，中国证监会通报了淘宝网上部分公司涉嫌擅自发行股票的行为并予以叫停，叫停依据是《国务院办公厅关于严厉打击非法发行股票和非法经营证券业务有关问题的通知》(国办发〔2006〕99 号)。2013 年 11 月 25 日，在九部委处置非法集资部际联席会议上，中国人民银行对 P2P 网络借贷行业非法集资行为进行了清晰的界定，主要包括三类情况：资金池模式；不合格借款人导致的非法集资风险；庞氏骗局。2013 年 12 月 3 日，中国人民银行、工业和信息化部、银监会、证监会、保监会联合印发的《关于防范比特币风险的通知》(银发〔2013〕289 号)明确，现阶段，各金融机构和支付机构不得以比特币为产品或服务定价，不得买卖或作为中央对手买卖比特币，不得承保与比特币相关的保险业务或将比特币纳入保险责任范围，不得直接或间接为客户提供其他与比特币相关的服务。2014 年初，中国保监会草拟了《关于规范人身保险公司经营互联网保险有关问题的通知(征求意见稿)》并公开征求意见。2014 年 4 月 17 日，《关于加强商业银行与第三方支付机构合作业务管理的通知》(银监发〔2014〕10 号)对商业银行与第三方支付机构合作业务管理提出了具体要求。2014 年 12 月 19 日，中国证券业协会发布了《私募股权众筹融资管理办法(试行)(征求意见稿)》。

除了上述专门监管法规与相关管理办法外，在我国现行法律规范体系中，互联网金融相关的法律法规可大致分为三类：第一类，旨在鼓励、扶持互联网金融发展的规范；第二类，与互联网金融消费者利益保护相关的零星规范；第三类，与互联网金融基础设施建设相关的零星规范。

(2) 国家驻沪机构推动上海金融法治环境举措。

① 中国人民银行上海总部。中国人民银行上海总部成立于 2005 年 8 月。同时，为了保持原有上海分行所办理业务的连续性，中国人民银行上海分行和国家外汇管理局上海市分局的牌子将继续保留。中国人民银行上海总部在 2010 年与上海市政府相关部门及各区县组成 7＋18 联合维稳机制，清理上海市支付服务市场无牌机构的非法经营行为，维护了市场秩序；2011 年，在全国率先出台支持第三方支付产业发展的地方性制度——《关于促进本市第三方支付产业发展若干意见的通知》并由市政府办公厅转发执行(沪府办发〔2011〕7 号)，不仅明确了对取得《支付业务许可证》的机构相关扶持政策，而且也强调了“规范发展、有序竞争”是促进本市第三方支付产业发展的一项重要原则，制定了维护支付秩序、加强风险管理等方面的具体措施；2012 年，为进一步明确监管政策，规范上海市支付机构支付服务行为，强化风险防范意识，制定了《上海市支付机构支付业务监督管理暂行办法》和《上海市支付机构重大事项报告管理办法(试行)》(上海银发〔2012〕217 号)；2014 年，制定并印发了金融支持上海自由贸易试验区建设出台的首项细则——《关于上海市支付机构开展跨境人民币支付业务的实施意见》，秉承试验区简化行政许可的改革思路，创新性地提出目标风险可控，无需事先备案，实行负面清单管理、事后备案、上

海市支付机构无需在试验区设立实体公司等举措，做到该管的管住，该放的放开。中国人民银行上海总部先行先试，不断完善地方性制度规范，加强金融消费者权益保护，强化支付机构监管有效性。

② 中国银行业监督管理委员会上海监管局。中国银行业监督管理委员会上海监管局(以下简称“上海银监局”)自 2003 年成立以来，从制定规范性文件规范银行经营管理、增进与司法机关协作交流、加强金融消费者保护、促进金融法治专业人才队伍建设等方面着手，协助推进上海金融法治环境建设。2007 年 11 月，上海市打击非法金融活动联席会议制度成立，2010 年 7 月，正式调整为上海市打击非法金融活动领导小组，办公室设在上海银监局。在上海银监局的主导下，打击和处置了一批的大案要案，非法金融活动得到一定程度的遏制。

③ 中国证券监督管理委员会上海监管局。2014 年 3 月，上海证管办更名为中国证券监督管理委员会上海监管局(以下简称“上海证监局”)。上海证监局积极推进上海国际金融中心法治环境建设，紧密依托地方政府、联合公安、工商等部门共同打击非法证券活动，净化市场法治环境。上海证监局通过市新闻办、网宣办、文广局等新闻主管部门，及时清理辖区媒体登载的不良证券信息。通过案例剖析、司法判例宣传、黑名单曝光、机构信用承诺、调查人员现身说法等警示教育手段，提醒广大投资者远离非法证券活动。

④ 中国保险监督管理委员会上海监管局。中国保险监督管理委员会上海监管局(以下简称“上海保监局”)于 2000 年 4 月成立。在上海国际金融中心法治环境建设中，上海保监局在监管实践中根据上海保险市场实际，积极探索上海保险市场监管工作规律，逐步形成了“以风险控制为核心，以服务发展为目标，以信息技术为手段，以行业自律为载体”的工作思路。上海保监局根据自身工作职责，制定并实施了一系列行业性规范措施，对促进上海保险业法治环境建设发挥了积极的作用。

(3) 地方政府金融服务与管理。上海市金融服务办公室(以下简称“上海市金融办”)成立于 2002 年 9 月，是较早设立的地方政府金融服务协调和地方金融管理机构。对地方新型金融行业管理是上海市金融办承担的一项重要管理职能。上海市金融办围绕上海国际金融中心建设、金融服务地方经济、金融支持中小企业等中心任务开展各项工作，结合关于促进本市互联网金融产业健康发展的 20 条意见，加强新型金融行业协会建设，营造环境，多元推动新型金融行业发展。

(4) 金融监管协作机制的建立与完善。上海金融法治环境建设联席会议于 2011 年 4 月 27 日正式成立，联席会议由市人大、市政府相关法制部门、司法机构、行政执法部门、在沪金融监管部门及相关行业协会等单位组成，中国人民银行、中国银监会、中国证监会和中国保监会的法律部门以及市委政法委、市委宣传部作为特邀成员单位。联席会议旨在根据上海国际金融中心建设的总体部署，共同落实上海金融法治环境建设的各项工作措施。继联席会议成立，上海市《关于促进本市互联网金融产业健康发展的若干意见》于 2014 年 8 月正式发布。《意见》专门提出，由上海市相关部门、中央在沪监管单位参与，建立上海市互联网金融产业发展联席会议。引导互联网金融企业增强合规经营意识、提升风险防控能力，引导互联网金融企业明确经营“底线”、政策“红线”，健全风险管理、信息披露、纠纷处理等方面的内控机制。

(5) 金融消费者权益保护机制的建立和完善。上海国际金融中心建设需要良好的发展环境，而健全和完善金融消费者的保护机制则是其重要内容。上海高度重视保护金融消费者的合法权益，开展了一系列有针对性的工作。2012 年，中国人民银行成立金融消费权益保护局并落户上海，形成了“以上海为中心、统率全国”的金融消费权益保护整体格局。同时，上海地区“一行三局”也先后成立了金融消费者或投资者权益保护工作的专门处室，负责督促在沪金融机构强化消费者权益保护、接受消费者投诉和咨询、进行投诉调查、加强消费者教育等工作，完善了保护金融消费者权益的工作机制。在拓宽金融消费者宣传教育渠道方面，上海于 2013 年联合制作的“防范非法集资”、“打击地下炒金”等多集主题公益宣传短片在上海地铁、商业中心的户外屏幕滚动播放；2014 年联合开展上海 3·15“和谐金融、美好生活”金融消费者权益保护日宣传活动；在新民晚报开设“以案说法揭风险，金融消费保安全”专栏主题宣传教育活动等。此外，2014 年 11 月 20 日，上海还出台新修订的《上海市消费者权益保护条例》，《条例》细化了消费者的权益，强化了经营者的义务，加强了个人信息保护，引入了公益诉讼制度，并首次将消费者保护范围扩展到金融领域。

3. 上海互联网金融的司法和争端解决环境

(1) 刑事侦查。上海公安机关积极响应《上海市推进国际金融中心建设条例》的要求，针对金融违法犯罪行为积极配合国家金融管理部门打击非法金融活动的工作。公安机关完善工作机制，分别与检察机关建立了侦捕诉联动机制，与金融监管机构建立了信息沟通与共享机制，共同打击金融违法犯罪行为。近些年来，非法金融活动逐渐从内陆向沿海地区蔓延。为了配合上海国际金融中心的建设，上海公安机关加大了打击非法金融活动的力度。

(2) 金融检察。2009 年，上海市人民检察院出台了《上海检察机关为加快国际金融中心和国际航运中心建设服务的意见》，确定今后一个时期上海市检察机关服务大局的中心工作。上海市人民检察院相继建立和完善各项金融检察工作机制，包括有金融案件专项管理制度、常设性联络机制、专家型人才服务机制，搭建了"上海金融从业人员违纪违法案件防控联席会议"、"上海金融法治环境建议联席会议"等市级层面的工作平台，积极参与加强创新社会管理。上海市检察机关从 2013 年起，还连续三年发布了《上海金融检察白皮书》，向社会广泛宣传，进行金融风险提示预警。2015 年 5 月 5 日，上海市人民检察院发布《2014 年度上海金融检察白皮书》，就预防金融犯罪、健全内控机制、完善法律法规、保护消费者权益等方面提出对策建议，并重点提示 2014 年度金融犯罪案件呈现出向金融新产品、新业务拓展的趋势，起到了及时预警与重点防范的作用。

(3) 金融审判。在商事审判方面，2009 年 6 月，上海高、中两级法院建立了金融审判合议庭。至 2010 年末，上海已经初步形成上海高院、上海第一、第二中院以及浦东、黄浦、杨浦、闵行等区法院三级金融审判合议庭的金融商事审判体系。2014 年 9 月，黄浦区人民法院宣判全国 P2P 行业首例催收案，这对违约成本较低的中国网络借贷市场产生了较强的震慑力(详细内容见本节：5.相关案例：P2P 网贷行业催收第一案在沪宣判)。在刑事审判方面，上海法院在打击金融犯罪的同时，注意妥善做好金融犯罪尤其是涉众型金融犯罪赃款赃物的发还工作，将引发群体性事件的可能性降到最低。2013 年 11 月 5 日，上海市浦东新区人民法院成立自贸区法庭。受案范围是：由浦东新区人民法院管辖的与上海自贸试验区相关联的投资、贸易、金融、知识产权及房地产等民商事案件，并根据上海自贸试验区建设和运行实际，对受案范围作相应调整。2014 年 12 月 28 日，党中央、国务院决定，上海自贸试验区从 28.78 平方公里扩至 120.72 平方公里，扩展区域包括陆家嘴金融片区、金桥开发片区和张江高科技片区。随着上海自贸试验区扩区，上海市浦东新区人民法院自贸区法庭受案范围也进行相应调整，以确保相关案件公正、高效、集约化、专业化审理，为上海自贸试验区扩区及运行营造良好的法治环境。

(4) 仲裁与调解。上海形成了包括司法、仲裁、金融行业协会以及其他金融调解中心密切配合，共同探索解决金融纠纷的有效机制。近年来，中国国际经济贸易仲裁委员会上海分会及上海仲裁委员会，致力于推广金融仲裁业务，取得了良好的争端解决效果。同时，调解作为解决民事商事纠纷的方式之一，对于金融消费者与互联网金融从业机构的纠纷提供了非对抗性、费用低廉、程序灵活的争议解决路径。上海法院系统通过设立"诉调对接"中心，与"一行三会"全面建立诉调对接工作机制和联动化解机制，以最小的成本在最大程度内及时化解金融纠纷双方的矛盾，有效缓解了司法资源不足的现状，取得了良好的效果。中国人民银行金融消费权益保护局成立第三方金融纠纷调解中心，拓展了金融消费纠纷解决的新途径。金融行业协会的服务与自律功能也在很大程序上弥补了市场机制和政府监管的不足，行业协会通过协调金融机构之间、金融机构与中介机构之间、中介机构与消费者之间的关系，为纠纷的有效化解提供了新的解决路径。

(5) 相关案例：P2P 网贷行业催收第一案在沪宣判①。

2014 年 9 月，上海市黄浦区人民法院宣判全国 P2P 网贷行业首例催收案，P2P 借贷平台点融网胜诉。该诉讼对违约成本较低的中国网络借贷市场产生了较强的震慑力。点融网是国内知名 P2P 网络借贷平台，由 Lending Club 的联合创始人、前技术总裁苏海德(Soul Htite)和来自上海的私募基金合伙人郭宇航律师于 2012 年共同创立。

案件回顾(摘自：(2014)黄浦民二(商)初字第

① 案例来源：根据点融网提供的原始素材进行编辑整理。

176号):2013年7月8日,被告李臣明通过点融网与80多人达成了借款协议。双方约定,以21.99%的年利率、等额本息的还款方式,由80多人借款给李臣明共50万元。吴根花、上海清川塑胶制品有限公司签订保证合同,对李臣明的还款义务承担连带责任。但是,在仅仅支付了2个月的本息后,被告李臣明就开始拒绝继续还款。点融网的催收团队在持续催收无效之后,决定将被告告上法庭,并成功申请了诉讼时的财产保全,冻结了被告人的财产以保障出借人的利益。上海市黄浦区人民法院判决:被告李臣明败诉,责令归还借款本金及相应利息;李臣明的担保人和担保公司负连带清偿责任。根据判决,被告除了需全部偿还所拖欠的借款本金424 045.81元外,还需支付相应的利息、罚息和违约金,以及律师费用和其他全部诉讼费用。本案中的担保人包括另外一个自然人吴某和上海清川塑胶制品有限公司,也被法院认定担保方承担连带责任。

这例P2P催收胜诉案对行业的积极意义如下:一是认可居间平台受让债权起诉的操作方式,二是认定网站签署的电子合同合法有效,三是向80名投资人募集资金不构成非法集资。该案件涉及的借款总金额为50万元。P2P平台借款项目一般金额较小、投资人较多,所以通常P2P平台遭遇借款人违约的情况后很少采用法律诉讼的方式。本案例不仅维护了投资人的利益,也对那些趁着中国征信系统尚未完善想乘机恶意违约的借款人敲响了警钟。法院的判决结果会直接纳入个人征信系统,影响借款人的信用。

4. 上海互联网金融法治文化环境

社会的金融法律意识水平是上海国际金融中心建设的一个重要条件,也是上海互联网金融发展的法治文化土壤。上海市各级政府利用媒体、网络、文艺作品等多种形式,引导市民在谨慎、规范、守约的民风民俗基础上,提高金融意识、理财意识、信用意识、契约意识、风险意识和金融法制意识。媒体通过正面报道和宣传,普及社会信用文化,在全社会营造诚信、契约、公平的氛围,创造良好发展的金融人文环境。上海市金融办与上海市法学会举办"上海金融法治论坛"、上海市高级人民法院历年承办的"金融审判专业委员会年会"、上海市人民检察院承办的"金融检察论坛"、上海市律师协会与浦东司法局举办的"陆家嘴法制论坛"、上海证券交易所联合高校举办年度"上证法制论坛"①,这些都大力推动了上海互联网金融法治环境的建设。

(四)资本市场环境

上海始终站在我国资本市场的最前沿,推动着我国经济金融体制和社会资源配置方式的优化和变革。如此市场化、法治化、国际化导向的资本市场正是互联网金融健康发展亟须的。

目前,上海已基本形成了适合国内外投资者共同参与、具备较强交易、定价、信息功能、具有国际影响力的资本市场体系;逐步形成了人民币跨境投融资中心、人民币产品基准价格形成中心、大宗商品定价中心和金融资讯服务中心;培育出了一批规模比较大、治理机制比较健全、具有行业龙头地位的上市公司;营造了有利于促进资本市场创新发展和风险防范化解的机制和环境。上海证券交易所主要指数、中国金融期货交易所股指期货产品、上海大宗商品期货价格的国际影响力显著提升,上海资本市场的对外开放领域不断拓宽。同时,上海张江高科技园区作为我国新三板前期试点地区之一,也在推动上海多层次资本市场体系建设,推动区域性场外市场与全国性市场的合作对接等方面发挥积极作用。

上海十分尊重企业的市场主体地位,鼓励各类资本公平参与并购重组,促进企业股权有序顺畅流转。上海股权托管交易市场综合金融服务平台建设已初见成效。其以服务本市科技型中小企业发展为重点,探索金融产品创新,增强市场资源集聚、整合和配置功能,与多层次资本市场进行对接。上海十分鼓励发展多样化私募投资基金和各类私募投资产品,拓展投资范围。推进合格境内有限合伙人(QDLP)和外商投资股权投资企业(QFLP)试点,促进境内外私募投资基金在沪集聚发展。不断完善私募投资基金支持本市企业创新创业发展的产品、服务和途径。上海正充分发挥资本市场资源配置功能,推动国有控股上市公司、非上市公司开放性市场化重组,支持国有资本与民营等其他各类资本相互融合,发展混合所有制经济。鼓励民营企业激发内生动力,稳固可持续发展基础,利用资本市场健康发展。上海发挥资本市场服务实体经济、促进产业结

① 《上海国际金融中心法治环境建设》,上海市国际金融中心建设工作推进小组编,上海人民出版社2012年8月第1版。

构调整的作用，支持新技术、新产业、新模式、新业态企业加快发展，无疑对互联网金融产业的健康发展十分有利。

（五）基础设施环境

互联网金融的健康发展需要依靠先进信息技术的支撑与良好的信息化环境。上海在 2014 年中国信息化发展水平评估中再获综合排名全国第一，说明上海能够为互联网金融的发展提供了良好基础设施环境。据国家工信部官网发布的中国电子信息产业发展研究院（赛迪工业和信息化研究院）2014 年中国信息化发展水平评估报告，2014 年我国信息化发展指数为 66.56，其中网络就绪度指数 60.94，信息通信技术应用指数 69.38，应用效益指数 72.19。上海以综合指数 94.94 继续保持全国第一，并以网络就绪度指数 88.45 和信息通信技术应用指数 96.77，在这两个领域领跑全国。其中网络就绪度优势明显，体现了上海大力推动以宽带和无线城市为重点的下一代信息基础设施建设的成效，反应在网络就绪度的 5 个方面：智能终端普及指数、光纤发展指数、宽带速率指数均排名第一，有线电视发展指数排名第四、宽带普及指数排名第六。同时，上海信息化应用推进成效也在评估结果中充分体现，以市民需求为导向的信息化应用全国领先，电子政务和两化融合发展水平走在前列，反应在信息通信技术应用的 3 个方面：居民应用指数排名第一并具有较大优势，企业应用指数和政务应用指数均排名第四，且与前三名差距不大。

上海智慧城市建设为互联网金融产业的发展营造良好的基础设施服务环境。根据 2014 年 9 月 10 日发布的上海市推进智慧城市建设 2014—2016 年行动计划，上海在未来三年着力实施智慧化引领的“活力上海五大应用行动”，强化“三大支撑体系”。将聚焦民生改善、产业创新、政务透明等深层次领域，五大应用行动具体为：

1. 城市宜居，营造普惠化的智慧生活。上海将以建设成果全民共享为原则，构建“政府、企业、社会组织”三位一体的公共服务体系。

2. 产业创新，发展高端化的智慧经济。上海将以信息化助推“四个中心”建设，加快培育发展新产业、新技术、新业态、新模式。

3. 运行可靠，完善精细化的智慧城管。上海将围绕城市管理精细化、可视化、智能化的发展需求，全面支撑上海城市功能提升和安全运行。

4. 透明高效，建设一体化的智慧政务。上海将以政务信息资源开发利用为核心，以信息共享、系统集成、业务协同、渠道整合、资源集约为原则，充分利用云计算、大数据、移动互联网等新兴技术，实现政府资源整合、流程优化和业务协同，提升政府管理和公共服务水平和效率。

5. 区域示范，打造智慧城市“新地标”。上海将围绕社区、村庄、商圈、园区、新城等 5 个空间区域，推进创新试点和应用示范。

此外，上海网络安全综合保障能力显著提升。上海将加强与国家网络安全保障体系和城市安全与应急管理体系的对接，着力提升网络安全技术防范，基础支撑与综合治理能力，强化网络安全和互联网内容监管，完善安全可信的网络环境。

（六）人才环境

互联网金融人才是指既懂互联网思维又懂金融专业知识的复合型人才。由于互联网金融的本质是金融，所以互联网金融人才的本质是金融人才。

上海作为国际金融中心，在金融人才集聚方面，从全国范围来说，具有比较优势。上海目前有 35 万左右金融从业人员。随着上海金融业的不断开放，以及上海金融市场体系的不断完善和金融机构的加快集聚，使得金融人才的事业舞台不断扩大，良好的人才事业发展环境吸引了大量优秀的金融人才，为互联网金融的发展提供了坚实的人才基础。

近年来，上海在金融人才政策上探索推进了市场化改革。比如，在国内率先创设金融人才奖和金融创新奖，对为上海国际金融中心建设做出突出贡献、得到市场认可的金融机构和金融人才及团队给予奖励，鼓励金融人才创新创业。又如，在“上海千人计划”、“上海领军人才”等重大人才评选过程中，积极探索市场评价的办法，将一部分学历未完全“达标”，但具有丰富从业经验、业绩得到市场认可的金融人才纳入评选范围，以体现重业绩、重市场认可的金融行业人才评价标准。同时，上海正逐步加大了对金融人才公共政策、公共服务及产品的提供力度。如，上海市金融办与浦东、黄浦、静安、宝山、普陀等区县签订合作备忘录，在推动建设金融人才公寓、完善城市配套设施、提供优质公共医疗和教育资源等方面形成市区联手推动合力。这些公共服务及产品，在上海商务成本不再具有优势、各地人才政策优惠趋同的背景下，形成了上海金融人才发展的新优势。

上海的高等院校云集，作为人才的发源地，也为互联网金融的发展做出了贡献。2013 年 6 月上海大学成立上海科技金融研究所，专注于互联网金融与新兴金融的研究及人才培养；2014 年 11 月，上海交通大学联合行业协会、互联网金融企业成立了国内首家互联网金融研究所。

互联网金融企业更看重人才发展环境。根据上海市政府发布《关于促进本市互联网金融产业健康发展的若干意见》的相关内容显示，上海将不遗余力地助力互联网金融企业的人力资源建设。例如，支持互联网金融企业的高级管理人员和高级技术人才享受本市人才引进政策，在居住证入沪手续办理方面提供便利。

综上所述，上海在互联网金融的人才环境方面优势较为突出，政策上的扶持力度较大、教育环境良好。此外，上海互联网金融产业起步亦较早，优质互联网金融企业较多，这都对人才具有集聚效应，容易吸纳更多优秀的人才在本地参与互联网金融各行业的发展。

（上海市互联网金融行业协会、
上海大学上海科技金融研究所）

2. 2014 年温州市金融改革情况

（一）2014 年温州金改情况

2014 年，温州金改实现了 6 个“全国第一”：成为全国首批民营银行试点城市，全国首个地市级金融资产交易中心落地，全国首个地方金融监管执法类别城市，全国首创发行小额贷款公司优先股，开出全国首单民间融资执法行政罚单，全国首创债券“地方发、地方用、地方还”的蓝海股份模式。此外，在温州金融综合改革试验区的大框架下，金融系统还创造了 4 个“全省第一”：新型农村金融合作组织领跑全省，全省率先开展外商投资企业外汇资本金结汇管理方式改革，全省率先试点新农合大病保险，全省首创农村有限责任融资担保体和扶贫资金联合会。

1. 推动金融业增加融资量，缓解中小企业融资难。2014 年新增金融业融资规模 884 亿元，同比多增 178.7 亿元；其中新增直接融资 219.7 亿元，比 2013 年同期增长 43.7%。推出“分段式”“增信式”“循环式”“年审制”等 76 个还款方式创新产品，累计对 4.4 万户小微企业转贷 238 亿元。大力推进企业股份制改造，2014 年以来新增股份公司 230 家，约占全省新增量的 30%。同时，推动企业上市、到北京“新三板”挂牌和到各区域性股权交易平台挂牌，合计达 112 家。首创发行“地方发、地方用、地方还”的蓝海股份。

2. 大力发展地方金融组织，缓解民间资本投资难。民营银行筹建，温州金融资产交易中心开业，农村保险互助社获批设立。启动温州保险公司、温州证券公司和地方资产管理公司前期筹建工作。全市新增 10 家地方金融组织机构，共吸引民资 40.83 亿元。

3. 建立风险企业处置机制，维护区域金融稳定。实现不良贷款余额和不良率“双降”。成立市县两级实体化运作的金融风险处置办，联动化解金融风险。12 家市级重点风险企业中，6 家已完成处置；51 家县级重点风险企业中，32 家已完成处置。同时，积极推进打击“逃废债”行为和非法集资处置工作，制定“构建诚信、惩戒失信”专项行动方案。截至今年 2 月末，在各大媒体上共曝光 52 个失信对象，列入约谈企业 20 家，打击 28 个对象，在社会上引起巨大反响。

4. 创新地方金融监管模式，促进民间融资实现“两化”。12 个备案服务网点登记备案 122.39 亿元民间借贷，发行登记企业定向债和定向集合资金共计 8.17 亿元。修订《温州市金融突发公共事件应急预案》，出台《温州市地方金融监管协调机制》，逐步形成了地方金融管理局、金融犯罪侦查支队、金融法庭和金融仲裁院分工负责、相互配合、共同推进的地方金融监管体系。

（二）温州金改三周年取得的成效

1. 民间资本进入金融领域取得阶段性突破。一方面，正规金融机构有序设立，金融业态不断丰富。全国首批民营银行筹建，积极筹备设立地方保险公司、证券公司，全国首家农业财险互助社获批设立。银行业机构 45 家，证券机构 24 家（含分公司 4 家），期货机构 16 家，市级保险机构 49 家，共比金改前增加 25 家。另一方面，新型金融组织全面开花，各类创新型金融服务组织设立实现零的突破。全国首创民间借贷服务中心 7 家，民间资本管理公司 12 家，推动设立农村资金互助会 39 家、小额贷款公司 17 家和各类创新型金融服务组织① 12 家。村镇银行实现县域“全覆盖”，开业网点 26 家，设立异地支行 28 家。另外，温州银行增资扩股吸引近 30 亿元民间资本，7 家农合行股改引入民资 43.8 亿元，三年来新增民资进入金融领域超 150 亿元。

2. 打出破解“两多两难”的组合拳。连续两年召开浙江银行业服务温州实体经济会议，出台支持温州实体经济发展“双十条”措施及其升级版，引导金融机构加大信贷投入。三年来增加金融业融资规模超 2 000 亿元，企业中长期贷款比重提升至 26.25%，比金改前提高了近 10 个百分点，为近十年来新高。在全省率先开展小微企业流动资金还款方式创新试点，推出 4 大类、79 个创新产品。实施“普惠金融工程三年行动计划(2013—2015 年)”，完善社区银行服务体系，加大金融“支农支小”力度。创新“地方发、地方还、地方用”的“幸福股份”和“蓝海股份”发债模式，募集资金 43 亿元；成功发行全国首单副省级以下城市保障房私募债 36 亿元；率先探索小额贷款公司定向债和优先股，累计备案金额分别为 5.5 亿元、2.9 亿元；创造性推出民间资本管理公司的“民资管家”服务，累计引导 39 亿元民资投向 1 000 多个项目；创新设立温州中小企业金融综合服务网，汇聚 100 余家金融机构 4 800 多个金融产品和 1 200 余笔企业投融资需求。

3. 初步形成资本市场的温州板块。至 2014 年末，全市累计上市公司 14 家，比 2011 年新增 6 家，新增拟上市企业 68 家；有 7 家温企在新三板挂牌，总计 136 家企业在区域性股权交易平台挂牌②，而 2011 年全市挂牌企业仅为 2 家。全市股份有限公司总数达 487 家，在全省占比从金改前的 4.53%提高到 15.4%。成立温州金融资产交易中心，开展不良资产挂牌转让业务；农村产权交易平台完成交易 800 多宗，金额 3.5 亿元。积极推进企业参与资本市场融资，发行各类债券，三年来全市直接融资规模达 470 多亿元，中小企业多渠道融资态势基本形成。

4. 走出地方金融监管的温州特色之路。率全国之先成立地方金融管理局，与金融法庭、金融仲裁院和金融犯罪侦查支队构成地方金融监管框架。出台全国首部地方性金融法规《温州市民间融资管理条例》，首创地方金融非现场监管系统，把 690 家各类市场主体纳入地方金融监管体系。开出全国首例“民间融资备案”罚单。率先编制并发布“温州指数”，逐渐成为温州乃至全国民间融资市场的“风向标”。率先获批设立地级市征信分中心，与地方政府公共信用信息平台和第三方征信机构，建立信用信息共享机制，重塑社会信用体系。

5. 汇聚化解“两链”风险的各方合力。坚持“省市县镇”四级联动、“政银企法”四方联手化解企业“两链”风险，成立市县二级风险处置办，建立府院联席会议制度，开创“简易化、市场化、法治化”破产审判新机制。在全省率先试点企业授信“主办行”制度，严格实施新增授信企业“358”要求。采取“保护优质企业、帮扶正常企业、重整破产企业、打击逃赖企业”的分类化解方式。全市市县两级处置重点风险企业 130 多家；向银行推荐约 2 000 家优质企业；共对 3 000 多家企业落实帮扶措施；银行不良贷款处置实现“双降”。严厉打击逃废债，率先曝光“失信人”名单，金改以来已抓获各类逃废债上网逃犯 175 名。

(人行杭州中支)

3. 2014 年丽水市农村金融改革试点工作

(一) 金融产品创新实现新突破，“三农”融资能力持续提升

针对农村地区有效抵押物不足难题，加快金融产品创新，不断扩大贷款抵押物范围，有效加大了金融支持“三农”发展力度。

“三权”抵押贷款实现扩面增量。在成功推进林权抵押贷款的基础上，积极探索开展农村土地流转经营权和农房抵押贷款创新，构建了较为完整的农村产权融资体系。截至 2014 年末，全市“三权”抵押贷款余额达到 63.17 亿元，新增 19.24 亿元，完成目标任务的 128%。其中：林权抵押贷款余额达到 43.05 亿元，新增 6.46 亿元；农房抵押贷款余额 18.1 亿元，新增 10.89 亿元；农村土地流转经营权抵押贷款余额 2.02 亿元，新增 1.89 亿元。

① 指商业保理公司、票据服务公司、行业协会应急转贷资金委员会、融资租赁公司等。

② 其中“成长板”23 家，“创新板”113 家。

农村产权融资配套机制逐步完善。在全市范围组建了市、县、乡三级的农村产权交易中心;在全国率先出台了《关于为推进农村“三权”抵押工作提供司法保障的试行意见》,为深入推进农村产权融资提供了有力保障。

金融产品集成创新不断深化。在集群创新推出林权、茶园、石雕抵押贷款的基础上,创新开展了农副产品仓单、股权、农村水利产权等抵(质)押贷款,并引导金融机构大力推进应收账款质押业务创新,进一步为中小企业拓宽融资服务渠道。截至 2014 年末,发放茶园抵押贷款 2 193 笔、余额 1.8 亿元;石雕抵押贷款余额达 4.5 亿元;农副产品仓单质押贷款 1 923 万元;股权质押基金担保贷款 299 万元,农村水利产权抵押贷款 110 万元;应收账款融资金额达 3.29 亿元。

(二) 深化信用体系建设,农村金融生态环境持续优化

针对银农信息不对称导致的“贷款难”问题,不断深化以“四信”建设为核心的信用体系建设,重点是加快农户信息系统等金融基础设施建设,并在有序扩大信用体系建设覆盖面和强化成果运用基础上,逐步建立健全“守信激励、失信惩戒”的联动机制,进一步优化农村金融生态环境。

全面推进“四信”工程建设。以进一步扩大成果应用、优化信用环境、深化信用体系建设为目标,全面推进“信用户、信用村(社区)、信用乡(镇、街道)、信用县(市、区)”等“四信”工程为主要内容的“城乡一体化”信用体系建设。截至 2014 年末,全市已成功创建信用村(社区)869 个;信用乡(镇、街道)38 个;评定信用农户 38.87 万户,其中,共有 30.39 万信用农户累计获得 313.51 亿元贷款。在总结云和信用县创建工作经验的基础上,顺利完成了景宁“信用县”创建工作。

不断扩大信用建设覆盖面。加大与法院、环保、公积金管理中心、经信委等部门沟通协调配合力度,扩大农户信用信息系统中非银信用信息的征集数据项;联合组织团市委、文明办、农办和农业局等部门开展农村创业青年信用示范户、农村经济组织的信用信息采集与信用评价等工作,稳步推进农户、社区居民和中小企业“三位一体”的社会信用体系建设,进一步丰富了信用体系建设的内涵。截至 2014 年末,全市共评出创业青年信用示范户 2 589 个,农村信用文明户 430 个,信用农村经济组织 2 534 户。

强化农村信用体系建设成果运用。充分发挥金融服务中心的平台作用,强化农村信用体系建设成果运用,引导金融机构依托农户信用信息系统全面开展“整体批发、集中授信”小额农贷业务,实现“物理网点不下沉,金融服务下沉”的目标,真正做到金融支农惠农。截至 2014 年末,全市共有 1 558 个行政村(行业)开办了该项业务,为 13.3 万信用农户提供授信 125.53 亿元,累计发放贷款 66.57 亿元。

(三) 逐步完善农村支付结算体系,普惠金融效应持续增加

针对城乡金融服务不均等问题,不断加快农村金融支付结算基础设施和平台建设,实现了农民基本金融服务不出村,促进了普惠金融发展。

不断拓展农村金融服务站功能。加强协调和资源整合,不断拓展全市 2 010 家农村金融服务站功能,在提供小额取现、代理转账等传统金融服务基础上,深化人民币反假、小面额和残损币兑换、农户基本信用信息采集、理财咨询、金融知识宣传、协办证券保险和农户贷款业务等“一站式”金融服务,并加快推进农村金融服务站与金融消费者权益保护站、手机充值网点等的有效结合,进一步延伸农村金融服务站功能。截至 2014 年末,农村金融服务站办理小额取现和代理转账业务累计达 121.32 万笔和 29.16 万笔,金额分别达到 3.79 亿元和 1.09 亿元,惠及 150 余万农民。

积极推广网上支付业务和手机支付工具。组织各金融机构加大农村支付结算方式创新,成功创建了 28 个网上支付示范区,在农村地区大力推广现代化支付工具和网上支付业务,有力助推全市农村电子商务的发展。截至 2014 年末,全市网上支付用户数达 138.54 万户,交易金额 11 682.1 亿元,分别同比增长 43%和 32%;手机支付用户数达 107.87 万个,交易金额 333.7 亿元。

积极探索农村地区非现金支付渠道。探索开展农村地区非现金支付业务创新,重点是拓展金融 IC 卡在公共服务领域的“一卡多用”功能。在青田成功开展“菜篮子”一卡通系统工程试点,在全省率先实现农贸市场金融 IC 卡小额非接应用,进一步优化农村地区非现金支付环境。

(四)加快组织体系建设,农村金融服务平台持续拓宽

以加快构建多层次、多形式的农村金融组织体系为重要载体,在持续拓宽服务平台的基础上,不断推动农村金融适度竞争发展和金融服务优化。

初步构建农村融资担保组织体系。按"政府主导、市场运作、规范运行、风险可控,巩固成效、稳步推进"的原则,全面推进以财政出资和村级担保基金为重点、以行业协会组建和商业性运作为补充的"四级"担保组织体系建设。截至2014年末,庆元、云和县已成功组建2家由政府财政出资的涉农融资性担保公司,注册资本分别达到1亿元、5 000万元;在开发区、龙泉、青田和缙云已设立4个政府担保基金,金额分别为4 000万、2 000万、1 500万和3 000万;全市25家融资性担保公司为"三农"发展提供贷款担保4.5亿元,其中涉及"三权"贷款1.8亿元;已建立村级担保组织86家,累计为3 100户农户担保2.49亿元。

稳步推进外汇管理服务平台发展。在成功建成全国首个村级外币代兑点的基础上,不断深化个人本外币兑换便利工程,持续做大在全国率先开展的个人外汇贷款业务,稳步发展外汇管理服务平台。截至2014年末,已创建村级外币兑换点5个、货币兑换公司1家,累计办理代兑业务达13.9万笔、金额6.08亿美元,其中村级外币兑换点累计办理代兑业务15 560笔,金额2 704.72万美元;已发放个人外汇贷款43笔,金额549万美元。

深入推进农村金融组织改革发展。继续深化在丽水的政策性银行改革,引进1家市外银行机构、1家证券业金融机构,成功组建莲都、青田2家农村商业银行以完成龙泉、松阳、遂昌等地信用联社的增资扩股工作,探索设立了1家社区银行,稳步发展村镇银行、小额贷款公司、农村资金互助社等新型农村金融组织,推动已开业的村镇银行向下延伸机构网点。已设立社区银行1家、村镇银行9家、小额贷款公司18家及农村资金互助社1家,实现新型农村金融组织县域全覆盖,强化了支农支小的金融服务水平。

大力发展农村资金互助组织。在农村地区加快建设农村资金互助会、联合会等村级互助资金资源共享平台。截至2014年末,全市已有330个低收入农户集中村建立了资金互助会,共入会农户2.2万户。在龙泉市成立村级资金互助联合会,共有入会农户905户,互助资金总量达到303.4万元。

(五)健全农村金融政策扶持体系,改革动力持续增强

"三权"抵押贷款配套政策体系基本形成。研究制定了覆盖林权、农房、土地流转经营权抵押贷款的财政贴息、财政奖励和风险补偿金等较为完整的财政配套政策体系,构建了"三权"抵押贷款风险防范机制,有效增强了金融机构开展"三权"抵押贷款业务的积极性和主动性。

政策性保险倾斜政策不断增加。以辖内景宁县获批全省首个保险服务民生示范点为契机,进一步向上争取政策,积极推进丽水市创建国家级保险服务民生示范区。在实现森林、水稻、油菜、自然灾害公众责任险等政策性保险全覆盖的基础上,加快推进食用菌、茶园种植等特色农业保险品种实现新突破。加强政银保合作,创新推进低收入农户扶贫贷款、农村小额保险等重点项目实施。此外,在全省率先开启农村公路财产保险,通过市场化方式有效解决农村公路养护的资金缺口问题。

改革工作协调机制运作实现常态化。人民银行总行、浙江省政府每年召开丽水农村金融改革试点工作专题会,并定期召开省级层面丽水农村金融改革试点工作领导小组成员会议,研究改革相关工作,并结合改革推进情况给予相关倾斜政策。

改革试点的组织实施基础进一步夯实。以"丽水农村金融改革高级研究班"项目入选全省现代化服务业高级研究班并获得资金支持为契机,对全市各县(市、区)、相关部门以及金融机构进行农村金融改革专题培训,加强农村金融改革专业人才的培养。同时,出台了《关于开展金融创新示范乡镇(街道)试点工作的实施意见》,积极开展第一批15个金融创新示范乡镇(街道)建设,并从金融系统选派32名业务骨干到示范乡镇(街道)进行工作指导,强化金融改革试点工作的组织实施。

(六)不断完善农村产权制度体系,改革基础持续夯实

以农村产权制度改革作为丽水农村金融改革的重要基础和最大支撑,大力推进农村产权制度改革,有效夯实了金改基础。

农村土地承包经营权改革有序推进。全面启动农村土地承包经营权改革，有序开展新一轮土地确权登记试点工作，积极推进土地承包经营权流转。截至 2014 年末，全市共发放土地承包证 57.25 万份，发放土地流转经营权证 429 本。

农村林权制度改革持续深化。在不断推进林权信息化建设的基础上，创新建立林地经营权流转证制度，实行林地承包权和经营权分离，引导鼓励林地向林业专业合作社、家庭林场、经营大户集聚，发展多种形式的适度规模经营。国务院李克强总理在全国两会期间，对丽水市创新开展的此种新型林权流转模式做法给予了充分肯定，截至 2014 年末，全市新增流转面积 11.84 万亩，林权经营权流转证办证面积 6.24 万亩。

村经济合作社股份制改革稳步推进。围绕“产权清晰化、股权商品化、职能分离化、收益分配公平化、制度管理程式化”五个方面内容，逐步推动村经济合作社股份制改革工作。截至 2014 年末，全市完成 2 418 个村经济合作社股份制改革工作。

农村水利产权制度改革同步推进。制定出台了《农村水利工程产权制度改革实施方案》，加快推进水利产权确权发证工作。截至 2014 年末，全市共发放小型水库产权证 77 本，万方以上山塘产权证 300 本。

农村宅基地使用权和农村集体房屋产权制度改革进展较快。加快推进农村宅基地确权登记发证工作，并按照“先易后难、先简后繁、点面结合”原则，全面启动农房登记工作。截至 2014 年末，全市共完成农村宅基地确权发证 89 082 宗，累计发放农村集体房屋所有权证 16 961 处。

此外，积极推动企业对接多层次资本市场取得新突破，进一步拓宽企业直接融资渠道。全市已有 4 家企业在全国中小企业股份转让系统（即“新三板”）成功挂牌，实现零突破；完成企业股改 26 家；“新三板”在审企业 3 家，签约备案企业共 15 家；在浙江股权交易中心新增挂牌企业 92 家，累计 140 家；实现企业直接融资 5 亿元。民间融资规范化工作得到进一步推进，制定出台了《丽水市开展民间融资服务中心试点工作的实施意见》和《丽水市民间融资服务中心监督管理试行办法》，在青田成功组建民间资本管理服务中心。

（人行杭州中支）

第十一篇　机 构 名 录

一、2014 年上海市金融机构名录

（一）金融管理机构名录

机 构 名 称	地 址	负责人	电 话	邮 编
中国人民银行上海总部	陆家嘴东路 181 号	张 新	58845000	200120
中国银行业监督管理委员会上海监管局	合欢路 35 号	廖 岷	38650100	200135
中国证券监督管理委员会上海监管局	迎春路 555 号	严伯进	50121020	200135
中国保险监督管理委员会上海监管局	合欢路 39 号	裴 光	38656666	200135
国家外汇管理局上海市分局	陆家嘴东路 181 号	张 新	58845950	200120
上海市金融服务办公室	大沽路 100 号	郑 杨	23111111	200003

（二）金融市场机构名录

机 构 名 称	地 址	负责人	电 话	邮 编
中国外汇交易中心暨全国银行间同业拆借中心	张东路 1387 号 30 幢	裴传智	63298988	201203
中国银联	含笑路 36 号	时文朝	68401888	200135
上海黄金交易所	河南中路 99 号	许罗德	33189588	200001
上海证券交易所	浦东南路 528 号	黄红元	68808888	200120
上海期货交易所	浦电路 500 号	杨迈军	68400000	200122
中国金融期货交易所	世纪大道 1600 号 6 楼	张慎峰	50160666	200122
上海联合产权交易所	云岭东路 689 号 1 号楼	钱 琎	62657272	200062
银行间市场清算所股份有限公司	北京东路 2 号	许 臻	23198800	200002

（三）同业公会机构名录

机 构 名 称	地 址	负责人	电 话	邮 编
上海市银行同业公会	杨高南路 428 号 2 号楼 20 层	沈立强	68286900	200127
上海市证券同业公会	襄阳北路 97 号 501 室	万建华	54042715	200031
上海市期货同业公会	浦电路 500 号 2201A 室	徐 凌	68400125	200122
上海市基金同业公会	世纪大道 1600 号 11 楼	李 勍	58203337	200122
上海市保险同业公会	中山南路 1228 号 8 楼	张家庆	63155989	200011

（四）银行业机构名录

1. 中资银行机构

（1）政策性银行

机构名称	地址	负责人	电话	邮编
国家开发银行上海市分行	浦明路 68 号	陈继忠	38784999	200120
中国进出口银行上海分行	东方路 2 号	李莅	20265288	200120
中国农业发展银行上海市分行	延安东路 45 号	山云达	63366336	200002
中国农业发展银行上海市分行营业部	延安东路 45 号	丁为民	63364606	200002
中国农业发展银行上海市闵行区支行	莘庄镇莘浜路 6 号	陆琪	64924827	201100
中国农业发展银行上海市嘉定区支行	张马路 20 号	赵秋良	59911888	201800
中国农业发展银行上海市宝山区支行	友谊路 1518 弄 4 号	戚海峰	56786048	201900
中国农业发展银行上海市南汇支行	惠南镇南门大街 104 号	胡筠	58012200	201300
中国农业发展银行上海市奉贤区支行	韩村路 706 号	杨琼	67103718	201400
中国农业发展银行上海市松江区支行	文诚路 338 弄 26 号	梅福龙	67665395	201620
中国农业发展银行上海市金山区支行	石化卫零路 611 弄 112 号	童继宏	57960903	200540
中国农业发展银行上海市青浦区支行	青湖路 977 号	李雄	69714216	201700
中国农业发展银行崇明县支行	崇明县城桥镇东门路 125 号	张美娟	39622007	202150
中国农业发展银行上海市浦东分行	源深路 300 号	胡鹏	58318906	200120

（2）中国工商银行上海市分行

机构名称	机构地址	机构负责人	联系电话	邮政编码
中国工商银行上海市分行	浦东大道 9 号	沈立强	58885888	200120
中国工商银行上海市宝山支行	淞滨路 318 号	王睿	56845858	200940
中国工商银行上海市漕河泾开发区支行	宜山路 900 号	李毓菖	54235423	200233
中国工商银行上海市长宁支行	延安西路 895 号	苏岳勤	62252200	200050
中国工商银行上海市崇明支行	城桥镇南门路 158 号	雷鸣	69691942	202150
中国工商银行上海市分行第二营业部	即墨路 88 号	项震	58885888	200120
中国工商银行上海市分行营业部	中山东一路 24 号	徐晓萍	63211678	200002
中国工商银行上海市奉贤支行	南桥镇南中路 48 号	盛俊中	57102768	201400
中国工商银行上海市虹口支行	东大名路 578 号	钱勤新	25101800	200080
中国工商银行上海市虹桥开发区支行	娄山关路 83 号	张政	62097999	200336
中国工商银行上海市黄浦支行	四川中路 346 号	周紫华	63392828	200002
中国工商银行上海市嘉定支行	清河路 151 号	杨勇	59927999	201800
中国工商银行上海市金山支行	石化卫零路 558 号	张作学	57964638	200540
中国工商银行上海市静安支行	康定路 699 号	吴晓春	32184610	200040

（续表）

机构名称	机构地址	机构负责人	联系电话	邮政编码
中国工商银行上海市卢湾支行	淮海中路98号	王德湛	53858068	200021
中国工商银行上海市闵行支行	都市路4855号2座	王燕青	64889900	201199
中国工商银行上海市南汇支行	惠南镇城南路258号	冯　羽	58020695	201399
中国工商银行上海市浦东分行	浦东南路2024—2034号	秦　华	58757777	200127
中国工商银行上海市浦东开发区支行	金桥路1391号1—7层	张　毅	58993652	200129
中国工商银行上海市普陀支行	大渡河路388弄5号	吕　虹	33606888	200060
中国工商银行上海市青浦支行	城中东路485号	赵云锋	59724800	201700
中国工商银行上海市松江支行	中山二路218—228号1层、216号2—4层	徐　莹	57813122	201600
中国工商银行上海市外滩支行	中山东二路11号	冯雁飞	63217777	200002
中国工商银行上海市徐汇支行	辛耕路133号3—6层	王伟权	64475858	200030
中国工商银行上海市杨浦支行	控江路1698号	王育松	65021880	200092
中国工商银行上海市闸北支行	河南北路485号	陈　磊	63642288	200071
中国工商银行上海市张江支行	张江路639号	徐劲松	50797273	201120
中国工商银行上海市临港支行	临港新城新元南路555号	孙　伟	68284190	201306
中国工商银行上海市世博支行	耀华路8号	王洪海	58680662	200126
中国工商银行上海市地铁支行	银城中路488号	李春华	58780207	200003
中国工商银行上海市自贸试验区分行	马吉路28号	周　宏	58699999	200131

（3）中国农业银行上海市分行

机　构　名　称	地　　址	负责人	电　话	邮　编
中国农业银行上海市分行	银城路9号	刘　强	20688888	200120
中国农业银行上海自贸试验区分行	加枫路24号	王　蓓	50681022	200131
中国农业银行上海市分行信用卡中心	汉口路515号	吴海涛	63523645	200001
中国农业银行上海市分行信息技术管理部	桂菁路69号26幢	夏忠奂	34612888	200233
中国农业银行上海市分行电子银行部	银城路9号30楼	陈志祥	20688888	200120
中国农业银行上海市分行委托资产处置中心	洪山路189号	王永明	58474246	200126
中国农业银行上海市分行营业部	延安东路518号	陈国忠	63512345	200001
中国农业银行上海市闵行支行	水清南路68号	陈　东	64136413	201199
中国农业银行上海市嘉定支行	塔城路355号	张　青	69919618	201800
中国农业银行上海市宝山支行	同济路131号	黄　雷	56676666	200940
中国农业银行上海市南汇支行	惠南镇听潮二路35号	向志良	68013002	201300
中国农业银行上海市奉贤支行	南奉公路8515号	蒋攀峰	57422445	201400
中国农业银行上海市松江支行	人民北路2—8号	冯国红	57813026	201600
中国农业银行上海市金山支行	蒙源路99号	李康康	57321258	200540
中国农业银行上海市青浦支行	公园路8号	王连军	69721333	201700
中国农业银行上海市崇明县支行	崇明县城桥镇人民路38号	夏卫东	59622073	202150

（续表）

机构名称	地址	负责人	电话	邮编
中国农业银行上海市徐汇支行	天钥桥路 30 号	谢　斌	64279999	200030
中国农业银行上海市五角场支行	翔殷路 1128 号	许雪兴	65115858	200433
中国农业银行上海市静安支行	乌鲁木齐北路 207 号	陆青婕	62495599	200040
中国农业银行上海市长宁支行	定西路 998 号	施征宇	62111800	200050
中国农业银行上海市普陀支行	曹杨路 697 号	钱一锋	32074590	200062
中国农业银行上海市闸北支行	天目西路 488 号	吕忠来	63548000	200070
中国农业银行上海市黄浦支行	福州路 666 号	朱卫峰	63917636	200001
中国农业银行上海市虹口支行	吴淞路 469 号	罗玮琪	63091007	200081
中国农业银行上海市浦东分行	浦东南路 379 号	陆济忠	58870000	200120
中国农业银行上海市川沙支行	新川路 385 号	丁惠华	58989013	201200
中国农业银行上海市金桥支行	新金桥路 188 号	马晓军	50311100	201206
中国农业银行上海市卢湾支行	徐家汇路 601 号	王　盛	53961888	200023

（4）中国银行上海市分行

机构名称	地址	负责人	电话	邮编
中国银行上海市分行	银城中路 200 号	潘岳汉	38824500	200120
中国银行上海市分行营业部	中山东一路 23 号	方国华	63297778	200002
中国银行上海市普陀支行	长寿路 831 号	柏　京	52987711	200042
中国银行上海市徐汇支行	虹桥路 355 号	沈如春	34601188	200030
中国银行上海市闸北支行	恒丰路 218 号	杨　科	61408555	200070
中国银行上海市中银大厦支行	银城中路 200 号	李　宁	50375566	200120
中国银行上海市嘉定支行	塔城路 451 号	马乐莺	69919000	201800
中国银行上海市黄浦支行	中山南路 328 号	张继为	63326060	200010
中国银行上海市杨浦支行	平凉路 1128 号	鲁影萍	65725566	200090
中国银行上海市闵行支行	莘建路 256 号	费晓娴	64889988	201100
中国银行上海市宝山支行	宝杨路 1008 号	胡正茂	56128852	201900
中国银行上海市奉贤支行	南桥镇人民中路 8 号	姜志祥	57425566	201400
中国银行上海市金山支行	蒙山路 1111 号	沈　杰	67240240	200540
中国银行上海市长宁支行	延安西路 2067 号	顾力星	32095566	200335
中国银行上海市浦东开发区支行	新金桥路 58 号	盛振洲	50302277	201206
中国银行上海市南汇支行	康沈路 1727 号	吴文新	20975558	201318
中国银行上海市浦东分行	张杨路 838 号	张知遥	68765880	200122
中国银行上海市静安支行	南京西路 1515 号	支　佐	52985587	200040
中国银行上海市松江支行	中山中路 208 号	宋一兵	57725670	201600
中国银行上海市卢湾支行	茂名南路 205 号	杨　军	64310909	200020
中国银行上海市青浦支行	城中东路 608 号	陈　纲	59729942	201700
中国银行上海市虹口支行	四川北路 1393 号	刘　嫣	63074918	200080

(5) 中国建设银行上海市分行

机 构 名 称	地 址	负责人	电 话	邮 编
中国建设银行上海市分行	淮海中路200号	王 江	58880000	200021
中国建设银行上海市分行营业部	淮海中路200号	曹 筠	68491322	200021
中国建设银行上海市分行大客户一部	延安东路700号	董子泳	53850163	200001
中国建设银行上海市分行大客户二部	金陵东路499号	房师新	63282190	200021
中国建设银行上海市分行大客户三部	淮海中路200号	童志康	63181818	200021
中国建设银行上海市分行大客户四部	滇池路103号	李 群	63232666	200002
中国建设银行上海市分行大客户五部	四川中路321号	纪万林	63231188	200002
中国建设银行上海闸北支行	天目西路290号	胡 岩	63531915	200070
中国建设银行上海宝钢宝山支行	牡丹江路1398号	赵奇飞	56125612	201900
中国建设银行上海金山石化支行	象州路52号	吕放异	57942710	200540
中国建设银行上海黄浦支行	淮海东路85号	史 军	63558695	200021
中国建设银行上海卢湾支行	徐家汇路530号	李 群	64157878	200025
中国建设银行上海徐汇支行	衡山路920号	蔡 宏	64072750	200030
中国建设银行上海长宁支行	延安西路2067号(6F)	周 涛	62785139	200336
中国建设银行上海静安支行	愚园路172号	陈 磊	62491680	200040
中国建设银行上海普陀支行	长寿路95号	虞 炯	62996298	200060
中国建设银行上海虹口支行	吴淞路211号	赵志勇	63577626	200080
中国建设银行上海杨浦支行	长阳路1288号	黄 勤	65190446	200090
中国建设银行上海闵行支行	沪闵路6555号	顾非非	64126412	201100
中国建设银行上海嘉定支行	嘉定镇塔城路365号	周 捷	59526583	201800
中国建设银行上海松江支行	松江镇中山中路89号	李 华	57721471	201600
中国建设银行上海奉贤支行	南桥镇解放中路332号	周 瑾	57502457	201400
中国建设银行上海青浦支行	城中东路550号	曹 明	59729556	201700
中国建设银行上海崇明支行	崇明县城桥镇八一路387号	董宣忠	59622456	202150
中国建设银行上海浦东分行	陆家嘴环路900号	齐 红	68490557	200120
中国建设银行上海自贸试验区分行	富特北路258-1号	李 骏	50814718	200122

(6) 交 通 银 行

名 称	地 址	负责人	电 话	邮 编
交通银行	银城中路188号	牛锡明	58781234	200120
交通银行上海市分行	中山南路99号	郑志扬	63111000	200010
交通银行上海自贸试验区分行	马吉路2号	陈荷兰	58691106	200131
交通银行上海市分行营业部	江西中路200号	陆燕丽	63213400	200002
交通银行上海浦东分行	世纪大道1168号B座	彭悦箐	58823456	200122
交通银行上海新区支行	新金桥路230号	蔡 钺	50316600	201206

（续表）

名　　称	地　　址	负责人	电　话	邮　编
交通银行上海徐汇支行	衡山路 20 号	厉　静	64669748	200031
交通银行上海长宁支行	江苏路 502 弄 1 号	戚慧康	62408461	200050
交通银行上海市西支行	江宁路 338—350 号	贺瑞康	62151235	200041
交通银行上海闸北支行	汉中路 188 号	应　敏	63549090	200070
交通银行上海虹口支行	四平路 263—265 号	王成宝	65225128	200081
交通银行上海杨浦支行	长阳路 1317 号	陈　德	65195656	200090
交通银行上海黄浦支行	淮海东路 99 号	罗日军	63861230	200021
交通银行上海宝山支行	淞滨路 138 号	董怡蓓	56841100	200940
交通银行上海闵行支行	文井路 145 号	朱奕辰	64303804	200245
交通银行上海嘉定支行	城中路 68 号	鲁　联	59922288	201800
交通银行上海松江支行	人民北路 227 号	宋　滨	57815855	201600
交通银行上海临港新城支行	临港新城新元南路 555 号	曾文伟	68284555	201306
交通银行上海奉贤支行	奉贤南桥镇人民中路 200 号	柳春燕	57100666	201400
交通银行上海青浦支行	公园路 348 号	凌海强	59732252	201700
交通银行上海金山支行	卫清西路 40—70 号(双)	程　华	37908000	201508
交通银行上海崇明支行	崇明城桥镇新崇南路 28 号	沈　萍	69695559	202150

(7) 上海浦东发展银行

机　构　名　称	营业地址	负责人	联系电话	邮编
上海浦东发展银行	中山东一路 12 号	吉晓辉	61618888	200002
上海浦东发展银行上海分行	浦东南路 588 号	王新浩	68887000	200120
上海浦东发展银行第一营业部	中山东一路 12 号	翁维文	61618888	200002
上海浦东发展银行宝山支行	牡丹江路 1283 号	李　峥	56111666	201900
上海浦东发展银行长宁支行	长宁路 855 号	张以磊	62401568	200050
上海浦东发展银行崇明支行	崇明县城桥镇北门路 228 号～236 号	杨少波	59627078	202150
上海浦东发展银行奉贤支行	南桥镇南奉公路 7557 号	康志信	57180840	201400
上海浦东发展银行虹口支行	曲阳路 731 号	许建明	65543900	200437
上海浦东发展银行虹桥支行	兴义路 8 号	隋艳坤	52082418	200336
上海浦东发展银行黄浦支行	宁波路 50 号	俞建平	63291188	200002
上海浦东发展银行嘉定支行	博乐路 199 号	陈从治	59538383	201800
上海浦东发展银行金桥支行	金港路 509 号	肖逸琳	58994808	201206
上海浦东发展银行金山支行	卫清西路 153—159 号	吴　舟	37907858	200540
上海浦东发展银行静安支行	北京西路 669 号	曹亿存	62185500	200041
上海浦东发展银行空港支行	启航路 1000 号	华　瑾	68841200	201202
上海浦东发展银行陆家嘴支行	东方路 710 号底层	华　巍	58303888	200122
上海浦东发展银行卢湾支行	斜土路 713 号	张文钰	53027256	200023
上海浦东发展银行闵行支行	闵行莘松路 159 号	陈天鸣	64882488	201100
上海浦东发展银行南汇支行	惠南镇人民东路 3388 号	钟　泉	58024800	201300
上海浦东发展银行南市支行	陆家浜路 1011 号	徐　军	51159500	200011
上海浦东发展银行普陀支行	长寿路 746 号	王汉斌	62300583	200060

(8) 中国邮政储蓄银行上海分行

机构名称	地址	负责人	电话	邮编
中国邮政储蓄银行上海分行	东大名路 1080 号	敬宗泉	35965125	200002
中国邮政储蓄银行上海分行营业部	九江路 38 号	蔡建英	63293268	200002
中国邮政储蓄银行上海静安区支行	北京西路 1757 号	倪　强	62312723	200040
中国邮政储蓄银行上海徐汇区支行	宛平南路 99 弄 1 号 3 楼	蔡　春	64413966	200032
中国邮政储蓄银行上海闸北区支行	恒丰路 605 号	励剑麟	32562167	200070
中国邮政储蓄银行上海浦东新区支行	蓝村路 2 号	樊　华	50949188	200127
中国邮政储蓄银行上海闵行区支行	莘建路 120 号	姚　明	54133216	201100
中国邮政储蓄银行上海宝山区支行	双城路 803 弄 9 号楼 15 楼	卢　盛	60950031	201700
中国邮政储蓄银行上海奉贤区支行	南桥镇南桥路 199 号	金　鸣	33656611	201400
中国邮政储蓄银行上海松江区支行	人民南路 65 号	沈　彬	57715586	201600
中国邮政储蓄银行上海青浦区支行	青浦公园 655 号	秦建忠	59725050	201700
中国邮政储蓄银行上海嘉定区支行	平城路 56 号	李建昌	69036288	201899
中国邮政储蓄银行上海金山区支行	金一东路 233 号	黄长虹	57953222	201540
中国邮政储蓄银行上海南汇区支行	惠南镇北门大街 33 号	俞　彬	58001001	201300
中国邮政储蓄银行上海川沙区支行	翔川路 392 号	葛建钢	68781266	201200
中国邮政储蓄银行上海崇明县支行	崇明县城桥镇八一路 365 号	颜卫明	69613526	202150
中国邮政储蓄银行上海黄浦区支行	中山南路 76 号 A 楼 2—3 层	侯洋龙	53217166	200010
中国邮政储蓄银行上海虹口区支行	恒丰路 601 号 3 楼	郭长生	63170051	200070
中国邮政储蓄银行上海长宁区支行	武夷路 348 号 2 楼	夏丽华	62809630	200050
中国邮政储蓄银行上海普陀区支行	东新路 360 号 4 楼	吴玲敏	62032378	200063
中国邮政储蓄银行上海杨浦区支行	安波路 569 号 3 楼	蔡建杰	65336996	200433

(9) 上海银行

机构名称	地址	负责人	电话	邮编
上海银行	银城中路 168 号	范一飞	68475888	200120
上海银行总行营业部	银城中路 168 号	李　卯	68475933	200120
上海银行信用卡中心	来安路 555 号上海银行数据处理中心 3 号楼	冯雪飞	20620738	201201
上海银行小企业金融服务中心	银城中路 168 号 36 楼	朱会冲	68475888	200120
上海银行浦东分行	张杨路 699 号	方坚华	58304523	200120
上海银行上海自贸试验区分行	基隆路 6 号	陈力平	58690178	200131
上海银行福民支行	凤阳路 360 号	徐　玲	63594199	200003
上海银行白玉支行	肇嘉浜路 798 号	宋利群	64669533	200030
上海银行浦西支行	四川中路 261 号	时祖仁	63235767	200002
上海银行黄浦支行	福州路 120 号	周　乐	63505582	200002
上海银行静安支行	陕西北路 78 号	陈　新	52863594	200041
上海银行卢湾支行	复兴中路 369 号	王晓岗	63367796	200025
上海银行徐汇支行	南丹东路 238 号	侯青松	64271483	200030

（续表）

机构名称	地址	负责人	电话	邮编
上海银行长宁支行	仙霞路320号	顾超然	62080593	200336
上海银行虹口支行	吴淞路408号	丁　兵	63647791	200080
上海银行杨浦支行	国宾路46号	田　浩	33620162	200433
上海银行闸北支行	梅园路228号	唐晨壬	63814966	200070
上海银行普陀支行	曹杨路500号	袁　俊	62441932	200063
上海银行漕河泾支行	康健路66、68、70号	顾卫东	33683455	200233
上海银行金山支行	卫清西路185—201号	孙　劼	57281873	200540
上海银行闵行支行	七莘路1885号	陈　华	52966551	201101
上海银行宝山支行	牡丹江路1528号	陈晓东	56116660	201999
上海银行青浦支行	青安路39号	卜月林	59723023	201700
上海银行奉贤支行	南奉公路9639号	吴祖亮	67117617	201499
上海银行万源路支行	宜山路1888号1层102室	叶　刚	64466006	201103
上海银行嘉定支行	塔城路388号	陆　勇	69988282	201800
上海银行松江支行	中山中路199号	戚美荣	57723678	201600
上海银行崇明支行	崇明县城桥镇东门路465—485号	倪国庆	69631306	202150

（10）上海农商银行

机构名称	地址	负责人	电话	邮编
上海农村商业银行	银城中路8号15—27楼	胡平西	38576988	200120
上海农村商业银行总行营业部	延安西路728号	李　斌	52381872	200050
上海农村商业银行滨江支行	银城中路8号底层	张　怡	38575063	200120
上海农村商业银行浦东分行	世纪大道1500号	王建平	50588655	200122
上海农村商业银行上海自贸试验区分行	基隆路6号底层106—108室	史美樑	58691678	200131
上海农村商业银行闵行支行	七莘路670号1、2层	杨园君	64887638	201319
上海农村商业银行嘉定支行	塔城路386号	许建华	69988385	201800
上海农村商业银行宝山支行	牡丹江路1198号	仇忠亮	56673900	200940
上海农村商业银行南汇支行	惠南镇少年路5号	朱忠文	68000344	201300
上海农村商业银行奉贤支行	南奉公路9780号	邱鹤良	57106835	201400
上海农村商业银行松江支行	人民北路405号	吴以浩	57710050	201600
上海农村商业银行金山支行	卫清西路505号	阮鸣杰	57965658	200540
上海农村商业银行青浦支行	公园路399号	王丽芳	59717934	201700
上海农村商业银行崇明支行	崇明县城桥镇北门路188号	顾贤斌	59620542	202150
上海农村商业银行徐汇支行	肇嘉浜路9弄3—7号	陈雪松	64228110	200232
上海农村商业银行普陀支行	新村路599号	乔东林	56354719	200333
上海农村商业银行虹口支行	松花江路2721号	张伟昌	55884183	200437
上海农村商业银行杨浦支行	黄兴路1599号	俞敏华	55060913	200433
上海农村商业银行闸北支行	共和路169号1楼	沈　勇	56900533	200070
上海农村商业银行长宁支行	古北路555弄8号	张烈军	52067881	200051
上海农村商业银行黄浦支行	广东路500号1楼东侧	罗　瑛	63620663	200001
上海农村商业银行静安支行	北京西路770号	王亚青	62712188	200041

（11）中信银行上海分行

机 构 名 称	地 址	负责人	电 话	邮 编
中信银行上海分行	富城路 99 号	胡 罡	58776287	200120
中信银行上海分行营业部	富城路 99 号	杨宇星	58882191	200120
中信银行上海淮海路支行	淮海中路 1355 号	李德英	64318545	200031
中信银行上海漕河泾支行	苍梧路 12 号 17 幢西 1—3 楼(近田林路)	赵雪萍	64837700	200233
中信银行上海普陀支行	宁夏路 328 号	汪 涛	52351226	200063
中信银行上海静安支行	北京西路 1691 号(近胶州路)	姚建平	62886759	200040
中信银行上海中山公园支行	宣化路 300 号	沈韶明	62516099	200050
中信银行上海虹桥支行	延安西路 2077 号	潘静一	62193011	200336
中信银行上海虹口支行	四川北路 1753 号	何 巍	56960361	200081
中信银行上海黄浦支行	西藏南路 518 号(近复兴东路)	周志勇	63901300	200021
中信银行上海外滩支行	北京东路 290 号	韩 琼	63211200	200002
中信银行上海四平路支行	四平路 204 号(近临平北路)	任 讷	65078558	200086
中信银行上海徐汇支行	漕溪北路 737 弄 1 号	张剑平	54255500	200030
中信银行上海浦东分行	东方路 710 号	周华龙	68752833	200122
中信银行上海五牛城支行	浦东大道 1085 号	徐悦宁	58855858	200135
中信银行上海张江支行	科苑路 201 号 1 楼 B 段(近龙东大道)	张 屹	50272942	201203
中信银行上海中信泰富广场支行	南京西路 1168 号	胡雪梅	52925007	200041
中信银行上海长宁支行	江苏路 398 号首层	何 梅	32506611	200050
中信银行上海杨浦支行	黄兴路 1738 号	吴文宇	55223088	200433
中信银行上海松江支行	新松江路 1388 弄 117—119 号	陈爱峰	67828219	201620
中信银行上海闵行支行	莘建路 160 号(近莘中路)	龚红燕	54955685	201199
中信银行上海卢湾支行	打浦路 268 号	周晓东	63022787	200023
中信银行上海长寿路支行	长寿路 946 号(近武宁路)	贡云帆	62311107	200060
中信银行上海南汇支行	惠南镇人民东路 2569 号	金 敏	68245112	201300
中信银行上海闸北支行	沪太路 559 号	陈 君	66581655	200070
中信银行上海青浦支行	青安路 288 号	陶 然	69721955	201700
中信银行上海宝钢宝山支行	牡丹江路 1278 号	衣学政	66595500	201900
中信银行上海嘉定支行	金沙路 1 号汇金商务楼裙楼	肖 懿	59520555	201800
中信银行上海古北支行	古北路 1088 号 101 室东侧甲	江 雯	62951133	201103
中信银行上海中环支行	梅川路 1275 号	陈晓岸	52822022	200333
中信银行上海浦电路支行	浦电路 438 号 1 层	朱 伟	50192608	200122
中信银行上海市中支行	威海路 238 号底层(近 STV)	林小锋	52981122	200041
中信银行上海沪西支行	天山路 919 号	徐 波	62332525	200051
中信银行上海北外滩支行	杨树浦路 147 号	顾 海	65452255	200082
中信银行上海奉贤支行	奉贤环城南路 1070 号	王时奋	57189767	201400
中信银行上海外高桥支行	日京路 28 号	张弛雷	58682257	200131
中信银行上海南京东路支行	南京东路 61 号 1 层、2 层	应乐乐	63236066	200002

（续表）

机构名称	地址	负责人	电话	邮编
中信银行上海人民广场支行	金陵东路500号	刘峰	63281051	200021
中信银行上海打浦桥支行	瑞金南路1号1层	易慧	33565155	200023
中信银行上海周浦支行	沪南路3439弄57、59、61号	陆雄	20983300	201318
中信银行上海大柏树支行	曲阳路908号	郎唯亚	55896701	200437
中信银行上海徐家汇支行	漕溪北路331号105、106	薛莉	33973710	200030
中信银行上海吴中路支行	吴中路1083号	丁继斌	64656670	201103
中信银行上海中信广场支行	四川北路859号(近塘沽路)	奚锋佳	63091503	200081
中信银行上海宛平路支行	宛平南路203—207号(近辛耕路)	胡菁菁	64865280	200032
中信银行上海市南支行	西藏南路1317号	吴伟	53213088	200011
中信银行上海胶州路支行	胶州路669号	沈政道	62371136	200040
中信银行上海川沙支行	川沙路5007号(川沙路新川路口)	张伟	68811800	201200
中信银行上海长风支行	云岭东路89号	罗山	32586275	200062
中信银行上海自贸区分行	基隆路1号1楼	郑艳	58693053	200137

(12) 中国光大银行上海分行

机构名称	地址	负责人	电话	邮编
中国光大银行上海分行	世纪大道1118号	伍崇宽	63606360	200002
中国光大银行上海分行营业部	世纪大道1118号	张雷文	63606360	200002
中国光大银行上海浦东支行	张杨路630号	潘晓芹	58356677	200122
中国光大银行上海浦东第二支行	浦建路15号	柳美娟	61641288	200127
中国光大银行上海虹口支行	四平路210号	陈旭东	65086789	200086
中国光大银行上海徐汇支行	虹桥路188号	张颂	64692466	200030
中国光大银行上海静安支行	新闸路955号	张坚军	62870303	200041
中国光大银行上海闸北支行	天目西路218号	郑颖	63549292	200070
中国光大银行上海黄浦支行	黄陂北路227号	刘寅	63758600	200003
中国光大银行上海市北支行	康定路1592号	吴伟	62304535	200042
中国光大银行上海古北支行	宋园路105号	许海敏	62705601	200336
中国光大银行上海淮海支行	新华路455弄1号	杨忠铭	62810018	200052
中国光大银行上海不夜城支行	天目中路383号	陈孜胤	63541144	200070
中国光大银行上海南市支行	陆家浜路1139号	刘泓	63452642	200011
中国光大银行上海市中支行	西藏中路579号	周期	63501157	200003
中国光大银行上海市南支行	斜土路500号	章斌	53027611	200023
中国光大银行上海北外滩支行	东大名路378号	戎坤	65952555	200080
中国光大银行上海长宁支行	天山路1111号	杜建伟	52127228	200051

（续表）

机 构 名 称	地 址	负责人	电 话	邮 编
中国光大银行上海漕河泾开发区支行	漕宝路68号	蒋 雯	64326331	200233
中国光大银行上海外滩支行	中山东一路29号	池 强	63612346	200020
中国光大银行上海市东支行	东体育会路990号	陈苗青	55399959	200437
中国光大银行上海自贸试验区分行	台北西路168号	张建平	50461509	200131
中国光大银行上海松江支行	人民北路171弄1号	马霞光	57816677	201600
中国光大银行上海嘉定支行	城中路76号	徐向军	69988898	201800
中国光大银行上海花木支行	东绣路575号	史俊玮	50458521	200127
中国光大银行上海宝山支行	牡丹江路1317号	管银熙	56107456	201900
中国光大银行上海金桥支行	新金桥路201号	杨 镝	50318880	201206
中国光大银行上海闵行支行	水清南路20号	顾巍然	64149797	201100
中国光大银行上海杨浦支行	政通路218号	赵 平	55660900	200433
中国光大银行上海青浦支行	青松路22号	沈 颉	59721911	201700
中国光大银行上海市西支行	愚园路864号	何 娟	62133136	200050
中国光大银行上海真新支行	梅川路1550号	濮蓉蓉	69192268	201824
中国光大银行上海卢湾支行	复兴中路1号	杨 健	63368828	200021
中国光大银行上海普陀支行	兰溪路179号	虞文焕	52663930	200062
中国光大银行上海大华支行	大华二路268号	许盛栋	66393888	200442
中国光大银行上海昌里支行	齐河路280—286号	顾旗旗	58729188	200126
中国光大银行上海常德支行	新闸路1518号	徐葆华	61229538	200040
中国光大银行上海金山支行	卫清西路508号	朱 军	67965533	200540
中国光大银行上海期交所支行	世纪大道1589号	赵 婷	58310110	200122
中国光大银行上海长兴岛支行	江南大道988号	王 玮	60862003	201913
中国光大银行上海江宁支行	江宁路1153号	王俊毅	62765003	200060
中国光大银行上海联洋支行	迎春路821号	郑 琳	60933969	200135
中国光大银行上海龙茗支行	漕宝路1505号	计宇涛	54782383	201101
中国光大银行上海彭浦支行	汾西路471号	王 莉	56911997	200435
中国光大银行上海周浦支行	年家浜路426号	辛 辉	68128018	201318
中国光大银行上海奉贤支行	环城东路467、471号	陆传峰	61909176	201400
中国光大银行上海天山支行	哈密路198号	蒋 澍	32170396	200336
中国光大银行上海控江支行	许昌路1566号	王 华	33811986	200092
中国光大银行上海南翔支行	沪宜公路1158号	金宝明	60713379	201802
中国光大银行上海隆昌支行	隆昌路619号	张 琪	55669377	200090
中国光大银行上海华新支行	新府中路1718号	马红兵	39285632	201708
中国光大银行上海川沙支行	妙镜路1111弄1号	戴 旭	50196088	201205

(13) 华夏银行上海分行

机构名称	地址	负责人	电话	邮编
华夏银行上海分行	浦东南路256号	史泽夫	38839666	200120
华夏银行上海市西支行	北京西路1828号	李佳得	62258587	200040
华夏银行上海分行营业部	浦东南路256号	史泽夫	38839666	200120
华夏银行上海杨浦支行	控江路1207号	柴淑芳	65709961	200093
华夏银行上海卢湾支行	鲁班路279号	徐伟平	53014481	200023
华夏银行上海普陀支行	西康路1309号	黄　磊	62983622	200060
华夏银行上海虹桥支行	古北路458号	郑　仪	62294792	200336
华夏银行上海闸北支行	秣陵路38号1楼	赵淑琴	63177240	200070
华夏银行上海外高桥支行	台中南路2号	孙勇刚	50483372	200131
华夏银行上海虹口支行	甜爱支路17号	武继前	65089595	200081
华夏银行上海浦东支行	东方路738号	董　霖	58207805	200120
华夏银行上海徐汇支行	宛平南路401号1—2层	郭永健	64287039	200032
华夏银行上海外滩支行	中山南路76号B楼1楼、2楼	康文捷	63291729	200010
华夏银行上海大柏树支行	中山北一路1200号	仲南岭	65605026	200437
华夏银行上海闵行支行	莘松路183号	王惠明	54958081	201100
华夏银行上海陆家嘴支行	浦东南路1036号	陈建忠	58774406	200120
华夏银行上海长宁支行	长宁路515号	冯华蕴	52395671	200050
华夏银行上海静安支行	威海路218号	王宏斌	52981810	200041
华夏银行上海黄浦支行	中华路1465号	陆维勤	63697089	200010
华夏银行上海南汇支行	秀沿路885—891号	宁啸东	68069333	201315
华夏银行上海宝山支行	牡丹江路1332、1338、1346号	赵　莉	56110266	201900
华夏银行上海嘉定支行	塔城路453—1号	杨文豪	69910970	201800
华夏银行上海临港支行	鸿音路2899—2905号	王　俊	38258966	201306
华夏银行上海奉贤支行	德丰路299弄1号101室、801室	沈　洁	37580390	201400
华夏银行上海青浦支行	城中北路780号	项　军	69725633	201700
华夏银行上海张江支行	张衡路1299号2幢101室、201室	刘天凤	33909611	201203
华夏银行上海松江支行	南期昌路701号	朱　虹	37705053	201600
华夏银行上海漕河泾支行	桂平路391号B座104室—106室，201室—203室	叶海洲	54203270	200233
华夏银行上海四平支行	四平路833号—837号1到2层	朱轻舟	56630253	200092

（14）中国民生银行上海分行

机构名称	地址	负责人	电话	邮编
中国民生银行上海分行	浦东南路100号	王庆东	61877000	200120
中国民生银行上海分行营业部	浦东南路100号	刘佳敏	61874005	200120
中国民生银行上海广场支行	威海路48号	王治平	53857700	200003
中国民生银行上海外滩支行	同心路8号	李丽	63298200	200002
中国民生银行上海浦东支行	东方路836号	萧珂	68867975	200122
中国民生银行上海市西支行	长寿路1118号	袁丽莉	62116331	200042
中国民生银行上海市北支行	沪太路549号	陆晓斌	66580860	200070
中国民生银行上海市东支行	四平路529号	戚云峰	65211903	200092
中国民生银行上海徐汇支行	肇嘉浜路1033号	朱立佶	64271274	200030
中国民生银行上海黄浦支行	九江路399号	陈申炜	63601060	200001
中国民生银行上海虹桥支行	仙霞路88号	计晓桦	62700510	200336
中国民生银行上海市南支行	徐家汇路550号	杨迅	54658899	200025
中国民生银行上海静安支行	海防路435号	刘书英	62484383	200040
中国民生银行上海嘉定支行	塔城路430号	沈奇青	69919167	201800
中国民生银行上海闵行支行	莘松路405号	陆钧	64986498	201100
中国民生银行上海浦江支行	昌里路97号	鲁燕华	63372198	200126
中国民生银行上海陆家嘴支行	张杨路1498号	应薇婕	50338775	200135
中国民生银行上海长宁支行	定西路1115号	徐黎丽	62523857	200050
中国民生银行上海外高桥支行	夏碧路62号	蒋勇	58624073	200131
中国民生银行上海虹口支行	黄浦路53号	王咏佳	53931111	200082
中国民生银行上海市中支行	江宁路261号	严昉俊	62716165	200041
中国民生银行上海汽车城支行	安亭镇墨玉路29号	范颖	59569381	201805
中国民生银行上海卢湾支行	西藏南路218号	康永健	63343712	200021
中国民生银行上海福山支行	浦东南路2111号	金芳芳	50199079	200127
中国民生银行上海华山支行	淮海西路55号	夏露	52989810	200030
中国民生银行上海西南支行	肇嘉浜路333号	周新	64033377	200032
中国民生银行上海东门支行	中华路179号	王波	63304240	200010
中国民生银行上海松江支行	谷阳北路277号	周丽	57825353	201600
中国民生银行上海丽园支行	制造局路188号	向阳	53015053	200023
中国民生银行上海世纪公园支行	民生路1286号	王翊红	61002900	200135
中国民生银行上海延中支行	延安西路726号	戴志光	52395513	200050
中国民生银行上海东方支行	福山路458号	何彬嫔	68756050	200122
中国民生银行上海京门支行	石门二路181号	顾剑锋	52282690	200041
中国民生银行上海普陀支行	长寿路127号	张伟	62773885	200060
中国民生银行上海延平支行	延平路81号	艾宝伦	62328008	200042
中国民生银行上海漕河泾支行	康健路38号	毕琛	33683008	200235
中国民生银行上海天钥支行	天钥桥路458号	赵彤	64868855	200030

（续表）

机构名称	地址	负责人	电话	邮编
中国民生银行上海杨浦支行	黄兴路 2009 号	万雪峰	55063655	200433
中国民生银行上海滨江支行	浦东南路 1426 号	郑慧俊	58778368	200122
中国民生银行上海宝山支行	牡丹江路 1272 号	赵　磊	56113203	201900
中国民生银行上海古北支行	红宝石路 500 号	王　铁	32092510	201103
中国民生银行上海期交所支行	浦电路 577 号	张志伟	50125095	200122
中国民生银行上海青浦支行	青湖路 818 号	朱丽青	69728107	201799
中国民生银行上海曹杨支行	曹杨路 501、503 号	张剑锋	32516257	200063
中国民生银行上海吴中支行	吴中路 1155 号	张　萌	64055891	201103
中国民生银行上海七宝支行	七莘路 2888 号	夏爱华	24201922	201101
中国民生银行上海南汇支行	周浦年家浜路 338 弄 1 号	计秋明	68124292	201318
中国民生银行上海花木支行	银霄路 280 号	应　玲	50452500	201204
中国民生银行上海九亭支行	九亭镇九新公路 289—1 号	涂　强	67859288	201615
中国民生银行上海曹安支行	丰庄路 521 号	张荣珍	39118293	201824
中国民生银行上海凯旋支行	凯旋路 3131 号	熊志晖	54251266	200030
中国民生银行上海奉贤支行	奉浦环城东路 603 号	李　敏	67103003	201400
中国民生银行上海大华支行	大华路 352 号	赵　宁	56318387	200442
中国民生银行上海金桥支行	张杨路 3555 号 10 座	许　磊	20223791	200136
中国民生银行上海新泾支行	金钟路 607 号	舒昱君	62386655	200335
中国民生银行上海武宁支行	武宁路 507 号	逯　苗	52715360	200063
中国民生银行上海逸仙支行	逸仙路 13 号	郑步庆	55386203	200437
中国民生银行上海金山支行	蒙山路 996 号	金　峰	37907766	200540
中国民生银行上海泗泾支行	泗砖路 101 号	庄芳芳	67655676	201601
中国民生银行上海同福支行	板泉路 2007 号	马　莹	68588863	200123
中国民生银行上海九星支行	虹莘路 2795 号	兰建勋	64615988	201101
中国民生银行上海春申支行	莲花南路 1139 号	韩　峰	62966296	201104
中国民生银行上海豫园支行	昼锦路 83 号	徐君毅	53521011	200010
中国民生银行上海中原支行	中原路 280 号	王　勇	65237010	200438
中国民生银行上海广灵支行	广灵二路 239 号	李洪波	55636588	200083

（15）招商银行上海分行

机构名称	地址	负责人	电话	邮编
招商银行上海分行	陆家嘴环路 1088 号	施顺华	58795555	200120
招商银行上海静安寺支行	北京西路 1700 号	许雪红	62551110	200040
招商银行上海曹杨支行	曹杨路 188 号	张　迅	52352219	200063
招商银行上海徐家汇支行	漕溪北路 18 号	陈金升	64698135	200030
招商银行上海长乐支行	常熟路 158 号	张　晖	54051150	200031
招商银行上海长宁支行	长宁路 1266 号	沈　洁	52728877＊218	200051

（续表）

机 构 名 称	地 址	负责人	电 话	邮 编
招商银行上海曹家渡支行	长寿路 1148 号	熊晨岚	62112829	200042
招商银行上海长阳支行	长阳路 1441 号	徐海虹	53825656-799	200090
招商银行上海东大名支行	东大名路 908 号	谢钟鸣	65966128	200080
招商银行上海新外滩支行	东大名路 908 号	翁 敏	65950463	200080
招商银行上海东方支行	东方路 902—904 号	陈思青	50810243	200122
招商银行上海延西支行	法华镇路 555 号	李海松	62827215	200052
招商银行上海江湾支行	丰镇路 1 号	鲁 民	65440011	200434
招商银行上海福州路支行	福州路 646 号	许 竞	63616898	200001
招商银行上海豫园支行	河南南路 378 号	汤德君	63340670	200010
招商银行上海新客站支行	天目西路 455 号 1 楼	宋晓萍	32537020	200070
招商银行上海华灵支行	华灵路 1 号	徐 麟	66343355-107	200436
招商银行上海淮海支行	淮海中路 1155 号	潘 艳	64332423	200031
招商银行上海淮中支行	淮海中路 398 号	张昱倩	53825656-799	200020
招商银行上海五角场支行	黄兴路 2000 号	沈国强	55055050-219	200433
招商银行上海嘉定支行	嘉定区塔城路 399 号	陆 江	59537072	201800
招商银行上海江宁支行	江宁路 1296 号	卜 景	62272946	200060
招商银行上海金桥支行	金桥路 1398 号	宣培栋	50753796	201206
招商银行上海张江支行	科苑路 88 号	潘浩玉	50806828-120	201203
招商银行上海丽园支行	丽园路 1015 号	束学连	63042292-103	200023
招商银行上海天山支行	天山路 762 号 304 室	沈 立	62335219	200051
招商银行上海分行营业部	陆家嘴东路 161 号	褚洪珺	58790043	200120
招商银行上海民生支行	民生路 628 号	石海兰	58520355-102	200135
招商银行上海宝山支行	牡丹江路 1577 号	张 新	56128533-216	201900
招商银行上海南西支行	南京西路 128 号 1501 室	沈大钧	63591332	200003
招商银行上海人民广场支行	南京西路 456 号	肖 伟	63278989-111	200003
招商银行上海世纪大道支行	世纪大道 1589 号	戴深宇	50587622	200122
招商银行上海古北支行	水城南路 75 号	陈 镌	62085711	201103
招商银行上海川北支行	四川北路 1717 号 1609 室	周跃敏	63936555	200080
招商银行上海四平支行	四平路 1396 号	万 钢	33628029	200092
招商银行上海松江支行	人民北路 92—98 号	陆 毅	57826760-308	201600
招商银行上海天目支行	天目东路 258 号	陈 华	51270800	200071
招商银行上海天钥桥支行	天钥桥路 86 号	龚宏强	54250082	200030
外高桥保税区支行	富特西一路 333 号	徐培琪	58663349	200131
招商银行上海大宁支行	广中路 957 号	徐伟峰	66242020	200072
招商银行上海闵行支行	莘松路 365 号	饶 芳	54958899-203	201100
招商银行上海泰兴支行	新闸路 847 号	张 宜	62186862	200041
招商银行上海源深支行	羽山路 102—108 号	张 巍	50939995-114	200135
招商银行上海张杨支行	张杨路 810 号	汪冬萍	58352663	200122

（续表）

机构名称	地址	负责人	电话	邮编
招商银行上海大木桥支行	肇嘉浜路333号	刘 宜	64226802	200032
招商银行上海高安支行	肇嘉浜路680号	许昌东	64719955-212	200233
招商银行上海外滩支行	中山东一路16号	李 莉	63528270	200002
招商银行上海中山支行	中山南路1867号	唐明春	63086387	200011
招商银行上海中远两湾城支行	中潭路91弄3号	来拥军	52956821	200061
招商银行上海虹桥支行	遵义南路88号	王昕红	62708721	200336
招商银行上海虹口体育场支行	花园路32号	谢玉凤	68590397	200083
招商银行上海新天地财富管理中心	兴业路193号	赵 静	53822823	200020
招商银行上海延东支行	延安东路700号1楼104	李海静	58350115	200001
招商银行上海联洋支行	芳甸路300号"联洋广场"C区一层C106单元	倪遥遥	61637167	200135
招商银行上海长宁财富管理中心	长宁路1266号4楼	孔 涓	52731636	200051
招商银行上海田林支行	田林路140号15单元	邓琳琳	60823369	200233
招商银行上海浦东大道支行	浦东大道535号	杨苏秦	58520355	200120
招商银行上海宜山支行	虹桥路355号城开1楼101—105单元	甘剑亮	64071212	200030
招商银行上海金陵支行	金陵东路569号101、201室	王 杰	53821222	200001
招商银行上海金沙江支行	金沙江路1759号A座1层	王 怡	32550101	200333
招商银行上海杨思支行	上南路3063号	康铁军	50172729	200002
招商银行上海奉贤支行	南奉公路9777号5楼	徐玮峰	57410259	201400
招商银行上海创智天地支行	淞沪路333号101单元	沈国强	55675565*806	200433
招商银行上海吴中路支行	田林路140号	马欣旻	60839500*109	200233
招商银行上海瑞虹支行	天宝路123号	翁 敏	55139585	200086
招商银行上海创智天地支行	淞沪路333号101单元	沈国强	65666958	200433
招商银行上海吴中路支行	田林路140号	邓琳琳	60823358	200233
招商银行上海奉贤支行	南桥镇南奉公路9777号	徐伟峰	57410355	201400
招商银行上海共和新路支行	共和新路5001号	陈 刚	33729331	200435
招商银行上海龙茗路支行	龙茗路2211号2楼	金涵锋	64989530	201101
招商银行上海九亭支行	人民北路92—98号	王 林	67762010	201600
招商银行上海晨晖支行	碧波路889号C101	纪 莹	68910567	201203
招商银行上海陆家嘴软件园支行	张杨路810号	李海松	62823777	200122
招商银行上海宝地广场支行	荆州路423号	高振华	65361272	200940
招商银行上海恒隆广场支行	南京西路1266号1座3609室	金 颖	62278821	200040
招商银行上海金钟路支行	天山路762号	瞿 海	62330707	200051
招商银行上海陆家嘴支行	陆家嘴环路1088号北塔楼2楼	邓琳琳	13816120399	200000
招商银行上海塘桥支行	浦建路76号	顾毅敏	68783101	200127
招商银行上海南方商城支行	沪闵路7876号底楼	李 译	34626816	200000
招商银行上海紫竹高新开发区支行	东川路555号7号楼1楼	成 钢	64975717	200241
招商银行上海浦江镇支行	江月路1800号	顾 骏	34786900	201400

(16)兴业银行上海分行

机构名称	地址	负责人	电话	邮编
兴业银行上海分行	江宁路168号	于晓青	62677777	200041
兴业银行上海自贸试验区分行	基隆路1号	朱春江	68803300	200131
兴业银行上海自贸试验区支行	业盛路188号	陶　凯	68281726	201306
兴业银行上海大柏树支行	逸仙路661号	杨　敏	51251155	200434
兴业银行上海静安支行	万航渡路99号	王路林	62538880	200040
兴业银行上海嘉定支行	塔城路265号	徐加军	69530262	201899
兴业银行上海杨浦支行	本溪路225号	许海昀	55512871	200092
兴业银行上海漕河泾支行	宜山路540号1—3层	余琼花	64756876	200233
兴业银行上海宝山支行	牡丹江路1285号	张　忠	56128015	201900
兴业银行上海人民广场支行	威海路147号	曹　燕	63599577	200003
兴业银行上海长宁支行	华山路800弄6号	张　峥	52395215	200050
兴业银行上海黄浦支行	山东中路311号	曹东胜	53214561	200001
兴业银行上海南外滩支行	制造局路584号	朱春江	63155090	200023
兴业银行上海淮海支行	兴业路180号	梁清华	53835322	200020
兴业银行上海陆家嘴支行	浦建路145号	李崇凯	58396772	200127
兴业银行上海徐汇支行	肇嘉浜路238号	尹　方	64672766	200031
兴业银行上海虹口支行	四川北路1955号	张　敏	36565355	200081
兴业银行上海浦东支行	东方路710号	张莉雯	58319651	200122
兴业银行上海虹桥支行	仙霞路137号	孟健平	62592858	200051
兴业银行上海武宁支行	武宁南路408号	刘筱华	62322322	200042
兴业银行上海闸北支行	天目西路500号	蔡成钢	63807822	200070
兴业银行上海金沙江支行	中山北路3553号	黄雯瑾	62453553	200062
兴业银行上海卢湾支行	蒙自路59号	罗盛杰	53025332	200023
兴业银行上海闵行支行	莘建路258号	陈惠琴	64981100	201100
兴业银行上海松江支行	人民北路181号	张　敏	67722315	201600
兴业银行上海华山支行	肇家浜路909号	陈日新	54894301	200030
兴业银行上海普陀支行	长寿路400号	韩雅维	62667695	200060
兴业银行上海市南支行	鲁班路166号102室	郭　强	53023997	200023
兴业银行上海南汇支行	惠南镇人民西路89—95号	吕　亮	68008961	201300
兴业银行上海市中支行	成都北路600号	吴爱华	63726113	200003
兴业银行上海七宝支行	吴宝路255号	许浩峰	54495815	201101
兴业银行上海青浦支行	青湖路1010号	应　伟	69728298	201700
兴业银行上海奉贤支行	南桥镇环城南路1099号	王　勤	37596692	201400
兴业银行上海市北支行	周家嘴路999号	孙晓鹏	65633889	200086
兴业银行上海五角场支行	淞沪路290号	谈悦楚	33811866	200433
兴业银行上海市西支行	梅川路1325号	刘　芳	52785085	200333
兴业银行上海龙柏支行	红松路227号	张　隽	64491208	201103

（续表）

机 构 名 称	地 址	负责人	电 话	邮 编
兴业银行上海沪闵支行	龙茗路 1300 弄 88 号	李文莉	52966062	201101
兴业银行上海彭浦支行	汾西路 459 号	周勇义	36392122	200435
兴业银行上海交易所支行	世纪大道 1701 号	陆忠豪	50151558	200122
兴业银行上海天山支行	天山路 600 弄 1 号	何锷扬	62338558	200051
兴业银行上海金桥支行	金桥路 1391 号	熊希愈	58590912	200129
兴业银行上海张江支行	科苑路 151 号	刘英杰	50275148	201203
兴业银行上海丁香支行	丁香路 1188 号	姚 伟	68412635	200135

（17）广发银行上海分行

机 构 名 称	地 址	负责人	电 话	邮 编
广发银行上海分行	徐家汇路 555 号	杨晓民	63901022	200023
广发银行上海分行营业部	徐家汇路 555 号	陈爱忠	63901530	200023
广发银行上海浦东支行	浦东南路 855 号	徐永明	58369004	200120
广发银行上海外滩支行	黄浦路 99 号	时 慧	63250707	200080
广发银行上海徐汇支行	零陵路 353 号	邵 敏	64450558	200030
广发银行上海虹口支行	四平路 188 号	黄定宇	65228977	200086
广发银行上海静安支行	北京西路 1068 号	陈丽娜	62584384	200041
广发银行上海南汇支行	惠南镇城南路 1 号	吴春宁	68037370	201300
广发银行上海松江支行	中山中路 245 号	沈 静	57823333	201600
广发银行上海长宁支行	淮海西路 666 号	张志渊	62813177	200052
广发银行上海黄浦支行	徽宁路 665 号	陈金隆	63128900	200011
广发银行上海虹桥支行	古北路 716 号	葛剑辉	62090509	200336
广发银行上海延安支行	镇宁路 251 号	吴 宁	62519900	200050
广发银行上海宝山支行	牡丹江路 1211 号	严海峰	56113800	200940
广发银行上海淮海支行	淮海中路 1360 号	郑 曦	64315522	200031
广发银行上海福州路支行	福州路 318 号	田 滨	62078800	200001
广发银行上海闵行支行	莘朱路 222 弄 268 号	包 杰	54153366	201199
广发银行上海嘉定支行	博乐路 172 号	周方亮	69919901	201800
广发银行上海闸北支行	天目中路 267 号	卢 明	51016828	200070
广发银行上海普陀支行	梅川路 1275 号	朱 钢	52821111	200333
广发银行上海青浦支行	华青南路 489 号	毕春虎	33863939	201700
广发银行上海金山支行	卫清西路 150 号	张小芸	33699192	200540
广发银行上海大柏树支行	汶水东路 29 号	肖 宏	65175304	200437
广发银行上海奉贤支行	南桥镇环城东路西侧 608 号	李英斌	37568550	201400

（续表）

机　构　名　称	地　　址	负责人	电　话	邮　编
广发银行上海桃浦支行	真南路 1288 号 601 室	钱云萍	36395252	200331
广发银行上海长寿支行	昌化路 932 号	施　琳	52400659	200060
广发银行上海五角场支行	黄兴路 1621 号	周示钧	55229980	200433
广发银行上海大宁支行	共和新路 1301 号	王　莹	63061829	200070
广发银行上海漕河泾支行	宜山路 700 号	郑敏之	64821966	200233
广发银行上海浦东大道支行	桃林路 18 号	唐　琦	58598139	200135
广发银行上海国金中心大厦支行	世纪大道 8 号 43 楼	郑伟刚	50493006	200120

（18）平安银行上海分行

机　构　名　称	地　　址	负责人	电　话	邮　编
平安银行上海分行	陆家嘴环路 1333 号	杨　华	58877777	200120
平安银行上海分行营业部	陆家嘴环路 1333 号	刘仕鹏	50979871	200120
平安银行上海外滩支行	中山东二路 15 号	龚马铃	63733143	200012
平安银行上海延东支行	吴淞路 130 号	陈　江	36560557	200002
平安银行上海南京西路支行	新闸路 1418 号	高彦俊	62676172	200041
平安银行上海五角场支行	黄兴路 1851、1855 号	张　民	55054354	200030
平安银行上海西南支行	漕溪北路 1200 号	张　勇	64397282	200050
平安银行上海长宁支行	定西路 1299 号	胡　峻	52413785	200080
平安银行上海虹口支行	四川北路 1661 号	江　源	63563748	200063
平安银行上海普陀支行	曹阳路 169、171、173 号	张伟航	52350055	200025
平安银行上海卢湾支行	徐家汇路 560 号	李新力	64722055	200092
平安银行上海市东支行	周家嘴路 1081、1085 号	裔　骏	35152302	200001
平安银行上海淮海支行	延安东路 700 号 101、305、306 室	罗聚荣	53851167	200120
平安银行上海陆家嘴支行	浦东南路 500 号 1B	朱　刚	58887728	200030
平安银行上海市中支行	虹桥路 628 号	王志明	64075103	200001
平安银行上海黄浦支行	九江路 333 号 103、1901-04/08B	童国飚	63507362	201800
平安银行上海嘉定支行	博乐路 100 号	奚军俊	59532577	201100
平安银行上海松江支行	祥和路 111 号	魏金燕	67737745	201620
平安银行上海花木支行	芳甸路 1108、1112、1116、梅花路 1099 号 110 室	张　鸣	50158391	201204
平安银行上海闵行支行	水清南路 19 号	张　辉	34795922	200032
平安银行上海宝山支行	永乐路 728、730、732 号底层，736 号 1—2 层	叶　玫	36551162	200940
平安银行上海市西支行	宛平南路 21—33 号	刘　峰	54246465	201700
平安银行上海青浦支行	城中北路 735 号	许彩红	59855555-8210	200336
平安银行上海虹桥支行	仙霞路 328 号	黄宇飞	62752281	200042
平安银行上海静安支行	长寿路 1071 号 1—3 层，长寿路 999 弄 11 号 1—2 层 GH 室	周　斌	62307629	201805
平安银行上海安亭支行	安亭镇墨玉路 155 号	王轶熠	59566333	200433
平安银行上海南汇支行	南汇惠南镇人民东路 2539、2541、2543、2545 号	张盛苑	38258213	201300

（续表）

机　构　名　称	地　　址	负责人	电　话	邮　编
平安银行上海闸北支行	天目中路 380 号	付亚东	63541029	200070
平安银行上海奉贤支行	奉贤江海路 301 号	顾军红	57413743	201400
平安银行上海张江支行	上丰路 1288 号 2 号 1 楼 C2 区，2 楼 C2-09	纪敏翔	38636557	200011
平安银行上海市南支行	西藏南路 886—892 号	钱　栋	63452367	200042
平安银行上海北京西路支行	万航渡路 179 号	俞人杰	62722909	201318
平安银行上海周浦支行	年家浜路 449 号	黄晓军	20907950	201601
平安银行上海金山支行	卫清东路 3070—3086 号	俞　宏	37907912	201508
平安银行上海浦南支行	浦东南路 1351 号	潘　吉	58827092	200040
平安银行上海常熟路支行	常熟路 8 号	张　黎	32504926	201201
平安银行上海九江路支行	九江路 701、705、707 号	唐　英	63504367	200001
平安银行上海新天地支行	斜土路 251 弄 1，3 号 101 室	陈　新	63317382	200002
平安银行上海徐家汇支行	华山路 1751 号 A 幢 1 楼	谢　鹏	62821130	200020
平安银行上海大柏树支行	东体育会路 990 号 1—2F 东面	王　玲	55802511	200030
平安银行上海古北支行	黄金城道 893—899 号 1 楼商铺及荣华东道 19 弄 10 号 201—203 室	姚　颂	62753960	200081
平安银行上海市北支行	长寿路 380、382、360 夹层 05—06	刘雅雁	52438008	201103
平安银行上海松江新城支行	新松江路 888 弄 102 号 1 层南及 2 层部分	严　铭	57817030	200060
平安银行上海松江钢材城支行	泗砖路 103 弄 43 号—45 号 1 层	严　铭	37686946	201620
平安银行上海曹安路支行	曹安路 1926 号	周　炜	69581902	201803
平安银行上海杨浦支行	控江路 1657 号	王　舒	65636172	200025
平安银行上海大宁支行	共和新路 1550 号	蔡　岚	66262773	200072
平安银行上海金沙江支行	宁夏路 777 号北区、2 楼	吴美芳	32589302	200063
平安银行上海七宝支行	宜山路 2293、2297 号	薛虹霞	54782621	201101
平安银行上海长风支行	岭云东路 89 号 101、511—515	顾　睿	32571589	200062
平安银行上海西北支行	沪太路 877 号 101、201 室	张　琼	36722907	200072
平安银行上海长阳支行	长阳路 1514 号 5 号楼 1 层 102、105 室	汤达伟	65183719	200090

（19）浙商银行上海分行

机　构　名　称	地　　址	负责人	电　话	邮　编
浙商银行上海分行	威海路 567 号	顾清良	61333333	200041
浙商银行上海陆家嘴支行	浦东大道 288 号	陈劼超	60933999	200120
浙商银行上海徐汇支行	肇嘉浜路 680 号	朱　青	61922398	200031
浙商银行上海长宁支行	古北路 258 号	李　铭	61733288	200051
浙商银行上海普陀支行	曹杨路 860 号	丁国海	60717688	200063
浙商银行上海闸北支行	广中路 927 号	忻海国	36567128	200072
浙商银行上海闵行支行	报春路 239 号	邵建宏	61915999	201100
浙商银行上海嘉定支行	环城路 188 号	潘德安	60836133	201800
浙商银行上海松江支行	新松江路 292 号	黄　明	31271288	201620

(20) 渤海银行上海分行

机构名称	地址	负责人	电话	邮编
渤海银行上海分行	银城中路 68 号	冯　强	50106666	200120
渤海银行上海分行营业部	银城中路 68 号	鲍雯君	50106848	200120
渤海银行上海静安支行	石门一路 217 号	张　健	62711286	200041
渤海银行上海同济支行	四平路 1230 号	李　方	55677818	200092
渤海银行上海徐汇支行	肇家浜路 567 号(平江路 48 号)	周以敏	64188618	200031
渤海银行上海闵行支行	水清路 1026 号 33 幢	范明刚	54176936	201199
渤海银行上海松江支行	谷阳北路 1783 号	吴　元	37773407	201620
渤海银行上海虹口支行	物华路 122—132 号 1—2 层	霍功建	65792009	200086
渤海银行上海联洋社区支行	迎春路 824 号	奚　佳	50106370	200135
渤海银行上海老西门社区支行	方斜路 6 号	王允贤	63156067	200021
渤海银行上海泾南社区支行	灵山路 709 号	蔡　莉	50106971	200135
渤海银行上海自贸区分行	日京路 51 号 A 幢 1 层 A2 部位及 2 层	冯　强	50106666	200131

(21) 北京银行上海分行

机构名称	地址	负责人	电话	邮编
北京银行上海分行	浦东南路 1500 号	沈建峰	20612301	200002
北京银行上海分行营业部	浦东南路 1500 号	刘泳辰	20612667	200120
北京银行上海黄浦支行	河南南路 16 号 1 层	谢君炜	63361107	200002
北京银行上海宝山支行	双城路 803 弄 9 号 1 层南侧、2 层南侧	王　权	61809560	200940
北京银行上海浦东支行	世纪大道 1588 号 104A、1568 号 1101—1102 室	王逸兴	61065258	200122
北京银行上海闵行支行	闵城路 179、185 号、199 弄 16 号 102、201、202 室	王　春	64606033	201100
北京银行上海嘉定支行	博乐路 100 号	张翼华	39517333	201800
北京银行上海长宁支行	华山路 1568 号 1 楼	宓亦群	62832921	200052
北京银行上海松江支行	新松江路 1188 弄 101 号	蒋　浩	67663096	201620
北京银行上海普陀支行	金沙江路 1628 弄 10 号 1 楼、18 楼 01、02、08、09 单元	马　弘	32512915	200333
北京银行上海南汇支行	南汇城南路 403—409 号	尹　妮	68008991	201300
北京银行上海徐汇支行	宛平南路 75 号 1 楼、8 楼	陈克奇	33680618	200032
北京银行上海奉贤支行	通阳路 203—221 号	潘雪辉	57429763	201400
北京银行上海杨浦支行	黄兴路 1816 号、1820 号、1868 弄 46 号、1868 弄 80 号	张　峰	55785030	200433
北京银行上海虹口支行	中山北二路 1800 号 7 幢 1 层 27—40 单元，2 层 29—40 单元	张卫国	55896380	200437
北京银行上海青浦支行	青浦镇公园路 99 号 1 层	沈　燕	39259206	201700

(22) 天津银行上海分行

机构名称	地址	负责人	电话	邮编
天津银行上海分行	汉口路110号	王宏	63298989	200002
天津银行上海陆家嘴支行	浦东大道1号101室和1701室	王家征	61682652	200120
天津银行上海闸北支行	恒丰路556号、558号和560号1层01单元,恒丰路568号5层02单元	张遇华	61683003	200070
天津银行上海徐汇支行	斜土路2119号1楼和3楼	杨指宇	60407060	200032
天津银行上海虹口支行	大连路843号101室、845—847号102室、851号103—104室,大连路839弄1号604—606室	洪自林	61685341	200080
天津银行上海长宁支行	延安西路2111号1楼	游江龙	60290913	200336
天津银行上海卢湾支行	顺昌路622号1号幢1层101—103室及2层201—207室	毛雷	61768102	200021
天津银行上海静安支行	威海路511号	朱健	61368489	200041
天津银行上海闵行支行	漕宝路1058号	袁佳倩	60255715	201102
天津银行上海普陀支行	光新路108号	张健	60676390	200061

(23) 江苏银行上海分行

机构名称	地址	负责人	电话	邮编
江苏银行上海分行	富城路99号8楼	周宏	50639999	200120
江苏银行上海分行营业部	富城路99号8楼	卓越	50639999	200120
江苏银行上海普陀支行	中山北路3000号	王赟	32522720	200063
江苏银行上海杨浦支行	大连路1546号	张卫	65111700	200086
江苏银行上海南汇支行	年家浜东路25号	马海英	68188150	201318
江苏银行上海徐汇支行	肇嘉浜路446弄1号	杨沪敏	64738378	200031
江苏银行上海松江支行	中山中路79弄25号	朱唯	57812022	201600
江苏银行上海金桥支行	新金桥路28号	张玮隽	50322368	201206
江苏银行上海闵行支行	莘松路380号	崔剑平	64985559	201100
江苏银行上海宝山支行	淞宝路155弄2号	柏松	36500075	200940
江苏银行上海嘉定支行	永盛路1190号	毕建新	60765079	201800
江苏银行上海奉贤支行	环城东路883弄8号	盛胜利	37568587	201400
江苏银行上海黄浦支行	西藏中路18号	徐忠	60871516	200001
江苏银行上海闸北支行	海宁路919号	朱海林	60715988	200071
江苏银行上海长宁支行	古北路686号1楼	宋海	62088776	200336

(24) 南京银行上海分行

机构名称	地址	负责人	电话	邮编
南京银行上海分行	徐家汇路 518 号	孙艺祥	24198800	200025
南京银行上海浦东支行	世纪大道 787 号	徐　鸣	68876888	200120
南京银行上海徐汇支行	南丹路 80 号	张　雄	61950666	200030
南京银行上海杨浦支行	国顺东路 260 号	陆浩慧	61855999	200433
南京银行上海淮海支行	西藏南路 228 号	裴亚峰	61970888	200021
南京银行上海长宁支行	延安西路 1358 号	陈斌全	61970900	200052
南京银行上海普陀支行	长寿路 59 号	包　隽	60566999	200060
南京银行上海虹口支行	同丰路 631 号	乔　弘	60568300	200083
南京银行上海静安支行	新闸路 951 号	魏　星	61761566	200041
南京银行上海张江支行	张江路 605 号	何文明	60876556	201210
南京银行上海北外滩支行	东长治路 760 号 1—2 层	张　明	60250704	200082
南京银行上海嘉定支行	白银路 399 号	朱伟锋	60672800	201800
南京银行上海市北支行	江场西路 299 弄 38—42、44—47 号 1 楼	王　强	60258020	200072

(25) 宁波银行上海分行

机构名称	地址	负责人	电话	邮编
宁波银行上海分行	世纪大道 210 号	徐正良	31158888	200120
宁波银行上海营业部	世纪大道 210 号	张　亮	31158210	200120
宁波银行上海黄浦支行	黄河路 37 号	朱　洪	31158788	200003
宁波银行上海徐汇支行	漕溪北路 458 号	刘浩毅	31158355	200030
宁波银行上海松江支行	人民北路 175 号	严　铭	31158426	201600
宁波银行上海闵行支行	莘松路 355 号	朱岸亮	31158469	201100
宁波银行上海静安支行	北京西路 1788 号	戴良军	31158500	200040
宁波银行上海浦东支行	浦东南路 1967 号	孙燕平	31158565	200120
宁波银行上海嘉定支行	博乐路 198—5 号	陈　巍	31158638	201800
宁波银行上海长宁支行	天山路 919 号	黄　群	31158655	200051
宁波银行上海普陀支行	中山北路 3553 号	罗益平	62868291	200062
宁波银行上海张江支行	春晓路 350 号	应　俊	31158808	201203
宁波银行上海卢湾支行	鲁班路 617 号	张　骏	31158866	200023
宁波银行上海杨浦支行	国顺东路 1005—1015 号	施瑞红	31158966	200433

(26) 杭州银行上海分行

机 构 名 称	地 址	负责人	电 话	邮 编
杭州银行上海分行	九江路686号10、12、17楼	王立雄	61612822	200001
杭州银行上海分行营业部	九江路686号1楼	朱 炜	61612357	200001
杭州银行上海杨浦支行	四平路2535号1—2层	曹保良	65111277	200433
杭州银行上海浦东支行	向城路15、17号1层	陆惠芳	58307741	200122
杭州银行上海闵行支行	广通路58号	胡又安	34972105	201199
杭州银行上海徐汇支行	肇嘉浜路366号1A室	张 敏	54668632	200031
杭州银行上海虹口支行	海宁路269号	叶 炜	63098927	200080
杭州银行上海嘉定支行	塔城路297弄37号	姜卫星	59918096	201800
杭州银行上海长宁支行	安顺路251号101室	张竺华	32509227	200051
杭州银行上海青浦支行	青湖路876—860号	邵 夫	69237205	201700
杭州银行上海北新泾支行	天山西路280号	孙爱红	32509256	200051
杭州银行上海大渡河路支行	大渡河路1653号	蒋 飞	52926661	200333
杭州银行上海田林东路支行	田林东路574号	王海萍	54253167	200233

(27) 温州银行上海分行

机 构 名 称	地 址	负责人	电 话	邮 编
温州银行上海分行	九江路333号	张 潜	63601116	200001
温州银行上海宝山支行	牡丹江路1508号1楼东侧	颜世明	66680133	201900
温州银行上海浦东支行	浦东大道1122—1128号	夏立峰	58607066	200135
温州银行上海徐汇支行	田林路140号6号楼	朱进武	64701883	200233
温州银行上海虹莘支行	虹莘路2938号、2940号	韩 伟	54392677	201101
温州银行上海嘉定支行	永盛路1218号1楼109—114号	秦为群	59905682	201808
温州银行上海杨浦支行	政旦东路20—26号,国庠路21—37号	钱 效	65108119	200433

(28) 浙江泰隆商业银行上海分行

机 构 名 称	地 址	负责人	电 话	邮 编
浙江泰隆商业银行上海分行	常德路425号	徐 耀	61713905	200040
浙江泰隆商业银行上海闵行支行	漕宝路1687号	蒋正栋	34677360	201101
浙江泰隆商业银行上海松江支行	泗砖路88号	章君飞	37014024	201601
浙江泰隆商业银行上海嘉定支行	澄浏中路2583号	郑林军	60712929	201822
浙江泰隆商业银行上海浦东支行	成山路811号	张志军	20287668	200125
浙江泰隆商业银行上海青浦支行	青湖路788号	应子斌	69225936	201700
浙江泰隆商业银行上海南汇支行	惠南镇城南路335号	马 岛	20902122	201300
浙江泰隆商业银行上海奉贤支行	南桥镇环城东路570弄88号	董吾会	67108297	201400

（续表）

机构名称	地址	负责人	电话	邮编
浙江泰隆商业银行上海杨浦支行	四平路 2158 号	罗 毅	55136020	200082
浙江泰隆商业银行上海曹安支行	曹安公路 1509 号(祁连山南路交叉口)	贺金华	69183611	201824
浙江泰隆商业银行上海宝山支行	友谊路 1588 号	洋莉芬	51839290	201900
浙江泰隆商业银行上海川沙支行	华夏东路 2566 号	靳雯霁	20312898	201299
浙江泰隆商业银行上海金山支行	卫清东路 2886 号	王志明	37907151	201500
浙江泰隆商业银行上海闸北支行	海宁路 939 号	陈 俊	63935085	200071
浙江泰隆商业银行上海徐汇支行	古宜路 181 号	贺玲平	64381063	200235
浙江泰隆商业银行上海普陀支行	大渡河路 1558 弄	陈 奋	52821070	200333
浙江泰隆商业银行上海黄浦支行	河南南路 1558 弄	周才星	63366321	200002
浙江泰隆商业银行上海南翔支行	南翔镇沪宜公路 163 号	鲍立强	80169168	201802
浙江泰隆商业银行上海唐镇支行	唐镇唐安路 898 号	王 菁	20414789	201210
浙江泰隆商业银行上海高行支行	万安街 246 号	肖 振	20768009	201208

(29) 浙江民泰商业银行上海分行

机构名称	地址	负责人	电话	邮编
浙江民泰商业银行上海分行	桂林路 928 号 2 号楼	赵勤奋	34760688	201103
浙江民泰商业银行上海分行营业部	桂林路 928 号 2 号楼	沈贤文	34760991	201103
浙江民泰商业银行上海嘉定支行	曹安公路 1685 号	江 应	69951660	201824
浙江民泰商业银行上海杨浦支行	国权路 108 号	林烜屹	55672399	200433
浙江民泰商业银行上海浦东支行	海阳路 1179 号—1189 号(单)	彭赛豪	68385068	200126
浙江民泰商业银行上海奉贤支行	江海路 228 号	周 强	57193053	201499
浙江民泰商业银行上海闸北支行	天目西路 488 号	赵建阳	63171760	200070

(30) 厦门国际银行上海分行

机构名称	地址	负责人	电话	邮编
厦门国际银行上海分行	浦东大道 138 号 1 楼 A 室、4 楼 A 室	郑 威	58881518	200120
厦门国际银行上海徐汇支行	南丹东路 183—191 号	杜俏缇	54061518	200030
厦门国际银行上海静安支行	威海路 233 号恒利国际大厦裙楼 105 单元	郭锦春	63271518	200041
厦门国际银行上海长宁支行	仙霞路 333 号 1 楼 104 室、5 楼 A2 室	赵 磊	60821518	200336
厦门国际银行上海黄浦支行	河南中路 369 号 1 层、2 层(营业执照)	李平平	63231518	200001
厦门国际银行上海杨浦支行	翔殷路 1088 号 108 室	乐毅勇	55221518	200433
厦门国际银行上海北外滩支行	大连路 950 号 105 室—107 室	陈 宇	60678185	200092
厦门国际银行上海闵行支行	沪闵路 6088 号 01 层 01B 号	韩 俊	61320858	201100

2. 中资银行在沪持牌营运中心

机构名称	地址	负责人	电话	邮编
交通银行私人银行部	仙霞路18号12楼	李朝辉	32169999	200336
交通银行信用卡中心	张江高科技园松涛路80号	侯维栋	38769888	201203
上海浦东发展银行信用卡中心	浦东南路588号8楼	刘显峰	38784978	200120
上海浦东发展银行小企业金融服务中心	北京东路689号15楼	汪素男	61618888	200120
上海银行小企业金融服务中心	银城中路168号	朱会冲	68476740	200120
上海银行信用卡中心	锦绣东路4518号3号楼	杨 嵘	20620820	201201
工商银行票据营业部	天潼路133号	郭 伟	61235588	200080
农业银行票据营业部	浦东南路379号	王红霞	68869399	200120
中国银行上海人民币交易业务总部	银城中路200号	董唯俭	58774907	200120
兴业银行资金营运中心	江宁路168号	王登星	32174699	200041
农业银行信用卡中心	中山南路318号	吴军燕	23195599	200010
建设银行信用卡中心	银城路99号	魏春旗	60639175	200120
招商银行信用卡中心	来安路686号	刘加隆	38834600	201201
兴业银行信用卡中心	来安路500号	郑志明	20320999	201201
工商银行私人银行部	中山东一路24号	马 健	23229500	200002
农业银行私人银行部	中山东一路26号	印金强	53211761	200002
工商银行贵金属部	中山东二路11号	周 明	63299299	200002
平安银行资金运营中心	陆家嘴环路1333号	王 伟	20259932	200120
宁波通商银行资金营运中心	杨高南路428号2号楼	李子超	60587866	200122
中国民生银行中小企业金融事业部	浦东南路100号	丛 军	61878081	200120

3. 村镇银行

机构名称	地址	负责人	电话	邮编
崇明沪农商村镇银行	崇明县城桥镇朝阳门路17号	陈文斌行长代为履职	52381869	202150
奉贤浦发村镇银行	南桥镇环城东路692号	王新浩	60973801	201400
松江民生村镇银行	文诚路230号	朱鹤勇	67663033	201620
浦东江南村镇银行	周浦镇沪南路3439弄63、65、67号	张建军	89995125	201318
浦东建信村镇银行	川沙镇北市街26号	陈效中	58385931	201200
闵行上银村镇银行	七莘路646号2楼	张宏彪	52276658	201108
嘉定民生村镇银行	金沙路245号	沈建武	69016300	201800
宝山富民村镇银行	宝林路458号	梁景光	66680633	201900
金山惠民村镇银行	卫清东路3008号—3018号	邢 敏	37213031	201500
青浦刺桐红村镇银行	青浦镇浦仓路528号	黄 斌	39272811	201700

4. 其他金融机构

(1) 中国银联上海分公司

机 构 名 称	地 址	负责人	电 话	邮 编
中国银联上海分公司	吴淞路 218 号 7 楼	陈 刚	63098888	200080

(2) 城市商业银行资金清算中心

机 构 名 称	地 址	法定代表人	主 任	电 话	邮 编
城市商业银行资金清算中心	世纪大道 1168 号 A 幢 8 层	张伟国	袁伯平	68598787	200122

(3) 资产管理公司

机 构 名 称	地 址	负责人	电 话	邮 编
中国华融资产管理股份有限公司上海市分公司	中山东二路 15 号 10 楼	胡 英	63289900	200002
中国长城资产管理公司上海办事处	浦东南路 379 号 27—28 楼	陶永平	58871716	200120
中国东方资产管理公司上海办事处	茂名南路 205 号 27 楼	陈小侉	64729268	200020
中国信达资产管理股份有限公司上海市分公司	北京西路 1399 号 24—25 层	颜祖旺	52000808	200040

(4) 非银行金融机构

机 构 名 称	地 址	负责人	电 话	邮 编
上海国际信托有限公司	天津路 155 号 21—22 楼	陈 兵	23131073	200001
华澳国际信托有限公司	花园石桥路 33 号 17 层	杨自理	68883098	200120
安信信托股份有限公司	广东路 689 号 29 楼	杨晓波	23131111	200001
中海信托股份有限公司	蒙自路 763 号 36 楼	陈浩鸣	23191803	200023
中泰信托有限责任公司	中华路 1600 号 17、18 楼	周 雄	63873310	200021
华宝信托有限责任公司	世纪大道 100 号 59 楼	王 波	38506763	200120
上海爱建信托有限责任公司	零陵路 599 号	周伟忠	64391952	200030
上海汽车集团财务有限责任公司	康定路 1199 号	沈根伟	62311010	200042
宝钢集团财务有限责任公司	浦电路 370 号 9 楼	曾 杰	386718888	200122
上海电气集团财务有限责任公司	江宁路 212 号 8 楼	秦 怿	50895555	200041
东航集团财务有限责任公司	吴中路 686 号 D 座 15 楼	徐 春	64056666	201103
上海锦江集团财务有限责任公司	延安东路 100 号 27 楼	陈月明	63264000	200002
上海浦东发展集团财务有限责任公司	浦东南路 256 号 34 楼	杨 明	58889596	200120
中船财务有限责任公司	浦东大道 1 号 607 室	李朝坤	68860290	200120
申能集团财务有限公司	陆家嘴环路 958 号 10 楼	张 芊	68864720	200120
中海集团财务有限责任公司	东大名路 670 号 5 楼	孙晓斌	65966172	200080

（续表）

机构名称	地址	负责人	电话	邮编
上海复星高科技集团财务有限公司	江宁路1158号1602A、B、C室、1603A室	张厚林	62735858	200060
上海华谊集团财务有限责任公司	浦东南路1271号15楼	郭牧	50156688	200122
百联集团财务有限责任公司	中山南路315号8楼	梁庆云	63327700	200010
上海上实集团财务有限公司	淮海中路98号30楼200021	周亚栋	53850011	200021
光明食品集团财务有限公司	南京西路1539号办公楼二座33层	费心佳	52437028	200040
外高桥有限责任公司	中国自由贸易试验区杨高北路2001号管理楼1层B部	黄丹	51307888	200131
松下电器(中国)财务有限公司	陆家嘴环路1000号7楼	吉村太作	18918707087	200120
日立(中国)财务有限公司	茂名南路205号1908室	水流孝一	64721002	200020
中国电力财务有限公司华东分公司	广东路500号27楼、28楼	高华明	23015162	200001
中国石化财务有限责任公司上海分公司	张杨路500号25楼	康晶	50367877	200122
交银金融租赁有限责任公司	仙霞路18号12楼	陈敏	53559858	200336
招银金融租赁有限公司	陆家嘴环路1088号22楼	郭光	61059995	200120
农银金融租赁有限公司	银城路9号52层	陈佩华	20686888	200120
浦银金融租赁股份有限公司	龙腾大道2865号	向瑜	33566668	200232
太平石化金融租赁有限责任公司	银城中路488号1505B室	史立明	61625381	200120
长江联合金融租赁有限公司	锦康路308号12楼	刘勇奋	20576000	200127
东风日产汽车金融有限公司	福山路500号11楼	Hermann Hauser	38576023	200122
上汽通用汽车金融有限责任公司	浦明路160号F座	余亚瑞	28936292	200120
福特汽车金融(中国)有限公司	芳甸路1155号20楼	乔墨瑾	20894009	201204
菲亚特汽车金融有限责任公司	淮海中路300号31楼	allan o'hare	23109000	200021
华晨东亚汽车金融有限公司	杨高南路759号二号楼19楼04室	张玗 刘红兵	80237151	200127
上海东正汽车金融有限责任公司	陆家嘴环路166号30层	庄佩蓉	20689999	200120
中银消费金融有限公司	滇池路74号3楼	卢伟	63291680	200002
上海国利货币经纪有限公司	陆家嘴环路1318号1001室	蔡广龙	38789777	200120
上海国际货币经纪有限公司	陆家嘴环路1233号301室	沈峻	38617901	200120

(5) 金融服务公司

机构名称	地址	负责人	电话	邮编
上海远东资信评估有限公司	杨树浦路248号2楼	白桦	61428000	200082
上海新世纪资信评估投资服务有限公司	汉口路398号14楼	朱荣恩	63501349	200001
中诚信证券评估有限公司	西藏南路760号8楼	周浩	51019090	200011
华杰资信评级有限责任公司	南苏州路333号20楼	曹志莺	63295599	200002
上海资信有限公司	北京东路280号4—6楼	刘小英	53211561	200002
上海资信征信有限公司	北京东路280号4—6楼	刘小英	53211525	200002
上海金国咨询服务有限公司	梅园路77号21楼	沈佩云	63803100	200070
上海普兰金融服务有限公司	张东路1388号8号楼	李映辉	60651060	201203

5. 小额贷款公司

机构名称	注册地址	注册资本（万元）	法定代表人	开业日期	联系电话
上海宝山宝莲小额贷款有限公司	双城路803弄7号101室	5 000	朱卫杰	2008年11月15日	61808853
上海松江龙欣小额贷款股份有限公司	玉华路181号	5 600	郑朝龙	2008年11月17日	37702225
上海浦东新区张江小额贷款股份有限公司	松涛路560号A座2层201A室	61 000	许景琦	2008年11月27日	58958800
上海宝山神农小额贷款股份有限公司	上大路688号218A	6 000	郑雷飞	2008年12月3日	56105501
上海青浦明诚小额贷款股份有限公司	青浦镇淀山湖大道2号	20 000	於德明	2008年12月8日	39222727
上海奉贤新发展小额贷款股份有限公司	南桥镇南桥路1号	10 000	何伟昌	2008年12月12日	57426919
上海嘉定西上海小额贷款有限公司	墨玉南路1000-3号14幢1楼	5 000	宋建明	2008年12月16日	69502276
上海嘉定银丰小额贷款股份有限公司	塔城路365号15楼	10 000	张锡森	2008年12月16日	59916219
上海崇明宝盈小额贷款有限公司	崇明县城桥镇西门路208号	3 000	黄锦培	2008年12月18日	69615655
上海普陀宝祥小额贷款有限公司	桃浦路210号108室	5 000	王岳祥	2008年12月18日	52859093
上海金山民欣小额贷款有限公司	朱泾镇金龙新街440号	30 000	沈世荣	2008年12月25日	57335227
上海闵行九星小额贷款股份有限公司	虹莘路2845号	20 000	吴恩福	2008年12月25日	54147694
上海青浦兴众小额贷款股份有限公司	青湖路1023号511—515室	10 000	郭连学	2008年12月26日	69729191
上海闵行幸子小额贷款股份有限公司	莘建东路58弄A座203室	6 000	张明华	2009年2月6日	54178965
上海松江星浩小额贷款有限公司	谷阳北路1787号	7 000	陈国邦	2009年2月19日	37703239
上海浦东新区融和小额贷款有限公司	惠南镇人民东路2465、2467、2469号	10 000	黄新观	2009年2月26日	38258136
上海松江骏合小额贷款股份有限公司	新松江路909号20层	20 000	张玉峰	2009年2月28日	67752500
上海奉贤绿地小额贷款股份有限公司	解放东路1008号201室	70 000	张　蕴	2009年3月12日	67108383
上海崇明为中小额贷款股份有限公司	崇明县长兴乡凤西路74号10幢3楼	2 000	樊为中	2009年3月25日	56857912
上海浦东新区银泰小额贷款有限公司	惠南镇卫星东路140号	22 857	黄联群	2009年3月26日	58013555
上海徐汇华擎小额贷款股份有限公司	龙漕路299号3幢B—C座1楼	10 000	张永林	2009年4月24日	54039122
上海杨浦科诚小额贷款股份有限公司	国定路335号2号楼1504室	10 000	谢吉华	2009年4月27日	55663075
上海奉贤南郊小额贷款股份有限公司	南桥镇德丰路299号9楼	6 000	蔡永康	2009年5月18日	37580305
上海杨浦科创小额贷款股份有限公司	武东路198号12楼1205—1206室	10 000	朱　方	2009年5月25日	65903664
上海宝山东圣小额贷款有限公司	漠河路600弄B座201室	5 000	邵东明	2009年6月28日	56787578
上海黄浦豫园小额贷款股份有限公司	西藏南路1229号	20 000	张培海	2009年7月30日	63669151
上海静安和信小额贷款股份有限公司	南京西路1081弄20号底层西部1幢	10 000	王邦煜	2009年8月4日	62179559
上海宝山富邦源小额贷款股份有限公司	双城路803弄10号2104室	5 000	方壮源	2009年8月6日	61805140
上海嘉定协通小额贷款股份有限公司	嘉行公路1257号6号楼	5 000	万　燕	2009年8月28日	59556996
上海闸北景业小额贷款股份有限公司	七浦路225—253号177室	10 000	平学孝	2009年9月9日	63938366
上海虹口中科小额贷款股份有限公司	四平路210号1楼	10 000	陈庆钱	2009年10月16日	55158655
上海闵行巾帼小额贷款股份有限公司	古美路997号	15 000	沈慧琴	2009年10月16日	54803331

（续表）

机构名称	注册地址	注册资本（万元）	法定代表人	开业日期	联系电话
上海宝山银合小额贷款有限公司	双城路803号7号楼1704室	10 000	郑谢斌	2009年11月10日	61810667
上海长宁长诚小额贷款股份有限公司	幸福路68号	10 000	胡　凯	2009年11月18日	62113350
上海徐汇大众小额贷款股份有限公司	中山西路1515号1102室	40 000	顾　华	2009年12月2日	64862727
上海松江华松小额贷款股份有限公司	松卫北路665号103室	10 000	夏秋珍	2010年1月10日	37745116
上海长宁东虹桥小额贷款股份有限公司	红宝石路500号B栋30楼	50 000	沈若雷	2010年1月19日	32094700
上海闸北北方小额贷款股份有限公司	中兴路1286号202室	10 000	曾　云	2010年1月27日	66296993
上海松江九和小额贷款股份有限公司	谷阳北路1425弄197号402室	10 000	朱展鹏	2010年1月28日	37702253
上海嘉定嘉加小额贷款股份有限公司	环城路2420弄10号	10 000	张建良	2010年2月8日	69987958
上海浦东新区浩大小额贷款股份有限公司	上南路4059号5幢303室	37 000	桂国杰	2010年3月26日	50655506
上海卢湾天益小额贷款股份有限公司	马当路548号	10 000	高幸奇	2010年4月8日	63855880
上海杨浦华宏小额贷款股份有限公司	国宾路18号1401室	10 000	林木强	2010年4月27日	65429370
上海杨浦览坤小额贷款股份有限公司	逸仙路23号201、202室	10 000	周华瑞	2010年7月30日	35306100
上海松江永信小额贷款股份有限公司	玉树路2583号301室	12 000	石海云	2010年8月5日	57817666
上海浦东新区金浦小额贷款有限公司	昌里路335号106B室	20 000	朱永兴	2010年9月2日	38820720
上海普陀延华小额贷款股份有限公司	西康路1255号701—703室	15 000	胡黎明	2010年9月7日	62762770
上海宝山融泰小额贷款有限公司	殷高西路101号1102、1104室	10 000	魏盛荣	2010年9月9日	33790951
上海虹口虹叶小额贷款有限公司	周家嘴路979号1楼	15 000	谭国平	2010年9月28日	65033388
上海杨浦盛瑞德小额贷款股份有限公司	国和路490号1002室	10 000	陈　平	2010年12月14日	65571001
上海金山利民小额贷款有限公司	枫泾镇枫丽路132号	10 000	王利荣	2010年12月26日	33697958
上海金山众鑫小额贷款有限公司	石化卫零路773号1F	10 000	谢鹤鸣	2010年12月26日	67223666
上海松江御圣小额贷款股份有限公司	仓丰路242、244号	15 000	唐菊芳	2011年1月14日	67815588
上海浦东新区致广小额贷款有限公司	周浦镇沈梅路99弄1号9楼B座	10 000	孟　煜	2011年1月20日	50880508
上海浦东新区鑫隆小额贷款股份有限公司	龙阳路2277号1901室	10 000	汤庆宝	2011年1月30日	51860086
上海宝山华辉小额贷款股份有限公司	长逸路15号B座1107—1110室	12 000	周伦磐	2011年3月8日	51251189
上海杨浦杨科小额贷款股份有限公司	黄兴路2005弄2号1008室	10 000	李国文	2011年4月8日	55061077
上海金山金开小额贷款有限公司	卫清西路773号(工行3F)	15 000	徐　斌	2011年5月13日	57953456
上海金山众达小额贷款有限公司	金一路29弄99号	10 000	姚龙昌	2011年5月13日	57930303
上海崇明南亩小额贷款有限公司	崇明城桥镇人民路58号3—5层	1 000	滕祖昌	2011年5月30日	59615788
上海宝山庙行小额贷款股份有限公司	共和新路5199号9楼A座	10 000	张东敏	2011年6月8日	36411590
上海静安华谊小额贷款股份有限公司	延安中路1000号1楼A座	10 000	常　清	2011年6月17日	32568677
上海闵行南大小额贷款股份有限公司	都市路3870号	5 000	张立斌	2011年7月28日	34718026
上海闸北德润小额贷款股份有限公司	共和新路2750号2幢903—905室	10 000	郭浩根	2011年8月8日	60760808
上海宝山亚东小额贷款股份有限公司	双城路803弄9号2601室	10 000	李金钢	2011年9月28日	61812497
上海嘉定祥融小额贷款有限公司	金沙路75号807室	10 000	孟　龙	2011年9月30日	57618708
上海杨浦华东小额贷款股份有限公司	国泰路11号602室	20 000	庄　正	2011年10月17日	55120926

（续表）

机构名称	注册地址	注册资本（万元）	法定代表人	开业日期	联系电话
上海静安甬商汇小额贷款股份有限公司	乌鲁木齐北路480号902室	10 000	庄晓天	2011年11月3日	52372190
上海奉贤金海小额贷款股份有限公司	德丰路299弄1号1108室	10 000	朱德才	2011年12月16日	37580033
上海奉贤申星小额贷款股份有限公司	南桥镇宏伟路24号	10 000	陈柄均	2011年12月16日	57427308
上海普陀华盛小额贷款股份有限公司	宁夏路312弄8号201室	5 000	叶　俊	2012年1月4日	33530305
上海杨浦金五角场小额贷款股份有限公司	包头路92号6层	15 000	邢志浩	2012年1月4日	55128035
上海虹口北外滩小额贷款股份有限公司	邯郸路173号1号楼C区109，111，112，116号	10 000	袁　立	2012年2月23日	66187238
上海嘉定中鑫小额贷款有限公司	曹安公路1515号3号楼102室	10 000	徐永顺	2012年2月29日	33518900
上海奉贤聚银小额贷款股份有限公司	德丰路299弄1号303室	10 000	李丰林	2012年3月14日	37580273
上海松江平高小额贷款股份有限公司	中山二路216号13层1301—1303室	32 000	俞跃良	2012年5月8日	67651872
上海长宁大众小额贷款股份有限公司	延安西路1033号105室、106室、108室	30 000	顾　华	2012年5月25日	62526808
上海浦东新区邦信小额贷款股份有限公司	莲林路15号1幢106室	15 000	陈小侉	2012年5月25日	61652961
上海浦东新区长江鼎立小额贷款有限公司	上丰路977号1幢B座618室	10 000	海　乐	2012年5月25日	60470558
上海浦东新区玖创小额贷款股份有限公司	仁庆路388号1幢1层101室	10 000	钱敏华	2012年5月25日	68826508
上海浦东新区金桥小额贷款股份有限公司	金海路3288号4幢4楼401室A	10 000	吉蔚娣	2012年6月7日	50681198
上海长宁国智小额贷款股份有限公司	红宝石路500号A栋16楼02A室	10 000	朱国琴	2012年6月13日	32098669
上海奉贤维大小额贷款有限公司	南桥镇环城南路1158号	10 000	杜建良	2012年7月2日	37569121
上海浦东新区银盛小额贷款有限公司	金桥路939号614室	10 000	陈炫基	2012年7月2日	61650175
上海浦东新区恒大小额贷款有限公司	板泉路728号12幢301—304室	15 000	周　奚	2012年7月17日	50493033
上海闸北市北高新小额贷款股份有限公司	江场三路238号1512室	15 000	张羽祥	2012年10月8日	56061818 *8008
上海松江承平小额贷款股份有限公司	茸梅路518弄5号	20 000	李国强	2012年11月26日	37019988
上海浦东新区亚联财小额贷款有限公司	沪南路938号	20 000	长原彰弘	2013年1月10日	33786598
上海徐汇荣晟小额贷款有限公司	钦州北路188号8楼	10 000	王建明	2013年1月17日	64159700
上海金山宜华小额贷款有限公司	廊下镇漕廊公路7810号	12 000	陆金光	2013年1月28日	37911698
上海徐汇昂立小额贷款股份有限公司	虹桥路333号3幢105、107、109室	15 000	朱敏骏	2013年2月5日	64688386
上海浦东新区康信小额贷款有限公司	康桥镇秀浦路3999弄1号201室	20 000	汤柳鹊	2013年2月7日	20989900
上海浦东新区秋实为农小额贷款股份有限公司	惠南镇听悦路639—645号	12 000	赵锦荣	2013年3月13日	58008631
上海黄浦联合小额贷款有限公司	鲁班路158号404室	30 000	李　军	2013年3月25日	33257888
上海嘉定国鑫小额贷款有限公司	德富路1288号104室	10 000	茅　健	2013年3月25日	59531080
上海嘉定及时雨小额贷款股份有限公司	沪宜公路3638号2幢303室	10 000	李　新	2013年3月25日	22306601
上海嘉定绿缘小额贷款股份有限公司	安亭镇杭桂路1100号703—705室	10 000	陈建荣	2013年3月25日	60296162

（续表）

机构名称	注册地址	注册资本（万元）	法定代表人	开业日期	联系电话
上海普陀宏大小额贷款股份有限公司	中山北路 3000 号 1004 室	10 000	李兴华	2013 年 5 月 28 日	62973965
上海长宁赣信小额贷款有限公司	延安西路 570 号	10 000	曹志莺	2013 年 6 月 7 日	62130555
上海虹口东华美钻小额贷款股份有限公司	四川北路 848、850 号 5 楼	10 000	吴炯明	2013 年 6 月 7 日	56057352
上海嘉定大众小额贷款股份有限公司	江桥镇鹤旋路 88 号 1 层	20 000	顾　华	2013 年 6 月 7 日	69515618
上海浦东新区长鑫小额贷款股份有限公司	北张家浜路 128 号 501-1 室	20 000	施松丽	2013 年 6 月 17 日	61769698
上海松江开天小额贷款股份有限公司	茸梅路 555 号 2 幢 2 楼 A 座	20 000	金　强	2013 年 7 月 5 日	37621100
上海青浦工合小额贷款股份有限公司	青龙路 79 号	10 000	蔡斌彬	2013 年 8 月 8 日	59262999
上海松江易和小额贷款股份有限公司	谷阳北路 1029 号	20 000	贺　力	2013 年 8 月 13 日	33559790
上海奉贤申隆小额贷款股份有限公司	南桥镇环城东路 1083 号	10 000	钱家庆	2013 年 8 月 15 日	67102120
上海浦东新区华利小额贷款股份有限公司	泥城镇鸿音路 2958 号	10 000	顾爱军	2013 年 9 月 17 日	20969228
上海青浦华新小额贷款有限公司	华新镇新府中路 1784 号	10 000	李俊峰	2013 年 10 月 18 日	59773333
上海静安达安小额贷款股份有限公司	安远路 1 号 4 层	10 000	耿　毅	2013 年 11 月 4 日	62129506
上海闵行大众小额贷款股份有限公司	古美路 573 号	20 000	钟晋倖	2013 年 12 月 10 日	64986656
上海奉贤南桥新城小额贷款股份有限公司	南奉公路 6899 号 2 幢 101 室	10 000	顾　佾	2013 年 12 月 28 日	37122607
上海浦东新区龙象小额贷款有限公司	秀浦路 2388 号 3 幢 1607 室	20 000	杨文仕	2014 年 3 月 10 日	61900577
上海京汇小额贷款有限公司	叶城路 925 号 B 区 5 幢 208 室	30 000	刘强东	2014 年 3 月 11 日	22255162
上海百度小额贷款有限公司	汇源路 55 号 H 幢 2 层 C 区 203 室	20 000	向海龙	2014 年 3 月 11 日	59550066
上海浦东新区普罗米斯小额贷款有限公司	陆家嘴东路 166 号 14 楼 03—10 室	20 000	铃木透	2014 年 5 月 13 日	20666212
上海闵行华谊小额贷款股份有限公司	剑川路 951 号 4 幢 406—408 室	10 000	常　清	2014 年 8 月 11 日	64881728
上海静安维信小额贷款有限公司	安远路 555 号 307 室	20 000	廖世宏	2014 年 9 月 16 日	60351882
上海闵行爱国建设小额贷款有限公司	康华路 146 号 2 幢 1 层	12 000	辛春华	2014 年 10 月 30 日	34792680
上海徐汇富融小额贷款有限公司	瑞金南路 438 号 1 楼	12 000	樊　芸	2014 年 11 月 1 日	64833888

6. 支付机构

机构名称	地址	法定代表人	电话	邮编
安付宝商务有限公司	真光路 1258 号 6 楼	黄　华	96801	200333
宝付网络科技(上海)有限公司	祖冲之路 899 号 soho 软件园 2 号楼	唐　伟	68811008	201203
东方电子支付有限公司	亮秀路 112 号 Y1 座 510 室	刘亚东	400-821-7660	201203
东方付通信息技术有限公司	双城路 803 号 9 号楼 29 楼	曾　杰	0571-65116505	200940
汇潮支付有限公司	中江路 879 号上海天地软件园 2 号楼 402 室	杨国春	52837768	200333
锦江国际商务有限公司	长乐路 400 号 5 楼	陈礼明	400-866-6000	200020
卡友支付服务有限公司	国定路 323 号 14—15 楼	上官步燕	4008815516，4006701999	200433

（续表）

机构名称	地址	法定代表人	电话	邮编
快钱支付清算信息有限公司	浦电路360号12—13楼	关国光	025-68526799	200120
平安付电子支付有限公司	崂山路316号6楼	邵海峰	400-670-0118	200021
普天银通支付有限公司	宜山路700号A4座3楼	曹宏斌	33677777	200233
杉德电子商务服务有限公司	田林路487号宝石园22号楼	丁萍	962567	200233
上海便利通电子商务有限公司	金沙江路1685号	时玮康	96896	200333
上海大千商务服务有限公司	小木桥路681号28楼	桂国杰	62709616	200032
上海大众交通商务有限公司	昭化路12号裙楼底楼	顾华	62188888	200050
上海得仕企业服务有限公司	中山西路1800号10楼F座	陈亮	4008200222	200235
上海德颐网络技术有限公司	钦州北路1199号88幢5楼	周宝义	8008202829	200233
上海点佰趣信息科技有限公司	伊犁路152号2楼	陈佳立	4008846868	200051
上海电银信息技术有限公司	博霞路50号503—504室	高克勤	0571-65005061	201203
上海东方汇融信息技术服务有限公司	延安西路593号1号楼1楼	任义彪	61229322	200050
上海都市旅游卡发展有限公司	中山南路28号9楼	张惠民	63309120	200010
上海付费通企业服务有限公司	广中西路777号12号楼3楼	方坚	962233	200072
上海付费通信息服务有限公司	广中西路777号12号楼3楼	方坚	962233	200072
上海富友金融网络技术有限公司	民生路1399号502室	陈建	4006677333	200135
上海富友支付服务有限公司	民生路1399号511室	陈建	4006677333	200135
上海瀚银信息技术有限公司	新昌路80号4楼	施伟锋	400-670-8866	200003
上海华势信息科技有限公司	东方路877号2108室	梁健	400-670-0808	200122
上海汇付数据服务有限公司	虹梅路1801号9楼	周晔	400-820-2819	200233
上海巾帼三六五企业服务有限公司	民生路1403号206室	庄健	400-880-0365	200135
上海金诚通电子支付服务有限公司	柳州路99号中星城15楼	洪远富	400-018-9991	200030
上海乐易信息技术有限公司	北京西路780号	郑洋	400-821-5715	200041
上海纽斯达科技有限公司	威海路48号323室	李军	63831111	200003
上海千悦企业管理有限公司	桂箐路7号1号楼	茆俊宝	400-820-6070	200042
上海瑞得企业服务有限公司	鲁班路166号	尹戎	400-820-0108	200023
上海润通实业投资有限公司	大连路990号10号楼1008室	吴红军	400-116-5556	200092
上海杉德支付网络服务发展有限公司	田林路487号宝石园22号楼	丁萍	962567	200233
上海商联信电子支付服务有限公司	上南路3855号11号楼5楼	刘风仕	400-88-95135	201315
上海商旅通商务服务有限公司	空港一路528号1号楼	王煜	95524	200335
上海商业高新技术发展有限公司	曲阳路800号1101室	吴美秋	65534350， 400-888-6635	200437
上海申城通商务有限公司	南京东路233号620室	徐若海	63600100	200002
上海盛付通电子支付服务有限公司	张衡路666弄1号9楼	王静颖	400-720-8888	201203
上海索迪斯万通服务有限公司	仙霞路320号1101—1104室	Marc Rolland	62096001	200336
上海通卡投资管理有限公司	东方路800号3楼	郑春华	400-820-0696	200122
上海新华传媒电子商务有限公司	漕溪北路331号A座701室	诸巍	400-8888-315	200002
上海亿付数字技术有限公司	博霞路160号4楼	茅蔚	51261919	200083
上海银联电子支付服务有限公司	东方路800号28—30楼	孙战平	95534-6	200122

（续表）

机 构 名 称	地 址	法定代表人	电 话	邮 编
上海银生宝电子支付服务有限公司	上南路3855号11号楼5楼	黄家林	400-88-95135	201315
上海优乐网络科技股份有限公司	国宾路18号A座1301室	孟 迪	400-820-8877	200000
通联商务服务有限公司	项城路288号8楼	兰 奇	95156	200122
通联支付网络服务股份有限公司	陆家嘴西路99号12楼	肖 风	0571-6511-0551	201206
迅付信息科技有限公司	天钥桥路1178号	栾毓敏	400-643-8588	200232
银联商务有限公司	张衡路1006—1008号	郭荣丽	400-622-8888	201203
银视通信息科技有限公司	福山路450号28楼C、D室	张大钟	400-8212-166	200120
支付宝(中国)网络技术有限公司	峨山路91弄98号108E室	彭 蕾	95188	200127
中钢银通信息技术服务有限公司	浦电路438号21楼	金天安	400-005-5858	200122

7. 外资法人银行

机 构 名 称	地 址	负责人	电 话	邮 编
澳大利亚和新西兰银行(中国)有限公司	陆家嘴环路166号17楼、15楼和12楼B单元	黄晓光	61696016	200120
大华银行(中国)有限公司	东园路111号1层105单元，2层—3层	连文辉	60618888	200120
东方汇理银行(中国)有限公司	世纪大道100号33楼3370室	Philippe PELLEGRIN	38566888	200120
东亚银行(中国)有限公司	花园石桥路66号28楼2801室、29楼、30楼3001室、31楼、41楼、42楼	关达昌	38663866	200120
法国巴黎银行(中国)有限公司	世纪大道100号25楼	郭奕乾	28962888	200120
恒生银行(中国)有限公司	陆家嘴环路1000号34楼、36楼及浦东南路528号27楼	林伟忠	38658888	200120
花旗银行(中国)有限公司	花园石桥路33号	欧兆伦	28966000	200120
华美银行(中国)有限公司	世纪大道88号30楼	张天鸿	50499999	200121
华侨银行(中国)有限公司	源深路1155号	康慧珍	20833188	200136
富邦华一银行有限公司	世纪大道1168号A座20楼	詹文嶽	20619888	200122
汇丰银行(中国)有限公司	世纪大道8号37楼	廖宜建	38882666	200120
南洋商业银行(中国)有限公司	世纪大道800号	程泽宇	38566666	200120
盘谷银行(中国)有限公司	中山东一路7号	洪钦雄	23290100	200002
浦发硅谷银行有限公司	昆明路518号A座3楼	Dave Jones(蒋德)	35159167	200082
瑞穗银行(中国)有限公司	世纪大道100号21—23楼	网野良一	38558888	200120
三井住友银行(中国)有限公司	世纪大道100号11楼	龙田俊之	38609000	200120
三菱东京日联银行(中国)有限公司	陆家嘴环路1233号22楼	堀越秀一	68881666＊2974 68881666＊5601	200120
苏格兰皇家银行(中国)有限公司	陆家嘴环路1233号25楼	华庆成	28930168	200120
星明财务有限公司	世纪大道88号1402室	杨志中	50988851	200120
星展银行(中国)有限公司	陆家嘴环路1318号18楼	葛甘牛	38968679/38968624	200120
渣打银行(中国)有限公司	世纪大道201号28层	张晓蕾	38518000/38963000	200120
正信银行有限公司	中山东一路17号大楼底层大厅及第1层、第2层	刘向东	63351916	200002

8. 外资银行上海分行

机构名称	地址	负责人	电话	邮编
埃及国民银行股份公司上海分行	浦东大道1号12B07室	YASSER EL NEGOULY（亚瑟曼古里）	68861889	200120
澳大利亚澳洲联邦银行公众股份有限公司上海分行	陆家嘴环路1233号1101—1103室	Yu，Vivienne Zhaohui	61238900	200120
澳大利亚国民银行有限公司上海分行	银城中路68号42层4201—4204室	Daniel Brian Joseph Armstrong	20890288	200120
巴西银行有限公司上海分行	南京西路1515号28层2801—02&2806室	Sérgio de Quadros（夸德洛）	60103621	200040
比利时联合银行股份有限公司上海分行	浦东大道1号15楼1501—1505单元	李金通(LEE KIM TONG)	58791599	200120
德国北德意志州银行上海分行	陆家嘴东路166号15楼	Dr.Stephan Popp(浦德范)	58888168	200120
俄罗斯外贸银行公开股份公司上海分行	南京西路1266号1101A&1102—1104室	伊丽娜·库里金娜(代)	61366236	200040
法国外贸银行股份有限公司上海分行	陆家嘴环路1000号19楼19032室	鲁赐强	61633279	200120
荷兰安智银行股份有限公司上海分行	陆家嘴环路1000号37-022室	荣彼得	20208000	200120
韩国大邱银行股份有限公司上海分行	红宝石路500号B栋11层03室	姜赫中	62369209	201103
美国富国银行有限公司上海分行	世纪大道100号32楼30单元	姚毅治	28927700	200121
挪威银行公共有限公司上海分行	淮海中路381号9楼901室	Carina Enocksson	61322888	200020
日本横滨银行股份有限公司上海分行	世纪大道100号17楼70室	加藤隆(KATO TAKASHI)	68776800	200120
日本三井住友信托银行股份有限公司上海分行	世纪大道88号50楼5001、5002、5006、5007A、5007B、5008、5009室	芥川佳久(AKUTAGAWA YOSHIHISA)	50476661	200120
北欧银行瑞典有限公司上海分行	西藏中路268号4806室	Corrado Christian Lillelund Forcellati	63405111	200001
瑞典北欧斯安银行有限公司上海分行	世纪大道8号33层3301-05、15—16室	Fredrik Bertil Hahnel	53966681	200021
瑞典商业银行公共有限公司上海分行	天津路155号2005-06室	Mikael Vesterback(魏炳坤)	63298877	200002
瑞典银行有限公司上海分行	花园石桥路33号601室	刘志美	38612600	200122
瑞士信贷银行股份有限公司上海分行	世纪大道8号2801—4、2813—16、2901—06、2916	李强(代理行长)	38560188	200120
西班牙桑坦德银行有限公司上海分行	世纪大道88号2001室	Ángel Ortiz Calle(欧安和)	61686000	200120
意大利联合圣保罗银行股份有限公司上海分行	陆家嘴东路161号1001楼	Rosario Pedicini	58799930	200120
意大利西雅那银行股份有限公司上海分行	太仓路233号2501—2504室	Paolo Lucioli(路千里)	53830417	200020
印度卡纳拉银行上海分行	银城中路168号2601室	Bal Mukund Sharma	68596330	200120
印度同心银行有限公司上海分行	张杨路500号29楼D/E单元	Raj Kumar Khosa	20282842	200122
印度爱西爱西爱银行有限公司上海分行	南京西路1717号2705室	Phani Kiran	80171515	200040
印度尼西亚曼底利银行上海分行	银城中路168号12楼01—04室	陆宝林	20332603	200120
英国巴克莱银行有限公司上海分行	陆家嘴环路1233号29楼2905室、31楼3101室、3102B室	欧阳锦绍	50470808	200120
第一商业银行股份有限公司上海分行	红宝石路500号A栋15层01、04室	林蕙娟	32098611	201103
国泰世华商业银行股份有限公司上海分行	花园石桥路66号19层05单元	刘俊豪	68863785	200120
台湾土地银行股份有限公司上海分行	富城路99号1203—04室	林坤地	50372495	200120
台湾银行股份有限公司上海分行	南京西路1788号30楼	洪明坤	32569900	200040

（续表）

机构名称	地址	负责人	电话	邮编
台湾中小企业银行股份有限公司上海分行	凯旋路399号38楼3803—3806室	陈绍晃	62627171	200051
中国信托商业银行股份有限公司上海分行	世纪大道100号27楼T70室	许嘉允	20805888	200120
首都银行（中国）有限公司上海分行	延安西路1152号101—103室，延安西路1160号301—303室，延安西路1168号305室	徐文（代理）	61910799	200052
德意志银行（中国）有限公司上海分行	世纪大道8号（B座）30层3001—16室、38层3804—11室、39层3901—16室、40层4001—16室	魏凯（Carl William Wegner）	20802800	200120
法国兴业银行（中国）有限公司上海分行	世纪大道88号45层4501、4507—4509单元，48层4801、4802、4806B、4807—4810、4812单元，裙房2C-01、2C-02、2C-03单元	王永婧（代理行长）	38669628	200121
友利银行（中国）有限公司上海分行	浦电路480号1楼	林玟泽	50810707	200122
韩亚银行（中国）有限公司上海分行	银城中路200号3301—3304室	吴国华（拟任）	50372121	200120
新韩银行（中国）有限公司上海分行	陆家嘴环路958号1楼	吉君燮	68412100	200120
加拿大蒙特利尔银行（中国）有限公司上海分行	世纪大道8号20层	夏瑾璐	61363600	200120
摩根大通银行（中国）有限公司上海分行	南京西路1601号41层、4201A室、4201B室、4202室、4203室、4205A室、4207A室、4901室和4902A室	王备军	52002288	200030
中信银行国际（中国）有限公司上海分行	银城中路200号4404—6室	黄天石	61006110	200120
大新银行（中国）有限公司上海分行	漕溪北路86号1层	毛汉文	24113388	200030
永亨银行（中国）有限公司上海分行	世纪大道210号23层	温子斌	28983858	200120
加拿大丰业银行有限公司上海分行	世纪大道88号2904室	陈永健	60728900	200121
上海商业银行有限公司上海分行	陆家嘴东路161号913室	陈黎莺	20891888	200120
华南商业银行股份有限公司上海分行	南京西路1788号35层03和04单元	林万福	60100855	200040
永隆银行有限公司上海分行	世纪大道8号26楼2601—2609室	程晗光	20351799	200120
澳大利亚西太平洋银行有限公司上海分行	世纪大道8号27层2709—2716单元	傅琼	61657688	200120
德国商业银行股份有限公司上海分行	世纪大道100号37楼	Jan-Willem Sudmann	58366666	200120
韩国产业银行上海分行	世纪大道100号38楼3810室	崔畅范	68871234	200120
荷兰合作银行有限公司上海分行	世纪大道8号10楼1001—1008	Wilhelmus Theodorus Gerardus Hendriks	58889888	200120
美国银行有限公司上海分行	陆家嘴环路1233号16楼1—6单元、17楼	黄健（代）	6160888	200120
美国纽约梅隆银行有限公司上海分行	陆家嘴环路1000号41楼40-031室	龚忆明	38661166	200120
马来西亚联昌上海分行	陆家嘴环路1233号18楼1805—1807单元	陈存泰	20261898	200120
马来西亚马来亚银行有限公司上海分行	陆家嘴环路333号6楼03—04室	叶志辉	60287688	200120
意大利裕信银行股份有限公司上海分行	浦东世纪大道88号2401室	Maurizio Brentegani（毛瑞）	50470077	200121
印度国家银行上海分行	淮海中路1010号4201、4205、4206室	Dinesh Sharma	54051021	200031

9. 外资银行上海代表处

机构名称	地址	负责人	电话	邮编
阿布扎比银行上市股份公司上海代表处	世纪大道 8 号 2304 室	吴　颖	60952388	200120
阿联酋联合国民银行公开合股公司上海代表处	世纪大道 100 号 6470 室	Zahid Mahmood Khalid	68805533	200120
巴西亿达富贝贝亚银行股份有限公司上海代表处	湖滨路 222 号 1 号楼 10 楼 1009 室	韩志宏	33113466	200021
创兴银行有限公司上海代表处	南京西路 288 号 2605 室	张　雷	63588099	200040
大丰银行上海代表处	上海市中山东一路 23 号 401 室	徐　力	36355585	200040
大西洋银行股份有限公司上海代表处	延安西路 65 号 601 室	王若冰	68888525	200040
大众银行(香港)有限公司上海代表处	浦东大道 138 号 8 楼 G 室	陈力航	58878851	200120
德国巴登-符腾堡州银行上海代表处	世纪大道 1600 号 2311 室	华思武 (Marcus Wassmuth)	50816002	200092
德国地金银行股份有限公司上海代表处	南京西路 1266 号 2 号楼 2902 室	Thomas Adaemmer	62889905	200040
德国黑森—图林根州银行上海代表处	陆家嘴环路 1000 号 06-022 单元	王　艺	68777708	200120
法国爱德蒙得洛希尔银行股份有限公司上海代表处	陆家嘴东路 166 号 2902 室	王育群	60862599	200120
法国工商银行上海代表处	延安西路 129 号 2005 室	胡　姗	62496690	200040
法国阔达银行股份有限公司上海代表处	长阳路 738 号 3 楼 C3001—2 室	于　阳	51607630	200082
哈萨克斯坦博泰银行股份公司上海代表处	基隆路 55 号 11 层 1135 室	张军生	58771635	200131
韩国输出入银行上海代表处	遵义路 107 号 1203 室	曹在杉	6237-5561	200336
荷兰欧洲信贷银行有限公司上海代表处	南京西路 1266 号 4609 室	Mehmet Sudak	61361818	200040
荷兰银行有限公司上海代表处	世纪大道 8 号 865—866 室	邹江磊	60627378	200135
加拿大帝国商业银行有限公司上海代表处	西藏中路 268 号 4807 室	叶　俊	63404600	200001
加拿大多伦多道明银行有限公司	南京西路 1266 号 2504—05 室	鲍李晨	62887979	200040
加拿大国民银行股份有限公司上海代表处	零陵路 899 号 29 楼 B 室	龚　瑶	51506588	200030
卡塔尔多哈银行股份有限公司上海代表处	南京西路 1376 号 360 室	卢伟明	62798006	200040
卡塔尔国民银行公共有限公司上海代表处	世纪大道 100 号 9 楼 930 室	韩　珏	68778980	200120
科威特国民银行股份有限公司上海代表处	陆家嘴环路 1233 号 1003 室	Yong Sin Leou	68881092	200120
美国国泰银行有限公司上海代表处	南京西路 1515 号 1806 室	刘志伟	52985656 52985357	200040
美国浦瑞兴银行上海代表处	延安东路 222 号 4303 室	朱芩芩	63350268	200002
南非第一兰特银行有限公司上海代表处	延安西路 726 号 20 楼 B 座	朱　瑾	62100909	200050
尼日利亚万通银行公共有限公司上海代表处	银城中路 200 号 3005 室	HO TIONG KEE	61620668	200120
葡萄牙圣灵银行股份有限公司上海代表处	陆家嘴东路 161 号 2509 室	钟培忠	58870016	200120
日本 CHUGOKU 银行股份有限公司上海代表处	延安西路 2201 号 2007 室	桥本　正纯	6275-1988	200336
日本八十二银行股份有限公司上海代表处	陆家嘴环路 1000 号 8 楼	柴雅纪	6841-1882	200120
日本百十四银行股份有限公司上海代表处	陆家嘴环路 1000 号 1412 室	盐田哲也	68412114	200120

（续表）

机构名称	地址	负责人	电话	邮编
日本百五银行有限公司上海代表处	茂名南路205号1002室	广田诚	54661105	200020
日本北国银行有限公司上海代表处	南京西路1376号350室	一愿阳光	6279-8717	200040
日本北陆银行股份有限公司上海代表处	延安西路2201号602室	浜田贵英	62708108	200336
日本北洋银行股份有限公司上海代表处	延安西路2201号1602室	田中雅启	62752666	200336
日本常阳银行股份有限公司上海代表处	延安西路2201号1901室	加藤伦夫	6209-0258	200336
日本大垣共立银行股份有限公司上海代表处	世纪大道88号44层06A单元	王绍青	50472700	200120
日本第四银行股份有限公司上海代表处	陆家嘴环路1000号28楼	川边正则	5011-9832	200120
日本肥后银行股份有限公司上海代表处	西藏中路268号40楼07室	漆岛智和	63403915	200001
日本福冈银行股份有限公司上海代表处	延安西路2201号2010室	平田治郎	6219-4570	200336
日本广岛银行股份有限公司上海代表处	延安西路2201号1713室	藤光雅之	62752755	200336
日本京都银行股份有限公司上海代表处	陆家嘴环路1000号18楼	光岛秀	6841-0575	200120
日本静冈银行股份有限公司上海代表处	延安西路2201号1813室	望月一志	62098115	200336
日本蓝天银行股份有限公司上海代表处	陆家嘴环路1000号27楼043室	须永清英	3899-6288	200120
日本里索那银行股份有限公司上海代表处	延安西路2201号2709室	平原行雄	6275-5198	200336
日本陆奥银行股份有限公司上海代表处	陆家嘴环路1000号28楼	和岛贵之	68410698	200120
日本鹿儿岛银行上海代表处	陆家嘴环路1000号27楼141室	中村诚悟	68415185	200120
日本美纳都银行股份有限公司上海代表处	铜仁路195号3312室	河村真二	62898080	200040
日本名古屋银行股份有限公司上海代表处	延安西路2201号1809室	金田诚二	62754207	200336
日本南都银行股份有限公司上海代表处	陆家嘴环路1000号16楼	河野仁	6841-2771	200120
日本七十七银行股份有限公司上海代表处	陆家嘴环路1000号16楼	高桥理	6841-2077	200120
日本千叶银股份有限公司上海代表处	延安西路2201号707室	三木秀治（MIKI HIDEHARU）	62780482	200336
日本群马银行股份有限公司上海代表处	陆家嘴环路1000号18楼011室	矶贝城二	6841-6288	200120
日本山阴合同银行股份有限公司上海代表处	陆家嘴环路1000号15楼	绫木贤一	6841-1661	200120
日本商工组合中央金库有限公司上海代表处	延安西路2201号17楼1706室	白谷一洋	6275-3860	200336
日本十六银行股份有限公司上海代表处	陆家嘴环路1000号18楼022室	三好晴之	68411600	200120
日本信金中央金库有限公司上海代表处	延安西路2201号508室	丹羽弘之	6270-3091	200336
日本伊予银行股份有限公司上海代表处	延安西路2201号1603室	栗原隆	62707488	200336
日本滋贺银行有限公司上海代表处	陆家嘴环路1000号27楼	宫木畅久	6841-5101	200120
瑞士宝盛银行有限公司上海代表处	世纪大道8号10层1013—14单元	孙　妍	60753180	200041
瑞士盈丰银行股份有限公司上海代表处	世纪大道100号65楼T10单元	陆　玮	61680518	200120
沙特阿拉伯国家商业银行上海代表处	世纪大道88号3807室	沈　峻	50875161	200120
泰国开泰银行（大众）有限公司上海代表处	陆家嘴东路166号2708室	Chatchaiskul Nanthakorn	68419529	200120
土耳其担保银行股份公司上海代表处	浦东大道1号1304室	Noyan Rona	58797900	200120
土耳其实业银行股份公司上海代表处	世纪大道88号4407室	Tunc TURKER（桃克）	50470882	200120

（续表）

机 构 名 称	地 址	负责人	电 话	邮 编
西班牙班西亚储蓄银行上海代表处	陆家嘴环路1000号24楼24-012室	Jesus Carlos Miramon Garcia 先生	38713642	200120
西班牙对外银行有限公司上海代表处	世纪大道88号3405室	刘 瑛	50470031	200120
西班牙人民银行有限公司上海代表处	南京西路1038号2104室	Luciano Menéndez Rodríguez	52281543	200041
西班牙萨瓦德尔银行股份有限公司上海代表处	南京西路1038号1605A	Guillermo Diaz Sevilla	62718347	200041
西班牙商业银行上海代表处	广东路689号1610室	Danni Cheng Zhou	63410055	200001
西日本城市银行股份有限公司上海代表处	延安西路2201号2209室	佐佐木治彦	62190600	200336
以色列国民银行上海代表处	陆家嘴环路1000号28楼28-033单元	Eyal Shimoni	60589214	200120
意大利人民银行有限责任合作公司上海代表处	陆家嘴环路1000号27层27-013室	姜 洋	68410599	200120
意大利维琴察人民银行股份有限公司上海代表处	长乐路989号3307B	李 鸣	54075455	200030
意大利意联银行股份合作公司上海代表处	长乐路989号3304室	陆 波	61675333	200040
印度联合银行上海代表处	九江路399号1509室	Satheeshkumar Mungath	52082258	200336
印度旁遮普国家银行上海代表处	商城路800号14楼	Brijendra Singh Verma	22157751	200120
英国工银标准银行公众有限公司上海代表处	世纪大道8号12楼1207—1208室	姚 彬	61566388	200120
约旦阿拉伯银行公众有限公司上海代表处	四平路188号1803室	陈 刚	65077737	200086
智利信贷银行有限公司上海代表处	陆家嘴环路1000号13楼33单元	庄骊宇	68778600	200120

10. 外资非银行金融机构上海代表处

机 构 名 称	地 址	负责人	电 话	邮 编
AEON信贷财务公司上海代表处	汉中路158号1201室	於汝毅	63548303	200070
中央短资上海代表处	陆家嘴东路161号1905室	张 华	58799592	200120
上田八木短资上海代表处	茂名南路205号1906室	陈盈萱	54562362	200020
东京短资股份有限公司上海代表处	陆家嘴东路161号812室	徐双龙	68886992	200120
高祺金融国际经纪有限公司上海代表处	广东路689号35层3512室	夏 霏	68411781	200120
毅联汇业有限公司上海代表处	银城中路168号1708室	陶慎昌	68886909	200120
万邦有利上海代表处	浦东南路360号34楼F座	裘 英	68410549	200120
大来信用证国际(香港)有限公司上海代表处	花园石桥路33号29层	卫晨霏	28963940	200120
中银信用卡(国际)有限公司上海代表处	遵义路100号A1215室	唐 骏	61917931	200040
美国速汇金国际有限公司上海代表处	浦东南路588号16楼D室	刘荣群	61946966	200120
英国满利通国际特快汇款有限公司上海代表处	西藏中路168号2508室	陈 峰	51798399	200001

(五) 证券业机构名录

1. 证券公司

机构名称	地址	电话	邮编
爱建证券有限责任公司	世纪大道1600号32层	32229888	200122
长江证券承销保荐有限公司	世纪大道1589号21层	38784899	200122
德邦证券有限责任公司	福山路500号26层	68761616	200122
东方证券股份有限公司	中山南路318号2号楼21—23、25—29、32、36、39、40层	63325888	200010
光大证券股份有限公司	新闸路1508号	22169999	200040
国泰君安证券股份有限公司	银城中路168号	38676666	200120
海际证券有限责任公司	陆家嘴环路1000号45层	38582000	200120
海通证券股份有限公司	广东路689号	23219300	200001
华金证券有限责任公司	杨高南路759号30、31层	20655588	200127
华宝证券有限责任公司	世纪大道100号57层	68777222	200120
上海华信证券有限责任公司	世纪大道100号9层	38784818	200120
上海证券有限责任公司	西藏中路336号	53519888	200001
申银万国证券股份有限公司	长乐路989号45层	33389888	200031
中银国际证券有限责任公司	银城中路200号39—41层	20328000	200120
摩根士丹利华鑫证券有限责任公司	世纪大道100号75层	20336000	200120
上海国泰君安证券资产管理有限公司	银城中路168号24层	38676666	200120
上海东方证券资产管理有限公司	中山南路318号2号楼31层	63325888	200010
上海光大证券资产管理有限公司	新闸路1508号17层	22169999	200040
东方花旗证券有限公司	中山南路318号2号楼24层	23153888	200010
上海海通证券资产管理有限公司	广东路689号32层	23219000	200001
齐鲁证券(上海)资产管理有限公司	花园石桥路66号17层	20315305	200120
华泰证券(上海)资产管理有限公司	东方路18号E栋21楼	400-889-5597	200120

2. 基金管理公司

机构名称	地址	电话	邮编
长信基金管理有限责任公司	银城中路68号9楼	61009999	200120
东吴基金管理有限公司	源深路279号	50509888	200135
富国基金管理有限公司	世纪大道8号16—17层	20361818	200120
光大保德信基金管理有限公司	延安东路222号46—48层	33074700	200002
国海富兰克林基金管理有限公司	世纪大道8号9层	38555555	200120
国联安基金管理有限公司	陆家嘴环路1318号9楼	38992888	200121
国泰基金管理有限公司	公平路18号8号楼16—19层	38561600	200082
华安基金管理有限公司	世纪大道8号31—32楼	38969999	200120

（续表）

机构名称	地址	电话	邮编
华宝兴业基金管理有限公司	世纪大道 100 号 58 楼	38505888	200120
华富基金管理有限公司	陆家嘴环路 1000 号 31 层	68886996	200120
汇丰晋信基金管理有限公司	世纪大道 8 号 17 楼	20376868	200120
海富通基金管理有限公司	花园石桥路 66 号 36—37 层	38650999	200120
汇添富基金管理股份有限公司	富城路 99 号 21 楼	28932888	200120
金元惠理基金管理有限公司	花园石桥路 33 号 3608 室	68881801	200120
交银施罗德基金管理有限公司	世纪大道 8 号 21—22 楼	61055050	200120
诺德基金管理有限公司	陆家嘴环路 1233 号 12 楼	68879999	200120
农银汇理基金管理有限公司	世纪大道 1600 号 7 楼	61095588	200122
浦银安盛基金管理有限公司	淮海中路 381 号 38 楼	23212888	200020
上投摩根基金管理有限公司	富城路 99 号 20 楼	38794999	200120
申万菱信基金管理有限公司	淮海中路 300 号 40 层	23261188	200021
泰信基金管理有限公司	浦东南路 256 号 36、37 层	20899188	200120
天治基金管理有限公司	复兴西路 159 号	64371155	200031
万家基金管理有限公司	浦电路 360 号 9 层	38619999	200122
信诚基金管理有限公司	世纪大道 8 号 9 层	68649788	200120
兴业全球基金管理有限公司	张杨路 500 号 20 楼	58368998	200122
华泰柏瑞基金管理有限公司	民生路 1199 弄 1 号 17 层	38601777	200135
银河基金管理有限公司	世纪大道 1568 号 15 楼	38568888	200122
中海基金管理有限公司	银城中路 68 号 2905—2908 室及 30 层	38429808	200120
中欧基金管理有限公司	花园石桥路 66 号 8 层	68609600	200120
中银基金管理有限公司	银城中路 200 号 45 层	38834999	200120
纽银梅隆西部基金管理有限公司	世纪大道 100 号 19 楼	38572888	200120
富安达基金管理有限公司	世纪大道 1568 号 29 层	61870999	200122
财通基金管理有限公司	银城中路 68 号 41 楼	68886666	200120
长安基金管理有限公司	芳甸路 1088 号 16 层	20329999	201204
德邦基金管理有限公司	吴淞路 218 号 35 层	26010999	200080
华宸未来基金管理有限公司	四川北路 859 号 16 层	26066999	200085
中原英石基金管理有限公司	花园石桥路 33 号 17 层	38556666	200120
东海基金管理有限责任公司	世纪大道 1528 号 15 楼	60586300	200122
兴业基金管理有限公司	浦明路 198 号 7 号楼	22211932	200120
上银基金管理有限公司	世纪大道 1528 号 12 楼	60232799	200122
鑫元基金管理有限公司	富城路 99 号 31 楼	20892000	200120
永赢基金管理有限公司	世纪大道 210 号 27 楼	51690188	200120
华福基金管理有限责任公司	东方路 3261 号 B 座 H3 层	68639123	200125
圆信永丰基金管理有限公司	世纪大道 1528 号 19 楼	60366000	200122
嘉合基金管理有限公司	秦皇岛路 32 号 A 楼 1—2 层	60168300	200082

3. 期货公司

公司名称	地址	电话	邮编
新湖期货有限公司	裕通路100号36层	22155599	200070
申银万国期货有限公司	东方路800号7、8、10楼	50588811	200122
上海中期期货有限公司	世纪大道1701号1301单元	61090799	200122
上海中财期货有限公司	陆家嘴环路958号23楼	68866688	200120
上海浙石期货经纪有限公司	浦电路438号10楼	50586902	200122
上海通联期货有限公司	陆家嘴西路99号7楼	68866986	200120
瑞银期货有限责任公司	花园石桥路33号1608室	38668216	200120
建信期货有限责任公司	打浦路198号	63046489	200023
同信久恒期货有限责任公司	世纪大道1500号12楼北座	68416966	200122
铜冠金源期货有限公司	源深路273号1、2、3楼	68559999	200135
上海东证期货有限公司	松林路300号14层	68400610	200122
上海东亚期货有限公司	松林路300号2202—2205室	68400499	200122
上海东方期货经纪有限责任公司	松林路300号1603室	68401477	200122
上海大陆期货有限公司	凯旋路3131号25楼、26楼	54071888	200030
华鑫期货有限公司	宁海东路200号27、28楼	63558998	200021
华闻期货经纪有限公司	浦东大道720号22楼A、B、C、D、M、N、I室	50368918	200120
恒泰期货有限公司	峨山路91弄120号2层201单元	68405178	200122
海证期货有限公司	临平北路19号	65218887	200086
海通期货有限公司	世纪大道1589号17楼、6楼01～04单元、25楼、2楼05单元	61871688	200122
国投中谷期货有限公司	东大名路638号501室、502室、511A室、511B室、512室、515室	60560800	200080
国泰君安期货有限公司	延平路121号6楼、10A、10F、26楼、28楼、31楼	52138857	200042
光大期货有限公司	福山路458号303、601、602、1301—1303、1311—1312、1104—1106、1309A室	22169060	200122
东兴期货有限责任公司	杨树浦路248号22层	65456870	200082
东吴期货有限公司	西藏南路1208号6楼	63123019	200011
东航期货有限责任公司	吴中路686弄3号D幢16楼	64068796	201103
天鸿期货经纪有限公司	东大名路1080号21层01、02、03室	60769640	200082
国信期货有限责任公司	广纪路738号1幢118室	68865815	200434
中融汇信期货有限公司	源深路1088号18层03单元、25层01、02、03、06单元	51557589	200122

4. 外资证券基金类机构上海代表处

机构名称	地址	电话
野村证券株式会社上海代表处	淮海中路381号35楼3501室	61937212
美国美林国际有限公司上海代表处	陆家嘴环路1233号1607B—1608单元	61324896
中信里昂证券有限公司上海代表处	世纪大道100号9楼0910室	20205881
香港新鸿基投资服务有限公司上海代表处	南京西路338号1903室	63276850
高盛(中国)有限责任公司上海代表处	长乐路989号43楼	24018621
巴克莱证券有限公司上海代表处	陆家嘴环路1233号3102A室	38966150
韩国友利投资证券公司上海代表处	浦东南路528号北塔1205室	68826100
香港群益国际控股有限公司上海代表处	浦东南路360号18楼A座	58887188
韩国现代证券公司上海代表处	浦东南路528号北塔1405室	68817007
台湾元富证券(香港)有限公司上海代表处	淮海中路918号16楼D座	61369088
香港永丰金证券(亚洲)有限公司上海代表处	浦东南路256号2405室	68865358
香港日盛嘉富证券国际有限公司上海代表处	天山路310号903-B室	62375055
花旗环球金融亚洲有限公司上海代表处	花园石桥路33号34楼	28963816
台湾凯基证券亚洲有限公司上海代表处	红宝石路500号2号楼2203B、2204室	61258678
洛希尔中国控股有限公司上海代表处	南京西路1266号3207室	62881528
台湾统一证券(香港)有限公司上海代表处	浦东南路360号6楼F座	58402533
香港上海汇丰银行有限公司(证券业务)上海代表处	世纪大道8号20楼2013—2016单元	38882609
内藤证券公司上海代表处	茂名南路205号1101室	64672900
香港摩根大通证券(亚太)有限公司上海代表处	南京西路1601号50楼5001A、5001B、5002、5003A、5005B室	52003900
法国巴黎资本(亚洲)有限公司上海代表处	世纪大道100号26楼2630室	60969006
法国兴业证券(香港)有限公司上海代表处	世纪大道88号4806A室	50470218
香港卓亚(企业融资)有限公司上海代表处	东方路710号1504室	68763248
富达基金(香港)有限公司上海代表处	世纪大道8号(B座)33层3311—12室	20305610
台湾元大宝来证券股份有限公司上海代表处	陆家嘴环路1233号7楼705—708室	61873887
大和投资管理(香港)有限公司上海代表处	陆家嘴环路1000号45楼012室	58401886
瑞士信贷(香港)有限公司上海代表处	世纪大道8号28楼2807—2812单元和29楼2915单元	38560319
日本瑞穗证券股份有限公司上海代表处	世纪大道100号17楼T10室	68778000
三井住友资产管理股份有限公司上海代表处	南京西路1168号1002单元	52925960
台湾富邦综合证券股份有限公司上海代表处	遵义路100号2111—12室	62370935
德意志银行股份有限公司(证券业务)上海代表处	世纪大道8号38层01—02和15—16室	20801630
渣打证券(香港)有限公司上海代表处	世纪大道201号13楼02单元	38518207
美国富瑞金融集团上海代表处	南京西路1168号1909室	51118700
冈三证券股份有限公司上海代表处	世纪大道100号1730室	68811001
马丁可利投资管理有限公司上海代表处	花园石桥路66号1547室	20803090

（续表）

机构名称	地址	电话
美国威廉—博莱有限责任公司上海代表处	湖滨路150号5号楼2319室	80135082
英国施罗德集团上海代表处	世纪大道8号11楼1101室	50120580
麦格理证券(澳大利亚)股份有限公司上海代表处	长乐路989号3楼309—311单元	24129003
荷兰荷宝基金管理公司上海代表处	陆家嘴环路1000号18楼142室	68412280
香港致富证券有限公司上海代表处	陆家嘴东路161号1309室	38870772
韩国未来资产环球投资有限公司上海代表处	陆家嘴环路166号5楼B室	31352084
东洋证券股份有限公司上海代表处	南京西路1376号416室	62798112
韩国大信证券股份有限公司上海代表处	银城中路8号809室	50105298
益华证券有限公司上海代表处	阿克苏路1187号1102室	50106260
韩国新韩金融投资股份有限公司上海代表处	陆家嘴环路958号1楼104单元	68889135
新加坡安本亚洲资产管理有限公司上海代表处	太仓路233号21层01单元	51525600
新加坡东京海上国际资产管理有限公司上海代表处	陆家嘴环路1000号18楼122室	68410288
蓝泽证券股份有限公司上海代表处	南京西路1376号536室	62798906
韩国爱思开证券股份有限公司上海代表处	陆家嘴环路166号20-01Q室	51748840
日本大和住银投信投资顾问株式会社上海代表处	陆家嘴环路1000号24楼011室	68410800
香港联昌证券有限公司上海代表处	陆家嘴环路1233号803室	50471771
美国盈透证券有限公司上海代表处	陆家嘴环路1233号1007室	60868508
台湾华南永昌综合证券股份有限公司上海代表处	漕溪北路18号19C座	34241158
韩国华宜资产运用株式会社上海代表处	陆家嘴东路161号3413室	68800218
韩国投资信托运用株式会社上海代表处	世纪大道100号64楼64T50室	68776880
韩国大宇证券股份有限公司上海代表处	陆家嘴环路1000号28楼013室	50136392
香港第一金和昇证券有限公司上海代表处	红宝石路500号2号楼11楼02室	32080311
野村投资管理香港有限公司上海代表处	淮海中路381号8楼825室	61937329
香港海通国际证券有限公司上海代表处	陆家嘴东路166号2905室	68411902
新加坡星展唯高达香港有限公司上海代表处	陆家嘴环路1318号1306室	68883376
英国伊克斯纳有限公司上海代表处	南京西路1788号9层01单元901—16室	60356131
三星资产运用株式会社上海代表处	世纪大道88号3区24层07单元	31205098
瑞银证券亚洲有限公司上海代表处	花园石桥路33号37楼3708室	
摩根士丹利亚洲有限公司上海代表处	延安东路222号7楼702A室	
明富环球新加坡私人有限公司上海代表处	世纪大道100号17楼17T80室	
台湾兆丰资本(亚洲)有限公司上海代表处	天钥桥路325号2208室	
新加坡星展亚洲融资有限公司上海代表处	陆家嘴环路1318号1305室	
韦仕投资银行集团有限合伙上海代表处	花园石桥路33号2316室	
新加坡利安资金管理公司上海代表处	淮海中路333号12层A19室	
台湾元大宝来证券投资信托股份有限公司上海代表处	陆家嘴环路1233号706A室	

（六）保险业机构名录

1. 寿险总公司

机 构 名 称	地 址	负责人	电 话	批准时间
中国太平洋人寿保险股份有限公司	银城中路 190 号	徐敬惠	33965062/58776688	1991.4
太平人寿保险有限公司	民生路 1399 号	张　可	50614888	2001.11
国华人寿保险股份有限公司	世纪大道 88 号 4 层	金振华	61058666	2007.10
建信人寿保险有限公司	源深路 1088 号 8、9 楼及 1602—1604 单元	赵富高	38991666＊1133/1147	1998.9
平安养老保险股份有限公司	陆家嘴环路 1333 号 20 楼、21 楼	赵卫星	38636134	2004.12
太平养老保险股份有限公司	银城中路 488 号 25、26 层	傅文胜	61652352	2004.12
长江养老保险股份有限公司	浦东南路 588 号 7 楼	李春平	38606836/38606823	2007.3
平安健康保险股份有限公司	陆家嘴环路 1333 号 19 楼	Andrew Michael Scott	38635846/7361	2005.5
东方人寿保险股份有限公司	张杨路 500 号 12 楼	田　地	58367996	2001.12
中宏人寿保险有限公司	世纪大道 88 号 6 楼	Guy Raymond Adam Mills	50492288＊5292/5311	1996.11
工银安盛人寿保险有限公司	陆家嘴环路 166 号 19 楼	张文伟	58792288	1999.6
交银康联人寿保险有限公司	仙霞路 18 号 18—21 楼	张宏良	22192288＊2100	2000.8
北大方正人寿保险有限公司	世纪大道 1168 号 A 栋 21 层	李　平	38929911	2002.11
海康人寿保险有限公司	张恒路 1000 弄 77 号	马君硕	38784868	2003.4
长生人寿保险有限公司	南京西路 688 号 501—505、509—510 室	MAEBA YOSHINOBU	38999888	2003.9
陆家嘴国泰人寿保险有限责任公司	世纪大道 1168 号 B 座 19 楼	廖明宏	61006168＊0/1055	2004.12
中美联泰大都会人寿保险有限公司	黄陂北路 227 号 15 楼	谭　强	23103695/23103636	2005.7
汇丰人寿保险有限公司	世纪大道 8 号 18 楼	James Patrick Costello	38509200	2009.6
中德安联人寿保险有限公司	浦东南路 360 号 2 楼 A 区、C 区及 37 楼 A 区、38 楼 A 区	陈　良	61653688	1998.10
复星保德信人寿保险有限公司	芳甸路 1155 号 36 层 3601—3605 室	孙建军	20692740/20692888	2012.9
太保安联健康保险股份有限公司	银城中路 190 号南楼 27 层			2014.12
友邦保险有限公司上海分公司	中山东一路 17 号 3—8 楼	方志男	53599988＊62002	1992.9

2. 寿险分公司

机 构 名 称	地 址	总经理	电 话	批准时间
中国人寿保险股份有限公司上海市分公司	人民路858号、864号	高志缨	23221307	2003.6
中国平安人寿保险股份有限公司上海分公司	常熟路8号	韩 光	62078673/62078817/62078951	2002.11
中国太平洋人寿保险股份有限公司上海分公司	吴淞路400号	丛 新	66779900 * 2400	2000.12
泰康人寿保险股份有限公司上海分公司	世纪大道1168号B座8层801—804及9层902—904室	王庆龙	61939300/9667	2000.4
泰康养老保险股份有限公司上海分公司	世纪大道1168号B座9层901、10层1003室	刘 跃	61939522	2010.3
新华人寿保险股份有限公司上海分公司	东大名路558号5—10楼、B1层B1101、B1201—1205	赵学农	60934263	2001.3
太平人寿保险有限公司上海分公司	民生路1399号10—12层,17层	张立辉	62727777/62722800	2002.4
富德生命人寿保险股份有限公司上海分公司	张扬路707号6楼、36楼、37楼、901室、902室	刘 力	58773333/28993009	2004.4
东方人寿保险股份有限公司上海分公司	张扬路500号12楼	李 铭	58367321	2004.4
民生人寿保险股份有限公司上海分公司	陆家嘴环路958号7层	孙国强	61355555 * 5523	2004.10
合众人寿保险股份有限公司上海分公司	东方路69号12楼	于振东	68634567	2005.4
中国人民人寿保险股份有限公司上海市分公司	福佑路8号1001、1002、401A室	孙 磊	63338686	2007.10
正德人寿保险股份有限公司上海分公司	宁波路1号8楼	马云山	63238666 * 6202	2007.10
英大泰和人寿保险股份有限公司上海分公司	恒通路360号5B01室、5C01室	韩 朔	51160000/51160090	2007.11
华泰人寿保险股份有限公司上海分公司	世纪大道1589号6层	卞东杰	61870518	2008.1
幸福人寿保险股份有限公司上海分公司	北京西路1399号23层,16层A1、A2、C、D室	胡晓莉	61031155	2008.7
国华人寿保险股份有限公司上海分公司	世纪大道88号1区4层01—03、09单元	朱晓兵	61098585	2008.9
平安养老保险股份有限公司上海分公司	常熟路8号5楼	周连成	62078795	2007.2
太平养老保险股份有限公司上海分公司	南京西路1600号7楼	吴金发	60456666	2008.6
中国人寿养老保险股份有限公司上海市分公司	人民路858号7层	欧阳矩华	63365221/23221612	2009.7
中国人民健康保险股份有限公司上海分公司	东方路3261号7楼	康 伟	61001166 * 8618	2005.12
和谐健康保险股份有限公司上海分公司	浦东南路1118号17楼1702室—1704室	葛晓峰	68875856	2006.6
平安健康保险股份有限公司上海分公司	常熟路8号9楼	吴 栋	62078278	2006.12
昆仑健康保险股份有限公司上海分公司	虹桥路1386号3层3E01	郭 俊	22198239/22198318	2010.3
阳光人寿保险股份有限公司上海分公司	南京西路819号20楼	张华伦	62588313	2010.6
光大永明人寿保险有限公司上海分公司	淮海中路200号29层A区、30层	张 耿	61566156/6192/6167	2007.12
安邦人寿保险股份有限公司上海分公司	浦东南路1118号16楼1606室	张倩倩	61096956	2011.2
中融人寿保险股份有限公司上海分公司	北京西路1465号19楼	寿宇卫	22301699	2011.3
信泰人寿保险股份有限公司上海分公司	吴淞路469号2002、2003、2005、2006室	杨剑锋	60650333 * 76369/76365	2011.9

（续表）

机构名称	地址	总经理	电话	批准时间
天安人寿保险股份有限公司上海分公司	浦东南路360号3层A、B室	游靖	60750789	2011.11
华夏人寿保险股份有限公司上海分公司	世纪大道1528号601、604单元	李尚武	029-88337100	2012.3
北大方正人寿保险有限公司上海营业部	九江路686号3楼A座			2013.4
中宏人寿保险有限公司上海分公司	西江湾路388号B栋9层—12层、15层—20层	徐文昌	36692288/36691888	2007.4
中德安联人寿保险有限公司上海分公司	浦东南路360号2楼B区	王志雄	61653578	2008.4
中意人寿保险有限公司上海分公司	吴淞路218号19、20楼	庞震刚	61055588＊1901	2005.10
瑞泰人寿保险有限公司上海分公司	淮海中路398号19层ABC1	严国超	61418800＊2711	2005.11
招商信诺人寿保险有限公司上海分公司	杨高南路759号2号楼第8层01—04单元及第9层04单元	周晖	61871288＊821	2005.11
信诚人寿保险有限公司上海分公司	四川北路859号25层2501—2504室	陆文颖	68644688	2005.5
中荷人寿保险有限公司上海分公司	竹林路101号1704室	孙杰	60362977	2012.11
前海人寿保险股份有限公司上海分公司	浦建路76号16层	徐勇		2014.5
农银人寿保险股份有限公司上海分公司	世纪大道1168号A座16楼1602、1603室	岑必成		2014.7
建信人寿保险有限公司上海分公司	四川北路859号7层701—708单元	苏宏		2014.12

3. 产险总公司

机构名称	地址	总经理	电话	批准时间
中国太平洋保险(集团)股份有限公司	银城中路190号	霍联宏	33961067/33961663	1991.4
中国太平洋财产保险股份有限公司	银城中路190号	吴宗敏	33962106/33962309	1991.4
天安财产保险股份有限公司	浦东大道1号	高焕利	61017878	1994.1
史带财产保险股份有限公司	延安西路1033号裙楼6楼	梁铭	23076617	1995.1
中国大地财产保险股份有限公司	民生路1199弄1号8楼	陈勇	68577310	2003.9
安信农业保险股份有限公司	共和新路3651号	乔中兴	66988000	2004.9
永诚财产保险股份有限公司	陆家嘴环路958号37层	Sammy Sum Yu Chan	51105888	2004.9
安盛天平财产保险股份有限公司	世纪大道201号6层02、03单元10、11层	胡务	58401126/13901720988	2004.12
中国人保资产管理有限公司	银城中路200号10楼		38571800	2003.7
华泰资产管理有限公司	世纪大道88号4308室	淦客兴	61001668	2005.1
平安资产管理有限责任公司	陆家嘴环路1333号29—31楼	万放	38638888	2005.5
太平洋资产管理有限责任公司	西藏中路336号20楼	于业明	68659999＊5625	2006.6

（续表）

机　构　名　称	地　　址	总经理	电　话	批准时间
太平资产管理有限公司	银城中路488号42、43楼	杨新民	61002999/61655387	2006.9
民生通惠资产管理有限公司	松花江路2601号1幢B区3楼	葛　旋	60278666/18616398078	2012.10
华泰财产保险有限公司	康桥镇秀浦路68号1号楼5层F、G区	丛雪松	60963663/010-59371363	2011.7
众安在线财产保险股份有限公司	圆明园路169号4—5楼	陈　劲	60278666/18616398078	2013.9
三星财产保险（中国）有限公司	虹桥路1438号20层01—04单元	HONG SEUNG PYO	22311841/22311888	2001.4
三井住友海上火灾（中国）有限公司	世纪大道100号34-T70室	伊藤幸孝	68777800	2001.1
太阳联合保险（中国）有限公司	芳甸路1155号3201室和3205室	张嘉麟	60359188	2007.7
丘博保险（中国）有限公司	芳甸路1155号901—905室	冯天佑	23256688	2007.9
美亚财产保险有限公司	世纪大道1589号5楼	郑　艺	38578000	2007.9
东京海上日动火灾保险（中国）有限公司	陆家嘴环路1000号38楼、41楼	大野博仁	68414455	2008.7
国泰财产保险有限责任公司	世纪大道1168号A座15层	胡一敏	61032288	2008.9
劳合社保险（中国）有限公司	陆家嘴环路1233号3301—3305室	高　璁	61628211/8235	2007.3
信利保险（中国）有限公司	世纪大道1568号33层3305B	谢哲强	60583909/60583911	2010.12
汉诺威再保险股份公司上海分公司	世纪大道1568号3305A、3307室	陈子超	50819585＊115	2008.3
德国通用再保险股份公司上海分公司	陆家嘴东路161号1803室	蔡端绵	61006300	2004.5
RGA美国再保险公司上海分公司	陆家嘴环路166号10楼EF单元	OU JASON HAO		2014.9

4. 产险分公司

机　构　名　称	地　　址	总经理	电　话	批准时间
中国人民财产保险股份有限公司上海市分公司	中山南路700号	张家庆	63773000	1949.10
中国人民财产保险股份有限公司航运保险运营中心	中山南路700号17层	祖宙军	63671089/63671003	2010.12
中国太平洋财产保险股份有限公司上海分公司	吴淞路400号	汪海康	66779900＊1626	1991.4
中国太平洋财产保险股份有限公司航运保险事业营运中心	吴淞路400号11—12楼	唐瑞平	66779900＊1251	2010.12
中国平安财产保险股份有限公司上海分公司	常熟路8号10楼	吴　军	62494670	2002.5
中国平安财产保险股份有限公司航运保险运营中心	浦东南路360号28层	张晓东	13701988025	2012.3
天安财产保险股份有限公司上海分公司	浦东大道2000号7—8楼	游　靖	58219955＊1225/68552394	1994.1

（续表）

机 构 名 称	地 址	总经理	电 话	批准时间
天安财产保险股份有限公司航运保险中心	浦东大道1号702室	徐惠林		2014.7
史带财产保险股份有限公司上海分公司	岚皋路555号904—908室	陈 兰	23076648	2003.3
华泰财产保险有限公司上海分公司	浦东大道720号26楼	钟利民	51163578/13661618720	1998.1
华泰财产保险有限公司航运保险运营中心	基隆路1号1219室	何江海		2014.5
太平财产保险有限公司上海分公司	陆家嘴东路166号13楼、2906室	阚季刚	58877888	2002.4
中国出口信用保险公司上海分公司	杨高南路428号4号楼	朱守中	63306030＊6226/6236	2002.6
中华联合财产保险股份有限公司上海分公司	成都北路600号13—22层	陆丰元	53554600	2003.3
华安财产保险股份有限公司上海分公司	浦建路727号201室A单元	严建国	38570000	2003.9
中国大地财产保险股份有限公司上海分公司	吴淞路130号13楼01—03单元、14楼	万忠明	36128000	2003.11
中国大地财产保险股份有限公司航运保险运营中心	民生路1199弄1号楼601室、602室			2014.8
安邦财产保险股份有限公司上海分公司	浦东南路1118号16楼	丁晓娜	61601166	2003.11
永诚财产保险股份有限公司上海分公司	浦东大道900号9楼、801—802室	杨 桦	58525999	2005.11
阳光财产保险股份有限公司上海市分公司	广中西路777弄55号9楼	王 森	66316727	2005.12
阳光财产保险股份有限公司上海市分公司航运保险运营中心	福山路458号19楼		58301991	2013.6
中国大地财产保险股份有限公司营业部	浦电路360号10层A单元	黄 叻	58827966	2006.4
安盛天平财产保险股份有限公司上海分公司	浦东南路500号21楼	张晓宇	63555599	2006.9
都邦财产保险股份有限公司上海分公司	天目西路218号34层3401、3406—3410单元	顾大庆	61638888	2006.11
中国人寿财产保险股份有限公司上海市分公司	天潼路133号12楼	汪建军	61810000	2007.6
中国人寿财产保险股份有限公司航运保险运营中心	基隆路1号626室			
民安财产保险有限公司上海分公司	吴淞路218号11楼1101、1102、1108—1110室	徐勇强	68877231	2007.7
中银保险有限公司上海分公司	四川中路321号9楼和11楼	刘 洪	63391396/63392880	2007.7
安诚财产保险股份有限公司上海分公司	中山南路969号17层	冉 勇	52588797	2007.1
渤海财产保险股份有限公司上海分公司	浦东南路2240号201、507室	张鸿平	51325906	2007.11
华泰财产保险有限公司营业部	世纪大道1600号2206室	王海红	38617101	2008.6
英大泰和财产保险股份有限公司上海分公司	银城中路68号2002—2008单元	李晓刚	51168168/13585550778	2009.1
紫金财产保险股份有限公司上海分公司	淮海西路666号702、704室	强来娣	20301211	2009.12
中国财产再保险有限责任公司上海分公司	花园石桥路66号1203室	王忠曜	33830050	2004.3
信达财产保险股份有限公司上海分公司	北京西路1399号18楼	曹明兴	62792812/62792888	2010.6
鼎和财产保险股份有限公司上海分公司	铁岭路32号1701—1706室	黄方红	61731988	2010.7

（续表）

机 构 名 称	地 址	总经理	电 话	批准时间
中国人寿再保险股份有限公司上海分公司	陆家嘴环路1318号304室	方 力	58369788	2004.3
长安责任保险股份有限公司上海市分公司	浦东大道1085号C座401室	陈 强	51821395	2011.1
浙商财产保险股份有限公司上海分公司	四川北路1717号21层	秦沪鹰	36531290	2011.1
安联财产保险（中国）有限公司上海分公司	富城路99号8层03室	何 祺	20339622	2012.1
永安财产保险股份有限公司上海分公司	花园路66弄1号1801—1812室	常海阳	61815516	2012.5
永安财产保险股份有限公司航运保险运营中心	峨山路91弄130号8楼			
东京海上日动火灾保险（中国）有限公司上海分公司	陆家嘴环路1000号38楼0214室	石井诚	68414455/62786680	2008.7
中意财产保险有限公司上海分公司	世纪大道88号702室、福山路458号1710和1711室	李 京	60581925	2010.11
日本财产保险（中国）有限公司上海分公司	陆家嘴环路1000号20楼021室	石田伸一	54075828	2007.9
美亚财产保险有限公司上海分公司	世纪大道1589号5楼502室	杨永彪	38578000	1992.9
众诚汽车保险股份有限公司上海分公司	四川北路859号2505、2506室	张 建	63071000	2012.12
三井住友海上火灾（中国）有限公司营业部	世纪大道100号34楼T30室	安田吉宏	68777899/68777858	2012.12
苏黎世财产保险（中国）有限公司上海分公司	世纪大道100号16楼T20室	柴铁波		2014.9

5. 保险中介机构

（1）保险代理公司

机 构 名 称	地 址	成立时间	电 话
上海祥生保险代理有限公司	虹许路568号3F	2001-06-22	64017780
上海富安保险代理有限公司	斜土路118弄2号903室	2002-03-13	63876969
上海荣广保险代理有限公司	牡丹江路1211号D区1901室	2003-05-14	63048749
上海秉禾保险代理有限公司	淮海西路183弄3号楼1703、1704室	2003-05-15	52581768
上海信宜保险代理有限公司	普安路177号607室	2003-07-23	63866272
上海恒泰保险代理有限公司	天宝路466弄9号5楼	2003-08-08	51691933
上海东方保险代理有限公司	曹安路1926号4楼	2003-08-13	59184367
上海合泰保险代理有限责任公司	浦东南路855号1层D1座，16层J座	2003-09-15	68885001
上海永光保险代理有限公司	天山支路168号614室	2003-12-03	62288987
上海艾尼特保险代理有限公司	茅台路868号511室	2004-05-21	61270882
上海申安保险代理有限公司	叶城路925号B96	2004-05-28	69522148
上海广盛保险代理有限公司	西谈家渡路18号	2004-06-09	62444242
上海天成保险代理有限公司	永兴路258弄1号楼2010室	2004-06-15	56974467
上海海上保险代理有限公司	罗秀路108号308室	2004-07-06	54355406

（续表）

机 构 名 称	地 址	成立时间	电 话
上海联汇保险代理有限公司	长寿路181弄1号2203室	2004-07-27	62779332
上海久盛保险代理有限公司	斜土路1223号2301室	2004-08-02	51502676
上海联达保险代理有限公司	平凉路1128弄1号503A	2004-10-20	58354985
上海国海保险代理有限公司	杨树浦路165号	2004-11-11	62779987
上海盛华保险代理有限公司	茸梅路288弄3号204室	2004-11-15	57670508
上海中南保险代理有限公司	朱泾镇临源街982、984号	2005-02-06	57326750
上海心安保险代理有限公司	淞桥东路111号707室	2005-03-29	60820906
上海中保联保险代理有限公司	定西路1279号2楼202室	2005-08-02	62407606
上海安欣保险代理有限公司	国定路24号2113室	2005-09-09	66395189
上海恒康保险代理有限公司	漕溪路169号408室	2005-12-12	54640030
上海兆嘉庆保险代理有限公司	崇明县港西镇三双公路1021号2幢228室	2005-12-20	52066718
上海至安保险代理有限公司	南桥镇新建东路520号	2005-12-20	37112525
上海文定保险代理有限公司	南翔镇真南路4929号612室	2005-12-22	68450948
上海龙琨保险代理有限公司	枫泾镇曹黎路38弄19号1088室	2006-01-24	51095908
上海群卓保险代理有限公司	水产路1699号(兰岗路276)A区41—42号	2006-02-15	62476195
上海晋裕汇祥保险代理有限公司	愚园路315号1013室	2006-03-13	61203671
上海至诚保险代理有限公司	中山北路966号30幢5028室	2006-04-21	51755111
上海极至保险代理有限公司	斜土路1223号2406室	2006-05-11	51702130
上海良将保险代理有限公司	张杨路188号B座1605室	2006-07-11	51695569
上海途顺保险代理有限公司	水产路1458号4204室	2006-08-24	33790818
上海泛华国盛保险代理有限公司	金泽镇练西公路2850号1幢1层G区168室	2006-09-14	63516090
上海国彰保险代理有限公司	安远路501弄2号404室	2006-10-27	54473270
上海乐诚保险代理有限公司	南乐路1276弄115号5号楼401室	2006-11-28	51688729
上海易诺保险代理有限公司	天钥桥路180弄3号2楼	2006-12-18	62298377
上海泰凯保险代理有限公司	峨山路91弄20号1幢北塔7层东南单元	2007-02-14	61870402
上海诚立保险代理有限公司	香港路117号301室	2007-04-02	54565588
上海顶泰保险代理有限公司	东方路1988号1103室	2007-04-26	61624003
上海盛元保险代理有限公司	张扬路828—838号4楼C室	2007-04-27	60752758*8011
鑫涂保险代理(上海)有限公司	宝泉路8号	2007-05-08	61355555
上海锦途保险代理有限公司	环城西路1488号综合楼2楼	2007-05-18	65258295
上海智莺保险代理有限公司	东大名路879号309室	2007-06-04	65411103
上海华优保险代理有限公司	环湖西一路333号7楼7007室	2007-06-26	68004869
上海泛鑫保险代理有限公司	江苏路369号21楼	2007-06-27	59621118
上海宜安保保险代理有限公司	卡园二路108号1幢3层	2007-07-13	61003088
上海奋威保险代理有限公司	浦东南路379号25T室	2007-11-06	68869221

（续表）

机 构 名 称	地 址	成立时间	电 话
上海盛世大联保险代理股份有限公司	灵石路652—656号208室	2007-11-06	31279666
上海东大保险代理有限公司	新华路539号1楼	2008-01-29	62819376
上海银嘉保险代理有限公司	徐家汇路550号7D-3室	2008-03-03	61242657
上海尚诚保险代理有限公司	斜土路2570号8层	2008-04-29	64383393
上海陆邦保险代理有限公司	天目西路218号2座2502室	2008-06-02	60846212
上海磐石保险代理有限公司	宁海东路200号705～708室	2008-08-01	60879990
上海奇点保险代理有限公司	联航路1588号1幢业务楼B403室	2008-08-06	54326283
上海强盛保险代理有限公司	安远路84号627室	2008-08-14	61039588
上海威明保险代理有限公司	天山路601号4层4室	2008-08-29	61270938
上海天越保险代理有限公司	嘉安公路2599号1201室	2008-09-16	69168381
上海一鸣优信保险代理有限公司	中山西路999号901室	2008-11-04	51186331
上海富华保险代理有限公司	天目中路428号东楼13H	2008-12-02	51276023
上海赛福保险代理有限公司	兴梅路1199弄1号1202室	2009-01-19	64609778
上海鑫舟保险代理有限公司	铁岭路32号309室	2009-04-30	51586970
上海大诚保险代理有限公司	浦建路111号506室	2009-05-12	68640101
上海崇诚保险代理有限公司	陆家浜路285号706室	2009-07-02	53019095
上海上合保险代理有限公司	金泽镇练西公路4187号324室	2009-07-13	54257135
上海森祥保险代理有限公司	万祥镇振万路2号2幢433室	2009-07-22	63291579
上海玄元保险代理有限公司	锦康路258号10楼02单元	2009-07-24	63235203
上海凯尔保险代理有限公司	九江路399号803室	2009-08-04	33632473
上海及时雨保险代理有限公司	瑞金二路411(A)号2701-A室	2009-09-04	51370666
上海迈驰保险代理有限公司	江苏路581弄1号楼305室	2009-09-29	52306038
上海鑫盈保险代理有限公司	东大名路879号307室	2009-09-30	65410288
上海诚平保险代理有限公司	周家嘴路1220弄1号310A室	2009-11-23	65858832
上海祺安保险代理有限公司	天目西路547号2401室	2009-11-30	62829849
上海天意保险代理有限公司	四平路273号318室	2009-12-25	66286285
上海蓝惠保险代理有限公司	天目中路585号1302室	2009-12-31	51011973
嘉鸿保险代理(上海)有限公司	临青路188号A-15(后)	2010-01-29	24286502
上海浩锐保险代理有限公司	长江南路180号A幢A627室	2010-02-21	55150211
上海睦友保险代理有限公司	中兴路457号1418室	2010-02-21	56638959
上海晟杰保险代理有限公司	隆安东路277号7幢201室	2010-03-15	50187457
上海德雅保险代理有限公司	江宁路239号406室	2010-03-25	62581820
上海诚济保险代理有限公司	建国西路91弄5号楼1607室	2010-04-26	51532038
上海裕景保险代理有限公司	建国西路253号B1首层6号1017室	2010-08-05	63156328
上海龙旗保险代理有限公司	丹巴路99号B1幢8楼	2010-08-10	52685133
上海海圳广天保险代理有限公司	四平路188号606—607室	2010-09-15	55158721
上海首创保险代理有限公司	永兴路258弄1号楼2110室	2010-12-14	54261327
上海楷例保险代理有限公司	莲花南路1388弄8号302室	2010-12-14	64428818

（续表）

机 构 名 称	地 址	成立时间	电 话
上海诚锐保险代理有限公司	西环路301号2号楼1楼	2011-01-05	54955700
华泰保险销售有限公司	康桥镇秀浦路68号1号楼5层C区	2011-02-20	60963598
上海汽车集团保险销售有限公司	长寿路1111号30楼	2011-04-02	61691594
上海昕安保险代理有限公司	虹井路185号606室	2011-05-14	64050377
携程保险代理有限公司	福泉路99号1幢6楼B区	2011-06-24	34064880
上海铭祥保险代理有限公司	淮海东路45号1908室	2011-07-12	60957167
上海信和保险代理有限公司	商城路800号14R56室	2011-09-13	50360288
上海易品保险代理有限公司	峨山路91弄20号1幢北塔7层东北单元	2011-10-18	61870588
上海金州湾保险代理有限公司	山阳镇红旗东路500号3号楼101室、103室、107室	2012-01-09	61696666＊6010
永安保险销售(上海)有限公司	峨山路91弄130号8楼801室	2012-03-14	65733651
鑫山保险代理有限公司	福山路388号20层04室	2012-03-27	58300929
上海轩达保险代理有限公司	梅川路1247号4幢16楼1620室	2012-04-24	60957161
上海鼎洋保险代理有限公司	荆州路334弄108号4幢303室	2012-04-24	51807993
上海南溪保险代理有限公司	崂山路526号21楼C3	2012-04-24	54938918
大众保险销售服务(上海)有限公司	延安西路1033号613室	2012-07-17	23076641
上海广汇德太保险代理有限公司	张东路1388号19幢101室C座	2012-08-21	61691124
永鑫保险销售服务有限公司	陆家嘴环路958号3楼A区	2013-01-07	51105888
中煤联合保险销售服务有限公司	商城路738号1704室	2013-01-18	60649226
寰宇保险代理(上海)有限公司	淮海中路1329号19层	2013-01-25	61562333
华瑞保险销售有限公司	南翔镇众仁路399号1号楼B座13、14层	2013-07-08	50153731
上海博骏保险代理有限公司	吴中路1465号20幢801室	2013-09-04	33291570
华康保险代理有限公司上海分公司	北京东路668号26A室	2004-10-18	61372198
上海东方保险代理有限公司金口路营业部	金口路8号	2005-04-04	27808330
上海东方保险代理有限公司娄山关路营业部	娄山关路55号1406室	2005-04-04	27808330
上海文定保险代理有限公司直属营业部	汶水路8号8幢2A-2室	2006-07-03	68450948
上海东方保险代理有限公司呼兰路营业部	共和新路4727号5层508室	2006-09-29	66222800
上海东方保险代理有限公司墨玉南路营业部	墨玉南路1000号1楼204室	2006-09-29	69503511
上海东方保险代理有限公司洋山营业部	深水港B座602A	2006-09-29	27808330
上海东方保险代理有限公司顾戴路营业部	顾戴路3318号3栋218室	2006-09-29	54885338
华康保险代理有限公司上海金山营业部	蒙山路939弄10号7楼E座702室	2006-12-13	61372198
上海东方保险代理有限公司上中西路营业部	上中西路1285弄1号101室商铺C座	2006-12-22	27808330
上海东方保险代理有限公司共和新路营业部	共和新路3350号办证大厅17号窗口	2006-12-22	66315813
上海东方保险代理有限公司市北分公司	中山北路311号308室	2007-01-17	27808330
上海东方保险代理有限公司中山北路营业部	中山北路2907号4楼	2007-01-17	62169899
上海至诚保险代理有限公司直属营业部	浦东大道555号B座1902室	2007-03-16	51755111
上海东方保险代理有限公司御桥路营业部	御桥路1441号303室	2007-05-18	68937685
上海至安保险代理有限公司浦东营业部	浦东南路2054弄7号201室	2007-06-13	38810556
上海至诚保险代理有限公司嘉定营业部	城中路25号1107室	2007-12-13	51755111

（续表）

机构名称	地址	成立时间	电话
上海国彰保险代理有限公司南汇营业部	惠南镇拱北路572号	2008-07-22	
上海龙琨保险代理有限公司直属营业部	中山南路1228号607室	2009-05-19	51095908
上海泛华国盛保险代理有限公司黄浦分公司	中山南路1228号406室	2009-06-03	63516090
大童保险销售服务有限公司上海分公司	国权路43号1408—1410室	2010-03-24	61477315
上海泛鑫保险代理有限公司江苏路营业部	江苏路369号26楼B单元	2010-07-05	52400286
华康保险代理有限公司上海虹口营业部	汶水东路278号2601室	2010-09-17	61372198
浙江浙商保险销售有限公司上海分公司	虬江路1000号701室	2011-01-05	33627898
浙江浙商保险销售有限公司上海普陀营业部	真南路1189号2316室	2011-09-29	33627897
上海泛华国盛保险代理有限公司金山营业部	卫清西路421—425号3楼B301室	2011-10-18	63516090
华康保险代理有限公司上海黄浦营业部	北京东路668号西楼26楼A室	2011-11-02	61372198
紫金保险销售有限公司上海分公司	淮海西路666号703室	2012-02-14	65254419
世捷开元保险代理有限公司上海分公司	宝杨路1800号1号楼副楼3层302室	2012-03-15	36508963
和谐保险销售有限公司上海分公司	浦东南路1118号1701室	2012-05-31	61601166
吉林宏大保险销售服务有限公司上海分公司	中山北一路1200号3号楼703、704、707、708室	2012-09-19	13844188900
平安保险代理有限公司上海分公司	浦东南路360号14层D座	2012-12-07	68862106
北京立康保险代理有限公司上海分公司	延长路152弄15号甲501-63室	2013-01-05	62269857
国福家庭保险销售服务有限责任公司上海分公司	周浦镇年家浜路526号2310室	2013-02-01	010-66290723
华泰保险销售有限公司上海祝家港路营业部	祝家港路198号2层206室	2013-02-22	51163506
华泰保险销售有限公司上海张杨路营业部	张杨路1535号1层	2013-02-22	51163506
华泰保险销售有限公司上海南亭公路营业部	南桥镇南亭公路288号	2013-02-22	51163506
华泰保险销售有限公司上海罗浮路营业部	罗浮路99号底层-B	2013-02-22	51163506
浙江浙商保险销售有限公司上海古漪园路营业部	沪宜公路185号1幢2层201室	2013-03-13	55601126
平安保险代理有限公司上海七莘路营业部	七莘路1839号北楼1010、1011室	2013-04-15	68862106
平安保险代理有限公司上海龙华东路营业部	龙华东路818号1602、1603室	2013-04-15	68862106
平安保险代理有限公司上海恒丰路营业部	恒丰路638号1701、1702室	2013-04-15	68862106
平安保险代理有限公司上海民生路营业部	民生路1518号B栋1602B室	2013-04-15	68862106
宜信博诚保险销售服务(北京)有限公司上海分公司	九江路333号0807室	2013-04-24	60451220
华泰保险销售有限公司上海安诚路营业部	安亭镇安诚路314号	2013-05-02	51163507
永安保险销售(上海)有限公司上海分公司	花园路66弄1号楼7楼703—704室	2013-05-02	61815550
华泰保险销售有限公司上海龙胜路营业部	龙胜路166号	2013-05-07	51163507
华泰保险销售有限公司上海环城西路营业部	环城西路653号	2013-05-07	51163507
华泰保险销售有限公司上海鼓浪路营业部	泗泾镇鼓浪路450号1楼	2013-05-07	51163507
安诚保险销售有限公司上海分公司	花园路88—96号8楼803—805室	2013-06-06	56961921
平安保险代理有限公司上海共和新路营业部	共和新路5000弄6号602、603室	2013-06-08	68862106
华泰保险销售有限公司上海南奉公路营业部	南奉公路1478号2号综合楼2594室	2013-06-08	51178569
华泰保险销售有限公司上海城南路营业部	惠南镇城南路485弄18号	2013-06-08	51178569

（续表）

机 构 名 称	地 址	成立时间	电 话
华泰保险销售有限公司上海锦尊路营业部	锦尊路 235 号	2013-06-08	51178569
华泰保险销售有限公司上海沪亭南路营业部	沪亭南路 301 号	2013-06-08	51178569
平安保险代理有限公司上海政益路营业部	政益路 8 号 809、810 室	2013-06-09	68862106
永鑫保险销售服务有限公司上海分公司	浦东大道 900 号 803 室	2013-06-09	58525999
康盛(北京)保险销售有限公司上海分公司	崇明县建设镇建设公路 2028 号 2 幢 238 室	2013-07-09	010-58614829
鑫山保险代理有限公司上海闵行营业部	沪闵路 8075 号 734 室	2013-09-22	58300969
紫金保险销售有限公司上海宝山呼兰路营业部	呼兰路 1059 号 5 楼 503—506 室	2013-10-08	52398579
安盛天平保险销售有限公司上海分公司	崇明县建星路 108 号 2 幢 204—205 室	2013-10-14	63558151
阳光一家家庭综合保险销售服务有限公司上海分公司	延安东路 700 号 503、1706—1708 室	2013-12-09	50677095
利星行宝汇汽车保险代理(北京)有限公司上海分公司	沪青平公路 939 号 2 楼 205 室	2014-02-13	010-84778000
鼎泽保险代理有限公司上海分公司	真南路 829 号 C 座	2014-03-28	52273750
平安保险代理有限公司上海光新路营业部	光新路 88 号 1506、1606 室	2014-04-09	68862106
平安保险代理有限公司上海中山东二路营业部	中山东二路 15 号 6008 室	2014-04-14	68862106
平安保险代理有限公司上海汉口路营业部	汉口路 698 号 2 层	2014-04-14	68862106
平安保险代理有限公司上海张杨路营业部	张杨路 560 号 1406 室	2014-04-14	68862106
平安保险代理有限公司上海莘建东路营业部	莘建东路 58 弄 2 号 2104—2106A 室	2014-04-14	68862106
平安保险代理有限公司上海逸仙路营业部	逸仙路 2816 号 B 栋 1302 室	2014-04-14	68862106
平安保险代理有限公司上海浦东大道营业部	浦东南路 360 号 5 层 J 座	2014-05-22	68862106
平安保险代理有限公司上海常熟路营业部	常熟路 8 号 8 层	2014-05-22	68862106
平安保险代理有限公司上海肇嘉浜路营业部	肇嘉浜路 333 号 1404 室	2014-05-22	68862106
平安保险代理有限公司上海浦东南路营业部	浦东南路 360 号 14 层 A 座	2014-05-22	68862106
中美国际保险销售服务有限责任公司上海分公司	富特北路 18 号 1 幢楼 312 室	2014-10-10	63338686

（2）保险公估公司

机 构 名 称	地 址	成立时间	电 话
上海大洋保险公估有限公司	陕西北路 1283 弄 9 号 2006 室	1995-04-17	52520257
上海双希保险公估有限公司	浦东大道 1234 号	2002-03-18	58605550
上海泛华天衡保险公估有限公司	金海路 1000 号 26 号楼 1101 室	2002-04-29	58605151
平量行保险公估(上海)有限公司	龙华西路 585 号 12A1 室	2002-09-04	64699490
上海英赛金汇保险公估有限公司	淮海东路 99 号 15J 室	2003-05-09	63857280
上海根宁瀚大通保险技术服务有限公司	四川中路 330 号 215 室	2003-05-09	63391108
上海恒量保险公估有限公司	瞿溪路 350 号 16 楼	2003-07-14	63126667
上海城市保险公估中心	宛平南路 590 弄 2 号楼 105 室	2003-07-17	51036678

（续表）

机构名称	地址	成立时间	电话
上海悦之保险公估有限公司	金桥金新路58号2104—2106室	2003-08-21	58998663
根宁翰保险公估(中国)有限公司	九江路333号801/808室	2004-02-04	63221616
上海安晟保险公估有限公司	商城路660号1002室	2004-03-22	68883101
上海东华行保险公估有限公司	浦东大道1089号18楼B座	2004-05-12	38821885
上海东太保险公估有限公司	淮海西路442弄87号2604室	2004-07-01	52897836
上海德理诚保险公估有限公司	浦东大道2000号27楼F座	2004-08-16	68556080
上海雅盾保险公估有限公司	浦东南路1341弄2号6幢416室	2005-01-14	66581252
上海谛诚保险公估有限公司	牡丹江路1325号407室	2005-05-08	34140801
上海东方国泰保险公估有限公司	张江高科技园区华佗路68号4幢302室	2005-09-27	64223778
上海祥汇保险公估有限公司	东大名路815号4楼4G02室	2005-10-12	63097331
上海广瀚保险公估有限公司	陕西北路1283弄9号201、206室	2005-12-26	52521226＊801
上海泰达汽车保险公估股份有限公司	陕西北路1283弄9号2801室	2006-01-04	62987771
上海鼎安保险公估有限公司	中山西路1800号25楼J1室	2006-06-13	64400895
上海天衡汽车保险公估有限公司	浦东大道1089号B座9A	2007-01-16	68550221
上海天澜保险公估有限公司	场中路201号3号楼305室	2007-03-13	65020218
上海联量保险公估有限公司	东方路800号2402室	2007-05-17	64283721
上海诺宜保险公估有限公司	平型关路15号702室	2008-01-18	66289271
上海锦正保险公估有限公司	哈密路431号4幢101室	2008-03-03	52199276
上海恒昌保险公估有限公司	呼兰路1059号5楼506室	2008-04-29	54106624＊8008
上海意简保险公估有限公司	桃林路18号A座710室	2008-08-09	50282289
上海弘盛保险公估有限公司	浦东大道2000号29楼D座	2008-12-11	55389903
上海一达保险公估有限公司	瞿溪路350号1630室	2008-12-22	52588830
上海广汇德太保险公估有限公司	张东路1388号19幢	2009-01-22	61691195
上海海神保险公估有限公司	浦东大道1089号7楼C室	2009-02-10	58522607
上海瑞田保险公估有限公司	新金桥路1122号1911室	2009-03-05	010-51393196
上海颐盛保险公估有限公司	临潼路188号409室	2009-12-29	50754021
上海志信行保险公估有限公司	延安西路1023号1101室	2010-02-10	33519379
上海裕曦保险公估有限公司	青村镇奉柘公路2898号15幢110室	2010-06-22	20248892
上海振海保险公估有限公司	长寿路587号1618—1620室	2010-08-19	33835125
上海船舶保险公估有限责任公司	杨树浦路18号3307室	2010-09-25	65799064
上海德正保险公估有限公司	中华路308号506室	2010-11-16	33665120
上海真才保险公估有限公司	浦东大道2123号907室	2011-06-29	62702235
上海国正保险公估有限公司	浦东南路379号14楼C室	2011-10-10	65798590
上海众诚保险公估有限公司	陆家浜路1295号702室	2012-08-21	63164184
上海有道保险公估有限责任公司	银城中路168号2301室	2014-02-25	31359329
丰亚保险公估(上海)有限公司	浦东大道1089号8楼C室	2014-03-03	50432898
吉林中立保险公估有限公司上海分公司	武昌路559号C楼102室	2003-09-29	55139877
平量行保险公估(上海)有限公司上海分公司	龙华西路585号12楼A2室	2003-10-27	

（续表）

机 构 名 称	地 址	成立时间	电 话
广东衡量行保险公估有限公司上海分公司	长寿路360号909室	2003-11-03	51583871
北京华大保险公估有限公司上海分公司	银翔路655号1307室	2005-03-09	62681518
北京中达信保险公估有限公司上海分公司	中山西路930号1801室	2006-08-28	62700808
嘉福(北京)保险公估有限公司上海分公司	浦东南路1271号1107室	2006-10-24	58353700
泛华保险公估有限公司上海分公司	金海路1000号26幢11层1102室	2006-10-24	58859909
浙江新东方保险公估有限公司上海分公司	光华路525—205室	2007-06-19	34551073
仁祥保险公估(北京)有限公司上海分公司	浦电路489号1209室	2007-12-13	68766743
北京华泰保险公估有限公司上海分公司	浦东南路855号14层B座	2008-03-25	58369707
深圳市智信达保险公估有限公司上海分公司	金高路2216弄35号一幢208室	2008-05-15	38613638
上海谛诚保险公估有限公司徐汇营业部	冠生园路8号203室	2008-06-12	
深圳市泛华财产保险公估有限公司上海分公司	浦东大道2123号708室	2008-09-06	58859909
深圳市同益保险公估有限公司上海分公司	浦建路727号201室C单元	2008-12-18	38570000
深圳市万宜麦理伦保险公估有限公司上海分公司	梅园路228号1206室	2009-05-26	63811133
青岛广汇保险公估有限公司上海分公司	浦东大道2123号3E-1762室	2009-07-24	51923971
深圳美臣保险公估有限公司上海分公司	天目西路218号2座3407室	2010-02-05	67696068-8003
厦门通达保险公估有限公司上海分公司	中山北二路1515号D座3707室	2010-02-25	65538800
深圳市一正保险公估有限公司上海分公司	张杨路158号C座810—811室	2010-05-12	58790175
辽宁东北保险公估有限公司上海分公司	浙桥路289弄2号楼1107室	2010-06-18	58999060
南京金典保险公估有限公司上海分公司	金沙江西路1075弄1号620室	2011-11-22	59191140
江苏娄江保险公估有限公司上海分公司	崇明县东平镇黄河路362号201室	2012-06-13	65016015
宁波市中理保险公估有限公司上海分公司	真南路1288号1201室	2014-01-28	37285123
民太安财产保险公估有限公司上海分公司	吴中路8号1701—1707室	2014-05-04	64847711

(3) 保险经纪公司

机 构 名 称	地 址	成立时间	电 话
上海东大保险经纪有限责任公司	新华路539号2幢2楼	2000-07-01	52582299
韦莱保险经纪有限公司	福山路500号10楼	2001-08-06	38879988
上海万利保险经纪有限公司	崂山东路526号18楼B5、C5座	2002-07-31	50817630
上海盛大保险经纪有限责任公司	东方路2981号6楼/E座	2003-07-14	53964918
上海中和保险经纪有限公司	九江路399号26楼06室B座	2003-07-29	62056966
上海奥盛保险经纪有限公司	商城路518号16楼A座	2003-08-13	68888886
上海诚立保险经纪有限公司	徐家汇路550号24楼A座	2003-08-29	54565588
中怡保险经纪有限责任公司	世纪大道88号4105—4106室	2003-10-10	38658000
上海全顺保险经纪有限公司	陆家嘴环路958号2503室	2003-12-30	68866260
上海电气保险经纪有限公司	江宁路212号10楼	2004-03-02	52895550
上海仁信保险经纪有限公司	延安西路1228弄2号20楼C座	2004-03-18	51087550

（续表）

机构名称	地址	成立时间	电话
上海环亚保险经纪有限公司	建国中路1号509室	2004-03-22	63616888
上海晨光保险经纪有限公司	东方路69号A座1001室	2004-04-01	68865778
上海骏诚保险经纪有限公司	公园路629号	2004-05-12	51755111
上海浦东五新保险经纪有限公司	浦东大道720号19楼J、K单元	2004-05-21	68882118
上海中嘉国泰保险经纪有限责任公司	昭化路508弄50号306室	2004-05-28	33729350
上海友联保险经纪有限公司	红松东路1088号1幢111室	2004-06-07	58314031
上海华一保险经纪有限公司	东方路69号2101—2102室	2004-06-09	61498861
上海威尔比保险经纪有限公司	中山西路1800号25楼J2座	2004-08-24	64400251
上海新概念保险经纪有限公司	四川北路1611号801室	2004-09-27	63527001
上海大和保险经纪有限公司	浦东大道2123号1802、1803室	2004-11-15	51097109
上海鑫河保险经纪有限公司	复兴西路99号	2004-12-21	64338530
招商海达远东保险经纪(上海)有限公司	成都北路333号南楼701室	2005-02-04	52981166
中元保险经纪有限公司	浦东南路2250号3幢3层A360室	2005-05-08	58899606
上海安国保险经纪有限公司	莲花路1733号308—309室	2005-05-16	51698989
上海和时利保险经纪有限公司	延安东路100号707室	2005-06-14	63212577
上海全安保险经纪有限公司	长乐路801号207室	2005-08-09	54045068
上海美世保险经纪有限公司	淮海中路300号4301、4304室	2005-11-02	61035427
上海安邦兴业保险经纪有限公司	光华路2118号	2006-03-02	62996536
诺亚天泽保险经纪(上海)有限公司	浦东南路379号14楼DE室	2006-04-06	82971085
上海旭升保险经纪有限公司	张杨路228号701室	2006-10-12	51698670
上海城际保险经纪有限公司	欧阳路568号	2006-12-12	56717900
上海共立保险经纪有限公司	延安西路2201号511室	2006-12-12	62190333
上海天彩保险经纪有限公司	徐家汇路550号1003室	2006-12-28	51192265
上海明大保险经纪有限公司	东方路2981号6楼E2座	2007-11-23	62890097
上海鑫诺保险经纪有限公司	虹桥路1888号6号楼	2007-12-21	50932990
上海诚源保险经纪有限公司	崂山路526号9楼A1—A6室	2008-01-26	68868380
上海索柏保险经纪有限公司	北张家浜路88号4幢3层A309室	2008-02-05	58350180
上海恒昊保险经纪有限公司	黄河路355号2号楼610室	2008-04-08	51583871
上海亚太保险经纪有限公司	漕溪北路88号2607室	2008-07-09	51093138
上海诺亚荣耀保险经纪有限公司	秦皇岛路32号C楼1层102室	2008-07-13	38602388
诺德(上海)保险经纪有限公司	世纪大道1600号301—302室	2008-08-28	50812338
上海九华保险经纪有限公司	颛兴东路979号第2幢014—017室	2008-09-23	34305119
上海国欧保险经纪有限公司	吴淞路218号1605室	2008-10-21	63576862
上海合晖保险经纪有限公司	人民路998号1902室	2008-12-08	63268007
上海广汇德太保险经纪有限公司	张东路1388号19幢	2009-01-24	61691193
上海明瑞保险经纪有限公司	浦东南路500号7楼F—E座	2009-04-22	38683767
上海星达保险经纪有限公司	东方路989号10楼1002A室	2009-07-17	68763600
上海众心保险经纪有限公司	淡水路299号604室	2009-09-03	51095455

（续表）

机构名称	地址	成立时间	电话
全联保险经纪有限公司	政熙路80号2幢103—107室	2010-03-24	010-57212983
上海君翊保险经纪有限公司	南京西路1168号4201—04室	2010-05-20	51751979
上海同人保险经纪股份有限公司	陆家浜路1378号1402室	2010-06-24	010-25463858
上海新乔保险经纪有限公司	黄浦路99号706室	2010-07-14	62702235
美信保险经纪(上海)有限公司	世纪大道1528号1603室	2010-08-26	52416660
上海海宁保险经纪有限公司	东大名路908号1201室	2010-09-20	0755-88269782
上海中盈保险经纪有限公司	衡山路922号26楼C座	2010-12-28	64078781
环平保险经纪(上海)有限公司	浦东大道2123号3E-1358室	2011-02-20	58511930
华泰伟业上海保险经纪有限责任公司	康桥镇秀浦路68号1号楼5层B区	2011-06-03	61691594
上海中安融合保险经纪有限公司	世纪大道1777号9层B区	2012-01-20	68778118
上海天合保险经纪有限公司	四川北路2261、2263号201室	2012-08-21	60702336
新鸿基保险经纪(上海)有限公司	南京西路338号1901A室	2012-08-21	53065800
上海银盾保险经纪有限公司	崇明县绿华镇嘉华路4号	2012-08-21	59351769
金宏(上海)保险经纪有限公司	武宁南路488号1115室	2012-08-21	52956907
上海西上海保险经纪有限公司	虹桥路1165号8楼	2013-01-18	52832079
江泰保险经纪股份有限公司上海分公司	东方路738号27楼2701—2705室	2003-03-21	50812488
英大长安保险经纪集团有限公司上海分公司	银城中路68号2101—2103、2107室	2003-03-24	54653765
长城保险经纪有限公司上海分公司	浦东大道555号2703室	2003-03-24	61639788
上海诚立保险经纪有限公司直属营业部	徐家汇路550号5楼D座	2003-06-18	54565588
韦莱保险经纪有限公司上海分公司	福山路500号10楼	2003-09-03	38879988
华泰保险经纪有限公司上海分公司	浦东南路855号14层A座	2003-10-27	
恒泰保险经纪有限公司上海分公司	天目西路218号第2座1709室	2004-07-21	63373710
江泰保险经纪股份有限公司华东分公司	中山南二路440号10楼1001～1004室	2004-11-11	64220902
达信(北京)保险经纪有限公司上海分公司	陆家嘴环路1000号30-022室	2005-03-04	60965700
五洲(北京)保险经纪有限公司上海分公司	浦东南路855号21楼D座	2005-04-21	51096006
北京新域保险经纪有限公司上海分公司	北京东路666号东楼6楼C室	2005-05-31	63862068
上海仁信保险经纪有限公司直属营业部	延安西路1228弄2号20楼C座	2005-12-06	51087550
上海骏诚保险经纪有限公司直属营业部	北京西路1399号2楼C	2006-04-13	51755111
江苏远东海领保险经纪有限公司上海分公司	物华路288号3号楼802室	2006-05-11	53931528
苏黎世保险经纪(北京)有限公司上海分公司	西藏南路228号3楼3069室	2006-05-16	61577369
上海和时利保险经纪有限公司直属营业部	延安东路100号707室	2006-06-01	63212577
上海环亚保险经纪有限公司直属营业部	六合路98号13楼	2006-06-01	63616888
北京联合保险经纪有限公司上海分公司	贯中路21号	2006-07-14	51275056
武汉东风保险经纪有限公司上海分公司	虹桥路808号A栋A-8520室	2007-02-28	64481248
华润保险经纪有限公司上海分公司	浦东南路528号北塔2304室	2007-03-20	68806086

（续表）

机构名称	地址	成立时间	电话
北京金诚国际保险经纪有限公司上海分公司	恒通路360号24B03室	2007-05-29	
深圳美臣泰平保险经纪有限公司上海分公司	柳营路205弄20号8幢405室	2007-07-20	67696068
怡和立信保险经纪有限责任公司上海分公司	芳甸路1155号1801室	2007-08-22	60582128
长城保险经纪有限公司华东分公司	定西路1100号8楼GH座	2007-09-26	52397065
明亚保险经纪有限公司上海分公司	四川北路859号1107、08室	2007-11-02	62170567
航联保险经纪有限公司上海分公司	吴中路686弄2号E座701—702室	2007-12-13	31359958
北京盛安国际保险经纪有限公司上海分公司	共和新路3088弄9号楼1009室	2007-12-26	36396860
深圳市通保保险经纪有限公司上海分公司	肇嘉浜路825号7楼B2座	2008-01-18	64646623
九州联合（北京）保险经纪有限公司上海分公司	金新路58号2314室	2008-03-18	51330192
全景保险经纪（北京）有限责任公司上海分公司	延安西路1160号2层276室	2008-07-11	32260702
中怡保险经纪有限责任公司上海分公司	世纪大道88号41层4104室	2008-07-28	38658000
诺亚天泽保险经纪（上海）有限公司浦东分公司	天宝路578号1712室	2008-12-18	55958535
宜安（北京）保险经纪有限公司上海分公司	娄山关路523号21楼02单元	2009-04-10	62350075
中汇国际保险经纪股份有限公司上海分公司	武宁路955弄1号楼1603室	2009-05-26	32240066
昆仑保险经纪股份有限公司上海分公司	天目西路218号2909室	2010-10-15	60295855
上海环亚保险经纪有限公司第一营业部	衡山路922号2703-1室	2011-04-26	63606390
上海环亚保险经纪有限公司自贸试验区分公司	自由贸易试验区日樱北路199号101室A13部位	2011-07-26	63613335
上海合晖保险经纪有限公司华翔营业部	华翔路245号	2011-07-28	63268007
江苏东吴保险经纪有限公司上海分公司	海防路190号4楼404室	2011-07-28	33729609
中汇国际保险经纪股份有限公司上海浦东分公司	张杨路1518号406室	2011-10-24	58990881
北京永达理保险经纪有限公司上海分公司	东宝兴路118号8楼及9楼整层及1002室、1003室、1005室	2012-05-24	010-82647588
佳达保险经纪（北京）有限公司上海分公司	陆家嘴环路1000号30层3011室	2012-08-10	60965861
北京金诚国际保险经纪有限公司上海营业部	吴兴路277号506室	2012-08-22	53964918
上海银盾保险经纪有限公司营业部	民生路600号16幢201室	2013-02-18	20280315
领航国际保险经纪（北京）有限公司上海分公司	四川北路1666号1505室	2013-03-15	31190856
北京中天保险经纪有限公司上海分公司	银城中路8号1006室	2013-05-02	010-58529166
广州广爱保险经纪有限公司上海分公司	中山南二路555号19幢2楼2250室	2013-06-26	020-28338301
北京金诚国际保险经纪有限公司上海宝山营业部	淞桥东路111号1211室	2013-07-24	53964918
世纪保险经纪有限公司上海分公司	金湘路201弄15号1701—1702室	2013-10-18	50568023
招商海达远东保险经纪（上海）有限公司南京西路营业部	南京西路288号1层101E单元	2014-01-28	23214911

6. 外资及港澳台保险机构上海代表处

国别地区	机构名称	地 址	首席代表	电 话	邮编	获批日
德 国	慕尼黑再保险公司	陆家嘴环路1000号14楼	容 欣	68411666＊261	200120	1997年8月28日
德 国	德国汉萨美安保险集团	太仓路58号220室	朱文婕	23127589	200021	2009年2月4日
法 国	巴黎人寿保险有限公司	世纪大道100号26楼2611室	吴文华	68775258	200120	2003年4月16日
法 国	法国圣汇安保险经纪股份有限公司	科苑路88号2座630室	许端格	61870488/61600208	201203	2009年6月26日
韩 国	韩国贸易保险公社	兴义路8号2210室	安秉哲	52081181	200336	2004年9月15日
韩 国	韩国现代海上火灾保险株式会社	娄山关路85号C座1402室	曾 娓	62787740	200336	2008年11月24日
荷 兰	富杰保险国际股份有限公司	银城中路488号3801B	苏永雄	50988808	200120	2003年2月20日
荷 兰	安卓信用保险公司	世纪大道210号6088室	吴承刚	51727215	200120	2009年1月7日
美 国	大西洋再保险公司	世纪大道8号2307—08室	陈 蕾	50312671/2675	200020	1997年10月29日
美 国	北美洲保险公司	世纪大道88号2905室	吴韵源	50470780	200121	2002年11月25日
美 国	大陆保险公司	延安西路129号2003室	刘佩华	62497511	200040	2000年3月2日
美 国	美国盛博保险有限公司	花园石桥路33号23楼2325室	罗仲尹	61010069	200120	2007年8月15日
美 国	美国安泰人寿保险公司	世纪大道88号2405室	赵 红	38780375	200121	2008年3月25日
瑞 士	瑞士再保险公司	花木路1388号3层10室	高 青	61826720	200120	1996年11月5日
卢森堡	卢森堡瑞再国际财产保险有限公司	世纪大道201号515A室	万马腾	61826788	200120	2010年4月20日
中国台湾	新光人寿保险股份有限公司	淮海中路222号3813-15室	曾铭秋	53965897	200021	2004年12月14日
中国台湾	新安东京海上产物保险股份有限公司	虹桥路808号A栋8106室	孔昱翔	64477858	200030	2006年5月18日
中国台湾	台湾产物保险股份有限公司	淮海中路333号1504室	李建成	58772839	200021	2006年5月16日
中国台湾	台湾南山人寿保险股份有限公司	银城中路168号1907室	贾 宁	68593398	200120	2012年6月18日
中国香港	香港蓝十字(亚太)保险有限公司	北京西路1277号915室	潘 为	62895883	200040	2003年3月25日
中国香港	中国太平保险控股有限公司	银城中路488号29层2930室	隋 舵	58769567	200120	2000年12月18日
中国香港	香港友邦保险控股有限公司	华京路8号733室	沈 甦	50430956	200131	2014年5月12日
意大利	忠利保险有限公司	世纪大道88号702A	姚建丰	61050165	200121	1997年7月4日
英 国	英国库柏·盖伊有限公司	浦东南路379号25楼E	张雯颖	58780639	200120	2006年9月12日
澳大利亚	澳大利亚保险集团有限公司	浦东南路999号14层A单元	周 峰	58209676	200122	2005年10月10日
日 本	第一生命保险公司	陆家嘴环路17楼113室	王剑筠	68413977	200120	2004年12月16日
百慕大	百慕达富卫人寿保险(百慕达)有限公司	延安中路1228号22层2207N室	郑 红	31290511	200040	2014年7月15日

二、2014 年江苏省金融机构名录

1. 南京市主要金融机构

机 构 名 称	地 址	负责人	电 话	邮 编
中国人民银行南京分行	南京市建邺路 88 号	周学东	025-84790188	210004
中国人民银行南京分行营管部	南京市中山东路 200 号	黄向庆	025-84557049	210002
中国银监会江苏监管局	南京市建邺路 90 号	扶明高	025-84216000	210004
中国证监会江苏监管局	南京市中山东路 90 号	王明伟	025-84579688	210002
中国保监会江苏监管局	南京市云锦路 129 号	宋志华	025-86793998	210029
国家开发银行江苏省分行	南京市江东中路 232 号	茆君才	025-83273888	210024
中国农业发展银行江苏省分行	南京市洪武路 357 号	石晶莹	025-51807990	210029
中国进出口银行南京分行	南京市中山南路 49 号	吴 刚	025-86890501	210005
中国工商银行江苏省分行	南京市中山南路 408 号	黄纪宪	025-52858188	210006
中国农业银行江苏省分行	南京市汉中路 120 号	丁 伟	025-51807890	210002
中国银行江苏省分行	南京市中山南路 148 号	谢 平	025-84206696	210005
中国建设银行江苏省分行	南京市洪武路 188 号	杨 毓	025-84205651	210002
交通银行南京分行	南京市庐山路 218 号	顾 生	025-83278828	210009
江苏银行	南京市洪武北路 55 号	夏 平	025-58588899	210005
南京银行	南京市中山路 288 号	林 复	025-86776000	210005
江苏省农村信用社联合社	南京市江东中路 395 号	王晨曦	025-86699608	210001
中信银行南京分行	南京市中山路 348 号	焦世经	025-83799001	210008
华夏银行南京分行	南京市中山路 81 号	沈 建	025-84789899	210005
上海浦东发展银行南京分行	南京市中山东路 90 号	吴国元	025-84579101	210002
招商银行南京分行	南京市汉中路 1 号	岳 鹰	025-84797161	210005
广东发展银行南京分行	南京市江东中路 238 号	李兴智	025-66108999	210009
光大银行南京分行	南京市汉中路 120 号	龚小元	025-83538900	210029
民生银行南京分行	南京市洪武北路 20 号	林静然	025-83279088	210008
平安银行南京分行	南京市山西路 128 号	刘国强	025-83168522	210009
兴业银行南京分行	南京市长江路 2 号	官恒秋	025-83193606	210008
恒丰银行南京分行	南京市长江路 188 号	门成梅	025-86827666	210018
中国邮政储蓄银行江苏省分行	南京市中山东路 212 号	王雄飞	025-83735353	210003
宁波银行南京分行	南京市汉中路 120 号	徐震宇	025-51808008	210029
渤海银行南京分行	南京市中央路 389 号	傅琼子	025-89677856	210037
浙商银行南京分行	南京市中山北路 9 号	孙文华	025-86823566	210008

（续表）

机　构　名　称	地　　址	负责人	电　话	邮　编
浙江稠州商业银行南京分行	南京市洪武路 198 号	李　健	025-85697777	210002
徽商银行南京分行	南京市中央路 231 号	晏东顺	025-83119888	210009
上海银行南京分行	南京市北京东路 22 号	汪英平	025-86896708	210008
北京银行南京分行	南京市江东中路 289 号	王　荫	025-66779688	210019
苏州银行南京分行	南京市中山南路 239 号	任巨光	025-85810066	210005
杭州银行南京分行	南京市中山南路 239 号	李家永	025-89630000	210005
广州银行南京分行	南京市中山路 179 路	郭　峰	025-88867888	210005
永丰银行南京分行	南京市江东中路 359 号	钟敏敏	025-88866000	210019
南京市区农村信用合作联社	南京市中山南路 368 号	陶正国	025-52378113	210001
渣打银行南京分行	南京市鼓楼街 88 号	谬丽华	025-83763733	210008
比利时联合银行南京分行	南京市中山南路 49 号	郭西薇	025-86893531	210005
香港恒生银行南京分行	南京市汉中路 2 号	陈宏岳	025-58018688	210005
东亚银行南京分行	南京市洪武路 23 号	李颖新	025-84646792	210005
首都银行(中国)有限公司	南京市江东中路 289 号	林桂仙	025-68584101	210019
首都银行南京分行	南京市乐上路 189 路	诸晓路	025-89667878	210019
汇丰银行南京分行	南京市庐山路 188 号	徐　璇	025-85706688	210019
花旗银行南京分行	南京市汉口路 2 号	楼　晟	025-88011008	210005
韩亚银行南京分行	南京市江东中路 359 号	金永基	025-88038088	210019
华融资产管理公司南京办事处	南京市北京东路 42 号	陈　朴	025-57710766	210008
长城资产管理公司南京办事处	南京市太平南路 450 号	钱宗宝	025-84551329	210002
东方资产管理公司南京办事处	南京市洪武路 29 号	于家钦	025-58305888	210005
信达资产管理公司南京办事处	南京市洪武路 23 号	彭郎辉	025-83241268	210005
江苏省国际信托投资有限责任公司	南京市长江路 88 号	黄东峰	025-89667799	210005
江苏金融租赁有限公司	南京市山西路 128 号	熊先根	025-86816901	210018
中国银联江苏分公司	南京市中山南路 414 号	耿静良	025-52348601	210006
江苏省银行业协会	南京市中山南路 101 号	乔宗君	025-86642229	210005
华泰证券有限责任公司	南京市中山东路 90 号	吴万善	025-84457777	210002
信泰证券有限责任公司	南京市中山东路 90 号	吴建党	025-84784765	210005
南京证券有限责任公司	南京市大钟亭 8 号	张华东	025-83367888	210008
中信证券南京营业部	南京市高楼门 5 号	葛　政	025-83363531	210000
南京国信证券有限责任公司	南京市洪武路 239 号	高德康	025-84567088	210002
海通证券股份有限公司南京营业部	南京市常府街 85-7 号	王开国	025-84400266	210002
联合证券有限责任公司南京营业部	南京市中山北路 212-8 号	马昭明	025-83581111	210003
申银万国证券南京营业部	南京市华侨路 29 号	刘作书	025-84763784	210029
平安证券南京营业部	南京市太平北路 51 号	雷　建	025-84783232	210018
国泰君安股份有限公司江苏省分公司	南京市太平南路 371 号	杜新乐	025-84575516	210002
信泰证券有限责任公司南京中华路证券营业部	南京市中华路 8-1 号	赵家龙	025-52334754	210001
东北证券有限责任公司南京中山北路证券营业部	南京市中山北路 168 号	赵政军	025-66605698	210009

（续表）

机构名称	地址	负责人	电话	邮编
海通证券有限公司南京常府街证券营业部	南京市常府街 85-7 号	张海波	025-84413133	210001
国信证券有限责任公司南京洪武路证券营业部	南京市洪武路 239 号	徐小柔	025-84567052	210002
光大证券有限责任公司南京中山北路证券营业部	南京市中山路 81 号	杨友明	025-83196988	210005
兴业证券股份有限公司南京珠江路证券营业部	南京市珠江路 699 号	邱福兵	025-84661588	210018
湘财证券有限责任公司南京牌楼巷证券营业部	南京市牌楼巷 45 号	杜颖灏	025-86587066	210029
广发证券股份有限公司南京洪武路证券营业部	南京市洪武路 23 号	陈　梅	025-86899208	210005
长江证券有限责任公司南京中央路证券营业部	南京市中央路 42 号	武　雁	025-83276888	210008
宏源证券有限责任公司南京汉中路证券营业部	南京市鼓楼区汉中路 6 号	吴　欣	025-84717073	210029
东兴证券有限责任公司南京洪武路营业部	南京市洪武路 29 号	刘晓东	025-84638555	210005
恒泰证券有限责任公司南京水西门大街证券营业部	南京市建邺区水西门大街 203 号	华金良	025-84780368	210017
华创证券经纪有限责任公司南京和燕路证券营业部	南京市和燕路 5 号	桂　彬	025-85080568	210037
方正证券有限责任公司南京中山东路证券营业部	南京市中山东路 75 号	徐　联	025-84218626	210002
人保江苏省分公司	南京市长江路 69 号	华　山	025-84715888	210005
太平洋财险江苏分公司	南京市洪武路 137 号	孔　兵	025-84508808	210005
平安财险江苏分公司	南京市正洪街 18 号	吴　军	025-84705999	210005
天安保险江苏省分公司	南京市石鼓路 107 号	袁雪楼	025-84202666	210005
大众保险江苏分公司	南京市中央路 258 号	蒋　香	025-83302800	210008
华泰财险江苏省分公司	南京市中山北路 26 号	卓　娅	025-83302800	210008
中国人寿江苏省分公司	南京市汉中路 88 号	缪　平	025-83783011	210005
平安人寿江苏分公司	南京市长江路 99 号	谭　宁	025-84799666	210005
太平洋寿险江苏分公司	南京市洪武路 137 号	张　东	025-84508808	210005
信诚人寿江苏分公司	南京市中山路 268 号	丁　易	025-83176899	210008
中国大地财产保险江苏分公司	南京市龙蟠中路 93-8 号	秦国民	025-84569400	210016
泰康人寿保险江苏分公司	南京市龙蟠中路 323 号	陈东升	025-84470666	210001
阳光财产保险股份有限公司江苏省分公司	南京市中山东路 145 号	朱印法	025-84651800	210002

2. 无锡市主要金融机构

机构名称	地址	负责人	电话	邮编
中国人民银行无锡市中心支行	无锡市五爱路 33 号	何敏峰	0510-82221788	214031
中国银行业监督管理委员会无锡监管分局	无锡市县前西街 109 号	戴玉明	0510-82795258	214031
无锡市人民政府金融工作办公室	无锡市太湖新城观山路市民中心 3 号楼 15 层	王　维	0510-81820581	214131
中国农业发展银行无锡市分行	无锡市健康路 89 号	陈一兵	0510-82732153	214001
中国工商银行无锡分行	无锡市五爱路 30 号	姜　乔	0510-82753162	214031
中国农业银行无锡分行	无锡市解放北路 55 号	陈杏梅	0510-82832788	214002
中国银行无锡分行	无锡市中山南路 258 号	马　晓	0510-82739388	214002
中国建设银行无锡分行	无锡市五爱路 88 号	刘　兵	0510-81181991	214031
交通银行无锡分行	无锡市人民中路 198 号	鲁　敏	0510-82792188	214001

（续表）

机　构　名　称	地　　址	负责人	电　话	邮　编
中信银行无锡分行	无锡市人民西路112号	王　康	0510-82701308	214031
华夏银行无锡分行	无锡市新生路105号	王志祥	0510-82769956	214002
上海浦东发展银行无锡分行	无锡市解放西路191号	陈永辉	0510-82796029	214005
招商银行无锡分行	无锡市人民中路128号	王晏蓉	0510-82720768	214002
广发银行无锡支行	无锡市五爱路79号	田长俊	0510-82739980	214031
兴业银行无锡分行	无锡市县前西街99号	蒋占琴	0510-82760996	214001
江苏银行无锡分行	无锡市工运路8号	杨　凯	0510-82306000	214005
上海浦东发展银行江阴支行	江阴市虹桥南路99号	黄汉进	0510-86875558	214400
南京银行无锡分行	无锡市人民中路220号	徐腊梅	0510-82751555	214001
中国民生银行无锡分行	无锡市青石路1号	邹豪珏	0510-81189998	214043
中国光大银行无锡分行	无锡市人民中路1号	张明翱	0510-81802888	214031
上海银行无锡支行	无锡市红星路250-4号	吴劲松	0510-81186880	214000
平安银行无锡分行	无锡市北大街20号	乐晓峰	0510-81187568	214043
宁波银行无锡分行	无锡市北大街20号	沈晓驰	0510-81086703	214000
浙商银行无锡分行	无锡市湖滨路688号1楼	谭龙彬	0510-81801688	214000
恒丰银行无锡分行	无锡市梁清路118号	梁科杰	0510-81086012	214000
渤海银行无锡分行	无锡市运河东路557号C幢	高琪峰	0510-85769869	214023
国联信托股份有限公司	无锡市县前东街8号3楼	周卫平	0510-82831280	214005
中国邮政储蓄银行无锡市分行	无锡市健康路87号	唐安乐	0510-82702094	214001
江苏江阴农村商业银行	江阴市澄江中路1号	任素惠	0510-86839901	214431
江苏无锡农村商业银行	无锡市解放北路1号	绍　辉	0510-82832088	214002
宜兴市农村合作银行	宜兴市宜城镇通贞观西路28号	吴　凌	0510-87924815	214200
日本瑞穗实业银行无锡分行	无锡新区长江路16号8楼	中山秀纪	0510-85223939	214028
三菱东京日联银行无锡分行	无锡新区长江路16号10楼	市川丰明	0510-85211818	214028
新韩银行无锡分行	无锡新区长江北路5号1—2楼	李俊燮	0510-81813456	214028
南洋商业银行无锡分行	无锡新区长江北路28号	高晔华	0510-82200638	214028
花旗银行无锡分行	无锡市中山路218号7楼	相　雷	0510-82799668	214028
汇丰银行无锡分行	无锡市新区长江路21-1号	郑佳琪	0510-81121800	214028
东亚银行无锡分行	无锡市新区长江路16号2层	黄海毓	0510-81139108	214000
宜兴阳羡村镇银行	江苏省宜兴市氿滨大道中路251号	陈　浩	0510-87333373	214200
江阴浦发村镇银行	江阴市朝阳路178号	王　冰	0510-81660588	214400
惠山民泰村镇银行	无锡市惠山区锡澄路堰桥南段98—102号	样连云	0510-83587878	214000
锡山建信村镇银行	无锡市东亭镇友谊南路10号-20	吉华山	0510-88156178	214000
国联财务有限责任公司	无锡市县前东街168号	杨静月	0510-82833897	214001
红豆集团财务有限公司	无锡市锡山区东港镇红豆工业城	胡国梁	0510-88358603	214199
华西集团财务有限公司	江阴市华士镇华西村	卞三荣	0510-86216810	214000
国联证券有限责任公司	无锡市滨湖区观山路国联金融大厦	雷建辉	0510-82832919	214002
国联证券无锡中山路证券营业部	无锡市中山路153号	顾　励	0510-82759199	214001

（续表）

机构名称	地址	负责人	电话	邮编
国联证券无锡人民东路证券营业部	无锡市人民东路29号	浦慧华	0510-82829338	214007
国联证券无锡五爱北路证券营业部	无锡市五爱北路60号	李玮	0510-82715151	214001
国联证券无锡梁溪路证券营业部	无锡市梁溪路28号	梁粤雷	0510-85801573	214062
国联证券无锡县前东街证券营业部	无锡市县前东街168号	陈玮	0510-82830100	214003
国联证券无锡湖滨路证券营业部	无锡市湖滨路1号	张进	0510-85122200	214073
国联证券无锡新区长江北路证券营业部	无锡市长江北路97号	王龙金	0510-82200051	214028
国联证券无锡洛社镇人民南路证券营业部	无锡市洛社镇人民南路47号3楼	糜晟	0510-83319618	214187
国联证券无锡华夏南路证券营业部	无锡市华夏南路11-2500	邹顺	0510-88202569	214101
国联证券江阴大桥北路证券营业部	江阴市大桥北路105号	张冬梅	0510-86876301	214400
国联证券宜兴人民南路证券营业部	宜兴市宜城镇人民南路168号	吴新凤	0510-87911776	214200
国联证券宜兴阳羡东路证券营业部	宜兴市阳羡东路193、195号	贾江晖	0510-87610155	214200
华泰证券无锡解放西路证券营业部	无锡市解放西路327号	刘晓冰	0510-82702153	214001
华泰证券无锡永乐路证券营业部	无锡市永乐路水利大厦1、2层	尤凌燕	0510-85045101	214000
华泰证券无锡解放北路证券营业部	无锡市解放北路16号4楼	周红霞	0510-82768155	214001
华泰证券无锡苏锡路证券营业部	无锡市贡湖大道苏锡路359号	张叶	0510-85065672	214123
华泰证券江阴福泰路证券营业部	江阴市福泰路8号	顾福平	0510-86817888	214431
大通证券无锡建筑路证券营业部	无锡市滨湖区建筑路456号	刘立忠	0510-85812373	214071
招商证券无锡新生路证券营业部	无锡市新生路107号	周彩娟	0510-82756333	214002
海通证券无锡解放南路证券营业部	无锡解放南路1008号	吴国华	0510-82328831	214000
银泰证券无锡兴源北路证券营业部	无锡市兴源北路401号十楼	王正洋	0510-82615272	214000
广发证券无锡清扬路证券营业部	无锡清扬路99号7楼	唐枫	0510-85059002	214000
南京证券无锡五爱北路证券营业部	无锡市五爱北路97号4楼	傅金发	0510-82809808	214031
南京证券江阴人民中路证券营业部	江阴人民中路289-2号1楼17—18楼	梅颖	0510-86874807	214400
申银万国证券无锡清扬路营业部	无锡市清扬路24号	华炯	0510-82856988	214000
国泰君安无锡人民中路证券营业部	无锡市人民中路97号1200室	成美颖	0510-82710198	214000
国信证券无锡梁溪路营业部	无锡市梁溪路51号A区12楼	李忠	0510-85881783	214000
国元证券无锡学前街营业部	无锡市学前街5号5楼	秦柳	0510-82749161	214000
华龙证券无锡人民东路营业部	无锡人民东路305号	廖炜	0510-82606633	214000
中国建银投资证券有限责任公司无锡清扬路营业部	无锡市南长区清扬路123号3楼	戴国强	0510-82708577	214000
东吴证券无锡锡沪路证券营业部	无锡市东亭锡沪路168号	刘伟	0510-88229966	214000
长江证券无锡政和大道营业部	无锡惠山区政和大道209号	陈韩岩	0510-83588601	214000
山西证券五爱路营业部	无锡市五爱路18号2、3楼	田璟	0510-81080275	214000
东北证券江阴营业部	江阴市朝阳路77—79号	浦岩	0510-86818238	214000
宏源证券宜兴人民中路营业部	宜兴市人民中路	刘晓燕	0510-87962161	214000
中国人民财产保险股份有限公司无锡市分公司	无锡市中山路58号	尤力人	0510-68865998	214002
中国人寿保险股份有限公司无锡市分公司	无锡市梁青路4号	张泰立	0510-85808188	214061

（续表）

机 构 名 称	地 址	负责人	电 话	邮 编
中国太平洋财产保险股份有限公司无锡分公司	无锡市崇宁路8号	鲁 强	0510-81898811	214002
中国太平洋人寿保险股份有限公司无锡中心支公司	无锡市县前东街86号	陈爱国	0510-82750105	214002
中国平安财产保险股份有限公司无锡分公司	无锡市解放北路1号7楼	许 威	0510-82831177	214000
中国平安人寿保险股份有限公司无锡中心支公司	无锡市中山路343号A座12、16、18、19楼	侯 勇	0510-82709108	214061
天安财产保险股份有限公司无锡中心支公司	无锡市太湖西大道258号附楼5楼	徐 芳	0510-66961058	214023
大众保险股份有限公司无锡中心支公司	无锡市新生路107号15楼	朱锡祎	0510-82729188	214002
新华人寿保险股份有限公司无锡中心支公司	无锡市永乐路29号1号楼	谢 丹	0510-85059821	214032
泰康人寿保险股份有限公司无锡中心支公司	无锡市梁青路58-1号10楼	狄秀英	0510-87925578	214062
中华联合财产保险股份有限公司无锡中心支公司	无锡市人民中路97号17楼	吴耀宇	0510-82799198	214002
中国大地财产保险股份有限公司无锡中心支公司	无锡市清扬路91—99号4楼	赵爱莲	0510-85059022	214071
永安财产保险股份有限公司无锡中心支公司	无锡市五星家园787-1号6楼	李 军	0510-82767113	214002
太平人寿有限公司无锡中心支公司	无锡市北大街1号6楼	顾鹏飞	0510-68869118	214005
太平财产保险有限公司无锡中心支公司	无锡市隐秀路872号A2栋7楼	周振冬	0510-82809088	214000
民生人寿保险股份有限公司无锡中心支公司	无锡市北塘区兴源北路600号2501室	刘 毅	0510-82710700	214031
华安财产保险股份有限公司无锡中心支公司	无锡市湖滨路688号	史 辉	0510-81009186	214000
生命人寿保险股份有限公司无锡中心支公司	无锡市健康路6号6楼	高景山	0510-88662596	214031
安邦财产保险股份有限公司无锡中心支公司	无锡市解放北路21号13楼A	陈 勇	0510-82830060	214002
中国出口信用保险公司江苏分公司无锡办事处	无锡市人民中路123号27楼	龚伟坚	0510-82749985	214026
阳光财产保险股份有限公司无锡中心支公司	无锡市中山路118号412室	周金陵	0510-82733108	214002
海康人寿保险有限公司江苏分公司无锡中心支公司	无锡市南长区永和路6号903—906室	戴安杰	0510-82804868	214002
华泰财产保险股份有限公司无锡中心支公司	无锡市新区长江北路6号8楼	吴怡华	0510-81819601	214028
信诚人寿保险股份有限公司无锡营销服务部	无锡市中山路159号20楼	史安庆	0510-82616333	214000
合众人寿保险股份有限公司无锡中心支公司	无锡市南禅寺商城111号三楼	周小军	0510-82715658	214001
中宏人寿保险股份有限公司无锡中心支公司	无锡市人民中路97号10楼	吴公荣	0510-82762109	214005
国泰人寿保险股份有限公司无锡营销服务部	无锡市太湖西大道1890号605—607室	徐超键	0510-82326899	214000
海尔纽约人寿保险股份有限公司无锡营销服务部	无锡市清扬路99号6楼618	林章铭	0510-85031678	214023
都邦财产保险股份有限公司无锡中心支公司	无锡市湖滨路77号9楼	邓永东	0510-85113218	214073
中意人寿保险有限公司江苏分公司无锡中心支公司	无锡市中山路359号B座8楼	陶 炯	0510-80186706	214001
嘉禾人寿保险股份有限公司无锡中心支公司	无锡市健康路6号7楼	方 辉	0510-82717759	214001
中银保险股份有限公司无锡中心支公司	无锡市梁青路2号4楼	华永康	0510-82703965	214000

（续表）

机 构 名 称	地 址	负责人	电 话	邮 编
永诚财产保险股份有限公司	无锡市滨湖区金融一街10号704单元	马颖峰	0510-81179828	214000
恒安标准人寿江苏分公司无锡营销服务部	无锡市北大街1号A座11楼	施 开	0510-66678601	214061
美国友邦保险有限公司江苏分公司无锡营销服务部	无锡市县前东街1号25楼	蔡哲惟	0510-82327558	214000
中国人寿财产保险股份有限公司无锡市中心支公司	无锡市解放南路槐古豪庭8号11—13楼	杨 伟	0510-82790168	214000
民安财产保险有限公司无锡中心支公司	无锡市广益路188号13楼	叶新伟	0510-82798511	214000
天平汽车保险股份有限公司无锡中心支公司	无锡市滨湖区观山路701室	徐长庚	0510-82739696	214036
瑞泰人寿保险有限公司江苏分公司无锡营销服务部	无锡人民中路123号	赵 敏	0510-82747298	214000
中国人民健康保险股份有限公司无锡中心支公司	无锡市中山路58号12楼	穆 睿	0510-82728580	214002
渤海财产保险股份有限公司无锡中心支公司	无锡市南湖大道588号501室	李德军	0510-85410770	214000
光大永明人寿保险有限公司无锡中心支公司	无锡市滨湖区金融一街10号1701单元	殷 文	0510-66678999	214000
平安养老保险股份有限公司江苏分公司无锡中心支公司	无锡市中山路343号A座16楼	钱平家	0510-82718688	214001
华农财产保险公司无锡中心支公司	无锡市惠山区花园街9号601室	管俊昌	0510-66688681	214061
安诚财产保险股份有限公司无锡中心支公司	无锡市建筑西路567号3A楼	刘 浩	0510-82325169	214000
华泰人寿保险股份有限公司无锡中心支公司	无锡市五爱路78号4楼	孟 军	0510-82711758	214001
长城人寿保险股份有限公司无锡支公司	无锡市解放北路21号15A	薛 年	0510-82790591	214001
英大泰和人寿保险股份有限公司无锡中心支公司	无锡市新生路107号9楼	刘运成	0510-66076001	214001
无锡市保险行业协会	无锡市五爱路33号	尤玲娜	0510-82729826	214031
华夏人寿保险股份有限公司无锡中心支公司	无锡市新生路107号6楼	汤 淏	0510-68005115	214001
中美联泰大都会人寿无锡营销服务部	无锡市中山路343号A座9楼	杨华艳	0510-66962385	214000
阳光人寿保险公司无锡中心支公司	无锡市中山路159号7楼	凌志波	0510-82718669	214002
正德人寿保险公司无锡中心支公司	无锡市解放西路195号4楼	邓 唯	0510-85139756	214001
中国人民人寿保险股份有限公司无锡中心支公司	无锡市中山路58号13楼	周幼幼	0510-66968001	214007
信泰人寿保险公司无锡中心支公司	无锡市槐古豪庭15号3楼	缪卫红	0510-68000086	214002
国泰财险无锡中心支公司	无锡市解放东路槐古豪庭8号	赵 凉	0510-82790168	214001
长安责任保险无锡市中心支公司	无锡市清扬路333号16楼	陈锁君	0510-66072788	214023
紫金财产保险股份有限公司无锡中心支公司	无锡市湖滨路688号6楼	房 恒	0510-82710022	214071
和谐健康保险无锡中心支公司	无锡市复兴路155号10楼	倪剑峰	0510-80212898	214000
三井住友海上火灾保险(中国)有限公司江苏分公司	无锡市新区龙山路4号C幢1001—1004室	篠原康人	0510-81122377	214028
英大泰和财产保险股份有限公司无锡中心支公司	无锡市建筑西路567号21楼	郑 采	0510-66613366	214072
信达财产保险股份有限公司无锡中心支公司	无锡市兴源路100号4楼	丁瑞峰	0510-81807666	214000
北大方正人寿江苏分公司无锡中心支公司	无锡市清扬路99号6楼610室	吕旭南	0510-85031678	214023
工银安盛人寿江苏分公司无锡营销服务部	无锡市人民中路20号26F	周施杰	0510-82210888	214001

（续表）

机构名称	地址	负责人	电话	邮编
国华人寿保险股份有限公司无锡中心支公司	无锡市南长区永乐路29号904室	袁亚芹	0510-85043001	214000
中英人寿保险有限公司江苏分公司无锡营销服务部	无锡市北大街22号415单元	朱　伟	0510-66613652	214000
幸福人寿保险股份有限公司无锡中心支公司	无锡市新生路107号811—816室	陈小松	0510-66682018	214072
中德安联人寿保险有限公司江苏分公司无锡营销服务部	无锡市中山路531号8楼	丁一斐	0510-81807337	214002
利安人寿保险股份有限公司无锡分公司	无锡市中山路333号21楼	过　华	0510-81808803	214000
招商信诺人寿保险有限公司江苏分公司无锡营销服务部	无锡市梁溪路51号903室	邱文莲	0510-85867818	214000
交银康联人寿保险有限公司无锡中心支公司	无锡市北塘区中山路678号8—9楼	刘宝泉	0510-81187700	214043
浙商财产保险股份有限公司无锡中心支公司	无锡市太湖西大道2288号3楼302室	陈　灏	0510-85858237	214000
农银人寿保险股份有限公司无锡中心支公司	无锡市健康路6号7楼	李　景	0510-82717759	214000
东吴人寿保险股份有限公司无锡分公司	无锡市北塘区兴源北路600号4楼	陆晓卫	0510-82620676	214000

3. 常州市主要金融机构

机构名称	地址	负责人	电话	邮编
中国人民银行常州市中心支行	常州市广化街18号	姚　军	0519-86648124	213001
中国人民银行武进支行	常州市武进区延政中路	王建春	0519-86310950	213159
中国人民银行金坛市支行	金坛市西门大街23号	王照洪	0519-82887566	213200
中国人民银行溧阳市支行	溧阳市平陵中路10号	冯晓兴	0519-87222371	213300
中国银行业监督管理委员会常州监管分局	常州市晋陵中路417号	朱广德	0519-88126708	213003
中国农业发展银行常州市分行	常州市丽景花园14幢	陈建中	0519-88155205	213003
中国工商银行常州分行	常州市延陵中路680号	张　彬	0519-88138681	213003
中国农业银行常州分行	常州市和平北路19号	周清清	0519-88126998	213003
中国银行常州分行	常州市和平北路21号	程　祥	0519-88158222	213003
中国建设银行常州分行	常州市广化街299号	尹家健	0519-86670058	213001
交通银行常州分行	常州市通江南路255号	李　瑶	0519-86636658	213022
中信银行常州分行	常州市博爱路72号	孙　波	0519-88100088	213003
招商银行常州分行	常州市和平北路120号	张增荣	0519-88179001	213003
华夏银行常州分行	常州市和平北路162号	廉　衡	0519-88133818	213003
广发银行常州分行	常州市龙锦路1258号	倪文华	0519-81881111	213000
平安银行常州分行	常州市飞龙东路288号	赵建焕	0519-86929999	213022
兴业银行常州支行	常州市河景花园1幢	张荣国	0519-89893333	213001
上海浦东发展银行常州支行	常州市延陵中路29号	贡志文	0519-88178979	213003
中国民生银行常州支行	常州市怀德中路50号	徐之烜	0519-89858366	213001

（续表）

机构名称	地址	负责人	电话	邮编
中国光大银行常州支行	常州市和平北路128号	周永宏	0519-89990009	213001
中国邮政储蓄银行常州市分行	常州市怀德中路82号	刘晓波	0519-86619661	213003
江苏银行常州分行	常州市延陵中路500号	金建明	0519-81098000	213000
南京银行常州分行	常州市常武北路274号	肖　炎	0519-83600707	213161
江南农村商业银行	常州市延陵中路668号	陆向阳	0519-89995188	213003
首都银行(中国)有限公司常州分行	常州市通江中路58号7—8号	宣建方	0519-88061618	213000
中国人民财产保险公司常州市分公司	常州市和平北路11号	蒋　旭	0519-68867010	213000
中国人民人寿保险公司常州中心支公司	常州市武青北路1号5F	袁龙才	0519-88017828	213003
中国人寿保险公司常州市分公司	常州市和平北路11号	高新华	0519-88120039	213001
中国人寿财产保险公司常州中心支公司	常州市晋陵中路558号北楼1—2楼	华繁令	0519-85216818	213000
太平洋财险公司常州分公司	常州市广化街281号	王　峰	0519-86633123	213003
太平洋寿险公司常州分公司	常州市广化街281号	陆美琴	0519-86816608	213001
平安财险公司常州中心支公司	常州市晋陵中路590号	喻一峰	0519-86688999	213002
平安寿险公司常州中心支公司	常州市延陵西路29号20楼	朱从文	0519-88110701	213003
泰康人寿保险公司常州中心支公司	常州市关河西路180号	成　炜	0519-88139188	213002
新华人寿保险公司常州中心支公司	常州市南大街28号C座5楼	张　挺	0519-85217988	213000
天安保险公司常州中心支公司	常州市和平北路132号8楼	谈文兴	0519-88159986	213000
中华联合财产保险公司常州中心支公司	常州市晋陵中路515号	金　锋	0519-88157000	213003
生命人寿保险公司常州中心支公司	常州市怀德南路90号	吴　氢	0519-88015501	213000
大众保险公司常州中心支公司	常州市晋陵中路388号4楼	吴　剑	0519-87208110	213000
太平保险有限公司常州中心支公司	常州市和平北路65号4楼	尤乐群	0519-88166033	213000
太平人寿保险有限公司常州中心支公司	常州市南大街99号8/9楼	沈明敏	0519-88168883	213000
永安保险公司常州中心支公司	常州市健身路12号5楼	杨　玲	0519-86677616	213000
华安财产保险公司常州中心支公司	常州市清潭路134号3楼	靡艳春	0519-86998918	213000
安邦财产保险公司常州中心支公司	常州市广化街20号10楼	解文萍	0519-86691599	213000
都邦保险公司常州中心支公司	常州市新市路1号5楼	谈小浩	0519-86619867	213000
民生人寿保险公司常州中心支公司	常州市南大街28号商C-417	丁宣华	0519-83966680	213000
永诚财产保险公司常州中心支公司	常州市关河东路38号15楼	钱健明	0519-88881119	213000
江苏常信保险经纪有限公司	常州市局前街285号A座710室	潘俊铭	0519-88100620	213003
江苏华康保险代理有限公司常州分公司	常州市关河西路128-6号6楼	任朝晖	0519-88119208	213000
合众人寿保险公司常州营销服务部	常州市玉隆花园7幢6楼	徐　玮	0519-86618300	213001
信诚人寿保险公司常州营销服务部	常州市延陵西路99号18楼	谢观兴	0519-86618200	213000
中宏人寿保险公司常州营销服务部	常州市延陵中路678号4、5楼	刘永进	0519-88101199	213003
海尔纽约人寿保险公司常州营销服务部	常州市关河东路38号13楼	王立新	0519-85220684	213004
海康人寿保险公司常州营销服务部	常州市关河东路38号18楼A座	张美琴	0519-95105768	213004
中国大地财产保险公司常州中心支公司	常州市晋陵北路1号B座401室	殷　军	0519-88176967	213000

（续表）

机构名称	地址	负责人	电话	邮编
阳光财产保险公司常州中心支公司	常州市博爱路 113 号 3—4 楼	胡　旭	0519-85017800	213003
国泰人寿保险公司常州营销服务部	常州市延陵西路 19 号 12 楼	殷　涛	0519-88118978	213001
华泰人寿保险公司常州中心支公司	常州市关河东路 38 号 20 楼	陈　艳	0519-85223962	213004
瑞福德健康保险公司常州中心支公司	常州市新市路 1 号 6 楼	张　锐	0519-86810308	213003
渤海财产保险公司常州中心支公司	常州市局前街 50 号 14 楼	戴　静	0519-88178689	213000
民安保险(中国)公司常州中心支公司	常州市和平中路 322 号	胥云里	0519-86811806	213004
恒安标准人寿保险公司常州营销服务部	常州市延陵西路 19 号 30 楼	金　庆	0519-88029917	213003
中德安联人寿保险公司常州营销服务部	常州市西横街 61 号 5 楼	花锡青	0519-86687293	213003
美国友邦保险公司常州营销服务部	常州市延陵西路 19 号 6 楼	赵　斌	0519-88887998	213003
安诚财产保险公司常州中心支公司	常州市化龙巷 1 号 A 座 4 楼	夏齐华	0519-86800323	213000
中银保险公司常州营销服务部	常州市和平北路 21 号	江伟明	0519-88126771	213004
华夏人寿保险公司常州中心支公司	常州市鹏欣丽都 1-1 幢	施　延	0519-89890808	213003
阳光人寿保险公司常州中心支公司	常州市新丰街 20 号 6 楼	殷　勇	0519-89990180	213000
金盛人寿保险公司常州营销服务部	常州市广化街 20 号 15 楼	吴公荣	0519-89962666	213001
长安责任保险公司常州中心支公司	常州市博爱路 72 号 10 楼	王一新	0519-83030777	213003
华农财产保险公司常州中心支公司	常州市通江大道 318 号 A 座 4 楼	尤益苍	0519-85177350	213022
华泰证券常州和平北路证券营业部	常州市和平北路 9 号	张　霞	0519-88106040	213002
华泰证券常州东横街证券营业部	常州市东横街 2 号	刘　靖	0519-86600788	213003
华泰证券常州北大街证券营业部	常州市北大街 35 号 7 幢 5 楼	高　波	0519-86618266	213003
国泰君安证券常州广化街证券营业部	常州市广化街 187—189 号	殷　敏	0519-86689702	213003
中投证券常州晋陵中路证券营业部	常州市晋陵中路 368 号	冯美英	0519-86675119	213003
中投证券常州溧阳证券营业部	溧阳市平陵中路 357 号	郭永金	0519-87578880	213300
海通证券常州健身路证券营业部	常州市健身路 16 号	岳　岚	0519-86687980	213003
中信证券常州环府路证券营业部	常州市武进区湖塘镇环府路 10 号	周晋飞	0519-86565768	213159
东海证券常州延陵中路营业部	常州市延陵中路 498 号	俞　洋	0519-88111191	213000
东海证券常州博爱路营业部	常州市博爱路 129 号	陈　超	0519-86633222	213000
东海证券常州劳动西路营业部	常州市劳动西路 3 号	陶　陶	0519-86900002	213001
东海证券常州通江中路营业部	常州市通江中路 369 号 4 楼	朱　飙	0519-68881688	213000
东海证券常州溧阳证券营业部	溧阳市南大街 12 号	彭建福	0519-87281068	213300
信达证券常州延陵中路证券营业部	常州市延陵中路 678 号	左道军	0519-88118270	213003
中信建投有限责任公司常州分公司	常州市邮电路 3 号	李　响	0519-86673663	213001
信泰证券有限责任公司常州分公司	常州市东横街 2 号	唐　枫	0519-86803606	213000
国联证券常州营业部	常州市新北区通江大道 555 号 1—2 楼	孟庆庭	0519-89883767	213000
东吴证券常州关河中路证券营业部	常州市关河中路 38 号 2 号楼 2 楼	龚建中	0519-88153760	213000

4. 苏州市主要金融机构

机构名称	地址	负责人	电话	邮编
中国人民银行苏州市中心支行	苏州新区狮山路 59 号	高爱武	0512-68253692	215011
中国银行业监督管理委员会苏州监管分局	苏州新区金山路 16 号	朱厚志	0512-68253049	215011
国家开发银行苏州分行	苏州工业园区旺墩路 158 号 11—12 楼	吴立智	0512-67887123	215028
中国农业发展银行苏州市分行	苏州人民路 179 号	陈一兵	0512-65612076	215007
中国工商银行苏州分行	苏州市阊胥路 88 号	徐晓岚	0512-68261379	215002
中国农业银行苏州分行	苏州新区狮山路 65 号	刘加旺	0512-68240321	215011
中国银行苏州分行	苏州市干将西路 188 号	范耀胜	0512-67555898	215002
中国建设银行股份有限公司苏州分行	苏州工业园区苏州大道西 18 号	刘兴华	0512-62788788	215021
交通银行苏州分行	苏州市工业园区苏惠路 28 号	束兰根	0512-65188666	215021
中信银行苏州分行	苏州竹辉路 258 号	温金祥	0512-65182438	215006
华夏银行苏州分行	苏州工业园区星海街 188 号	刘瑞嘉	0512-68628200	215021
上海浦东发展银行苏州分行	苏州市工业园区钟园路 718 号	傅　浩	0512-62583658	215028
中国光大银行苏州分行	苏州工业园区星海街 188 号	李　良	0512-67900110	215021
招商银行苏州分行	苏州市工业园区万盛街 36 号	莱东球	0512-69869030	215028
江苏银行苏州分行	苏州市三香路 6 号	王卫兵	0512-68631896	215004
中国民生银行苏州分行	苏州工业园区时代广场 23 幢	林静然	0512-67909326	215025
兴业银行苏州支行	苏州工业园区旺墩路 188 号	王学祥	0512-66607890	215123
宁波银行苏州分行	苏州工业园区旺墩路 129 号	冯培炯	0512-65828015	215028
恒丰银行苏州分行	苏州工业园区星海街 198 号 1 幢	杜　娟	0512-69368895	215021
广东发展银行苏州分行	苏州市阊胥路 292 号	张广勤	0512-8087777	215008
苏州银行	苏州市工业园区钟园路 728 号	王兰凤	0512-65283968	215028
南京银行苏州分行	苏州工业园区 24 幢 A 座	徐建华	0512-62709908	215028
上海银行苏州分行	苏州工业园区 23 幢 B 座	崔庆军	0512-66960600	215028
泰隆银行苏州分行	苏州工业园区 24 幢 B 座	张丹峰	0512-62709555	215028
南昌银行苏州分行	苏州工业园区 24 幢 B 座	吴　军	0512-62709699	215028
浙商银行苏州分行	苏州工业园区翠微街 9 号	徐正方	0512-67997600	215123
中国邮政储蓄银行苏州市分行	苏州市工业园区旺墩路邮政大楼	王林伟	0512-62578129	205028
苏州市信托投资有限公司	苏州工业园区苏雅路 308 号	袁维静	0512-65291979	215021
苏州创元集团财务有限公司	苏州市工业园区苏桐路 37 号	陈子京	0512-68367192	215021
苏州市沙钢集团财务有限公司	张家港市锦丰镇永新路	沈　彬	0512-58963006	215625
汇丰银行(中国)有限公司苏州分行	苏州工业园区苏华路 1 号 1505—1510 室	王译博	0512-67632010	215021
日本三井住友银行股份有限公司苏州分行	苏州新区狮山路 28 号 12 楼	柴田学	0512-68258205	215011
星展银行苏州分行	苏州工业园区苏华路 2 号 7 楼	卞庭珠	0512-88881009	215021
渣打银行有限责任公司苏州分行	苏州工业园区苏华路 2 号 1 楼 0103 室及 10 楼 1001 室	周　韵	0512-67630198	215021

（续表）

机 构 名 称	地 址	负责人	电 话	邮 编
企业银行(中国)有限公司苏州分行	苏州工业园区苏华路2号209A	崔南植	0512-67671112	215021
东亚银行(中国)有限公司苏州分行	苏州工业园区旺墩路158号2楼	黄首鹏	0512-68735088	215028
韩国国民银行股份有限公司苏州分行	苏州工业园区化华池街24幢	宋镐源	0512-62927228	215028
友利(中国)有限公司苏州分行	苏州工业园区苏华路8号101B-201室	李世正	0512-62950777	215021
摩根大通银行(中国)有限公司苏州分行	苏州工业园区圆融24幢B区701—702室	刘一村	0512-67335767	215028
兆丰国际商业银行股份有限公司苏州分行	苏州园区旺墩路188号104室	蔡永义	0512-629666698	215028
华一银行苏州分行	苏州工业园区星海街188号1—3楼	张志贤	0512-62555758	215021
彰化银行昆山分行	昆山市黑龙江北路88号A座1—2楼	翁一新	0512-57325768	215300
合作金库银行苏州分行	苏州工业园区圆融24幢1601室	李国忠	0512-62958895	215028
瑞穗银行苏州分行	苏州工业园区旺墩路188号1701室	中西正一	0512-67336888	215123
三菱东京日联银行苏州分行	苏州工业园区苏州大道289号	大原俊介	0512-62853031	215028
南洋银行苏州分行	苏州园区华池街88号2幢	仇志祥	0512-69862228	215028
华侨银行苏州分行	苏州园区华池街88号2幢	丁怀文	0512-89175610	215028
江苏常熟农村商业银行	常熟市新世纪大道58号	宋建明	0512-52909068	215500
江苏张家港农村商业银行	张家港市人民中路66号	王自忠	0512-56968025	215600
江苏昆山农村商业银行	昆山市前进中路219号	张哲清	0512-57379288	215300
江苏吴江农村商业银行	吴江市中山南路1777号	陆玉根	0512-63969873	215200
江苏太仓农村商业银行	太仓太平南路市27号	张云青	0512-53282880	215400
上海农商银行昆山支行	昆山前进中路183号	王 丰	0512-36628903	215300
张家港渝农商村镇银行	张家港市长安路487—489号	康 波	0512-58918989	215600
昆山鹿城村镇银行	昆山市长江中路181—183号	杨懋勍	0512-50112020	215300
常熟建信村镇银行	常熟市海虞北路33号	姚建明	0512-51910528	215500
太仓民生村镇银行	太仓市上海东路199号A3栋	刘拥新	0512-53206822	215400
吴江中银富登村镇银行有限公司	苏州吴江区松陵镇鲈乡北路207号	姚红良	0512-82876798	215200
吴中珠江村镇银行股份有限公司	苏州木渎金山路51号	延 军	0512-80969696	215101
亨通财务有限公司	苏州市吴江区中山北路2288号	马耀明	0512-63196899	215200
江苏国泰财务有限公司	张家港市人民中路国泰大厦	张子燕	0512-56375318	215600
东吴证券股份有限公司	苏州工业园区星阳街5号	吴永敏	0512-69566728	215021
南京证券股份有限公司苏州分公司	苏州园区23幢B座206室	赵 伟	0512-58137653	215028
华泰证券苏州分公司	苏州市新市路102号	柏 榕	0512-67579666	215007
东海证券有限责任公司苏州分公司	苏州工业园区苏州大道西2号1900、1903单元	章 戬	0512-62888882	215021
安信证券股份有限公司常熟北门大街证券营业部	常熟市北门大街“虞景文华”1幢—2幢3楼	韦根东	0512-52228505	215500
安信证券股份有限公司苏州人民路证券营业部	苏州人民路538号1号楼2—3层	杨 耘	0512-65727033	215005
海通证券股份有限公司常熟海虞北路证券营业部	常熟市海虞北路20号	苏加宏	0512-52871168	215500

（续表）

机构名称	地址	负责人	电话	邮编
海通证券股份有限公司苏州南园北路证券营业部	苏州市南园北路31号	岳 岚	0512-65195299	215006
银泰证券有限责任公司苏州葑门西街证券营业部	苏州市沧浪区葑门西街11号	许 玮	0512-65196437	215006
银泰证券有限责任公司苏州干东将路证券营业部	苏州市平江区干将东路938号	刘国平	0512-65731800	215002
渤海证券股份有限公司苏州景德路证券营业部	苏州市景德路110号	盛 况	0512-65153708	215005
长城证券有限责任公司苏州东吴北路证券营业部	苏州市沧浪区东吴北路299号11楼	洪 源	0512-65620330	215218
东方证券股份有限公司苏州临顿路证券营业部	苏州市平江区临顿路82号4楼	许文平	0512-65231113	215000
光大证券股份有限公司苏州苏惠路证券营业部	苏州市苏惠路98号东裙3楼	赵志明	0512-62986802	215021
广发证券股份有限公司苏州苏州大道东证券营业部	苏州市工业园区苏州大道东289号3楼	方 强	0512-65156868	215005
国联证券股份有限公司苏州解放西路证券营业部	苏州市沧浪区解放西路116号	郑民中	0512-67861866	215009
红塔证券股份有限公司苏州人民路证券营业部	苏州市平江区人民路1309号4楼	彭洪斌	0512-65156298	215005
金元证券股份有限公司苏州养育巷证券营业部	苏州市沧浪区养育巷151号511室	张伯富	0512-65236893	215002
上海证券有限责任公司苏州干将西路证券营业部	苏州市金阊区干将西路456号	胡弘睿	0578-65580717	215004
申银万国证券股份有限公司苏州吴中西路证券营业部	苏州吴中西路175号	瞿 仁	0512-65282812	215007
新时代证券有限责任公司苏州白塔西路证券营业部	苏州市平江区白塔西路32号	潘 斌	0512-67205626	215001
中国银河证券股份有限公司苏州三香路证券营业部	苏州市三香路718号	钱 春	0512-87187708	215004
招商证券股份有限公司苏州干将西路证券营业部	苏州市金阊区干将西路515号3F	张 哲	0512-65225882	215002
中国中投证券有限责任公司苏州广济南路证券营业部	苏州市金阊区广济南路199号	冯美英	0512-68656030	215008
中国中投证券有限责任公司吴江盛泽东方大街证券营业部	苏州市吴江盛泽镇东方大街北侧园明寺桥东综合楼1—3楼	李 艳	0512-63551789	215228
中国民族证券有限责任公司苏州玉山路证券营业部	苏州市新区塔园路钻石广场409室	阮振义	0512-88180882	215011
中信建投证券苏州工业园区星海街证券营业部	苏州市星海街200号702	金 鹏	0512-67601356	215000
中信证券股份有限公司苏州苏雅路证券营业部	苏州工业园区苏雅路308号8楼	王晓猛	0512-67619636	215007
广发证券吴江仲英大道证券营业部	吴江仲英大道1060号	袁 琦	0512-81556883	215200
广发证券昆山前进东路证券营业部	昆山开发区前进东路1239-6号	赵晓秋	0512-86163586	215300

（续表）

机　构　名　称	地　　址	负责人	电　话	邮　编
光大证券昆山前进西路证券营业部	昆山市前进西路296号1号楼5楼502室	古　悦	0512-62986860	215300
国泰君安苏州苏绣路证券营业部	苏州工业园区苏雅路388号	董　杰	0512-67621618	215021
海通证券苏州笠泽路证券营业部	苏州市吴江区松陵镇振泰小区4幢102室	赵　宏	0512-63952051	215200
海通证券太仓人民南路证券营业部	太仓市城厢人民南路168号107室	黄颖达	0512-53526929	215400
海通证券张家港东环路证券营业部	张家港杨舍镇东环路123号	沈　斐	0512-58991187	215600
海通证券昆山同丰路证券营业部	昆山开发区同丰路347、349号	徐建强	0512-57378630	215300
华创证券张家港暨阳中路证券营业部	张家港杨舍镇暨阳中路158号5楼	陈利东	0512-58188221	215600
华鑫证券苏州证券营业部	苏州工业园区24幢1615室	聂皖苏	0512-62967966	215021
齐鲁证券苏州干将西路证券营业部	苏州市干将西路57号	乔　楠	0512-86862888	215002
齐鲁证券昆山柏庐路证券营业部	昆山玉山镇柏庐中路546号	方　雷	0512-86890163	215300
齐鲁证券张家港百桥路证券营业部	张家港市杨舍镇汇景豪苑25幢M108	韩　玲	0512-81625536	215600
首创证券有限责任公司苏州嘉元路证券营业部	苏州相城区元和街道嘉元路959号546室	杨长征	0512-65799360	215131
西南证券吴江仲英大道证券营业部	苏州市吴江区松陵镇仲英大道459号	熊贤德	0512-63033229	215200
西南证券常熟海虞北路证券营业部	常熟市海虞北路33号1306号、1307号	周　军	0512-52660369	215500
中信建投证券常熟锁澜南路证券营业部	常熟市锁澜南路25、27、21号—59号217	吴颖锋	0512-52018100	215500
中信建投证券张家港人民中路证券营业部	张家港杨舍镇人民中路145号	黄　耀	0512-58307618	215600
中原证券张家港建农路证券营业部	张家港市杨舍镇建农路7号10幢	陈小刚	0512-89598768	215600
浙商证券苏州旺墩路证券营业部	苏州园区旺墩路188号1幢702室	柴熙贤	0512-87663467	215021
中信证券股份有限公司张家港人民中路证券营业部	张家港市人民西路B座二层东侧	阎　珺	0512-58995558	215600
中国银河证券常熟海虞北路证券营业部	常熟市海虞北路5号A-108	王福兴	0512-52669088	215500
中山证券张家港园林南路证券营业部	张家港杨舍镇园林南路68号	黄　伟	0512-58251358	215600
招商证券张家港人民中路证券营业部	张家港杨舍镇人民中路43号	张　华	0512-58687758	215600
招商证券昆山前进西路证券营业部	昆山玉山镇前进西路119号11层1105室	乔　豹	0512-82690993	215300
中国保险监督管理委员会苏州监管分局	苏州市工业园区苏惠璐98号14层	单来锦	0512-85667666	215021
中国人民财产保险股份有限公司苏州市分公司	苏州高新区运河路8号	沈丽敏	0512-80980362	215011
中国太平洋财产保险股份有限公司苏州分公司	苏州工业园区苏雅路158号	席于林	0512-65230473	215021
中国平安财产保险股份有限公司苏州分公司	苏州市工业园区24幢B栋一楼105单元、六楼602—606单元	王　新	0512-67876634	215028
天安保险股份有限公司苏州中心支公司	苏州工业园区苏州大道西205号9层01，02，03，05室	柯　峰	0512-65151388	215021
华泰财产保险有限公司苏州中心支公司	苏州工业园区苏华路701A室	张云晖	0512-65238866	215021

（续表）

机构名称	地址	负责人	电话	邮编
中华联合财产保险股份有限公司苏州中心支公司	苏州市三香路53-105号	徐 锋	0512-68238369	215004
太平财产保险有限公司苏州分公司	苏州市工业园区华池街24幢1701室	汪小青	0512-65247708	215028
永安财产保险股份有限公司苏州中心支公司	苏州工业园区东环路1508号1幢1001—1005、1009、1010、1011室	冯泉华	0512-69373980	215021
华安财产保险股份有限公司苏州中心支公司	苏州市西环路1638号11层1104—1107单元	徐苏宁	0512-65128110	215004
中国大地财产保险股份有限公司苏州中心支公司	苏州市东环路1400号1幢8楼	陈宏波	0512-62555183	215021
安邦财产保险股份有限公司苏州分公司	苏州市新区狮山路88号1幢5楼	张 为	0512-67326889	215011
阳光财产保险股份有限公司苏州中心支公司	苏州市高新区技术开发区狮山路28号1楼101室、11楼1101—1105室	沈羽洁	0512-68028205	215011
都邦财产保险股份有限公司苏州中心支公司	苏州市吴中区东吴北路109-119号C座14、15楼	钱 寥	0512-66037015	215128
永诚财产保险股份有限公司苏州分公司	苏州市新区狮山路277号68幢	王法林	0512-68059038	215011
安盛天平财产保险股份有限公司苏州中心支公司	苏州市工业园区东环路1408号1幢1206—1209室	张同强	0512-69368327	215011
中银保险有限公司苏州分公司	苏州市干将西路1359号4楼	周立人	0512-68238369	215128
民安财产保险有限公司苏州中心支公司	苏州工业园区娄葑镇环府路66号9楼	钱明庆	0512-62988293	215006
渤海财产保险股份有限公司苏州中心支公司	苏州市竹辉路201号708—714室	李德军	0512-68381599	215006
中国人寿财产保险股份有限公司苏州市中心支公司	苏州工业园区苏雅路308号9层北	赵建平	0512-69133255	215021
安诚财产保险股份有限公司苏州中心支公司	苏州高新区马运路198号1—3楼	刘 晅	0512-69335807	215129
华农财产保险股份有限公司苏州中心支公司	苏州工业园区苏华路8号1幢1510室	叶 欣	0512-88881303	215021
长安责任保险股份有限公司苏州市中心支公司	苏州市工业园区翠园路181号6幢301室	陆建国	0512-85888968	215021
三星财产保险（中国）有限公司苏州分公司	苏州市工业园区华池街时代广场24幢503—505室、511室、512室	刘明钟	0512-62925968	215021
紫金财产保险股份有限公司苏州分公司	苏州市人民路3158号1楼104室、7楼	苏广山	0512-69325308	215006
日本财产保险（中国）有限公司江苏分公司	苏州市工业园区旺墩路188号16楼1602室	宫尾仁	0512-62969918	215021
东京海上日动火灾保险（中国）有限公司江苏分公司	苏州市工业园区华池街24幢1801/1810—1815室	比留间太郎	0512-62966770	215021
英大泰和财产保险股份有限公司苏州中心支公司	苏州市工业园区通园路699号2101室	丁淮清	0512-88881350	215021
浙商财产保险股份有限公司苏州中心支公司	苏州市工业园区中新大道西88号201室	刘晓武	0512-62551268	215021

（续表）

机构名称	地址	负责人	电话	邮编
信达财产保险股份有限公司苏州中心支公司	苏州工业园区苏华路8号32层3201室—3207室	吉家国	0512-80994953	215021
国泰财产保险有限责任公司江苏分公司苏州营销服务部	苏州市环府路66号3B	蔡尚斌	0512-62555058	215006
乐爱金财产保险（中国）有限公司苏州营销服务部	苏州工业园区翠园路181号6幢606室	尹泰植	0512-62964617	215028
三井住友海上火灾保险（中国）有限公司苏州营销服务部	苏州工业园区圆融24栋B区7楼711室	李东革	0512-62808839	215028
美亚财产保险有限公司苏州营业部	苏州工业园区华池街88号2幢1501	徐虹雯	0512-8883333	215021
史带财产保险股份有限公司苏州分公司	苏州市干将西路389号	陈　磊	0512-65242381	215006
中国人寿保险股份有限公司苏州市分公司	苏州市狮山路103号	李伟民	0512-68077029	215011
中国太平洋人寿保险股份有限公司苏州分公司	苏州市干将西路218号	夏建阳	0512-65213281	215002
东吴人寿保险股份有限公司	苏州市狮山路22号23—25楼	黄建林	0512-69586877	215011
中国平安人寿保险股份有限公司苏州中心支公司	苏州市苏雅路388号1601—1609室、1615室、1208室	冯　军	0512-65119336	215021
新华人寿保险股份有限公司苏州中心支公司	苏州市干将东路599号4楼	季小良	0512-69331371	215011
泰康人寿保险股份有限公司苏州中心支公司	苏州干将东路4楼	包加顺	0512-68710080	215006
民生人寿保险股份有限公司苏州中心支公司	苏州市三香路188号4楼401室—411室、413室、417室	史晓晶	0512-65165092	215004
太平人寿保险有限公司苏州分公司	苏州工业园区旺墩路269号1幢1501—1503室、1508—1512室	彭献民	0512-68313674	215028
富德生命人寿保险股份有限公司苏州分公司	苏州市苏雅路308号14楼南部分	彭　皓	0512-88168615	215021
国泰人寿保险有限责任公司江苏分公司苏州营销服务部	苏州市人民路1058号5楼	苏键川	0512-65120928	215005
光大永明人寿保险有限公司苏州分公司	苏州市干将西路515号4楼整层	刘　鹏	0512-88180066	215006
中德安联人寿保险有限公司江苏分公司苏州营销服务部	苏州市虎丘区狮山路199号1幢1806、1807、1808室	郁建青	0512-69368711	215011
中宏人寿保险有限公司江苏分公司苏州中心支公司	苏州市干将东路879号A座201、203、204、205室	唐　健	0512-65234688	215005
平安养老保险股份有限公司苏州中心支公司	苏州市工业园区1101室	陈哲浩	0512-69161132	215021
华夏人寿保险股份有限公司苏州分公司	苏州市金阊区广济南路199号5楼	倪新盛	0512-88866889	215008
华泰人寿保险股份有限公司苏州中心支公司	苏州市工业园区娄葑镇东环路1408号1幢20层2001室—2005室	冯　齐	0512-65128353	215021
中国人民健康保险股份有限公司苏州中心支公司	苏州市滨河路1156号12楼-ABCGHIJ	刘　远	0512-65813608	215011

（续表）

机构名称	地址	负责人	电话	邮编
中国人民人寿保险股份有限公司苏州中心支公司	苏州市高新区狮山路22号1101、1102、1105—1108室	李红芳	0512-87775508	215011
中意人寿保险有限公司江苏省分公司苏州中心支公司	苏州市工业园区901室	刘京钟	0512-85669090	215021
恒安标准人寿保险有限公司江苏分公司苏州中心支公司	苏州市干将西路93号7楼	董 伟	0512-88601155	215006
信诚人寿保险有限公司江苏省分公司苏州营销服务部	苏州市吴中区宝带西路111号8层，805—808室，9层904室	汪 伟	0512-68411666	215101
利安人寿保险股份有限公司苏州分公司	苏州市工业园区星海街198号9楼	徐彩萍	0512-65922333	215021
信泰人寿保险股份有限公司苏州中心支公司	苏州市工业园区东环路1518号1001—1003室	秦 浩	0512-80916016	215021
长城人寿保险股份有限公司苏州中心支公司	苏州市三香路188号5层	郑 宇	0512-66095203	215004
阳光人寿保险股份有限公司苏州中心支公司	苏州市高新区邓尉路9号1601—1605室	严士杰	0512-69370916	215011
幸福人寿保险股份有限公司苏州中心支公司	苏州工业园区东环路1580号2幢8楼	陆英豪	0512-86669307	215021
中美联泰大都会人寿保险有限公司江苏分公司苏州支公司	苏州市狮山路88号11楼1112室、1115室	王毓秀	0512-68185137	215011
和谐健康保险股份有限公司苏州中心支公司	苏州市新区狮山路88号1幢5层516/517/518室	沈 勤	0512-67326861	215011
建信人寿有限公司苏州分公司	苏州市工业园区星海街1001室	王 康	0512-88879999	215021
交银康联人寿保险有限公司苏州市中心支公司	苏州工业园区圆融23栋B座8楼807、808、809室	史伟达	0512-62607100	215028
太平养老保险股份有限公司江苏分公司苏州营业部	苏州市西环路2718号602、604室	毛 净	0512-88607105	215004
北大方正人寿保险有限公司江苏分公司苏州营销服务部	苏州市姑苏区干将西路1296号1幢10层1001—1003室	何 倩	0512-69161999	215006
工银安盛人寿保险有限公司江苏分公司苏州营销服务部	苏州市金阊区西环路6号21楼2101—2103、2108、2109室	周 勇	0512-68187988	215004
长生人寿保险有限公司江苏分公司苏州营销服务部	苏州市高新区邓尉路9号2幢17层01、02、06、07、08室	霍 菲	0512-68028769	215011
瑞泰人寿保险有限公司江苏分公司苏州中心支公司	苏州工业园区圆融23幢508室	刘庆华	0512-66966208	215028
百年人寿保险股份有限公司苏州中心支公司	苏州市工业园区星港街283号C301、C302、C303、C304室	陈瑞萍	0512-62720467	215021
中融人寿保险股份有限公司苏州分公司	苏州工业园区翠园路181号6幢1705室	陈 玢	0512-87663972	215021
友邦保险有限公司江苏分公司苏州中心支公司	苏州市苏州工业园区苏绣路89号主楼3层301室、304室、306—310室	张 炜	0512-65225558	215021
国华人寿保险股份有限公司苏州中心支公司	苏州市工业园区1幢2107、2108室	殷志强	0512-68732706	215021
农银人寿保险股份有限公司苏州分公司	苏州高新广场2603—2605室	夏 焱	0512-87662688	215011

5. 南通市主要金融机构

机构名称	地址	负责人	电话	邮编
中国人民银行南通市中心支行	南通市崇川路8号	李丹瑾	0513-85512128	226001
中国工商银行南通分行	南通市姚港路8号	王荣成	0513-83558815	226006
中国农业银行南通分行	南通市崇川区姚港路18号	王　强	0513-68591895	226005
中国银行股份有限公司南通分行	南通市青年西路19号	顾健新	0513-83516888	226006
中国建设银行股份有限公司南通分行	南通市姚港路1号	沈　康	0513-68091623	226000
交通银行股份有限公司南通分行	南通市崇川区人民中路27号交银大厦702室	王　飙	0513-85058028	226001
上海浦东发展银行股份有限公司南通分行	南通市桃坞路1号	李建宏	0513-85126517	226006
中国农业发展银行南通市分行	南通市青年中路8号	陈梦蒙	0513-85128969	226006
江苏银行股份有限公司南通分行	南通市南大街300号	艾　晨	0513-85123000	226001
招商银行股份有限公司南通分行	南通市工农路111号华辰大厦	詹　毅	0513-81551801	226007
中国邮政储蓄银行江苏省南通市分行	南通市崇川区人民中路88号邮政大厦	唐维迪	0513-85115162	226000
中信银行股份有限公司南通分行	南通市北濠桥路1号南通大厦C座	陈永宏	0513-81120961	226001
南通市农村商业银行	南通市通州区建设路1号	曹　康	0513-86027010	226006
华夏银行股份有限公司南通分行	南通市青年中路90号人保大厦	任洪亮	0513-81128897	226000
兴业银行股份有限公司南通分行	南通市工农路249号都市豪庭	周　浩	0513-81555618	226008
南京银行股份有限公司南通分行	南通市跃龙路71号	陈晓江	0513-81128163	226001
中国民生银行股份有限公司南通分行	南通市跃龙路80号	吴海盛	0513-81128616	226000
广发银行南通分行	南通市崇川区洪江路88号	夏济龙	0513-81589206	226007
浙商银行南通分行	南通市工农路358号	徐爱明	0513-81558008	226000
恒丰银行南通分行	南通市港闸区工农北路55号苏建阳光新城	李　峰	0513-66695737	226000
光大银行南通分行	南通市人民东路88号凤凰汇1号楼1—3层	王正明	0513-80887770	226001
日本名古屋银行南通分行	南通市开发区通盛大道188号创业外包服务中心C楼2F	镜味哲	0513-89192280	226009
江苏通州华商村镇银行股份有限公司	南通通州金沙镇开发区世纪大道西侧杏园路南侧	仲春浩	0513-86120099	226300
江苏海安县农村商业银行股份有限公司	南通市海安县长江中路88号	徐晓君	0513-88925801	226600
江苏海安盐海村镇银行股份有限公司	南通市海安县江海西路44号	刘　丰	0513-80680869	226600
江苏如皋农村商业银行股份有限公司	南通如皋市如城镇海阳路195号	汪农生	0513-87616019	226500
江苏如皋包商村镇银行股份有限公司	南通如皋市九华镇南大街88号	杨建高	0513-87579312	226500
江苏如东农村商业银行股份有限公司	南通市如东县掘港镇范堤路2号	曹桂斌	0513-84118604	226400
江苏如东融兴村镇银行有限责任公司	南通市如东县青园路38号	盛中伟	0513-87158168	226400
江苏海门农村商业银行股份有限公司	南通海门市海门镇解放中路137号	佘　俊	0513-82268998	226100
江苏海门建信村镇银行有限责任公司	南通海门市海门镇解放中路248号	姜旭照	0513-81262288	226100
江苏启东农村商业银行股份有限公司	南通启东市汇龙镇人民中路599号	陈卫兵	0513-83320398	226200
江苏启东珠江村镇银行股份有限公司	南通启东市汇龙镇南苑中路455—467号	陈泽填	0513-83904318	226200
华泰证券股份有限公司南通姚港路证券营业部	南通市姚港路6号	顾文焕	0513-85580999	226001

（续表）

机构名称	地址	负责人	电话	邮编
华泰证券股份有限公司南通环城西路证券营业部	南通市环城西路18号飞马大厦2楼	季春波	0513-85126785	226001
华泰证券股份有限公司南通人民中路证券营业部	南通市人民中路10号	沙 斐	0513-85123188	226000
申银万国证券股份有限公司南通青年中路证券营业部	南通市青年中路58号	刘进富	0513-89011886	226006
南京证券有限责任公司南通姚港路证券营业部	南通市姚港路10号	严子禹	0513-85127778	226001
海通证券股份有限公司南通人民中路证券营业部	南通市人民中路88号邮政大楼2楼	赵建祥	0513-85119899	226001
中山证券有限责任公司南通孩儿巷证券营业部	南通市姚港路2号鸿运大厦C座4楼	邢 澄	0513-85594286	226006
广发证券股份有限公司南通城山路证券营业部	南通市青年中路9号中城大厦1—2室	陶 宁	0513-85116616	226007
联讯证券经纪有限责任公司南通工农路证券营业部	南通市工农路245号	沙 泉	0513-83586883	226007
金元证券股份有限公司南通青年中路证券营业部	南通市青年中路69号通明大厦A座3楼	倪建伟	0513-85051288	226006
中国建银投资证券有限责任公司南通青年西路营业部	南通市姚港路38号	曹培荣	0513-83558988	226006
国联证券股份有限公司南通工农路证券营业部	南通市工农路486号	周 波	0513-85288560	226007
中航证券有限公司南通城港路证券营业部	南通市城港路18号	许耀波	0513-51003868	226000
国信证券股份有限公司南通跃龙路证券营业部	南通市跃龙路100号经典大厦12楼	祁立林	0513-89016298	226006
江苏文峰期货经纪有限责任公司	南通市崇川区环城南路126号3层	顾金坤	0513-85529853	226001
江苏弘业期货经纪有限公司南通营业部	南通市姚港路6号方天大厦703室	蔡许文	0513-85113509	226006
国联期货有限责任公司南通营业部	南通市南大街290号崇川大厦4楼	金沁炜	0513-85587588	226001
东海期货有限责任公司南通营业部	南通市人民中路71号润友大厦6楼	杨国光	0513-80107692	226001
冠通期货经纪有限公司南通营业部	南通市姚港路6号方天大厦408室	赵国新	0513-55081952	226001
华泰长城期货有限公司南通营业部	南通市青年中路69号4楼401室	朱建平	0513-89013831	226006
南华期货有限公司南通营业部	南通市南大街89号总部大厦603室	朱威桢	0513-89011160	226000
中国人寿保险股份有限公司南通市分公司	南通市环西路华威园7号楼	张建平	0513-85102697	226001
中国太平洋人寿保险股份有限公司南通中心支公司	南通市工农路129号	季金忠	0513-85018301	226001
中国平安人寿保险股份有限公司南通中心支公司	南通市人民东路328号	勾希光	0513-81186188	226007
新华人寿保险股份有限公司南通中心支公司	南通市城山路78号金和大厦5楼	朱 健	0513-89012333	226006
泰康人寿保险股份有限公司南通中心支公司	南通市外环西路49号外滩大厦11楼	于永平	0513-89082061	226007

（续表）

机构名称	地址	负责人	电话	邮编
太平人寿保险有限公司南通中心支公司	南通市人民中路95号纺织大厦5楼	刘　峰	0513-68002088	226001
生命人寿保险股份有限公司南通中心支公司	南通市青年西路208号	李　迎	0513-85353666	226006
民生人寿保险股份有限公司南通中心支公司	南通市跃龙路71号濠河名邸302室	李　军	0513-89012188	226006
合众人寿保险股份有限公司南通中心支公司	南通市姚港路6号方天大厦3楼	徐　玮	0513-85159901	226000
海康人寿保险有限公司江苏分公司南通营销服务部	南通市人民东路159号瑞景广场4号楼9楼	朱　勇	0513-85524868	226001
信诚人寿保险有限责任公司江苏分公司南通营销服务部	南通市人民东路6号王府大厦2幢6楼	朱晓科	0513-85065932	226001
嘉禾人寿保险股份有限公司江苏分公司南通营销服务部	南通市虹桥路66号易家桥中学综合楼4楼	钱伟煌	0513-89012666	226001
中国人民健康保险股份有限公司南通中心支公司	南通市青年中路90号保险大厦13楼	朱泉海	0513-81566009	226006
国泰人寿保险有限责任公司江苏分公司南通营销服务部	南通市环城西路16号飞马大厦4楼	林鸿志	0513-85050118	226001
中宏人寿江苏分公司南通营销服务部	南通市人民东路159号瑞景商贸广场3楼	金　伟	0513-89016088	226001
光大永明人寿保险有限公司南京分公司南通营销服务部	南通市跃龙路38号国际大厦11层B座	李文华	0513-80208199	226001
恒安标准人寿保险有限公司江苏分公司南通营销服务部	南通市人民中路71号润友大厦3楼	曹美娟	0513-80107058	226001
平安养老保险股份有限公司南通中心支公司	南通市工农路168号文峰大厦18楼	黄慧青	0513-85018096	226007
和谐健康保险有限公司江苏分公司南通营销服务部	南通市桃坞路服饰城1幢11层	艾　虹	0513-85057380	226001
中国人民人寿保险股份有限公司南通中心支公司	南通市青年中路90号人保大厦17楼	尹建乐	0513-80113299	226006
正德人寿保险股份有限公司南通中心支公司	南通市城山路34号5楼	朱德友	0513-89015170	226006
中德安联人寿保险有限公司江苏分公司南通营销服务部	南通市工农路249号都市豪庭11楼1103室	丁建峰	0513-81181990	226007
阳光人寿保险股份有限公司南通中心支公司	南通市南大街290号崇川大厦3楼	杨建明	0513-85158588	226001
华夏人寿保险股份有限公司南通中心支公司	南通市人民中路20号南通大厦A座19楼	戴　蓉	0513-85797358	226001
中英人寿保险有限公司江苏分公司南通营销服务部	南通市人民中路71号润友大厦13楼	姜晓丹	0513-80112652	226001
信泰人寿保险股份有限公司南通中心支公司	南通市工农路256号鑫龙大厦5楼	孙　林	0513-68581318	226008
长城人寿保险股份有限公司南通中心支公司	南通市人民中路203号中南大厦B座17楼	鹿宝成	0513-85798610	226001
幸福人寿保险股份有限公司南通中心支公司	南通市工农路5号亚太大厦8楼、11楼	季少伟	0513-80106818	226001
华泰人寿保险股份有限公司南通中心支公司	南通市濠西路78号汉庭酒店3楼	罗向东	0513-89011300	226006
国华人寿保险股份有限公司南通中心支公司	南通市青年中路111号通明大厦3楼	单云峰	0513-85531201	226006
中美联泰大都会人寿保险有限公司江苏分公司南通营销服务部	南通市人民东路159号瑞景商贸广场4号楼10楼	宋文通	0513-89012929	226006
长生人寿保险有限公司江苏分公司南通营销服务部	南通市工农路155号天鑫大厦310—312室	黄建新	0513-55012899	226001

（续表）

机构名称	地址	负责人	电话	邮编
中意人寿保险有限公司南通营销服务部	南通市人民东路159号瑞景广场4—11层	张 忠	0513-80208299	226001
金盛人寿保险有限公司江苏分公司南通营销服务部	南通市人民东路159号瑞景广场7号楼3楼	刘岳军	0513-81159366	226001
英大泰和人寿保险股份有限公司南通中心支公司	南通市外环西路49号外滩大厦2楼	黄 海	0513-80103333	226001
中国人民财产保险股份有限公司南通市分公司	南通市青年中路90号	高 峰	0513-68095688	226000
中国太平洋财产保险股份有限公司南通中心支公司	南通市人民中路203号中南大厦B座8—10楼	朱伯春	0513-68095590	226001
中国平安财产保险股份有限公司南通中心支公司	南通市工农路155号天星大厦3楼	杨晓迪	0513-81186777	226007
天安保险股份有限公司南通中心支公司	南通市桃坞路89号莘园大厦6楼	顾祖平	0513-80106088	226006
大众保险股份有限公司南通中心支公司	南通市桃坞路1号浦发大厦10楼	李 坪	0513-85128988	226006
华泰财产保险股份有限公司南通中心支公司	南通市姚港路6＃方天大厦6楼	孙晓强	0513-85128578	226000
中华联合财产保险股份有限公司南通中心支公司	南通市虹桥路66号	杜炳冲	0513-85158518	226006
太平保险有限公司南通中心支公司	南通市工农路129号	高 鹏	0513-85219668	226007
中国大地财产保险股份有限公司南通中心支公司	南通市孩儿巷南路50号13幢1—4层	陈 晓	0513-85050188	226001
永安财产保险股份有限公司南通中心支公司	南通市工农路59号新景大厦2层	许文杰	0513-81552666	226007
安邦财产保险股份有限公司南通中心支公司	南通市人民中路95号纺织大厦7楼	尤志明	0513-85158897	226001
阳光财产保险股份有限公司南通中心支公司	南通市桃坞路2号友谊大厦15楼	刘建平	0513-85053818	226001
都邦财产保险股份有限公司南通中心支公司	南通市工农路155号天鑫大厦8楼	曹建军	0513-81185688	226000
华安财产保险股份有限公司南通中心支公司	南通市北濠桥路锦绣花园1店面附3室	何晓松	0513-85198928	226000
美国友邦保险有限公司江苏分公司南通营销服务部	南通市工农路6号华丽大厦0303室	朱璟莉	0513-85798588	226001
中银保险有限公司南通中心支公司	南通市工农路198号金唐大厦3楼	秦永东	0513-83561133	226000
中国人寿财产保险股份有限公司南通市中心支公司	南通市青年东路7号	赵建平	0513-68195526	226008
民安财产保险有限公司南通中心支公司	南通市工农路111号南通华辰大厦3座6层	彭 云	0513-55013890	226001
渤海财产保险股份有限公司南通中心支公司	南通市工农路135号三喜大厦3楼	张 健	0513-81125222	226007
长安责任保险股份有限公司南通市中心支公司	南通市人民东路159号瑞景广场4号楼7楼	史昱敏	0513-80108159	226001
华农财产保险股份有限公司南通中心支公司	南通市工农路8号华雅大厦南2楼	周骅骝	0513-55012388	226007
安诚财产保险股份有限公司南通中心支公司	南通市青年西路208号海关大楼11楼	洪 军	0513-81567001	226001
永诚财产保险股份有限公司南通中心支公司	南通市桃坞路2号	唐德林	0513-81121188	226001
紫金财产保险股份有限公司南通中心支公司	南通市城山路129号	江 健	0513-89198090	226001
英大泰和财产保险股份有限公司南通中心支公司	南通市工农路6号华丽大厦4楼402室	刘森雄	0513-85238060	226007

6. 扬州市主要金融机构

机构名称	地址	负责人	电话	邮编
中国人民银行扬州市中心支行	扬州市文昌中路 561 号	戴又有	0514-87930188	225009
中国银行业监督管理委员会扬州监管分局	扬州市扬子江中路 756 号	张宗政	0514-87782877	225009
中国农业发展银行扬州市分行	扬州市百祥路 123 号	徐素荣	0514-87367899	225009
中国工商银行扬州分行	扬州市扬子江中路 756 号	徐纯彬	0514-87859678	225009
中国农业银行扬州分行	扬州市文昌西路 2 号	朱　晔	0514-87863328	225002
中国银行扬州分行	扬州市文昌中路 541 号	袁彩平	0514-87361008	225009
中国建设银行扬州分行	扬州市文昌中路 398 号	张玲莉	0514-87333437	225001
交通银行扬州分行	扬州市邗江中路 477 号	吴　好	0514-87359111	225009
中信银行扬州分行	扬州市维扬路 171 号	徐　勇	0514-87890988	225009
招商银行扬州分行	扬州市文昌西路 12 号	庄晓梅	0514-82988601	225009
华夏银行扬州分行	扬州市邗江中路 301 号	张正勤	0514-82962818	225000
上海浦东发展银行扬州分行	扬州市文昌西路 202 号	严如勤	0514-82981111	225009
光大银行扬州分行	扬州市文汇东路 231 号	杨　骏	0514-89988000	225009
兴业银行扬州分行	扬州市维扬路 399 号	李贵标	0514-89710801	225007
广发银行扬州分行	扬州市邗江中路 629 号	杨　薇	0514-87106999	225009
江苏银行扬州分行	扬州市邗江区文昌西路 525 号西区行政服务中心 4 号楼	白伟亮	0514-87583988	225009
南京银行扬州分行	扬州市江阳中路 433 号	卢建华	0514-82991002	225009
江苏长江商业银行扬州分行	扬州市邗江区文汇东路 178 号	刘国华	0514-87096601	225009
中国邮政储蓄银行扬州市分行	扬州市文昌西路 51 号	杨卫红	0514-82930199	225002
扬州农村商业银行	扬州市鸿大路 1 号	周仁山	0514-87788688	225009
邗江民泰村镇银行	扬州市兴城西路 191 号	杨　扬	0514-82681666	225009
邗江联合村镇银行	扬州市维扬路 399 号桐园商业 1 号楼	单海华	0514-89718818	225009
扬州广陵中成村镇银行	扬州市广陵区李典镇花园路 1 号	林　培	0514-87556955	225000
常熟农村商业银行邗江支行	扬州市邗江区文汇西路 175—183 号	唐晓旭	0514-87996000	225009
昆山农村商业银行广陵支行	扬州市文昌中路 8 号	滕　清	0514-82981119	225002
汇丰银行(中国)有限公司扬州分行	江苏省扬州市邗江区江阳西路 109 号 1 层	曹云晖	0514-87916750	225100
华泰证券股份有限公司扬州文昌中路证券营业部	扬州市文昌中路 406 号	徐益萍	0514-87055888	225001
中国中投证券有限责任公司扬州邗江北路证券营业部	扬州市邗江北路 68 号	张卫兵	0514-87322885	225000
申银万国证券股份有限公司扬州扬子江中路证券营业部	扬子江中路 758 号	臧　扬	0514-87891800	225009
海通证券股份有限公司扬州汶河南路证券营业部	扬州市汶河南路 69 号	刘俊杰	0514-87360056	225000
招商证券股份有限公司扬州汶河北路证券营业部	扬州市汶河北路 42 号 3 楼	张　宁	0514-87346818	225002
新时代证券有限责任公司扬州维扬路证券营业部	扬州市开发区商城国际大厦 C-1 幢	张珏君	0514-85101001	225009
太平洋证券股份有限公司扬州运河西路证券营业部	扬州市运河西路 185 号	龚兴成	0514-87903559	225001

（续表）

机 构 名 称	地 址	负责人	电 话	邮 编
中国银河证券股份有限公司扬州文昌中路证券营业部	扬州市文昌中路561号	季春雷	0514-87938199	225002
国联证券股份有限公司扬州文汇西路证券营业部	扬州市邗江区文汇西路183号	陈 杰	0514-87086799	225012
东莞证券有限责任公司扬州兴城西路证券营业部	扬州市金缘大厦301号	李舒丽	0514-80826868	225000
东海证券股份有限公司扬州文汇西路证券营业部	扬州市文汇西路268号	李敬东	0514-89786839	225000
德邦证券有限责任公司扬州文昌中路证券营业部	扬州市广陵区运河城市广场B幢—办公201号房	叶 慧	0514-85188898	225003
中国人寿保险股份有限公司扬州市分公司	扬州市文昌中路543号	黄广银	0514-87340999	225002
中国人民财产保险股份有限公司扬州市分公司	扬州市文昌中路388号	杨玉宏	0514-87345417	225000
安邦财产保险股份有限公司扬州中心支公司	扬州市文昌西路南侧金茂广场3幢410室	李 旭	0514-87930388	225009
中国平安人寿保险股份有限公司扬州中心支公司	扬子江中路771号	王成中	0514-87863028	225009
中国平安财产保险股份有限公司扬州中心支公司	扬州市邗江中路471号	高继荣	0514-87961789	225012
中国平安养老保险股份有限公司扬州中心支公司	扬子江中路771号3楼	陈崇勇	0514-87863011	225009
泰康人寿保险股份有限公司扬州中心支公司	扬州市文昌西路47号金海岸宾馆9楼	于水平	0514-87967999	225012
中国太平洋人寿保险股份有限公司扬州中心支公司	扬州市文昌中路542号	刘 枫	0514-87316105	225002
中国太平洋财产保险股份有限公司扬州中心支公司	扬州市文昌中路540号	马晨阳	0514-87331880	225002
太平人寿保险有限公司扬州中心支公司	扬州文昌西路56号公元国际大厦9楼906室	赵丹琳	0514-80820999	225009
大众保险股份有限公司扬州中心支公司(史带财险)	扬州市文昌中路382号	李继凤	0514-87933318	225001
中华联合财产保险股份有限公司扬州市中心支公司	扬州市新城河路520号水利大厦3楼	姬景瑜	0514-87965105	225009
华安财产保险股份有限公司扬州中心支公司	扬州市百祥路新港名城沿街商业房162号	王荣晴	0514-87897399	225012
永安财产保险股份有限公司扬州中心支公司	扬州市文昌中路168号扬州名都华庭商务楼5楼	高 翔	0514-87905602	225003
都邦财产保险股份有限公司扬州中心支公司	扬州市邗江中路428号凯旋国际大厦11楼	程 凯	0514-82989678	225007
民安财产保险有限公司扬州中心支公司	扬州市望月路328号望月浴都5楼	姚顺利	0514-82982018	225002
阳光财产保险股份有限公司扬州中心支公司	扬子江北路22号新贵城邦1幢5楼	任新平	0514-87988199	225001
阳光人寿保险股份有限公司扬州中心支公司	扬子江北路22号新贵城邦1幢5楼电梯左侧	李万梅	0514-85822588	225000
天安财产保险股份有限公司扬州中心支公司	扬州市文昌西路47号金海岸宾馆8楼	韩 钧	0514-85865553	225009
合众人寿保险股份有限公司扬州中心支公司	扬州市文昌中路1号运河城市广场3幢10楼	毕建辉	0514-87326848	225009
华泰财产保险有限公司扬州中心支公司	扬州市邗江路458号汇好数码广场6楼	包原维	0514-82988801	225000
华泰人寿保险股份有限公司扬州中心支公司	扬州市文昌中路20号1-801室	朱维平	0514-82985686	225003
渤海财产保险股份有限公司扬州中心支公司	扬州市江阳中路43号九州大厦601室	步从兵	0514-82982177	225009
华农财产保险有限公司扬州中心支公司	扬州市新城河路194号	潘 诚	0514-85882988	225012
安诚财产保险股份有限公司扬州中心支公司	扬州市江阳中路43号九州大厦5楼	冯春梅	0514-82981502	225009
幸福人寿保险股份有限公司扬州中心支公司	扬州市广陵区文昌阁皇宫广场33号3幢4楼	贾 翼	0514-80596833	225000

（续表）

机　构　名　称	地　　址	负责人	电　话	邮　编
长城人寿保险股份有限公司扬州中心支公司	扬州市邗江区山姆月城明珠园 1 幢 410—420 室	徐　磊	0514-87978556	225000
紫金财产保险股份有限公司扬州中心支公司	扬州市文汇西路 152 号	杨文泉	0514-85100099	225000
国华人寿保险股份有限公司扬州中心支公司	扬州市文昌西路 56 号公元国际大厦 12—16 室	曹　建	0514-82888133	225000
英大泰和人寿保险股份有限公司扬州中心支公司	扬州市邗江中路 428 号凯旋国际大厦 601、602 室	殷　鹏	0514-85555499	225000
利安人寿保险股份有限公司扬州分公司	扬州市广陵新城信息大道 1 号产业基地 8 号楼 1 楼	陈章华	0514-87916177	225000
美国友邦保险有限公司江苏分公司扬州中心支公司	扬州市文昌西路 56 号公元国际大厦 8 楼	庞茂勇	0514-82982388	225000
华夏人寿保险股份有限公司江苏分公司扬州中心支公司	扬州市祥和路 95 号金天城 B 座二楼	赵　媛	0514-85068088	225009
光大永明人寿保险有限公司江苏分公司扬州中心支公司	扬州市文汇西路现代广场 25 幢 625 室	李　斌	0514-85162257	225000
农银人寿保险股份有限公司扬州中心支公司	扬州市邗江中路 479 号联合广场 A 座 10 楼	徐万军	0514-87922201	225009
中意人寿江苏省分公司扬州中心支公司	扬州市文昌西路 56 号号公元国际大厦 15 楼	徐亚峰	0514-85861699	225009
英大泰和财产保险股份有限公司扬州中心支公司	扬州市文昌中路 638 号	邓立军	0514-85160888	225000
恒安标准人寿保险有限公司江苏分公司扬州营销服务部	扬州市邗江区文汇西路 268 号邗都大酒店 15 楼	刁海燕	0514-85102198	225009
中宏人寿保险有限公司江苏分公司扬州市营销服务部	扬州市邗江中路 428 号凯旋国际大厦 8 楼	吕桃仁	0514-87702400	225009
北大方正人寿保险有限公司江苏分公司扬州营销服务部	扬州市邗江中路 330 号星座国际大厦 12 楼	卜树青	0514-87787811	225009
信泰人寿保险有限公司江苏分公司扬州营销服务部	扬州市邗江区文汇西路 268 号新辰大厦 3、4 楼	孙　宾	0514-87331388	225009
工银安盛人寿保险有限公司江苏分公司扬州营销服务部	扬州市邗江区兴城西路 191 号金缘国际大厦 10 楼	许　萍	0514-85882088	225009

7. 镇江市主要金融机构

机　构　名　称	地　　址	负责人	电　话	邮　编
中国人民银行镇江市中心支行	镇江市中山西路 110 号	缪　斌	0511-85246166	212004
中国银行业监督管理委员会镇江监管分局	镇江市梦溪路 43 号	周盛武	0511-88982002	212003
中国农业发展银行镇江市分行	镇江市中山东路 16 号	孟凡庭	0511-85032998	212300
中国工商银行股份有限公司镇江分行	镇江市解放路 308 号	张清水	0511-85038728	212000
中国农业银行股份有限公司镇江分行	镇江市电力路 19 号	陶长辉	0511-85275208	212007
中国银行股份有限公司镇江分行	镇江市长江路 15 号	孙庆阳	0511-85081588	212001
中国建设银行股份有限公司镇江分行	镇江市正东路 29 号	朱　成	0511-84434216	212003
交通银行股份有限公司镇江分行	镇江市解放路 229 号	孙　亮	0511-85086218	212001
华夏银行股份有限公司镇江分行	镇江市解放路 288 号东邦国际商务大厦 19 楼	朱希庭	0511-88910988	212001

（续表）

机构名称	地址	负责人	电话	邮编
民生银行股份有限公司镇江支行	镇江市长江路7号地方海事大厦1、2层	常震	0511-88916668	212001
上海浦东发展银行股份有限公司镇江支行	镇江解放路318号	陈士杰	0511-85085088	212002
招商银行镇江分行	镇江市电力路18号	李云霞	0511-88916889	212007
江苏银行镇江分行	镇江市正东路28号	金向阳	0511-85010097	212000
中国邮政储蓄银行有限责任公司江苏省镇江市分行	镇江市中山西路65号	吴铮	0511-85230216	212004
江苏省镇江市农村商业银行	镇江市寿邱街9号	魏礼亚	0511-84415298	212001
大新银行(中国)有限公司镇江分行	镇江市解放路59号	李奇瑞	0511-85309968	212001
兴业银行股份有限公司镇江分行	镇江市中山西路102号	丁一波	0511-89009966	212004
广发银行股份有限公司镇江分行	镇江市润州区檀山路8号	孙平	0511-83816789	212000
中信银行股份有限公司镇江分行	镇江市长江路11号A座	许良大	0511-89886288	212000
南京银行镇江分行	镇江市长江路33号	汤松	0511-83815777	212000
丹徒蒙银村镇银行	镇江市丹徒区谷阳大道286号	史武军	0511-85572905	212000
中国人民财产保险股份有限公司镇江市分公司	镇江市正东路35号	刘亮	0511-84434067	212003
中国太平洋财产保险股份有限公司镇江中心支公司	镇江市中山东路19号	陆忠	0511-84433541	212003
中国平安财产保险股份有限公司镇江中心支公司	镇江市长江路267号翠堤春晓20幢	张雪冰	0511-85037709	212003
天安保险股份有限公司镇江中心支公司	镇江市黄山北路韵成大厦B座2—4楼	陈勇	0511-85116088	21200
中华联合财产保险股份有限公司镇江中心支公司	镇江市中山北路19号金山大厦5楼	蔡蓉宁	0511-85293688	212002
永安财产保险股份有限公司镇江中心支公司	镇江市运河路65号广厦大厦西5楼	尹东浩	0511-85371116	212001
太平财产保险有限公司镇江中心支公司	镇江市大西路286号同德大厦2楼	崔建中	0511-85282666	212002
安邦财产保险股份有限公司镇江中心支公司	镇江市朱方路233号华宇大厦1幢5层505室	郑路遥	0511-85905999	212000
华安财产保险股份有限公司镇江中心支公司	镇江市黄山南路2-16号天和星城东大门右侧(疾控中心对面)	邱海萍	0511-84490352	212002
都邦财产保险股份有限公司镇江中心支公司	镇江市丁卯桥路97号	杨建中	0511-88918811	212000
阳光财产保险股份有限公司镇江中心支公司	镇江市学府路64号恒顺尚都花苑5栋	毛勇	0511-85119733	212000
中国大地财产保险股份有限公司镇江中心支公司	镇江市冠城路8号工人大厦17楼	宋卫国	0511-85626556	212000
中银保险有限公司镇江中心支公司	镇江市中山东路189号诚和大厦第5层	张伟群	0511-85218890	212000
华泰财产保险股份有限公司镇江中心支公司	镇江市长江路11号11层1102室	王卫平	0511-85084588	212000
渤海财产保险股份有限公司镇江中心支公司	镇江市中山东路68号嘉源大厦806室	孙力宇	0511-85082789	212000
民安财产保险有限公司镇江中心支公司	镇江市寿邱街8号3楼	孙兴盛	0511-86589917	212000
国寿财产保险股份有限公司镇江中心支公司	镇江市黄山南路20号德润大厦10层	杨铁牛	0511-85218503	212000
安诚财产保险股份有限公司镇江中心支公司	镇江市梦溪路5号工人文化宫南楼3—4层	曹如忠	0511-85114888	212000
长安责任财产保险股份有限公司镇江中心支公司	镇江市中山东路45号华星大厦15楼(1501—1508室)	赵荣	0511-85119899	212000
永诚财产保险股份有限公司镇江中心支公司	镇江市京口路41号3楼	李志立	0511-85013988	212000
紫金财产保险股份有限公司镇江中心支公司	镇江市长江路9号西侧2—3楼	单培春	0511-88983666	212000
英大泰和财产保险股份有限公司镇江中心支公司	镇江市长江路35号滨江壹号商务楼西601—606室	凌漠德	0511-85898000	212000

（续表）

机 构 名 称	地 址	负责人	电 话	邮 编
泰山财产保险股份有限公司镇江中心支公司	镇江市中山东路288号八佰伴商贸有限公司12F1201室、1202室	徐 斌	0511-83997333	212000
浙商财产保险股份有限公司镇江中心支公司	镇江市学府路80号恒美家园31栋4层501室	张 云	0511-81983155	212000
安信农业保险股份有限公司镇江市新区营销服务部	镇江市丁卯桥路168号江南世家6栋7层	姜杭英	0511-85985666	212000
中国人寿保险股份有限公司镇江市分公司	镇江市正东路148号	姚盛峰	0511-84420123	212003
中国太平洋人寿保险股份有限公司镇江中心支公司	镇江市中山东路19号	黄锡荣	0511-85580801	212003
中国平安人寿保险股份有限公司镇江中心支公司	镇江市长江路11号滨江银座7楼	高 民	0511-89881001	212000
新华人寿保险股份有限公司镇江中心支公司	镇江市解放路288号东邦国际大厦10楼、5楼部分	蒋 波	0511-85038567	212001
泰康人寿保险股份有限公司镇江中心支公司	镇江市中山东路288号八佰伴13楼	张和彬	0511-85296301	212003
太平人寿保险股份有限公司镇江中心支公司	镇江市黄山南路29号常发广场8号写字楼23层	郁武高	0511-80821998	212000
民生人寿保险股份有限公司镇江中心支公司	镇江市黄山南路29号常发广场8号写字楼15层1505—1510	谢立群	0511-89882301	212000
合众人寿保险股份有限公司镇江中心支公司	镇江市电力路39号中基大厦4楼401—407室	章 里	0511-85087888	212000
富德生命人寿保险股份有限公司镇江中心支公司	镇江市电力路39号中基大厦7、8楼	沈兆萍	0511-85118999	212000
中宏人寿保险股份有限公司镇江营销服务部	镇江市中山东路25号京口教育大厦13楼	盛如国	0511-88989000	212003
海康人寿保险股份有限公司镇江营销服务部	镇江市长江路35号229、231室	吴 均	0511-85524868	212000
农银人寿保险股份有限公司镇江中心支公司	镇江市中山东路189号诚和大厦十三层	江志虎	0511-80857001	212003
华夏人寿保险股份有限公司镇江中心支公司	镇江市运河路4号南1—6楼	严建俊	0511-85117099	212000
陆家嘴国泰人寿保险有限责任公司镇江营销服务部	镇江市长江路35号517室、519室	杨月庆	0511-85226538	212000
正德人寿保险股份有限公司镇江中心支公司	镇江市大西路347号三楼	糜艳春	0511-85930090	212000
长城人寿保险股份有限公司镇江中心支公司	镇江市长江路35号滨江一号304室	郑国荣	0511-85295801	212000
阳光人寿保险股份有限公司镇江中心支公司	镇江市梦溪路2号船院空调二楼	倪加兵	0511-84436228	212003
华泰人寿保险股份有限公司镇江中心支公司	镇江市中山东路5号京谷大厦6楼	张振华	0511-85221978	212001
信泰人寿保险股份有限公司镇江中心支公司	镇江市电力路39号中基大厦5楼	张敏泉	0511-85907888	212000
中国人民人寿保险股份有限公司镇江市分公司	镇江市天桥路5号时代华府9栋第11层、第12层	徐红英	0511-85992580	212000
信诚人寿保险有限公司镇江营销服务部	镇江市中山东路381号中山大厦14楼	陆 俭	0511-85218099	212002
中国人民健康保险股份有限公司镇江中心支公司	镇江市南徐大道67号3层	赵泰来	0511-89980988	212000
国华人寿保险股份有限公司镇江中心支公司	镇江市东邦国际11楼1103—1104	贾 路	0511-88990909	212000
利安人寿保险股份有限公司镇江分公司	镇江市中山东路288号八佰伴16楼	陈 林	0511-85289809	212002
东吴人寿保险股份有限公司镇江分公司	镇江市中山东路288号八佰伴17楼	董静波	0511-83813001	212002
建信人寿保险有限公司镇江中心支公司	镇江市中山东路26号建行京口支行6楼	顾前旺	0511-85279828	212001
友邦保险有限公司镇江中心支公司	镇江市黄山西路29号常发广场8号楼16楼部分	张 俨	0511-85480818	212000

（续表）

机构名称	地址	负责人	电话	邮编
华泰证券股份有限公司镇江营业部	镇江市长江路11号滨江银座17楼	袁红彬	0511-85037090	212001
申银万国证券股份有限公司镇江营业部	镇江市中山东路28号	孙伟斌	0511-85032138	212001
安信证券股份有限公司镇江营业部	镇江市中山东路189号2楼	陈国兴	0511-85023108	212001
南京证券股份有限公司镇江营业部	镇江市中山东路288-1号	常　斌	0511-85248167	212001
国联证券股份有限公司镇江南门大街证券营业部	镇江市南门大街269号	朱向明	0511-84428548	212000
中信证券股份有限公司镇江电力路证券营业部	镇江市润州区电力路18号B区1—2楼	高　群	0511-81983988	212002
海通证券股份有限公司镇江中山西路营业部	镇江市中山西路53号	成　剑	0511-89155588	212004
中投证券镇江北府路证券营业部	镇江市北府路华都名城美锦苑79-1号	王昊卿	0511-85295888	212004
银河证券镇江黄山南路证券营业部	镇江市黄山南路20号德润大厦11楼	张克明	0511-81982001	212000
东吴证券镇江黄山北路证券营业部	镇江市宝塔路129号	黄永兴	0511-81982786	212000
江苏弘业期货经纪有限公司镇江营业部	镇江市中山东路18号京凌大厦9楼	卜协荣	0511-85088168	212001

8. 泰州市主要金融机构

机构名称	地址	负责人	电话	邮编
中国人民银行泰州市中心支行	泰州市海陵南路319号	谢　宁	0523-86836933	225300
中国银行业监督管理委员会泰州银监分局	泰州市五一路121号	陈惠莲	0523-86392800	225300
泰州市保险行业协会	泰州市青年南路157号	朱　彤	0523-82098578	225300
中国工商银行股份有限公司泰州分行	泰州市青年北路188号	陈　阳	0523-86225108	225300
中国农业银行泰州市分行	泰州市青年南路56号	汪　洋	0523-86896288	225300
中国银行股份有限公司泰州分行	泰州市青年路128号	王恩福	0523-86230388	225300
中国建设银行股份有限公司泰州分行	泰州市五一路79号	马　新	0523-86328699	225300
交通银行股份有限公司泰州分行	泰州青年北路151号	於　亮	0523-86242160	225300
中国农业发展银行泰州市分行	泰州市人民西路20号	汪建青	0523-86231908	225300
中信银行股份有限公司泰州分行	泰州市青年路39号	丁峥嵘	0523-86399199	225300
南京银行股份有限公司泰州分行	泰州市五一路80号	洪　伟	0523-86392998	225300
江苏银行股份有限公司泰州分行	泰州市东进东路10号	韩京考	0523-86392001	225300
中国邮政储蓄银行股份有限公司泰州分行	泰州市东进西路7号B楼	曹锦生	0523-86999600	225300
招商银行股份有限公司泰州分行	泰州市迎春东路28-8	赵洪俊	0523-86681666	225300
兴业银行股份有限公司泰州分行	泰州市凤凰东路88号	刘金本	0523-86195333	225300
上海浦东发展银行股份有限公司泰州分行	泰州市青年北路215号	刘剑平	0523-86899588	225300
华夏银行股份有限公司泰州分行	泰州市济川东路190号	何华南	0523-86511500	225300
民生银行股份有限公司泰州分行	泰州市鼓楼南路328号	潘文刚	0523-86511688	225300
浙商银行股份有限公司泰州分行	泰州市鼓楼南路326号	王　蔚	0523-86511888	225300
江苏长江商业银行股份有限公司	靖江市骥江西路359号	朱惠健	0523-84891001	214500
江苏长江商业银行股份有限公司泰州分行	泰州市府前路9号	陆新山	0523-86390929	225300
江苏泰州农村商业银行	泰州市青年路52号	袁　军	0523-86239100	225300
江苏靖江农村商业银行	靖江市骥江路179号	曹文铭	0523-84826628	214500

（续表）

机　构　名　称	地　　址	负责人	电　话	邮　编
江苏泰兴农村商业银行	泰兴市国庆西路88号	申和健	0523-87627000	225400
江苏姜堰农村商业银行	姜堰市人民路560号	刘友余	0523-88289829	225500
江苏兴化农村商业银行	兴化市五里东路2号金融大厦602室	洪其华	0523-83328818	225700
中国人民财产保险股份有限公司泰州市分公司	泰州市凤凰东路80号	王晓文	0523-80916988	225300
中国太平洋财产保险股份有限公司泰州中心支公司	泰州市鼓楼南路557号	陆　华	0523-86363602	225300
中国平安财产保险股份有限公司泰州中心支公司	泰州市海陵南路295号	李　翔	0523-86333456	225300
天安保险股份有限公司泰州中心支公司	泰州市海陵南路389号	林　蔚	0523-82190701	225300
中华联合财产保险股份有限公司泰州中心支公司	泰州市江洲南路117号	姬景瑜	0523-86243333	225300
中国大地财产保险股份有限公司泰州中心支公司	泰州市鼓楼南路398号	刘　翔	0523-86398595	225300
华安财产保险股份有限公司泰州中心支公司	泰州市江洲南路90号	沈　涛	0523-86898761	225300
永安财产保险股份有限公司泰州中心支公司	泰州市海陵南路315东楼1层	唐　震	0523-86392666	225300
安邦财产保险股份有限公司泰州中心支公司	泰州市海陵区阳光新城5幢511、513	徐　军	0523-86395666	225300
阳光财产保险股份有限公司泰州中心支公司	泰州市梅兰东路33号	周　鹤	0523-86896919	225300
都邦财产保险股份有限公司泰州中心支公司	泰州市济川西路376号4楼	夏万友	0523-86350000	225300
中国人寿财产保险股份有限公司泰州市中心支公司	泰州市江洲南路115号	梅斌峰	0523-86998688	225300
华泰财产保险股份有限公司泰州中心支公司	泰州市鼓楼南路355号金地商务大厦6楼	于秀明	0523-82088901	225300
渤海财产保险股份有限公司泰州中心支公司	泰州市海陵北路288号六楼二单元603室	王绍发	0523-85262933	225300
太平财产保险有限公司泰州中心支公司	泰州市鑫泰花园沿街商铺S1栋5室1—3层	曹维国	0523-86390555	225300
民安财产保险有限公司泰州中心支公司	泰州市鼓楼南路315号(盐务局四楼)	王　劲	0523-86998188	225300
中银保险有限公司泰州中心支公司	泰州市人民西路6号三楼	张荣华	0523-86695388	225300
长安责任保险股份有限公司泰州市中心支公司	泰州市鼓楼南路286号总工会一楼东侧	赵富洋	0523-82121039	225300
紫金财产保险股份有限公司泰州中心支公司	泰州市凤凰东路98号	王京苏	0523-82216888	225300
安盛天平财产保险股份有限公司泰州中心支公司	泰州市东风北路1-105，1-1057门面房(二楼)	高　强	0523-86155509	225300
英大泰和财产保险股份有限公司泰州中心支公司	泰州市青年南路58号金水湾西门2幢105室	邱　阳	0523-82100009	225300
泰山财产保险股份有限公司泰州中心支公司	泰州市鼓楼南路348号	金永亮	0523-82168668	225300
安诚财产保险股份有限公司泰州支公司	泰州市鑫泰花园S2-1室	吴爱国	0523-82168209	225300
浙商财产保险股份有限公司泰州中心支公司	泰州市育才路宫涵花园门面房	袁　军	0523-86608100	225300
安信农业保险股份有限公司泰州中心支公司	泰州市数据产业园数据大厦1101室	沈　力	0523-82162999	225300
中国人寿保险股份有限公司泰州市分公司	泰州市人民西路28号	许　震	0523-86211609	225300
中国太平洋人寿保险股份有限公司泰州中心支公司	泰州市鼓楼南路559号	张玉梅	0523-86363033	225300
中国平安人寿保险股份有限公司泰州中心支公司	泰州市迎春西路69号	辛朝晖	0523-86335918	225300
泰康人寿保险股份有限公司泰州中心支公司	泰州市海陵北路288号坡子街商业中心六楼一单元	王振宁	0523-86393699	225300
民生人寿保险股份有限公司泰州中心支公司	泰州市青年北路39号六层	鞠恒星	0523-86395833	225300

（续表）

机 构 名 称	地 址	负责人	电 话	邮 编
太平人寿保险有限公司泰州中心支公司	泰州市鼓楼北路2号	刘云鹏	0523-80813366	225300
富德生命人寿保险股份有限公司泰州中心支公司	泰州市鼓楼南路355号金地商务大厦6楼	夏桂峰	0523-82111988	225300
合众人寿保险股份有限公司泰州中心支公司	泰州市鼓楼北路20-1号	杨 静	0523-86236996	225300
中国人民健康保险股份有限公司泰州中心支公司	泰州市海陵南路47号	树 华	0523-82190999	225300
友邦保险有限公司泰州中心支公司	泰州市济川东路220号万达广场写字楼803—805	王 伟	0523-86216508	225300
信泰人寿保险股份有限公司泰州中心支公司	泰州市鼓楼北路1号(泰州书城5楼)	朱爱梅	0523-80813118	225300
农银人寿保险股份有限公司泰州中心支公司	泰州市坡子街商业中心二单元202	高 霞	0523-89996698	225300
华夏人寿保险股份有限公司泰州中心支公司	泰州市税务桥东街9号	耿海鹭	0523-82196068	225300
华泰人寿保险股份有限公司泰州中心支公司	泰州市江州南路90号	吴冷非	0523-86399600	225300
国泰人寿保险有限责任公司江苏分公司泰州营销服务部	泰州市济川东路220号万达广场写字楼505、506室	李宣旭	0523-86998966	225300
阳光人寿保险股份有限公司泰州中心支公司	泰州市鹏欣丽都G3号楼3楼302、303、304-1室	宋友凤	0523-86390666	225300
长城人寿保险股份有限公司泰州中心支公司	泰州市东风北路85号鑫隆广场四楼	刘红卫	0523-86156633	225300
中国人民人寿保险股份有限公司泰州中心支公司	泰州市金水湾1幢101室	潘 庆	0523-80729009	225300
中意人寿保险有限公司泰州中心支公司	泰州市鹏欣丽都G7幢4楼	刘友阳	0523-82195799	225300
光大永明人寿保险有限公司泰州中心支公司	泰州市鼓楼路20-1号	周宝兰	0523-82210158	225300
工银安盛人寿保险有限公司江苏分公司泰州营销服务部	泰州市阳光新城3幢1层	赵之宏	0523-86519800	225300
英大泰和人寿保险股份有限公司泰州中心支公司	泰州市鼓楼南路315号三楼	冯 俊	0523-82162666	225300
百年人寿保险股份有限公司泰州中心支公司	泰州市东风北路85号鑫隆商业广场4楼北侧	封剑龙	0523-86510111	225300
建信人寿保险有限公司泰州中心支公司	泰州市东风北路1号楼301室	缪天洁	0523-86519588	225300
利安人寿保险股份有限公司泰州分公司	泰州市鼓楼南路539号	周 红	0523-86159788	225300
东吴人寿保险股份有限公司泰州分公司	泰州市江洲南路90号三楼北侧	符 华	0523-86681699	225300
安邦人寿保险有限公司泰州中心支公司	泰州市阳光新城5幢513	丁 卫	0523-86695678	225300
和谐健康保险有限公司泰州中心支公司	泰州市江州南路鑫泰苑4幢04号	徐祥生	0523-82168880	225300
恒安标准人寿保险有限公司江苏分公司泰州营销服务部	泰州市海陵北路288号泰富华庭18层	翟玉平	0523-82109958	225300
国华人寿保险股份有限公司泰州中心支公司	泰州市鼓楼南路288-20-1室	井 荣	0523-86583111	225300
华泰证券股份有限公司泰州分公司	泰州市迎春西路22号	田志武	0523-86234237	225300
华泰证券股份有限公司泰州鼓楼北路证券营业部	泰州市鼓楼北路11-1号	王 超	0523-86242500	225300
中信建投证券股份有限公司泰州青年路证券营业部	泰州市青年路63号	吴月军	0523-86222733	225300
海通证券有限公司泰州鼓楼南路营业部	泰州市鼓楼南路315号	乔雷璋	0523-86890755	225300
长江证券股份有限公司泰州迎春西路证券营业部	泰州市迎春西路59号	王 勇	0523-86998099	225300
国联证券股份有限公司泰州济川东路营业部	泰州市济川东路99—106号	倪公一	0523-86390396	225300
东吴证券股份有限公司泰州海陵南路证券营业部	泰州市海陵区海陵南路360-6号	秦国军	0523-86313068	225300
江苏东华期货经纪有限公司泰州营业部	泰州市金茂大厦716室	陶中荣	0523-86223959	225300
江苏弘业期货经纪有限公司泰州营业部	泰州市金茂大厦801室	王红权	0523-86211993	225300

9. 徐州市主要金融机构

机 构 名 称	地 址	负责人	电 话	邮 编
中国人民银行徐州市中心支行	徐州市建国西路18号	刘耀庭	0516-85798701	221000
中国银行业监督管理委员会徐州银监分局	徐州市滨湖花园三期湖北路51号	刘秀全	0516-83900963	221000
徐州市保险行业协会	徐州市奎园小区望月园3号楼3、4层	郑宗峰	0516-83721963	221000
中国工商银行股份有限公司徐州分行	徐州市大同街31号	李明星	0516-83702386	221000
中国农业银行股份有限公司徐州分行	徐州市淮海西路66号	李厚网	0516-83814857	221000
中国银行股份有限公司徐州分行	徐州市淮海西路99号	薛 冬	0516-85692600	221000
中国建设银行股份有限公司徐州分行	徐州市解放北路1号	李长旺	0516-83613618	221000
中国农业发展银行徐州市分行	徐州市建国西路奎西巷128号	丁 洪	0516-85797900	221000
交通银行股份有限公司徐州分行	徐州市中山南路56号	郭 健	0516-85608180	221000
华夏银行股份有限公司徐州分行	徐州市解放北路2号	朱 凯	0516-85619011	221000
中国民生银行股份有限公司徐州分行	徐州市中山南路汉御花园商业楼A区1-109、210室	梅 奇	0516-83903082	221000
招商银行股份有限公司徐州分行	徐州市解放路6号	叶 君	0516-83618809	221000
兴业银行股份有限公司徐州分行	徐州市泉山区建国西路75路	赵建军	0516-85900999	221000
上海浦东发展银行股份有限公司徐州分行	徐州市淮海西路29号	范新田	0516-85905528	221000
渤海银行股份有限公司徐州分行	徐州市解放路303号地王大厦裙楼1—3层	马宗海	0516-81809999	221000
中国邮政储蓄银行股份有限公司徐州市分行	徐州市青年路271号	周建国	0516-83723299	221000
江苏银行股份有限公司徐州分行	徐州彭城路81号	胡 涛	0516-83100929	221000
莱商银行股份有限公司徐州分行	徐州市淮海东路138号	李 锋	0516-83736709	221000
江苏铜山锡州村镇银行股份有限公司	徐州市铜山经济开发区上海路28号	彭丽新	0516-83917808	221000
江苏邳州农村商业银行股份有限公司	邳州市建设中路16号	乔建社	0516-86229874	221000
徐州淮海农村商业银行股份有限公司	徐州市文亭街28号	黄保华	0516-85603627	221000
江苏丰县民丰村镇银行有限责任公司	江苏丰县中阳大道荟苑二期一号楼A座	董德锋	0516-68896008	221000
江苏沛县汉源村镇银行股份有限公司	江苏沛县汉源大道118号	黄 涛	0516-89685316	221000
江苏邳州陇海村镇银行股份有限公司	江苏省邳州市建设北路1号通城广场一层	王 靖	0516-86567766	221000
江苏丰县农村商业银行股份有限公司	江苏省丰县人民中路9号	程之浩	0516-89230132	221000
徐州彭城农村商业银行股份有限公司	徐州市贾汪区贾韩北路8路	吴 珍	0516-87717752	221000
江苏新沂汉源村镇银行股份有限公司	江苏省新沂市新安镇钟吾南路28号	石 峰	0516-81606662	221000
江苏沛县农村商业银行股份有限公司	江苏沛县汤沐路11号	王良玉	0516-89631505	221000
睢宁中银富登村镇银行有限公司	江苏省睢宁县文学路中段47号	钟生辉	0516-88337518	221000
光大银行股份有限公司徐州分行	徐州市青年路117号	顾 融	0516-83617299	221000
铜山县农村信用合作联社	徐州市铜山新区黄山路4号	骆新超	0516-83406099	221000
徐工集团财务有限公司	徐州经济技术开发区驮蓝山路26号	吴江龙	0516-87565068	221000
东莞证券有限责任公司徐州淮海西路证券营业部	徐州市淮海西路29号财富大厦4层	焦建超	0516-85905018	221000
海通证券股份有限公司徐州中山北路证券营业部	徐州市鼓楼区中山北路12号龙泰大厦三楼	张 亮	0516-83829999	221000

（续表）

机构名称	地址	负责人	电话	邮编
大通证券股份有限公司徐州淮海西路证券营业部	徐州市淮海西路54号	杨 浩	0516-85649977	221000
国泰君安证券股份有限公司徐州解放南路证券营业部	徐州解放南路108号	徐培航	0516-83815372	221000
齐鲁证券有限公司徐州民主南路证券营业部	徐州市云龙区民主南路69号恩华大厦1、5层	梁建东	0516-83839266	221000
中信证券股份有限公司徐州解放南路证券营业部	徐州市云龙区解放南路303号地王大厦附楼2、3层	李 忻	0516-83735777	221000
华泰证券股份有限公司徐州淮海西路证券营业部	徐州市淮海西路252号华美商厦五楼	陈开生	0516-85936705	221000
华泰证券股份有限公司徐州中山南路证券营业部	徐州市中山南路56号	王民生	0516-85602146	221000
华泰证券股份有限公司徐州青年路证券营业部	徐州市青年路182号	罗 巍	0516-83718445	221000
华泰证券股份有限公司徐州铜山同昌街证券营业部	徐州市铜山新区同昌街34号	蔡 翔	0516-83318151	221000
华泰证券股份有限公司徐州沛县汤沐路证券营业部	沛县汤沐路2号	张 琪	0516-81202058	221000
华泰证券股份有限公司徐州睢宁中山南路证券营业部	徐州市睢宁县中山南路10号	张正兴	0516-88346689	221000
东海证券股份有限责任公司徐州建国东路证券营业部	徐州市建国东路111号广达大厦16层	张卫国	0516-83908830	221000
东海证券股份有限公司徐州徐海路证券营业部	徐州经济技术开发区徐海路南君廷湖畔小区商业1号楼1-113室	踪 卓	0516-83908882	221000
大同证券经纪有限责任公司徐州解放北路证券营业部	徐州市解放北路汇金时代A座6层	王 淞	0516-66665586	221000
东吴证券股份有限公司徐州北京北路证券营业部	徐州市铜山新区北京路东、同昌路南	俞民良	0516-61886660	221000
南京证券股份有限公司徐州民主北路证券营业部	徐州市鼓楼区民主北路68号	黄勇翔	0516-83728733	221000
国联证券股份有限公司徐州中山北路证券营业部	徐州市中山北路8号金地国际大厦601室	华国良	0516-83688000	221000
银泰证券有限责任公司徐州解放南路证券营业部	徐州市和平路64号帝都大厦1-1-2202室	李劲风	0516-81917177	221000
西南证券股份有限公司徐州二环西路证券营业部	徐州市二环西路43号荣景盛苑A区8-1-102至107号	黄德权	0516-85696852	221000
中国中投证券有限责任公司徐州煤港路证券营业部	徐州市鼓楼区煤港路16号滨湖城市花园3#-110室	任 波	15996959176	221000
创元期货有限公司徐州营业部	徐州市泉山区文亭街8号文亭金座综合楼A栋7层705、706、707室	徐 玮	0516-85807927	221000
弘业期货股份有限公司徐州营业部	徐州市云龙区和平路帝都大厦2206—2208室	邱昕博	0516-85695258	221000
弘业期货股份有限公司徐州中山北路营业部	徐州市中山北路29号国贸大厦20楼A1A2A3	余东东	0516-85795222	221000
瑞达期货股份有限公司徐州营业部	徐州市云龙区和平路帝都大厦1#-1-302、2201室内	林肖颖	0516-61888712	221000
东海期货有限责任公司徐州营业部	徐州市建国东路111号17层	张海洋	0516-66697001	221000
锦泰期货有限公司徐州营业部	徐州市建国西路43号	闫 林	0516-66696659	221000
新纪元期货有限公司	徐州市淮海东路153号	丁一民	0516-83831121	221000
中国人民财产保险股份有限公司徐州市分公司	徐州市建国东路17号	朱徐阳	0516-68006026	221000
长安责任保险股份有限公司徐州市中心支公司	徐州云龙区复兴南路247号第三屋	颜 军	0516-66663168	221000

（续表）

机 构 名 称	地 址	负责人	电 话	邮 编
中华联合财产保险股份有限公司徐州中心支公司	徐州市泉山区泰山路东坡广场红十字会院内	高洪涛	0516-83685567	221000
阳光财产保险股份有限公司徐州中心支公司	徐州市云龙区彭城路93号泛亚大厦4楼	李国玉	0516-66699307	221000
中银保险有限公司徐州中心支公司	徐州市云龙区建国东路427号2层	闫 军	0516-83804666	221000
中国大地财产保险股份有限公司徐州中心支公司	徐州市建国西路88号	钱惠云	0516-85809007	221000
华泰财产保险有限公司徐州市中心支公司	徐州市泉山区茗城逸墅1-114、115室	张 勇	0516-85698279	221000
天安财产保险股份有限公司徐州中心支公司	徐州市淮海西路255号公交商贸大厦4层、9层	孙志远	0516-66662098	221000
大众保险股份有限公司徐州中心支公司	徐州市湖北路66号滨湖花园一期G2＃楼101、103—110二层	孙可可	0516-83900059	221000
中国太平洋财产保险股份有限公司徐州中心支公司	徐州市建国西路59号	李晓飞	0516-85700199	221000
永诚财产保险股份有限公司徐州中心支公司	徐州市建国西路71号泉山农行9层	韩世群	0516-85790819	221000
中国平安财产保险股份有限公司徐州中心支公司	徐州市泉山区解放南路矿业大学科技大厦一楼、三楼	孟洪洋	0516-85805599	221000
太平财产保险有限公司徐州中心支公司	徐州市迎宾大道千家惠建材市场1号B-208室	陈 卓	0516-83829988	221000
华安财产保险股份有限公司徐州中心支公司	徐州市齐鲁南巷汉御花园A座04号	胡家友	0516-83819535	221000
永安财产保险股份有限公司徐州中心支公司	徐州市中山南路65号轻工大厦11、12层	朱传平	0516-67661069	221000
安诚财产保险股份有限公司徐州中心支公司	徐州市青年东路104号供水科技培训中心15B楼	王 冰	0516-83709696	221000
都邦财产保险股份有限公司徐州中心支公司	徐州市民主南路200号天禄大厦3楼、4楼	刘永恒	0516-83900372	221000
中国人寿财产保险股份有限公司徐州市中心支公司	徐州市云龙区民主南路恩华大厦9层	张立民	0516-83801717	221000
紫金财产保险股份有限公司徐州中心支公司	徐州市泰山路积翠新村9号楼	王 旭	0516-85902115	221000
浙商财产保险股份有限公司徐州中心支公司	徐州市泉山区淮海西路255号公交商贸大厦1-2305室	王 斐	0516-85761032	221000
安邦财产保险股份有限公司徐州中心支公司	徐州市建国东路29号	孟 新	0516-83909281	221000
渤海财产保险股份有限公司徐州中心支公司	徐州市泉山区奎园小区四号地块祥瑞大厦1-409、413号	孟 平	0516-83952868	221000
安信农业保险股份有限公司徐州中心支公司	徐州市科技城软件2区3号	陈广清	0516-80136088	221000
史带保险股份有限公司徐州中心支公司	徐州市泉山区湖北路66号滨湖花园一期G2号楼101—110室	孙可可	0516-83900117	221000
信诚人寿保险有限公司江苏分公司徐州营销服务部	徐州市民主南路69号恩华科研综合楼1-301层的308—315室、1-701层的710室	燕 冉	0516-83905093	221000
中国人民人寿保险股份有限公司徐州中心支公司	徐州市淮海西路197号	杜振海	0516-69092196	221000
华泰人寿保险股份有限公司徐州中心支公司	徐州市建国西路75号财富广场A座6楼	陈书德	0516-85902678	221000
阳光人寿保险股份有限公司徐州中心支公司	徐州市彭城路商业区3＃楼泛亚大厦4层	刘 亮	0516-66663309	221000
中国太平洋人寿保险股份有限公司徐州中心支公司	徐州市段庄广场西侧西城华庭B楼1—6层	吴海洋	0516-69858030	221000
中国人寿保险股份有限公司徐州市分公司	徐州市建国东路407号	任凯军	0516-83823702	221000
民生人寿保险股份有限公司徐州中心支公司	徐州市民主南路69号恩华大厦6楼	刘 亮	0516-83808102	221000

（续表）

机构名称	地址	负责人	电话	邮编
新华人寿保险股份有限公司徐州中心支公司	徐州市泉山区西安北路6号恒茂大厦5层	夏永银	0516-85730628	221000
泰康人寿保险股份有限公司徐州中心支公司	徐州市西安南路2号综合楼	盛秀芹	0516-85799388	221000
长城人寿保险股份有限公司徐州中心支公司	徐州市大马路99号文化大厦6楼	耿扬	0516-83739865	221000
正德人寿保险股份有限公司徐州中心支公司	徐州市泉山区淮海西路134号小世界大楼六楼	赵沂	0516-83619529	221000
中英人寿保险有限公司江苏分公司徐州营销服务部	徐州市西安北路与夹河街交叉口恒茂国际商务中心6楼606至610单元	朱伟	0516-66663652	221000
中融人寿保险股份有限公司徐州中心支公司	徐州市淮海西路29号华隆财富大厦19层1906—1907室	刘志刚	0516-66691679	221000
农银人寿保险股份有限公司徐州中心支公司	徐州市淮海西路255号公交商贸大厦8楼	梁勇	0516-66662558	221000
英大泰和人寿保险股份有限公司徐州中心支公司	徐州市淮海西路29号财富大厦20层	王国权	0516-66662202	221000
中国平安人寿保险股份有限公司徐州中心支公司	徐州市淮海西路150号	王毅	0516-85835011	221000
国华人寿保险股份有限公司徐州中心支公司	徐州市淮海西路255号公交大厦901室	法永强	0516-81910012	221000
平安养老保险股份有限公司徐州中心支公司	徐州市淮海西路150号5楼	王建文	0516-85833406	221000
太平人寿保险有限公司徐州中心支公司	徐州市淮海西路120号颖都大厦9—10楼	周立军	0516-67669300	221000
中德安联人寿保险有限公司江苏分公司徐州营销服务部	徐州市和平路64号帝都大厦1＃1-402、414室	杨若华	0516-83900118	221000
建信人寿保险有限公司徐州中心支公司	徐州市二环西路29＃-1-02第3—5层	郭彦平	0516-85619577	221000
光大永明人寿保险有限公司江苏分公司徐州中心支公司	徐州市建国东路111号广达大厦11楼	孙飞	0516-66662282	221000
和谐健康保险股份有限公司徐州中心支公司	徐州市淮海西路29财富大厦18楼	冯毅	0516-85902777	221000
利安人寿保险股份有限公司徐州分公司	徐州市泉山区淮海西路253号新都佳苑A座四层	邵军	0516-85612578	221000
华夏人寿保险股份有限公司徐州中心支公司	徐州市复兴北路金凯隆大厦1-501室	徐应	0516-85935777	221000
交银康联人寿保险有限公司徐州市中心支公司	徐州市泉山区泰山路0号	戈瑜	0516-83797800	221000
东吴人寿保险股份有限公司徐州分公司	徐州市和平路帝都大厦1＃-1-509、510、511、512、513室	孙月梅	0516-83819500	221000
信泰人寿保险股份有限公司徐州中心支公司	徐州市建国东路111号广达大厦4楼	李泓	0516-67668766	221000
海康人寿保险有限公司江苏分公司徐州营销服务部	徐州市西安北路6号徐州市恒茂大厦16楼1609室	郭新	025-84404868	221000
富德生命人寿保险股份有限公司徐州中心支公司	徐州市少华街115号中联公司五交化综合楼五楼	武明	0516-82160101	221000
恒安标准人寿保险有限公司徐州中心支公司	徐州市民主南路69号恩华大厦10楼	周彩虹	0516-83903866	221000
友邦保险有限公司江苏分公司徐州中心支公司	徐州市彭城路93号泛亚大厦5楼	葛振华	0516-83737588	221000
合众人寿保险股份有限公司徐州中心支公司	徐州中山南路16号	于湧	0516-85901999	221000
中意人寿保险有限公司徐州中心支公司	徐州市泉山区建国西路75号锦绣嘉园8号楼1幢10层1006—1012室	王翔	0516-85601222	221000

10. 连云港市主要金融机构

机 构 名 称	地 址	负责人	电 话	邮 编
中国人民银行连云港市中心支行	连云港市新浦区通灌北路79号	刘 保	0518-85600999	222002
中国银监会连云港监管分局	连云港市新浦区海连西路3-2号	丁文恪	0518-80680666	222000
农业发展银行连云港市分行	连云港市新浦区朝阳东路26号	胡小建	0518-85822673	222000
中国工商银行连云港分行	连云港市新浦区海连中路118号	卞俊峰	0518-85577900	222000
中国农业银行连云港分行	连云港市新浦区通灌北路43号	孙羊生	0518-81887718	222002
中国银行连云港分行	连云港市海连中路1号	王义明	0518-85319999	222000
中国建设银行连云港分行	连云港市新浦海昌北路49号	张凯军	0518-85513673	222000
交通银行连云港分行	连云港市海连中路141号	曹云杰	0518-85520089	222000
浦发银行连云港分行	连云港市新浦区郁州北路3号	王鹏飞	0518-80688001	222000
江苏银行连云港分行	连云港市新浦区瀛洲路1号	周同恩	0518-85510001	222000
中国邮政储蓄银行连云港市分行	连云港市新浦区南极南路9号	徐要军	0518-85500788	222000
江苏东方农村商业银行	连云港市新浦区郁洲南路10号	庄广强	0518-85106688	222000
中国人民财产保险公司连云港分公司	连云港市新浦区苍梧路1号	杨 光	0518-86077188	222000
中国人寿保险公司连云港分公司	连云港市新浦区海连中路8号	王者元	0518-85521801	222000

11. 淮安市主要金融机构

机 构 名 称	地 址	负责人	电 话	邮 编
中国人民银行淮安市中心支行	淮安市翔宇中道158号	陈涤非	0517-83163001	223001
中国银行业监督管理委员会淮安监管分局	淮安市健康东路71号	殷路鸣	0517-83908105	223001
中国农业发展银行淮安市分行	淮安市淮海东路114号	邱振宇	0517-83759578	223001
中国工商银行淮安分行	淮安市淮海西路81号	兰 强	0517-83948599	223001
中国农业银行淮安分行	淮安市健康西路166号	裘祖良	0517-83669658	223001
中国银行淮安分行	淮安市淮海北路9号	蔡陈军	0517-83914466	223001
中国建设银行淮安分行	淮安市健康东路59号	胡 欣	0517-83993886	223001
交通银行淮安分行	淮安市淮海东路126号	徐绍福	0517-83788099	223001
江苏银行淮安分行	淮安市淮海北路34号	杨巨人	0517-83915268	223001
上海浦东发展银行淮安分行	淮安市淮海西路83号	张太元	0517-89888999	223001
中国邮政储蓄银行淮安分行	淮安市淮海南路130号	庄号召	0517-83559999	223001
广发银行淮安分行	淮安市淮海东路1号	陈 琦	0517-89909099	223001
苏州银行淮安分行	淮安市淮海东路1号	魏建文	0517-89333999	223001
江苏淮安农村商业银行	淮安市健康东路69号	徐建强	0517-83993939	223001
江苏涟水农村商业银行	淮安市涟水县安东路132号	郑 淮	0517-82326209	223400
江苏金湖农村商业银行	淮安市金湖县健康西路1号	程明飞	0517-86859088	211600
江苏盱眙农村商业银行	淮安市盱眙县金鹏大道2号	韩先祥	0517-88265340	211700
洪泽县农村信用合作联社	淮安市洪泽县人民路23号	朱彩涛	0517-87263555	223100

（续表）

机构名称	地址	负责人	电话	邮编
中国民生银行淮安分行	淮安市淮海西路 166 号	许　霞	0517-80998866	211700
江苏昆山农村商业银行淮阴支行	淮安市淮阴区承德北路 538-23 号	吴以慧	0517-80865287	223300
无锡农村商业银行楚州支行	淮安市淮安区永怀东路秦汉华府小区 2 号楼 105 室	张志勉	0517-85777000	223200
江苏太仓农村商业银行洪泽支行	淮安市洪泽县东盾路鹿港湖滨华府小区 C 座裙楼	丁迎斌	0517-87219822	223100
江苏常熟农村商业银行金湖支行	淮安市金湖县衡阳路 228 号	倪伟刚	0517-86969200	211600
江苏江阴农村商业银行盱眙支行	淮安市盱眙县甘泉西路 1 号	金国民	0517-88209918	211700
江苏海安农村商业银行盱眙支行	淮安市盱眙县甘泉西路 7-1 号	姚　群	0517-88390101	211700
江苏淮安光大村镇银行	淮安市淮安区永怀东路 2 号	龚小元	0517-85295606	223200
江苏洪泽金阳光村镇银行	淮安市洪泽县东风路 114-10 号	洪其华	0517-87228501	223100
江苏涟水太商村镇银行	淮安市涟水县红日路府前御景园 B 区 40—46 室	王建良	0517-82993801	223400
江苏金湖民泰村镇银行	淮安市金湖县黎城镇衡阳路 228 号	李　骏	0517-86969504	211600
江苏盱眙珠江村镇银行	淮安市盱眙县甘泉西路四季华庭 10 号楼 105—109 室	丁　彬	0517-80971101	211700
淮安清浦常农商村镇银行	淮安市清浦区淮海南路 188 号	肖曦芳	0517-83511806	223001
淮安淮阴常农商村镇银行	淮安市淮阴区王营镇樱花路 9 号	顾惠刚	0517-84901358	223300
海通证券淮安淮海北路营业部	淮安市淮海北路 50 号	唐大权	0517-83566969	223001
华泰证券淮安分公司	淮安市淮海东路 18 号	李达斌	0517-83907888	223001
中投证券淮安淮海东路证券营业部	淮安市淮海东路 126 号	王传兵	0517-83926777	223001
国联证券淮安淮海北路证券营业部	淮安市淮海北路 214 号	徐　巍	0517-89862607	223001
东吴证券淮安淮海南路证券营业部	淮安市淮海南路 178 号	张　峰	0517-83335388	223001
光大证券淮安河南东路证券营业部	淮安市河南东路 28 号台北不夜城 1 楼	胡　玮	0517-83508088	223001
申银万国证券淮安淮海南路营业部	淮安市淮海南路 105 号联盛国际广场 1 层	王宁杰	0517-83800707	223001
南京证券盱眙营业部	淮安市盱眙县淮北路(商贸中心)1-34 室	张　总	0517-88222806	211700
齐鲁证券	淮安市淮海东路 1 号丰惠财富广场 15 室	李　森	0517-83330518	223001
安邦财产保险股份有限公司淮安中心支公司	淮安市清河区中鑫上城 E327、E328 室	郭心潮	0517-83776288	223001
渤海财产保险股份有限公司淮安中心支公司	淮安市淮海北路 50 号(清江中学北侧楼 6 楼)	曹乃鋆	0517-83938779	223001
长安责任保险股份有限公司淮安市中心支公司	淮安市淮海北路 50-1 号综合楼六楼	陆　剑	0517-86287001	223001
中国大地财产保险股份有限公司淮安中心支公司	淮安市淮海北路 50-1 号三楼	陈　敏	0517-83995100	223001
都邦财产保险股份有限公司淮安中心支公司	淮安市健康东路 102 号	项茂光	0517-83658839	223001
合众人寿保险股份有限公司淮安中心支公司	淮安市淮海北路 38 号乐园大厦 17 楼	仲　祥	0517-87169000	223001
华安财产保险股份有限公司淮安中心支公司	淮安市解放东路 57 号	高　健	0517-83622818	223001
平安财产保险股份有限公司淮安中心支公司	淮安市厦门西路 16-1 号	王　华	0517-83754666	223001
平安人寿保险股份有限公司淮安中心支公司	淮安市清河区健康西路 146-2 号	王百勇	0517-83649618	223001
中国人民财产保险股份有限公司淮安市分公司	淮安市健康东路 67 号	王　胜	0517-80879181	223001
中国人寿保险股份有限公司淮安市分公司	淮安市淮海东路 20 号	钟小白	0517-83750966	223001
太平人寿保险有限公司淮安中心支公司	淮安市淮海北路 43 号金马广场南 11F	孙鸣柳	0517-80877699	223001

（续表）

机 构 名 称	地 址	负责人	电 话	邮 编
中国太平洋财产保险股份有限公司淮安中心支公司	淮安市淮海东路118号	高 巍	0517-83767099	223001
中国太平洋人寿保险股份有限公司淮安中心支公司	淮安市淮海东路118号	任 伟	0517-83776001	223001
泰康人寿保险股份有限公司淮安中心支公司	淮安市淮海北路50号清江中学二号楼	张 伟	0517-83319988	223001
天安财产保险股份有限公司淮安中心支公司	淮安市健康东路30号联通大厦16楼	朱 羿	0517-83651111	223001
新华人寿保险股份有限公司淮安中心支公司	淮安市淮海东路142号新亚国际大厦27楼	嵇剑波	0517-83995801	223001
阳光财产保险股份有限公司淮安中心支公司	淮安市健康西路51号新世纪大厦7楼	高 健	0517-83989907	223001
中国人寿财产保险股份有限公司淮安市中心支公司	淮安市健康东路55号创业大厦9/11楼	吕春波	0517-83557666	223001
中华联合财产保险股份有限公司淮安中心支公司	淮安市西安路168号	张铭军	0517-83651101	223001
中银保险有限公司淮安中心支公司	淮安市健康东路73号	盛才双	0517-83996201	223001
阳光人寿保险股份有限公司淮安中心支公司	淮安市淮海东路1号丰惠广场901室	蒋 聪	0517-80836699	223001
生命人寿保险股份有限公司淮安中心支公司	淮安市淮海东路1号丰惠广场29楼	蒋树霞	0517-86219699	223001
中国人民人寿保险股份有限公司淮安中心支公司	淮安市清河区北京北路83号	孙亚东	0517-80856661	223001
紫金财产保险股份有限公司淮安中心支公司	淮安市经济开发区翔宇中道55号	王永峰	0517-89860901	223001
华夏人寿保险股份有限公司淮安中心支公司	淮安市淮海北路39号淮安书城商务大厦9楼	赵诗林	0517-80870701	223001
利安人寿保险股份有限公司淮安分公司	淮安市清浦区淮海南路65号4楼	卞永辉	0517-83116800	223001
华泰人寿保险股份有限公司淮安中心支公司	淮安市淮海东路136号淮汽大厦12室	翟耀平	0517-83930261	223001
信达财产保险股份有限公司淮安中心支公司	淮安市淮海东路142号新亚国际大厦12楼	晋学明	0517-89867588	223001
和谐健康保险淮安中心支公司	淮安市淮海东路1号丰惠广场29楼15、16、17室	王 昭	0517-89339721	223001
信泰人寿保险股份有限公司淮安中心支公司	淮安市淮海北路金马广场南楼第七层	田洪武	0517-80868199	223001
英大泰和财险	淮安市淮海东路1号	郑玉清	0517-83398519	223001
太平财产有限公司淮安中心支公司	淮安市淮海北路金马广场南楼11楼	张莹莹	0517-83640098	223001
东吴人寿淮安分公司	淮安市淮海北路19号A座4楼	张 杰	0517-83168603	223001

12. 盐城市主要金融机构

机 构 名 称	地 址	负责人	电 话	邮 编
中国人民银行盐城市中心支行	盐城市迎宾南路80号	姚盛敏	0515-88386598	224001
中国银行业监督管理委员会盐城监管分局	盐城市世纪大道47(号)	曹 彤	0515-88408000	224005
中国农业发展银行盐城市分行	盐城市黄海中路99号	叶重洋	0515-88588088	224001
中国工商银行盐城分行	盐城市建军中路124号	薛田江	0515-88323905	224001
中国农业银行盐城分行	盐城市大庆中路88号	沈 江	0515-83066666	224005
中国银行盐城分行	盐城市建军东路20号	祁 斌	0515-88218008	224000
中国建设银行盐城分行	盐城市解放北路138号	蔡四勇	0515-88318919	224001

（续表）

机构名称	地址	负责人	电话	邮编
交通银行盐城分行	盐城市建军东路68号	杨文胜	0515-88299788	224002
上海浦东发展银行盐城分行	盐城市解放南路钱江方舟商业街185号	严向春	0515-68669836	224005
中国民生银行盐城分行	盐城市解放南路钱江方舟商业街236号	曹　晖	0515-89850505	224005
华夏银行盐城分行	盐城市东进路66号	徐桂林	0515-89850888	224001
招商银行盐城分行	盐城市青年中路16号	王　凯	0515-89023636	224001
江苏银行盐城分行	盐城市解放北路49号	陆松圣	0515-88327336	224001
中国邮政储蓄银行盐城市分行	盐城市人民中路19号	徐要军	0515-88372766	224000
黄海农村商业银行	盐城市大庆中路98号	丁学工	0515-88350328	224005
中国人民财产保险股份有限公司盐城市分公司	盐城市建军东路58号	曹志平	0515-68826999	224001
中国人寿保险股份有限公司盐城市分公司	盐城市太平路101号	王　军	0515-89813999	224001
中国太平洋财产保险股份有限公司盐城中心支公司	盐城市西环中路87号	陈旭东	0515-88372588	224005
中国太平洋人寿保险股份有限公司盐城中心支公司	盐城市大庆中路9号6楼	刘文军	0515-68665500	224005
中国平安财产保险股份有限公司盐城中心支公司	盐城市人民南路1号华邦国际7号楼A区	沃　军	0515-88375888	224005
中国平安人寿保险股份有限公司盐城市中心支公司	盐城市迎宾南路80号	殷　辉	0515-88350628	224005
天安保险股份有限公司盐城市中心支公司	盐城市解放南路123号	于正祥	0515-88181888	224001
新华人寿保险股份有限公司盐城中心支公司	盐城市人民中路2号房地产大厦6楼	鲁永军	0515-88319199	224001
中华联合财产保险公司盐城市中心支公司	盐城市太平路39号	王森林	0515-88266788	224005
太平人寿保险有限公司盐城中心支公司	盐城市太平路39号3—4楼	陈海弘	0515-68661388	224005
泰康人寿保险股份有限公司盐城中心支公司	盐城市解放南路199号阳光大厦D段5楼	宋友凤	0515-88580901	224005
民生人寿保险股份有限公司盐城中心支公司	盐城市太平路25号三楼	王　靖	0515-88351131	224005
合众人寿保险股份有限公司盐城市中心支公司	盐城市迎宾南路83号	许　林	0515-83085058	224000
华安财产保险股份有限公司盐城中心支公司	盐城市双园东路怡景商业街15-101	秦友标	0515-88166908	224001
安邦财产保险股份有限公司盐城中心支公司	盐城市青年中路青年大厦三楼B区	刘懋难	0515-88296888	224001
生民人寿保险股份有限公司盐城中心支公司	盐城市解放南路148号综合楼6—7楼	孙惠军	0515-88123508	224001
中国大地财产保险股份有限公司盐城中心支公司	盐城市青年中路14号A区13幢3楼	王　翠	0515-88128012	224005
阳光财产保险股份有限公司盐城中心支公司	盐城市太平路21号华荟大厦5楼	茆　军	0515-88162088	224001
嘉禾人寿保险股份有限公司盐城市中心支公司	盐城市世纪大道101号华逸汽贸3楼	成晓健	0515-83066098	224005
中银保险有限公司盐城中心支公司	盐城市建军东路20号中国银行14楼	赵步杰	0515-88332156	224001
中国人寿财产保险股份有限公司盐城中心支公司	盐城市开放大道55号	蔡谢群	0515-88579518	224005
华泰人寿保险股份有限公司盐城中心支公司	盐城市毓龙西路52号盐中综合楼三楼	陈胜强	0515-89873966	224001
渤海财产保险股份有限公司盐城中心支公司	盐城市开元路娱乐社区居委会办公楼3楼	陈　健	0515-88579099	224005
华夏人寿保险股份有限公司盐城市中心支公司	盐城市中茵海华广场11号楼6楼	陈民华	0515-83700010	224001
中国人民人寿保险股份有限公司盐城中心支公司	盐城市开放大道51号2楼	安　军	0515-88195299	224001
阳光人寿保险股份有限公司盐城中心支公司	盐城市太平路21号华荟大厦5楼	戴洪城	0515-68822880	224001
中国平安养老保险股份有限公司盐城市中心支公司	盐城市迎宾南路80号	王正祥	0515-88388200	224005

（续表）

机　构　名　称	地　　址	负责人	电　话	邮　编
华泰证券股份有限公司盐城人民中路证券营业部	盐城市人民中路19号	邓帮灵	0515-88216888	224001
宏源证券股份有限公司解放北路证券营业部	盐城市解放北路100号	王　刚	0515-88166898	224001
海通证券盐城营业部	盐城市建军中路68号二楼	刘爱武	0515-88169916	224001
国元证券盐城解放南路证券营业部	盐城市解放南路121号芝林广场四楼	牛效孺	0515-88110728	224001
东吴证券股份有限公司盐城大庆中路证券营业部	盐城市大庆中路156号	季　清	0515-89898388	224000
国联证券股份有限公司盐城解放南路证券营业部	盐城市解放南路80号	陆国平	0515-89965000	224000
东海证券有限责任公司盐城建军东路证券营业部	盐城市建军东路86-1号景福大厦三楼	黄　伟	0515-66663218	224001
无锡国联期货盐城营业部	盐城市人民中路2号建设大厦4楼	汪红军	0515-83706606	224001
江苏文峰期货经纪有限公司盐城营业部	盐城市建军东路38号四楼北首	王端连	0515-88150988	224001
江苏弘业期货有限公司盐城营业部	盐城市人民南路1号华邦国际东厦19楼A区	叶春华	0515-88889288	224001
江苏省信用再担保有限公司盐城分公司	盐城市人民南路1号华邦国际东厦B区2101室	吴居海	0515-89911196	224005

13. 宿迁市主要金融机构

机　构　名　称	地　　址	负责人	电　话	邮　编
中国人民银行宿迁市中心支行	宿迁市洪泽湖路61号	陈　琦	0527-84313001	223800
中国银行业监督管理委员会宿迁监管分局	宿迁市洞庭湖路277号	钱国华	0527-84313901	223800
宿迁市保险行业协会	宿迁市发展大道64号C区	武士琦	0527-81883631	223800
中国农业发展银行宿迁市分行	宿迁市洪泽湖路45号	王志军	0527-8435931	223800
中国工商银行股份有限公司宿迁分行	宿迁市洪泽湖路71号	姜　邗	0527-84359368	223800
中国农业银行股份有限公司宿迁分行	宿迁市宿城区黄河路158号	刘成武	0527-84225891	223800
中国银行股份有限公司宿迁分行	宿迁市幸福路2号	谢嘉新	0527-84313666	223800
中国建设银行股份有限公司宿迁分行	宿迁市黄河路236号	何　川	0527-84213675	223800
交通银行股份有限公司宿迁分行	宿迁市西湖路139号	李清强	0527-81668999	223800
上海浦东发展银行股份有限公司宿迁分行	宿迁市人民大道1号	施建辉	0527-80988999	223800
江苏银行股份有限公司宿迁分行	宿迁市青海湖路17号	蒋学众	0527-881001901	223800
南京银行股份有限公司宿迁分行	宿迁市洪泽湖路151号	李　奇	0527-82966999	223800
苏州银行股份有限公司宿迁分行	宿迁市青海湖路80号	徐　林	0527-88000588	223800
江苏长江商业银行股份有限公司宿迁分行	宿迁市西湖路389号	赵　晓	0527-88289901	223800
中国邮政储蓄银行股份有限公司宿迁市分行	宿迁市中山南路64号	肖　勇	0527-84359399	223800
江苏民丰农村商业银行股份有限公司	宿迁市洪泽湖路71号	花为伟	0527-84467960	223800
江苏沭阳农村商业银行股份有限公司	宿迁市沭阳县苏州路与台州路交汇处	许尔波	0527-83663333	223800
江苏泗阳农村商业银行股份有限公司	宿迁市泗阳县北京中路21号	巩大兵	0527-85275001	223800
江苏泗洪农村商业银行股份有限公司	宿迁市泗洪县长江路213号	王昌林	0527-86241198	223800
江苏沭阳东吴村镇银行股份有限公司	宿迁市沭阳县宿沭一级路与迎宾大道交汇处	孙以鸿	0527-83100001	223800
江苏泗阳东吴村镇银行有限责任公司	宿迁市泗阳县北京东路68号	刘桂兰	0527-85510001	223800

（续表）

机 构 名 称	地 址	负责人	电 话	邮 编
江苏泗洪东吴村镇银行有限责任公司	宿迁市泗洪县黄山南路16号	郁永健	0527-86292111	223800
江苏宿豫东吴村镇银行有限责任公司	宿迁市宿豫区泰山路8号	王 斌	0527-81189801	223800
中国人民财产保险有限公司宿迁分公司	宿迁市黄河路222号	王 卓	0527-84210383	223800
中国平安财产保险股份有限公司宿迁中心支公司	宿迁市洪泽湖路49号	纪 洋	0527-81395559	223800
华安财产保险股份有限公司宿迁中心支公司富豪御景城营销服务部	宿迁市人民大道南段富豪御景城S13	李 丹	0527-84391005	223800
华安财产保险股份有限公司宿迁中心支公司东城水岸营销服务部	宿迁市运河路18号-141	金 星	0527-84391008	223800
华安财产保险股份有限公司宿迁中心支公司锦泰花园营销服务部	宿迁市锦泰花园六盘山路6号商铺	邱 凯	0527-84460919	223800
永安财产保险股份有限公司宿迁中心支公司	宿迁市名人国际花园18—20楼商铺01—03铺	潘明军	0527-81001550	223800
安诚财产保险股份有限公司宿迁中心支公司	宿迁市阳光华城63幢B03、B04室	倪 政	0527-88122203	223800
阳光财产保险股份有限公司宿迁中心支公司	宿迁市洪泽湖路61号	曹 军	0527-84399805	223800
渤海财产保险股份有限公司宿迁中心支公司	宿迁市苏宿工业园区普陀山大道7号生产力中心办公楼2层205房间	朱 勇	0527-84390609	223800
都邦财产保险股份有限公司宿迁中心支公司	宿迁市发展大道69号金陵名府37幢103、203	杨 琦	0527-84390808	223800
天安财产保险股份有限公司宿迁中心支公司	宿迁市洞庭湖路277号	朱宏亮	0527-84313600	223800
紫金财产保险股份有限公司宿迁中心支公司	宿迁市洪泽湖路114号	吴 龙	0527-80908501	223800
安邦财产保险股份有限公司宿迁中心支公司	宿迁市青海湖路80号君临国际广场A座8楼	秦 伟	0527-84390200	223800
中华联合财产保险公司宿迁中心支公司	宿迁市阳光华城一期3号商铺02号	吴晓明	0527-84387116	223800
中国人寿财产保险股份有限公司宿迁市中心支公司	宿迁市太湖路兴鸿一品14幢一、二楼	宋爱琴	0527-84399906	223800
长安责任保险股份有限公司宿迁市中心支公司	宿迁市中兴君临国际广场A合180121号	刘跃虎	0527-84358229	223800
中国大地财产保险股份有限公司宿迁中心支公司	宿迁市青海湖路73—76号二层、77—78号1—2层	胡 耀	0527-84395678	223800
浙商财产保险股份有限公司宿迁中心支公司	宿迁市湖滨新城玉兰路9号B座	潘 伟	0527-81881997	223800
中银保险有限公司宿迁中心支公司	宿迁市发展大道64号1楼、2楼	叶 玲	0527-84313563	223800
中国平安人寿保险股份有限公司宿迁中心支公司	宿迁市君临国际广场写字楼601、701、702室	秦 松	0527-84359623	223800
中国人寿保险股份有限公司宿迁市分公司	宿迁市洪泽湖路148号	吴 超	0527-84399866	223800
中国太平洋人寿保险股份有限公司宿迁中心支公司	宿迁市青海湖路80号君临国际广场A座三楼及一楼东首	卢士军	0527-84228700	223800
泰康人寿保险股份有限公司宿迁中心支公司	宿迁市君临国际广场东写字楼501、502室	李海涛	0527-84219511	223800
泰康人寿保险股份有限公司南京分公司宿迁营销服务部	宿迁市幸福北路54号1、3、5层	赵春明	0527-84219531	223800
合众人寿保险股份有限公司宿迁中心支公司	宿迁市城宇大厦B1501	苏永辉	0527-84220298	223800
中国人民人寿保险股份有限公司宿迁中心支公司	宿迁市洪泽湖路124号中奥商务大厦5FA、5FB、1FA3	丁淮清	0527-88106818	223800

（续表）

机 构 名 称	地 址	负责人	电 话	邮 编
长城人寿保险股份有限公司宿迁中心支公司	宿迁市西湖路 328 号城宇大厦 B 座 9 层	赵 峰	0527-81889715	223800
华泰人寿保险股份有限公司宿迁中心支公司	宿迁市洪泽湖路 8 号府苑小区 A 幢 2 层东侧	马 翔	0527-81880206	223800
太平人寿保险有限公司宿迁中心支公司	宿迁市凯林瑞交通银行大厦 6 楼	孙 锐	0527-88006996	223800
华夏人寿保险股份有限公司宿迁中心支公司	宿迁市仁恒公寓 E 座一层、二层	徐 翔	0527-80908788	223800
东吴人寿保险股份有限公司宿迁分公司	宿迁市名人国际花园 12＃与 15＃间商铺 101—103、105—106 号	丁友好	0527-82961183	223800
利安人寿保险股份有限公司宿迁分公司	宿迁市西湖路 139 号交通银行大楼 1201—1208 室	魏 波	0527-81008701	223800
信诚人寿保险有限公司江苏省分公司宿迁营销服务部	宿迁市发展大道 64 号第 4 层	朱晓科	0527-81001111	223800
生命人寿保险股份有限公司宿迁中心支公司	宿迁市青海湖路 17 号江苏银行大厦 14 楼	国 磊	0527-81002072	223800
寿康人寿保险股份有限公司宿迁中心支公司洋河营销服务部	宿迁市洋河镇平安社区南起第三家	王 磊	0527-84219531	223800
中信建投证券股份有限公司宿迁恒山路证券营业部	宿迁市锦华名园 B 栋	史耀武	0527-81001879	223800
光大证券股份有限公司宿迁西湖东路证券营业部	宿迁金融财富中心 A 座 3A02 室	陈民达	0527-82280058	223800
南京证券股份有限公司宿迁黄河路证券营业部	宿迁兴鸿名城北楼二区 107-1、107-2 号	臧广文	0527-88889998	223800
华泰证券股份有限公司宿迁洪泽湖路证券营业部	宿迁市洪泽湖路 110 号	吴 晖	0527-84390888	223800
南方证券有限公司南京分公司淮阴河北西路证券营业部	宿迁市徐淮路 9 号	潘祥林	0527-84234654	223800
海通证券股份有限公司宿迁发展大道证券营业部	宿迁市发展大道 64 号	陶 冶	0527-84386676	223800
中国中投证券有限责任公司宿迁黄河南路证券营业部	宿迁市黄河南路 69 号	潘祥林	0527-81185399	223800
财达证券有限责任公司宿迁沭阳深圳东路证券营业部	宿迁市深圳路北侧巴黎新城 60 商幢 107 号	尤 翔	0527-88712028	223800
江苏弘业期货股份有限公司宿迁营业部	宿迁市青海湖路 80 号中兴君临国际广场 A-1505、1506、1507 室	季庚林	0527-84331588	223800
创元期货有限公司宿迁营业部	宿迁市苏宿工业园区通达大道 15 号 1 幢 204 室	周春良	0527-82868557	223800

三、2014 年浙江省金融机构名录

1. 杭州市主要金融机构

机 构 名 称	地 址	负责人	电 话	邮 编
中国人民银行杭州中心支行	杭州市延安路 149 号	张健华	0571-87686688	310001
中国银行业监督管理委员会浙江监管局	杭州市解放路 187 号	韩 沂	0571-87189900	310001
中国证券监督管理委员会浙江监管局	杭州市文三路 90 号东部软件园 1 号楼 3 楼	吕逸君	0571-88473323	310012
中国保险监督管理委员会浙江监管局	杭州市体育场路 105 号凯喜雅大厦 12 楼	马学平	0571-85777751	310004
中国农业发展银行浙江省分行	杭州市建国北路 283 号	樊 荣	0571-87299111	310003
国家开发银行浙江省分行	杭州市环城西路 108 号	徐 勇	0571-85786055	310006
中国进出口银行浙江省分行	杭大路 9 号聚龙大厦西楼 15 楼	徐建华	0571-87851888	310007
中国工商银行股份有限公司浙江省分行	杭州市中河中路 150 号	沈荣勤	0571-87803888	310009
中国农业银行浙江省分行	杭州市长庆街 55 号	冯建龙	0571-87226000	310003
中国银行股份有限公司浙江省分行	杭州市凤起路 321 号	郭心刚	0571-85011888	310003
中国建设银行股份有限公司浙江省分行	杭州市解放东路 33 号	黄先俊	0571-85313228	310003
中国华融资产管理有限公司浙江省分公司	杭州市开元路 19-1、19-2 号	胡 英	0571-87836709	310009
中国长城资产管理公司杭州办事处	杭州市邮电路 23 号	张范全	0571-85167890	310006
中国东方资产管理公司杭州办事处	杭州市庆春路 225 号西湖时代广场 5 楼	牛南浩	0571-87163173	310006
中国信达资产管理公司杭州办事处	杭州市延安路 528 号标力大厦 B 座 12 楼	涂咸阳	0571-85774692	310006
浙商银行股份有限公司	杭州市庆春路 288 号	龚方乐	0571-87659090	310006
浙江省农村信用社联合社	杭州市秋涛路 660 号	姚世新	0571-85866910	310006
交通银行股份有限公司浙江省分行	杭州市庆钱江新城剧院路 1 号	陆 涛	0571-87216012	310006
中信银行股份有限公司杭州分行	杭州市延安路 88 号	王利亚	0571-87032888	310002
上海浦东发展银行股份有限公司杭州分行	杭州市延安路 129 号	赵峥嵘	0571-87366688	310002
华夏银行股份有限公司杭州分行	杭州市庆春路 73 号	朱 波	0571-87239000	310003
招商银行股份有限公司杭州分行	杭州市杭大路 23 号	秦季章	0571-87395500	310007
广东发展银行股份有限公司杭州分行	杭州市延安路 516 号	韩立光	0571-87019888	310006
平安银行股份有限公司杭州分行	杭州市教工路 18 号	李海明	0571-87224888	310003
中国民生银行股份有限公司杭州分行	杭州市市民街尊宝大厦	吕 萍	0571-87239790	310009
兴业银行股份有限公司杭州分行	杭州市庆春路 40 号	张长弓	0571-87037999	310003
中国光大银行股份有限公司杭州分行	杭州市密度桥路 1 号	郑学筠	0571-87895358	310006
恒丰银行股份有限公司杭州分行	杭州市建国北路 639 号	周德元	0571-85086006	310004
渤海银行股份有限公司杭州分行	杭州市体育场路 117 号	姜乳云	0571-28119999	310006
中国邮政储蓄银行有限责任公司浙江省分行	杭州市百井坊巷 87 号	王树志	0571-87335033	310003

（续表）

机 构 名 称	地 址	负责人	电 话	邮 编
杭州银行股份有限公司	杭州市庆春路46号	宋剑斌	0571-85109707	310003
宁波银行股份有限公司杭州分行	杭州市保俶路146号	贝 瑜	0571-87205966	310007
温州银行股份有限公司杭州分行	杭州市仙林桥直街3号	金建康	0571-87338001	310003
浙江稠州商业银行股份有限公司杭州分行	杭州市建国中路68号	赵 岚	0571-87137788	310009
浙江民泰商业银行股份有限公司杭州分行	杭州市莫干山路501号	张国浩	0571-87209665	310005
浙江泰隆商业银行股份有限公司杭州分行	杭州市中河中路198号	郑君京	0571-88333777	310006
上海银行股份有限公司杭州分行	杭州市庆春路138号	梁建明	0571-87560219	310003
北京银行股份有限公司杭州分行	杭州市庆春东路78号	蒋增浩	0571-81998205	310016
杭州联合农村合作银行	杭州市中山北路288号	张 晨	0571-87923272	310003
三井住友银行(中国)有限公司杭州分行	杭州市庆春路118号嘉德广场23楼	柴田学	0571-28891111	310003
东亚银行(中国)有限公司杭州分行	杭州市庆春路228—230号	麦子平	0571-89812288	310003
汇丰银行(中国)有限公司杭州分行	杭州市庆春路136号广利大厦15A层	黄 平	0571-87249898	310003
花旗银行(中国)有限公司杭州分行	杭州市庆春路118号嘉德广场13楼	史渤阳	0571-87229088	310003
恒生银行(中国)有限公司杭州分行	杭州市庆春路151-1号瑞丰国际商务大厦首层	丁怀文	0571-87296178	310003
渣打银行(中国)有限公司杭州分行	杭州市庆春路151号瑞丰国际商务大厦A2、A3、B2、B3	陆 钰	0571-87365288	310003
南洋商业银行(中国)有限公司杭州分行	杭州市庆春路195-1号	徐金法	0571-87038080	310003
中投信托有限责任公司	杭州市教工路18号世贸丽晶城A座18、19层	刘 屹	0571-85069326	310012
浙商金汇信托股份有限公司	杭州市青春去199号	胡子南	0571-85807853	310006
杭州工商信托股份有限公司	杭州市庆春路136号广利大厦25层	程兴华	0571-87386160	310006
华融金融租赁股份有限公司	杭州市曙光路122号世贸中心A座六、七楼	胡继良	0571-87950988	310007
万向信托有限公司	杭州市体育场路429号天河大厦	祝 旸	0571-85807882	310006
万向财务有限公司	杭州市庆春路225号西湖时代广场7楼	傅志芳	0571-87163333	310006
浙江省能源集团财务有限责任公司	杭州市环城北路华浙广场9楼	王莉娜	0571-86669990	310006
中信证券有限责任公司	杭州市滨江区江南大道558号恒鑫大厦主楼19、20层	沈 强	0571-85783737	310053
浙商证券有限责任公司	杭州市杭大路1号黄龙世纪广场A区6楼	吴承根	0571-87901963	310007
财通证券有限责任公司	杭州市解放路111号金钱大厦	沈继宁	0571-87828088	310009
永安期货股份有限公司	杭州市潮王路208号	蒋逸波	0571-88388190	310005
浙江中大期货有限公司	杭州市中大广场五矿大厦	林 皓	0571-87219365	310003
浙商期货有限公司	杭州市庆春路173号	魏 丁	0571-87214819	310006
中国人民财产保险股份有限公司浙江省分公司	杭州市中河中路66—68号	吴建林	0571-87810888	310009
中国太平洋财产保险股份有限公司浙江分公司	杭州市庆春路196号	金在明	0571-87230051	310006
中国平安财产保险股份有限公司浙江分公司	杭州市教工路88号立元大厦8楼	曹 阳	0571-88381818	310005
中华联合财产保险股份有限公司浙江分公司	杭州市湖墅南路505号中华保险大厦15楼	赵 斌	0571-88391596	310005
天安保险股份有限公司浙江省分公司	杭州市庆春路25—29号远洋大厦19楼	邵鲁扉	0571-87041888	310009
大众保险股份有限公司浙江分公司	杭州市解放路89号星河商务大厦10楼	金国兴	0571-88078999	310009
中国大地财产保险股份有限公司浙江分公司	杭州西湖大道35号万新大厦1号楼11楼	李晓民	0571-87000188	310009
华泰财产保险股份有限公司浙江省分公司	杭州市庆春东路66号庆春发展大厦B座15楼	吴立强	0571-87238300	310008

（续表）

机构名称	地址	负责人	电话	邮编
太平保险有限公司浙江分公司	杭州市庆春路136号广利大厦15楼	黄寿山	0571-28811000	310003
华安财产保险股份有限公司浙江分公司	杭州市天目山路7号东海创意中心大厦15楼	刘　刚	0571-87168888	310007
永安财产保险股份有限公司浙江分公司	杭州市秋涛路28号	王杰铭	0571-85789659	310007
安邦财产保险股份有限公司浙江分公司	杭州市建国北路639号华源发展大厦19楼	滕黛琳	0571-85780832	310004
都邦财产保险股份有限公司浙江分公司	杭州市体育场路105号凯喜雅大厦14楼	顾大庆	0571-28006720	310004
天平汽车保险股份有限公司浙江分公司	杭州市教工路88号立元大厦5楼	陈志斌	0571-28809111	310012
中银保险有限公司浙江分公司	杭州市西湖大道58号金隆花园华顺大厦5楼	吴大江	0571-85011100	310009
阳光财产保险股份有限公司浙江省分公司	杭州市新塘路33号三新大厦14楼	赵炬弥	0571-87680399	310020
民安保险（中国）有限公司浙江分公司	杭州市天目山路159号现代国际大厦B座12楼	郑剑波	0571-87669121	310007
渤海财产保险股份有限公司浙江省分公司	杭州市滨江区江南大道558号恒鑫大厦4楼	张方学	0571-28992555	310052
中国人寿财产保险股份有限公司浙江省分公司	杭州市青春坊33幢18楼	施建峰	0571-87216466	310003
安诚财产保险股份有限公司浙江省分公司	杭州市新塘路19号采荷嘉业大厦5幢10楼	钱心葵	0571-88110000	310016
长安责任保险股份有限公司浙江省分公司	杭州市凯旋路445号物产国际广场22楼	杨锡忠	0571-28110808	310020
中国出口信用保险公司浙江分公司	杭州市延安路528号标力大厦B座25层	钱水凤	0571-28036700	310006
中国人寿保险股份有限公司浙江省分公司	杭州市中河中路80号	祝　平	0571-87216401	310007
中国太平洋人寿保险股份有限公司浙江分公司	杭州西湖大道35号万新大厦1号楼	张鸣放	0571-87224949	310006
中国平安人寿保险股份有限公司浙江分公司	杭州市环城北路208号坤和中心11楼	许　健	0571-87556600	310006
泰康人寿保险股份有限公司浙江分公司	杭州市下城区仙林桥直街3号仙林大厦9层	汪　刚	0571-85802112	310003
新华人寿保险股份公司浙江分公司	杭州市中河中路216号平海国际大厦4楼	陈国平	0571-87235369	310003
太平人寿保险有限公司浙江分公司	杭州市庆春路136号广利大厦裙楼5楼	黄朝辉	0571-28889696	310003
民生人寿保险股份有限公司浙江分公司	杭州市潮王路225号红石中央大厦18层	杨建军	0571-85389504	310005
光大永明人寿保险有限公司杭州分公司	杭州市延安路501号	王久春	0571-87858398	310007
中宏人寿保险有限公司浙江分公司	杭州市黄龙路5号恒励大厦2楼	纪美娟	0571-28023322	310007
华泰人寿保险股份有限公司浙江分公司	杭州市中河南路11号万凯商务楼B座	金国民	0571-28009160	310008
中德安联人寿保险有限公司浙江分公司	杭州市庆春路118号嘉德广场10楼	张玉峰	0571-28906161	310003
中国人民健康保险股份有限公司浙江分公司	杭州市延安路466号省外经贸大楼11楼	赵　波	0571-28918898	310006
合众人寿保险股份有限公司浙江分公司	杭州市中河中路222号平海国际大厦17楼	陈秉玺	0571-28907766	310003
信诚人寿保险有限公司浙江省分公司	杭州市凤起路96号之俊大厦23楼	茅重远	0571-28065118	310003
长生人寿保险有限公司浙江分公司	杭州市庆春路136号广利大厦15B	徐　良	0571-28035888	310003
中国人民健康保险股份有限公司浙江省分公司	杭州市庆春东路68号杭州汽轮国际大厦A座9楼	廖定进	0571-28118888	310020
平安养老保险股份有限公司浙江分公司	杭州市延安路398号省二轻大厦5楼	何　方	0571-85776870	310006
英大泰和人寿保险股份有限公司浙江分公司	杭州市教工路88号立元大厦10楼	东也尚青	0571-51212003	310012

2. 宁波市主要金融机构

机构名称	地址	负责人	电话	邮编
中国人民银行宁波市中心支行	宁波市江东北路 138 号	宋汉光	0574-87058147	315040
中国银行业监督管理委员会宁波监管局	宁波市江东北路 138 号	吉　明	0574-87737580	315040
中国证券监督管理委员会宁波监管局	宁波市中兴路 737 号天润商座 A 座 10 楼	邵锡秋	0574-87325107	315040
中国保险监督管理委员会宁波监管局	宁波市惊驾路 555 号泰富广场 A 座 16—17 楼	陈　红	0574-27996530	315040
中国农业发展银行宁波市分行	宁波市灵桥路 255 号	吴振意	0574-87072821	315000
国家开发银行股份有限公司宁波市分行	宁波市海晏北路 577 号	樊立新	0574-83872888	315000
中国进出口银行宁波市分行	宁波市民安东路 268 号国际金融服务中心 A 座 27—31 楼	周安岳	0574-87209999	315040
中国工商银行股份有限公司宁波市分行	宁波市中山西路 218 号	俞　龙	0574-87368988	315010
中国农业银行股份有限公司宁波市分行	宁波市中山东路 518 号	彭超英	0574-87363537	315040
中国银行股份有限公司宁波市分行	宁波市药行街 139 号	王　兵	0574-87196666	315000
中国建设银行股份有限公司宁波市分行	宁波市海曙区广济街 31 号	葛王杰	0574-87172524	315010
交通银行股份有限公司宁波分行	宁波市中山东路 55 号	屠粮钢	0574-87363941	315000
上海浦东发展银行股份有限公司宁波分行	宁波市江厦街 21 号	楼戈飞	0574-87268111	315000
兴业银行股份有限公司宁波分行	宁波市江东区百丈东路 905 号	王建元	0574-87733333	315040
中国光大银行股份有限公司宁波分行	宁波江东区福明路 828 号	杨　明	0574-87311527	315040
平安银行股份有限公司宁波分行	宁波市江东北路 138 号	张清和	0574-87721124	315040
招商银行股份有限公司宁波分行	宁波市江东区民安东路 342 号	胡德明	0574-87015501	315040
中信银行股份有限公司宁波分行	宁波市镇明路 36 号	夏年炉	0574-87733226	315040
中国民生银行股份有限公司宁波分行	宁波市高新区聚贤路 815 号	万恩平	0574-87260600	315010
广发银行股份有限公司宁波分行	宁波市江北区大庆南路 11—27 单号	祁一飞	0574-87289888	315000
浙商银行股份有限公司宁波分行	宁波市中兴路 739 号	张叶艺	0574-81855678	315010
华夏银行股份有限公司宁波分行	宁波市江东区和源路 366 号	王水荣	0574-87976666	315040
恒丰银行股份有限公司宁波分行	宁波江东区民安东路 280 号	章德春	0574-55229999	315041
中国邮政储蓄银行宁波市分行	宁波市江北区桃渡路 120 号	耿　黎	0574-87950985	315020
宁波银行股份有限公司	宁波市宁南南路 700 号	陆华裕	0574-87050028	315040
宁波东海银行股份有限公司	宁波市民安东路 268 号国际金融中心 A 座 5—8 楼	刘　元	0574-81872233	315042
上海银行股份有限公司宁波分行	宁波市江东区朝晖路 1 号	张连怀	0574-87979800	315040
包商银行股份有限公司宁波分行	宁波市江东区中兴路 676 号	孙　杰	0574-87816710	315040
临商银行股份有限公司宁波分行	宁波市江东区沧海路 1918 号上东商务中心 C 座 3 幢	卢立富	0574-87860189	315040
浙江泰隆商业银行股份有限公司宁波分行	宁波市江东区中山东路 437、439 号	刘传文	0574-87861100	315040
杭州银行股份有限公司宁波分行	宁波市江东区惊驾路 598—622 号	焦　明	0574-27991166	315040
温州银行股份有限公司宁波分行	宁波市江东区世纪大道北段 555-1 号温州银行大厦	王国斌	0574-87860999	315040
浙江民泰商业银行股份有限公司宁波分行	宁波市鄞州区钱湖北路 942 号	董　明	0574-82807000	315100

（续表）

机构名称	地址	负责人	电话	邮编
台州银行股份有限公司宁波分行	慈溪市新城大道555号	黄红兵	0574-58967001	315300
浙江省农村信用社联合社宁波办事处	宁波市江北区育才路15号	徐国兴	0574-87201262	315016
宁波鄞州农村合作银行	宁波市鄞州区民惠西路88号	周建斌	0574-87412725	315000
宁波慈溪农村商业银行股份有限公司	慈溪市浒山街道南城路25号	吴　政	0574-63810683	315300
宁波余姚农村合作银行	余姚市新建路69号	沈红波	0574-62628809	315400
宁波市市区农村信用合作联社	宁波市育才路15号	邬明光	0574-87667888	315016
宁波市北仑区农村信用合作联社	宁波市北仑区新大路177号	马朝晖	0574-86872377	315800
宁波镇海农村商业银行股份有限公司	宁波市镇海区沿江东路552号	叶　军	0574-86297777	315200
宁波奉化农村商业银行股份有限公司	奉化市中山路27号	吕卫平	0574—88590667	315500
宁海县农村信用合作联社	宁波市宁海县兴宁中路290号	方　见	0574—65582363	315600
象山县农村信用合作联社	宁波市象山县丹城靖南路342号	谢语诚	0574-65724101	315700
象山国民村镇银行有限责任公司	浙江省象山县丹东街道新华路328号	王传宁	0574-65900000	315700
慈溪民生村镇银行股份有限公司	浙江省慈溪市孙塘北路1111号	郑畅翔	0574-63336016	315300
余姚通济村镇银行股份有限公司	浙江省余姚市泗门镇河塍路142-1号	郑元杰	0574-62129676	315470
宁波通商银行股份有限公司	中国宁波市江东区民安东路268号国际金融服务中心A座1楼1号、E座16—21楼	戴敏伟	0574-83096666	315040
奉化罗蒙村镇银行有限责任公司	宁波市奉化市溪口镇中兴中路257号	单国辉	0574—88906550	315502
鄞州国民村镇银行有限责任公司	宁波市鄞州区集士港镇商贸路8号	李永平	0574-89015537	315171
宁海建信村镇银行有限责任公司	宁海县西店镇滨海路115号	蒋新麒	0574-82535268	315613
宁海中银富登村镇银行有限公司	宁波市宁海县梅林街道梅林北路125号	胡建伟	0574-83517700	315609
慈溪建信村镇银行有限责任公司	慈溪市龙山镇仙境路2号	胡巨明	0574-63993506	315311
宁波镇海中银富登村镇银行有限公司	宁波市镇海骆驼街道慈海北路128—132号	杨国伟	0574-86565800	315200
江北富民村镇银行股份有限公司	宁波市江北区慈城镇民权路18号	冀明星	0574-87646196	315031
北仑国开村镇银行股份有限公司	宁波北仑新大路837—847号	王继宁	0574-86856786	315800
宁波海曙浦发村镇银行股份有限公司	宁波海曙区丽园北路755号	葛静波	0574-55870226	315010
象山中银富登村镇银行有限公司	宁波市象山县爵溪街道新瀛路19号	钱同月	0574-25750002	315708
恒生银行(中国)有限公司宁波分行	宁波市海曙药行街77—81号	赖仁安	0574-83876888	315010
汇丰银行(中国)有限公司宁波分行	宁波市彩虹北路50号波特曼中心C座	朱勤科	0574-87059000	315040
渣打银行(中国)有限公司宁波分行	宁波市海曙区和义路158号万豪中心1楼及和义路168号万豪中心18楼1802室	黄乐懿	0574-83883999	315000
东亚银行(中国)有限公司宁波分行	宁波市鄞县大道1357号广博国贸中心102—103室	邝万成	0574-82833535	315100
浙江稠州商业银行股份有限公司宁波分行	宁波市江东区福明路578号	俞东红	0574-87209511	315040
中信证券(浙江)有限责任公司宁波分公司	宁波市江东区和济街235号2幢15-1	许训建	0574-87033718	315042
光大证券股份有限公司宁波分公司	宁波市海曙区中山西路2号恒隆中心24楼	满全杰	0574-83852206	315010
浙商证券股份有限公司宁波分公司	宁波市鄞州区四明中路956号都市森林1幢2单元3楼	吴志明	0574-82821001	315192
中国人民财产保险股份有限公司宁波市分公司	宁波市大来街50号	毛寄文	0574-87196111	315000
中国太平洋财产保险股份有限公司宁波分公司	宁波市和义路95号	李昆红	0574-83880263	315010

（续表）

机构名称	地址	负责人	电话	邮编
中国平安财产保险股份有限公司宁波分公司	宁波市开明街 396 号	杨 刚	0574-87281888	315000
中国出口信用保险公司宁波分公司	宁波市江东区民安东路 342 号招商银行大厦 19—20 楼	陈小萍	0574-87341066	315040
大众保险股份有限公司宁波分公司	宁波市江东区灯达升路 15、17、19 号	李少清	0574-87011016	315040
天安保险股份有限公司宁波分公司	宁波市会展路 128 号国际会展中心 10 号楼 9 层 B 区	张宇生	0574-87897958	315040
中华联合财产保险股份有限公司宁波分公司	宁波市江东区会展路 128 号国际会展中心 10 号馆 10 楼	尹天笑	0574-87811582	315040
中国大地财产保险股份有限公司宁波分公司	宁波市江东区朝晖路 17 号汉通大厦 9—10 楼	金乐煜	0574-27860006	315040
华安财产保险股份有限公司宁波分公司	宁波市百丈东路 711 弄 2 号金都大厦 7 楼	林 峰	0574-87979171	315040
安邦财产保险股份有限公司宁波分公司	宁波市海曙区灵桥路 255 号中宁大厦 18 楼	黄永祥	0574-27862818	315000
永安财产保险股份有限公司宁波分公司	宁波市高新区江南一品花园 299 号宁兴大厦 18 楼	章震飞	0574-27882889	315040
安盛天平财产保险股份有限公司宁波分公司	宁波市江东区甬江大道 1 号 8 号楼 8 楼 A 座	高 俊	0574-27829900	315000
华泰财产保险股份有限公司宁波分公司	宁波市高新区杨木碶路和美诚广场 27 号 13-1	包原维	0574-27890055	315000
阳光财产保险股份有限公司宁波市分公司	宁波市江东区江南路 39 号 A 座 3 楼	黄雁南	0574-27896610	315016
渤海财产保险股份有限公司宁波分公司	宁波市天童北路 933 号和邦大厦 A 座 3 楼	张鸿平	0574-28882229	315192
中银保险有限公司宁波中心支公司	宁波市海曙区药行街 139 号 27 层	张雪芬	0574-27892693	315000
都邦财产保险股份有限公司宁波分公司	宁波市高新区星海南路 8 号涌金大厦 7 楼	孙建德	0574-87656858	315048
民安保险(中国)有限公司宁波中心支公司	宁波市鄞州区天童北路 933 号和邦大厦 A 座 8 楼	孙其山	0574-83051797	315192
太平财产保险有限公司宁波分公司	宁波市江东区银晨商务中心 4 幢 11 号 1—4 层	钟佳伶	0547-27891918	315000
安诚财产保险股份有限公司宁波分公司	宁波市江东区会展路 128 号 17 幢	林曾荣	0574-83089578	315040
长安责任保险股份有限公司宁波中心支公司	宁波市高新区汇海路 52 号三方大厦 B 座 7 楼	葛煜国	0574-28872916	315000
中国人寿财产保险股份有限公司宁波市分公司	宁波市海曙区灵桥路 777 号	费剑锋	0574-83892520	315000
浙商财产保险股份有限公司宁波中心支公司	宁波市江东区民安东路 268 号国际金融服务中心北区 A 座 19F	夏爱明	0574-27991906	315020
永诚财产保险股份有限公司宁波中心支公司	宁波市鄞州区天童北路 1539 号麒麟大厦南楼七楼	谢武海	0574-28897177	315100
紫金财产保险股份有限公司宁波分公司	宁波市江东区惊驾路 668 号银晨国际 2 幢 6 号 5 楼	童 科	0574-87799021	315040
泰山财产保险股份有限公司宁波分公司	宁波市高新区星海南路 100 号华商大厦 1102、2003 室	莫亦军	0574-55663162	315040
英大泰和财产保险股份有限公司宁波分公司	宁波市海曙区布政巷 16 号科创大厦 25 层	施鉴中	0574-55127961	315010
信达财产保险股份有限公司宁波分公司	宁波江东区悦盛路 359 号滨江商业广场 1 号楼 9 层	陈文君	0574-55227777	315041
中国人寿保险股份有限公司宁波市分公司	宁波市灵桥路 777 号	张忠平	0574-87291082	315010

（续表）

机构名称	地址	负责人	电话	邮编
中国太平洋人寿保险股份有限公司宁波分公司	宁波市和义路95号	陈兴土	0574-87231750	315010
中国平安人寿保险股份有限公司宁波分公司	宁波市海曙区开明街396号平安大厦15—16楼	肖　丽	0574-87689810	315010
泰康人寿保险股份有限公司宁波分公司	宁波市和义路168号万豪中心5、10—11层	秦　健	0574-87036696	315020
新华人寿保险股份有限公司宁波分公司	宁波市海曙区车桥街69号恒泰大厦12—13楼	陆建光	0574-87278721	315100
太平人寿保险有限公司宁波分公司	宁波市海曙区中山西路2号恒隆中心5、11楼	梁学文	0574-87710888	315010
民生人寿保险股份有限公司宁波中心支公司	宁波市海曙区和义路77号汇金大厦29层	李　军	0574-83862650	315000
中宏人寿保险有限公司宁波分公司	宁波市海曙区镇明路36号中信银行大厦28楼	郑智茂	0574-87073322	315010
生命人寿保险股份有限公司宁波分公司	宁波市江东区江东北路495号和丰创意广场谷庭楼	夏东升	0574-27879090	315000
中德安联人寿保险有限公司浙江分公司宁波营销服务部	宁波市南站东路16号月湖银座18-10室	罗珍时	0574-27829955	315040
光大永明人寿保险有限公司宁波分公司	宁波市海曙区冷静街8号银亿时代广场7—13	谢金玉	0574-87205111	315010
合众人寿保险股份有限公司宁波中心支公司	宁波市海曙区马园路169号丰华名都商务楼4楼	董莉娟	0574-27897779	315000
平安养老保险股份有限公司宁波分公司	宁波市江东区悦盛路359号007幢滨江商业广场1号楼20楼	施俊培	0574-83891524	315010
信诚人寿保险有限公司浙江省分公司宁波营销服务部	宁波市江东区朝晖路17号11-1室	应益敏	0574-27709770	315040
国泰人寿保险有限责任公司浙江分公司宁波营销服务部	宁波市鄞州区天童南路568号恒元商务大厦1203室	郑汉忠	0574-27892888	315010
海康人寿保险有限公司浙江分公司宁波营销服务部	宁波市江东区百丈东路787号B801室	张　磊	0574-27784879	315040
中美联泰大都会人寿保险有限公司浙江分公司宁波营销服务部	宁波市中山西路布政巷16号科技创业大厦12楼	西门康康	0574-87687368	315000
中国人民人寿保险股份有限公司宁波市分公司	宁波市海曙区永丰西路231号BOBO国际七层、八层	金晓民	0574-83880888	315000
阳光人寿保险股份有限公司宁波中心支公司	宁波市中山西路布政巷科技创业大厦8楼	花锡青	0574-83880688	315000
信泰人寿保险股份有限公司宁波中心支公司	宁波市江东区悦盛路359号滨江商业广场22楼	杨剑锋	0574-83899507	315010
中韩人寿保险有限公司宁波中心支分司	宁波市海曙区和义路168号万豪中心21楼	陈　刚	0574-81850700	315010
利宝保险有限公司宁波中心支公司	宁波市高新区星海南路16号轿辰大厦6楼601	章　韬	0574-87861131	315040
浙江省农村信用社联合社宁波办事处	宁波市育才路15号	徐国兴	0574-87201280	315016
昆仑信托有限责任公司	宁波市江东区民安东路268号国际金融中心E座28—31层	吴　妍	0574-87033100	315042
华融金融租赁股份有限公司宁波分公司	宁波市江东区中兴路739号七楼	徐　杰	0574-87734768	315040
宁波港集团财务有限公司	宁波市北仑区明州路301号	李令红	0574-27696669	315800

3. 温州市主要金融机构

机构名称	地址	负责人	电话	邮编
中国人民银行温州市中心支行	温州市府东路 468 号	许加银	0577-88015706	325000
中国银行业监督管理委员会温州监管分局	温州市鹿城区车站大道福森大厦二楼	赵秀乐	0577-88108818	325000
中国工商银行股份有限公司温州分行	温州市人民东路 2 号	陶飙	0577-88260666	325000
中国农业银行股份有限公司温州分行	温州市鹿城区小南路农行大厦	陈庆飞	0577-88021288	325000
中国银行股份有限公司温州市分行	温州市鹿城区市府路 600 号中银大厦	陶灵富	0577-88980878	325000
中国建设银行股份有限公司温州分行	浙江省温州市车站大道 701 号建行大厦	杨锡舟	0577-88080001	325027
交通银行股份有限公司温州分行	温州市车站大道交行广场	陈鹤林	0577-88068666	325000
中信银行股份有限公司温州分行	温州市市府路大自然城市家园二期北区	章红兵	0577-88808098	325000
中国光大银行温州分行	温州市鹿城区府东路万川锦苑 1—2 层	徐巧雪	0577-88087708	325000
华夏银行股份有限公司温州分行	温州市鹿城区车站大道神力大厦	林显斌	0577-88998930	325000
广发银行股份有限公司温州分行	温州市锦绣路万康商务中心 B 幢	宋佳伟	0577-88829588	325000
平安银行股份有限公司温州分行	温州市温州大道 1707 号一层、七层至九层	钱平	0577-88800807	325000
招商银行温州分行	温州市鹿城区吴桥路 300 号	董佳音	0577-88075088	325028
上海浦东发展银行股份有限公司温州分行	温州市车站大道高联大厦 1—3 楼	何卫海	0577-88022666	325000
兴业银行股份有限公司温州分行	温州市市府路 1 号大自然家园兴业银行	陈丹	0577-88106868	325000
中国民生银行股份有限公司温州分行	温州市温州大道 1707 号亨哈大厦 1 层、4—5 层和 12 层	徐文华	0577-88996699	325000
恒丰银行温州分行	温州市南浦路 421 号	曲强	0577-88001608	325000
浙商银行温州分行	温州市新城大道 319 号	王成良	0577-88079998	325000
渤海银行股份有限公司温州分行	温州市鹿城路 40 号	王宇	0577-88009988	325000
温州银行股份有限公司	温州市车站大道 196 号	邢增福	0577-88990099	325000
浙江省农村信用合作联社温州办事处	温州市车站大道信合大厦 A 幢 8 楼	陈少云	0577-88077023	325000
浙江稠州商业银行股份有限公司温州分行	温州市锦绣路锦绣中城一楼	陈建新	0577-89988008	325000
台州银行温州分行	温州市鹿城区人民东路 21 号	王剑波	0577-89866001	352000
宁波银行股份有限公司温州分行	温州市鹿城区南浦路 260 号	王永良	0577-88009020	352000
福建海峡银行股份有限公司温州分行	温州市车站大道 2 号华盟商务广场 3 层	陈渊默	0577-86008101	325000
杭州银行股份有限公司温州分行	温州市鹿城区信河街工会大厦一、三、四层	应若飞	0577-88008901	325000
中国邮政储蓄银行温州市分行	温州市惠民路大发商厦	陈时峰	0577-89501018	325000
浙江民泰商业银行温州分行	温州市鹿城区温州大道 2729 号 1—4 层	李骏	0577-88033519	325000
中国农业发展银行温州市分行	温州市车站大道 413 号	叶海敏	0577-88666101	325000
金华银行股份有限公司温州分行	温州大道 1707 号亨哈大厦	蒋俊峰	0577-88021799	325000
上海证券温州分公司	温州市人民东路谢池商城 D 座二层	陈先雨	0577-88826588	325000
中信证券(浙江)有限责任公司温州分公司	温州市车站大道盛德大厦一、三层	杨巧武	0577-88107058	325000
浙商证券股份有限公司温州分公司	温州市温迪路 26 号城开花苑 2 幢二层东首	池大浩	0577-88666866	325000
中国人民财产保险股份有限公司温州市分公司	温州市新城大道保险大楼	何彬	0577-88062108	325000
中国太平洋财产保险股份有限公司温州分公司	温州市锦绣路球山花园太保大楼	郦晓东	0577-88909080	325000

（续表）

机构名称	地址	负责人	电话	邮编
中国平安财产保险股份有限公司温州中心支公司	温州市亨哈大厦10楼(温州大道与汤家桥南路交叉口偏东方向)	陈志东	0577-88659967	325000
天安保险股份有限公司温州中心支公司	温州市车站大道高联大厦10楼	张文春	0577-86077098	325000
大众保险股份有限公司温州中心支公司	温州市吴桥路国税大楼三楼	斯春临	0577-89611010	325000
中华联合财产保险股份有限公司温州中心支公司	温州市经济技术开发区上江路175号	陈碎亮	0577-88870055	325000
中国大地财产保险股份有限公司温州中心支公司	温州南浦路179号天力嘉园3-6幢201-1	黄广兴	0577-88955883	325000
永安财产保险股份有限公司温州中心支公司	温州市新城大道数码大厦8楼	张金豹	0577-88958903	325000
华安财产保险股份有限公司温州中心支公司	温州市小南路国鼎商务楼7楼	王麒麟	0577-88281502	325000
太平财产保险有限公司温州中心支公司	温州市南郊工业区洛河路9号	杨　林	0577-28888288	325000
都邦财产保险股份有限公司温州中心支公司	温州市车站大道金鳞花苑2幢10楼	黄拥军	0577-56360006	325000
安邦财产保险股份有限公司浙江分公司温州市中心支公司	温州市百里西路工会大厦2301室	张定龙	0577-55577098	325000
渤海财产保险股份有限公司温州中心支公司	温州市纺织路105号(奥乐大楼2楼)	陈榕浩	0577-86006009	325000
永诚财产保险股份有限公司温州中心支公司	温州市锦绣路万康商务中心1幢705室	肖海平	0577-28858952	325000
中银保险有限公司温州中心支公司	温州市人民西路西湖锦园2楼	邹祖权	0577-89971508	325000
阳光财产保险股份有限公司温州中心支公司	温州市鹿城区纺织路龙方工业区20号地块A幢3楼	陈　剑	0577-89972099	325000
民安财产保险有限公司温州中心支公司	温州市机场大道5465号国大广场8楼	朱守海	0577-89899366	325000
中国人寿财产保险股份有限公司温州中心支公司	温州市江滨西路欧洲城中心大楼五楼517室	吴弈琪	0577-88998504	325000
安诚财产保险股份有限公司温州中心支公司	温州市府东路府东家园北门10-11幢103—105室	赖林兴	0577-28807199	325000
天平汽车保险股份有限公司温州中心支公司	温州市车站大道华盟商务广场14楼1409—1409室	张文春	0577-28878208	325000
长安责任保险股份有限公司温州中心支公司	温州市车站大道华盟商务广场3201、3202、3212室	周晓伟	0577-28911121	325000
浙商财产保险股份有限公司温州中心支公司	温州市海事路17号金可达商厦6楼	王　军	0577-88100650	325000
华泰财产保险股份有限公司温州中心支公司	温州市黎明工业区67号-2号	马消俊	0577-88120805	325000
信达财险保险股份有限公司温州中心支公司	温州市温州大道金宇商务楼第六层南边一半	陈海洲	0577-28895085	325000
利宝保险有限公司温州中心支公司	温州市车站大道577号财富中心1801室	项险峰	0577-88672012	325000
中国人寿保险股份有限公司温州分公司	温州市车站大道人寿保险大楼	李松华	0577-88991558	325000
中国太平洋人寿保险股份有限公司温州中心支公司	温州市飞霞南路保丰大楼6楼	张传林	0577-88853836	325000
中国平安人寿保险股份有限公司温州中心支公司	温州市大自然家园二期北区城市之光一幢21楼	黄炳杰	0577-88958706	325000
泰康人寿保险股份有限公司温州中心支公司	温州市车站大道789号智慧谷A幢5楼	肖友进	0577-88929118	325000
新华人寿保险股份有限公司温州中心支公司	温州市车站大道华盟商务广场1305—1309	彭估红	0577-88112651	325000
太平人寿保险有限公司温州中心支公司	温州市勤奋路嘉汇锦苑2楼	栾晓波	0577-28861025	325000
民生人寿保险股份有限公司温州中心支公司	温州市新城大道新城大厦19层2室	宋其星	0577-89889313	325000
生命人寿保险股份有限公司温州中心支公司	温州市车站大道高联大厦13楼	谢作霖	0577-28895110	325000

（续表）

机构名称	地址	负责人	电话	邮编
光大永明人寿保险有限公司浙江分公司温州中心支公司	温州市新城大道温州晚报大厦 19 层	孙文俊	0577-88900281	325000
中宏人寿保险有限公司浙江分公司温州市营销服务部	温州市市府路新益大厦 1 幢 1801 室、1802 室	蔡南浦	0577-28863330	325000
信诚人寿保险有限公司温州中心支公司	温州车站大道人和嘉园 1-2 幢 201 室	余林剑	0577-28919188	325000
平安养老保险股份有限公司温州中心支公司	温州市大自然家园二期北区城市之光一幢四楼	陈香蕉	0577-88950826	325000
合众人寿保险股份有限公司温州中心支公司	温州市温州大道金宇商务楼 5 楼	叶少武	0577-28891231	325000
中国人民人寿保险股份有限公司温州市中心支公司	温州市瓯江路海港大厦 1 幢 12 楼	刘轩宏	0577-88018903	325000
国泰人寿保险有限责任公司浙江分公司温州营销服务部	温州市新城大道中园商务楼 7 楼	陈炳宏	0577-28893188	325000
中国人民健康保险股份有限公司温州中心支公司	温州市黎明中路海关大楼 4 楼	张晓琴	0577-28919387	325000
华泰人寿保险股份有限公司温州中心支公司	温州市牛山北路 52 号丰泰大厦 4 楼	陈华锋	0577-28808859	325000
国华人寿保险股份有限公司温州中心支公司	温州大厦金宇商务楼 11 楼	郑力强	0577-28890720	325000
中德安联人寿保险有限公司浙江分公司温州营销服务部	温州市人民东路国信大厦十层	黄婷婷	0577-28893360	325000
中美联泰大都会人寿保险股份有限公司温州营销服务部	温州市府路新益大厦 1 幢 601 室	杨　焰	0577-85557013	325000
阳光人寿保险股份有限公司温州中心支公司	温州市瓯江路海港大厦 1 幢 14 楼	郑佩锋	0577-88898261	325000

4. 嘉兴市主要金融机构

机构名称	地址	负责人	电话	邮编
中国人民银行嘉兴市中心支行	嘉兴市中环南路 1385 号	褚小平	0573-82166101	314001
中国银行业监督管理委员会嘉兴监管分局	嘉兴市秀洲区新平路 21 号	崔安明	0573-82793022	314031
中国工商银行嘉兴市分行	嘉兴市禾兴南路 269 号	林士强	0573-82168999	314001
中国农业银行嘉兴市分行	嘉兴市斜西街 383 号	金烈祥	0573-82051888	314001
中国银行嘉兴市分行	嘉兴市中山路 56 号	郭　林	0573-82051288	314001
中国建设银行嘉兴市分行	嘉兴市紫阳街 198 号	陈　强	0573-82032222	314001
农业发展银行嘉兴市分行	嘉兴市洪兴西路南 1 号	张韩强	0573-82720788	314001
交通银行嘉兴分行	嘉兴市中山西路 236 号	梁蕴旭	0573-82054567	314031
中信银行嘉兴分行	嘉兴市中山路 111 号	朱　进	0573-82096222	314001
上海浦东发展银行嘉兴分行	嘉兴市环城西路东菱天官坊 3 号楼	宣骥翊	0573-82092128	314001
兴业银行嘉兴支行	嘉兴市城东路 83 号	彭光辉	0573-82039901	314001
招商银行嘉兴支行	嘉兴市中山西路 253 号	常建梁	0573-82779888	314001
浙商银行嘉兴支行	嘉兴市梅弯街 1 号	曹志元	0573-82038001	314001
深圳发展银行嘉兴支行	嘉兴市禾兴南路 89 号	陶　岚	0573-82053111	314001
民生银行嘉兴分行	嘉兴市禾兴南路 337 号	余旭旻	0573-82153800	314001
嘉兴银行	嘉兴市建国路 467 号	许洪明	0573-82062388	314001

（续表）

机构名称	地址	负责人	电话	邮编
湖州银行嘉兴分行	嘉兴市中山西路 250 号	邹　霞	0573-83673001	314001
光大银行嘉兴分行	嘉兴市中环南路 2285 号	余建海	0573-82795595	314001
绍兴银行嘉兴分行	嘉兴市中环西路 88 号	陈永惠	0573-82621508	314001
浙江省信用联社嘉兴办事处	嘉兴市越秀南路 903 号	吴建伟	0573-82070988	314001
邮政储蓄银行嘉兴分行	嘉兴市勤俭路 369 号	李丽青	0573-82627011	314001
中国人民财产保险股份有限公司嘉兴市分公司	嘉兴市斜西街 213 号	桂文东	0573-82053933	314001
中国人寿保险股份有限公司嘉兴分公司	嘉兴市中山路 87 号	齐孝安	0573-82077598	314001
中国太平洋财产保险股份有限公司嘉兴中心支公司	嘉兴市禾兴南路 298 号	喻　勤	0573-83919001	314001
中国太平洋人寿保险股份有限公司嘉兴中心支公司	嘉兴市禾兴南路 298 号	李爱良	0573-82093223	314001
中国出口信用保险公司嘉兴办事处	嘉兴市中山西路 527 号	王忠琴	57382721336	314001
爱建证券嘉兴分公司	嘉兴市斜西街 132 号	沈建昌	0573-82078655	314001
中信金通证券嘉兴分公司	嘉兴市吉杨路 35 号	蒋伟忠	0573-82069343	314001
申银万国证券嘉兴分公司	嘉兴市禾兴北路	刘国勇	0573-82056778	314001

5. 湖州市主要金融机构

机构名称	地址	负责人	电话	邮编
中国人民银行湖州市中心支行	湖州市东街 91 号	郑锦国	0572-2362755	313000
中国银行业监督管理委员会湖州监管分局	湖州市益民路 33 号	徐卫国	0572-2288109	313000
中国农业发展银行湖州市分行	湖州市东街 85 号	董其江	0572-2064318	313000
中国工商银行股份有限公司湖州分行	湖州市苕溪西路 258 号	阮云波	0572-2036929	313000
中国农业银行股份有限公司湖州分行	湖州市人民路 88 号	厉文世	0572-2502119	313000
中国银行股份有限公司湖州市分行	湖州市人民路 208 号	董瑞芳	0572-2501543	313000
中国建设银行股份有限公司湖州分行	湖州市红旗路 118 号	徐　刚	0572-2500113	313000
交通银行股份有限公司湖州分行	湖州市人民路 299 号	蔡建军	0572-2032602	313000
上海浦东发展银行股份有限公司湖州支行	湖州市体育场路 120 号	罗　强	0572-2578000	313000
中信银行股份有限公司湖州支行	湖州市环城西路 318 号	褚建平	0572-2226100	313000
招商银行股份有限公司湖州支行	湖州市苕溪西路 138 号	周　迎	0572-2583014	313000
浙商银行股份有限公司湖州分行	湖州市人民路 136 号	张国兴	0572-2777113	313000
华夏银行股份有限公司湖州分行	湖州市红旗路 618 号	韩建红	0572-2310902	313000
湖州银行股份有限公司	湖州市南街 471—475 号	路国民	0572-2037128	313000
中国邮政储蓄银行有限责任公司浙江省湖州市分行	湖州市凤凰路 792 号	俞霁云	0572-2105737	313000
嘉兴银行股份有限公司湖州分行	湖州市人民路 518 号	林　杰	0572-2585578	313000
浙江稠州商业银行湖州分行	湖州市凤凰路 586 号	潘中文	0572-2577715	313000
浙江泰隆商业银行湖州分行	人民路 333 号	丁业强	0572-2772777	313000
台州银行股份有限公司湖州分行	湖州市滨河路 688 号	陈　宇	0572-2771037	313000
浙江省农村信用社联合社湖州办事处	湖州市环城东路 215 号	赵兴意	0572-2073828	313000
中国人民财产保险股份有限公司湖州市分公司	湖州市南街 368 号	杨培根	0572-2031792	313000

（续表）

机构名称	地址	负责人	电话	邮编
中国人寿保险股份有限公司湖州分公司	湖州市人民路169号	冯四明	0572-2033171	313000
中国太平洋财产保险股份有限公司湖州中心支公司	湖州市人民路136号	盛立松	0572-2070458	313000
中国太平洋人寿保险股份有限公司湖州中心支公司	湖州市环城东路255号	方秀兰	0572-2280191	313000
中国平安财产保险股份有限公司湖州中心支公司	湖州市杭长桥北路68—78号	李　帅	0572-2122364	313000
中国人寿财产保险股份有限公司湖州中心支公司	湖州市环城西路322号金航大厦7楼	尤　健	0572-2036660	313000
新华人寿保险股份有限公司湖州中心支公司	湖州市凤凰路820号美欣商务大厦15楼	刘　莉	0572-2038523	313000
中国人民人寿保险股份有限公司湖州市中心支公司	湖州市东街23号7—8层	王珊兔	0572-2086750	313000
中华联合财产保险股份有限公司湖州中心支公司	湖州市龙溪路999号3号楼1—2层	姜　萍	0572-2125004	313000
民生人寿保险股份有限公司湖州中心支公司	湖州市现代广场3号楼华亭宾馆18层	韩建明	0572-2039977	313000
华安财产保险股份有限公司湖州中心支公司	湖州市仁皇山路1148—1150号	吴胜晖	0572-2129702	313000
中信证券(浙江)有限责任公司湖州环城西路证券营业部	湖州市环城西路288号	王　蕊	0572-2035005	313300
财通证券有限责任公司湖州红旗路营业部	湖州市红旗路66号新天地五楼A区	徐卫东	0572-2022657	313300
中国银河证券股份有限公司湖州证券营业部	湖州市红旗路128号	楼大新	0572-2500312	313300
浙商证券股份有限公司湖州双子大厦证券营业部	湖州市苕溪西路89号双子大厦1楼	陆　旻	0572-2059666	313000
申万宏源证券有限公司湖州凤凰路证券营业部	湖州市凤凰路622号美都商务大厦8楼	徐　登	0572-2761083	313000

6. 绍兴市主要金融机构

机构名称	地址	负责人	电话	邮编
中国人民银行绍兴市中心支行	绍兴市人民中路339号	陈　隆	0575-85209001	312000
绍兴银监分局	绍兴市延安路266号	夏朝光	0575-88588201	312000
中国工商银行绍兴分行	绍兴市胜利东路180号	邵锦华	0575-88565588	312000
中国农业银行绍兴分行	绍兴市人民西路297号	孙宏卫	0575-85801688	312000
中国银行绍兴分行	绍兴市人民路201号	朱鸿飞	0575-85222588	312000
中国建设银行绍兴分行	绍兴市中兴南路2号	刘雁群	0575-88162001	312000
交通银行绍兴分行	绍兴市人民中路283号	肖　亮	0575-85094567	312000
绍兴银行	绍兴市劳动路20号	丁国兴	0575-85092798	312000
浙江省联社绍兴办事处	绍兴市环城北路33号	林雨青	0575-85134865	312000
中信银行绍兴分行	绍兴市人民西路289号	应顺华	0575-85227188	312000
光大银行绍兴支行	绍兴市解放北路57号	何　强	0575-88000333	312000
华夏银行绍兴分行	绍兴市中兴南路354号	李　华	0575-88580966	312000
上海浦发展银行绍兴分行	绍兴市人民东路2号	许国明	0575-88121028	312000
兴业银行绍兴支行	绍兴市县前街71号	吴　渊	0575-85088901	312000
民生银行绍兴支行	绍兴市解放北路38号	王黎红	0575-81503999	312000
招商银行绍兴分行	绍兴市胜利东路357号	金旭东	0575-85081800	312000
恒丰银行绍兴支行	绍兴市延安东路517号	丁　韬	0575-88586999	312000
浙商银行绍兴分行	绍兴市金柯桥大道1418号	龚国强	0575-81166001	312030

（续表）

机构名称	地址	负责人	电话	邮编
渤海银行绍兴支行	绍兴市解放北路 312 号	王坚刚	0575-88689588	312000
杭州银行绍兴分行	绍兴市中兴中路 29 号	刘中锡	0575-88300166	312000
北京银行绍兴支行	绍兴市延安路 268 号	王文军	0575-88588801	312000
上海银行绍兴支行	绍兴市柯桥兴越路 1585 号	王建南	0575-81105502	312030
天津滨海农商行绍兴支行	绍兴市柯桥育才路 310 号	王文利	0575-81109007	312030
中国农业发展银行绍兴分行	绍兴市延安东路 176 号	孙跃旗	0575-85147278	312000
中国邮政储蓄银行绍兴分行	绍兴市延安东路 558 号	秦建平	0575-88617988	312000
广发银行绍兴分行	绍兴市中兴南路 215 号	沈葵揆	0575-81505511	312000
华侨银行绍兴分行	绍兴市中兴北路 668 号中金国际 A 幢 1801 室	王 湃	0575-85858383	312000
嘉兴银行绍兴分行	绍兴市镜湖新区凤林西路 170 号	王 勇	0575-81509266	312000
民泰银行绍兴分行	绍兴市延安东路 618 号	江建平	0575-89180688	312000
泰隆银行绍兴分行	绍兴市柯桥区柯华路 488 号	徐世标	0575-81115333	312000
宁波银行绍兴分行	绍兴市解放大道 653 号	陆全新	0575-89118899	312000
义乌农商行绍兴柯桥支行	绍兴市柯桥区金柯桥大道 595 号	俞小明	0575-89190001	312000
浙江瑞丰农村商业银行	绍兴市柯桥迪扬路 1363 号	俞俊海	0575-84788388	312000
浙江绍兴恒信农村合作银行	绍兴市中兴中路 159 号	黄建康	0575-88576588	312000
浙江诸暨农村商业银行	诸暨市大桥东路 2 号	冯华良	0575-87014615	311800
浙江上虞农村合作银行	上虞市百官德盛路 55 号	程其海	0575-82119788	312300
浙江嵊州农村合作银行	嵊州市官河路 398 号	吴智晖	0575-83123268	312400
浙江新昌农村合作银行	绍兴市新昌县七星街道七星路 18 号	赵学夫	0575-86266999	312500
柯桥联合村镇银行	绍兴市柯桥区裕民路 1011 号	陈立权	0575-81112088	312000
诸暨联合村镇银行	诸暨市暨东路 70 号日报大厦裙楼	章 罡	0575-87713999	311800
上虞富民村镇银行	绍兴市上虞区德盛路 27—29 号颖泰大厦 1—3 楼	吴加居	0575-82537767	312300
嵊州瑞丰村镇银行	嵊州市嵊州大道 108 号	吴志良	0575-83015088	312400
新昌浦发村镇银行	绍兴市新昌县七星街道鼓山西路 180 号	黄 斌	0575-86266888	312500
中国人民财产保险公司绍兴分公司	绍兴市人民西路 192 号	徐 虎	0575-85207879	312000
中国太平洋财产保险公司绍兴中心支公司	绍兴市人民中路 285 号	程海彦	0575-85225790	312000
中国平安财产保险公司绍兴中心支公司	绍兴市人民中路 341 号人行副楼六楼	王新法	0575-85222968	312000
天安保险绍兴中心支公司	绍兴市延安东路 505 号国际商务广场 15 楼	商锋平	0575-85110007	312000
华泰财产保险绍兴中心支公司	绍兴市迪荡湖路 68 号昆仑国际 2 号楼 26 楼	王 斌	0575-85011999	312000
大众保险绍兴中心支公司	绍兴市越城区解放南路高立花园 11 幢 B 区 11—12 楼	魏志峰	0575-85225288	312000
中华联合财产保险绍兴中心支公司	绍兴市舜江路 499 号	李 忠	0575-85203208	312000
中国大地财产保险绍兴中心支公司	绍兴市延安东路 505 号国际商务广场 12B	姚 冰	0575-88125006	312000
华安财产保险绍兴中心支公司	绍兴市环城西路 478—480 号	陈周平	0575-88059118	312000
永安财产保险绍兴中心支公司	绍兴市胜利东路 367 号富绅大厦 15 层	章立峰	0575-88000798	312000

（续表）

机构名称	地址	负责人	电话	邮编
太平财产保险绍兴中心支公司	绍兴市胜利东路393号昆仑国际商务中心1幢2701室	丁扬飞	0575-88926501	312000
安邦财产保险绍兴中心支公司	绍兴市迪荡新城昆仑国商务中心1幢1701、1704室	张　宏	0575-89197768	312000
都邦财产保险绍兴中心支公司	绍兴市迪荡新城北辰广场13楼1301—1302室	施纪荣	0575-88958988	312000
天平汽车保险绍兴中心支公司	绍兴市中兴北路390号泓城大厦738室	马　成	0575-88667518	312000
阳光财产保险绍兴中心支公司	绍兴市中兴南路42号4楼	周甫林	0575-85095520	312000
民安财产保险绍兴中心支公司	绍兴市延安东路182号奥菲大厦B1幢401—406室	蒋燕铭	0575-88127701	312000
中国人寿财产保险公司绍兴中心支公司	绍兴市人民中路36号	施　敏	0575-85220127	312000
中银保险绍兴中心支公司	绍兴市人民西路92号	邱柏华	0575-88680001	312000
永诚保险绍兴中心支公司	绍兴胜利东路405号国茂大厦1101室	朱勤勤	0575-88925888	312000
渤海财产保险绍兴中心支公司	绍兴市中兴北路390号泓城大厦508室	姚华庆	0575-88686166	312000
长安责任保险绍兴中心支公司	绍兴市解放北路148号交通大厦9楼	吕世明	0575-88688686	312000
安成财产保险绍兴中心支公司	绍兴市胜利东路435号迪荡新城元城大厦5楼	魏志成	0575-88583288	312000
安信农业保险绍兴中心支公司	绍兴市延安东路308号国脉大楼3楼	程卫力	0575-88966566	312000
浙商财产保险股份有限公司绍兴中心支公司	绍兴迪荡新城富绅大厦25楼	石利军	0575-88660555	312000
紫金财产保险股份有限公司绍兴中心支公司	绍兴市延安东路511号811、813室	葛武华	0571-88689002	312000
中国人寿保险绍兴分公司	绍兴市中兴中路309号	楼　升	0575-85220128	312000
中国太平洋人寿保险股份有限公司绍兴中心支公司	绍兴市人民中路285号	方月明	0575-85221298	312000
中国平安人寿保险股份有限公司绍兴中心支公司	绍兴市迪荡新城梅龙湖路80号财智大厦24楼	吴　威	0575-85335667	312000
泰康人寿保险股份有限公司绍兴中心支公司	绍兴市迪荡新城元城大厦5楼	孟宪文	0575-85147281	312000
新华人寿保险公司绍兴中心支公司	绍兴市解放南路1387号越兰大厦南六楼	周　杨	0575-88370158	312000
民生人寿绍兴中心支公司	绍兴市人民中路341号4楼	宋家林	0575-85095255	312000
太平人寿绍兴中心支公司	绍兴市人民中路399号财通证券7楼	胡青松	0575-88665501	312000
生命人寿绍兴中心支公司	绍兴市中兴中路300号金鑫大厦5楼	夏　海	0575-88908168	312000
中宏人寿绍兴营销服务部	绍兴市胜利东路86号金盾大厦西三楼	王泽江	0575-85083322	312000
光大永明保险有限公司绍兴分公司	绍兴市越城区迪荡新城北辰广场1幢12楼	何益民	0575-88670777	312000
农银人寿保险公司绍兴中心支公司	绍兴市胜利东路367号富绅大厦9楼901室	俞永涛	0575-88660698	312000
合众人寿保险有限公司绍兴分公司	绍兴市胜利东路17号凯盛国际大厦9楼	姚飞庭	0575-88662988	312000
华泰人寿保险有限公司绍兴分公司	绍兴市胜利东路365号迪荡新城富绅大厦10楼	徐　静	0575-88688078	312000
平安养老保险有限公司绍兴分公司	绍兴市迪荡新城梅龙湖路80号财智大厦21层2111室	陈奕英	0575-85176818	312000
国华人寿保险有限公司绍兴分公司	绍兴市迪荡新城汇金大厦11楼东半楼	周永锋	0571-28115867	312000

（续表）

机构名称	地址	负责人	电话	邮编
中国人民健康保险有限公司绍兴分公司	绍兴市中兴中路287号时代大厦7楼	马忠超	0575-88121898	312000
中国人民人寿险保险有限公司绍兴分公司	绍兴市中兴大道35—45号	章伟军	0575-88320101	312000
阳光人寿保险有限公司绍兴分公司	绍兴市中兴中路300号金鑫大厦4楼	朱伟清	0575-85097555	312000
信泰人寿绍兴中心支公司	绍兴市迪荡新城国茂大厦11楼1102室	陈立清	0575-88605258	312000
中国出口信用保险绍兴中心支公司	绍兴市迪荡新城昆仑国际2幢8楼	周 翔	0575-88603595	312000
中德安联人帮绍兴营销服务部	绍兴市中兴中路276号现代大厦A-301	徐鲁剑	0575-88667389	312000
嘉禾保险绍兴中心支公司	绍兴市胜利东路365号富绅大厦9楼901号	徐国宁	0575-88660898	312000
国泰人寿保险有限公司诸暨营销服务部	诸暨市暨阳街道艮塔路9号银证大厦10楼	简家进	0575-89709661	311800
海康人寿保险有限公司绍兴营销服务部	绍兴市越城区解放南路620号303室	王 虹	0575-88684879	312000
信诚人寿绍兴营销服务部	绍兴市中兴路金丰大厦10楼	朱吉祥	0575-88928818	312000
中国银河证券股份有限公司绍兴证券营业部	绍兴市鲁迅中路146号	奚美蕉	0575-88583388	312000
中国银河证券股份有限公司上虞营业部	绍兴市王充路578号金城大厦一、四楼	龚晓军	0575-81285899	312000
海通证券股份有限公司绍兴劳动路营业部	绍兴市劳动路158号	陈 青	0575-88952666	312000
海通证券股份有限公司诸暨营业部	诸暨市艮塔东路24号	陈新天	0575-87979601	312000
海通证券股份有限公司上虞营业部	上虞市民大道678号1—3层	潘 伟	0575-82025316	312000
海通证券股份有限公司嵊州营业部	嵊州市西前街89号	邹 宁	0575-83338808	312000
海通证券股份有限公司新昌营业部	绍兴市新昌县七星路166号	张敏华	0575-86250388	312000
方正证券股份有限公司绍兴营业部	绍兴市胜利东路39号中兴商贸大楼三楼	倪伟英	0575-85222008	312000
方正证券股份有限公司诸暨营业部	诸暨市东二路47号	王永峰	0575-88698500	312000
方正证券股份有限公司新昌营业部	绍兴市新昌县人民中路283号二楼	谢雄兵	0575-86253880	312000
财通证券有限责任公司绍兴人民中路证券营业部	绍兴市人民中路399号	叶耸霄	0575-85222111	312000
财通证券有限责任公司绍兴柯桥营业部	绍兴市柯桥湖西路228号轻纺大厦B幢3楼	董烨青	0575-84098201	312000
财通证券有限责任公司绍兴钱清营业部	绍兴市钱清镇前路永通国贸大厦D座2楼	沈建军	0575-84098207	312000
财通证券有限责任公司绍兴袍江营业部	绍兴市袍江育贤东路66号4—5层	屠国辉	0575-88138310	312000
财通证券有限责任公司诸暨营业部	诸暨市暨阳路156号	陈仲铭	0575-87110001	312000
财通证券有限责任公司上虞营业部	上虞市市民大道1618号	王建军	0575-81282288	312000
财通证券有限责任公司新昌营业部	绍兴市新昌县南明街道环城南路1—2号	陈春霞	0575-86113368	312000
浙商证券有限责任公司绍兴人民路证券营业部	绍兴市人民中路106号	沈益丰	0575-85131858	312000
浙商证券有限责任公司绍兴解放北路证券营业部	绍兴市解放北路258号	陈永忠	0575-85222228	312000
浙商证券有限责任公司绍兴金柯桥大道证券营业部	绍兴市金柯桥大道1056号外贸大厦12楼	孙国兴	0575-85588518	312000
浙商证券有限责任公司诸暨营业部	诸暨市艮塔路9号银证大厦12楼	俞 峰	0575-80721200	312000
浙商证券有限责任公司上虞营业部	上虞市江扬路中富大厦A-1幢17层	王晓峰	0575-82535776	312000
华泰证券股份有限公司绍兴上大路证券营业部	绍兴市上大路128号	周向明	0575-85222917	312000
国泰君安证券股份有限公司绍兴营业部	绍兴市中兴中路23—25号	夏 欣	0575-85222606	312000
万联证券有限责任公司绍兴营业部	绍兴市中兴南路358号	刘 攀	0575-88329968	312000

（续表）

机构名称	地址	负责人	电话	邮编
光大证券股份有限公司绍兴营业部	绍兴市胜利东路北辰广场 1 幢 5 楼	郭立胜	0575-85114788	312000
中信证券绍兴营业部	绍兴市偏门直街 117 号	胡南生	0575-88589001	312000
中信证券绍兴柯桥营业部	绍兴市柯桥万商路 1076 号	童维佳	0575-84131583	312000
中信证券诸暨营业部	诸暨市暨东路 68 号	孔建刚	0575-87222200	312000
中信证券上虞营业部	上虞区王充路 536 号锦茂大厦 1/3 楼	戴　炯	0575-81286878	312000
中信证券嵊州营业部	嵊州市一景路 2 号	邵琳瑶	0575-83000778	312000
广发证券股份有限公司绍兴营业部	绍兴市中兴中路 300 号金鑫大厦三楼	谢华峰	0575-85123108	312000
广发证券股份有限公司诸暨营业部	诸暨市暨阳街道暨东路 70 号报业大厦 9 楼 906—908 室	许坪杨	0575-85223460	312000
齐鲁证券有限责任公司绍兴营业部	绍兴市解放北路 320—342	何小明	0575-85099278	312000
山西证券股份有限公司绍兴营业部	绍兴市鲁迅西路 58 号	马众钰	0575-85087866	312000
国元证券公司柯桥营业部	绍兴市柯桥万国中心 A 座 17 层	丁继军	0575-89868000	312000
国信证券嵊州营业部	嵊州市城中路 108 号八达大厦三层	宣森峰	0575-83037988	312000
中信建投证券绍兴营业部	绍兴市越城区胜利东路 17 号凯盛国际大厦 19F	张旭明	0575-88957880	312000
银泰证券绍兴营业部	绍兴市胜利东路国茂大厦 5 层 502 室	蔡　敏	0575-88661608	312000
南京证券新昌营业部	绍兴市新昌县人民西路 172 号	胡霞平	0575-86269688	312000
浙江大越期货公司	绍兴市解放北路 186 号 7 楼	吴　坚	0575-85110022	312000
国海良时期货公司	绍兴市迪荡新城北辰广场 16 楼	周　胜	0575-85359280	312000
永安期货公司绍兴营业部	绍兴市崇贤街 9 号昆仑国际 3 幢 19 楼	张桂珍	0575-85149353	312000
浙江中证期货公司绍兴营业部	绍兴市中兴中路 288 号现代大厦 8 幢 401—402 室	陈玲军	0575-85099709	312000
浙商期货公司绍兴营业部	绍兴市城南绿洲新村写字楼 5 层	王会安	0575-88970718	312000
南华期货公司绍兴营业部	绍兴市中兴南路 95 号中兴商务楼南楼 5—6 层	郑忠平	0575-85095818	312000
海亮集团财务公司	诸暨市店口镇解放路 386 号	穆绿燕	0575-87633659	312000

7. 金华市主要金融机构

机构名称	地址	负责人	电话	邮编
中国人民银行金华市中心支行	金华市金东区光南路 726 号	翁国华	0579-82178610	321015
中国银行业监督管理委员会金华银监分局	金华市八一南街 123 号	陈兆水	0579-82326788	321017
中国农业发展银行金华分行	金华市人民东路 511 号	胡良华	0579-82312169	321000
中国工商银行金华分行	金华市八一北街 595 号	金小山	0579-82338980	321000
中国农业银行金华分行	金华市八一北街 433 号	吕晓东	0579-82305188	321000
中国银行金华市分行	金华市双溪西路 59 号	王　权	0579-82391568	321017
中国建设银行金华分行	金华市解放东路 1 号	王井平	0579-82302088	321000
金华银行	金华市金东区光南路 668 号	徐雅清	0579-82178399	321015
交通银行金华分行	金华市双溪西路 191 号	杨子江	0579-82139001	321017

（续表）

机　构　名　称	地　　址	负责人	电　话	邮　编
招商银行金华分行	金华市双溪西路45号	冯雷建	0579-82399898	321017
上海浦东发展银行金华分行	金华市人民西路453号	俞永杰	0579-82569100	321000
光大银行金华分行	金华市李渔路1118号创新国际大厦1—3层	翁卫丽	0579-82822777	321000
中国民生银行金华分行	金华市宾虹路999号置信广场1—4层	刘永辉	0579-82822828	321017
广发银行金华分行	金华市八一南街999号	祝国强	0579-83910501	321000
渤海银行股份有限公司金华分行	金华市双龙南路1051号南侧一至六层	陈洪棣	0579-89008866	321017
中国邮政储蓄银行股份有限公司金华市分行	金华市宾虹路999号置信广场1—5楼、18—20楼	许德明	0579-82135077	321017
杭州银行金华分行	金华市双龙南街1051号	柳双平	0579-82776199	321017
宁波银行金华分行	金华市丹溪路1133号	吴晓红	0579-89163001	321017
浙江泰隆商业银行股份有限公司金华分行	金华市宾虹路1258号	金战新	0579-83523666	321017
台州银行金华分行	金华市李渔路577号	张正芳	0579-89168999	321017
嘉兴银行金华分行	金华市八一北街567号	曹雪飞	0579-82086789	321000
浙江省农村信用社联合社金华办事处	金华市胜利街501号	祝晓平	0579-82118501	321000
浙江金华成泰农村合作银行	金华市八一南街123号	鲍金标	0579-82055159	321017
义乌农商银行金义支行	金华市金东区金港大道与金山大道交叉口金山华庭一号楼	朱晨丰	0579-82589777	321000
华融金融租赁股份有限公司金华分公司	金华市婺江西路28号时代商务中心1幢11楼1101—1104室	叶　宏	0579-83181200	321017
浙江稠州商业银行	义乌市江滨路义乌乐园东侧	金子军	0579-85337777	322000
兴业银行义乌分行	义乌市宾王路158号	潘　峰	0579-85998199	322000
平安银行义乌分行	义乌市宾王路223号恒风交通大厦	吴晓明	0579-85561599	322000
浙商银行义乌分行	义乌市商城大道国际商贸城二期南大厅	钱晓南	0579-85193999	322000
中信银行义乌分行	义乌市篁园路100号	傅河水	0579-85378801	322000
华夏银行义乌支行	义乌市宾王路366号	孙叶云	0579-85377801	322000
恒丰银行义乌支行	义乌市江滨北路333号	陆晓航	0579-85233001	322000
浙江民泰商业银行义乌分行	义乌市江滨北路377号	何劲松	0579-85256777	322000
瑞丰银行义乌支行	义乌市江滨北路239号	胡海忠	0579-85226767	322000
广发银行义乌分行	义乌市江滨北路523号	陈　斌	0579-89901601	322000
中国人民财产保险股份有限公司金华分公司	金华市中山路293号	俞玉林	0579-82312201	321000
中国太平洋财产保险股份有限公司金华中心支公司	金华市丹溪路1223号	王　蔚	0579-82467106	321017
中国平安财产保险股份有限公司金华中心支公司	金华市八一北街118号汇金国际11楼	薛莲荷	0579-82055330	321000
天安保险股份有限公司金华中心支公司	金华市八一南街816—816号	王博芬	0579-82479808	321017
中华联合财产保险公司金华中心支公司	金华市八一南街256号	陈宏伟	0579-83182301	321017
大众保险股份有限公司金华中心支公司	金华市八一南街333号二楼	叶光明	0579-83185662	321017
太平保险有限公司金华中心支公司	金华市五一路523号、533号	应　雯	0579-83509005	321017
永安财产保险股份有限公司金华中心支公司	金华市双龙南路881号	曹蕴华	0579-82479990	321017
中国人寿保险股份有限公司金华分公司	金华市府南路工人大厦9楼	赵　娜	0579-82492859	321017

（续表）

机 构 名 称	地 址	负责人	电 话	邮 编
中国太平洋人寿保险股份有限公司金华中心支公司	金华市丹溪路1133号	郭正斌	0579-82467262	321017
中国平安人寿保险股份有限公司金华中心支公司	金华市八一北街567号B座4—5层	陈 浪	0579-82306838	321017
泰康人寿保险股份有限公司金华中心支公司	金华市李渔路1000号丹桂苑2号楼	程孟晓	0579-82056610	321017
新华人寿保险股份有限公司金华中心支公司	金华市双龙北街362号二楼	王素青	0579-82351181	321017
民生人寿保险股份有限公司金华中心支公司	金华八一南街428号高阳大厦7楼	朱 聃	0579-83917012	321017
太平人寿保险有限公司金华中心支公司	金华市李渔路585号天鸿饭店2—3楼	归 昶	0579-82478969	321017
银河证券金华营业部	金华市八一南街393号	宋晓军	0579-82460080	321017
申银万国证券金华营业部	金华市八一北街484号	郭 霞	0579-82305905	321000
中信金通证券金华营业部	金华市中山路331号	钱 哲	0579-82303626	321000
浙商证券金华营业部	金华市青春路239号	秦 朴	0579-82117448	321000
光大证券金华营业部	金华市双溪西路191号	闻明刚	0579-82390668	321017

8. 衢州市主要金融机构

机 构 名 称	地 址	负责人	电 话	邮 编
中国人民银行衢州市中心支行	衢州市白云街道三江东路10号	周 丽	0570-3386002	324000
中国银行业监督管理委员会衢州监管分局	衢州市斗谭西安路42号	赵益洪	0570-3025569	324000
中国农业发展银行衢州分行	衢州市府东街730号	徐宇灿	0570-3040268	324000
中国工商银行股份有限公司衢州分行	衢州市上街66号	陈文伟	0570-8082228	324000
中国农业银行股份有限公司衢州分行	衢州市下街60号	龚丰谷	0570-3058877	324000
中国银行股份有限公司衢州市分行	衢州市蛟池街1号	严 斌	0570-3131180	324000
中国建设银行股份有限公司衢州分行	衢州市上街56号	李建林	0570-3055868	324000
交通银行股份有限公司衢州分行	衢州市新桥街17号	沈建伟	0570-8519001	324000
中国邮政储蓄银行股份有限公司衢州市分行	衢州市县学街36号	沈文坚	0570-8066099	324000
浙江省农村信用社联合社衢州办事处	衢州市荷花一路49号	吴通政	0570-3089099	324000
上海浦东发展银行股份有限公司衢州支行	衢州市上街84号	吴 彤	0570-8022108	324000
招商银行股份有限公司衢州支行	衢州市县学街37号	童刚良	0570-8079186	324000
浙商银行股份有限公司衢州分行	衢州市新安路20号	黄荆和	0570-3023418	324000
温州银行股份有限公司衢州分行	衢州市上街82号	郑俏俏	0570-8877333	324000
金华银行股份有限公司衢州分行	衢州市三衢路187号	徐志勤	0570-8068188	324000
浙江泰隆商业银行股份有限公司衢州分行	衢州市荷四路263—283号	赵一勇	0570-8066777	324000
杭州银行股份有限公司衢州分行	衢州市荷花中路4号	金关炬	0570-8899088	324000
浙江民泰商业银行衢州分行	衢州市荷花一路63-1号	钱伟能	0570-2296668	324000
北京银行股份有限公司衢州分行	衢州市荷花中路12号	严良宝	0570-8899889	324000
浙江稠州商业银行股份有限公司衢州分行	衢州市西安路96号	何兰燕	13957055939	324000
台州银行股份有限公司衢州分行	衢州市三衢路108号	符建光	0570-8767999	324000
衢州市柯城农村商业银行	衢州市上街92号	甘文智	0570-3028986	324000

（续表）

机构名称	地址	负责人	电话	邮编
衢州市衢江农村信用合作联社	衢州市衢江区信安大道 609 号	徐水华	0570-2885938	324022
衢州衢江上银村镇银行股份有限公司	衢州市振兴东路 26 号	韩　军	0570-8077708	324022
巨化集团财务有限责任公司	衢州市巨化集团公司机关 2 号办公楼	汪利民	0570-3097622	324004
中信证券（浙江）有限责任公司衢州新桥街证券营业部	衢州市新桥街 2 号	潘　东	0570-8287809	324000
国泰君安证券股份有限公司衢州柯城证券营业部	衢州市巨化花园证券楼	叶兆明	0570-3067616	324000
财通证券有限责任公司衢州新桥街证券营业部	衢州市新桥街 80 号	王小华	0570-8288788	324000
浙商证券有限责任公司衢州下街证券营业部	衢州市下街 36 号	蔡吉其	0570-3048985	324000
申银万国证券股份有限公司衢州县西街证券营业部	衢州市县西街 77 号	毛建林	0570-3024000	324000
西藏同信证券有限责任公司衢州振兴东路营业部	衢州市振兴东路 26 号	胡　悦	0570-8066988	324022
中国银河证券股份有限公司衢州荷花中路证券营业部	衢州市荷花中路 50 号	倪志芳	0570-8085666	324000
国信证券股份有限公司衢州证券营业部	衢州市白云北大道 122 号	张小飞	0570-3683221	324000
齐鲁证券有限公司衢州证券营业部	衢州市劳动路 16 号	余建星	0570-8282278	324000
中国人民财产保险股份有限公司衢州市分公司	衢州市新桥街 56 号	翁文庆	0570-3055301	324000
中国太平洋财产保险股份有限公司衢州中心支公司	衢州市三衢路 501 号	徐才孝	0570-3089565	324000
中国人寿财产保险股份有限公司衢州中心支公司	衢州市劳动路 95 号	郑美芳	0570-3046288	324000
中华联合财产保险股份有限公司衢州中心支公司	衢州市劳动路 143 号	李延成	0570-8020281	324000
阳光财产保险股份有限公司衢州中心支公司	衢州市南湖中路 48 号	汪金土	0570-8020151	324000
中国平安财产保险股份有限公司衢州中心支公司	衢州市东门街 1 号	那春利	0570-3044926	324000
中国大地财产保险股份有限公司衢州中心支公司	衢州市新元路 88 号	饶应柏	0570-8068101	324000
永安财产保险股份有限公司衢州中心支公司	衢州市府东街 730 号	吕建宁	0570-8020101	324000
安邦财产保险股份有限公司衢州中心支公司	衢州市书院西路 7 号	严向龙	0570-8757979	324000
民安保险（中国）有限公司衢州中心支公司	衢州市人防路 2 号 2 楼	田　军	0570-8020191	324000
天安保险股份有限公司衢州中心支公司	衢州市西安路 156 号	徐爱龙	0570-3052808	324000
中银保险有限公司浙江分公司衢州营销服务部	衢州市五圣街 35—39 号	诸葛斌	0570-8880208	324000
中国人寿保险股份有限公司衢州分公司	衢州市劳动路 95 号	叶勤俭	0570-3026658	324000
中国太平洋人寿保险股份有限公司衢州中心支公司	衢州市荷花一路 51 号	李　馨	0570-3071223	324000
泰康人寿保险股份有限公司衢州中心支公司	衢州市狮桥街 1 号工贸大厦 C 座 6 楼	卓　飞	0570-3031658	324000
新华人寿保险股份有限公司衢州中心支公司	衢州市通荷路 413—419 号	刘长顺	0570-3051306	324000
中国平安人寿保险股份有限公司衢州中心支公司	衢州市新桥街 113 号方园诚信商务大厦二楼	韩亦敏	0570-3042198	324000
中国人民人寿保险股份有限公司衢州市中心支公司	衢州市劳动路 25 号	吴三耀	0570-3397701	324000
信泰人寿保险股份有限公司衢州中心支公司	衢州市蝴蝶路 45-1 号荣华饭店二楼	江　滨	0570-3053561	324000
嘉禾（农银）人寿保险股份有限公司衢州中心支公司	衢州市县学街 18 号香溢假日广场东大门四楼	陈水根	0570-8275001	324000

（续表）

机 构 名 称	地 址	负责人	电 话	邮 编
华泰人寿保险股份有限公司衢州中心支公司	衢州市衢化路179号	杜 勇	0570-8280026	324000
民生人寿保险股份有限公司衢州中心支公司	衢州市新桥街80号	赵震峰	0570-3053521	324000
生命人寿保险股份有限公司衢州中心支公司	衢州市劳动路16号金城商务大厦204室	程清萍	0570-8599629	324000
正德人寿保险股份有限公司衢州中心支公司	衢州市荷花西路201号创业大厦六楼	王文迪	0570-8560557	324000
合众人寿保险股份有限公司衢州中心支公司	衢州市衢化路454—456号	操活平	0570-8599651	324000
阳光人寿保险股份有限公司衢州中心支公司	衢州市南湖中路48号	童雄志	0570-8267660	324000
太平人寿保险有限公司衢州中心支公司	衢州市新桥街80号三楼	程红良	0570-8568897	324000
中德安联人寿保险公司衢州营销服务部	衢州市通荷路397幢铭豪商务大楼7楼	周淑燕	0570-8599698	324000
民生保险股份有限公司衢州中心支公司	衢州市荷花一路43-4号	刘景华	0570-3053521	324000
长生人寿保险股份有限公司衢州市营销服务部	衢州市通荷路397幢铭豪商务大楼6楼	周水德	0570-8268597	324000
浙江大地期货经纪有限公司衢州营业部	衢州市下街165号	施 珺	0570-3053285	324000
浙江新世纪期货有限公司衢州营业部	衢州市狮桥街2号6楼	宋松平	0570-8580789	324000

9. 台州市主要金融机构

机 构 名 称	地 址	负责人	电 话	邮 编
中国人民银行台州市中心支行	台州市椒江区东环大道310号	肖宗富	0576-88553598	318000
中国银监会台州监管分局	台州市椒江区中山西路2号	毛长才	0576-88553681	318000
中国工商银行台州分行	台州市椒江区市府大道609号	王国才	0576-88894301	318000
中国农业银行台州分行	台州市椒江区市府大道529号	贾正生	0576-88839501	318000
中国银行台州分行	台州市椒江区解放南路281号	黄祥正	0576-88825111	318000
中国建设银行台州分行	台州市椒江区广场西路1号	郑 浩	0576-88818101	318000
中国农业发展银行台州分行	台州市椒江区中心大道215号	何敏强	0576-88322901	318000
上海浦东发展银行台州分行	台州市椒江区市府大道500号-101	林 海	0576-88815079	318000
兴业银行台州分行	台州市椒江区市府大道308号	陈云杉	0576-88528877	318000
中国光大银行台州支行	台州市椒江区市府大道222号	王 辉	0576-88818858	318000
交通银行台州分行	台州市椒江区东环大道298号	高 虹	0576-89021001	318000
招商银行台州分行	台州市椒江区市府大道535号	徐跃军	0576-88600601	318000
华夏银行台州分行	台州市椒江区东环大道312号	陈朝华	0576-81871501	318000
广发银行台州分行	台州市椒江区市府大道500号	李振岳	0576-81876001	318000
浙商银行台州分行	台州市椒江区市府大道509号	赵洁平	0576-81887666	318000
中信银行台州分行	台州市椒江区市府大道489号	郑爱民	0576-88819901	318000
平安银行台州分行	台州市经济开发区白云山南路181号	周远进	0576-81880201	318000
民生银行台州分行	台州市椒江区市府大道535号	陈贤榜	0576-88703099	318000
稠州银行台州分行	台州市椒江区东环大道129号	胡建敏	0576-88190909	318000
邮政储蓄银行台州市分行	台州市椒江区中山西路292号	周 明	0576-81880907	318000
台州市商业银行	台州市路桥区南官大道92号	黄军民	0576-82454216	318050
浙江泰隆商业银行	台州市路桥区南官大道188号	王官明	0576-82449222	318050

（续表）

机构名称	地址	负责人	电话	邮编
浙江民泰商业银行	台州市温岭市三星大道168号	杨小波	0576-86510128	317500
绍兴银行台州分行	台州市椒江区广场南路58号	汪　敏	0576-88907788	318000
温州银行台州分行	台州市椒江中心大道183号17楼	金一民	0576-81889998	318000
省农村信用联社台州办事处	台州市椒江区中山西路338号	崔全利	0576-88833851	318000
中国人民财产保险台州分公司	台州市椒江区市府大道359号	许江峰	0576-88599119	318000
中国人寿保险台州分公司	台州市椒江区轮渡路58号	冯四明	0576-88839688	318000
太平洋财险台州分公司	台州市椒江区市府大道188号	程海彦	0576-88208628	318000
太平洋寿险台州中心支公司	台州市椒江区市府大道188号	郭海云	0576-88503501	318000
平安财险台州中心支公司	台州市椒江区东海大道362号	江陈兵	0576-88527988	318000
平安人寿台州中心支公司	台州市椒江区东海大道362号	金向华	13867620301	318000
方正证券台州营业部	台州市椒江区解放南路36号	温如春	0576-88807887	318000
财通证券台州营业部	台州市椒江区解放南路18号	林红峰	0576-88869200	318000
浙商证券台州营业部	台州市黄岩区环城东路198号	徐宏飞	0576-84274118	318020

10. 丽水市主要金融机构

机构名称	地址	负责人	电话	邮编
中国人民银行丽水市中心支行	丽水市丽阳街561号	孔祖根	0578-2158270	323000
中国银行业监督管理委员会丽水监管分局	丽水市中山街505号	周明强	0578-2161078	323000
中国农业发展银行丽水分行	丽水市开发路825号	郑忠义	0578-2173258	323000
中国工商银行丽水分行	丽水市丽阳街555号	徐晓伟	0578-2131136	323000
中国农业银行丽水分行	丽水市解放街260号	屠煜林	0578-2133228	323000
中国银行丽水市分行	丽水市丽阳街440号	张　旭	0578-2696866	323000
中国建设银行丽水分行	丽水市解放街169号	徐小康	0578-2272832	323000
交通银行丽水分行	丽水市中东路693号	张建瑞	0578-2082018	323000
浦发银行丽水支行	丽水市人民街529号	梁铁伟	0578-2666799	323000
中信银行丽水分行	丽水市紫金路1号	潘文奇	0578-2082999	323000
浙商银行丽水分行	丽水市丽阳街651号	董卫平	0578-2226888	323000
中国邮政储蓄银行丽水市分行	丽水市寿尔福路445号	毛炳旺	0578-2359866	323000
温州银行丽水分行	丽水市丽阳街409号	丁　强	0578-2266798	323000
浙江泰隆商业银行丽水分行	丽水市丽阳街568号	陈昌文	0578-2186001	323000
浙江稠州商业银行丽水分行	丽水市解放街515号	楼一平	0578-2186301	323000
杭州银行丽水分行	丽水市丽青路206号	李　勤	0578-2668501	323000
浙江省农村信用社联合社丽水办事处	丽水市解放街526号	叶慧萍	0578-2523666	323000
中国银河证券股份有限公司丽水营业部	丽水市大洋路375号	舒有明	0578-2135000	323000
浙商证券股份有限公司丽水营业部	丽水市花园路581号	应文敏	0578-2121811	323000
中信证券(浙江)有限责任公司丽水营业部	丽水市寿尔福路445号	刘先军	0578-2225777	323000
财通证券股份有限公司丽水营业部	丽水市北苑路198号	林　阳	0578-2226801	323000

（续表）

机 构 名 称	地 址	负责人	电 话	邮 编
浙商期货有限公司丽水营业部	丽水市北苑路 198 号	林 鑫	0578-2252788	323000
中国人民财产保险股份有限公司丽水市分公司	丽水市丽阳街 553 号	詹志伟	0578-2577001	323000
中国太平洋财产保险股份有限公司丽水中心支公司	丽水市花园路 754 号	叶伟栋	0578-2577801	323000
中国平安财产保险股份有限公司丽水中心支公司	丽水市北苑路 198 号	林 肖	0578-2680301	323000
天安财产保险股份有限公司丽水中心支公司	丽水市花园路 608 号	吴伟俊	0578-2267228	323000
中华联合财产保险股份有限公司丽水中心支公司	丽水市人民路 888 号	刘林萍	0578-2352701	323000
安邦财产保险股份有限公司丽水中心支公司	丽水市中山街罗马大厦 5 楼	叶绍军	0578-2058331	323000
中国大地财产保险股份有限公司丽水中心支公司	丽水市丽阳街 698 号	李昌龙	0578-2666111	323000
中银保险有限公司丽水中心支公司	丽水市解放街 399 号	高丁富	0578-2356001	323000
太平财产保险有限公司丽水中心支公司	丽水市中山街 36 号	沈俐彤	0578-2550987	323000
中国人寿财产保险股份有限公司丽水中心支公司	丽水市大洋路 280 号	陈健生	0578-2663768	323000
都邦财产保险股份有限公司浙江分公司丽水市营销服务部	丽水市开发路 697 号	麻迈新	0578-2527901	323000
阳光财产保险股份有限公司丽水中心支公司	丽水市人民路 777 号	吴锦豪	0578-2515501	323000
浙商财产保险股份有限公司丽水中心支公司	丽水市宇雷路 503 号	项国雄	0578-2292922	323000
中国人寿保险股份有限公司丽水市分公司	丽水市丽阳街 551 号	刘 茸	0578-2279699	323000
中国平安人寿保险股份有限公司丽水中心支公司	丽水市城西路 203 号	厉力春	0578-2687108	323000
中国太平洋人寿保险股份有限公司丽水中心支公司	丽水市大洋路 192 号	胡文钧	0578-2279967	323000
泰康人寿保险股份有限公司丽水中心支公司	丽水市丽阳街 439 号	何 伟	0578-2110011	323000
新华人寿保险股份有限公司丽水中心支公司	丽水市花园路 581 号	陈菊妫	0578-2111791	323000
农银人寿保险股份有限公司丽水中心支公司	丽水市花园路 608 号	黄 艳	0578-2666001	323000
生命人寿保险股份有限公司丽水中心支公司	丽水市解放街 293 号	闻东来	0578-2556001	323000
阳光人寿保险股份有限公司丽水中心支公司	丽水市囿山路 372 号	李建秀	0578-2663901	323000
中国人民人寿保险股份有限公司丽水市中心支公司	丽水市寿尔福路 445 号	程浙儿	0578-2356779	323000

11. 舟山市主要金融机构

机 构 名 称	地 址	负责人	电 话	邮 编
中国人民银行舟山中心支行	舟山市定海区昌国路 26 号	吴勇敏	0580-2061108	316000
中国银行业监督管理委员会舟山监管分局	舟山市定海区西大街 42 号	郑子凯	0580-2061266	316000
中国农业发展银行舟山分行	舟山市定海区人民北路 32 号	吴伟曹	0580-8260501	316000
中国工商银行舟山分行	舟山市定海区人民南路 16 号	谢素薇	0580-2069866	316000
中国农业银行舟山分行	舟山市定海区环城东路 66 号	郑方彪	0580-2263609	316000
中国银行舟山分行	舟山市定海区解放东路 33 号	陈旭卉	0580-2068188	316000
中国建设银行舟山分行	舟山市定海区人民中路 68 号	方士瞬	0580-2066077	316000
交通银行舟山分行	舟山市定海区环城北路 167—177 号	徐建平	0580-2260701	316000
中国邮政储蓄银行浙江省舟山分行	舟山市定海区东海东路 168 号	周卫星	0580-2616666	316000
浙江省农村信用联社舟山办事处	舟山市定海区环城东路 81 号	沈平安	0580-2060336	316000
定海海洋农商银行	舟山市定海区环城东路 81 号	黄成双	0580-2061765	316000

（续表）

机构名称	地址	负责人	电话	邮编
浦发银行舟山分行	舟山市定海区解放西路231号	李建平	0580-2885666	316000
杭州银行舟山分行	舟山市定海区环城东路98号	张利平	0580-2269399	316000
中信银行舟山分行	舟山市临城新区合兴路31号	顾文年	0580-8258888	316021
中国民生银行舟山分行	舟山市定海区环城南路505号	费刚林	0580-2585001	316000
华夏银行股份有限公司舟山分行	舟山市定海区环城西路96号	陆伟一	0580-8258666	316000
浙商银行舟山支行	舟山市临城新区海宇道111号	应继红	0580-2089666	316021
浙江民泰商业银行舟山分行	舟山市芙蓉洲南路25—33号	倪　韶	0580-2269277	316000
台州银行舟山分行	舟山市定海区新桥路120号	徐　伟	0580-2628528	316000
绍兴银行舟山分行	舟山市定海区环城南路269号	杜国宏	0580-2363318	316000
浙江稠州商业银行舟山分行	舟山市普陀区康腾路18号	朱　欣	0580-3787777	316100
定海德商村镇银行	舟山市定海区白泉镇兴泉路501号	朱小连	0580-8079983	316012
华宝证券舟山解放西路营业部	舟山市定海区解放西路55号	张　涛	0580-2020680	316000
浙商证券舟山人民南路营业部	舟山市定海区人民南路10号3楼	丁　雄	0580-2030111	316000
华泰证券舟山滨港路证券营业部	舟山市普陀区滨港路280号	钟　迪	0580-6386566	316100
海通证券舟山营业部	舟山定海区环城西路96号	钱　杭	0580-2610959	316100
方正证券环城西路营业部	舟山市定海区环城西路21号南面二楼	乌文杰	0580-2111558	316000
中国人民财产保险股份有限公司舟山市分公司	舟山市定海临城定沈路626号	沈承章	0580-2265577	316000
中国人寿保险股份有限公司舟山分公司	舟山市定海区解放西路128号	林声忠	0580-2020105	316000
太平洋财产保险股份有限公司舟山中心支公司	舟山市定海区解放西路57号	阴海燕	0580-2051917	316000
太平洋人寿保险股份有限公司舟山中心支公司	舟山市定海区解放西路57号	陈海陆	0580-2034684	316000
天安保险股份有限公司舟山中心支公司	舟山市定海区弘生大道388号	洪南方	0580-2037127	316000
泰康人寿保险股份有限公司舟山中心支公司	舟山市定海区南珍大厦十一楼	谬存露	0580-2031068	316000
中国平安人寿保险股份有限公司舟山中心支公司	舟山市定海区解放东路118号博源商务楼507室	闫群峰	0580-2034077	316000
中国平安财产保险股份有限公司舟山中心支公司	舟山市定海区临城街道千岛路173号建设大厦B座307、308室	欧阳晶琳	0580-2038138	316021
中华联合保险有限公司舟山中心支公司	舟山市定海区昌兴舟大道529号	包明海	0580-2265101	316000
民生人寿保险股份有限公司舟山中心支公司	舟山市定海区人民南路287号	包挺挺	0580-2610866	316000
渤海财产保险股份有限公司舟山中心支公司	舟山市定海区环城南路198号华顺大厦2楼	陆军聂	0580-2265711	316000
阳光人寿保险股份有限公司舟山中心支公司	舟山市定海区环城南路198号5、6、7层	潘建平	0580-2265370	316000
阳光财产保险股份有限公司舟山中心支公司	舟山市定海区双拥路18号	胡　钧	0580-2267059	316000
生命人寿保险股份有限公司舟山营销部	舟山定海区解放路134号403室	高伟国	0580-2937000	316000
中国人寿财产保险股份有限公司舟山分公司	舟山市定海区环城西路66号七楼	赵卫舟	0580-2267722	316000
大地保险股份有限公司舟山中心支公司	舟山市定海区新商汇大厦B座1401	何　舟	0580-2918555	316000
中国人保寿险有限公司舟山市分公司	舟山市定海区解放西路263号6楼	丁鹏飞	0580-2061632	316000
永安财产保险股份有限公司舟山市营销服务部	舟山市定海区环城西路21号6楼	张定海	0580-2181056	316000
安邦财产保险股份有限公司舟山中心支公司	舟山市定海区环城南路357号长城大厦7楼	殷方道	0580-2029318	316000
中银保险舟山营销服务部	舟山市定海区环城东路96号4楼	范海平	0580-8115566	316000

四、2014 年安徽省金融机构名录

1. 合肥市主要金融机构

机 构 名 称	地 址	负责人	电 话	邮 编
中国人民银行合肥中心支行	合肥市滨湖新区洞庭湖路 3366 号	刘兴亚	0551-63691088	230091
中国银监会安徽监管局	合肥市合作化路 466 号	田建华	0551-65192505	230075
中国证监会安徽监管局	合肥市天波路 6 号	郭文英	0551-65367277	230088
中国保监会安徽监管局	合肥市濉溪路 278 号财富广场 20 楼	张辉烨	0551-65633366	230041
国家开发银行安徽省分行	合肥市芜湖路 246 号	于丕涛	0551-62867898	230061
中国农业发展银行安徽省分行	合肥市金寨路 126 号	王富君	0551-63623706	230022
中国进出口银行安徽省分行	合肥市肥西路 66 号	薛 鸿	0551-65170601	230031
中国工商银行安徽省分行	合肥市芜湖路 189 号	常真旺	0551-62869518	230001
中国农业银行安徽省分行	合肥市长江中路 448 号	赵 勤	0551-62223288	230061
中国银行安徽省分行	合肥市长江中路 313 号	唐小晴	0551-62926666	230061
中国建设银行安徽省分行	合肥市徽州大道 255 号	戴跃明	0551-62886655	230051
交通银行安徽省分行	合肥市花园街 38 号	徐 斌	0551-62638099	230001
招商银行合肥分行	合肥市阜南路 169 号东怡金融广场 A 座	洪 波	0551-62846688	230061
中国光大银行合肥分行	合肥市长江西路 200 号	王 彪	0551-65101966	230031
中信银行合肥分行	合肥市徽州大道 396 号	李 刚	0551-62898298	230001
兴业银行合肥分行	合肥市阜阳路 99 号	荣益民	0551-62666366	230001
上海浦东发展银行合肥分行	合肥市长江西路 3 号	董琢理	0551-62253555	230061
中国民生银行合肥分行	合肥市亳州路 135 号天庆大厦 B 座	叶 骏	0551-65332666	230041
华夏银行合肥分行	合肥市濉溪路 278 号财富广场 C 座	孙继伟	0551-65776001	230041
中国邮政储蓄银行安徽省分行	合肥市经济技术开发区繁华大道 12236 号	刘玉成	0551-62256666	230031
安徽省农村信用社联合社	合肥市琥珀山庄东村 298 幢	陈 鹏	0551-65620812	230061
徽商银行	合肥市安庆路 79 号	李宏鸣	0551-62667729	230001
九江银行合肥分行	合肥市濉溪路 287 号金鼎广场 B 座	刘 健	0551-65662622	230041
东亚银行(中国)有限公司合肥分行	合肥市淮河路 266 号香港广场大厦 26 层	徐 慧	0551-65663801	230001
汇丰银行(中国)有限公司合肥分行	合肥市濉溪路 278 号财富广场首座 1—2 层	张景运	0551-65756005	230041
杭州银行合肥分行	合肥市政务新区怀宁路 1639 号	王为民	0551-63546699	230071
东莞银行合肥分行	合肥市芜湖路 1 号御景湾	葛锡军	0551-62689777	230071
瑞穗实业银行合肥分行	合肥市马鞍山路万达广场 7 号楼 19 层	明石浩治	0551-62893800	230061

（续表）

机 构 名 称	地 址	负责人	电 话	邮 编
南洋商业银行合肥分行	合肥市政务区怀宁路288号置地广场栢悦中心	朱雪芬	0551-62750966	230071
合肥科技农村商业银行	合肥市长江西路101号	胡忠庆	0551-65196989	230001
中国银联股份有限公司安徽分公司	合肥市马鞍山路绿地赢海国际大厦C座20层	柳青扬	0551-62691566	230001
中国华融资产管理公司合肥办事处	合肥市寿春路211号	任津平	0551-62633788	230001
中国长城资产管理公司合肥办事处	合肥市寿春路40号	鲁振宇	0551-62636264	230001
中国东方资产管理公司合肥办事处	合肥市金寨路131号	季建文	0551-63639788	230022
中国信达资产管理股份有限公司安徽省分公司	合肥市阜南路166号	方 力	0551-62834827	230061
安徽国元投资有限责任公司	合肥市宿州路20号	邵文革	0551-62207516	230001
安徽国元信托有限责任公司	合肥市宿州路20号	过仕刚	0551-65227001	230001
建信信托有限责任公司	合肥市九狮桥街45号	杜亚军	0551-67596008	230001
国元证券股份有限公司	合肥市寿春路179号	蔡 咏	0551-62207516	230001
华安证券有限责任公司	合肥市阜南路166号	李 工	0551-65161691	230061
安粮期货有限公司	合肥市芜湖路168号同济大厦11层	汪 勇	0551-62870130	230001
华安期货有限责任公司	合肥市长江中路419号	汪 泓	0551-62839073	230061
徽商期货有限责任公司	合肥市芜湖路260号	吴国华	0551-62865905	230061
中国人民财产保险股份有限公司安徽省分公司	合肥市梅山路2号	夏玉扬	0551-62827119	230022
国元农业保险股份有限公司	合肥市琥珀山庄东村298栋农金大厦一楼	张子良	0551-65269818	230061
中国太平洋财产保险股份有限公司安徽分公司	合肥市阜阳北路1号	程 辉	0551-65549637	230041
中国出口信用保险公司安徽分公司	合肥市淮河路303号	马卫星	0551-62681868	230001
中国平安财产保险股份有限公司安徽分公司	合肥市政务区怀宁路1639号平安大厦23楼	朱友刚	0551-62611903	230001
天安保险股份有限公司安徽省分公司	合肥市濉溪路99号	李 静	0551-64675797	230041
大众保险股份有限公司安徽分公司	合肥市濉溪路16号信达大厦8、9层	刘敏俊	0551-62851300	230041
中国大地财产保险股份有限公司安徽分公司	合肥市濉溪路212号六楼	李晓民	0551-62661855	230001
太平保险有限公司安徽分公司	合肥市长江西路200号置地投资广场19楼	蒋素华	0551-65376666	230031
华安财产保险股份有限公司安徽分公司	合肥市庐阳区濉溪路278号财富广场二期B幢19、20层	李 山	0551-65661257	230041
安邦财产保险股份有限公司安徽分公司	合肥市长江西路200号置地投资广场26楼	赵 明	0551-62663715	230031
都邦财产保险股份有限公司安徽分公司	合肥市长江中路金城大厦9、11楼	赵景奇	0551-62853200	230001
渤海财产保险股份有限公司安徽分公司	合肥市淮河西路472号3层	徐纪华	0551-62690666	230001
永诚财产保险股份有限公司安徽分公司	合肥市濉溪路278号财富广场二期A座16层	齐永健	0551-65666202	230041
阳光财产保险股份有限公司安徽省分公司	合肥市马鞍山南路1000号新都会环球广场3层	陈 晓	0551-64682888	230011
中国人寿财产保险股份有限公司安徽省分公司	合肥市长江西路春天大厦裙楼1楼、4楼	顾成林	0551-62830979	230061
华泰财产保险股份有限公司安徽省分公司	合肥市淮河路303号邮电大厦1楼、5楼	孙 鉴	0551-62680018	230001

（续表）

机 构 名 称	地 址	负责人	电 话	邮 编
民安保险(中国)有限公司安徽分公司	合肥市濉溪路278号财富广场二期A座6层	项锡山	0551-65267776	230041
中银保险有限公司安徽分公司	合肥市宁国南路合肥工业大学建筑设计院裙楼1楼、2楼	刘 洪	0551-64672225	230009
浙商财产保险股份有限公司安徽分公司	合肥市濉溪路118号置地汇丰广场27层	赵 明	0551-66100168	230001
中国人寿保险股份有限公司安徽省分公司	合肥市寿春路90号	阮建设	0551-62635688	230001
中国平安人寿保险股份有限公司安徽分公司	合肥市政务文化新区东流路西999号新城国际A座3、4楼	邱真真	0551-62655626	230071
平安养老保险股份有限公司安徽分公司	合肥市寿春路152号平安大厦三楼	翟凌云	0551-62662365	230001
中国人民人寿保险股份有限公司安徽省分公司	合肥市梅山路2号	吴保亚	0551-62837626	230022
中国太平洋人寿保险股份有限公司安徽分公司	合肥市阜阳北路1号	张 松	0551-65619907	230041
新华人寿保险股份有限公司安徽分公司	合肥市长江中路319号仁和大厦4楼	李 磊	0551-62691888	230061
泰康人寿保险股份有限公司安徽分公司	合肥市长江中路423号	何承周	0551-62830865	230061
太平人寿保险股份有限公司安徽分公司	合肥市长江西路200号置地投资广场4、5楼,16—18楼	孙玉德	0551-65376666	230041
合众人寿保险股份有限公司安徽分公司	合肥市寿春路356号徽商国际大厦6楼	陈 荣	0551-65255200	230001
华夏人寿保险股份有限公司安徽分公司	合肥市濉溪路278号财富广场首座9楼	费建国	0551-65267678	230041
中国人民健康保险股份有限公司安徽分公司	合肥市红星路1号省委办公厅服务楼11楼	蔡皖伶	0551-67191010	230001
民生人寿保险股份有限公司安徽分公司	合肥市长江西路3号春天大厦3楼	谢礼斌	0551-62830586	230061
生命人寿保险股份有限公司安徽分公司	合肥市马鞍山路1000号新都会环球广场22楼	李 平	0551-64683766	230011
嘉禾人寿保险股份有限公司安徽分公司	合肥市长江中路369号百大CBD写字楼8楼	杨树林	0551-65226161	230001
幸福人寿保险股份有限公司安徽省分公司	合肥市阜南西路166号润安大厦A座7—8层	李传学	0551-65291888	230061
阳光人寿保险股份有限公司安徽分公司	合肥市徽州大道15号天徽大厦C座22层	余胜昔	0551-62611008	230001
百年人寿保险股份有限公司安徽分公司	合肥市濉溪路278号财富广场C座17楼及1102室、1103室	王广华	0551-65773718	230041
首创安泰人寿保险有限公司安徽省分公司	合肥市濉溪路278号财富广场二期B座108室	周 南	0551-65666000	230041

2. 马鞍山市主要金融机构

机 构 名 称	地 址	负责人	电 话	邮 编
中国人民银行马鞍山市中心支行	马鞍山市西塘路500号	陈联明	0555-2378088	243000
中国银行业监督管理委员会马鞍山监管分局	马鞍山市印山东路碧溪丽景19栋1号	胡宏琦	0555-2372601	243000
中国农业发展银行马鞍山市分行	马鞍山市雨田路1577号	孙五根	0555-2324934	243000
中国工商银行股份有限公司马鞍山分行	马鞍山市湖南路501号	石海龙	0555-2350768	243000
中国农业银行股份有限公司马鞍山分行	马鞍山市花雨路111号	李 晓	0555-2364978	243000
中国银行股份有限公司马鞍山分行	马鞍山市华飞路太古广场	樊 伶	0555-2339599	243000

（续表）

机 构 名 称	地 址	负责人	电 话	邮 编
中国建设银行股份有限公司马鞍山分行	马鞍山市湖东中路26号	丁锦成	0555-2366262	243000
交通银行股份有限公司马鞍山分行	马鞍山市湖东南路156号	周 庆	0555-2389151	243000
中国邮政储蓄银行有限责任公司马鞍山市分行	马鞍山市雨山西路500号	翟建民	0555-8361888	243000
徽商银行股份有限公司马鞍山分行	马鞍山市湖东南路3号	许 明	0555-2361962	243000
马鞍山市农村商业银行	马鞍山市红旗南路1659号	孙 晓	0555-8361757	243000
招商银行马鞍山分行	马鞍山市湖东中路20号	赵家勇	0555-2112399	243000
光大银行马鞍山分行	马鞍山市花雨路109号	朱 革	0555-2118299	243000
民生银行马鞍山分行	马鞍山市雨山东路865号	李敏祥	0555-2961099	243000
中信银行马鞍山分行	马鞍山市湖西中路1177号	黄 骏	0555-2772888	243000
中国人民财产保险股份有限公司马鞍山中心支公司	马鞍山市湖西中路1169号	俞能德	0555-2345732	243000
中国平安财产保险股份有限公司马鞍山中心支公司	马鞍山市湖东中路49号	肖新彬	0555-2341898	243000
华安证券马鞍山花雨路营业部	马鞍山市花雨路306	赵立新	0555-2476449	243000
国元证券马鞍山雨山路营业部	马鞍山市雨山西路497号安基大厦7楼	计伟栋	0555-2615656	243000
银河证券马鞍山营业部	马鞍山市中岗1村18号-1	汪恭满	0555-2348134	243000
华泰证券马鞍山营业部	马鞍山市花山区珍珠园2村10栋5—6号	丁悦悦	0555-7185520	243000
中投证券马鞍山营业部	马鞍山市花园路功辉大厦四楼	陈 茂	0555-3109888	243000
海通证券马鞍山营业部	马鞍山市湖东中路中央大厦3楼	王尚钟	0555-2119011	243000

3. 芜湖市主要金融机构

机 构 名 称	地 址	负责人	电 话	邮 编
中国人民银行芜湖市中心支行	芜湖市北京中路11号	王 林	0553-3128888	241000
中国银监会芜湖银监分局	芜湖市九华山路172号	洪 风	0553-3813002	241000
中国人民银行无为县支行	芜湖市无为县无城镇新马路	李春生	0553-6323571	238300
中国人民银行芜湖县支行	芜湖市芜湖县湾沚镇环城南路30号	周可宝	0553-8811647	241100
中国人民银行繁昌县支行	芜湖市繁昌县繁阳镇金峨路158号	李明强	0553-7872900	241200
中国人民银行南陵县支行	芜湖市南陵县环城南路77号	黄学东	0553-6831557	241300
中国工商银行股份有限公司芜湖分行	芜湖市北京东路98号	钱晓东	0553-3117777	241000
中国农业银行股份有限公司芜湖分行	芜湖市九华中路179号	吴叶宏	0553-3810168	241000
中国银行股份有限公司芜湖分行	芜湖市九华山路204号	曹运文	0553-3810778	241000
中国建设银行股份有限公司芜湖市分行	芜湖市九华山路302号	陈光华	0553-3828186	241000
交通银行股份有限公司芜湖分行	芜湖市北京西路1号	王大坤	0553-3839608	241000
中国邮政储蓄银行股份有限公司芜湖市分行	芜湖市天门山西路24号	吕锡兵	0553-3832672	241000
中国农业发展银行芜湖市分行	芜湖市渡春路25号	汪根水	0553-3856529	241000
上海浦东发展银行股份有限公司芜湖分行	芜湖市瑞祥路88号皖江财富广场A3楼	陈凌云	0553-3111688	241000
招商银行股份有限公司芜湖分行	芜湖市中山路步行街2号	吴天竹	0553-3888988	241000
中信银行股份有限公司芜湖分行	芜湖市镜湖路8号镜街西街X1—X4	张金山	0553-3888681	241000

（续表）

机 构 名 称	地 址	负责人	电 话	邮 编
中国光大银行股份有限公司芜湖分行	芜湖市北京路2号	朱 彤	0553-3888096	241000
兴业银行股份有限公司芜湖分行	芜湖市北京东路6号	吴红先	0553-5906111	241000
徽商银行股份有限公司芜湖分行	芜湖市北京西路45号	倪建祥	0553-3831581	241000
芜湖扬子农村商业银行股份有限公司	芜湖市银湖南路135号	潘 耀	0553-3889181	241000
江阴农村商业银行股份有限公司芜湖县支行	芜湖市芜湖县湾沚镇荆江东路中央公馆门面房	缪新华	0553-8818333	241100
芜湖津盛农村商业银行股份有限公司	芜湖市芜湖县湾沚镇芜湖中路91号	黄跃红	0553-8817070	241100
安徽无为农村商业银行股份有限公司	芜湖市无为县人民广场北侧1号	张学民	0553-6328537	238300
安徽南陵农村商业银行股份有限公司	芜湖市南陵县籍山路	颜世龙	0553-6826621	241300
安徽繁昌农村商业银行股份有限公司	芜湖市繁昌县繁阳镇金峨路228号	章 杰	0553-7919553	241200
无为徽银村镇银行有限责任公司	芜湖市无为县铁山东路	郑 斌	0553-6027766	238300
芜湖泰寿村镇银行股份有限公司	芜湖市芜湖县工业园区世贸大厦1号	王继德	0553-8761789	241100
安徽繁昌建信村镇银行有限责任公司	芜湖市繁昌县华侨国际大酒店一层	李 丰	0553-7865500	241200
奇瑞徽银汽车金融股份有限公司	芜湖市瑞祥路88号皖江财富广场A2座11—12楼	陈劲伟	0553-7521188	241000
皖江金融租赁有限公司	芜湖市镜湖区镜湖路35号	李铁民	0553-3880588	241000
海通证券股份有限公司芜湖银湖路证券营业部	芜湖市文化路44号	夏斯清	0553-5011500	241000
华安证券有限责任公司芜湖新芜路证券营业部	芜湖市新芜路100号	贺 晓	0553-3815002	241000
华安证券有限责任公司芜湖北京中路证券营业部	芜湖市北京中路	邱 琦	0553-4822751	241000
国元证券股份有限公司芜湖文化路证券营业部	芜湖市文化路25号皖江金融大厦一、三、四层	王春保	0553-3115533	241000
国元证券股份有限公司芜湖黄山西路证券营业部	芜湖市黄山西路2号	张 宁	0553-3812578	241000
国元证券股份有限公司芜湖九华山路证券营业部	芜湖市九华山路154号	董 海	0553-3850666	241000
齐鲁证券有限公司芜湖镜湖路证券营业部	芜湖市镜湖路8号	周朝平	0553-3856708	241000
中信证券股份有限公司芜湖新时代商业街证券营业部	芜湖市新时代商业街15栋155号	王正东	0553-5955988	241000
申银万国证券股份有限公司芜湖利民西路证券营业部	芜湖市利民西路307号	刘 扬	0553-5691077	241000
银河证券股份有限公司芜湖利民西路证券营业部	芜湖市弋江区泰鑫商务中心	王 伟	0553-4830900	241000
安信证券股份有限公司芜湖九华南路证券营业部	芜湖市弋江区九华南路117号泰鑫商务中心四楼	黄鹤友	0553-2111668	241000
国元证券股份有限公司南陵青铜路证券营业部	芜湖市南陵县青铜路10号	周长庆	0553-6820268	241300
华安证券股份有限公司繁昌北门大道证券营业部	芜湖市繁昌县北门大道160号	郭 俊	0553-7911168	241200
华安证券股份有限公司无为人民广场证券营业部	芜湖市无为县人民广场B1区5号	王 耿	0553-6337693	238300
国元证券股份有限公司无为十字街证券营业部	芜湖市无为县人民广场商之都5楼	张 俊	0553-6501666	238300
国元证券股份有限公司芜湖县环城南路证券营业部	芜湖市芜湖县湾沚镇环城南路10号	王旭东	0553-5650718	241100
徽商期货有限责任公司芜湖营业部	芜湖市中山路步行街金鼎广场金龙阁1102室	刘文辉	0553-3829555	241000
华安期货有限责任公司芜湖营业部	芜湖市新芜路新利商厦8号3楼	李鸿浩	0553-3873359	241000
安粮期货有限公司芜湖营业部	芜湖市黄西路35号证券大厦第7层	张 宝	0553-3833892	241000

（续表）

机 构 名 称	地 址	负责人	电 话	邮 编
南华期货股份有限公司芜湖营业部	芜湖市中山北路77号侨鸿国际商城904、906、908室	田宏伟	0553-3880211	241000
弘业期货股份有限公司芜湖营业部	芜湖市镜湖区融汇中江广场H#楼1511—1514室	周 庆	0553-3917022	241000
中国人民财产保险股份有限公司芜湖市分公司	芜湖市北京中路4号	张永安	0553-3114152	241000
中国太平洋财产保险股份有限公司芜湖中心支公司	芜湖市九华中路293号	蔡明祥	0553-3842937	241000
中国平安财产保险股份有限公司芜湖中心支公司	芜湖市镜湖区弋江北路旅游商品经济园区(欧亚达北侧)	张进军	0553-3110565	241000
太平财产保险有限公司芜湖中心支公司	芜湖市镜湖区民生路26号凯帆大厦15楼1506	杨 军	0553-5805099	241000
华安财产保险股份有限公司芜湖中心支公司	芜湖市银湖南路88号侨虹国际5#楼M112门面房	卢能武	0553-5991821	241000
天安财产保险股份有限公司芜湖中心支公司	芜湖市文化路39-2号海螺商务楼北楼三层	杨士柱	0553-3889255	241000
安邦财产保险股份有限公司芜湖中心支公司	芜湖市镜湖区张家山领秀城10#02门面	龚浩阳	0553-3938018	241000
中国大地财产保险股份有限公司芜湖中心支公司	芜湖市文化路46号皖江电子商务中心办公楼8楼	边 武	0553-5877266	241000
都邦财产保险股份有限公司芜湖中心支公司	芜湖市镜湖区北京东路199号海螺商务楼三楼	黄 谷	0553-3112668	241000
渤海财产保险股份有限公司芜湖中心支公司	芜湖花津中路森海都市花园C-06室	张晨阳	0553-3938108	241000
国寿财险芜湖市中心支公司	芜湖市文化路39号海螺国际大酒店15层	李 振	0553-3888018	241000
国元农业保险股份有限公司芜湖中心支公司	芜湖市鸠江区皖江财富广场A1号楼四层	陈 刚	0553-5582700	241000
阳光财产保险股份有限公司芜湖中心支公司	芜湖市镜湖区民生路26号凯帆大厦13楼1306室	荣发厚	0553-3121201	241000
永诚财产保险股份有限公司芜湖中心支公司	芜湖市泰鑫商务中心23层2306室	周道伟	0553-3888038	241000
中银保险有限公司芜湖中心支公司	芜湖市铁艺路海螺中兴花园2号楼门面房	黄 磊	0553-3836797	241000
浙商财产保险股份有限公司芜湖中心支公司	芜湖市祥盛路十里创业园综合楼4楼	黄培泉	0553-3880398	241000
安盛天平财产保险股份有限公司芜湖中心支公司	芜湖市弋江区泰鑫商务中心2102	杨金生	0553-3881266	241000
紫金财产保险股份有限公司芜湖中心支公司	芜湖市弋江区高新区滨江南路2号科创中心一楼	陈仁兵	0553-3853079	241000
中国人寿保险股份有限公司芜湖分公司	芜湖北京东路179号	田渐明	0553-3120596	241000
中国太平洋人寿保险股份有限公司芜湖中心支公司	芜湖市长江中路47号盛和大厦五楼	吴 波	0553-2296668	241000
中国平安人寿保险股份有限公司芜湖中心支公司	芜湖市黄山中路镜街金鼎大厦3—4楼	刘 珍	0553-3812336	241000
泰康人寿保险股份有限公司芜湖中心支公司	芜湖市弋江区花津中路金玺商业广场写字楼15楼A1506—A1508室	孙红美	0553-2398166	241000
太平人寿保险有限公司芜湖中心支公司	芜湖市镜街金鼎综合楼19楼	江金根	0553-3829165	241000
新华人寿保险股份有限公司芜湖中心支公司	芜湖市镜湖区民生路26号凯帆大厦17楼1701室	陈传升	0553-3832868	241000
中国人民健康保险股份有限公司芜湖中心支公司	芜湖市镜湖区文化路44号皖江电子商务中心5楼,10楼	董旭明	0553-2309901	241000

（续表）

机构名称	地址	负责人	电话	邮编
幸福人寿保险股份有限公司芜湖市中心支公司	芜湖市镜湖区汇金广场A座27层	滕琳	0553-5621901	241000
民生人寿保险股份有限公司芜湖中心支公司	芜湖市弋江区利民路360#金玺大厦6楼	王泽宏	0553-3838198	241000
中国人民人寿保险股份有限公司芜湖中心支公司	芜湖市民生路凯帆大厦11楼	陶定平	0553-3875358	241000
平安养老保险股份有限公司芜湖中心支公司	芜湖市黄山中路镜街大厦四楼	朱晓斌	0553-3838050	241000
农银人寿保险股份有限公司芜湖中心支公司	芜湖市镜湖区北京中路7号伟星时代金融中心21楼01—03室	方明	0553-2672100	241000

4. 铜陵市主要金融机构

机构名称	地址	负责人	电话	邮编
中国人民银行铜陵市中心支行	铜陵市石城大道北段1268号	方增平	0562-2893088	244000
中国银行业监督管理委员会铜陵监管分局	铜陵市长江西路41号	马平	0562-2836917	244000
中国农业发展银行铜陵市分行	铜陵市北京路43号	鲍晓安	0562-2835177	244000
中国工商银行股份有限公司铜陵分行	铜陵市长江西路2号	崔国强	0562-2880692	244000
中国农业银行铜陵分行	铜陵市淮河南路	张巍	0562-5827088	244000
中国银行股份有限公司铜陵分行	铜陵市石城路82号	许志勇	0562-2827766	244000
中国建设银行股份有限公司铜陵分行	铜陵市长江西路41号	王明啟	0562-2820006	244000
中国邮政储蓄银行铜陵市分行	铜陵市建设路邮政超市4楼	范新宇	0562-2662899	244000
交通银行铜陵分行	铜陵市长江中路999号	卢朝晖	0562-2186688	244000
浦东发展银行铜陵支行	铜陵市长江西路171号	张德峰	0562-2851188	244000
徽商银行股份有限公司铜陵分行	铜陵市义安南路义安大厦	高春明	0562-2866244	244000
铜陵农村商业银行	铜陵市北京中路66号	陈梅	0562-2806566	244000
铜陵皖江农村商业银行	铜陵县五松镇人民大道5号	房玉珍	0562-8810291	244100
铜陵铜源村镇银行	铜陵市铜芜大道666号	黄明海	0562-8895699	244000
铜陵有色集团财务有限公司	铜陵市长江西路171号	黄天珊	0562-5861991	244000
中国人民财产保险公司铜陵分公司	铜陵市石城路南段181号	邵华	0562-2837077	244000
中国人寿保险股份有限公司铜陵分公司	铜陵市淮河大道中段242号	陈进宝	0562-2833207	244000
中国平安财险铜陵中心支公司	铜陵市北京路(鸿泰大酒店旁)	宣义斌	0562-2815599	244000
中国平安寿险铜陵中心支公司	铜陵市乐都商城五楼	汪永斌	0562-2839068	244000
太平洋财险铜陵中心支公司	铜陵市铜商品市场10楼	丁子平	0562-5828611	244000
太平洋寿险铜陵中心支公司	铜陵市铜商品市场5楼	孙红霞	0562-5822588	244000
天安保险铜陵中心支公司	铜陵市长江西路41号10楼	郭毅	0562-2818637	244000
安邦财险铜陵中心支公司	铜陵市铜陵大市场	陶静	0562-2828617	244000
华安财险铜陵中心支公司	铜陵市铜庄小区幼儿园附近	章秀英	0562-5859607	244000
国元保险铜陵中心支公司	铜陵市北京路有色大楼3楼	方芸	0562-2837258	244000
泰康寿险铜陵中心支公司	铜陵市市工会6楼	汪自强	0562-2857666	244000
中国人民人寿保险股份有限公司铜陵中心支公司	铜陵市长江中路红楼三层1038号D楼13层	姜世海	0562-2878416	244000
中国人寿财产保险股份有限公司铜陵中心支公司	铜陵市翠湖一路959号	常胜	0562-2688866	244000

（续表）

机 构 名 称	地 址	负责人	电 话	邮 编
中国人民健康保险股份有限公司铜陵中心支公司	铜陵市铜都大道 4076 号	邱志辉	0562-2618200	244000
华安证券铜陵淮河北路营业部	铜陵市淮河北路 2 号	俞 勇	0562-2867124	244000
华安证券铜陵淮河路营业部	铜陵市淮河路 1 号	肖晓明	0562-2869389	244000
国元证券义安南路证券营业部	铜陵市义安南路 10 号	程晓照	0562-2831339	244000
招商证券股份有限公司铜陵石城大道证券营业部	铜陵市石城大道 110 号 6 楼	郭增金	0562-2889090	244000
上海金源期货铜陵营业部	铜陵市铜官山区铜商品市场二楼	黄 蓓	0562-5860996	244000
徽商期货铜陵营业部	铜陵市义安大道 A 座 1501	唐世堃	0562-2837238	244000

5. 安庆市主要金融机构

机 构 名 称	地 址	负责人	电 话	邮 编
中国人民银行安庆市中心支行	安庆市龙山路 168 号	傅德汉	0556-5515581	246003
中国农业发展银行安庆市分行	安庆市人民路 417 号	朱 军	0556-5520963	246000
中国工商银行股份有限公司安庆分行	安庆市孝肃路 230 号	王新潮	0556-5517713	246003
中国农业银行安庆分行	安庆市孝肃路 50 号	李富强	0556-5547108	246000
中国银行股份有限公司安庆分行	安庆市湖心北路 2 号	张 浩	0556-5349722	246005
中国建设银行股份有限公司安庆市分行	安庆市集贤南路 241 号	丁大庆	0556-5333482	246001
交通银行安庆分行	安庆市龙山路 99 号	方 梁	0556-5509666	246003
中国邮政储蓄银行有限责任公司安庆市分行	安庆市中兴大道 2 号	戴四清	0556-5227018	246000
中信银行股份有限公司安庆分行	安庆市中兴大道 101 号	张其林	0556-5280618	246000
上海浦东发展银行股份有限公司安庆分行	安庆市湖心北路 9 号	闫洪峻	0556-5350789	246004
兴业银行股份有限公司安庆分行	安庆市菱湖南路 238 号	王彤彤	0556-5280801	246002
徽商银行股份有限公司安庆分行	安庆市人民路 528 号	洪少平	0556-5579999	246003
招商银行安庆分行	安庆市龙山路 223 号	毕宜平	0556-5990111	264003
安庆市农村商业银行	安庆市集贤南路 40 号	韦道德	0556-5220819	246001
安徽省安庆市桐城农合行	安庆桐城市龙眠路 104 号	苏绍云	0556-6216901	231400
安徽省安庆市枞阳农村信用社	安庆市枞阳县枞阳镇湖滨东路 40 号	刘小勤	0556-2818867	246700
安徽省安庆市怀宁农合行	安庆怀宁县高河镇稼先路 188 号	余汪明	0556-4634666	246121
安徽省安庆市潜山农商行	安庆潜山县舒州大道 1072 号	唐国珍	0556-8931200	246300
安徽省安庆市太湖农商行	安庆太湖县人民路 61 号	王 仑	0556-4167154	246400
安徽省安庆市望江农行	安庆望江县清廉路 101 号	马金林	0556-7172062	246202
安徽省安庆宿松农合行	安庆宿松县孚玉西路 641 号	陈俊斌	0556-7832768	246501
安徽省安庆市岳西农合行	安庆岳西县天堂镇南园大道 18 号	徐进军	0556-2177089	246600
中国人民人寿保险股份有限公司安庆中心支公司	安庆市菱湖南路 553 号	孙一龙	0556-5532277	246002
中国人寿保险股份有限公司安庆市分公司	安庆市湖心北路 50 号	顾永明	0556-5514480	246002
中国人寿财产保险股份有限公司安庆市分公司	安庆市中兴大道 25 号	郭海南	0556-5326060	246002
中国人民财产保险股份公司安庆公司	安庆市菱湖南路 553 号	薛 柏	0556-5531908	246002
中国太平洋人寿保险股份有限公司安庆中心支公司	安庆市中兴大街 103 号	鲍海涛	0556-5591927	246003

（续表）

机构名称	地址	负责人	电话	邮编
中国太平洋财产保险股份有限公司安庆中心支公司	安庆市中兴大街79号	段金勇	0556-5325567	246003
中国平安人寿保险股份有限公司安庆中心支公司	安庆市菱湖南路315号	钱　毅	0556-5592977	246002
中国平安财产保险股份有限公司安庆中心支公司	安庆市皖江大道20号	王跃华	0556-5576299	246001
国元农业保险股份有限公司安庆中心支公司	安庆市湖心北路1号	李传盛	0556-5356789	246003

6. 池州市主要金融机构

机构名称	地址	负责人	电话	邮编
中国人民银行池州市中心支行	池州市东湖中路199号	石春利	0566-2027914	247000
中国银行业监督管理委员会池州监管分局	池州市清风西路139号	钱震宁	0566-2022302	247000
安徽省农村信用联合社池州督导组	池州市清风西路139号	齐继民	0566-2039237	247000
中国农业发展银行池州市分行	池州市翠柏北路188号	汪　烈	0566-2128000	247000
中国工商银行股份有限公司池州分行	池州市贵池区秋浦西路117号	金　斌	0566-2028934	247000
中国农业银行股份有限公司池州分行	池州市翠柏中路171号	吴春雷	0566-2039906	247000
中国银行股份有限公司池州分行	池州市贵池区长江中路308号	林　钧	0566-2090012	247000
中国建设银行股份有限公司池州市分行	池州市翠微西路150号	周巧燕	0566-2037996	247000
中国邮政储蓄银行有限责任公司池州市分行	池州市蓉城路144号	程光华	0566-2029909	247000
徽商银行股份有限公司池州分行	池州市长江南路688号	许小明	0566-2044897	247000
中国光大银行股份有限公司池州支行	池州市长江中路君悦广场1—2层	朱　枫	0566-3229099	247000
池州九华农村商业银行股份有限公司	池州市清风西路139号	查晓安	0566-2027162	247000
安徽青阳农村商业银行	青阳县蓉城镇木镇路51号	周长明	0566-5022047	242800
东至县农村合作银行	东至县尧渡镇建设路87号	周红日	0566-7020308	247200
安徽石台县农村商业银行	石台县仁里镇和平南路	戴南利	0566-6028760	245100
安徽青阳九华村镇银行	青阳县蓉城镇木镇路和贵人家1栋4号	纪来友	0566-5036515	242800
池州贵池民生村镇银行	池州市青阳路127号	马香波	0566-5268282	247000
安徽东至扬子村镇银行	东至县尧渡镇东流路百悦星城综合楼	吴　忠	0566-5291058	247200
安徽石台扬子村镇银行	石台县仙寓路7号	王　东	0566-6025606	245100
中国人民财产保险公司池州分公司	池州市池阳路165号	王诗贵	0566-2020706	247000
中国人民人寿保险公司池州中心支公司	池州市建设中路72号	卢晓芳	0566-5204999	247000
中国人寿保险股份公司池州分公司	池州市池阳路165号	鲍　强	0566-2027506	247000
中国人寿财产保险股份公司池州分公司	池州市贵池区平天湖假日酒店A楼3楼	刘南平	0566-2120669	247000
平安财产保险池州中心支公司	池州市杏花大道173号	陈爱武	0566-2030226	247000
平安人寿保险池州中心支公司	池州市贵池区城北花园B区综合楼4楼	刘　斌	0566-2041881	247000
天安财产保险池州中心支公司	池州市清风西路18号皖江大厦1—2层	刘翠霞	0566-5229871	247000
安邦财产保险池州中心支公司	池州市清风路清风南苑103、104复式楼	王　涛	0566-3221566	247000
大地财产保险池州中心支公司	池州市昭明大道百荷蓝江苑门口综合楼7楼	姜四文	0566-5202222	247000
中国太平洋人寿保险公司池州中心支公司	池州市长江北路2号	杨庭红	0566-2033888	247000

（续表）

机构名称	地址	负责人	电话	邮编
中国太平洋财产保险公司池州中心支公司	池州市清溪大道697号	鲍 淮	0566-5220111	247000
泰康人寿保险池州中心支公司	池州市百牙路13号	李 峰	0566-2092288	247000
新华人寿池州中心支公司	池州市长江南路688号财富广场16层	张能治	0566-2120128	247000
华夏人寿保险池州中心支公司	池州市池阳路府儒学综合楼东四楼	李全安	0566-2028006	247000
阳光人寿保险股份有限公司池州市中心支公司	池州市贵池区建设西路综合楼四楼	张启潮	0566-5229606	247000
太平人寿保险股份有限公司池州中心支公司	池州市贵池区长江路金鼎大厦9层	武 进	0566-2246008	247000
国元农业保险公司池州中心支公司	池州市青阳路23号	陈改书	0566-2083666	247000
华安证券池州营业部	池州市东湖南路198号	盛 靖	0566-2027174	247000
国元证券股份有限公司池州证券营业部	池州市青阳路19号	褚卫宁	0566-2128339	247000

7. 滁州市主要金融机构

机构名称	地址	负责人	电话	邮编
中国人民银行滁州市中心支行	滁州市清流路446号	袁传发	0550-3067552	239000
中国银行业监督管理委员会滁州银监分局	滁州市清流路497号	吕发刚	0550-3078618	239000
中国农业发展银行滁州市分行	滁州市琅琊路286号	李 年	0550-3068019	239000
中国工商银行股份有限公司滁州分行	滁州市南谯北路854号	周晨光	0550-3038761	239000
中国农业银行滁州分行	滁州市清流路296号	汤 镇	0550-3078505	239000
中国银行股份有限公司滁州分行	滁州市琅琊路115号	孙 伟	0550-3036789	239000
中国建设银行股份有限公司滁州市分行	滁州市凤凰路424号	张 玮	0550-3065526	239000
中国交通银行股份有限公司滁州分行	滁州市琅琊西路81号	张 波	0550-3078001	239000
中国邮政储蓄银行股份有限公司滁州市分行	滁州市琅琊东路164号	张文保	0550-3068326	239000
兴业银行股份有限公司滁州分行	滁州市丰乐大道1090号	章 宏	0550-2181201	239000
中信银行股份有限公司滁州分行	滁州市琅琊西路79号	畅 勇	0550-3529508	239000
徽商银行股份有限公司滁州分行	滁州市丰乐北路286号	催普军	0550-3010331	239000
滁州皖东农村商业银行股份有限公司	滁州市清流西路248号	李 平	0550-3065671	239000
中国人民财产保险股份有限公司滁州市分公司	滁州市凤阳路99号	曾庆松	0550-3048130	239000
中国人寿保险股份有限公司滁州分公司	滁州市凤凰路428号	王国文	0550-3064945	239000
中国平安财产保险股份有限公司滁州中心支公司	滁州市南谯中路2329号	谢肆俊	0550-3066109	239000
中国平安人寿保险股份有限公司滁州中心支公司	滁州市琅琊西路81号	胡 琼	0550-3032170	239000
中国太平洋财产保险股份有限公司滁州中心支公司	滁州市南谯南路中安大厦	吕正民	0550-3212576	239300
民生人寿保险股份有限公司滁州中心支公司	滁州市南谯北路615号顺风大厦7楼	马阜生	0550-3030786	239000
天安保险股份有限公司滁州中心支公司	滁州市丰乐北路与琅琊西路交叉口琅琊区文教体局电教中心大楼	钱 森	0550-2180007	239000
安邦财产保险股份有限公司滁州中心支公司	滁州市中都大道598号	姜晓春	0550-7111666	239000
中国大地财产保险股份有限公司滁州中心支公司	滁州市中都大道777号	叶荣林	0550-3048009	239300
都邦保险股份有限公司滁州中心支公司	滁州市琅琊区丰乐大道1899号皖东国际车城A区3幢2单元9层	尚 龙	0550-3309005	239000

（续表）

机构名称	地址	负责人	电话	邮编
阳光财产保险股份有限公司滁州中心支公司	滁州市南谯中路 2268 号	唐颂	0550-3010060	239000
中国人寿财产保险股份有限公司滁州中心支公司	滁州市开发区会峰西路电信大厦 2、3 楼	龚乐	0550-3518301	239000
渤海财产保险股份有限公司滁州中心支公司	滁州市南谯中路 2228 号	李泽民	0550-3518580	239000
国元农业保险股份有限公司滁州中心支公司	滁州市清流西路 201 号	陈泽全	0550-3518505	239000
中国太平洋人寿保险股份有限公司滁州中心支公司	滁州市南谯北路 512 号	贾珣	0550-3525059	239000
泰康人寿保险股份有限公司滁州中心支公司	滁州市育新路 46 号(南大桥向西 20 米)	赵耀	0550-3073637	239000
太平人寿保险有限公司滁州中心支公司	滁州市天长东路 152 号	郑少游	0550-3027618	239000
华夏人寿保险股份有限公司滁州中心支公司	滁州市清流西路 1 号	汪小燕	0550-3010591	239000
中国人民人寿保险股份有限公司滁州中心支公司	滁州市南谯北路 740 号 11 栋 201—218 室	陈红军	0550-3031388	239000
阳光人寿保险股份有限公司滁州中心支公司	滁州市南谯中路 2268 号	王汝凤	0550-7128181	239000
新华人寿保险股份有限公司滁州中心支公司	滁州市南谯北路 756 号新华书店 5 楼	刘小燕	0550-3010911	239000
合众人寿保险股份有限公司滁州中心支公司	滁州市琅琊东路 201 号	阮海峰	0550-7128160	239000
农银人寿保险股份有限公司滁州中心支公司	滁州市育新路 81 号	陈建刚	0550-3900216	239000
生命人寿保险股份有限公司滁州中心支公司	滁州市天长东路 169 号	马飞	0550-3120599	239000
大众保险股份有限公司滁州中心支公司	滁州市南谯中路 2228 号	胡德胜	0550-3325168	239000
太平保险股份有限公司滁州中心支公司	滁州市丰乐大道 1899 号皖东国际车城 A 区 3 栋 2 单元 9 层	张斌	0550-3027803	239000
紫金保险股份有限公司滁州中心支公司	滁州市丰乐大道 1899 号皖东国际车城 A 区 4 栋 2 单元 901—904 室	陆斌	0550-3707710	239000
和谐健康保险股份有限公司滁州中心支公司	滁州市琅琊区丰乐大道 1899 号皖东国际车城 A3 区 2 单元 7 层	张行	0550-7111666	239000
华安证券滁州营业部	滁州市天长东路 169 号	胡向东	0550-3043003	239000
国元证券滁州营业部	滁州市琅琊东路 8 号	宁皖明	0550-3044818	239000
海通证券滁州营业部	滁州市琅琊区天长东路 549 号	吴侃	0550-3780111	239000

8. 宣城市主要金融机构

机构名称	地址	负责人	电话	邮编
中国人民银行宣城市中心支行	宣城市陵西路 92 号	李成强	0563-3032021	242000
中国银行业监督管理委员会宣城监管分局	宣城市昭亭南路与水阳江大道交汇处	杨峻松	0563-3032798	242000
中国农业发展银行宣城市分行	宣城市西林路 35 号	洪流	0563-3019660	242000
中国工商银行股份有限公司宣城分行	宣城市鳌峰西路 10 号	梁菁涟	0563-3030088	242000
中国农业银行宣城分行	宣城市叠嶂西路 1 号	田虹	0563-3033801	242000
中国银行股份有限公司宣城分行	宣城市鳌峰中路 47 号	马中华	0563-3021108	242000
中国建设银行股份有限公司宣城市分行	宣城市状元南路 17 号	史志高	0563-3028230	242000
交通银行股份有限公司宣城分行	宣城市鳌峰中路 70 号	王峰	0563-2366666	242000
中国邮政储蓄银行有限责任公司宣城市分行	宣城市梅溪路	阎松华	0563-2833318	242000
徽商银行宣城分行	宣城市叠嶂西路 1 号	濮永晶	0563-3035678	242000

（续表）

机构名称	地址	负责人	电话	邮编
宣城皖南农村商业银行	宣城市状元北路8号	王智明	0563-3032308	242000
郎溪农村商业银行	宣城市郎溪县建平镇郎川大道西8号	刘建平	0563-7049009	242000
广德农村商业银行	宣城市广德县桃州镇政务新区万桂山南路	周同军	0563-6022176	242000
宁国农村商业银行	宣城宁国市宁阳中路288号	刘　平	0563-4022051	242000
泾县农村商业银行	宣城市泾县泾川镇桃花潭东路	邱中宏	0563-5121301	242000
绩溪农村商业银行	宣城市绩溪县华阳镇望徽路5号	汪建华	0563-8165925	242000
旌德农村商业银行	宣城市旌德县旌阳镇解放街18号	陈育生	0563-8602648	242000
国元证券股份有限公司宣城市分公司	宣城市状元北路B号楼	乔大庆	0563-2718258	242000
华安证券公司宣城市分公司	宣城市鳌峰西路9号	来新弟	0563-3017118	242000
海通证券宣城敬亭路营业部	宣城市敬亭路299号	张海波	0563-2610028	242000
中国人民财产保险股份有限公司宣城分公司	宣城市鳌峰西路16号	王学军	0563-3030596	242000
中国人寿保险股份有限公司宣城分公司	宣城市鳌峰西路16号	江湘龙	0563-3030518	242000
中国太平洋财产保险股份有限公司宣城中心支公司	宣城市鳌峰西路9号	丁子平	0563-3013266	242000
中国太平洋人寿保险股份有限公司宣城中心支公司	宣城市叠嶂中路银府大厦	程　杰	0563-2829999	242000
中国平安财产保险股份有限公司宣城中心支公司	宣城市宣湖路35号	张　巍	0563-3013819	242000
中国平安人寿保险股份有限公司宣城中心支公司	宣城市鳌峰东路27号	马志勇	0563-2716168	242000
中国大地财产保险股份有限公司宣城中心支公司	宣城市陵西路211号	郭　健	0563-5209900	242000
泰康人寿保险股份有限公司宣城中心支公司	宣城市梅西路107号	陶国胜	0563-2110301	242000
安邦财产保险股份有限公司宣城中心支公司	宣城市状元北路52号	郭　涛	0563-2719911	242000
渤海财产保险股份有限公司宣城中心支公司	宣城市梅溪路156号	尚殿龙	0563-3021178	242000
天安财产保险股份有限公司宣城中心支公司	宣城市状元路	荀明辉	0563-3032777	242000
民安财产保险股份有限公司宣城中心支公司	宣城市环城北路31号	陈永祥	0563-5208509	242000
华夏人寿保险股份有限公司宣城中心支公司	宣城市向阳路口	呼铁平	0563-5227111	242000
中国人寿财产保险股份有限公司宣城中心支公司	宣城市梅西路108号	王周杨	0563-3016555	242000
国元农业保险股份有限公司宣城中心支公司	宣城市经济技术开发区综合楼1-1栋	胡家林	0563-3017020	242000
富德生命人寿保险股份有限公司宣城中心支公司	宣城市叠嶂东路47号	张　林	0563-5280111	242000
阳光人寿保险股份有限公司宣城中心支公司	宣城市向阳路口眼科医院3楼	黄新军	0563-5282880	242000
华泰财产保险股份有限公司宣城中心支公司	宣城市经济技术开发区石板桥	张　宏	0563-3015959	242000

9. 六安市主要金融机构

机构名称	地址	负责人	电话	邮编
中国人民银行六安市中心支行	六安市人民东路41号	赵永红	0564-3316633	237006
中国银行业监督委员会六安监管分局	六安市解放南路79号	李绪国	0564-3227699	237305
中国农业发展银行六安市分行	六安市长安南路银波厦11—12层	彭泽安	0564-3288199	237001
中国工商银行股份有限公司六安分行	六安市解放南路79号	纪小岗	0564-3228199	237300
中国农业银行股份有限公司六安分行	六安市皋城路89号	江继武	0564-3338266	237000

（续表）

机 构 名 称	地 址	负责人	电 话	邮 编
中国银行股份有限公司六安分行	六安市人民路84号	孙长文	0564-3315542	237006
中国建设银行股份有限公司六安市分行	六安市大别山路13号	丁玉兵	0564-3327788	237005
交通银行六安分行	六安市解放南路53号	鲍 飞	0564-3233533	237005
中国邮政储蓄银行股份有限公司六安市分行	六安市梅山南路电信办公大楼6—7层	查选军	0564-3210666	237001
徽商银行六安分行	六安市梅山南路凯旋国际广场	蔡 春	0564-3339669	237001
六安市农村商业银行	六安市皖西路32号	贡 献	0564-3368011	237006
中国人民财产保险股份有限公司六安市分公司	六安市球拍路财保大楼	王安生	0564-3316111	237000
中国太平洋财产保险股份有限公司六安中心支公司	六安市梅山南路总工会大楼	王正智	0564-3378602	237001
安邦财产保险股份有限公司六安中心支公司	六安市龙河路滨河小区	李洪浩	0564-3312616	237000
中国大地财产保险股份有限公司六安中心支公司	六安市平桥路口安丰大厦302室	闫丰生	0564-5380011	237000
华安财产保险股份有限公司六安中心支公司	六安市徽商国贸小区10幢1层1楼	刘国禹	0564-3335198	237000
天安保险股份有限公司六安中心支公司	六安市梅山中路欧美亚商厦	曾鹏举	0564-5395512	237000
中国人寿财产保险股份有限公司六安中心支公司	六安市解放中路明珠广场丽景苑4单元12楼	陈 焰	0564-3933901	237000
渤海财产保险股份有限公司六安中心支公司	六安市开发区东城路8号	李从海	0564-3631555	237000
太平保险有限公司六安中心支公司	六安市梅山北路老年活动中心商办楼4楼	藏 军	0564-3333222	237000
中国平安财产保险股份有限公司六安中心支公司	六安市皖西大道皋城大厦	王 鸿	0564-3358530	237006
国元农业财险公司六安中心支公司	六安市公积金管理中心4楼	王雁南	0564-3376158	237000
阳光财产保险股份有限公司六安市中心支公司	六安市光电中心南楼一层	潘文奇	0564-3233858	237000
紫金保险股份有限公司六安市中心支公司	六安市开发区金太阳国际汽车城B2幢301、302室	管 红	0564-3637116	237000
天平汽车保险股份有限公司六安中心支公司	六安市开发区金太阳国际汽车城F1-115	胡 锐	0564-5395556	237000
中国人寿保险股份有限公司六安分公司	六安市人民东路61号	范文波	0564-3317741	237006
中国太平洋人寿保险股份有限公司六安中心支公司	六安市人民东路30号	孙光彬	0564-3336633	237000
泰康人寿保险股份有限公司六安中心支公司	六安市皖西东路140号	司守峰	0564-3311539	237006
太平人寿保险有限公司六安中心支公司	六安市梅山北路23号老干部活动中心3楼	吴克裕	0564-3319906	237000
中国平安人寿保险股份有限公司六安中心支公司	六安市皖西路168号皖西路小学门面前楼4楼	张本武	0564-3286670	237000
民生人寿保险股份有限公司六安中心支公司	六安市解放路79号天成精品城6号楼3楼	杜 名	0564-3212467	237000
幸福人寿保险股份有限公司六安中心支公司	六安市梅山北路老年活动中心4楼	徐大锐	0564-5338898	237000
合众人寿保险股份有限公司六安中心支公司	六安市明珠广场粮食局7楼	朱邦勤	0564-5389977	237000
生命人寿保险股份有限公司六安中心支公司	六安市磨子潭路舒怡花园11号楼7楼	张建国	0564-3217530	237000
人保人寿保险股份有限公司六安中心支公司	六安市球拍路财保大楼8楼	袁传双	0564-3339493	237000
阳光人寿保险股份有限公司六安中心支公司	六安市凯旋国际广场16楼	徐 立	0564-5360888	237000
华夏人寿保险股份有限公司六安中心支公司	六安市东城路9号1—3层	冯 涛	0564-5369955	237000
新华人寿保险股份有限公司六安中心支公司	六安市皋城路96号	李政琪	0564-5360999	237000
华安证券有限责任公司六安梅山路证券营业部	六安市梅山中路	江 坤	0564-3315686	237006
华安证券有限责任公司六安大别山路证券营业部	六安市大别山路8号	张俊涛	0564-3213558	237008
国元证券有限责任公司六安人民路营业部	六安市人民路88号	束 强	0564-3322848	237000

10. 黄山市主要金融机构

机 构 名 称	地 址	负责人	电 话	邮 编
中国人民银行黄山市中心支行	黄山市长干东路 118 号	吕 栋	0559-2314388	245000
中国银监会黄山监管分局	黄山市滨江西路 23 号	刘 星	0559-2583098	245000
中国农业发展银行黄山市分行	黄山市屯光大道 1 号	余立松	0559-2357738	245000
中国工商银行黄山分行	黄山市黄山中路 59 号	张宇建	0559-2514270	245000
中国农业银行黄山分行	黄山市前园北路 25—27 号	浦宏伟	0559-2358901	245000
中国银行黄山分行	黄山市黄山中路 1 号	黄学海	0559-2538969	245000
中国建设银行黄山分行	黄山市前园南路 2 号	方志明	0559-2516139	245000
中国邮储银行黄山市分行	黄山市前园南路 108 号	刘宏平	0559-2315762	245000
徽商银行黄山分行	黄山市黄山西路 39 号	许 明	0559-2520176	245000
中国人寿保险股份公司黄山市分公司	黄山市滨江东路 9 号	许 可	0559-2542276	245000
中国人民财产保险股份有限公司黄山市分公司	黄山市新园东路 2 号	张 弘	0559-2319736	245000
中国平安财产保险股份公司黄山中心支公司	黄山市滨江中路 59 号	周晓雨	0559-2529938	245000
太平洋人寿保险股份公司黄山中心支公司	黄山市天都大道市总工会大楼 8 层	胡晓梅	0559-5299988	245000
国元农业保险有限公司黄山中心支公司	黄山市新园东路 19 号黄山市财政局大楼 5 层	汪 深	0559-2330200	245000
中国平安人寿保险股份有限公司黄山中心支公司	黄山市黄山东路 140 号	刘 超	0559-2515096	245000
天安财产保险股份有限公司黄山中心支公司	黄山市屯光大道 9 号	吴 暑	0559-2356468	245000
大地财产保险股份有限公司黄山中心支公司	黄山市北海路 22 号	许正保	0559-5299700	245000
安邦财产保险股份有限公司黄山中心支公司	黄山市黄山东路 140 号	金 光	0559-2530118	245000
泰康人寿保险股份有限公司黄山中心支公司	黄山市北海路 58 号	李志刚	0559-2345966	245000
中国人民健康保险股份有限公司黄山中心支公司	黄山市新园东路 2 号南大楼	黄 忠	0559-2510977	245000
太平洋财产保险股份有限公司黄山中心支公司	黄山市天都大道市总工会大楼 12 层	程志平	0559-2518555	245000
平安养老保险股份有限公司黄山中心支公司	黄山市黄山东路 140 号	余大利	0559-2543649	245000
中国人民人寿保险股份有限公司黄山市中心支公司	黄山市安东路 118 号	张玲珑	0559-2589618	245000
中国人寿财产保险股份有限公司黄山中心支公司	黄山市滨江中路 2 号	管有祥	0559-2589601	245000
浙商财产保险股份有限公司黄山中心支公司	黄山市东关路 1—14 号	陈 健	0559-2550818	245000
新华人寿保险股份有限公司黄山中心支公司	黄山市黄山中路百川财富广场 1 单元 12 层	汪振济	0559-5208912	245000
华安证券有限责任公司黄山前南新村证券营业部	黄山市前南新村 18 号	何雄辉	0559-2317668	245000
华安证券股份有限公司黄山延安路证券营业部	黄山市延安路 5 号	毕 峻	0559-2310812	245000
华安证券股份有限公司歙县鸿基商城证券营业部	黄山市歙县徽城镇鸿基商贸城 17B 幢 3 楼	邵 鹰	0559-6536841	245200
国元证券股份有限公司黄山新街证券营业部	黄山市黄山西路 49-53-1 号(新街东侧二楼)	江从波	0559-2547188	245000
银河证券股份有限公司黄山新园东路证券营业部	黄山市新园东路 198 号财政局 1 楼	陆文斌	0559-2550909	245000
国盛证券有限责任公司黄山安东路证券营业部	黄山市安东路 125-26 号	冯国飞	0559-2590989	245000
中国中投证券有限责任公司黄山滨江东路证券营业部	黄山市滨江东路 2 号	马丽萍	0559-2325008	245000
申万宏源证券有限公司黄山前园南路证券营业部	黄山市前园南路 42-8 号	孙百瑜	0559-2532288	245000

附　　录

一、2014 年长三角金融大事记

上　海　市

1 月 1 日　中国金融信息中心在上海浦东陆家嘴正式启用。该中心是上海国际金融中心建设的重大基础工程，是陆家嘴金融城二期首批十大项目之一。作为国家“核高基”项目新华社金融信息平台的重要载体，中国金融信息中心将集金融资讯采集、发布、数据挖掘、价格研究、指数产品研发等多重功能于一身，实时滚动向全球发布金融信息和数据。与中国金融信息中心相伴落地的，还有新华社与国家发展改革委共同组建的跨学科实体性研究机构国家价格研究院（上海），以及面向全球开展白银报价交易、现货流通、数据采集加工、指数开发等业务的新华上海贵金属交易中心。同日上线的陆家嘴金融网将有效承接政府公共服务职能，打造“24 小时的网上陆家嘴”。

1 月 2 日　人民币利率互换集中清算业务发布会在银行间市场清算所股份有限公司举行。中国人民银行党委委员、副行长刘士余，上海市委常委、常务副市长屠光绍出席发布会并致辞。

1 月 3 日　基金业首家股权投资公司——上海汇添富医健股权投资管理有限公司日前宣告成立。企业经营范围为：股权投资管理、创业投资管理、实业投资、投资咨询。该公司的成立不仅完善了汇添富基金业务的战略化布局，也对基金行业业务模式的拓展具有标杆意义。

1 月 7 日　中国金融期货交易所与上海浦东发展银行在上海签署了战略合作协议。双方将进一步推动保证金存管、银期转账一线通、国债期货市场建设、资产管理、客户培育、国债充抵保证金等业务的深入开展，积极探索金融衍生品要素平台与银行服务机构的多元合作。

首批国开债在上海证券交易所集中竞价交易系统上市，包括个人在内的各类社会公众投资者均可参与交易。政策性金融债首度登陆证券交易所，意味着内地债券市场互联继续有序深化。

1 月 8 日　新加坡华侨银行宣布其在中国的第一支人民币股权投资基金——华侨星城（上海）股权投资基金正式成立。这是东南亚首家获批上海合格境外有限合伙人（QFLP）资格的金融机构。作为华侨银行集团在中国的直投平台，华侨星城基金规模为 1 亿美元，重点投资具有成长性的民营企业。

由上海陆家嘴金融贸易区管委会、浦东新区文化产业促进中心和浦东新区金融服务局联合举行的“文化创意产业扶持政策解读暨文化企业融资服务推介会”在浦东举行。

1 月 9 日　上海证券交易所发布了《关于商业银行发行公司债券补充资本及其上市交易、转让相关事项的通知》，对商业银行发行补充资本的公司债券在上交所上市交易、转让、信息披露及其他相关事项等做出了具体规定，为下一步商业银行来交易所发行减记债顺利起步铺平了道路。

1 月 13 日　上海银行业 2014 年保护金融消费者合法权益系列活动正式启动，主题为“和谐金融敬老服务”。

1 月 16 日　主题为“贸易金融服务与自贸区建设”的第三届中国贸易金融年会在上海自贸区召开。会议发布并详细解读了我国银行业贸易金融业务自律规范的指导性文件《中国银行业贸易金融业务自律规范指引》以及《人民币国际化对中国商业银行的影响》课题研究报告。

交通银行信用卡在上海发布品牌新主张“Easy for More——方便·实惠交给你”，同时推出智能移动服务平台，更深层次提升客户对“方便·实惠”的服务体验。

1 月 23 日　招商银行上海分行宣布，已经与“人人贷”商务顾问有限公司签署风险备用金托管协议。该行将对风险备用金专户资金进行独立托管，对风险备用金专户资金的实际进出情况每月出具托管报告。

2 月 13 日　中信银行上海分行与上海虹桥商务区管理委员会签署银政战略合作协议，约定将在基础设施建设、高端商务平台搭建、现代服务业及总部经济发展等重点领域全面合作。

2 月 18 日　中国人民银行上海总部在上海自贸试验区举行支付机构跨境人民币支付业务启动仪式，并出台《关于上海市支付机构开展跨境人民币支付业务的实施意见》，这是上海自贸区成立以来首个金融业务细则，是金融支持上海自贸区实体经济发展、便利跨境贸易、扩大人民币跨境使用的又一项重要举措。启动仪式上，上海银联电子支付服务有限公司、通联支付网络服务股份有限公司、东方电子支付有限公司、快钱支付清算信息有限公司、上海盛付通电子商务有限公司 5 家支付机构分别与工商银行、中国银行、建设银行、招行银行、民生银行 5 家商业银行上海（市）分行，以及 5 家特约商户代表现场举行了签约仪式，并由上海银联电子支付服务有限公司现场发起了一笔跨境人民币支付业务。

2 月 20 日　北京银行私人银行中心（上海）正式成立，标志着北京银行在高端财富管理领域迈出重要一步。开业当天，北京银行上海分行与首批私人银行客户签订了私人银行服务协议。凡是个人金融资产在人民币600万元以上的个人客户,都可向北京银行上海分行申请北京银行私人银行服务。

2月21日 中国人民银行上海总部发布《关于支持中国(上海)自由贸易试验区扩大人民币跨境使用的通知》,成为上海自贸试验区落地的第二项金融细则。紧密围绕"服务实体经济,便利跨境投资和贸易",进一步简化了试验区经常和直接投资项下人民币跨境使用流程,明确了人民币境外借款规模与使用范围、跨境电子商务结算和人民币交易服务等创新业务。通过加大对试验区实体经济的金融支持力度,给企业营造更好的发展环境,促进试验区在更高水平上参与国际合作与竞争。人民银行上海总部、市金融办、自贸试验区管委会共同举办自贸试验区扩大人民币跨境使用业务推进会。花旗银行(中国)、汇丰银行(中国)、上海银行、交银租赁与相关企业、机构签署了跨境人民币资金集中收付业务和跨境人民币境外借款业务协议。

以"拥抱互联网金融全新时代——上海的历史机遇"为主题的2014上海互联网金融行业研讨会在上海举行,围绕"互联网时代"的金融创新与变革、互联网金融新模式等热点话题以及如何搭建起"政、产、学、研"合作交流平台展开深入交流和研讨。会上,上海金融谷发起的"上海金融创新研究院"举行启动仪式。

2月26日 中国人民银行上海总部召开政策发布会,宣布从3月1日起放开中国(上海)自贸试验区小额外币存款利率上限。上限放开后,自贸试验区将在全国率先实现外币存款利率的完全市场化,在负债产品市场化定价上先行一步。这是利率市场化改革的重要一步,自贸试验区的先行先试,将为在全国推进这项改革积累可复制、可推广的经验。

上海航运运价交易有限公司、中国集装箱协会、上海自贸区联合发展有限公司联合主办了"2014上海航运·金融高峰论坛"。论坛以"2014年国际航运面临的机遇与挑战——航运交易改革与创新"作为主题,就新一年宏观市场环境和贸易形势、全球航运整体发展态势、中国外向型经济发展将面临的新突破、2014年干散货与集装箱市场、航运运价衍生品交易及发展机遇等问题展开讨论。

2月28日 国家外汇管理局上海市分局举行外汇管理支持自贸区建设政策通报会,对《关于印发支持中国(上海)自由贸易试验区建设外汇管理实施细则的通知》进行了通报解读。实施的外汇管理政策创新措施有利于支持试验区实体经济发展、更好地服务试验区国家战略,有利于加快外汇管理理念和方式转变,形成可复制、可推广的创新业务及管理模式,发挥示范带动、服务全国的积极作用。

为支持中国(上海)自由贸易试验区建设,维护自贸试验区正常的市场经济秩序,推进自贸试验区金融改革创新,建立与自贸试验区金融业务发展相适应的监管和风险防范机制,经中国人民银行总行同意,中国人民银行上海总部发布了《关于切实做好中国(上海)自由贸易试验区反洗钱和反恐怖融资工作的通知》。这是金融支持自贸试验区政策的又一实施细则。

3月4日 工商银行在上海举办"中国工商银行支持中国(上海)自由贸易试验区大型客户金融服务推介会",与宝钢集团、电气集团、国药控股、华东中石油、托克集团、益海嘉里、现代建筑、申银万国、银联电子9家企业签署自贸区银企合作协议。

3月10日 工商银行上海市分行协助注册在中国(上海)自由贸易试验区内的某知名建筑设计公司下属子公司办理首笔以备案制完成的海外并购项目,并成功发放同业首批跨境并购外币贷款业务。

3月11日 国家外汇管理局上海市分局召开2014年上海市外汇管理工作会议。会议明确了今年外汇管理的工作思路和安排:深入推进外汇管理改革创新和先行先试;积极推动经常项目外汇管理转型;促进资本项目管理便利化;改进银行外汇收支监管;强化国际收支统计与调查。

3月12日 花旗银行(中国)有限公司上海自由贸易试验区支行开业,成为首个在自贸区设立支行的外资银行。

中国建设银行上海市分行与中信银行上海分行在上海签署《全面合作备忘录》。双方将借助各自的销售优势和产品能力,积极开展资金交易类、信贷融资类和清算结算类业务的合作。合作的重点领域将包括货币市场、理财产品、外汇及衍生产品、债券市场、贸易融资、结构融资、票据业务、清算结算、资金托管以及信息共享、金融创新和人员培训等。

3月14日 弘毅投资通过自贸区跨境投资平台,成功从上海自贸试验区向外投资1.86亿元人民币,与苏宁电器共同收购PPTV,成为试验区私募股权投资基金"出海"第一单。

上海银行业"3.15国际消费者权益保护日"宣传周、"上海银行业敬老服务示范员工和敬老服务标兵"评选、"社会公众银行知识竞赛"、2014年上海银行业青年"三进"四项活动同时启动,标志着贯穿全年的上海银行业"和谐金融 敬老服务"活动进入新的阶段。

3月15日 上海市金融办、市公安局、人民银行上海总部、上海银监局、上海证监局、上海保监局等部门联合开展以"和谐金融、美好生活"为主题的上海3.15金融消费者(投资者)权益保护日宣传活动。

3月18日 上海市金融学会召开第九届会员代表大会,审议通过工作报告、财务报告和章程修改,选举产生新一届理事会理事。中国人民银行副行长潘功胜作关于利率市场化的学术报告。

3月23日 由国家文化部中外文化交流中心、中国证券监督管理委员会研究中心、上海市人民政府发展研究中心、上海市金融服务办公室和上海市文化广播影视管理局主办的第四届北外滩财富与文化论坛在上海召开。主题是"深改@移动互联时代"。论坛旨在构筑金融界与文化界的高层次信息交流平台,推进金融与文化的融合发展,倡导正确的财富观,加快金融市场创新,推进文化软实力建设。

3月25日　上海市银行同业公会召开“上海银行业动产质押信息平台”上线仪式。作为全国首创的动产质押信息平台，该平台旨在通过对动产质押业务的全流程风险管控，降低银行信贷风险。

上海自贸区金融工作协调推进小组办公室、市金融办和自贸区管委会召开自贸区金融创新案例发布会，首批9个金融创新案例，包括存款利率市场化、自贸区融资创新、支付结算创新、企业资金管理创新、对外直接投资创新、金融机构集聚创新等，正式对外发布。工行上海市分行、中行上海市分行、交行上海市分行、浦发银行自贸区分行、快钱公司、弘毅投资分别介绍了各自开展金融创新的典型案例。

“金融创新之路”大型主题宣传活动启动座谈会在上海期货交易所召开。该主题宣传活动是上海市金融服务办和解放日报社联合推出的宣传项目，以《解放日报》新闻版品牌栏目报道、系列专题版面、《上海观察》系列人物访谈以及专题座谈研讨等形式，展示金融系统各单位在推进改革创新、服务实体经济、经济转型升级等方面的创新之举，为加快上海国际金融中心建设营造良好的舆论氛围。

3月27日　中国人民银行上海分行与上海立信会计学院共同签订“高校征信教育宣传合作协议书”，积极探索推动双方在金融、教育和研究领域的资源合作共享。

4月3日　沪港金融合作第四次工作会议在上海召开，双方围绕加强两地金融业务及产品合作、深化两地金融人才培训和交流等进行了深入探讨。

4月8日　上海国际经济贸易仲裁委员会在上海举行了“《中国(上海)自由贸易试验区仲裁规则》颁布及施行发布会”，中国首部自贸区仲裁规则正式面世，并于2014年5月1日起施行。

4月10日　中国工商银行上海市分行与光明食品(集团)有限公司签署全面战略合作协议。工行上海市分行将为光明食品集团提供300亿元的意向融资额度，用于后者开展的各项金融服务，并为光明集团及旗下成员单位提供包括融资、结算、投行、自贸区业务、现金管理、财务公司等一揽子金融服务。

作为2014年“澳大利亚周·中国”活动中的重要部分，“开启澳中金融业合作契机·上海”论坛举行。

为促进内地与香港资本市场共同发展，中国证券监督管理委员会、香港证券及期货事务监察委员会决定原则批准上海证券交易所、香港联合交易所有限公司、中国证券登记结算有限责任公司、香港中央结算有限公司开展沪港股票市场交易互联互通机制试点。

4月12日　由上海市金融服务办公室、新民晚报社共同打造的“上海金融大讲坛”正式启动。旨在宣传上海国际金融中心建设，加强金融投资者、消费者教育，普及金融知识，解读金融政策，营造良好的金融发展环境。

4月16日　上海银行与桑坦德银行签署大学金融合作备忘录，在大学国际交流项目等领域开展合作。

4月19日　上海国际金融中心研究院、上海市金融学会、上海世界经济学会联合主办“中国(上海)自由贸易试验区建设中关于人民币问题国际研讨会”。

4月21日　交通银行上海市分行宣布与某海外投资基金合伙企业正式签署资金保管协议，为其开立QDLP(合格境内有限合伙人)基金的申购、赎回、资金保管账户。此举标志着上海市QDLP业务正式启动。

上海市政府印发了《中国(上海)自由贸易试验区大宗商品现货市场交易管理暂行规定》，以推动中国(上海)自由贸易试验区大宗商品现货市场建设，规范交易活动，保护交易各方的合法权益，加快推进现代流通方式，促进面向国际的大宗商品现货市场健康发展。

4月25日　中国光大银行与上海黄金交易所在上海签署“全面战略合作框架协议”。

华夏银行在上海召开“小龙人”移动银行品牌推介会。“小龙人”移动银行是华夏银行在手机银行、Pad银行的基础上，整合多种新型业务模式，为客户提供金融、生活、投资、购物等全方位的移动金融服务。

4月28日　上海市金融服务办公室和宝山区人民政府签署战略合作备忘录。双方将在推动宝山滨江地区、南大地区等发展，促进宝山企业直接融资，完善小微企业金融服务，促进区域特色金融服务业发展，维护区域金融稳定，推进金融生态环境建设等方面开展紧密合作。

上海市检察院召开新闻发布会，发布2013年度金融检察白皮书，同时发布2013年度金融犯罪十大典型案例，对金融机构、社会公众发出风险提示。

4月29日　上海市第一中级人民法院发布《涉中国(上海)自由贸易试验区案件审判指引(试行)》。在金融案件审判中，全力支持金融制度创新，审慎审理涉及金融创新的各类金融纠纷案件，尊重当事人意思自治和国际惯例，保护金融消费者的合法权益，维护金融市场安全和交易效率。

上海银行与方正证券签署综合金融合作协议，率先在国内启动综合金融业务合作。双方将在综合金融服务平台、金融创新产品、客户开发及其他业务领域开展全面合作。

5月5日　上海市金融工会召开上海金融系统五一劳动奖状(章)获奖集体(个人)表彰暨2014年建设上海国际金融中心职工立功竞赛启动会。

5月8日　浦发银行与快钱公司在上海举行战略合作签约仪式。双方以金融创新为立足点，运用各自在创新型金融服务领域的技术专长和实践经验，联手在互联网金融、支付结算服务、资金管理以及融资服务等方面开展全面的探索与合作。

中信银行“幸福财富”上海地区品牌发布会在沪举行。

5月12日　上海金融理财师协会在上海期货大厦举行成立大会。会议选举产生了协会第一届理事会，审议通过了协会章程、管理制度及2014年工作计划。

5月13日 浦发银行推出科技金融服务品牌——“科技巨人”。该品牌是浦发银行针对以科技型企业为代表的具有成长性和成长需求的企业客户推出的特色服务，为企业成长提供全程专属培育机制和全面的金融服务。

上海市保险学会召开换届工作会议。上海市保险同业公会发布了2011—2013社会责任报告，这也是其首次向社会公开发布的社会责任报告。

5月14日 上海银监局发布了《关于试行中国(上海)自由贸易试验区银行业监管相关制度安排的通知》。包括一个正文和三个附件，三个附件分别为三项针对自贸试验区银行业的基础性监管制度，即《关于简化自由贸易试验区内相关机构和高管准入方式的实施细则(试行)》《自由贸易试验区业务风险评估指导意见(试行)》《自由贸易试验区银行业监测报表制度(试行)》。三项制度覆盖了银行业监管的事前、事中、事后环节，涉及机构、高管、业务等重要领域，构成了自贸试验区银行业监管的基本框架。

上海市金融服务办公室、上海市财政局、上海银监局召开上海市2013年度商业银行小微企业信贷奖励表彰会。

5月16日 上海自贸区跨国公司总部外汇资金集中运营管理首批试点银企合作签约仪式在中国人民银行上海总部举行，标志着外汇管理支持上海自贸试验区总部经济发展的一项重要举措落地。21家企业分别与13家银行现场签署了合作协议。

5月19日 中国保监会下发《关于进一步简化行政审批 支持中国(上海)自由贸易试验区发展的通知》，包括三项自贸试验区内保险业监管新举措，涉及机构、高管、业务等重要领域，是中国保监会支持中国(上海)自由贸易试验区建设、落实国务院总体方案中有关简化事前准入、强化事中事后监管制度的具体实践，是进一步创新制度、简政放权的重大举措。

5月19—30日 在沪七家总行信用卡中心联合主办的“信用卡互联网支付安全宣传周”活动开展，活动主题为“互联网时代，如何更安全地使用信用卡进行支付”。

5月22日 中国人民银行上海总部发布《中国(上海)自由贸易试验区分账核算业务实施细则》和《中国(上海)自由贸易试验区分账核算业务风险审慎管理细则》。本次发布的两个细则，全面规范了试验区分账核算业务及其风险审慎管理，两者相互匹配，相辅相成。从业务管理和风险防范两个方面，共同构建了有利于风险管理的试验区账户体系框架，为下一步推动试验区投融资汇兑创新业务发展奠定了基础。

5月28日 上海自贸区举行融资租赁产权交易平台启动仪式。该平台是国内首个标准化的、面向境内外的融资租赁产权交易专业平台，为境内外融资租赁企业优化资产管理体系、拓宽投融资渠道、打破发展瓶颈、发掘新的业务增长点提供更为专业化的配套服务，进一步促进国内融资租赁业更趋成熟，推动融资租赁上下游产业链拓展延伸，加快提升上海金融产业服务能级。海航资本、远东租赁、国金租赁等10家大型融资租赁公司分别与平台签署了合作意向协议。

上海市金融学会举办“普惠公众 积极开展金融消费权益保护工作”讲座。

5月28—29日 由上海期货交易所和中国金融期货交易所共同主办的“第十一届上海衍生品市场论坛”在沪举行，主题是“市场化、法治化、国际化的前景与路径”。

5月29日 为进一步发挥区县在上海国际金融中心建设中的积极作用，进一步发挥金融在支持区县经济转型升级中的积极作用，上海市金融服务办公室和静安区人民政府举行战略合作备忘录签署仪式。

6月3日 上海清算所综合业务系统Ⅰ正式上线运行，主要功能包括债券簿记、债券实时逐笔清算、现券净额清算、人民币外汇即期竞价、外币对即期竞价、资金账务处理等模块，同时连接外汇询价、利率互换、人民币远期运费协议等清算系统和债券招投标发行、语音查询等业务系统，是上海清算所核心业务系统。

由中国(上海)自由贸易试验区管委会、新华社上海分社、中国金融信息中心、第一财经共同主办的“国家使命：上海自贸区与金融创新”论坛召开。

6月5日 上海市人民政府台湾事务办公室和上海银行签署第五轮《支持台资企业发展金融合作协议》。上海银行将在今后2年内为上海地区台资企业提供总额不低于300亿元人民币的综合授信支持。

6月7日 中国人民银行金融消费权益保护局与复旦大学管理学院联合创设的“中国金融消费权益保护研究中心”正式揭牌成立。同时，中国行为监管与金融消费权益保护研讨会召开。

6月9日 上海金融档案史料中心在市档案馆外滩馆揭牌，为金融档案研究人员提供金融专题档案查阅、金融图书阅览、相关研究学术会议等服务。

6月10日 上海市银行同业公会联合上海现代服务业联合会、上海市物流协会、上海市国际货运代理行业协会和上海物流企业家协会共同主办“2014年银行服务物流行业小微企业”专场交流暨“上海银行业小微企业贷款产品查询平台3.0”发布活动。

平安银行上海分行与上海付费通企业服务有限公司签订《银企战略合作协议》，双方将在融资授信、现金管理、EBPP平台(电子账单呈递与支付系统)等方面开展全方位合作。

6月11日 新华社旗下新华产权交易所、新华商品交易所正式入驻上海自贸区，全面推进大宗商品、金融衍生品交易，打造国内首家综合类交易平台。

6月12日 上海小额贷款公司协会主办的上海小贷行业接入央行征信系统开通仪式举行。上海长宁长城小额贷款公司、上海嘉定及时雨小额贷款公司、上海闸北市北高新小额贷款公司获颁首批接入铭牌，开通了央行征信系统查询权限。

上海银行宣布借助“沪、港、台”合作平台成功为自贸区企业办理首笔境外银团直贷，为自贸区内企业打通跨境直接融资通道。

6月18日 中国人民银行上海总部举行自由贸易账户业务启动仪式。已经通过风险合格审慎评估的中国银行上海市分行、工商银行上海市分行、建设银行上海市分行、浦东发展银行上海分行、上海银行、交通银行上海市分行及招商银行上海分行7家银行与相关企业签订了自由贸易账户开立协议。启动仪式上，人民银行上海总部与上海黄金交易所签署了合作备忘录。根据备忘录，作为境内在岸交易市场，上海黄金交易所将接入人民银行上海总部系统，并依托自贸区自由贸易账户体系为国际投资者参与黄金交易提供便利。

6月20日 财政部上海专员办与中国人民银行上海总部、中国银监会上海监管局、中国证监会上海监管局、中国保监会上海监管局签署了《财政部上海专员办与“一行三局”金融监管沟通协调配合机制备忘录》。

6月25日 兴业银行与上海期货交易所签订战略合作协议。双方将在服务、产品创新、渠道共享、客户资源开发、人员培训和市场培育、合作研究和信息交流等方面深化合作。

6月26日 人民银行上海总部在上海自贸试验区外币利率市场化复制推广工作会议上宣布，经中国人民银行总行批准，决定从6月27日起，放开小额外币存款利率上限的改革试点由上海自贸试验区扩大到上海市。这是第一项走出自贸试验区、推广复制到区外的金融改革政策。

浦发银行推出“和利贷——中国移动供应链专属金融服务方案”，针对中国移动上游供应商和下游经销商的融资需求，提供专属金融服务。该方案是浦发银行与中国移动共同打造“和金融”体系推出的首款融资产品。

6月27—29日 首届上海互联网金融博览会在上海展览中心举行。博览会首日举办“2014首届上海互联网金融论坛”，主题为“互联网金融如何更好、更强、更有力地支持中小微企业以及文化影视艺术品”。论坛期间，文化影视艺术品互联网金融平台“当天贷”和金鹿财行金融资产交易平台“易联天下”联合上线。

7月1日 “中国太保移动应用实验室”在沪正式运行，这是国内保险行业内首家建立并投产的，并以移动互联技术落地应用为标志的专业化移动应用实验室。实验室构建了电子签名区、展厅概览区、模拟营销职场、模拟商业咖啡吧、模拟客户体验店五大典型场景。

徐汇区与中国银行上海分行签订自贸区业务战略合作协议，共建自贸区金融创新服务对接平台。

7月4日 上海发布第二批自贸区金融创新案例，工商银行上海市分行、中国银行上海市分行等9个创新业务的案例成为自贸区金融创新的典型案例，集中在四个方面：自由贸易账户开立和相关业务创新；进一步拓展人民币跨境业务使用范围；进一步落实外汇管理改革措施；进一步创新融资方式。

7月7日 上海国际集团与国泰君安证券公司举行上海证券有限责任公司交接仪式。国泰君安拟以35.71亿元的价格向上海国际集团收购上海证券51%的股权，收购完成后，国泰君安将直接控股上海证券。

面向支付宝实名认证客户，上海银行与支付宝联合推出了在线国际汇款业务。

7月9日 交通银行与昆山市人民政府联合举办的“昆山试验区对接上海自贸区发展恳谈会”在上海举行，双方签订了《交通银行金融支持昆山深化两岸产业合作试验区合作协议》。

7月15日 金砖国家领导人第六次会晤在巴西举行。5国领导人决定，成立金砖国家开发银行，总部设在中国上海。根据协议，金砖国家开发银行初始核定资本为1 000亿美元，初始认缴资本为500亿美元并由各创始成员国均摊。该银行将主要支持金砖国家和其他新兴经济体及发展中国家的基础设施建设。

7月16日 中国人民银行上海分行与上海农商银行签订不超过10亿元的支小再贷款授信协议，并成功办理首批5亿元、一年期的支小再贷款业务。支小再贷款资金将全部定向用于上海市科技、文化、支农等重点领域及薄弱环节的小微企业信贷投放，并通过杠杆化运作机制实现政策性资金和商业银行自有资金相互配合，放大政策支持效果。

海通证券和东方网在上海签署全面战略合作协议，双方就搭建互联网金融平台、启动理财社区和金融智慧社区建设等方面共同探索互联网金融创新模式。

7月17日 上海期货交易所与招商银行在沪签订战略合作协议。双方将大力推进期货市场建设，在服务、产品、渠道、资源、培训、研究等各方面开展多元合作。

上海联合产权交易所与中国中小企业发展促进中心在上海签署全面战略合作协议，双方共同成立“中国中小企业发展促进中心上海总部”。

7月19日 由上海现代服务业联合会、上海联合产权交易所、上海新金融服务业联盟主办的上海现代服务业联合会自贸区金融创新论坛举办。上海现代服务业联合会自贸区服务贸易展示交易中心、上海联合产权交易所现代服务业资产交易中心启动。

由上海新金融研究院主办的“2014·上海新金融年会”暨互联网金融外滩峰会在上海开幕，主题为“互联网金融：创新、监管与发展”。《上海外滩新金融发展报告》在会上首发。

7月25日 上海市人大常委会第十四次会议通过《中国（上海）自由贸易试验区条例》。这是我国第一部关于自由贸易试验区的地方性法规，《条例》定位为综合性立法，共9章57条，从管理体制、投资开放、贸易便利、金融服务、税收管理，到综合监管、法治环境等方面，对推进自贸试验区建设进行了全面的规范，于8月1日起正式实施。

国泰世华银行上海自贸试验区支行正式开业。这是首家在上海自贸区开业的台资银行，也是国泰世华银行上海分行在沪开设的第二家支行。其自贸区支行业务包括跨境投资、跨境贸易、开放投资融资汇兑等。

中国银联与上海付费通信息服务有限公司在上海签署战略

合作协议。双方重点在全国范围协力发展水、电、煤、通讯等公共事业缴费业务，打造线上线下一体化的便民缴费服务平台。

7月26日　根据中国人民银行第二代支付系统推广工作计划，中国人民银行上海总部组织上海市首批8家参与机构成功实施第二代支付系统上线切换工作。

8月1日　上海保监局出台《中国(上海)自由贸易试验区保险机构和高级管理人员备案管理办法》，简化机构准入和高管人员任职资格管理。

8月4日　上海清算所推出国内首批场外大宗商品金融衍生品清算业务——人民币铁矿石掉期和人民币动力煤掉期中央对手清算业务。

8月5日　建设银行首批分布在全市中心区域的20家出入境金融服务中心开业，提供个人结售汇、外汇汇款、全球支付等一站式出入境金融服务。

8月5—7日　由亚太地区小额信贷行业协会组织(BWTP)和澳大利亚发展合作基金会(FDC)联合主办的第四届亚洲微型金融论坛(AMF)在上海召开，主题是“亚洲地区的普惠金融：为贫困人口创建动态金融生态系统”。

8月6日　上海小额贷款行业首支私募债——浦东浩大小贷公司私募债在上海股权托管交易中心成功挂牌发行。这是上海小贷公司按照新的监管指引，通过商业银行以外渠道获得的首笔融资。

8月7日　上海公布《关于促进本市互联网金融产业健康发展的若干意见》，共20条。其中指出，鼓励有条件的企业发展互联网金融业务、申请有关业务许可或经营资质；支持有条件的互联网金融企业进行软件企业、高新技术企业、技术先进型服务企业等方面认定，按照规定享受相关财税优惠政策；支持互联网金融企业在境内外多层次资本市场上市(挂牌)。允许主要从事互联网金融业务的企业在名称中使用“互联网金融”或“网络金融”字样。提出由本市相关部门、中央在沪监管单位参与，建立本市互联网金融产业发展联席会议。

第四次“上海金融大讲坛”在上海期货交易所举行，中国证监会国际合作部主任祁斌作“中国资本市场的改革与开放——对‘新国九条’的解读”主题报告。

8月11日　中国大地保险在上海成立航运保险运营中心。

8月18日　国泰君安财富管理旗舰店揭幕。这是继北京、深圳、杭州的六家财富管理中心之后，又一家在上海落地的财富管理中心。

8月21日　由全国工商联牵头组织、59家知名民营企业发起设立的中国民生投资股份有限公司在沪正式揭牌。注册资本500亿元。经营范围主要为股权投资、股权投资管理、商务咨询、财务咨询、实业投资、资产管理、投资咨询等。

8月26日　南洋商业银行(中国)有限公司上海自由贸易试验区支行开业，成为自贸区内第11家开门营业的外资银行。

8月27日　中国平安旗下平安健康保险股份有限公司与美世达信员工福利在上海联合发布了面向中小企业员工的高端医疗福利解决方案，这是国内高端医疗保险公司首次为中小企业量身定做高端医疗保障方案。

中国银联与中国上海国际艺术节、上海交响乐团分别签署合作协议，宣布成为第十六届中国上海国际艺术节战略合作伙伴和上海交响乐团理事单位。这是“银联”品牌首次同时携手国际知名高雅艺术平台及演出团体为持卡人呈现精彩盛宴，开启了“银联”品牌的文化艺术探索之旅。

8月28日　上海市陆家嘴金融贸易区首批“金领驿站”站点接受陆家嘴金融贸易区综合党委授牌。碧玉蓝天、浦发大厦、正大广场、招商大厦等在内的10家“金领驿站”正式启动。

8月28—30日　第八届上海(中小微企业)金融洽谈会在上海东亚展览馆举行。来自上海市及长三角地区的银行、证券、保险、信托、期货、担保、租赁、典当、股权投资、创业投资、小额贷款、资产管理、互联网金融、第三方支付、金融外包服务等金融服务机构展示中小微企业融资产品与服务，开展现场业务咨询和融资洽谈。其间，举办“科技金融主题论坛”和“文化与金融圆桌论坛”。开展金融、商品期货和证券市场的投资者教育活动。

9月3日　上海文化产权交易所与工商银行上海分行合作设立的“指定品牌业务合作银行”在中国(上海)自由贸易试验区揭牌。这是我国首家直接服务于品牌经济的“品牌银行”。

个人微金融服务平台玖富在上海宣布其上海总部成立，并入驻上海首个互联网金融园区——黄浦互联网金融园区。

9月4日　沪港通《四方协议》在上海证券交易所签署。《四方协议》是上海证券交易所、香港联合交易所有限公司、中国证券登记结算有限责任公司和香港中央结算有限公司就沪港通业务进行四方合作的基础文件，用以明确四方的权利和义务，内容涵盖沪港通主要基本业务细节。

上海文化广播影视集团有限公司与中国工商银行股份有限公司签署《战略合作协议》。未来5年，工行将向上海文广提供200亿元等值人民币的融资授信额度，提供包括资金支持、银财合作、投资银行、现金管理、自贸区专属金融服务等在内的一揽子金融服务。

建信期货有限责任公司在沪举行揭牌仪式。中国证监会1月批复同意建设银行附属建信信托有限责任公司以增资扩股方式控股上海良茂期货经纪有限公司，并于4月更名为“建信期货有限责任公司”。此次揭牌仪式标志着建设银行正式进军期货行业，建信期货成为中国建设银行旗下又一新的金融平台。

9月12日　经中国保监会批复，上海人寿保险股份有限公司正式获准筹建，是在上海自贸试验区内注册设立的首家法人金融机构。上海人寿由览海控股集团、中国海运集团、上海电气集团、上海城投、上海国际集团、上海外高桥集团、上海陆家嘴金融发展公司、宝龙集团等大型企业集团共同发起设立，首期注册资本金20亿元。

9月15日　上海市政府发布《关于本市进一步促进资本市场

健康发展的实施意见》，共 33 条。明确提出要把握自贸试验区建设重大战略机遇，把上海自贸区建成全国资本市场对外开放度最高的试验田。要力争将上海“建成资本市场对外开放度最高、上市公司运作最规范、社会信用体系最健全的地区”。

9 月 18 日 上海黄金交易所国际板（SGE）正式启动。在启动仪式现场，黄金国际板完成首笔交易，瑞士 MKS 金融公司、汇丰银行、中国银行、工商银行、交通银行成为首批参与者。作为上海黄金交易所在自贸区设立的全资子公司，上海国际黄金交易中心有限公司负责对黄金交易所国际业务进行集中管理，并统一向国际投资者提供交易、清算、交割等服务。

民生证券、渤海证券发行的证券公司次级债券在上海证券交易所债券交易平台正式挂牌。这是继 6 月 26 日国内首单向所属辖区证监局事后备案的次级债——光大证券次级债券在上交所挂牌之后，多家证券公司事后备案发行的次级债券在上交所挂牌。

9 月 23 日 作为 2014 年人民银行“金融知识普及月”活动之一，2014 年“金融知识进高校”活动在复旦大学举办。中国人民银行金融消费权益保护局局长焦瑾璞为复旦大学“金融知识普及示范点”授牌。

9 月 26 日 为规范沪港通试点活动，上海证券交易所发布了《上海证券交易所沪港通试点办法》和《上海证券交易所港股通投资者适当性管理指引》。

9 月 29 日 中国外汇交易中心发文称，为促进中国与欧元区成员国之间的双边贸易和投资，便利人民币和欧元在贸易投资结算中的使用，满足经济主体降低汇兑成本的需要，经中国人民银行授权，自 2014 年 9 月 30 日起银行间外汇市场完善人民币对欧元的交易方式，发展人民币对欧元直接交易。

银监会网站公布，批准两家民营银行筹建，分别为上海华瑞银行和浙江网商银行。其中在上海市筹建的上海华瑞银行，由上海均瑶（集团）和上海美特斯邦威服饰公司共同作为发起人，分别持有 30％、15％股权。

10 月 14 日 浦发银行发布“小微金融”品牌，推出整合结算、融资、资金管理等业务的小微综合金融服务方案，发布“小微通信金融服务手册”，全面升级“和利贷”中移动供应链小微金融业务，深化大数据挖掘分析技术在供应链金融中的应用，并拓展至整条通信产业链。

10 月 15 日 由解放日报主办的 2014 上海金融服务月“普惠金融 和谐民生”大型公益宣传活动举办，聚焦“普惠金融”话题，探讨商业银行如何全方位为全社会提供服务，让老百姓享受更多金融服务，让金融更好地支持实体经济发展。

为进一步拓宽证券公司融资渠道，规范证券公司短期公司债券的发行和转让行为，保护投资者合法权益，经中国证监会批准，上海证券交易所发布《上海证券交易所证券公司短期公司债券业务试点办法》，标志着证券公司短期公司债券试点工作正式启动。

10 月 16 日 太平石化金融租赁有限责任公司完成工商登记注册。该公司是中国银监会下放机构审批权限后第一家由地方银监局批准成立的金融租赁公司，注册资本金为 50 亿元人民币，也是第一家将公司总部设在中国（上海）自贸区的金融租赁公司。

10 月 17 日 中国金融期货交易所发布修订后的《中国金融期货交易所结算细则》和《中国金融期货交易所风险控制管理办法》，正式引入单向大边保证金制度，并修改了强行平仓规则。

上海证券交易所发布了新修订的《股票上市规则》，健全上市公司主动退市制度，新增重大违法公司强制退市制度。

10 月 18 日 由上海对冲基金园区主办，中国绝对收益投资管理协会、上海对冲基金俱乐部、上海同安投资管理有限公司、上海弘尚资产管理有限公司承办的“财富管理——2014 上海对冲基金高峰论坛暨上海风险投资中心揭牌仪式”在上海举行。上海市虹口区发布《虹口区促进上海风险投资中心发展的扶持方法》，扶持区内风险投资企业发展。

由浦东新区政府主办，陆家嘴金融贸易区管理委员会承办的第八届陆家嘴金融文化节开幕。本届文化节共安排 10 大类活动，历时 20 天。

北京草根板投资基金管理有限公司正式落户上海。该公司是面向小微企业的投融资服务平台，运用“结构化融资工具”为县域经济转型发展、城镇化建设及中小微型企业量身设计 PE 类基金的“全程融资解决方案”。

10 月 19—25 日 由国家人社部牵头，上海市金融办、上海市人社局承办，上海市金融发展服务中心组织实施的上海自贸区建设与金融改革创新高级研修班在上海举办。

10 月 23 日 上海奉贤聚银小额贷款股份公司登陆上海股权交易中心，这是上海市首家在上海股交中心挂牌的小贷公司。

10 月 23—24 日 上海市金融办与澳门金管局在上海联合举办“澳门葡资银行业务推介会”。

10 月 24 日 上海清算所和黄浦区联合举办“企业债务融资工具沙龙——黄浦区大型企业发行人专场”。

由上海市金融学会和上海对外经贸大学联合主办的“第一届上海国际金融中心建设年度论坛：自贸区建设与金融发展”学术研讨会举行。

10 月 24—25 日 由国际资本市场协会、注册国际投资分析师协会、金融时报社等多家机构共同主办的“第十一届中国国际金融论坛”在上海举行。主题是“金融创新与实体经济发展”。

10 月 28 日 P2P 企业夸客金融正式入驻上海首家互联网金融产业园区“宏慧・盟智园”，成为园区内办公面积最大的互联网金融公司。夸客金融是一家专注于个人金融服务的互联网金融机构，服务人群定位在个人和小微企业主。

在上海长宁区组织召开的虹桥互联网金融财富天地高峰论坛上，互联网金融千人会上海分会、浙江分会和江苏分会联合发起并签署了《互联网金融千人会长三角联盟长宁宣言》，携手推动长三角互联网金融产业创新发展。

10 月 31 日 在陆家嘴互联网新兴金融行业发展大会上，陆家嘴管委会正式发布《陆家嘴互联网新兴金融产业园暨创新孵化基地配套措施》，明确在陆家嘴地区全面扶持互联网新兴金融。

10 月 31 日—11 月 2 日 由《理财周刊》和欧洲 VNU 展览集团联合主办的 2014 年第十二届上海理财博览会举办。

11 月 1 日 浦发银行、上海张江高科技园区管委会、凤凰网联合举办 2014 年中国科技金融高峰论坛。浦发银行倡议组建"中国科技金融天使联盟"，破解科技型中小企业融资难。

11 月 3 日 上海清算所正式推出人民币外汇交易中央对手清算业务，首批 25 家机构成为外汇中央对手清算会员。这是我国建立场外金融衍生产品集中清算机制进程中又一创新举措。

11 月 5 日 上海证券交易所发布《上海证券交易所关于开展并购重组私募债券业务试点有关事项的通知》，标志着并购重组私募债券试点工作正式启动。

11 月 6 日 "2014 新华道琼斯国际金融中心发展指数"报告发布，上海在全球金融中心的排名首次跻身第一梯队，与香港并列全球金融中心城市第五位。

上海市人民政府与国家开发银行在沪签署《战略合作备忘录》。根据备忘录，国家开发银行将在沪积极拓展资金交易、航运金融、资产管理、清算结算、产品研发和市场研究等业务，并适时在沪设立功能性总部，在自贸试验区内设立分支机构。

农业银行在上海举行银行卡支付创新产品推介会。农业银行移动支付、变码支付、条码支付等多种支付创新产品发布。

中国银联与中国东方航空集团签署战略合作协议，双方约定在综合支付解决方案、客户忠诚度计划、品牌营销、发卡及国际业务等领域开展全面合作，并宣布推出全球首个空地互联"云支付"平台，打造"海拔最高在线收银台"。

11 月 17 日 沪港通开通仪式在上海和香港交易所同时举行。中共中央政治局委员、上海市委书记韩正，中国证监会主席肖钢共同为上海证券交易所当日交易鸣锣开市。沪股通和港股通首单交易分别为伊利股份和长江实业。沪港两地证券市场成功实现联通，中国资本市场国际化进程迈入新纪元。

11 月 18 日 上海金融人才招聘服务平台正式启动，围绕人才引进、培养、服务等环节，将政府部门提供的公共服务、资源和政策等进行整合，为金融人才提供"一站式"服务。

东航国际融资租赁有限公司揭牌仪式在上海举行，正式成为落户于自贸区的首家拥有航空产业背景的融资租赁公司。该公司由中国东方航空集团公司、东航国际控股（香港）有限公司、盈德气体集团共同出资设立，注册资本为 10 亿元人民币。揭牌仪式后，东航国际融资租赁有限公司分别与国家开发银行上海市分行、中国银行上海市分行签署全面战略合作协议，框架授信各 100 亿元人民币；与东航股份公司和国家开发银行上海市分行共同签署了 14 架飞机融资租赁合作协议。

"第五届期货机构投资者年会"在上海举行。本届年会以"衍生品市场的开放、创新与发展"为主题，并分别设置"原油期货与国际化、对冲基金与财富管理、场外市场与风险管理、期权品种新视野、衍生品行业的互联网机遇"五个分论坛。

11 月 21 日 由中国金融教育发展基金会主办，上海金融学院承办的"2014 金融教育回顾与展望年会暨《中国人民银行原行属院校发展简史》和优秀研究成果颁奖仪式"在上海举行。

11 月 24 日 上海市文化金融合作座谈会在上海展览中心召开，会上正式发布了《上海市关于深入推进文化与金融合作的实施意见》。上海市文化产业创业投资引导基金成立并与 3 家创投公司签订投资协议。

11 月 25 日 上海市政府召开新闻发布会，正式印发《上海市人民政府贯彻〈国务院关于加快发展现代保险服务业的若干意见〉的实施意见》，分为七大部分共二十八条，梳理明确了六大类 33 项重点工作，首次提出到 2020 年发展成为国际保险中心的目标，上海地区的保险深度将达到 6%，保险密度为 7 300 元/人，基本建成与经济社会发展需求相适应的现代保险服务体系。

上海证券交易所发布《关于上市公司筹划非公开发行股份停复牌及相关事项的通知》，明确上市公司筹划非公开发行的停牌、延长停牌以及复牌的标准、程序及信息披露要求。

12 月 2 日 上海海关在自贸区内试点启动"银行担保账户"作业模式和实施新的海关企业信用管理暂行办法，可以让进出口企业更加便捷，提高货物通关效率、降低运营成本，让高信用企业更具国际竞争力。

上海银监局制定了《上海银行业敬老服务指导意见》，倡导各银行业金融机构根据老年客户金融消费特点，在服务制度、流程、设施、便利措施等方面创新做法，保护老年人、服务老年人、便利老年人群体。

12 月 6 日 在国内首个互联网金融产业园区"宏慧·盟智园"内，外滩金融创新试验区推进大会举行。

12 月 9 日 由中国互联网协会主办、上海市信息服务业行业协会承办的首届中国产业互联网高峰论坛在上海举行。上海市宝山区被中国互联网协会授予"中国产业互联网创新实践区"称号。这是全国首家以产业互联网为特色的创新实践区。

12 月 10 日 自贸试验区金融工作协调推进小组办公室、市金融办会同"一行三局"、市发展改革委和自贸试验区管委会共同召开自贸试验区第三批金融创新案例发布会。

12 月 13 日 由上海港城集团建设的"国际服务贸易总部示范基地"在临港揭牌，以"6+2"基本功能集聚区为格局，包括信息技术、供应链管理与贸易服务、旅游会展、影视文化、金融保险、国际教育 6 个产业集聚区，以及生活配套、专业服务配套 2 个辅助区。

12 月 15 日 "2014 沪上金融家"榜单揭晓。"2014 沪上金融家""2014 沪上金融行业领袖""2014 沪上金融创新人物"分别有 5 人、6 人、8 人。

中信银行上海自贸试验区分行揭牌开业，为二级分行，由上海分行管辖。

12 月 17 日 上海市金融办、市经信委与浦东、黄浦、长宁、嘉定区四区政府联合召开上海互联网金融产业基地合作共建推进会，推出五家互联网金融产业基地：浦东新区新兴金融启航基地、黄浦“宏慧·盟智园”互联网金融产业园、长宁虹桥互联网金融财富天地、嘉定工业区互联网金融产业基地、张江互联网金融园。

上海市首支天使投资引导基金，同时也是国内首个专注于天使投资发展的政府引导基金——上海市天使投资引导基金成立，并接受相关机构申请。

上海证券交易所公布取消 3 项登记事项，包括证券公司次级债券转让服务、资产管理计划份额转让服务、交易单元租用。

为加强上海市银行同业间福费廷二级市场业务合作，促进上海地区福费廷业务健康发展，上海市银行同业公会全国首次发布银行同业间福费廷二级市场业务操作规范。

12 月 17—18 日 第五届上海金融信息服务业年度峰会暨 2014 互联网金融高峰论坛在上海举办。上海市网络信贷服务业企业联盟发布了《网络信贷行业标准》2.0 版，并增补 17 家平台及第三方服务机构加入联盟。

12 月 18 日 由中国太平洋保险集团和德国安联保险集团合作组建的太保安联健康保险股份有限公司开业，是在上海自贸试验区注册的首家专业健康险公司。

浦发银行优先股在上海证券交易所挂牌转让，成为国内银行业第三家和股份制商业银行第一家成功发行优先股的银行。

12 月 19 日 平安银行上海自贸试验区分行挂牌营业，成为平安银行第 41 家分行。

12 月 22 日 “首届中国（上海）上市公司企业社会责任峰会暨《上海上市公司企业社会责任蓝皮书（2015）》”系列活动启动仪式在上海举行。

12 月 24 日 大众集团旗下上海大众融资租赁有限公司开业运营。该公司是由上海大众公用和大众交通两家上市公司共同出资设立的中外合资融资租赁公司，注册在中国（上海）自由贸易试验区，注册资本人民币 5 亿元。

12 月 28 日 上海陆家嘴金融发展有限公司、上海外高桥（集团）有限公司、中国信达资产管理股份有限公司、中国东方资产管理公司共同发起设立上海自贸区股权投资基金，注册于上海自贸试验区，总规模为 50 亿元人民币，首期规模为 15 亿元人民币，是全国首支专注投资自贸试验区的基金，主要投资领域为中国（上海）自由贸易试验区内的商用物业和企业股权。

江 苏 省

1 月 10 日 扬州市金融青年联合会成立大会暨第一届委员会第一次全体会议在人民银行扬州市中心支行召开。

1 月 30 日 无锡市政府召开全市金融工作座谈会，省委常委、市委书记黄莉新、市政府汪泉市长、市政府黄钦常务副市长参加会议。

2 月 22 日 淮安市平安金融创建活动领导小组组织召开银行工作人员成功防范电信诈骗犯罪表彰会。

2 月 27 日 兴业银行盐城分行开业。

中国人民银行扬州市中心支行会同宝应县人民政府成功举办 2014 年扬州县域（宝应）银企合作签约仪式。

3 月 4 日 徐州市金融机构行长联席会议在人民银行徐州市中心支行召开。

3 月 16 日 人民银行无锡市中心支行联合无锡市电视台组织全市银行业金融机构参加“3.15 金融消费者权益保护日”广场宣传活动。

3 月 28 日 宿迁市启动运行市中小企业综合服务中心，为全市中小企业提供高效、优质、快捷服务，力求满足中小企业主要服务诉求。

中国人民银行苏州中支会同市经信委、金融办、市银监局联合举办了 2014 年首场大型银企对接专场活动。29 家银行机构与 64 家企业进行了对接，现场签约（授信）金额 306 亿元，加大金融服务实体经济的力度。

4 月 2 日 渤海银行徐州分行成立。

4 月 4 日 无锡市政府召开 2014 年银企保授信签约大会。全市 27 家银行向 2 249 家（次）企业提供 2 183.14 亿元的授信资金支持，授信企业家数和授信总金额均维持历史高位；全市 25 家银行与融资担保公司签订了 218 亿元的合作协议。

4 月 8 日 小微企业“周转贷”工作座谈会在江苏银行镇江分行举行。

4 月 9 日 中国人民银行常州市中心支行、常州市金融办和常州市发改委联合举办十大产业链暨第二批重点项目银企对接会。全市 20 家银行机构与 133 家十大产业链重点企业和重点项目实施单位达成合作意向或进入实质性对接合作，拟提供 250.35 亿元新增融资支持。

4 月 25 日 三菱东京银行（中国）有限公司苏州分行正式开业。

4 月 27 日 “纪念苏州解放 65 周年——红色政权货币展”在苏州开幕。本次展览由中国钱币与银行博物馆委员会红色金融专委会、中国钱币博物馆、中国金融教育发展基金会、人民银行南京分行共同主办，中国人民银行苏州市中心支行、苏州革命博物馆承办。本次“红色政权货币展”是全国地市级城市的首次巡展，以红色政权货币、现代金融服务知识、反假货币知识为主题，进一步扩大红色金融的影响力。

4 月 28 日 盐城市银企贷款项目对接会举行，326 个项目获得贷款 306.11 亿元。

5 月 13 日 中国人民银行常州市中心支行、常州市金融办和常州市经信委联合举办了 2014 年常州市“双百”行动计划银企对接会。全市 20 家银行机构与 165 家“双百”行动计划龙头骨干企业和重点技改项目实施单位达成合作意向或进入实质性对接合作，拟提供257亿元新增融资支持。

中国人民银行扬州市中心支行、扬州市经信委、扬州市金融工作办公室联合提请市政府召开了“全市规模骨干工业企业和‘122’重点技改项目银企签约活动”。

5月17日 徐州市第三届银行业金融机构点钞识假技能竞赛举办。

5月24—25日 由连云港市金融学会主办，淮海工学院商学院和江苏银行连云港分行协办的“连云港市沿海金融发展论坛”在云台宾馆举行。

5月27日 南京银行镇江分行正式开业。

5月28日 中国人民银行镇江市中心支行首次组织辖区8家重点P2P机构召开工作座谈会。

5月30日 中国人民银行连云港市中心支行召开农村金融综合服务站建设推进会。

6月5日 广发银行入驻扬州，成立广发银行扬州分行。

6月10日 江苏省政府出台《江苏省支持外贸稳定增长实施方案》，突出稳定出口增长，加大进口支持力度，着力优化外贸结构。

6月18日 苏州工业园区正式开展跨境人民币创新业务试点，有效落实中新两国政府签署的“推动苏州工业园区现代服务业合作”等协议精神，深化中新两国金融合作。

6月30日 扬州市金融系统文学艺术联合会成立大会在人民银行扬州市中心支行召开。

6月 邮储银行江苏省分行与省财政厅、省农业委员会三方开展“富农贷”业务合作，针对全省新型农业经营主体发放低利率贷款。在充分发挥财政担保基金杠杆作用基础上，该行通过引入农村土地经营权抵押等弱抵押、弱担保措施有效解决了农户融资难、融资贵问题。

7月11日 无锡市政府召开上半年全市经济运行分析会。

7月14日 人民银行淮安市中心支行与淮安市国家安全局签订《预防和打击危害国家安全、金融安全违法犯罪活动的合作协议》。

7月24日 江苏省成功招标发行2014年江苏省政府债券，共发行174亿元，债券发行利率与招标日前5个工作日相同待偿期的国债收益率基本持平。

中共江苏省委出台《关于加快推进金融改革创新的意见》，促进地方金融改革创新，加快江苏金融强省建设步伐。

7月29日 中国人民银行南京分行周学东行长、李文森副行长一行到东海县调研指导农村金融改革工作，先后考察了东海县农村产权交易所、东海县农户征信服务中心，并召开了调研座谈会。

7月30日 宿迁首个农村产权交易所——泗洪县农村产权交易所正式揭牌成立。

8月4日 苏州工业园区资本金结汇管理方式改革试点正式启动，苏商融资租赁等11家公司外汇资本金结汇后成功划入结汇待支付账户，有效提高了外商投资企业投资贸易便利化程度。

8月12日 中国人民银行扬州市中心支行和扬州市反恐工作领导小组联合举办了首届“扬州反洗钱论坛”。

8月16—28日 第二届青年奥林匹克运动会在南京举行，赛会金融服务保障工作圆满完成。

8月20日 苏北花卉在“新三板”正式挂牌上市交易，发行股票5 208万股，股票代码为“830966”，股票简称为“苏北花卉”，开创了沭阳本土企业挂牌上市交易的先河，也创造了江苏省首家园林企业挂牌上市的历史。

9月1日 中国人民银行连云港市中心支行开展了以“普及金融知识，惠及百姓生活，共建和谐金融”为主题的集中宣传活动，拉开了全市“金融知识普及月”活动的帷幕。

9月3日 中国人民银行二代货发第二阶段江苏省扩大试点工作会议在淮安召开。

9月11日 连云港市政府在中国人民银行连云港中心支行召开关于处置小微企业不良贷款专题会议。

9月24日 江苏省互联网协会互联网金融工作委员会成立。该委员会由省通管局、省金融办、省银监局、江苏电信、江苏移动、江苏联通、本地高校、金融机构及和讯网等单位牵头，吸纳多家江苏省知名互联网金融企业。

9月25日 无锡市召开全市农村金融改革创新工作推进会。26家金融机构与477家(次)农业经营主体、项目达成124.15亿元的授信合作意向，增量授信38.23亿元。

9月 泰州市委召开全市金融工作座谈会，研究金融业改革发展的思路和措施。

11月6日 中国人民银行淮安市中心支行举办了淮安市首届金融青年服务明星电视大赛。

宿迁市产发集团旗下的洋河新区同济农村小额贷款有限公司获得小微企业私募债担保授信批复，首期债券授信融资规模3 000万元，该公司成为宿迁地区首家开展此项业务的小额贷款公司。

11月7日 江苏高邮常农商村镇银行在高邮正式成立。

11月18日 中国人民银行扬州市中心支行、仪征市人民政府在仪征市联合举办扬州市农村信用体系试验区建设工作现场会。会上举行了银政农签约仪式，仪征农商行与青山、刘集、陈集、新城、新集、马集、真州、大仪镇政府签署“生态家园贷”合作协议，仪征农商行、农行仪征支行、邮储银行仪征支行、仪征包商村镇银行分别与农业产业化龙头企业、农民专业合作组织、家庭农场、农户签约代表进行了签约，其中现场签约金额1 212万元，场下签约金额4 332万元。

南京银行宿迁分行举行开业仪式。至此，宿迁成为江苏省唯一省内4家城市商业银行全覆盖地级市。

12月8日 中国人民银行盐城中心支行联合盐城市金融办、盐城银监分局在全市集中开展打击非法集资宣传活动。

12月16日 江苏省互联网金融协会在南京成立。

12月22日 镇江市金融学会、国际收支学会、钱币学会2014年年会在中国人民银行镇江市中心支行召开。

12月23日 中国人民银行扬州市中心支行与扬州地税局联合举办“信息采集与共享协议”签约活动，扬州市中心支行叶小玲副行长与扬州市地税局尹家朋副局长分别代表双方单位签署了《扬州市人行、地税局信息采集与共享协议》。

12月24日 盐城市在南京举行沿海发展银企对接洽谈会。市政府与农业银行江苏省分行、南京银行等金融机构分别签订战略合作协议，并现场签约30个沿海重大项目融资协议，总额达374亿元。

12月 江苏首个老年金融服务示范点在江苏银行南京城北支行隆重开业，这是全国首创的为老服务新模式。

南京银行创新的新成果——VTM远程视频银行在科技支行正式推出。

2014年 中国人民银行常州市中心支行组织开发了常州市小微企业金融服务平台，进一步深化小微企业信用体系实验区建设。该平台是在互联网上搭建的一个银企双向对接的金融服务平台，实现了小微企业多元化融资需求与金融机构多样化服务产品的无缝对接，是常州市创建全国小微企业信用体系建设试验区的重要基础设施。8月8日，常州市召开了专题新闻发布会宣传推广平台。

常州市在武进区率先开展农村土地承包经营权抵押贷款试点。辖区内江苏武进建信村镇银行、华夏银行、江南银行和邮储银行四家金融机构全年累计为14户农业经营主体发放贷款1 540万元。

浙 江 省

1月6日 由中申联合控股集团有限公司与P2P网贷平台共同注资5亿元发起的“中轩银行股份有限公司”获得国家工商总局核准。这是获批的国内首家进军民营银行公司业务的P2P网贷平台。

1月8日 原衢州市柯城农村信用合作联社正式变更为衢州市柯城农村商业银行，并举行开业典礼。

1月20日 由舟山市十家小额贷款公司、部分中介服务机构及企业代表组成的舟山市小额贷款协会成立。

1月21日 浙江省商务工作电视电话会议在杭州召开，省级有关单位、商务部驻杭特办、各市政府分管领导、各市商务主管部门负责人参加会议，全省11个市签订了《2014年浙江省外贸出口利用外资目标责任书》。

1月22日 中国人民银行杭州中心支行召开货币信贷政策咨询专家会议。

1月23日 绍兴诸暨市探索编制全国首个水暖行业信用指数，由基础信用、产品质量、生产经营、风险控制、融资前景、市场竞争、客户满意、主体素质8项子指标组成，首期信用综合指数为76.52。

1月 中国银行在为老恒和酿造有限公司量身定制全市唯一一笔存货抵押贷款的基础上，联动中银香港提供一揽子跨境上市顾问服务，成功支持百年老店上市。

2月4日 金额5 400万元的结构性风险参贷资金从工行布鲁塞尔分行汇入舟山某企业客户的账户，工行舟山分行首笔结构性风险参贷业务顺利完成。

2月7日 台州市被中国人民银行总行确定为全国小微企业信用体系建设试验区。

2月11日 温州市保障房非公开定向债务融资工具首期36亿元项目在银行间交易商协会成功注册，期限为4年，募集资金全部用于温州市15个保障性住房项目建设。

浙江省梁黎明副省长主持召开会议，专题研究舟山自由贸易港区申报工作。

2月13日 浙江银监局在全省银行金融机构开展“提升信用品质 服务实体经济”主体活动，积极推进“普惠金融、绿色金融、平安金融”建设。

2月19日 宁波首笔境内企业外币资金池业务成功办理。该业务对熨平成员企业之间沉淀资金与首付款周期不匹配的波动、减少集团企业的资金闲置、降低融资规模和融资成本具有重要意义。

2月26日 浙江省政府召开2014年全省金融工作电视电话会议。会议提出，全面深化改革创新，坚守风险底线，优化金融服务，进一步增强金融保障能力、金融产业竞争能力和金融抗风险能力。

3月1日 《温州市民间融资管理条例》和《温州市民间融资管理条例实施细则》正式实施。

3月5日 浙江省政府召开全省支持浙商创业创新工作电视电话会议，总结交流支持浙商创业创新工作的经验和做法，全面部署2014年支持浙商创业创新工作。

3月6—7日 2014年浙江省外汇管理工作会议在杭州召开。

3月9日 中国光大银行温州分行向温州市泊岙老人公寓发放首笔400万元贷款。这是国内首家银行贷款支持民办养老机构，突破了民办养老机构公益性设施不得抵押的限制，实现了民办养老机构银行融资的“零突破”。

3月10日 温州获批成为全国首批五家开展民营银行试点的地区之一。

3月12日 中国人民银行杭州中心支行和浙江证监局联合召开2014年第1次证券期货监管合作会议，研究2014年监管合作工作重点及方式。

3月15日 中国人民银行杭州中心支行以“新消法、新责任、新征程”为宣传主题，在全省开展“金融消费者权益日”活动。

3月17日 中国人民银行和浙江省政府在杭州组织召开浙江省丽水市农村金融改革试点工作领导小组第二次会议，总结丽水农村金融改革进展情况并对《2014年推进丽水农村金融改革工作要点》征求意见。

3月18日 温州市成功发行首单定向债。这是《温州市民间借贷管理条例》实施后首款中小企业民间借贷融资产品，通过直接融资渠道向民间募集资金。

3月20日 温州高新技术产业开发区投资建设开发有限公司获批的城投债在浙江证券交易中心正式募集发行。这是温州市2014年正式募集发行的首单城投债，发行规模18亿元，分两期募集发行。

3月26日 浙江省第一家金融青年联合会——绍兴金融青年联合会成立。

4月1日 我国首个民企LNG(液化天然气)项目——舟山新奥LNG项目，通过预可行性研究报告审查和一期码头工程安全审查，完成钓梁站址水、陆域地形测量等基础性工作。

4月8日 交通银行宁波分行与宁波市民卡运营管理公司签约轨道交通收单业务合作协议。

4月9日 中国金融会计学会与浙江省金融会计学会联合举办"利率市场化"专题研讨会议。

4月15日 浙江省人力资源和社会保障厅等10部门出台《关于进一步鼓励和支持家政服务业发展的若干意见》，要求金融机构创新服务产品和服务方式，拓宽信贷抵押担保物范围，支持家政服务业信贷需求。

4月17日 浙江省新兴城市化工作会议在省人民大会堂召开，会议强调要着力推进以人为核心的城市化，全面提高城市化质量和水平，努力开创浙江省新型城市化发展新布局。

4月22日 中国人民银行嘉兴市中心支行组织召开"五水共治 金融在行动"系列活动——金融支持污水治理重点项目签约会。签约现场，24家金融机构与68个重点项目和污水处理企业达成总额达258.1亿元的授信协议。

丽水作为唯一的地级市代表，参加国务院召开的全国农村金融服务经验交流电视电话会议，并在会上交流丽水农村金融改革工作经验。

4月25日 由国家开发银行主承销、交通银行联席承销的温州名城集团有限公司非公开定向债务融资工具在中国银行间市场交易商协会成功发行，这是全国副省级以下城市发行的首单保障房私募债券。本期保障房私募债发行金额36亿元，发行期限3年，发行利率7.8%，募集资金专项用于温州市本级及部分区级保障性安居工程项目。

4月28日 中央银行会计核算数据集中系统(ACS)在宁波上线。

5月9日 中国人民银行宁波市中心支行与宁波市出入境检验检疫局签署质量信用信息共享合作备忘录，将企业商务诚信与金融信用有机融合，进一步推进宁波市社会信用体系建设。

5月17日 中国人民银行金华市中心支行在金东区澧浦镇的金华市苗木城开设"普惠金融流动课堂"。

5月17—18日 由新布雷顿森林体系委员会、清华大学五道口金融学院和中国金融学会共同主办，浙江省金融学会承办的"布雷顿森林体系建立70周年暨国际货币体系改革学术研讨会"在杭州召开。

5月19日 宁波银行发布2013年度股东大会决议公告，同意公司作为唯一发起人设立金融租赁公司，注册资本10亿元人民币。

丽水市政府与浙江省丽水市农村金融改革试点领导小组办公室在丽水召开丽水市农村金融改革试点工作媒体通报会。通报会具体阐述了下阶段改革试点推进工作思路，《丽水市农村金融改革试点规划(2013—2017年)》的改革目标和任务，并对公众关心的事项进行了具体说明。

5月21日 浙江省召开金融支持实体经济促进经济转型升级视频会议，朱从玖副省长主持会议。会议要求各级政府和金融机构、广大企业要携手合作，共同推动全省经济与金融良性互动发展。

舟山跨境贸易电子商务出口业务获海关总署批复同意。

5月26日 杭州市召开全市金融工作会议暨打造财富管理中心动员大会。副省长朱从玖出席会议并讲话。会上，市政府与4家金融机构代表签署了战略合作协议，7家企业与在杭银行机构就重点项目融资进行签约。

5月27日 台州市召开市区银企合作签约会。来自政府及有关部门、银行、企业的200余人参加会议。会上，台州市副市长李跃程就加强政、银、企合作提出具体要求。

5月28日 浙江省深化农村确权赋权改革现场推进会在绍兴召开。

5月29日 国家外汇管理局、公安部联合在绍兴召开全国打击非法买卖外汇违法犯罪活动联合办公室第十四次工作会议暨2013年度先进集体和先进个人联合表彰会。

6月3日 中国人民银行宁波市中心支行组织浙江民泰商业银行研发推广的手机金融IC卡信贷创新示范工程荣获人民银行2013年度银行科技发展奖一等奖。

6月9日 金华银行获批成为浙江省首批、金华市首家市场利率定价机制基础成员。

6月10日 浙江省政府办公厅印发《浙江省人民政府与阿里巴巴集团战略合作框架协议落实意见》，从加强战略合作组织领导、实施战略合作推进机制、明确主要工作及任务分工三个方面，对省政府与阿里巴巴集团战略合作框架协议的落实提出了具有可操作的实施意见。

6月12日 浙江省农村电子商务工作现场会在丽水遂昌召开，梁黎明副省长出席会议并作重要讲话。

6月13日 "2014浙商大会暨移动互联网峰会"在杭州开幕。本届大会以"重新想象、重新出发"为主体，全面解读互联网智能制造的大趋势。

6月18日 衢州市开化县金融青年"鑫火营"举办成立大会。

6月25日 浙江省海洋经济发展示范区工作领导小组和舟山群岛新区工作领导小组会议召开。

6月30日 "2014天下浙商家乡行"活动在杭启动，并举行浙商回归重大项目签约仪式，会上共有48个项目集中签约，合计总金额542.8亿元。

6月 南浔银行围绕水乡产业特点，推出了水产养殖产业链专项贷款，打破了传统贷款的限制，并提供利率优惠，为渔农融资致富提供了更多便利。

7月1日 绍兴市新昌县实现乡镇国库集中支付全面上线运行，在2014年三个中心镇按"一级政府一级财政"的模式率先实行的基础上，将剩余13个乡镇(街道)纳入系统管理，成为全省率先完成县乡两级国库集中支付改革的县(市)。

杭州市萧山区人民政府和浙商资产管理公司签署战略合作框架，合理推进资金链和担保链风险化解。

7月4日 全国首个"基金小镇"——嘉兴南湖基金小镇举行奠基仪式。

7月10日 中国出口信用保险公司浙江分公司与湖州市政府签订全面合作协议，进一步加大出口信用保险推动湖州外贸发展工作力度。

7月16日 宁波市政府制订并印发了《宁波市棚户区改造贷款资金管理办法》。

7月18日 浙江金华成泰农村合作银行正式更名为浙江金华成泰农村商业银行。

7月21日 中国太平保险集团有限责任公司与浙江省人民政府在浙江省人民大会堂签署战略合作协议。根据协议，中国太平将为浙江省经济发展和人民生活提供一揽子保险保障服务，在浙江省积极开展融资租赁服务、跨境资金运用、养老社区建设等领域的创新试点。

7月25日 温州民营银行获银监会批筹，各项筹建工作积极开展。温州民营银行为中小微企业、个体工商户、小区居民和县域三农提供综合金融服务，与辖内银行形成错位竞争，对促进金融市场有序发展具有积极意义。

7月26日 温州民商银行正式获批，拟定注册资本金20亿元人民币，正泰集团股份有限公司和浙江华峰氨纶股份有限公司2家主发起企业出资占比分别为29%和20%。

7月29日 宁波市金融消费权益保护协会第一届会员大会在中国人民银行宁波市中心支行召开。工商银行宁波市分行行长俞龙当选会长。

台州市举行全市金融服务信用信息共享平台启动仪式。平台以"一平台、四系统、三关联"为主体架构，采集金融、市场监管、国地税、电力等12个部门78大类600多细项、涉及40多万企业和个体工商户、共计1 600万条信用信息，为各家银行提供信息查询、筛选、分析、评分等综合服务。

8月1日 浦发银行义乌离岸业务创新中心成立，这是浙江省首家离岸业务创新中心，将促进义乌离岸业务发展，助推义乌国际贸易综合改革试点。

8月7日 丽水市中级人民南法院出台《关于为推进农村"三权"抵押工作提供司法保障的试行意见》，重点对"三权"抵押合同的效力认定、抵押物的流转处置范围两大难题进行明确规定，为丽水农村金融改革试点工作中开展"三权"抵押工作提供司法保障。

8月8日 中国人民银行绍兴市中心支行在绍兴市图书馆主办绍兴市道德讲堂"金融系统职务犯罪预防与道德风险防范"专题讲座。

8月9日 杭州银行丽水分行开业。

8月12日 国家商务部、财政部正式批复金华启动开展现代服务业综合试点。金华正式成为全国现代服务业综合试点城市之一，并且是所有获批城市中唯一的地级市。

8月22日 "12363"金融消费权益保护咨询投诉电话在宁波市开通。

9月11日 中国人民银行绍兴市中心支行联合市商务局召开全市金融服务电子商务发展推进会。电商平台建设、支付结算服务、电商信贷融资3类合作内容共16个合作项目进行现场签约。

9月12日 宁波仲裁委员会证券期货仲裁中心挂牌成立，宁波市委常委、常务副市长寿永年为中心揭牌。

9月13日 2014移动金融高峰论坛在宁波举行，中国人民银行宁波市中心支行宋汉光行长作题为"依托移动金融创新，发展宁波普惠金融"的演讲。

9月18日 中国保监会、宁波市政府联合召开了"保险业支持小微企业发展暨'宁波经验'交流会"，小额贷款保证保险被中国保监会称为保险业支持小微企业发展的"宁波经验"在全国推广。

9月23日 中国人民银行嘉兴市中心支行、交通银行联合举办了"服务实体经济、支持外贸增长"业务签约仪式暨跨境人民币业务宣讲会，全市100多家涉外企业参加了此次宣讲会。

9月27日 以"发展海洋经济、打造海洋强国"为主题的首届"中国海洋经济发展高峰论坛"在舟山群岛新区举行。

10月8日 中国人民银行杭州中心支行、浙江省农业厅联合出台《关于开展农村土地经营权抵押贷款工作的意见》，文件明确了农村土地经营权抵押贷款的对象、条件、用途、期限、利率、办理程序及处置方式，并提出优化抵押贷款服务、规范土地流转管理服务、加大政策扶持力度、形成部门工作合力等四项保障措施。

10月14日 绍兴市出台《绍兴市恶意逃废债务失信行为黑名单管理办法》，严厉打击恶意逃废债失信行为，维护区域信用环境，保障经济稳定发展和社会和谐稳定。

10月16日 2014中国全球投资峰会在杭州举行。

10月17日 海盐县"农宅通"、"农股通"试点启动授信签约仪式。"农宅通"、"农股通"两项贷款激活了农户住房和集体股份等“沉睡资产”，真正体现了金融支小支农、便民惠民的金融普惠理念。

10月21日 国家外汇管理局嘉兴市中心支局在桐昆集团举行全市首家跨国公司外汇资金集中运营管理试点推进会暨桐昆集团业务启动仪式。

10月22日 丽水受邀参加人民银行总行与世界银行在成都合作举办的“中国农村金融供给与需求调研国际研讨会”，并在会上交流丽水农村金融改革经验做法。

10月23日 温州市金融资产交易中心正式成立。该中心按照国有企业发起、民营参股、市场化运作的模式设立，注册资本1亿元，由浙江物产集团旗下的浙江中大期货控股，温州金融投资集团及民营资本北京灿焜炻经贸有限公司参股。

10月24日 中国人民银行台州市中心支行、台州市市场监督管理局、台州市消费者权益保护委员会联合举行台州市金融消费权益保护工作合作备忘录签字仪式，以强化台州金融消费权益保护领域的工作合作，共同维护金融消费者合法权益，促进台州金融业健康发展。

10月28日 中国人民银行嘉兴市中心支行与南湖区人民政府联合举办了嘉兴市科技金融银企签约仪式暨政策产品宣讲会。全市24家金融机构和50多家科技企业，市级相关部门及南湖区政府各部门参加了会议。

11月6日 义乌市建立电商大数据金融服务平台，首创“数据质押”贷款模式，注重电商“三流”（资金流、货物流、信息流）审查，将电商的行为数据转换为信用数据，解决银电信息不对称问题，增加电商贷款可得性。

11月11日 宁波市巨灾保险合同正式起保生效，巨灾保险制度正式在宁波实施。

11月14日 中国人民银行杭州中心支行张健华行长到金华调研跨境电子商务发展情况、义乌国际贸易综合改革情况及金融专项改革情况。

11月24日 台州市正式成立大陆首个小微企业信用保证基金，基金首批和6家银行、31家企业顺利签约，承保金额5 187万元。

11月27日 嵊泗县金融系统基层工会联合会第一次会员代表大会顺利召开，至此，舟山市首家县级金融系统基层工会联合会组建完成。

11月底 国家外汇管理局批复同意在宁波航运订舱平台开展境内海运费网上支付试点，解决国际物流电子商务创新中的资金结算问题，标志着宁波成为全国首个实现出口集装箱订舱全流程电子商务服务的城市。

12月11日 中国人民银行宁波市中心支行与市口岸办联合主办了宁波航运订舱平台境内海运费网上支付试点业务启动仪式，宁波成为全国首个实现出口集装箱顶舱位全流程电子商务服务的城市。

12月16日 北京银行衢州分行正式开业。

12月24日 绍兴市金融学会召开第八次会员代表大会。

12月25日 浙江省经济工作会议在杭州召开。

12月26日 宁波市金融学会第八次会员代表大会在南苑新芝宾馆隆重举行。大会选举宋汉光继续担任学会新一届理事会会长，周伟军等19人为副会长。聘请市政府王仁洲副市长为学会名誉会长、市人大苏利冕副主任为学会顾问。

12月29日 慈溪农村商业银行开业。

12月 交通银行办理湖州首单保险债权基础设施投资业务，托管的“太平洋—湖州交投高速公路债权投资计划”20亿元募集资金顺利到位，为拓宽基础设施和民生产业领域大中型企业融资渠道做了有益的探索。

招商银行股份有限公司湖州德清小微企业专营支行正式对外试营业。

安 徽 省

1月13日 中国银行安徽省分行推出中小企业“网络通宝”业务，探索建立网络金融服务新模式。

1月19日 利用民营资本成立的池州市信达中小企业金融服务有限公司揭牌成立。池州市信达中小企业金融服务有限公司通过政府引导、政策支持，形成系统性、层次化、细分型的立体融资服务体系，为中小企业提供全方位多层次的融资服务，促进全市中小企业的转型升级。

1月21日 中国人民银行马鞍山市中心支行出台《关于金融服务“三农”和实体经济发展的指导意见》。

1月22日 安徽应流机电股份有限公司在上海证券交易所主板首发上市，成为IPO重启后全国第2只，全省第1只新股。

1月24日 合肥市徽电科技等四家企业成为全国中小企业股份转让系统（简称新三板）启动全国试点后的首批挂牌企业，截至12月末，合肥市新三板挂牌企业已达16家。

安徽华菱西厨装备股份有限公司成为马鞍山市“新三板”上市的首家企业。

芜湖市盛力制动科技股份有限公司、英派瑞股份有限公司，与来自全国各地的258家公司，集中到全国中小企业股份转让系统挂牌，实现了芜湖市“新三板”挂牌零的突破。

1月26日 合肥市首家科技专营金融机构——杭州银行合肥科技支行开业。

1月29日 中国银行安徽省分行自主研发的“高速公路ETC（不停车收费通道）安徽交通卡代理系统”在合肥地区正式投产运营。

2月10日 农业银行安徽省分行与中央人民广播电台联合主办“广播惠农之十八届三中全会精神宣讲入乡村”活动。

2月13日 人民银行合肥中心支行召开在肥银行业金融机构通报会。

2月19日　宣城市宣州区、广德县确定为全省20个农村综合改革示范试点县(区),并全面开展农村土地承包经营权确权登记颁证试点工作。

2月27日　池州市总工会、市金融办、人行池州市中心支行联合部署池州市“优化金融服务　支持‘三区’发展”四项竞赛活动。

受江苏霞客环保色纺股份有限公司财务危机影响,滁州关联企业滁州霞客、滁州安兴、滁州安邦出现信贷风险,滁州7家金融机构涉入其中。

2月　全国人大农委调研室主任周晓东、处长王观芳,中国人民银行金融研究所副处长祝红梅,国家银监会合作部支农服务监管处处长殷有祥一行到金寨县调研农村金融综合改革。

安徽省政府确定2014年33项民生工程,其中保险占3项,新纳入城乡居民大病保险、山区库区农村住房试点。

3月14日　芜湖扬子农村商业银行在银行间市场成功招标发行小微企业金融债券10亿元,发行期限5年,发行利率为6%。该行成为全国第四家获准发行小微企业金融债的农村合作金融机构,在安徽省农村合作金融机构中尚属首次,开创了安徽省小型金融机构在货币市场融资的先河。

3月18日　招商银行安庆分行开业。

3月20日　宣城市2014年银企对接会举行,市长韩军出席会议并讲话,副市长陆马山主持会议。此次银企对接活动,总签约项目141个,合同签约贷款42亿元,意向贷款50亿元。现场签约16个项目,合同贷款25亿元。

3月21日　安徽省金融业综合统计工作动员大会在合肥召开。

池州市政府出台《池州市鼓励企业直接融资奖励办法》,鼓励企业拓宽融资渠道,提升企业管理水平,促进企业转型升级。

3月28日　人民银行黄山市中心支行会同黄山经济开发区管委会、市金融办、银监分局在黄山经济开发区召开政银企对接会,协议承诺贷款较上年增加20%,提升了银企合作水平。

3月31日　中国银监会王兆星副主席来皖调研。

4月18日　上海证券交易所与合肥高新区共同签署《上海证券交易所与合肥高新区战略合作协议》。

4月23日　安徽省农村普惠金融在行动暨手机银行新闻发布会在合肥举办。

4月24日　尚善生物在中小板定向发行416万股,募集资金603万元,标志着中小企业证券融资的新突破。

4月26日　滁州市10亿元棚改项目债权投资计划通过保监会备案,并开始资金募集。这是国家开发银行创新“银行+保险”的保险资金直投棚改项目新模式。

4月28日　中央银行会计核算数据集中系统(ACS)在安徽省顺利上线运行。

4月29日　中国人民银行合肥中心支行、安徽省农委在郎溪组织召开“普惠金融在行动”全省家庭农场金融服务座谈会。

淮北矿业集团财务公司开业。

5月5日　中国人民银行池州市中心支行与石台县政府联合主办市县两级金融机构金融帮扶石台县专场银企对接会,共签约33个项目,4.89亿元贷款。

5月7日　农业银行龚超副行长一行来皖开展案件风险排查巡视。

“2014合肥市首届银投政企对接会”如期举行,会上,合肥市政府与徽商银行股份有限公司、合肥市金融办与中证资本市场发展监测中心有限责任公司分别签订战略合作协议。

5月8日　由蜀山区与民生银行合肥分行联合打造的合肥市首家城市商业合作社正式开业。

5月14日　2014年马鞍山市银企对接会成功举办。

5月16日　安徽省皖北煤电集团财务有限公司开业。

5月23日　国元信托创新设计“佛子岭、磨子潭水库承包经营权流转集合信托计划”,为国内首单以水库经营权为投资标的信托计划。

交通银行黄山市分行正式开业。

5月　安庆市拿到安徽省第一张“土地储备融资规模控制卡”,2014年度安庆市土地收储可融资规模为55.87亿元。

六安市金融工作会议召开。市长毕小彬作书面讲话,副市长余泳主持会议,市政府秘书长王琢出席。

6月3日　徽商银行宣城分行与宣城市鳌峰建筑安装有限责任公司,通过总行征信中心应收账款服务融资平台,成功办理了1笔900万元的应收账款融资业务,成为平台推广以来宣城市首笔融资交易。

6月5日　凤阳农村商业银行接受农村承包土地经营权抵押,发放贷款500万元,标志着农村土地经营权抵押贷款破题。

6月10日　合肥国正小额贷款有限公司全省首例小额贷款公司资产证券化项目成功实施。

6月10—12日　池州市在上海证券交易所组织举办直接融资专题培训班。全市19家上市后备企业以及省级开发区、部分行业协会主要负责人等参加了培训。

6月上旬　安徽银行业第三届小微企业金融服务宣传月活动正式开启。

6月11—13日　农业发展银行副行长姚瑞坤在安徽调研。

6月13日　农业银行安徽省分行与长城资产管理公司合肥办事处签订业务合作协议。

6月15日　铜陵市获得中央财政下拨的国有工矿棚户区改造资金1 807万元,占安徽省总资金计划的49.4%。

6月18日　建设银行安徽省分行与铜陵市政府成功签署银政战略合作协议。

6月30日　安徽金禾实业股份有限公司发行企业债券3亿元。

人民银行黄山市中心支行联合市政府金融办、市商务局召开2014年黄山市银行卡工作暨改善农村支付服务环境工作会议。

7月1日 芜湖市首批大学生创业孵化基地小额担保贷款获批发放。14名大学生创业者与芜湖市民强担保公司、邮储银行签订了担保贷款协议，获批贷款103万元。

7月2日 农业发展银行安徽省分行与国家开发银行安徽分行举行战略合作协议签约仪式。

7月4日 安徽省首家金融资产管理公司——由省内外有资质的民营资本构成的安徽国厚金融资产管理公司，获得国家银监会、财政部的资格认证，填补了安徽省金融资产管理领域地方法人机构建设的空白。

7月16日 马鞍山市第七个省级服务业集聚区，皖江金融产业园(金融街)正式开街。

7月25日 农业银行安徽省分行与国元农业保险在界首市举行家庭农场保证保险贷款启动仪式。

7月28日 铜陵市小微企业互助协会正式成立。

8月1日 安徽国祯环保节能科技股份有限公司在深交所创业板首发上市，为全省近两年首个创业板上市企业。

8月5日 马钢集团财务公司开具首张履约保函。次日，该公司成功开办首笔即期结售汇业务。

8月上旬 安徽银行业开展普及金融知识万里行活动。

8月12日 中国银行安徽省分行首笔中银网融易产品成功落地。

8月14日 宣城市召开金融服务媒体宣传恳谈会，同时启动金融服务“三农”和实体经济宣传月活动。

8月20日 中国金融工会王海光副主席来皖调研。

8月21日 合肥市政府投资引导基金正式成立，这是合肥市首支以市场化方式运作，引导社会资本投资合肥市优势主导和战略新兴产业的政府投资引导基金。

8月22日 马鞍山钢铁股份有限公司成功发行50亿元短期融资券。

8月27日 中国人民银行合肥中心支行召开全省银行业金融机构金融消费权益保护工作会议。

滁州城市建设投资有限公司发行企业债券14亿元。

8月 安庆市正式开通“12363”金融消费咨询投诉电话。

9月1日 中国人民银行黄山市中心支行吕栋行长陪同市委常委、常务副市长许继伟、市委常委、副市长吴建春、市金融办汪德云到各金融机构营业网点现场督查“金融知识普及月”活动开展情况。

9月5日 中国银行安徽省分行与国家开发银行安徽省分行签署《国家开发银行安徽分行棚改贷款资金监管总协议》。

9月10日 合肥市首批56个银行网点“环卫工人爱心驿站”正式挂牌。

9月17日 光大银行马鞍山分行独家承销的6亿元安徽省首单资产支持票据(ABN)成功发行。

9月19日 安徽省首只信贷资产证券化产品徽商银行“徽行2014年第一期信贷资产证券化信托资产支持证券”在银行间债券市场成功招标发行，发行规模为30.869亿元。

中国人民银行合肥中心支行召开安徽省“金融知识普及月”活动新闻通气会。

9月20日 建设银行安徽省分行举办行庆六十周年文艺汇演暨荣誉行员授勋仪式。

9月25日 由国家外汇管理局安徽省分局主办、中国银行安徽省分行承办的2014年全省“涉汇避险保值金融产品”银企对接会在合肥举行。

《合肥市人民政府关于金融服务“三农”和实体经济发展的实施意见》正式出台。

黄山市金融IC卡暨移动支付行业应用调研座谈会召开。

9月份 芜湖市关于开展改善地方住房金融服务试点的请示获安徽省政府批复后，成为全国首个对住房公积金制度展开实质探索的试点城市，现住房金融公司的方案已初步确定。

10月11日 安徽省委书记张宝顺在省委办公厅信息处《合肥市坚持“一通三改”深化金融改革力促实体经济发展》做出重要批示，肯定合肥市金融改革工作做法和成效。

10月12日 工商银行安徽省分行举办第二届“工商银行杯”自助业务大赛决赛。

10月15日 宣城市出台《关于技术打造皖苏浙交汇区域中心城市促进房地产业健康发展的若干意见》。

10月20日 全省农村金融综合改革试点现场会在金寨县召开。

中国银行安徽省分行首家助农取款社区服务站在肥西县官亭镇回民社区开业。

马鞍山农村商业银行成功公开发行全省首例5亿元的二级资本债券。

10月21日 滁州城市建设投资有限公司发行中票10亿元。

10月22日 人民银行芜湖市中支组织工商银行、邮储银行、兴业银行、扬子银行4家银行业金融机构赴江北产业集中区开展专场银企对接会，开发区管委会以及近20多家企业参加了对接活动。

10月23日 合肥荣事达三洋电器成功向美国惠而浦定向增发融资19.28亿元。

10月25日 中国银行安徽省分行与安徽电信签订《联合发行金融标准安全芯片、拓展移动金融应用环境合作框架协议书》。

10月28日 安徽省举办第二届保险资金运用对接会。

10月29日 长江经济带四省八市人民银行经济金融信息共享座谈会在安庆桐城市召开。

10月30日 农业银行安徽省分行举办私人银行部成立仪式暨家族信托服务客户推介活动。

10月 六安市工业投资发展有限公司、上海实业(集团)有限公司、上海固信资产管理公司共同成立六安信实股权投资基金，主要投资战略性新兴产业、高新技术企业、水资源开发、环保、新能源等优质项目。

安徽省农村金融综合改革试点现场会在金寨县召开。金寨县农村金融综合改革成效得到了省委常委、副省长詹夏来的肯定。

11月7日 合肥合锻机床股份有限公司在上海证券交易所主板首发上市，合肥市境内外上市企业已达34家。

11月7—8日 中国人民银行黄山市中心支行联合黄山市总工会举办黄山市银行业金融机构人民币流通管理竞赛。

11月13日 中国人民银行芜湖中支向芜湖扬子农村商业银行成功发放芜湖市首笔、也是全省单笔金额最大的一年期支小再贷款，有效发挥了金融对经济结构调整和转型升级的支持作用。

11月14日 农业银行安徽省分行与国元农业保险联合举行金融服务家庭农场推进会。

11月20日 农业发展银行安徽省分行组织召开农业开发和农村基础设施建设信贷项目银政(企)合作座谈会。

11月25日 徽银金融租赁有限公司获中国银监会批准筹建。

徽商银行获得中国银监会批准筹建金融租赁公司，成为合肥市第一家、省内第二家金融租赁公司和国内第四家由城商行发起设立的金融租赁公司。

中国人民银行黄山市中心支行联合市政府金融办举办黄山市深化农村金融改革提升金融服务水平座谈会。

11月28日 人民日报要闻版以《安徽合肥:金融活水　润泽实体经济》为题，概要总结了合肥市金融服务实体经济的主要做法，肯定了合肥市金融工作成效。

农业银行安徽省分行与科大讯飞公司举行战略合作协议签定仪式。

12月2日 安徽省移动金融暨金融IC卡旅游行业应用发布会在黄山风景区召开。

合肥国控小额贷款有限公司两期共1亿元中小企业私募债券顺利发行完毕，成为合肥市首支成功发行的小额贷款公司私募债券。

12月3日 “2014合肥·上海浦东金融合作交流推介会”在上海浦东新区成功举办，来自上海、合肥的各金融机构嘉宾近两百人参加了此次推介会。

12月8日 工商银行安徽省分行在蚌埠、马鞍山成立小微金融业务中心。

12月9日 徽商银行黄山祁门支行开业。

中国人民银行黄山市中心支行联合市金融召开办黄山市2014年“金融服务下乡”活动总结暨改善农村支付服务环境工作推进会。

12月16日 安徽省金融统计学会第一届会员大会暨成立大会在人民银行合肥中心支行召开。

12月18日 徽商银行首家小微信贷业务特色支行——宁国南山支行开业。

12月19日 中国银行安徽省分行与奇瑞汽车股份有限公司合作的跨国公司外汇资金集中运营现金管理产品成功落地。

浦发银行合肥分行举办“科技小巨人创新金融之旅”活动。

全省首家商业保理公司——安徽中安商业保理有限责任公司在芜湖正式开业运营。这也是芜湖作为全省唯一的商业保理试点市，在创新金融服务、探索中小企业融资路径等方面迈出的新步伐。

12月21日 安徽省银政担合作试点座谈会在省担保集团顺利召开，合肥市肥东、庐江、巢湖、包河4个县(市、区)6家国有融资担保公司正式加入银政担合作机制。

12月22日 泗县农村合作银行获批准筹建。至此，安徽省83家农村合作金融机构股份制改革工作全面完成。

12月23日 铜陵市农村综合产权交易中心挂牌。

12月27日 肥东农村商业银行开业，合肥市农商行实现全市县域全覆盖。

12月29日 池州市政府与深圳市水务(集团)有限公司正式签订“安徽省池州市主城区污水处理及市政排水设施购买服务项目”资产转让协议和特许经营协议，这是国家财政部首批推出的30个PPP(政府和社会资本合作)项目中第一个签约项目，也是唯一同时被国家财政部和国家住建部列入试点的污水处理类PPP项目。池州市PPP项目成功签约为吸引更多社会资本和民营资本参与投资基础设施建设、推进政府公共服务提供方式创新、提高政府公共服务水平和效率提供先行先试经验。

12月30日 池州市首笔土地承包经营权抵押贷款发放在青阳县举行，青阳县九华村镇银行、青阳县农商行分别向青阳县满子庄园家庭农场、青阳县九华中药材科技有限公司发放100万元、120万元土地承包经营权贷款。

12月31日 芜湖市跨境资金加速流动，2014年累计办理跨境人民币结算业务962笔，结算金额201.58亿元。跨境贸易人民币结算使用量首次突破两百亿，位居全省第二。

12月 池州市安徽九华山酒业股份有限公司、安徽嘉智信诺化工股份有限公司成功登陆“新三板”资本市场。

六安市霍山、叶集、舒城、霍邱、寿县5家改制农村合作金融机构均已取得筹建批复，标志着六安市农商行改制任务已初步完成。

2014年 安庆市先后举办小微企业、农业产业化、县域企业、文化旅游4场银企专项对接会，缓解小微企业融资难问题。

中国人民银行安庆市中心支行出台《安庆市大别山片区扶贫开发金融服务工作方案》，加大对重点项目、支柱产业、重点行业等实体经济和小微企业信贷支持力度，开展金融扶贫示范县创建工作。

安庆市建成“金融服务示范县”2个、“金融服务示范乡镇”11个、“金融综合服务室(站)”8个。

二、2014 年上海市贷款企业资信 A 级汇编

序号	企 业 名 称	2012 年	2013 年	2014 年	评级机构
1	上海陆家嘴(集团)有限公司	AAA-	AAA-	AAA	中诚信
2	上海地产(集团)有限公司	AAA-	AAA	AAA	新世纪
3	上港集团物流有限公司	AAA-	AAA	AAA	上海资信
4	中化国际(控股)股份有限公司	AAA	AAA	AAA	华杰
5	上海华谊(集团)公司	—	AAA	AAA	远东
6	上海外高桥造船有限公司	AAA	AAA	AAA	上海资信
7	中国商用飞机有限责任公司	AAA	AAA	AAA	新世纪
8	上海汽车集团股份有限公司	AAA	AAA	AAA	中诚信
9	上海三菱电梯有限公司	AAA	AAA	AAA	中诚信
10	上海汽车工业(集团)总公司	AAA	AAA	AAA	中诚信
11	联合汽车电子有限公司	AAA	AAA-	AAA	中诚信
12	华域汽车系统股份有限公司	—	—	AAA	中诚信
13	上海家化(集团)有限公司	AAA	AAA	AAA	新世纪
14	上海医药集团股份有限公司	AAA	AAA	AAA	中诚信
15	宝山钢铁股份有限公司	AAA	AAA	AAA	新世纪
16	中国海运(集团)总公司	—	—	AAA	远东
17	上海国际港务(集团)股份有限公司	—	AAA	AAA	新世纪
18	国网上海市电力公司	—	—	AAA	新世纪
19	交银金融租赁有限责任公司	—	AAA	AAA	远东
20	远东国际租赁有限公司	AAA	AAA	AAA	中诚信
21	上海百联集团股份有限公司	—	—	AAA	新世纪
22	上海浦东国际机场航空油料有限责任公司	AAA	AAA	AAA	大公
23	国药控股股份有限公司	AAA	AAA	AAA	华杰
24	上海建工(集团)总公司	AAA	AAA	AAA	新世纪
25	上海建工集团股份有限公司	AAA	AAA	AAA	新世纪
26	中交上海航道局有限公司	AAA	AAA	AAA	华杰
27	上海外国语大学	AAA	AAA	AAA	华杰
28	上海航天技术研究院	AAA	AAA	AAA	华杰
29	同济大学	AAA-	AAA	AAA	上海联合
30	复旦大学	AAA	AAA	AAA	新世纪
31	上海久事公司	AAA	AAA	AAA	新世纪
32	上海世博土地控股有限公司	AA	AA	AAA	鹏元
33	上海同盛投资(集团)有限公司	AAA	AAA	AAA	新世纪

（续表）

序号	企　业　名　称	2012 年	2013 年	2014 年	评级机构
34	上海市城市建设投资开发总公司	AAA－	AAA	AAA	新世纪
35	上海浦东发展(集团)有限公司	AA＋	—	AAA	新世纪
36	上海市申江两岸开发建设投资(集团)有限公司	AAA	AAA	AAA	新世纪
37	上海国际集团有限公司	AAA	AAA	AAA	新世纪
38	上海上实(集团)有限公司	AAA	AAA	AAA	新世纪
39	锦江国际(集团)有限公司	AAA	AAA	AAA	上海联合
40	光明食品(集团)有限公司	AA＋	AAA	AAA	华杰
41	大华(集团)有限公司	AAA－	AAA－	AAA－	远东
42	上海陆家嘴金融贸易区开发股份有限公司	AAA－	AAA－	AAA－	远东
43	上海市浦东新区房地产(集团)有限公司	AAA－	AAA－	AAA－	上海联合
44	上海文化广播影视集团有限公司	—	—	AAA－	华杰
45	上海药明康德新药开发有限公司	AAA－	AAA－	AAA－	中诚信
46	上海大众动力总成有限公司	AA＋	AA＋	AAA－	中诚信
47	延锋汽车饰件系统有限公司	—	—	AAA－	中诚信
48	上海医药(集团)有限公司	AAA－	AAA－	AAA－	中诚信
49	上海机场(集团)有限公司	AAA－	AAA－	AAA－	远东
50	上海铁路局	AAA－	AAA－	AAA－	新世纪
51	国家电网公司华东分部	—	—	AAA－	华杰
52	华东电网有限公司	AAA－	AAA－	AAA－	华杰
53	中国电信股份有限公司上海分公司	AAA－	AAA－	AAA－	中诚信
54	招银金融租赁有限公司	AAA－	—	AAA－	大公
55	上海医药分销控股有限公司	AA	AAA－	AAA－	华杰
56	中交第三航务工程局有限公司	AAA－	AAA－	AAA－	华杰
57	华东理工大学	AAA－	AAA－	AAA－	新世纪
58	复旦大学附属中山医院	AAA－	AAA－	AAA－	中诚信
59	华东师范大学	AAA－	AAA－	AAA－	新世纪
60	复旦大学附属妇产科医院	AA＋	AA＋	AAA－	华杰
61	上海兴邦房地产有限公司	AA＋	AA＋	AA＋	上海联合
62	上海梅龙镇广场有限公司	AA	AA	AA＋	中诚信
63	上海实业发展股份有限公司	AA＋	AA＋	AA＋	远东
64	上海中心大厦建设发展有限公司	—	AA	AA＋	中诚信
65	上海锦江国际酒店(集团)股份有限公司	—	—	AA＋	上海联合
66	上海东浩兰生国际服务贸易(集团)有限公司	—	—	AA＋	新世纪
67	上海广播电影电视发展有限公司	—	AA	AA＋	新世纪
68	上海现代建筑设计(集团)有限公司	—	—	AA＋	中诚信
69	华东建筑设计研究院有限公司	—	—	AA＋	中诚信
70	环旭电子股份有限公司	AA	AA	AA＋	远东
71	上海化学工业区工业气体有限公司	AA	AA＋	AA＋	上海联合

（续表）

序号	企 业 名 称	2012 年	2013 年	2014 年	评级机构
72	上海三电贝洱汽车空调有限公司	AA	AA+	AA+	中诚信
73	上海小糸车灯有限公司	AA+	AA+	AA+	中诚信
74	上海电气集团股份有限公司	AA+	AA+	AA+	大公
75	上海汽车变速器有限公司	AAA−	AAA−	AA+	华杰
76	上海汉钟精机股份有限公司	AA+	AA+	AA+	鹏元
77	复盛实业(上海)有限公司	—	—	AA+	中诚信
78	上海嘉乐股份有限公司	AA+	AA+	AA+	远东
79	福耀集团(上海)汽车玻璃有限公司	AA−	AA−	AA+	上海资信
80	交通运输部上海打捞局	AA+	AA+	AA+	上海资信
81	上海电力股份有限公司	AA+	AA+	AA+	华杰
82	中航国际租赁有限公司	AA−	AA	AA+	中诚信
83	百联集团有限公司	AA+	AA+	AA+	新世纪
84	上海城建(集团)公司	AA+	AA+	AA+	新世纪
85	上海隧道工程股份有限公司	AA	AA	AA+	中诚信
86	华东政法大学	AA+	AA+	AA+	新世纪
87	上海申虹投资发展有限公司	AA	AA	AA+	新世纪
88	上海国际集团资产管理有限公司	AA+	AA+	AA+	新世纪
89	上海国有资产经营有限公司	AA+	AA+	AA+	新世纪
90	上海国盛(集团)有限公司	AA+	AA+	AA+	远东
91	上海新兴技术开发区联合发展有限公司	AA+	AA+	AA+	中诚信
92	上海漕河泾开发区高科技园发展有限公司	AA+	AA+	AA+	中诚信
93	上海张江高科技园区开发股份有限公司	AA+	AA+	AA+	新世纪
94	上海化学工业区发展有限公司	AA+	AA+	AA+	远东
95	上海城投控股股份有限公司	AA+	AA+	AA+	新世纪
96	万达信息股份有限公司	AA+	AA+	AA+	上海联合
97	上海报业集团	—	—	AA+	华杰
98	上海帝泰发展有限公司	AA−	AA	AA	中诚信
99	上海兴启房地产有限公司	A+	AA−	AA	大公
100	上海柏兴房地产有限公司	A+	AA	AA	大公
101	新上海国际大厦有限公司	AA−	AA	AA	华杰
102	上海纪兴房地产有限公司	AA	AA	AA	大公
103	新资房地产开发(上海)有限公司	AA	AA−	AA	上海联合
104	上海嘉汇达房地产开发经营有限公司	AA	AA	AA	上海联合
105	上海同济科技实业股份有限公司	A−	A+	AA	万隆
106	上海锦江国际酒店发展股份有限公司	—	—	AA	上海联合
107	上海新国际博览中心有限公司	AA−	AA−	AA	远东
108	国际商业机器(中国)有限公司	AAA−	AA−	AA	远东
109	上海新华传媒股份有限公司	AA	—	AA	新世纪

（续表）

序号	企　业　名　称	2012年	2013年	2014年	评级机构
110	上海春秋国际旅行社(集团)有限公司	—	AA—	AA	华杰
111	上海电影股份有限公司	—	A+	AA	上海资信
112	优特埃国际物流(中国)有限公司	AA—	AA—	AA	大公
113	科博达技术有限公司	BBB+	BBB+	AA	远东
114	上海新时达电气股份有限公司	AA	AA	AA	中诚信
115	德尔福派克电气系统有限公司	AA	AA	AA	华杰
116	上海电器科学研究所(集团)有限公司	AA	AA	AA	远东
117	上海航天电子有限公司	AA—	AA	AA	上海资信
118	中国航空无线电电子研究所	AA	AA	AA	中诚信
119	中国石化上海石油化工股份有限公司	AA—	A	AA	远东
120	上海巴斯夫聚氨酯有限公司	AA	AA+	AA	中诚信
121	巴斯夫催化剂(上海)有限公司	BBB—	A	AA	大公
122	上海卡博特化工有限公司	—	AA	AA	中诚信
123	上海康达化工新材料股份有限公司	AA	—	AA	万隆
124	上海焦化有限公司	AA	AA	AA	中诚信
125	上海赛科石油化工有限责任公司	AA	A+	AA	华杰
126	上海复星医药(集团)股份有限公司	—	AA	AA	上海资信
127	上海凯泉泵业(集团)有限公司	AA	AA	AA	新世纪
128	上海置信电气股份有限公司	AA	AA	AA	新世纪
129	上海飞和实业集团有限公司	AA	AA	AA	远东
130	上海联明机械股份有限公司	AA—	AA	AA	新世纪
131	江南造船(集团)有限责任公司	AA	AA	AA	鹏元
132	上海宝钢阿赛洛激光拼焊有限公司	AA—	AA	AA	中诚信
133	三菱电机上海机电电梯有限公司	A	A+	AA	中诚信
134	上海三电汽车空调有限公司	AA	AA	AA	中诚信
135	上海汇众汽车制造有限公司	AA	AA	AA	中诚信
136	科尼起重机设备(上海)有限公司	—	—	AA	中诚信
137	申雅密封件有限公司	AA	AA	AA	中诚信
138	上海烟草机械有限责任公司	AA	AA	AA	中诚信
139	上海熊猫线缆股份有限公司	AA	AA	AA	华杰
140	上海电力修造总厂有限公司	—	AA	AA	上海资信
141	上海皮尔博格有色零部件有限公司	AA	AA	AA	中诚信
142	上海电气电站设备有限公司	AA	AA	AA	大公
143	上海海拉电子有限公司	AA	—	AA	中诚信
144	上海拖拉机内燃机有限公司	AA	AA	AA	中诚信
145	萨克斯汽车零部件系统(上海)有限公司	—	AA	AA	华杰
146	上海欧菲滤清器有限公司	—	—	AA	中诚信
147	上海福耀客车玻璃有限公司	A+	—	AA	中诚信

（续表）

序号	企 业 名 称	2012 年	2013 年	2014 年	评级机构
148	上海大道包装隔热材料有限公司	—	AA—	AA	远东
149	上海金叶包装材料有限公司	A+	—	AA	远东
150	上海梅林正广和股份有限公司	AA—	AA—	AA	华杰
151	上海永裕塑胶有限公司	A	A+	AA	大公
152	上海江崎格力高食品有限公司	A+	AA—	AA	新世纪
153	衣念(上海)时装贸易有限公司	AA—	AA—	AA	万隆
154	中海发展股份有限公司	AA+	—	AA	远东
155	东方有线网络有限公司	AA+	AA+	AA	华杰
156	国药控股国大药房有限公司	—	AA	AA	上海资信
157	上海邵万生商贸有限公司	A	A+	AA	上海资信
158	上海市建设工程有限公司	AA—	AA—	AA	上海联合
159	中港疏浚有限公司	AA	AA	AA	新世纪
160	中船第九设计研究院工程有限公司	AAA—	AA	AA	鹏元
161	上海东方肝胆外科医院	—	—	AA	华杰
162	上海美国学校	AA+	AA	AA	华杰
163	上海交通投资(集团)有限公司	AA—	AA	AA	中诚信
164	上海联和投资有限公司	AA	AA	AA	中诚信
165	上海大众公用事业(集团)股份有限公司	AA	—	AA	上海资信
166	上海虹桥经济技术开发区联合发展有限公司	AA	AA	AA	中诚信
167	上海金桥出口加工区开发股份有限公司	AA	AA	AA	中诚信
168	上海闵行联合发展有限公司	AA	AA	AA	中诚信
169	上海青草沙投资建设发展有限公司	AA	AA	AA	新世纪
170	上海西郊国际农产品交易有限公司	AA	AA	AA	中诚信
171	文汇新民联合报业集团	AAA—	AAA—	AA	华杰
172	上海复星高科技(集团)有限公司	AA—	AA	AA	新世纪
173	中国建材国际工程集团有限公司	AA	AA	AA	上海资信
174	大众交通(集团)股份有限公司	AA	AA	AA	远东
175	上海新华发行集团有限公司	AA	—	AA	新世纪
176	上海申通地铁资产经营管理有限公司	AA	AA+	AA	新世纪
177	上海新天地广场有限公司	A+	AA—	AA—	大公
178	上海金光外滩置地有限公司	AA—	AA—	AA—	远东
179	上海鹏利置业发展有限公司	A—	A	AA—	大公
180	复地(集团)股份有限公司	AA—	AA—	AA—	新世纪
181	上海城投置地(集团)有限公司	—	AA—	AA—	远东
182	美年大健康产业(集团)有限公司	—	—	AA—	上海资信
183	上海宝信软件股份有限公司	—	—	AA—	新世纪
184	上海市水利工程设计研究院有限公司	AA—	AA—	AA—	远东
185	上海孚宝港务有限公司	AA—	AA	AA—	远东

（续表）

序号	企 业 名 称	2012年	2013年	2014年	评级机构
186	上海江森自控汽车电子有限公司	A	A+	AA—	中诚信
187	上海金亭汽车线束有限公司	AA	AA	AA—	中诚信
188	庄信万丰(上海)化工有限公司	AA—	—	AA—	中诚信
189	先尼科化工(上海)有限公司	AA	A+	AA—	新世纪
190	上海飞凯光电材料股份有限公司	—	AA—	AA—	上海资信
191	上海合全药业股份有限公司	—	—	AA—	远东
192	立邦涂料(中国)有限公司	AA—	AA—	AA—	新世纪
193	格朗吉斯铝业(上海)有限公司[萨帕铝热传输(上海)有限公司]	—	—	AA—	华杰
194	上海福尔欣线缆有限公司	BBB+	A+	AA—	远东
195	上海岱美汽车内饰件股份有限公司	AA—	AA—	AA—	新世纪
196	上海浦东电线电缆(集团)有限公司	A+	AA—	AA—	远东
197	上海中炼线材有限公司	AA—	A+	AA—	新世纪
198	上海创力集团股份有限公司	A+	A+	AA—	中诚信
199	美嘉帕拉斯特汽车零部件(上海)有限公司	A+	—	AA—	中诚信
200	上海瑞尔实业有限公司	A—	AA—	AA—	上海资信
201	上海中科电气(集团)有限公司	AA—	AA—	AA—	新世纪
202	天合汽车零部件(上海)有限公司	—	—	AA—	中诚信
203	上海电气(集团)总公司	AA—	AA—	AA—	远东
204	沪东中华造船(集团)有限公司	AA	AA	AA—	华杰
205	德尔福(上海)动力推进系统有限公司	—	AA—	AA—	中诚信
206	美诺精密压铸(上海)有限公司	AA—	A	AA—	鹏元
207	上海南华兰陵电气有限公司	A	AA—	AA—	上海联合
208	上海卫星工程研究所	—	—	AA—	华杰
209	上海世纪出版股份有限公司	AA	AA—	AA—	华杰
210	上海航天设备制造总厂	—	AA—	AA—	新世纪
211	上海好成食品发展有限公司	A	A+	AA—	新世纪
212	奥特斯(中国)有限公司	A	—	AA—	新世纪
213	上海绿新包装材料科技股份有限公司	—	AA—	AA—	上海资信
214	上海复旦复华药业有限公司	AA—	AA—	AA—	新世纪
215	上海依视路光学有限公司	—	—	AA—	中诚信
216	上海亚大汽车塑料制品有限公司	A+	A+	AA—	中诚信
217	舒驰容器(上海)有限公司	AA—	AA—	AA—	华杰
218	上海罗莱投资控股有限公司	—	AA—	AA—	万隆
219	上海现代制药股份有限公司	AA	AA—	AA—	新世纪
220	上海生物制品研究所有限责任公司	AA+	AA+	AA—	华杰
221	上海杰隆生物制品股份有限公司	AA	AA	AA—	中诚信
222	宇旭时装(上海)有限公司	A+	AA—	AA—	万隆

（续表）

序号	企 业 名 称	2012 年	2013 年	2014 年	评级机构
223	上海老凤祥有限公司	A	A+	AA−	远东
224	上海微创医疗器械(集团)有限公司	—	—	AA−	上海资信
225	上海紫江(集团)有限公司	AA	AA−	AA−	远东
226	上海北海船务股份有限公司	AA	AA−	AA−	上海资信
227	上海强生控股股份有限公司	AA	AA−	AA−	中诚信
228	上海申通地铁集团有限公司	AA−	AA−	AA−	上海联合
229	上海漕泾热电有限责任公司	AA−	AA−	AA−	新世纪
230	上海化学工业区中法水务发展有限公司	AA+	AA−	AA−	华杰
231	上海益民商业集团股份有限公司	AA−	AA−	AA−	华杰
232	上海伊藤忠商事有限公司	AA−	AA−	AA−	中诚信
233	东丽国际贸易(中国)有限公司	A	—	AA−	中诚信
234	松下电器机电(中国)有限公司	—	AA−	AA−	中诚信
235	上海润欣科技股份有限公司	—	—	AA−	中诚信
236	国药控股凌云生物医药(上海)有限公司	—	—	AA−	中诚信
237	宝钢资源有限公司	AA	AA−	AA−	新世纪
238	中国石化炼油销售有限公司	—	A−	AA−	华杰
239	舜元建设(集团)有限公司	AA−	AA−	AA−	新世纪
240	上海建工二建集团有限公司	—	—	AA−	新世纪
241	上海建工五建集团有限公司	—	AA−	AA−	新世纪
242	中铁二十四局集团有限公司	A+	AA−	AA−	新世纪
243	上海师范大学	AA	AA	AA−	远东
244	上海海事大学	AA+	AA−	AA−	华杰
245	复旦大学附属金山医院	A+	AA−	AA−	远东
246	上海大连路隧道建设发展有限公司	A	A	AA−	远东
247	上海宝山城乡建设投资经营有限公司	AA	AA−	AA−	上海资信
248	上海金桥(集团)有限公司	AA−	AA−	AA−	新世纪
249	中信兴业投资集团有限公司	AA−	AA−	AA−	上海联合
250	上海化学工业区公共管廊有限公司	AA−	AA−	AA−	中诚信
251	上海交运集团股份有限公司	—	AA−	AA−	中诚信
252	上海爱森肉食品有限公司	—	—	AA−	远东
253	上海协通(集团)有限公司	A+	AA−	AA−	远东
254	上海恒大建材市场管理股份有限公司	AA−	AA−	A+	上海资信
255	上海九百城市广场有限公司	A	A+	A+	新世纪
256	凯科置业(上海)有限公司	BBB+	BBB+	A+	中诚信
257	上海越洋房地产开发有限公司	A−	A	A+	中诚信
258	上海东樱房地产有限公司	A+	A+	A+	鹏元
259	上海新茂房地产开发有限公司	A+	A+	A+	远东
260	上海华庆房地产开发有限公司	A	A+	A+	华杰

（续表）

序号	企 业 名 称	2012年	2013年	2014年	评级机构
261	上海新金穗实业(集团)股份有限公司	A	A	A+	远东
262	裕廊腾飞置业(上海)有限公司	A+	A+	A+	上海资信
263	上海岳峰置业开发有限公司	BBB	A+	A+	华杰
264	上海陆家嘴商务广场有限公司	A	A	A+	上海联合
265	上海万源房地产开发有限公司	A	A+	A+	中诚信
266	上海嘉宝实业(集团)股份有限公司	—	A—	A+	华杰
267	上海华鑫股份有限公司	—	—	A+	鹏元
268	上海古北(集团)有限公司	—	—	A+	新世纪
269	上海仁恒森兰置业有限公司	BBB	—	A+	中诚信
270	和记黄埔地产(上海)陆家嘴有限公司	A+	A+	A+	中诚信
271	上海浦东新区香格里拉酒店有限公司	AA—	AA—	A+	大公
272	锦江之星旅馆有限公司	—	—	A+	上海联合
273	中国石化集团上海海洋石油局	A—	A+	A+	鹏元
274	杉德银卡通信息服务有限公司	BBB	A	A+	上海资信
275	毕马威企业咨询(中国)有限公司	BBB+	BBB+	A+	中诚信
276	上海浦航石油有限公司	A+	A	A+	新世纪
277	上海远成储运有限公司	—	—	A+	上海资信
278	中国外运华东有限公司	A+	A	A+	中诚信
279	乔达国际货运(上海)有限公司	—	—	A+	大公
280	上海西门子开关有限公司	—	—	A+	华杰
281	格科微电子(上海)有限公司	A+	A+	A+	远东
282	上海库柏电力电容器有限公司	—	—	A+	新世纪
283	上海贝尔股份有限公司	AAA	A	A+	上海资信
284	上海鸿辉光通科技股份有限公司	—	A+	A+	远东
285	上海长园维安电子线路保护有限公司	—	A+	A+	上海资信
286	上海良信电器股份有限公司	A+	AA—	A+	远东
287	上海新跃仪表厂	—	—	A+	远东
288	上海永继电气股份有限公司	BBB+	A—	A+	远东
289	上海兰宝传感科技股份有限公司	—	—	A+	万隆
290	上海日港置信非晶体金属有限公司	—	A+	A+	中诚信
291	上海航空电器有限公司	—	A+	A+	中诚信
292	上海金发科技发展有限公司	A+	AA	A+	远东
293	上海康鹏化学有限公司	—	A	A+	中诚信
294	上海明治橡胶制品有限公司	A+	A+	A+	中诚信
295	上海长光企业发展有限公司	A	A	A+	远东
296	上海百雀羚日用化学有限公司	BBB+	A+	A+	中诚信
297	上海天洋热熔粘接材料股份有限公司	—	—	A+	远东
298	上海展辰涂料有限公司	—	—	A+	中诚信

（续表）

序号	企 业 名 称	2012年	2013年	2014年	评级机构
299	上海鑫宝煤化能源集团有限公司	—	—	A+	大公
300	佩特化工(上海)有限公司	BBB+	A—	A+	中诚信
301	上海东升新材料有限公司	A	A+	A+	中诚信
302	上海天坛助剂有限公司	A—	A	A+	华杰
303	上海石化比欧西气体有限责任公司	A+	A+	A+	新世纪
304	上海联恒异氰酸酯有限公司	A	A	A+	中诚信
305	华东理工大学华昌聚合物有限公司	A+	AA—	A+	华杰
306	上海大赛璐塑料工业有限公司	A+	A+	A+	中诚信
307	大日精化(上海)化工有限公司	BBB—	BBB+	A+	中诚信
308	双钱集团股份有限公司	BBB+	A+	A+	远东
309	格雷斯中国有限公司	—	—	A+	鹏元
310	上海花王化学有限公司	A+	A+	A+	中诚信
311	上海佳力士机械有限公司	AA	A	A+	新世纪
312	上海克莱德贝尔格曼机械有限公司	A	A+	A+	大公
313	上海永固电力器材有限公司	A+	A+	A+	新世纪
314	上海东升焊接集团有限公司	A	A	A+	新世纪
315	上海第一机床厂有限公司	A+	A+	A+	远东
316	上海克来机电自动化工程股份有限公司	—	—	A+	远东
317	上海佩纳沙士吉打机械有限公司	AA—	—	A+	远东
318	上海飞机制造有限公司	A+	A+	A+	远东
319	上海连成(集团)有限公司	AA—	AA—	A+	新世纪
320	华荣科技股份有限公司	—	A—	A+	华杰
321	上海华中实业(集团)有限公司	A	A+	A+	新世纪
322	日泰(上海)汽车标准件有限公司	A—	A+	A+	中诚信
323	上海大侨允德机械工业有限公司	A—	A+	A+	新世纪
324	上海理研塑料有限公司	A—	A+	A+	鹏元
325	上海空间电源研究所	—	A	A+	华杰
326	上海爱知锻造有限公司	A+	A+	A+	新世纪
327	上海赛科利汽车模具技术应用有限公司	A+	AA	A+	中诚信
328	上海胜华电缆(集团)有限公司	A	A	A+	上海联合
329	上海一电集团有限公司	A—	A+	A+	新世纪
330	上海置信电气非晶有限公司	—	A—	A+	中诚信
331	正泰电气股份有限公司	A	A	A+	新世纪
332	上海科德轧辊表面处理有限公司	A+	A+	A+	新世纪
333	上海凯波特种电缆料厂有限公司	A+	AA—	A+	远东
334	上海郎特汽车净化器有限公司	A+	A+	A+	万隆
335	神钢压缩机制造(上海)有限公司	A	BBB	A+	鹏元
336	上工申贝(集团)股份有限公司	BBB+	A+	A+	华杰

（续表）

序号	企 业 名 称	2012 年	2013 年	2014 年	评级机构
337	上海快鹿电线电缆有限公司	A+	A+	A+	华杰
338	恒天凯马股份有限公司	A+	A+	A+	远东
339	上海电器股份有限公司人民电器厂	AA−	A+	A+	大公
340	上海三国精密机械有限公司	BBB+	A	A+	新世纪
341	上海中国弹簧制造有限公司	A+	AA−	A+	中诚信
342	上海东方雨虹防水技术有限责任公司	BBB	A+	A+	中诚信
343	上海凯利泰医疗科技股份有限公司	—	—	A+	中诚信
344	上海普利特复合材料股份有限公司	A+	A+	A+	中诚信
345	上海百诺食品有限公司	AA−	A+	A+	新世纪
346	上海益生源药业有限公司	AA−	—	A+	上海资信
347	箭牌糖类(上海)有限公司	—	A	A+	中诚信
348	上海古鳌电子科技股份有限公司	A−	A+	A+	华杰
349	上海亚虹模具股份有限公司	—	—	A+	新世纪
350	上海密特印制有限公司	A	A	A+	大公
351	上海宝钢包装股份有限公司	A+	—	A+	新世纪
352	上海大昭和有限公司	A	A+	A+	华杰
353	上海联合赛尔生物工程有限公司	A+	—	A+	中诚信
354	上海紫江企业集团股份有限公司	AA	A+	A+	远东
355	上海新农饲料股份有限公司	—	—	A+	远东
356	上海金汇通创意设计发展股份有限公司	A+	A	A+	远东
357	上海高诚艺术包装有限公司	BBB+	BBB+	A+	上海资信
358	曼盛包装(上海)有限公司	A	—	A+	上海资信
359	上海大屯能源股份有限公司	—	AA	A+	新世纪
360	上海亚德林有色金属有限公司	A	A	A+	远东
361	东方希望集团有限公司	AA−	A	A+	远东
362	上海海博出租汽车有限公司	A−	A	A+	华杰
363	春秋航空股份有限公司	A	A	A+	新世纪
364	沪杭铁路客运专线股份有限公司	A+	A+	A+	新世纪
365	上海申通地铁一号线发展有限公司	—	—	A+	中诚信
366	上海嘉禾航运有限公司	A−	A−	A+	中诚信
367	上海液化天然气有限责任公司	A	A	A+	中诚信
368	上海浦东燃气发展有限公司	A	A+	A+	远东
369	上海市城市排水有限公司	A+	A+	A+	中诚信
370	上海上电漕泾发电有限公司	A−	A	A+	中诚信
371	华能上海燃机发电有限责任公司	A+	A+	A+	新世纪
372	上海电气租赁有限公司	A+	A+	A+	大公
373	恒信金融租赁有限公司	A+	A+	A+	中诚信
374	聚信国际租赁股份有限公司	—	—	A+	上海资信

（续表）

序号	企 业 名 称	2012 年	2013 年	2014 年	评级机构
375	上海迪信电子通信技术有限公司	A+	A+	A+	中诚信
376	上海易饰嘉网络科技有限公司	BBB−	BBB	A+	上海资信
377	华润(上海)有限公司	BBB	A	A+	中诚信
378	上海新世界股份有限公司	A+	A+	A+	新世纪
379	日立建机(上海)有限公司	—	A+	A+	中诚信
380	上海良相智能化工程有限公司	—	—	A+	中诚信
381	迅销(中国)商贸有限公司	—	A	A+	中诚信
382	帕太国际贸易(上海)有限公司	—	—	A+	中诚信
383	三井物产(上海)贸易有限公司	A	A+	A+	中诚信
384	上海宏龙空调电器有限公司	AA−	A−	A+	新世纪
385	上海中核浦原有限公司	BBB	A−	A+	上海资信
386	上海东纺日化销售有限公司	—	—	A+	新世纪
387	捷豹路虎汽车贸易(上海)有限公司	A	A	A+	上海联合
388	宜家采购(上海)有限公司	BBB−	BBB+	A+	远东
389	上海市糖业烟酒(集团)有限公司	AA+	AA−	A+	华杰
390	蝶理(中国)商业有限公司	A+	A+	A+	新世纪
391	哈威油液压技术(上海)有限公司	A+	A+	A+	上海联合
392	上海老凤祥银楼有限公司	BBB	BBB+	A+	远东
393	上海延华智能科技(集团)股份有限公司	—	—	A+	新世纪
394	上海名华工程建筑有限公司	A+	AA−	A+	远东
395	上海金安泰建筑安装工程有限公司	A+	A+	A+	新世纪
396	国核工程有限公司	—	A	A+	中诚信
397	上海市水利工程集团有限公司	AA	AA−	A+	新世纪
398	上海江南建设工程总承包有限责任公司	A+	A+	A+	中诚信
399	中英海底系统有限公司	BBB	A−	A+	华杰
400	中国建筑第八工程局有限公司	A	A	A+	新世纪
401	上海市浦东新区土地储备中心	—	A+	A+	新世纪
402	上海电力学院	A+	A+	A+	鹏元
403	上海市浦东医院	—	—	A+	新世纪
404	上海电机学院	A+	A+	A+	新世纪
405	上海空间推进研究所	A−	A	A+	华杰
406	上海金融学院	AA	AA	A+	远东
407	上海海洋大学	AA	—	A+	远东
408	上海市土地储备中心	A	A+	A+	新世纪
409	上海南汇发展(集团)有限公司	A+	A+	A+	新世纪
410	上海浦东路桥建设股份有限公司	A	A	A+	新世纪
411	上海松江城镇建设投资开发有限公司	A−	A+	A+	新世纪
412	上海华虹(集团)有限公司	A+	A+	A+	新世纪

（续表）

序号	企 业 名 称	2012 年	2013 年	2014 年	评级机构
413	上海汽车工业开发发展有限公司	A	A－	A＋	中诚信
414	上海证大投资发展有限公司	A＋	A＋	A＋	中诚信
415	上海张江(集团)有限公司	A	—	A＋	新世纪
416	上海紫竹高新区(集团)有限公司	AA－	A＋	A＋	远东
417	上海华东电脑股份有限公司	—	A＋	A＋	新世纪
418	西上海汽车服务股份有限公司	A＋	A＋	A＋	华杰
419	杉杉控股有限公司	AA	A＋	A＋	上海联合
420	上海复星产业投资有限公司	A	A＋	A＋	新世纪
421	上海西部企业(集团)有限公司	BB	BB	A＋	上海资信
422	上海恒大(集团)有限公司	A	A	A＋	远东
423	上海勘测设计研究院	A	A－	A＋	上海资信
424	上海龙创节能系统股份有限公司	—	A＋	A＋	中诚信
425	全华网络有限公司	A	A	A＋	上海联合
426	上海金顺房地产有限公司	A－	A	A	中诚信
427	上海新世界淮海物业发展有限公司	A	A－	A	中诚信
428	上海新陆二房地产有限公司	A－	A－	A	中诚信
429	上海世界贸易商城有限公司	A－	A	A	华杰
430	上海金山市场有限公司	A	A	A	远东
431	上海新金桥广场实业有限公司	BB	A－	A	远东
432	上海利丰物业管理有限公司	BBB＋	A	A	大公
433	上海紫竹信息数码港有限公司	CC＋	BB＋	A	远东
434	上海福乐思特房地产发展有限公司	A－	A－	A	华杰
435	上海永达置业发展有限公司	A－	A－	A	中诚信
436	上海碧峰房地产发展有限公司	BBB	A	A	上海联合
437	上海多福房地产发展有限公司	BBB＋	A－	A	中诚信
438	上海桥梓湾实业有限公司	A－	A	A	远东
439	上海汇京置业发展有限公司	BBB－	BBB－	A	上海联合
440	上海南房(集团)有限公司	BBB＋	A－	A	上海联合
441	上海锦绣华城房地产开发有限公司	A－	A－	A	远东
442	上海天祥华侨城投资有限公司	A－	A	A	大公
443	绿地控股集团有限公司	BBB＋	A	A	华杰
444	上海张江微电子港有限公司	A－	A	A	新世纪
445	上海城开(集团)有限公司	BBB－	A－	A	远东
446	上海鹏晨联合实业有限公司	A－	A	A	万隆
447	上海精文置业(集团)有限公司	BBB	BBB－	A	上海资信
448	上海顾村房地产开发(集团)有限公司	A－	A－	A	新世纪
449	上海徐房(集团)有限公司	A－	BBB＋	A	中诚信
450	中华企业股份有限公司	A	A	A	中诚信

（续表）

序号	企 业 名 称	2012 年	2013 年	2014 年	评级机构
451	上海华运房地产开发有限公司	BBB—	BBB—	A	上海联合
452	中国金茂(集团)有限公司	A	—	A	新世纪
453	上海市黄浦江行人隧道联合发展有限公司	A—	A	A	新世纪
454	上海中冶职工医院	A—	A—	A	上海资信
455	上海昂立教育科技有限公司	—	A	A	华杰
456	上海恒为信息科技有限公司	—	A	A	新世纪
457	上海国盛典当有限公司	BBB	BBB+	A	上海资信
458	上海金桥信息股份有限公司	A+	A+	A	中诚信
459	上海深水港船务有限公司	—	A—	A	中诚信
460	上海雅仕维广告有限公司	—	—	A	中诚信
461	远誉广告(中国)有限公司	—	—	A	上海资信
462	圆通速递有限公司	—	—	A	新世纪
463	上海郑明现代物流有限公司	BB+	BBB+	A	远东
464	上海鸿盛港泰海运有限公司	A+	A	A	大公
465	上海中谷新良实业有限公司	BBB—	BBB+	A	中诚信
466	德邦物流股份有限公司	A	AA—	A	华杰
467	远成物流股份有限公司	—	A—	A	万隆
468	上海韵达货运有限公司	—	A	A	远东
469	锦海捷亚国际货运有限公司	A—	A—	A	上海联合
470	上海宝钢商贸有限公司	A	A	A	新世纪
471	上海特殊陶业有限公司	BBB+	A	A	新世纪
472	上海日立电线有限公司	BBB+	BBB+	A	万隆
473	上海韦尔半导体股份有限公司	—	A	A	中诚信
474	上海宝临电气集团有限公司	A	AA—	A	远东
475	中国电子科技集团公司第三十二研究所	—	A—	A	华杰
476	上海大唐移动通信设备有限公司	A+	A+	A	新世纪
477	中芯国际集成电路制造(上海)有限公司	BBB—	BBB—	A	远东
478	上海仪电控股(集团)公司	A+	A	A	上海联合
479	方正科技集团股份有限公司	A—	BBB	A	上海资信
480	上海三爱富新材料股份有限公司	A+	—	A	中诚信
481	上海台界化工有限公司	A	A+	A	远东
482	巴斯夫上海涂料有限公司	BBB	A	A	新世纪
483	上海亨斯迈聚氨酯有限公司	BB	BBB+	A	中诚信
484	上纬(上海)精细化工有限公司	—	—	A	中诚信
485	上海华林工业气体有限公司	A+	A	A	上海联合
486	帝人化成复合塑料(上海)有限公司	A	BBB+	A	新世纪
487	上海大申纤维素塑料有限公司	BB+	BBB+	A	中诚信
488	上海国际油漆有限公司	A	A	A	中诚信

（续表）

序号	企 业 名 称	2012年	2013年	2014年	评级机构
489	上海海隆防腐技术工程有限公司	AA	AA	A	上海资信
490	上海高桥-巴斯夫分散体有限公司	AA—	A+	A	中诚信
491	上海雅运纺织化工股份有限公司	A—	A	A	新世纪
492	佳通轮胎(中国)投资有限公司	BBB—	A—	A	上海资信
493	上海奇想青晨新材料科技股份有限公司	AA—	AA—	A	远东
494	上海新旭发机械科技有限公司	A—	BBB+	A	上海资信
495	上海万溯化学有限公司	—	A	A	新世纪
496	上海唯赛勃环保科技股份有限公司	—	AA—	A	新世纪
497	上海威特力焊接设备制造股份有限公司	A+	—	A	新世纪
498	上海海隆石油钻具有限公司	A+	A—	A	新世纪
499	上海机电工程研究所	—	—	A	新世纪
500	东风电子科技股份有限公司	A	A	A	远东
501	上海新朋联众汽车零部件有限公司	—	BBB	A	中诚信
502	上海华电阀门集团有限公司	A	A+	A	新世纪
503	上海北特科技股份有限公司	A—	A	A	远东
504	上海上力叉车有限公司	A	A	A	华杰
505	上海工业自动化仪表研究院	—	A	A	远东
506	上海汽车空调配件有限公司	—	A	A	远东
507	上海开维喜阀门集团有限公司	BBB+	A—	A	华杰
508	上海安捷防火电缆有限公司	BBB+	A—	A	远东
509	上海新业锅炉高科技有限公司	AA	A	A	远东
510	上海大众液压技术有限公司	AA—	A	A	新世纪
511	上海东方泵业(集团)有限公司	A	A+	A	远东
512	上海飞奥燃气设备有限公司	A	A	A	中诚信
513	上海市高桥电缆厂有限公司	BBB	BBB+	A	远东
514	上海高桥电缆集团分支电缆有限公司	BBB	A	A	鹏元
515	上海华普电缆有限公司	A	A	A	中诚信
516	上海交运汽车动力系统有限公司	A+	A+	A	华杰
517	上海科尔本施密特活塞有限公司	—	—	A	中诚信
518	上海捷众汽车冲压件有限公司	A+	A	A	中诚信
519	上海高桥电缆集团电线有限公司	—	BBB—	A	鹏元
520	上海沿浦金属制品股份有限公司	—	BBB+	A	远东
521	上海金涌模具有限公司	A—	A	A	上海资信
522	上海清河机械有限公司	A+	A	A	华杰
523	上海电气集团上海电机厂有限公司	A	A	A	大公
524	上海新力动力设备研究所	—	—	A	新世纪
525	上海屹丰汽车模具制造有限公司	A	A+	A	中诚信
526	上海启元空分技术发展股份有限公司	BBB+	BBB+	A	中诚信

（续表）

序号	企 业 名 称	2012年	2013年	2014年	评级机构
527	上海中洲特种合金材料有限公司	—	—	A	上海资信
528	上海春日机械工业有限公司	AA—	AA—	A	新世纪
529	上海保隆汽车科技股份有限公司	A+	A+	A	新世纪
530	上海飞和压缩机制造有限公司	BBB+	A+	A	远东
531	上海特波电机有限公司	AA—	A+	A	中诚信
532	上海新闵重型锻造有限公司	—	A	A	中诚信
533	上海上塑控股(集团)有限公司	A	A—	A	远东
534	上海高桥橡套电缆有限公司	A	A—	A	鹏元
535	上海飞众汽车配件有限公司	A—	A	A	华杰
536	上海德奎久保田模具有限公司	—	A	A	中诚信
537	登福机械(上海)有限公司	AA—	A—	A	中诚信
538	上海浦江缆索股份有限公司	A	A+	A	鹏元
539	上海艾克森新技术有限公司	A—	A—	A	上海资信
540	上海宇培特种建材有限公司	A	A	A	远东
541	南方水泥有限公司	A—	A—	A	中诚信
542	上海建工材料工程有限公司	A—	A	A	新世纪
543	上海明珠石材有限公司	A—	BBB+	A	远东
544	上海华垒石材有限公司	A—	A	A	中诚信
545	上海耀皮工程玻璃有限公司	BB+	BBB+	A	新世纪
546	上海洪铺钢结构工程有限公司	A+	A—	A	远东
547	上海底特精密坚固件股份有限公司	—	—	A	上海资信
548	上海化学工业区升达废料处理有限公司	BBB—	BBB—	A	华杰
549	上海海泰钢管(集团)有限公司	—	A	A	华杰
550	好丽友食品(上海)有限公司	A—	A—	A	华杰
551	上海金由氟材料有限公司	—	—	A	远东
552	上海乔治费歇尔亚大塑料管件制品有限公司	—	—	A	中诚信
553	上海民族乐器一厂	—	—	A	新世纪
554	上海益民食品一厂(集团)有限公司	A	A	A	上海资信
555	上海农好饲料有限公司	A—	A—	A	远东
556	上海紫丹印务有限公司	—	—	A	远东
557	普利茂斯永乐胶带(上海)有限公司	A—	A	A	新世纪
558	上海东方教具有限公司	A	A	A	新世纪
559	安硕文教用品(上海)股份有限公司	—	A	A	中诚信
560	上海东方希望动物营养食品有限公司	AA—	AA—	A	远东
561	上海进锡包装印刷有限公司	—	A	A	上海资信
562	上海景峰制药股份有限公司	—	AA—	A	远东
563	上海紫泉标签有限公司	A	A	A	远东
564	金光纸业(中国)投资有限公司	A	A	A	中诚信

（续表）

序号	企　业　名　称	2012 年	2013 年	2014 年	评级机构
565	上海赛伦生物技术有限公司	BBB+	A	A	中诚信
566	上海永冠胶粘制品股份有限公司	—	—	A	中诚信
567	上海康德莱企业发展集团股份有限公司	A	A−	A	远东
568	上海清美绿色食品有限公司	A−	A	A	远东
569	上海超人电气有限公司	A+	A	A	新世纪
570	上海华潮丽恒电器有限公司	A−	A	A	新世纪
571	天喔食品(集团)有限公司	BBB+	BBB+	A	中诚信
572	上海金塔医用器材有限公司	BB+	BBB−	A	远东
573	上海沃施园艺股份有限公司	A	—	A	鹏元
574	鹏欣环球资源股份有限公司	—	—	A	中诚信
575	上海海博股份有限公司	A	A	A	中诚信
576	上海申通地铁股份有限公司	A	A	A	中诚信
577	上海航空有限公司	BBB	A	A	华杰
578	上海吉祥航空股份有限公司	A+	A−	A	中诚信
579	上海天然气管网有限公司	A	A	A	新世纪
580	上海老港固废综合开发有限公司	BBB	A−	A	新世纪
581	上海申能临港燃机发电有限公司	BB	A−	A	新世纪
582	上海水务资产经营发展有限公司	A	A	A	华杰
583	上海外高桥第三发电有限责任公司	A−	A	A	中诚信
584	上海友联竹园第一污水处理投资发展有限公司	BBB−	BBB+	A	远东
585	上海浦东环保发展有限公司	—	—	A	华杰
586	上海崇明北沿风力发电有限公司	BBB	BBB	A	新世纪
587	上海阳晨投资股份有限公司	A−	A−	A	中诚信
588	上海闵行东方有线网络有限公司	—	BBB+	A	上海资信
589	上海祥宝投资发展中心	—	A	A	上海资信
590	上海永达汽车集团有限公司	AA	A+	A	上海资信
591	宝洁(中国)营销有限公司	—	—	A	中诚信
592	三菱商事(上海)有限公司	A	A	A	中诚信
593	上海思富医药有限公司	—	—	A	中诚信
594	恩福商业(上海)有限公司	BBB+	A	A	中诚信
595	邦吉(上海)管理有限公司	—	—	A	中诚信
596	上海华长贸易有限公司	A	A+	A	中诚信
597	斯堪的亚电子(上海)有限公司	A	—	A	中诚信
598	开德阜国际贸易(上海)有限公司	A−	A+	A	中诚信
599	奥林巴斯贸易(上海)有限公司	A	A−	A	新世纪
600	上海华明电力设备制造有限公司	A+	A+	A	新世纪
601	上海腾世达贸易有限公司	BBB+	A	A	鹏元
602	中国石化化工销售有限公司华东分公司	A	A	A	华杰

（续表）

序号	企 业 名 称	2012 年	2013 年	2014 年	评级机构
603	上海都市农商社有限公司	A	A	A	上海资信
604	上海景鸿(集团)有限公司	BBB+	BBB	A	华杰
605	上海美特斯邦威服饰股份有限公司	A	A	A	远东
606	上海东铪商贸有限公司	A—	A+	A	华杰
607	上海华信石油集团有限公司	BBB+	A—	A	远东
608	上海申能燃料有限公司	AA—	A	A	华杰
609	上海怡康化工材料有限公司	A—	A	A	鹏元
610	沃尔沃汽车销售(上海)有限公司	—	—	A	大公
611	上海热浪实业有限公司	A—	A—	A	上海联合
612	上海定安贸易有限公司	—	BBB+	A	上海资信
613	劲霸男装(上海)有限公司	—	AA	A	上海资信
614	上海汇泽国际贸易有限公司	BBB+	A—	A	远东
615	意爱崎(上海)国际贸易有限公司	—	BB	A	上海资信
616	康达医疗器械(上海)有限公司	A	A	A	上海资信
617	上海宝冶集团有限公司	A+	A	A	新世纪
618	上海星宇建设集团有限公司	A	A	A	新世纪
619	中建港务建设有限公司	—	A	A	新世纪
620	红阳建工集团有限公司	—	—	A	新世纪
621	上海强劲地基工程股份有限公司	AA—	A	A	中诚信
622	上海南汇水务(集团)有限公司	A	A	A	远东
623	上海警通建设(集团)有限公司	—	BBB+	A	华杰
624	上海全筑建筑装饰集团股份有限公司	A	A	A	上海资信
625	上海应用技术学院	AA	AA	A	远东
626	上海商学院	AA+	AA—	A	上海资信
627	上海交通大学医学院附属新华医院崇明分院	—	A	A	华杰
628	上海航天计算机技术研究所	—	A+	A	华杰
629	上海交通大学医学院附属第三人民医院	BBB	BBB+	A	远东
630	上海市浦东新区粮食署	BBB	A	A	上海资信
631	上海宇航系统工程研究所	A	—	A	华杰
632	上海市嘉定区妇幼保健院	—	—	A	华杰
633	上海市土地储备中心长兴分中心	—	—	A	新世纪
634	上海市虹口区土地发展中心	BBB+	A	A	上海资信
635	上海北通投资发展有限公司	BBB+	BBB+	A	中诚信
636	上海浦东土地控股(集团)有限公司	—	A	A	远东
637	上海长江隧桥建设发展有限公司	A+	A	A	华杰
638	上海市滩涂造地有限公司	A—	A—	A	中诚信
639	上海松江新城建设发展有限公司	A	A	A	新世纪
640	上海翔殷路隧道建设发展有限公司	A—	A	A	华杰

（续表）

序号	企 业 名 称	2012 年	2013 年	2014 年	评级机构
641	上海环境实业有限公司	A	A	A	上海资信
642	上海元封市政建设发展有限公司	BBB	A－	A	远东
643	上海复兴隧道建设发展有限公司	A	A	A	华杰
644	上海国际汽车城(集团)有限公司	AA－	A	A	上海联合
645	上海海外联合投资股份有限公司	A－	A	A	远东
646	华宝投资有限公司	—	A－	A	中诚信
647	上海地产住房保障有限公司	—	—	A	上海联合
648	上海申迪(集团)有限公司	A	A	A	中诚信
649	上海富欣通信技术发展有限公司	—	—	A	中诚信
650	上海市漕河泾新兴技术开发区发展总公司	A	A	A	中诚信
651	上海远洋渔业有限公司	A	A	A	中诚信
652	上海工业投资(集团)有限公司	A	A	A	远东
653	华鑫置业(集团)有限公司	—	BBB	A	中诚信
654	亚什兰(中国)投资有限公司	A	—	A	中诚信
655	上海外经贸投资(集团)有限公司	A	A	A	中诚信
656	上海临港经济发展(集团)有限公司	A	A	A	上海联合
657	上海自贸区联合发展有限公司	—	—	A	上海联合
658	上海闵联临港联合发展有限公司	A	A	A	中诚信
659	上海前滩国际商务区投资(集团)有限公司	—	—	A	中诚信
660	上海青浦出口加工区开发有限公司	BBB	A－	A	上海资信
661	上海复旦科技园股份有限公司	A	A	A	鹏元
662	上海金桥出口加工区联合发展有限公司	A	A	A	中诚信
663	上海张江集成电路产业区开发有限公司	A	A	A	新世纪
664	上海公路投资建设发展有限公司	A	A	A	华杰
665	上海浦东现代产业开发有限公司	A－	A	A	新世纪
666	上海联影医疗科技有限公司	—	—	A	中诚信
667	上海浦东轨道交通投资有限公司	—	A	A	新世纪
668	上海中信水务产业有限公司	—	—	A	中诚信
669	宝钢金属有限公司	A	A	A	新世纪
670	上海浦之威投资有限公司	BBB＋	A	A	上海联合
671	上海交大教育服务产业投资管理(集团)有限公司	A－	A	A	中诚信
672	上海开创远洋渔业有限公司	A	A	A	华杰
673	上海博达数据通信有限公司	A	A	A	中诚信
674	上海东方通用航空有限公司	—	A	A	上海资信
675	上海数讯信息技术有限公司	A＋	A＋	A	中诚信
676	上海复旦复华科技股份有限公司	A	A	A	新世纪
677	上海金欣联合发展有限公司	A－	A－	A－	上海资信
678	汤臣集团嘉地(上海)房地产有限公司	—	—	A－	鹏元

（续表）

序号	企 业 名 称	2012 年	2013 年	2014 年	评级机构
679	上海东方维京文化发展有限公司	BBB+	A−	A−	华杰
680	维纶(上海)仓储服务有限公司	BBB	—	A−	新世纪
681	上海申新(集团)有限公司	BBB−	A−	A−	远东
682	上海迪威行置业发展有限公司	BBB+	BBB+	A−	中诚信
683	上海神旺房地产有限公司	A	A−	A−	华杰
684	上海陆家嘴金融贸易区联合发展有限公司	—	—	A−	远东
685	上海市金辉工业房地产发展公司	—	A−	A−	中诚信
686	上海德意志工商中心有限公司	BBB+	BBB+	A−	中诚信
687	上海中建投资有限公司	A	A	A−	远东
688	力宝置业(上海)有限公司	A−	—	A−	华杰
689	上海新长宁(集团)有限公司	A−	A−	A−	上海资信
690	上海新黄浦置业股份有限公司	A−	A+	A−	远东
691	上海中环投资开发(集团)有限公司	A−	A−	A−	上海联合
692	上海宝龙华睿房地产开发有限公司	—	BBB	A−	远东
693	汤臣海景花园(上海浦东新区)有限公司	A−	A−	A−	中诚信
694	上海万业企业股份有限公司	A−	A−	A−	新世纪
695	上海房地产经营(集团)有限公司	AA−	—	A−	上海联合
696	上海富润房地产发展有限公司	—	BB+	A−	鹏元
697	上海中星(集团)有限公司	A−	A−	A−	上海联合
698	三林万业(上海)企业集团有限公司	BBB	A−	A−	新世纪
699	上海嘉兆房地产开发经营有限公司	BB	BB	A−	上海联合
700	沛丰(上海)房地产发展有限公司	—	—	A−	大公
701	冠丰(上海)房地产发展有限公司	—	—	A−	大公
702	上海新江湾城投资发展有限公司	—	BBB+	A−	华杰
703	盈丰(上海)房地产发展有限公司	—	—	A−	大公
704	上海和平饭店有限公司	A−	—	A−	上海联合
705	上海四维文化传媒股份有限公司	BBB+	BBB+	A−	华杰
706	东风日产汽车金融有限公司	A−	A−	A−	远东
707	上海师范大学天华学院	A−	A−	A−	新世纪
708	上海智翔信息科技股份有限公司	—	—	A−	万隆
709	上海中和软件有限公司	A+	A+	A−	远东
710	医学之星(上海)租赁有限公司	A−	A−	A−	远东
711	中远集装箱运输有限公司	A+	A−	A−	中诚信
712	上海高信国际物流有限公司	A+	A	A−	中诚信
713	长发集团长江投资实业股份有限公司	A−	A−	A−	中诚信
714	东方航空物流有限公司	—	A+	A−	新世纪
715	上海利丰物流有限公司	B+	—	A−	上海资信
716	达飞轮船(中国)有限公司	—	BBB−	A−	上海资信

（续表）

序号	企业名称	2012年	2013年	2014年	评级机构
717	上海天跃科技股份有限公司	—	BBB+	A—	新世纪
718	上海仪电智能电子有限公司	—	—	A—	远东
719	上海日东光学有限公司	A—	A	A—	新世纪
720	上海迪爱斯通信设备有限公司	—	—	A—	新世纪
721	上海雷诺尔科技股份有限公司	AA	AA—	A—	中诚信
722	上海正泰太阳能科技有限公司	—	BBB—	A—	远东
723	联芯科技有限公司	A	A—	A—	新世纪
724	芯发威达电子(上海)有限公司	A	A	A—	新世纪
725	上海泰威技术发展股份有限公司	—	—	A—	远东
726	上海展华电子有限公司	BBB—	A	A—	远东
727	上海汇益控制系统股份有限公司	BBB+	BBB+	A—	中诚信
728	上海合晶硅材料有限公司	A—	BBB+	A—	中诚信
729	上海星地通通信科技有限公司	—	—	A—	鹏元
730	上海惠普有限公司	A—	A—	A—	远东
731	上海英内电子标签有限公司	—	—	A—	中诚信
732	上海信颐电子科技有限公司	—	—	A—	上海资信
733	上海新傲科技股份有限公司	BBB—	A—	A—	上海资信
734	上海三瑞高分子材料有限公司	BBB+	—	A—	新世纪
735	上海东洋油墨制造有限公司	BBB+	A—	A—	新世纪
736	上海宝闵工业气体有限公司	—	BBB+	A—	中诚信
737	上海申星化工有限公司	A	A	A—	中诚信
738	上海锦湖日丽塑料有限公司	A	A	A—	远东
739	上海氯碱化工股份有限公司	A—	A—	A—	远东
740	上海科华染料工业有限公司	A+	—	A—	上海资信
741	上海味之素氨基酸有限公司	—	—	A—	鹏元
742	圣莱科特化工(上海)有限公司	—	A	A—	中诚信
743	道康宁(上海)有限公司	—	—	A—	中诚信
744	上海三银制漆有限公司	BBB+	A—	A—	新世纪
745	上海海润添加剂有限公司	BBB—	BBB+	A—	鹏元
746	上海温龙化纤有限公司	BB	A—	A—	远东
747	上海博汇汽车零部件有限公司	—	—	A—	上海资信
748	上海华建开关有限公司	A+	BBB+	A—	新世纪
749	上海格尔汽车附件有限公司	A—	A	A—	远东
750	上海沃迪自动化装备股份有限公司	—	A—	A—	中诚信
751	上海汇大机械制造有限公司	A—	A—	A—	新世纪
752	上海东润换热设备制造有限公司	—	—	A—	远东
753	诺信(中国)有限公司	—	—	A—	新世纪
754	上海亚龙电缆有限公司	—	BBB+	A—	远东

（续表）

序号	企 业 名 称	2012 年	2013 年	2014 年	评级机构
755	上海瑞华(集团)有限公司	A—	A—	A—	新世纪
756	上海幸福摩托车有限公司	—	—	A—	中诚信
757	上海德真工贸有限公司	A—	A—	A—	远东
758	上海畅汇实业发展有限公司	AA—	A—	A—	上海资信
759	上海英格索兰压缩机有限公司	—	—	A—	华杰
760	上海福宇龙汽车科技有限公司	BBB	A—	A—	远东
761	本特勒汽车系统(上海)有限公司	BBB+	BBB—	A—	中诚信
762	上海远跃制药机械有限公司	—	—	A—	中诚信
763	上海友升铝业有限公司	—	—	A—	上海资信
764	上海埃锡尔数控机床有限公司	BBB+	A—	A—	中诚信
765	上海南大集团有限公司	A—	A—	A—	新世纪
766	上海江南长兴造船有限责任公司	AA	A+	A—	万隆
767	上海华培动力科技有限公司	BBB—	BBB+	A—	远东
768	上海东洋电装有限公司	BBB+	A—	A—	鹏元
769	上海宝钢车轮有限公司	BBB—	A—	A—	远东
770	上海裕生特种线材有限公司	A—	A—	A—	华杰
771	龙工(上海)机械制造有限公司	A	BBB	A—	新世纪
772	上海三开电气有限公司	—	—	A—	远东
773	人民电器集团上海有限公司	A+	A	A—	华杰
774	长飞光纤光缆(上海)有限公司	A+	—	A—	中诚信
775	上海日立电器有限公司	A—	A	A—	华杰
776	上海中月电缆技术有限公司	—	BBB	A—	鹏元
777	上海恒锦动力科技有限公司	A—	A	A—	华杰
778	上海日野发动机有限公司	A	A—	A—	中诚信
779	书香门地(上海)新材料科技有限公司	—	A—	A—	新世纪
780	亚士漆(上海)有限公司	—	BBB+	A—	远东
781	上海建材(集团)有限公司	—	—	A—	新世纪
782	美联钢结构建筑系统(上海)股份有限公司	A—	BBB	A—	万隆
783	上海棱光实业股份有限公司	—	A—	A—	上海资信
784	力同铝业(上海)有限公司	BBB	BB+	A—	远东
785	美建建筑系统(中国)有限公司	BBB+	—	A—	万隆
786	上海森林特种钢门有限公司	A	A	A—	中诚信
787	上海英硕聚合材料股份有限公司	A+	A—	A—	上海联合
788	上海通领汽车饰件有限公司	—	A	A—	中诚信
789	上海杉杉科技有限公司	AA—	AA—	A—	新世纪
790	上海斯米克焊材有限公司	A—	BBB+	A—	大公
791	上海奥达科股份有限公司	—	A	A—	中诚信
792	上海爱使股份有限公司	AA—	—	A—	远东

（续表）

序号	企 业 名 称	2012年	2013年	2014年	评级机构
793	上海江南船舶管业有限公司	A—	A—	A—	鹏元
794	上海申茂电磁线有限公司	A—	A—	A—	远东
795	上海三枪(集团)有限公司	BBB	—	A—	新世纪
796	上海夏普电器有限公司	BBB+	BBB+	A—	新世纪
797	上海博格工业用布有限公司	A—	BBB+	A—	中诚信
798	上海龙头(集团)股份有限公司	A—	A—	A—	新世纪
799	上海罗氏制药有限公司	A	A	A—	中诚信
800	上海网讯新材料科技股份有限公司	—	—	A—	中诚信
801	上海水星家用纺织品股份有限公司	A+	A+	A—	华杰
802	上海康耐特光学股份有限公司	A+	BBB	A—	新世纪
803	上海亚大塑料制品有限公司	A+	A+	A—	中诚信
804	上海晨冠乳业有限公司	A—	A—	A—	中诚信
805	上海嘉里食品工业有限公司	A—	A	A—	远东
806	上海老凤祥钻石加工中心有限公司	BBB—	BBB—	A—	大公
807	上海鑫益瑞杰有色合金有限公司	BBB—	BBB	A—	远东
808	上海欧卡纺织品特种整理有限公司	A—	A—	A—	华杰
809	上海胜华电缆厂有限公司	A—	A—	A—	上海联合
810	上海紫江彩印包装有限公司	A	A	A—	上海资信
811	上海雪榕生物科技股份有限公司	A—	BBB—	A—	新世纪
812	上海奕方农业科技股份有限公司	A+	A—	A—	新世纪
813	上海新通联包装股份有限公司	A	A	A—	中诚信
814	上海日之升新技术发展有限公司	A	A—	A—	新世纪
815	上海胜华电气股份有限公司	A—	A—	A—	上海联合
816	太安堂集团有限公司	—	—	A—	中诚信
817	上海双鹿上菱企业集团有限公司	—	A—	A—	远东
818	上海农乐生物制品股份有限公司	A	A	A—	远东
819	上海佳田药用包装有限公司	A—	A—	A—	远东
820	上海金丝猴食品股份有限公司	A—	A—	A—	远东
821	上海张铁军珠宝集团有限公司	A	A	A—	远东
822	上海燕龙基再生资源利用有限公司	—	BBB	A—	上海资信
823	上海晶华胶粘新材料股份有限公司	—	—	A—	远东
824	上海新格有色金属有限公司	—	BBB	A—	上海资信
825	中海集装箱运输股份有限公司	A—	A	A—	中诚信
826	中国东方航空集团公司	A	A	A—	上海联合
827	中国东方航空股份有限公司	A	A	A—	上海联合
828	上海强生常宁出租汽车有限公司	A	A—	A—	上海资信
829	上海浦东新区金高公共交通有限公司	A—	BBB+	A—	远东
830	华能上海石洞口发电有限责任公司	BBB	BBB+	A—	新世纪

（续表）

序号	企 业 名 称	2012年	2013年	2014年	评级机构
831	上海华电电力发展有限公司	BBB+	BBB	A−	上海资信
832	上海金山海川给水有限公司	BBB−	BBB−	A−	中诚信
833	上海巴安水务股份有限公司	—	A−	A−	上海资信
834	上海大众嘉定污水处理有限公司	A	A−	A−	中诚信
835	上海奉贤燃气有限公司	A−	A−	A−	中诚信
836	上海大众燃气有限公司	A−	A−	A−	中诚信
837	上海燃气市北销售有限公司	—	A−	A−	中诚信
838	美联信金融租赁有限公司	A−	A−	A−	中诚信
839	仲利国际租赁有限公司	BBB	BBB+	A−	上海资信
840	上海宜家家居有限公司	BB	BBB	A−	远东
841	舍弗勒贸易(上海)有限公司	—	—	A−	中诚信
842	克丽缇娜(上海)贸易有限公司	—	A+	A−	中诚信
843	万向资源有限公司	A−	A−	A−	中诚信
844	上海三凯进出口有限公司	A−	A−	A−	中诚信
845	欧士机(上海)精密工具有限公司	A−	A−	A−	新世纪
846	上海润达医疗科技股份有限公司	A	A−	A−	上海联合
847	上海怡达科技投资有限责任公司	A	A	A−	远东
848	丰田通商(上海)有限公司	BBB+	A−	A−	新世纪
849	中国航空油料有限责任公司华东分公司	—	—	A−	华杰
850	上海申鑫国际贸易有限公司	A+	A	A−	远东
851	人本集团上海轴承有限公司	A−	BBB+	A−	新世纪
852	东昊石油集团有限公司	—	A−	A−	上海资信
853	上海人本轴承有限公司	BBB	BBB	A−	远东
854	上海医药众协药业有限公司	—	—	A−	上海联合
855	西门子国际贸易(上海)有限公司	—	BB	A−	远东
856	上海晟安电子科技有限公司	BBB+	BBB+	A−	上海联合
857	上海郑隆汽车销售有限公司	A−	A−	A−	远东
858	国药控股分销中心有限公司	A−	A−	A−	万隆
859	上海金伯利钻石有限公司	A	—	A−	华杰
860	上海建浦进出口有限责任公司	A−	BBB+	A−	上海联合
861	惠普贸易(上海)有限公司	A	A−	A−	远东
862	中城建第九工程局有限公司	A−	BBB+	A−	远东
863	中冶天工上海十三冶建设有限公司	A−	A−	A−	新世纪
864	上海南晓消防工程设备有限公司	—	—	A−	新世纪
865	上海中厦建设工程有限公司	—	BBB+	A−	大公
866	上海叠加建设发展有限公司	A−	A−	A−	新世纪
867	上海新世纪绿化建设有限公司	A	A−	A−	远东
868	百世建设(集团)有限公司	—	—	A−	中诚信

（续表）

序号	企 业 名 称	2012年	2013年	2014年	评级机构
869	上海森信建设工程有限公司	A	A—	A—	新世纪
870	中曼石油天然气集团股份有限公司	—	—	A—	上海联合
871	上海云峰建设有限公司	A—	—	A—	上海联合
872	上海绿地建设(集团)有限公司	BBB—	—	A—	新世纪
873	中国二十冶集团有限公司	A	A—	A—	新世纪
874	中机国能电力工程有限公司	A—	A—	A—	上海资信
875	中铁二十三局集团轨道交通工程有限公司	BBB	A	A—	华杰
876	东亚联合控股(集团)有限公司	A	A+	A—	鹏元
877	中铁上海工程局集团有限公司	—	—	A—	大公
878	上海贝电实业(集团)股份有限公司	A—	A—	A—	新世纪
879	上海嘉实(集团)有限公司	—	—	A—	新世纪
880	中国核工业第五建设有限公司	A—	A—	A—	中诚信
881	上海市浦东新区浦南医院	—	A—	A—	中诚信
882	上海政法学院	A	A—	A—	远东
883	上海市浦东新区人民医院	BBB+	A—	A—	远东
884	上海市浦东新区公利医院	A+	A—	A—	远东
885	上海国际汽车城新安亭联合发展有限公司	A—	A—	A—	上海联合
886	上海市松江区建设投资开发总公司	A—	A—	A—	新世纪
887	上海长兴岛开发建设有限公司	A—	A—	A—	远东
888	上海外滩投资开发(集团)有限公司	A—	—	A—	新世纪
889	上海金山城市建设投资有限公司	BBB—	BBB—	A—	新世纪
890	上海卢浦大桥投资发展有限公司	A—	A—	A—	华杰
891	上海嘉定公路建设发展有限公司	BB	A—	A—	华杰
892	上海浦兴投资发展有限公司	BBB	BBB	A—	中诚信
893	上海大宁资产经营(集团)有限公司	—	BBB	A—	上海资信
894	上海青浦投资有限公司	A—	A	A—	上海资信
895	上海公路建设总公司	A—	A—	A—	中诚信
896	上海崇启通道建设发展有限公司	A—	A—	A—	华杰
897	上海中城联盟投资管理股份有限公司	—	A—	A—	上海资信
898	益海嘉里投资有限公司	—	BBB—	A—	中诚信
899	中远太平洋(中国)投资有限公司	—	A+	A—	上海资信
900	中船投资发展有限公司	—	A—	A—	鹏元
901	上海城投资产经营有限公司	—	A—	A—	新世纪
902	卡博特(中国)投资有限公司	A—	A—	A—	中诚信
903	上海华生化工有限公司	—	—	A—	上海资信
904	东方航空食品投资有限公司	—	—	A—	新世纪
905	液化空气(中国)投资有限公司	A	A—	A—	大公
906	上海新世界(集团)有限公司	A—	A—	A—	中诚信

（续表）

序号	企业名称	2012年	2013年	2014年	评级机构
907	上海汽车资产经营有限公司	—	—	A—	上海资信
908	上海悦达新实业集团有限公司	A—	A—	A—	新世纪
909	空气化工产品(中国)投资有限公司	—	A—	A—	大公
910	上海大华企业发展有限公司	A—	A—	A—	远东
911	上海化学工业区投资实业有限公司	A—	A—	A—	上海联合
912	上海外高桥(集团)有限公司	A—	A—	A—	远东
913	上海市外高桥保税区新发展有限公司	A—	A—	A—	中诚信
914	上海临港经济发展集团投资管理有限公司	A—	A—	A—	上海联合
915	上海外高桥保税区联合发展有限公司	BBB	BBB	A—	中诚信
916	上海金桥出口加工区房地产发展有限公司	—	—	A—	中诚信
917	上海外高桥物流中心有限公司	A—	A—	A—	新世纪
918	上海白龙港污水处理有限公司	A—	A—	A—	中诚信
919	上海伊禾农产品科技发展股份有限公司	A—	A—	A—	中诚信
920	上海华腾软件系统有限公司	A	A—	A—	中诚信
921	上海微创软件股份有限公司	A	A—	A—	中诚信
922	西上海(集团)有限公司	A+	A	A—	华杰
923	上海爱建股份有限公司	A—	—	A—	华杰
924	上海均瑶(集团)有限公司	A—	BBB	A—	上海联合
925	光明食品集团上海长江总公司	A—	A—	A—	上海资信
926	上海良友(集团)有限公司	BBB+	A—	A—	上海资信

三、2014 年度上海金融创新奖获奖项目名单

金融创新成果奖

特等奖

沪港股票市场交易互联互通机制(沪港通)(上海证券交易所,中国证券登记结算有限责任公司上海分公司)

一等奖

1. 国际业务板块(上海黄金交易所)
2. 同业存单发行及交易流通(中国外汇交易中心暨全国银行间同业拆借中心)
3. 为自贸区打造全球金融服务的直通车——上海自贸区综合金融服务模式创新(中国银行股份有限公司上海市分行)
4. 2013 武汉地铁可续期债券(海通证券股份有限公司)
5. 首支企业年金参与央企混合所有制改革(长江养老保险股份有限公司)
6. 投资 PPTV——自贸区跨境股权投资第一单[弘毅股权投资管理(上海)有限公司]

二等奖

1. 人民币利率互换集中清算(银行间市场清算所股份有限公司)
2. 中小企业股权报价系统(Q 板)(上海股权托管交易中心股份有限公司)
3. 跨境人民币中文转汇(中国银行股份有限公司上海人民币交易业务总部)
4. “北斗星”全球并购综合金融服务产品(中国工商银行股份有限公司上海市分行)
5. 小微企业“循环组合贷”(中国建设银行股份有限公司上海市分行)
6. 微信银行——移动金融在微信平台的创新实践(上海浦东发展银行股份有限公司)
7. 跨境资金集中运营管理创新[花旗银行(中国)有限公司]
8. 现金宝账户项目(汇添富基金管理股份有限公司)
9. “二次点价+复制期权”订单农业新模式(上海新湖瑞丰金融服务有限公司)
10. 保险业“电子签名”、“电子发票”技术创新应用(中国太平洋人寿保险股份有限公司)
11. P2P 网络金融征信系统(上海资信有限公司)
12. 跨境人民币电子商务互联网支付业务(上海银联电子支付服务有限公司)

三等奖

1. 市场服务中心综合服务平台(上海期货交易所)
2. 金融期货数据交换平台(中国金融期货交易所股份有限公司)
3. 银联钱包(中国银联股份有限公司)
4. 交银中国财富景气指数(交通银行股份有限公司)
5. 工银自贸融汇通(中国工商银行股份有限公司上海自贸试验区分行)
6. 综合移动营销服务平台(中国农业银行股份有限公司上海市分行)

7. 基于移动互联的智能信用卡项目(招商银行股份有限公司信用卡中心)
8. 福元 2014 年第一期个人汽车抵押贷款证券化信托(上海国际信托有限公司)
9. 车辆合格证远程监管(上海汽车集团财务有限责任公司)
10. "求己微融资"产品系列网络金融创新(国泰君安证券股份有限公司)
11. 嘉实元和直投封闭式基金——首创普通大众投资未上市股权新模式(嘉实基金管理有限公司)
12. 富国目标收益一年期纯债债券型证券投资基金(富国基金管理有限公司)
13. 离岸保险业务在自贸区的试点创新(中国太平洋财产保险股份有限公司上海分公司)
14. 露地种植青菜、鸡毛菜气象指数保险(安信农业保险股份有限公司)
15. 上海银行业小微企业贷款产品查询平台(上海市银行同业公会)
16. 稳盈安 e-互联网信贷投融资创新服务(上海陆家嘴国际金融资产交易市场股份有限公司)
17. A 股阿尔法对冲基金(上海重阳投资管理股份有限公司)

提名奖

1. 上海地铁一号线列车车厢租金保理(中国进出口银行上海分行)
2. 自贸区跨境并购基金综合金融服务项目(上海银行股份有限公司)
3. "鑫沪商"企业网络金融社区(上海农村商业银行股份有限公司)
4. "动力贷"科技金融服务模式(浦发硅谷银行有限公司)
5. 供应链金融:低价格、可持续的中小企业融资平台[渣打银行(中国)有限公司上海分行]
6. "1 保贷"(中国邮政储蓄银行股份有限公司上海分行)
7. 小微"网贷通"(上海浦东发展银行股份有限公司小企业金融服务中心)
8. 扶持经济薄弱村实现失地农民长效增收综合金融服务(上海闵行上银村镇银行股份有限公司)
9. 大型设备跨境租赁业务(招银金融租赁有限公司)
10. 东证—远东债权投资基金(东方证券股份有限公司)
11. 现金添益交易型货币市场基金(华宝兴业基金管理有限公司)
12. 机构量化交易与风险控制(上海东证期货有限公司)
13. "关爱全家"职域营销与 E 服务平台创新项目(中德安联人寿保险有限公司)
14. 百度联盟贷(上海百度小额贷款有限公司)
15. 浦东金融"交银接力 1 号"中小微企业融资创新(上海创业接力融资担保有限公司)
16. 面向互联网金融的资金托管账户系统(上海汇付数据服务有限公司)
17. 中小微企业融资服务(宝山)平台(上海融道网金融信息服务有限公司)

金融创新推进奖

1. 上海自贸试验区金融改革方案(中国人民银行上海分行)
2. 促进上海自贸区贸易投资便利化(国家外汇管理局上海市分局)
3. 自贸试验区银行业监管制度创新(中国银行业监督管理委员会上海监管局)
4. 上海市人身险综合信息平台项目(中国保险监督管理委员会上海监管局)
5. 围绕中小企业发展需求推动金融服务创新(中国证券监督管理委员会上海监管局)
6. 推进金融消费纠纷解决体系建设(中国人民银行金融消费权益保护局)
7. 利用多个大数据平台的关联分析查处股票市场"老鼠仓"专项审计(审计署驻上海特派员办事处)

索　引

D

F

G

H

Q

R

S

T

图书在版编目(CIP)数据

上海金融年鉴.2015/《上海金融年鉴》编辑部编.
—上海:上海人民出版社,2016
ISBN 978-7-208-13489-8

Ⅰ.①上… Ⅱ.①上… Ⅲ.①金融事业-上海市-2015-年鉴 Ⅳ.①F832.751-54

中国版本图书馆CIP数据核字(2015)第296669号

责任编辑 屠玮涓
特约编辑 顾兆敏
封面设计 陈 楠

上海金融年鉴 2015
《上海金融年鉴》编辑部 编
世 纪 出 版 集 团
上海人民出版社出版
(200001 上海福建中路193号 www.ewen.co)
世纪出版集团发行中心发行 上海中华印刷有限公司印刷
开本 889×1194 1/16 印张 50.75 插页 40 字数 1521,000
2016年1月第1版 2016年1月第1次印刷
ISBN 978-7-208-13489-8/F·2343
定价 300.00元

上海金融学院国购•自贸区金融研究院　About

上海金融学院国购•自贸区金融研究院成立于2013年11月，既是学校联合政产学研力量共同打造的服务国家战略和地方发展的开放合作平台，也是学校交叉研究团队和青年骨干教师的培育平台。

研究院紧密围绕国家宏观经济发展政策、中国（上海）自由贸易试验区建设和上海全球科技创新中心建设，以上海金融学院优势学科和知名专家学者为依托，整合社会优质资源，引进国际优秀团队，开展智库建设和应用研究。一年多来，研究院公开出版“自贸金融改革与创新”系列研究著作；持续报送内参专报，多次获得各级领导的肯定性批示；倾心打造品牌论坛和学术沙龙，诸多著名学者专家莅临指导；自主开发了国内第一个涵盖国内外自贸区研究和发展信息的“自贸区资讯服务平台”（ftzzx.sfu.edu.cn）。

研究院建立了人才柔性流动机制，吸引高层次人才驻会工作，目前已聘请美国约翰霍普金斯大学、上海交通大学、南开大学、上海财经大学、联合国贸发组织等高校和机构的专家学者担任特聘教授和特聘研究员。研究院期冀得到更多专家学者的关注和支持，共同推动自贸区研究和自贸金融创新。

《2015上海金融年鉴》长三角金融培训

安徽芜湖 2015-5-28—29

《2015上海金融年鉴》浙江海盐会议

2015.6.25-26